梅新林　俞樟华　钟晨音　王　锐　潘德宝　撰

中国现代学术编年

第四卷　（1927—1929）

华东师范大学出版社·上海

华东师范大学出版社六点分社　策划

浙江省哲学社会科学重点研究基地"浙江工业大学浙江学术文化研究中心"重大项目

华东师范大学出版社六点分社　策划

目　　录

凡　例

一、《中国现代学术编年》(以下简称《编年》)是一部以编年体著录中国现代学术发展历程与成果的集成性之作,同时兼具工具书的检索功能。

二、《编年》起于1911年,迄于1949年,在时间上与《中国学术编年》相衔接和贯通。

三、《编年》共分12卷,约1800万字,收录10万余位学者,8万余部学术著作,5万余篇学术论文。

四、《编年》具有自己独特而鲜明的学术追求,重点关注本时段学术主流特色与学术发展趋势两个方面,重在揭示以下四大规律:

1. 注重中国学术史的宏观发展演变历程,以见各代学术盛衰规律;

2. 注重学术流派的源起、形成、鼎盛及至解体历程,以见学术流派的兴替规律;

3. 注重学术群体的区域流向、移位、承变历程,以见学术中心的迁移规律;

4. 注重中外学术的冲突、交流与融合历程,以见跨文化的学术传通规律。

五、《编年》综合吸取历代史书与各种学术编年之长而加以融通之,率先采用一种新的编撰体例,由学术背景、学术活动、学术论文、学术著作、学者生卒、学术评述六大栏目构成,同时在各栏目适当处加按语,合之为七大板块。若遇跨类,则以"互见法"于相应栏目分录之。

六、《编年》中的"学术背景"栏目以事件进程为序著录,着重反映深刻影响中国学术史发展进程的重大文化政策以及政治、经济、军事、外交诸方面的重大事件,重点突显中西交融与新旧转型的时空特征,以考察学术演变的特定时代背景及其对学术思潮、治学风尚的影响。

七、《编年》中的"学术活动"栏目以人物兴替为序著录,着重记述学者治学经历、师承关系和学术交流活动,以明学术渊源之所自、学术创见之所成、学术流派之脉络以及不同流派之间的争鸣、兴替轨迹。其中学者仕历与学术思想和学术活动之演变关系密切,故多予著录。人物兴替以空间流向为板块,以学坛领袖为中心,以学术大师为主角,以代际交替为序列,有时遇相关或相近活动则一并著录之。

八、《编年》中的"学术论文"栏目以论文刊载时间为序著录,着重记述具有代表性的学术论文,兼录奏疏、序跋、书信以及译文等等。鉴于5万余篇学术论文的海量文献,故而按照学术论文发表的刊物为序编排。

九、《编年》中的"学术著作"栏目以著述类型为序著录,着重记述具有代表性的学术著作,包括纂辑、校勘、评点、注释、考证、译著等等。鉴于8万余部学术著作的海量文献,故而分为往代著述、时人自著、译著以及编译四种类型,其中往代著述以时代为序,时人自著以类别为序,译著以国别为序,编译以未署名的著作列于最后。

十、《编年》中的"学者生卒"栏目以卒年生年为序著录,又分卒年、生年两小栏。其中卒年栏著录学者姓名、生年、字号、籍贯以及代表性的重要著述,凡特别重要人物,略述其一生主要成就、贡献与地位、传记资料及后人的简单评价。

十一、《编年》中的"学术评述"栏目,以上述文献著录为基础,再就每年的学术活动与成果以及发展趋势加以简要归纳和揭示,犹如揭示各代学术发展的"纲目",以此与以上各栏目的"按语"组合起来,即相当于一部简明学术史。

十二、《编年》采用正文加按语的形式著录。按语的主要内容是:

1. 价值评判。即对学术价值以及对学术之影响进行评价,直接评价或引用前人成说皆可。

2. 原委概述。对其缘起、过程、流变、结果、影响诸方面作一概要论述。

3. 补充说明。即对其具体内容以及相关背景材料再作扼要说明。

4. 史料存真。即录下比较珍贵的史料或略为可取的异说,裨人参考。

5. 考辨论断。对于异说或有争论者,略加考辨并尽量作出断论,或择取其中一说。

"按语"犹如揭示各代学术发展的"纲目",更具学术史评述的容量与特点。

十三、《编年》采用公元纪年,配之以民国与干支年号。凡因农历与公历差异产生年份出入问题,以公历为准。鉴于公元纪年始于1912年,此前的1911年以两者兼录作为过渡。无法确切考定月、日者,用"是年""是月"标之。凡在系年上有分歧而难以断定者,取一通行说法著录之,另以按语录以他说。

十四、《编年》所涉及的地名,以民国行政区划为据,一般不注今地名。

十五、《编年》以文集、目录(图书与报刊目录)、年谱、年鉴、传记、日记、笔记、回忆录等为主要材料依据,同时也重点参考了相关学案、编年以及学术史论著。所录文献,引文标注所出,以示征信;其他材料,限于体例,未能一一注明所出。

十六、《编年》充分借鉴和吸取了学界前辈同仁的诸多学术成果,包括文集、目录、索引、年谱、年鉴、传记、日记、笔记、回忆录、评述、学案、编年以及相关学术史论著等,除了部分见于《前言》以及有关条目"按语"之外,主要载于最后所列"征引与参考文献",包括著作与论文两个方面。征引与参考文献的著录顺序:先著作,后论文,按拼音先后排序。

十七、《编年》根据一以贯之的统一要求与体例格式进行编写,但根据学术发展演变的实际情况或有变通处理,力求达到规范与变通的有机结合。

1927 年　民国十六年　丁卯

一、学术背景

1 月 1 日,国民政府从广州迁都武汉,史称武汉国民政府。

是日,经过斯文·赫定等人多次努力,北京政府同意由中瑞两国科学家和航空专家组成考察团,进入甘肃和新疆进行考古研究。

1 月 16 日,在收回教育权运动声中,美国纽约万国传道总会主办的广州私立岭南大学率先由中国人收回办理。

按:3 月,上海教会大学沪江、圣约翰、震旦、东吴法科等相继由国人收回自办。4 月,东吴大学改组董事会,选任中国人为校长。6 月,南京金陵大学改由中国籍教员维持。1929 年,杭州之江大学、济南齐鲁大学也先后改组。(参见中央教育科学研究所编《中国现代教育大事记 1919—1949》,教育科学出版社 1988 年版)

1 月 26 日,武汉中央联席会议要求总工会等协会,约束会员不得自由捕人等。

1 月 28 日,中共中央发表对于时局的宣言,号召工人们在中国共产党旗帜之下“统一无产阶级的领导权”,帮助国民政府与国民党;号召农民们“推翻地主劣绅的政权”“创造在农会领导之下的乡村政权”。

2 月 16 日,毛泽东就考察湖南农民运动的情况写成《湖南农民运动考察报告》上报给中共中央。报告驳斥了党内外怀疑和指责农民运动的论调,总结了湖南农民运动的丰富经验,提出了解决中国民主革命的中心问题——农民问题的理论和政策。

按:1 月 4 日至 2 月 5 日,毛泽东回湖南考察农民运动,至是日将《湖南农民运动考察报告》上报给中共中央。3 月发表《湖南农民运动考察报告》,然后于 3 月 5 日至 4 月 3 日在中共湖南区委机关刊物《战士》周报第 35—36 期合刊,第 38、39 期连续载《湖南农民运动考察报告》全文。(参见秦淑贞、盛继红编《中国共产党大事记》,中国人民大学出版社 1991 年版;中共中央文献研究室编撰、逄先知主编《毛泽东年谱(1893—1949)》,人民出版社、中央文献出版社 1993 年版)

2 月 19—20 日,中英达成协定,英国无条件地将汉口、九江英国租界归还中国。

2 月 21 日,中国国民党在武汉召开中央执监委员和候补自监委员及国民政府委员扩大联席会议,决定中央党部及国民政府即日在武汉正式开始办公。

是日,中共中央成立武汉中央分局,代行中央职权。4 月,中共中央从上海迁往武汉。

是月,翁文灏代表农商部地质调查所与瑞典考古学家步达生等人代表的北京协和医院签订《中国地质调查所与北京协和医院关于合作研究华北第三纪及第四纪堆积物的协议书》。

按：在《协议书》中关于采集品的分配规定：所有采集标本归地质调查所所有，但《协议书》同时又规定人类学搜集品由美国洛克菲勒基金会下辖的北京协和医院保管。

3 月 5 日，由北京大学研究所国学门召集，清华学校研究院、历史博物馆、国立京师图书馆、古物陈列所、中华图书馆协会、中央观象台、中国天文学会、中国地质学会、北京图书馆、北京大学考古学会等 11 家学术机构共 20 名代表在北大三院召开联席会议，组成"北京学术团体联席会议"。

按：经过详细讨论，会议形成五条决议：(一)暂由到会各团体组织北京学术团体联席会议。(二)消极方面，筹备永久之机关，以筹划进行发掘采集研究国内各特种学术材料。(三)积极方面，反对外人私入国内采集特种学术材料。(四)决议原则六条：1.凡在中国境内所有之学术材料，由后文署名之各团体及其他国内各学术团体合组一特别团体，公同设法调查或采集之。外人在中国境内调查，或采集者，应由上述合组之团体陈请政府绝对禁止之，但于必要时，得容纳外国专门人才或学术团体参加，以资臂助。2.采集所得之材料，应在中国境内妥为保存，非经上述合组之团体，特别审查及允许，绝对不得运出国外。3.采集所得之材料，应尽量予世界学者研究上之便利。4.国内其他学术团体有单独调查，或采集时，上述合组之团体，亦得予以帮助，但于有外国专门人才，或学术团体参加时，应有相当契约，以不侵犯主权，不损失国体为原则，否则应陈请政府绝对禁止之。5.凡外国专门人才，或学术团体，前已与国内学术团体订有契约者，其契约须经上述合组团体确实审查，如有侵犯主权及损失国体者，即应废止或变更契约，其契约认为合法，而有未经履行或未完全履行，上述合组之学术团体得助其履行。6.凡私人或未得社会公认之学术团体，而欲采集材料者，上述合组之团体，得禁止之，凡学术团体采集材料，有不合科学方法，致损坏材料者，上述合组之团体得禁止，并得公议处以相当之惩罚，如不认为学术团体，或请官所惩办其主事人等。(五)瑞典远征队来华应即行发表宣言反对。(《中国学术团体协会西北科学考查团报告》，王忱编《高尚者的墓志铭：首批中国科学家大西北考察实录(1927—1933)》，中国文联出版社 2005 年版)

3 月 8 日，北京学术团体联席会议召开会议，发表反对外人随意采取中国古物之宣言，并致函外交部和绥远、新疆等地政府，阻止瑞典考古专家斯文·赫定。

按：宣言内容如下：凡一国内所有之特种学术材料，如历史材料，及稀有之古生物动植矿等材料，因便利研究，尊重国权等理由，皆宜由本国各学术团体自为妥实保存，以供学者之研究，绝对不允输出国外。此在文化优越之国家已经著为典则，无有例外。乃近数十年来，常有外人所组织之采集队，擅往中国各处搜掘将我国最稀有之学术材料，如甘肃、新疆之经卷壁画及陶品，蒙古之有脊动物化石，陕甘川贵之植物，莫不大宗捆载以去，一若不平等条约蚀吾国权之不足，更欲用其精神以蚀吾学术。当时虽亦有人呼号反对，而政府社会，置若罔闻，不惟国权丧失，且因材料分散，研究不便，致学术上受莫大之损失，兴言及此，良堪痛心。近且闻有瑞典人斯文·赫丁组织大队，希图尽攫我国所有特种之学术材料。观其西文原名为 Sven Hedin Central Asia Expedition 已令人不能忍受。夫 Expedition 一字，含有搜求、远征等义，对于巴比伦、迦太基等现代不存之国家，或可一用，独立国家断未有能觍颜忍受者。试问如有我国学者对于瑞典组织相类之团体，瑞典国家是否能不认为侮蔑。同人等痛国权之丧失，惧特种学术材料之掠夺将尽，我国学术之前途，将蒙无可补救之损失，故联合宣言，对于斯文·赫丁此种国际上之不道德行为，极为反对。我国近年因时局不靖，致学术事业未能充分进行，实堪慨叹。但同人等数年来就绵力所及，谋本国文化之发展已有相当之效果。现更鉴有合作之必要，组织联合团体，作大规模之计划，加速进行，将来并可将采集或研究之所得，与世界学者共同讨论。一方面对于侵犯国权损害学术之一切不良行为，自当本此宣言之精神，联合全国学术团体，妥筹办法，督促政府严加禁止。当此吾民日趋觉悟，举国呼号废除不平等条约之时，邦人君子爱国之心谁不如我，谅能急起直追，使中国文化前途有所保障，则是同人等馨香顶祝者也。北京学术团体联席会议、北京大学考古学会、历史博物馆、古物陈列所、故宫博物院、清华学校研究院、中华图书馆协会、中央观象台、京师图书馆、北京图书馆、天文学会、中国画学研究会。(《北京学术团

体反对外人采取古物之宣言昨日业已发表》,《晨报》1927年3月10日第6版)

3月9日,国民政府颁布《暂行反革命治罪法》。凡有反对国民党、国民政府和三民主义的言行,均被定为反革命罪。

是日,在丁文江的建议下,斯文·赫定致函北京学术团体联席会议的发起人之一、北京大学研究所国学门主任沈兼士,请他向联席会议转达解释意见。

按:信函原文如下:"兼士先生大鉴:敬启者。读报得悉本日五号北京各学术团体开会反对敝人新疆之行,敝人深知开会诸君反对之主旨,在疑敝人欲将中国历史资料与艺术遗物尽量携取。兹特奉告,敝人匪惟绝无携取此等器物之意,且对开会诸君所宣示者极表赞同。盖敝人曾向中国政府自动提出以此行所获历史遗物全数留存中国,足以证明之也。敝人并于此声明愿与任何学术机关或团体共同磋商处置此项资料之办法。兹劳先生将此函达于上次开会诸君之前,如诸君有需询之处,敝人极愿亲为答复。此外并盼诸君择一考古或历史方面素有经验之人与敝人同行,将来此行所获中国历史与艺术之遗物,即由此君全部携回北京,至此君一切用费,当由敝人负担也。专此。顺请教安。赫定谨启。三月九日。"(《中国学术团体协会西北科学考查团报告》,王忱编《高尚者的墓志铭:首批中国科学家大西北考察实录(1927—1933)》,中国文联出版社2005年版)

3月10日,国民党第二届三中全会在汉口召开,会议主旨是提高党权,预防个人独裁和军事专制。会议通过《军事委员会组织大纲》《国民革命军总司令条例》《撤销中央军人案》等20项决议案。会议选出汪精卫、唐生智、程潜、谭延闿、邓演达、蒋介石、徐谦等7人组成军事委员会主席团,限制蒋介石的军事独裁。

是日,斯文·赫定前往北京大学拜访北京学术界代表,沈兼士、马衡、徐炳昶接待,仅以其谈判六项基本原则告之。

3月13日,北京学术团体联席会议第二次会议召开,拒绝斯文·赫定的提议。

按:北京学术团体联席会议复函曰:"赫定先生台鉴:顷由沈兼士先生转到尊函备悉——。查敝联席会议初次开会时,曾议决原则六项,前日先生与安特生先生到北京大学时,已由徐炳昶先生将此种原则向先生细为解释。如先生愿尊重此项原则之精神,以不背此项原则为条件,与敝联席会议妥商一切,敝联席会议极愿约期与先生作友谊的晤谈,至先生来函所述办法,敝联席会议不甚感雅意,惟与原则第一项所规定由中国人主办之说相背。敝联席会议已经开会议决,不便向先生有所表示。专此布复,即请台安。北京学术团体联席会议启。三月十四日。"(《中国学术团体协会西北科学考查团报告》,王忱编《高尚者的墓志铭:首批中国科学家大西北考察实录(1927—1933)》,中国文联出版社2005年版)

3月19日,北京学术团体联席会议第三次联席会议召开,与会各学术机构决定将北京学术团体联席会议更名为中国学术团体协会,使之成为永久的学术机构。会议制定章程,并报教育部备案,成为"我国近代史上第一个以保护本国科学资料免于外流为宗旨的民间性学术组织"。会议决定由周肇祥、刘半农、袁复礼和李济与斯文·赫定接洽,对其提出的将考察团改名为"北京学术团体联合组织之中国西北科学考查团",建议中国学者成立"名誉理事部以代表此项之科学事业",考察团设立两个领导人,其一由赫定充任,另一个由"名誉理事部"选出中国学者担任的考察方案进行进一步的探讨。

按:北京学术团体联席会议订立章程十四条,内容如下:

第一条,本协会暂以左列学术机关及团体组织之:国立北京大学研究所国学门、国立历史博物馆、国立京师图书馆、中央观象台、古物陈列所、故宫博物院、中国天文学会、中国地质学会、北京图书馆、中国画学研究会、中国图书馆协会。

第二条,本会以保存国境内所有之材料为主旨,古物古迹美术品及其他科学上之重要及罕有材料为范围。

第三条,国内学术机关或团体,有愿入本协会者,须经本协会审查认可始得加入,私人或私法人,热心赞助本协会者,得由本协会认为名誉会员,或聘为顾问。

第四条,本协会暂借北京大学研究所国学门为会址。

第五条,国境内发现有重要学术材料,得由本协会与国内各学术机关或团体,合组临时团体,共同调查或采集之。

第六条,国内学术机关或团体独立调查采集学术材料,由本协会认为必要之工作时,量予资助。本协会内一学术机关或一团体,亦通用前项之规定。

第七条,外国人外国学术机关或团体,有要求参加本协会之调查采集,经本会审查认为必要时,得容纳之,以资臂助,但须订有说明之契约。前项契约以不伤害主权,及不以物品报酬为原则。凡采集所得均应国内学术机关或团体保存,以供内外国人之研究。但于多数物品中经本协会审查在学术上不受影响者,得自由赠与或交换之。

第八条,前条所举之外国人及学术机关或团体有欲参加国内其他学术机关或团体并本协会内任一学术机关或团体均应受前条各项之限制。

第九条,国内学术机关或团体及本协会内一学术机关或团体违反前二条之规定时,本协会得呈请官厅停止其调查或采集之工作。

第十条,无论外国人及外国学术机关或团体,凡未经本协会及国内其他学术机关或团体容许其参加者,于一切之学术材料均不得调查采集。有违反时除呈请官厅停止其调查工作外,并请予以相当之惩罚。

第十一条,本协会经费由在会内学术机关及团体担任,不足时得由本协会募集之。

第十二条,本协会会议方法及办事程序另以细则订之。

第十三条,本章程未竟事宜得由本协会开全体会议修正之。

第十四条,本章程以核准之日施行。(《中国学术团体协会西北科学考查团报告》,王忱编《高尚者的墓志铭:首批中国科学家大西北考察实录(1927—1933)》,中国文联出版社2005年版)

按:王新春说:"中国学术团体协会作为中国最早的文物保护方面的学术机构,拥有包括成员、地址、章程、宗旨和负责人的完整的组织体系。尤为重要的是,各种学术机构组织化,进行文史类和理工类各学科内容之间的共同协作,为民国时期全国性的大规模的学术研究机构——中央研究院的诞生创造了条件。中国学术团体协会在阻止斯文·赫定的探险、建立中国文物保护制度和近代中国学术研究机构的兴起等方面,都具有重要的先驱意义。"(《中国西北科学考查团考古学史研究》,兰州大学博士学位论文,2012年)

3月20日,周肇祥、刘半农、袁复礼、李济与斯文·赫定在北京六国饭店进行面谈。中国学术团体协会坚持考古搜集品必须全数留在中国,并且禁止在考察途中购买古物。但斯文·赫定违背与中国学术团体协会的约定,擅自派遣队员前往包头考察。消息披露后,彻底激怒了北京学术界和社会民众。

是日,武汉新闻记者联合会成立。

3月22日,汉口《中央日报》创刊,由国民党中央宣传部主办。国民党中央宣传部长顾孟余兼任社长,陈莘农(启修)任总编辑,杨绵仲任经理。

3月23日,斯文·赫定收到刘半农寄来的中国学术团体协会的抗议信。他们不断向北京政府施压,举行抗议活动,还给河北、陕西、甘肃、新疆等地方政府和军阀致电要求阻止斯文·赫定的考察。中国学术团体协会的抗议很快在社会上引起强烈反响。北京政府告知斯文·赫定:如果他不能与北京学术界达成协议,那么北京政府将撤销其考察许可,并且可能将他拘捕。至此,斯文·赫定中亚探险队的考察计划彻底破产。

3月24日,中国学术团体协会召开会议,袁复礼向大会陈述20日与斯文·赫定商谈的情况。

按：中国学术团体协会据此形成十一条决议，主要内容为：考察团名称为"中国学术团体协会西北科学考查团"，由协会组织理事会管理；中国派遣学者5人、学生10人参加，考察团团长中外各1名，由理事会委任，并受其监督和指挥；调查结果提交理事会，并由理事会审查和发表等。在这十一条决议中，考古方面规定"所得古物应全部交由理事会保存"；搜集品经理事会研究酌情赠与，但所得古物除外，考察途中不得直接或间接毁坏古迹遗址，不得以私人名义购买古物，亦不得吩咐当地人收买文物。(《中国学术团体协会西北科学考查团报告》，王忱编《高尚者的墓志铭：首批中国科学家大西北考察实录(1927—1933)》，中国文联出版社2005年版)

3月25日，刘半农向斯文·赫定宣读中国学术团体协会的决议。

是月，上海新新公司建立商业广播电台。

是月，北洋政府再度颁发《大总统令税务处妥订禁止古物出口办法令》，要求税务处妥善制订禁止古物出口办法，并饬令海关切实稽查，以保存国粹。

4月1日，湖南审理土豪劣绅特别法庭成立。

是日，中国学术团体协会召开第五次会议，在理事会权限和考古方面维持原案。

4月2日，国民党中央监察委员会在上海召开全体紧急会议，蔡元培、吴稚晖、张静江、李石曾、古应芬、陈果夫、李宗仁、黄绍竑等出席会议，由蔡元培主席，马叙伦记录。吴稚晖提出"请办覆党卖国之共产派党员案"，经讨论，决议清除共产党势力，照原案咨送中央执行委员。

按：国民党中央监察委员会咨中央执行委员会文如下："窃本会职责所在，'党员施政方针，是否根据本党政纲'，尚应过问，则弃裂本党政纲，酿成亡党卖国之行为，尤应举发。是以本会委员分赴各地，遇集上海。遂于民国十六年三月念八日先开临时会，决定于四月二日下午七时，召集中央监察委员等全体紧急会议。到会三分之二，蔡元培、李宗仁、古应芬、黄绍竑、张人傑、吴敬恒、李煜瀛、陈果夫共同出席。公推蔡元培为主席，由吴敬恒提出共产党连结容纳于国民党之共产党员，同有谋叛证据一案。经出席委员共同讨论。复由各委员报告最近在湖南、湖北、江西、安庆、上海共产党之所为，皆有不利于国民党、受外人指使之事实。其骚乱社会，扰乱后方，尤其余事。故全场一致议决，将访查所得首要各人(名单另附)，咨请贵委员等以非常紧急处置。姑将所开各人及各地共产党首要危险分子，经党部举发者，就近知照公安局或军警暂时分别看管监视，免致活动，致酿成不及阻止之叛乱行为。仍须和平待遇。一面由贵会公决，召集全体中央执行委员会，共议处分。再所有汉口联席会议及第二届第三次全体中央执行委员会会议，皆徐谦、邓演达、顾孟余等受俄顾问鲍罗廷之指挥所颠倒。所有由该会议产生之机关，其所发命令，本会亦认为发生疑问。并请贵委员会应按着事实，分别接受与否。其准予接受施行者，以备下届全体中央执行委员会讨论追认。其有不得不否认者，应暂时搁置。因中间杂有便于叛徒之命令，恐适酿大患也，本会此等建议，因防止非常大乱，恐亡党卖国不及救止，为万不得已之所为。是否有当？于第三次全国代表大会开会时补请公核。如有失察，甘受处分可也。并将吴委员敬恒提呈一件，先行由电附达。其本会议记录一册，随后邮奉。谨咨。"(上海《民国日报》1927年4月16日)

是日，周肇祥等人与斯文·赫定就协议条款进行逐条商议。

4月4日，国民党中央农民运动讲习所开学。

4月5日，汪精卫、陈独秀联合发表《告两党同志书》，否认国民党领袖将驱逐共产党、压迫工会和工人纠察队。

4月6日，张作霖派人搜查苏联驻华使馆，带走大量文件，逮捕了在这里避难的共产党人李大钊、范鸿劼、谢伯俞、谭祖尧、杨景山等及国民党左派邓文辉等60余人，李大钊夫人赵纫兰及女儿李星华、李艳华也一同被捕。

4月8日，蒋介石指使吴稚晖、白崇禧、陈果夫等组织上海临时政治委员会，规定该会将以会议方式决定上海市一切军事、政治、财政之权,以取代上海工人第三次武装起义后成立的上海特别市临时政府。

4月9日,蒋介石发布《战时戒严条例》,严禁集会、罢工、游行,并成立淞沪戒严司令部,以白崇禧、周凤岐为正、副司令。

4月10日,蒋介石通电解散以国民党左派邓演达为主任的国民革命军总政治部。26日,蒋介石在南京成立国民革命军总政治部,以吴稚晖为主任。

4月12日,蒋介石在上海发动反对国民党左派和共产党的武装政变,史称"四一二"政变。在事变后3天中,上海共产党员和革命群众被杀者300多人,被捕者500多人,失踪者5000多人,优秀共产党员汪寿华、陈延年、赵世炎等光荣牺牲。

按:"四一二"反革命政变标志着中国阶级关系和革命形势的重大变化。以蒋介石为首的国民党反动派从民族资产阶级右翼完全转变为大地主大资产阶级的代表。从此,蒋介石和他的追随者完全从革命统一战线中分裂出去。革命在部分地区遭到重大失败。

4月13—16日,中国共产党第四届执行委员会第三次全会提前在汉口举行,出席者有陈独秀、蔡和森、张国焘、谭平山、瞿秋白等人。会议讨论了中共五大的政治报告及组织委员会、职工运动、农民土地问题等文件。决定大会主席团及各委员会的组成,由蔡和森任秘书长。

4月13日上午,上海烟厂、电车厂、丝厂和市政、邮务、海员及各业工人举行罢工,参加罢工的工人达20万人。上海总工会在闸北青云路广场召开有10万人参加的群众大会。大会通过决议,要求:一、收回工人的武装;二、严办破坏工会的长官;三、抚恤死难烈士的家属;四、向租界帝国主义者提极严重的抗议;五、通电中央政府及全国全世界起而援助;六、军事当局负责保护上海总工会。

4月14日,共产国际执行委员会在莫斯科发表《关于蒋介石发动反革命政变告世界无产者、农民及一切被压迫民族书》,指出蒋介石已成为帝国主义强盗同伙、工人运动的敌人。

是日,中国学术团体协会第七次会议就考古活动进行商议,提出三种办法,多数学者同意以口头形式承诺赠与斯文·赫定考古搜集品副本的办法。

4月15日,广州的国民党反动派发动反革命政变。当日捕去共产党员和革命群众2000多人,封闭工会和团体200多个,优秀的共产党员萧楚女、熊雄、李启汉等被害。

4月17日,在国民党中央执行委员会政治会议第74次会议上,李石曾提出设立中央研究院案,经议决通过,并推选李石曾、蔡元培、张人杰3人共同起草组织法。

是日,武汉国民党中央发表命令,宣布开除蒋介石的国民党党籍,免去其本兼各职,"着全体将士及革命民众团体",将蒋介石"拿解中央,按反革命罪条例惩治"。

4月18日,南京国民党中央政治会议发表《定都南京宣言》,在南京另组国民政府。南京国民政府委员为蒋介石、胡汉民、张人杰、吴稚晖、李石曾、邓泽如、蔡元培、李宗仁、何应钦、古应芬、陈铭枢等。

按:蒋介石南京政府与保持国共合作的武汉国民政府相对抗。在北京,还存在奉系军阀张作霖政权。全国出现3个政权互相对峙的局面。南京政府宣布武汉国民政府与国民党中央一切决议为非法,公开通缉鲍罗廷、陈独秀、谭平山、林伯渠、吴玉章、蔡和森、毛泽东、恽代英等共产党人和国民党左派193人。

是日,国共两党在武汉举行联席会议,决定继续北伐,讨伐奉系军阀,与冯玉祥会师河南,再联合阎锡山,将奉军逐出京、津地区,然后解决东南问题。

4月19日,武汉国民政府举行第二次北伐誓师大会。

是日,蒋介石南京国民政府发布"秘字第一号令",通缉鲍罗廷、陈独秀、邓中夏、瞿秋白、谭平山、苏兆征、周恩来、李立三、罗亦农、蔡和森、张国焘、张太雷、邓演达、顾孟余、徐谦等197名"共产党首要分子"、国民党左派人士及其他著名活动家。

按:"秘字第一号令"曰:"共产党窃据武汉,破坏国民革命之进行,数月以来,肆行残暴,叛党叛国,罪恶贯盈。最近实施卖国之外交,牺牲国权,以取悦于帝国主义者,又复爪牙四布,荼毒民众,使湘、鄂两省演成大恐怖,我先民固有之美德,数千年所恃以立国者,亦皆败毁无余。综其所为,祸有甚于洪水猛兽;瞻念前途,不寒而栗。政府奉行先总理之遗教,誓竭全力,期三民主义之实现。惟欲建设独立、平等之国家,必先扑灭一切反革命之势力。共产党图谋倾覆本党,逆迹昭著,中央监察委员会举发,致令国民革命军总司令蒋中正,于最短期间亟请叛乱。查此次叛逆,实以鲍罗廷、陈独秀、徐谦、邓演达、吴玉章、林祖涵等为罪魁,以及各地共产党首要、次要危险分子,均应从严拿办,着国民革命军总司令、各军长官、各省政府通令所属,一体严缉,各获归案重办。至该党忠实同志遵守三民主义始终不贰之信徒,在革命地域大都与贼相持,奋斗不懈,应着悉心保护,其余被压迫而心迹可谅者,政府必分别办理,决不绝其自新之路。此令。"

4月20日,中共中央发表《为蒋介石屠杀革命民众宣言》,指出"蒋介石业已变为国民革命公开的敌人,业已变为帝国主义的工具,业已变为屠杀工农和革命群众的白色恐怖的罪魁",号召全国人民动员起来,团结一致,形成一个巩固的革命民主主义战线来对付与战胜帝国主义、军阀、封建资产阶级联合势力的进攻。

4月21日,武汉国民党中央、武汉国民政府通电否认南京国民政府。同日,蒋介石以国民革命军总司令名义宣布国民政府军事委员会由广州移至南京,并通过了《中华民国国民政府军事委员会组织大纲》和《国民革命军总司令部组织大纲》,规定"军事委员会为国民政府之军事最高机关""在战时为指挥统一起见得设国民革命军总司令"。

4月22日,武汉国民政府由汪精卫领衔,孙科、邓演达、宋庆龄、张发奎、吴玉章、毛泽东、恽代英等联名发布通电,斥责蒋介石的分裂行为,于是形成"宁汉对立"的局面。

4月26日,周肇祥代表中国学术团体协会与瑞典斯文·赫定在北京订立中瑞考察团合作方法,组织"中国学术团体协会西北科学考查团"(简称"中国西北科学考查团""西北科学考查团"),考察其地质学、地磁学、气象学、天文学、人类学、考古学、民俗学等。

按:中国学术团体协会为组织西北科学考察团事与瑞典国斯文·赫定博士订定合作办法:第一条,本协会为考查西北科学事务,容纳斯文·赫定博士之协助,特组西北科学考查团。第二条,本协会特组西北科学考查团理事会,依据本合作办法,监察并指挥该团进行一切事务。第三条,西北科学考查团,由理事会委任中外团员若干组织之,外国团员之由斯文·赫定博士选定者,本协会审核后予以委任,其姓名、国籍、资格及所担任科目,另列附单。第四条,理事会就团员中委任中外团长各一人,其外国团长即由斯文·赫定博士任之。第五条,中外两团长之任务规定如左:(一)旅行中之行止及工作时间等事,由外国团长商同中国团长规定之。(二)关于团员之工作分配,外国团长须预征中国团长之同意。中国团长如有提出工作分配时,亦须得外国团长之同意。(三)途中与各地方长官接洽事务,由中国团长主持办理。(四)采集品之运输,由中国团长主持办理。第六条,关于全团经费之担负,及其他旅行中一切必需事项,规定如左:(一)全体团员自出发之日起,至事毕回京之日止,所需之食料、篷帐、夫役、驼畜、医药、采集品之运京,及其他旅行上必要之费用,均由斯文·赫定博士担任之。(二)斯文·赫定博士除担任外国团员之薪水外,并自出发之日起,至事毕回京之日止,按月捐助华币八百五十元于本协会,其用途另列附单。(三)其余未尽事宜,由中国团长随时与赫定博士商洽办理,并报告理事会考核。第七条,旅行往返路线,由北京至包头、索果诺尔、哈密、迪化、罗布诺尔,至车尔臣。遇必要时,得由两团长妥商,略予变更,但如有重大变更时,须电请理事会审查,核准后始能执行。第八条,旅行期限,自离京之日算起,至多不得过两年。第九条,旅行中所考查之事项,其主要者为:地质学、地磁学、气象学、天文学、人类学、考古学、民俗学。第十条,凡直接或间接对于中国国防国权上有关系之事务,一概不得考查,如有违反者,应责成中国团长随时制止。第十一条,旅行时所绘地图,除工作所用区域外,其比例不得大于三十万分之一。第十二条,考查时应守之规定如下:(一)不得有任何借口,致毁损关于历史、美术之建筑物。(二)不得以私人名义购买古物等。第十三条,关于考古学,规定不作发掘的工作,但遇有小规模之发掘,对于全团之进行并无大碍,又采掘所得之物不甚重滞,运输上无须有特别设备者,得由中国团长商同外国团长执行之。(但对于全团进行并无妨碍时,较大规模之考古学的发掘仍可为之。)第十四条,收罗或采掘所得之物件,其处分方法规定如左:(一)关于考古学者,统须交与中国团长或其所委托之中国团员运归本会保存;(二)关于地质学者,其办法同上,但将来运回北京之后,经理事会之审查,得以副本一份赠予斯文·赫定博士。第十五条,考查所得各项成绩,其处分方法规定如左:(一)照片。须交理事会审查,并须交存一本于理事会。(二)自然科学中之图线记录,须交与理事审查,于六个月内审查完毕。(三)笔记、图画或日记,依上条办理。(四)地图。除经理事会于六个月内审查外,并须由理事会转送参谋本部审查。(五)电影片。一须经理事会审查;二须存副本一份于理事会;三初次开映须在北京。凡未经上文所说之审查手续者,不得发表。第十六条,考查完毕时,须用本协会名义发表正式报告。其办法如左:(一)每种科学出一小册子。其篇幅约定为八开本二百四页,用中文及西文对照排印。(二)此项排印费由本协会担任之,印成后赠一百部与斯文·赫定博士。(三)报告上所刊著作者之姓氏,除首列两团长外,其余团员,均依西文字母次第排列之。(四)此项报告,当于考察完毕后二年六个月之内出全。第十七条,由此次考查而产生之大部著作,其发表方法规定如左:(一)出版须在正式报告出版之后。(二)分著作为两部,关于地质学、人类学、考古学、民俗学等属甲部,关于地磁学、气象学、天文学等属乙部。甲部著作由本协会担任经费,在中国出版,乙部著作由斯文·赫定博士担任经费,在欧洲出版。双方交换一百部。其余自由发行。(三)关于甲部之材料,无论是中国团员或外国团员考查所得,统须交与理事会。关于乙部之材料,无论是中国团员或外国团员所得,经理事会于六个月之内审查完毕后,交与斯文·赫定博士。(四)甲乙两部中各项著作,须用同一总名概括之,并须照同一版本同一式样印刷之。(五)此项著作用本协会名义发表,其著作人之姓名,分刊各卷之上,但甲部之书,应由中国团长任总编辑,外国团长任副编辑;乙部之书外国团长任总编辑,中国团长任副编辑。第十八条,考查气象时设有气象台四座,此项气象台中所有仪器,斯文·赫定博士已允赠与中国,俟考查完毕时,由斯文·赫定博士交与理事会。第十九条,本订定办法,附有英文译本一份,应以中文为准。以上合作办法十九条,于中华民国十六年(西历纪元一九二七年)四月二十日,经本协会第九次大会之决议,并推定当日主席周肇祥先生为代表,与斯文·赫定博士逐条研究,双方认为满意,于是月二十六日在北京大学研究所国学门签字。周肇祥,Sven Hedin。(《中国学术团体协会为组织西北科学考查团事与瑞典国斯文·赫定博士订定合作办法》,《中华图书馆协会会报》1927年第2卷第6期)

　　按:当时任中国学术团体协会西北科学考查团理事会成员的有:北京大学国文系教授刘复(半农)、中国画研究会会长周肇祥(嵩灵)、北京大学地质系主任李四光(仲揆)、中央观象台台长高鲁(曙青)、北京图书馆馆长袁同礼(守和)、北京工业专门学校校长俞同奎(星枢)、教育部金事、历史博物馆馆长徐协贞(吉轩)、故宫博物院古物馆馆长徐鸿宝(森玉)、清华学校教务长梅贻琦(月涵)。(以上考古参见中国大百科全书总编辑委员会《中国大百科全书·考古学》,中国大百科全书出版社2002年版)

　　4月27日至5月9日,中国共产党第五次全国代表大会在武汉举行。大会主席团委员为陈独秀、蔡和森、张国焘、谭平山、瞿秋白、彭述之等,大会秘书长为蔡和森。陈独秀任执行主席,主持开幕式,并代表中共中央作两年来工作报告——《政治与组织的报告》。会议对陈独秀忽略同资产阶级争夺革命领导权的右倾错误进行批评,通过了《政治形势与党的任务决议案》《土地问题决议案》及宣言。鉴于陈独秀的党内威望以及没有合适的替代者等原因,所以仍选他为党的总书记,与李维汉、张国焘、蔡和森、周恩来、李立三、瞿秋白、谭平山、苏兆征9人组成政治局,与李维汉、张国焘3人组成政治局常委。

4月28日,李大钊和北方党的领导骨干及国民党员共20人在北京被张作霖杀害,酿成震惊中外的"四二八"惨案。

　　按:同时被杀害的19名烈士是:谭祖尧、邓文辉、谢伯俞、莫同荣、姚彦、张伯华、李银连、杨景山、范鸿劫、谢承常、路友于、英华、张艳兰(女)、阎振三、李昆、吴平地、陶永立、郑培明、方伯务。(参见朱文通主编《李大钊年谱长编》,中国社会科学出版社2009年版)

是月,国民政府定都南京,为培植政党人才,决定创办中央党务学校。

　　按:中央党务学校筹建时,有筹备委员9人,分别为蒋介石、戴传贤、丁惟汾、陈果夫、吴倚伧、曾养甫、刘芦隐、罗家伦。蒋介石为校长,戴传贤为教务主任,罗家伦为教务副主任,丁惟汾为训育主任,谷正纲为训育副主任。

5月1日,共产国际执委会在莫斯科发出《关于若干中国共产党人被处决的抗议书》,号召全世界无产阶级和劳动农民一切革命者,开展强大的抗议运动,支持中国的革命者。

5月3日,上海大学被查封。旧址拨给国立劳动大学。

5月4日,蒋介石在南京召开的五四运动纪念大会上,正式发出实行"党化教育"的号召。

　　按:南京国民政府的"党化教育"是针对全体民众的,是要确立国民党党义在意识形态方面的主导地位。因此,国民党对各级学校、各阶层民众、各少数民族、华侨以及留学人员等的"党化教育"都有专门的规定。

5月9日,中共五大决定改中央执行委员会为中央委员会,设立中央政治局和常委会。选举了新的中央委员会,中央委员为陈独秀、谭平山、张国焘、蔡和森等31人,候补中央委员14人。同时选举产生中央监察委员会,有正式代表7人和候补代表3人。

是日,由中国和瑞典等国的科学家联合组成的西北科学考查团第一批团员从北京出发。该团分多路考察内蒙古西部、新疆、甘肃河西走廊祁连山一带、青海北部柴达木盆地周围和西藏北部,完成白云鄂博大铁矿、三叠纪恐龙化石、居延汉简等多方面重要发现。

是日,武汉国民政府颁布《禁止民众团体及民众自由执行死刑条例》《处分逆产条例》《佃农保护法》。

是日,中央政治会议第90次会议决定成立中央研究院筹备处,并推定蔡元培、李石曾、张人杰、褚民谊、许崇清、金湘帆6人为筹备委员。

是日,国民党中央执行委员会政治会议议决将设在江湾、上海之模范工厂、游民工厂改为国立劳动大学。派蔡元培、李煜瀛、张静江、褚民谊、许崇清、金湘帆、张性白、吴忠信、严慎予、沈泽春、匡互生等11人为筹备委员。创办劳动大学的宗旨是:发展劳动者教育,试验劳动教育。经数月筹备,工学院、农学院分别于8月、10月招生。9月19日,劳动大学举行开学典礼,易培基校长就职。

5月10日,中国共产党第五届中央委员会举行第一次全体会议,推选陈独秀、李维汉、蔡和森等7人为中央政治局委员,苏兆征、周恩来、张太雷等3人为政治局候补委员;又推选陈独秀、蔡和森、张国焘组成中央常务委员会,蔡和森任中央宣传部部长。

是日,中国共产主义青年团第四次全国代表大会在武汉召开。会议选出新的团中央局,任弼时当选为书记。

5月18日,共产国际执委会第八次全会在莫斯科举行。会议以中国革命问题作为中心议题之一,设立了"中国问题委员会",通过《关于中国问题的决议》。

5月22日,中共中央政治局常委会开会,讨论开办中央党校问题。决定在武汉招收学员300人,半年1期。

是月,中共中央宣传委员会在武汉召开关于湖南农民运动等问题的讨论会,由蔡和森主持,陈独秀、瞿秋白、施存统、彭述之、毛泽东等人参加。

6月5日,武汉国民政府解除苏联顾问鲍罗廷、加伦等140多人的职务。

6月7日,蔡元培出席国民党中央政治会议第一〇二次会议,以所拟具大学区制组织条例八项,提请变更教育行政制度,获得通过。中央政治会议当即咨请国民政府办理。

6月10—11日,武汉国民政府汪精卫、谭延闿、唐生智等赴郑州,与冯玉祥举行会谈,密谋反共。

6月15日《中央半月刊》出版,吴稚晖主撰,为南京国民党中央宣传部定期刊物。

6月18日,张作霖在北京就任"中华民国陆海军"大元帅职,并发表"讨共"宣言。

6月19日,第四次全国劳动大会在汉口举行,到会代表400余人,代表会员290余万人。大会号召工人阶级同农民、小资产阶级结成坚强的同盟,坚决反对蒋介石的叛变,并继续深入开展革命斗争。

6月20日,张作霖在北京组成安国军政府。

6月20—21日,冯玉祥同蒋介石等南京国民党首领在徐州举行会议,决定反共、反苏,实行宁汉合作。

是月,蔡元培、李石曾等仿效法国体例,试行大学区制,撤销教育行政委员会,改设中华民国大学院为全国最高学术教育行政机关,筹设中的中央研究院成为其附属机构之一。

是月,南京国民政府教育行政委员会通过《大学规程》23条、《中学规程》23条。

按:两个《规程》分别规定:大学以灌输及研究世界日新之学术,力图文化之上进,以实现三民主义为宗旨。中学以根据三民主义,完足小学之基础训练,并增进学生之知识技能,以适应民族生活之需要为宗旨。两个《规程》在"总纲"之后,列专章对分科及课程教科、组织、入学修业及毕业、上课休业日等做了规定。(参见中央教育科学研究所编《中国现代教育大事记(1919—1949)》,教育科学出版社1988年版)

是月,《燕京学报》创刊,由美国基督教会创办、燕京大学编印,是以研究中国学术为主旨的重要刊物。

7月1日,《国民政府公报》宁字第7号载《大学区组织条例》。

按:《大学区组织条例》如下:

一、全国依现有之省份及特别区,定为若干大学区,以所在省或特别区之名名之,如浙江大学、江苏大学等。每大学区设校长一人,总理区内一切学术与教育行政事项。

二、大学区设评议会,为本区立法机关。

三、大学区设秘书处,辅助校长,办理本区行政上一切事务。

四、大学区设研究院,为本大学研究专门学术之最高机关。院内设计部,凡省政〈府〉关于一切建设问题,随时可以提交研究。

五、大学区设高等教育部,设部长一人,管理本部各学院、及其他大学、及专门学校,及留学事项。

六、大学区设普通教育部,设部长一人,管理区内公立中、小学校、及监督私立中、小学教育事业。

七、大学〈区〉设扩充教育部,设部长一人,管理区内劳农学院及关于社会教育之一切事项。

八、大学区评议会、秘书处、研究院、高等教育部、普通教育部、扩充教育部之组织与职权,别定之。

九、本条例经国民政府核准后,暂在浙江、江苏等省试行之。

按:中央政治会议咨文如下:"为咨行事:第一百〇二次政治会议,准蔡委员元培提出教育行政委员会呈文一件,请变更教育行政制度,以大学区为教育行政之单元,区内之教育行政,由大学校长处理之。凡大学,应设研究院,为一切问题交议之机关。特拟具大学区组织条例八项,及大学行政系统表,请核议施行等语。当经决议:由国民政府核议施行。相应录案,并检奉原呈附件,咨请查照办理。此咨。"

7月4日,南京国民政府公布《中华民国大学院组织法》,其中规定"本院设中央研究院,其组织条例另定之"。

按:《中华民国大学院组织法》规定,大学院为全国最高学术教育机关,管理全国学术及教育行政事务。大学院内设大学委员会,为立法审议机构,负责审议全国学术教育一切重要事项;设中央研究院,为全国最高学术研究机构,下设各专门委员会。蔡元培在《大学院组织缘起》中,对教育与学术研究的关系作了论述:"教育行政与教育学术合而为一,是谓'教育学术化'。教育学术与教育研究合而为一,是谓'学术研究化'。反词证之,苟无研究,便无学术,苟无学术,何有教育?苟无学术,何须教育行政;教育行政而不根据学术为标准,何足以言教育?此教育行政制度之变更,不啻废除教育部,而代以最高之中央大学,废除教育厅,而代以各省最高之省区大学也。"(中国第二历史档案馆编《中华民国史档案资料汇编》第五辑第一编《教育》(一),江苏古籍出版社1994年版)

7月7日,上海特别市成立,直辖于中央政府,上海始有省直辖市一级建置。

7月12日,根据共产国际执行委员会的指示,中共中央改组,成立以张国焘、张太雷、李维汉、李立三、周恩来为成员的临时中央政治局兼常委会,陈独秀被停职。

是日,北京军政府大元帅张作霖命令公布《教育部官制》,规定教育部直隶于大元帅,管理教育学艺及历象事务。

7月13日,中共中央决定从国民政府中撤出。同日,中共中央发表《国民革命的目前行动政纲草案》,宣告中共继续进行反帝反封建的革命斗争,愿意同国民党革命分子继续合作。

7月15日,国民党中央常委扩大会议在汉口召开,通过了《统一本党政策案》,正式决定"反共",宣布与共产党决裂,公开背叛孙中山实行的国共合作政策和纲领。同日,汪精卫在武汉发动政变,提出"宁可枉杀千人,不可使一人漏网"的口号,大肆屠杀共产党人和革命群众,实行"宁汉合流"。史称"七一五"反革命政变。

7月16日,中共临时中央常务委员会发表《中国共产党中央委员会对政局宣言》,宣布撤回参加国民政府的共产党员,申明中国共产党将同坚持三大政策的国民党内的革命分子继续合作。

7月20日,北京军政府大元帅张作霖令整理学校,令"着教育部妥拟条规,重申训诫,责成各学校切实整理并咨行各省区一体力行,务使士习胥端,学风丕变,四维咸凛,三育兼施,庶几上理克臻,人文蔚起"。

7月24日,中共中央作出《中央对于武汉反动时局之通告》,指示各级党组织转入秘密状态。这标志着国共第一次合作全面破裂。

7月26日,南京国民党中央执行委员会发出通电:取消莫斯科中山大学,全国机关不得再派遣学生。

是月,国民政府教育行政委员会首先对"党化教育"作了诠释:"所谓'党化教育',就是在国民党指导之下,把教育变成革命化和民众化,即教育方针要建筑在国民党的根本政策上。国民党的根本政策是三民主义、建国方略、建国大纲和历次全国代表大会的宣言和决议案。"(舒新城《近代中国教育史料补编》,中华书局1928年版)

8月1日,根据中共中央的决定,以周恩来为首的中共前敌委员会和贺龙、叶挺、朱德、刘伯承等领导的北伐部队3万余人发动"南昌起义",打响了武装反抗国民党大屠杀的第一枪。从此开始了中国共产党独立领导革命武装斗争的新时期。

　　按:8 月 1 日上午,召开有国民党中央委员、各省区特别市和海外党部代表参加的联席会议,成立中国国民党革命委员会,推举邓演达、宋庆龄、何香凝、谭平山、吴玉章、贺龙、林祖涵(伯渠)、叶挺、周恩来、张国焘、李立三、恽代英、徐特立、彭湃、郭沫若、经亨颐等 25 人为委员。革命委员会任命吴玉章为秘书长,任命周恩来、贺龙、叶挺、刘伯承等组成参谋团,作为军事指挥机关,刘伯承为参谋团参谋长,郭沫若为总政治部主任,并决定起义军仍沿用国民革命军第二方面军番号,贺龙兼代方面军总指挥,叶挺兼代方面军前敌总指挥。所属第 11 军(辖第 24、第 25、第 10 师),叶挺任军长、聂荣臻任党代表;第 20 军(辖第 1、第 2 师),贺龙任军长、廖乾吾任党代表;第 9 军,朱德任副军长、朱克靖任党代表。

　　8 月 4 日,南京政府教育行政委员会议决学校施行党化教育办法草案。

　　按:7 月 1 日上海各报刊载教育行政委员会委员韦悫撰写的《国民政府教育方针草案》。文章认为,党化教育方针是:一、民众教育应与民众运动一并进行;二、应以最短时间实行义务教育;三、教育应增进生活的效能;四、应指导学校毕业生到民间去;五、各学校应增设军事训练;六、各学校应注重体育训练;七、学生运动应统一在党的指挥之下;八、科学教育应特别注意;九、应努力收回教育权;十、教育权与宗教分离;十一、教育经费应早日确定;十二、政府应在国内重要的工商业及农业地点开设特别学校。此草案经教育行政委员会大致通过,并提出将劳动教育包括在第三项;对学生参加运动应有相当的限制。后以"三民主义教育"替代"党化教育"提法,在各级学校设置党义课程,检定党义教师,建立训导制度。(参见中央教育科学研究所编《中国现代教育大事记 1919—1949》,教育科学出版社 1988 年版)

　　8 月 6 日,南京国民政府教育行政委员会通令各学校采用校长制,废除委员制。

　　同日,北京军政府大元帅张作霖令北京大学、法政大学、医科大学、农业大学、工业大学、师范大学、女子学院师范大学部、女子学院大学部、艺术专门学校等国立九校合组为"国立京师大学校"。九校归并一事,遭到各校师生强烈反对。

　　8 月 7 日,中共中央在汉口召开紧急会议,会议撤销陈独秀的中央总书记职务,确定土地革命和武装反抗国民党的总方针,决定在湘、鄂、粤、赣四省举行秋收起义。瞿秋白成为临时中央主要负责人。会议通过《党的组织问题议决案》。史称"八七会议"。

　　8 月 9 日,瞿秋白主持召开中央政治局第一次会议,选举瞿秋白、苏兆征、罗迈(李维汉)为临时中央政治局常委,并决定由瞿秋白兼管农业、宣传部并任党报总编辑。

　　8 月 10 日,北京军政府教育总长刘哲派教育部官员陈任中、刘凤竹、韩瑞汾、谢中等 12人为京师大学校筹备委员,分别接收国立九校。

　　8 月 13 日,蒋介石为促成宁汉合作,将通电下野。

　　8 月 15 日,南京国民政府教育行政委员会公布《教育会规程》21 条,规定教育会以研究教育事项,发展地方教育为宗旨。

　　8 月 19 日,武汉国民政府决定迁往南京,实行宁汉合流。

　　8 月 23 日,北京军政府教育刘哲兼"国立京师大学校"校长。

　　8 月 27 日,北京军政府教育部通令取消各校学生会及学生联合会,禁止学生在校开会。

　　是日,第八届远东运动会在中国上海举行。

　　8 月 31 日,北京军政府教育部公布《国立京师大学校组织总纲》,共 17 条,规定该校以"教授高深学问,养成硕士闳才"为宗旨,分设文科、理科、医科、法科、工科、师范部、女子第一部、女子第二部、商业专门部、美术专门部,共五科五部。

　　9 月 8 日,北京军政府教育部通令中学以上各校"所有国文一课,勿论编纂何项讲义及课本均不准再用白话文体,以昭划一,而重国学"。

9月9日，毛泽东在湘赣边界领导"秋收起义"，组建工农革命军第一军第一师，卢德铭任总指挥，毛泽东任中共前敌委员会书记。

是日，武汉国民政府停止办公，结束一切工作。

9月16日，国民党宁、汉、沪三方在南京召开联席会议，推举汪精卫、蒋介石、胡汉民、李宗仁、孙科、谭延闿等32人组成国民党中央特别委员会，代行国民党中央职权。

9月20日，京师大学堂在教育部礼堂举行总开学典礼。教育部长兼校长刘哲发表长篇演说，提出该校今后办学宗旨为"保存旧道德，取法新文明"。

9月21日，北京军政府教育部令将国立京师大学国学门研究所改为国学研究馆，其任务为整理及阐扬国学并指导研究生研究高深国学。

是日，汪精卫、唐生智、顾孟余回汉口，决定反对南京特别委员会，成立武汉政治分会。

9月28日，蒋介石下野赴日本。

是月，就读于南京中央大学的赵宗燠、李秀峰、郑集、苏吉呈4名四川籍学生，鉴于中国西部科学落后，发起成立华西自然科学社，以"研究及发展自然科学"为宗旨。

9月29日，"秋收起义"部队在三湾进行改编，在部队中建立了共产党的各级组织，随后开创了井冈山革命根据地。

10月1日，中华民国大学院在南京正式成立，蔡元培宣誓就任大学院院长，杨铨任大学院教育行政处主任。大学院取代教育部为全国最高学术教育行政机关。

按：蔡元培强调大学院的使命之一即"实行科学的研究与普及科学的方法"，为此特设中央研究院"为全国学术之中坚"，为加速推动中央研究院的筹建进程，先后聘请王季同（小徐）、曾昭抡、周览（鲠生）、宋梧生、郭任远、周仁、王琎、王世杰、竺可桢等30余名学术界知名人士为筹备委员。

按：蔡元培《我在教育界的经验》："我六十一岁至六十二岁（十六年至十七年）任大学院院长。大学院的组织，与教育部大概相同，因李君石曾提议试行大学区制，选取此名。大学区的组织，是摹仿法国的。法国分全国为十六大学区，每区设一大学，区内各种教育事业，都由大学校长管理。这种制度优于省教育厅与市教育局的一点，就是大学有多数学者，多数设备，决非厅局所能及。我们为心醉合议制，还设有大学委员会，聘教育界先进吴稚晖、李石曾诸君为委员。由委员会决议，先在北平（包河北省）、江苏、浙江试办大学区。行了年余，常有反对的人，甚至疑命名'大学'，有蔑视普通教育的趋势，提议于大学院外再设一教育部的。我遂自动的辞职，而政府也就改大学院为教育部；试办的三大学区，从此也取消了。我在大学院的时候，请杨君杏佛相助。我素来宽容而迂缓，杨君精悍而机警，正可以他之长补我之短。正与元年我在教育部时，请范君静生相助，我偏于理想，而范君注重实践，以他所长补我之短一样。大学院时代，院中设国际出版品交换处，后来移交中央研究院，近年又移交中央图书馆。大学院时代，设国立音乐学校于上海，请音乐专家萧君友梅为校长（第一年萧君谦让，由我居校长之名）。增设国立艺术学校于杭州，请图画专家林君风眠为校长。又计划第一次全国美术展览会，但此会开办时，我已离大学院了。大学院时代，设特约著作员，聘国内在学术上有贡献而不兼有给职者充之，听其自由著作，每月酌送补助费。吴稚晖、李石曾、周豫才诸君皆受聘。"（高平叔编《蔡元培全集》，中华书局1944年版）

10月15日，北京军政府教育部公布《教育部历史博物馆规程》，旨在进一步加强对历史博物馆的管理。

按：《规程》以法令的形式将午门、端门及东西朝房正式辟为馆址，并对博物馆的组织重新作了调整，规定总务部掌管馆内文牍、会计、庶务事项，征集部负责历史物品的调查、搜集、购置、陈列、保管事项，编辑部管理物品的说明、编目以及本馆书报编译事项，艺术部职掌物品的摹拓、绘画、摄影及制造模型、绘制图表事项。

10月24日，中共中央机关刊物《布尔塞维克》在上海创刊，瞿秋白、罗亦农、王若飞等主编。

10月27日,毛泽东率工农革命军到达井冈山茨坪,随后开始创建以宁冈为大本营的井冈山根据地。

10月30日,广东海丰、陆丰农民自卫军暴动,占领海丰、陆丰,成立海陆丰苏维埃政权,彭湃为政府主席。

是月,中共中央机关刊物《布尔塞维克》在上海创刊,瞿秋白任总编辑。土地革命战争时期,中共中央还创办《红旗》《斗争》《实话》《党的生活》《党的建设》《解放》等报刊。

按:《布尔塞维克发刊词》说:中国现在的时期是社会斗争剧烈到万分的时期。国民革命因为国民党领袖的背叛革命而受着非常严重的打击——国民党,中国最早的革命政党已经因此而灭亡了。中国共产党曾经向导国民党,使他从腐化崩溃之中复活起来(国民党第一次代表大会的改组);中国共产党曾经向导中国民众实行近三年来伟大的革命斗争:反对帝国主义,反对军阀豪绅的斗争,——国民党的复活改组,也完全依赖这种向导,完全因为他接受了反对帝国主义及军阀的政纲。但是,革命正在这种向导之下进行的时候,国民党的领袖一批一批的背叛革命,背弃了他们自己的三民主义。为什么?因为革命已经引起千百万工农群众的斗争:农民群众起来组织农民协会的政权,没收地主阶级的土地;工人的总工会执行革命武力的任务,逮捕镇压反动派,保障劳动,要求实行八小时工作制;一般贫民要求依据工农的革命力量创造真正的民权——劳动者的民权政治。中国革命在这种群众自发的革命行动的推动之下,从五卅以来,逼迫得帝国主义者开了好些关税会议,法权会议,交回汉口九江租界。……中国革命在这些工农群众拥护之下,摧灭了吴佩孚、孙传芳,打败了张作霖、张宗昌。正因为如此,中国的资产阶级恐惧极了。他宁可去和帝国主义军阀妥协或同化,他借国民党的招牌(从戴季陶直到汪精卫)来压迫屠杀工农及共产党——唯一能解放中国,确立民权,保障中国之非资本主义(社会主义)发展的革命力量。他——资产阶级,勾结土豪劣绅的新式军阀,从蒋介石起直到张发奎,想巩固自己的统治,所以要用国民党的名义,造作许多"中国并无阶级""共产主义不适宜于中国""唯有国民党人可以专政",还有甚么"党权""党化"等等荒谬绝伦的理论,——把孙中山先生的革命精神完全抛弃,而捧着孙中山学说中的反动思想以及陈死人的偶像,来笼罩全国。他们如此将改组后的国民党送终了。

中国的革命已经走到了高度的发展,脆薄懦怯卑劣的中国资产阶级,完全暴露他的反革命的面目,以前他的改良妥协主义的滑稽面目也已经完全抛弃。中国社会斗争的营垒,显然的划分为二:一是买办军阀豪绅资产阶级的反革命的营垒,一是工农贫民的革命营垒。国民党中小资产阶级思想的代表,也已经不能模棱两可徘徊取巧。所以蒋介石四月十二日在上海屠杀(李济琛[深]在广州屠杀)之后,不久,汪精卫等的武汉国民党中央,便投降蒋介石以至于西山派了。此后民众所看见的国民党,已经不是从前的革命的国民党,而是屠杀工农民众,压迫革命思想,维持地主资本家剥削,滥发钞券紊乱金融,延长乱祸荼毒民生,屈服甚至于勾结帝国主义的国民党!此后中国的革命,只有无产阶级的政党能够担负起领导的责任。革命思想方面,比"向导"时期尤加十倍的必须有真正无产阶级政党——布尔塞维克主义的领导。只有布尔塞维克的精神:无产阶级坚决的向国内国外资产阶级实行阶级斗争;勇猛的领导农民及一般贫民推翻豪绅的统治,消灭封建式的剥削,没收地主阶级的土地;群众的革命的独裁——歼除一切反动分子,下层民众直接起来行使民权,实行苏维埃的政治制度;只有本着这种精神,反对一切豪绅资产阶级的反动思想,扫除一切小资产阶级的机会主义妥协主义;只有建立这种布尔塞维克的精神和布尔塞维克的思想,然后中国革命之中方才有强固的健全的无产阶级政党做领导,才能彻底的完成中国之资产阶级民权革命的任务,亦就是真正推翻帝国主义军阀的统治,急转直下的进于社会主义的道路。

谁能解放中国,使中国最大多数的工农贫民自己得到政权,开辟真正社会主义建设的道路?只有布尔塞维克!所以《布尔塞维克》便继《向导》而发刊了。(《布尔塞维克》1927年第1期)

是月,奉系军阀张作霖查封北京北新书局,查禁《语丝》周刊,《语丝》自第155期始移至上海出版。

11月3日,国立第三中山大学校长蒋梦麟函浙江大学区各市市长,令各县县长,限期禁止各小学采用古话文。

11月9—10日,在共产国际代表罗米那兹指导下,瞿秋白在上海主持召开中共中央临时政治局扩大会议,通过《中国现状与共产党的任务决议案》等。会议认为毛泽东、周恩来、李立三、恽代英等人领导暴动不力,给予纪律处分,开除谭平山党籍。

11月15日,国立音乐院在上海成立,蔡元培兼任院长,肖友梅任教务主任。

11月18日,国民党政府颁布《惩治盗匪暂行条例》。

11月20日,蔡元培主持召开中央研究院筹备会及各专门委员会联合成立大会,讨论通过《中华民国大学院中央研究院组织条例》,"始确定中央研究院为中华民国最高科学研究机关",由大学院院长蔡元培、教育行政处主任杨铨分别兼任院长和秘书长。同时,议决先筹设理化实业研究所、社会科学研究所、地质研究所及观象台4个研究机关,并指定王季同、宋梧生、周仁为理化实业研究所常务筹备委员,李煜瀛、周览、蔡元培为社会科学研究所常务筹备委员,徐渊摩为地质研究所常务筹备委员,竺可桢、高鲁为观象台常务筹备委员。

按:除上述9名常务筹备委员外,会议又推定31名筹备委员,其中地质研究所5人,包括地质方面的翁文灏、李四光、朱家骅,矿学方面的谌湛溪,考古学与人类学方面的李济;理化实业研究所12人,包括化学方面的曾昭抡、赵承嘏、陈世璋、张乃燕、曹梁厦、吴承洛,物理学方面的丁燮林、胡刚复、颜任光,无线电学方面的温毓庆、李熙谋、张廷金;社会科学研究所7人,包括经济学方面的孙科、杨端六、马寅初、叶元龙、杨铨,历史学方面的胡适,社会学方面的陶孟和;观象台1人,即天文学方面的余青松;另增加心理学研究所6人,包括心理学方面的唐钺、汪敬熙、郭任远、陈宝锷、樊际昌,历史学方面的傅斯年。这40名筹备会成员集合了当时国内的大部分学术精英,充分显示中央研究院在全国学术界的至高地位。

12月5日,北京协和医学院解剖科主任、加拿大籍解剖学家步达生根据在京郊周口店发现的臼齿的鉴定,认为其是新类型古人类化石,定名为"中国猿人北京种",俗称"北京人"。

12月10日,蒋介石正式复任国民革命军总司令。

12月11日,中国共产党人张太雷、叶挺等人领导国民革命军第四军一部和工人赤卫队发动"广州起义",宣告成立广州苏维埃政府。

12月12日,南国社成立,下设文学、音乐、美术、戏剧、电影五科。

按:南国社,前身为南国电影剧社。设有文学、绘画、音乐、戏剧、电影等五部,以戏剧活动为义。主要成员有田汉、欧阳予倩、徐志摩、徐悲鸿、周信芳等。其宗旨是"团结能与时代共痛痒之有为青年作艺术上之革命运动"。创办刊物《南国月刊》《南国周刊》。

12月14日,南京政府因苏联驻华机构直接参与中共的暴力斗争而决定与苏联绝交,并撤销苏联在华领事馆和商业机关。

12月16日,中华民国大学院公布《教科图书审查条例》16条,废止前广东国民政府教育行政委员会公布之有关规程。

12月20日,中华民国大学院公布《私立大学及专门学校立案条例》9条及《私立中等学校及小学立案条例》9条。

是日,中华民国大学院公布《图书馆条例》15条。

12月22日,蔡元培与孙科联名向国民政府提交《教育经费独立案》,内中引述孙中山"整理学制系统,增高教育经费,并保障其独立"的遗训,请示政府实行教育会计独立制度,杜绝拖欠、截留和挪用教育经费,使"教育经费与军政各费完全划分",从而保证"全国教育

永无废弛停顿之虞"。(《提议教育经费独立案》,《蔡元培教育论集》,湖南教育出版社1987年版)

12月26日,南京国民政府据大学院及财政部提议,通令各省市政府切实施行整理学制并保障教育经费独立。

是年,国民党政府在南京组成"国术研究馆"。

按:在南京就任政府委员的张之江,邀集钮永建、李烈钧、戴传贤、于右任、蔡元培、何应钦、冯玉祥、孔祥熙等26名国民党党政要员,发起成立国术研究馆。

是年,由韩清净主持会务的"三时学会"在北平成立。

按:该学会是中国研究唯识法相的佛教学术团体。因据法相宗派教将释迦一代教法分为有教(阿含时)、空教(中观时)、中道教(瑜伽时)的三时教,而法相一宗为中道教,故名三时学会。宗旨为阐扬印度佛学和佛家真实教义,事业则专在讲习、研究、译述并刻印佛教经藏,均为法相唯识典籍。曾印行《宋藏遗珍》中有关法相宗典籍四十六种。时人将三时学会和欧阳竟无创办的南京支那内学院并称为研究法相唯识的最高学府,有"南欧北韩"之誉。

是年,武昌中山大学(旋改名为国立武汉大学)、第三中山大学、第四中山大学先后成立,河南、安徽、广西、湖南、兰州等地筹设中山大学;暨南学校改为暨南大学;公立四川大学成立。

是年,《哲学评论》《国立中山大学语言历史研究所周刊》《燕京学报》《汉口中央日报》《新评论》《布尔塞维克》《汇学杂志》《实业日报》《远东日报》《矿冶会志》《日新早报》《劳动大学周刊》《真美善》《汉口中华基督教会月报》《旅行杂志》《新消息》《武汉学联》《武汉学生》《中国学生》《中国青年》《长沙民国日报》《朝阳大学旬刊》《农民生活》《革命工人》《工人日报》《工人画报》《工人教育旬刊》《农民运动》《农友》《进步》《少年共产国际》《湖北青年》《赤女》《革命生活》《中国电影杂志》《磊报》《湖社》《宣南晚报》《北平晨报》《新闻白话报》《人声月刊》《坦途》《商学月报》《南金杂志》《新闻学刊》《燕大月刊》《北洋周刊》《社会学界》《民彝》《河南中华圣公会会刊》《湖南地质调查所报告》《新贡献》《矿冶》《中国矿冶工程学会会刊》《国学丛说》《江苏省委通讯》《平民日报》《每日通信》《前锋》《省委通讯》《红旗半周刊》《红旗周报》《政治通讯》《红灯》《萍乡声报》《新萍周报》《国民革命军日报》《无锡民国日报》《武进民报》《南京京报》《民生报》《庸报》《江苏晚报》《工人日报》《三民周报》《宣传》《革命》《新评论》《燕大农讯》《湖南全省总工会工人运动讲习所学生会半月刊》《革命评论》《小说新刊》《南京市政府公报》《杭州市政半月刊》《福建省政府公报》《江西省政府公报》等报刊创刊。

二、学术活动

蔡元培1月3日在新创刊的《上海市民公报》第1期发表《救上海之危机》一文。5日,蔡元培与浙江省政治分会委员褚辅成、陈其采等于当日晚间乘"新北京"轮由上海前往宁波。8日,为私立上海法科大学推为该校的校董。23日午后,蔡元培应北伐军东路政治部之请,前往演讲。24日,顾颉刚自厦门大学来福州访晤,邀请于星期日(1月30日)同往厦门,告以待星期五(28日)作决定。25日,到福建国民革命军第四师演说。27日午后2时,到国民党福建省党部演讲。28日午前7时,为福建省教育改造委员会演讲。11时,为福州市中小学教员联合会及福建省议会演讲。31日,往厦门大学,参观国学研究院及生物学院等。同月,所撰《现代女子的苦闷问题》在《新女性》杂志第2卷1期刊出。

蔡元培2月2日应邀出席华侨协会福建支会成立大会。10日,应邀到厦门青年会演讲。13 日上午,出席闽南佛学院的欢迎会,在闽南佛学院发表《佛学与佛教及今后之改革》演说。21 日,国民党中央政治会议在南昌举行的第 62 次会议议决:组设上海临时政治委员会,派蔡元培、吴稚晖、钮永建、何应钦、杨树庄、陈果夫、郭泰祺、杨杏佛等为委员,为上海市最高行政机关。因当时上海尚未收复,延至本年 4 月 8 日,该委员会始告成立。3 月 1 日,浙江临时政治会议开始在杭州执行职权,张静江、蔡元培、周凤岐、韩宝华、陈其采、经亨颐、宣中华、蒋梦麟、褚辅成、戴任、马叙伦等 11 人为委员,以张静江为主席。张静江时任中央常务委员会主席,未到任前,由蔡元培代理。

按:去年 12 月,国民党中央政治会议在南昌议决设立浙江临时政治会议,正式任命张静江、蔡元培、周凤岐、韩宝华、陈其采、经亨颐、宣中华、蒋梦麟、褚辅成、戴任、马叙伦等 11 人为委员,以张静江为主席。下设政务委员会及财务委员会两执行机构。政务委员会由张静江、褚辅成、朱兆莘、周凤岐、王廷扬、庄崧甫、魏炯(伯桢)、沈钧儒等为委员,亦以张为主席,张未到任前,由褚辅成代理。财政委员会以钱新之、陈其采、阮性存、张世杓等为委员,由钱新之任主任委员。

蔡元培 3 月 10 日出席杭州市学生联合会的会议。12 日,在杭州之江大学发表《读书与救国》演说。18 日,蔡元培参加纪念北京"三一八"惨案的大会。3 月中旬,拟订《浙江临时政治会议大纲》;为汤良礼所著 China in Revolt(中国在变革)撰写"前言"。此时前后,撰写《新浙江之第一步》,这是蔡元培任浙江省临时政治会议代理主席时提出的一份改革与建设浙江计划要点。其中所论"在教育上",主张"应先设研究院""为研究高深学术之所。一方面纯粹的研究学理,以贡献于世界,如本国特有之矿物、生物或古物,及病理或药剂等。一方面应用于实际,如地质学之于矿产,理化学、机械学之于制造,教育学之于师范,经济学之于经济状况,与其他社会科学之于改良社会等"。28 日,国民党留沪中央监察委员吴稚晖、张静江、李石曾、古应芬、蔡元培等开会,这是中监委全体会议的预备会,蔡元培为主席,马叙伦记录。决议由吴稚晖拟具检举共产分子之草案,提交监察委员会全体会议公决。

按:蔡元培 3 月底到达上海后,参加国民党"清党"活动和组建南京政府事宜。

蔡元培与蒋介石、吴稚晖、张静江等 4 月 1 日与由欧洲回国,经莫斯科到达上海的汪精卫晤谈。2 日,蔡元培与吴稚晖、张静江、李石曾、古应芬、陈果夫、李宗仁、黄绍竑等在上海举行国民党中央监察委员会会议,蔡元培为主席,马叙伦记录。5 日午前,汪精卫、蒋介石、柏文蔚、宋子文、李济琛(即李济深)、李宗仁、黄绍竑、白崇禧、古应芬、甘乃光、蔡元培、李石曾、吴稚晖等在旧沪海道尹公署楼上开谈话会。吴稚晖与汪精卫就汪与陈独秀本日在各报所发联合宣言有所辩论。同日午后 2 时,国民党中央监察委员会在上海举行会议,黄绍竑、陈果夫、李宗仁、李石曾、吴稚晖、蔡元培、古应芬出席。主席蔡元培,记录马叙伦。4 月 8 日,上海临时政治委员会在新西区旧沪海道尹公署正式成立,举行第一次委员会议,出席委员有蔡元培、杨树庄、陈果夫、杨杏佛、蒋尊簋、叶楚伧、陈其采、白崇禧、何应钦、吴忠信、郭泰祺等。吴稚晖因事缺席,公推杨树庄代吴主席,狄膺记录。同日午后 3 时,国民党中央监察委员会在上海举行会议,邓泽如、张静江、李石曾、陈果夫、吴稚晖、蔡元培、黄绍竑出席。主席蔡元培,记录马叙伦。9 日上午 10 时,上海临时政治委员会在新西区会所举行第二次会议,出席委员有蔡元培、白崇禧、叶楚伧、陈其采、吴忠信、郭泰祺、陈果夫、蒋尊簋、杨杏佛、杨树庄、林焕廷。吴稚晖因事缺席,临时公推白崇禧代吴主席,仍由狄膺记录。同日,由邓泽如领衔,蔡元培与黄绍竑、吴稚晖、李石曾、古应芬、张静江、陈果夫等中央监察委员联名列举武汉联席会议乖谬措施致国民党全体同志电。

蔡元培 4 月 11 日上午 10 时出席上海临时政治委员会举行第三次会议,各委员均出席。

公推白崇禧为主席,白因事先退,改推蔡元培为主席。13日晚间10时,蔡元培由上海乘专车赴南京,翌晨9时到,寓铁汤池丁宅。4月14日,汪精卫在上海时,曾提议4月15日召开第四次中央执、监委全体会议于南京,以解决党内纠纷。同日下午3时,已到南京的中央执、监委员蒋介石、吴稚晖、李石曾、蔡元培、张静江、邓泽如、陈果夫、周启刚、甘乃光、萧佛成、柏文蔚、黄绍竑等举行预备会议,推胡汉民为主席。同日,中央监察委员会在南京举行会议,出席者有黄绍竑、邓泽如、蔡元培、李石曾、张静江、吴稚晖、陈果夫等。推蔡元培为主席,记录邓青阳;上海临时政治委员会组设上海教育委员会,推定蔡元培、张默君、王世杰、胡明复、朱经农、杨杏佛、刘大白等为委员。4月15日,原商定当日为国民党第二届四中全会在南京开会之日,但汪精卫等在汉委员并无来宁消息,在宁委员蔡、吴、张、李、蒋、邓、黄、陈、周、甘、萧、柏等于足足静候三个小时之后,改开谈话会。会中,就萧佛成所提以南京为国都等主张交换意见。同日下午3时,中央监察委员会复在南京开会,吴、蔡、邓、张、李、陈等均出席,推蔡元培为主席,邓青阳记录。议决:将昨日议定警告中央执行委员及国民政府委员促其即来南京开会的草案稿,即照原文用公函分送。并决议发电中执委会的常务委员,请其速在国都所在地南京组织常务会议。

蔡元培与柏文蔚、蒋介石、吴稚晖、张静江、胡汉民、蔡元培、李石曾、甘乃光、陈果夫等9位政治委员4月17日出席国民党中央政治会议,依据前日中央执、监委员谈话会的提议,于当日下午3时正式在南京集会,是为第73次会议,亦为在南京召开的中央政治会议第一次会议。吴稚晖为主席,推定胡汉民为中央政治会议主席;推定蔡元培、吴稚晖、李石曾以中央监察委员资格为国民革命军政治训练指导员;并决议:上海临时政治委员会改组为中央政治会议上海临时分会。同日晚间,复开中央政治会议第74次会议,出席者除政治委员柏文蔚等9人外,尚有陈铭枢、萧佛成、邓泽如。由胡汉民为主席。议决:(一)国民政府于4月18日上午9时起在南京开始办公,举行庆祝典礼,并发表定都南京宣言;(二)以蔡元培等11人为中央宣传委员会委员,以胡汉民等10人为中央组织委员会委员;(三)重新委派浙江省党政负责人员;(四)设立中央研究院,由蔡元培、李石曾、张静江共同起草组织法。18日上午10时,国民政府在南京丁家桥旧江苏省议会原址举行迁宁成立典礼,由蔡元培代表国民党中央党部授印,而由胡汉民代表国民政府受印。当即发表中央政治会议的定都南京宣言。南京各界举行盛大的庆祝国府迁都大会及阅兵典礼,在宁的中央执、监委员及国民政府委员全体参加市民庆祝大会,蒋介石、吴稚晖、胡汉民、蔡元培、李石曾等均在会上演说。

按:蔡元培演说载1927年4月20、21、24日上海《民国日报》,略谓:"我们国民政府建都南京,完全是为了救国,为了救党。要知道三民主义与南京是发生极大的关系。总理所创三民主义学说,当同盟会时已经宣布了,不过当时还是秘密结党,秘密宣布主义。后来一直到了总理在南京做总统时,才公开宣布出来,可知南京与我们的党、与我们的主义是发生了极大的关系。现在武昌方面是冒充国民党的三民主义,假借三民主义的招牌来实行共产主义,他们发号施令都受俄国人的指挥。……要知道中国的病,好像一个患虚弱症的人,要用补药来救治,而俄国鲍罗廷要拼命用大黄去泄他,试问这样一个虚弱的人,经得起再泄么! 现在我们的责任更大了,一面要打倒游荡的北京伪政府,一面还要扫荡操纵的武汉伪政府,然后三民主义的精神才可发扬光大了。"

蔡元培4月19日出席并主持国民党中央政治会议在南京举行的第75次会议。20日,国民党中央政治会议举行第76次会议,由蔡元培为主席。议决,迅即接收广州中央海外部驻粤办事处;再电请汪精卫速来南京。特任蔡元培、李石曾、汪精卫为教育行政委员会委员,即以该会行使教育部职权。21日,蔡元培出席国民党中央政治会议第77次会议,由胡汉民为主席,听取蔡元培报告教育行政委员会成立经过,并决议设立江苏省政务委员会,任钮永建等16人为委员,交国民政府正式任命。同日晚间11时,蔡元培乘沪宁车,离开南京,22日晨到达上海。23日午后3时,蔡元培出席上海教育委员会第一次开会,褚民谊、胡明复、姜琦、朱经农、周仁、刘大白等与会,由蔡元培为主席,宣布该委员会正式成立,推举褚民谊、胡明复、姜琦、朱经农、杨杏佛为常务委员,并议决其他案件多起。24日晨9时,蔡元培由沪乘车前往杭州。25日,出席中央政治会议浙江分会成立大会及分会委员就职典礼,推定邵元冲委员兼分会秘书长。27日,浙江省政务委员会开成立大会,蔡元培及浙江政治分会委员均出席,由主席张静江作报告。

蔡元培5月2日午前出席浙江省政府举行的总理纪念周活动,任主席,并作政治报告。4日,蒋介石在南京召开的五四运动纪念大会上,正式发出实行"党化教育"的号召。9日,国民党中央政治会议第90次会议议决:设立中央研究院筹备处,推定蔡元培、李石曾、张静江、褚民谊、许崇清、金湘帆等为筹备员。此次会议又议决:以上海江湾之模范、游民两工厂旧址,改设国立劳动大学,内分劳工学院及劳农学院,派蔡元培、张静江、李石曾、褚民谊、金湘帆、许崇清、严慎予、匡互生等为筹备员,委员会于5月13日成立。同日,浙江省政府各委员在前浙江省长公署举行宣誓就职典礼,蔡元培为主席。18日午后1时,蔡元培与邵元冲、蒋梦麟、马叙伦、程振钧、许宝驹同乘沪杭车离开杭州,当晚8时到达上海。19日,蔡元培出席国立劳动大学筹备委员会的会议,议决:即日开始筹办劳工学院,并为其工厂定名为劳动大学劳工学院上海模范工厂。25日,浙江政治分会通过设立浙江大学研究院的计划及开办费预算,并聘任蔡元培、张静江、李石曾、蒋梦麟、邵元冲、马叙伦、胡适、陈世璋、邵裴子等9人为筹备委员。同月,教育行政委员会在南京开第74次会议,公推蔡元培、李石曾、褚民谊为常务委员。6月3日晚间9时30分,蔡元培乘沪宁铁路夜快车赴南京。7日,蔡元培出席国民党中央政治会议第102次会议,以所拟具大学区制组织条例8项,提请变更教育行政制度,获得通过。中央政治会议当即咨请国民政府办理。此为中国教育行政制度的又一次重大变革,后来实践证明这一改革是失败的。

按:蔡元培提交的教育行政委员会呈文如下:"呈为呈请变更教育行政制度,以一事权,而利教育事:窃职会鉴于吾国年来大学教育之纷乱,与一般教育之不振,其原因固属多端,而行政制度之不良,实有以助成之。教员勤于诲人者已不多得,遑论继续研究,欠薪累累,膏火不继,图书缺略,设备不周,欲矫此弊,自宜注重研究之一端。凡大学,应确立研究院之制,一切庶政之问题,皆可交议,以维持学问之精神,此制度之宜改良者一也。一般教育之行政机关,簿书而外,几无他事。其所恃以为判断之标准者,法令成例而已,不问学术根据之如何,于是而与学术最相关之教育事业,亦且与学术相分离,岂不可惜! 自宜仿法国制度,以大学区为教育行政之单元,区内之教育行政事项,由大学校长处理之,遇有难题,得由各学院相助以解决之,庶几设施教育得有学术之根据,此制度之宜改良者又一也。本以上两要旨,兹特拟具大学区组织条例八项,大学行政系统表,一并呈上,是否有当? 统祈核示祗遵。"(人民教育出版社编《蔡元培教育论著选》,人民教育出版社,2017年版,第543页)

蔡元培、李石曾、郑洪年、杨杏佛等中国济难会干事6月8日中午12时半假座上海亚尔培路322号郑宅招待各界人士,许世英、王宠惠、黄郛、周佩箴、俞飞鹏、王一亭、王晓籁、虞洽卿、严慎予等三十余人到会。席终,蔡元培、李石曾报告劳动大学旨趣,可与济难会合作。同日下午2时,蔡元培出席国立劳动大学筹备委员会的会议,通过劳大的劳工学院组织大纲,并决定聘任沈仲九为劳工学院院长。下午4时,蔡元培召开并主持中央教育行政委员会的会议,通过《大学规程》23 条、《中学规程》23 条。两个《规程》分别规定:大学以灌输及研究世界日新之学术,力图文化之上进,以实现三民主义为宗旨。中学以根据三民主义,完足小学之基础训练,并增进学生之知识技能,以适应民族生活之需要为宗旨。晚间 7 时半,假功德林素菜馆欢宴各委员。10 日上午 8 时 5 分,蔡元培乘沪杭车往杭州。11 日蒋介石到杭州。傍晚,蒋介石与蔡元培、张静江、邵元冲、蒋梦麟、马叙伦、蒋伯诚等同至烟霞洞晚餐,兼止宿于该处。13 日,蔡元培向国民党中央政治会议第 105 次会议提出设立中华民国大学院案。中央政治会议当即通过决议:任命蔡元培为该大学院院长。其组织条例交法制委员会修订。

> 按:蔡元培提出设立中华民国大学院案曰:"关于国民政府应添设教育部问题,元培等筹议再三,以为近来官僚化之教育部,实有改革之必要。欲改官僚化为学术,莫若改教育部为大学院。现已拟有组织大纲一通,已提出教育行政委员会通过,请提出政治会议核议。如原则能予以通过,便可交法制委员会草拟条文,于下星期之星期一,再提政治会(议)讨论。是否有当?请公决。"

蔡元培 6 月 17 日由国民政府特任为中华民国大学院院长。18 日午,蔡元培由杭州往上海。当夜 9 时 30 分乘沪宁车往南京。6 月 20 日凌晨 1 时半,蔡元培抵徐州。21 日下午,国民革命军总政治部及徐州各民众团体召开欢迎国民党中央执行委员、监察委员、国民政府委员和冯玉祥的大会,蒋介石致欢迎词,蔡元培与胡汉民、吴稚晖及冯玉祥的代表何其巩等均有演说。22 日,蔡元培与蒋介石、胡汉民、吴稚晖、李烈钧、丁惟汾、李石曾、钮永建、黄郛等由徐州乘专车到达浦口,换乘"决川"舰渡江。23 日丑刻返抵南京。6 月 23 日,蔡元培由徐州返抵南京后,各方人士多以大学院成立事相询。

> 按:1927 年 6 月 28 日《申报》载蔡元培"答客问"略谓:"成立之期,须俟军事完全底定,方有大规模之组织。大约行政部以现由广东迁宁之中央教育行政委员会改组;研究院以现由广东迁宁之中央学术院改组;(大)学(术)委员会则以各区中山大学校长、教育厅长及著名学者充任委员,委员长由院长兼任。""此次各方学生,多有为生计问题来索位置者;然吾党之士,当超出生活,以发展文化、增高智识为前提;谋生之术,非所愿闻云。"

蔡元培 6 月 24 日出席国民党中央政治会议第 108 次会议,通过任命王宠惠为司法部长、任命李济深等 11 人为广东省政府委员等案。同日,上海中国公学大学部召开校董会会议,推定旧校董蔡元培、叶景葵、夏敬观及新选校董熊克武、杨杏佛、刘秉麟、何鲁等 7 人为上海中国公学大学部董事会常务董事。27 日,出席国民党中央政治会议第 109 次会议,会议通过中央法制委员会函送大学院组织法草案,咨送国府。又决议:"大学区新制度,准先在江、浙两省试办。粤省暂缓实行。"并任命蒋梦麟为第三中山大学校长,张乃燕为第四中山大学校长。28 日晨,蔡元培与李石曾由南京乘特别快车抵达上海。29 日,中华教育文化基金董事会在天津裕中饭店举行第三次年会,选举蔡元培、胡适为董事。7 月 1 日,蔡元培与李石曾同乘第 23 次夜车由上海赴南京。同日,上海政治分会第 38 次会议,讨论事项(五)为:"江苏著名学阀黄炎培、郭秉文、袁希涛、沈恩孚、蒋维乔,历年依附军阀及帝国主义者,把持全国教育及文化事业,操纵江苏政治,现闻仍在各方活动。应请中央政治会议明令褫夺公权,并令各教育及其他机关永远不许延用。议决通过。"4 日,国民政府公布《大学院组织法》。

> 按:《大学院组织法》如下:
>
> 第一条 中华民国大学院,为全国最高学术教育机关,承国民政府之命,管理全国学术及教育行政事宜。

第二条　本院设院长一人,综理全院事务,并为国民政府委员。

第三条　本院设大学委员会,议决全国学术上教育上一切重要问题。

第四条　大学委员会,由各学区中山大学校长、本院教育行政处主任、及本院院长所选聘之国内专门学者五人至七人组织之,以院长为委员长。

第五条　本院设秘书处,置秘书长一人,秘书若干人,承院长之命,办理本院事务。秘书长兼任大学委员会秘书。

第六条　本院设教育行政处,置主任一人,处员若干人,承院长之命,处理各大学区互相关联及不属于各大学区之教育行政事宜。

第七条　本院设中央研究院,其组织条例另定之。

第八条　本院得设劳动大学、图书馆、博物院、美术馆、观象台等国立学术机关,其组织条例另定之。

第九条　本院于必要时,得设学术上及教育行政上各项专门委员会,其组织条例临时订定之。

第十条　本院办事及议事细则另定之。

第十一条　本法自国民政府公布之日施行。(《教育杂志》1927年第19卷第7号)

蔡元培与李石曾7月4日联名提出设立中央建设委员会,以实现孙中山之《建国方略》,并统一各省建设行政的议案,该议案在国民党中央政治会议第111次会议获得通过,交法制委员会拟具条例;蔡元培与吴稚晖、李石曾、张继等同乘夜快车由南京到达上海。5日,蔡元培、李石曾等乘第八次车前往杭州。6日午间,自沪、宁来杭的蔡元培、李石曾、胡适、金湘帆、陈世璋等中央教育行政委员会委员及浙江大学研究院所聘外地筹备委员,以及马寅初、邵裴子、马叙伦、蒋梦麟、邵元冲等在西湖中楼外楼同餐,餐后,在游湖船上开第三中山大学筹备委员会,对该大学章程有所讨论。晚间7时后,邵元冲与马叙伦做东,在浙江省政府邀请午间出席之各委员晚餐。蔡、李、胡、金、陈等明日将往游桐庐富春江,登严子陵钓台。12日,国民政府训令中央教育行政委员会,谓蔡元培"所请变更制度及拟具条例系统各件,为刷新教育行政,注重研究精神,俾有学术之根据,甚妥惬,准其在粤、浙、苏三省试行,合行令仰该会即便遵照办理"。同日,蔡元培为请拨房屋为大学院院址呈国民政府文。

> 按:此文载1927年8月1日《国民政府公报》宁字第10号,曰:"呈为请拨旧江宁府学及学官全部房屋为大学院院址事。窃大学院为全国学术及教育行政最高机关,现在百端待理,亟应早日组织,以利进行。查旧江宁府学及学官,为有清同治年间就明故朝天宫遗址改建,背山面水,高明爽增,居城之中,重屋复栏,规模齐整,以之改作大学院院址,极为适宜。拟请特予准将该项房屋全部拨归大学院应用,先由教育行政委员会接收,俾便着手修缮,克日完成,实为公便。"

蔡元培与李石曾7月18日同乘夜快车离开南京,翌晨6时半到达上海。8月4日,南京政府教育行政委员会议决学校施行党化教育办法草案。8日,蔡元培与李宗仁、白崇禧、何应钦、蒋介石、胡汉民、李烈钧、张静江、钮永建、吴稚晖、李石曾等联名自南京发致汉口汪精卫、谭延闿等人电,谓"军阀未歼,大计乃在北伐,只须执监委员凑集于一堂,忠实同志遍培养于全国,海内既定,即党国之进行不难矣"。同日,蔡元培为姜琦任、邱椿二人合著的《中国新教育行政制度研究》撰序。11日,蔡元培向国民党中央政治会议提出维持以江浙渔税充教育经费的议案。13日,蒋介石为促成宁汉合作,将通电下野。中央政治会议立即举行紧急会议,推胡汉民、蔡元培、吴稚晖3委员乘夜车赴沪挽留,张静江、李石曾亦应邀同行。14日,胡汉民、蔡元培、吴稚晖、张静江、李石曾5委员联名宣布辞职。19日,武汉政府宣布将迁都南京,实行宁汉合流。20日,蔡元培出席劳动大学筹备委员会的会议,并被推为主席,通过《国立劳动大学组织大纲》。

蔡元培9月3日出席中国科学社假上海总商会举行第12次年会,当日下午4时行开幕典礼,到社员及来宾一百余人。由董事蔡元培主席,致开会词,褚民谊、张乃燕、张定璠、马相伯、胡适、任鸿隽等相继演说。4日下午5时,蔡元培为中国科学社年会,在上海总商会礼堂作公开讲演《各民族记数法之比较》。6日晚间8时,中国科学社假华安饭店八楼举行答谢上海各机关、团体的欢宴,郭泰祺、王云五、盛同孙、石瑛、冯少山等八十余人到会。由蔡元培主席致词。10日下午2时,国民革命军驻沪海陆军领袖杨树庄、白崇禧、周凤岐等在枫林路原上海交涉公署外交大楼欢迎武汉来沪国民党人。汪精卫、孙科、朱培德、宋子文和蔡元培、李宗仁、覃振、张继、叶楚伧等一百余人到会。入席后,首由主席杨树庄致欢迎词,继由汪、李、蔡、覃等演说。11日上午,在沪之宁、沪、汉三方的国民党中央执监委员在戈登路伍朝枢住宅举行谈话会,到汪精卫、孙科、谭延闿、李烈钧、程潜、邹鲁、杨树庄、张继、谢持、于右任、李宗仁、蔡元培、张静江、李石曾等21人,推谭延闿主席,决议三项:(一)组织特别委员会,统一党务,由宁、汉、沪三方共同推定若干人组成之。(二)宁汉两国民政府之合并及改组办法,由特别委员会决定之。(三)推汪精卫、谭延闿、蔡元培、谢持起草"统一宣言"。12日,宁、沪、汉三方中委仍在伍朝枢宅举行第二次谈话会,由三方分别推出特别委员及候补特别委员名单。13日,宁、沪、汉三方中委继续举行第三次谈话会,推定张继、于右任、何香凝、李石曾、蔡元培等5人代行中央监察委员会之职权,并决议以抽签方式决定特别委员及候补特别委员先后之名次。

蔡元培与李宗仁、孙科、谭延闿、伍朝枢、李烈钧、李石曾、朱培德、程潜、于右任、何香凝、居正等于9月14日下午4时5分乘专车到达南京,各界到站欢迎者千余人。孙、谭、蔡、李等下榻丁园,李宗仁即赴军委会,李烈钧偕朱培德下榻国府。15日下午2时半,蔡元培出席国民党中央执、监委员临时会议,谭延闿为主席。16日下午2时,国民党中央特别委员会在南京成立,由谭延闿为主席,蔡元培、孙科、居正、李宗仁、于右任、程潜、张静江、叶楚伧、茅祖权等特别委员及候补特别委员均出席。17日下午2时,国民党中央特别委员会举行第二次会议,公推蔡元培主席。先通过特别委员会会议规则十二条,次决定改组国民政府,推定丁惟汾、于右任、王伯群、王宠惠、伍朝枢、宋子文、居正、林森、孙科、张静江、邹鲁、邓泽如、谢持等47人为国民政府委员,推定汪精卫、胡汉民、李烈钧、蔡元培、谭延闿5人为国民政府常务委员。并议决任命蔡元培为大学院院长,孙科为财政部长,王伯群为交通部长,王宠惠为司法部长,伍朝枢为外交部长。19日下午2时,蔡元培出席国民党中央特别委员会第三次会议,公推张继主席。推定汪精卫、蔡元培、谢持3人为中央特别委员会常务委员,叶楚伧为秘书长。并推定汪精卫、陈树人等为中央组织部委员,戴季陶、顾孟余等为中央宣传部委员,陈公博、居正等为中央工人部委员,甘乃光、陈果夫等为中央农民部委员,褚民谊、吴铁城等为中央商民部委员。傅汝霖、邹鲁等为中央青年部委员,何香凝、陈璧君等为中央妇女部委员,邓泽如、林森等为中央海外部委员。

按:17日下午2时国民党中央特别委员会举行第二次会议,推定方声涛、李品仙、何成濬、周凤岐、金汉鼎、柏文蔚、陈铭枢、陈绍宽、夏威、张发奎、商震、贺耀祖、黄绍竑、杨杰、鲁涤平等67人为军事委员会委员,推定蒋介石、冯玉祥、阎锡山、李宗仁、何应钦、李济深、白崇禧、程潜、唐生智、朱培德、杨树庄等14人为军事委员会主席团。

蔡元培9月20日上午11时出席国民党中央特委会新推之国民政府委员及军事委员会委员在小营举行就职典礼。张继代表中特委向国府授印,致训词;蔡元培代表国府委员接印宣誓,并致答词。接着,蔡元培代表中特委向军事委员会致训词,伍朝枢代表国民政府向军事委员会授印,并致训词,程潜代表军事委员会委员接印宣誓,并致答词。礼毕,举行阅兵典礼。10月1日,中华民国大学院在南京正式成立,院长蔡元培于同日起就职视事。惟大学院原拟设立的地点,破旧不适用,改择成贤街中央党部原址为办公处所。又遵照规定,大学院成立日起,原中央教育行政委员会即行取消归并,故该委员会当日亦即解散。同日上午10时,外交部长伍朝枢、财政部长孙科、交通部长王伯群、司法部长王宠惠、大学院长蔡元培,齐集国民政府,举行就职典礼。国民政府派谭延闿监誓并授印,各部长及大学院长依次接印宣誓。先由中央特别委员会代表李烈钧训词,继国府代表谭延闿训词,末由孙科代表各部、院长致答词。

　　蔡元培10月2日与国民党中央党部妇女部委员吴章琪、农人部委员沈定一、江苏省政府委员高鲁、南京市教育局陈鹤琴、张宗麟等到晓庄师范学校参观。校长陶知行及学生代表致欢迎词后,先请蔡元培演讲,继请沈、吴、高发表演说。3日,蔡元培撰写《五卅殉难烈士墓碑文》。13日上午10时,蔡元培主持国民党中央各部及委员会第五次联席会议。16日下午5时,蔡元培应国民党宁沪杭甬两路特别区党部筹备处之请,前往讲演《宁汉分裂与中央特别委员会成立经过情形》。16日,为《程蒲孙遗集》撰序。17日,主持国民党中央特别委员会第六次常会。18日,蔡元培在国民政府第八次会议上,提议请附加煤油特税,以充教育经费。20日,出席并主持国民党中央党部各部及委员会第六次联席会议。21日,蔡元培乘夜快车由宁往沪。23日,北京大学上海同学会假徐家汇交通大学开成立大会,原北大教授及毕业同学一百四十余人到会,主席鲁士毅、筹备员金国珍报告开会宗旨及筹组经过后,请蔡元培演说,继请来宾杨杏佛、原教授胡适、余天休、张竞生及同学多人相继演说。随即通过会章,推选职员,摄影、茶点而散。同日晚间9时30分,蔡元培乘夜快车离沪赴南京。

　　按:蔡元培演说词载1927年10月25日上海《民国日报》,略谓:"北大现已改为京师大学,此为恢复原有名称,并非创举。前清京师大学……学生乃招致京官而来,称呼为老爷或学员,监督亦穿袍褂。民二(六)余始担任斯职,主张集中精神与财力,故将采矿冶金科、木土工科归并于北洋,而剩文、理、法三科。北大特色,余意有二点:(一)研究学问。(二)思想自由。……在沪有组织永久性质同学会之举,但余闻其他学校,自成派别,在政治上竞争,此为最恶之现象!北大同学会决不可蹈此弊病,仍宜继续学校研究学问之精神……设法建设图书馆、实验室之类,聚集教职员同学,实地研究,则此同学会始有价值,始能永久,否则甚无意味。今能于万分匆忙之中,参与此会,实觉无限愉快云。"

　　蔡元培10月25日发出就中华民国大学院院长职的通电,载《大学院公报》第1期,谓"中国国民党中央特别委员会各委员、国民政府各委员、国民政府军事委员会各委员,交通部王部长、外交部伍部长、财政部孙部长、司法部王部长、各省省党部、各省省政府钧鉴:国立各大学校长、各省教育厅厅长、南京、上海、广州各特别市政府公鉴:案奉国民政府令开,特任蔡元培为大学院院长等因,奉此。遵于十月一日宣誓就职。猥以菲材,谬膺重任,汲深绠短,陨越时虞。尚祈时锡箴规,借资策励,至为盼祷。谨此电闻。大学院院长蔡元培叩"。27日,蔡元培复函胡适,就24日胡适来信决计辞谢大学委员会之事作回复,劝其勿固辞,并请务必出席拟在上海开第一次会议。30日上午10时,蔡元培应南京特别市教育局之请,到通俗教育馆,向全市教育工作者讲演。31日,蔡元培向国民政府呈报启用大学院印信文。11月1日,全国国语教育促进会在南京设立第一国语模范学校的分校,暂在夫子庙小学开设夜班,推蔡元培、胡适、赵元任、刘半农、吴稚晖(兼校长)为校董。教学科目有国语概论、国音、国语罗马字、国语话、国语文、国语法、世界语、国语速记术等。5日,商务印书馆所办东方图书馆重新对外开放。

按：商务印书馆所办东方图书馆为上海最大图书馆，前因军队驻扎，久已停止阅览。现经大学院蔡元培院长及上海市教育局多方设法，已获白崇禧、何应钦等总指挥暨张定璠市长出示保护，永不驻兵，原驻馆军队已开赴前方，该馆人员迅即筹备整理，仍照过去阅览章程，每天日、夜两班对外开放。

蔡元培 11 月 6 日在上海主持召开大学委员会的第一次会议，到会者有李石曾、易培基、郑洪年、褚民谊、戴季陶、蒋梦麟、胡适、朱家骅、张乃燕、张仲苏、杨杏佛、金曾澄、高鲁等委员。会议通过大学委员会条例、大学委员会议事细则、政治教育委员会组织条例、学校训育委员会组织条例等案。10 日，出席毕内阁主持国民党中央党部各部第八次联席会议。11 日，蔡元培提出设立全国商标注册局以其收入作教育经费的提案。同日晚间，蔡元培乘夜快车由宁赴沪。12 日，蔡元培到南市公共体育场，代表中央党部参与上海市民庆祝孙中山诞辰的大会，并致辞。同日，蔡元培撰写《纪念总理诞辰的意义》一文；到真如国立暨南大学，讲演《中国新教育之趋势》。13 日，大学委员会第二次会议在上海举行，胡适、蒋梦麟、褚民谊、郑洪年、易培基、李石曾等委员到会，蔡元培院长为主席，杨杏佛记录。会议通过修正教育会规程、特别市教育局暂行条例、私立专门以上学校立案由大学院统一办理、限制各校学生滥兼社会职务、统一教科书审查意见书等案。14 日，蔡元培由上海乘夜快车回南京。18 日，出席并主持国民政府第十七次会议，通过国民政府参事处组织条例，并任命潘云超等为监察院监察委员等案。同日下午 3 时，中国科学社南京社员举行欢迎外埠来宁社友的茶会，到会四十余人。推举蔡元培为南京社友会理事长，王琎为书记，叶元龙为会计，并决定每半月开社友会一次。蔡元培、孙科等社友也在会上发表演说。

蔡元培 11 月 20 日主持中央研究院筹备会及各专门委员会成立大会。上午 10 时 30 分，在大学院会议厅开会，曾昭抡、叶元龙、李熙谋、吴蕴瑞、郭任远等三十余人到会。主席蔡元培院长主席报告开会宗旨："本日为中央研究院筹备会及各专门委员会之联合成立大会，计中央研究院附设机关五所，专门委员会分四种，各研究所已积极筹备，各委员会亦在进行。关于条例及计划，今日可公共讨论。"会议讨论《中央研究院组织大纲》，照修正案通过。蔡元培主席提出："竺委员可桢、高委员鲁，拟请定名中央研究院之观象台，于观象台上加以紫金山三字案，请众委员讨论。"众无异议通过。蔡元培主席请王小徐、宋梧生、周仁为理化实业研究所常务委员；徐渊摩为地质调查所常务委员；竺可桢、高鲁为观象台常务委员；李煜瀛、周览、蔡元培为社会科学研究所常务委员。众无异议通过。蔡元培主席请潘宜之、彭浩徐为政治教育委员会常务委员；王琎、王星拱为科学教育委员会常务委员；曹梁厦、王云五、宋春舫为译名统一委员会常务委员；王世杰、张奚若为考试制度委员会常务委员；吴蕴瑞、孔韦虎、黄振华为体育指导委员会常务委员。众无异议通过。此为中国学术机构体制的又一次重大改革，后来实践证明这一改革是成功的。

按：中央研究院设立之议，肇始于 1924 年冬孙中山离粤北上之时，当时孙主张创设中央学术院为全国最高学术研究机关，以立革命建设之基础。因孙逝世，此议无由实现。是年 4 月，国民政府定都南京。5 月间，国民党中央政治会议议决设立中央研究院筹备处。7 月 4 日，国民政府公布《中华民国大学院组织条例》，其第七条规定："本院设立中央研究院，其组织条例另定之。"10 月 1 日，大学院成立，根据组织条例，聘请中研院筹备员三十余人。是日举行筹备会的成立大会。(《国立中央研究院十七年度总报告》，第 45 页)

蔡元培 11 月 21 日应汪精卫之邀，与何应钦一同由南京乘夜快车赴上海。22 日，南京发生"一一·二二"惨案。蔡元培与谭延闿、李烈钧联名，以"待罪的国民政府常务委员"的身份发表负疚之沉痛宣言。24 日下午 3 时 40 分，蔡元培出席国民党中央执、监各委员在上海拉都路 317 号吴忠信住宅举行的谈话会,关于南京"一一·二二"惨案,公推谭延闿、蔡元培负责查办。27 日上午 10 时,大学院艺术教育委员会假上海马斯南路 98 号李石曾住宅开第一次会议,林风眠、王代之、李金发、吕彦直、萧友梅、周峻等委员到会,由蔡元培院长为主席。通过该委员会组织大纲;决定设立研究、编审、美术展览三个分组委员会,并通过各分组会组织大纲;通过美术展览会预算;关于整理全国艺术教育,决定由该会切实调查现状后,再行研究办法。同日下午 2 时,国立音乐院举行开院礼。由蔡元培兼院长主席,致训词,教务主任萧友梅报告筹备经过,次请来宾金曾澄、杨杏佛演说,国文教授易韦斋亦对学生致勉励语。下午 3 时,蔡元培出席在大学院驻沪办事处召开的华侨教育委员会会议,该委员会主任委员钟荣光及委员周启刚、汪同尘、何尚平、金曾澄、高鲁等到会,由蔡元培院长为主席,宣布设立华侨教育委员会的用意,钟荣光报告筹设经过。旋通过该委员会组织大纲及经费预算。关于聘任驻外华侨教育专员条例及该委员会会议细则等案,议决交付审查。28 日上午,乘早快车由沪赴宁,查办首都的"一一·二二"惨案。

蔡元培 11 月 30 日与谭延闿、李济琛、王伯群、钮永建等一同乘夜快车由宁赴沪。同日,大学院教育经费计划委员会开会,讨论蔡元培院长所提创设教育银行一案,当推定郑洪年、钱新之、马寅初、冯少山、汤钜等负责筹备,拟定资本为五百万元。12 月 1 日下午 3 时 5 分,蒋介石与宋美龄先在上海西摩路宋宅举行教会式婚礼。4 时 10 分,在戈登路大华饭店正厅举行正式婚礼。司仪为邵力子,蔡元培为蒋介石、宋美龄证婚。2 日下午 2 时,蔡元培偕夫人周养浩前往爱国女学,参加该校创立二十六周年庆祝典礼,全校师生、毕业校友及来宾一千余人出席,蔡元培发表演说。3 日上午 9 时,国民党上海市党部集合党员五千余人,假座北四川路中央大会堂,举行欢迎中央执、监委员的大会,蔡元培发表演说。下午 3 时,蔡元培主持国民党中央执、监委员在上海拉都路 311 号蒋介石住宅举行的谈话会,决定组织特别法庭,处置南京"一一·二二"惨案。同日,蔡元培、谭延闿两委员向预备会提交办理南京"一一·二二"惨案的报告。4 日上午 10 时,蔡元培应上海俭德储蓄会副会长胡朴安之请,前往该会讲演,听众八百余人。

蔡元培与张静江、李宗仁、李石曾、吴稚晖共 5 位中央监察委员 12 月 9 日联名致函国民党中央执行委员会,检举陈公博、顾孟余、汪精卫 3 人反党事实,"请求公决后,即停止其出席于正式会议"。10 日下午 2 时,国民党二届四中全会的第四次预备会议在上海召开,到中央执、监委员汪精卫、蒋介石、谭延闿、蔡元培、陈璧君等 27 人,由于右任为主席。通过要求蒋介石继续执行国民革命军总司令职权的决议;决定正式全体会议于 1928 年 1 月 1—15 日在南京举行;通过对俄绝交案;关于改组军事委员会、确定整理党务根本计划等案,均另组委员会分别审查。11 日蔡元培与谭延闿一同乘夜快车由沪赴宁。17 日,蔡元培与孙科等一同乘夜快车由宁赴沪。18 日,大学院华侨教育委员会在上海开第二次会议,林森、周启刚、汪同尘等委员到会,先后由蔡元培院长及钟荣光任主席,通过该委员会的修正组织大纲、议事细则、聘任驻外华侨教育劝学员条例等议案。同日,蔡元培聘任鲁迅、李详、吴稚晖等为大学院特约著作员。19 日,国民政府根据孙科、蔡元培提请,令知财政部,即将全部注册税拨充教育经费。

蔡元培 12 月 21 日乘夜快车由沪赴宁。22 日,蔡元培与孙科联名提出《教育经费独立案》,在国民政府委员会第十六次会议上获通过,决定通令全国财政机关,嗣后所有各省学校专款,各种教育附税,及一切教育收入,永远悉数拨归教育机关保管,实行教育经费独立;

决定设立教育银行;并议决司法审级制度用四级三审制等案。23日,中国天文学会在南京举行第五届年会,推选蔡元培为会长,竺可桢为副会长,高鲁为总秘书。24日,大学委员会在上海召开第三次会议,郑洪年、易培基、张仲苏、蒋梦麟、朱家骅等委员到会,蔡元培院长为主席,金曾澄记录。修正通过试行大学区制省份特别市教育局暂行条例;原则通过注意各学区学校卫生案;决定将大学院及中央研究院译名正式公布。27日,大学院艺术教育委员会在南京大学院会议厅召开第二次会议,到林风眠、李金发、吕澂、王代之、高鲁等委员。杨杏佛代表蔡元培院长出席。通过美术展览会筹备委员会办事细则及艺术教育委员会十七年度总预算等案,并着重讨论创办国立艺术大学一案。

　　按:12月,蔡元培与林风眠、杨杏佛、萧友梅等提议创办国立艺术大学。(以上参见高平叔编著《蔡元培年谱长编》,人民教育出版社1996年版;中央教育科学研究所编《中国现代教育大事记1919—1949》,教育科学出版社1988年版)

　　吴稚晖 2月与蔡元培、杨树庄、蒋尊簋、陈其采、何应钦、陈果夫、郭泰祺等人被任命为国民党中央政治会议通过成立的上海政治委员会委员。3月,国民革命军克复上海,辞去上海政治委员职务。同月28日,国民党留沪中央监察委员吴稚晖、张静江、李石曾、古应芬、蔡元培等开会,攻讦加入国民党的共产党员企图"谋叛国民党",要求立即"清党",决议由吴稚晖拟具检举共产分子之草案,提交监察委员会全体会议公决。4月,与国民党中央监察委员密谋反共,并与邓泽如、黄绍竑、李石曾、蔡元培等人联名发表"护党救国"电,抨击武汉国共两党联席会议。12日,支持蒋介石发动"四·一二"反革命政变。17日,在南京出席国民党中央政治会议,任主席;南京国民政府成立,出任军事委员会总政治部主任,并以中央监察委员资格担任国民革命军政治训练指导员一职。6月,同蒋介石等人出席徐州会议,联合冯玉祥向武汉方面施压。同月15日,国民党中央宣传部定期刊物《中央半月刊》出版,吴稚晖任主撰。9月,蒋介石下野后,当选国民党中央特别委员会委员,行使中央党部权力。是年,吴稚晖著《吴稚晖言论集》由上海三民书店刊行;吴稚晖著《吴稚晖演讲集》由上海革命图书社刊行;吴稚晖著、方东亮编《吴稚晖全集》由上海群众图书公司刊行;吴稚晖著、李仲丹编《吴稚晖近著》与吴稚晖著、李仲丹编《吴稚晖近著续编》由上海北新书局刊行;吴稚晖著、秦同培编《吴稚晖言论集》由上海中央图书局刊行;吴稚晖著《吴稚晖学术论著第三编》,吴稚晖著,梁冰弦编《吴稚晖学术论著》由上海出版合作社刊行。后书收录作者在哲学、语言文字、政治思想、教育、中西文化评论等方面的主要学术成果。(参见金以林、马思宇《中国近代思想家文库·吴稚晖卷》之《导言》及附录《吴稚晖年谱简编》,中国人民大学出版社2015年版;章恒忠、王亚夫主编《中国学术界大事记(1919—1985)》,上海社会科学院出版社1988年版)

　　李石曾 3月28日与吴稚晖、张静江、古应芬、蔡元培出席国民党留沪中央监察委员会会议,积极支持和参加国民党"清党"活动。4月14日,李石曾出席在南京举行的国民党中央监察委员会会议。17日晚间,李石曾出席国民党中央政治会议第74次会议,并提出设立中央研究院的议案,议决设立中央研究院,由蔡元培、李石曾、张静江共同起草组织法。18日上午10时,南京各界举行盛大的庆祝国府迁都大会及阅兵典礼,蒋介石、吴稚晖、胡汉民、蔡元培、李石曾等均在会上演说。20日,李石曾出席国民党中央政治会议举行的第76次会议,决议特任蔡元培、李石曾、汪精卫为教育行政委员会委员,即以该会行使教育部职权。5月9日,李石曾出席国民党中央政治会议第90次会议,议决:设立中央研究院筹备处,推定蔡元培、李石曾、张静江、褚民谊、许崇清、金湘帆等为筹备员。25日,浙江政治分会通过设立浙江大学研究院的计划及开办费预算,李石曾与蔡元培、张静江、蒋梦麟、邵元冲、马叙伦、胡适、陈世璋、邵裴子等 9 人被聘为筹备委员。同月,教育行政委员会在南京召开第 74 次会议,李石曾与蔡元培、褚民谊被推为常务委员。6 月 7 日,蔡元培出席国民党中央政治会议第 102 次会议,以所拟具大学区制组织条例八项,提请变更教育行政制度,获得通过。17 日,蔡元培由国民政府特任为中华民国大学院院长。11 月 6 日,蔡元培在上海主持召开大学委员会的第一次会议,李石曾与易培基、郑洪年、褚民谊、戴季陶、蒋梦麟、胡适、朱家骅、张乃燕、张仲苏、杨杏佛、金曾澄、高鲁等委员出席,会议通过大学委员会条例、大学委员会议事细则、政治教育委员会组织条例、学校训育委员会组织条例等案。13 日,蔡元培在上海主持召开大学委员会第二次会议,李石曾与胡适、蒋梦麟、褚民谊、郑洪年、易培基等委员出席,会议通过修正教育会规程、特别市教育局暂行条例、私立专门以上学校立案由大学院统一办理、限制各校学生滥兼社会职务、统一教科书审查意见书等案。是年,李石曾协助蔡元培倡导学习法国模式,设立北平大学区,遭到学生强烈反对,其中以北大学生为甚,示威游行,甚至砸坏李石曾的办公室和住宅,李石曾与北大的关系以此黯然收场。是年,李石曾著《李石曾革命论著》由革命图书社刊行。(参见高平叔编著《蔡元培年谱长编》,人民教育出版社 1996 年版)

胡汉民 4 月 15 日在南京出席国民党会议,会议决定在宁组织国民政府,实行反共。4 月 18 日,南京国民政府成立,胡汉民代表政府接印,发表演讲,号召将士拥护蒋介石。主持南京政府工作。5 月 5 日,胡汉民提出《清党原则六条》,发表《清党之意义》等多篇反共文章。6 月 20 日,胡汉民参加徐州会议,促冯玉祥反共,反对武汉政府。9 月 16 日,国民党中央特别委员会成立,胡汉民列名国民政府常委和特委会委员。是年,胡汉民著《胡汉民先生在俄演讲录》(第 2 集)由广州民智书局刊行。(参见陈红民、方勇编《中国近代思想家文库·胡汉民卷》附录《胡汉民年谱简编》,中国人民大学出版社 2015 年版)

戴季陶 2 月 5 日与丁惟汾、顾孟余、陈公博、陈果夫等 5 人被中央政治会议推为中央政治设计局筹备员。2 月 14 日,戴季陶偕钮夫人由上海乘"山城丸"轮赴日本,代表国民党请求日本政府给予和平合作。3 月 31 日,由日本返抵上海。4 月 27 日,与胡汉民等被中央政治会议推为法制委员会委员。5 月 30 日,在中央政治会议提议速设民政部。5 月,被蒋介石委任为中国国民党中央党务学校教务主任。6 月 3 日,国民党中央常委会决议其为工人部长。14 日,中央政治会议接受其建议,下令改中山大学委员会制为校长制,即日回校任长。6—9 月,对中山大学学生频繁训话。7 月 13 日,辞去工人部长职务。18 日,与伍朝枢、王宠惠、马超俊、王世杰、虞和德等被国民政府派为起草劳动法委员。8 月 24 日,在广州政治分会报告会上提请恢复义仓积谷制度。9 月,当选国民党中央特别委员会委员、国民政府委员。11 月 17 日,张太雷、叶剑英等发动"广州起义",其趁乱离穗赴沪。12 月,将一年来对中山大学学生的演讲录辑为《青年之路》一书。与陈果夫、陈布雷、周佛海在上海筹创《新生命》杂志。是年,戴季陶著《商会与商会法》由广州中山大学刊行;戴季陶著《产业合作社之组织》由广东广州国立中山大学刊行;戴季陶演讲《三民主义的一般意义与时代背景》由上海商务印书馆刊行;戴季陶讲、林霖记《三民主义的国家观》由中山大学政治训育部编辑科刊行,是书为 1927 年 12 月 24 日戴季陶在中山大学礼堂政治训育班的讲话。(参见桑兵、朱凤林编《中国近代思想家文库·戴季陶卷》附录《戴季陶年谱简编》,中国人民大学出版社 2015 年版)

丁惟汾 2 月 5 日与戴季陶、顾孟余、陈公博、陈果夫等 5 人被中央政治会议推为中央政治设计局筹备员。8 月,在南京任国民党中央党务学校(后改组为中央政治学校)训导长。9

月 17 日,丁惟汾与于右任、王伯群、王宠惠、伍朝枢、宋子文、居正、林森、孙科、张静江、邹鲁、邓泽如、谢持等 47 人在国民党中央特别委员会举行的第二次会议上被推为国民政府委员。是年,丁惟汾介绍王献唐到南京中央党部任秘书。(参见高平叔编著《蔡元培年谱长编》,人民教育出版社 1996 年版)

王献唐为求职,辗转于北京、南京、上海等地。2 月,因北京京汉铁路局裁员失业。3 月,至九江,追随丁惟汾,从习《毛诗》,始治小学音韵。4 月,国民政府定都南京,以丁惟汾之介,任国民党中央党部秘书。8 月,随丁惟汾避居沪上,名书斋为"海上蜷质(庐)",简称"蜷质"。是年,撰成《南游诗存》《两周古音表》1 卷、《宵幽古韵考》1 卷、《双行墨渖·毛诗假借考》1 卷、《周易段借胜录》1 卷、《易音隔类考》1 卷、《两周金石文韵读补》1 卷等。(参见张书学、李勇慧撰《王献唐年谱长编》,华东师范大学出版社 2017 年版)

王宠惠 10 月 10 日任南京国民政府委员兼第一任司法部长。在《刑法第二次修正案》基础上,编成《刑法草案》,提经国民政府、最高法院、法制局等相关部门审议。11 月,在上海与朱学勤小姐结婚。(参见王宠惠著、张仁善编《王宠惠法学文集》附录《王宠惠先生年谱》,法律出版社 2008 年版)

陈布雷与潘公展同至南昌见蒋介石,同年加入国民党。5 月 4 日,浙江省务委员会会议,通过陈布雷为省政府秘书长,邵元冲不再兼任。20 日,蒋伯诚主持浙江省务委员会第十一次会议,马叙伦发言,报告新任秘书长陈布雷已到杭,提议敦促财政厅长陈其采及早就职。23 日上午九时,秘书处新任秘书长陈布雷宣誓就职。6 月 17 日,浙江省政府秘书长陈布雷以旧病复作为由,呈请辞职。21 日,省政府秘书长陈布雷离任。随后赴南京任国民党中央党部秘书处书记长。

按:据陈布雷《回忆录》(张竟无编《陈布雷集》,东方出版社 2011 年版)民国十六年条:"四月,以邵元冲君及张静江先生之意,被任为浙省府秘书长,赴杭就事,寓贝庄。旋以常务委员马彝初君专擅,不善其所为,而南京友人均盼余往助宣传事业,遂于五月下旬辞职赴京。"(参见卢礼阳《马叙伦年谱》,浙江古籍出版社 2021 年版)

杨杏佛 4 月 27 日以国民党政府定都南京,中山葬事筹备处由沪迁宁,改任葬事筹备委员会专职委员,主任干事由夏光字接任。6 月,《杨杏佛讲演集》由上海商务印书馆出版,全书分三卷:第一卷劳动问题,第二卷实业改造,第三卷效率经济与安全。书中汇集了他关于经济学和社会改造问题的主要思想。7 月 27 日,作《烦闷和觉悟》一文,指出:"革命的前途现在依旧是很黑暗,中国民众仍在水深火热之中,一切做官发财谋事吃饭的机会虽然日日减少,但是革命牺牲杀身成仁的机会却日日增多。有为的青年! 怀才的志士! 请你们抛弃了小己的烦闷身世的牢骚来积极参加国民革命。世间惟有革命之城永无人满之患。"9 月 22 日,晚久不能入睡,写下《牺牲或堕落》一诗。是年下半年,南京政府先后公布《中华民国大学院组织法》和《中华民国大学院中央研究院组织条例》,蔡元培受命担任大学院院长兼中央研究院院长。杨杏佛应蔡元培之邀任大学院教育行政处主任兼中央研究院秘书长。教育行政处职责为承院长之命处理各大学区互相关联及不属于各大学区的教育行政事务。中央研究院秘书长也受院长指挥,执行院中行政事宜。同时,杨杏佛还担任了大学院最高权力机构——大学委员会委员以及大学院政治教育委员会委员、中央研究院社科所筹备委员等职。他同时任从事经济及社会思想研究的研究员。蔡元培曾说:"我在大学院的时候,请杨君杏佛相助。我素来宽容而迁迁,杨君精悍而机警,正可以他之长补我之短。"(参见许为民《杨杏佛年谱》,《中国科技史料》1991 年第 2 期)

林语堂1月1日翻译尼采的《走过去》，借以送鲁迅离开厦门大学。5日起，在厦门《民钟日报》上连续6天刊载《闽粤方言之由来》，该文后载1928年2月25日《贡献》第9期，题名改为《闽粤方言之来源》。同日，《厦门大学国学研究院周刊》第1期出版，所载《本院纪事》记述了张星烺和林语堂各自的一次学术讲演，以及风俗调查会的成立和研究课题。12日，所撰《平闽十八洞所载的古迹》刊于《厦门大学国学研究院周刊》第1卷第2期。3月27日中午，太平洋联会(Pan-Pacific Association，或译为"联太平洋会""泛太平洋协会")在上海华懋饭店雅各宾室(the Jacobean Room)举行餐会，林语堂应邀以"中国人民"为题演讲东西文化之沟通、中华人士的源流与个性等。30日，撰写《闲话与谣言》，未公开发表，后收入林语堂的《翦拂集》，1928年由北新书局出版。

按：此前3月30日，《京报副刊》第454号刊登了岂明(周作人)的《陈源口中的杨德群女士》。孟菊安的《"不下于开枪杀人者"的"闲话"》、董秋芳的《可怕与可杀》。林语堂读后有感，于是提笔撰写了《闲话与谣言》。

林语堂3月离开厦门大学，转赴武汉担任国民政府外交部英文秘书，后来又兼任《中央日报》英文副版主编。5月21日《中央副刊》第58号发表《天才乎—文人乎—互捧欤—自捧欤?》。28日，在《中央副刊》第65号发表《谈北京》。6月13日，在《中央副刊》第80号发表《萨天师语录》，正文前有"记者注"："《萨拉土斯脱拉(Zarathustra)如是说》是尼采的一部名著，批评欧洲文化最为深刻。"7月7日，在《中央副刊》第103号发表《论窃钩者诛窃国者侯的逻辑答小鹿》。8月2日，在《民众论坛》(People's Tribune)发表英文文章"After the Communist Secession"(《共产党分裂之后》)。3日，在《民众论坛》发表英文文章"Upton Close on Asia"(《厄普顿·克洛兹论亚洲》)。4—5日，在《民众论坛》连载英文文章"Marxism, Sun-Yatsenism and Communism in China"(《马克思主义、三民主义与共产主义在中国》)。6日，在《民众论坛》发表英文文章"The Signs of the Times"(《时代的标志》)。7日，在《民众论坛》发表英文文章"The 'Free City' of Shanghai"(《上海的"自由城"》)。9日，在《民众论坛》发表英文文章"Bourbonism in the Nationalist Revolution"(《国民革命时期的波旁主义》)。10日，在《民众论坛》发表英文文章"Russian Agrarian Laws"(《俄国的土地法》)。12日，在《民众论坛》发表英文文章"Making China Safe for the Kuomintang"(《使中国接受国民党政权》)。14日，在《民众论坛》发表英文文章"Anti-Sinoism: A Modern Disease"(《反汉族主义：一种现代病》)。16日，在《民众论坛》发表英文文章"The Kuomintang Organism"(《国民党的组织机制》)。19日，在《民众论坛》发表英文文章"V. K. Ting and Japan's Latest Escapade"(《丁文江与日本的最新冒险行动》)。

林语堂8月底离开武汉。同月28日，所撰英文文章"Farewell to Hankow"(《汉口，再见》)刊于《民众论坛》。9月，赴上海专事于写作。10月1日，南京政府成立大学院，其下附设中央研究院，均由蔡元培担任院长。12月左右，蔡元培聘林语堂为中央研究院西文编辑主任。同月15、25日，林语堂所译《西汉方音区域考上、下》载《贡献》第2、5期。

按：林语堂《想念蔡元培先生》说："民十六年春……路过上海时，蔡先生劝我勿往武汉。我因为佩服陈友仁的英文及其革命外交，所以还是到武汉去。……宁汉合作以后，我退居上海之时，蔡先生出长中央研究院，拉我当英文总编辑。那时中央研究院在法租界亚尔培路，我的办公室在二楼一间极小的房间……倒也清闲自在。"(载《传记文学》第10卷第2期，1967年2月)

按：《西汉方音区域考》出自林语堂博士学位论文下篇第二部分，后改题为《前汉方音区域考》，收入林语堂的《语言学论丛》(开明书店，1931)。(以上参见郑锦怀《林语堂学术年谱》，厦门大学出版社2018

年版；高平叔编著《蔡元培年谱长编》，人民教育出版社1996年版)

　　许寿裳2月19日航海至广州，应广东中山大学之聘，任文学系教授。时鲁迅先生任文学系主任兼教务主任。许寿裳即与之同住"大钟楼"，后一同迁出学校，租白云楼屋居住。4月15日，广州大逮捕，许寿裳以鲁迅因营救被捕学生无效而辞职，遂亦向校方辞职。6月，返浙江嘉兴。9月，国民政府建都南京，蔡元培任大学院院长，许寿裳被邀至南京，任大学院秘书。

　　按：据许广平《鲁迅回忆录·厦门和广州》回忆："许寿裳先生是一个老好人，执正不苟，在与章士钊斗争的时候，鲁迅被非法撤职，他就和齐宗颐(寿山)先生，毅然辞去教育部工作以示抗议，凛然有古代义士风格。这回在中山大学，又一次表示他对拘捕学生的愤慨，和鲁迅一同辞职……与鲁迅同进退，正是凛然大义所在的又一次表示。"(参见倪墨炎、陈九英编《许寿裳文集》下及附录二《许寿裳先生年谱》，百花出版社2003年版；鲁迅博物馆、鲁迅研究室编《鲁迅年谱》，人民文学出版社1981年版)

　　谢冠生任外交部秘书。3月初，英轮撞沉神电商轮案由政府特组委员会处理，谢冠生等被命为委员，进行调查审判。4月7日，震旦大学学生召集第三次全体同学大会，议决收回校产并组织校务行政委员会，谢冠生被推举为委员。同月，为谋领事裁判权，汉口成立特别区法院，谢冠生等参与筹备组织。10月，谢冠生任国立第四中山大学(后改为国立中央大学)教授兼法律学系主任，后持续五年之久。(参见朱刚《谢冠生先生年谱》，《嵊州文史资料》第28辑)

　　陈去病是春偕徐自华至杭州，参加秋社成员会议。联名呈请浙江政务委员会，要求发还秋祠，经杭州市政府查明发还。与徐自华捐款二千元修建之。4月，任持志大学校董事兼国学系教授。范烟桥以所写小说史就正于陈去病，陈去病即用为持志大学小说科教本。又编《诗学纲要》《辞赋学纲要》，作为东南大学与持志大学教材。夏，蛰居苏州。辑《杨忠文公实录补遗》一卷。9月16日，宁、汉、沪三方合作，中国国民党中央特别委员会在南京成立，陈去病复任国民党江苏省党部临时监察委员。(参见俞前、殷安如《陈去病年谱简编》，吴江市政协学习和文史委员会编《吴江文史资料》(第18辑)，2000年)

　　胡先骕年初作诗《得癸叔书却寄》，安慰病中之周岸登。6月，此前得德国柏林植物园主任笛而博士捐赠《植物园杂志》(*Notizblatt der Botanischer Garten und Museum*)全份，计八十二册，即转赠中国科学社生物研究所。9月，中基会延聘美国康奈尔大学生物系主任、著名昆虫学家尼丹(J. G. Needham)来华访问，目的在于"辅助发展国内生物科学及其研究"。邹秉文、胡先骕、秉志乃联名呈书中基会干事长范源濂，请中基会在尼丹访华之时，借尼丹之力，在北京设立生物调查所。

　　按：此函见中国第二历史档案馆，全宗号484，案卷号981，全文如下：

　　静生先生大鉴：美国生物大家尼丹博士日昨来华，现已乘船北上，不日可与先生在京相见矣。尼氏为世界著名之专家，此次基金会邀其来华，将来影响于吾国教育前途，决匪浅鲜。秉文等思乘此最好机会，利用尼氏三十余年之经验，为吾国作一最有价值之事，可以收永久之利益。谨贡其愚见如下，愿先生留意焉。今日欧美各国科学发达，人民深受其赐，而于自然科学皆有调查所之设立。以此种学问与国内之天产有关，设专门之机关以策研究之进行，其影响所及，实业及教育皆受其神。吾国北京地质调查所，即其证也。欧美各邦除于国内之地质设所调查外，而于生物一方面，亦有相同之研究机关，所谓生物调查所 Biology Memorial Institute 是也。地质有关于矿务，生物有关于农业及医学，此两者皆自然科学，于是业之发达及人生之幸福关系最大。吾国之地质调查所成绩卓著，蜚声海内。今宜乘此机会，设立生物调查所，以为研究国内生物之提倡，总其便利，约有四端：

　　(一)尼氏平生所长，可以为吾利用也。尼氏学问渊博，生物学上贡献甚富，而于调查生物尤其所长，基金会即聘其来华,若只在学校授课及往各处演讲,其影响较小,若请其组织生物调查所,本其平生之经验。大约一年之内,可以训练人才,使该所之工作渐有端倪。当在京时,为该所作一永久之计划,将来尼氏离华后,其研究者可以与其计划进行,数年以后,必有较大之成绩也。

(二)该所之成立可以轻而易举也。现北京既立中央图书馆,生物之调查可藉该馆之书籍以为参考之资,美国生物调查所借助于中央图书馆,即一最好之前例。今如此办理该所,购置图书可省去甚巨之经费,且北京各处或有公产之地皮房屋,若因随陋就简,稍加修葺,即可用为生物学之实验室,则此所之成立,更觉节省矣。

(三)该所之工作可以得相当之人选也。中国从事生物学者已不乏人,多系尼氏弟子,该所成立可择数人使之在内负责,与尼氏共同工作,各校之优材学生,尽可令其从事学习。尼氏去后,其弟子数人可以萧规曹随,继续调查事业。尼氏在京虽只一年,将来不忧无继焉。

(四)生物学之教材,可以借此贮备也。吾国生物学之教材极少,各大学聘任此学之教授,颇感困难,大学此门功课既不甚佳,中等学校之教材遂益灭裂。该所若立,大学毕业生对于生物学有兴趣者,可在内练习,俟其经验较富,出而应学校教课之需。该所成立日久,人才愈多,较之尼氏在京教课一年,只有少数学生受其教诲者,其利益不啻倍蓰矣。

以上四端,仅举其近者言之。生物与人类息息相关,此所既为科学之研究,亦即经济问题之基础。天产之利用、货殖之改进,均可连类而解决。其施甚薄,不胜枚举。故秉文等觉生物调查所之设立实为最美之举,特此敬求先生及基金会诸公与尼丹博士从长计议,每年由基金会酌予相当之款项,俾该所早日成立。秉文虽不在京,凡能为该所效其绵薄,促其发展,在所不辞,骕、志等在南京从事研究,可使科学社生物研究所与该所合作,互相提携,庶凡尼丹博士在华之时虽暂,而所成就者实大,且运基金会所费之款无多,而所收之效果至为美满。与此特行奉商,诸希亮察是荷。

此颂

大安

邹秉文　胡先骕　秉志　同上

胡先骕是年秋将秦仁昌在南京近郊十二洞发现的一新属之木本植物名之曰捷克木(Si-nojackia xylocarpa Hu)。11月上旬,胡先骕走海路北上进京,有《威海卫》《重入旧都》诗。14日,胡先骕往清华大学,在吴宓陪同之下,拜晤友人,并与吴宓谈《学衡》杂志事。胡先骕认为《学衡》已失去意义,不能引起兴趣,吴宓甚为失望。12月11日,吴宓往铁门七十四号访胡先骕,持黄节所书诗幅及《曾刚父诗集》来赠,不遇,留存即去。胡先骕倾慕黄节由来已久,前曾托吴宓乞字。26日,胡先骕与张景珩举行婚礼。年末,携新妻返南京。是年,胡先骕与陈焕镛合著《中国植物图谱》(Icones Plantarum Sinicarum)第一册由商务印书馆出版。
(参见胡宗刚《胡先骕先生年谱长编》,江西教育出版社2007年版)

张乃燕4月任江苏省政府委员兼教育厅厅长,开始着手筹备大学区的工作。此前3月中旬,国民革命军北伐至江苏,由于战事爆发、政局动荡,国立东南大学被迫停课,校务由文科主任卢锡荣维持。3月24日,国民革命军攻克南京。4月2日,国民革命军江右军总指挥部政治部致函东大卢锡荣,令其对学校所有财产严加保管,等待接收人员接管。国民革命军总司令蒋介石后又委任卢锡荣为东大保管委员。18日,南京国民政府成立。5月16日,国民政府教育行政委员会聘请胡刚复、蔡无忌、何绍平和刘藻彬4人为国立东南大学接收员。23日,胡刚复等人正式履职。6月9日,国民政府教育行政委员会将原国立东南大学、河海工程大学、江苏法政大学、江苏医科大学、上海商科大学以及南京工业专门学校、苏州工业专门学校、上海商业专门学校、南京农业学校等江苏境内专科以上的9所公立学校合并,组建为国立第四中山大学。6 月 24 日,国民政府任命江苏省教育厅厅长张乃燕为第四中大校长。7 月 9 日,张乃燕交卸教育厅事务,宣誓就任第四中山大学校长之职。同时江苏省教育厅裁撤,改为第四中山大学区"教育行政部",不久又改称"教育行政院",并移至第四中大校园内办公。8 月 8 日,第四中山大学开始审查裁并各校及格生和招考预科生。8月 19 日,学校规定了对国立东南大学等校旧生入学资格审查方法。9 月 1 日,学校如期开学,但由于战事,交通中断,该月没能上课。10 月 7 日,补行了隆重的开学典礼。

　　按:第四中山大学为纪念孙中山而命名,同时因南京系北伐军攻克的第四座历史文化名城,故在其之前再冠以"第四"二字,称第四中山大学(简称"第四中大"或"四中大"),以有别于广州的中山大学(即第一中山大学)、武汉的第二中山大学、杭州的第三中山大学。后经校务会议议决,即以 6 月 9 日为第四中山大学成立纪念日。(参见王德兹、龚放、冒荣《南京大学百年史》,南京大学出版社 2002 年版)

　　竺可桢是夏重返东南大学任地学系主任。7 月 1 日,竺可桢在《史学与地学》第 2 期发表《论以岁差定〈尚书·尧典〉四仲中星之年代》,以天文学的方法推证出《尚书·尧典》中关于"四仲中星之年代"的年代约在商末周初,不仅有助于判定《尚书》的真伪,而且还示范了如何以自然科学帮助研究古史。此文与其《二十八宿起源之时代与地点》,被认为是竺可桢在天文史方面最重要的贡献,得到国内外学界的一致好评。9 月 3—7 日,竺可桢在上海出席中国科学社第 12 次年会,任年会讲演委员会委员、第二次社务会主席,被推为修改社章委员会委员、《科学》杂志经理委员会委员。又被推为参加太平洋科学会议筹备委员会委员长。任宣读论文会会议主席。其宣读的论文题为《春秋日蚀考》,带到会上的另一篇论文是《直隶地理的环境与水灾》。9 月 16 日,竺可桢在南京出席中国科学社理事会,与杨铨等被推为负责起草上海事务所计划预算。9 月 20 日,在南京出席第四中山大学临时教授会议。

　　竺可桢 10 月 11 日—12 日在中国气象学会第三届年会上继续当选为副会长。10 月 19日,出席第四中山大学全校教员茶话会,被推定为教授会章程起草委员。10 月 21 日,竺可桢出席第四中山大学教授会成立大会,将其与张士一、张景钺、高君珊、张天才等所拟之教授会章程草案提交会议并略作说明。10 月 28 日,在南京出席中国科学社理事会,被委托查看中国科学社先前与商务印书馆间签订的有关《科学》售价方面的合同。同月,在中国科学社理事会上当选为第 12 届理事。11 月 6 日,中国大学院发表各委员会及中央研究院筹备员正式名单,竺可桢被任为观象台筹备员。9 日,在第四中山大学教授会第一次常会上当选为出席大学区评议会代表。12 日,中国气象学会举行第 17 届理事会,讨论"定统一预报用语"案,议定推举数人各自草拟通语,然后由大会公决。竺可桢被推为委员之一。16 日,在南京出席第四中山大学第一次校务会议。20 日,在大学院中央研究院筹备会及各专门委员会成立大会上,通过竺可桢为观象台(包括天文台、气象、地震、地磁)筹备委员会常务委员。竺可桢与高鲁委员联名向会议提出"中央研究院观象台定名为紫金山观象台案"。28 日,大学院召开第一次院务会议,决定在观象台筹备工作中,由高鲁主行政组,竺可桢主研究组。12 月 23 日,竺可桢在中国天文学会第五届年会上当选副会长。29 日,在中国科学社理事会议上当选为社长。是年,竺可桢在《东方杂志》第 24 卷第 4 号发表文《泛太平洋学术会议之过去与将来》。(参见李玉海编《竺可桢年谱简编》,气象出版社 2010 年版;王学典《20 世纪史学编年(1900—1949)》,商务印书馆 2014 年版)

　　柳诒徵 1 月 7 日接待吴宓来访,谈如何挽救《学衡》杂志之事。9 日,柳诒徵说凌文渊愿意资助《学衡》杂志在财政部印刷局印刷。2 月 23 日,柳诒徵致函吴宓,说在上海曾与大东书局接洽,该局愿意承办《学衡》杂志,一切条件同中华书局的原有协议。4 月 26 日,吴宓推荐柳诒徵为清华学校大学部教授一案,被校评议会否决。5月3日,吴宓极力推荐柳诒徵为清华学校教授。是日被校评议会通过,但月薪只有250元。7月,在柳诒徵等人支持下的,史地研究会会刊《史地学报》完成第1期集稿,寄往上海商务印书馆,至该年11月正式出版。

> 按:当时学生会员中投稿较多的有陈训慈、张其昀、缪凤林、胡焕庸、王学素、向达、郑鹤声、张廷休、刘掞黎等,他们是南高学派的主要成员。陈训慈回忆说:"《史地学报》(商务)与《文哲学报》(中华)同为南京高师(后扩大改名东大)中由学生主办、教授指导之文科两刊物,《史地学报》历时较久,出刊期数较多。此刊在地理地质方面论文资料由竺可桢师主持指导,史学方面教授虽有二三人,主要由劬师(指柳诒徵)热心指导助成。当时二年级以上各班同学所发表之历史方面不成熟论文,大部分系劬师先为命题。"(陈训慈《劬堂师从游胜记》,载柳曾符、柳佳编《劬堂学记》,上海书店出版社2002年版)

柳诒徵被聘为第四中山大学筹备委员。因无意在此校任教,遂担任第四中山大学图书馆(原江南图书馆,后改为中央大学国学图书馆)馆长。7月,江南图书馆独立为江苏省立第一图书馆,江苏省教育厅聘请柳诒徵为馆长。柳诒徵就任后立即清点藏书,订立了完备的规章制度和周详的工作规则。为方便远地读者,特别设立住馆研读制度。创办《国学图书馆年刊》以鼓励馆内工作人员从事学术研究。是年,柳诒徵在《史学与地学》发表《说吴》《宋太宗实录校证》。(参见孙文阁、张笑川编《中国近代思想家文库·张尔田、柳诒徵卷》及附录《柳诒徵年谱简编》,中国人民大学出版社2015年版;沈卫威《学衡派编年文事》,南京大学出版社2015年版)

汪东3月29日至陈方恪苏州寓所夜谈,陈方恪有诗为赠。6月9日,国民政府教育行政委员会颁布大学区制,先自江浙两省试行,明令合并国立东南大学、河海工科大学、上海商科大学、江苏法政大学、江苏医科大学及南京工业专门学校、苏州工业专门学校、上海商业专门学校、南京农业学校合组而成国立第四中山大学。汪东受柳诒徵推荐,被聘为中文系教授,又被推为中文系主任。12月9日,章太炎先生有书寄汪东,宽慰其教书之苦烦,并为改诗一首。诗乃汪东此前游沪居但焘家时赠但之作。是年,第四中山大学教育学院教授兼艺术科主任凸凤子作《迦陵填词图》,后为汪东索去。

> 按:据王德滋《南京大学百年史》第三章《组建国立第四中山大学》载:1927年3月中旬,由于战事爆发、政局动荡,东南大学被迫停课。4月18日,南京国民政府成立。5月16日,国民政府教育行政委员会聘请胡刚复、蔡无忌、何绍平和刘藻彬4人为东南大学接收员,23日,胡刚复等人正式履职。他们顺利地接管了东大,可此时的东大已是人去楼空。6月9日,国民政府教育行政委员会颁布"大学区制"。决定由江苏,浙江两省试行,各省区设立一所大学,并统管全省教育。出于"首都大学当立深远之规模,为全国之楷范"和"振新全国之耳目,肇建完备之学府"的通盘考虑,教育行政委员会于同日明令将原国立东南大学、河海工科大学、江苏法政大学、江苏医科大学、上海商科大学以及南京工业专门学校、苏州工业专门学校、上海商业专门学校、南京农业学校等江苏境内专科以上的9所公立学校合并,组建为国立第四中山大学。(参见薛玉坤著《汪东年谱》,河南文艺出版社2016年版)

胡小石仍在金陵大学任教,同时兼第四中山大学文字学课教授。与金大校章多所抵触,胡小石主张变更旧章,但陈中凡因担任校务常委,遵守常委会的决议,拥护旧制,遂与胡小石发生了误会。其间,胡小石所著《说文古文考》作为金陵大学油印讲义。8月,由钱子泉推荐,为第四中山大学专职教授,系主任及中文研究所主任。教文学史、甲骨文、金文、楚辞、杜诗、书学史等。同时辞掉了金大教授职位。9月,复兼金陵大学教授。(参见胡小石《胡小石文史论丛》附录《胡小石先生年表》,南京大学出版社2008年版)

钱端升是年春开始兼任北京大学教授,于政治系和法律系讲授宪法课。3月,受丁西林邀请,任《现代评论》政治编辑。是年在《现代评论》上先后发表过《美国对华外交》《收回上海租界的迫切》《党治与舆论》《党治与用人》《党治的铁律》《党纪问题》等文章。秋,转赴南京第四中山大学(前身是东南大学,次年改为国立中央大学)任教,受聘为政治系副教授。应蔡元培之召,在国民政府大学院兼职。又兼中国国民党上海党务训练班教官、中国国民党中央宣传部国际组编纂。8、9月,数次出席国民党中央宣传部驻沪办事处举行的总理纪念周,作关于国际政治的报告。10月19日,国民政府大学院各部职员人选确定,拟任教育行政处下辖的书报编审组主任。是年,在《现代评论》上发表短评30余篇,强烈要求废除"领事裁判",归还租界;并主张吸取西方经验,建立完善的中国行政系统。(参见孙宏云编《中国近代思想家文库·钱端升卷》,中国人民大学出版社2014年版)

熊十力因病到南京中央大学休养,与汤用彤、李石岑及内院师友相游处。春,由张立民陪侍移杭州西湖养疴,与严立三同住法相寺。5月,与严立三、张难先、梁漱溟、陈铭枢等在南高峰聚谈,叹息人材凋零。(参见郭齐勇编《中国近代思想家文库·熊十力卷》,中国人民大学出版社2014年版)

汤用彤年初仍任教于南开大学,期间与学衡派的吴宓、柳诒徵及新儒家熊十力诸友时相过从,切磋学问。至今汤一介仍珍藏着熊十力1927年来南开讲学时所赠的明版《魏书·释老志》,上有其遒劲狂放的毛笔所书"熊十力购于天津十六年四月八日题于天津南开大学"。2月16日,次子一介生于天津南开大学,年少时生活深受其父教学环境变化的影响。南开常邀名家来校讲演,哲学界翘楚胡适、李大钊、贺麟、梁漱溟皆欣赴讲席。汤用彤亦做过《气候与社会之影响》等讲演。5月,汤用彤离开南开大学赴南京。临别之际,南开师生为他在秀山堂举行欢送会,依依惜别。9月,汤用彤入南京第四中山大学(后改为中央大学)任哲学院长。(参见汤一介、赵建永编《中国近代思想家文库·汤用彤卷》及附录《汤用彤年谱简编》,中国人民大学出版社2015年版)

闻一多8月初与南京东南大学接洽,希望到该校任教。经与该校商谈,初定以外国文学系教授兼主任聘请。当时该校文学院院长是第三届庚子赔款留美生梅光迪,说起来也是清华校友,但他在美国哈佛任教未归,闻一多接洽的是曾在新文化运动中主编《时事新报·学灯》、时为该校哲学系教授的宗白华,并很自负地说要做西洋文学系的主任。

按:第四中山大学为国民政府所建立的最高学府,为严格教员资历,所属十个学院均规定只暂聘副教授,教授则有待在世界学术界取得声望者方得聘任。时外国文学系已聘定的副教授有闻一多、张欣海、张士一、陈源、蒯淑平、陈登恪、汤用彤,该系课程设置"分拉丁英法德意及其他各门,意在对于西方文化作整个之研究,打破偏重英美之旧习,以为融会中西文化之先导。此外又加梵藏蒙回日各门,俾得研究东亚诸国与中国历史文化之关系,为东亚各民族结合之准备。各系教务人材,极一时之选"。(《第四中大两学院之教务人员》,《申报》1927年8月22日)闻一多所任为文学院外文系副教授。该校所聘副教授还有姜立夫、熊庆来、叶企荪、吴有训、桂质廷、严济慈、张景钺、竺可桢、李四光、雷海宗、宗白华、钱端升等,文学院聘请的专任教员除闻一多外,还有楼光来、崔萍村、姚仲实、王晓明、王伯沅、陆志鸿、何王桂馨、赵伯颜、陈登恪。(《第四中山大学校务会议当然委员及专任教员名单》,东南大学档案馆藏)

闻一多8月25日致饶孟侃信,谈及离开南京土地局。9月1日,南京第四中山大学开学,27日上课。闻一多受聘为文学院外国文学系主任,教授英美诗、戏剧、散文。至此,方有一比较稳定的栖身之处,并在学校附近的单牌楼三号(过家花园)里租了房子,准备将家眷接来。单牌楼为第四中山大学西侧面临四牌楼街的一个小巷,与学校仅隔一南苍巷,距鼓楼甚近。单牌楼西为进香河,有船可通鸡鸣寺。不久后,介绍大夏大学教授方重来校任教。

同月,余上沅选编的戏剧论文集《国剧运动》由新月书店出版,序中说:"这本书的编成,承徐志摩、闻一多、张禹九三先生的帮助。"为潘光旦探讨女性心理变态的论著《小青之分析》出版绘制扉页插图。10月31日,闻一多出席第四中山大学筹备会议第四十次会议,主席胡刚复。会上,胡刚复提议特别生退费及中三院公债偿还问题、组织校徽校色校章校歌委员会两案。其中校徽校色校章委员会,议决推定闻一多与周子竞、李毅士、吕凤子、刘福泰为委员,由周子竞召集。同月,原北京艺术专科学校学生刘开渠到南京觅职,住在闻一多家里。11月上旬,闻一多父亲与家眷来南京。16日,第四中山大学发布第十八号布告,内容为选举校务委员会出席代表名单,文学院投票选举闻一多为代表。同月,南京第四中山大学举行教授会议选举教授代表,以参加本校最高立法机关校务会议,体现教授治校的精神。结果闻一多与汤用彤、蔡无忌、竺可桢、吴有训、沈履、张景钺、宗白华等36人当选。12月,为张君劢《苏俄评论》出版设计绘制封面。冬,南京第四中山大学新生陈梦家前来拜访,听了闻一多的"英美诗"课后,就到单牌楼附近的闻一多寓所来求教。是年,闻一多为梁实秋的论文集《浪漫的与古典的》绘制封面。(参见闻黎明、侯菊坤《闻一多年谱长编》(增订版),上海交通大学2014年版)

张其昀在南京第四中山大学地理学系任教,曾主讲中国地理,为中国人文地理学的开山大师。是年,张其昀在《史学与地学》第2期发表《人生地理学之态度与方法(续)》一文,阐述了人生地理与自然地理之间的关系,指出"人生地理学与自然地理学之关系,非如双峰之对峙,而为楼台之层叠。人生地理学以自然地理学为凭借而别具一种新眼光,大致近是。人生地理学非若自然地理学为基础,则如空中楼阁,虚而不实,伪而非真。"(参见曾濡嘉《20世纪上半叶中国"人文地理学"与"人生地理学"内涵演变研究》,《历史地理研究》2019年第1期)

雷海宗6月以《杜尔阁的政治思想》为题的博士学位论文通过答辩,获芝加哥大学哲学博士学位。同年归国。8月,入南京第四中山大学历史学系任教,为副教授。(参见江沛、刘忠良编《中国近代思想家文库·雷海宗、林同济卷》及附录《雷海宗年谱简编》,中国人民大学出版社2015年版)

潘菽学成回国,被最早成立心理系的南京第四中山大学聘为心理学副教授,半年后升为教授,兼心理系主任。

吕斯百邀集同学上书蔡元培,请求与四师艺术专修科毕业班同学一起并入国立第四中山大学教育学院艺术专修科,获准。是时吕凤子主持科务。

陈中凡仍在金陵大学任教。2月,所撰《中国文学批评史》一书由中华书局出版。此为我国同类书中的第一部著作,表明了著者是接纳新思潮、建设新学科的开拓者之一。而在方法论上,则具有"以远西学说,持较诸夏"的特点。虽云草创,尚不完备,但筚路蓝缕,功不可没。事隔7年之后,郭绍虞、罗根泽、方孝岳等的《中国文学批评史》相继出版,对我国古代文论的研究,蔚为大观。4月,南京国民政府成立。刘纪文任南京特别市市长,因市土地局长杨仲杰之荐,刘纪文曾邀请陈中凡任市府秘书长,未就。其后,何应钦托人向李寅恭传言,请其代向陈中凡说项,欲荐其任"立法委员",代价是让出徐府巷住地(陈与何紧邻),遭断然拒绝。6月,大学院成立。陈中凡曾兼任大学院教科书编审工作。(参见姚柯夫编著《陈中凡年谱》,书目文献出版社1989年版)

陶行知主编的改进社乡村教育同志会会刊《乡教丛讯》1月1日创刊。2日,与赵叔愚、丁超等赴南京北郊黑墨营勘察乡村师范校址。初步确定后,立下界牌。15日,在无锡开原第一小学参加改进社特约乡校教师研究会第三次会议,讨论乡村教育实际问题。中旬,决定成立试验乡村师范学校,校址在南京神策门外老山脚下的小庄。2 月 5 日,主持乡村师范立础礼,同时举行城乡平民团拜,宣布改"小庄"为"晓庄",取日出而作之意。10 日,在上海召开试验乡村师范学校董事会,被推为董事会书记兼学校校长。袁观澜为董事长,赵叔愚为乡师第一院院长兼研究部主任。3 月 11 日,主持乡村师范招考工作,前来应试者除口试、笔试外,每人还需开垦荒地两分。15 日,陶行知受中华教育改进社委托,与东南大学教授赵叔愚在南京劳山创办的南京试验乡村师范(即晓庄师范)正式开学,第一期学生 13 人。下旬,陶行知带领晓庄师范学生参加救护、收容难民工作,组织晓庄师范和安徽公学师生成立慰劳队,欢迎北伐军。6 月 3 日,在晓师寅会上,提出"行是知之始,知是行之成"的认识论观点。16 日,参加晓庄小学迁址后补行的开学典礼。

陶行知 6 月向学生谈到晓庄精神时,强调"捧着一颗心来,不带半根草去"的奉献精神。晓师礼堂"犁宫"落成后,亲笔书写对联"和马牛羊鸡犬豕做朋友;对稻粱菽麦黍稷下工夫"于犁宫大门两侧。夏,受杭州市教育局的聘请,前往指导拟定的西湖中心小学计划书。9 月初,晓庄师范第二期招生,其中有女生 2 人,陶行知赞扬她们是中国历史上第一批到乡下去的女学生。同月,为迎接在加拿大召开的世界教育会议,为中国代表起草了向大会报告的专题之一——《中国乡村教育运动之一斑》。报告以晓庄事业为代表,向世界教育同仁介绍中国乡村教育已成为"远东一种伟大之现象"。10 月 1 日,浙江省立乡村师范(湘湖师范)开学。陶行知先后推荐操震球、方与严为第一、二任校长,又介绍程本海、董纯才、王琳、李楚材等任指导员。11 月 2 日,在晓师寅会上演讲《教学做合一》。叙述从"教学合一"到"教学做合一"思想的发展,指出:"教学做是一件事,不是三件事。我们要在做上教,在做上学。在做上教的是先生,在做上学的是学生。"3 日,在寅会上演讲《在劳力上劳心》,认为"劳力与劳心分家,则一切进步发明都是不可能"。11 日,参加中国第一个乡村幼儿园——晓庄师范南京燕子矶中心幼稚园的开学典礼。15 日,在晓师寅会上演讲《以教人者教己》。同月,亲自到湘湖师范指导师生讨论"教学做合一"和"生活教育"。12 月,冯玉祥电约任河南教育厅长,坚辞不就。回电说:"晓庄事业,我要用整个身子干下去。"应冯玉祥再三邀请,与许士骐同赴开封、郑州等地实际考察,襄助冯氏及教育厅长凌冰制定普及军人识字教育计划。是年,陶行知先后在晓师寅会上发表了一系列重要演讲,奠定了生活教育理论的基础。(参见江苏省陶行知研究会、南京晓庄师范学校编《陶行知文集》下附录《陶行知生平年表》,江苏教育出版社2008 年版;余子侠编《中国近代思想家文库·陶行知卷》附录《陶行知年谱简编》,中国人民大学出版社2015 年版;章恒忠、王亚夫主编《中国学术界大事记(1919—1985)》,上海社会科学院出版社 1988 年版)

陈鹤琴任晓庄试验乡村师范学校第二院院长,南京特别市教育局学校教育科科长,建立南京教育实验区制度。与陶行知合力创办樱花村幼稚园,开辟乡村幼稚教育基地。2 月,陈鹤琴在《教育杂志》发表《幼稚教育的新趋势》一文。作者列举的"新趋势"有:一、注重自由活动的新趋势;二、注重户外活动的新趋势;三、规定课程的新趋势;四规定标准的新趋势;五、研究幼稚生心理的新趋势;六、把幼稚园与小学一年级联络起来的新趋势。文章最后介绍了近十年来在英国兴起的蒙养园运动,并认为这是幼稚教育的最大新趋势。是年,陈鹤琴发起成立中国幼稚教育研究会,创办专门研究幼儿教育的月刊《幼稚教育》(1928 年后改名为《儿童教育》),并在创刊号上发表《我们的主张》一文,提出创办适合我国国情和儿童特点的 15 条意见。

按:作者根据儿童心理、教育原理和社会现状提出办幼稚园的主张:一、幼稚园要适应国情;二、儿童教育是幼稚园与家庭共同的责任;三、凡儿童能够学的而又应当学的,都应当教;四、幼稚园课程以自然、社会为中心;五、幼稚园的课程须预先拟定,但临时得以变更;六、幼稚园第一要注意的是儿童的健康;七、幼稚园要使儿童养成良好习惯;八、幼稚园应当特别注重音乐;九、幼稚园应当有充分而适当的设备;十、幼稚园应当采用游戏式的教学法去教导儿童;十一、幼稚生的户外生活要多;十二、幼稚园多采用小团体的教学法;十三、幼稚园的教师应当是儿童的朋友;十四、幼稚园的教师应当有充分的训练;十五、幼稚园应当有种种标准,可以随时考查儿童的成绩。作者认为以上15条信条是治理中国幼稚教育的良方。(参见中央教育科学研究所编《中国现代教育大事记 1919—1949》,教育科学出版社 1988 年版;安树芬、彭诗琅主编《中华教育通史》第七卷,京华出版社 2010 年版)

余家菊 1 月在《醒狮周报》第 118 期发表《国家主义之心理基础》一文,从心理学的角度阐明国家主义的基础。春,随金陵军校渡江至瓜州,入运河经扬州而驻于清江浦农业中学。6 月,随金陵军校经海州、青岛退至济南新庄。是年,所著《国家主义概论》由北京新国家杂志社刊行。(参见余子侠,郑刚编《中国近代思想家文库·余家菊卷》,中国人民大学出版社 2013 年版)

林风眠 5 月 1 日兴办北京艺术大会。7 月,辞去北京艺专校长,应蔡元培聘任国民政府大学院艺术教育委员会主任委员职。

林文铮毕业于巴黎大学。10 月接到中华民国大学院(教育部)的聘书,任他为全国艺术委员会委员,即回国任职。

杨杰 1 月任改编之国民革命军第六军第一纵队指挥官,率兵继续北伐。4 月,任国民革命军新六军副军长、代理军长,参加军事委员会。5 月,指挥国民革命军第二路军第六军及第一军第一、三师继续北伐。7 月,任国民革命军第十八军军长。8 月,任国民革命军总司令部淮南行营主任兼总预备队指挥官。12 月,任中央陆军军官学校校长。(参见皮明勇、侯昂妤编《中国近代思想家文库·蒋百里、杨杰卷》及附录《杨杰简谱》,中国人民大学出版社 2014 年版)

龚德柏应国民革命军总司令部政治部副主任陈铭枢之邀,任南京《革命军日报》总编辑。

萨孟武与《孤军》社同人整个加入国民党政治部宣传处,任编辑科科长,负责编纂宣传品。主任吴稚晖,副主任为陈铭枢及刘文岛。

李世璋参与发起建立中国国民党行动委员会,任中央干事兼组织部长和《行动报》主编。

刘芦隐任南京国民党政府中央宣传部秘书兼《中央半月刊》主笔。

成舍我 2 月 20 日在南京创办《民生报》,自任社长,张友鸾任总编辑。

戴修瓒任国民政府最高法院首席检察官。

罗鼎任国民党政府法制局编审。

聂绀弩作为国民党员被遣送回国,在南京国民党中央党务学校任训育员。

陈剑修任南京市教育局长。

段锡朋任教于中央党务学校。

陈裕光任金陵大学校长。

马大浦在南京金陵中学毕业后考入金陵大学农学院的林科。

陈梦家考入南京中央大学法律系。

王临乙在南京中央大学艺术系随徐悲鸿学画。

吕斯百入南京中央大学艺术科学习。

欧阳竟无 1 月因其姐姐欧阳淑病死,从此由《般若》转而读《密严》《涅槃》等经,是为其佛学之一变。是秋,开始集中精力编刊《藏要》,即从《大藏经》中选出要籍,精校详注,分辑出版。计划共出4辑，后实际出版3辑。（参见徐清祥《欧阳竟无评传》及附录一《欧阳渐学术行年简表》，百花洲文艺出版社2010年版；徐清祥编《欧阳竟无先生学术年表》，载欧阳竟无《欧阳竟无内外学》，商务印书馆2017年版）

王国维1月14日完成《南宋人所传蒙古史料考》。作者由做此研究而强调："凡研究史学者，于某民族史不得不依据他民族之记载，如中国塞外民族，若匈奴，若鲜卑，若西域诸国，除中国正史中之列传载记外，殆无所信史也。其次若契丹，若女真，其文化较近，记述亦较多，然因其文字已废，除汉人所编之辽金二史外，亦几无谓信史也。"1月18日，王国维、梁启超、赵元任、陈寅恪出席研究院第7次教务会议，梅贻琦主持会议。2月16日，新学期开始上课。研究院的课程略有改动，王国维除原有普通讲演外，于每星期四加授"仪礼"一小时。2月24日，王国维、梁启超、赵元任、陈寅恪、李济出席研究院第8次教务会议。梅贻琦主持会议，并报告了校评议会所做关于研究院经费不能增加及暂停购书的决定。2月，王国维撰《元朝秘史之主因亦儿坚考》，寄与日本藤田丰八博士，请在《史学杂志》上刊登。3月，王国维撰《金长城考》，后改题为《金界壕考》，收入《观堂集林》。另撰有《水经注笺跋》，收入《观堂别集》卷三。4月，王国维编撰《清华学校研究院讲义》1册，由清华研究院办公室代辑，出版油印本。该讲义收有28篇文，其中《古史新证》是王国维在清华研究院开设的一门重要课程。这本讲义代表了一代大师学术生涯的最后成就。

按：1994年，季镇淮提供此讲义，由清华大学出版社将其作为"清华文丛之五"出版。季镇淮在该书"跋"中介绍："首篇《古史新证》分五章二十九页，是一篇完整的新式史学论文，与其他各篇写作形式不同，可视为独立的一篇。这篇论文是王国维辛亥东渡日本开始研究'国学'以来的一篇综述性的论文，是其以经史小学为基础，研究殷墟甲骨文字的新发现，以阐明新史学的创立及其研究古史的方法，是一篇划时代的著作。"

王国维5月2日访吴宓。12日，王国维与梁启超、陈寅恪、李济等出席清华研究院学生姚名达等创办的"史学会"成立会，并各致己见于众。王国维谓宜多开读书会，先有根柢而后可言发展。同日，王国维、陈寅恪访吴宓。同月，《清华大学一览（1927年）》出版，载有《学程大纲》及各系专修课程与教师名录，其中国学研究院载教授：王国维、陈寅恪、梁启超、赵元任；讲师：李济；助教：梁廷灿、浦江清、王庸。6月1日，王国维参加卫聚贤等毕业典礼和师生叙别会后，是夜又照常批阅学生试卷，完毕，乃草拟遗书藏之于怀。2日上午10时许，王国维至颐和园排云殿前鱼藻轩，投昆明湖自尽。

按：遗书封面上书写着："送西院十八号王贞明先生收"，遗书内容如下："五十之年，只欠一死。经此事变，义无再辱。我死后当草草棺殓，即行藁葬于清华茔地。汝等不能南归，亦可暂移城内居住。汝兄亦不必奔丧，因道路不通，渠又不曾出门故也。书籍可托陈（寅恪）、吴（宓）二先生处理。家人自有人料理，必不至于不能南归。我虽无财产分文遗汝等，然苟谨慎勤俭，亦必不致饿死也。——五月初二日父字。"（袁英光等编《王国维年谱长编》，天津人民出版社1996年版）

按：王国维"自沉"的消息，初刊于6月4日上海《申报》，当时"海内外学者，无论识与不识，莫不痛悼之，皆以为乃中国学术界的一大损失。许多报刊出专号或发追悼诗文"。关于王国维的死因，众说纷纭，至今仍争论不绝，一般学者论点有所谓的："殉清说""逼债说""性格悲剧说""文化衰落说"。陈寅恪《王观堂先生挽词》的序言中写道："或问观堂先生所以死之故。应之曰：近人有东西文化之说，其区域分划之当否，固不必论，即所谓异同优劣，亦姑不具言；然而可得一假定之义焉。其义曰：凡一种文化值衰落之时，为此文化所化之人，必感苦痛，其表现此文化之程量愈宏，则其所受之苦痛亦愈甚；迨既达极深之度，殆非出于自杀无以求一己之心安而义尽也。""吾中国文化之定义，具于白虎通三纲六纪之说，其意义为抽象理想最高之境,犹希腊柏拉图所谓 Idea 者。若以君臣之纲言之,君为李煜亦期之以刘秀;以朋友之纪言之,友为郦寄亦待之以鲍叔。其所殉之道,与所成之仁,均为抽象理想之通性,而非具体一人一事。"陈鸿祥《王国维年谱》(齐鲁书社 1991 版)认为:"王国维之死,是由政治的、思想的、现实的、历史的诸多因素综合作用的结果。"

王国维 6 月 2 日晚入殓,移灵于清华校南成府之刚秉庙。陈寅恪、梅贻琦、吴宓、梁漱溟、陈达、马衡、容庚与清华国学研究院学生为王国维送殡。6 月 6 日,王国维悼祭会在浙江会馆举行,刘盼遂作悼念文。8 日,王国维夫人邀吴宓、陈寅恪,谈王国维身后事。16 日,文化学术界人士及浙江同乡在浙江会馆为王国维举行悼祭大会,共收哀挽词联数百幅。其中有梁启超的《挽王静安先生联》曰:"其学以通方知类为宗,不仅奇字译鞮,并通龟契;一死明行已有耻之义,莫将凡情恩怨,猜拟鹓雏。"另有陈寅恪的《挽王静安先生》、吴宓的《挽王静安先生》、姚名达的《挽王师联》、王力的《挽王静安师诗》,以及研究院其他学生徐中舒、吴其昌、刘节、储皖峰、刘盼遂、朱芳圃、戴家祥、卫聚贤,曾受教于王氏之顾颉刚、唐兰、容庚,王氏早年同学及友人马衡、陈守谦、樊炳清、陈乃乾等人的悼念诗文。这些挽联挽词后由罗氏天津贻安堂汇刊为《王忠悫公哀挽录》。8 月 14 日,迁王国维灵枢于清华园东二里西柳村七间房之原。送葬者有校长曹云祥等数十人,研究院学生有何士骥、王力等。10 月 31 日,《国学月报》第 2 卷 8、9、10 号合刊"王静安先生专号"出版,载有王国维遗著——《古史新证》《散氏盘铭考释》《克鼎铭考释》《孟鼎铭考释》《唐三藏取经诗话跋》《元刊本伯生诗编跋》,以及姚名达《观堂集林批校表》、耘僧《王静安先生整理国学之成绩述要》、储皖峰《王静安先生著述表》、赵万里《王观堂先生校本批本目录》、殷南(即马衡)《我所知道的王静安先生》、姚名达《王静安先生年表》、柏生(即戴家祥)《记王静安先生自沉事始末》等文,还载有梁启超、陈寅恪和研究院学生的挽词、挽诗、回忆文章等。专号《引言》中指出王国维在学术上的莫大贡献是:"论哲学,是最早介绍康德、叔本华和尼采学说的人;论文学,首先以识宋元戏曲的价值,开辟平民文学的风气;论文字学,发明殷商甲骨文字,建设中国文学新系统。论史学的功绩,尤其数不胜数——殷周史迹及制度,西北佚事及地理,前人所不知或未解的问题,他能够说个清楚;古器物,前人只知著录或拓揭,他能够作系统的研究,又拿来考证史事;古书篇,前人已经误解或伪造,他能够作精详的笺考,又藉以辨别史书。"是年,王国维的著作《海宁王忠悫公遗书》由罗振玉编校,天津博爱工厂自 1927 年秋至 1928 年春分集印讫,出版石印本。(参见袁英光、刘寅生《王国维年谱长编(1877—1927)》,天津人民出版社 1996 年版;齐家莹编《清华人文学科年谱》,清华大学出版社 1999 年版;沈卫威《学衡派编年文事》,南京大学出版社 2015 年版)

梁启超 1 月 17 日在《司法储才馆季刊》第 1 期发表《司法储才馆开馆词》。18 日,梁启超出席研究院第 7 次教务会议,由梅贻琦主持。会上梁启超提议请对于儒家哲学研究颇深,现正研究"人心与人生"问题的梁漱溟来校做长期演讲。议决:请校长处去函接洽,寒假后开始演讲。后聘为专任讲师,任教一学期。同月,梁启超给远在美国哈佛大学考古系读研究生的儿子梁思永写信,希望他回国,跟李济一起开拓考古事业。2 月 5 日,梁启超在司法储才馆讲《陆王学派与青年修养》,提出青年的修养以陆王一派的学问为最适合。此讲稿载《司法储才馆季刊》第 1 期。2 月 16 日,新学期开始上课,研究院的课程略有改动,梁启超之"历史研究法"暂时停止,改讲"从历史到现实问题"。第 1 讲至第 5 讲"经济制度改革新问题",此题对于现时情形极为重要,故性质公开,除本院学生必须听讲外,大学部及旧制学生均可旁听,此题讲完后,仍续讲"历史研究法"。24 日,梁启超出席研究院第 8 次教务会议,由梅贻琦主持。同月,梁启超作《王森然著中学国文教学概要序》,后刊于《世界日报》副刊《骆驼》第 30 期。2—6 月,梁启超在燕京大学讲《古书真伪及其年代》,收入《专集》第 24 册(附:宋明姚三家所论列古书对照表)。3 月 5 日,梁启超在司法储才馆讲"学问的趣味与趣味的学问",刊于《司法储才馆季刊》第 1 期。31 日,康有为在青岛逝世,梁启超与康门弟子设位北京畿辅先哲祠举行公祭,撰写祭文和挽联。同月,梁启超为吴廷灿编《历代名人生卒年表》作序。

梁启超 5 月 12 日出席清华研究院学生姚名达等创办的"史学会"成立会,并致己见于众。19 日,吴宓决定津贴中华书局一事让吴其昌转告梁启超,请梁公再与中华书局说项。22 日,梁启超在华北大学讲演,题为《知命与努力》,刊于 5 月 29 日《国闻报》第 4 卷第 20 期。6 月 1 日,举行清华国学研究院第 2 届学生毕业典礼。会后开师生叙别会。梁启超在即将散会之际致辞,历述同学们之研究成绩,并说:"吾院苟继续努力,必成国学重镇无疑。" 17 日,梁启超把中华书局总经理陆费逵 6 月 6 日的第三次复函转寄给吴宓,同意吴宓每期《学衡》杂志津贴中华书局 60 元。30 日,梁启超偕研究院学生游北海,发表了谈话,其内容主要有二点;(一)是做人的方法——在社会上造成一种不逐时流的新人。(二)做学问的方法——在学术界上造成一种适应新潮的国学。由周传儒、吴其昌以《梁先生北海谈话记》为题,刊于《清华学校研究院同学录》。同月,清华国学研究院季刊《国学论丛》创刊,规定"内容除本院教师之著作外,凡学生之研究成绩,经教授会同审查,认为有价值者,及课外作品之最佳者,均予登载",梁启超任主编。创刊号刊载梁启超《王阳明知行合一之教》(第 2 号连载)、王国维《桐乡徐氏印谱序》、吴其昌《宋代之地理学史》、何士骥《部曲考》、周传儒《中日历代交涉史》(第 2 号连载)、余永梁《殷虚文字考》、卫聚贤《〈左传〉之研究》、陈守实《〈明史稿〉考证》、徐中舒《从古书中推测之殷周民族》等论文。其中徐中舒《从古书中推测之殷周民族》通过对典籍相关被湮没的史料分析,认为殷与周并非"同种民族",并认为当时周人"视殷人为东方异族"。顾颉刚在《当代中国史学》一书中认为徐氏此一观点"对于古代民族史的研究确是个重大的启发"。

按:清华国学研究院结束后,《国学论丛》于 1930 年 12 月出至第 2 卷第 2 号停刊。

梁启超 6 月被美国耶鲁大学授予文学博士;为燕京大学讲授"古书真伪及其年代"一学期,由研究院学生周传儒、姚名达、吴其昌等人记录,辑为一书;又拟聘章炳麟继王国维任教,未果。9 月 20 日,梁启超与赵元任、陈寅恪、李济出席研究院本学期第 2 次教务会议,由梅贻琦主持。同日,梁启超率领清华国学研究院新旧学生,前往王国维墓地悼念,向诸生发表《王静安先生墓前悼词》,总结了王国维的学术成就和治学特点。

按:《悼词》说:"自杀这个事情,在道德上很是问题:依欧洲人的眼光看来,这是怯弱的行为;基督教且认做一种罪恶。在中国却不如此——除了小小的自经沟渎以外,许多伟大的人物有时以自杀表现他的勇气。孔子说:'不降其志,不辱其身,伯夷叔齐欤!'宁可不生活,不肯降辱;本可不死,只因既不能屈服社会,亦不能屈服于社会,所以终究要自杀。伯夷叔齐的志气,就是王静安先生的志气!违心苟活,比自杀还更苦;一死明志,较偷生还更乐。所以王先生的遗嘱说:'五十之年,只欠一死。经此世变,义无再辱。'这样的自杀,完全代表中国学者'不降其志,不辱其身'的精神;不可以欧洲人的眼光去苛评乱解。王先生的性格很复杂而且可以说很矛盾:他的头脑很冷静,脾气很和平,情感很浓厚,这是可从他的著述、谈话和文学作品看出来的。只因有此三种矛盾的性格合并在一起,所以结果可以至于自杀。他对于社会,因为有冷静的头脑所以能看得很清楚;有和平的脾气,所以不能取激烈的反抗;有浓厚的情感,所以常常发生莫名的悲愤。积日既久,只有自杀之一途。我们若以中国古代道德观念去观察,王先生的自杀是有意义的,和一般无聊的行为不同。若说起王先生在学问上的贡献,那是不为中国所有而是全世界的。其最显著的实在是发明甲骨文。和他同时因甲骨文而著名的虽有人,但其实有许多重要著作都是他一人做的。以后研究甲骨文的自然有,而能矫正他的绝少。这是他的绝学!不过他的学问绝对不止这点。我挽他的联有'其学以通方知类为宗'一语,'通方知类'四字能够表现他的学问全体。他观察各方面都很周到,不以一部分名家。他了解各种学问的关系,而逐次努力做一种学问。本来,凡做学问,都应如此。不可贪多,亦不可昧全,看全部要清楚,做一部要猛勇。我们看王先生的《观堂集林》,几乎篇篇都有新发明,只因他能用最科学而合理的方法,所以他的成就极大。此外的著作,亦无不能找出新问题,而得好结果。其辩证最准确而态度最温和,完全是大学者的气象。他为学的方法和道德,实在有过人的地方。近两年来,王先生在我们研究院和我们朝夕相处,令我们受莫大的感化,渐渐成为一种学风。这种学风,若再扩充下去,可以成为中国学界的重镇。他年过五十而毫不衰疲,自杀前一天,还讨论学问,若加以十年,在学问上一定还有多量的发明和建设,尤其对于研究院不知尚有若干奇伟的造就和贡献。最痛心的,我们第三年开学之日,我竟在王先生墓前和诸位同学谈话!这不仅我们悲苦,就是全世界的学者亦当觉得受了大损失。在院的旧同学亲受过王先生二年的教授,感化最深;新同学虽有些未见过王先生,而履故居可想见声馨,读遗书可领受精神:大家善用他的为学方法,分循他的为学路径,加以清晰的自觉,继续的努力,既可以自成所学,也不负他二年来的辛苦和对于我们的期望!"姚名达案:"此篇系梁先生九月二十日在王先生墓前对清华研究院诸生演说词。吴君其昌及不佞实为之笔记,今录成之。十一月十一日,姚名达。"(《国学月报》1927年第2卷第7、8、9合刊本王静安先生专号)

梁启超12月10日作《题〈洪簃疏证〉》一文,收入《文集》第16册。是年,梁启超作《学校读经问题》一文,收入《文集》第15册;《为什么要注重叙事文字》,收入《文集》第15册;《中国图书大辞典簿录之部——官录与史志》,载《图书馆季刊》第4卷第3—4期,收入《专集》第18册。是年8月至次年8月,梁启超发起主持编纂《中国图书大辞典》,这是他对中国目录学史最有系统的研究。这部著作计划包括:一、官录及史志,二、跋释及鉴别,三、藏目及征访,四、部分别录,五、载记掌故等五部分,但只完成了第一部分。"官录"是指历代中秘书之目录。官书及官立学府藏书目录也附于此。"史志"是指各正史艺文志。后梁启超因病无法继续主持编纂工作,大辞典无果而终。(参见丁文江、赵丰田编著《梁启超年谱长编》,上海人民出版社2009年版;齐家莹编《清华人文学科年谱》,清华大学出版社1999年版;王学典《20世纪史学编年(1900—1949)》,商务印书馆2014年版;彭哲《〈国学论丛〉与清华国学研究院》,北京师范大学硕士学位论文,2012年)

赵元任继续担任清华国学研究院导师,开设逻辑学(Logic)和中国语音学(Chinese Phonetics)两门课。1月18日,赵元任出席研究院第7次教务会议,由梅贻琦主持。24日,出席研究院第8次教务会议,由梅贻琦主持。3月到6月,赵元任在正常教学工作以外,参加戏剧编译和排演工作,用北京口语修改了丁西林编著的剧本《一只蚂蜂》,编译了《挂号信》和《最后五分钟》等剧本。与夫人参加清华戏剧社的活动,并担任导演,指导讲话方面的训练,并将这些话剧搬上舞台。《清华校刊》新闻栏有报道。6月7日,赵元任与陈寅恪、李济出席研究院第12次教务会议,梅贻琦主持。同日,赵元任与梁启超指导的王力毕业,梁启超对其论文写的总评是:"精思妙语,为斯学辟一新径。"赵元任针对文中不足处写有"言有易,言无难"的眉批。7月26日,开始编《新诗歌集》,将1927年及1927年以前谱写的主要音乐作品十四首收在歌集中,对每一首歌曲加歌注,并写了简谱。为《新诗歌集》写了长逾万字的自序。8月23日全部完成,并将稿寄往出版社。8月8日,赵元任与李济出席研究院举行的新学期第1次教务会议,梅贻琦主持。9月8日,开始主持清华学校研究院吴语方言调查工作。在历时两个多月的吴语方言调查中,记录了吴语区33个地方的方言,访问了 200 多人,记录了 63 名发音人的话,填写了各种表格,核对了发音。

　　按:赵元任在《现代吴语的研究》序言末尾说:"这次调查能在这么短的时间内得这么许多材料,一大半是赖各地学商等界的热心帮助;一方面帮找发音的人,一方面关于本地语言的特别有兴趣的而表格中没有问到的地方,也多有所指教,这是作者非常感激的。除已经专函致谢外,现再对各地招待者和发音者特别鸣谢。"

　　赵元任 9 月 20 日出席研究院举行本学期第 2 次教务会议,由梅贻琦主持。秋,建议弟子王力"你最好到巴黎留学,到那里你将学得许多语言学方面的东西"。王力克服重重困难,赴法留学,在巴黎大学攻读语言学。是年,赵元任的《俩仁四呃八阿》刊于《东方杂志》第 24 卷;所译《高本汉的谐声说》(Bernhard Karlgren 著 Theory of Phonetic Compound)刊于《国学论丛》第 1 卷第 2 期。(参见赵新那、黄培云编《赵元任年谱》,商务印书馆 1998 年版;齐家莹编《清华人文学科年谱》,清华大学出版社 1999 年版)

　　陈寅恪与吴宓、柳诒徵、凌文渊等 1 月 1 日同游西山。18 日,陈寅恪出席研究院第 7 次教务会议,由梅贻琦主持。2 月 16 日,新学期开始上课。研究院的课程略有改动,陈寅恪于每星期二加授"梵文"一课,即以《金刚经》为课本。24 日,陈寅恪出席研究院第 8 次教务会议,由梅贻琦主持。3 月 13 日,陈寅恪访吴宓。4 月 30 日,陈寅恪访吴宓,谈李大钊被杀一事。5 月 12 日,陈寅恪出席清华研究院学生姚名达等创办的"史学会"成立会,并致己见于众。6 月 2 日晚,王国维入殓,移灵于清华校南成府之刚秉庙。陈寅恪、梅贻琦、吴宓、梁漱溟、陈达、马衡、容庚等为王国维送殡,行三跪九叩大礼。陈寅恪为王国维撰写挽联曰:"十七年家国久魂销,犹余剩水残山,留与累臣供一死;五千卷牙签新手触,待检契文奇字,谬承遗命倍伤神。"又撰《挽王静安先生》七律一首,诗曰:"敢将私谊哭斯人,文化神州丧一身。越甲未应公独耻,湘累宁与俗同尘。吾侪所学关天意,并世相知妒道真。赢得大清干净水,年年呜咽说灵均。"

　　陈寅恪、吴宓、梁启超与教务长梅贻琦 6 月 3 日谈王国维之死。6 日晚,梅贻琦、陈寅恪访吴宓。7 日,陈寅恪出席研究院第 12 次教务会议,梅贻琦主持。10 日,陈寅恪访吴宓,谈未来打算。17 日,陈寅恪、陈铨访吴宓。19 日,陈寅恪访吴宓。26 日,楼光来、陈寅恪、郭斌龢访吴宓。陈寅恪向吴宓出示《王观堂先生挽诗》。29 日,陈寅恪与吴宓相约不加入国民党。30 日,陈寅恪与吴宓商定王国维抚恤金之事后,致函曹校长。7 月 18 日、21 日,清华学校部分教授为留美预备部高三、高二级八十余人,未届毕业期限,竟将提前出洋,挪用巨额基金,违背校章,未经评议会讨论决定。陈寅恪与赵元任、吴宓、唐钺、叶企孙、金岳霖诸教授先后联名发表宣言以示反对,并致董事会公开信要求澄清事实。28 日,陈寅恪、赵元任访吴宓。9 月 6 日,陈寅恪、刘盼遂访吴宓。20 日,陈寅恪出席研究院举行本学期第 2 次教务会议,由梅贻琦主持。10 月 3 日,陈寅恪将自己所作《吊王静安先生》一诗交给吴宓。12 月,陈寅恪《童受喻鬘论梵文残本跋》刊于《清华学报》第 4 卷第 2 期。(参见卞僧慧纂《陈寅恪先生年谱》,中华书局 2010 年版;齐家莹编《清华人文学科年谱》,清华大学出版社 1999 年版;沈卫威《学衡派编年文事》,南京大学出版社 2015 年版)

　　李济 2 月 16 日开始新学期上课,其"普通人类学",改为"考古学"。24 日,陈寅恪出席研究院第 8 次教务会议,由梅贻琦主持。李济报告了赴山西考古的情形及所得,计有 76 箱古物已运送到校,所得古物有花瓦、石块、兽骨、骨针,还有半个腐烂蚕茧,一泥制小杯,最为引人注意。5 月 12 日,李济出席清华研究院学生姚名达等创办的"史学会"成立会,并致己见于众。6 月 7 日,李济出席研究院第 12 次教务会议,梅贻琦主持。8 月 8 日,李济出席研究院举行的新学期第 1 次教务会议,梅贻琦主持。同月,李济所著《西阴村史前的遗存》被列入"清华学校研究院丛书"第三种出版,本书为作者 1925 年至 1926 年参加山西考查团赴山西夏县西阴村进行考古发掘的报告,是中国人自己领导的第一次成功的田野考古工作的初步报告。9 月 20 日,李济出席研究院举行本学期第 2 次教务会议,由梅贻琦主持。是年,李济还撰有《西阴村史前遗址的发掘》与《山西南部汾河流域考古调查》,前者原文为英文,为从弗利尔艺术馆档案材料中发现的著作,为在 1927 年初给该馆的有关西阴村发掘的初步报告,后者原文为英文,载美国《史密森研究院各科论文集刊》第 78 卷第 7 期;译文《周口店储积中一个荷漠形的下臼齿》,刊于《中国古生物志》1927 年丁种第 7 号第 1 册。(参见齐家莹编《清华人文学科年谱》,清华大学出版社 1999 年版;中国大百科全书总编辑委员会《中国大百科全书・考古学》,中国大百科全书出版社 2002 年版)

　　吴宓与陈寅恪、柳诒徵、凌文渊等 1 月 1 日同游西山。3 日,林损访吴宓。6 日,王庸、浦江清、吴其昌访吴宓。吴其昌向吴宓出示梁启超拟致中华书局函(请续办《学衡》杂志)。7 日,吴宓访柳诒徵,谈如何挽救《学衡》杂志之事。9 日,柳诒徵说凌文渊愿意资助《学衡》杂志在财政部印刷局印刷。吴宓感到《学衡》杂志挽救有望。10 日,吴宓起程回西安探亲。25 日,吴宓到西安探望父亲,见到此时任西北大学教授的吴芳吉。27 日,吴宓在西安与《学衡》作者胡步川等聚会。2 月 23 日,中华书局复吴宓函;吴其昌访吴宓,持中华书局复梁启超公函,说《学衡》杂志可以续办,但《学衡》社每月须向中华书局补贴现银百元。吴宓向吴其昌表示,请梁公向中华书局说情,要求酌减津贴;柳诒徵致函吴宓,说在上海曾与大东书局接洽,该局愿意承办《学衡》杂志,一切条件同中华书局的原有协议。5 月,《清华大学一览(1927 年)》出版,载有《学程大纲》及各系专修课程与教师名录,吴宓开设"翻译术"课。

　　按:吴宓开设"翻译术"课于 1925 年。本学年此课的学科内容说明则详尽地讲述了其目的、内容与方法:"本学科特为各级中英文兼优之学生而设。目的在视翻译术为一种文学上之艺术,由练习而得方法,专取英文中文之诗文名篇杰作,译为中文,而合于信达雅之标准。先讲授翻译之原理,略述前人之学说,继以练习,注重下列二事。为翻译所必经之步骤。(一)完全了解原文;(二)以译文表达之,而不失原意;(三)润色译文,使成为精美流畅之文学。练习分短篇长篇两种:短篇一学期中多次,题目由教师发给,专取各种困难繁复之句法,译卷由教师批改,长篇一学期一次,学生各择专书翻译,而由教师随时指导之。"

　　吴宓 3 月 6 日访黄节。13 日,陈寅恪访吴宓。16 日,樊济远开始帮助吴宓抄写《学衡》稿件。20 日,吴宓致函大东书局洪懋熙,询问是否可以订立一年《学衡》杂志的承办合同。曾琦对吴宓说,中华书局已经党化,停办《学衡》杂志不是经济原因,是欲破坏《学衡》同人的主张和宗旨之故。21 日,吴其昌持中华书局复梁启超函见吴宓,说中华书局可以续办《学衡》杂志条件。4 月 3 日,吴宓访萧纯锦,得知萧将南下,重任东南大学教授,拟邀柳诒徵、汤用彤、叶企孙、熊庆来等同行,并重组该校的团体。7 日,北京政治局势紧张,杨宗翰访吴宓,吴宓担心自己因编辑《学衡》杂志而闻名,会遭不测之祸。10 日,吴宓上午校阅《伦理学》译稿,下午与陈寅恪、楼光来同游颐和园。21 日,吴宓致函东北大学汪兆璠,推荐黄学勤、汤用彤、刘奇峰、李濂镗、姜忠奎为东北大学教授。26 日,吴宓推荐柳诒徵为清华学校大学部教授一案,被校评议会否决。5 月 2 日,王国维访吴宓。3 日,吴宓极力推荐柳诒徵为清华学校教授,校评议会通过,但月薪只有 250 元。7 日,吴宓与陈寅恪、温德游中央公园。9 日,张歆海自南京致电吴宓,说东南大学英文系毕业生范存忠报考留美,请吴关照。12 日,王国维、陈寅恪访吴宓。16 日,白璧德将其演说稿《人文主义与专门家》寄给吴宓。19 日,吴决定津贴中华书局一事让吴宓转告梁启超,请梁公再与中华书局说项。22日,吴宓访黄节。23日,吴宓访陈寅恪。26日,吴宓访陈寅恪、王国维。27日,吴宓发出《学衡》杂志第59期稿件。29日,吴宓访姜忠奎、刘泗英。31日,吴宓向陈寅恪讲述计划写作的小说《新旧姻缘》的节略。

　　吴宓6月3日与梅贻琦教务长、陈寅恪、梁启超谈王国维之死。又为王国维请抚恤金事,吴宓、梁启超等同见曹云祥校长。4日,黄节、李沧萍访吴宓,谈王国维之死。5日,吴宓作函致《顺天时报》总编辑,详细叙述王国维自沉情形,并附录王国维的遗嘱。6日,《顺天时报》登出吴宓所写《王国维在颐和园投河自尽之详情》一文。7日,吴宓致函黄节,劝其不必因王国维之死而悲观,要积极为中国文化礼教、道德精神尽力。9日,清华学校召开王国维身后事务委员会会议。吴宓辞去主席一职,改由教务长梅贻琦担任。12日,吴宓访萧纯锦、黄节,谈时局。24日,郭斌龢到清华学校参加清华专科生留美考试,吴宓表示大力赞助。28日,张荫麟访吴宓。29日,张荫麟、郭斌龢访吴宓。陈寅恪与吴宓相约不加入国民党。张荫麟、楼光来、叶公超、郭斌龢访吴宓。7月1日,吴宓访陈寅恪。5日,报载中华书局工人罢工,吴宓担心《学衡》杂志第59、60期无法印出。7日,吴宓计划在《学衡》杂志停刊后,以《学衡》社的名义,出版《学衡》丛书,李濂镗自愿任编校经理,并加入股款。14日,叶企孙、萧纯锦、张荫麟访吴宓。16日,吴宓访黄节。23日,周光午自南京致函吴宓,说柳诒徵、汤用彤之意,要吴宓赴南京第四中山大学(原东南大学)任西洋文学系教授。同日,李濂镗愿出资50元,印《严几道与熊纯如书札节钞》,作为《学衡》丛书第一种。24日,吴宓校阅译稿《查德熙传》。29日,吴宓写一长函,托陈寅恪带往南京,交柳诒徵、梅光迪、汤用彤,辞第四中山大学之邀请。30日,吴宓访赵元任、陈寅恪、梅贻琦。

　　吴宓8月5日接汤用彤、童锡祥、吕谷凡、周君南电,说"天人学会"改组,要他到南京议事。6日,吴宓访黄节。8日,吴宓计划到南京、上海,以便与中华书局、大东书局商定《学衡》杂志出版发行之事。11日,吴宓致电上海光华大学教授张歆海,请他劝梁实秋出任东北大学教授。梅光迪、汤用彤致电吴宓、楼光来,让他俩到南京议事。14日,梅贻琦、赵元任、吴宓等参加王国维的葬礼。15日,浦江清访吴宓。18日,吴宓与景山书社、朴社、北京大学出版部售书科结算代售《学衡》杂志账目。19日,钢和泰约吴宓聚谈。21日,缪凤林致函吴宓,并转来景昌极致缪的长函,吴方知景不到东北大学任教的理由,并后悔自己曾为此事责景。吴宓致函景昌极,同意他留在南京任教。22日,梁实秋致函吴宓,表示不就东北大学。吴宓又致电上海的黄仲苏,推荐他为东北大学教授。后又改为黄过聪。25日,东北大学文法科学长汪兆璠致电吴宓,要他为东北大学推荐英文教授。26日,吴宓推荐杨荫庆为东北大学英文教授。杨几日后表示不就。30日,浦江清访吴宓。9月8日,吴宓访赵元任。10日,吴宓访黄节。14日,吴宓为梁实秋《浪漫的与古典的》一书作书评,寄予《大公报》。钢和泰由吴宓陪同,访王文显、曹云祥校长。15日,吴宓访陈寅恪。16日,张荫麟访吴宓。17日,王文显访吴宓。吴宓访陈寅恪。18日,梁思永访吴宓,梁启超宴请吴宓。19日,吴宓陪同冯友兰访陈寅恪、朱自清、赵万里。21日,吴宓接中华书局9月14日的复函,不提《学衡》杂志第59、60期的出版问题,也不答应续办,不同意出版《学衡》丛书。吴宓当即请吴其昌来,托他转请梁启超向陆费逵说情。22日,吴宓在《大公报》发表《孔子之价值及孔教之精义》。23日,吴宓将诗稿副本寄缪钺阅看。24日,吴其昌致函吴宓,说梁启超已经写信给陆费逵,与吴宓前日之函,一同寄中华书局。

吴宓 10 月 2 日访黄节。6 日,吴宓与金岳霖、陈寅恪商量,欲聘景昌极为清华学校哲学系名誉助教。7 日,在东北大学的汪兆璠、刘永济、刘朴、景昌极到沈阳火车站接吴宓未遂。同日,吴宓访黄节。12 日,王庸、浦江清与原东南大学毕业生刘咸一同访吴宓。同日,吴宓接中华书局 4 日函,说《学衡》杂志第 59、60 期正在赶印。吴宓立即致函中华书局,提出《学衡》杂志的续办之法,同时又致函吴其昌,让他转请梁启超向中华书局说项。14 日,吴宓为吴芳吉不就东北大学之事伤心。15 日,吴宓访陈寅恪、唐钺。16 日,吴宓陪同俞平伯参观清华园。17 日,刘盼遂访吴宓。22 日,吴宓访陈寅恪。23 日,吴宓访陈寅恪。24 日,吴宓访陈寅恪、唐钺。25 日,吴宓访金岳霖,谈聘景昌极之事。30 日,吴宓访陈寅恪。31 日,吴宓访陈寅恪、温德。11 月 1 日,吴其昌访吴宓。2 日,吴宓访陈寅恪,陈寅恪主张由梁启超出任清华学校校长。10 日,清华研究院学生姚名达、储皖峰拜访吴宓,并借阅全套《学衡》杂志。12 日,吴宓访陈寅恪,得知曹云祥校长将辞职。14 日,胡先骕到清华学校访吴宓,表示对《学衡》杂志的不满。15 日,吴宓访陈寅恪。16 日,吴宓访陈寅恪。19 日,吴宓访陈寅恪。21 日,吴宓接中华书局 15 日函,说依照他 10 月 13 日提出的条件,续办《学衡》杂志一年,并催促他寄稿件。

按:吴宓立即致函中华书局,请他们将《学衡》杂志第 59、60 期迅速印出。他同时致函梁启超,报告与中华书局的继续合作情况;又致函沈阳东北大学的缪凤林、景昌极、刘永济、刘朴,南京第四中山大学的柳诒徵、汤用彤,通报《学衡》杂志继续出版的情况,请《学衡》同人写稿支持。吴宓表示,资助中华书局的钱,他自己独立负担,他还致函吴芳吉,邀其到北平共同编辑《学衡》杂志。

吴宓 11 月 22 日会浦江清、梅贻琦来访。25—26 日,吴宓整理柳诒徵的《中国文化史》,准备登《学衡》杂志第 61 期。26 日,吴宓访陈寅恪,张荫麟访吴宓。29 日,李济、叶企孙访吴宓。12 月 4 日,吴宓访陈寅恪。5 日,吴宓致函大公报社张季鸾,自荐为《大公报·文学副刊》编辑。6 日,吴宓接张季鸾复函,同意他的自荐。吴宓访陈寅恪,陈寅恪极力主张吴宓主编《大公报·文学副刊》,并表示将帮助他。7 日,张季鸾致函吴宓,约他到天津会晤。吴宓致函景昌极,拟约他来京协助编辑《大公报·文学副刊》。9 日,吴宓到天津与张季鸾、胡政之相见,商谈编辑《大公报·文学副刊》之事。随后,访寓居天津的梁启超。11 日,吴宓走访在北平的胡先骕。晚访陈寅恪。12 日,李济访吴宓。吴宓访陈寅恪。13 日,吴宓收到吴芳吉的信后,立即复函,要他速到北平。晚访陈寅恪。14 日,景昌极致函吴宓,以体弱多病为由,表示不愿到北平编辑天津《大公报·文学副刊》。于是吴宓决定改请在清华的张荫麟、赵万里、浦江清、王庸协助自己。15 日,吴宓访陈寅恪、浦江清。17 日,吴宓访姜忠奎、杨宗翰。18 日,吴宓访胡政之,谈《文学副刊》排版之事。访黄节,取得《晦闻丁卯诗》。19 日,吴宓陪同日本学者桥川时雄访陈寅恪。20 日,浦江清、赵万里访吴宓。吴宓主持编辑的《大公报·文学副刊》第 1 期今日发稿。21 日,钱稻孙访吴宓。吴宓晚访陈寅恪。22 日,吴宓到天津《大公报》社访张季鸾。23 日,吴宓访陈寅恪、叶企孙。24 日,吴宓访陈寅恪。26 日,浦江清、赵万里、王庸访吴宓。27 日,吴宓宴请浦江清、赵万里、张荫麟、王庸,商议《大公报·文学副刊》的稿件。28 日,吴宓收到《大公报》报馆寄来的第 1 期《文学副刊》排版底样,吴宓校对完毕后,又于晚间将《文学副刊》第 2 期全稿编就。(以上参见沈卫威《学衡派编年文事》,南京大学出版社 2015 年版;齐家莹编《清华人文学科年谱》,清华大学出版社 1999 年版)

曹云祥继续任清华大学校长。1 月 26 日,校评议会通过教务长梅贻琦所提下年各系预算原则 7 条。2 月 17 日,校评议会议决:今年暑假教职员出洋者 5 人为罗邦杰、崔思让、梁传玲、李冈、查修。同时规定津贴数目不得增加,须遵守请求津贴所呈之计划等 4 条原则。

国学研究院聘请梁漱溟担任长期演讲,题为《人心与人生》,是该院课程内规定的临时演讲之一。同月,清华大学研究院讲师李济、大学部教授袁复礼在山西夏县西阴村挖掘出古物,包装76箱运回学校展出。3月1日,《清华校刊》刊登《清华学校研究院招考学生规程》及《清华学校研究院选考科目表》。31日,校评议会议决:同意平民教育促进会借本校校舍开办暑期讲习会。同月,《国学论丛》第1卷第1号由上海商务印书馆出版。4月30日,本校举行建校16周年纪念会,曹云祥校长作《清华之将来》的演讲。5月12日,教授会改选评议员,戴志骞、吴宓、杨光弼、赵元任、赵学海、朱君毅、余日宣7人当选。同月,《清华大学览(1927年)》出版,载有《学程大纲》及各系专修课程与教师名录,除了国学研究院教授:王国维、陈寅恪、梁启超、赵元任;讲师:李济;助教:梁廷灿、浦江清、王庸之外,其余各系为:国文学系教授:王国维、左需、朱自清、朱洪、汪鸾翔、李奎耀、陈鲁成、杨树达、戴元龄、吴在;讲师:林义光;助教:浦江清、赵万里;西洋文学系教授:王文显、朱传霖、吴可读(A. L. Pollard)、吴宓、施美士(E. K. Smith)、陈福田、毕莲(Miss A. M. Bille)、黄中定、黄学勤、温德(R. Winter)、张杰民、翟孟生(R. D. Jameson)、楼光来、谭唐(G. H. Danton)、谭唐夫人(A. P. Danton);讲师:邱椿、刘师舜;助教:孙增裕;历史学系教授:梁启超、陆懋德、麻伦、刘崇鋐;讲师:钱端升;助教:梁廷灿、蒋善国;哲学系教授:金岳霖;讲师:汪鸾翔、陆懋德、梁启超、赵元任;助教:梁启雄;社会学系教授:陈达;教员:王士达。6月16日,在北京下斜街全浙会馆举行王国维悼祭大会。

　　曹云祥校长9月7日出席在大礼堂举行的开学典礼,并致开会辞。9月27日,外交部公布修改《清华学校董事会章程》。9月30日,校评议会议决:(1)通过本学年四种常任委员会委员名单,财务委员会主席戴超,训育委员会主席梅贻琦,出版委员会主席朱君毅,建筑委员会主席杨光弼。(2)本学期不将各种欠费缴清之学生,暂令退学;设置奖学金,大学部第二、三、四年级每级不得过5人,每人每年100元。(3)恢复校医院,一切照旧章办理。同月,本学期新聘教授:西洋文学系毕莲,历史学系孔繁需、朱希祖,物理学系方光圻,化学系沈镇南,生物学系寿振璜,政治学系苏尚骧、杨光注,经济学系刘驷业、陈岱孙,工程学系杜光祖、吴毓骧。10月27日,校评议会通过出版委员会拟定的《清华学校丛书办法》。12月30日,校评议会议决:大学部及研究院学生欲居住校外者,须先得教务长之许可。但一切住外费用均须自理。会上校长曹云祥报告:本人于三日前已向外交部提出辞呈,大意谓校事稍有基础,将来发展,自当让贤云云,大约不久将有批文来校,本人于实际上确有种种之困难,故此次辞职一事,纯系根本不能继续问题,并非仅因研究院事而起。(参见清华大学校史研究室编《清华大学一百年》,清华大学出版社2011年版;齐家莹编《清华人文学科年谱》,清华大学出版社1999年版)

　　梅贻琦1月18日主持研究院第7次教务会议,王国维、梁启超、赵元任、陈寅恪出席会议。2月24日,梅贻琦主持研究院第8次教务会议,王国维、梁启超、赵元任、陈寅恪、李济到会。梅贻琦报告了校评议会所做关于研究院经费不能增加及暂停购书的决定。4月29日,梅贻琦在《清华周刊》上发表《清华发展计划》一文,提出:"现在要竭力发展的就是教学部分——多聘好教员,增加教学设备,此为将来发展的主要点","学生人数亦可逐渐增加,至全校一千多人时为止"。6月7日,梅贻琦主持研究院第12次教务会议,报告经研究院诸教授会同详细批阅,提请教务会审查,认为本年有30名毕业生合格,应给予毕业证书,分别是:刘盼遂、吴其昌、姚名达、赵邦彦、黄淬伯(以上为第2年研究)、谢国桢、刘节、陆侃如、毕相辉、郑宗檠、陈守寔、高镜芹、谢念灰、王耘庄、宋玉嘉、戴家祥、司秋沄、王力、全哲、朱广福、颜虚心、冯国瑞、杨鸿烈、卫聚贤、管效先、黄绶、姜寅清、陶国贤、侯垮、朱芳圃。7月30日,研究院召开第13次教务会议。议决同意刘盼遂、姚名达、吴其昌、戴家祥等11名学生继续留校研究1年。8月8日,梅贻琦主持研究院举行新学期第1次教务会议,议决录取新生11名;另有1925年和1926年各录取的1名入学,共有新生13名,留校继续研究的11名。9月20日,梅贻琦主持研究院举行本学期第2次教务会议,议决:聘本院第一年毕业生余永梁担任研究院助教,以继续王国维之甲骨文钟鼎文字之学问的研究;定《国学论丛》第1卷第3号为"王国维先生专号";因梁启超有病不能常住校内,《国学论丛》事请陈寅恪代为主持,赵万里分担其部分编辑工作。9月底,清华研究院聘请钢和泰为名誉通信指导员,梁思永为名誉助教,林幸平为文史学讲师,执教1学年,朱希祖为兼职讲师。(参见沈卫威《学衡派编年文事》,南京大学出版社2015年版;齐家莹编《清华人文学科年谱》,清华大学出版社1999年版;清华大学校史研究室编《清华大学一百年》,清华大学出版社2011年版)

罗振玉2月辑去年一年文字为《丙寅稿》,凡90首。3月,增订《殷虚书契考释》,乃就甲寅初印,重为写定,由东方学会出版,为先前《殷商贞卜文字考》增订版,分都邑、帝王、人名、地名、文字、卜辞、礼制、卜法8篇,共考释485字。书前有王国维序言一篇。6月6日下午,罗振玉为王国维之事约见吴宓、陈寅恪。7日,罗振玉据情"上奏"溥仪,并代递"遗折",曰:"臣王国维跪奏,为报国有心,回天无力,敬陈将死之言,仰祈圣鉴事:窃臣猥以凡庸,过蒙圣恩。经甲子奇变,不能建一谋、画一策,以纾皇上之忧色,虚生至今,可耻可丑!迩者赤化将成,神洲荒翳。当苍生倒悬之日,正拨乱反正之机。而臣自揣才力庸愚,断不能有所匡佐。而二十年来,士气消沉,历更事变,竟无一死节之人,臣所深痛,一洒此耻,此则臣之所能,谨于本日自湛清池。伏愿我皇上日思辛亥、丁巳、甲子之耻,潜心圣学,力戒晏安……请奋乾断,去危即安,并愿行在诸臣,以宋明南渡为殷鉴。破彼此之见,弃小嫌而尊大义,一德同心,以拱宸极,则臣虽死之日,犹生之年。迫切上陈,伏乞圣鉴,谨奏。宣统十九年五月初三日。"溥仪阅"遗折"后即发出一道"上谕":"南书房行走五品衔王国维,学问博通,躬行廉谨,由诸生经朕特加擢拔,供职南斋。因值播迁,留京讲学。尚不时来津召对,依恋出于至诚。遽览遗章,竟自沉渊而逝。孤忠耿耿,深恻朕怀。著加恩予谥忠悫。派贝子溥忻即日前往奠醊。赏给陀罗经被,并赏银贰千圆治丧,由留京办事处发给,以示朕悯惜贞臣之至意。钦此。"

按:据王庆祥、萧立文校注,罗继祖审订的《罗振玉王国维往来书信》所示,此"遗折"是罗振玉命其第四子罗福葆仿王国维的笔迹写下。

罗振玉随后在天津日租界日本花园内设置"忠悫公"灵位,广邀中日名流学者公祭。罗振玉将各界哀挽诗文随后结集为《王忠悫公哀挽录》,由天津罗氏贻安堂刻印。是年,由罗振玉编校王国维的著作《海宁王忠悫公遗书》,由天津博爱工厂自1927年秋至1928年春分集印讫,出版石印本,凡4集,43种,122卷(初集10种,43卷;2集13种,37卷;3集9种,15卷;4集11种,37卷)。附外集4卷。是年,刊宋刘时举《续宋中兴编年资治通鉴》15卷,并校正其讹字,以《校记》附焉。又撰文尚有《克鼎》《汉敬武主家铜铣》《宋小字本妙法莲华经》跋等。(以上参见罗继祖《永丰乡人行年录(罗振玉年谱)》,江苏人民出版社1980年版;齐家莹编《清华人文学科年谱》,清华大学出版社1999年版;沈卫威《学衡派编年文事》,南京大学出版社2015年版;王学典《20世纪史学编年(1900—1949)》,商务印书馆2014年版)

余文灿继续代理北京大学校长。3月18日,《北京大学日刊》载北大学生会通告:为纪念"三·一八"及本校牺牲的三烈士,第六次主任会议议决,要求学校当局于是日放假一天,以示哀悼;举行纪念会,请学校当局及先烈家属演讲。4月6日清晨,张作霖派军队及武装警察数百名,包围苏联大使馆,闯入俄旧兵营内,逮捕了共产党员李大钊等60余人。10日,国立九校校长开校务讨论会,议决营救办法。特推定北大代理校长余文灿,师大校长张贻惠于下午赴文昌胡同八号访张学良军团长,因张学良公出,由叶秘书代见,余张等提出:(一)未放学生请速放;(二)认为情节重大之学生,请从轻发落,取宽大主义,不再株连;(三)李大钊系属文人,请交法庭依法审讯;(四)李大钊之两女,请即释放;(五)交通附捐欠款,请特别帮忙。叶秘书答,前四条,与敝军团长主张相符,自当请其努力做去。第五条自当代陈。5月2日,校长布告,本届改选教务长,陈大齐当选。5月5日,北大研究所国学门举行第三次月讲,题目为:《戴东原对于古音学说的渊源和他的影响》《戴氏古音学之概要》《古音以外关于六书训诂的学说一斑》。6月5日,北大研究所国学门举行第四次月讲,讲题为《求语根的一个方法》,由该所主任沈兼士演讲。7月30日,教育总长刘哲呈请将北京大学等国立九校合并为国立京师大学校,下设文科、理科、法科、医科、农科、工科、师范部、商业专门、美术专门、女子第一二部。8月4日,阁议通过教育部拟具之改组国立九校计划。8月6日,北洋政府大元帅令将京师国立九校改组归并,定名为国立京师大学校。

刘哲8月23由元帅指令第一六五号准其以教育总长自兼京师大学校校长职。26日,教育部通告,刘哲自本月23日就任国立京师大学校校长兼职。29日,北大理科学长布告,转达教育部训令取消学生会、学生联合会等集会组织。嗣后凡未经各学长主任许可之会议,均不准自由召集。31日,教育部指令第一三八号,公布国立京师大学校组织总纲。同日,教育部令,聘胡仁源兼京师大学校文科学长职。9月1日,国立京师大学校关防启用。6日,京师大学校布告,接教育部令,近年各校设有学生会、学生联合会等名目,虚耗光阴,荒废学业,故一律取消。今后凡未经校方同意,均不准自由召集会议。21日,教育部令第147号:国立京师大学校国学门研究所兹改为国学研究馆。24日,北京大学发布校长嘱语:据近年来各校学生参加政治运动,荒废学业之事实,令各科部学生报到时均须亲署不入党籍之书,并将愿书式样下达到科,望学生遵照执行。10月17日,《政府公报》刊登"国立京师大学校国学研究馆规程"共10条。内容包括设立国学研究馆的宗旨、组织机构、研究生之资格、经费等项内容。20日,京师大学校校务会议议决,各科部一律禁用白话文。(参见王学珍等编《北京大学纪事(1898—1997)》,北京大学出版社1998年版)

李大钊1月24日写信致徐谦、顾孟余等人,对于蒋介石迁都南昌的企图,提出坚决反对的意见。25日,李大钊主持国民党北京政治分会,向国民党政治会议提出报告书。26—29日,国民党北京特别市党部举行改选。在李大钊指导下,通过左联的积极工作,与国民党右派展开争夺领导权的斗争,终于使左派大获全胜。3月,北伐军的胜利及周恩来等领导的上海工人的三次武装起义,使奉系军阀惊恐不已,遂以"前方战事吃紧,京师治安至关重要"为由,大肆逮捕革命进步人士,至月底,各校被捕学生达40余人。奉系军阀同时对移至苏联大使馆西院的北方区党的领导机关加紧侦查和监视。4月6日上午,在帝国主义的默许、支持下,奉系军阀张作霖派军警、特务包围袭击苏联大使馆及附近的几个办事机构进行大搜捕,李大钊被捕。先后被捕的还有共产党员范鸿劫、谢伯俞、谭祖尧、杨景山等及国民党左派邓文辉等,李大钊夫人赵纫兰及女儿李星华、李炎华也一同被捕。

李大钊4月8日书写《狱中自述》,回顾了自己革命的一生,表达了坚定的革命信念和伟大抱负,宣传了反对帝国主义、改造中国的主张。同日,李大钊被捕的消息传出后,在社会上引起极大震动。京、津各报"皆暗为守常呼吁"。9日下午7时,国立北大、师大等九校校长召开校务讨论会,议决营救办法。会议指出:"李为九校教员,义难坐视,急盼官方移交法庭审讯。"同日,冯玉祥国民军拍来电报,向奉系军阀提出警告。10日,九校推定北大校长余文灿,师大校长张贻惠为九校代表,前往拜访张学良军团长陈述九校意见。12日下午4时,国立私立25所大学的校长召集会议,就李大钊被捕事,议决发表建议书"希望奉方取宽大主义,一并移交法庭办理"。同日,据东方社莫斯科电:是日下午,莫斯科10万工人、职员示威游行,抗议帝国主义勾结中国军阀策划的这一阴谋事件。14日,《顺天时报》报道:"李大钊等捕获后,张作霖曾电张宗昌、韩麟春、孙传芳、吴俊升、张作相、阎锡山、吴佩孚七人,征询意见,已接复电。五电严办、一电法办、阎无复电。"15日,《世界日报》报道,公民李公侠致书张学良,列举十条宽大理由,请宽赦李大钊。其中一条写道:"李氏私德尚醇。如冬不衣皮袄,常年不乘洋车,尽散月入,以助贫苦学生,终日伏案研究各种学问。"16日,《世界日报》报导,有同乡白眉初、李时、武学易、李采岩等300余人联名呈请释放李大钊。其间,北方各级党组织,曾千方百计设法营救李大钊。铁路工人组织了劫狱队,拟进行劫狱。李大钊得知这一消息后表示坚决反对。28日上午10时,奉系军阀不顾各界人民和社会舆论的强烈反对,突然在警察厅南院总监大客厅里秘密进行"军法会审",对李大钊等20名革命者宣判死刑。下午1时许,李大钊等被解往西交民巷京师看守所秘密处以绞刑。李大钊神色未变,从容就义,时年39岁。晚,李大钊之妻李赵氏及长女星华、次女炎华由警厅开释,即行回宅。29日,《晨报》报道此前张宗昌复电张作霖,谓"赤党祸根""巨魁不除,北京终久危险""今既获赤党首要人物而不置诸法,何以激励士心"。同日,《晨报》又载蒋介石此前曾"密电张作霖,主张将所捕党人即行处决,以免后患"。5月12日,汉口《民国日报》再次报道这一消息。

　　按:28日下午同时牺牲的19名烈士是:谭祖尧、邓文辉、谢伯俞、莫同荣、姚彦、张伯华、李银连、杨景山、范鸿劼、谢承常、路友于、英华、张挹兰(女)、阎振三、李昆、吴平地、陶永立、郑培明、方伯务。

　　李大钊的灵柩5月1日由长椿寺移往宣武门外妙光阁浙寺。2日,李大钊长女李星华前往妙光阁浙寺照料,友辈前往者亦甚多。同乡李凌斗与李大钊舅父一起商议善后事宜。10日下午4时,李夫人及女儿星华、炎华乘车回乐亭原籍。是月,李大钊牺牲的噩耗传来,革命同志无不为之深切哀悼。党中央机关报《向导》发表题为《悼念李大钊》的文章,文中写道:"自从他们被捕以来,固然明显看出他们是无生还希望的,但他们被杀的消息,仍然如青天霹雳一般,使我们感觉异常的悲痛!"同月中旬,中共中央及湖北省委联合在武昌举行隆重追悼大会,并派专人北上料理李大钊丧事及一切善后事宜。武汉革命政府亦隆重举行追悼会及报告会。在国民军中,先后在陕、豫等处为李举行追悼会,且为李发丧,全军带孝。冯玉祥为之树碑,亲书"吊李大钊等二十位同志"碑文。同时,武汉的《中央日报》、南昌的《红灯周刊》等,也都发表了悼念文章。《共产国际》月刊及苏联的《真理报》等也发文猛烈抨击帝国主义和中国军阀,指出杀害李大钊,"其责任,不独中国军阀负之,即号称文明社会亦不能辞其咎,北京外交团利用其权力,而由张作霖执行之"。文章号召"全世界之工人,对于帝国主义者及军阀加于中国工人阶级之新暴行须奋起反对……"。(以上参见朱文通主编《李大钊年谱长编》,中国社会科学出版社2009年版)

　　杨度在4月6日李大钊被捕后,利用其在北洋军阀政府内任职的条件,左右周旋,并卖掉在北京的住所积极设法营救,终于促成北洋政府政治讨论会召开会议。会议"议决向安国军总司令建议,请将此案移交法庭裁判,依法办理,以期昭示中外,以彰公允……",并且"由全场推举梁士诒、杨度为代表,前往顺承王府陈述意见"。10日,杨度、梁士诒作为北洋政府政治讨论会代表,约司法总长罗文干同往顺承王府会见张作霖陈述该会意见。李大钊就义后,杨度毁家纾难,救济死难者家属。(参见左玉河编《中国近代思想家文库·杨度卷》附录《杨度简谱》,中国人民大学出版社2015年版)

章士钊4月从杨度处听到奉系军阀逮捕李大钊的消息,赶忙叫夫人吴弱男以要为儿子签护照为名,到苏联使馆通知李大钊,要他离开北京,到在天津日本租界的章宅躲避一段时间,但李大钊坚守北京。李大钊被捕后,章士钊与杨度一起积极设法营救。他四处奔走,多方设法,找到杨宇霆为之说情,重托和张作霖有私谊的潘复向张进言,称大钊"学识渊博,国士无双",请求爱惜人才,早日释放,张作霖答应开释。张宗昌知道后,密令宪兵司令王琦将李大钊等20人执行绞刑。李大钊就义后,章士钊帮助处置善后。(参见袁景华编《章士钊先生年谱》,吉林人民出版社2001年版)

周作人1月1日作《贺年的公函》,刊于1月8日《语丝》第113期,署名语丝社收发处代表同人。15日,在《语丝》第114期发表《论无报可看》,文中抨击了当时在反动军阀统治下,报纸"尽是说诳""没有什么可看"的情况。17日,作《素朴一下子——呈常燕生君》,刊于1月22日《语丝》第115期,批评国家主义派常乃惪在《世界日报·学园》第11号上发表的《因读〈狂飙〉想到思想界》一文。22日,在《语丝》第115期发表《〈东海论衡〉的苦运》,文中讽刺了东南大学刊物《东南论衡》第28期中学衡派胡先骕的《半斤与八两》一则时评。23日,章廷谦致信周作人,邀请周作人去厦门大学。同月,周作人作《卧薪尝胆》,刊于2月5日《语丝》第117期,文中控诉了反动军阀政府以"假演戏为名宣传赤化"为由枪杀艺人的罪行。23日,周作人作《时运的说明》,刊于2月26日《世界日报·副刊》第8卷第18号,文中认为张竞生的性学运动可划分为两个时期。

按:《时运的说明》以民国十六年为界,对张竞生的性学研究作出正负不同评价,此前"他的运动是多少有破坏性的,这就是他的价值所在"。又说:"《美的人生观》不能说是怎么好书,但是这一点反礼教的精神,打破古来对于性的禁忌——这两个字我是想拿来译'达布'(Taboo)这术语的——于性道德的解放上不无影响。就是《性史》我也以为不可厚非,他使人觉得性的事实也可以公然写书,并不是如前人所想的那样污秽的东西,不能收入正经书的里边去的……可是到了民国十六年,从一月一日起,张竞生博士自己也变了禁忌家,道教的采补家了。他在《新文化》的第一期上大提倡什么性部呼吸,引道士的静坐、丹田,以及其友某君能用阳具喝烧酒为证,喔,喔,张博士难道真是由性学家改业为术士了么?"

周作人2月26日在《语丝》第120期发表《北京的好思想》,文中讽刺了在极消沉的"北京的思想界""也决不是没有好的货色,所谓国家主义即是其一"。并批评了国家主义派"反蒋不反孙,反俄不反英"的教义。3月25日,在《语丝》第124期发表《灭赤救国》,文中抨击了"北京的所谓国家主义团体"成立的"抗英驱俄灭赤救国大同盟"及北京军警为"灭赤救国"而大肆"搜捕男女学生教员"的反动罪行。30日,为刘半农选译的国外民歌集《海外民歌》作序,刊于4月9日《语丝》第126期。4月12日,往翊教女中,为该校图书馆三周年纪念活动讲演《死文学与活文学》,讲稿载刊于4月15、16日《大公报》,讲演中说:"古文的文字是死的,所以是死文学""国语白话文是活的,所以是活文学",但也"不见得古文都是死的,也有活的,不见得白话文都是活的,也有死的",只是"国语比较古文是发表意见的最新方法——最新利器"。同月7日,李大钊被逮捕,28日被杀害。此间李大钊之子李葆华隐住在周作人家约一个多月。后周作人与沈尹默商量,将李葆华送往东京留学。

　　按:据周作人《知堂回想录》回忆:"那一天我还记得很清楚,是清明节的这天,那时称作植树节,学校放假一日。是日我和几个人约齐了,同往海甸去找尹默的老兄士远,同时下一辈的在孔德的学生也往那里找他们的旧同学。这天守常的儿子也凑巧一同去,并且在海甸的沈家住下了,我们回到城里,看报大吃一惊,原来张作霖大元帅就在当日前夜下手,袭击苏联大使馆,将国共合作的人们一网打尽了。尹默赶紧打电话给他老兄,叫隐匿守常的儿子,暂勿进城,亦不可外出,这样的过了两个星期。但是海甸的侦缉队就在士远家近旁,深感不便;尹默又对我说,叫去燕京大学上课的时候,顺便带他进城,住在我那里,还比较隐僻。我于次日便照办,让他住在从前爱罗先珂住过些时的三间小屋里……可是到了次日我们看报,这天是4月29日,又是吃了一惊。守常已于前一日执行了死刑,报上大书特书,而且他和路友干、张揭几个人照相,就登载在报上第一面。如何告诉他儿子知道呢?过一会儿他总是要过来看报的,这又使得我没有办法,便叫电话去请教尹默,他回答说就来……尹默来了之后,大家商量一番,让他说话,先来安慰几句,如说令尊为主义而牺牲,本是预先有觉悟的。及至说了,乃等于没有说,因为他的镇定有觉悟,远在说话人之上,听了之后又仔细看报,默然退去。守常的儿子以后住在我家有一个多月,后由尹默为经营,化名为杨震,送往日本留学……。"

　　按:又据贾芝《关于周作人的一点史料》(《新文学史料》1983年第4期)回忆:"关于周作人掩护李葆华一事,我特地问了李葆华同志,他说:'周作人先生的确是在张作霖的白色恐怖下让我住在他家里,掩护了我一个多月,他又与沈尹默送我到日本学习。他是很热情的。'还说《语丝》每次一出版,周作人都送给他一本。"

　　周作人5月3日作《偶感》,刊于5月14日《语丝》第131期,对4月28日被反动派残杀的李大钊、张挹兰等烈士表示了哀悼。23日,周建人致信周作人,言及鲁迅在广州"确因颉刚辞职"。4日,作《偶感之二》,刊于6月11日《语丝》第135期,本文根据报载王国维投昆明湖自杀一事,指出王自杀的主因是"以头脑清晰的学者而去做遗老弄经学,结果是思想的冲突与精神的苦闷"。并批评了日本《顺天时报》称王静庵为保皇党之荒谬绝伦。18日,作《史料鉴真》,刊于7月2日《语丝》第138期,文中抄录了报上见到的关于王国维投湖的文件。同日,在《语丝》第136期发表《诺贝尔奖金》,文中批评了淞沪总办丁文江为梁启超"竭力运动诺贝尔奖金"事,说"对于梁君是否一个文学家这个问题尚未能解决,故不得不抱一部分的悲观也"。26日,在《语丝》第137期发表《猫脚爪》,文中批评吴稚晖"骂共产党拿民众去当抓那爆栗子的猫脚爪""但据我看来……吴先生自己近来也似乎不知不觉地成为一只猫脚爪了",他"抓出来的半生半熟的栗子我看就已将落在别个猴子们的手里,无论这些是国家主义或是研究系之徒,总之吴先生去抓一下,他们来吃一顿,那是确实的了"。

　　周作人7月5日作《偶感之三》,刊于7月16日《语丝》第140期,文章抨击了在"清党"运动里,国民党大杀青年的暴行。16日,在《语丝》第140期发表《人力车与斩决》,本文针对报载胡适在上海演说云:"中国还容忍人力车,所以不能算是文明国"一事,指出国民党在"清党"中逮捕共产党多人,"枪毙之外还有斩首",而胡先生"只见不文明的人力车而不见也似乎不很文明的斩首,此吾辈不能不甚以为遗恨者也"。同日,作《吴公何如?——致荣甫先生》(随感录三),刊于7月23日《语丝》第141期,信中谈到国民党的"清党"时说:"要不要清党,我们局外人无从说起,但是那种割鸡似地杀人的残虐手段我总不敢赞成;白色恐怖绝不会比赤色的更好。"23日,作《整顿学风文件汇编》,刊于7月30日《语丝》第142期。8月6日,因奉系军阀张作霖决定将北京大学解散,改办京师大学校,周作人去职。9月20日,作《怎么说才好》,载刊于10月1日《语丝》第151期,文中抨击了国民党在"清党"中虐杀族诛的暴行。

周作人10月1日在《语丝》第151期发表《南北之礼教运动》。4日,作《随感录(七十三)·〈蒙氏教育法〉序》,刊于10月22日《语丝》第154期,张雪门《蒙氏教育法》所编意大利蒙德梭利女士发表的教育法"可以说是儿童界的福音,特别是在此刻现在的中国,张先生肯这样刻苦地把他介绍提倡,无论被人家笑为迂阔也好不理也好,总之是很有意义"。15日,发表《功臣》,载《语丝》第153期,文中抨击了国民党反动派在南方的"清党",指出在清党中"共党之死者固不少,而无辜被害的尤多""而土豪劣绅乃相率入党"因而"党即以清而转浑,政治军事均以不振,北伐事业转为一场春梦",这就是"清党"的"功劳"。22日,北京北新书局被张作霖查封,《语丝》周刊被迫停刊,从第155期以后移交上海北新书局接办,周作人编辑《语丝》的工作停止。24日,因北新书局被迫停业、《语丝》杂志被禁止,周作人与刘半农暂避菜厂胡同一日本友人家中,越一星期归。同月,周作人与北京大学同事张凤举、徐祖正、沈尹默等议定,拟合编《模范日中辞典》。11月6日,周作人作《北沟沿通信》,刊于12月1日《世界日报·蔷薇周年纪念周刊》,信中谈到"妇女问题的实际只有两件事,即经济的解放与性的解放"。8日,作《谈龙集·谈虎集·序》,载刊于11月《文学周报》第5卷第14期。25日,作《谈虎集·后记》,刊于1928年1月16日《北新》第2卷第6号。(以上参见张菊香、张铁荣主编《周作人年谱》,南开大学出版社1985年版)

沈尹默1月1日赴周作人家宴,同席有钱玄同、马裕藻、马廉、沈士远等。2月20日,顾颉刚来信,谈及购买图书事。4月6日,得知李大钊被奉系军阀张作霖逮捕的消息,急忙打电括给兄长沈士远,叫其立即将正在他家的李大钊儿子李葆华保护起来。4月9日,刘半农作《〈国外民歌译〉自序》,谈及与沈尹默商讨征集歌谣事。4月29日,阅报得知李大钊等人被害的消息,周作人大吃一惊,急忙前来商量,筹划送李葆华去日本留学。5月9日,沈尹默与朱希祖、沈士远、沈兼士、刘半农等到北大研究所为徐旭生、黄文弼等赴西北考察送行,摄影志别,置酒饯行。7月17日,鲁迅致章廷谦信,谈及广州大学电聘沈尹默等教授,均不应。10月末,沈尹默与周作人、张凤举、徐耀辰商定合编《模范日中辞典》。秋,沈尹默次子沈令翔与李大钊儿子李葆华同赴日本留学。12月4日,沈尹默、周作人、马裕藻、陈百年、马衡等宴请日本人阪西。(参见郦千明《沈尹默年谱》,上海书画出版社2018年版)

沈兼士1月8日赴故宫博物院参加第一次常务委员会议,讨论议决清室各贝勒函请将陈列室皇帝遗像仍归还寿皇殿陈列等3案,并被会议推举为故宫保管股副主任、典守股主任。2月21日,北京公教大学附属辅仁社第二学期开学,为该校新聘教员,教授文字学。北京公教大学由罗马教廷委托美国本笃会筹备设立,1925年7月学校建成,由美国人奥图尔任校长。同年,该校另辟一部开设国学专修科,讲授中国文学、历史、哲学、英文、数学等课,作为升入大学的预科,取名为北京公教大学附属辅仁社,英敛之任社长。至是年,辅仁社更名为私立北京辅仁大学。按当时教育部的规定,沈兼士为北大教授,到辅仁兼课只能任讲师。3月16日,与北京大学教授马衡、教育部特派参加东亚考古学会代表罗庸乘京奉火车离京,前往日本参加东亚考古学会会议。27日,参加在日本东京帝国大学召开的东方考古学协会年会,演讲《从古器款识上推寻六书以前之文字画》。后此文发表在《辅仁学志》第1卷第1期,文前注:"十六年三月,在日本东京帝国大学,开东方考古学协会年会时讲演。"此文首次提出"文字画"的概念,即"在文字还没有发明以前,用一种粗笨的图画来表现事物的状态、行动并数量的观念"。这一观点对后世影响很大,获得大多数学者的认同。4月6日,与马衡等抵达韩国汉城访问,先期到达的张凤举、魏建功来车站迎接。8日,赴汉城李王职雅乐部参观,同行的有魏建功、罗膺中。傍晚离开汉城回国。5月9日,与沈士远、沈尹默、朱希祖、刘半农等到北大研究所为徐旭生、黄文弼等赴西北考察送行,摄影志别,置酒饯行。6月5日,主持北京大学研究所国学门第4次月讲,演讲的题目为《求语根的一个方法》。是年,私立北京辅仁大学成立,被推选为该校董事会董事。(参见郦千明、汪素梅《沈兼士年谱简编》,《湖州师范学院学报》2021年第3期)

梁漱溟1月被清华大学研究院聘为专任讲师,是月开始为北京学术讲演会演讲《人心与人生》,历时三个月。1月8日,在《北京晨报》发表去年5月所写《人心与人生》自序。春,梁漱溟去东交民巷旧俄国(苏联)使馆内访看望李大钊,只见来人满屋,大都是青年求见者,见李大钊接待忙碌,不便打扰,随即退出。4月6日,李大钊全家被捕,当时正是张作霖自称大元帅驻军和执政于北京之时,梁漱溟闻讯从西郊赶入城内访章士钊,愿与章士钊一同出面将李大钊家眷保释出来,俾李大钊少牵挂之念。但章士钊自称与张作霖的亲信参谋长杨宇霆相熟,他将去见杨宇霆,可保李大钊亦不死。28日,李大钊被害后,梁漱溟立即从西郊赶入城内,一面看望其家属情况,一面看视他装殓的情况。梁漱溟在西城朝阳里旧居,望见李大钊夫人卧床哀泣不起,随即留下十元钱后退出来,改往李大钊遗体停柩的下斜街长椿寺,随即入内巡视,只见棺材菲薄不堪,即从寺内通电话于章士钊宅吴弱男夫人,一同商议料理后事。因为李大钊为其子女章可、章用、章因的家庭教师,宾主甚相得。吴弱男夫人来到时,各方面人士亦陆续而来,共议改行装殓之事。梁漱溟提议大家凑钱买个好棺材装殓,便拿出五十元,其他人有的拿三十元,有的拿二十元,还有拿十元的。当时梁漱溟没有固定收入,靠微薄稿费生活。梁漱溟后来还说:"我一生很少流泪,看到守常棺材我哭了!"

　　按:梁漱溟曾作《回忆李大钊先生》长文哀悼和缅怀李大钊,载梁漱溟《忆往谈旧录》,金城出版社2006年版。

梁漱溟4月前后与南下北返的黄艮庸、王平叔重聚后,宣告"觉悟",认为只有乡治才是中华民族自救的唯一出路。5月,梁漱溟南下广州,王平叔、黄艮庸两先生同行。在广州会晤李济深。7月,南京政府任梁漱溟为广东省政府委员,梁漱溟因自顾不合时宜,当即恳辞。自是,梁漱溟常往来于省城和乡间,而以居乡与青年诸友共读为多。12月,广州事变后,梁漱溟向李济深提出实施乡治的设想。是年,梁漱溟在广州曾作《乡治十讲》,惜讲稿今已无存。(参见李渊庭、阎秉华编著《梁漱溟年谱》,商务印书馆2018年版)

吴承仕于4月6日得知李大钊等革命党人被捕后,在司法部多方设法营救李大钊等。28日,奉系军阀在北京将李大钊以及范鸿劼、谢伯俞、谭祖尧等20位革命者在西交民巷京师看守所秘密杀害。29日,吴承仕闻知北洋军阀政府的暴行,愤然辞去司法部佥事之职,以表明其不与当局同流合污的鲜明立场和态度。5月7日,邀杨树达去芳湖春饭庄午饭,告诉杨树达黄侃对他种种误会,使之难堪,日前竟大决裂。11月,作《说什么》和《丁丁集》,刊于《中大季刊》第1卷第4号。后者系吴承仕与黄季刚唱和的诗集,吴承仕有小序云:"丁卯正月十日,季刚过访,语及诗,因口占一首见赠。承仕素不为近体,试赓之。自尔酬酢往复,章首遂多。拘牵押韵,交谓少惬心者,遂止斯事。今简汰其不可存者,缮写一通,用志友朋谈艺之乐。以岁直于丁,又窃职伐木之义,名义曰《丁丁集》,二读今有殊,古则同。"年底,吴承仕为《旅京歙县同乡录》作弁言。(参见庄华峰编纂《吴承仕研究资料集》,黄山书社1990年版)

黄侃1月4日收到杨树达来信,讨论"元归狄人"的句法等问题。黄侃作《答杨树达书》。2月11日,与吴承仕约作《丁丁集》。5月7日,与吴承仕决裂。8月11日,黄侃有《与刘静晦书》,欲借《尔雅匡名》。10月4日,黄侃应东北大学校长张学良将军之邀,赴沈阳就东北大学聘,讲授《诗经》《易经》等课程。11月2日,黄侃致金毓黻信,点评《辽东文献征略》。7日,金毓黻来访。20日,金毓黻来访,赋《不见季刚师已十年矣今秋渡辽讲学既上谒于沈阳复承赐尺书勋念至殷极可感也作歌纪之》诗记其事。24日,录杜牧《上池州李使君书》:"今之言者必曰:'使圣人微旨不传,乃郑玄辈为注解之罪。'仆观其所解释,明白完具,虽圣人复生,必挈置数子坐于游、夏之位,若使玄辈解释不得为师,要得圣人复生。"下午阅书,不能专心,悲绪梦然,难以抛遣。27日,与林损等人赴北陵,半途而废。12月2日,张德居以《古经解汇函》《小学汇函》见借。4日下午,随吴家象访清故宫,得观《四库全书》(六千一百四十四函,白纸红直行,全仿《永乐大典》式)。6日,黄侃与吴承仕断交后,吴将经过写信报告章炳麟,章炳麟是日有《与吴承仕书》。7日,论今日新学说经之弊:"讲《毛诗》,以牟廷相《诗切》中诸妄说录示学士,俾知今日新学小生率臆说经之不足为奇,只足为戒。"同月,有《简公铎》《冬煊借公铎散策》。原注:"丁卯十一月在沈阳。"是年,黄侃与曾运乾在东北大学讨论古音学。

按:据陆宗达回忆:"记得一九二七年冬天,他从沈阳回到北平。竟于当夜即由次子念田陪同来到我家,急的是及时告我在东北大学的一大收获。先生对我说:'我和曾运乾谈了三夜,他在古声纽的考定上,认为喻纽四等古归定纽,喻母三等古读匣纽,这是很正确的。我的古声十九纽说,应当吸收这一点。'他当时是那样兴奋,只是为这个科学的新成就而高兴并极乐意接受,并不计较这成就是何人所作。"(以上参见司马朝军、王文晖合撰《黄侃年谱》,湖北人民出版社2005年版)

刘半农1月1日在《中法教育界》第4期上发表论文《法国流俗语举例》,该文系作者1926年10月9日在中法大学服尔德学院的讲演稿。8日,北京大学研究所国学门召开第八次委员会,议决每月5日举行一次学术讲演会。刘半农被推为月讲干事。11日,刘半农在《世界日报·副刊》第7卷第8号上发表杂文《老实说了吧》。14日,在《世界日报·副刊》第7卷第11号上发表《为免除误会起见》。以上两篇文章发表后,在《世界日报·副刊》《幻洲》《每日评论》上,有署名尚钺、王雄、张缉安、徐霞村、健萍、竹心、负生、李荐依、王文元、樊伯山、翟风阳、王鸿图、禹亭、徐爱波、云邮、王日新、许天风、迪可、山风大郎、汉年、泼皮男士、太乙老人等几十人发表文章,参与讨论。18日,刘半农在《世界日报·副刊》第7卷第15号上发表《"老实说了"以后》,文中对某些人不顾事实真相的指责予以回复。1月30日,刘半农在《世界日报·副刊》第7卷第27号发表《刘复启事》,以失眠症复发为理由,声明辞去《世界日报·副刊》主编,计编《世界日报·副刊》7个月,共编7卷。自2月1日第8卷第1号起,改由张友鸾主编。31日,刘半农在《世界日报·副刊》第7卷第28号上发表《"老实说了"的结束》,又从八个方面就讨论中的一些问题阐述了自己的看法。

刘半农3月25日在《语丝》第124期上发表序跋《孔德小丛书卷头语》。4月5日晚8时5分开始,在北京大学三院国学门演讲室做《从五音六律说到三百六十律》的学术报告。16日,在《语丝》第127期上发表序跋《海外民歌序》。26日,瑞典人斯文·赫定曾组织"中亚细亚远征队"来中国西北部考察。鉴于瑞典人斯文·赫定在中国西北考察并盗运古文物,而中国迄无保存古物法、古物出口法和古物采集法,故由北京大学研究所发起,刘半农等人联络北京大学、清华学校、中国天文学会、中央观象台、历史博物馆、地质调查所、故宫博物馆、中华图书馆协会、北京图书馆、古物陈列所、中国书画研究会、北京大学考古协会、清华大学研究所、地质学会等在京十余机构创建中国学术团体协会,并发表公开宣言,认为瑞典人此举纯系学术侵略。后屡经交涉,终于与斯文·赫定平等组成"西北科学考查团"。

谈判时,因刘半农"折冲最多者",遂被推举为"西北科学考查团"理事会的常委理事长。

按:《中国学术团体协会章程》中说:"本会以保存国境内所有之材料为主旨,以古物、古迹、美术品及其他科学上之重要及罕有材料为范围。"中国学术团体协会作为保护中国古文物的永久性民间团体,其任务是:(1)不许外国人随意购买、窃取、发掘中国古物;(2)相互交流并采集、保存科学材料,联合组织科学探险和科学发掘。曾与瑞典科学考查团交涉,由中外人士35人共同组成西北科学考查团。

刘半农译诗专集《国外民歌译》第1集4月由北京北新书局初版。5月9日"西北科学考查团"成员,从北京出发去西北各地考查。拟经路线:由北京经包头、索果诺尔、哈密、迪化、罗希诺尔至车尔成。计划旅行期限为两年。中国方面参与考察者有徐旭生、黄仲良、袁希渊、龚元忠等人。刘半农、沈兼士、庄尚严、李振郑等人去车站送行。6月18日,刘半农在《语丝》第136期上发表《悼王静安先生》诗。6月,译作《法国短篇小说集》(第1册)由北京北新书局初版,为北京中法大学丛书之一。7月9日,在《语丝》第139期上发表《关于译诗的一点意见》。10月1日,刘半农兼任北京中法大学服尔德学院中国文学系主任,并教授中国文法、语音学、法文、戏曲、中国名著选读等课程,又受聘为中法大学图书馆的顾问。10日,所著《半农谈影》由北京真光摄影社初版。24日,北京北新书局为奉系军阀所查封,刘半农为避文祸,与周作人一起离家避难。秋,刘半农因不满奉系军阀统治和教育部长刘哲的作为,辞去所兼国立各校教职。秋,曾与瑞典人斯文·赫定商议,拟提名鲁迅为诺贝尔文学奖候选人,并为此托台静农致书鲁迅,征询鲁迅的意见,后为鲁迅所婉拒。11月,以蔡元培为院长的国民政府"大学院"下属之"古物保管委员公"成立,刘半农被推选为该会19名委员之一。12月29日,于北京撰长文《〈西游补〉作者董若雨传》。初收在1929年上海北新书局版《西游补》。12月,在《清华学报》第4卷第2期上发表论文《"图式音标"草创》。是年,参加业余摄影团体北京"光社",所作《请看刘复叙述光社之性质》刊于12月31日北京《晨报》。(以上参见徐瑞岳编《刘半农年谱》,中国矿业大学出版社1989年版;曹波、万兵《刘半农小说著译学术年谱(1913—1920)》,《广西社会科学》2020年第1期)

张贻惠时任北京师范大学校长。4月10日,出席国立九校校长开校务讨论会,议决营救办法,与北大代理校长余文灿被推定为两位代表,前往拜访张学良军团长,陈述九校意见,为营救李大钊作出努力。8月,奉系军阀政府命令北京九所国立高等学校合并为国立京师大学校。北京师大改称京师大学师范部,张贻惠为师范部学长。原附属中学小学同时改为隶属京师大学。学校虽有这个变动,但内部事务变化不大。同时女师大改为国立京师大学校女子第一部,毛邦伟为学长。(参见北京师范大学校史编写组编《北京师范大学校史》,北京师范大学出版社1982年版;王学珍、黄文一、王效挺、郭建荣主编《北京大学纪事(1898—1997)》,北京大学出版社1998年版)

钱玄同平时每因中年以上的人多固执而专制,便愤然道:"人到四十就该死,不死也该枪毙。"这原是过于偏激的戏言。9月12日,为钱玄同四十周岁生日,有几位"幽默"的朋友,就和他开玩笑,说他已届该毙的年龄,打算在《语丝》周刊里发刊一期《钱玄同先生成仁专号》,讣告、挽联、挽诗之类也预备了一些稿子,都是"幽默"的作品。但这个专号终于没有刊行,因为当时张作霖在北京自称大元帅,怕惹起误会。但《语丝》在南方刊物上的交换广告,已把这个专号的要目预告登了出来,果然有朋友学生们写信到北平来唁问的。此事大约已获钱玄同本人同意。钱玄同曾和黎锦熙谈及此事,黎锦熙表示:"这未免'谑而虐',恕不送挽联。"据说胡适真作了《亡友钱玄同先生成仁周年纪念歌》,开头的四句是:"该死的钱玄同,怎会至今未死! 一生专杀古人,去年轮着自己。"末尾两句是:"度你早早升天,免在地狱捣乱。"鲁迅晚年所作《教授杂咏》诗,其中的一首却针对这事认真地批评了他过去的老战友钱玄同。是年,钱玄同在《新生》周刊第1卷第8期《国语罗马字运动特刊》发表《为什么要提倡国语罗马字?》《历史的汉字改革论》《国语罗马字的字母和声调拼法条例》《关于国语罗马字字母的选用及其他》。(参见曹述敬《钱玄同年谱》,齐鲁书社1986年版)

　　黎锦熙5月23日致信胡适,解释北师大学生集资刊印《国语文学史》事。此书稿原是胡适在国语讲习所讲课的讲义稿,从未刊印。不久前,胡适在海外得朋友信,闻国内已刊印此书,特写信问明情况。黎锦熙此信即为说明其原委,谓学生对此书有迫切需要,刊印只为教者、学者作讲义之用,非卖品。初只印100本,后由学生组织的文化学社增印了1100本。黎锦熙决定这1100本书的刊印办法:一、不列出版名目;二、不得再印;三、将黎氏与师大学生通信印在书前,以说明印行的动机;四、送作者40部及有关的其他人若干。(参见黎泽渝《黎锦熙先生年谱》,《汉字文化》1995年第2期;耿云志《胡适年谱》,四川人民出版社1989年版)

　　朱希祖接张元济1月30日函,谓刊印《四部丛刊》,欲借明钞宋本《水经注》为底本影印。2月27日,张元济再次来信欲借明钞宋本《水经注》。3月8日,朱希祖复信婉拒张元济欲借明钞宋本《水经注》印入《四部丛刊》。4月27日,北大史学系主任改选,朱希祖继续当选系主任。5月9日,朱希祖与沈士远、沈尹默、沈兼士、刘半农等到北大研究所为徐旭生、黄文弼等赴西北考察送行,摄影志别,置酒饯行。暑假,中山大学电聘朱希祖、沈兼士、沈士远、沈尹默、马裕藻、马衡、陈大齐赴粤。8月6日,张作霖派教育部长刘哲改组北大,称为"京师大学校",朱希祖羞与为伍,改任清华学校史学系教授。16日,清华大学第44次评议会议决:聘朱希祖为历史系主任。

　　按:据朱希祖儿子朱偰《五四运动前后的北京大学》(《文化史料》第五辑,文史资料出版社1983年)载:1927年8月,张作霖果然派刘哲改组北大,称为"京师大学校",实际上等于解散北大,另起炉灶。一面大捕进步学生,镇压革命群众;一面聘请一些反动官僚政客,到北大来做教授,监视学生。北大教授纷纷离去,许多课程开不出来。先父朱希祖不愿留在改组后的"京师大学",改就清华大学教授。同时沈兼士到了辅仁大学,钱玄同到了师范大学,沈士远到了燕京大学。三沈二马之中,只剩下马裕藻遗留在原校不动。第三院的教授,走了个精光。

　　朱希祖接陈垣8月9日寄来叶恭绰《征求有清学人像传启事》及名单一份。8月10日,朱希祖复函陈垣,叶恭绰提议编纂有清学人像传事非常支持,并提供资料即搜集清代学人像传之门径。9月24日,为赵烈《中国钱币史》作序。同月底,清华研究院聘请朱希祖为兼职讲师。12月,在《清华学报》第4卷第2期发表《汉三大乐歌声调辨》。(参见朱元曙、朱乐川《朱希祖先生年谱长编》,中华书局2013年版;齐家莹编《清华人文学科年谱》,清华大学出版社1999年版;徐瑞岳编《刘半农年谱》,中国矿业大学出版社1989年版)

　　马寅初2月发表演讲《银价低落救济问题》和《投机与赌博之区别》。2月,在《东方杂志》第24卷第4号发表《中国经济上之根本问题》。3月13日,在北京农业大学发表演讲《中国历代的经济政策,尚共产乎,抑尚均富乎?》。28日,在北京清华学校发表演讲《中国今日之劳资问题》。4月25日,在北京政法大学发表演讲《中俄经济上之关系》。28日,在燕京大学发表演讲《马克思与中国之劳农》。5月6日,在北京师范大学发表演讲《马克思主义在中国有实行之可能性否?》。13日,在清华学校发表演讲《新经济政策下之金融问题》。18日在北京司法储才馆发表演讲《实行新经济政策之阻碍》。30日,在北京女子学院中学部发表演讲《女子之正当运动》。6月,在上海青年会发表演讲《思想与经济》。7月2日,在杭州市财政局发表演讲《市财政》。8月10日,在上海党务训练所发表演讲《帝国主义与新经济政策》。

马寅初 9 月离开北京大学,南下杭州,出任浙江省政府委员,兼禁烟委员会委员,并在浙江财务学校任教。10 月,马寅初发表演讲《中国之劳农与经济》《马克思价值论之批评》。同月 26 日,在浙江大学工学院发表演讲《平均地权》。11 月 1 日在杭州商民协会发表演讲《何谓商》。5 日,在杭州第三中山大学发表演讲《中国之经济组织》。8 日,在杭州青年会发表演讲《本省之禁烟问题》。14 日,在国民党浙江省党部发表演讲《反对今日之禁烟办法》。20 日,在上海第四中山大学商学院发表演讲《吾国编制预算之困难》。22 日,发表演讲《中国银行制度问题》。12 月 19 日,杭州举行北京大学二十九周年纪念会,马寅初发表演讲《北大之精神》。(以上参见彭华《马寅初年谱简编》,《淮阴师范学院学报》2005 年第 1 期)

范文澜年初在北京会见李大钊。又常在南开大学课堂上讲共产主义。5 月,天津警备司令部派人前来逮捕南开大学教师范文澜,张伯苓巧妙应对来人,同时设法通知正在上课的范文澜立即离校转赴北京。下半年起,范文澜任北京大学教授。(参见范文澜著《中国通史简编》下附录《范文澜先生学术年表》,商务印书馆 2010 年版;龚克主编《张伯苓全集》第十卷附编《张伯苓年谱》,南开大学出版社 2015 年版)

陈启天 1 月悄悄返回上海。3 月,北伐军进入上海,陈启天和曾琦先后去北京,并暂将《醒狮》周报移至北京出版,由陈启天代编。陈启天在北京还主办党务训练班,主讲国家主义、政党与政治运动等课程。4 月 23 日,陈启天《醒狮》周报第 129 期发表《救国的联合战线与国家主义者的态度》,一再呼吁蒋介石放弃北上进攻孙传芳、张作霖的行动,劝蒋不要"汲汲于争鸡虫之得失"而"放松共产党",希望蒋和北洋军阀、青年党结成联合阵线,共同反共,声称:"蒋介石和国民党的目前大敌,不是北方实力派,而是共产党""我们对于国民党倒共的工作,可在联合战线上充分予以援助。"5 月 21 日,在《醒狮》周报第 134 期发表《苏俄不许共产党退出国民党与中国的前途》,鼓动全国的"各种反共的军事势力(蒋军包括在内)""克期会攻武汉",消灭武汉革命政权,否则必"同归于尽"。陈启天的公然献策未被蒋介石采纳,被迫离开上海,前往张作霖统治下的北京,公开投靠北洋军阀。7 月,他又潜回上海,参加 15 日举行的中国青年党第二次全国代表大会。8 月,陈启天经同党余家菊介绍,化名陈止韬,前往败退到济南辛庄的金陵军官学校任教,为孙传芳培养军队骨干。此前还在南京时,陈启天就曾接受该校总办万鸿图之约,去讲演过国家主义。(参见肖海燕《陈启天国家主义思想研究(1923—1945)》,浙江大学博士学位论文,2010 年)

晏阳初年初致信驻美公使施肇基博士、威尔伯博士以及巴乐满,探询是否可获得美国本土华侨和纽约世界教育会联盟的经济援助。巴乐满寄信韦尔伯博士,望美能给予支持与合作。2 月 14 日、23 日在《世界日报》副刊《平教特刊》第 3—4 期连载《平民教育原理》。春,聘请瞿世英任平民文学部干事,聘刘拓博士主持普及工程技术研究,聘郑锦主持直观视听教育部。至此,"平教总会"各部各科主任及骨干已有 40 余人,其成员皆学有所长、自愿放弃高官厚禄及名利,认定平民教育乃是救国急务自愿来为农村农民服务。而且都经过严格考试挑选出来,并经过培训四个月才能聘为正式服务。培训的课程有平民教育运动史、平民教育制度、平民教育运动术、平民学校教学法、平民学校管理法、平民学校教材问题、城市平民教育、乡村平民教育等 25 种。晏阳初开始发起"博士下乡"运动。3 月 10 日,在《世界日报》副刊《平教特刊》第 5 期发表《初级平教教学的种类及组织》。27 日,《世界日报》副刊《平教特刊》第 7—8 期发表张哲龙所记《平民学校教材问题》的报告。6 月,国民革命军北伐并不断取得胜利,北京及定县的平民教育工作仍顺利进行,受定县驻军何柱国约请对部队官兵施行平民教育。与平民文学部特为官兵编《士兵千字课》,注重课本培养军人精神及责任心。同月,在上海《教育杂志》第19卷第6号发表《平民教育概论》。11月26日,致信黄炎培,谈平民教育的进展与困难。最后表达平教会同人在困难之境仍坚持事业的决心:"同人等之努力仍不稍减于前,均有一息尚存,此志不馁之气概,齐愿共济艰难,努力奋斗,以尽国民一分子之责任,此又同人等矢志为平教始终贯彻之宏愿也!"是年,所著《平民教育的宗旨目的和最后的使命》以单行本在北京刊行。在文中首先表明平民教育的宗旨是"除文盲、作新民"。所著《平民教育的真义——平民教育的真义与其他教育的关系》以单行本由商务印书馆在北京出版。受张学良、杨宇霆之约面谈,张学良、杨宇霆拟出资800万元请其在华北组织一大政党,通过平教,将华北政治、经济、文化都建立起来。晏阳初为了保持平教运动的独立性,婉词拒绝。此后,"平教总会"机关被查抄,《农民报》被查封,陈筑山等被奉军拘捕。(参见杜学元、郭明蓉、彭雪明《晏阳初年谱长编》,上海交通大学出版社2017年版;宋恩荣编《中国近代思想家文库·晏阳初卷》附《晏阳初年谱简编》,中国人民大学出版社2015年版)

翁文灏2月与丁文江、步达生争取到美国洛克菲勒基金会赠款,拟订了地质调查所与协和医学院合作发掘周口店的协议书。2月9日,中国矿冶工程学会在北京成立,以"联合同志,研究学术,发展中国矿冶事业"为宗旨,张轶欧为会长,翁文灏、李晋为副会长,学会出版《矿冶季刊》等。12日,主持在北京地质调查所举行的中国地质学会第五届年会,总结了五年来的学会工作,并宣读了题为《中国东部中生代以来之地壳运动及火山活动》的论文,首次提出"燕山运动"的概念,后刊于《中国地质学会志》第6卷。李四光在会上宣读了论文《地球表面形象变迁之主因》。10月,周口店发掘到一颗成年人的左下第一臼齿。12月5日,在北京地质调查所出席中国地质学会之特别会,由葛利普主持,翁文灏宣读了《中国古人种之搜寻》,汇报了周口店发掘之成果。后刊于《中国地质学会志》第6卷,是年,翁文灏连任中国地质学会会长。(参见潘云唐《翁文灏年谱》,《中国科技史料》第10卷[1989]第4期)

赵尔巽8月2日编纂《清史稿》完成,但未经通核审定。赵尔巽"以时势之艰虞",更因"年齿之迟暮,再多慎重,恐不及待",决定立即付刊。夏孙桐则反对,认为:"为今之计,惟有仍依前议,实事求是,逐加修正……期以三年集事,纵使不幸时局有变,竟致中辍,而得尺则尺,得寸则寸……世人终能见谅。"但赵尔巽坚持己见曰:"吾不能刊清史,独不能刊清史稿乎?"不久,赵尔巽命袁金铠总理刊印事宜,袁金铠又假手金梁。9月3日,赵尔巽病故。(参见王学典《20世纪史学编年(1900—1949)》,商务印书馆2014年版)

柯劭忞是年秋接替赵尔巽任国史馆馆长,王树枏为总纂。12月20日,日本"东方文化事业总委员会"所设下属机构北平"人文科学研究所"在北京成立。中方入所者,为总裁柯劭忞,副总裁王树枏,研究员王式通、王照、梁鸿志、贾恩绂、胡敦复、江庸、汤中、江瀚、戴锡章、姜忠奎、刘培极、胡玉缙、何振岱、章华、徐审义。研究项目分经学、史学、哲学、文学、法制经济、美术、宗教、考古学、语言学等九部分,实际做法则是按经史子集四部自选,具体为经部:江瀚、胡玉缙、徐审义、刘培极、姜忠奎、王照、杨策;史部:王式通、戴锡章、江瀚、汤中;子部:刘培极、胡玉缙、江庸、王式通、胡敦复、梁鸿志、汤中;集部:王式通、戴锡章、江庸、章华、梁鸿志、何振岱。(参见王学典《20世纪史学编年(1900—1949)》,商务印书馆2014年版)

陈垣1月1日致函叶恭绰,并赠送《中西回史日历》。8日,陈垣参加故宫博物院维持会常委会。12日,徐宗泽来函,抄寄《名理探》的二篇序文。13日,孟森来函,感谢寄赠《二十史朔闰表》。15日,方豪来函,为陈垣抄录《武林藏书录》虞长儒的传记资料,并告知近读《辟邪纪实》发现金声信教又有力证据一。22日,孟森来函,询问《二十史朔闰表》的回历根据,并坚持《明史·历志》有关回历的记载不误。同月,陈垣致函叶恭绰,对募修万松塔表示支持,并亲自做实地调查,提供具体修建方案。2月5日,顾颉刚自厦门来函,称赞《中西回史日历》。介绍厦门大学的矛盾,及江西建道教博物院事。12日,方豪自杭州天主堂启悟公学来函,索《四库书目考异》《摩尼教入中国考》等书籍,并寄来 A. Z. Laberd 主教有关开封犹太教记述的译文。18日,容肇祖来函,告知厦门大学国学院停办,北大同仁决定离开。

按:函云:"前上书及汇款,未审已得收否? 尊书如未赐寄,请寄广州东莞旨亭街八巷三号肇祖收。肇祖昨自漳州回,始接厦大秘书处通知,云陈嘉庚来电,国学院停办。北大同人皆无留恋意,一俟薪水领到,并发行一经过之册子外,即各散四方。亮尘先生其始尚欲维持,然停办已成事实,当亦不得不去。虽有校长特留张(张星烺)、顾(顾颉刚)二人之事,然顾去志已坚决,张亦不能唱独脚戏也。此时肇祖稍事屏当一切,即拟回粤。粤通信处,请寄广州日金巷新门牌五十七号。资本家办学,究竟是外行,意见之偏,随意便可开可停。厦大科数之多,比之北大为远过,而学生只有三百人。内容之糟,皆陈陈相因,莫可发覆。此次停办国学院,便是新旧派别之竞争。旧派之于新派,积妒恨之衷,便为一网打尽之举。此时亮尘先生尚欲顾拾破镝,抑亦惑矣。子民先生今日已离厦。天下如可为,澄清当在不久。"(《陈垣来往书信集》第267页)

陈垣接陈庆年2月26日来函,极力称赞《二十史朔闰表》和《中西回史日历》,认为是史界未有之作,是嘉惠史林的不朽事业,并举出黄巢攻陷广州的年代分歧加以说明。同月,陈垣复孟森1月22日函,强调《二十史朔闰表》的回历是以史实为依据,《明史·历志》的有关记载是错误的。3月5日,陈垣在北京大学研究所国学门作《回回教进中国的源流》的学术报告,由研究所学生冯沅君记录,经陈垣修改后,刊于9月《北京大学研究所国学门月刊》第1卷第6号,已大致表达了作者撰述《中国回教史》的构思和框架。4月19日,陈垣复方豪函,告知把汉文材料译成外国文,再将外国文译回汉文,在意义上会有很大损失,应当引起注意。同时寄赠《教宗通牒》《辩学遗牍》等书籍十余种。26日,北京地质调查所等学术团体与瑞典探险家斯文·赫定联合组成西北科学考察团,陈垣任理事。同月,撰写完成《华亭许缵曾传》,后刊于6月《真光杂志》第26卷第6号《真光杂志二十周年纪念特刊》。5月3日,方豪来函。6月13日,复方豪函,强调自己只是一位宗教史研究者,不配称为某某教徒。并告知近为辅仁大学校长,现已报部立案。23日,方豪自杭州来函,祝贺陈垣出任辅仁大学校长。29日,李宗侗自天津来函,关心故宫安全,希望陈垣等继续主持,函谓"尚望先生及兼士(沈兼士)、叔平(马衡)诸公出任厥艰,否则恐难保无危险也"。同月,北京公教大学改名私立北京辅仁大学,办学宗旨定为"介绍世界最新科学、发展中国固有文化、养成硕学通才",校长奥图尔,陈垣任副校长,呈请北京国民政府教育部备案。并决定开办文科,暑假后面向社会招收大学班学生。陈垣兼任文学院中国文学系主任,张星烺为历史系主任。

按:辅仁大学只办文科,设中国文学系、历史学系、英国文学系、哲学四系,1927年国文、历史、英文三系正式招生,1952年9月,辅仁大学各系科被并入北京师范大学、北京大学、中央财经学院、北京政法学院。辅仁大学历史学系一直是民国史学界重镇之一,从1927年至1952年,先后在此任教的史学家有陈垣、沈兼士、余嘉锡、王静如、朱希祖、邓之诚、张星烺、陆懋德、方豪、方壮猷、金毓黻、朱师辙、王光炜、范文澜、柯昌泗、柴德赓、韩儒林等。

陈垣6月在《小说月报》第17号号外《中国文学研究》(下册)发表《十四世纪南俄人之汉文学》,为《元西域人华化考》内容的一部分。夏,在燕京大学作《基督教入华史》的讲演,由汤理胜、彭清恺记录成稿。9 月 8 日，陈垣为《明季之欧化美术及罗马字注音》作跋。20 日，所著《回回教进中国的源流》记录稿经陈垣审阅修改后刊于《北京大学研究所国学门月刊》第 1 卷第 6 号。同月，国务会议决定成立故宫管理委员会，并通过《故宫管理委员会条例》，任命江庸等 4 人为接收委员，原故宫维持会无形取消；王氏鸣晦庐藏本《明季之欧化美术及罗马字注音》由辅仁大学影印出版。陈垣作跋，沈尹默书写。秋，余嘉锡拜访陈垣，是为订交之始。10 月 29 日，余嘉锡来函，并将所撰《四库提要辨证》稿本送览。11 月 20 日，余嘉锡来函，恳请陈垣推荐到辅仁大学任教。24 日，政府任命故宫管理委员会干事，陈垣等多数人被排除在外。同月，所著《元西域人华化考》（后 4 卷）刊于《燕京学报》第 2 期；聘余嘉锡为辅仁大学讲师。又接汪大燮来函，邀请到平民大学讲演。是年，陈垣兼任燕京大学教授。（以上参见刘乃和、周少川、王明泽《陈垣年谱配图长编》，辽海出版社 2000 年版；王学典《20 世纪史学编年（1900—1949）》，商务印书馆 2014 年版）

朱自清 1 月作《悼何一公君》，刊于《清华周刊》何君鸿纪念册，为在去年"三·一八"惨案中受伤，12 月复发逝世的清华学生何一公而作。同月，朱自清返白马湖搬家，将迈先和逖先交祖母带回扬州，自己携妻子和采芷、闰生取海道北上。住清华园西院。接眷途经上海时，与叶圣陶、夏丏尊、方光焘、章克标、金溟若等相见。叶圣陶为之饯行，酌酒快谈，相见甚欢。2 月 5 日，朱自清《新诗》一文刊于《一般》第 2 卷第 2 号。2 月 10 日，朱自清《熬波图》一文刊于《小说月报》第 18 卷第 2 号。5 月 3 日，译英国 A. C. Bradley 作论文《为诗而诗》，刊于 11 月 5 日《一般》第 3 卷第 3 期，次年 4 月《一般》第 4 卷第 4 期续完。6 月 5 日，因国内政局不稳，校方接受学生要求，提前放暑假。同月，朱自清作拟古诗《行行重行行》《清清河畔草》《西北有高楼》、《迢迢牵牛花》等。7 月，朱自清在《小说月报》第 18 卷第 7 号发表《荷塘月色》，为作者散文代表作之一。9 月，清华学校 1927 年度第一学期开学，朱自清开设"古今诗选"课，编有讲义《诗名著笺前集》《诗名著笺》和《古今诗选小传》，由清华大学铅印。10 月 28 日晚，赴同方部第一谈话室参加清华学生文学社举行的例会。同月，担任大学部学生课外文艺社团"终南社"顾问。又和燕京大学教授许地山讲"中国佛教文学"。11 月 3 日下午四时，赴工字厅参加终南社举行的与冰心女士座谈的谈话会。5 日，朱自清与李健吾合译《为诗而诗》一文刊于《一般》杂志第 3 卷第 3 号。10 日，所译清华西洋文学系教授詹姆生（P. D. Jameson）《纯粹的诗》刊于《小说月报》第 18 卷第 12 期。（参见姜建、吴为公编《朱自清年谱》，安徽教育出版社 1996 年版；齐家莹编《清华人文学科年谱》，清华大学出版社 1999 年版）

俞平伯 1 月 21 日复周作人信，谈朱自清匆匆出京，去宁波接家眷，"我亦不得一晤"。23 日午，应现代评论社邀请，赴宴。24 日，复周作人信，告知出席现代评论社招饮之事。4 月中旬，俞平伯收到周作人 15 日来信，述说自己的寂寥之感。4 月，俞平伯标点明代张岱著《陶庵梦忆》由北京朴社出版。内有俞平伯的《重刊〈陶庵梦忆〉跋》。同月，俞平伯与朱自清、周作人等 8 人的新诗合集《雪朝》由上海商务印书馆第五次印刷出版。6 月 30 日，钱玄同来访、畅谈。7 月 1 日，致周作人信，告知已辞去燕京大学教职，应傅斯年邀请，将赴广州中山大学任教。7 月 18 日，复周作人信，续谈赴南方的矛盾心情。22 日，收到周作人 21 日来信，谈江绍原也已受广州中山大学之聘。8 月 1 日，俞平伯至苦雨斋与周作人畅谈。9 月上、中旬之间应聘赴广州中山大学，途经上海时，得知广州局势不稳，于是改变主意，乘车返回北京，仍回燕京大学任教。20 日，收到周作人 19 日来信，代马隅卿索要小说讲义一份。9 月 28 日，复周作人信，请他帮忙在东城觅一日文教师，同时帮忙函询刘半农有关"敦煌发见之佛经俗文"的资料情况,以备讲课之需。同日,俞平伯将在燕京大学的讲稿写成论文《谈中国小说》,刊于 1927 年 12 月和 1928 年 1 月《燕大月刊》第 1 卷第 3—4 期,又发表在 1928 年 2 月《小说月报》第 19 卷第 2 号。9 月 29 日,至燕京大学国文系讲授中国小说。

俞平伯 10 月 4 日让女儿带信给周作人,感谢他书赠条幅。信中慨叹时间飞逝,反顾自身,更觉一筹莫展。21 日,收到周作人 20 日来信,代燕京大学的学生向俞平伯借《红楼梦辨》,同时希望俞平伯能设法推荐江绍原往清华研究院任职。22 日,应周作人邀请,至苦雨斋参加语丝社聚会,商谈《语丝》出版事宜,决定出至 156 期满三周年,即移交上海北新书局出版。24 日,《语丝》周刊在北京被张作霖查禁。30 日发行《语丝》的北新书局也被查封。此时《语丝》154 期尚未印出,故当自 154 期起移交上海接续出版。11 月 15 日,作论文《〈长恨歌〉及〈长恨歌传〉的传疑》,刊于 1929 年 2 月《小说月报》第 20 卷第 2 号。12 月 14 日,周作人在致江绍原信中,谈到俞平伯,说:"平伯在京……昔闻佩弦说他仍很热心于拍曲,可以想见他的兴趣不减于当初。闻广州又出乱子,平伯之不去可谓有先见之明。"16 日,收到周作人 15 日来信,谈江绍原在广州为朱骝先所逐,因此称俞平伯不去广州"当是有先见之明也"。17 日下午,访周作人。25 日,收到周作人 24 日来信,答应为叶圣陶写稿,请俞平伯转告。是年,继续在燕京大学讲授中国小说。又应聘在北京女子文理学院任讲师。(以上参见孙玉蓉编《俞平伯年谱》,天津人民出版社 2006 年版)

冯友兰在燕京大学讲授中国哲学史。1 月 7 日下午,在东四华语学校,主持吴宓英语讲演会,讲题为《孔子、儒教、中国与今日世界》。同日,李石岑赠其所著《人生哲学》上卷。同月,在《现代评论》第二周年纪念增刊发表《名教的分析》,此文认为由名教"可知道概念在中国实践道德方面之重要",又认为"中国也曾有人设法把名及代表名之个体分开的。这种分别,本是极有道理的,无奈不为正统派的名教所采用。这种分别,若采用,则中国历史上可以少许多不合理的事情"。春,迁居海淀成府槐树街 10 号。4 月 30 日,在《哲学评论》创刊号发表《郭象的哲学》,此文反对"中国哲学无进步"说,认为"我们第一要把各时代的材料,归之于各时代,以某人之说法,归之某人。如此则各哲学家的哲学之真面目可见,而中国哲学进步之迹亦便显然了"。又认为郭象哲学是实在主义与神秘主义的合一,郭象"不但能引申发挥庄子的意思,能用抽象底、普通底理论,说出庄子的诗底文章中所包含底意思,而且实在他自己也有许多新见解"。同月,校阅秋士所译荷兰包立尔《生命之节律》(讲老子哲学),由朴社出版。6 月,《燕京学报》创刊,冯友兰与任编委,并在创刊号发表《中国哲学中之神秘主义》。

冯友兰 6 月在《社会学界》创刊号发表《中国之社会伦理》,其意与《名教的分析》略同,但更强调传统伦理注重实用,"他们所以维护名教之理由,完全是实用底",即"无君则我们不能维持我们的生活,无父则我们不能得我们的生命"。同月,《歧路灯》第一册由朴社出版。7 月 9 日,《〈歧路灯〉序》刊于《现代评论》第 6 卷第 135 期。9 月,开始中国哲学史的系统研究与教学。同月 19 日下午 3 时,冯友兰访吴宓,又同吴宓访陈寅恪,三人又至清华园西院访朱自清。又访赵万里夫妇。7 时,吴宓在工字厅邀宴,同席者有梁启超、陈寅恪、梁思永、李济、赵元任、陈达等。10 月 19 日,冯友兰在《燕大月刊》创刊号发表《社会主义问题之历史》。此系 Rudolf Eucken 之 *Socialism: An Analysis*(《社会主义的分析》)之一章,由佐之译,冯友兰校。同月,所译美国 J. E. Creighton 作《欧洲十八及十九世纪思想之比较》刊于《哲学研究》第 1 卷第 4 期。该文原文载 1926 年 1 月美国的 *The Philosophical Review*。

11月,在《燕京月刊》第1卷第2期发表《泛论中国哲学》。此文认为中国哲学有系统,有进步,而逻辑与知识论不发达。12月,节译美国 W. P. Montague 所作 *The Ways of Knowing* 一书之《孟特叩论共相》刊于《哲学评论》第1卷第5期;又在《燕京学报》第2期发表《孔子在中国历史中之地位》,认为孔子未曾制作、删节六经,故不过是一个"教授老儒"。但他"是中国第一个使学术民众化的,以教育为职业的'教授老儒',他开战国讲学游说之风,他创立,至少亦发扬光大中国之非农非工非商非官僚之士之阶级",故并非"碌碌无所建树"。是年,*A Comparative Study of Life Ideals* 由商务印书馆四版。又受童冠贤之托,代为保存一小箱国民党文件。(以上参见蔡仲德撰《冯友兰年谱长编》,中华书局2014年版;李中华编《中国近代思想家文库·冯友兰卷》附录《冯友兰年谱简编》,中国人民大学出版社2015年版)

郭绍虞约于1月因茅盾介绍到武昌中山大学任国文系教授兼主任。7月,被聘为北京燕京大学国文系教授。郭绍虞自此任教至1941年太平洋战争爆发,前后凡14年,并曾任系主任及研究院导师。是年,郭绍虞所作《梨洲文论》刊于《燕大月刊》第4卷第3期;《赋在中国文学史上的位置》刊于《小说月报》第17卷号外《中国文学研究》;《中国文学批评史上之"神""气"说》刊于《小说月报》第19卷第1期;《文学观念与其含义之变迁》刊于《东方》25卷第1期。是年,着手《宋诗话辑佚》工作。(参见何旺生《郭绍虞学术年表》,《中国韵文学刊》2008年第1期;唐金海、刘长鼎主编《茅盾年谱》,山西高校联合出版社1996年版)

容庚转入燕京大学任副教授,3月,作《殷周礼乐器考略》一文,刊于6月《燕京学报》第1期。6月1日,王国维来访,久谈。次日,王国维自沉于颐和园昆明湖。15日,广东中山大学来电聘任为文字学教授,因燕大挽留未去。7月升教授。同月,《燕京学报》创刊,容庚任主编,冯友兰、赵紫宸、许地山、黄子通、谢婉莹、吴雷川任编委。创刊号刊登了王国维《金界壕考》、谢婉莹《元代的戏曲》、冯友兰《中国哲学中之神秘主义》、张荫麟《秦妇吟之考证与校释》、容庚《殷周礼器考略》等论文。

按:《燕京学报》于1927年6月创刊,是半年刊,每年的6月和12月出刊,共出40期,1951年6月因燕京大学被合并而出终刊号。从创刊至终刊,《燕京学报》共创办25年,与《国学季刊》《清华学报》《中央研究院历史语言研究所集刊》并列为民国时期的四大学术刊物。又与北京大学的《国学季刊》《清华学报》鼎足而三。《燕京学报》设编辑委员会,容庚、顾颉刚、齐思和先后任编委会主任(即主编)。容庚在《燕京学报》的第1—6期、第9—11期、第16—29期任主编,共主编23期;顾颉刚主编第7—8期、第12—15期,共主编6期;齐思和主编第30—40期共11期。

按:由于燕京大学与哈佛燕京学社及西方学界的联系,该刊得以充分借鉴吸收西方学术期刊之长,积极介绍学界新书、引得、杂志。《燕京学报》介绍的学术论著、引得、杂志总计300余种。自第30期开设"书评"栏目,共发表书评85篇。学报还刊载"学术消息"介绍传递各方面学术动态。"学术消息"栏目从第8期直至第40期终刊,不曾间断,总计近200条,内容有各学术研究近况、各大图书馆近况、考古消息、科考团动向、古籍珍本影印消息、学术杂志创刊或复刊消息、文物陈列开幕消息、方志纂修情况、学界名流逝世及其生平介绍等。

张镜予等6月在北京创办《社会学界》年刊,为燕京大学社会学学会会刊。"以研究学问为宗旨,所载文字,包括理论社会学,应用社会学及其他与社会学有关系之论著"。编辑部成员许仕廉、李景汉、许地山、张镜予,由张镜予担任"编辑经理"。张镜予所撰《编辑者言》刊于《社会学界》第1卷,提出"我们刊行《社会学界》的目的有二:一是为了我们看见《社会学》杂志停刊,想继续负它的使命;二是为了我们想请求中国的社会学者起来做些整理中国社会学材料的工夫,好让喜欢研究社会学的本国人,有自己的田地可以耕耘"。张镜予又担任燕大社会学学会出版委员会委员长,委员有叶鹏年、黄振球、单贵我、吴高梓等。

容庚7月至8月作《宝蕴楼彝器图录》。8月9日,得北京大学研究所国学门成绩优良之论文审查证。11月,作《王国维先生考古学上之贡献》一文,刊于《燕京学报》第2期。是年起,容庚任北京古物陈列所鉴定委员。(参见容庚《颂斋自订年谱》,东莞市政协编《容庚容肇祖学记》,广东人民出版社2004年版;王学典《20世纪史学编年(1900—1949)》,商务印书馆2014年版)

许地山从美国回国,任燕京大学教授、《燕京学报》编委,又在北京大学、清华大学兼课,继续从事道教研究与文学创作。12月,许地山在《燕京学报》第2期发表《道家思想与道教》,此文原稿是作者1924年在牛津大学"帝国宗教大会"上的会议论文,此次发表有所修改增订,包括"原始的道家思想""道教思想的形成"等,被认为是道教研究的开创性著作。(参见王学典《20世纪史学编年(1900—1949)》,商务印书馆2014年版)

刘天华从北京燕京大学音乐系外籍教授学习理论作曲。因托诺夫去天津,改从欧罗伯学习。5月,在蔡元培、萧友梅、赵元任等人支持下,刘天华、张友鹤、吴伯超等35人发起成立国乐改进社,创办"国乐改进社",组织进行民族音乐的收集、整理和研究,民族乐器的改进,民族乐曲的创作,并编辑出版《音乐杂志》。是年,由柯政和、刘天华等人发起成立北京爱美乐社,出版《新乐潮》杂志。

按:程朱溪《音乐杂志发刊词》说:我们渴望的音乐杂志出版了。在一些人看来,这或者算不了什么,他们或许说:"这个年头还有功夫谈音乐吗? 还有谈音乐的心情吗?"这也有一部分的道理,因为音乐,不论中外,一大部分都仅仅弄得为少数闲人的取乐娱耳用的,至于说到那真正的音乐,那唤醒一民族的灵魂的音乐,那令英雄的热血沸腾,使妇女的泪水如走珠一般的音乐好像已经被逐出音乐的范围了。所以,这些以为有剩余功夫才可谈音乐,有闲散的心情才能谈音乐的人,在这种情势之下也有道理。但是我们却仍觉得音乐的杂志出版是一件令我们高兴的事情。

我们爱好音乐,我们不相信音乐的最大目的只是供人听听好听而已,我们觉得在音乐上,同在别的艺术上一般,应该有严肃的态度,我们相信一国的国乐自有他的前途与使命,同时我们认为目下的国乐正是沉沦下去了,所以我们组织国乐改进社。

国乐改进社成立之后,我们第一步感觉到的就是目下的音乐界缺少一种发表言论的机关,缺少一种交换思想的地方。要想社会对于音乐有正当的赏鉴能力,要想我国沉沦着的音乐有进步,有起色,要想使我们大家都明了现在的国乐是什么状态,它的前途如何,无论要想什么,第一步,一种公开态度的,不是专为读读玩的音乐杂志总是少不了的。于是我们动手,努力办音乐杂志。

我们愿意不因我们之特别爱好国乐或西乐而在我们心中有偏见。我们惟一的感觉就是在这种过渡时代国乐的改进与西乐的介绍是并重的。在音乐杂志上不论关于国乐,或是关于西乐,只要是切实的研究,只要是诚恳的意见,我们都欢迎。

我们又觉得在这过渡时代,在这音乐沉沦的我国,所发的议论与意见不怕幼稚,也不怕错误,只怕默无声息;正如目下的国乐所怕的不是谱子幼稚,也不是音调简单,而是固执的偏见和不肯下手改进。

现在应该说说我们抱歉的话了:我们大多数是学习音乐的学生与音乐爱好者。我们总觉得在这个年头,过活已是不易,若再想做点事情,恐怕有点过分了。我们只有凭着自己一点热力,与我们的朋友们,爱好音乐者的帮助去试验我们的理想。现在我们努力的结果,只能每月出一册五十面的薄薄东西。这对于编者与读者都是极不方便的。即以本期的稿子而论,有五篇是登不完而待续登的。补救这不方便,只有增加篇幅,不过这是我们现在的希望,等待着实现吧。末尾,我们很感谢帮助这音乐杂志出版的几位先生。我们愿以后帮助它的人更多起来。我们希望不久这薄薄的本子长成巨册,好像婴儿长成大人一般。一九二七年十二月二十九夜。(《音乐杂志》1928年第1期)

金岳霖《Prolegomena》(《绪论》)4、6月连载于《哲学评论》第1卷第1、2期。8月23日,金岳霖在《晨报副刊》第 59 期发表《自由意志与因果关系的关系》。同月，在《哲学评论》第 1 卷第 3 期发表《论自相矛盾》。10 月 23 日，金岳霖在《晨报副刊》第 61 期发表《说变》。11 月，金岳霖在《哲学评论》第 1 卷第 5 期发表《同·等与经验》。（参见王中江编《中国近代思想家文库·金岳霖卷》及附录《金岳霖年谱简编》，中国人民大学出版社 2015 年版；齐家莹编《清华人文学科年谱》，清华大学出版社 1999 年版）

袁复礼时任清华大学地质学教授。2 月，清华大学研究院讲师李济、大学部教授袁复礼在山西夏县西阴村挖掘出古物，包装 76 箱运回学校展出。5 月 9 日，袁复礼参加中国学术团体协会西北科学考查团，前往西北考察，为期两年。袁复礼任南队队长，在迪化（今乌鲁木齐）附近之三台，于侏罗纪地层发现几千万年前的恐龙化石天山龙，为亚洲首次。（参见清华大学校史研究室编《清华大学一百年》，清华大学出版社 2011 年版）

陈达拟在《清华学报》第 4 卷第 1 期刊登《民国十五年来罢工的分析》，但此篇被京师警察厅扣留。（田彩凤《陈达先生年谱》，清华大学学报 1995 年第 2 期）

翟孟生为清华西洋文学系教授。12 月 29 日，在北京中西人士注重学术思想等问题者所组织的"文友会"上演讲《十三世纪在欧洲文学史上之重要》。（参见齐家莹编《清华人文学科年谱》，清华大学出版社 1999 年版）

姜亮夫继续就读于清华研究院。2 月，硕士毕业论文《诗骚联绵字考》稿初成。6 月 2 日，王国维自沉于昆明湖鱼藻轩。姜亮夫每日读王国维所著《观堂集林》，以王氏手校本移录入册。因亡师之恸，激发笺注《离骚》《怀沙》的动机。7 月，清华研究院毕业。9 月，应清华同学黄淬伯邀请至南通高中任文科首席，完成《诗骚联绵字考》全篇。手自影录《啸堂集古录》及《博古图》两书。12 月，入南京，7 日后回南通。（参见林家骊《姜亮夫先生年谱简编》，《职大学报》2012 年第 4 期）

陆侃如、杨鸿烈、卫聚贤、储皖峰、黄节等人所编《国学月报》第 2 卷第 1 号 1 月 31 日出版，载有姚名达《章实斋之史学》、黄绶《西汉地方行政史自序》、陆侃如《古代诗史自序》等文。2 月 28 日，《国学月报》第 2 卷第 2 号出版，载有研究院学生陆侃如《乐府的影响》、卫聚贤《晋惠公卒年考》、谢国桢《寒食清明考》、姚名达《章实斋之史学》（续）、《邵念鲁年谱叙例》等文。3 月 31 日，《国学月报》第 2 卷第 3 号出版，载有清华研究院学生陈守寔《明清之际史料》、储皖峰《郭林宗生卒年月考》、刘节《刘勰评传》、姚名达《章实斋书叙目》等文。5 月 31 日，《国学月报》第 2 卷第 5 号出版，载有清华研究院学生储皖峰《水经注碑录附考》、姚名达《纪年经纬考序》。6 月 30 日，《国学月报》第 2 卷第 6 号出版，载有清华研究院学生卫聚贤《春秋的研究》、储皖峰《水经注碑录附考》、姚名达《达人史话小序》等文。7 月 31 日，《国学月报》第 2 卷第 7 号出版，载有研究院学生储皖峰《莲社年月续考》、朱广福《心理之组织》、卫聚贤《春秋的研究》（续）、陆侃如《左传真伪考的译者引言》、黄绶《唐代地方行政史自序》、姚名达《达人之史话》之一《史话之史话》、之二《史学院的需要》。10 月 31 日，《国学月报》第 2 卷 8—10 号合刊"王静安先生专号"出版。11 月 30 日，《国学月报》第 2 卷第 11 号出版，载有研究院学生卫聚贤《释家补正》、刘节《释皇篇补义》、姜寅清《委蛇威仪说、燕誉说》、储皖峰《文镜秘府论校勘记》等文。12 月 31 日，《国学月报》第 2 卷第 12 号出版，载有清华研究院学生卫聚贤《〈金縢〉辨伪》、储皖峰《关于清代女词人顾太清》、陆侃如《中国文学史序目》等文。年底，《国学月报》出版 2 卷第 12 期后，因编辑部主任陆侃如赴上海任教，副主任赴欧，其他成员供职南京，故停刊。（参见齐家莹编《清华人文学科年谱》，清华大学出版社 1999 年版）

姚名达"感于中国史之范围过大而材料特丰也，非通力合作，则人自为战，永无成功之希望。若在外国,则国虽小而学会林立,所以裨益学问者无所不至,而史学会之为用尤显。吾国则他学容有学会,史学会独无闻",与清华研究院学生于5月12日发起成立"史学会"。王国维、梁启超、陈寅恪、李济等出席成立会,并各致己见于众。王国维谓宜多开读书会,先有根柢而后可言发展。(参见齐家莹编《清华人文学科年谱》,清华大学出版社1999年版)

张荫麟6月在《燕京学报》第1期发表《〈秦妇吟〉之考证与校释》。7月,张荫麟在《史学与地学》杂志第2期发表《双忽雷影本跋》。12月,张荫麟在《燕京学报》第2期发表《〈九章〉及两汉之数学》。(参见齐家莹编《清华人文学科年谱》,清华大学出版社1999年版)

王重民仍就读于北京高等师范学校,开始整理杨守敬观海堂遗书,还将《日本访书志》中未收的群书题跋集录出来,辑成《日本访书志补》。还辑录《史略校勘札记》。7月,编《老子考》由中华图书馆协会出版,书中将从两汉至清代诸家关于老子的著述五百余种编辑成目,并绍介其特点,为后来研究者提供不少方便。(参见王学典《20世纪史学编年(1900—1949)》,商务印书馆2014年版)

陆懋德离开清华大学,到北平师范大学历史系任教授,旋任历史系主任。

英千里任辅仁大学教授兼秘书长。

陶孟和采用记账法对北平的手工业工人和小学教员进行家庭生活费用调查。

钱稻孙在北京清华大学教日本语等课程。

余嘉锡因陈垣举荐,被聘为辅仁大学讲师。

孙云铸回国,任北京大学地质系教授,中国古生物学会会长。

高步瀛任北京师范大学讲师,兼女子师范大学教授。

梁希从德国回国,任北京农业大学教授兼森林系主任。

李景汉组织学生对北京郊区164个农民家庭进行调查。

林修竹6月任北京军政府教育次长。上任后,协助教育总长将北京9所国立大学合并为京师大学校,并被聘为该校法科学长。

杨明斋因大革命失败,奉命回国,党中央安排他在京津工作。此时,他积极进行理论思考,写作出版《中同社会改造原理》,明确指出中国"要采纳社会主义"。

黄天鹏1月在北京倡议成立北京新闻学会,以研究新闻学术,发展新闻事业为宗旨。出版《新闻学刊》,黄天鹏任主编。

靳宗岳1月在北京创办《新国家》杂志,标举国家主义,明确声明:"真国家主义必主张全民政治,而反对独夫或一党专政。"(参见查晓英编《中国近代思想家文库·常乃惪卷》,中国人民大学出版社2014年版;顾友谷《常乃惪学术思想述评》,云南大学出版社2013年版)

冯雪峰6月在北京加入中国共产党。遭通缉,避难于未名社近三个月。同时发表作品有散文《月灾》《诗人祭》,译作《新俄文坛的现势漫画解说》《新俄的曙光期》《苏俄的二种跳舞剧》及译诗《墓碑铭》。(参见包子衍《雪峰年谱》,上海文艺出版社1985年版)

张友渔加入中国共产党,继续从事新闻工作,先后任北京《大同晚报》总编辑、《国民晚报》社长、天津京津通讯社编译和《泰晤士晚报》总编辑。

尚小云在北京《顺天时报》发起"五大名伶新剧夺魁评选活动"中,以新编剧《摩登伽女》夺得第一。

陈少梅、刘延涛、王仁治、王拱之、俞瘦石、齐白石、胡佩衡、徐苏、陈东湖、惠孝同、陈师曾和徐悲鸿等1月15日在北京发起成立"湖社画会",并于本年11月创刊《湖社月刊》,由金荫湖主编,牛新北校对。

萨空了开始在北京从事新闻工作,曾任《北京晚报》编辑记者。

邓广铭因反对军阀张宗昌任命之守旧派新校长,参与发起全校学生罢课,被开除学籍。冬,邓广铭至北平,旁听北京大学英语课程。

林可胜在北京创办《生理学杂志》,任主编。

赵树屏撰《关于国医之商榷》,提出创办中医专门学校和研究机构,编写统一的医用教材及设立中国中医图书馆等建议。

陈高佣毕业于北京师范大学。上学期间,曾任《中华日报》编辑。

罗志如毕业于北京大学英语系。

裴文中毕业于北京大学地质系。

谢兴尧考入北京大学历史系。

牟宗三考入北京大学预科。

蒋天枢考入清华研究院国学门,师从陈寅恪、梁启超学习文史。

罗根泽考取清华研究院国学门,后又投考燕京大学国学研究所。

刘屹夫联合原穆友社的部分社员成立追求学会,其宗旨是砥砺言行,追求伊斯兰教真理,研究伊斯兰教,交流文化学习心得,锻炼身体,为本乡(即牛街)服务。会员除刘伯余、杨兆钧(字涤新)、杨汝信、马明道、孙崇义(谓宜)、马涤华等,公推刘屹夫为会长。

韩清净主持的三时学会在北平成立,为中国近代专研唯识与法相的佛教团体,时人将三时学院与南京支那内学院相提并论,有"南欧北韩"之称。(参见章恒忠、王亚夫主编《中国学术界大事记(1919—1985)》,上海社会科学院出版社1988年版)

章炳麟1月3日六十寿辰,作《生日自述》:"蹉跎今六十,斯世孰为徒?学佛无乾慧,储书不愈愚。握中馀玉虎,楼上对香炉。见说兴亡事,拿舟望五湖。"5日,作《复章士钊书》。同月,为连横《台湾通史》撰《台湾通史题辞》,谓台湾自郑成功驱逐荷兰侵略者以后,"开府其地,孑遗士民,辐辏于赤嵌,锐师精甲,环列而守,为恢复中原根本,然后屹然成巨镇焉。郑氏系于明,明系于中国,则台湾者实中国所建置,其后属清""豪杰之士,无文王而兴者,郑氏也;后之豪杰,今不可知。虽然,披荆棘,立城邑,于三百年之上,使后世犹能兴起而通说之者,其烈盖可忽乎平哉"。2月17日,北伐军占领杭州。18日,占领嘉兴。当时寓居上海的章炳麟却很少公开露面,报上也不见其"通电""宣言",国民大学的校长也已辞退,署名的是校长许世英,教务长则为何炳松。同月,章炳麟为金松岑《天放楼文言》撰序,对明代以后"采唐、宋八家为文章艺极"提出批评,认为"及其弊,则专取格势,有名言,无情实"。

按:《天放楼文言序》进一步发挥道:"余谓韩、柳与宋六家固异。夫其含元气,入无间,天实纵之,乃若积势造辞,则近自燕许来。退之碑铭,效后汉石刻,转益瑰怒。子厚亦多为俪体,非若晚世分北之严也。与韩、柳先后者,有若李华、独孤及、吕温、刘禹锡、皇甫湜之属,大体多相似。今独举韩、柳二家,则不足尽其原也。宋世效韩氏为文章者,宋子京得其辞,欧阳永叔得其势,二家已不类。是时,苏子美高材而黜,独为屈奇,而尹师鲁近惠,刘原父涓选至严,义尽则辞止。近世戴东原颇方物焉。最醇者乃莫如司马公,北宋苏、尹、刘、司马五家者,能事异欧阳,其差第亦相若。今悉不取,独取曾、王、苏与欧阳为六,又不足以尽其变也。宋时俪语,丰杼肉称,而几于谐矣。观六家之文,两制用俪语者勿论,然常文或时不检,亦以是糅入焉。此尚不足与宋莒公颉颃,况晋、宋之翔雅者乎?由是言之,苟驳矣,奇偶皆古之流可也;苟驳矣,奇偶皆俗之变可也。文章之多术,犹味之广,乐之繁,各专其美而不以相易,其可以一端尽诸!"

　　章炳麟等 5 月至 6 月间被指为学阀受到通缉。5 月 4 日,在上海买办资产阶级的操纵下,上海五四运动纪念大会通过下列决议:一、改组全国学生总会;二、请国民政府通缉学阀,并指定为章太炎、张君劢、黄炎培、沈信卿、蒋维乔、郭任远、殷芝龄、刘海粟、阮尚介、凌鸿勋、张东荪、袁希涛等;三、请国民政府收回教育权;四、要求国民政府教育经费独立;五、请国民政府在上海筹备中山大学;六、请南京国民政府讨伐武汉伪政府;七、肃清上海各学校之共产党分子;八、警告汪精卫;九、杀徐谦、邓演达;十、驱逐鲍罗廷。6 月 16 日,国民党上海特别市党部临时执行委员会,又以"通缉学阀事呈中央",第一名"著名学阀"就是"章炳麟"。

　　按:据 6 月 17 日《申报》"本埠新闻"《市党部呈请通缉学阀》载:"特别市党部临时执行委员会昨为通缉学阀事,呈中央文云:呈为请实行通缉学阀,以制止反动事。窃本年上海五四运动纪念大会曾经议决,通缉著名学阀章炳麟、黄炎培、沈恩孚、张君劢、蒋维乔、郭任远、朱炎、胡敦复、殷芝龄、袁希涛、张东荪、阮尚介、刘海粟、沈嗣良、凌鸿勋等,曾以大会名义,通电各法团各界民众在案。当时大会以冀其悔悟自新,故犹未请钧会明令通缉。乃迩来该学阀等不仅不知敛迹,且活动甚力,显系意图乘机反动,殊属藐视法纪。理合备文呈请钧会,迅予实行通缉,俾儆反动而申党纪,实为党便。此呈中央执行委员会,上海特别市党部临时执行委员会。"

　　章炳麟 11 月 16 日《致李根源书七〇》谓"老夫自仲夏还,居同孚路赁寓,终日宴坐,兼治宋明儒学,借以惩忿。如是四月,果有小效,胸中磊呵之气,渐能消释。惟把捉太过,心火过盛。重阳后,因即停止宴坐,暇时以诗自遣,苦无唱和。……行年六十,不久就木,而上不闻道,下不谐世,蛰居之中,虽稍能理遣,佛家所谓堕在无事甲里。视老弟鸿飞冥冥,色斯高举者,相去亦不可以道里计矣。"27 日,《致李根源书七一》谓"蔡子民辈近欲我往金陵参预教育,张静江求为其父作墓表,皆拒绝之,非尚意气,盖以为拨五色国旗,立青天白日旗,即是背叛中华民国。此而可与,当时何必反抗袁氏帝制耶?袁氏帝制,不过叛国,而暴敛害民,邪说乱俗,则尚袁氏所未有也。一夺一与,情所不安,宁作民国遗老耳"。12 月 9 日,章炳麟作《答汪旭初论诗书》。仲冬,章炳麟撰《中国医药问题序》,阐述他对中西医的看法。(以上参见汤志钧编《章太炎年谱长编(增订本)》,中华书局 2013 年版;王小红《章太炎学术简谱》,《儒藏论坛》2010 年第 3 辑)

　　黄炎培 2 月 16 日作短文《革他们的命》,主张对发横财、拥遗产、领干薪种种不事生产的特权阶级,实行革命。3 月 6 日,至北京,拟申请出国赴丹麦考察职业教育。同月,作《办职业教育须下三大决心》一文,刊发于《教育与职业》第 83 期,指出:(一)须下决心为大多数平民谋幸福;(二)须下决心脚踏实地,用极辟实的工夫去做;(三)须下决心精切研究人情、物理,并须努力与民众合作。5 月 19 日,被国民政府通缉,是日离沪。22 日,到大连避居。6 月 19 日,由大连至天津,南开大学校长张伯苓来长谈。20 日,抵达北京,宿西安饭店,参加中华文化教育基金董事会预备会。29 日,提出辞董事职,推蔡元培继任,得以通过。(参见余子侠编《中国近代思想家文库·黄炎培卷》附录《黄炎培年谱简编》,中国人民大学出版社 2015 年版;张人凤、柳和城编著《张元济年谱长编》,上海交通大学出版社 2011 年版)

　　邹韬奋继续任《生活周刊》主编。1 月 1 日,《记顾荫亭先生所谈中西职业教育之最大异点》《菲律宾职业教育之最近趋势》以及译文《关于职业心理与生理的最新实验》刊于《教育与职业》第 81 期。2 月 12 日,黄炎培邀杨卫玉、秦翰才、王志莘、邹韬奋、刘湛恩等至功德林夜餐,决定赴外地考察。3 月 1 日,《职业学校以不升学为原则之正确解释及进一步之商権》《市政机关宜设职业指导部之建议》刊于《教育与职业》第83期。4月1日,《最近三年间美国职业教育进步概述》刊于《教育与职业》第84期。5月1日,《职业教育之所由来》《军队职业训练之一例》刊于《教育与职业》第85期。6月12日,《怎样恢复我们的民族精神》刊于《生活》周刊第2卷第32期。19日,《怎样恢复民族地位》刊于《生活》周刊第2卷第33期。7月1日,《职业教育范围之研究》刊于《教育与职业》第86期。8月1日,《美国职业教育行政所根据之法令》《国权与职业》刊于《教育与职业》第87期。9月1日,《美国中央职业教育局之组织与职权》刊于《教育与职业》第88期。

邹韬奋 10月2日鉴于《生活》周刊销路日广,其名誉也日益增长,以为不宜享大名,遂改用韬奋笔名,不再用邹恩润原名。"韬是韬光养晦的韬,奋是奋斗的奋。一面要韬光养晦,一面要奋斗,这就是他改名的意义。"11月6日,《本刊发行方面的新纪元》刊于《生活》周刊第3卷第1期,曰:"本刊以'极有兴趣极有价值'的材料,本改进生活的纯正宗旨,藉引人入胜的简洁文字,贡献于社会,奋勉精进,销数激增。邮政规例,凡宗旨正大的刊物,销数特广者,有享受特准立券的权利,本刊现已获得邮局特准立券特别优益寄送的权利,自三卷一期起实行。"16日下午,赴上海极斯非而路"四十九A"胡适寓所采访。12月27日,黄炎培与杨卫玉、秦翰才、竹铭、王志莘、邹韬奋、潘仰尧、佐才、立颜共商职校事。是年,应《时事新报》董事长张竹平之邀,邹韬奋在该报馆担任秘书主任,兼主持该报副刊《人生》,与总经理潘公弼同室办公。(参见邹嘉骊编著《邹韬奋年谱长编》,上海交通大学出版社2015年版)

张东荪 2月10日在《东方杂志》第24卷第3号上发表《名相与条理——唯理派思想之来历及其分析》一文,通过介绍西方理性主义,讨论共相和因果问题,在认识论上初步形成了"主客交互作用说"。4月,北伐军进占上海。由于研究系一贯的反对国民党的立场,在上海的研究系分子受到蒋介石的通缉,张东荪也被目为"学阀",在通缉之列,他被迫逃到外国租界中躲避。接着,张东荪主持的中国公学被国民党接收,《时事新报》通过改组也脱离了研究系控制。鉴于国民党专制统治下言论不得自由,报纸不能再说自己的话了,张东荪便彻底脱离了报界而转入学界。同月30日,张东荪与瞿世英(菊农)、黄子通、林宰平(志钧)在北京创办了中国第一个哲学研究的专业刊物——《哲学评论》,为中国哲学界进行哲学研究提供了必要的研究和争鸣的园地。在创办之初,该刊约请金岳霖、冯友兰、张申府、许地山等30多位哲学专家为撰稿人,在当时学界产生了较大影响。

按:《哲学评论》原为双月刊,1928年第2卷起改为季刊。该刊自创刊至第6卷均由北京尚志学会编辑发行,自第7卷起改由中国哲学会编辑并在上海出版,1943年上海沦陷,自第8卷起由重庆出版,抗战胜利后自第10卷起迁回上海出版,1946年12月终刊于上海,共出10卷。该刊以介绍西洋现代思想为主旨,还包括中国哲学、逻辑学、教育哲学、法律哲学、宗教哲学、伦理、美学诸方面的研究。当时学者曾认为《哲学评论》创刊后,"中国才开始有专门性质的哲学刊物"(贺麟《当代中国哲学》)。曾有30多位哲学专家为撰稿人,在当时学界产生了较大影响。到30年代初,在《哲学评论》周围,逐渐积聚了一批以介绍西方哲学和研究中西哲学问题为共同趋向的知名学者,逐渐演化成"聚餐会"的形式。

张东荪 4月30日在《哲学评论》创刊号上发表长文《因果律与数理》。随后,张东荪在《哲学评论》上先后发表《全体主义与进化》(译文)、《休谟哲学与近代思潮》《快乐论:其历史及其分析》《严肃主义:其历史及其批评》《将来之哲学》等有份量的论文,在介绍西方哲学的同时开始创建新哲学体系。11月6日,张东荪撰写《新创化论》,刊于1928年1月10日出版的《东方杂志》第25卷第1号上。12月,伍宪子致函梁启超,向梁启超报告他从天津到上海后,联络张东荪、张君劢等人组织团体的情况。是年,张东荪一度担任东南大学哲学教授。（以上参见左玉河编《张东荪年谱》,群言出版社 2014 年版;左玉河编《中国近代思想家文库·张东荪卷》附录《张东荪年谱简编》,中国人民大学出版社 2015 年版）

张君劢、张东荪等长期追随梁启超反对国民党,被国民党视为进步党的"余孽",加上他们拒绝执行国民党要求各学校念"总理遗嘱"的命令,故在 4 月北伐军进占上海后,张君劢主持的国立政治大学被国民党解散,该校图书被中央政治大学接收。此与张东荪主持的中国公学被国民党接收,《时事新报》通过改组也脱离了研究系控制,标明梁启超、张东荪、张君劢等人在上海苦心经营的文化事业遭到严重摧残。自此之后,张君劢深居简出,避居沪上,继续翻译《政治典范》。12 月,张君劢《苏俄评论》出版,收录《俄国革命前之思想变迁》《十一月革命》《红军》《俄宪之虚伪》《无产专政中之专政》《新生计政策之前因后果》《苏俄之财政币制》《俄国之东方政策》《托劳擘几口中之吾国革命》《俄共产党之内讧》《俄共产党处置新反对派之经过》《俄政治前途之危机》。闻一多为此书设计绘制封面。（参见左玉河编《张东荪年谱》,群言出版社 2014 年版;左玉河编《中国近代思想家文库·张东荪卷》附录《张东荪年谱简编》,中国人民大学出版社 2015 年版;闻黎明、侯菊坤《闻一多年谱长编》（增订版）,上海交通大学 2014 年版）

胡适 5 月 20 日抵上海。6 月,胡适租定极司非尔路 49 号楼房一幢,遂接眷定居于此。同月,胡适被选为管理美国退还庚款的中基会的董事。徐志摩、闻一多、潘光旦、余上沅、饶孟侃、刘英士等在上海龙华路开办新月书店,胡适亦入股百元。胡适任董事长,余上沅为经理兼编辑主任,闻一多、梁实秋、徐志摩、饶孟侃、叶公超、胡适等 11 人为董事;胡适又以重价购得《脂砚斋重评〈石头记〉》。7 月,胡适在上海的美国学校举办的"中国学暑期讲习会"讲演《禅宗小史》,连讲四次。此题后来又在科学社年会上讲过。同月,所编《词选》由商务印书馆出版。8 月 2 日,钱玄同致信,告《醒世姻缘传》的序不能写,可请徐旭生或冯友兰写。关于刊印《国语文学史》事,自己只写了封面,不曾参与印事。信中还说:"我近来思想稍有变动,回想数年前所发谬论,十之八九都成忏悔之资料。今后大有'金人三缄其口'之趋势了。新事业中至今尚自信为不谬且自己觉得还配干的,唯有'国语罗马字'一事。"11 日,致信钱玄同,胡适戏作《亡友钱玄同先生成仁周年纪念歌》,信中告谓:"近日收到一部乾隆甲戌本的《脂砚斋重评〈石头记〉》,只剩十六回,却是奇遇。有一条说雪芹死于壬子除夕,此可以改正我的甲申说。"信中表示不赞成钱玄同于过去有忏悔之意,说:"世间添个钱玄同,成个什么样子? 少了个钱玄同又成什么样子? 此中一点一滴都在人间,造福造孽,惟有挺着肩膀担当而已。"21 日,作《菩提达摩考》。26 日,撰成《拜金主义》,文中很不赞成盲目批判所谓"拜金主义",以为贫困落后辩护。他认为一切罪恶差不多都缘于贫穷。所以古人说"衣食足而后知荣辱;仓廪实而后知礼节",这是真正"拜金主义"的人生观。现今的要务是充分提倡拜金主义,提倡人人要能挣饭吃。31 日,作《〈萨格与樊才第案件〉附记》。

胡适 8 月受聘于私立光华大学,任教授。9 月 24 日,胡适复信给教育行政委员会,就译名统一问题提出意见。认为不必订定标准,只须提倡注出原文以备查核便可。10 月 4 日,作《〈左传〉真伪的提要与批评》。8 日,胡适致信罗鸿涛谈《说文》,谓"《说文》的本身实在太简单了,用处实在不大。若能把段注、朱骏声《通训定声》摘要附入,其余各家则略选与段、朱异者附入,如此,则此书真成一部有用的书"。同日,胡适致信太虚法师。当时太虚要出国做讲学和宣传工作,事前征求胡适等学者的意见。胡在信中说:"鄙意以为先生到欧美不如到日本;去讲演不如去考察;去宣传教育不如去做学生。"10 月 24 日,胡适致信蔡元培,辞大学委员会委员之职,表示不同意"党化教育"的宗旨,也反对办"劳动大学"。27 日,蔡元培复信请他勿固辞。同月,所著《戴东原的哲学》由商务印书馆出版。11 月 12 日,作《〈官场现形记〉序》。14 日,作《重印乾隆壬子本〈红楼梦〉序》。19 日,胡适致函蔡元培、吴稚晖、赵元任、刘半农,请辞全国国语教育促进会附设第一国语模范学校校董职。12 月 1 日,应邀出席蒋介石与宋美龄婚礼,结识蒋介石。约 12 月初,胡适与聂云台就东西方文明有所论辩。

按:先是大约 12 月初,一位叫葛敬业的抄寄聂云台的《聂氏家言旬刊》中聂氏答复葛氏的信里论及胡适的部分,其中有云:"鄙人与胡君素相友善,然所见则不同。胡君极端崇拜科学,醉心西方物质文明者也。鄙人亦肉质之人也,与常人同其好恶,……然吾爱物质之乐利,尤惧精神之痛苦",精神的痛苦,都是因享用物质之优越而来,故每谋减其享用程度,以为随时脱离此种"物质文明"之桎梏的预备。他断言西方丰裕的生活,其痛苦较东方为尤甚。他甚至认为胡适等人倡导新文化,也不是件好事,也应"深感觉其所发生之痛苦"。胡适见了葛氏的信后,曾写信给聂氏,有所辩驳(此信未见)。故聂氏于 12 月 17 日又致信继续申论他的东方文明优于西方的意见。他从胡适喜欢谈论的"史料癖"谈起,认为尊重史料,先要撇开感情,并且要抹杀理论。他宣称胡适是极端崇拜西方人看不起东方人者,他自己则是极端看不起西方人而崇拜东方人者。他所以敢于尽力宣传东方学说,"系因为古来主张此种学说的人,都是忠实的尊重史料家而不肯戴眼镜者。他们所取的史料而应用的,都实有证验,足以证明他们的主张合于实用,不是夹杂感情的理想。至于新科学的成绩,我所知者,犯罪人数、死亡总率、烦恼恐怖的事情,比东方简陋愚昧生活的人只见其多,不见减少"。聂氏的思想言论,很可代表那一时期的国粹主义者的心态。

胡适 11 至 12 月间在上海东亚同文书院讲演《中国近三百年的四个思想家》,后改题为《几个反理学的思想家》,包括顾炎武、颜元、戴震、吴敬恒。12 月 30 日,姚名达致信胡适,告商务印书馆欲出"千种丛刊",陆续出版各种丛书。《章实斋年谱》已列入《国学小丛书》内,并已作补订。"千种丛刊"中有《国学基本丛书》,姚拟负责其事。信中对胡适极表崇敬,说:"几天不读先生的文章,便觉得沉沉欲死。若能常接先生的音吐,岂非多一点生的机会吗?"是年,所作尚有《漫游的感想》刊于《现代评论》第 6 卷第 140、141、145 期;《〈孔雀东南飞〉的年代》刊于《现代评论》第 6 卷第 149 期;《论〈左传〉之可信及其性质》刊于《中山大学语言历史研究所周刊》第 1 集第 1 期;《白话诗人王梵志》刊于《现代评论》第 6 卷 156 期。(以上参见耿云志《胡适年谱》,四川人民出版社 1989 年版)

陈独秀 1 月 8 日、26 日在维经斯基的支持下,两次以中共中央的名义,给共产国际写政治报告,认为一股巨大的反共潮流"在国民党内掀起",革命出现了危机。1 月 21 日,发表《列宁逝世三周年纪念中之中国革命运动》。28 日,中共中央发表对于时局宣言。月底,中共中央举行会议,讨论共产国际执委会第七次扩大会议文件,瞿秋白表示完全接受国际的路线,批评中央过去的路线和国际不合,特别提出土地革命的重要。彭述之则为中央路线辩护,与瞿秋白发生冲突。陈独秀站在彭述之一边。会议通过决议,接受国际的决议。2 月 7 日,发表《讲容忍的国家主义者》《曾琦与麦克唐纳尔》《国家主义者眼中的国家和政府之分》《国家主义者的国家与中华民国》《究竟是谁无祖国》《令人肉麻的国家主义者》《怎见得我们不要国家》等,继续批判国家主义派。16 日,发表《奉天居然想勾结蒋介石》《曾琦与何海鸣》。17 日,中共上海区委秘书处第十一号通讯指出,中共中央批准上海区委反蒋斗争态度和工作。28 日,发表《国家主义派又为张雨帅所赏识了》。同月,蒋介石两次派代表到上海与陈独秀等人谈判,要求共产党停止"迎汪复职"运动,而以"助蒋拒汪"为合作条件。

按:陈独秀回答:"在革命进展的观点上,在国民党团结的观点上,共产党只是主张汪蒋合作,而不是拥汪倒蒋,却没有理由可以违反中国革命的需要,以及国民党党员群众的心理,而反对迎汪复职。"维经斯基由沪至汉,了解情况,不同意鲍罗廷的反蒋政策,认为革命阵营内部不宜分化太快;否则将无法对付北方军阀及帝国主义的雄厚势力;对中共与工农运动,也是不利的。接着,维经斯基去南昌与蒋寻求谅解,结果失败。这时,上海维经斯基及陈独秀中共中央的政策是"蒋汪合作",既不是武汉罗廷的"拥汪反蒋",也不是蒋介石要求的"助蒋拒汪"。

陈独秀接苏共中央3月3日致中共中央函,对中共中央的"机会主义错误"提出警告。6日晚,陈独秀与罗亦农一起到钮永建办公处晤见钮永建、吴稚晖、杨杏佛。3月12日,发表《孙中山先生逝世二周年纪念中之悲愤》,不指名地谴责蒋介石等人"取消"和"抛弃"孙中山的联俄联共扶助工农三大政策,"令人悲愤?!"13日,就蒋介石在南昌的反共演说,以中共中央名义致书国民党中央,予以批驳,揭露蒋介石的反共行径,及其与奉系日帝的勾结,要求说明这是蒋介石的"个人行动",还是"贵党多数之意思";表示共产党对党务整理案未曾违反,而且为避免纠纷有超过此案所决定以上的退让;希望蒋介石受国民党中央制裁后,不再"一意孤行"。17日,苏联驻华代表N.那桑诺夫、N.福金、A.阿尔勃雷希脱,在上海写给苏共中央一封信,谈到中共中央委员会现在实际上由三个人组成的,彭述之代表右派,瞿秋白代表左派,陈独秀代表中派。18日,陈独秀发表《评蒋介石三月七日之演讲》,批判蒋介石的南昌演说对"南北妥协共同反赤之说""无一字声辩""而只痛骂自己的同志";要求蒋介石"立刻在言论上在行动上,证明所谓南北妥协共同反赤,的确是日本帝国主义造谣煽惑、挑拨是非、中伤捣乱以破坏中国革命的阴谋"。3月25日,陈独秀在中共上海区委召开的扩大活动分子会议上作报告,被称为"中国革命领袖"而受到一致拥护。3月底至4月上旬,蒋介石三次派原东路军前敌总指挥部政治部主任胡公冕约请陈独秀与蒋谈话,均被陈独秀以有病推辞,蒋介石十分恼怒。

陈独秀4月1日在郑超麟的家里会见周恩来,周报告汪精卫已到上海及与汪精卫见面的情况。陈独秀同意周恩来的意见,直接送汪精卫去汉口,不让他在上海与蒋介石及其他国民党要员见面。2—3日,蒋介石、汪精卫、吴稚晖等人连日在蒋介石司令部开会。吴稚晖提出检举中共案,要求各地反共将领实行清共;蒋介石提出马上做两件事:"赶走鲍罗廷""分共"。最后决定依汪精卫主张,暂时容忍。4月3日,陈独秀与周恩来一起会见汪精卫。次日,陈独秀起草《汪陈宣言》——《国共两党领袖联合宣言——告两党同志书》。5日,《时事新报》《民国日报》等报发表《汪精卫、陈独秀宣言》。6日,陈独秀登船离沪,10日到汉口。12日,蒋介石发动"四一二"大屠杀。13—15日,陈独秀在中共中央会议上与鲍罗廷、罗易等人商谈今后革命去向问题。16日,中共中央通过《关于继续北伐的决议》。20日,中共中央发表《中国共产党为蒋介石屠杀革命民众宣言》,表示完全赞成国民党中央委员会4月17日作出的"罢免蒋介石国民革命军总司令,开除党籍和拿办"的决议。4月27日至5月9日在汉口举行的中国共产党第五次全国代表大会上任执行主席,主持开幕式,并代表中共中央作两年来工作报告——《政治与组织的报告》。大会讨论时,瞿秋白、蔡和森、恽代英、毛泽东等人对陈独秀报告中的错误作了批评。4月下旬至6月,与张国焘、谭平山一起,作为中共代表,多次参加国共两党联席会议,国民党方面代表是汪精卫、谭延闿、孙科、徐谦、顾孟余,汪精卫为会议主席。

按:联席会议讨论内容,先是东征反蒋问题,后来主要集中在限制工农运动"过火"的问题上。

陈独秀5月24日召集中共中央政治局会议,讨论罗易提出的《中国共产党同国民党的关系和中国共产党的独立性》决议草案。6月11日,陈独秀撰《蒋介石反动与中国革命》,承认从"三二〇"到"四一二""我们一年余的忍耐迁就让步,不但只是一场幻想,并且变成了他

(指蒋介石)屠杀民众屠杀共产党的代价!"26 日,中共江苏省委在上海成立,陈延年任书记,郭伯和为组织,韩步先为宣传。同日,三人被捕,因韩步先叛变,陈延年、郭伯和暴露身份,陈延年从狱中给汪孟邹写了一封信,汪孟邹急于营救,即到南京找胡适。胡适表示"我一定营救他",又把陈延年的信交吴稚晖。吴稚晖立即报告蒋介石(一说密报上海警备司令杨虎)。6 月 30 日,陈独秀召集中共中央政治局扩大会议,并作政治报告。会议通过陈独秀起草的关于国共两党关系的决议"十一条政纲"。7 月 1 日,陈独秀撰《中国国民党的危机及其出路》。2 日,中共江苏省委代理书记赵世炎于 7 月被捕。4 日,陈延年、郭伯和即被杀害。同日,中共中央举行常委扩大会议,讨论反动到来时如何保存农村革命力量问题。12 日,根据共产国际"训令",中共中央改组,成立以张国焘、张太雷、李维汉、李立三、周恩来为成员的临时中央政治局兼常委,陈独秀被停职。15 日,汪精卫在武汉发动政变,实行"宁汉合流"。19 日,中共江苏省委代理书记赵世炎被害。8 月 1 日,区声白、陈独秀在《新青年》第 9卷第 4 号发表《讨论无政府主义》。7 日,中共中央在汉口召开紧急会议,会议确定了土地革命和武装暴动推翻国民党反动统治的总方针,批判了右倾机会主义路线,实际解除了陈独秀的领导职务,成立了瞿秋白、李维汉、苏兆征、张太雷、项英、向忠发、卢福坦组成的临时中央政治局。陈独秀未被邀请与会。

陈独秀 9 月 10 日和黄文容、汪原放、陈啸青(亚东职员)化装后秘密登船,前往上海。一路上,陈独秀不时沉吟:"中国的革命,总要中国人自己领导!"同月,中共中央从武汉撤到上海。此后,陈独秀开始专心研究中国文字拼音化问题,后写成一部书稿。10 月 24 日,中共中央机关刊物《布尔塞维克》继《向导》停刊后创刊,瞿秋白任编委主任,请陈独秀撰写文章。12 月 5 日,发表《好大胆的胡适之褚辅成》。年底,陈乔年正式由武汉调上海,任中共江苏省委组织部部长。是年,陈独秀编注《革命文学史》。(以上参见唐宝林、林茂生《陈独秀年谱》,上海人民出版社 1988 年版)

瞿秋白 1 月上旬抱病整理旧文,编辑《瞿秋白论文集》。同月,接受共产国际七次扩大会议《关于中国形势问题的决议案》。同月,瞿秋白译斯大林《列宁主义概论》由新青年出版社出版。2 月,瞿秋白写作《中国革命中之争论问题》,与彭述之就共产国际关于中国革命问题、中国革命的党纲与政纲问题、中国革命的战术问题、中国革命的策略问题、中国革命中之共产党党内问题展开讨论。同月 22 日,上海工人第二次武装起义,当晚到拉斐德路起义指挥所。23 日,出席中共中央和上海区委联席会议,决定停止此次起义,成立以陈独秀为首的特别委员会,准备第三次起义。连夜起草《上海二月二十二日暴动后之政策及工作计划意见》,提交中央特别委员会。2 月 25 日至 3 月 2 日,连续出席中央特别委员会会议,讨论第三次起义问题。3 月中旬,赴武汉,负责中共五大筹备工作。9 月下旬,中共中央机关由武汉迁回上海。10 月初,与李维汉探望陈独秀,邀陈为中央党报撰文,再次劝陈去苏联。22日,中央常委决定出版中共中央机关刊物《布尔塞维克》,任编委会主任。24 日,《布尔塞维克》在上海创刊。瞿秋白、罗亦农、王若飞等主编。先为周刊,后改为半月刊,再改为月刊,曾用《小学高级用新时代国语教科书》《中国文化史》等名称,秘密发行。

　　按:瞿秋白《布尔塞维克发刊露布》说:"中国的革命已经走到了极高度的发展,脆薄懦怯卑劣的中国资产阶级,完全暴露他的反革命的面目,以前他的改良妥协主义的滑稽面具也已经完全抛弃。中国社会斗争的营垒,显然的划分为二:一是买办军阀豪绅资产阶级的反革命的营垒,一是工农贫民的革命营垒。国民党中小资产阶级思想的代表,也已经不能模棱两可徘徊取巧。所以蒋介石四月十二日在上海屠杀(李济深在广东屠杀)之后,不久,汪精卫等的武汉国民党中央,便投降蒋介石以至于西山派了。此后民众所看见的国民党,已经不是从前的革命的国民党,而是屠杀工农民众,压迫革命思想,维持地主资本家剥削,滥发钞券紊乱金融,延长乱祸荼毒民生,屈服甚至于勾结帝国主义的国民党!此后中国的革命,只有无产阶级的政党能够担负起领导的责任。革命思想方面,比《向导》时期尤加十倍的必须有真正无产阶级政党——布尔塞维克主义的领导。只有布尔塞维克的精神,无产阶级坚决的向国内国外资产阶级实行阶级斗争;勇猛的领导农民及一般贫民推翻豪绅资产阶级的统治,消灭封建式的剥削,没收地主阶级的土地;群众的革命的独裁——歼除一切反动分子,下层民众直接起来行使民权,实行苏维埃的政治制度;只有本着这种精神,反对一切豪绅资产阶级的反动思想,扫除一切小资产阶级的机会主义妥协主义;只有建立这种布尔塞维克的精神和布尔塞维克的思想,然后中国革命之中方才有强固的健全的无产阶级政党做领导,才能彻底的完成中国之资产阶级民权革命的任务,亦就是真正推翻帝国主义军阀的统治,急转直下的进于社会主义的道路。谁能解放中国,使中国最大多数的工农贫民自己得到政权,开辟真正社会主义建设的道路?只有布尔塞维克!所以《布尔塞维克》便继《向导》而发刊了。"(原刊1927年10月24日《布尔塞维克》第一卷第一号)

瞿秋白11月9—10日主持召开中央政治局扩大会议,通过《中国现状与共产党的任务决议案》,左倾盲动错误在中央领导机关取得统治地位。16日,瞿秋白在《布尔塞维克》第1卷第5期发表《中国革命是什么样的革命》,认为中国当前的革命,应由解决民权主义任务急转直下到社会主义革命。"必须由劳农取得政权,实行土地国有"。30日,瞿秋白在《布尔塞维克》第1卷第7期发表《中国革命中无产阶级的新策略》,认为"中国小资产阶级——店东、小厂主等等以及所谓中小商人,这种阶级在现时亦已经不是革命的力量而是革命的障碍"。(参见陈铁健编《中国近代思想家文库·瞿秋白卷》附录《瞿秋白年谱简编》,中国人民大学出版社2015年版;杜运辉《侯外庐先生学谱》,中国社会科学出版社2013年版;李永春编著《蔡和森年谱》,湘潭大学出版社2008年版;章恒忠、王亚夫主编《中国学术界大事记(1919—1985)》,上海社会科学院出版社1988年版)

周恩来1月1日出席中共上海区委召集的活动分子会议。在会上作关于广东问题的报告,分析广东的政治局势和国民党中各派的政治态度。10日,出席中共中央和上海区委联席会议,会议听取罗亦农的政治报告,并讨论上海区委的组织工作和职工运动等问题。为庆祝国民政府北迁和北伐取得胜利,中央军事政治学校学生宣传队本月3日在武汉江汉关附近演讲。2月,任中共上海区委军事委员会书记。同月9日,中共上海区委举行全体会议,讨论筹备区代表大会问题。会议决定成立政治问题、组织问题、农民问题、工人问题等7个委员会。周恩来任组织问题委员会委员。23日,中共中央、上海区委举行联席会议,决定停止这次起义,扩大武装组织,准备第三次武装起义。为此,决定成立特别委员会,由陈独秀、罗亦农、赵世炎、汪寿华、尹宽、彭述之、周恩来、肖子璋组成,并组织特别军委,由周恩来、顾顺章、颜昌颐、赵世炎、钟汝梅组成。3月3日,在军委会上作"关于上海的武装起义"的报告。21日晨,中共上海区委发出举行起义的指令。周恩来担任起义的总指挥,赵世炎为副总指挥。22日,经上海市民代表会议选举,产生上海特别市临时市政府,由钮永建、杨杏佛、张曙时、侯绍裘、虞洽卿、王晓籁、王汉良、汪寿华、顾顺章、林钧、谢福生、郑毓秀、白崇禧、罗亦农、丁晓光、陈光甫等19人组成。4月12日,上海发生蒋介石策划的反革命政变。14日,会见刚到上海的郭沫若。郭沫若谈了蒋介石在九江、安庆叛变革命的罪行,说上海局势紧张,劝周恩来从速离开。下旬,广州发生"四·一五"反革命大屠杀后,周恩来要邓颖超速到上海。5月1日,邓颖超抵沪。

周恩来11月上旬,从九龙深水埗乘船到达上海。11月14日,出席中共临时中央政治局常委会议。会议决定调整中央组织机构,在中央常委下设立组织局,并决定组织局由罗亦农、周恩来、李维汉组成,罗亦农为主任。随后,因罗亦农代表中共中央前往武汉指导工作,由周恩来代理组织局主任。12月1日,兼任中共中央机关刊物《布尔塞维克》编委。4日,自11月扩大会议后参与中共中央领导以来,对于会议形成的"左"倾盲动主义,开始有所觉察并且在实际工作中有所制止和纠正。(以上参见中央文献研究室《周恩来年谱1898—1976》,中央文献出版社1998年)

王若飞10月24日与瞿秋白、罗亦农、邓中夏、郑超麟等人在上海秘密组成中共中央机关刊物《布尔塞维克》编辑委员会,并发表《革命的江苏农民》一文,总结江苏农民反抗斗争的经验。无锡暴动失败后,王若飞发表《江苏农民暴动之过去与将来》,全面论述暴动的意义和失败的教训。

邓中夏7月底参加中央紧急会议的筹备工作。中共中央决定派邓中夏赴上海,担任江苏省委书记职务。8月15日,邓中夏从汉口抵达上海,接替已经牺牲的陈延年,担任中共江苏省委书记。中共江苏省委当时兼辖福建、浙江、安徽、山东等省的党组织。根据中央政治局指示,邓中夏作为中央驻沪代表,还同时兼任党、团中央的日常工作。9月,江苏省委刊物《日常生活》《前锋》创刊。12月1日,邓中夏出席临时中央政治局会议,讨论"扩大布尔什维克编辑",增加编委人数等事项。会上决定除邓中夏、瞿秋白等原有的五名编委外,新增加蔡和森、张太雷、周恩来、王一飞、李立三、恽代英、黄平等20人为《布尔什维克》编辑委员。是年,所撰《贡献于新诗人之前》一文,收入泰东书局出版的《革命文学论》一书。(参见冯资荣、何培香编著《邓中夏年谱》,中国文史出版社2014年版)

尹宽参与上海工人第一、二、三次武装起义的组织领导,负责宣传鼓动,创办并主编《平民日报》。"四·一二"政变后,任中共中央宣传部秘书,并出席在武汉召开的中国共产党第五次全国代表大会。6月下旬,兼任中央党校筹备处副教务主任,并主编《向导》周报。(参见陈贤忠、童志强《尹宽略论——考察一个中国托派分子所走过的道路》,《合肥工业大学学报》1990年第1期)

陈望道是年春亲自踏勘的上海大学新校舍在江湾西镇落成。8月,所著《美学概论》一书由上海民智书局出版。9月,上大被国民党查封。陈望道出任复旦大学中文系主任及复旦实验中学校长。曾推荐夏征农进入复旦大学中文系学习。同时将原有的新闻学讲座扩充为新闻学专业,特聘名人讲授"新闻编辑""报馆组织""新闻采访"与"新闻学"等专业课程。是年,在《新女性》新年号发表《现代女子的苦闷问题》。(上海鲁迅纪念馆编《陈望道先生纪念集》,复旦大学出版社2006年版)

茅盾约于7月23日接到党的命令,去九江找某个人,第二天清晨到了九江。没想到接头人竟是董必武、谭平山。董必武指示去南昌,万一南昌去不了,就回上海。25日,由于去南昌火车不通,茅盾只得改道上庐山,住庐山大旅社。中旬,茅盾与范志超乘轿下山,直接乘轮船到镇江,在镇江上岸,改乘火车去上海。下旬,住东横浜路景云里。从德社的口里,知道自己被国民党明令通缉的消息。此后隐居在家,足不出门,整整十个月。9月初,动手写作《幻灭》,用了四个星期写完。中旬,茅盾写作《幻灭》的前半部毕,将原稿交给了叶圣陶。叶圣陶看后说写得好,决定刊于9月份的《小说月报》第18卷第9、10号,又为定下所署笔名"茅盾"。10月10日,周建人陪鲁迅秘密来访。这是茅盾第二次见到鲁迅。

按:据茅盾《我走过的道路》《中》载:"我向他表示歉意,因为通缉令在身,虽知他已来上海,而且同住在景云里,却未能去拜会。鲁迅笑道,所以我和三弟到府上来,免得走漏风声。我谈到了我在武汉的经历以及大革命的失败,鲁迅则谈了半年来在广州的见闻,大家感慨颇多,他说革命看来是处于低潮了,并且对于当时流行的革命仍在不断高涨的论调表示不理解。他说他要在上海定居下来,不打算再教书了。"

按:鲁迅于10月3日抵达上海,10月8日也搬到景云里,住23号。两家相距很近。

茅盾10月13日作《鲁迅论》,刊于11月10日《小说月报》第18卷第11号。此文认为鲁迅小说所表现的阿Q、祥林嫂、闰土、爱姑、孔乙己、单四嫂子的生活,"我只觉得这是中国的,这正是中国现在百分之九十九的人们的思想和生活","这些'老中国儿女'的灵魂上,负着几千年的传统的重担子,他们的面目是可憎的,他们的生活是可以诅咒的,然而你不能不承认他们的存在,并且不能不懔懔地反省自己的灵魂究竟已否完全脱卸了几千年传统的负担"。论文还指出:鲁迅的杂文充满了反抗的呼声和无情的揭露;从鲁迅的杂文,可以看到他胸中燃着青春之火,看到他是青年最好的导师,虽然他不肯自认。鲁迅虽然"没有呼喊无产阶级最革命的口号",但是我们却看到他有"一颗质朴的心,热而且跳的心"。这是第一篇对鲁迅作了较全面、准确、深刻的评论,影响深远。自此之后,茅盾又陆续写了《王鲁彦论》《徐志摩论》《庐隐论》《冰心论》《落华生论》等,在中国新文学史上开创了"作家论"这一新的评论文体的先河。

按:《王鲁彦论》作于10月中旬载《小说月报》第19卷第1号。文中认为"王鲁彦小说里最可爱的人物,在我看来,是一些乡村的小资产阶级,例如《黄金》里的主人公和《许是不至于吧》里的王阿虞财主。我总觉得他们和鲁迅作品里的人物有些差别:后者是本色的老中国儿女,而前者却是多少已经感受着外来工业文明的波动"。

茅盾10月30日在《文学周报》第5卷第13期发表《各民族的神话何以多相似》。11月6日,在《文学周报》第5卷第12期发表《看了真美善创刊号以后》。12月1日,在《新女性》第2卷第12号发表《初民社会中的两性关系》。(以上参见唐金海、刘长鼎主编《茅盾年谱》,山西高校联合出版社1996年版)

鲁迅9月27日下午同许广平乘"山东"轮离广州往上海。次日到香港。10月3日午后,同许广平抵上海,暂寓爱多亚路长耕里的共和旅馆。从此定居上海,开始了新的战斗生活。下午同许广平前往北新书局访李小峰、蔡漱六,并邀三弟周建人同至陶乐春夜餐。饭后归途中在北新书局门市部取书刊数种。晚间,林语堂、孙伏园、孙福熙来访,谈至夜分。4日,与周建人、许广平、孙伏园、孙福熙、林语堂合影留念。5日晚,同许广平往全家福赴李小峰夫妇邀宴,同席还有周建人、郁达夫、王映霞、潘梓年、许钦文、孙伏园、孙福熙等7人。8日,鲁迅入住横浜路景云里23号。当时周建人住景云里8号,茅盾住11号半,叶圣陶住10号。10日,鲁迅由周建人陪同往访茅盾。16日在《北新》周刊第51—52期合刊发表《书苑折枝(三)》《〈唐宋传奇集〉序例》。21日,在《民众旬刊》第5期发表《革命文学》,就什么是革命文学、如何写出革命文学进行论述。

按:《革命文学》针对当时广州报纸宣传吴稚晖等人为"革命文学的法师"一事,揭露国民党的所谓"革命文学",不过是"在一方的指挥刀的掩护之下,斥骂他的敌手"的法西斯文学。同时也批评了那种只在"纸面上写着许多'打,打''杀,杀',或'血,血'"之类的标语口号作品,指出这种作品虽然故作激烈英勇,但实际上是"前面无敌军,后面无我军,终于不过是一面鼓而已",也绝不是"革命文学"。鲁迅强调做革命文学的"根本问题是在作者可是一个'革命人',倘是的,则无论写的是什么事件,用的是什么材料,即都是'革命文学'。从喷泉里出来的都是水,从血管里出来的都是血"。深刻阐述了作家的世界观对文艺创作的决定作用。

鲁迅10月25日应易培基邀请往劳动大学演讲《关于知识阶级》。28日,往立达学园演讲《伟人的化石》。11月2日,鲁迅应陈望道之约往复旦大学讲演关于革命文学问题,后刊于1928年5月9日上海《新闻报》副刊《学海》,题为《革命文学》。6日,应暨南大学国文系主任夏丏尊之邀,至华兴楼为暨南大学国文系"同级会"演讲并午餐,演讲内容是关于文学创作和读书方法等问题。7日,应邀为劳动大学开设的《文学讲座》讲课,每周一次。本次的讲题是《关于文学与革命问题》。

　　按:鲁迅在讲演中说:"真正的革命家也是革命文学家,但现在顾不着做文艺,而现在的文艺家呢,只能喊喊、叫叫,还不能作出革命文学来。革命文学只能在革命以后出现。有了苏俄十月革命,才有无产者革命文学。革命以前的好文学,也只能揭露社会黑暗,诉说民众苦楚,鸣鸣不平。……至于说到创作方法,是写什么,怎样写的问题。我看还是首先写人生。为人生。为改造这人生……怎样写?是复杂的问题,说起来也简单。你有苦闷,就发牢骚;有希望,就去幻想;你痛苦了,就叫唤;看见可哭的,就写可哭的;有可笑的,就写可笑的;可恨的,就写可恨的!"

　　鲁迅11月9日会晤创造社成员郑伯奇、蒋光慈、段可情,商议组织联合战线,恢复《创造周报》事宜。16日,应邀往光华大学演讲文学与社会的关系,对文学界存在的种种不良倾向进行了分析和批评,也对"新月派"献媚投靠国民党,以及国民党反动派操纵文化进行反革命宣传的罪行进行了揭露,并希望中国文坛有一种新的人来创造新的文学。27日,接待丰子恺来访,首次与丰子恺晤面。同月,茅盾在《小说月报》第18卷第11号发表《鲁迅论》;由创造社联络鲁迅,商议恢复《创造周报》的计划。12月3日,与郭沫若、成仿吾、郑伯奇、蒋光慈等在上海《时事新报》联名发表《创造周报》复刊广告。其中载有该刊编辑委员及特约撰述员名单:编辑委员:成仿吾、王独清、郑伯奇、段可情;特约撰述员鲁迅、蒋光慈、张资平、陶晶荪、穆木天、赵伯颜、麦克昂、李初梨、冯乃超等30余人。次年1月1日在《创造月刊》第1卷第8期又刊登了"创造周报复活了"的预告。12月6日,鲁迅致李小峰信,向北新书局推荐翻译出版日本板垣鹰穗作的《近代美术史潮论》。9日,鲁迅致章廷谦信,盼章廷谦新年来沪面谈《游仙窟》的校印问题,可见鲁迅对于此书的出版极为关心。同日,校完《唐宋传奇集》上册。10日,致信易培基,辞去劳动大学教职。18日,接受蔡元培之聘,为国民政府大学院的第一批特约撰述员。21日,应邀往暨南大学演讲《文艺与政治的歧途》,论述了文艺与政治、文艺与社会生活的关系问题。同日,作《卢梭和胃口》,刊于1928年1月7日《语丝》周刊第4卷第4期,与新月派、现代评论派重开论战。

　　按:当时"新月派"与"现代评论派"在上海开设新月书店,陆续出版梁实秋的《浪漫的与古典的》《文学批评论》等书,宣扬"人性根本是不变的""普遍的人性是一切伟大的作品之基础""纯正之人性乃文学批评唯一之标准"等资产阶级人性论,抹杀阶级斗争,攻击革命文学。梁实秋又借《新女性》月刊开展对妇女问题的讨论,在一九二七年十一月出版的《复旦旬刊》创刊号重新发表几经修改的《卢梭论女子教育》一文,说"卢梭论教育无一是处,唯其论女子教育,的确精当"。认为世上"有聪明绝顶的人""蠢笨如牛的人",有"弱不禁风的女子",也有"粗横强大的男人",把人分为三流九等。文中谈女子教育问题时说,"正当的女子教育应该是使女子成为完全的女子",而"理想的女子教育就是贤母良妻的教育",这样才"合于吾人之胃口"。鲁迅针对这种论调,以阶级分析的方法,指出梁实秋的所谓"女子教育",实际上是使女子"成为完全的'弱不禁风'者",永远成为剥削阶级的附属品;进而指出,梁实秋之所以宣传卢梭的观点并加以发挥,是因为这些观点完全符合剥削阶级的"胃口"。

　　鲁迅12月23日作《文学和出汗》,刊于1928年1月14日《语丝》周刊第4卷第5期,着重批判梁实秋等人宣扬的资产阶级人性论,这是自"五四"以来最早批评资产阶级人性论的重要文章之一。24日,作《文艺和革命》,刊于1928年1月28日《语丝》周刊第4卷第7期,以幽默的笔调,讽刺那些在大革命高潮中,躲在大后方空喊口号,提倡各种名目的"文学",吹嘘"文艺是革命的先驱",借以欺世盗名的"文学家"。同期又载鲁迅所作《谈所谓"大内档案"》,文中通过对整理大内档案过程的叙述,批判一些人借所谓"大内档案"抒发喧闹的遗老情绪,同时揭露北洋官僚以及封建遗老们糟蹋、盗窃文物和拍卖文史档案的行径。(以上参见鲁迅博物馆、鲁迅研究室编《鲁迅年谱》,人民文学出版社1981年版;张傲卉、宋彬玉《成仿吾年谱》,《东北师大学报》1985年第5期;章恒忠、王亚夫主编《中国学术界大事记(1919—1985)》,上海社会科学院出版社1988年版;王锡荣《左联与左翼文学运动》及附录《左翼十年文学大事记》,上海人民出版社2016年版)

郭沫若10月参加南昌起义后,由香港秘密到达上海,并与家人团聚,住在窦乐安路一栋小弄堂房子里。同月,《革命与文学》(《革命と文学》)译载于日本春秋社《大调和》第1卷第7期。此时前后,创造社后期成员朱镜我、冯乃超、李初黎、彭康、李初梨、李铁声等留日学生相继回国到上海,投入革命文学活动。李一氓、成仿吾、郑伯奇、王独清、穆木天、戴平万等先后从各地到达上海。王任叔从宁波来上海,余上沅从美国转南京到上海。11月,为加强创造社的力量以及掩护其活动,郭沫若发动了李一氓和阳翰笙来参加,并联系与鲁迅合作,一同办《创造周报》,得到鲁迅允诺。

按:据郑伯奇《创造社后期的文学活动》(《忆创造社及其他》,香港三联书店1982年版)回忆:"我们觉得这么多的进步作家聚集上海,大家联合起来,共同办一个刊物,提倡新的文学运动,一定会发生相当大的影响。政治革命暂时受了挫折,先从文艺战线上重整旗鼓,为迎接将来的革命高潮准备条件,岂不是很好吗?蒋光慈和段可情也有同样的想法。我们取得沫若同志的同意和支持,同去访问鲁迅先生,谈出联合的意思,鲁迅先生立即欣然同意。他并且主张不必另办刊物,可以恢复《创造周报》,作为共同园地,他将积极参加。"

郭沫若12月3日在《创造周报》复刊启事上,以麦克昂的笔名,与鲁迅、成仿吾、郑伯奇、蒋光慈等一同列名为该刊"特约撰述员"。上海《时事新报》本日刊登了这则复刊启事。5日下午,得通知,次日动身,将有人来接,搭乘苏联的船往海参崴。6日晚7时,得临时通知:"船不能开,发生了障碍,开船的日期,到决定后再临时通知。"8日晚,突患斑疹伤寒。12日,在内山完造帮助下,住进长春路353号日本医师石井勇寓所治疗。(参见林甘泉、蔡震主编《郭沫若年谱长编》,中国社会科学出版社2017年版;王锡荣《左联与左翼文学运动》及附录《左翼十年文学大事记》,上海人民出版社2016年版)

成仿吾7月30日利用为黄埔军校赴日本采办军用化学班器材的机会,携款5万日元抵达上海。因潘汉年曾告以上海党组织活动经费十分困难的情形,成仿吾从这笔款项中拿出1万余日元交给潘作为资助,还贴补了创造社一部分经费。同日夜,在沪滨旅社作《使命·序》。31日晨,在沪滨旅社作《流浪·跋》。同郁达夫"谈到了中午"。8月10日,为祝贺成仿吾30周岁生辰,上海创造社同人为他做了一次生日。其论文集《使命》也于是日出版。9月,在《洪水》第34期发表《文学家与个人主义》,文中提出文学家应"打倒个人主义的妖魔"。10月上旬,收到郭沫若从香港给成仿吾信,信的大意是,从革命回到文学时代。成仿吾在回信中,不赞成这种看法。

成仿吾10月离上海去日本。行前,给郭沫若夫人安娜留下1000元的生活费。后来郭一家到日本后就用这笔款子买下了市川须和田的寓所。成仿吾到日本后,先去京都会到李初梨等人,谈到创造社要搞戏剧运动,筹划写剧本和演出等事项。后又去东京见到了冯乃超,他们共同搞了一个戏剧活动计划寄给李初梨,于是李初梨又邀成仿吾、冯乃超到京都来讨论一些问题。同月,成仿吾与郭沫若译诗合集《德国诗选》由创造社上海出版部出版。11月16日,成仿吾在日本修善寺作《从文学革命到革命文学》,刊于《创造月刊》第1卷第9期,收录于郭、成合集《从文学革命到革命文学》。10月下旬至11月,李初梨、朱镜我、冯乃超、彭康等先成仿吾从日本相继回到上海。

> 按:本文对"五四"以来文学革命进行了历史的总结,并提出它的发展方向。这是成仿吾思考已久的一个命题。他在去日本之前就曾计划作一篇"从文学革命到革命文学"的论文。此文在观点上虽然不是很圆满的,但文章表现出了倡导者的精神,及时地提出了在新的历史条件下新文学发展的方向。无论是赞同者,还是反对者,都产生了很大的反响。王独清在本期《创造月刊》《今后的本刊》里写道:"《从文学革命到革命文学》是一篇重要的论文,简直可以说是今后同人要从事于新努力的一篇宣言。"

成仿吾11、12月间从日本回到上海,认为《周报》的使命已经过去了,支持新回国朋友们的建议,出版批判性的月刊。12月15日,《洪水》出至第3卷第26期停刊,成仿吾作《〈洪水〉终刊感言》刊于本期。《感言》回顾了《洪水》创刊以来的历程说:"由于国民革命已经到了一个新的阶段""《洪水》已经完成了它的使命"。又说"回顾过去的遗踪,注视茫茫的前路,我们深深感觉任重而道远""新的使命从此开始"。是年,成仿吾文艺论文集《使命》,列入创造社丛书第十三种出版,收入作者1927年2月以前发表的大部分理论批评文章,计有《新文学之使命》等28篇。(以上参见张傲卉、宋彬玉《成仿吾年谱》,《东北师大学报》1985年第5期)

李初梨继续在日本京都帝国大学文学部学习。10月,成仿吾离上海去日本,与李初梨、冯乃超讨论革命文学的问题,李初梨在会上做了如何建设革命文学的发言,经过讨论大家决定放弃戏剧活动的计划,而改从事于无产阶级革命文学的提倡。李初梨将此发言撰成《怎样地建设革命文学?》,刊于次年《文化批判》第2号。文中认为郭沫若在1926年发表在《创造月刊》上的《革命与文学》中发出了"中国文坛上首先倡导革命文学的第一声"。10月下旬至11月,李初梨、朱镜我、冯乃超、彭康等从日本相继回到上海。

彭康就读于日本京都的帝国大学,"四一二"政变消息传来后拍案而起,毅然抛弃即将到手的学位和毕业证书,赶赴血与火考验中的上海,与郭沫若、郁达夫、成仿吾等共同组织"创造社",并任该社理事会理事、党组成员。

丁丁选录和编纂有关"革命文学论战"的论文集《革命文学论》,2月由上海泰东书局出版,并以《献诗》冠于卷首,所录论文主要有:郭沫若《文艺上之社会的使命》《文艺家的觉悟》《革命与文学》《艺术家与革命家》,郁达夫《文学上的阶级斗争》,沈泽民《我所景慕的批评家》,蒋光赤《死去了的情绪》《革命与罗曼蒂克——布洛克》,瞿秋白《赤俄新文艺时代的第一燕》,陈独秀《文学革命论》,洪为法《真的艺术家》,成仿吾《革命文学与他的永远性》,丁丁《革命与文学》。此为有关"革命文学"论争的第一部论文集,但其中所录部分文章如陈独秀《文学革命论》等显得比较勉强。(参见王锡荣《左联与左翼文学运动》及附录《左翼十年文学大事记》,上海人民出版社2016年版)

夏衍年初与日本共产党领导人渡边政之辅接触。2月,陪同国民党右派戴季陶访日,做"临时秘书"。4月,国共合作破裂。东京国民党西山会议分子捣毁属国民党左派的驻日神田总支部后,被迫离东京经神户、长崎回国,奉命准备赴武汉。抵沪后,遇经亨颐(子渊),在其劝说下留在上海。5月,因写反蒋文章,在国民党中央(西山会议派)通缉彭泽民等海外部"异党分子"时一并被算在内,后被开除党籍。5月底或6月初,经郑汉先(陈德辉)、庞大恩(吴永康)介绍在上海加入中国共产党,无预备期。编入闸北区第三街道支部,任党小组长,在提篮桥、杨树浦一带从事工人运动,同时在立达学园、上海劳动大学任教。结识蒋光慈、钱杏邨、杜国庠等太阳社、创造社作家。秋冬，经吴觉农(同为谢延绩先生学生,中国茶叶研究权威)介绍,结识了开明书店的夏丏尊、章锡琛(雪村),开始以翻译为职业。所译奥·倍倍尔(德国)的《妇人与社会主义》(后改名为《妇女与社会主义》),由上海开明书店出版,后多次再版。(参见沈宁、沈旦华、沈芸《夏衍全集·书信日记》,浙江文艺出版社 2005 年版)

田汉 1 月作电影随笔《银色的梦》之一《Day Dream》(《白昼的梦》)、之二《女与蛇》、之三《云》,刊于本月上海《银星》第 5 期。2 月 1 日,在《银星》第 6 期发表《银色的梦》之四《〈靴子〉》、之五《〈两个少年时代〉》、之六《〈到民间去〉》。27 日晚,与郁达夫、唐槐秋、欧阳予倩等出席晨光艺术会举办的交谊会。3 月 1 日,在《银星》第 7 期发表《银色的梦》之七《杏姑娘》。28 日午前,郁达夫来访,相约同去孟渊旅馆拜访日本左翼文艺刊物《文艺新闻》特派记者小牧近江和里村欣三。又去《艺术界》社邀请傅彦长、张若谷等一同前往与两位日本记者会面。后同至陶乐春夜餐,同席者 7 人,小牧、里村外,有田汉、郁达夫、傅彦长、张若谷、周文达等,宾主谈笑甚欢,纵论中国时局及无产文艺界事。8 月 1 日,在《银星》第 8 期发表《银色的梦》之八《咖啡店,汽车,电影戏》、之九《〈卡利格里博士的私室〉》、之十《〈凡派亚的世纪〉》。同月,为着困难重重的影片《到民间去》得以继续拍摄,应陈铭枢、何公敢的邀约,赴南京任总政治部艺术顾问,负责电影戏剧方面的工作。春,田汉与洪深、宋春舫、欧阳予倩、余上沅、徐志摩等多次集议南国社与上海戏剧协社、北平中国戏剧社拟举行联合公演事。

田汉 7 月 21 日午船抵日本长崎,与雷震登岸乘车观览市容,游崇圣禅寺,后赴四海楼菜馆用餐。其后,由谷崎润一郎陪同,游览大阪、京都。31 日,由神户登长崎丸回国,谷崎润一郎送行。8 月 1 日,在《银星》11 期发表《银色的梦》之十一《鬼梦表现派》。上旬,返抵上海,后又回到南京。中旬,因政局变化,宁汉合流,卸职返沪。月底,应上海艺术大学校务委员会主任委员黎锦晖之请,出任主持该校文科之职。9 月 1 日,与黎锦晖、傅彦长、谭华敬、仲子通、戴悠堂等联名在《申报》上刊登上海艺术大学招生广告。10 月 1 日,在《银星》第 13 期发表《银色的梦》之十二《I Stand Alone》(《我独立站起来》),转述日本导演牛原虚所著《映画万花镜》一书中对电影大师卓别林的介绍。秋,上海艺术大学校长负债出走。经全校学生一致推举,由任上海艺术大学文学科主任田汉接任校长。此后在学校大力开展戏剧活动,并拟于下学期正式开办戏剧专科。本学期则先行开班授课,请洪深、欧阳予倩、余上沅、朱穰丞、孙师毅、顾梦鹤等前来授课。为使学校摆脱经济困境,田汉决定自编自导拍摄电影《断笛余音》。11 月下旬,田汉开始与鲁迅有书信往来。同月,所著《文学概论》一书由中华书局出版。全书分上下两编,上编为《文学的本质》,下编为《社会的现象之文学》。秋冬间,在上海艺术大学多次主持文艺座谈会,讨论文艺理论、戏剧等问题,并组织即兴式的话剧演出。12 月 18 日,主持的为期一周的上海艺术大学"鱼龙会"开始举行。当晚,首次演出招待新闻界和文艺界人士,来宾有郁达夫、欧阳予倩、余上沅、黄药眠、孙师毅、周信芳、高百岁、叶浅予、周瘦鹃、王泊生吴瑞燕夫妇及日本友人山口慎一等八九十人,影响颇广。冬,与欧阳予倩、徐悲鸿三人在霞飞坊徐悲鸿宅经数次之谈话,商定南国电影剧社改组底章程,定名为"南国社",徐悲鸿并为拟定法名为"Cercle Artistique du Midi"。(以上参见张向华编《田汉年谱》,中国戏剧出版社 1992 年版)

钱杏邨(阿英)被派参加国民党芜湖县党部,任主任委员。李克农任委员兼宣传部长。参加组织并主持全市群众祝捷大会,欢迎北伐军到达芜湖。"四一二"政变后,被分配到中华全国总工会宣传部工作。11 月到达上海,见到蒋光慈、孟超等。根据在汉口酝酿的计划,经蒋光慈倡议,决定成立太阳社和春野书店。与蒋光慈去找瞿秋白请示,得到瞿秋白的同意。经钱杏邨和严启文等寻找,选择北四川路虬江路口附近一处店面作为春野书店。前门为日本租界,后门是中国地界,便于撤离。春野书店表面是营业性,既卖书,又出版书籍、刊物,实际是革命作家活动的地方,也接待因白色恐怖撤到上海的党员。(参见钱厚祥整理《阿英年谱》,《新文学史料》2006年第4期)

蒋光慈所撰长篇论文《十月革命与俄罗斯文学》在《创造月刊》上连载。文中介绍十月革命前后苏俄文坛情况,宣传无产阶级革命文学理论。(参见章恒忠、王亚夫主编《中国学术界大事记(1919—1985)》,上海社会科学院出版社1988年版)

潘梓年在"四一二"反革命政变后毅然加入中国共产党。根据党组织的指示,潘梓年回到家乡宜兴任县教育局局长,不断奔走于南京和宜兴之间,积极开展思想动员工作,曾在家乡发动过宜兴暴动。9月,潘梓年调赴上海,在北新书局主编《北新》《洪流》等进步刊物和中共江苏省委主办的《真话报》,发表多篇社论。

郑振铎、叶圣陶、胡愈之、王伯祥、丁晓先、周予同、钱春江、李石岑、陶希圣、梅思平等人1月4日筹备创建上海著作人公会,推举梅思平、陶希圣起草《上海著作人公会缘起》及《上海著作人公会章程》;8日,讨论通过上述两个文件。该会的宗旨为增进著作人之福利及促进出版物之改良。9日,在《文学周报》第257期上发表《正月文艺家生卒表》。10日,在《小说月报》第18卷第1期上发表《插图之话》,为图文并茂的关于书籍插图的长篇论文,其中着重论述了中国版画史。又续载《文学大纲》第42章《新世纪的文学》,该书稿至此期连载完毕。14日,王任叔致信郑振铎,批评《文学周报》第254期上发表的胡适给徐志摩一信中的错误论点。

按:此信联系广州的大革命的实际,指出"被统治阶级推倒了统治阶级的固有势力时""有专政的必要""一个大多数的阶级的专政,也是消灭阶级的策略"。还认为:"我觉得我们的《文学周报》,对于批判旧社会之封建思想与提倡革命的新思想的文字似乎太少了。中国现在有二大急需,一种是政治革命,现在已经有相当的成绩,一种是思想革命。《文学周报》对于后者应该负起相当的责任。"郑振铎将这封重要的信全文发表于3月27日《文学周报》第267期上。

郑振铎1月10日作《宴之趣》,刊于1月16日《文学周报》第258期,谈与沈雁冰、叶圣陶、胡愈之、王伯祥等好友一起喝酒的情趣。20日,所著散文集《山中杂记》由开明书店出版,书名由叶圣陶篆书。24日,郑振铎与友人以文学研究会上海分会、学术研究会、上海世界语学会、中华农学会、妇女问题研究会、弥洒社、上海通信图书馆名义,发表《上海学术团体为汉口事件宣言》,抗议英帝国主义,要求赔偿、惩凶、道歉、废除不平等条约等。同日,郑振铎作《为〈文学大纲〉作辩护》,后发表于26日《申报·艺术界》。2月16日,上海著作人公会正式成立,郑振铎、胡愈之、叶圣陶、丁晓先、周予同、钱春江、潘公展7人为执行委员,杨贤江、蒋光赤、徐调孚、傅彦长、朱应鹏5人为监察委员。3月5日,在《一般》月刊第2卷第3期(衍期出版)上发表《伍子胥与伍云召》,比较民间流传的伍子胥与伍云召的故事的异同。10日,在《小说月报》第18卷第3期上发表与徐调孚合撰之《三月文艺家生卒表》。13日,在《文学周报》第265期上发表《皮奥胡尔夫》(英国史诗述略)。20日,在《文学周报》第266期上发表《先生与他的学生——高加索民间故事》。同月,与鲁迅、胡愈之、沈泽民等人合译的俄国阿志巴绥夫短篇小说集《血痕》由开明书店出版,为《文学周报社丛书》之一。4月3日,郑振铎在《文学周报》第268期上发表《居特龙》(德国史诗述略)。10日,在《小说月报》第18卷第4期上发表与徐调孚合撰的《四月文艺家生卒表》。13日,参加上海市总工会领导工人举行抗议集会和游行,亲身经历了一场屠杀。14 日,郑振铎在寓所接到好友胡愈之的电话,说是上海知识界针对这次事件,打算给当时国民党中的所谓"三大知识分子"——吴稚晖、蔡元培、李石曾写一封抗议信。郑振铎当即请胡愈之代他在抗议书上签个名。

　　按:据叶圣陶说,郑振铎为承担风险,主动提出按照姓氏笔画(繁体字)从多到少署名,成为领衔者。署名依次为郑振铎、冯次行、章锡琛、胡愈之、周予同、吴觉农、李石岑。胡愈之后来回忆,该信通过其弟胡仲持的关系公开发表于 15 日《商报》上。

　　郑振铎 4 月 28 日得知李大钊在北京壮烈牺牲后极为悲愤。5 月 10 日,在《小说月报》第 18 卷第 5 期上发表与徐调孚合撰的《五月文艺家生卒表》。13 日,在《文学周报》第 269 期上发表《尼泊龙琪歌》(德国史诗述略,未完)。16 日,郑振铎与叶圣陶、王伯祥、徐调孚、李石岑、周予同、吴致觉商谈拟出国避难事。临行前,将《小说月报》委托叶圣陶代为主编,《文学研究会丛书》委托胡愈之、徐调孚代为主编;21 日搭乘法国邮船出国,同行的有陈学昭、袁中道、魏兆淇、徐元度等。(以上参见陈福康著《郑振铎年谱》,三晋出版社 2008 年版)

　　胡愈之 1 月 10 日在《东方杂志》第 24 卷第 1 号上发表《国际现势与吾人》一文。2 月 16 日,与郑振铎、叶圣陶、丁孝先、李石岑、丰子恺等人组织成立"上海著作人公会"。3 月 22 日,胡愈之被选为编辑出版工会代表参加市民代表大会。3 月,与鲁迅、郑振铎、沈泽民等合译的俄国阿志绥夫短篇小说集《血痕》,由开明书店出版,为《文学周报社丛书》之一。4 月 13 日,在"四一二"事件发生的次日晚上,撰写对国民党反动派发动"四一二"大屠杀的抗议书。14 日,邀集郑振铎、冯次行、章锡琛、周予同、吴觉农、李石岑等 7 人在抗议书上签名,寄给国民党文化界名人蔡元培、李石曾、吴稚晖。15 日,胡愈之撰写的《抗议书》发表于《商报》。19 日,胡愈之受郑振铎委托主编《文学研究会丛书》。6 月 10 日,在《东方杂志》第 24 卷第 11 号上发表《英国的新劳动法》一文。7 月 10 日,在《东方杂志》第 24 卷第 13 号上发表《日本的东方政策》《欧洲大胖子的怪论》《波兰俄使馆的惨剧》《维也纳大暴动事件》《狂涛将至的太平洋》等文。9 月 25 日,在《东方杂志》第 24 卷第 18 号上发表《苏联的反对派问题》等文。11 月 25 日,在《东方杂志》第 24 卷第 22 号上发表《世界语四十年》等文。12 月 10 日,在《东方杂志》第 24 卷第 23 号上发表《棒喝主义的艺术》等文。25 日,在《东方杂志》第 24 卷第 24 号上发表《苏联对外政策的转变》一文。(参见朱顺佐、金普森著《胡愈之传》,杭州大学出版社 1991 年版)

　　郁达夫 1 日开始到创造社出版部查账,决心"努力于新的创造,再来一次'创世纪'里的耶和华的工作"。"2 日午后,遇见徐志摩夫妇,谈论浙杭战事,都觉伤心。"4 日,早起看报,得知富阳已经开火,因惦念家中老母、亲戚,"不知逃在何处,心里真不快活"。6 日,作政论《广州事情》,至 7 日毕,文中揭露当时广州革命阵营中种种不良倾向和存在问题。7 日,去创造社出版部,召集同人开会,商议"新建设的事情"。8 日,欲搬至创造社出版部住,因天雨而未果。同日。开始编《创造月刊》第 6 期。并答应徐葆炎、徐亦庭兄妹主办的《火山月刊》收并到《创造》《洪水》中来。10 日,答应上海法科大学教授德语。14 日,去法租界尚贤坊拜访孙百刚,遇见王映霞,惊为天人,遂产生强烈追求之心。同日,在出版部听到"上海当局要来封锁创造社出版部"的消息,即去徐志摩处,商量对策,并托其为他写一封致丁文江的信。17 日,作论文《无产阶级专政和无产阶级的文学》,刊于 2 月 1 日《洪水》半月刊第 3 卷第 26 期,文中对革命目的、革命领导阶级和无产阶级文学的产生,阐述自己的看法。

　　按:《无产阶级专政和无产阶级的文学》认为,革命的最终目的"是在谋绝对全体的绝对幸福"。根据当今的社会状态,其"根本问题,就在经济",在于大多数民众生活的贫困。而"中国政治舞台上专政的人物,和把握兵权的人物,大抵是出于小资产阶级而受前期资本主义的训练者为多"。这些人只会压迫民众,"所以真正彻底的革命,若不由无产阶级者——就是劳动者和农民——来作中心人物,是不会成功的"。无产阶级文学也就是"在这一种状态下产生的"。因此,他认为"真正无产阶级的文学,必须由无产阶级自己来创造,而这创造成功之日,必在无产阶级专政的时候"。

郁达夫1月29日从江湾艺术大学迁回创造社出版二楼亭子间,打算"好好做点文章,更好好地求点生活"。2月4日晚,郁达夫在创造社出版部与徐葆炎、倪贻德、夏莱蒂等人叙谈关于出版部之事。6日,在杂志摊上看见日本记者在2月号《新潮》杂志上的文章《南方文学者之一群》,把他奉为"南方文学之正主者""亦一笑付之"。11日,因创造社内部事务"愈弄愈糟",许多人都要假回去,故于午后三时回创造社出版部处理事务。12日,接郭沫若来信,责备他在《洪水》上发表的《广州事情》一文"倾向太坏",郁达夫说:"我怕他要为右派笼络了,将来我们两人,或要分道而驰的。"15日,得周作人函,信中赞扬其小说《过去》。16日,在《洪水》半月刊第3卷第27期发表所译英托玛斯作论文《小说的技巧问题》。同日,发表《读了〈广州事情〉预告》,告之读者在《洪水》半月刊第3卷第28期将刊载成仿吾批评自己的文章《读了〈广州事情〉》。18日,整理出版部事务,召开部务会议,决定今后"整理出版部计划",并且"清查存货",将"部内器具什物,登记入清册"。20日,目睹上海工人罢市罢工,国民党反动派以搜查传单为名进行屠杀的惨状,不无感慨,说:"自太平天国以来,还没有见过这样的恐怖。"3月8日,郁达夫得成仿吾信,信中说及沫若骂《洪水》第25期上达夫做的那篇《广州事情》一事。郁达夫说:"我觉得,这时候,是应该代民众说话的时候,不是附和军阀官僚,或新军阀新官僚争权夺势的时候。"

郁达夫3月13日作论文《创造社出版部的第一周年》,回顾创造社从酝酿到成立的经过,以及成立后的工作、创作、出版情况。同日,由郁达夫提议并任主要编辑的小型周报《新消息》创刊。周报主要介绍进步文学和报道创造社活动。14日,与蒋光赤谈论"文学上的问题"。17日,作政论《告浙江的教育局》,刊于26日《新消息》周刊第2号。24日,阅报得知郭沫若即往上海,欲俟他来之时,"切实商议一个整顿出版部和扩张创造社的计划"。29日,读报得知吴稚晖受聘为东南大学校长,认为吴稚晖是个光爱说话而不能办事的人,办不动"那个积弊难返的东南大学"。4月8日,作政论《在方向转换的途中》,指出这次革命的三个主要意义:一是中国全民众的要求解放之力;二是马克思的阶级斗争的理论的实现;三是世界革命的初步。22日,买得外国报纸一张,得知蒋介石和左派分裂,南京成立了他个人的政府,并有李石曾、吴稚晖帮忙,说"使我们中国的国民革命不得不中途停止"的原因,就是因为有了这帮"可恨的右派"。28日,作政论《诉诸日本无产阶级文艺界同志》。

> 按:本文系受日本《文艺战线》代表小牧近江和里村欣三之约而写,由他们带回,于6月1日载日本《文艺战线》第4卷第6期。文章论述了中国革命与世界革命的关系,革命文艺战士应有的态度,强烈谴责蒋介石的倒行逆施,并说:"中国的革命若不成功,世界革命是不会发动的。革命文艺战士,不应该有国境的观念。目下日本的革命文艺家,应该唤醒日本的军人和资本家的迷梦,阻止他们帮助蒋介石或张作霖。"

郁达夫《达夫全集》第1卷《寒灰集》6月1日由上海创造社出版部出版。14日,作《日记文学》,论述了"日记文学的重要"和用日记体裁创作的便利。7月11日,作论文《电影与文艺》,对电影这一外来的艺术形式之所以能在中国得以长足进步的原因,作了五方面的探讨,并对电影的特长与文艺进行比较。12日,与王独清、郑伯奇及青年文学爱好者会见前来上海访问的日本作家佐藤春夫。18 日,应日本"上海每日新闻社"之邀参加在日本人俱乐部举行的欢迎佐藤春夫晚餐会。31 日,去大东旅社看望从广东来沪的成仿吾。8 月 15 日,在《申报》《国民日报》刊登《郁达夫启事》,声明自己完全与创造社脱离关系。

　　按:郁达夫《对于社会的态度》说他之所以要和创造社脱离关系,"就是因为对那些军阀官僚太看不过了,在《洪水》上发表了几篇《广州事情》及《方向转换的途中》等文字的原因,当时的几位老友都还在政府下任职,以为我在诽谤朝廷,不该做如此文章。后来,又有几位日本文艺战线社的记者来上海,我又为他们写了一篇更明显的《诉诸日本无产阶级文艺界同志》的文章。这些文字,本来是尽人欲说的照例的话,而几位老友,都以为我说得过火了"。他又说:"去年七月,来了一位'自称暗探的司令部的人员',来出版部拿人拘办,后因郭复初去司令部说了原委,由胡适之向黄膺白辨剖了究竟,出版部才由我自己到警察厅接受回来。而这时成仿吾却说:'这都是你的不是,因为你做了那种文章,致使创造社受了这样的惊慌与损失。那些纸上的空文有什么用处呢? 以后还是不做的好。'自此以后,在出版部管理全部财产的成氏的亲族,对我很明显的表示了反抗的态度,我看了左右前后的这些情形,深恐以后再将以文字而招祸,致累及于创造社出版部的事业经营,所以就在去年八月十五日的《申报》《国民日报》上登了一个完全与创造社脱离关系的启事。"

　　郁达夫 8 月 31 日作随笔《五六年来创作生活的回顾·〈过去集〉代序》。同月,所著《文学概说》由上海商务印书馆初版,为百科小丛书 137 种。9 月 1 日,所著《日记九种》由上海北新书局出版。2 日,郁达夫作《民众发刊词》,告示《民众》的宗旨和方向。同月,发起并主编的政论性刊物《民众》旬刊创刊。3 日,郁达夫作文艺论文《农民文艺的提倡》,提倡创作"泥土的文艺""大地的文艺"。14 日,作文艺论文《农民文艺的实质》,刊于 21 日《民众》旬刊第 2 期。又作政论《乡村里的阶级》,对中国农民阶级的现状进行了分析和分类,强调结成"联合战线"的重要性。22 日,郁达夫作书评《读〈老残游记〉》。27 日,郁达夫作短论《如何救度中国的电影》。10 月 5 日晚,郁达夫与王映霞赴全家福参加北新书局李小峰为鲁迅举行的接风宴会。6 日上午,与王映霞同往共和旅馆访鲁迅。中午,在六合馆宴请鲁迅、许广平、陶元庆、许钦文作陪。11 日,郁达夫介绍《民众》旬刊编辑周志初、胡醒灵访鲁迅。16 日下午,访鲁迅。19 日,应中国济难会王望平(王弼)之邀,与鲁迅同往华兴酒楼起宴。同席者有钱杏邨、蒋光慈、许杰、楼适夷、潘汉年等共 11 人。不久,郁达夫参加中国济难会,并和钱杏邨任中国济难会刊物《白华》编辑。同月,鲁迅、郑伯奇、蒋光慈商议合作复刊《创造周刊》。12 月 3 日,上海《时事新报》刊登《创造周报》复刊启事,告示编辑委员为:成仿吾、王独清、郑伯奇、段可清;特约撰述员为:鲁迅、麦克昂、蒋光慈、冯乃超、张资平、陶晶孙、赵伯颜等 30 余人。31 日,郁达夫与王映霞出席李小峰在"中有天"举行的晚宴。鲁迅夫妇亦应邀参加。同席者有林语堂及夫人、章衣萍、林和清、吴曙天、董秋芳、周建人。(以上参见陈其强《郁达夫年谱》,浙江大学出版社 1989 年版)

　　夏丏尊 1 月 5 日在《一般》第 2 卷第 1 号发表《艺术与现实》。同月,译著《绵被》由商务印书馆出版。3 月 13 日晨,赴豫丰泰胡愈之之约,同席者郑振铎、王伯祥、叶圣陶、周予同、匡互生、丰子恺、周为群。时,匡互生有离立达之意,胡愈之出面聚众友一致挽留。春,回白马湖探亲,楼适夷等人邀其至余姚稍作逗留。4 月 1 日,在《民铎》第 8 卷第 5 号发表《"中"与"无"》。7 月,作《关于国木田独步——国木田独步小说集代序》,后刊于《文学周报》和《国木田独步集》。8 月 5 日,赴江湾立达学园出席立达同人会议,设立立达学会董事会。与易寅村、李石曾、郑洪年、胡愈之、匡互生、丰子恺、袁绍先、刘薰宇等 8 人一起被推选为董事。8 月,译著《国木田独步集》作为上海文学周报社丛书之一,由开明书店出版,此为国木田独步在中国的第一个译本。夏丏尊作为文学研究会的成员,是介绍日本自然主义流派作品最努力的一个。9月10日,译自日本芥川龙之介的《湖南的扇子》,刊于《小说月报》第18卷第9期"芥川龙之介专辑"。同月,应国立暨南大学校长郑洪年之聘,兼任该校第一任中国文学系主任,同时教大一国文。因交通不便,编辑事务繁忙,一学期后即提出辞呈。9月底或10月初,印光大师驻上海,弘一法师赴上海请益,同时致信丰子恺、夏丏尊。谁知人还未到,消息已传遍上海文坛。于是想见法师一面的人纷纷托夏丏尊、丰子恺两人安排引见。

夏丏尊与章锡琛、赵景深、张梓生等10月5日去旅馆看望从广州回来的鲁迅,不巧鲁迅被北新书局经理李小峰请去吃晚饭。8日上午9时,与丰子恺一起作东,在功德林素斋馆宴请弘一法师,陪客有内山完造、叶圣陶、周予同、李石岑等。斋后谒印光大师于太平寺。9日,携弘一法师及另两三位朋友访内山书店。几天后,将引弘一法师著《四分律比丘戒相表记》30册送内山书店,请他分赠日本东京大学、西京大学以及大谷、龙谷、大正、东洋、高野山等大学图书馆收藏,使埋没了700余年的绝学南山律宗得以复兴。以后各方面常有索取的,内山完造合计分赠170余部。10月12日,鲁迅去开明书店回访章锡琛等。11月3日,散馆后,叶圣陶邀夏丏尊共赴陶乐春,与胡愈之、王伯祥、徐调孚、黎锦明、周予同、章雪村、赵景深、彭家煌、李石岑等10人饯黎烈文并为王统照接风。黎烈文将赴法游学,王统照由济南来沪。11月6日上午,邀鲁迅至华兴楼,为国立暨南大学"同级会"作讲演。陪同前往的有方光焘、谢循初。演讲内容主要是:1.谈广州的情况和对大革命失败的感慨;2.文艺创作的题材、方法问题;3.读书的方法问题。演讲结束后,夏丏尊带一班同学上市内一家饭馆,与鲁迅共进午餐。12日,原浙江一师学生叶天底被捕,夏丏尊闻讯后,写信给当年"一师"同事、后任教育部次长的刘大白,希望他出手救助。11月,国立暨南大学文学爱好者陈湘冰、陈希文、陈雪江、郑泗水等华侨同学,发起成立文学兴趣组织——秋野社,成员20余人。延请夏丏尊、顾仲彝、张凤、叶公超等教授参与指导;邀请鲁迅、徐志摩、郑振铎、曾朴等文学名家来校演讲。后创办文学月刊《秋野》,由学校出版课负责出版,开明书店发行。12月,与鲁迅、方光焘等合译的《芥川龙之介集》,由夏丏尊编辑,开明书店出版。其中收鲁迅译《罗生门》《鼻子》;方光焘译《袈裟与盛远》;夏丏尊译《中国游记》《南京的基督》《湖南的扇子》和《秋》等篇。是年,由于立达学园及立达学会的关系,与章克标相识。后因国立暨南大学在真如的复校而成为同事。再后来成为开明书店的同事。(以上参见葛晓燕、何家炜编著《夏丏尊年谱》,中国文史出版社2012年版)

叶圣陶任商务印书馆国文部编辑,主持文学研究会的日常工作。1月24日,叶圣陶和郑振铎一起,与《上海世界语学会》《学术研究会》等7个学术团体联名发表《上海学术团体为汉口事件宣言》,抗议英帝国主义的暴行,提出对于汉口事件的四项主张。同月,点注的《传习录》作为"学生国学丛书",由上海商务印书馆出版。2月16日,叶圣陶、郑振铎、胡愈之等人组织的"上海著作人公会"正式成立,丁晓先、叶圣陶、郑振铎、潘公展、胡愈之、周予同、钱江春为执行委员,傅彦长、蒋光赤、朱彦鹏、杨贤江、徐调孚为监察委员。叶圣陶起草《上海著作人公会缘起》和《取缔不良刊物之提议》。3月,上海工人举行第三次武装起义,闸北区战火弥漫,叶圣陶举家迁至上海西区天祥里暂居。其间,叶圣陶积极参加临时革命政权组织——上海市民代表会议的活动,并接受国民党苏州市党部的委派,与吴志党、丁晓先、沈炳魁、王伯祥、计硕民、胡墨林等7人组成接管委员会,接管苏州各学校。"四一二"大屠杀后,叶圣陶即由苏州返沪。

按:5月,据小报透露国民党要逮捕胡墨林。因仁余里二十八号曾是左派联络点,叶圣陶一家不便再回仁余里,遂搬至横浜路景云里十一号居住,直至"一·二八"事变爆发。居住景云里时,左邻十号是周建人,十一号半是沈雁冰、冯雪峰,后面是鲁迅的寓所。鲁迅原住景云里二十三号,十一个月后迁住景云里十七号。柔石来住鲁迅原寓。

叶圣陶5月因郑振铎于21日赴欧游学,遂代为主编《小说月报》,号召作家们"提起你的笔,来写这不寻常的时代里的生活"!9月,叶圣陶选注的《苏辛词》作为"学生国学丛书",由商务印书馆出版。10月初,叶圣陶、周予同、李石岑、内山完造、夏丏尊、丰子恺在功德林摆斋宴,欢迎弘一法师。宴后,拜访印光法师。14日,得知鲁迅到沪,即拜访,并在《小说月报》第11号发表茅盾的《鲁迅论》,以示欢迎。是年,王伯祥、周予同、叶绍钧、郑振铎编《中国文选》,全书约10大册。(以上参见商金林编《叶圣陶年谱》,江苏教育出版社1986年版)

孙伏园是年冬由武汉返回上海,与弟孙福熙共同在上海创办嘤嘤书屋。12月5日,孙伏园、孙福熙兄弟在上海创办综合性月刊《贡献》杂志,由上海嘤嘤书屋出版发行,孙伏园出任主编。撰稿人有汪精卫、于右任、林语堂、周建人、江绍原、许钦文、沈端先、冯雪峰、丰子恺、孙福熙、白丁、傅雷、曾仲鸣、陈醉云、查士骥、徐慰南、李励之、招勉之、赵铭彝、饴冰、九芝、开因等。其中傅雷的连载"法行通信"等文章颇受读者欢迎。

按:1929年3月出至第5卷第3期停刊。(参见吕晓英著《孙伏园评传》及附录《孙伏园年谱简编》,中国社会科学出版社2011年版;鲁迅博物馆、鲁迅研究室编《鲁迅年谱》,人民文学出版社1981年版)

周予同1月4日与叶圣陶、郑振铎、胡愈之、王伯祥、丁晓先、钱江春、李石岑、陶希圣、梅思平等人集会,商议创办上海著作人公会,推梅思平与陶希圣起草缘起及简章。8日,《上海著作人公会宣言》及《简章》讨论通过。11日,顾颉刚致书朴社同人,"规划一种较严整的办法",咨询意见,"以便修改社约"。2月16日,"上海著作人公会"正式成立,周予同与郑振铎、叶圣陶、丁晓先、钱江春、潘公展、胡愈之等人同时当选执行委员;匡互生有离开立达学园之意,参与挽留。3月21日,上海工人发动第三次武装起义。工人纠察队总指挥部即设于宝山路商务印书馆同人俱乐部。4月14日晚,胡愈之写成《就四一二惨案对国民党的抗议书》,刊于4月15日《商报》,文末落款为郑振铎、冯次行、章锡琛、胡愈之、周予同、吴觉农、李石岑同启。5月21日,郑振铎出国避难,到码头相送。8月21日,朴社同人集会,议决朴社本部仍迁回上海,另设书店由陈乃乾经理。9月,《孝与生殖器崇拜》发表于《一般》第3卷第1期。秋,与叶圣陶、李石岑、丰子恺等于功德林宴请弘一法师,并随之拜访印光法师。本年,上海大学因其中共色彩被当局封闭,周氏自言曾在此执教,当系兼课。与王伯祥、叶圣陶、郑振铎等曾筹划编纂《中国文选》,因郑振铎出国,未能完成。(参见成棣《周予同先生年谱》,《传统中国研究集刊》第20辑,上海社会科学院出版社2019年版)

李登辉继续任私立复旦大学校长。5月15日,复旦大学取消校长制,实行委员制,组成有学生参加的校务委员会,李登辉任主席。李权时、余楠秋、金通尹、陈望道等任委员。校务委员会至8月27日结束,其间共开会16次,通过招收女生等决议。7月31日,《申报》今日刊登刘大白为复旦实验中学事致李登辉的信。8月,在李登辉催促下,章益从美国学成归来,回母校筹备教育系。章益是李登辉最得意的学生,视作传人。20年代末至30年代,章益与孙寒冰、钱祖龄、温崇信担负起学校重任,成为李登辉得力的助手,称为复旦的"四大金刚"。9月1日,李登辉主持召开大学部教职员全体大会,讨论校务委员会取消后学校的行政制度。陈望道的提议获得赞同,大学行政设校董会、校长、行政院三级。校长为行政院当然院长。会议还通过由李权时提议的行政院院员构成:校长、七科主任(当时复旦设文科、商科、理工科、中国文学科、生物科学科、社会科学科、预科七科)、注册主任、会计主任、庶务主任、教职员代表3人,计14人。12月18日,李登辉出席薛仙舟追悼会。陈果夫、邵力子、王宠惠等200余人参加。会上决定筹备仙舟图书馆。28日,以中华国民拒毒会会长名义致函孙科部长,对调解国省禁烟纠纷提出建议。是年,李登辉著《文化英文读本》(The Culture English Readers)第一、二、三册在商务印书馆初版;《中国今日之重要因素》(Vital Factor in China's Problem:Readings in Current Literature)由商务印书馆出版。此书多次重版,至1934年4月已出至第六版。(参见钱益民《李登辉传》及附录四《李登辉年谱简编》,复旦大学出版社2005年版;《复旦大学百年志》编纂委员会编《复旦大学百年志(1905—2005)》,复旦大学出版社2005年版)

姜琦继续任暨南大学校长。6月,姜琦辞去校长职务,由郑洪年出任暨南校长,发表改组暨南大学计划大纲,组织秘书处,谢作舟为秘书长。8月,大学部举行教务会议,决定大学部完全采用学分制,并通过教务规程。女子部从南京迁往上海。9月,隆重举行国立暨南大学开学典礼,郑洪年正式就校长职,宣布暨南大学的教育方针。设立南洋文化教育事业部,与大学部、中学部鼎足而立。时设中国语文学系、外国语文学系、教育心理学系、数理学系、法律学系、政治学系六个学系,均招收学生。生物学系、历史社会学系、中国画系三个学系先行筹备。商科大学改为商学院,原系科改为工商管理、银行、国际贸易、会计以及普通商业五个学系,每系四个年级俱全。另筹备设立水路运输科。(参见张晓辉、夏泉主编《暨南大学史(1906—2016)》,暨南大学出版社2016年版)

曹聚仁任暨南大学教授兼中学部主任,住真如杨家桥。北伐军到南昌,震动东南。五省联军统帅陈传芳下令暨大停课,并驱赶学生。曹聚仁只得移住新闸路金家巷。上海大罢市前夕,又搬回真如。夏,看到大革命失败,于极度失望之余,去杭州浙江图书馆,在"文澜阁"整理《四库全书》,以图远离政治。前后约半年。终觉故书堆不是年轻人久呆之地,于年底返沪。其间回家乡住过一段时间。12月21日,鲁迅至暨南大学讲演,题为《文艺与政治的歧途》,曹聚仁做记录,刊于1928年1月29日、30日《新闻报》副刊《学海》第182、183期,此乃曹与鲁交往的开始。(参见曹雷编订《曹聚仁年谱》,《曹聚仁先生纪念集》2000年)

吕思勉4月撰《致光华大学行政会书》,后又于民国十七年及抗日战争胜利后,二次上书光华大学。从此三书中,颇可见其对抗战的预见和抗敌的决心及其兴办学校应与社会改革相结合的思想。7月,吕思勉《字例略说》由上海商务印书馆初版发行,后又收入商务印书馆"国学小丛书"。是年《光华周报》第1卷第3期,刊有光华大学社会学会学生上年进行的一项校园调查报告。调查问卷的题目之一:你最赞成本校的哪位教授? 吕思勉排名第八位。(参见李永圻、张耕华编撰《吕思勉先生年谱长编》,上海古籍出版社2012年版)

沈钧儒1月7日离开上海。8日,抵达宁波,随后即参加在宁波商业学校召开的浙江省临时政治会议及省政务委员会成立会。2月,国民革命军攻克杭州后,筹备成立浙江省政府。3月1日,浙江省省长公署设立政治委员会,由蔡元培任主席,并与沈钧儒和褚辅成等主持其事。以后全省政务均由该委员会执行。2日,浙江省临时政府政务委员蔡元培、马叙伦到达杭州,与沈钧儒及褚辅成等委员会商正式成立政务委员会。21日,上海《申报》载:浙江省临时政府业已成立,公开行使职权。沈钧儒担任省政务委员会秘书长。月底,张静江奉蒋介石旨意抵杭,与右派策划反共。4月14日,沈钧儒与褚辅成被捕。曾是蒋介石老师、时任浙江省行政委员庄崧甫以及魏炯、蔡元培、宋庆龄等极力营救。21日晚11时,沈钧儒被押送至南京。22日晨,见蒋介石后,恢复自由,沈钧儒与褚辅成此番获释。5月2日,沈钧儒乘专车由宁抵沪。夏,上海法科大学将举行毕业典礼,校方拟请一位法律界前辈讲话。应届毕业生史良等仰慕沈钧儒学识渊博,德高望重,倡导民主政治,要求校方邀请。沈钧儒欣然接受,到会讲话,鼓励学生踏入社会后,要为祖国争独立,为民众争自由,为社会做一番有益事业。10月14日,上海法科大学副校长潘大道被暗杀,校长董康遂即辞职。校董会改推褚辅成为校长,沈钧儒为教务长。(参见沈谱、沈人骅编《沈钧儒年谱》,中国文史出版社1990年版)

闻一多2月到武昌,应邓演达邀约加入国民革命军北伐军总政治部,任艺术股股长。一个月后辞职,仍回上海国立政治大学。4月,北伐军入上海后,下令封闭国家主义派之据点吴淞国立政治大学。闻一多再度赋闲,栖身潘光旦家中。当时,潘光旦等朋友在《时事新报》任副刊编辑,闻一多作些诗文,以酬朋友之约。5月9日与饶孟侃合译的诗《我要回海上去》(John Mansfield作)发表于上海《时事新报·学灯》。同月,痰中出血丝,遂接受朋友劝说,与潘光旦游杭州以宽心。闻一多返沪后,同人起议筹办新月书店,虽为其中一员,但并不积极。当时,梁实秋、余上沅、张嘉铸、潘光旦、饶孟侃、刘英士等友人都在一起,他们对闻一多的印象是"总是栖栖皇皇不可终日"。以闲居无事,操刀为友人治印,曾为梁实秋刻闲章,文曰"谈言微中"。又为潘光旦刻藏书章,为阴文"抱残守阙斋藏"。还为余上沅、刘英士等人治印。7月1日,新月书店在上海华龙路正式开张,总发行所初在望平街,次年迁至四马路中市95号,编辑所设在麦赛尔蒂罗路159号。董事长为5月底自美国刚刚回国的胡适,经理兼编辑主任为余上沅,闻一多与徐志摩、梁实秋、张嘉铸、潘光旦、饶孟侃、丁西林、叶公超、刘英士、胡适、余上沅等11人为董事。

> 按:另有罗隆基于1928年夏回国后加入,邵洵美于1931年5月亦加入。新月书店实际上是个同人合办的书店,它最早出版的一批书,多数为一般朋友们著译的。开张之前,闻一多特为开幕纪念册绘制封面,"画着一个女人骑在新月上看书,虽然只是弯弯曲曲的几笔线条,而诗趣横生"。

闻一多所撰《诗经的性欲观》7月14日开始发表于《时事新报·学灯》,至21日续完。此为闻一多最早运用文化人类学方法撰写的学术论文,力图还原《诗经》的本来面目。其中主要观点与传统的经学家大不相同,具有前沿性与先锋性,所以当时并未引起人们重视,以致《全集》中亦未收入该文。但是闻一多研究古代文化,其认识与本文有相当联系。(以上参见闻黎明、侯菊坤《闻一多年谱长编》(增订版),上海交通大学2014年版)

梁实秋在上海主编《时事新报》副刊,2月11日与程季淑在北京举行婚礼。随后携新妇回到南京东南大学。后避乱赴上海,在光华、中国公学两处任教。6月,所著《浪漫的与古典的》在新月书店出版。该书收入梁在哈佛大学研究院所写成的9篇论文,反映了他的古典主义文学观,闻一多为绘制封面。5—8月,在《时事新报》编辑副刊《青光》,以"秋郎"笔名发表千字小品。10月,部分结集成《骂人的艺术》,由新月书店出版。11月,在《复旦旬刊》发表《卢梭论女子教育》,引起鲁迅、郁达夫等人的反击,由此揭开双方论争的序幕。(参见万直纯《梁实秋年谱》,《阜阳教育学院学报》1994年第3、4期;闻黎明、侯菊坤《闻一多年谱长编》[增订版],上海交通大学2014年版)

杨杏佛1月1日为《中南晚报》新年增刊写《思想的惰性》一文,批判思想界顽固守旧积习,宣传孙中山联俄联共政策。上旬,北伐军攻入浙江,杨杏佛与吴稚晖等人认为上海是北伐军必争之地,应立即设法夺取。他们主动与中共上海区委联系,要求和工人纠察队采取一致行动,迎接北伐军。3月5日,周恩来到上海召集中共特别军委会议,部署第三次工人武装起义。会议提名杨杏佛为上海市民大会15人主席团成员。12日，孙中山逝世二周年之际，杨杏佛写就《回记》一文，号召一切孙先生的信徒和国民革命军将士，"大家团结努力，本着孙先生的遗嘱，打到北京，扫灭国内一切军阀和帝国主义的势力，然后方有面目去接孙先生的灵柩，方不愧继承孙先生遗志的信徒，方是纪念孙先生逝世的真义"。21日，上海工人第三次武装起义爆发。22日下午6时，起义全面胜利。中国共产党在巴黎创办的《救国时报》曾以《上海起义的中心人物》为题，整版介绍周恩来、罗亦农、赵世炎、汪寿华、杨杏佛5人的事迹和照片，指出："上海起义为国共合作所造成的伟大胜利，杨杏佛先生在当时协调国共关系上，尽了很大努力，实为有功于上海起义之人物。""这样效忠于民族解放的事业，效忠于孙中山先生的遗教，不畏强暴，不畏牺牲的精神，真可谓一切民族革命者的楷模。"同日，杨杏佛主持国民党上海特别市党部行动委员会会议，会上推举杨杏佛等8人组成临时联席会议，作为党务政务临时最高机关。22日，上海第二次市民代表会议选举杨杏佛为上海市政府委员。同日，武汉国民党中央政治委员会任命杨杏佛等7人为国民党上海政治分会委员。23日，上海市临时政府迁入蓬莱路上海县署办公，杨杏佛主持当天执委会会议，并与钮永建、白崇禧、王晓籁、汪寿华一同当选为常务执委。会议决定由杨杏佛负责铁路局等机关的接收工作。

　　杨杏佛3月26日出席中国济难会在中山葬事筹备处召开的会议，会上组成以杨杏佛为首的济难会募捐委员会，会后在报上刊登募捐启事，组织为"五卅"以来屡次革命运动中死伤入狱者、响应北伐军中遇难者募捐。27日，上海市民30万人在西门体育场补行孙中山逝世二周年纪念大会，同时欢迎北伐军抵沪。杨杏佛代表国民党上海政治分会讲话。"四一二"反革命政变后，大批与国民党携手合作的共产党员被血腥屠杀，积极支持国共合作的杨杏佛也受到迫害。蒋介石派陈果夫、陈立夫到上海主持党政，散布杨杏佛是共产党员的传闻，罢免其上海市党部执委之职。国民党右派还指使上海警备司令杨虎趁杨杏佛去龙华联系工作时加以扣押，准备与被捕的共产党员一起枪决。后巧遇去找白崇禧接洽工作的邻居郭泰祺，经向杨虎交涉才得脱险。（以上参见许为民《杨杏佛年谱》，《中国科技史料》1991年第2期）

　　曾琦仍任青年党中央执行委员会委员长。7月初，蒋介石先后派陈布雷、黄郛向曾琦提出两党合作的建议，但是这种合作不是两党的对等合作，而是要吞并中国青年党，要求中国青年党自行解散后加入国民党，以适应其"党外无党"的一党专政政治体制，为曾琦所拒绝。7月15日，中国青年党在上海召开了第二次全国代表大会，确立了"在夹攻中继续奋斗，一面反共，一面反党治"的方针，这必然遭到国民党的忌恨，于是蒋介石以曾琦是共产党人为由，下令逮捕。8月30日，曾琦居住在上海法租界，被法国巡捕逮捕。由于法巡捕认为他是反共积极分子，拒绝把他引渡给国民党当局。后经保释去日本，其执行委员长一职由李璜代理。之后先后流亡香港、北平、天津、东北等地，所到之处隐姓埋名，其活动也处于秘密状态。由于得不到国民党的承认，曾琦在反共的同时，也进行反对国民党一党专制的活动。（康之国《曾琦国家主义思想研究》及附录一《曾琦传记》，知识产权出版社2007年版）

　　常乃惪（德）为专力党务，辞去爱国中学校长职位，供职于中青总部，主办《醒狮周报》，对于文化思想之领导工作，最为积极。1月，其同学靳宗岳创《新国家》杂志于北京，也标举国家主义，常乃惪发表文章论述国家主义与非国家主义的区别，意图统一国家主义阵营。同月，常乃惪在《新国家》杂志第1卷第2号发表《国家主义与非国家主义之区别安在？》；在

《新国家》杂志第1卷第9号发表《欧战后世界各民族之国家主义运动》；又在《学园》上发表拥护《狂飙》周刊的文章，引起鲁迅不满。鲁迅于年底在《语丝》上撰文，反讽常乃惪的党人气味。3月19日，常乃惪在《醒狮周报》第126期发表《时局将来之推移与吾人之责任》。5月21日，在《醒狮周报》第134期发表《吾人所希望于实行清党以后之国民党》《国家主义小史》《国家主义之再生》《文艺复兴与各国民族之觉醒》。7月，中国青年党（中国国家主义青年团）在上海召开第二届全国代表大会，会后发布常乃惪起草的对时局宣言。10月11日，常乃惪在《醒狮周报》第151期发表《国民党之统一与分裂》。11月5日，在《醒狮周报》第161期发表《吾人对于自由之意见》。12月17日，在《醒狮周报》第167期发表《勘定"红乱"的方略和国家主义者的当前责任》。是年，常乃惪发表于《醒狮周报》尚有：《拿破仑与西班牙德意志之国家主义运动》《法兰西大革命前后之国家主义运动》《神圣同盟与国家主义运动》（第136期），《拿破仑与少年意大利运动》《神圣同盟与少年意大利运动》（第137期），《黄色民族的国家主义运动》《十九世纪以来国家主义运动在学理上之发展》《国家主义对反对国家主义之大抗争》（第138期），《欧战后世界民族之国家主义运动》《中国之国家主义运动》（第139期），《十六年国庆之中国时局》（第152期至第157期合刊第三周年纪念号），《杨杏佛与东南大学》（第162期），《国民党之所以自赎于国民者》（第165期）等。又撰《〈周易〉中之社会哲学》，刊于《社会学界》第1卷；《世界国家主义运动史》《三民主义评论》，刊于《新国家》杂志等；《柳子厚评传》，刊于上海《中央日报》。(参见查晓英编《中国近代思想家文库·常乃惪卷》，中国人民大学出版社2014年版；顾友谷著《常乃惪学术思想述评》，云南大学出版社2013年版)

张申府1月25日在《所思》发表《纯客观法》，提出"我所谓'纯客观法'的，已可以把屡屡拉杂想及的拿一句话程式（formulate）出来。就是：'纯客观法'：跳出主客，主亦为客，是为纯客。纯客所证，厥为事情。"4月3日，在《上游》中央副刊星期日特别号发表《革命文化是什么》，明确提出"革命文化"这一重要概念，认为"革命文化就是适于革命的文化，就是适于推翻旧政，建设新鲜的文化"。这种文化应有四种特性：第一，应是动的，应是向前的；第二，这种文化应是客观的；第三，革命的文化必是民众的；第四，革命文化还是世界的。总之，"革命文化既非中国旧文化，也非近来流传的所谓新文化。可说乃是一种第三文化""革命文化，就是世界民众直接创造的客观化。更简单以名之，也可就叫作'民化'。鼓吹这种文化，显扬这种文化，建设这种文化，也可就说是民化运动。由这种文化，使大家贯彻革命的事实，使大家合于革命的习惯，使大家晓得在新建设的社会里怎么样子反应，也可就说是民化教育"。是年，将奥地利哲学家维特根斯坦（Ludwig Wittgenstein，1889—1951）的《逻辑哲学论》译成中文，题为《名理论》，发表在《哲学评论》第1卷第5期，次年第1卷第6期连载。此为该书英、德文对照本出版后的第一个其他文字译本。(参见雷颐编《中国近代思想家文库·张申府卷》及附录《张申府年谱简编》，中国人民大学出版社2015年版；郭一曲《现代中国新文化的探索——张申府思想研究》，广东人民出版社2002年版)

杜亚泉2月在《一般》杂志第2卷第2号发表《对于李石岑先生演讲"旧伦理观与新伦理观"的疑义和感谢》，就李石岑《旧伦理观与新伦理观》一文辩论新旧伦理问题，对其割裂新旧伦理的观点进行质诘。11月，又在《一般》杂志第3卷第3号发表《关于情与理的辩论》，对朱光潜《谈情与理》一文尊情抑理的非理性主义观点予以批评，主张以理智指导情感，实现理智与情感的辩证统一。(参见陈镱文、亢小玉、姚远《杜亚泉先生年谱(1912—1933)》，《西北大学学报》(自然科学版)2008年第6期；周月峰编《中国近代思想家文库·杜亚泉卷》，中国人民大学出版社2014年版)

张尔田10月2日在《国学专刊》第1卷第4期"通讯"栏刊载与叶长青的来往书信：《张孟劬先生与叶长青社长书》《张孟劬先生复叶长青社长书》及《叶长青社长复张孟劬先生书》。张尔田接到叶长青等所办《国学专刊》，既赞赏其"取材丰备，固不限一族"，又不苟同其"总其大较，要以考据为归"的主张，希望"贵刊既以国学揭橥天下矣，由此驯而进焉，蕲以践乎其实，姬公孔父之道，吾国学一线之曙光，将惟公等是赖"。

按：张尔田对以考据为学术的倾向表示异议，《张孟劬先生与叶长青社长书》曰："以为考据者所以为学之具，而未可即以此为学也。原夫考据之起也，盖以去圣久远，学者无所更索，不得不假此以邮之耳。宗邦文化，开明于周公，而大备于孔子，姬公孔父之书，乃其根柢。考据之所蕲，蕲以明此而已。三百年儒者，则古昔称先王，率崇尚考据家言。然而恒干未亡，故为可贵。末流驰逐，便辞巧说。至今日又几几有违离道本之惧矣。若不揣其本而齐其末，则今之所谓考据者，正可谓之骨董学，不得以冒吾国学……考据学之创始，厥维顾亭林，而亭林所志，乃在法古涤污，变夷用夏。下逮戴东原，尤今人所称能以科学方法治考据者，而其言曰：六书九数如轿夫然，所以升轿中人也。以六书九数等事尽我，是犹误认轿夫为轿中人也。"又《张孟劬先生复叶长青社长书》曰："三百年考据学末流，至今日已渐离其本质，扶瑕摘衅，名为整理，乱乃滋甚。夫不能揽其弘体，而但指发纤微，即施嫱且无完美，况乎竹帛余文，其为雷同者所排，固其宜矣。輓世学人，若孙籀廎年丈暨吾友王君静安，其为学皆有其得力处，皆非毁圣无法者，不容破坏纤儿，得以藉口。"（参见孙文阁、张笑天编《中国近代思想家文库·张尔田、柳诒徵卷》及附录《张尔田年谱简编》，中国人民大学出版社2015年版；王学典《20世纪史学编年（1900—1949）》，商务印书馆2014年版）

潘光旦5月1日起担任《时事新报·学灯》编辑，至1928年3月31日。后将任职期间写作的专栏短文辑为《读书问题》一书（新月书店1930年出版），还曾在该刊上发起中国家庭问题调查，后将调查结果和分析报告辑为《中国之家庭问题》一书（新月书店1928年出版）。9月，在早年《冯小青考》一文的基础上加以扩充修订而成《小青的分析》一书，由新月书店出版，分为"小青事考"和"小青之分析"两部分。初版时《新月》月刊曾介绍说："罗素说，中国历史里没有精神分析的材料。潘光旦先生的发现不仅证实了罗素的武断，并且发明了全世界绝无仅有的——除非在希腊神话里——一段精神分析的公案""《小青的分析》不仅是一个性学的贡献，并且可以当一本可歌可泣的小说读"。此为我国第一部将弗洛伊德学说应用于文学评论与人物传记中的学术专著。

按：该书分为"小青事考"和"小青之分析"两部分，潘光旦在此书中不仅以大量材料证明了冯小青确有其人，而且用蔼理士性心理学和弗洛伊德精神分析学对冯小青的心理进行了分析，通过冯小青个案揭示了在制度和社会压迫下的中国古代知识女性患忧郁症或其他心理疾病的历史现象。该文是潘光旦踏上学术道路的起点，不仅开辟女性人类学的新天地，也可视为是心理史学的勇敢尝试。该书最初以《冯小青考》刊登在《妇女杂志》(1925)，由闻一多配图，1929年8月订正再版并取名《冯小青：一件影恋之研究》。（参见吕文浩编《中国近代思想家文库·潘光旦卷》及附录《潘光旦年谱简编》，中国人民大学出版社2015年版；耿云志《胡适年谱》，四川人民出版社1989年版；王学典《20世纪史学编年（1900—1949）》，商务印书馆2014年版；王锡荣《左联与左翼文学运动》及附录《左翼十年文学大事记》，上海人民出版社2016年版）

丁文江1月5日在上海出院回寓。2月26日，《时事新报》报道，丁文江"赴中华教育基金委员会，昨日抵京，寓东安饭店"。4月20日，为了庆祝周口店发现一颗人的牙齿化石和欢送安特生，丁文江特意在北京崇文门内德国饭店举行宴会，出席者有斯文·赫定、葛利普、翁文灏等人。6月9日，丁文江复函胡适、徐新六，谈自己从政半年多的感受、将来的打算以及庚子赔款委员会的事。29日，丁文江在天津裕中饭店出席中基会第三次年会，通过黄炎培、丁文江、韦洛贝之辞职，选举蔡元培、胡适、司徒雷登为继任董事。7月7日，丁文江作成《重印〈徐霞客游记〉及新著〈年谱〉序》。13日,丁文江致函已在大连的黄炎培,请黄代为在此地租屋。8月1日,丁文江夫妇抵大连。11月5日,丁文江致函张元济,对其遭绑架后脱险表示慰问。22日,丁文江复函张元济,对张元济安然脱险表示安慰。(参见宋广播编《中国近代思想家文库·丁文江卷》及附录《丁文江年谱简编》,中国人民大学出版社2015年版)

任鸿隽1月3日致信胡适,说他看到了英庚款咨询委员会的会议报告,"觉得很可满意。他比日本庚款的办法高明多了",认为"此次你们委员会最重要的工作,第一是决定款子的用途,第二是董事会的组织。董事会组织最重要的一点是完全由中国政府任命。这一层是对原提案的一个大修正"。9月3—7日,科学社在上海召开第十二次年会。4日,为6月12日在故乡江苏无锡农村游泳时不幸遇难的胡明复举行胡明复追悼会,任鸿隽发表讲话,将胡明复比作牛顿和法国算学家拉勃拉斯一样伟大。后以《悼胡明复》为题发表在1928年6月的《科学》第13卷第6期上,本期为胡明复的纪念专号,同时发表胡适、马相伯、严济慈、李俨等人的哀悼文章,以及胡明复的遗稿《有周界条件之一次积微分方程式》。(参见樊洪业、潘涛、王忠勇编《中国近代思想家文库·任鸿隽卷》及附录《任鸿隽年谱简编》,中国人民大学出版社2015年版;耿云志《胡适年谱》,四川人民出版社1989年版)

谢无量年初继续任东南大学历史系主任。任期不及一年,因学潮被迫离开学校。9月受上海中国公学之聘,任教授兼文学院院长,主讲"西方文化发展""世界革命风潮"及"中国古代政治思想"等课程。(参见刘长荣、何兴明编《谢无量年谱》,《文教资料》2001年第3期;彭华《谢无量年谱》,《儒藏论坛》第三辑,四川大学出版社2009年版)

陆侃如毕业于清华大学研究院,获文学硕士学位,毕业论文为《古代诗史》。陆侃如《古代诗史·自序》中说:"个个人都诅咒中国无好文学史,个个人都希望中国有好文学史,然而没有一个肯自己动手做一部文学史。在这种情形之下,我忍不住要来尝试一尝试。然而中国文学史的材料异常丰富,像我这样一个年轻学浅的人,自然不能一蹴就成。所以我现在先做《诗史》,做成后再扩充做全部文学史。"秋,在上海中国公学任教授,并在复旦大学、暨南大学兼职。是年,陆侃如应友人卫聚贤之要求,帮其翻译高本汉所著的《论左传的真伪及其性质》,由上海新月书店以单行本出版。胡适为此撰写了《〈左传真伪考〉的提要与批评》的长序,卫聚贤也作了一篇跋。陆侃如《〈左传真伪考〉及其他·译序》称此书出版后"在中国史学界曾发生很大的影响"。

　　按:高本汉著、陆侃如译《左传真伪考》出版后,高本汉便不断寄新作给陆侃如、卫聚贤二人。至1935年夏,陆侃如整理这篇旧稿,并加上新翻译的《中国古书的真伪》《书经中的代名词"厥"字》两篇译文,合成一册,以《〈左传真伪考〉及其他》为名,于1936年由上海商务印书馆出版。此书2015年被收入"近代海外汉学名著丛刊",由山西人民出版社重新出版。(参见鄢嫣《陆侃如的翻译活动》,《中国社会科学报》2019年9月9日)

张元济1月1日晨携全家赴苏州,参加东吴大学25周年纪念活动暨荣誉学位授予典礼。上午,各地同学联席会,通过会章,公推张一麐为会长。下午,庆祝典礼。文乃史校长报告东吴略史,张一麐及上海圣约翰大学校长卜舫济演说。赠荣誉学位:张一麐、马寅初得法学博士学位,张元济、赵紫宸得文学博士学位。3日,跋宋刊本《纂图互注荀子》。13日,跋宋刊本《纂图互注南华真经》。2月12日,罗家伦致书张元济,并赠其撰《科学与玄学》一册。19日,上海发生总罢工,商务印书馆职工全部参加。张元济主持商务董事会第322次会议,讨论总罢工事。3月21日,上海工人第三次武装起义开始。商务印书馆工人纠察队400余人参加战斗。4月7日,访黄炎培,与商甲子社事。5月1日,张元济、吴麟书、高凤池、夏鹏、丁榕、鲍咸昌、李拔可、叶景葵、杨端六、王云五、盛同孙、高梦旦、庄俞等13人当选为上海商务印书馆新一届董事。周辛伯、陈少周、秦印绅3人当选为监察人。

张元济校勘历时约十年《夷坚志》排印本6月由商务印书馆出版,为撰《〈夷坚志〉校例》。7月,撰明嘉靖本《元氏长庆集》校文。同月,胡适定居上海,住极司非而路49号,与张元济寓所一街相隔,衡宇相望,时相过从。9月2日,复蔡元培书,答复中央研究院拟购商务版图书事。10月17日晚,一伙持枪绑匪闯入寓所,将张元济劫持而去。23日,张元济以1万元"赎票",返回寓所。11月1日,访宗舜年,商谈借印瞿氏铁琴铜剑楼藏书事。次日,致宗舜年书,并拟具向瞿氏借印善本藏书合约稿。11日,偕商务同仁访瞿启甲。14日,《商务印书馆向常熟瞿氏铁琴铜剑楼租印善本书合同》签字。12月,张元济致书在英国伦敦游学的郑振铎,并附寄《盗窟十诗》。(以上参见张人凤、柳和城编著《张元济年谱长编》,上海交通大学出版社2011年版)

何炳松仍就职于商务印书馆。"四一二"后,商务印书馆同仁郑振铎、胡愈之等人写公开信表示强烈抗议。当局极为震怒,郑振铎等处境危险。经何炳松极力疏通,此事终于消释。同月,"醒狮社丛书"出版,内收何炳松《现代西洋国家主义运动史略》一文。7月,所著《历史研究法》由商务印书馆出版,作者自序云:"著者之作是书,意在介绍西洋之史法。"10月,在《民铎》杂志第9卷第2期发表《"五"的哲学与中国文化》(上),原拟续作,但未见刊出。(参见房鑫亮《忠信笃敬:何炳松传》,浙江人民出版社2006年版)

舒新城2月在《教育杂志》第19卷第2号发表《中国幼稚教育小史》。4月1日,舒新城与中华书局总经理陆费逵通电话10余次,商议为小学国语教材增加材料事宜。同日下午,论及《辞海》编纂。是年,舒新城所著《梦》由上海中华书局刊行;所著《教育通论》由上海中华书局刊行,书中论述教育的意义、学校、学制、学生、教师、课程、教学、训育等问题;所著《收回教育权运动》列入《教育丛书》,由上海中华书局刊行;所著《近代中国留学史》(教育丛书)由上海中华书局刊行。是书包括留学创议、留美初期、欧洲留学之始、日本留学之始、西洋留学之再兴、留日极盛期等15章,书末附《六十年留学大事记》。此为第一部梳理中国近代留学史的专著,出版后在学界产生重要影响。又在《新教育评论》第3卷第6、9期连载《中国新教育史料凡例及目次》;在《新教育评论》第4卷第7期发表舒新城《中国新教育背景》;在《新教育评论》第4卷第9—11期连载《近代中国教育小史》(参见《舒新城日记》,上海辞书出版社2013年版)

张竞生下半年到达上海,先担任上海开明书店总编辑,后于上海福州路510号创办"美的书店",谢蕴如任经理,张竞生任总编辑。鉴于《性史》第一集之所以遭到非难与责备是由于小说式的体裁引起误解和误会,决定向出版家退去第二集的预支稿酬,追回《性史》第二集的稿件,暂不再出版《性史》征文稿件,改为正面介绍英国文豪葛理斯的性心理丛书的方式在中国开展性教育,打破性盲目和性神秘,同时附出《新文化》月刊。书店开张,门庭若市,在一年之间出书数十种,门市卖出了几十万册,内容都是葛理斯的各种性问题。但美的书店只一年多即被扼杀,原因有二:其一,书商文痞互相勾结,瞒着张竞生大肆翻印他的《性史》第一集,同时以他的名义,在市场上抛出各种《性史》续集,内容淫秽不堪,而大淫棍的罪名却由张竞生来承受,恶书商因而发财。张竞生却因之名声扫地,成为众矢之的。其二是书店老板和上海巡警勾结,多次查封美的书店,既没收书本,又罚巨款,书店只好关门。张竞生本人也遭受了双重打击:一是家庭因而破裂,《性史》事件之后,留法的妻子褚松雪经受不了社会的重压,提出与张竞生分手。张竞生终于经受了这一考验,并进一步修正他的"爱情定则"理论,把爱情的条件和变化区分为进化和退化的两类。其二,张竞生应邀到杭州讲学,更被当局以性宣传罪名拘留,后经张继保释。(参见张枫《张竞生博士年表及其性学术思想》,《韩山师专学报(社会科学版)》1992年第1期)

许啸天编《国故学讨论集》(全3册)由上海群学社刊行。编者认为只有"得了门径,才可以进而讨论学术",编辑此书的目的就是要探讨"国故学里有些什么门径"。全书共收入62篇文章,包括梁启超《治国学的两条大路》、胡适《再谈谈整理国故》、吴文祺《重新估定国学之价值》等重要文章,并依文章的阐述内容分门别类归辑于"通论""学的讨论""书的讨论""人的讨论"四类。从先秦六经到诸子百家,从治学方法到思想研究,内涵丰富,涉及广泛,为此前学界有关国故、国故学讨论重要成果的汇编。

王子澄在上海创办光明书局,曾出版《中国新文学运动资料》《中国文学史大纲》《青年创作辞典》《民族解放丛书》《少年文艺丛书》等,刊行《文学界》《知识》等杂志。

李剑农离开湖南,重返上海,担任太平洋书店编辑主任,编辑工作之余,从事戊戌以来中国政治史的研究。

赵景深任开明书店编辑,并主编《文学周报》。

谭正璧在中共上海青浦县委书记夏采曦的领导下,团结进步青年,组织"淞社",任主席,主编半月刊《怒潮》,三期后改名《黄花》,月出1期。

柯柏年因大革命失败后转辗到上海,从此改名柯柏年。任江苏省委上海闸北区第三街道支部书记。参加社联,任党组成员。

章乃器11月在上海创办《新评论》半月刊。抨击国民党新军阀对内屠杀、对日妥协的政策。

成绍宗、邱韵铎等3月创办《新消息》周刊。

陈伯吹的第一部中篇小说《学校生活记》由商务印书馆出版,从此开始文学创作活动。

顾实12月创办中华国学社于上海,以"继承尧、舜、禹、汤、文、武、周公、孔子之传统一贯之精神,研究三民主义为中心思想之国学"为宗旨。

朱穰丞、朱端钧发起的话剧团体辛酉剧社在上海成立。剧社着重研讨表演技巧。1929年12月创刊《戏剧与园地》半月刊。1930年加入左翼剧团联盟。(参见章恒忠、王亚夫主编《中国学术界大事记(1919—1985)》,上海社会科学院出版社1988年版)

周信芳参加田汉主持的南国社,形成集京剧老生行艺术之大成的"麒派"艺术。

肖友梅创办的国立音乐学院在上海正式成立,此为我国第一所规模较大、制度较健全的专业音乐教育机构。肖友梅任校长,由美国归来的黄自任教务长,教授作曲理论。

按:1929年改名为上海国立音乐专科学校。(参见章恒忠、王亚夫主编《中国学术界大事记(1919—1985)》,上海社会科学院出版社1988年版)

秦伯未与王一仁、章次公、王慎轩、严苍山等创办上海中国医学院,任教务长、院长,教授《内经》及内科。

朱经农任上海市教育局长、国民政府大学院普教处长。

叶公超任暨南大学外国文学系主任、图书馆馆长。参与创办新月书店。

黄建中任国立暨南大学教务长。

张资平任上海暨南大学文学教授。

刘赜任上海暨南大学中文系教授。

施蛰存在"四一二"政变后,离开震旦大学,归隐松江。随后戴望舒和杜衡也来避难,三人一起翻译外国文学作品。施蛰存秋季任松江联合中学语文教师,戴望舒曾去北平两个月,其间结识冯雪峰、沈从文、胡也频、魏金枝、冯至等,自京返回后,仍居松江施蛰存处。

江小鹣、张石泳、张伯展、朱屺瞻、潘天良等发起成立上海艺苑研究所,吴湖帆、张善孖、张大千、王师子、王一亭、汪亚尘、李秋君、徐悲鸿、蒋兆和、谢公展、颜文梁、潘天寿等为会员。

徐悲鸿回国,先后任上海南国艺术学院美术系主任、中央大学艺术系教授、北京大学艺术学院院长。

萧友梅与蔡元培等人在上海创办中国第一所专业音乐学院——上海国立音乐院,任教务主任,蔡元培任院长。

黎锦晖2月在上海创办中华歌舞专门学校,是中国近现代音乐史上最早的一所专门训练歌舞人才的学校,自任校长。

王蘧常去上海,先后执教于光华大学附属中学高中部、大夏大学预科、复旦大学中国文学系。

俞剑华任上海爱国女子学校国文教员。

董康主持上海法学院并任开业律师。

秦翰才受黄伯樵之聘,任上海市公用局秘书科长,后转为"两路局"(京沪、沪杭甬铁路管理局)秘书,主办文书档案管理。

吴经熊任上海特区法院法官,并兼任东吴大学法学院院长。

周谷城因参加大革命来到上海,生活碰到困难,得到周予同的帮助。

周瘦鹃12月18日晚应田汉之邀,与欧阳予倩、周信芳等人观看田汉编剧并参加演出的《名优之死》。12月20日在《申报·自由谈》中推荐刘海粟画展,撰写《海粟画展之一瞥》。

白蕉应上海鸿英图书馆董事长黄炎培之邀,到图书馆任《人文月刊》编辑。

史良于上海法政大学毕业后,任南京政工人员养成所指导员。九·一八事变后,发起组织上海妇女界救国会,担任理事。

杨兆龙在上海东吴大学法学院毕业,获法学学士学位。

谢冰莹因武汉中央军事政治学校女生队解散,先后入上海艺大、北平女师大学习。

陈白尘考入上海艺术大学。邀同学赵铭彝、陈明中、陈凝秋、左明、萧崇素等恢复萍社活动,出版铅印本刊物《萍》第一期,由陈征鸿化名陈幻尘主编,由新月书店代售。

傅雷秋后以同等学力考入上海持志大学读一年级。

李叔同至上海,居江湾丰子恺家。主持丰子恺皈依三宝仪式。其间,与丰子恺共同商定编《护生画集》计划。是年春,丰子恺等编《中文名歌五十曲》出版,内收李叔同在俗时歌曲13首。

吴耀宗5月毕业于哥伦比亚大学,获得哲学硕士学位。硕士毕业论文题目是《威廉·詹姆斯的宗教信仰的教义》(William James's Doctrine of Religious Belief)。8月11日,与妻子杨素兰一起回国。9月10日,抵达上海。10月,到上海任中华基督教青年会全国协会校会部主任干事、青年协会书局总编。撰写《我所认识的耶稣》等文章。(参见赵晓阳编《中国近代思想家文库·吴耀宗卷》及附录《吴耀宗年谱简编》,中国人民大学出版社2015年版)

诚静怡任成立于上海的中华基督教会全国总会第一任会长。

傅斯年是年春任中山大学教授,兼文科主任(文学院院长)及历史、中文两系主任,去函邀请顾颉刚至中山大学创办中国东方语言历史科学研究所。夏,傅斯年作《"清党"中之"五卅"》一文刊于《政治训育》1927年第14期;《我对于日本出兵山东的感想》一文刊于《政治训育》1927年第15期。8月,傅斯年、顾颉刚等筹办中山大学语言历史学研究所。傅斯年正式就职语史所筹备委员会主任,开始筹备工作,于"聘定教授,设置各研究组,招收研究生,成立各研究会,发行定期刊物及丛书等五个方面进行"。11月1日,《国立中山大学语言历史学研究所周刊》创刊,刊载内容以语言学和历史学的学术论文为主,包括各地方言、风俗、古物的实地调查,兼有刊载近期学术界消息和学术通讯,为语言和历史研究者们提供了学术争鸣、相互切磋的平台。主要撰稿人为时任中山大学语言历史所的教授。该刊创刊号刊载胡适《读左传之可信及其性质》、余永梁《誓的时代考》、薛澄清《郑成功历史研究的开端》等文。

按:陈春声《走向历史现场》说:"傅斯年等先生20世纪20年代在这里创办语言历史研究所,就倡导历史学、语言学与民俗学和人类学相结合的研究风格,并在研究所中设立人类学组,培养研究生,开展民族学与民俗学的调查研究;顾颉刚、容肇祖、钟敬文等先生开展具有奠基意义的民俗学研究,对民间宗教、民间文献和仪式行为给予高度关注,他们所开展的乡村社会调查,表现了历史学和人类学相结合的研究特色;杨成志、江应樑等先生,以及当时任教于岭南大学的陈序经先生等,还在彝族、傣族、瑶族、水上居民和其他南方不同族群及区域的研究方面,做了许多具有奠基意义的努力。在这些研究中,文献分析与田野调查的结合,表现得和谐而富于创意,并未见后来一些研究者人为制造的那种紧张。"(《历史·田野丛书》总序,《读书》2006年第9期)

傅斯年11月8日在《国立中山大学语言历史学研究所周刊》第1集第2期发表《评〈秦汉统一之由来和战国人对于世界之想象〉》一文,对顾颉刚《秦汉统一之由来和战国人对于世界之想象》及"古史辨"提出了一些质疑,谓"我总觉得你这篇文章,与在《古史辨》上,颇犯一种毛病,即是凡事好为之找一实地的根据,而不大管传说之越国远行"。同时特别强调证据的重要性,认为"放胆思想只能有很荒唐的话",与胡适和顾颉刚均重视且喜发挥"历史的想象力"有别;又强调"找出证据来者,可断其为有,不曾找出证据来者,亦不能断其为无",显然对胡、顾二氏惯用"默证"来断定古人古事感到不满。此外,还提出治学者宜守"阙疑"为原则,"若干材料阙的地方,即让他阙着",则更是委婉表达出对顾颉刚在材料不足时就提出一套假设的古史系统不以为然。12月6日,傅斯年在《国立中山大学语言历史学研究所周刊》第6期发表《论孔子学说所以适应于秦汉以来的社会的缘故》。13日,傅斯年在《国立中山大学语言历史学研究所周刊》第7期发表《评〈春秋时代的孔子和汉代的孔子〉》,对顾颉刚刊于《国立中山大学语言历史学研究所周刊》第5期的《春秋时代的孔子和汉代的孔子》提出质疑。

按:傅斯年《评〈春秋时代的孔子和汉代的孔子〉》提出"孔子不见得是纯粹的这么一个君子,大约只是半个君子而半个另是别的""古文一派恐不始于向歆"等商榷意见,并指出:"我有一个非常自信的成见,以为我们研究秦前问题,只能以书为单位,不能以人为单位。而以书为单位,一经分析之后,亦失其为单位。故我们只能以《论语》为题,以《论语》之孔子为题,不能但以孔子为题。"

傅斯年在中大任教期间,还著有《中国古代文学史讲义》《诗经讲义稿》和《战国子家叙论》等文稿,后经人整理,收入《傅孟真先生集》第一、二册(台湾大学,1952年12月出版)。

（以上参见韩复智编《傅斯年先生年谱》，《台大历史学报》，1996年第20期；欧阳哲生编《中国近代思想家文库·傅斯年卷》及附录《傅斯年年谱简编》，中国人民大学出版社2015年版；王学典《20世纪史学编年（1900—1949）》，商务印书馆2014年版）

　　顾颉刚3月16日辞去厦门大学教职，决定就聘中山大学史学系教授。4月7日，顾颉刚在厦门青年会作《研究国学的方法》演讲，明确提出了要打倒"帝系""道统"和"圣经"。17日，顾颉刚应中山大学之聘抵广州。因与鲁迅关系之故，顾颉刚旋即被学校派往江浙一带购书，历时5个月。顾颉刚作《国立广州中山大学购求中国图书计划书》，阐述现代图书馆应具备的藏书观念以及购书的宗旨和内容，所列购求图书资料有16类：经史子集及丛书、档案、地方志、家族志、社会事件之记载、个人生活之记载、账簿、中国汉族以外各民族之文籍、基督教会出版之书籍及译本书、宗教及迷信书、民众文学书、旧艺术书、教育书、古存简籍、著述稿本、实物之图像，囊括了当时所有的材料。

　　按：顾颉刚认为"藏书的目的是要劝人取它作道德和文章的。现在我们的目的是在增进知识了，我们要把记载自然界和社会的材料一齐收来"，使"普通人可以得到常识，专门家也可以致力研究"，并认为"这一个态度的改变，是从恹恹无生气的，和民众不发生关系的图书馆改作活泼泼的，供给许多材料来解决现代发生的各种问题的图书馆的大关键"。

　　按：中大图书馆馆长杜定友为作《书后》曰："我们的宗旨，非但要把它作为购书的根据；而且希望这本小书能够在中国图书馆学上发生重大影响，以助中国图书馆事业之发展。"后来上海图书馆馆长顾廷龙在介绍此计划书文中说道："我从事图书馆古籍采购事将五十年，即循此途径为收购目标，颇得文史学者的称便。"

　　顾颉刚6月13日作《悼王静安先生》，刊于《文学周报》第5卷第1期。8月，傅斯年、顾颉刚等筹办中山大学语言历史学研究所。10月16日，正在江浙一带购书的顾颉刚也提前返回。31日，顾颉刚正式就任中山大学史学系教授兼主任，教授"中国上古史""书经研究""文史导课"等，学生有黎光明、何定生、陈槃、李晋华等。11月1日，《国立中山大学语言历史学研究所周刊》创刊。顾颉刚、余永梁、罗常培和商承祚负责编辑。顾颉刚作《发刊词》。

　　按：《发刊词》指出："我们生在此际，应该永远想着：这个时代是一个怎么样的时代？我们研究的学问有怎么大的范围？我们向那里寻材料？我们整理学问的材料应当用怎么样的方法？能够这样，我们自然可以在前人的工作之外开出无数条的新道路，不至于据守前法，不能进步。""我们生当现在，既没有功利的成见，知道一切学问，不都是致用的，又打破了崇拜偶像的陋习，不愿把自己的理性屈服于前人的权威之下，所以我们正可承受了现代研究学问的最适当的方法，来开辟这些方面的新世界"，并提倡"我们要实地搜罗材料，到民众中寻方言，到古文化的遗迹去发掘，到各种的人间社会去采风问俗，建设许多的新学问。我们要使中国的语言学者和历史学者的造诣达到现代学术界的水平线上，和全世界的学者通力合作"。此外，《发刊词》还指出，"语言历史学也正和其他的自然科学同目的同手段，所差只是一个分工"。

　　关于《国立中山大学语言历史学研究所周刊》发刊词的作者，董作宾认为乃傅斯年所作，而顾潮则据《颉刚日程》1927年10月21日有"作研究所周刊发刊词"，谓出自顾颉刚。实则此文代表了当时傅、顾二人的共识。

　　按：《周刊》出版数期后，很快引起北方学界的注意。当时在清华大学就读的张荫麟（素痴）在天津《大公报·文学副刊》发表《评〈国立中山大学语言历史学研究所周刊〉》一文指出，"广东中山大学近创办语言历史研究所，其规模略仿旧日北京大学国学研究所，并印行周刊，其体例亦仿旧北大研究所周刊""撰述人多为该校教授，虽取材间或不甚谨严，亦近日出版界中在水平线上之刊物也"。从1927年11月到1928年7月，周刊共出版36期。

　　顾颉刚11月1日在《国立中山大学语言历史学研究所周刊》创刊号发表《秦汉统一之

由来和战国人对于世界之想象》，文中从世界的范围着眼，对秦汉史进行纵论横观，批判了传统史学那种以中原概全域，以汉族代中华，就中国谈中国的局限性，认为"九州乃是战国的时势引起的区划土地的一种假设，这种假设是成立于统一的意志上的"。29 日，顾颉刚在《国立中山大学语言历史学研究所周刊》第 5 期发表《春秋时代的孔子和汉代的孔子》，认为"各时代有各时代的孔子，以至于同时代也有种种不同的孔子。""春秋时的孔子是君子，战国时的孔子是圣人，西汉时的孔子是教主，东汉后的孔子又成了圣人，到现在又快要成君子了。孔子成君子并不是薄待他，这是他的真相，这是他自己愿意做的。我们要崇拜的，要纪念的，是这个真相的孔子！"

顾颉刚 11 月在中山大学语言历史学研究所内发起成立民俗学会。此为我国第一个正式以民俗学命名的学会，此后福建、浙江等地纷纷成立中山大学民俗学会分会。民俗学会刊行民俗学会丛书，又编辑《民俗》周刊，主张将收到的材料多多刊印，使中山大学收藏的材料为学术界所公有。12 月 20 日，顾颉刚《国立中山大学语言历史学研究所周刊》第 8 期发表《〈盘庚〉上篇今译》。同期还刊载了容肇祖《述何晏王弼的思想》（第 9 期连载）、黄仲琴《漳州与长崎之交通》等文。是年，顾颉刚记笔记《东山笔乘》二册。（以上参见顾潮编著《顾颉刚年谱》，中国社会科学出版社 1993 年版；王学典《20 世纪史学编年（1900—1949）》，商务印书馆 2014 年版）

鲁迅 1 月 1 日晚赴泱泱社部分成员的饯行宴，林语堂、章川岛作陪。2 日，鲁迅致许广平信，说他辞去厦大的一切职务。3 日，厦门大学教务长、大学秘书兼理科主任刘树杞来访，挽留鲁迅并送聘书。4 日下午，鲁迅参加厦大学生送别大会，照相。曾与共产党员罗扬才等部分学生留影纪念，照片题有"鲁迅先生厦岛留别"。当晚，鲁迅赴文科学生送别会。5 日，译日本武者小路实笃的论文《文学者的一生》，刊于 2 月 10 日《莽原》半月刊第 2 卷第 3 期。6 日，鲁迅辞厦门大学教授职，学生开会挽留。同日，译日本铃木虎雄的论文《运用口语的填词》，刊于 2 月 25 日《莽原》半月刊第 2 卷第 4 期。8 日，应泱泱社成员、厦大文科学生兼中山中学教员谢玉生之邀，赴中山中学午餐，午后发表《革命可以在后方，但不要忘记前线》的演说。下午，鲁迅往鼓浪屿民钟报社晤李硕果、陈昌标及鼓浪社其他社员三四人，少顷林语堂、章川岛、顾颉刚、陈万里俱至。此时，厦大的"挽留鲁迅先生运动"已转为改革学校运动，"打倒刘树杞，重建新厦大"的标语遍布校园。为平息学潮，学校当局一面假意挽留鲁迅，一面放出空气，说鲁迅离厦，是因为北京来的教员中胡适派和鲁迅派相排挤，以此推卸责任。鼓浪屿《民钟报》则以此事写成通讯，登在报上。"现代评论派"成员亦惟恐因此招来公愤，便与鲁迅一同到社否认此事。《民钟报》只好向鲁迅道歉，并登更正启事。同日，鲁迅作《〈华盖集续编的续编〉前记》。9 日，鲁迅赴厦门大学林文庆校长饯行宴。14 日，鲁迅作《〈绛洞花主〉小引》。15 日，鲁迅致林文庆信，再还聘书，坚辞厦大一切职务。午后，坐小船登苏州轮，准备赴广州，王方仁、崔真吾、章川岛等二十余人送行。同月，厦门大学成立罢课风潮委员会，要求改革学校。

按：领导人是共产党人罗扬才，共青团福建省委刊物《福建青年》曾发表文章予以支持。

鲁迅 1 月 16 日乘苏州轮离厦门往广州。赴任中山大学教授职。17 日午抵香港。18 日午后到广州，暂寓宾兴旅馆，晚访许广平。19 日晨，孙伏园、许广平来访，帮助搬进中山大学，寓大钟楼。此后，鲁迅接待了广州各界人士。中共广东区委在鲁迅来粤前，早已布置了团结鲁迅的工作，除写文章欢迎鲁迅外，专派毕磊等公开与鲁迅联系，并赠送党团刊物《人民周刊》《少年先锋》《做什么?》等,使鲁迅尽快了解广州的政治形势和中山大学的斗争情况。同月,广州《国民新闻》副刊《新时代》发表《欢迎鲁迅先生来广州》《记找鲁迅先生》。

> 按:鲁迅到广州中山大学任教,与党的推荐关系密切。当时,中共广东区执行委员会书记陈延年十分注意对国民党右派的思想斗争,除加强党对中大支部的领导外,几次派恽代英、邓中夏、徐彬如、毕磊等人与中大校长戴季陶谈判,提出许多改革学校的条件,要求鲁迅来中大任教即条件之一,学校当局迫于形势,终于答应了。

鲁迅1月23日往世界语会,并发表演说。24日,中山大学委员会委员朱家骅、广州《民国日报》和《国民新闻》社社长甘乃光、学生代表李秀然以及中共中山大学总支部书记兼文科支部书记徐文雅等先后来访。25日,鲁迅往中山大学中大礼堂出席学生会欢迎会,演说约二十分钟。27日,鲁迅应邀赴中山大学社会科学研究会演说。29日,致许寿裳信,邀请他到中山大学任教。31日,鲁迅接待徐文雅、毕磊、陈辅国来访,并接受所赠《少年先锋》12本。同月,鲁迅走访创造社出版部广州分部。又为广东省文昌县留省学会出版的《文潮》创刊号题字。2月7日,中共广东区委员会领导下的学生运动委员会机关刊物《做什么?》第一期发表《欢迎了鲁迅以后——广州青年的同学(尤其是中大的)负起文艺的使命来》。10日,鲁迅就任中山大学文学系主任兼教务主任,主持召开第一次教务会议。许广平被聘为鲁迅助教。11日,接待日本友人山上正义。18—19日,应邀前往香港基督教青年会演讲,题为《无声之中国》《老调子已经唱完》,20日返回广州。同日,在一景酒家为许寿裳接风。21日,《少年先锋》旬刊第2卷第15期发表《第三样世界的创造——我们所应当欢迎的鲁迅》。25日,鲁迅致章廷谦信,信中谈到中大时说:"里面的情形,非常曲折,真是一言难尽。"又说:"我在这里,被抬得太高,苦极。作文演说的债,欠了许多。"

> 按:2月,广州各报刊杂志陆续发表文章,从不同的立场和侧面评价鲁迅。在黄埔军校政治部工作的《黄埔日刊》编辑宋云彬在《国民新闻》副刊《新时代》上发表《鲁迅先生往哪里躲》一文,错误地认为,曾经"站在最大的改变时代的社会里"的鲁迅,到了广州,"许是跳出了现社会去作旁观者了",他"不但不曾恢复他《呐喊》的勇气",而且"跑出了现社会躲向牛角尖里去了",对于"旧社会死的痛苦,新社会生出的痛苦,……他竟然熟视无睹!他把人生的镜子藏起来了,他把自己回复到过去时代去了"。文中还责问鲁迅,面对"如此社会,如此环境,你不负担起你的使命来,你将往那里去躲?"许广平即按鲁迅原意,在《国民新闻》副刊《新时代》发表《鲁迅先生往那些地方躲》,回答宋云彬的责难,说明鲁迅没有躲在"山阴道上"和"五里雾中""他是要寻找敌人的,他是要看见压迫的降临的,他是要抚摩创口的血痕的"。

鲁迅3月2日出席中山大学开学典礼并发表演说。5日,在福来居餐馆宴请谢玉生等7名从厦门大学转来的学生,许寿裳、许广平等作陪。11日晚,在中大召开的广州各界纪念孙中山逝世二周年大会上发表演说。12日,参加孙中山先生逝世二周年纪念典礼。14日,赴惠东楼太白厅参加南中国文学会成立座谈会。会中主要是由大家提问,鲁迅解答。同月,所著《坟》由北京未名社出版。同月,鲁迅由毕磊陪同,与中共广东区委负责人陈延年秘密会晤。

> 按:陈延年与鲁迅秘密会晤的准确时间不详。但本年3月底,陈延年离开广州,准备参加4月下旬在武汉召开的党的第五次代表大会。故这次会见时间的下限,当定为3月。

鲁迅、郭沫若、成仿吾、郁达夫、何畏、张资平、郑伯奇、王独清等4月1日联名在上海《洪水》半月刊第3卷第6期上发表由何畏起草的《中国文学家对于英国知识阶级及一般民众宣言》,抗议英国等帝国主义一再侵犯我国主权,破坏北伐战争,勾结军阀镇压上海工人举行的武装起义。这是一份反对帝国主义侵略,主张中英两国人民友好团结,共同战斗的宣言。8日晚,鲁迅在共产党人应修人等陪同下,赴黄埔军校演讲《革命时代的文学》。讲稿载6月12日黄埔军校出版的《黄埔生活》周刊第4期,鲁迅在讲演中强调文学家改造世界观的重要性,指出:"为革命起见,要有'革命人','革命文学'倒无须急急。革命人做出东西来,才是革命文学。"

> 按:鲁迅在阐明文学与革命的关系时,又说:"现在的文学家都是读书人,如果工人农民不解放,工人农民的思想,仍然是读书人的思想,必待工人农民得到真正的解放,然后才有真正的平民文学。"鲁迅还鲜明地提出改变中国社会面貌需要"实地的革命战争"——即革命的武装斗争,指出:"惟其有了他,社会才会改革,人类才会进步。"

鲁迅3月底4月初因中山大学拟聘请顾颉刚任教授,表示"顾某若来,周某即去"。4月15日广州"四一五"大屠杀发生后,鲁迅怒不可遏,更坚定了辞职的决心。他日午间,鲁迅冒雨赴中大各主任紧急会议。随后独自宣布辞职。16日,鲁迅捐款慰问被捕学生。21日,鲁迅辞去中山大学一切职务。鲁迅辞职以后,中大当局企图利用鲁迅的声望装点门面,他们选举鲁迅为该校"组织委员会委员",在校刊上登载《挽留周树人教授》的消息,并三次"去函挽留",几次派人登门挽留,朱家骅也亲自出面,均遭鲁迅拒绝。26日,作《〈野草〉题辞》,刊于7月2日《语丝》周刊第138期。5月1日,作《〈朝花夕拾〉小引》,刊于《莽原》半月刊第2卷第10期。6日,鲁迅第二次接待日本友人山上正义。同月,《华盖集续编》由北新书局出版。6月5日,送别好友许寿裳。6日,鲁迅得中大委员会信,允辞职。从此,与中大断绝一切关系。12日,鲁迅致章廷谦信,批驳了说他因亲共而"出亡"的流言。14日,作《动植物译名小记》。7月,散文诗《野草》由北新书局出版。同月7日,作《〈游仙窟〉序言》。11日,作《〈朝花夕拾〉后记》,刊于8月10日《莽原》半月刊第2卷第15期。23日、26日,在广州市夏令学术讲演会上发表《魏晋风度及文章与药及酒之关系》的演讲。31日上午,鲁迅得顾颉刚信,拟于9月中回粤后向鲁迅提起诉讼。当日鲁迅回复在上海,不如请即就近在浙起诉。

> 按:顾颉刚在杭州看到5月11日武汉《中央日报》副刊发表的鲁迅和谢玉生给该刊编者孙伏园的两封信,于7月24日写信给鲁迅,认为与鲁迅的矛盾"非笔墨口舌所可明了""拟于九月中回粤后提起诉讼,听候法律解决",要鲁迅"暂勿离粤,以俟开审"。鲁迅同日在致章廷谦信中说:"鼻在杭盖已探得我八月中当离粤,今日得其来信,阅之不禁失笑,即作一复,给他小开玩笑。"鲁迅在复顾颉刚信中嘲弄说:"我意早决,八月中仍当行,九月已在沪。江浙俱属党国所治,法律当与粤不异,且先生尚未启行,无须特别函挽听审,良不如请即就近在浙起诉,尔时仆必到杭,以负应负之责。倘其典书卖裤,居此生活费綦昂之广州,以俟月余后或将提起之诉讼,天下那易有如此十足笨伯哉!"

鲁迅8月2日致江绍原信,指出顾颉刚"听候开审"的威吓信是专在小玩意上用功夫,可笑可怜。5日,将修改后的《魏晋风度及文章与药及酒之关系》一稿寄广州市教育局,同意发表。8日,作《书苑折枝》。又致章廷谦信,指出顾颉刚对他的恐吓是枉然的。22日,鲁迅终日编次《唐宋传奇集》,撰札记。9月3日,鲁迅作《辞"大义"》,刊于《语丝》周刊第151期,揭露"现代评论派"文人利用他的声望作广告,达到其抬高身价,推销书籍的卑劣目的。文中指出:"'现代派'该也未必忘了曾有人称我为'学匪''学棍''刀笔吏'的,而今忽假'鲁迅先生'以'大义'者,但为广告起见而已""呜呼,鲁迅鲁迅,多少广告,假汝之名以行!"9日,作《革"首领"》,刊于10月15日《语丝》周刊第153期,继续揭露"正人君子"陈西滢、徐志摩借封鲁迅为"语丝派首领"作广告,以抬高他们自己的手法。指出:"最可怕的是广告底恭维和广告底嘲骂。简直是膏药摊上挂着的死蛇皮一般。所以这回虽然蒙现代派追封,但对于这'首领'的荣名,还只得再来公开辞退。"10日,作《〈唐宋传奇集〉序例》。16日,在《北新》周刊第47—48期合刊发表《书苑折枝(二)》。18日,鲁迅始整行李,准备离粤赴沪。19日,致章廷谦信,对新月派办的新月书店予以讽刺。25日,致台静农信,拒绝作诺贝尔文学奖金的候选人。(以上参见鲁迅博物馆、鲁迅研究室编《鲁迅年谱》,人民文学出版社1981年版;张傲卉、宋彬玉《成仿吾年谱》,《东北师大学报》1985年第5期)

成仿吾1月在《洪水》第3卷第25期刊《完成我们的文学革命》,指责鲁迅的作品是"以趣味为中心的生活基调""矜持的是闲暇、闲暇、第三个闲暇",是"代表着有闲的资产阶级,或者睡在鼓里的小资产阶级"。2月,成仿吾在《洪水》第26期发表《打倒低级趣味》。20日,成仿吾写信给鲁迅,介绍何畏(何思敬)代表创造社和鲁迅商讨发表宣言之事。何畏为此曾去鲁迅处拜访并联络签名者。不久由何畏起草了《中国文学家对于英国知识阶级及一般民众宣言》,刊于《洪水》第3卷第10期,复刊载于日本左翼文艺刊物《文艺新闻》第4卷第6期。

　　按:在广州时期创造社和鲁迅的关系比较融洽,鲁迅曾多次到创造社广州分部门市部购书,成仿吾曾在这里同鲁迅会过面,并以分部的名义赠书给鲁迅。

成仿吾3月1日参加广州中山大学开学典礼。同日,为《洪水》第3卷第25期"曰归"(郁达夫)发表《广州事情》,写信给郁达夫,并附短文《读了〈广州事情〉》,刊于《洪水》第28期。又在同期发表短论《文艺战的认识》,简要地介绍和赞扬了苏联文艺政策所取得的成就。4月15日,继上海发生"四一二"反革命政变后,黄埔军校宣布清党。4、5月间,郑伯奇由日本回到广州,在白色恐怖中,成仿吾同郑伯奇一起商量了以后的行动,决定先后离广州去上海。不久郑伯奇到了上海,成仿吾由于在黄埔军校兵器处任职,一时还脱不开身。6月23日,在广州作《文学革命与趣味——复远中逊君》,刊于《洪水》第3卷第33期,本文回答了远中逊君就《完成我们的文学革命》一文所提出的问题。

　　按:此文认为所谓文学革命"是我们民族觉醒运动中的一部分工作,是十余年才有意识的运动起来的";"我们新兴的文学""在创作心理上应该是纯粹的表现的要求,在批评上应该是一种建设的努力",而"将来的文学""至低限度要是摆脱一切不合理的既成法则与既成形式,打倒一切浅薄无聊的趣味,以诚挚的态度深入人性之根源的,自我表现的文学"。(以上参见张傲卉、宋彬玉《成仿吾年谱》,《东北师大学报》1985年第5期)

容肇祖应鲁迅之邀,赴中山大学任预科国文系、哲学系讲师并得读鲁迅未付印的《汉文学史》讲义,对后来撰成的《中国文学史》一书大有助益。11月,与先后来该校任教的顾颉刚、钟敬文、何思敬、董作宾、刘万章、容肇祖、余永梁等人发起成立中山大学民俗学会,同时创办"民间文艺"(后改为《民俗》周刊)等刊物。同月22日,容肇祖在《国立中山大学语言历史学研究所周刊》第4期发表《韩非的著作考》,对今传本《韩非子》提出质疑,认为"篇次杂乱,最不可信";《史记》将《韩非子》归本于黄老,可能是当时《韩非子》"已混杂有《解老》《喻老》之篇";《韩非子》"首篇为《初见秦》,此篇为《存韩》,已自相矛盾"等。同期还刊载了罗常培《朱熹对于闽南风俗的影响》、黄仲琴《迭里迷实墓》等文。

　　按:《韩非的著作考》后被收入《古史辨》第4册。学界对此观点有不同意见。(参见东莞市政协编《容庚容肇祖学记》,广东人民出版社2004年版;王学典《20世纪史学编年(1900—1949)》,商务印书馆2014年版)

商承祚时任东南大学讲师,应中山大学史学系主任顾颉刚之聘,来校担任史学系和筹备中的语言历史学研究所的教授。商承祚教授在史学系开设殷周古器物研究、殷周古器物铭释、殷墟文字研究、三代古器物研究、说文解字部首笺巽等多门课程。(参见商志编《商承祚

文集》,中山大学出版社 2004 年版)

余永梁和钟敬文分别编辑的《语史所周刊》和《民间文艺》11 月 1 日同时在广州创刊。

按:顾颉刚在《语史所周刊·发刊词》说:"语言学和历史学在中国发端最早,中国所有的学问比较成绩最丰富的也应推这两样,但为历史上的种种势力所缚,虽经历了两千年还不曾打好一个坚实的基础。我们生当现在既没有功利成见,知道一切学问,不都是致用的。又打破了偶像的恶习,不愿把自己的理性屈服于前人的权威之下,所以我们正可承受了现代研究学问的最适当的方法,来开辟这些方面的新世界。历史语言学也正和其他的自然科学同目的同手段,所差只是一个分工。我们要实地搜罗材料,到民众中寻方言,到古文化的遗址中去发掘,到各种的人间社会去采风俗,建设许多的新学问。"他希望"要使中国的语言学者和历史学者的造诣达到现代学术界的水平线上,和全世界的学者通力合作"。

董作宾到广州中山大学任教,并同文学院代院长傅斯年结为知交。之后,入傅斯年创办的历史语言研究所工作。

罗庸应鲁迅之约,任广州中山大学中文系教授兼主任。

辛树帜回国,任中山大学生物系教授、国民政府教育部编审处处长。11 月第一次进入"前人未到之"猺山采集动植物标本,因此致信中山大学语言历史学研究所所长傅斯年,希望傅斯年组织考察团赴两广云贵等处搜求资料,使南方史地研究开辟新生面。(参见韩复智编《傅斯年先生年谱》,《台大历史学报》,1996 年第 20 期;欧阳哲生编《中国近代思想家文库·傅斯年卷》及附录《傅斯年年谱简编》,中国人民大学出版社 2015 年版)

陈焕镛任中山大学教授兼植物系主任,校方接受了他关于设立植物研究室的建议,于是他在中山大学内建立起中国南方第一个具有一定规模的植物标本馆。

杜定友 3 月任中山大学图书馆馆长。是年,在上海《东方杂志》第 24 卷第 9 期发表《科学的图书馆建筑法》一文,又在《中山大学校报》第 22 期上发表《国立中山大学图书馆添建书库计划书》,对图书馆建筑进行阐述。所著《图书馆学概论》由上海商务印书馆刊行;与蒋径三等编《革命文库分类法》由广东广州国立中山大学图书馆研究会刊行。有中山大学图书馆丛书总序、杜定友序。(张世泰《杜定友先生传略》,《广东图书馆学刊》1981 年第 1 期)

朱家骅 4 月 15 日与李济深密谋策划清党。16 日,经政治分会决议,朱家骅为成立清党委员会委员。政治分会又改组广东省政府,朱家骅任民政厅长,兼省政府常务委员会主席。又筹备两广地质调查所,自任所长。7 月初,中央发布中山大学改称第一中山大学,取消校务委员制,以戴传贤为校长,朱家骅任副校长。11 月 17 日,广州发生"张黄事件",朱家骅与戴传贤离开广州,校务由沈鹏飞代理,此时浙江省主席何应钦任命朱家骅为民政厅长。同月,朱家骅为大学院院长蔡元培聘为中央研究院筹备委员之一,并与翁文灏、李四光、谌湛侯、李济、徐渊摩等筹建地质调查所。22 日,朱家骅在上海谒见蒋介石,蒋介石劝其到浙江接事。12 月 10 日,朱家骅到杭州任浙江民政厅长。(参见胡颂平《朱家骅先生年谱》,台北传记文学社 1969 年版)

邓中夏 1 月 3 日出席在汉口召开的中华全国总工会执行委员会议,并在会上提议,中华全国总工会迁设武汉。经与会全体执委讨论,决定将全总机关北迁武汉。18 日,鲁迅应中山大学邀请,从厦门到达广州。在此之前,中共广东区委曾召集邓中夏、陈延年、恽代英、李求实、毕磊等人多次研究,欢迎鲁迅来广州工作。21 日,在《人民周刊》第 39 期发表《广州工潮与经济发展抑或衰落》一文,概述了广州工人运动一年来的经过与发展,分析了广州经济不发展的原因,批驳了新经济循环论的观点,再一次强调了"争夺革命领导权"和"建立革命民主政权"的必要性。同日,赴广东大学操场,出席"广东各界纪念列宁逝世三周年大会"，并在会上发表演说。同月，所著《一九二六年之广州工潮》由中华全国总工会宣传部编辑。4 月，由广州国光书店出版。同月 20 日，邓中夏与瞿秋白、张国焘、蔡和森、彭述之、苏兆征、黄平、张太雷及共产国际代表罗易、鲍罗廷等出席在汉口举行的中央全会。4 月 22 日至 26 日，邓中夏出席中共中央全会，在会上当选为五届中央委员。5 月 16 日，与何香凝等出席汉口各界民众在德国球场隆重举行的"李大钊烈士追悼大会"。20 日中午 12 时，与苏兆征等出席在汉口血花世界大舞台举行的"太平洋劳动会议"开幕典礼。6 月 19 日下午 3时，出席在汉口中央人民俱乐部举行的第四次全国劳动大会开幕典礼。24 日，中共中央政治局常委召开紧急会议，讨论重新组建湖南省委的问题。会上决定邓中夏接替蔡和森，任中共中央秘书长。邓中夏未到职前，暂由张国焘兼任。

邓中夏 6 月 26 日在《中国工人》第 9 期发表《工农小资产阶级的民主政权问题》。29 日上午 10 时赴中央人民俱乐部，主持第四次全国劳动大会闭幕式。下午 2 时，中国济难会各省干事联席会在汉口总商会召开，会上通过关于成立中国济难会全国总会临时干事会及审查委员会等决议。邓中夏、苏兆征、吴玉章、宋庆龄、何香凝、谭平山、汪精卫、邓演达、于右任、林伯渠等 20 人当选为中国济难会审查委员会委员，杨安、恽代英、杨贤江、何葆珍、何叔衡、钟复光、潘汉年、郭沫若等 30 人当选为临时干事会委员。30 日，出席中共中央政治局在武昌召开的扩大会议，讨论通过《国共两党关系的决议案》11 条，选举产生新的中央常委，邓中夏、陈独秀、张国焘、谭平山、蔡和森 5 人当选为中共中央政治局常委，邓中夏正式就任中共中央秘书长。同日，中华全国总工会第四届执行委员会举行第一次全体会议，选举委员长及常务委员。苏兆征当选为委员长，邓中夏与李立三、林育南、王荷波、向忠发等 9 人当选为执委常务委员，刘少奇、杨人杞等 5 人当选为候补常委。中华全国总工会第四届执委召开第一次常委会议，分配常委职务，邓中夏再次当选为中华全国总工会宣传部长，秘书长为林育南，组织部长为李立三。7 月 12 日，在鲍罗廷的主持下，中共中央根据共产国际的"训令"在汉口召开临时政治局会议，对中央常委进行改组，由张国焘、张太雷、周恩来、李立三、李维汉 5 人组成中共中央常委会。19 日，邓中夏与李立三、谭平山等人由汉口乘船到达九江。20 日，邓中夏在九江海关一间房间召集叶挺、聂荣臻、林伯渠等人举行"谈话会"。当晚，邓中夏与谭平山、林伯渠等连夜上庐山，在牯岭仙岩客寓召开第一次庐山会议。出席会议的还有瞿秋白、李维汉、林伯渠、李立三、彭湃、叶挺、郭亮、聂荣臻等人。会上决定起义地点在南昌，并就具体计划、领导机构、行动日期及办法等做出决定。21 日晚，与瞿秋白、李立三、张太雷、鲍罗廷等在庐山牯岭仙岩客寓的厨房里召集第二次秘密会议，商议南昌暴动计划。(以上参见冯资荣、何培香编著《邓中夏年谱》，中国文史出版社 2014 年版)

朱谦之所著《革命哲学》4 月由泰东图书局出版。作者认为只有毁灭宇宙，才能恢复"真情的本体"；"最彻底的革命，是把宇宙间的一切组织都推翻"，为无政府主义思潮中新虚无主义的代表作。8 月，朱谦之完成《回忆》的写作，随后奔赴广州，经友人介绍见到李济深，并在黄埔军校任政治教官，12 月在广州起义前夕离开广州回杭州。是年，所著《国民革命与世界大同》由泰东书局出版。(参见黄夏年编《中国近代思想家文库·朱谦之卷》及附录《朱谦之年谱简编》，中国人民大学出版社 2015 年版；王锡荣《左联与左翼文学运动》及附录《左翼十年文学大事记》，上海人民出版社 2016 年版)

陈树人 10 月与汪精卫、陈公博、顾孟余、王乐平等"粤方委员"南下广州成立广州粤方政治分会。

钟荣光任岭南大学校长,力聘冼玉清为博物馆馆长。

黄君璧任广州市立美术专科学校教师兼教务主任。

赵少昂任教于广东省佛山市立美术学校。

黎雄才入高剑父的春睡画院学习,并一度在广州烈风美术学校兼习素描。

董泽继续任东陆大学校长。5月,中华教育文化基金董事会派调查员朱庭祜来校视察。经考察采访,6月5日写出了《视察东陆大学报告》。对东陆大学前一阶段的工作作了详细的介绍与评价。《报告》对东陆大学之校园尤为称赞:"四周风景绝佳,以其建筑之庄严灿烂,并擅此湖光山色,不啻在中国西南方面辟一新世界焉。"从为人民教育及文化,为世界交通,为开发本省之产业,为储才,为中学毕业生深造等方面,详细阐述"东陆大学之设置,实较他处学校为尤急焉"。强调"就同类机关如上海南洋大学、南京东南大学、天津南开大学等比较之,该大学所有以往成绩与效率,居优胜地位。以其时间之短,进行之速,与办理之认真,至有今日所知之效果,可谓难能可贵矣。"最后提请该会每年补助东陆大学4万元,以5年为期。12月18日,董泽校长在预科学生毕业典礼上发表演说,强调"大学为国家重要事业之一","云南物产之富,将来交通发展,必形成我国西南之工业中心,盖可断言。若然,则需要各种人材,曷可限量。有东陆大学以预为培植,其促进各项事业之发展,功当不鲜","气象蓬勃如旭日东升,其前途实未可量也",并呼吁侨胞资助办学,"使我东陆大学日就月将,华实并茂,以完成其使命,岂徒一校之幸,亦邦国之幸也。"(参见《云南大学志》编审委员会《云南大学志》第2卷《大事记(1915年—1993年)》,云南大学出版社1993年版)

高一涵1月1日在《现代评论》第二周年纪念增刊上发表《军治与党治》。同月,经李大钊推荐,高一涵赴武汉参加革命工作。由北京途经上海时,由高语罕介绍,申请加入中国共产党。高一涵到达武汉后,经陈独秀、章伯钧的介绍,到武昌中山大学任政治学教授、政治系主任、法科委员会主任委员。同时兼任国民革命军总司令部编译委员会主任委员。在任期间,曾受邀在中央军事政治学校武汉分校作讲演。先后到武汉分校特约讲演的还有谭延闿、郭沫若、彭泽民、徐谦、谭平山、甘乃光、高语罕、陈独秀、瞿秋白、彭述之、陈公博、何香凝、吴玉章、宋庆龄、顾孟余、李鹤林、董必武、孙科、唐生智、向忠发等。4月28日,李大钊在北京被奉军杀害,高一涵闻讯悲痛欲绝。5月22日,武昌中山大学集会追悼李大钊等烈士,高一涵报告李守常事略。23日,高一涵发表《李大钊同志略传》,缅怀英灵。6月15日,《向导》第198期转载高一涵寄给《现代评论》的文章《武汉国民政府与共产党》,逐一驳斥对武汉国民政府和共产党的各种诬陷。下旬,恽代英任国民党军事委员会总政治部秘书长,高一涵任宣传科长。9月24日,高一涵在《现代评论》第146期上发表《我的共产嫌疑的证据(通信)》,对"高一涵是共产党"的证据一一加以反证,"目的是想活着"。第一次大革命失败后,高一涵避居到上海,在上海法政大学任教授兼政治系主任。(参见高大同《高一涵先生年谱》,上海文化出版社2011年版;郭双林、高波编《中国近代思想家文库·李大钊卷》附《高一涵年谱简编》,中国人民大学出版社2015年版)

顾孟余任国民党中央宣传部部长。3月22日,国民党中央机关报《中央日报》在汉口创办。顾孟余兼任社长,总编辑为陈启修,副刊编辑为孙伏园。该报以中文和英文两种文字出版,中文版每日出版4开5页;英文版则由林语堂、沈雁冰(茅盾)、杨贤江等人负责编辑,内容选自中文版,日出对开一张。

按:《中央日报》1928年元旦在上海复刊,10月31日停刊迁南京。1929年2月1日在南京复刊。

1938年9月迁重庆。1945年9月10日返回南京。(参见郑锦怀《林语堂学术年谱》,厦门大学出版社2018年版)

陶希圣1月携家眷离上海到武汉。2月,应聘为中央军事学校武汉分校政治教官兼任军事委员会总政治部政工人员训练委员会常务委员。从此以"陶希圣"取代"陶汇曾"本名。同时,任武汉大学法律教师,讲授"社会科学概论""各国革命史""无产阶级政党史"以及"帝国主义侵华史"等课程。5月,中央军校武汉分校与农民运动讲习所合并为中央独立师,陶希圣任该师军法处长兼特务组长。在咸宁参加农运时阻止左派分子激进行为,被调回武汉。8月,汪精卫分共后,陶希圣任武汉军事委员会总政治部秘书处主任兼宣传处长及《党军日报》社长。10月,宁汉再次分裂后,陶希圣受国民党江西省党部萧淑宇、刘侃元之邀由汉口至南昌主办党务学校。陶希圣任江西党务学校校长,不久刘侃元等人被疑为共党左派而去职,陶便辞职去上海。(参见陈峰编《中国近代思想家文库·陶希圣卷》及附录《陶希圣年谱简编》,中国人民大学出版社2015年版)

孙伏园2月10日由黄埔军校毕业生护送徒步从广州赴汉口。3月22日,中国国民党中央机关报《中央日报》在汉口创刊,孙伏园应邀任《中央日报》"中央副刊"总编辑。28日,《中央日报》第7号副刊刊发毛泽东的《湖南农民运动考察报告》。5月,刊发郭沫若的《请看今日之蒋介石》。5月14日至6月22日,刊发谢冰莹的《从军日记》,谢冰莹因此轰动文坛,红极一时。由此,孙伏园又扶植了一位文坛新将。9月1日,《中央日报》"中央副刊"停刊,孙伏园共主编出版"中央副刊"159期。(参见吕晓英著《孙伏园评传》及附录《孙伏园年谱简编》,中国社会科学出版社2011年版)

茅盾1月1日在《新女性》第2卷第1号发表《现代女子的苦闷问题》(散文)。同日,去武汉途中。月初抵武汉,任中央军事政治学校武汉分校政治教官,住武昌阅马厂福寿里二十六号。分校校长蒋介石,教育长邓演达,日常工作由恽代英主持。校部在武昌两湖书院。同月,茅盾在武汉任国民革命军中央军事政治学校武汉分校教官时,与陈石孚、吴文福、樊仲云、郭绍虞、傅东华、林思平、顾仲起、陶希圣、孙伏园等同仁组成"上游社",创刊《上游》,附在孙伏园编的《中央日报·中央副刊》上。3月1日,在《民铎杂志》第8卷第4号发表《"士气"与学生的政治运动》,在略述我国古来士的阶级从事政治运动的概况后得出相应结论。3月27日,在《中央副刊》星期特别号《上游》第6—7期发表《最近苏联的工业与农业》。同月,茅盾接替高语罕任汉口《民国日报》总主笔,总经理为毛泽民,社长是董必武。5月4日,在汉口《民国日报》发表《"五四"与李大钊同志》和《革命者的仁慈》。

> 按:前文悲愤地说:"今年纪念'五四'的第八周年,伴着一个极不幸的消息,即是'五四'的领袖李大钊同志正于前五天在北京被害!""我们对于李大钊同志等的被害,无限的悲哀,我们一定要从悲哀中生出更大的勇气与反革命决一死战。"后文控诉蒋介石在南方秘密绞死江苏省党部的负责同志二十余人,并用麻袋装尸,弃于通济门外江中的残暴罪行,指出:而在武汉方面,革命者对反动派则很仁慈,一般"好好地优待在公安局",但上海的报纸还天天造谣,说是武汉有"赤色恐怖"。

茅盾5月5日在汉口《民国日报》发表《五五纪念中我们应有的认识》。7日纪念"五七"国耻日,在汉口《民国日报》发表《廿一条与一切不平等条约》。9日,在汉口《民国日报》发表《袁世凯与蒋介石》,通过袁世凯与蒋介石的比较,说明"蒋介石实在是一个具体而微的袁世凯"!10日,在汉口《民国日报》发表《蒋逆败象毕露了》,通过分析蒋介石集团内部的矛盾,得出"蒋的势力已至末日"的结论。15日,作《〈楚辞选释〉序》,刊于15日、22日《中央副刊》星期日特别号《上游》第8—9期。同日,发表《汉口〈民国日报〉社论》。16日,中央军事政治学校特别党部在两湖书院本校开成立大会,茅盾发表社论《祝中央军事政治学校特别党部成立大会》。6 月 20 日,作《〈欧洲大战与文学〉自序》,载开明书店版《欧洲大战与文学》。同月,在《小说月报》第 17 卷号外《中国文学研究》(下)发表《中国文学内的性欲描写》,其时本文因少数"卫道者"的干扰,只印百余份,即被全文抽去。8 日,茅盾致函汪精卫,辞掉汉口《民国日报》工作,当天即与毛泽民一起转入"地下",住法租界一个大商家的栈房里。两天后,汪精卫托人转来一封信,希望继续留在该报馆工作,茅盾未予理睬。(以上参见唐金海、刘长鼎主编《茅盾年谱》,山西高校联合出版社 1996 年版)

瞿秋白 3 月中旬赴武汉,负责中共五大筹备工作,稍后加入中共中央汉口临时委员会。4 月 4 日,中共中央执委会、中共湖北省委和共产国际代表团联席会议决定,联席会议工作由瞿秋白、张国焘、谭平山三人委员会领导。上旬,瞿秋白兼管中央宣传部工作,与汉口《民国日报》总主笔沈雁冰谈当前宣传要点。10 日,主持联席会议,讨论上海局势。两天后,上海发生蒋介石"清党"反共事件。11 日,瞿秋白将毛泽东的《湖南农民运动考察报告》交长江书局,以《湖南农民革命》的书名出版,并写了序言,表示赞成毛泽东这篇文章的全部观点,要"中国的革命者个个都应当读一读毛泽东这本书,和读彭湃的海丰农民运动一样"。中旬,瞿秋白参加联席会议,讨论第二期北伐,主张先打南京,经由陇海路北伐。16—18 日,与汪精卫、陈独秀、张国焘等人出席国共两党汉口联席会议。4 月 27 日至 5 月 9 日,参加中共第五次全国代表大会。当选中央委员。会后为政治局委员,政治局常委,主管中央宣传部,兼任中央党报委员会书记、中央农民委员会委员。5 月 20 日,代表中共出席太平洋劳动会议并讲话。下旬,出席中央政治局会议,讨论马日事变后湖南局势、军事工作和退出国民党等问题。6 月 17 日,出席欢迎唐生智等北伐将领宴会并讲话。26 日,参加中央政治局与共产国际代表团联席会议,讨论当前局势。29 日,参加中央会议,主张暂行减租减息、乡村自治、保护佃农,待有武力再行没收土地。陈独秀提议由瞿秋白起草《国共两党关系决议案》(11 条纲领),次日中央扩大会议通过。

瞿秋白 7 月 4 日参加中央政治局常委扩大会议,讨论局势和保存农村革命力量问题。13 日,与鲍罗廷离武汉去庐山。20 日,李立三、邓中夏到庐山报告准备组织南昌起义,当即表示赞同。次日,返武汉向中央报告。23 日,与张国焘同共产国际代表罗明那兹谈话。25—26 日,参加中央常委扩大会议,决定在南昌举行武装暴动。8 月 3 日,主持中央政治局常委会议,通过《中央关于湘鄂粤赣四省农民秋收暴动大纲》。7 日,出席中央紧急会议,即八七会议,代表常委作报告。当选中央政治局委员。9 日,主持中央政治局会议,决定由瞿秋白、李维汉、苏兆征组成中央常委会。瞿秋白兼任中央农委主任、中央宣传部长、中央党报总编辑,主持中央工作。29 日,中共中央通过《关于两湖暴动计划决议案》,定名工农武装为"工农革命军"。(以上参见陈铁健编《中国近代思想家文库·瞿秋白卷》附录《瞿秋白年谱简编》,中国人民大学出版社 2015 年版;章恒忠、王亚夫主编《中国学术界大事记(1919—1985)》,上海社会科学院出版社 1988 年版)

蔡和森 1 月 11 日出席共产国际执行委员会政治书记处小委员会会议,因病提出到夏天回国的请求。3 月,启程回国参加召开党的五大的筹备工作。4 月 29 日至 5 月 9 日,出席在汉口召开的中共五大,任大会秘书长。5 月 9 日,中共五大决定改中央执行委员会为中央委员会,设立中央政治局和常委会。10 日,第五届中央委员会举行第一次全体会议,推选陈独秀、李维汉、蔡和森等 7 人为中央政治局委员。苏兆征、周恩来、张太雷等 3 人为政治局候补委员;又推选陈独秀、蔡和森、张国焘组成中央常务委员会。蔡和森任中央宣传部部长。同月,中共中央宣传委员会在武汉召开关于湖南农民运动等问题的讨论会,由蔡和森主持,陈独秀、瞿秋白、施存统、彭述之、毛泽东等人参加;蔡和森在长沙黄埔军校第三分校任教。6月上旬,蔡和森在武汉血花剧社为国民革命军各部及各师政治部党员干部作国内形势报告。6月24日,蔡和森到武昌都府堤41号毛泽东家里休养,连续3天。得到毛泽东、杨开慧的关怀与精心照顾。27日,蔡和森休完病假,回中共中央工作。28日,蔡和森遵照中央指示,到武昌布置中央机关。7月2日,蔡和森哮喘宿疾复发,每天下午发烧、咳嗽、胸痛、吐血。8日,在《向导》周报第200期发表《国家统一与革命势力的联合》一文,揭露和批判汪精卫公开叛变的罪行。同月,担任《布尔塞维克》编委会主任,到10月止。8月7日,出席中共中央在汉口召开的紧急会议。8月上中旬,蔡和森经中共临时中央决定到北方局工作。9月2日,蔡和森与王荷波一同到达天津,开展北方局机关的组建工作。9月上旬,蔡和森到北京,在燕京大学宿舍楼上召集北京的党员积极分子传达八七会议精神,使他们认识到在中国实现共产主义的长期性、复杂性及其任务的艰巨性。11月17日,中共临时中央作出取消北方局的决定,派蔡和森为北方5省特派员兼顺直省委书记。(参见李永春编著《蔡和森年谱》,湘潭大学出版社2008年版)

恽代英1月3日抵达武汉,根据中共的指示,负责筹建中央军事政治学校武汉分校政治科的工作。22日,在《中国青年》第151期上发表《什么是机会主义?》一文,分析了机会主义的类型和危害,指出"我们必须反对机会主义,象反对一切革命的仇敌一样"。2月,在《"二七"四周年纪念特刊》上发表《"二七"与中国国民革命运动》一文,认为纪念"二七"大罢工,就是"要说明'二七'在中国革命运动历史上的地位,证明中国的无产阶级领导国民革命的力量"。3月11日,在湖北省委机关刊物《群众》周刊第11、12期合刊上发表《民主主义与封建势力之斗争》,指出国民党只有完全站在民主主义的立场上,以扫除封建残余势力为己任,才能担负起领导国民革命的使命。3月19日,在国民革命军总司令部政治部农民问题讨论会举行的欢迎湖北农民代表会上发表演讲,演讲词以《在欢迎湖北农民代表会上的演讲》为题刊于3月19日汉口《民国日报》。4月27日至5月9日,出席在武汉召开的中国共产党第五次全国代表大会,当选为中央委员。5月10日,出席中国共产主义青年团第四次全国代表大会,并发表演说。18日,为应付夏斗寅叛变后的危机局面,将武汉中央军校学生和中央农民运动讲习所学员改编为中央独立师,并任该师党代表,配合叶挺部参加讨夏战斗。22日,在为收复鄂南重镇咸宁而召开的祝捷大会上发表演说,高度赞扬讨伐夏斗寅的国民革命军官兵纪律严密,英勇善战。6月,恽代英所著《中国民族革命运动史》由建国书店出版,全书共有七讲:"由反清复明运动至鸦片战争""鸦片战争及其影响""由太平天国运动至康梁变法""义和团与八国联军""辛亥革命运动""五四运动前后的国民党""五四运动"。7月3日,恽代英出席武汉三镇学生代表在武昌首义公园举行的揭露帝国主义侵略中国的罪行及反对蒋介石叛变革命的大会,并发表讲演,会议通电讨蒋介石。(参见刘辉编《中国近代思想家文库·恽代英卷》附录《恽代英年谱简编》,中国人民大学出版社2015年版;王学典《20世纪史学编年(1900—1949)》,商务印书馆2014年版)

吴玉章1月9日在宜昌各团体举行的欢迎大会上演讲。21日,吴玉章冒雪出席宜昌各界纪念列宁逝世三周年、李卜克内希、卢森堡被害八周年群众大会。在会上作列宁生平、李卜克内希和卢森堡史略的报告。月底,在宜昌党员训练班上作《三民主义》的演讲。旋接徐谦电报,促速回武汉。2月5日,吴玉章奉电召离宜回武汉,宜昌各团体数千人举行欢送大会。9日,吴玉章在国民党中执委及高级干部会上发言,系统批驳蒋介石的独裁言行。会议决定并发表宣言,揭橥实行民主,反对独裁,提高党权,请汪精卫复职,扶助工农运动,召开三中全会等主张。并决定以徐谦、吴玉章、邓演达、孙科、顾孟余5人在武汉组成行动委员会,作为同蒋介石斗争的领导机关。12日,出席中央军事政治学校武汉分校开学典礼,并发表讲话。23,国民党中常会决定增选吴玉章、宋庆龄、唐生智、蒋作宾、彭泽民5人为政治委员,在武汉组织中央政治委员会。

吴玉章3月7日受国民党中常会委托,在湖北省党部总理纪念周上作《政治党务报告》。11日,吴玉章与汪精卫、谭延闿、蒋介石、顾孟余、孙科、谭平山、陈公博、徐谦当选为中央常务委员会委员。同日,吴玉章又当选为国民政府委员。12日,出席孙中山逝世二周年纪念大会。18日,吴玉章主持纪念巴黎公社四十六周年及三一八惨案二周年群众大会。19日,吴玉章主持召开国民党二届中常会第一次扩大会议,被推举为中常会秘书。20日,吴玉章在武昌新楼正式宣誓就任国民政府委员职,国民政府委员们于今日正式宣誓就职。4月4日,出席中央农民运动讲习所开学典礼。4月19日,吴玉章出席武汉国民政府在南湖召开的第二期北伐誓师典礼及庆祝军事委员会成立大会。21日,与宋庆龄等中执委、国民政府委员联名发出通电,否认南京政府。5月6日,吴玉章出席国民党中常会第十次扩大会议。会议决定,因政委会北京分会自李大钊等被捕后已无形解体,决定在武汉成立北京政治分会,以王法勤等为委员,由吴玉章、陈公博等指导,以备二期北伐后接管北京。

吴玉章5月30日出席汉口各界纪念“五卅惨案”周年大会。6月13日,中共中央机关刊物《向导》第198期上刊载高一涵《武汉国民政府与共产党》一文。为表示中共绝不可能操纵国民政府,文中竟将吴玉章的共产党员身份暴露。14日,吴玉章读到《武汉国民政府与共产党》一文,非常生气,觉得“这简直等于告密”“必定会给以后在国民党内的工作增加极大困难”,遂立即去质问陈独秀。6月30日,邓演达辞去总政治部主任职,留下《告中国国民党的同志们》一书,忿而出走。留别书谴责汪精卫等与蒋介石妥协投降,屠杀工农等。7月10日,中共湖北省委讨论紧急应变部署,决定“让已公开共产党员身份的吴玉章、董必武离开武汉”。7月14日,宋庆龄发表宣言,谴责汪精卫集团背叛孙中山三大政策,声明退出武汉国民政府。(以上参见刘文耀、杨世元《吴玉章年谱》,四川人民出版社1998年版)

吴玉章与谭平山等人7月18日秘密乘船赴九江。19日,吴玉章出席第一次九江碰头会。会议决定:赶快集中南昌,运动二军一致行动,在南昌举行武装起义。政治上反对武汉、南京两政府,建立新政府。31日,吴玉章与刘伯承等乘最后一班火车离开九江,夜抵南昌生行车站。8月1日凌晨2点,国民革命军三万余人在周恩来、朱德、贺龙、叶挺、刘伯承等指挥下,在南昌武装起义。黎明时分战斗结束,占领南昌城,起义胜利。午后2点,吴玉章在江西省政府会议厅主持召开“国民党中央委员及各省区特别市和海外各党部代表联席会议”,参加会议的中委和各省市代表共40余人。会议决定成立中国国民党革命委员会,选举宋庆龄、吴玉章,周恩来等25人为委员,以宋庆龄、邓演达、谭平山、张发奎、贺龙、郭沫若、恽代英等7人为主席团,总揽党务、军事、政治。任命吴玉章为秘书长,刘伯承为参谋长,林伯渠为财务委员会主席。2日下午2时,南昌公共体育场主持革命委员会就职典礼和庆祝八一起义胜利大会。10月中下旬,吴玉章与刘伯承一道,由秘密交通护送,到达上海。11月初,鉴于吴玉章因在上海认识的人太多,不便在国内工作,在中共党组织安排下,乘苏联商船"安迪声号"赴俄学习,刘伯承以及吴鸣和、周涂、梅子乾、陈林、唐泽英、刘安恭等人同行。12 月,抵莫斯科,中大学校接待。刘伯承和吴鸣和入莫斯科军事学院(苏联高级步兵学校)。同月 22 日,吴玉章在莫斯科东方大学作关于南昌起义(八一革命)的报告。(参见刘文耀、杨世元《吴玉章年谱》,四川人民出版社 1998 年版)

董必武 1 月 1 日以国民党中央、国民政府临时联席会议代表的身份,和宋庆龄等人参加武昌人民为庆祝元旦、庆祝北伐胜利和国民党中央、国民政府决定迁鄂,在武汉南湖机场举行的阅兵典礼大会。3—13 日,出席国民党湖北省第四次代表大会,被推为主席团成员、决议案和宣言的起草委员会主任委员。7 日下午 2 时,董必武出席为"一三""团风"惨案召开的 20 余万人的武昌市民反英示威大会,担任大会总主席并做报告。上旬,国民党中央政治委员会第五十二次会议决定,成立湖北省政府,省政府委员会下设厅。会议委托邓演达、徐谦、孙科、詹大悲、董必武 5 人,会同国民党湖北省党部执委会筹备组织湖北省政府。21 日,董必武到汉口工人运动讲习所祝贺开学。24 日,董必武就任湖北省中小学教师党义研究所所长,在开学典礼上致词。

　　按:董必武强调我们的教育是要因社会要求而进行教育,尤其是要把教育变成平民化、团体化、革命化的教育,去造就社会需要和要求的人材。研究所聘请恽代英、陈潭秋、宛希俨、李汉俊、詹大悲等共产党员和国民党左派为教员。在董必武的推动和倡导下,湖北省许多县都仿效办了本地的教师党义研究所。

董必武 2 月 19 日出席国民党省党部召集的武昌、汉口、汉阳等各级党部联席会议,为会议总主席。20 日,代表国民党湖北省党部参加国立武昌中山大学开学典礼。3 月 4 日,出席湖北省第一次农民代表大会开幕式和当天下午武汉市民及近郊农民为庆祝农代会召开举行的三十万人的庆祝大会,并讲活。7 日,应邀到中央农民运动讲习所(由筹建中的三省农讲所扩大而成)做专题报告。12 日,出席在武昌举行的纪念孙中山逝世二周年大会,并宣读大会关于铲除党内外反革命恶势力,查办暗中与帝国主义、北洋军阀联络和妥协者等决议案,大会予以通过。4 月 4 日,在国民党湖北省党部举行的孙中山总理纪念周会上作《我们目前的两个大斗争》的长篇讲话,载 5—6 日《汉口民国日报》,以代社论全文发表。10 日,湖北省政府正式成立,徐谦、孙科、邓演达、李汉俊、孔庚、邓希禹、恽代英、董必武、宋子文、张国恩、詹大悲为政府委员,由徐谦兼司法厅长,李汉俊兼教育厅长,孔庚兼建设厅长,董必武兼农工厅长,宋子文兼财政厅长(由詹大悲代),张国恩兼民政厅长。本日,湖北政委会宣布撤销。13 日,徐谦辞去湖北省政府委员及司法厅长。同日,全体省政府委员、厅长在武昌阅马厂举行就职宣誓典礼,近五十万群众到会祝贺。

　　按:董必武在湖北省政府成立大会上,以国民党湖北省党部名义发出对省政府的训令,要求新的政府:澄清吏治,造成廉洁政府;打倒土豪劣绅,铲除封建下层势力;实行农工政策、扶助农工团体之发展;最短期内召开省民会议,尽力实现中央最近之政纲和湖北最低限度之政纲,便湖北省政府成为革命化、民主化之政府。

董必武 4 月中旬指示《楚光日报》《汉口民国日报》及时揭露蒋介石在上海发动的反革命政变,并鲜明地提出"打倒蒋介石"的口号。15 日,出席国民党中央常务委员会第七次扩大会议,代表湖北省党部首先发言,严厉谴责蒋介石"四一二"在上海大屠杀,并要求国民党中央加以处置,以申党纪。会议通过决定:着即开除蒋介石党籍,免除其本兼各职,依法惩治。27 日至 5 月 9 日,出席中国共产党第五次全国代表大会。22 日,董必武与林祖涵、吴玉章、毛泽东、挥代英、宋庆龄、何香凝、邓演达以及其他国民党中央执监委员、中央候补执监委员、国民政府委员、军事委员会委员等联名在《汉口民国日报》刊载声讨蒋介石叛变革命的通电。5月1日以国民党中央候补执委的身份出席武汉群众庆祝"五一"国际劳动节大会并致词。10日,董必武出席国民党湖北省党务干部学校第二期开学典礼并讲话。30日,董必武出席武汉三镇"五卅"惨案二周年纪念大会,被推为大会主席。6月1日,董必武参加湖北省农民协会举办的农民武装训练班开学典礼,与谭平山、李汉俊、张太雷等被聘为政治教官。7月18日,根据中共中央指示,董必武辞去湖北省政府委员、农工厅长和《汉口民国日报》经理的职务。

董必武7月底被汪精卫当局多次下令通缉,遂转入地下,坚持革命斗争。8月1日,南昌起义爆发,董必武和宋庆龄、邓演达、林祖涵、吴玉章、柳亚子、毛泽东、邓颖超等联名在《南昌日报》发表《中央委员宣言》,谴责蒋介石、汪精卫背叛革命,号召革命同志,集中革命势力,为反帝国主义,扫除新旧军阀,解决土地问题而奋斗。12月17日,李汉俊、詹大悲被国民党桂系军阀胡宗铎部逮捕,并于数小时后惨遭杀害。鉴于白色恐怖日益严重,根据党的指示,董必武经袁范宇、袁祥福等人的帮助,连夜化装成水手,乘轮船离汉口,取道上海去日本。月底,抵达日本京都,避居在袁范宇的弟弟家中。(以上参见《董必武年谱》编辑组编《董必武年谱》,中央文献出版社1991年版)

李达年初国民革命军总政治部成立农民问题讨论委员会后被聘为该委员会的常务委员。3月,应聘在毛泽东主办的中央农民运动讲习所讲授社会科学概论课。月底,回长沙与谢觉哉、夏曦、郭亮等筹办国共合作的湖南省党校,任教育长。5月,马日事变爆发,转移至家乡零陵。9月底,应李汉俊之邀,到武昌中山大学任教。12月,李汉俊被反动军阀杀害后,被迫潜往上海。(参见宋俭、宋景明编《中国近代思想家文库·李达卷》附录《李达年谱简编》,中国人民大学出版社2015年版)

许德珩回国后,先到当时革命中心广州任教官,讲授唯物史观和社会主义史。继而应恽代英之邀到武汉,担任武汉中央政治学校政治教官。9月初偕夫人劳君展离开武汉,到达上海,从事社会主义理论的翻译工作。

汪静之任《革命军报》特刊编辑兼武汉国民政府劳工部《劳工月刊》编辑。

鲁彦在武汉任《民国日报》副刊编辑。

臧克家考入武汉中央军政学校学习。

毛泽东2月16日就考察湖南农民运动的情况写报告给中共中央。23日,毛泽东出席国民革命军总政治部农民问题讨论会第二次常会,作《中国各地农民运动状况》的报告。3月初,国民党中央农民运动委员会召开第一次会议,批准中央农民运动讲习所筹备处提出的农讲所章程,推定邓演达、毛泽东、陈克文为中央农民运动讲习所常务委员,负责管理全所工作。3月5日,湖北省第一次农民代表大会在武昌举行预备会议,徐谦、孙科、顾孟余、毛泽东、林伯渠、邓演达、唐生智、李汉俊被聘为大会名誉主席。3月5日至4月3日,毛泽东在中共湖南区机关报《战士》周报第35—36合刊和第38—39期上发表《湖南农民运动考察报告》。中共中央机关刊物《向导》第191期作了刊登。4月,汉口长江书店以《湖南农民革命(一)》为书名出版单行本,瞿秋白作序。5、6月《共产国际》的俄文版和英文版先后转载了《向导》刊印的《报告》。

按:毛泽东此文是为了答复当时党内党外对于农民革命斗争的责难而写的。为了这个目的,毛泽东到湖南做了三十二天的考察工作,并写了这一篇报告。当时党内以陈独秀为首的右倾机会主义者,不愿意接受毛泽东的意见,而坚持自己的错误见解。他们的错误,主要是被国民党的反动潮流所吓倒,不敢支持已经起来和正在起来的伟大的农民革命斗争。为了迁就国民党,他们宁愿抛弃农民这个最主要的同盟军,使工人阶级和共产党处于孤立无援的地位。1927年春夏国民党之所以敢于叛变,发动"清党运动"和反人民的战争,主要就是乘了共产党的这个弱点。此文作为无产阶级及其政党领导农民革命斗争的纲领性文献,对马克思主义学者认识中国历史上的农民运动和农民阶级产生了重要影响。

毛泽东4月4日下午1时半出席国民党中央农民运动讲习所开学典礼。9日,中华全国农协临时执行委员发出就职通电,谓粤、湘、鄂、赣等省农民协会代表联席会议推举邓演达、毛泽东、谭延闿、谭平山、徐谦等13人为临时执行委员,并推定邓演达为宣传部长、毛泽东为组织部长、彭湃为秘书长。19日,毛泽东出席国民党中央土地委员会第一次扩大会议。土地委员会在召开了两次会议之后,自今日起改为扩大会议。4月27日至5月9日,毛泽东出席在武昌召开的中国共产党第五次全国代表大会,当选为候补中央执行委员。14日,中共中央政治局常委改组中央农委,改组后的中央农委由谭平山、毛泽东、陆沉、周以栗、蔡以东、瞿秋白、任旭、陈独秀、罗绮园、阮啸仙等10人组成。6月24日,中共中央政治局常委会第三十一次会议决定组织新的湖南省委,由毛泽东等17人组成,毛泽东、何资深、夏明翰、李植、林蔚为常务委员,毛泽东任书记。8月1日,国民党中央委员宋庆龄、邓演达、毛泽东、董必武等22人联名发表《中央委员宣言》,揭露蒋介石、汪精卫背叛国民革命,号召国民党全国同志,特别是忠实将士,拥护孙中山的三民主义与联俄、联共、扶助农工三大政策,继续为反对帝国主义与解决土地问题而奋斗。7日,出席中共中央在汉口召开的紧急会议,即八七会议,毛泽东当选为政治局候补委员。毛泽东在发言中从国共合作、农民问题、军事问题和党的组织四个方面批评陈独秀的右倾错误,着重指出:秋收暴动非有军事不可,党要非常注意军事问题,"须知政权是由枪杆子中取得的"。9月初,毛泽东从株洲到安源,以中共中央特派员和湖南省委秋收起义前敌委员会书记身份,在张家湾召开湘赣边界秋收起义的军事会议。会议决定正式组成以各路军主要负责人为委员、毛泽东为书记的中共湖南省委前敌委员会,统一领导湘赣边界秋收起义。9月9日,湘赣边界秋收起义爆发。28日,中共中央临时政治局常委会讨论长江局人选问题。经过反复讨论,通过瞿秋白提出的由罗亦农、陈乔年、任旭、王一飞、毛泽东5人组成长江局的建议。29日,毛泽东同余洒度率领工农革命军进驻永新县三湾村,经过"三湾改编",奠定了建设新型人民军队的基础。11月初,毛泽东率一部分部队回到宁冈茅坪,开始创建以宁冈为大本营的井冈山根据地。(以上参见中共中央文献研究室编撰、逄先知主编《毛泽东年谱(1893—1949)》,人民出版社、中央文献出版社1993年版)

徐特立1月23日与长沙县其他私立学校校长陆思成、范治倬、李丙烈等30余人集会,并齐赴长沙县教育局请愿,要求按时发给补助费。27日,与朱剑凡等5人在国民党长沙市党部执行委员会第一次会议上,当选为常务委员会委员。随后,担任工农部长。2月22日,考虑到县署经费核减太多,无论如何搏节,学校将来总难收支适合,与长沙师范其他几位委员一起提出总辞职。2月,长沙县立师范男女两部合办,改校长制为委员制。与李作华、熊瑾巧、周西邮等经县教育董事会选举为委员。3月,担任湖南农民协会教育科科长,兼任农村师范农运讲习所主任。春,回五美乡调查农民运动一星期,感叹不已;省教育厅正式下令缩减公立师范,长沙县立师范改为长沙县属中学。4月,带领长沙县立师范等三校和农讲所的师生,参加湖南工农商学各界团体举行的有10万人参加的反蒋示威大会。6月至7月初,来到长沙近郊黎家坨黎雪渠家避难,遇原湖南第一师范学生罗迈(即李维汉)。经罗迈介绍,湖南省委负责人彭公达批准,加入中国共产党。

徐特立7月14日到武汉,会见毛泽东。中下旬,经党组织批准,改变回湖南的计划,前往南昌参加起义。抵南昌后，周恩来、贺龙等派人到车站迎接，宿江西大旅社。受周恩来所托，动员时任江西省政府代理主席姜济寰参加南昌起义。8 月 1 日凌晨，参加由周恩来、贺龙、叶挺、朱德、刘伯承等领导的南昌起义，是起义队伍中年龄最长者。起义胜利后，以湖南代表身份出席中央执委及各省党部左派分子的联席会议，被推选为中国国民党革命委员会委员，兼革命委员会办事机构党务委员会委员。8 月 2 日，参加革命委员会在贡院侧公众体育场的就职典礼。7 日，担任国民革命军第二方面军第二十军第三师党代表，师长周逸群。9 月中旬，随起义军经福建长汀、上杭，沿汀江、韩江南下。因病，在傅连暲任院长的长汀福音医院住院治疗，一起住院的还有在会昌激战中身负重伤的三营营长陈赓。23 日，随革命委员会及起义军大队进入广东潮州，总指挥部设在涵碧楼。26 日，与周逸群率第二十军第三师留守潮州、汕头，革命委员会留驻汕头。率官兵外出潮州筹款筹粮，完成任务准备回部队时，发现潮州已被敌人占领，无法返回。遂从甲子港乘小船经广州、香港脱险至上海。10 月，潜居上海，担任中共江苏省委农民部秘书。（参见《徐特立年谱》编纂委员会编《徐特立年谱》，人民出版社 2017 年版）

　　杨东莼继续任湖南省总工会宣传部长兼《工人日报》社社长。4 月 1 日，为提高工人运动干部的水平，"使其得有正确的理论，战斗的方略，实施的技术"，湖南省总工会在长沙蚕业学校内创办工人运动讲习所，讲习所主任由全省总工会教育部长袁旦初兼任，并聘请了李维汉、郭亮、杨人杞、夏曦、龚际飞等 10 余人任教，讲课内容以工人运动为主，也包括农民运动、社会主义、三民主义、社会各阶级分析等课程，学员配有枪支，除学习理论外，还学习军事，实行武装训练。5 月 21 日，"马日事变"当晚，郭亮告知杨人杞要赶紧撤离。在获得国民党反动军官许克祥率叛军袭击省总工会等革命机关的险恶讯息后，杨东莼仍然镇定地编发了《工人日报》最后一期报纸。6 月 21 日，在杨笔钧的掩护下，杨东莼顺利赶赴汉口，和郭亮、李立三一起，以湖南省总工会代表的身份，出席第四次全国劳动代表大会，并担任大会宣传处主任。6 月 28 日，第四次全国劳动大会结束。选出中华全国总工会执行委员李立三、邓中夏、苏兆征、向忠发、林育南等 9 人为常务委员，杨东莼与刘少奇、董锄平、马超凡、黄钊 5 人为候补常务委员，并与同为湖南工人代表的郭亮、袁达时、宁迪卿被选为中华全国总工会执行委员。7 月，农军围攻长沙失败后，杨东莼、郭亮到了武汉。后来，杨东莼被派往国民革命军 15 军任政治部秘书，不久因身份暴露被迫离开该部，并又一次与党组织失去联系。12 月，大革命失败后，杨东莼被醴陵县令悬赏 500 光洋缉拿，在弟弟杨人梗的帮助下，东渡日本留学。在东京三年间，继续研究马克思主义及从事翻译和著述工作。（参见周洪宇等著《杨东莼大传》之《杨东莼生平年表》，华中师范大学出版社 2014 年版）

　　叶德辉于 4 月 11 日被湖南特别法庭逮捕枪毙。5 月 1 日，《顺天时报》以醒目的版位刊载《被党军枪决之叶德辉》的通讯。

　　按：1931 年 6 月 18 日，胡适为叶德辉遗札册页题词，写下了《悼叶德辉》这样一首"寓庄于谐"的打油诗："郋园老人不怕死，枪口指胸算什么！生平谈命三十年，总算今天轮到我。杀我者谁？共产党。我若当权还一样。当年誓要杀康梁，看来同是糊涂账。你们杀我我大笑，我认你们作同调。三十年来是与非，一样杀人来翼教。"（《胡适集·尝试后集》）

　　周世钊在国共合作时，经徐特立介绍加入国民党，任南岳日报编辑。

　　黄士衡任湖南省政府委员兼教育厅长。

　　廖沫沙毕业于湖南长沙师范学校。

　　周恩来 5 月下半月从上海秘密乘英国轮船到武汉。5 月，主持成立特科。特科分设特务、情报、保卫等四股，以情报工作为主。7月12日，出席中共中央政治局会议。根据共产国际的指示，会议决定改组中共中央领导机构，成立由张国焘、周恩来、李维汉、张太雷、李立三组成的临时中央常务委员会主持工作。在此期间，鲍罗廷根据共产国际指示，提议"准备一些军队去南昌回广州"。7月中旬，出席中共临时中央常委会议。会议初步决定在南昌举行武装起义，周恩来为中共前敌委员会书记。8月1日凌晨，根据中共中央决定，周恩来和贺龙、叶挺、朱德、刘伯承等领导中共掌握和影响下的国民革命军二万余人，在南昌举行武装起义，打响武装反抗国民党反动派的第一枪，并于拂晓占领南昌。同日，出席在原江西省政府召开的有中国共产党人和国民党左派人士参加的联席会议。会议选出由宋庆龄、邓演达、何香凝等25人组成的中国国民党革命委员会，发布《中央委员宣言》。起义胜利后，起义军按中央原定计划南下去广东，占领海口，取得外援，夺取广东，再行北伐。8月7日，中共中央在共产国际帮助下，于汉口召开紧急会议。会议选出中共临时中央政治局，周恩来被选为临时中央政治局候补委员。8月9日，中共临时中央政治局会议决定周恩来任中央军事部部长。10日决定成立南方局，任命周恩来为南方局成员和南方局军事委员会主任。12日当晚，周恩来指示总政治部起草《土地革命宣传大纲》，油印分发。同月，和李一氓介绍郭沫若参加中国共产党。9月初，根据贺龙从南昌起义到会昌战役的表现和本人的要求，和周逸群提出同意贺龙参加中国共产党。中共前委通过这一提议，由周逸群、谭平山作介绍人。（参见中央文献研究室《周恩来年谱1898—1976》，中央文献出版社1998年；中共中央文献研究室编撰、逄先知主编《毛泽东年谱(1893—1949)》，人民出版社、中央文献出版社1993年版）

恽代英7月23—30日在"七一五"政变后离武汉抵达九江，根据党中央的命令，组成以周恩来为书记，恽代英、李立三、彭湃等为委员的中共前敌委员会。前委决定于7月30日举行南昌起义。30日晨，在前委会议上和周恩来等一起经过斗争，最后否决了以中央代表身份赴南昌的张国焘反对起义的错误意见，决定8月1日凌晨起义。8月1日，南昌起义爆发。当天成立中国国民党革命委员会，与宋庆龄、邓演达等人一同被选为革命委员会主席团成员，又任宣传委员会代主席。2日，出席南昌五万军民举行的庆祝起义胜利暨革命委员会宣誓就职典礼大会，并在会上发表演说。

恽代英8月3—7日随同起义军撤离南昌，向广东进发。9月末，南昌起义部队在广东潮汕地区遭到失败。10月初，抵达香港，其间当选广东省委常委，并任宣传部长，主编省委机关刊物《红旗》半周刊。11月14日，在《红旗》上发表《纪念孙中山先生》。11月17日，中共中央做出举行广州起义的决定。同日，在《红旗》上发表《冬防》一文，号召举行暴动。12月11日凌晨，和张太雷、叶挺、叶剑英等接见广州起义的主力——教导团全体官兵，并作演讲。随后举行广州起义。12日，起义军宣告成立广州苏维埃政府，苏兆征任主席（未到职，由张太雷代理），恽代英任秘书长。13日，在优势敌军的进攻下，广州起义失败。后转移至香港，从事艰苦的白区斗争。（以上参见刘辉编《中国近代思想家文库·恽代英卷》附录《恽代英年谱简编》，中国人民大学出版社2015年版）

郭沫若年初仍在江西南昌。1月9日晚应林伯渠约，往其寓所晚餐。中旬，接待到访总政治部的张静庐、沈松泉，同意由光华书局将《创造日》汇集为《创造日汇刊》出版单行本。21日，出席列宁逝世三周年纪念大会并发表演讲。称赞列宁主义与中山主义，阐释联俄政策的重要性。30日，应邓演达之邀，往庐山。31日晨，往庐山疗养院见蒋介石。随后，与邓演达下山，乘火车返南昌。晚，抵达南昌时遇第三军一部兵变，与邓演达留宿总司令部。是月,与徐谦、邓演达、戴季陶、周佛海、章伯钧等人被国民政府委定为国立武昌中山大学筹备委员会委员。该大学于2月1日正式开学。2月1日晨,从城内总司令部返回东湖的政治部。上午,往南门外俄国顾问公馆见邓演达。邓演达告之准备立即离开南昌,返回武汉。在东江楼接待来访的林伯渠。上旬,与铁罗尼交换对于蒋介石委任四个上海的大流氓作为驻沪特派员的看法。又致信郁达夫,责备其所写的《广州事情》一文。

按:郁达夫以笔名"日归"撰写了政论文章《广州事情》,发表于《洪水》半月刊1月16日第3卷第25期。文中揭露了他在广州看到的革命队伍中的一些不良现象及存在的问题,认为这一次的革命"仍复是去我们的理想很遥远",提出要"尽我们的力量来作第二次工作的预备",以早日消灭"畸形的过渡现象"。郭沫若写信,成仿吾撰文《读了〈广州事情〉》,都对此文表示了责备之意。郁达夫接读郭沫若来信后在日记中写道:"接到了郭沫若的一封信,是因为《广州事情》责备我倾向太坏的,我怕他要为右派所笼络了,将来我们两人,或要分道而驰的。"

郭沫若2月19日在总司令部西花厅出席"中国国民党国民革命军总司令部南昌特别党部"成立大会,并任临时主席,蒋介石为总主席。会上,与张群、陈公博、陈立夫、李仲公等9人一起当选为执行委员。同日,与邓演达联名颁布《国民革命军总司令部政治部布告》。22日,在总司令部西花厅参加"中国国民党国民革命军总司令部南昌特别党部"执行委员监察委员就职典礼。与张群、陈公博、陈立夫等诸委员就职后,即提出讨论四项议案。23日,代表蒋介石出席江西全省工人第一次代表大会,并演讲。同月,晤见来南昌见蒋介石的陈布雷。3月1日被蒋介石秘密委任为"总司令部行营政治部主任"。2日,参加"总政治部召集之战时党务政治工作会议"。6日,参加国民党南昌市党部全体党员大会,并作政治报告。14日,接张群手交"总司令部行营政治部主任"的委任状。22日晚,郭沫若接武汉国民政府电令,命往上海组织总政治部分部。24日,被任命为总政治部上海分部主任。28日,与政治部全体人员上船,准备往上海。遇第三军政治部主任朱克靖从武昌来,告以中央决心罢免蒋介石,并要求先将他送往九江朱培德部公干,遂同往九江。同日,与吴稚晖、柳亚子等被国民政府派定作南京东南大学改组为东南中山大学筹备委员会委员。

按:据4月2日《广州民国日报》载:国立东南大学原为国家主义派所主持,国民革命军攻克南京后,国民党中央执行委员会政治会议通过议案并交国民政府令行,决定将东南大学改组为国立东南中山大学,任吴稚晖、顾孟余、郭沫若、经亨颐、柳亚子五人为筹备委员。

郭沫若3月30日为周恩来在上海第三次武装起义特别委员会会议上建议推举为知识分子的领袖。31日晨,郭沫若开始起草《请看今日之蒋介石》。春,应汪静之请求,将其调《革命军日报》,作副刊编辑。4月1日,郭沫若与鲁迅、成仿吾、郁达夫、何畏、张资平、郑伯奇、王独清联名在《洪水》半月刊第3卷第30期发表何畏起草的《中国文学家对于英国智识阶级及一般民众宣言》。同日,作《敬告革命战线上的武装同志》;诗集《瓶》由创造社出版部初版发行,为"创造社丛书"第7种。5日,与陈启修、刘湘、刘文辉、杨森、刘伯承、邓锡侯、杨闇公等被国民政府任命为四川临时省政务委员会委员,同时与陈启修、刘湘、刘文辉、杨森、杨闇公等7人被指定为常务委员,着"赳日组织临时省政府"。8日上午,郭沫若到达南京。从报上得知:总政治部上海分部已被蒋介石查封。9日,在武汉《中央日报》发表《请看今日之蒋介石》,记述了在总司令部行营工作期间亲历的安庆屠杀事件,以及了解到的"三一七"惨案、赣州事件的真相,揭露了蒋介石背叛革命,屠杀民众,成为各种反动势力代表人物的真实面目,将蒋介石视为"流氓地痞、土豪劣绅、贪官污吏、卖国军阀,所有一切反动派反革命势力的中心力量"。

按:这篇战斗檄文写在"四一二"政变以前,响亮提出来"打倒蒋介石"的口号,具有重大的革命意义,在人民群众中产生了巨大影响。就郭沫若个人来说,这篇在革命的黑暗时代公开讨伐蒋介石的文章,是他政治上成熟的标志,更代表了他"旗帜鲜明"的革命态度。至5月,武汉《中央日报》副刊作为16开单行本出版。

郭沫若4月14日乘火车到达上海。"四一二事件"后,上海白色恐怖正达到高潮。即往内山书店与李民治会面。晚,在李民治家见到周恩来,提出上海现在不行了,应该到武汉去组织力量讨伐蒋介石。15日,乘船离沪赴武汉。19日,参加武汉国民政府在武昌南湖举行的第二次北伐誓师典礼,并作讲话。25日,在武昌总理纪念周上作题为《蒋逆介石之罪状》的报告。28日,与徐谦、邓演达、谭延闿、彭泽民、宋庆龄、何香凝等往大智门车站欢送张发奎率第四军、第十一军兵发河南进行第二次北伐,并致辞。29日,由武汉国民党中央任命为军事委员会总政治部副主任。同日,与孙科、邓演达、董必武、何香凝、向忠发等往大智门车站欢送总指挥唐生智赴河南前线督战,并致辞。同月,与瞿秋白同游黄鹤楼,同为时局感到忧虑。4日,参加武汉各界在阅马场举行的"五四"纪念大会,并演讲。9日,参加武昌各界五十万群众在阅马场举行的国耻纪念日纪念示威大会,被推举为大会主席团成员,并发表演说。10日,被南京国民政府通缉。同月,作《脱离蒋介石以后》,连载于7日、9日、11日、14日、17日、23日武汉《中央日报》副刊,详细记述了在看清蒋介石的反革命面目与之分手后,在3月、4月两个月内所经历的事情。6月15日晚,晤见来访的林伯渠。19日下午,代表总政治部出席在汉口中央人民俱乐部举行的第四次全国劳动大会,并演讲。22日,被国民政府政治委员会任命为第四集团军第二方面军副党代表。7月15日,出席第九届全国学生代表大会开幕式,并发表演讲。同日,第四集团军第二方面军总指挥部政治部成立,受命兼任政治部主任。李民治任秘书长兼组织科长,潘汉年任宣传科长,朱瑞之任总务科长。

郭沫若8月1日参加南昌起义。经国民党"中央委员各省区特别市海外各党部代表联席会议"选举为中国国民党革命委员会委员、主席团成员。2日,与宋庆龄、邓演达、谭平山、张发奎、贺龙、恽代英等主席团成员联名颁布《中国国民党革命委员会令》,任命国民党革命委员会秘书厅、参谋团、财政委员会、宣传委员会、农工委员会等各个组织机构的组成人员及负责人,以及所辖部队的军事指挥员、总政治部负责人等。同日,被中国国民党革命委员会任命为宣传委员会委员、主席(未到任前由委员恽代英代理)、总政治部主任(未到任前由副主任章伯钧代理)。4日晚,抵达南昌,即被引至贺龙的军部。见到得知消息赶来的周恩来,并得其所赠一套蓝布军服。又见到谭平山、恽代英。5日,随前敌委员会、革命委员会机关及贺龙率领的二十军出发南下广东。26日,起义军攻入瑞金。随前敌委员会、革命委员会机关驻留瑞金(26日至9月1日)期间,经周恩来、李一氓介绍,与贺龙等一同加入中国共产党。12日,抵达上杭,其间与周恩来、恽代英、聂荣臻、徐特立、章伯钧等在第九军军部参加政治工作会议。26日,与周恩来乘船往汕头。在汕头期间,接收了《岭东民国日报》,改为革命委员会机关报《革命日报》,任主笔,并为该报题写报头。10月下旬,从神泉乘小帆船往香港。在香港致信成仿吾,主张从革命回到文学的时代。(以上参见林甘泉、蔡震主编《郭沫若年谱长编》,中国社会科学出版社2017年版)

周鲠生参加南昌起义,被革命委员会任为江西省政府主席。起义失败后流亡日本。是年,周鲠生著《解放运动中之对外问题》由上海太平洋书店刊行。又著《近代欧洲外交史》由上海商务印书馆刊行,书中详细阐述了19世纪至20世纪初欧洲主要国际外交关系史,并对不同时期欧洲国家外交关系形成的原因、事件及结果等做了深刻的分析。

　　胡风4月由蕲春县县长(董必武的朋友)介绍到武昌省立二女中任国文教员。校长为冼百言。暑假后,转到武昌省立男一中,但因学校无经费,未能开学,所以并未上课。8月至10月末,应邓初民之命,在国民党湖北省党部任宣传干事,邓初民任宣传部长。胡风帮助邓初民编了两期《武汉评论》。11月,桂系极端反共派胡宗铎、陶钧军队入武汉,开始了白色恐怖。因在本县和省党部工作的关系,随时有被杀的可能。同时,扶国权赶来告诉胡风有关杨超在九江被捕的消息。为了营救杨超和避难,胡风离开武汉去南昌。到南昌后,方知杨超已在前一、两天牺牲。胡风只得隐蔽在陶希圣任教务长的江西党务学校任编辑员,约两个月。由陶希圣介绍,编《国民日报》副刊《野火》、《长天》,登载反帝、反封建、对现实不满的文章,被国民党当局注意,只出了两期。(参见晓风《胡风年表简编》,《新文学史料》1986年第4期)

　　唐文治时为江苏无锡国学专修学校校长。1月1日,无锡国学专修馆同学会所编辑之《国学年刊》出版,唐文治作《弁言》。同月,无锡国学专修学校招收第五班学生42人。2月21日,无锡国学专修馆开馆上课。3月初,无锡国学专修馆改名为无锡国文大学,并修改章程、重订课程。这是无锡国专第一次改名。3月21日,北伐的国民革命军第十四军进驻无锡。此后不久,无锡县行政委员会成立,徐梦影担任该委员会的教育委员,封闭国学专修馆。馆生崔履宸、张惟明、路式遵等赴县署力争,不能挽回。3月19日,唐文治辞去国学馆职,并辞无锡中学校长职。7月,无锡国文大学议改校名为无锡国学专门学院,同时成立学校董事会,并以校董会的名义,呈请江苏省教育厅备案,此为无锡国专第二次改名。8月8日无锡国学专修馆首届毕业生吴宝凌、二届毕业生蒋天枢考入清华国学研究院,成为第三届研究生。9月,无锡国学专门学院行开院礼。同月,陈柱辞职,聘冯振继任,讲授"文字学"和"诸子文"等课程。10月17日,张元济被匪徒绑架,六天后释放,包括唐文治在内的诸多社会名流去函或去人慰问。

　　唐文治12月23日召开无锡国专董事会议,与会者有俞复、钱基博、钱孙卿、孙家复、蔡其标、顾彬生、邹家麟等,讨论学校扩充计划等事。冬,编《紫阳学术发微》,共分十二类:一、为学次第,二、己丑悟道,三、心性学,四、论仁善国,五、经学,六、政治学,七、论道、释二家,八、辨金溪学,九、辨浙东学,十、晚年定论评,十一、通论上,十二、通论下。《茹经先生自订年谱》记:此后治朱学者,当可得其门而入矣。又刻《茹经堂奏疏》三卷成,卷一收《请挽大局以维国运折》等四篇,卷二收《议复张振勋条陈商务折》等六篇,卷三收《请办商业模范银行折》等十篇。王清穆、王典章作"序",并由唐文治自序。是年,作《王文贞先生学案》,详细地介绍王祖畲的学术思想和著作内容;作《读左研究法》《读朱子仁说》;太仓刊刻《陈子遗书》,唐文治作"序"。1925年由王保譲和钱诵三、陈石鲸从虞山李氏借得《安道先生遗书》58卷,抄存太仓图书馆。是年,唐文治著《人格》由中华民国圣道会刊行。(参见陆阳《唐文治年谱》,上海三联书店2013年版)

　　陈柱任教于无锡国专。春,著成《老学八篇》。3月15日,作《自序》云:"柱自去年秋,为诸生讲《老子》,爰著《老子集训》,略采诸家之说,参以己见,意欲使之粗明训诂,稍通玄旨也。既课毕,爰复授此八篇,以与《集训》为一经一纬之用焉。"5月,主编之《中国学术讨论集》第一集由上海群众图书公司出版,集中编入陈柱的《老子集训序例》《定本墨子间诂补正序例》《墨学十论自序》《论六官命名古义》《论井田制度》《转注说》《反语说》《字例篇上》《释夏》《释夷》《释羌》《释家》《释由》《设立国学研究院之我见》,又有唐文治《〈汉书艺文志〉〈尔雅〉属孝经类说》一文。7月,在《东方杂志》第7期第24卷上发表《姚际恒〈诗经通论〉述评》。9月,辞无锡国专教职。11月,选注《老子》由上海商务印书馆出版,此为陈柱关于《老子》的第三部著作。其《编余语》略云:去冬有《老子集训》之作,今春有《老子八篇》之作,其训诂理论已详,兹编务求简易。二书所见略有不同,兹编复有差异,乃学业见解日异故。(参见张京华、王玉清《陈柱学术年谱》,《广西社会科学》2007年第2期;陆阳《唐文治年谱》,上海三联书店2013年版)

钱基博任上海光华大学国文教授。夏初,因北伐军到达沪宁,锡沪交通受阻,钱基博无法到光华上课,因此应唐文治之请来无锡国专上课。9月,无锡国学专门学院行开院礼,钱基博被聘为教授。锡沪交通恢复后,在上海任教的钱基博,照例于每星期五下午回锡,当晚到国专讲课两小时,星期六上午再讲两小时,星期日早车返沪。从此往返沪锡,风雨无阻。11月,聘钱基博兼校务主任。

按:钱基博往返于两地兼课,一直到抗战爆发前夕。钱基博在无锡国专先后开设过《古文辞类纂》《文史通义》、"目录学"、《韩昌黎文》《孙子十三篇》《东塾读书记》等多门专业课程。(参见王玉德《钱基博学术年谱简编》,载舒大刚主编《儒藏论坛》,四川大学出版社2009年版;韩复智编著《钱穆先生学术年谱》;陆阳《唐文治年谱》,上海三联书店2013年版)

钱穆在省立第三师范学校任教。夏秋之间,钱穆在离校之前几度拜访唐文治。唐文治赠其全部著作两大包。多年以后,钱穆在《师友杂忆》中谓唐文治"为余生平所遇一近代中国之典型人物也"。(参见韩复智编著《钱穆先生学术年谱》,中央编译出版社2012年版;陆阳《唐文治年谱》,上海三联书店2013年版)

吴梅是春因东南大学停办,举室回苏州。2月25日作《乞食图·跋》。4月校订《奢摩他室曲丛》152种成。5月,作《奢摩他室曲丛·序》。7月,作《湘真阁·自序》。9月中旬,赴广州中山大学任教。11月,为卢前作《饮虹五种·序》。12月,因生活不适返苏州。是年,尚作《湘真阁歌谱》。(参见《吴梅全集·日记卷上》,河北教育出版社2002年版)

汪懋祖辞去大学教授与督学等职,返回家乡创办苏州中学,并任校长。

蒋兆兰携王朝阳、吴梅、黄钧、顾建勋、张荣培、王謇等人于江苏吴县成立琴社,约活动至1928年春止。

吴子深斥巨资在江苏苏州"沧浪亭"创设苏州美专校舍。

徐碧波、程小青、叶天魂在苏州五卅路公园内自建房屋,自备发电机,开设苏州第一家正规的电影院——公园电影院。

蒋梦麟3月1日出任浙江临时政治会议委员兼秘书长,此为蒋梦麟第一次担任国民党的要职。24日,蒋梦麟与邵元冲、蔡元培、马叙伦前往上海国民革命军前敌总指挥部,与白崇禧、潘宜之、吴稚晖、李石曾等会晤,共商应付党务办法。吴稚晖以屡为陈独秀等所诒,愤然以为非分裂不可,李石曾意亦激昂。3月27日午前,应蒋介石约请,蒋梦麟随吴稚晖、李石曾、蔡元培、张静江、马叙伦等迁入丰林桥总部行营。此后数日,参与讨论与共产党分裂办法。吴稚晖主张由中央监察委员会提出弹劾共产党员及跨党分子谋危本党、动摇后方及卖国之行为,其证据则根据数星期前陈独秀对吴稚晖之谈话,谓共产党于二十年内可实行共产,又于去年双十节共产党在湖北秘密散发的传单意在阴谋破坏国民党者为证。然后再由检查委员会召集中央执行委员会之非附逆者开会商量以后办法,而开除及监视一切附逆及跨党之首要等,听候代表大会裁判云云。4月12日,国民党在东南各省下令全面清党,国共决裂。14日,蒋梦麟与蒋伯诚、邵元冲、马叙伦等离开上海回杭州,以政治会议浙江分会名义,布告受派来浙办理党政。20日,蒋梦麟出任政治会议浙江分会政治委员兼秘书长。

25 日下午 4 时,政治会议浙江分会举行成立及委员就职典礼。

蒋梦麟 5 月 6 日兼浙江省教育厅长,主要推进党化教育、大学区建设、浙江大学办学以及收回外人教育事业。16 日,蒋梦麟呈报《浙江大学区今后教育改进计划》。24 日晨,蒋梦麟与张静江、蔡元培、李石曾、邵元冲、马叙伦、褚民谊等雇舟湖上商议党政及浙江大学研究院事。25 日上午,省政府省务会议通过浙江大学研究会筹备员名单,与张静江、蔡元培、李石曾、马叙伦、邵元冲、胡适、陈世璋、邵斐子等为筹备员。同月,蒋梦麟为迎合国民党一党统治的需要,快速完成国民党浙江省党部拟定的《党化教育大纲》,成为国民党统治区内的典范。6 月 8 日,浙江省第十九次省务委员会议决通过蒋梦麟代表省教育厅所提收回外人教育事业办法案,规定外国人所办教育事业,于 9 月 1 日前移交省政府或有中华民国国籍之人民或团体接办,听候审查立案。立案后可与私立学校享受同等待遇。外国人或外国人团体,不得担任董事或校长。省务会议通过了此项提议。18 日,浙江大学研究会筹备会在午前成立。22 日,蒋梦麟由杭州致胡适函,征求胡适对浙江大学研究院简章的意见。23 日,国民党中央执行委员会政治会议通过蔡元培、李石曾、褚民谊等提议,设立中华民国大学院,作为全国最高学术教育行政机关。同日,教育行政委员会会议决议,先在江苏、浙江两省试行"大学区"制。江苏设立第四中山大学。28 日,根据中央政治会议决议,蒋梦麟任第三中山大学校长,负责浙江大学区,处理省内教育行政一切事务。7 月 1 日,浙江大学区正式改称国立浙江大学。6 日中午,蒋梦麟与新自上海来杭州的蔡元培、李石曾、胡适等中央教育委员,及邵元冲、马寅初、马叙伦等在楼外楼同餐,并于餐后在舟中开第三中山大学筹备委员会。对于章程有所讨论。11 日,国民政府任命蒋梦麟为第三中山大学校长,负责主持浙江大学区。26—28 日,蒋梦麟以浙江省教育厅长的身份召集全省中学校长会议,讨论、实施《浙江实施党化教育大纲》,要求中学以训练党员的方法训练学生,以党的纪律为学校之规约,建设新道德应从求知入手,依训政时期国家的组织为学生自治的组织,以三民主义之中心思想确定学生的人生观。8 月 4 日,南京国民政府教育行政委员会议决学校施行党化教育办法草案。由此可见,蒋梦麟的党化教育主张远在国民党中央实行之前。

蒋梦麟 8 月 1 日推动浙江省务会议决议:将浙江省立甲种工业专门学校、浙江省立甲种农业专门学校改组为国立中山大学工学院、农学院,并决定另行筹备文理学院,合三院组织国立第三中山大学,大学区成立。11 月 3 日,蒋梦麟以第三中山大学校长的身份致函浙江省各市市长,通令浙江各市县,限期禁止各小学采用古话文,规定自 1927 年度第二学期即 1928 年 2 月开始,全省各小学,不论初级高级,一律不得再用古话文之教科书或教材。倘有违令者,应勒令该校校长将该教员立即辞退改聘;如果校长违令,则应该立即撤换。这一政策不仅在实践中取得良好的效果,而且影响所及已远远超出浙江大学区的范围。(以上参见马勇、黄令坦编《中国近代思想家文库·蒋梦麟卷》及附录《蒋梦麟年谱简编》,中国人民大学出版社 2015 年版;马勇《蒋梦麟传》,河南文艺出版社 1999 年版;中央教育科学研究所编《中国现代教育大事记 1919—1949》,教育科学出版社 1988 年版;高平叔编著《蔡元培年谱长编》,人民教育出版社 1996 年版;卢礼阳《马叙伦年谱》,浙江古籍出版社 2021 年版)

马叙伦 1 月 7 日与蔡元培由宁波乘船赴象山,北大毕业生姜绍谟、励德人随行。8 日,到鄞县,与蔡元培、褚辅成、魏炯等省政务委员开委员会第一次会议。当夜得知孙传芳部尾随而来,次早分头"亡命"。中旬,避难象山县。21 日,脱险抵福州。22 日,马叙伦与蔡元培往访北伐军东路总指挥何应钦。应邀迁住财政部福建全省禁烟支处。24 日,顾颉刚自厦门大学来福州访晤,邀请于周日(30 日)同往厦门,蔡元培告以待星期五决定。28 日,马叙伦应福建省教育改造委员会之邀出席演讲。又偕蔡元培访晤顾颉刚。29日,乘船离开福州。30日,抵达厦门,林语堂来接。31日,往厦门大学参观国学研究院、生物学院,北大同学陪同,并设午宴于校长室。夜下榻生物学院。2月1日,与蔡元培乘船出发,顾颉刚来送行。同日,到集美。4日,往泉州、漳州游览、宣传。7日,返回厦门。13日,与蔡元培往南普陀讲演。14日,离开厦门往漳州游览、宣传。晚,林语堂长兄设家宴招待。15日,前往南靖县教堂讲演。16日下午,乘船返回厦门。17日,出席厦大国学研究院停办问题座谈会。

按:顾颉刚日记二月十七日(星期四):"到青年会晤蔡、马二先生。开会商量研究院事,到者蔡、马二先生及语堂先生、振玉、介泉、元胎、川岛、莘田、玉霖等。晚归。夷初先生劝予勿辞职,先向校长提出质问书,质问停办国学院及辞退院中各教职员之理由,俟其答复而后再辞职。会中全体无异议。于是予遂不提出辞职矣。"

马叙伦2月18日晨乘船离开厦门,首途返浙。北伐军攻占杭州后,与蔡元培经温州、宁波、绍兴,返杭州。3月1日,马叙伦任浙江临时政治会议委员。4日,在青年会与蔡元培、邵元冲、陈其蔚等谈论"浙省善后问题"。12日,顾颉刚来函谈厦门大学国学院去留问题。21日晚间,与蔡元培、邵元冲等同至新新旅馆访张静江,张静江谓蒋介石"对于与共产党分离事已具决心"。24日,随张静江同车出发,次日抵达上海龙华。26日,蒋介石抵沪,住枫林桥镇守使署。27日,与蔡元培、邵元冲、吴敬恒、李石曾、蒋梦麟等均迁入镇守使署。28日,国民党留沪中央监察委员吴稚晖、张静江、李石曾、古应芬、蔡元培等晚上8时开预备会,蔡元培主席,马叙伦记录。决议由吴稚晖拟具检举共产分子之草案,提交监察委员会全体会议公决。4月2日下午7时,国民党中央监察委员会在上海举行会议,吴稚晖、张静江、李石曾、古应芬、蔡元培、陈果夫、李宗仁、黄绍竑等出席,蔡元培主席,马叙伦记录。吴稚晖提出"请办覆党卖国之共产派党员案",经讨论,决议:"照原案咨送中央执行委员。"5日午后2时,国民党中央监察委员会在上海举行第三号会议,吴稚晖、李石曾、古应芬、蔡元培、陈果夫、李宗仁、黄绍竑等出席,蔡元培主席,马叙伦记录。8日下午3时,国民党中央监察委员会在上海举行会议,邓泽如、张静江、吴稚晖、李石曾、古应芬、蔡元培、陈果夫、黄绍竑等出席,蔡元培主席,马叙伦记录。

马叙伦4月12日与蔡元培、邵元冲商谈返浙接收政务事。13日,政治会议浙江分会推定马叙伦、蒋梦麟、陈其采"主持政务"。当晚蔡元培离沪赴杭。14日午间,褚辅成、沈钧儒被扣押于(东路北伐军)留守行营,办公室遭严密搜查,密码本亦被索去。当晚,马叙伦、邵元冲、梦麟、蒋伯诚抵杭。18日,沈钧儒拟辞职电,送王廷扬、马叙伦代发。20日,浙江省政治分会、省政府委员名单发表。21日,马叙伦暂兼省政务委员会主席。23日,马叙伦偕同蒋梦麟、邵元冲至灵隐小憩。24日,与邵元冲、蒋梦麟走访蔡元培、张静江。25日,就任政治会议浙江分会委员。27日,马叙伦出席省政务委员会举行就职典礼,并与蒋伯诚、周恭先被推定为常务委员。5月4日,省务委员会会议,通过陈布雷为省政府秘书长,邵元冲不再兼任。当晚,马叙伦应蒋伯诚、邵元冲之约,与蔡元培、潘宜之同往九芝小筑用餐。5日下午,出席省政府纪念孙总理就任非常大总统六周年典礼。散会后约蒋伯诚、邵元冲、潘宜之、陈熙甫共进晚餐。17日,出席杭州市长邵元冲就职典礼,并致辞希望改善杭州市政设施。20日,与蒋梦麟、陈其采、陈希豪、周凤岐(叶焕华代)、蒋伯诚、程振钧、阮性存、陈屺怀、黄人望等出席浙江省务委员会第十一次会议,会议由常务委员蒋伯诚主持。讨论议案十四件。随后马叙伦发言,报告新任秘书长陈布雷已到杭,提议敦促财政厅长陈其采及早就职。

马叙伦5月25日受聘为浙江大学研究院筹备委员。浙江政治分会通过设立浙江大学研究院的计划及开办费预算,并聘任蔡元培、张静江、李石曾、蒋梦麟、邵元冲、马叙伦、胡适、陈世璋、邵裴子等9人为筹备委员。同日,顾颉刚自沪来杭为中山大学采购图书而过访。6月1日,马叙伦与张静江、蔡元培、周凤岐、陈其采、阮性存、蒋伯诚、邵元冲、吴士鉴、许宝驹、王廷扬等联名发表《夏公定侯追悼会启事》,定于阳历6月18日杭州西湖忠烈祠举行。11日,省政治分会会议。蒋介石到杭州,下榻法院路张静江寓邸。傍晚与蒋介石、蔡元培、张静江、邵元冲、蒋梦麟、蒋伯诚等至烟霞洞晚餐,对杭州公安局等问题有所商榷。17日,出席省务委员会第二十三次常会,提议《浙江省最近政纲》。7月4日下午,赴省教育会,马叙伦出席秋瑾女侠遇难二十周年纪念会,并演说。同日,省务委员会第三十次会议,决定组织考试委员会。6日,赴楼外楼午餐,同席为中央教育行政委员会委员、浙江大学研究院筹备委员。餐后在游船上举行第三中山大学筹备委员会,就大学章程有所修正。晚间,与邵元冲做东,在省政府设宴招待中央教育行政委员会各委员。25日,浙江省务委员会改组为浙江省政府委员会,并宣誓就职,浙江政治分会秘书长蒋梦麟致辞,马叙伦致答辞。下午省政府委员会举行第一次会议,票选张静江为省政府主席,马叙伦提议省政府各厅公文一律送由主席核发,议决通过。27日,浙江省政府委员会第二次会议,公推马叙伦、颜大组为常务委员。8月14日,蒋介石"下野",返回奉化。下旬,马叙伦与张静江、蔡元培、陈希豪四人联名呈请辞职。

按:据8月22日《申报》载:二十日南京中央政治会议议决,浙江省政府委员陈希豪因病恳请辞职,应照准;浙江省政府委员兼民政厅厅长马叙伦呈请辞去本兼各职,应照准;任命庄崧甫、陈其采、斯烈为浙江省政府委员;浙江省政府委员颜大组,著毋庸兼任浙江财政厅厅长;任命斯烈兼任浙江民政厅厅长,陈其采兼任浙江财政厅厅长;浙江省政府主席在张人杰未回任以前,由周凤岐暂行代理;各案均交国民政府办理。(《中央对浙局之决议》)

马叙伦8月27日辞职后暂寓上海复新里。29日,顾颉刚来函。9月9日,新任省政府委员兼民政厅长斯烈宣誓就职。同日,杭州清政运动大会发布"请看祸浙害民六畜"传单,所谓"六畜",指"马叙伦、蒋梦麟、邵元冲、沈定一、姜绍谟、沈尔乔"6人。10月5日,何应钦任浙江省政府委员会主席。12月1日,马叙伦就广济医院接收事件致蒋伯诚函,以为主持民政厅任内收回广济医院,此举深得人心。26日,顾颉刚来函。同月,马叙伦应邀在上海暨南大学讲演《校读古书之第一问题——中国文字之构造法》。(以上参见卢礼阳《马叙伦年谱》,浙江古籍出版社2021年版)

余绍宋自京南归,并定居杭州,联合杭州书画名家孙智敏、马叙伦、高时丰等人发起组织东皋雅集。

李平心1月受中共党组织的安排,肄业离校,赴浙江第六师范学校任教,并与曹亮一起编辑出版《世界月刊》,宣传马克思主义,讨论中国政治、经济和社会等问题。

方豪从是年3月起到1948年止,在浙江省立第七中学(今为金华一中)整整当了20余年的校长。

王任叔任宁波中山公学、第四中学教师,一度负责中共宁波地委宣传部工作。6月被捕,由庄崧甫保释。是年,第一本短篇小说集《监狱》出版。

王季思在浙江温州瓯海中学任教;因宣传国民党第一次代表大会宣言,反对西山会议派,在蒋介石"四一二"反革命政变时遭逮捕。后经亲友保释,重返南京读书。

范寿康任浙江上虞春晖中学校长。是年,范寿康《认识论》《认识论浅说》《美学概论》由上海商务印书馆刊行，成为当时译介康德哲学的先行者。

蒋伯潜任浙江《三五日报》主笔，抨击时政，文名鹊起。

马一浮 8 月应释智慧法师之请撰《楞严开蒙小引》文。9 月，为丰子恺题《子恺画集》，对其赞赏有加。秋，为丰子恺作《漫画儿童相书后》。（参见张雨晴《马一浮学术年谱整理（1911—1949）及其儒学践履活动研究》，贵州大学硕士学位论文，2019 年）

刘文典 10 月应安徽省政府聘请，与余谊密、胡春霖、张秋白、汤志先、雷啸岑、吴承宪、廖方新、常宗会、吴善、刘复诸人组成安徽大学筹备委员会，主持安大筹建工作。11 月 12 日，刘文典撰写译著《进化论讲话》自序。此书后由亚东图书馆出版，分上下两册。11 月，胡适在上海东亚同文书院演讲"中国近三百年的四个思想家"，认为顾炎武、颜元、戴震和吴敬恒等 4 人代表这三百年中"反理学"的趋势。演讲全文在《贡献》杂志第 1 卷第 6—8 期发表后，刘文典致函胡适，对他过高评价吴敬恒 00（即吴稚晖）的思想史地位表达不同意见。（参见玉政编著《刘文典年谱》，安徽大学出版社 2011 年版）

林文庆继续任厦门大学校长。1 月至 3 月，爆发第二次学潮。1 月上、中旬，学生成立"驱刘委员会"，代行校长职务的理科主任刘树杞自动辞职，学校提前放假。23 日，林文庆校长启程赴新加坡与陈嘉庚磋议解决办法。2 月下旬，国民党厦门市党部与警备司令部出面调停。3 月中旬，双方同意调停条件。4 月 4 日，学校开学，第二次学潮结束。国学研究院正式停办，除沈兼士、鲁迅先期辞职外，林语堂、顾颉刚、张星烺也相继离校，厦大顿失一批文科名师。11 月 18 日，校董会聘张颐博士为副校长。（参见洪永宏编著《厦门大学校史》（第一卷），厦门大学出版社 1990 年版）

张澜 3 月中旬采纳成都大学进步社团"社会科学研究社"（简称"社科社"）的建议，允许成大学生中的国家主义派的"惕社"、三民主义的"健行社"和共产主义的"社科社"三派三社同场公开演讲辩论，并表示要亲临听讲。4 月，四川军阀在重庆制造了屠杀爱国群众的"三三一"惨案后，成都大学"社科社"立即联合成都师大"导社"发起全市性的反对军阀屠杀革命群众的示威大会，揭露军阀的罪恶行径。张澜严词抗议军阀暴行，并要刘湘取消对杨伯慢、肖华清、罗世文、任白戈、陈同生等的通缉令。7 月 24 日，张澜以校长名义发布《校告》称："大学为最高学府，包罗众有，学生对于各种主义之学说，均可尽量研究，以求真理之所在。言论思想，固不禁人之自由，不得因某某研究某种主义之学说，而辄牵入政治问题，攻讦其不当，违反学府性质，损失学者态度，致见讥于明大雅之侪。"（参见谢增寿编著《张澜年谱》，群言出版社 2013 年版）

吴虞 1 月 13 日在家编写所藏书目。3 月 8 日，四女吴桓来信，言其已入革党，任一军七师师部秘书，兼任政治部总务科长。14 日，四女在本日《新四川日刊》上刊登启事，言与潘力山已脱离家庭关系。8 月 2 日，四女来信，言介绍傅无退于李宗仁总指挥，已委其任烈山煤矿会办。11 月 8 日，吴棱致信张澜，言吴桓已与第七军军长夏威结婚。9 日，华阳书报处寄到 6 月第五版之《吴虞文录》30 册。12 月 25 日，吴虞与刘翼儒出游，取得"宜隐堂"匾，令仆人卫林携归悬之。（参见朱玉、孙文周《吴虞年谱简编》，《吴虞诗词研究与整理》附录一，河南文艺出版社 2016 年版）

蒙文通仍任教于成都大学。春，蒙文通撰《古史甄微》，为其成名之作。蒙文通所撰《古史甄微》自序谓"丁卯岁首稍暇，遂发愤撰集，谋以酬廖师之命者、应叶丈之责"。

按：10 月 1 日，吴芳吉致信刘宏度、刘柏荣，告知成大学风，云："文科课程殊无条理，无标准，今已办至大学二年，读《经史百家杂钞》犹未毕事。此则任令东北诸生来此教之，绰有余矣。教师分新旧两派，若吉则为最新之人也。学生以信仰不同,亦有三派;曰社会科学派,曰三民主义派,曰国家主义派。各派所张标语,莫不曰:一校之内不容两种信仰。实则固有三矣。至论蜀中少年本质,率皆聪明亢激,兼南北民性之长,文学尤其所近,不费唇舌,可导之入于高深之境。惟以生活优裕,风气浮薄,姿态必求入时,言谈必求漂亮,活动有余,用功不足,此其不治之症,殊可兴叹。"(《吴芳吉集》)

按:蒙文通《治学杂语》(《蒙文通学记》)曰:"中外进行比较,是研究历史的一个重要方法。写《古史甄微》时,就靠读书时学过些西洋史,知道点罗马、希腊、印度的古代文明,知道他们在地理、民族、文化上都不相同。从这里受到启发,结合我国古史传说,爬梳中国古代民族可以江汉、河洛、海岱分为三系的看法,从而打破了关于传说时代的正统看法。学者或不以为谬,后又得到考古学上的印证。后来喜读汉译社会、经济名家著,也常从正面、反面受到启发。所写一些文章虽未明确写上这点,但在考虑问题时常常是从这里出发的。"

蒙文通9月12日至成大历史系任教。是时,向楚主讲音韵学,伍非百主讲诸子,林思进主讲《史记》《文选》,叶秉诚主讲《中国哲学史》,李培甫主讲《韩非子·解老篇》,李劼人主讲《文学概论》,唐迪风主讲儒学。但是"现在学生纷纷主张换教务长,及中国文学系主任",熊小岩言"成大中国文学系办不起来",向楚诸人拟仍请吴虞回成大。10月初,蒙文通致函李子雄,邀其到成都大学图书馆任编目工作。11日,蒙文通晤吴虞,并为之介绍欧阳竟无。18日,蒙文通晤吴虞,告知日本印《大正藏经》事。22日,蒙文通与刘恒如访吴虞,刘恒如为吴虞推荐佛学书目若干。11月3日晚,蒙文通与叶秉诚至敬业社听刘恒如讲《唯识论》。11日,刘恒如讲《成唯识论》,蒙文通于是同晤萧中仑、吴虞"谈久之"。27日,蒙文通应向楚邀请,参加成大中国文学系讲座及预算事。到者有彭云生、吴芳吉、李培甫、吴虞等人。吴虞向蒙文通"借得欧阳先生《院训》与所开书目"。28日,吴虞向蒙文通借《内学》三期一册。同日,省立各校教职员联名发表罢课宣言,29日,因省立各校为教育经费独立运动,全体游行,成大停课一日。12月1日,省立各校教职员发表罢课通电。30日,蒙文通因弟蒙思明被囚于杭,至吴虞处请其代为营救。是年,蒙文通友向楚出任省立国学专门学校校长,以民族文化的继承发扬为己任,延请蒙文通任教务主任,宋师度为学监,合三人之力,既负行政又兼任教学。(以上参见王承军《蒙文通先生年谱长编》,中华书局2012年版)

李璜所著《欧洲远古文化史》1月由中华书局出版。年初,赴成都大学任教,向学校借用礼堂作报告,以扩大其政治影响。"社科社"知道后,也想借此机会宣传自己的革命主张,遂向学校建议:"既要在学校讲演,就应该让大家都讲。"除"惕社"请的是李璜外,"健行社"请的是成大教授杨吉甫,"社科社"请的是中共成都特支书记刘愿庵,三派都在会上自由讲述自己的学术思想和政治观点。刘愿庵最后讲演,他驳斥了国家主义派的观点,赞扬了孙中山的新三民主义,提出了如何建立一个和平、自由、平等、幸福的新国家的主张。刚讲完,张澜即带头鼓掌,连声称赞:"讲得好!讲得好!"(参见谢增寿编著《张澜年谱》,群言出版社2013年版)

卢作孚2月15日出任江北、巴县、璧山、合川特组峡防局局长,负责4县39乡镇中的团练"剿匪"事宜。峡防局开展化匪为民、寓兵于工、建设三峡等一系列行动,迅速改变了这一地区的面貌。5月14日,率峡防局官兵兴工修建温泉公园。31日,创办学生一队。之后又陆续创办学生二队、少年义勇队、警察学生一队,先后500余名青年受训,成为峡防局各机关、事业单位人员的主要来源。7月,创办峡区医院。8月,创办《学生周刊》。是年,主持筹组北川铁路公司,开始修建四川第一条铁路。(参见王果编《中国近代思想家文库·卢作孚卷》及附录《卢作孚年谱简编》,中国人民大学出版社2015年版)

贾培之参加成都"三庆会",先后任副会长、会长,长期与康子林、萧楷臣、周慕莲等同台演出。

张伯苓1月20日出席天津美国大学同学会成立会,中美人士百余人与会。张伯苓、美国驻津代理领事伯克为理事,协和贸易公司总经理祁乃奚为会长。30—31日,张伯苓分别致函梁士诒与张作霖,婉辞"政治讨论会会员"资格。2月6日,张伯苓夫妇举办新年联欢会,邀请严修夫妇及范源濂、孙子文、齐璧亭、查良钊、高仁山、金伯平、曾衡之、卞俶成等出席,张伯苓发表演讲。上旬,萧公权应聘来南开任教,拜见张伯苓,商定讲授政治学概论、比较政府、法理学等课程。13日,接受北京图书馆建筑图样检视委员会委员一职。21日,卢木斋来校,会见张伯苓等,决定向南开大学捐款10万元,建设大学图书馆,张伯苓陪同卢木斋勘察馆址。24日,张伯苓出席协和医学院顾问委员会常务会议。25日,张伯苓出席中华教育文化基金董事会第二次常务会议。3月13日,学校董事会召开例会,严慈约、孙子文、李琴湘、王溶明、陶孟和、丁文江、卞俶成出席,张伯苓列席,并报告学校十六年度预算案,小学基金问题。16日,为中华图书馆协会推举王正廷、熊希龄、蔡元培、洪有丰、沈祖荣、陶行知、高仁山、周诒春、陈宝泉、马群武等10人为董事,俾由会员公选。4月19日,在学校招待克伯屈夫妇,并出席天津教育界在国民饭店的欢迎会。21日,克伯屈博士在南开女中讲演《设计教学法实行难点》。22日,张伯苓陪同克伯屈博士往工业专门学校演讲。当晚,陪同克伯屈在基督教青年会演讲《教育与文化》。

张伯苓5月2日因时局原因,决定不能参加7月的檀香山泛太平洋会议。5日,严修获得信息:军警督察处厉大森将拘南开校长,张伯苓连日与严修等商谈"应付外界近事"。同月,天津警备司令部派人前来逮捕南开大学教师范文澜,张伯苓巧妙应对来人,同时设法通知正在上课的范文澜立即离校转赴北京。6月19日,黄炎培由大连至天津,前往会见并长谈。20日,张作霖组织安国军政府,委任张伯苓为天津市长,婉辞不就。29日,出席中华教育文化基金董事会在天津召开的第三次年会,会议议决促进科学研究办法三种及设立科学教育顾问委员会各案。7月1日,南开大学社会经济研究委员会成立,任命何廉任主任。此即南开大学经济研究所前身。8月1日,为《中华全国体育协进会年刊》作序,谓"体育为造就健全国民要素,欲谋强种救国,端宜注重于此"。19日,离津赴上海出席第八届远东运动会。

按:大会名誉总裁蒋介石,总裁伍朝枢、余日章,名誉会长克松(菲律宾),会长王正廷,第一副会长岸清一(日本),张伯苓作为中国代表队总代表出任第二副会长。27日,第八届远东运动会举行开幕式,中国、日本、菲律宾、暹罗(泰国)、马来西亚、印度等国运动员参加。张伯苓任开幕礼主席,并致辞。29日,主持召开第八届远东运动会第一次职员会议,讲话强调远东运动会欲使三国人民身体健康,道德增加,友谊密切,争夺锦标并不重要。9月3日,第八届远东运动会闭幕。张伯苓在陶行知陪同下游历西湖,后偕王正廷到大连考察东北情况。

张伯苓9月15日赴南开校友邵式谷宴,同到有黄炎培等人。21日晚,在中国银行与黄炎培畅谈南洋问题。24日晚,返回天津。10月10日,出席南开大学四科学会联合举办"双十节"庆祝会,致辞希望南开男女同学均应有政治、经济之学识,以负民治国国民之责任,同时树立国家观念,以全力谋国家之利益与光荣。17日,张伯苓主持纪念南开建校二十三周年庆祝会,并致开会辞,阐述南开有进无退的精神和南开的改革及实施方针。同日,承邀为《南开周刊》"纪念刊"撰《今后南开的新使命》一文,认为人民现在最低限度的要求是要有一个独立的国家,一个良好的政府。围绕这两点培养训练人才正是南开的新使命。学科方面,要把关于中国切身利害的问题拿来细细研究,这样的教育方针,才不至于空虚,我们的救国目的,才不至于妄谈。10月18日,天津体育协进会成立,推举张伯苓、颜惠庆、胡政之、孙子文、卞白眉为名誉会长,选举章辑五为会长。21日,主持召开南开中学校务会议第三次会议,讨论学科委员会、训练委员会、事务委员会等组织办法。28日,出席南开大学教务会议,研究今后大学教育方针,并决定本校课本不再使用西文教科书,改为自行编辑,以各科主任为委员讨论进行办法。30日,学校董事会召开例会,范源濂、王溶明、孙子文、李琴湘、陶孟和、卞俶成、李组绅出席。张伯苓列席,报告1926年度决算情况。同月,聘黄钰生为大学部主任,并支持实行文科改革,即"裁并政治、经济、哲学、教育心理和历史系为政治、经济两系,集中力量,以提高教育质量"。

按:11月2日《大公报》报道:南开校长张伯苓以天津为华北重镇,工商辐辏,政学杂处,其中可资研究之材料颇夥,值此国事蜩螗之际,青年学子更应致力实事求是之学,爰拟在大学、中学二部组织天津研究会,专从事实地研究。

张伯苓11月10日偕南开教职员数人赴北京,两天内安排参观各学校。13日,回天津。14日,鉴于二十余年来,我国"东北一隅与日、俄两国发生之关系,错综复杂,无以复加。若长此因循,不速谋彻底解决之方法,则后患不堪设想",加之国内对于日、俄国内情形,及中日、中俄边疆状况,缺乏熟习或专门研究者,决定组织师生成立满蒙研究会(后改名东北研究会),拟先从学术方面,用科学的方法,收集资料,研究东北问题。22日,主持成立天津研究会,并致辞谓"本会系个人发起,故极乐观其成,尤希能善用科学方法,做脚踏实地的研究"。12月5日,张伯苓到校视事,向师生发表讲话,反思南开中学发生风潮的原因,检讨自己的责任,提出善后办法。同日,宣布改组《南开周刊》、停办自治励学会等六条处理此次风潮措施。8日,在南开东三省同乡会常会应邀讲演,"东三省人向有开拓精神,予深愿诸君保持此精神,再加南开所得四年之知识发扬光大"。21日,张伯苓致函日本国驻天津总领事加藤,要求就《京津日日新闻》误载报道南开大学东北研究会失实事,面谈商榷。23日,南开校董会主席范源濂逝世,张伯苓前往吊唁,并商严修、颜惠庆、李琴湘、卞俶成、孙子文、王溶明、严智怡等为发起人,筹备召开范源濂追悼会。26日,在给河北省公署政务厅宋子樵信中,表白从事教育的心志:"勉本不偏、不私、不假三者之素心。"(以上参见龚克主编《张伯苓全集》第十卷附编《张伯苓年谱》,南开大学出版社2015年版)

严修、章式之等发起成立天津崇化学会,以研究历代学术源流,发扬固有文化为宗旨。7月24日,崇化学会假学界俱乐部开会选董事。8月12日,崇化学会假明湖春召开成立会,严修敦请章式之主讲席,到会者有徐友梅、周熙民、华壁臣、林墨青、蔡虎臣、刘幼樵、高彤皆、王仁安、王莘农、赵幼梅、李琴湘、金浚宣、杨子若、王斗瞻等14人。严修为崇化学会作楹联:"大哉言乎,穷则变,变则通,通则久;学者效也,士希贤,贤希圣,圣希天。"10月25日,崇化学会成立讲习科,招收学员23人,假严修宅行开学式。科目分义理、训诂、掌故三门。(参见严修自订、高凌雯补、严仁曾增编、王承礼辑注、张平宇参校《严修年谱》,齐鲁书社1990年版)

何廉获得美国洛克菲勒基金赞助,9月10日在南开大学成立社会经济研究委员会,后改名南开大学经济研究所,率先从事物价与生活指数关系研究,同时翻译经济学著作。

竺可桢年初继续任教于南开大学,在《现代评论》第5卷第120期发表《取消学术上的不平等》,特别指出中国历史上的汉唐时代,文化不亚于东、西罗马,宋末元初的时候,中国文明与西方也可以并驾齐驱。甚至在科学上,中国不仅有四大发明,中国古代的三皇五帝,都是科学上的发明家。2月10日，赴南京出席中国科学社理事大会。为提倡科学研究，会议决定设立奖金基金，每年授给国人研究科学之最有成绩者。竺可桢被推为奖金委员会乙组委员。4月10日，南开大学春假，竺可桢应中华教育文化基金会之邀至北京作调查。同日，晤清华大学物理系主任叶企孙。又在六国饭店晤瑞典人斯文·赫定，得知斯氏一行包括德国、瑞典之地质、气象、考古学家15人，拟走新疆作大规模探险。斯氏面邀竺可桢同往，但为时需一载半，竺可桢初到南开，表示一时难以离去。11日，竺可桢致函张其昀，告之与瑞典人斯文·赫定相见得知的有关情况。以同往新疆探险之学生，需具有气象知识而能略说英语，询东大地学系方面有人愿往否？5月22日，鉴于东大地学系师生切盼竺可桢回东大执教，张侠魂特致函张其昀，告之竺可桢乃对南开和学子责任所系，难以即回东大；东大若能彻底改组，秋间开学愿回东大；盼将此意转告在宁诸同学。23日晚，竺可桢应南开大学理科学会之约演讲"直隶地理环境和水灾"。6月23日，在上海出席胡明复追悼会并发表演说。同月，由第四中山大学校长张乃燕聘为该校筹备委员。又由中华教育文化基金会聘为科学教育顾问委员会委员。（参见李玉海编《竺可桢年谱简编》，气象出版社2010年版）

　　杨鸿烈经梁启超介绍，任教于南开大学。在预科学会上的演说《国学在世界文化的位置》，连载于11月《南开大学周报》第44—45期，文中甚至提议把"现时中国一切社会的，自然的事实"都纳入"国学"的范围，以囊括古今、收纳一切社会科学和自然科学的大国学观，来寻求"国学在世界文化的位置"。是年，所著《袁枚评传》被列入《国学小丛书》由商务印书馆出版。（参见文韬《"国故学"与"中国学术"的纠结——民国时期两种"国学"概念的争执及其语境》，《中山大学学报》2013年5期）

　　齐思和入天津南开大学，由于家学渊源，在第一年时就在《南开学报》发表了史学论文《魏弁年代考》，显露了文史知识的基础，受到当时范文澜教授的赏识。（参见张玮瑛、王百强、钱辛波主编《燕京大学史稿》，人民中国出版社2000年版）

　　谢国桢自清华大学研究院毕业，到天津梁启超住所饮冰室处馆，教梁思达、梁思懿诸弟读书。

　　王芸生任天津《大公报》编辑，主编《国闻周报》。

　　龚礼田、陈乐如夫妇在天津创办中国女子图画刺绣研究所，学制两年，第一届毕业生有祁彦荪、胡振华、王蕙田、罗绮、罗雯、徐绪宝、徐绪俊、徐肇缨等。

　　吴金鼎完成清华国学研究院的课程，但未取得毕业证书。同年，返回母校齐鲁大学任助教，并开始在山东进行考古的实地考查工作。

　　田辛甫考入河北大名县第七师范学校，师从白寿章习花鸟，毕业后任小学美术教师。

　　卫聚贤毕业于清华国学研究院。6月30日，在《国学月报》第2卷第6号发表《春秋的研究》。同月，在清华研究院编辑的季刊《国学论从》第1卷第1号发表《左传之研究》。又与友人在太原合办了私立兴贤大学并任副学监。10月，所著《古史研究》第一集由上海新月书店出版发行，1934年重印。（参见赵换《卫聚贤学术研究》，华东师范大学硕士学位论文，2010年；齐家莹编《清华人文学科年谱》，清华大学出版社1999年版）

　　赵纪彬任中共河南濮阳中心县委宣传部长。

　　王拱璧任《河南民报》总编。

　　金毓黻在白永贞的鼓励下，开始了第一份学术工作：《辽东文献征略》和《长春县志》的书写，其间搜集东北文献资料，撰写《辽东耆献录》《辽东文征》等书，为金毓黻的东北史研究奠定了坚实的文献基础。这一时期,金毓黻曾到高句丽、渤海国旧址实地探访,搜求文献材料。(参见牟哥《金毓黻先生著述考》,东北师范大学硕士学位论文,2017年)

高惜冰任东北大学工学院院长。

杨朔到哈尔滨,在太古洋行作练习生、办事员,业余攻读英语,并受业于李仲都门下,研习中国古典诗文,曾在《国际协报》《五日画报》发表旧体诗。

王凤仪、李寿亭、赵葆华、刘含初和李子洲等5人为收束西北大学和筹备西安中山学院委员。3月,中山学院召开成立大会,宣告西安中山学院正式诞生。7月,新成立的陕西省政府又解散中山学院委员会,旋改为中山大学。

按:此前,陕西国民军联军总司令部公布收束西北大学,筹建西安中山学院。

薄一波5月5日在太原组织李大钊烈士追悼会。

聂耳入云南省立第一师范学校。

虎嵩山在宁夏同心提倡回民教育。

吴芳吉3月23日赴沈阳东北大学,代请假的刘永济任课。东北大学中已有多位《学衡》社社员任过教(先后计有缪凤林、景昌极、吴宓、柳诒徵、刘永济、刘朴、吴芳吉、郭斌龢、林损)。可以说,东北大学是《学衡》社社员在南京东南大学之后的第二个聚集地。第三个是清华学校—清华大学,第四个是浙江大学。(参见沈卫威《学衡派编年文事》,南京大学出版社2015年版)

青主时任第四军政治部主任,因汪精卫说第四军政治部刊物《灯塔》"言论荒谬"而成为"著名共党",遭到通缉,遂逃亡香港。

黄谷柳在大革命失败后,进香港《循环日报》社当校对,并开始在报纸上发表文章。

连横在台湾开办雅堂书局,专卖中国书籍。

简吉、赵港等6月26日在台中建立了第一个台湾农民统一组织。

胡适接1月3日张慰慈信,希望他在美留住半年,免受国内纷乱的烦忧。7日,徐志摩、陆小曼写信报告国内诸友的情况。10日,作《海外读书杂记》。12日,胡适到达纽约。16日,张慰慈致信胡适,报告北京的反动空气甚浓。2月4日,胡适到哥伦比亚大学作讲演,并完成其取得该校哲学博士学位的最后手续。两周后去哈佛大学。7日,撰写《整理国故与打鬼——给浩徐先生的信》。此函标示着胡适对于"国故""国故整理"的新认识与新定位。

按:《整理国故与打鬼——给浩徐先生的信》曰:

浩徐先生:

今天看见一〇六期的《现代》,读了你的《主客》,忍不住要写几句话寄给你批评。

你说整理国故的一种恶影响是造成一种"非驴非马"的白话文。此话却不尽然。今日的半文半白的白话文,有三种来源。第一是做惯古文的人,改做白话,往往不能脱胎换骨,所以弄成半古半今的文体。梁任公先生的白话文属于这一类,我的白话文有时候也不能免这种现状。缠小了的脚,骨头断了,不容易改成天足,只好塞点棉花,总算是"提倡"大脚的一番苦心,这是大家应该原谅的。

第二是有意夹点古文调子,添点风趣,加点滑稽意味。吴稚晖先生的文章(有时因为前一种原因)有时是有意开玩笑的。鲁迅先生的文章,有时是故意学日本人做汉文的文体,大概是打趣"《顺天时报》派"的;如他的《小说史》自序。钱玄同先生是这两方面都有一点的:他极赏识吴稚晖的文章,又极赏识鲁迅弟兄,所以他做的文章也往往走上这一条路。

第三是学时髦的不长进的少年。他们本没有什么自觉的主张,又没有文学的感觉,随笔乱写,既可省做文章的工力，又可以借吴老先生作幌子。这种懒鬼，本来不会走上文学的路去，由他们去自生自灭罢。

这三种来源都和"整理国故"无关。你看是吗？

平心说来，我们这一辈人都是从古文里滚出来的，一二十年的死工夫或二三十年的死工夫究竟还留下一点子鬼影，不容易完全脱胎换骨。即如我自己，必须全副精神贯注在修词造句上，方才可以做纯粹的白话文；偶一松懈（例如做"述学"的文字，如《章实斋年谱》之类），便成了"非驴非马"的文章了。

大概我们这一辈"半途出身"的作者都不是做纯粹国语文的人。但文学的创造者应该出在我们的儿女的一辈里。他们是"正途出身"的；国语是他们的第一语言；他们大概可以避免我们这一辈人的缺点了。

但是我总想对国内有志做好文章的少年们说两句忠告的话。第一，做文章是要用力气的。第二，在现时的作品里，应该拣选那些用气力做的文章做样子，不可挑那些一时游戏的作品。

其次，你说国故整理的运动总算有功劳，因为国故学者判断旧文化无用的结论可以使少年人一心一意地去寻求新知识与新道德。你这个结论，我也不敢承认。

国故整理的事业还在刚开始的时候，决不能说已到了"最后一刀"。我们这时候说东方文明是"懒惰不长进的文明"，这种断语未必能服人之心。六十岁上下的老少年如吴稚晖、高梦旦也许能赞成我的话。但是一班黑头老辈如曾慕韩、康洪章等诸位先生一定不肯表同意。

那"最后一刀"究竟还得让国故学者来下手。等他们用点真工夫，充分采用科学方法，把那几千年的烂账算清楚了，报告出来，叫人们知道儒是什么，墨是什么，道家与道教是什么，释迦达摩又是什么，理学是什么，骈文律诗是什么，那时候才是"最后的一刀"收效的日子。

近来想想，还得双管齐下。输入新知识与新思想固是要紧，然而"打鬼"更是要紧。宗杲和尚说的好：

我这里无法与人，只是据款结案。恰如将个琉璃瓶子来，护惜如什么，我一见便为你打破。你又将得摩尼珠来，我又夺了。见你怎地来时，我又和你两手截了。所以临济和尚道，"逢佛杀佛，逢祖杀祖，逢罗汉杀罗汉"。你且道，既称善知识，为什么却要杀人？你且看他是什么道理？

浩徐先生，你且道，清醒白醒的胡适之却为什么要钻到烂纸堆里去"白费劲儿"？为什么他到了巴黎不去参观柏斯德研究所，却在那敦煌烂纸堆里混了十六天的工夫？

我披肝沥胆地奉告人们：只为了我十分相信"烂纸堆"里有无数无数的老鬼，能吃人，能迷人，害人的厉害胜过柏斯德（Pasteur）发现的种种病菌。只为了我自己自信，虽然不能杀菌，却颇能"捉妖""打鬼"。

这回到巴黎、伦敦跑了一趟，搜得不少"据款结案"的证据，可以把达摩、慧能，以至"西天二十八祖"的原形都给打出来。据款结案，即是"打鬼"。打出原形，即是"捉妖"。

这是整理国故的目的与功用。这是整理国故的好结果。

你说，"我们早知道在那方面做工夫是弄不出好结果来的"。那是你这聪明人的一时懵懂。这里面有绝好的结果。用精密的方法，考出古文化的真相；用明白晓畅的文字报告出来，叫有眼的都可以看见，有脑筋的都可以明白。这是化黑暗为光明，化神奇为臭腐，化玄妙为平常，化神圣为凡庸：这才是"重新估定一切价值"。他的功用可以解放人心，可以保护人们不受鬼怪迷惑。

西滢先生批评我的作品，单取我的《文存》，不取我的《哲学史》。西滢究竟是一个文人；以文章论，《文存》自然远胜《哲学史》。但我自信，中国治哲学史，我是开山的人，这一件事要算是中国一件大幸事。这一部书的功用能使中国哲学史变色。以后无论国内国外研究这一门学问的人都躲不了这一部书的影响。凡不能用这种方法和态度的，我可以断言，休想站得住。

梁漱溟先生在他的书里曾说，依胡先生的说法，中国哲学也不过如此而已（原文记不起了，大意如此）。老实说来，这正是我的大成绩。我所以要整理国故，只是要人明白这些东西原来"也不过如此"！本来"不过如此"，我所以还他一个"不过如此"。这叫作"化神奇为臭腐，化玄妙为平常"。

禅宗的大师说："某甲只将花插香炉上，是和尚自疑别有什么事。"把戏千万般，说破了"也不过如此"。……

按：陈源为胡适《整理国故与"打鬼"：给浩徐先生信》撰写《西滢跋语》，刊于《现代评论》第 5 卷第 119 期，曰：

适之先生要我看完这信，转交给浩徐。这时浩徐不在北京，好在适之先生本预备发表，所以就在这里发表了。

适之先生说我批评他的作品，单取他的《文存》，不取他的《哲学史》，因此断定我"究竟是一个文人"。这话也许有部分的理由，因为正如适之先生所说，"以文章论，《文存》自然远胜《哲学史》"。可是我并不是单把文章好坏做我去取的标准。《文存》里大部分是提倡革命，扫除旧思想，建设新文学的文字。在那里适之先生引我们上了一条新路。可是在"革命尚未成功，同志还须努力"的当儿，胡先生忽然立停了脚，回过头去编他的《哲学史》了。固然不错，他做的还是破坏的功夫，"捉妖"、"打鬼"的事业，只是他丢开了另一方面，在我们看来，更加重要的工作。没有走过的新路是不容易走的。前面得有披荆斩棘的先锋，熟识道途的引导者。适之先生的地位应当在那里。可是他杀回头去了，所以虽然还有些人在新路上往前觅道，大部分的人只得立住了脚，不知道怎样好。更不幸的，一般近视眼的先生，不知道胡先生是回去扫除邪孽，清算烂账的，只道连胡先生都回去了，他们更不可不回去了。于是一个个都钻到烂纸堆里去，"化臭腐为神奇，化平常为玄妙，化凡庸为神圣"，弄得乌烟瘴气，迷濛天地。吴稚晖先生说："胡先生的《大纲》，杂有一部分浇块垒的话头，虽用意是要革命，也很是危险，容易发生流弊。果然引出了梁漱溟的文化哲学及梁启超的学术讲演。胡先生所发生的一点革命效果，不够他们消灭。"他的话真是说的入骨三分。所以对吴老先生的又一句话，线装书给胡先生看，他"是热烈赞同的"，我实在热烈的不赞同。我以为别人可以"整理国故"，适之先生却不应当"整理国故"。这怪他自己不好，谁叫他给自己创造出来一个特殊的地位呢？

老实说，我对于"整理国故"这个勾当，压根儿就不赞成。本来，一个人喜欢研究国故，犹之另一个人喜欢研究化学，第三人喜欢研究昆虫，他有绝对的自由，用不着我们来赞成或反对。可是研究化学的人，在试验室静悄悄地做他的试验。研究昆虫的人，不声不响地在田野中搜集他的标本。只有研究国故的人整日价地摇旗呐喊，金鼓震天，吵得我们这种无辜的人不能安居乐业，叫人不得不干涉。国故学者总以为研究国故是"匹夫有责"的；适之先生自己就给我们开了一个最低限度的国学书目；梁任公先生更进一步，说无论什么人没有读他开的书单，就"不能算中国的学人"；国立大学拿"整理国故"做入学试题；副刊杂志看国故文字为最时髦的题目。结果是线装书的价钱，十年以来，涨了二三倍。浩徐先生说："国故整理运动倒也不是完全无益"，因为"国故整理家对国故所下的结论，才是在那半生不死的国故动物的喉咙里，杀进去的最后一刀，使以后的青年们能够毫无牵挂地一心一意地去寻求新道德新知识新艺术"。我们不能不说他实在看错了。那"最后一刀"的结论，适之先生已经不敢承认了，虽然他说"究竟还得让国故学者来下手"。可是，我们试问，除了适之先生自己和顾颉刚、唐擘黄、钱玄同等三四位先生外，哪一个国故学者在"磨刀霍霍"呢？唉，哪一个不是在进汤灌药，割肉补疮呢！哪一个不是在垃圾桶里掏宝，灰土堆中搜珍奇呢！青年们本来大都是"学时髦的不长进的少年"。"整理国故"既然这样时髦，也难怪他们随声附和了。

我觉得现在还没有到"整理国故"的时候。一座旧房子里的破烂家具，无论你怎样的清查，怎样的整理，怎样的搬动，怎样的烧劈老朽，怎样的重新估定价值，怎样的报告一个"不过如此"，弄来弄去，左不过还是那些破旧东西。而且，"入鲍鱼之肆，久而不觉其臭"。外国人登广告的目的，就利用人们对于常常耳闻目睹的东西认为自然良好的心理。所以一个人整天的钻在烂纸堆里，他也许就慢慢的觉得那也不是什么索然无味的事，甚而至于觉得那是人生最有趣味的事了。所以我们目前的急需，是要开新的窗户，装新的地板，电灯，自来水，造新的厨房，辟新的茅厕，添种种新的家具。新的有用的来了，旧的无用的自然而然的先被挤到一边去，再被挤到冷房子里去，末了换给打估的人了。所以只有一心一意地去寻求新道德、新知识、新艺术，然后才能"在那半生不死的国故动物的喉咙里"，杀最后的一刀。要是倒因为果地做起来，那一刀是万杀不进去的。这时候我们大伙儿一心一意地去寻求新道德新知识新艺术还嫌"力薄能疏，深惧陨越"，那里再有闲功夫去算什么旧账？

还有一层，我觉得现在的国故学者十九还不配去整理国故。他们大家打的旗帜是运用"科学方法"。可是什么是科学方法？离开了科学本身，那所说的"科学方法"究竟是什么呢？一个人不懂得什么是科学,他又怎样的能用科学方法呢？而且,用"科学方法"做工具,去整理国故,与用"外国文知识"做工具,去翻译西方的各种学识一样的可笑,一样的荒唐。一般人都以为一个人认识了几个洋字,就可以翻译爱[因]斯坦的《相对论》,佛洛爱特的心理学,拜伦的诗,法郎士的小说,而且有人就这样做。不知道一个人学了几年物理,还不一定懂得《相对论》;一个人没有细心研究过心理,断不能懂佛洛爱特的学说;一个人没有注意过英法两国的人情风俗,思想潮流,也不能完全了解拜伦的诗,法郎士的小说。研究国故不也是这样的吗？什么是国故？是不是我们过去所有的成绩都包括在里面？适之先生似乎是这样想,因为他说过"中国的一切过去的文化历史,都是我们的国故"。那么,我们要问了,这种工作,是不是一个仅仅能读几本线装书的人,挟了"科学方法"所能够胜任的？还是要让经济学者去治经济史,政治学者去治政治史,宗教学者去治宗教史,文艺批评者去治文学史艺术史呢？上面已经说过了,我们要这些人都去研究经济、政治、宗教、文艺等种种方面的新思想、新知识、新艺术;我们要他们介绍种种欧美各国已经研究了许久,已经有心得的新思想、新知识、新艺术给我们,没有时候去弄"国故"那玩意儿。再过几十年,他们也许有这样的余力了,这样的闲暇了。那么到那时再说"整理国故"不好吗？

胡适 4 月 3 日在旧金山对华人讲演《新文化运动的过去及将来》。12 日,从西雅图登轮回国,上船之际得悉国内发生"四一二"事变。24 日,船到横滨。胡适以上年访苏期间的言论,又兼其朋友中多有进步人士甚至共产党人,所以很受北洋军阀疑忌。而南方新得势的国民党人,则以他曾经卫护溥仪,参加善后会议,公开批评过孙中山,其挚友丁文江又曾为孙传芳僚属,故对胡适亦持怀疑态度。有鉴于此,胡适不敢贸然归国。他陆续接到许多国内朋友的来信,劝他暂不要归国。可在日本做一个时期的研究工作。胡适 4、5 月间在日本停留期间,一面继续观察分析国内的政治形势,以定行止。一面游览箱根、京都、奈良、大阪等处,并会见一些学界人士。其中有日本佛学家高楠顺次郎、常盘大定、矢吹庆辉以及佐伯方丈,此外,还有英国的爱里鹗爵士、法国的勒卫、瑞士的戴弥威等人。5 月 6 日,胡适在日本讲演《中国文化的再生》。演讲由记者记录发表在日本 *Trans-Pacific*(《太平洋》)周刊,题为 Cultural Rebirth in China Outlined,为胡适有关"中国的文艺复兴"论著和演讲中的重要一篇。

按:关于胡适讲演《中国文化的再生》,胡颂平《胡适之先生年谱长编初稿》与耿云志《胡适年谱》均载于美国,胡颂平的《胡适之先生年谱长编初稿》载:"(1927 年)五月十四日,先生在美国时对泛太平洋俱乐部讲演的'Culture Rebirth in China'[《中国文化的再生》],今天在《太平洋杂志》发表。"耿云志先生在《胡适年谱》中也说:"(胡适)在纽约停留期间,曾在泛太平洋俱乐部讲演《中国文化的再生》。"胡颂平和耿云志先生都认为这篇文章是胡适在美国时发表的演讲,有误。据席云舒《胡适英文文献的挖掘与整理》的核查,确认此为胡适于 1927 年 5 月 6 日的演讲,文章的完整题目是 Cultural Rebirth in China Outlined,是由记者记录发表的,但却是胡适有关"中国的文艺复兴"论著和演讲中非常重要的一篇。

按:胡适在日本停留了三个多星期,仔细阅读了那几个月的报纸,弄明白了吴稚晖、蔡元培、张静江等人主张清党反共的意义。于是他借与哈佛大学法学教授赫贞谈话的机会发表声明道:"蒋介石将军清党反共的举动能得着一班元老的支持,……是站得住的。"又说:"蔡元培、吴敬恒不是反动派,他们是倾向于无政府主义的自由论者。我向来敬重这几个人。他们的道义力量支持的政府。是可以得着我的同情的。"在作了这样的表态之后,胡适于 5 月 17 日自神户乘船回国。(以上参见耿云志《胡适年谱》,四川人民出版社 1989 年版)

梅光迪 2 月 9 日在美致胡适,信中说:"若你始终拿世俗眼光看我,脱不了势力观念,我只有和你断绝关系而已。"又说:"我的白话,若我肯降格偶尔为之,总比一般乳臭儿的白话好得多。但是我仍旧相信。作小说,戏剧可用白话,作论文和庄严的传记(如历史和碑志等)不可用白话。"7 月,梅光迪自美国归来,任南京第四中山大学文学院代院长。9 月底,梅光迪与东南大学西洋文学系毕业生李今英结婚后,旋即携新婚妻子李今英到美国哈佛大学教书。李今英入美国麻省拉德克利夫学院、哈佛大学进修教育学及世界妇女等课程。(参见沈卫威《学衡派编年文事》,南京大学出版社 2015 年版;耿云志《胡适年谱》,四川人民出版社 1989 年版)

江亢虎 1 月发起成立"国际智识大同盟",用以研究世界和中国的各种问题、各个主义,成为"全世界各阶级中智识分子之联合,新时代和平改造具体方案之研究",发布同盟"大纲"和"要则"。2 月,写作《北京南方大学筹募校舍基金捐款缘起》。6 月,为《北京南方大学丁卯毕业同学录》作序。夏季,前往美国,任职于美国国会图书馆。(参见江佩伟编《中国近代思想家文库·江亢虎卷》及附录《江亢虎年谱简编》,中国人民大学出版社 2015 年版)

陈衡哲 6 月代表中国出席在美国檀香山召开的太平洋国际学会常会。8 月,在《现代评论》第 6 卷第 42 期发表《太平洋国交会议记略》,文中介绍了太平洋国交会的性质、目的以及中国的代表情况等,指出:"太平洋国交会本是太平洋海岸各国的青年会所发起的一个会议。他的目的是想靠了各国代表对太平洋国际间各种问题的讨论彼此能将误解驱除,以求得到解决此问题的共同方法。"(参见杨同生《陈衡哲年谱》,《中国文学研究》1991 年第 3 期)

贺麟暑假加入设于芝加哥的"东方学生会"——泰勒沙龙(Taylor Hall)。北伐胜利挺进的消息传至美国,贺麟极其兴奋,在东方学生会举办的学术会议上宣读论文《中国革命的哲学基础》,后发表于《清华周刊》英文版。10 月,在《东方杂志》第 24 卷第 19 期发表《西洋机械人生观最近之论战》,该文后收入《近代唯心论简释》。是年,耶顿夫人(Mrs. Heaton)为纪念斯宾诺莎逝世 250 周年,在家组办读书会,贺麟是该读书会的 7 位成员之一。在耶顿夫人指导下,学习斯宾诺莎的《伦理学》,撰写学士论文《斯宾诺莎哲学的宗教方面》,获学士学位。(参见高全喜编《中国近代思想家文库·贺麟卷》,中国人民大学出版社 2014 年版)

陈序经继续在美国伊利诺伊大学攻读政治学、社会学。春,完成博士资格考试,准备学位论文。(参见田彤编《中国近代思想家文库·陈序经卷》及附录《陈序经年谱简编》,中国人民大学出版社 2014 年版)

伍宪子与梁启超、徐勤等创立中国民主宪政党,并赴美国三藩市主办该党机关报《世界日报》,一度出任该党主席。

余日章赴檀香山参加太平洋国民会议。是年 12 月 1 日,蒋介石和宋美龄在上海正式结婚。余日章受蒋介石和宋美龄延请,为他们按基督教宗教程序,举行宗教式的婚礼。证婚人有谭延闿、吴稚晖、蔡元培、何香凝等。

王文显利用清华教授休假 1 年的时间前往美国。所作《委曲求全》与《梦里京华》两出戏在耶鲁大学戏剧学院演出。《委曲求全》后来又在美国波士顿、北平协和医科大学、清华大学及北京青年剧社多次上演。(参见齐家莹编《清华人文学科年谱》,清华大学出版社 1999 年版)

梁思成以优异成绩获得宾夕法尼亚大学研究院建筑硕士学位。接着他到美国哈佛大学研究生院学习(肄业),准备进行"中国宫室史"的博士论文。

李方桂获美国芝加哥大学语言研究所语言学硕士。

按:李方桂是第一个中国在国外专修语言学的学者。

林徽因从美国宾州大学美术学院毕业后,又入耶鲁大学戏剧学院学习舞台美术设计半年。

周培源入美国加利福尼亚理工学院继续攻读研究生,先从师贝德曼,后改从 E. T. 贝尔做相对论方面的研究。

　　罗炳文毕业于南京东南大学后,赴美国留学。

　　戈公振 1 月 29 日以记者身份乘法国邮轮"答尔塔良"号自费赴法国、瑞士、德国、意大利、英国、美国、日本等考察新闻业。6 月 20 日,在法国巴黎参加举行的万国戏曲协会的成立大会。7 月 25 日,在《东方》杂志发表《国际报界专家大会之先声》一文。8 月 24 日,接受国际联盟邀请,出席在日内瓦举行的国际新闻专家会议。这次会议主要内容是:为消除国际间误会起见,讨论如何使新闻传递迅速而减少费用;如何推进各国的舆论以维持世界和平等问题。同日下午,大会讨论议案,戈公振第一个登台作题为《新闻电费率与新闻检查法》的发言。会上,戈公振被选为海电委员会委员。其间,戈公振还参加国际联盟举行的其他会议,包括世界经济大会、国际劳工会议、英美日三国海军裁减会议、国际交通与运输会议等,并访问《泰晤士报》和路透通讯社。11 月,所著《中国报学史》由商务印书馆出版发行。此为迄今公认的我国第一部系统而全面地叙述中国新闻事业发展史的专著,奠定了戈公振在中国新闻史研究中拓荒者的地位。11 月底至 12 月,在大英博物馆的东方图书室查阅藏书。12 月,应商务印书馆之约,为《百科小丛书》和《万有文库》撰写《新闻学》。这是一本介绍中外新闻发展史和现状的普及读物,对报纸的起源、中国现代报纸的进化、报馆组织、通讯社、报业教育和报纸的命运等问题,都作了扼要而通俗的叙述。同月,所著《中国报纸进化之概况》一文由《国闻周报》社刊行。(参见洪惟杰编著《戈公振年谱》,江苏人民出版社 1990 年版)

　　李石岑赴法、英、德等国考察西方哲学。在欧洲,系统研读了从赫拉克里特到费尔巴哈的西方哲学家的主要著作,也认真研读了马克思、恩格斯和列宁的著作,思想发生了很大变化,逐渐转向马克思主义的辩证唯物论。

　　杨钟健继续在德国慕尼黑大学留学,完成了以《中国北方啮齿类化石》为题的博士论文,并通过答辩,取得哲学博士学位。随后,《中国北方啮齿类化石》(德文)列入《中国古生物志》丙种第 5 号第 3 册,由地质调查所印行。此书记述了大型哺乳动物中化石最多的一个大类——啮齿类,包括 18 个属 31 个种,其中有 1 个新属 13 个新种。这是研究中国古脊椎动物方面的最早著作,是杨钟健从事古生物事业的真正起点,也标志了中国古脊椎动物学的开端。(参见王仰之《杨钟健年谱》,《西北大学学报》1983 年第 2 期)

　　赵紫宸出席东吴大学成立 25 周年纪念活动,被授予荣誉文学博士学位。赴瑞士洛桑参加基督教信仰与体制大会。发表"The Chinese Church Realizes Itself""Training for Christian Service""My Idea of Spirituality""Our Cultural Heritage"《风潮中奋起的中国教会》《敬致全国中国基督徒书》《我翻译赞美诗的经验》《基督教与中国文化》《我对于创造中国基督教会的几个意见》《基督教与政治》等文章。(参见赵晓阳编《中国近代思想家文库·赵紫宸卷》及附录《赵紫宸简谱》,中国人民大学出版社 2015 年版)

　　王光祈 2 月在《中华教育界》第 16 卷第 8 期发表《音乐在教育上之价值》。该文阐述了音乐的教育功能和社会作用,指出了普及音乐教育的迫切性和具体措施。4 月 1 日,在柏林完成《中国乐制发微》(第一篇),后刊于《中华教育界》第 17 卷第 8 期,文中对当时西方某些学者提出的"中国乐制源自希腊"的观点,作了有力驳斥。26 日,致信山东省立第四师范音乐教师李华萱,表达了他对国内音乐活动的关心。28 日,正式进入柏林大学音乐系深造,师从 E. M. von 霍恩博斯特尔、A. 舍尔林、H. 沃尔夫和 C. 萨克斯等教授。8 月,法兰克福举行"国际音乐展览会",王光祈约友人凌纯声,在会上演奏七弦琴,以介绍中国音乐于欧洲。同月 30 日,在柏林完成《德国音乐教育》一文,后刊于《中华教育界》第 17 卷第 4 期。9 月 15 日,完成《声音心理学》一文,为我国音乐界学者在这方面的最早著述。11 月 7 日,在柏林完成《中国音乐短史》一文,后载于法兰克福《中国学院杂志》。是年,在德国法兰克福(中国学院)科学导报用德文发表《论中国音乐》。

郑振铎 5 月 21 日下午 2 时半搭乘法国邮船"阿托士(Athos)第二"出国。同行有陈学昭、袁中道、魏兆淇、徐元度等。岳父高梦旦,妻子高君箴,妹妹郑绮绣、郑文英,以及好友叶圣陶、王伯祥、周予同、徐调孚等人到码头挥泪送别。22 日,在《文学周报》第 270 期上续载《尼泊龙琪歌(二)》(德国史诗述略)。23 日,在船上修订完高君箴译的北欧神话《莱因河黄金》,并作附记,后发表于 1929 年 11 月《小说月报》第 20 卷第 11 期。25 日,在船上开始学法语。6 月 7 日,在船上读戈公振的《欧游通信》和孙福熙的《归航》,对照自己的海上风浪体验。10 日,在《小说月报》第 18 卷第 6 期上发表《郑振铎启事》,又载《文学周报》第 271 期。同期又发表与徐调孚合撰的《六月文艺家生卒表》。同日,在船上为所著《文学大纲》作跋。又作《回过头去——献给上海的诸友》,想念在上海的好友胡愈之、王伯祥、顾颉刚、周予同、叶圣陶、傅东华、徐调孚、李石岑、沈雁冰、樊仲云、章锡琛、陈乃乾、黎锦晖、傅彦长、许地山等。18 日,《文学周报》第 272 期上续载《尼泊龙琪歌(三)》(德国史诗述略,续完)。

郑振铎 6 月 25 日船到目的港法国马赛。下午,无意中走到了朗香博物院(Musée de Long Champ),这是郑振铎在法国第一次参观博物院。26 日上午 10 时,到达巴黎里昂车站(Gare de Lyon),高冈、高元来接。27 日上午,写信给在伦敦的老舍、吴南如;遇敬隐渔、梁宗岱等。28 日上午,戈公振由陈学昭陪同首次来访,戈公振请吃午饭。29 日上午,到巴黎国立图书馆翻查目录。下午,参观巴黎最大的美术展览会(沙龙)。晚,朱光潜首次来访。同月,郑振铎主编的《小说月报》第 17 卷号外《中国文学研究》上、下二册由商务印书馆出版(被抽去沈雁冰谈中国小说性欲描写一文)。发表所撰《卷头语》《研究中国文学的新途径》《武松与其妻贾氏》《中山狼故事之变异》《螺壳中之女郎》《鲁智深的家庭》《宋人词话》《明代之短篇平话小说》《中国戏曲的选本》《日本最近发见之中国小说》《佛曲叙录》《西谛所藏弹词目录》《中国文学年表》等文。

按:该刊登载的出版预告透露王伯祥、周予同、叶圣陶、郑振铎曾拟编《中国文选》,共约十大册,"本书的编制,依时代及作家为次第,以作者统辖作品,以时代统辖作者,不复分门别类;每册之首,有序言略述本时期文学之大势;每个作家之下,详述其生平及作风;每部作品之后,详载其重要版本"。关于这个"号外",郑振铎后来回顾总结:"第一个《中国文学研究专号》成就相当的好。最重要的是,把小说、戏曲、弹词、宝卷等那些向来被视为'不登大雅之堂'的民间文学,抬出来和周秦诸子,两汉文章,唐诗、宋词同样的作为研究的对象。那时,唐代的讲唱文学,称为变文的,也开始受到我们的注意。许地山先生在那个专号里,开始讨论着中国文学,特别是戏剧所受到的印度文学的影响。把中国文学的研究,不再局促于本国的载籍的圈子以内,而能跳出那'迷恋骸骨'的'如来佛的手掌心'之外,知道中国文学在世界文学里,并不是孤立的,也并不是独往独来,空无依傍的。她和一切文化的产品一样,也是要受到外来的种种影响而时起变化与进步的。她是世界文学的大家族里的一员。这个提示是异常的重要的。这个研究还只是一个开端,且还未到达有伟大的结果的阶段。这第一个《中国文学研究专号》,至少做到了两点,第一,把中国文学所包罗的范围放大了,特别是关于讲唱文学的研究的一部分,完全是一个新地;第二,不把中国文学作为孤立的研究,而知道把她放在世界文学的大家族里,开始讨论着她所受到的外来的影响。"

郑振铎 7 月 10 日在《文学周报》第 275 期上发表《郎歌巴系传说》(欧洲古代神话英雄传说),又在《小说月报》第 18 卷第 7 期(衍期出版)上发表与徐调孚合撰的《七月文艺家生卒表》。26 日上午,开始撰写《巴黎国家图书馆中之中国小说与戏曲》。8 月 15 日,撰长文《巴黎国家图书馆中之中国小说与戏曲》毕,寄回国内后发表于 11 月 10 日《小说月报》第 18 卷第 11 期。21 日,在《文学周报》第 5 卷第 3 期上发表《阿米林人》(欧洲古代神话英雄传说)。9 月 18 日,商务印书馆在《申报》登新书广告,有郑振铎编《文学大纲》第四册与《中国短篇小说集》第二集上册,前书叙述 19 世纪世界各国之文学,凡重要作家及其作品均详细提及。末章为《新世纪之文学》,则述及最近各国文坛之趋势。约同月下旬,郑振铎去英国伦敦,此后主要在大英博物馆查看所藏中国敦煌的"变文"及所藏元曲等。11 月 10 日,在《小说月报》第 18 卷第 11 期发表《巴黎国家图书馆中之中国小说与戏曲》及与徐调孚合撰的《十一月文艺家生卒表》。

郑振铎 11 月主要在研究中国古代"变文"及戏曲等,并在伦敦一家专售旧书、东方书的店铺里游弋。偶从英国学者弗雷泽注释的阿波罗多洛斯的《神话集》中得到了很大的乐趣,于是转而大量阅读研究希腊罗马神话传说,并开始译述,原拟在《希腊罗马的神话与传说》的总题下,分为三部译述:一、《神谱》,二、《英雄传说》,三、《恋爱的故事》。12 月 10 日,在《小说月报》第 18 卷第 12 期发表与徐调孚合撰的《十二月文艺家生卒表》。15 日,北京的日本文字同盟社出版的《文字同盟》第 9 期上发表郑振铎《中国文学的新世纪》,系摘自《文学大纲》第 4 册,桥川时雄译。30 日,郑振铎全日在家写《元曲的楔子》。(以上参见陈福康《郑振铎年谱》,三晋出版社 2008 年版)

侯外庐 4 月 28 日得知李大钊牺牲的消息后,毅然决定赴法勤工俭学。夏,侯外庐到达法国后,住在巴黎郊区的小镇波尔科伦布,与妻子徐乐英同入法国巴黎大学文学院,听布格莱讲唯物史观,开始自学德文,为翻译《资本论》做准备。(参见杜运辉《侯外庐先生学谱》,中国社会科学出版社 2013 年版)

杨堃退出国民党,并与人一道解散国民党驻法总支部和里昂支部,为能继续撰写博士论文,不致影响自己学术上的深造,杨堃接着退出了共青团。

王力是年秋在赵元任"你最好到巴黎留学,到那里你将学得许多语言学方面的东西"这一建议下,克服重重困难,赴法留学,在巴黎大学攻读语言学。是年,王力《浊音上声变化说》刊于《广西留京学会学报》第 4 期;所作《谐声说》,刊于《北大研究所国学门月刊》第 1 卷第 5 期。(参见齐家莹编《清华人文学科年谱》,清华大学出版社 1999 年版)

常书鸿 6 月自费赴法国留学,11 月考入法国里昂美术专科学校预科学习。

黎烈文转赴法国,在巴黎大学研究院获文学硕士学位。

巴金 1 月从上海乘船赴巴黎留学。其间把旅程见闻整理成《海行杂记》39 篇。

阮毅成于中国公学大学部政治与经济系毕业,以业师谢冠生之陶冶,入法国巴黎大学修习法律。(参见朱刚《谢冠生先生年谱》,《嵊州文史资料》第 28 辑)

许德珩 1 月 6 日致信胡适,已收到胡适的信和寄款,表示感谢。告 14 日自马赛启程。所借之款,拟归国后一年半以内归还。(参见耿云志《胡适年谱》,四川人民出版社 1989 年版)

吴泽霖赴欧洲考察英国、法国、德国、意大利的社会情况。

韦悫、王卓然 8 月 7—12 日出席在加拿大多伦多举行的世界教育会联合会第三次会议。

张闻天 1 月 19 日在中山大学一年级十班第一次讨论会上任翻译。出席会议的指导员为诺林。26 日,中山大学二年级分支部局决定,张闻天由中共党员转为联共(布)预备党员。

5月13日,斯大林到中山大学发表演讲(《和中山大学学生的谈话》),从早上九点一直讲到下午两点多钟,张闻天、沈泽民、王稼祥、沈联春轮流翻译。会后讨论,张闻天积极发言,在斯大林同托洛茨基关于中国革命问题的争论中赞成斯大林。6—7月,参加在莫斯科郊外休假地塔拉索夫卡举行的中山大学学期总结会。会议连续举行五天,发生以代理校长、原教务处长阿戈尔为首的"教务派"和以支部局书记西特尼科夫为首的"支部派"就学校的教务工作和党政工作展开的激烈辩论。学生也分裂为两派,周达文、俞秀松、董亦湘等人支持教务处,要求打倒支部局;张闻天和沈泽民、傅钟等支持支部局,反对教务处,要求改善教务工作,更换不好的教员。夏,与沈泽民、沈观澜(沈志远)、李敬永等人在塔拉索夫卡休养所参加政治经济学研究会,由刚从美国归来的贝林指导。7月26日,国民党执行委员会声明"取缔"莫斯科中山大学并与之断绝关系。从此时起国民党学生大部分离开中大回国。

张闻天9月22日于中大第一期学生毕业,经中大校务委员会批准入教员班(三年级第一班)学习,该班分政治经济学、列宁主义、西方史、中国革命运动史四个教研组,张闻天分在列宁主义组,同组的还有潘文育、曾洪易、陈原道、陈绍禹,教员为弗拉索瓦。10月6日,中大校务委员会讨论出版计划,在提交会议讨论的《翻译工作计划(1927年10月至1928年1月)》中列有张闻天负责翻译的列宁《无产阶级革命与叛徒考茨基》与《卡尔·马克思》以及由张闻天负责编辑加工的译作布哈林《历史唯物主义理论》与列宁《怎么办》。11月上旬,参加十月革命节庆典的中共代表团团长向忠发去乌克兰参观。张闻天作为负责组织翻译事宜的翻译局主席,派杨放之随行翻译。11月29日,中山大学支部局组织委员会会议决定,张闻天任一年级二班副指导员,指导员为索果莫尼扬,党的组织员为基塔伊庚娜。同月,所译中共中央八七会议告全党同志书俄文译本发表于《中国问题资料》第8期。(参见张培森主编《张闻天年谱》,中共党史出版社2000年版)

王明4月作为米夫的翻译列席了在武汉召开的中国共产党第五次代表大会,会后任中共中央宣传部秘书,兼任《向导》周刊编辑。5月26日发表《中国革命前途与革命领导权问题》,错误地认为汪精卫主政的武汉国民政府是代表中国革命非资本主义发展的前途。8月回到莫斯科,9月作为中山大学第一期学生毕业,留校工作,任中山大学党的支部局宣传干事、翻译、联共(布)党史教员。

曹靖华是春随军从九江折回汉口,继续北伐,攻打武胜关、郑州。"四一二"政变发生后,曹靖华再赴苏联,先后在莫斯科东方大学、列宁格勒东方语言学院任教。在莫斯科见到瞿秋白,瞿提出要把介绍苏联革命文艺作品与文艺理论工作,当作庄严的革命的政治任务来完成。又在鲁迅帮助下出版译作,并协助鲁迅在苏联收集版画及其他书刊。(参见冷柯[执笔]、毛粹《曹靖华年谱简编》,《河南大学学报》1984年第5期)

杨松赴莫斯科中山大学学习,毕业后留校任政治经济学教员和俄文翻译。

赵济赴莫斯科中山大学学习,接受托派观点。

萧三任远东大学中国工人班主任、《国际文学》中文版主编。

凯丰12月赴苏联的莫斯科中山大学学习。

孟庆树赴苏联,入莫斯科中山大学学习。

柳亚子年初经国民党中央政治会议,任为江苏省政府委员兼教育厅长,南昌行营亦以江苏省政务委员兼上海政治分会委员相属,均辞弗就。4月,偕佩宜夫人暨朱少屏同游杭州,吊西湖苏曼殊墓。旋自杭州返黎里。5月8日,蒋介石政府在上海之东路军政治部陈群,派兵士去黎里。夜半缇骑入室,指名查捕,柳亚子匿楼上复壁中获免。9日晨,柳亚子仓皇离家,化装渔人,自黎里乘民船航行数日,始安抵上海,暂寓西门路润安里。15日,柳亚子乘"上海丸"东渡日本,同行者有佩宜夫人、无非及同邑唐蕴玉女士。自本日始,撰《乘浮日记》,至次年4月6日返国止。5—6月,刘海粟自上海来,亦时晤聚。7月6日,佩亚偕无忌、无垢及阿吟自上海乘船来日,抵东京,团聚于乐天庐。8月,佩亚、唐蕴玉先行返国。(参见柳无忌编《柳亚子年谱》,中国社会科学出版社1983年版)

刘海粟受军阀孙传芳迫害通缉,逃亡日本。朝日新闻社曾为他在东京举行画展。在日本,与日本画界人士交游颇密。

马衡赴日本东京帝国大学作《中国之铜器时代》的讲演,首次提出中国青铜器以商代为最早的论断,并列出7件标准器,证明其为商代之物。

杨东莼、杨东莼在大革命失败后,赴日研究唯物论,翻译恩格斯、摩尔根著作,出版不少译著,宣传唯物主义和辩证法。

蒋百里建议蒋介石对日本采缓兵之计,不使其支持奉系军阀破坏中国统一。受命以私人身份赴日,向日本首相田中义一等进行解释。(参见皮明勇、侯昂好编《中国近代思想家文库·蒋百里、杨杰卷》及附录《蒋百里简谱》,中国人民大学出版社2014年版)

陈源、凌叔华夫妇同往日本作短期旅行,后凌叔华留京都一年,研读菊池宽、佐藤春夫、芥川龙之介、谷崎润一郎、夏目漱石的作品及日本艺术。3月,陈源为胡适《整理国故与"打鬼":给浩徐先生信》所撰《西滢跋语》刊于《现代评论》第5卷第119期。

张大千参加"寒之友"画会,会友有于右任、何香凝、经亨颐、陈树人、黄宾虹等。秋,应日本友人之邀赴汉城游金刚山。

刘大杰考入日本早稻田大学研究科文学部,专攻欧洲文学。

艾思奇年初到南京,不久被捕,经保释出狱。春,至日本求学,参加中共东京支部158人组织的社会主义学习小组。

魏建功4月赴朝鲜汉城,任京城帝国大学法文学部中国语讲师。因该校校长日人服部宇之吉托在北大讲学之日人今村完道访聘教员,中文系教授沈尹默、张凤举等推荐魏建功前往。6月,北京大学等国立九校合并,改名"京师大学校","国学门"改为"国学研究馆",叶恭绰任馆长,聘魏建功为通讯员。同时,受北京图书馆馆长彭同礼委托,为该馆在朝鲜收集旧书。7月,返北京休假,经董作宾介绍与北大数学系教授王尚济先生次女王碧书订婚。是年,魏建功开始在《语丝》发表连载《侨韩琐谈》《侨韩耳食录》等随笔。(参见曹达《魏建功年谱》,《文教资料》1996年第5期)

陈冠群任总编辑的《民声报》11月由中国国民党驻孟加锡直属支部创办。

庄希泉去菲律宾主持《前驱日报》。

林惠祥考入菲律宾大学研究院人类学系,并跟从美国教授拜耶(H. O. Beyer)作人类学的研究工作。

余俊贤赴印尼任国民党驻印尼总支部委员、印尼《民国日报》总编辑。

瑞典地理学家斯文·赫定1月30日在北京西郊张作霖大帅府,得到了北洋政府的许可。3月5日,在刘半农等人的主持下,北京大学研究所、故宫博物院、古物陈列所、中央观象台等学术机构的代表,在北大研究所国学门召开北京学术团体联席会议,讨论筹备建立一个永久性机构,以监视外国人擅入中国收集学术材料,不准其随意挖掘、购买或假名窃取我国文物。会后发表了《北京学术团体反对外人采取古物之宣言》。9日,斯文·赫定致函沈兼士,请沈代向中国学术团体协会转达:将此行所获历史文物全数由随行中国学者带回北京。10日,斯文·赫定与北京学术界进行谈判和沟通。双方经过多次谈判,最终斯文·赫定接受中方条件:由中国学术团体协会主办西北科学考查活动,中国学术团体协会组织西北科学考查团理事会,理事会委任中外团员及中外团长,监督并指挥考查团进行的一切事务。4月26日,中国学术团体协会执行主席、古物陈列所所长周肇祥与斯文·赫定在北京大学研究所国学门签订"中国学术团体协会为组织西北科学考查团事与瑞典国斯文·赫定博士订定合作办法"19条。北京大学教务长徐炳昶和赫定分别担任中瑞团长,中方参加者有袁复礼、黄文弼、丁道衡、詹蕃勋等10人。5月9日,考查团从北京出发,对内蒙至新疆等地进行考古学、人类学、民族学、民俗学等综合科学考察。西北科学考查团取得的成果有发现居延汉简等。(参见中国大百科全书总编辑委员会《中国大百科全书·考古学》,中国大百科全书出版社2002年版;王学典《20世纪史学编年(1900—1949)》,商务印书馆2014年版)

瑞典古脊椎动物学家B.步林和中国地质学家李捷3月27日至10月18日主持对周口店遗址进行大规模的考古发掘,并将原编第53号地点改名为"周口店第1号洞";10月16日,又发现1枚保存完好的人类牙齿化石;在龙骨山上又发现了第3和第4地点。此系中国地质调查所和北京协和医学院合作项目,共获得化石材料500箱。12月,步林在《中国古生物志》丁种第7号第1册发表《周口店储积中一个荷谟形的下臼齿》,文章提议建立一个人科的新属新种,即"Sinanthropus Pekinensis Black and Zdansky",直译为"中国猿人北京种"。同月5日,北京协和医学院解剖科主任、加拿大籍解剖学家步达生对先后发现的三颗牙齿进行了研究,给这一之前从未见过的古人类定了学名——"北京中国猿人",后改称为"北京直立人",俗称"北京人"。

按:此次发掘获得洛克菲勒基金会的资助,但是中国地质调查所主持者翁文灏在签订的合作协议中规定,采集到一切古生物标本可放在协和医学院进行研究,但所有权归中国地质调查所,不得运出中国。(中国大百科全书总编辑委员会《中国大百科全书·考古学》,中国大百科全书出版社2002年版;王学典《20世纪史学编年(1900—1949)》,商务印书馆2014年版)

美国倡导设计教学法的教育家克伯屈(W. H. Kilpatrick)3月10日到达上海,系应中华教育改进社之邀请来我国讲演。克伯屈在上海与朱经农、程其保等讨论中等教育、初等教育问题并在大夏大学、青年会等处讲演。4月、5月,克伯屈在北京教育部、清华学校、燕京大学、北大二院、师大、女子大学、法政大学、香山慈幼院等处发表讲演。其讲演题目有:文化变迁与教育、道德教育、养成学生之自动能力、中国目前教育问题、现代教育方法批评、中国女子教育问题等。(参见中央教育科学研究所编《中国现代教育大事记1919—1949》,教育科学出版社1988年版)

美国人司徒雷登继续任燕京大学校长。春,燕京大学经北京政府教育部批准正式认可。3月18日,"三·一八"烈士魏士毅同学的石碑屹立在燕园。9月,司徒雷登第五次赴美,计划开展第二次大募捐。当时反教会之声甚高,传到美国群情骇然,对捐款冷漠。司徒雷登力排众议,说明真相,使误会冰释。(参见张玮瑛、王百强、钱辛波主编《燕京大学史稿》,人民中国出版社2000年版)

日本东亚考古学会由滨田耕作、原田淑人等出面,约请北京大学考古学会马衡、沈兼士等,在东京联合组成东方考古学会。本年在旅大地区共同发掘貔子窝(今皮口镇)附近的单砣子等遗址。后中国学者陆续退出。(参见中国大百科全书总编辑委员会《中国大百科全书·考古

学》,中国大百科全书出版社 2002 年版)

三、学术论文

梁任公《王阳明知行合一之教》刊于《国学丛论》第 1 卷第 1 号。

王静安《桐乡徐氏印谱序》刊于《国学丛论》第 1 卷第 1 号。

吴其昌《宋代之地理学史》刊于《国学丛论》第 1 卷第 1 号。

杨筠如《媵》刊于《国学丛论》第 1 卷第 1 号。

徐中舒《从古书中推测之殷周民族》刊于《国学丛论》第 1 卷第 1 号。

王镜第《书院通征》刊于《国学丛论》第 1 卷第 1 号。

刘盼遂《淮南子许注汉语疏》刊于《国学丛论》第 1 卷第 1 号。

何士骥《部曲考》刊于《国学丛论》第 1 卷第 1 号。

周传儒《中日历代交涉史》刊于《国学丛论》第 1 卷第 1 号。

余永梁《殷墟文字考》刊于《国学丛论》第 1 卷第 1 号。

卫聚贤《左传之研究》刊于《国学丛论》第 1 卷第 1 号。

陈守实《明史稿考证》刊于《国学丛论》第 1 卷第 1 号。

郑宗棨《鸦片之源流》刊于《国学丛论》第 1 卷第 1 号。

陆侃如《二南研究》刊于《国学丛论》第 1 卷第 1 号。

谢国桢《顾亭林先生学侣考序》刊于《国学丛论》第 1 卷第 1 号。

颜虚心《陈同父生卒年月考》刊于《国学丛论》第 1 卷第 1 号。

陆侃如《跋古层冰陶靖节年谱》刊于《国学丛论》第 1 卷第 1 号。

梁任公《王阳明知行合一之教(续)》刊于《国学丛论》第 1 卷第 2 号。

赵元任译《高本汉(Bernhard Karlgren)的谐声说》刊于《国学丛论》第 1 卷第 2 号。

陈寅恪《大乘稻芊经随听疏跋》刊于《国学丛论》第 1 卷第 2 号。

陈寅恪《有相夫人生天因缘曲跋》刊于《国学丛论》第 1 卷第 2 号。

王静安《书内府所藏王仁昫切韵后》刊于《国学丛论》第 1 卷第 2 号。

周传儒《中日历代交涉史(续)》刊于《国学丛论》第 1 卷第 2 号。

刘盼遂《说文汉语疏》刊于《国学丛论》第 1 卷第 2 号。

吴其昌《朱子著述考》刊于《国学丛论》第 1 卷第 2 号。

姚名达《余姚邵念鲁先生年谱》刊于《国学丛论》第 1 卷第 2 号。

陆侃如《楚辞的旁支》刊于《国学丛论》第 1 卷第 2 号。

卫聚贤《左传之研究(续)》刊于《国学丛论》第 1 卷第 2 号。

王力《三百年前河南宁陵方音考》刊于《国学丛论》第 1 卷第 2 号。

刘盼遂《说文汉语疏》刊于《国学论丛》第 1 卷第 2 号。

刘盼遂《〈说文声谱〉自序》刊于《国学论丛》第 1 卷第 2 号。

董康《日本内阁藏小说戏曲书目》刊于《国学门月刊》第 1 卷第 4 号。

郑宾于《公孙龙考》刊于《国学门月刊》第 1 卷第 4 号。

沅君《南宋词人小记》刊于《国学门月刊》第 1 卷第 4 号。

李嘉善《五胡十九国兴亡表》刊于《国学门月刊》第 1 卷第 4 号。

大任《史记田敬仲世家中驺忌的三段话》刊于《国学门月刊》第 1 卷第 4 号。

陆侃如《词选笺自序》刊于《国学门月刊》第 1 卷第 4 号。

漱峦《唐河的传说》刊于《国学门月刊》第 1 卷第 4 号。

谢国桢《余姚黄宗羲先生传纂》刊于《国学门月刊》第 1 卷第 5 号。

谭禅生《老子通诠》刊于《国学门月刊》第 1 卷第 5 号。

卫聚贤《读吴桂华说幽》刊于《国学门月刊》第 1 卷第 5 号。

沈兼士《系统的文字学参考书目举要》刊于《国学门月刊》第 1 卷第 5 号。

王力《谐声说》刊于《国学门月刊》第 1 卷第 5 号。

左天锡《刘三妹故事与粤风续九及粤风》刊于《国学门月刊》第 1 卷第 5 号。

大任《许真君故事的起原和概略》刊于《国学门月刊》第 1 卷第 5 号。

沅君《回回教进中国的源流》刊于《国学门月刊》第 1 卷第 6 号。

马衡《中国之铜器时代》刊于《国学门月刊》第 1 卷第 6 号。

朱希祖《宋安洲出土古器考》刊于《国学门月刊》第 1 卷第 6 号。

陆珂罗偓伦著，侃如口译，卫聚贤笔受《论左传之真伪及其性质》刊于《国学门月刊》第 1 卷第 6 号。

万泉，卫聚贤《季札观乐辩》刊于《国学门月刊》第 1 卷第 6 号。

钱南扬《目连戏考》刊于《国学门月刊》第 1 卷第 6 号。

王国维《南宋人所传蒙古史料考》刊于《清华学报》第 4 卷第 1 期。

杨树达《跋后汉书集解》刊于《清华学报》第 4 卷第 1 期。

唐钺《尹文和尹文子》刊于《清华学报》第 4 卷第 1 期。

侯厚培《五口通商以前我国国际贸易之概况》刊于《清华学报》第 4 卷第 1 期。

朱君毅《一九二〇年美国大学之统计研究》刊于《清华学报》第 4 卷第 1 期。

朱希祖《汉三大乐歌声调辨》刊于《清华学报》第 4 卷第 2 期。

刘复《"图式音标"草创》刊于《清华学报》第 4 卷第 2 期。

陆懋德《由甲骨文考见商代之文化》刊于《清华学报》第 4 卷第 2 期。

王桐龄《宋辽之关系》刊于《清华学报》第 4 卷第 2 期。

陆志韦《再论智慧发育的公式》刊于《清华学报》第 4 卷第 2 期。

李景汉《家庭工资制度》刊于《清华学报》第 4 卷第 2 期。

王国维《金界壕考》刊于《燕京学报》第 1 期。

谢婉莹《元代的戏曲》刊于《燕京学报》第 1 期。

冯友兰《中国哲学中之神秘主义》刊于《燕京学报》第 1 期。

张荫麟《秦妇吟之考证与校释》刊于《燕京学报》第 1 期。

容庚《殷周礼乐器考略》刊于《燕京学报》第 1 期。

俞平伯《葺芷缭衡室读诗杂记》刊于《燕京学报》第 1 期。

叶树坤《福州旧历新年风俗之调查》刊于《燕京学报》第 1 期。

陈垣《元西域人华化考下》刊于《燕京学报》第 2 期。

冯友兰《孔子在中国历史中之地位》刊于《燕京学报》第 2 期。

许地山《道家思想与道教》刊于《燕京学报》第 2 期。

黄子通《朱熹的哲学》刊于《燕京学报》第 2 期。

张荫麟《九章及两汉之数学》刊于《燕京学报》第 2 期。

顾敦鍒《明清戏曲的特色》刊于《燕京学报》第 2 期。

容庚《王国维先生考古学上之贡献》刊于《燕京学报》第 2 期。

傅斯年《评〈秦汉统一的由来和战国人对于世界的想像〉》刊于《中山大学语言历史学研究所周刊》第 1 集第 2 期。

傅斯年《评〈春秋时的孔子和汉代的孔子〉》刊于《中山大学语言历史学研究所周刊》第 1 集第 7 期。

张镜予《编辑者言》刊于《社会学界》第 1 卷。

按：是文曰："我们刊行《社会学界》的目的有二，一是为了我们看见社会学杂志停刊，想继续负它的使命；二是为了我们想请求中国的社会学者起来做些整理中国社会学材料的工夫，好让喜欢研究社会学的本国人，有自己的田地可以耕耘。"

梁任公《社会学在中国方面的几个重要问题研究举例》刊于《社会学界》第 1 卷。

冯友兰《中国之社会伦理》刊于《社会学界》第 1 卷。

王桐龄《中国民族之研究》刊于《社会学界》第 1 卷。

刘强《中外文化接触之研究》刊于《社会学界》第 1 卷。

李景汉《中国社会调查运动》刊于《社会学界》第 1 卷。

陈达《国内重要工会的概况》刊于《社会学界》第 1 卷。

梁漱溟《介绍卫中先生学说》刊于《社会学界》第 1 卷。

常乃悳《周易中之社会哲学》刊于《社会学界》第 1 卷。

俞颂华《中国晚近社会思想之变迁》刊于《社会学界》第 1 卷。

王文豹《历代刑律沿革之概略》刊于《社会学界》第 1 卷。

边燮清《中国历史上的几位安那其主义者》刊于《社会学界》第 1 卷。

于恩德《社会个案服务与中国》刊于《社会学界》第 1 卷。

黄子方《中国卫生刍议》刊于《社会学界》第 1 卷。

许地山《现行婚制之错误与男女关系之将来》刊于《社会学界》第 1 卷。

李剑华《日本之社会学界》刊于《社会学界》第 1 卷。

余希稷《民治声中之会计制度》刊于《经济学报（南洋大学经济学会）》第 2 卷第 4 期。

童诗闻《解释会计师暂行章程第九条规定陈述意见》刊于《经济学报（南洋大学经济学会）》第 2 卷第 4 期。

章作霖《今后我国经济基础之建设》刊于《经济学报（南洋大学经济学会）》第 2 卷第 4 期。

吴禄增《今年粮食价格飞涨之原因及其救济方法》刊于《经济学报（南洋大学经济学会）》第 2 卷第 4 期。

沈奏廷《世界各国中央银行制概观》刊于《经济学报（南洋大学经济学会）》第 2 卷第 4 期。

华立《十五年度之上海金融》刊于《经济学报（南洋大学经济学会）》第 2 卷第 4 期。

吴家麟《解决辅币问题》刊于《经济学报（南洋大学经济学会）》第 2 卷第 4 期。

谏初《九六公债市况之回顾》刊于《经济学报（南洋大学经济学会）》第 2 卷第 4 期。

沈奏廷《谈英德输出信用保险》刊于《经济学报(南洋大学经济学会)》第 2 卷第 4 期。

张知言《国民党统治下的学术》刊于《现代评论》第 6 卷第 148 期。

按：是文曰："新中国的学术是新中国最可伤心的事。自从曾国藩、李鸿章、张之洞辈开学堂，派留学生，设立编译机关已来，中国的新派学术足足有了六十年的历史，但是，新中国的学术不但望欧美之尘而莫及，连和新兴的日本(日本的提倡"新学"尚在中国以后)也不能比较。理由毕竟何在？ 有的说，中国太穷，衣食不足，难有学术可言；有的说，中国太乱，年年打仗，什么事情都干不起来；有的说，中国人自来就没有科学的思想和方法，现代的学术多少有些科学做根据践行，因此中国的学术就难兴起来；有的说，中国人都是饶有政治与兴趣的动物，从了政就忘了学。还有许多的解释难以一一枚举。我承认以上所说的缘故个个有理由；试把中国和日本一比更见得以上所说的俱不是无根之谈。但是我所不解的，中国人的缺乏科学观念和富于政治兴趣——假定这些观察没有谬误——今昔初无分别；而中国的穷乱也并不是这半世纪的特色；为什么中国旧时的学术也会蓬蓬勃勃地发达过；而这六十年来却老是幼稚得不堪设想，至今仍然毫无眉目？ 我以为近来中国学术界的不振，一由于中国人在通商口岸买办化，市侩化，或叫做肤浅的洋化；二由于留学生之毫不得力，派遣的政策既然错误，而留学生本身亦绝少披荆斩锐，百折不挠，以维持中国的旧学术，以建树中国的新学术的。"

国民党统治下的学术之所以不尽人意，是文认为其中有两个很重要的原因："中国通商口岸的文化简直是人类文明上最大污点之一。说它是拜金主义的结晶品罢，那拜金主义的美国的文化也未常无学术。说它是帝国主义者所构成的罢，那受帝国主义毒更深的印度至今有她的不可磨灭的旧学，而且新的学术，如科学法学之类，也要比中国高明许多。通商口岸之所以糟，一糟于一般新兴大商卖——他们是通商口岸之最有势力者——的新来外国人的劣根性，二糟于青年的以这类大商卖为典型而希望己身亦成为大商卖。于是通商口岸的一切文化赖以滋长的媒介，无论大学校，小学校，杂志，报章，讲演，俱买办化，而学术就不堪设想了。我们苟知道近几十年来通商口岸为全国文化的中心点，就不难知道通商口岸对于全国学术的影响的重大了。其次留学生的不得力也是学术不发达的最大原因之一。新日本学术的发达大部分得力于留学生。但是中国却不然。中国近年来派遣留学生年以千计，回国的留学生何至万数，然除却极少数的外，大都对于中国学术有何贡献？ 当然，留学生不是能独立的阶级，他们收了通商口岸的文化的极大影响，同时更被政局生计所扼；但是他们的不能有所建树，一半也是因为他们的产地本来就和通商口岸的文化有连带关系。买办之子纵然留了十年廿年的学也难脱除买办色彩，回到买办的家庭，买办的都市后，不同的学也难脱除买办色彩，回到买办的家庭，买办的都市后，不用说，更是买办气十足了。"

所以要改进新中国的学术，"第一要使学子能脱离通商口岸的文化，第二要更改遣派留学生及任用留学生的办法。现在国民党统治全国的机会快到了。国民党是革命党，它总要能够革了通商口岸的文化，革了留学生的面目，总能够提高新中国的学术。这个问题太大，我现在只有一个具体的建议；我希望国民政府能竭力奖励一班不喜欢出风头，不喜欢捧大人物，不喜欢一味崇拜洋大人，不受通商口岸文化的学者们。这些学者们中国现在也许就不少，就是因为他们在倒霉的中国，连生计都不谋了，所以更无建树的机会。假使国民政府能设立了两种机关，一个是科学实验所，一个是大编译局，再加上一个宏伟的图书馆，凡科学家或其他学者，只有他能专心一致从事研究或发达，国民政府就应崇礼他们，且给他们以相当的报酬，使无饥馁，那中国学术的风气一定可以大加刷新，而以后留学生的视听也可以为之一变了。不过还有一件事要说的，就是希望国民政府设起这些机关来，切不要官样文章，须实事求是才对"。

宇文《奴才与人才》刊于《现代评论》第 6 卷第 149 期。

掔黄《中国史的新页》刊于《现代评论》第 5 卷第 108 期。

杨幼炯《司马尔的社会学说》刊于《现代评论》第 5 卷第 108 期。

西滢译《少年歌德之烦恼》刊于《现代评论》第 5 卷第 108 期。

燕树棠《英国对华政策新提案》刊于《现代评论》第 5 卷第 109 期。

孟和《主义与他的限制》刊于《现代评论》第 5 卷第 109 期。

采真《文学底诵读与赏鉴》刊于《现代评论》第5卷第109期。

雪艇《我们对于汉案的观察》刊于《现代评论》第5卷第110期。

唐有壬《南方的财政》刊于《现代评论》第5卷第110期。

开渠《星期日》刊于《现代评论》第5卷第110期。

周鲠生《租借地问题》刊于《现代评论》第5卷第111期。

雪艇《英帝国的前途》刊于《现代评论》第5卷第111期。

西岩《北海的雪月》刊于《现代评论》第5卷第111期。

唐有壬《民国十五年度的海关岁收》刊于《现代评论》第5卷第112期。

霍金波《韩非子初见秦篇之管见》刊于《现代评论》第5卷第112期。

汪震《孔子能推翻现代心理学吗》刊于《现代评论》第5卷第112期。

张奚若《英国派兵来华的目的和影响》刊于《现代评论》第5卷第113期。

钱端升《美国对华的外交》刊于《现代评论》第5卷第113期。

皓白《德意志最近的政况》刊于《现代评论》第5卷第113期。

张奚若《英国人的头脑与此次出兵》刊于《现代评论》第5卷第114期。

擘黄《可能的世界》刊于《现代评论》第5卷第114期。

梁云从《美国海军裁减提议》刊于《现代评论》第5卷第115期。

典殿元《过去一年北京经济的衰颓》刊于《现代评论》第5卷第115期。

张镜宇《生活革命》刊于《现代评论》第5卷第115期。

如松《劳动问题声浪中的注意点》刊于《现代评论》第5卷第116期。

皓白《日本无产政党的分析》刊于《现代评论》第5卷第116期。

孟和《科学研究——立国基础》刊于《现代评论》第5卷第117期。

擘黄《语言对于思想的反响》刊于《现代评论》第5卷第117期。

衡哲《一个战时的和平家》刊于《现代评论》第5卷第117期。

张奚若《南北可以妥协吗》刊于《现代评论》第5卷第118期。

沧生《中国的科学》刊于《现代评论》第5卷第118期。

李景汉《社会调查应行注意的点》刊于《现代评论》第5卷第118期。

项定荣《校长的失败》刊于《现代评论》第5卷第118期。

叔永《所望于学校经费略有著落以后》刊于《现代评论》第5卷第119期。

孟和《再论科学研究》刊于《现代评论》第5卷第119期。

典殿元《社会调查工作的困难》刊于《现代评论》第5卷第119期。

松子《汉案的解决》刊于《现代评论》第5卷第120期。

唐有壬《财政的基础问题》刊于《现代评论》第5卷第120期。

燕树棠《对日修约与最惠待遇》刊于《现代评论》第5卷第120期。

竺可桢《取消学术上的不平等》刊于《现代评论》第5卷第120期。

拾闻《吃饭与文化》刊于《现代评论》第5卷第120期。

刘开渠《徐枋的画》刊于《现代评论》第5卷第120期。

张奚若《南京事件与不平等条约》刊于《现代评论》第5卷第121期。

苏乡雨《停滞的社会同文化》刊于《现代评论》第5卷第121期。

张奚若《外国人应该知道的几件事》刊于《现代评论》第5卷第122期。

钱端升《收回上海租界的迫切》刊于《现代评论》第 5 卷第 122 期。

西滢译《心理学与政治》刊于《现代评论》第 5 卷第 122 期。

陈治安《中国劳动运动的事实观察》刊于《现代评论》第 5 卷第 122 期。

寄公《南方政潮的观察》刊于《现代评论》第 5 卷第 123 期。

张奚若《宁案与五国通牒》刊于《现代评论》第 5 卷第 124 期。

松子《撤消领事裁判权的第一步》刊于《现代评论》第 5 卷第 125 期。

擘黄《梦想与希望》刊于《现代评论》第 5 卷第 125 期。

樊弘《国际情形与国民自助》刊于《现代评论》第 5 卷第 125 期。

浩父《封建思想》刊于《现代评论》第 5 卷第 126 期。

寄公《南方两政府》刊于《现代评论》第 5 卷第 127 期。

松子《内地杂居的问题》刊于《现代评论》第 5 卷第 127 期。

辅任《中国政局的鸟瞰》刊于《现代评论》第 5 卷第 127 期。

无文《名词与事实》刊于《现代评论》第 5 卷第 128 期。

山木《上海公共租界及其解决》刊于《现代评论》第 5 卷第 130 期。

如松《经济社会中的中饱阶级》刊于《现代评论》第 5 卷第 130 期。

熊佛西《国剧与旧剧》刊于《现代评论》第 5 卷第 130 期。

胡适《"孔雀东南飞"的年代》刊于《现代评论》第 6 卷第 149 期。

章士钊《苏法比喻》刊于《甲寅周刊》第 1 卷第 41 号。

梁敬錞《英案解剖敬告国民及南北当局》刊于《甲寅周刊》第 1 卷第 41 号。

张九如《论衡》刊于《甲寅周刊》第 1 卷第 41 号。

曾士先《历史观》刊于《甲寅周刊》第 1 卷第 41 号。

张霁虹《因学斋文存》刊于《甲寅周刊》第 1 卷第 41 号。

章士钊《论吴淞政治大学》刊于《甲寅周刊》第 1 卷第 42 号。

章士钊《陈兰甫先生公孙龙子注后题》刊于《甲寅周刊》第 1 卷第 42 号。

董时进《农国》刊于《甲寅周刊》第 1 卷第 42 号。

郑元群《诚与识》刊于《甲寅周刊》第 1 卷第 42 号。

王德钧《约翰大学》刊于《甲寅周刊》第 1 卷第 42 号。

章士钊《论共产教》刊于《甲寅周刊》第 1 卷第 43 号。

章士钊《原指》刊于《甲寅周刊》第 1 卷第 43 号。

余嘉锡《陆贾新语提要辨证》刊于《甲寅周刊》第 1 卷第 43 号。

方个农《国民党》刊于《甲寅周刊》第 1 卷第 43 号。

唐大圆《东方文化》刊于《甲寅周刊》第 1 卷第 43 号。

荆嗣佑《周刊之职》刊于《甲寅周刊》第 1 卷第 43 号。

章士钊《工潮与余值》刊于《甲寅周刊》第 1 卷第 44 号。

郁嶷《人口过庶后论》刊于《甲寅周刊》第 1 卷第 44 号。

林思进《是非》刊于《甲寅周刊》第 1 卷第 44 号。

王时润《南君书》刊于《甲寅周刊》第 1 卷第 44 号。

金天翮《泰州学业》刊于《甲寅周刊》第 1 卷第 44 号。

寓庸《驳业治》刊于《甲寅周刊》第 1 卷第 44 号。

缪钺《论衡》刊于《甲寅周刊》第1卷第44号。

章士钊《赤化录》刊于《甲寅周刊》第1卷第45号。

章士钊《与杨邻葛书》刊于《甲寅周刊》第1卷第45号。

梁敬錞《第三国际与中国》刊于《甲寅周刊》第1卷第45号。

积微《论衡》刊于《甲寅周刊》第1卷第45号。

丁洽明《泰州教》刊于《甲寅周刊》第1卷第45号。

王时润《墨学》刊于《甲寅周刊》第1卷第45号。

黄家澍《经师授受》刊于《甲寅周刊》第1卷第45号。

曹孟其《说林》刊于《甲寅周刊》第1卷第45号。

化鲁《国际现势与吾人》刊于《东方杂志》第24卷第1号。

彭学沛《国际的新局面》刊于《东方杂志》第24卷第1号。

张慰慈《英国的殖民地》刊于《东方杂志》第24卷第1号。

楼桐孙《法兰西之现势》刊于《东方杂志》第24卷第1号。

何作霖《棒喝主义下之意大利》刊于《东方杂志》第24卷第1号。

黄幼雄《日本的现势》刊于《东方杂志》第24卷第1号。

金岳霖《美国》刊于《东方杂志》第24卷第1号。

幼雄《中兴之德意志》刊于《东方杂志》第24卷第1号。

幼雄《分离后之奥匈捷克》刊于《东方杂志》第24卷第1号。

张慰慈《波兰的恢复及其最近的政治状况》刊于《东方杂志》第24卷第2号。

张慰慈《波罗的海沿岸的几个新国家》刊于《东方杂志》第24卷第2号。

胡愈之《巴尔干半岛的今日》刊于《东方杂志》第24卷第2号。

何作霖《西班牙与葡萄牙的现势》刊于《东方杂志》第24卷第2号。

仲云《北欧三国与荷兰比利时》刊于《东方杂志》第24卷第2号。

仲云《新土耳其的现势》刊于《东方杂志》第24卷第2号。

仲云《埃及独立史》刊于《东方杂志》第24卷第2号。

胡愈之《中东的现势与国际关系》刊于《东方杂志》第24卷第2号。

愈之《拉丁亚美利加——美国的外府》刊于《东方杂志》第24卷第2号。

化鲁《一九二七年世界独立国及其属地》刊于《东方杂志》第24卷第2号。

化鲁《国民应注意对英外交》刊于《东方杂志》第24卷第3号。

王世杰《中国工会法问题》刊于《东方杂志》第24卷第3号。

熊国清《招商局停航后中国航业之前途》刊于《东方杂志》第24卷第3号。

金侣琴《世界各国之航业政策》刊于《东方杂志》第24卷第3号。

胡继瑗《航运公会之研究及远东与北美间各公会之现状》刊于《东方杂志》第24卷第3号。

化鲁《亚尔巴尼亚问题与地中海风波的恶化》刊于《东方杂志》第24卷第3号。

幼雄《英帝国会议与英帝国内关系之变更》刊于《东方杂志》第24卷第3号。

从予《苏联与阿富汗的新结合》刊于《东方杂志》第24卷第3号。

张东荪《名相与条理》刊于《东方杂志》第24卷第3号。

保衡《西北旅行杂记》刊于《东方杂志》第24卷第3号。

楼桐孙《不平等条约或中国》刊于《东方杂志》第 24 卷第 4 号。

马寅初《中国经济上之根本问题》刊于《东方杂志》第 24 卷第 4 号。

竺可桢《泛太平洋学术会议之过去与将来》刊于《东方杂志》第 24 卷第 4 号。

杭立武《英国对华新提案之面面观》刊于《东方杂志》第 24 卷第 4 号。

幼雄《美洲之巴尔干》刊于《东方杂志》第 24 卷第 4 号。

幼雄《欧陆钢铁合同的成立》刊于《东方杂志》第 24 卷第 4 号。

幼雄《美国的黑人问题》刊于《东方杂志》第 24 卷第 4 号。

沈怡《治理黄河之讨论》刊于《东方杂志》第 24 卷第 4 号。

邵元冲《朝鲜铜字本四书五经大全考》刊于《东方杂志》第 24 卷第 4 号。

金侣琴《银辅币问题》刊于《东方杂志》第 24 卷第 5 号。

楼桐孙《不列颠帝国主义前途之危机》刊于《东方杂志》第 24 卷第 5 号。

张慰慈《革命以后的德国市政》刊于《东方杂志》第 24 卷第 5 号。

寿毅成《美国费城博览会追记》刊于《东方杂志》第 24 卷第 5 号。

化鲁《丹麦自由党的复兴》刊于《东方杂志》第 24 卷第 5 号。

黄泽苍《荷属东印度之独立运动》刊于《东方杂志》第 24 卷第 5 号。

郭任远《一个心理学革命者的口供》刊于《东方杂志》第 24 卷第 5 号。

任二北《散曲研究续》刊于《东方杂志》第 24 卷第 5 号。

陶孟和《世界人口的将来》刊于《东方杂志》第 24 卷第 6 号。

吴颂皋《法国政党概述》刊于《东方杂志》第 24 卷第 6 号。

童蒙正《日本大正十五年间经济界变迁概观》刊于《东方杂志》第 24 卷第 6 号。

赵文锐《中国财政紊乱之原因》刊于《东方杂志》第 24 卷第 6 号。

育干《列强驻华海军之现势》刊于《东方杂志》第 24 卷第 6 号。

化鲁《葡萄牙的第二十一次革命》刊于《东方杂志》第 24 卷第 6 号。

文宙《英俄邦交问题》刊于《东方杂志》第 24 卷第 6 号。

文宙《捷克斯洛伐克各政党的新联合》刊于《东方杂志》第 24 卷第 6 号。

伯云《日本的大地震》刊于《东方杂志》第 24 卷第 6 号。

朱偰《亲属范围和亲等计算法》刊于《东方杂志》第 24 卷第 6 号。

周鲠生《现代日本的政治》刊于《东方杂志》第 24 卷第 7 号。

胡善恒《在华之外国经济势力问题》刊于《东方杂志》第 24 卷第 7 号。

倪文宙《在华外人利益的调查》刊于《东方杂志》第 24 卷第 7 号。

育干《列强海军之现势》刊于《东方杂志》第 24 卷第 7 号。

幼雄《俄瑞纠纷的解决》刊于《东方杂志》第 24 卷第 7 号。

育干《日本统治下之台湾产业发展现况》刊于《东方杂志》第 24 卷第 7 号。

育干《日本统治下之朝鲜产业发展现况》刊于《东方杂志》第 24 卷第 7 号。

陈柱《姚际恒诗经通论述评》刊于《东方杂志》第 24 卷第 7 号。

贾祖璋《杜鹃研究》刊于《东方杂志》第 24 卷第 7 号。

徐庆誉《以哲学的眼光谈谈跳舞》刊于《东方杂志》第 24 卷第 7 号。

朱羲农《世界资本主义经济大势》刊于《东方杂志》第 24 卷第 8 号。

颂华《爱尔兰问题的今昔》刊于《东方杂志》第 24 卷第 8 号。

文宙《美国与巴拿马的新条约》刊于《东方杂志》第 24 卷第 8 号。

文宙《阿富汗的现状》刊于《东方杂志》第 24 卷第 8 号。

裘愉沅《南非之人种问题》刊于《东方杂志》第 24 卷第 8 号。

张正学《舒丹木拉批判法律正谊之原则》刊于《东方杂志》第 24 卷第 8 号。

缪天绶《宋学重要的问题及其线索》刊于《东方杂志》第 24 卷第 8 号。

张正昀《中国之国都问题》刊于《东方杂志》第 24 卷第 9 号。

张恪惟《国际间之险恶风云》刊于《东方杂志》第 24 卷第 9 号。

熊国清《世界各国钢铁竞争之趋势》刊于《东方杂志》第 24 卷第 9 号。

幼雄《劳农俄国之新政府》刊于《东方杂志》第 24 卷第 9 号。

文宙《美国军备增加的趋势》刊于《东方杂志》第 24 卷第 9 号。

文宙《俄国新婚姻法的宣布》刊于《东方杂志》第 24 卷第 9 号。

陈柱《洪北江之哲学》刊于《东方杂志》第 24 卷第 9 号。

[日]川村多实二著，幼雄译《生物之美的进化》刊于《东方杂志》第 24 卷第 9 号。

杜定友《科学的图书馆建筑法》刊于《东方杂志》第 24 卷第 9 号。

许仕廉《制宪与政体问题》刊于《东方杂志》第 24 卷第 10 号。

鲍思信《土耳其法律和法庭的新制度》刊于《东方杂志》第 24 卷第 10 号。

幼雄《列强空军的现势》刊于《东方杂志》第 24 卷第 10 号。

文宙《法人统治下的摩洛哥》刊于《东方杂志》第 24 卷第 10 号。

文宙《法属印度支那现状》刊于《东方杂志》第 24 卷第 10 号。

育干《知识劳动阶级之国际的联合》刊于《东方杂志》第 24 卷第 10 号。

李培恩《工商业管理上人治与法治之比较观》刊于《东方杂志》第 24 卷第 10 号。

邬翰芳《旅菲漫谈》刊于《东方杂志》第 24 卷第 10 号。

闻宥《转注理惑论》刊于《东方杂志》第 24 卷第 10 号。

董时进《理性的东亚大农国》刊于《东方杂志》第 24 卷第 11 号。

宰白《田中内阁与立宪民政党》刊于《东方杂志》第 24 卷第 11 号。

曾同春《德国经济地位之改善》刊于《东方杂志》第 24 卷第 11 号。

育干《日本已成政党的分化及无产政党的现状》刊于《东方杂志》第 24 卷第 11 号。

化鲁《英国的新劳动法》刊于《东方杂志》第 24 卷第 11 号。

丰子恺《中国画的特色》刊于《东方杂志》第 24 卷第 11 号。

张梓生《日本出兵山东》刊于《东方杂志》第 24 卷第 12 号。

范锜《民族自决之问题》刊于《东方杂志》第 24 卷第 12 号。

童蒙正《日本金融大恐慌之原因经过及其救济》刊于《东方杂志》第 24 卷第 12 号。

赵文锐《关税与厘税之关系》刊于《东方杂志》第 24 卷第 12 号。

育干《英俄绝交之经过》刊于《东方杂志》第 24 卷第 12 号。

幼雄《国际经济会议的经过》刊于《东方杂志》第 24 卷第 12 号。

育干《巴尔干的新风云》刊于《东方杂志》第 24 卷第 12 号。

育干《世界海运之现状》刊于《东方杂志》第 24 卷第 12 号。

彭师勤《农业界的新发明》刊于《东方杂志》第 24 卷第 12 号。

二北《南宋词之音谱拍眼考》刊于《东方杂志》第 24 卷第 12 号。

赵元任《"俩""仨""四呃""八阿"》刊于《东方杂志》第 24 卷第 12 号。

化鲁《日本的东方政策》刊于《东方杂志》第 24 卷第 13 号。

愈之《狂涛将至的太平洋》刊于《东方杂志》第 24 卷第 13 号。

颂华《各国调解劳资冲突方法之比较》刊于《东方杂志》第 24 卷第 13 号。

莫震旦《裁军会议与英美日三国之政策》刊于《东方杂志》第 24 卷第 13 号。

［英］丁恩《英人眼光中的中国问题》刊于《东方杂志》第 24 卷第 13 号。

［荷兰］鲍兰尔《中国人民之要求》刊于《东方杂志》第 24 卷第 13 号。

［美］杜威《中国真正之危机》刊于《东方杂志》第 24 卷第 13 号。

［日］须贺正俊《日本出兵山东之用意》刊于《东方杂志》第 24 卷第 13 号。

徐中舒《王静安先生传》刊于《东方杂志》第 24 卷第 13 号。

朱孟实《欧洲近代三大批评学者（一）》刊于《东方杂志》第 24 卷第 13 号。

黄石《劳动的生理》刊于《东方杂志》第 24 卷第 13 号。

文宙《马吉亚佛利四百年纪念与今日欧洲的政治实际》刊于《东方杂志》第 24 卷第 13 号。

卡拉克《中国对于西方文明态度之转变》刊于《东方杂志》第 24 卷第 14 号。

陶尔色《中国人仇视美国的原因》刊于《东方杂志》第 24 卷第 14 号。

［美］克伯屈《克伯屈的临别赠言》刊于《东方杂志》第 24 卷第 14 号。

朱孟实《欧洲近代三大批评学者（二）》刊于《东方杂志》第 24 卷第 14 号。

卢冀野《太谷学派之沿革及其思想》刊于《东方杂志》第 24 卷第 14 号。

臧玉淦《侯尔特的意识学说》刊于《东方杂志》第 24 卷第 14 号。

郁伽《芥川龙之介的自杀》刊于《东方杂志》第 24 卷第 14 号。

化鲁《苏联共产党的内部问题》刊于《东方杂志》第 24 卷第 15 号。

寿勉成《我国经济改造声中的货币问题》刊于《东方杂志》第 24 卷第 15 号。

杭立武《近今国际两大事件之背景与现情》刊于《东方杂志》第 24 卷第 15 号。

育干《旅华外侨之现状》刊于《东方杂志》第 24 卷第 15 号。

向达译《俄国科斯洛夫探险队外蒙考古发现纪略》刊于《东方杂志》第 24 卷第 15 号。

林履彬《发声电影及电传形象发明的经过》刊于《东方杂志》第 24 卷第 15 号。

幼雄《维也纳暴动的真象与其影响》刊于《东方杂志》第 24 卷第 15 号。

文宙《一九二六——一九二七的苏联国家预算》刊于《东方杂志》第 24 卷第 15 号。

文宙《中国的新旧秘密结社》刊于《东方杂志》第 24 卷第 15 号。

WT.《卓别林之艺术的成就》刊于《东方杂志》第 24 卷第 15 号。

记者《农民问题与中国之将来》刊于《东方杂志》第 24 卷第 16 号"农民状况调查号"。

杨开道《我国农村生活衰落的原因和解救的方法》刊于《东方杂志》第 24 卷第 16 号"农民状况调查号"。

杨万选《贵州省大定县的农民》刊于《东方杂志》第 24 卷第 16 号"农民状况调查号"。

黄孝先《海门农民状况调查》刊于《东方杂志》第 24 卷第 16 号"农民状况调查号"。

黄主一《川北农民现状之一斑》刊于《东方杂志》第 24 卷第 16 号"农民状况调查号"。

严仲达《湖北西北的农村》刊于《东方杂志》第 24 卷第 16 号"农民状况调查号"。

吴炳若《淮河流域的农民状况》刊于《东方杂志》第 24 卷第 16 号"农民状况调查号"。

孤芬《浙江衢州的农民状况》刊于《东方杂志》第 24 卷第 16 号"农民状况调查号"。

王恩荣《安徽的一部——潜山农民状况》刊于《东方杂志》第 24 卷第 16 号"农民状况调查号"。

陈友鹏《嘉应农民状况的调查》刊于《东方杂志》第 24 卷第 16 号"农民状况调查号"。

张介侯《淮北农民之生活状况》刊于《东方杂志》第 24 卷第 16 号"农民状况调查号"。

陈仲明《湘中农民状况调查》刊于《东方杂志》第 24 卷第 16 号"农民状况调查号"。

徐方千、汪茂遂《宜兴之农民状况》刊于《东方杂志》第 24 卷第 16 号"农民状况调查号"。

刘家铭《南陵农民状况调查》刊于《东方杂志》第 24 卷第 16 号"农民状况调查号"。

赵德华《井陉农民生活状况》刊于《东方杂志》第 24 卷第 16 号"农民状况调查号"。

雷士俊《陇南农民状况调查》刊于《东方杂志》第 24 卷第 16 号"农民状况调查号"。

武堉干《万目睽睽的日本对华新政策》刊于《东方杂志》第 24 卷第 17 号。

俞颂华《犹太人与犹太的复兴运动》刊于《东方杂志》第 24 卷第 17 号。

谢以颜《参观第八届远东运动会》刊于《东方杂志》第 24 卷第 17 号。

卫中《卫中博士对于中国文化之观感》刊于《东方杂志》第 24 卷第 17 号。

色里《美国人历年来对于华人的屠杀》刊于《东方杂志》第 24 卷第 17 号。

克尔贝《佛教流行西方之推测》刊于《东方杂志》第 24 卷第 17 号。

微知《文明与死亡率》刊于《东方杂志》第 24 卷第 17 号。

卫中《人及其工作》刊于《东方杂志》第 24 卷第 17 号。

文宙《马达加斯加人的谚语》刊于《东方杂志》第 24 卷第 17 号。

遂初《意大利文坛近状》刊于《东方杂志》第 24 卷第 17 号。

遂初《"哭"之研究》刊于《东方杂志》第 24 卷第 17 号。

化鲁《苏联的反对派问题》刊于《东方杂志》第 24 卷第 18 号。

陈长蘅《中国近百八十余年人口增加之徐速及今后之调剂方法》刊于《东方杂志》第 24 卷第 18 号。

时昭瀛《日内瓦会议的经过及列强海军竞争的将来》刊于《东方杂志》第 24 卷第 18 号。

黄君略《中国工钱制度》刊于《东方杂志》第 24 卷第 18 号。

倪文宙《最近英意两国的劳动法》刊于《东方杂志》第 24 卷第 18 号。

文宙《法国儿童与法国文化》刊于《东方杂志》第 24 卷第 18 号。

微知《无乐器之音乐》刊于《东方杂志》第 24 卷第 18 号。

徐中舒《五言诗发生时期的讨论》刊于《东方杂志》第 24 卷第 18 号。

朱偰《民治政体的厄运》刊于《东方杂志》第 24 卷第 19 号。

戈公振《国际报界专家会议记略》刊于《东方杂志》第 24 卷第 19 号。

日生《贺川丰彦与日本劳工运动》刊于《东方杂志》第 24 卷第 19 号。

育干《近年相继来华的外国学术探险队及其发现》刊于《东方杂志》第 24 卷第 19 号。

朱芳圃《述先师王静安先生治学之方法及国学上之贡献》刊于《东方杂志》第 24 卷第 19 号。

贺麟《西洋机械人生观最近之论战》刊于《东方杂志》第 24 卷第 19 号。

孤航《国际妇女买卖与现代文明》刊于《东方杂志》第 24 卷第 19 号。

哲生《关于医药的信任之道德与法律》刊于《东方杂志》第 24 卷第 19 号。

建人《清帝打猎地方的自然史》刊于《东方杂志》第 24 卷第 19 号。

文宙《南非黑人的劳动运动》刊于《东方杂志》第 24 卷第 20 号。

陈石孚《世界大战的责任问题》刊于《东方杂志》第 24 卷第 20 号。

张锐《美国的吏治运动》刊于《东方杂志》第 24 卷第 20 号。

何维华《日本南满铁道公司经营东省之现况》刊于《东方杂志》第 24 卷第 20 号。

文宙《德意志的青年运动》刊于《东方杂志》第 24 卷第 20 号。

朱偰《中国考试制度》刊于《东方杂志》第 24 卷第 20 号。

育干《休战纪念声中之未来大战论》刊于《东方杂志》第 24 卷第 21 号。

幼雄《南非联邦国旗问题解决》刊于《东方杂志》第 24 卷第 21 号。

张其昀《论江苏之新省会》刊于《东方杂志》第 24 卷第 21 号。

向云龙《红枪会的起源及其善后》刊于《东方杂志》第 24 卷第 21 号。

文宙《日本对华的新闻政策》刊于《东方杂志》第 24 卷第 21 号。

长野朗《日人心目中之满蒙政策》刊于《东方杂志》第 24 卷第 21 号。

孙本文《何谓社会问题》刊于《东方杂志》第 24 卷第 21 号。

贺昌群《上古哲学史上的名家与所谓"别墨"》刊于《东方杂志》第 24 卷第 21 号。

胡怀琛《八卦为上古数目字说》刊于《东方杂志》第 24 卷第 21 号。

哲生《一个伊斯兰人人生哲学的观察》刊于《东方杂志》第 24 卷第 21 号。

遂初《现代人对于医药费的负担问题》刊于《东方杂志》第 24 卷第 21 号。

杨效春《对于时论"中国人口问题"的总答辩》刊于《东方杂志》第 24 卷第 22 号。

楼桐孙《慕沙里尼的自述与福尔里警察所记述的慕沙里尼》刊于《东方杂志》第 24 卷第 22 号。

卫中《新中国教育的两大条件》刊于《东方杂志》第 24 卷第 22 号。

叔谅《外蒙古探险纪略》刊于《东方杂志》第 24 卷第 22 号。

黄仲苏《小说之艺术》刊于《东方杂志》第 24 卷第 22 号。

遂初《美国人的离婚高潮》刊于《东方杂志》第 24 卷第 22 号。

愈之《世界语四十年》刊于《东方杂志》第 24 卷第 22 号。

郁迦《巴比伦古城的发见》刊于《东方杂志》第 24 卷第 22 号。

哲生《马可波罗羊搜探记》刊于《东方杂志》第 24 卷第 22 号。

化鲁《英帝国主义与犹太民族》刊于《东方杂志》第 24 卷第 23 号。

萨孟武《文化进化论》刊于《东方杂志》第 24 卷第 23 号。

武堉干《介绍雷穆氏对于中国国际贷借抵偿问题之研究》刊于《东方杂志》第 24 卷第 23 号。

钮甸夏《中东铁路与俄日美之关系》刊于《东方杂志》第 24 卷第 23 号。

兰柯克《德人新疆考古的新发现》刊于《东方杂志》第 24 卷第 23 号。

托比《对华贸易之英人意见》刊于《东方杂志》第 24 卷第 23 号。

[苏]卜克洛夫斯基《俄人之日本移民问题观》刊于《东方杂志》第 24 卷第 23 号。

华维克《美人之中国农业观》刊于《东方杂志》第 24 卷第 23 号。

郭任远《变态的行为》刊于《东方杂志》第 24 卷第 23 号。

陈仲益《述佛教之西渐》刊于《东方杂志》第 24 卷第 23 号。

梁实秋《近年来中国之文艺批评》刊于《东方杂志》第 24 卷第 23 号。

文宙《假天才的分析》刊于《东方杂志》第 24 卷第 23 号。

遂初《就历史上研究名人之事业与其年龄》刊于《东方杂志》第 24 卷第 23 号。

哲生《自杀的意义》刊于《东方杂志》第 24 卷第 23 号。

化鲁《苏联对外政策的转变》刊于《东方杂志》第 24 卷第 24 号。

常乃惪《中国民族与中国新文化之创造》刊于《东方杂志》第 24 卷第 24 号。

楼桐孙《威尔斯之不列颠政治现势观》刊于《东方杂志》第 24 卷第 24 号。

赵韵逸《德国新宪法之一考察》刊于《东方杂志》第 24 卷第 24 号。

沈星若《由经济上观测遗产税的效果》刊于《东方杂志》第 24 卷第 24 号。

洪康《"死之船"良荣丸的惨史》刊于《东方杂志》第 24 卷第 24 号。

哲生《伊萨陀拉登肯之死》刊于《东方杂志》第 24 卷第 24 号。

洪康《日本富豪的所得调查》刊于《东方杂志》第 24 卷第 24 号。

遂初《笑的分析》刊于《东方杂志》第 24 卷第 24 号。

畏甫《谈谈扩大了宇宙和人生的两科学》刊于《东方杂志》第 24 卷第 24 号。

江绍原译《二十五年来之早期基督教研究》刊于《东方杂志》第 24 卷第 24 号。

刘既漂《中国新建筑应如何组织》刊于《东方杂志》第 24 卷第 24 号。

陈延杰《汉代妇人诗辨伪》刊于《东方杂志》第 24 卷第 24 号。

穆木天《法国文学的特质》刊于《创造月刊》第 1 卷第 6 期。

蒋光赤《十月革命与俄罗斯文学(续)》刊于《创造月刊》第 1 卷第 7 期。

蒋光赤《十月革命与俄罗斯文学(续)》刊于《创造月刊》第 1 卷第 8 期。

成仿吾《从文学革命到革命文学》刊于《创造月刊》第 1 卷第 9 期。

成仿吾《全部的批判之必要》刊于《创造月刊》第 1 卷第 10 期。

傅斯年《评〈秦汉统一的由来和战国人对于世界的想像〉》刊于《中山大学语言历史学研究所周刊》第 1 集第 2 期。

吴瞿安《元剧略说》刊于《小说月报》第 17 卷号外。

谢康《〈西厢记〉的考证问题》刊于《小说月报》第 17 卷号外。

张友鸾《西厢的批评与考证》刊于《小说月报》第 17 卷号外。

欧阳予倩《谈二黄戏》刊于《小说月报》第 17 卷号外。

郑振铎《中国戏曲的选本》刊于《小说月报》第 17 卷号外。

许地山《梵剧体例及其在汉剧上的点点滴滴》刊于《小说月报》第 17 卷号外。

[日]仓石武四郎著，汪馥泉译《目连救母行孝戏文研究》刊于《小说月报》第 17 卷号外。

郑振铎《巴黎国家图书馆中之中国小说与戏曲》刊于《小说月报》第 18 卷第 11 期。

傅惜华《元吴昌龄〈西游记〉杂剧之研究》刊于《南金》第 1 号。

傅惜华《〈西厢〉剧本考》刊于《坦途》第 2 期。

刘盼遂《黄氏古音廿八入部商兑》刊于《实学》第 7 期

成仿吾《完成我们的革命》刊于《洪水半月刊》第 3 卷第 25 期。

古有成《任白涛译订"恋爱心理研究"的批评》刊于《洪水半月刊》第 3 卷第 25 期。

曰归《无产阶级专政和无产阶级的文学》刊于《洪水半月刊》第 3 卷第 26 期。

成仿吾《打倒低级的趣味》刊于《洪水半月刊》第 3 卷第 26 期。

长风《新时代的文学的要求》刊于《洪水半月刊》第 3 卷第 27 期。

郁达夫《小说的技巧问题》刊于《洪水半月刊》第 3 卷第 27 期。

郁达夫《打听诗人的消息》刊于《洪水半月刊》第 3 卷第 27 期。

剑华《评古董社会学》刊于《洪水半月刊》第 3 卷第 27 期。

成仿吾《文艺战的认识》刊于《洪水半月刊》第 3 卷第 28 期。

独清《关于"诗人缪塞的爱之生活"》刊于《洪水半月刊》第 3 卷第 28 期。

毛尹若《马克思社会阶级观简说》刊于《洪水半月刊》第 3 卷第 28 期。

成仿吾《读了〈广州事情〉》刊于《洪水半月刊》第 3 卷第 28 期。

觉先《〈完成我们的文学革命〉的回声》刊于《洪水半月刊》第 3 卷第 28 期。

郁达夫《在方向转换的途中》刊于《洪水半月刊》第 3 卷第 29 期。

郁达夫《〈鸭绿江上〉读后感》刊于《洪水半月刊》第 3 卷第 29 期。

成仿吾《中国文学家对于英国智识阶级及一般民众宣言》刊于《洪水半月刊》第 3 卷第 30 期。

郁达夫《公开状答日本山口君》刊于《洪水半月刊》第 3 卷第 30 期。

远中逊《完成我们的文学革命的回声》刊于《洪水半月刊》第 3 卷第 30 期。

青民《答诗人》刊于《洪水半月刊》第 3 卷第 30 期。

王独清《致法国友人摩南书》刊于《洪水半月刊》第 3 卷第 31 期。

郁达夫《杂评曼殊的作品》刊于《洪水半月刊》第 3 卷第 31 期。

倪贻德《艺术短片感想》刊于《洪水半月刊》第 3 卷第 31 期。

郁达夫《日记文学》刊于《洪水半月刊》第 3 卷第 32 期。

郑伯奇《〈圣母像前〉的感想》刊于《洪水半月刊》第 3 卷第 32 期。

药眠《梦的创造》刊于《洪水半月刊》第 3 卷第 32 期。

成仿吾《文学革命与趣味》刊于《洪水半月刊》第 3 卷第 33 期。

郑伯奇《寒灰集批评》刊于《洪水半月刊》第 3 卷第 33 期。

成仿吾《文学家与个人主义》刊于《洪水半月刊》第 3 卷第 34 期。

王独清《平凡与反抗》刊于《洪水半月刊》第 3 卷第 34 期。

郑伯奇《芥川龙之介与有岛武郎》刊于《洪水半月刊》第 3 卷第 34 期。

王少船《文学革命的商榷》刊于《洪水半月刊》第 3 卷第 34 期。

王独清《街头与案头》刊于《洪水半月刊》第 3 卷第 35 期。

徐克家《完成文学革命的回声》刊于《洪水半月刊》第 3 卷第 35 期。

成仿吾《洪水休刊感言》刊于《洪水半月刊》第 3 卷第 36 期。

刘薰宇《中国教育的危机》刊于《教育杂志》第 19 卷第 1 期。

舒新城《德可乐利教育法》刊于《教育杂志》第 19 卷第 1 期。

赵演《蒲拉屯学校之优点》刊于《教育杂志》第 19 卷第 1 期。

杜佐周《一个比较速率及真确度成绩的更正公式》刊于《教育杂志》第 19 卷第 1 期。

杜定友《日本图书馆参观记》刊于《教育杂志》第 19 卷第 1 期。

许兴凯《北京中小学校学生年龄年级及其进步的调查》刊于《教育杂志》第 19 卷第 1 期。

赵欲仁《小学生作文题目之分析研究》刊于《教育杂志》第 19 卷第 1 期。

徐子长《小学作文教学之思想方面的几个步骤》刊于《教育杂志》第 19 卷第 1 期。

胡寿塘《儿童的情绪与其教育》刊于《教育杂志》第 19 卷第 1 期。

陈博文《侨居凡库非之中日二国儿童之智力》刊于《教育杂志》第 19 卷第 1 期。

程湘帆《英美德法四国教育的新趋势》刊于《教育杂志》第 19 卷第 1 期。

华林一《欧洲教育前途的趋势》刊于《教育杂志》第 19 卷第 1 期。

胡稷咸《中国现代教育之症结》刊于《教育杂志》第 19 卷第 1 期。

赵演《教师的自救》刊于《教育杂志》第 19 卷第 1 期。

丰子恺《无学校的教育》刊于《教育杂志》第 19 卷第 7 期。

甘豫源《论教育上之科学方法》刊于《教育杂志》第 19 卷第 7 期。

沈百英《小学行政的研究》刊于《教育杂志》第 19 卷第 7 期。

蔡斌咸《低年级之课外休闲教育》刊于《教育杂志》第 19 卷第 7 期。

丰子恺《儿童的大人化》刊于《教育杂志》第 19 卷第 7 期。

任白涛《日本之补习教育(续)》刊于《教育杂志》第 19 卷第 7 期。

沈金相《对于幼稚教育的管见》刊于《教育杂志》第 19 卷第 7 期。

亦成《在怕惧的基础上如何办得来教育》刊于《教育杂志》第 19 卷第 7 期。

邬振甫《弗阿合著的教育概论》刊于《教育杂志》第 19 卷第 7 期。

卢于道《大脑与学习》刊于《教育杂志》第 19 卷第 8 期。

葛承训《智力之性质》刊于《教育杂志》第 19 卷第 8 期。

程湘帆《再论学校校长之事权与资格》刊于《教育杂志》第 19 卷第 8 期。

沈百英《小学读文教学的新贡献》刊于《教育杂志》第 19 卷第 8 期。

王穆清《小学儿童自由发表的研究》刊于《教育杂志》第 19 卷第 8 期。

丰子恺《儿童的大人化(续)》刊于《教育杂志》第 19 卷第 8 期。

陈博文《美国最近二十五年来之职业教育》刊于《教育杂志》第 19 卷第 8 期。

赵廷为《美国初级中学对于个别差异的适应》刊于《教育杂志》第 19 卷第 8 期。

艾伟《初中国文成绩之实验研究(续)》刊于《教育杂志》第 19 卷第 8 期。

陈哲知《论农村小学教育问题》刊于《教育杂志》第 19 卷第 8 期。

黄斐然《瓜哇华侨学校之状况及其今后改革问题》刊于《教育杂志》第 19 卷第 8 期。

赵轶尘《教授之原则与技术》刊于《教育杂志》第 19 卷第 8 期。

汤茂如《平民教育运动的经过》刊于《教育杂志》第 19 卷第 9 期。

傅葆琛《乡村平民教育大意》刊于《教育杂志》第 19 卷第 9 期。

冯锐《平教总会兴办乡村平民生计教育之理由方法及现状》刊于《教育杂志》第 19 卷第 9 期。

汤茂如《城市平民教育实施法大纲》刊于《教育杂志》第 19 卷第 9 期。

刘拓《城市平民生计教育》刊于《教育杂志》第 19 卷第 9 期。

瞿菊农《平民教育与平民文学》刊于《教育杂志》第 19 卷第 9 期。

郑锦《平民教育运动与平民美术之提倡》刊于《教育杂志》第 19 卷第 9 期。

陈筑山《平民的公民教育之计划》刊于《教育杂志》第 19 卷第 9 期。

黄庐隐《妇女的平民教育》刊于《教育杂志》第 19 卷第 9 期。

瞿世英《华侨与平民教育》刊于《教育杂志》第 19 卷第 9 期。

陈宝锷《电影与教育》刊于《新教育评论》第 3 卷第 6 期。

徐则敏《班级的名称问题》刊于《新教育评论》第 3 卷第 6 期。

朱昊飞《中等化学教科书之批评(续)》刊于《新教育评论》第 3 卷第 6 期。

舒新城《中国新教育史料凡例及目次》刊于《新教育评论》第 3 卷第 6 期。

杨廷铨《平民教育的发生》刊于《新教育评论》第 3 卷第 7 期。

汤茂如《组织中华平民教育促进会总会的经过》刊于《新教育评论》第 3 卷第 7 期。

傅葆琛《直隶南部各县乡村平民教育的状况及最近旅行观察所得的感想(续)》刊于《新教育评论》第 3 卷第 7 期。

殷子固《平民学校加入注音字母问题之研究》刊于《新教育评论》第 3 卷第 7 期。

张文昌《中学国文教学底几个根本问题和实际问题》刊于《新教育评论》第 3 卷第 8 期。

朱昊飞《中学化学教科书批评(续)》刊于《新教育评论》第 3 卷第 8 期。

张文昌《国文教学的几个根本问题和实际问题(续)》刊于《新教育评论》第 3 卷第 9 期。

宓爱华《学校卫生教育谈(二)》刊于《新教育评论》第 3 卷第 9 期。

舒新城《中国新教育史料凡例及目次(续)》刊于《新教育评论》第 3 卷第 9 期。

李相勖《读〈中国师范教育建设论〉》刊于《新教育评论》第 3 卷第 9 期。

郭秉文《费城博览会中国展览第三次报告》刊于《新教育评论》第 3 卷第 9 期。

章伯寅《对于县师校感想之种种》刊于《新教育评论》第 3 卷第 10 期。

宓爱华《学校卫生谈(三)》刊于《新教育评论》第 3 卷第 10 期。

朱昊飞《中等化学教科书批评(续)》刊于《新教育评论》第 3 卷第 10 期。

刘拓《学校卫生之略谈》刊于《新教育评论》第 3 卷第 11 期。

高仁山《各科教学总论》刊于《新教育评论》第 3 卷第 11 期。

黎锦熙《中等学校国文选本目录提要》刊于《新教育评论》第 3 卷第 11 期。

朱昊飞《中等化学教科书批评(续)》刊于《新教育评论》第 3 卷第 11 期。

刘拓《学校卫生之略谈(续)》刊于《新教育评论》第 3 卷第 12 期。

黎锦熙《中等学校国文选本目录提要(续)》刊于《新教育评论》第 3 卷第 12 期。

朱昊飞《中等化学教科书批评(续)》刊于《新教育评论》第 3 卷第 12 期。

宓爱华《学校卫生教育谈(四)》刊于《新教育评论》第 3 卷第 13 期。

李晓农《单级国语教学概况》刊于《新教育评论》第 3 卷第 13 期。

郭仁风《乡村学校教育的位置和工作》刊于《新教育评论》第 3 卷第 13 期。

石民傭、陶知行等《师范教育之讨论》刊于《新教育评论》第 3 卷第 13 期。

王西征《创办现代教育史库缘起》刊于《新教育评论》第 3 卷第 13 期。

查良钊《教学中的最大事件》刊于《新教育评论》第 3 卷第 14 期。

俞钰《道尔顿制下的史地教学法》刊于《新教育评论》第 3 卷第 14 期。

芮良恭《善庆农村学校学级日课表之编订及其特殊课程》刊于《新教育评论》第 3 卷第 14 期。

王西征《党政府与教育主义》刊于《新教育评论》第 3 卷第 15 期。

黄建中《虞夏殷周学制考》刊于《新教育评论》第 3 卷第 15 期。

何振基《关于初中国语教科书》刊于《新教育评论》第 3 卷第 15 期。

赵质宸《香山慈幼院报告》刊于《新教育评论》第 3 卷第 15 期。

张雪门《十二月和一二月的幼稚园的工作》刊于《新教育评论》第 3 卷第 16 期。

王西征《意大利小学教育的改革》刊于《新教育评论》第 3 卷第 16 期。

谢循初《奥阁登的教育心理学》刊于《新教育评论》第 3 卷第 16 期。

高仁山讲、高化宣记《师范生的责任》刊于《新教育评论》第 3 卷第 16 期。

艾伟《数学困难之原因及其补救之法》刊于《新教育评论》第 3 卷第 17 期。

张雪门《十二月和一二月的幼稚园的工作(续)》刊于《新教育评论》第 3 卷第 17 期。

宓爱华《学校卫生检查史略》刊于《新教育评论》第 3 卷第 17 期。

赵欲仁《东大附小五年来科学的试验研究述要》刊于《新教育评论》第 3 卷第 17 期。

黄炎培《办职业教育须下三大决心》刊于《新教育评论》第 3 卷第 18 期。

潘文安《最近之中华职业学校》刊于《新教育评论》第 3 卷第 18 期。

杨鄂联《从各方面看职员教育》刊于《新教育评论》第 3 卷第 18 期。

秦翰才《最近时期中国平民职业教育运动》刊于《新教育评论》第 3 卷第 18 期。

顾颉刚《为厦门大学停办国学研究院事质问林文唐校长》刊于《新教育评论》第 3 卷第 18 期。

张雪门《关于幼稚园课室内几件美的装饰事项》刊于《新教育评论》第 3 卷第 19 期。

赵欲仁《东大附小五年来科学的试验研究述要(续)》刊于《新教育评论》第 3 卷第 19 期。

孟宪褆《香山慈幼院教育之优劣点》刊于《新教育评论》第 3 卷第 19 期。

张宗麟《改进儿童教育的一个重要提议》刊于《新教育评论》第 3 卷第 20 期。

赵欲仁《东大附小五年来科学的试验研究述要(续)》刊于《新教育评论》第 3 卷第 20 期。

徐绍林《参观北京师范附属小学校的报告》刊于《新教育评论》第 3 卷第 20 期。

黄建中《英国女子之中学教育》刊于《新教育评论》第 3 卷第 21 期。

赵欲仁《东大附小五年来科学的试验研究述要(续)》刊于《新教育评论》第 3 卷第 21 期。

他汤《作文命题之商榷》刊于《新教育评论》第 3 卷第 21 期。

车庆和《奉天监狱犯人的平民教育概况》刊于《新教育评论》第 3 卷第 21 期。

王西征《关于上海改革大学计划》刊于《新教育评论》第 3 卷第 22 期。

邬振甫《大学听讲笔记的结果——几个实验的研究》刊于《新教育评论》第 3 卷第 22 期。

他汤《作文命题商榷(续)》刊于《新教育评论》第 3 卷第 22 期。

卫中《新妇女与新中国》刊于《新教育评论》第 3 卷第 23 期。

宓爱华《学校卫生的商榷》刊于《新教育评论》第 3 卷第 23 期。

陈科美《陪克伯屈教授参观北京学校杂记》刊于《新教育评论》第 3 卷第 23 期。

冯锐《定县华北普及农业科学试验场纪事》刊于《新教育评论》第 3 卷第 23 期。

陶知行《北齐厅会期内之农业教育运动》刊于《新教育评论》第 3 卷第 23 期。

王西征《中国目前之教育问题》刊于《新教育评论》第 3 卷第 24 期。

卫中《新妇女与新中国(续)》刊于《新教育评论》第 3 卷第 24 期。

宓爱华《学校卫生教育》刊于《新教育评论》第 3 卷第 24 期。

［美］克伯屈《文化变迁与教育（特载一）》刊于《新教育评论》第 3 卷第 24 期。

［美］克伯屈《中国目前之教育问题（特载二）》刊于《新教育评论》第 3 卷第 24 期。

王西征《教育界的饥荒和警觉（上）》刊于《新教育评论》第 3 卷第 25 期。

张雪门《三四五月的幼稚园的工作》刊于《新教育评论》第 3 卷第 25 期。

［美］克伯屈《现代教育方法的批评（特载一）》刊于《新教育评论》第 3 卷第 25 期。

赵演《勒女士的弗洛特心理分析》刊于《新教育评论》第 3 卷第 25 期。

［美］克伯屈《中国女子教育问题（特载二）》刊于《新教育评论》第 3 卷第 25 期。

陈科美《中国教育思潮与革命半途》刊于《新教育评论》第 3 卷第 26 期。

张雪门《三四五月的幼稚园的工作（续）》刊于《新教育评论》第 3 卷第 26 期。

［美］克伯屈《道德与教育（特载一）》刊于《新教育评论》第 3 卷第 26 期。

［美］克伯屈《学习之由来（特载二）》刊于《新教育评论》第 3 卷第 26 期。

赵演《精神卫生的范围》刊于《新教育评论》第 4 卷第 1 期。

张雪门《三四五月的幼稚园的工作（续）》刊于《新教育评论》第 4 卷第 1 期。

［美］克伯屈《教育问题讨论（特载）》刊于《新教育评论》第 4 卷第 1 期。

赵演《精神卫生的范围（续）》刊于《新教育评论》第 4 卷第 2 期。

卫中《教育试验与文化试验》刊于《新教育评论》第 4 卷第 2 期。

［美］克伯屈《学生之校内工作与校外活动（特载）》刊于《新教育评论》第 4 卷第 2 期。

陈科美《放暑假后到民间去》刊于《新教育评论》第 4 卷第 3 期。

孙怒潮《暑期生活的价值与社会关系》刊于《新教育评论》第 4 卷第 3 期。

王西征《今年暑假与教育界》刊于《新教育评论》第 4 卷第 4 期。

王骏声《教育上群性与个性之对待发展》刊于《新教育评论》第 4 卷第 4 期。

张雪门《暑假中之幼稚教育》刊于《新教育评论》第 4 卷第 4 期。

陈科美《放暑假后到民间去（续）》刊于《新教育评论》第 4 卷第 4 期。

张雪门《从园里出去的孩子》刊于《新教育评论》第 4 卷第 5 期。

赵欲仁《扩充小学音乐课程的建议》刊于《新教育评论》第 4 卷第 5 期。

杨树达《国文法中名词作表态副词用的方法》刊于《新教育评论》第 4 卷第 5 期。

黄造雄《史地科的价值及教授史地应注意之点》刊于《新教育评论》第 4 卷第 5 期。

陈科美《英美教育家心目中之美英教育》刊于《新教育评论》第 4 卷第 6 期。

高仁山《教学的程序》刊于《新教育评论》第 4 卷第 6 期。

苏耀祖《小学教科书的采用问题》刊于《新教育评论》第 4 卷第 6 期。

傅继良《学习问题》刊于《新教育评论》第 4 卷第 6 期。

陈科美《我心目中之美国教育》刊于《新教育评论》第 4 卷第 7 期。

高仁山《教学的程序（续）》刊于《新教育评论》第 4 卷第 7 期。

舒新城《中国新教育背景》刊于《新教育评论》第 4 卷第 7 期。

罗志英《道尔顿制的自然科学教学法》刊于《新教育评论》第 4 卷第 7 期。

罗志英《道尔顿制的自然科学教学法（续）》刊于《新教育评论》第 4 卷第 8 期。

陈科美《我心目中之美国教育（续）》刊于《新教育评论》第 4 卷第 8 期。

芮良恭《暑期之教育生活（续）》刊于《新教育评论》第 4 卷第 8 期。

高仁山《教学的程序(续)》刊于《新教育评论》第 4 卷第 8 期。

舒新城《近代中国教育小史》刊于《新教育评论》第 4 卷第 9 期。

张雪门《蒙台梭利制度和现时的中国》刊于《新教育评论》第 4 卷第 9 期。

戴景云《小学校教室中的戏剧》刊于《新教育评论》第 4 卷第 9 期。

舒新城《近代中国教育小史(续)》刊于《新教育评论》第 4 卷第 10 期。

傅继良译《历史教学上的四个原则》刊于《新教育评论》第 4 卷第 10 期。

于澄宇《介绍福禄贝尔母游戏及张雪门先生母游戏辑要》刊于《新教育评论》第 4 卷第 10 期。

刘钧《关于翟城平民教育的报告》刊于《新教育评论》第 4 卷第 10 期。

舒新城《近代中国教育小史(续)》刊于《新教育评论》第 4 卷第 11 期。

戴景云译《幼稚园的教科与方法》刊于《新教育评论》第 4 卷第 11 期。

姜靖昌译《幼稚园和低年级的课程计划》刊于《新教育评论》第 4 卷第 11 期。

周德之《平民教育的客观价值》刊于《新教育评论》第 4 卷第 12 期。

傅葆琛《直隶南部各县乡村平民教育的状况及最近旅行观察所得的感想(续)》刊于《新教育评论》第 4 卷第 12 期。

殷祖赫《平校教师之使命及其应有之修养》刊于《新教育评论》第 4 卷第 12 期。

赖成镶《群众教学法是什么》刊于《新教育评论》第 4 卷第 12 期。

戴景云译《幼稚园的教科与方法(续)》刊于《新教育评论》第 4 卷第 13 期。

金耀卿《乡村平校成绩测验的经过》刊于《新教育评论》第 4 卷第 13 期。

姜靖昌译《幼稚园和低年级的课程计划(续)》刊于《新教育评论》第 4 卷第 13 期。

戴景云译《幼稚园的教科与方法(续)》刊于《新教育评论》第 4 卷第 14 期。

姜靖昌译《幼稚园和低年级的课程计划(续)》刊于《新教育评论》第 4 卷第 14 期。

孙怒潮《平民学校训育上之建议》刊于《新教育评论》第 4 卷第 14 期。

瞿世英《罗素论幼儿之训育》刊于《新教育评论》第 4 卷第 15 期。

孙怒潮《平民学校训育上之建议(续)》刊于《新教育评论》第 4 卷第 15 期。

戴景云译《幼稚园的教科与方法(续)》刊于《新教育评论》第 4 卷第 15 期。

欧阳兰《学习与习惯养成》刊于《新教育评论》第 4 卷第 16 期。

傅继良《公民教学的实施》刊于《新教育评论》第 4 卷第 16 期。

石民傭《排课程表的注意点》刊于《新教育评论》第 4 卷第 16 期。

曲辰《孔子的人格主义与教育》刊于《新教育评论》第 4 卷第 17 期。

欧阳兰《学习与习惯养成(续)》刊于《新教育评论》第 4 卷第 17 期。

赵演《论教育目的》刊于《新教育评论》第 4 卷第 17 期。

古梅《国势阽危与师范教育之努力》刊于《新教育评论》第 4 卷第 17 期。

周沈葆德《幼稚园的卫生建议》刊于《新教育评论》第 4 卷第 18 期。

张雪门《幼稚园数学应怎样教法》刊于《新教育评论》第 4 卷第 18 期。

张雪门《六七八月幼稚园的工作》刊于《新教育评论》第 4 卷第 18 期。

戴景云译《幼稚园的教科与方法(续)》刊于《新教育评论》第 4 卷第 18 期。

王西征《书古先生文前》刊于《新教育评论》第 4 卷第 19 期。

古梅《今后中国教育之两大问题》刊于《新教育评论》第 4 卷第 19 期。

曲辰《孔子的人格主义与教育(续)》刊于《新教育评论》第 4 卷第 19 期。

欧阳兰《学习与习惯之养成(续)》刊于《新教育评论》第 4 卷第 19 期。

张雪门《儿童观之幼稚园教育》刊于《新教育评论》第 4 卷第 20 期。

张雪门《六七八月的幼稚园工作(续)》刊于《新教育评论》第 4 卷第 20 期。

戴景云译《幼稚园的教科与方法(续)》刊于《新教育评论》第 4 卷第 20 期。

赵演《成人教育哲学》刊于《新教育评论》第 4 卷第 21 期。

张雪门《儿童观之幼稚园教育》刊于《新教育评论》第 4 卷第 21 期。

赵演《正误测验上的猜度》刊于《新教育评论》第 4 卷第 21 期。

胡适《海外读书杂记》刊于《留英学报》第 1 期。

罗隆基《英国三政党日前对华态度之分析》刊于《留英学报》第 1 期。

朱光潜《近代英国名学》刊于《留英学报》第 1 期。

叶元龙《资本主义的经济学》刊于《留英学报》第 1 期。

吴庆源《轩飞尔特参观记》刊于《留英学报》第 1 期。

刘乃诚《地方政府之研究》刊于《留英学报》第 1 期。

陈其田《我们对于近代西洋武化的态度》刊于《留英学报》第 1 期。

黄荫普《简述英美大学商学院的组织》刊于《留英学报》第 1 期。

郑鸣球《留英中国学生总会现状》刊于《留英学报》第 1 期。

明石《爱丁堡大学中国学生生活概括》刊于《留英学报》第 1 期。

谢崇德《家事学在女子教育上的地位》刊于《妇女杂志》第 13 卷第 1 号。

宁菱秋《大家庭处理家事的我见》刊于《妇女杂志》第 13 卷第 1 号。

乔治《大家庭制与我国国富问题》刊于《妇女杂志》第 13 卷第 1 号。

中秋生《新时代的主妇》刊于《妇女杂志》第 13 卷第 1 号。

梁文俊《我国家庭的黑暗急宜改良的意见》刊于《妇女杂志》第 13 卷第 1 号。

董纯标《中国家庭之过去现在及将来》刊于《妇女杂志》第 13 卷第 1 号。

李九思《改良家事教育谈》刊于《妇女杂志》第 13 卷第 1 号。

舒城《家事上的谈助》刊于《妇女杂志》第 13 卷第 1 号。

沧洲《应兴应革的几点》刊于《妇女杂志》第 13 卷第 1 号。

欲樵《处理家事的两个要素》刊于《妇女杂志》第 13 卷第 1 号。

张铭鼎《中国化的家庭改革》刊于《妇女杂志》第 13 卷第 1 号。

杨流云《我的理想中之家庭》刊于《妇女杂志》第 13 卷第 1 号。

千之《经济与教育》刊于《妇女杂志》第 13 卷第 1 号。

陈鸿飞《管理家庭的我见》刊于《妇女杂志》第 13 卷第 1 号。

王北屏《谈变家庭上的经济》刊于《妇女杂志》第 13 卷第 1 号。

农隐《家庭的本义》刊于《妇女杂志》第 13 卷第 1 号。

农隐《家事经济》刊于《妇女杂志》第 13 卷第 1 号。

陈鸿飞《家庭上的经济观》刊于《妇女杂志》第 13 卷第 1 号。

沈振家《家庭用费的支配问题》刊于《妇女杂志》第 13 卷第 1 号。

农隐《交际的意义》刊于《妇女杂志》第 13 卷第 1 号。

农隐《交际上的必要》刊于《妇女杂志》第 13 卷第 1 号。

农隐《育儿的意义》刊于《妇女杂志》第 13 卷第 1 号。

农隐《家庭教育》刊于《妇女杂志》第 13 卷第 1 号。

农隐《家庭与学校》刊于《妇女杂志》第 13 卷第 1 号。

陈品娟《儿童教育》刊于《妇女杂志》第 13 卷第 1 号。

王建勋《儿女的说话训练》刊于《妇女杂志》第 13 卷第 1 号。

天朴《家庭道德》刊于《妇女杂志》第 13 卷第 1 号。

俞杏人、沈沛霖《我俩的治家规约》刊于《妇女杂志》第 13 卷第 1 号。

欲樵《不要忽略了几件通常的事情》刊于《妇女杂志》第 13 卷第 1 号。

陈伯吹《责任何等重大》刊于《妇女杂志》第 13 卷第 1 号。

王振威《不尽能支持门户为已足》刊于《妇女杂志》第 13 卷第 1 号。

李纯天《幸福的创造者》刊于《妇女杂志》第 13 卷第 1 号。

克三《责任的重要》刊于《妇女杂志》第 13 卷第 1 号。

金煜华《衣食住的卫生谈》刊于《妇女杂志》第 13 卷第 1 号。

农隐《衣服与人体的关系》刊于《妇女杂志》第 13 卷第 1 号。

逍遥生《妇女服装谈》刊于《妇女杂志》第 13 卷第 1 号。

照远《家庭娱乐品的提议》刊于《妇女杂志》第 13 卷第 1 号。

农隐《家屋的意义》刊于《妇女杂志》第 13 卷第 1 号。

农隐《家庭与卫生》刊于《妇女杂志》第 13 卷第 1 号。

陈品娟《家庭看护》刊于《妇女杂志》第 13 卷第 1 号。

家俊《病人看护术概要》刊于《妇女杂志》第 13 卷第 1 号。

程瀚章《医事卫生顾问》刊于《妇女杂志》第 13 卷第 1 号。

杜就田《摄影术顾问》刊于《妇女杂志》第 13 卷第 1 号。

蓬洲《妇女就职与母性问题》刊于《妇女杂志》第 13 卷第 2 号。

乔治《新女子应具的条件》刊于《妇女杂志》第 13 卷第 2 号。

CY《美国妇女与文化》刊于《妇女杂志》第 13 卷第 2 号。

镜元《印度妇女的觉醒》刊于《妇女杂志》第 13 卷第 2 号。

少英《住的问题》刊于《妇女杂志》第 13 卷第 2 号。

耕培《家庭中的养鸡法》刊于《妇女杂志》第 13 卷第 2 号。

耕培《家庭中的养鸭法》刊于《妇女杂志》第 13 卷第 2 号。

德馨《家庭中的养蜂法》刊于《妇女杂志》第 13 卷第 2 号。

莘耘《家庭中的园蔬栽培法》刊于《妇女杂志》第 13 卷第 2 号。

吴筱曼《改良中国蚕种之管见》刊于《妇女杂志》第 13 卷第 2 号。

陈涤《从妊娠到分娩期间的注意》刊于《妇女杂志》第 13 卷第 2 号。

尚木《新妇女与政治的训练》刊于《妇女杂志》第 13 卷第 3 号。

少英《交际场中的礼仪一束》刊于《妇女杂志》第 13 卷第 3 号。

唐哲《德国杂志中的中国婚姻问题》刊于《妇女杂志》第 13 卷第 3 号。

蘋实《唐朝妇女的化妆》刊于《妇女杂志》第 13 卷第 3 号。

章绳以《女学校急须注意体育之我见》刊于《妇女杂志》第 13 卷第 4 号。

黄笑愍《论妇女运动与广东的妇女》刊于《妇女杂志》第 13 卷第 4 号。

胡海洲《男女两性精神作用之优劣观》刊于《妇女杂志》第 13 卷第 4 号。

池蕙卿《新旧思潮冲突下之妇女》刊于《妇女杂志》第 13 卷第 4 号。

安振声《文学批评的真理》刊于《妇女杂志》第 13 卷第 4 号。

李也止《婚姻如何可得美满》刊于《妇女杂志》第 13 卷第 4 号。

陈彬龢《女词人李易安》刊于《妇女杂志》第 13 卷第 4 号。

［英］乔治作，胡伯恳译《妇女的历史》刊于《妇女杂志》第 13 卷第 4 号。

邹盛文《西洋造园法》刊于《妇女杂志》第 13 卷第 4 号。

尚木《妇女解放之着力点》刊于《妇女杂志》第 13 卷第 5 号。

彭善彰《解决妇女职业的几个问题》刊于《妇女杂志》第 13 卷第 5 号。

尚木、少游《关于妇女界的私议》刊于《妇女杂志》第 13 卷第 5 号。

王重民《论我国古代的再嫁与离婚》刊于《妇女杂志》第 13 卷第 5 号。

徐鹤林《杭沪苏锡宁的妇女》刊于《妇女杂志》第 13 卷第 5 号。

林雪香《兴宁嫁娶的风俗》刊于《妇女杂志》第 13 卷第 5 号。

华静芬《侬的读书经验谈》刊于《妇女杂志》第 13 卷第 5 号。

陈慎宜《画学随笔》刊于《妇女杂志》第 13 卷第 5 号。

宁菱秋《我国妇女参政应有的能力和成绩》刊于《妇女杂志》第 13 卷第 6 号。

炎华《妇女解放声中的几个问题》刊于《妇女杂志》第 13 卷第 6 号。

冯婉芳《经验与尝试》刊于《妇女杂志》第 13 卷第 6 号。

苏宇补《爪哇昂望华侨妇女的生活状况》刊于《妇女杂志》第 13 卷第 6 号。

凤歌《妇女与电影职业》刊于《妇女杂志》第 13 卷第 6 号。

明养《离婚问题之社会学的研究》刊于《妇女杂志》第 13 卷第 7 号。

友莲《我国妇女解放的各面观》刊于《妇女杂志》第 13 卷第 7 号。

成本杭《妇女解放的我见》刊于《妇女杂志》第 13 卷第 7 号。

芳洲女士《我所见的法国妇女生活》刊于《妇女杂志》第 13 卷第 7 号。

湛珉女士《我国妇女界的现象与前途》刊于《妇女杂志》第 13 卷第 7 号。

王平陵《现代妇女对于审美观念的误解》刊于《妇女杂志》第 13 卷第 7 号。

高富华宵、金蟾香《杨太真像及长恨图》刊于《妇女杂志》第 13 卷第 7 号。

储祎《家庭图书室问题》刊于《妇女杂志》第 13 卷第 7 号。

尚木《儿童与家庭图书室》刊于《妇女杂志》第 13 卷第 7 号。

尚木《故事的讲法》刊于《妇女杂志》第 13 卷第 7 号。

徐尚木、姜书丹《中国妇女文学与妇性美》刊于《妇女杂志》第 13 卷第 7 号。

高君韦《盲聋女子克勒氏自传》刊于《妇女杂志》第 13 卷第 7 号。

章绳以《论现时我国妇女的幸福》刊于《妇女杂志》第 13 卷第 8 号。

胡健《新妇女生活的歧路》刊于《妇女杂志》第 13 卷第 8 号。

聂小祥《结婚的经济观》刊于《妇女杂志》第 13 卷第 8 号。

董纯标《从各方面论妇女职业的重要》刊于《妇女杂志》第 13 卷第 8 号。

大杰《托尔斯泰的妇女观》刊于《妇女杂志》第 13 卷第 8 号。

张友鹤《白香山诗中之妇女问题》刊于《妇女杂志》第 13 卷第 8 号。

曹仪孔《南通妇女生活的近况》刊于《妇女杂志》第 13 卷第 8 号。

杨丽卿《建瓯妇女的生活状况》刊于《妇女杂志》第 13 卷第 8 号。

高君韦《盲聋女子克勒氏自传》刊于《妇女杂志》第 13 卷第 8 号。

倪亮女士《妇女运动与妇女教育》刊于《妇女杂志》第 13 卷第 9 号。

胡定安《国家与社会之妇女卫生问题》刊于《妇女杂志》第 13 卷第 9 号。

徐厦才《什么是现代妇女的新自由》刊于《妇女杂志》第 13 卷第 9 号。

周曙山《日本妇女运动述要》刊于《妇女杂志》第 13 卷第 9 号。

冥疾《人生的苦闷与文学》刊于《妇女杂志》第 13 卷第 9 号。

陈品娟《伟大的美术》刊于《妇女杂志》第 13 卷第 9 号。

幽兰《求得智识的唯一方法》刊于《妇女杂志》第 13 卷第 9 号。

素芬《以生活为标准》刊于《妇女杂志》第 13 卷第 9 号。

濮舜卿《易卜生与史德林堡之妇女观》刊于《妇女杂志》第 13 卷第 9 号。

高君韦《盲聋女子克勒氏自传》刊于《妇女杂志》第 13 卷第 9 号。

陈江滔《今后我国妇女应有之政法权》刊于《妇女杂志》第 13 卷第 10 号。

孙晓楼《贫富与生殖率》刊于《妇女杂志》第 13 卷第 10 号。

三 T 生《失学妻子的补习教育》刊于《妇女杂志》第 13 卷第 10 号。

叶作舟《妇女与歇私的里亚》刊于《妇女杂志》第 13 卷第 10 号。

姚枝碧《中国民俗的儿童观念》刊于《妇女杂志》第 13 卷第 10 号。

钟焕邺《家庭组织的进化》刊于《妇女杂志》第 13 卷第 10 号。

高君韦《盲聋女子克勒氏自传》刊于《妇女杂志》第 13 卷第 10 号。

少英《泛太平洋妇女会议》刊于《妇女杂志》第 13 卷第 11 号。

永延《谬误观念的纠正》刊于《妇女杂志》第 13 卷第 11 号。

永延《贫女教育的标准》刊于《妇女杂志》第 13 卷第 11 号。

亚萍《贫女解放的根本问题》刊于《妇女杂志》第 13 卷第 11 号。

徐厦才《糜烂俄罗斯之新婚姻律》刊于《妇女杂志》第 13 卷第 11 号。

鲁毓泰《歌谣中所见的安徽妇女》刊于《妇女杂志》第 13 卷第 11 号。

杨柳村《画材杂谈》刊于《妇女杂志》第 13 卷第 11 号。

王伯农《家庭副业养鸡法》刊于《妇女杂志》第 13 卷第 11 号。

高君韦《盲聋女子克勒氏自传》刊于《妇女杂志》第 13 卷第 11 号。

友新《中国职业妇女的现状与救济》刊于《妇女杂志》第 13 卷第 12 号。

明养《外人眼光中之中国妇女革新运动》刊于《妇女杂志》第 13 卷第 12 号。

储韦《谈谈废娼的问题》刊于《妇女杂志》第 13 卷第 12 号。

忠言《废娼事件的我见》刊于《妇女杂志》第 13 卷第 12 号。

何君超《瑞典妇女的运动》刊于《妇女杂志》第 13 卷第 12 号。

少英《新俄婚制的一般》刊于《妇女杂志》第 13 卷第 12 号。

童岳《读〈摄影术上的新意匠〉后》刊于《妇女杂志》第 13 卷第 12 号。

陈劳冶《独身主义》刊于《妇女杂志》第 13 卷第 12 号。

高君韦《盲聋女子克勒氏自传》刊于《妇女杂志》第 13 卷第 12 号。

孙福熙《关关雎鸠与窈窕淑女》刊于《北新》第 20 期。

云裳《〈狂言十番〉读后记》刊于《北新》第 20 期。

寿明齐《法兰西的几个动物之友》刊于《北新》第 20 期。

孙福熙《一位印象派大画家逝世》刊于《北新》第 21 期。

鲁迅《关于三藏取经记等》刊于《北新》第 21 期。

博董《李金发的〈微雨〉》刊于《北新》第 22 期。

赵景深《听觉的文艺》刊于《北新》第 24 期。

钟敬文《忆〈社戏〉》刊于《北新》第 24 期。

农人《说说北新家出版的书籍》刊于《北新》第 24 期。

亚青《元旦日的日记》刊于《北新》第 25 期。

赵景深《我也谈谈纳兰的悼亡词》刊于《北新》第 25 期。

呆人《评沉钟语丝北新并述改良北新之我见》刊于《北新》第 26 期。

陈其一《对于北新周刊的希望》刊于《北新》第 26 期。

鹏举《关于〈结婚的爱〉的几句话》刊于《北新》第 26 期。

旭初《半年来的北新周刊》刊于《北新》第 26 期。

孙福熙《本刊半年来的总账》刊于《北新》第 26 期。

建人《关于生物学教科书》刊于《北新》第 27 期。

陈醉云《文艺的鉴赏与批评》刊于《北新》第 29 期。

徐霞村《〈巴黎圣母庙〉中之爱字》刊于《北新》第 29 期。

傅雷《许钦文底〈故乡〉》刊于《北新》第 29 期。

云裳《最近民歌的来源》刊于《北新》第 30 期。

劳伯脱《讲讲〈回家〉及其他》刊于《北新》第 30 期。

吕仰山《读友人之书的中译本》刊于《北新》第 31 期。

许杰《新宗教的创世纪》刊于《北新》第 31 期。

潘梓年《书的一点意见》刊于《北新》第 32 期。

赵景深《纳兰的边塞词》刊于《北新》第 32 期。

心见《从互釜集读到扬鞭集》刊于《北新》第 33 期。

沈美镇《一幕惨剧的回忆》刊于《北新》第 33 期。

胡云翼《纳兰性德及其词》刊于《北新》第 35 期。

敬文《关于〈民间趣事〉》刊于《北新》第 35 期。

赵景深《中国文学的婉约与豪放》刊于《北新》第 36 期。

敬文《读〈情歌〉》刊于《北新》第 36 期。

冰心《寄小读者四版自序》刊于《北新》第 36 期。

小峰《近代植物园在教育上之价值》刊于《北新》第 37 期。

庄汀依《诗人日记》刊于《北新》第 37 期。

元璋《墨西哥的神话》刊于《北新》第 37 期。

敬文《国外民歌译》刊于《北新》第 37 期。

T. M《谈性》刊于《北新》第 37—38 期。

胡云翼《论赋》刊于《北新》第 38 期。

钟敬文《为"客音情歌集"答"评"》刊于《北新》第 38 期。

鲁迅《善政和恶政》刊于《北新》第 39—40 期。

胡云翼《论文学史上的正统派》刊于《北新》第 39—40 期。

宰木《时局与青年》刊于《北新》第 39—40 期。

黎锦明《两种道德在文艺上的辨别》刊于《北新》第 39—40 期。

赵景深《鲁迅的兄弟》刊于《北新》第 39—40 期。

潘梓年《艺术论》刊于《北新》第 41—42 期。

胡云翼《论苦吟——中国文学杂论之三》刊于《北新》第 41—42 期。

［英］杜勃著，晓风译《资本主义的发展》刊于《北新》第 43—44 期。

云裳《胡适翻译小说的经济手段》刊于《北新》第 43—44 期。

云林《王荆公的诗》刊于《北新》第 45—46 期。

郁达夫《日记九种后叙》刊于《北新》第 45—46 期。

鲁迅《读书杂谈》刊于《北新》第 47—48 期。

衣萍《契诃夫随笔抄》刊于《北新》第 47—48 期。

胡云翼《论无名作家》刊于《北新》第 47—48 期。

胡适《亡友钱玄同先生成仁周年纪念歌》刊于《北新》第 47—48 期。

甘人《阿 Q 正传的英译本》刊于《北新》第 47—48 期。

静闻《读玛加尔的梦》刊于《北新》第 47—48 期。

宰木《贞操问题的新论》刊于《北新》第 49—50 期。

鲁迅《答有恒先生》刊于《北新》第 49—50 期。

伊文思《萨樊案的真相》刊于《北新》第 49—50 期。

胡云翼《论文人之沦落》刊于《北新》第 51—52 期。

郁达夫《读老残游记》刊于《北新》第 51—52 期。

鲁迅《唐宋传奇集序例》刊于《北新》第 51—52 期。

万蕾《脱利斯登与以沙尔德》刊于《北新》第 51—52 期。

赵景深《关于纳兰词》刊于《北新》第 51—52 期。

钟敬文《山歌选序》刊于《北新》第 51—52 期。

潘菽《心理学的过去与将来》刊于《北新》第 2 卷第 1 号。

甘人《中国新文学的将来与其自己的认识》刊于《北新》第 2 卷第 1 号。

蒋彝潜《论档案的售出》刊于《北新》第 2 卷第 1 号。

悚凝《论翻译》刊于《北新》第 2 卷第 1 号。

舒新城《教育家与文学》刊于《北新》第 2 卷第 2 号。

梁秉三《美国帝国主义与中国》刊于《北新》第 2 卷第 2 号。

鲁迅《魏晋风度及文章与药及酒之关系》刊于《北新》第 2 卷第 2 号。

赵景深《英国大诗人勃莱克百年纪念》刊于《北新》第 2 卷第 2 号。

潘菽《论自然现象》刊于《北新》第 2 卷第 2 号。

梓年《文艺新论》刊于《北新》第 2 卷第 2 号。

周紫英《纠正"银匣"的谬误》刊于《北新》第 2 卷第 2 号。

宰木《欢迎胡博士回国》刊于《北新》第 2 卷第 2 号。

贯之《党务纠纷》刊于《北新》第 2 卷第 2 号。

庚白《宗法社会崩溃的因果》刊于《北新》第 2 卷第 3 号。

梁秉三《资本集中与世界和平》刊于《北新》第 2 卷第 3 号。

罗素《科学的将来》刊于《北新》第 2 卷第 3 号。

胡云翼《中国文学里的模拟、影响与创造》刊于《北新》第 2 卷第 3 号。

悚凝《论自相矛盾》刊于《北新》第 2 卷第 3 号。

宰木《老年与少年》刊于《北新》第 2 卷第 3 号。

宰木《农民的利益》刊于《北新》第 2 卷第 3 号。

钟员《中国革新与农民》刊于《北新》第 2 卷第 4 号。

顾淑型《日本的移民问题》刊于《北新》第 2 卷第 4 号。

江绍原译《廿五年来之宗教史研究》刊于《北新》第 2 卷第 4 号。

甘人《法郎士从阴间给我的第 1 信》刊于《北新》第 2 卷第 4 号。

潘菽《美学概论的批评》刊于《北新》第 2 卷第 4 号。

宰木《教育协会和教育会》刊于《北新》第 2 卷第 4 号。

亦乐《中华民国的统一问题》刊于《一般》第 2 卷第 1 号。

李石岑《新伦理观与旧伦理观》刊于《一般》第 2 卷第 1 号。

胡愈之《一九二六年的国际问题》刊于《一般》第 2 卷第 1 号。

谷剑尘《一年来的国产影片》刊于《一般》第 2 卷第 1 号。

朱秉国《我们读报应注意的几点》刊于《一般》第 2 卷第 1 号。

丏尊《艺术与现实》刊于《一般》第 2 卷第 1 号。

同光《国画漫谈》刊于《一般》第 2 卷第 1 号。

亦乐《中国现在有没有政党》刊于《一般》第 2 卷第 2 号。

天怡《爱的无抵抗主义》刊于《一般》第 2 卷第 2 号。

杜亚泉《对于李石岑先生演讲〈旧伦理观与新伦理观〉的疑义和感想》刊于《一般》第 2 卷第 2 号。

丰子恺《中国画与西洋画》刊于《一般》第 2 卷第 2 号。

子恺《子恺随笔（一）》刊于《一般》第 2 卷第 2 号。

子恺《子恺随笔（二）》刊于《一般》第 2 卷第 2 号。

子恺《子恺随笔（三）》刊于《一般》第 2 卷第 2 号。

子恺《子恺随笔（四）》刊于《一般》第 2 卷第 2 号。

子恺《子恺随笔（五）》刊于《一般》第 2 卷第 2 号。

方光焘《文艺上的内容与表现》刊于《一般》第 2 卷第 2 号。

玉深《英国的帝国主义与中国的国民运动》刊于《一般》第 2 卷第 3 号。

朱孟实《谈中学生与社会运动》刊于《一般》第 2 卷第 3 号。

朱孟实《谈十字街头》刊于《一般》第 2 卷第 3 号。

丰子恺《女性与音乐》刊于《一般》第 2 卷第 3 号。

孟实《从"凡人皆有死"到"苏格腊底有死"》刊于《一般》第 2 卷第 3 号。

孟实《谈多元宇宙》刊于《一般》第 2 卷第 4 号。

孟实《谈升学与选课》刊于《一般》第 2 卷第 4 号。

丰子恺《现代西洋绘画的主潮》刊于《一般》第 2 卷第 4 号。

方光焘译《文学之社会学的研究方法及其应用》刊于《一般》第 2 卷第 4 号。

倪文宙《心理学的最近四分季》刊于《一般》第 2 卷第 4 号。

竞白译《中国革命及其指导势力》刊于《一般》第 2 卷第 4 号。

明石《韦庄秦妇吟写定本》刊于《一般》第 2 卷第 4 号。

潮《评乐府古词考》刊于《一般》第 2 卷第 4 号。

钟敬文《谈两部民歌集》刊于《一般》第 2 卷第 4 号。

愈之《英俄冲突与二次世界大战》刊于《一般》第 3 卷第 1 号。

心如《从"打倒智识阶级"口号所认识的》刊于《一般》第 3 卷第 1 号。

章克标《谭现下学风及其它(对话)》刊于《一般》第 3 卷第 1 号。

焜薛《四位改革家》刊于《一般》第 3 卷第 1 号。

方光焘《文学的社会学的研究》刊于《一般》第 3 卷第 1 号。

端先译《芥川龙之介的绝笔》刊于《一般》第 3 卷第 1 号。

徐中舒《六朝恋歌》刊于《一般》第 3 卷第 1 号。

朱孟实《谈作文》刊于《一般》第 3 卷第 1 号。

锦明《达夫的三时代》刊于《一般》第 3 卷第 1 号。

朱孟实《谈情与理》刊于《一般》第 3 卷第 2 号。

魏肇基《何谓庶民的诗歌》刊于《一般》第 3 卷第 2 号。

丰子恺《美的世界》刊于《一般》第 3 卷第 2 号。

刘叔琴《美术(造型)底社会的考察》刊于《一般》第 3 卷第 2 号。

周伯棣《实物与其模型》刊于《一般》第 3 卷第 2 号。

钟敬文《广州风物杂忆》刊于《一般》第 3 卷第 2 号。

警民《马来诗歌选译》刊于《一般》第 3 卷第 2 号。

章克标《芥川龙之介的死》刊于《一般》第 3 卷第 2 号。

滕固《听说芥川龙之介自杀了》刊于《一般》第 3 卷第 2 号。

丏尊《南京的基督》刊于《一般》第 3 卷第 2 号。

胡愈之《十月革命的十年》刊于《一般》第 3 卷第 3 号。

李石岑《缺陷论》刊于《一般》第 3 卷第 3 号。

方欣庵《词的起源和发展》刊于《一般》第 3 卷第 3 号。

李健吾、朱佩弦《为诗而诗》刊于《一般》第 3 卷第 3 号。

端先《诗与散文的境界》刊于《一般》第 3 卷第 3 号。

刘叔琴《美术(造型)底社会的考察》刊于《一般》第 3 卷第 3 号。

赵景深《圣母像前的韵脚》刊于《一般》第 3 卷第 3 号。

张凤《非非室考古秘言》刊于《一般》第 3 卷第 3 号。

丘景尼《悲观道德的价值》刊于《一般》第 3 卷第 4 号。

露明《标点与音节》刊于《一般》第 3 卷第 4 号。

章克标《友谊和辩难》刊于《一般》第 3 卷第 4 号。

K.S《作家种种》刊于《一般》第 3 卷第 4 号。

江绍原《考古学与旧约》刊于《一般》第 3 卷第 4 号。

丰子恺《西洋画的看法》刊于《一般》第 3 卷第 4 号。

觉敷《宗教家与精神病者》刊于《一般》第 3 卷第 4 号。

丘景尼《知识的确实性》刊于《一般》第 3 卷第 4 号。

刘叔琴《美术（造型）底社会史的考察》刊于《一般》第 3 卷第 4 号。

露明《翻译小说杂谈》刊于《一般》第 3 卷第 4 号。

仲持《托尔斯泰思想的断片》刊于《一般》第 3 卷第 4 号。

唐大圆《礼乐之真义及其应用》刊于《东方文化》第 3 期。

胡瑞霖《论东方文化事业告当局》刊于《东方文化》第 3 期。

大圆《新国家主义》刊于《东方文化》第 3 期。

太虚《评社会主义》刊于《东方文化》第 3 期。

大圆《中和与极端》刊于《东方文化》第 3 期。

王小徐《科学之根本问题》刊于《东方文化》第 3 期。

大圆《法性实相论》刊于《东方文化》第 3 期。

江易园《人所不见之教育谈》刊于《东方文化》第 3 期。

大圆记《章太炎先生谈话》刊于《东方文化》第 3 期。

大圆《佛学与世学》刊于《东方文化》第 3 期。

大圆《谈佛化教育之旨趣》刊于《东方文化》第 3 期。

厉鼎煃《读唯识易简志疑》刊于《东方文化》第 3 期。

大圆《答厉鼎煃读唯识易简志疑》刊于《东方文化》第 3 期。

大圆《评黄龙论根尘识》刊于《东方文化》第 3 期。

大圆《陆机之文学观》刊于《东方文化》第 3 期。

太虚讲、常惺录《缘起性空之人生宇宙观》刊于《佛化策进会会刊》第 2 辑。

释圣几《说梦》刊于《佛化旬刊》第 3 年第 78 期。

仁云《佛法与革命》刊于《佛化旬刊》第 3 年第 78 期。

常彬《安县佛教会成立之演说词》刊于《佛化旬刊》第 3 年第 78 期。

大勇法师《大悲之解释（续）》刊于《佛化旬刊》第 3 年第 78 期。

释能海《边藏学佛法程》刊于《佛化旬刊》第 3 年第 78 期。

释能海《边藏学佛法程（续）》刊于《佛化旬刊》第 3 年第 79 期。

仁云《佛法与革命》刊于《佛化旬刊》第 3 年第 80 期。

大勇法师《大悲之解释（续）》刊于《佛化旬刊》第 3 年第 80 期。

释能海《边藏学佛法程（续）》刊于《佛化旬刊》第 3 年第 80 期。

大勇法师《大悲之解释（续）》刊于《佛化旬刊》第 3 年第 82 期。

仁云《盼监狱布教事业之实现》刊于《佛化旬刊》第 3 年第 83 期。

蒋特生《革命与佛化》刊于《佛化旬刊》第 3 年第 83 期。

支禅《今日僧侣这病源》刊于《佛化旬刊》第 3 年第 85 期。

支禅《对于岳池县佛教工厂之希望》刊于《佛化旬刊》第 3 年第 87 期。

仁云《藏人当以印韩为鉴》刊于《佛化旬刊》第 3 年第 90 期。

释大空《大乘起信论述解》刊于《楞严特刊》第 11 期。

桂了凡《佛学辑论（续）》刊于《楞严特刊》第 11 期。

鲁尹《我对于广州市佛学社的言论》刊于《楞严特刊》第 11 期。

黄钧《学佛到底是为什么？》刊于《楞严特刊》第 11 期。

纯纯《警告剃头匠式的僧奴》刊于《楞严特刊》第11期。

纯纯《僧人还不觉悟吗?》刊于《楞严特刊》第11期。

隐忍《金刚经释义(续)刊于《楞严特刊》第13期。

大悲《我对于非宗教佛化的主张》刊于《楞严特刊》第13期。

工僧《被压迫僧尼的痛苦声》刊于《楞严特刊》第13期。

伏魔《佛化的革命主义》刊于《楞严特刊》第14期。

净空《辩"佛教不革命"及"佛教行中国亡"之乘谬》刊于《楞严特刊》第14期。

鹃声《对于现在文学家之警告》刊于《楞严特刊》第14期。

工僧《被压迫僧尼的痛苦声》刊于《楞严特刊》第14期。

怪悟《和尚的种种色色》刊于《楞严特刊》第14期。

常惺《唯识宗之人生观》刊于《佛化策进会会刊》第2辑。

太虚讲、一澄录《大乘佛法的真义——现实主义的——精进主义的》刊于《佛化策进会会刊》第2辑。

常惺《轮回化下几个必要的公例》刊于《佛化策进会会刊》第2辑。

程憬《印度的禅法和习禅的对象》刊于《佛化策进会会刊》第2辑。

达如记《太虚法师在南普陀讲演》刊于《佛化策进会会刊》第2辑。

蕙庭《今后僧伽应尽之天职》刊于《佛化策进会会刊》第2辑。

度寰《今后讨论的两个重要问题——生死轮回——大乘晚出》刊于《佛化策进会会刊》第2辑。

常惺讲、印江记《宗教之存在问题与佛教》刊于《佛化策进会会刊》第2辑。

常惺讲、寂声记《事业与性业》刊于《佛化策进会会刊》第2辑。

常惺《因果轮回之真价》刊于《佛化策进会会刊》第2辑。

常惺《解释净土法门的两个疑问》刊于《佛化策进会会刊》第2辑。

常惺《佛诞纪念讲演词》刊于《佛化策进会会刊》第2辑。

陈苔之讲、達如记《佛化与社会之关系》刊于《佛化策进会会刊》第2辑。

度寰记《常惺法师在厦门军队布教讲演词》刊于《佛化策进会会刊》第2辑。

常惺讲、寂声记《三十七道品略解》刊于《佛化策进会会刊》第2辑。

印江《南岳随自意三昧揭要》刊于《佛化策进会会刊》第2辑。

纯洁《法界缘起》刊于《佛化策进会会刊》第2辑。

本修《唯识浅释》刊于《佛化策进会会刊》第2辑。

常惺《因明入正理论要解序》刊于《佛化策进会会刊》第2辑。

松月《佛诞纪念游行记》刊于《佛化策进会会刊》第2辑。

常惺《智渊师事略》刊于《佛化策进会会刊》第2辑。

常惺《字妙忏说》刊于《佛化策进会会刊》第2辑。

常惺《非战》刊于《佛化策进会会刊》第2辑。

现东《学者世间应取如何之态度》刊于《佛化策进会会刊》第2辑。

续岩《论佛法与今日之中国》刊于《佛化策进会会刊》第2辑。

圆行《读甲乙辨》刊于《佛化策进会会刊》第2辑。

觉三《南岳佛法之近况》刊于《佛化策进会会刊》第2辑。

翠华《长沙佛化之今昔观》刊于《佛化策进会会刊》第2辑。

慧廷《汉口佛教会宏法利生之一斑》刊于《佛化策进会会刊》第2辑。

高神觉昇《佛教学概论(续)》刊于《南瀛佛教会会报》第5卷第1号。

释玠宗《佛心宗哲学(续)》刊于《南瀛佛教会会报》第5卷第1号。

仲诚《太上老君清静经(续)》刊于《南瀛佛教会会报》第5卷第1号。

林希仲《台湾佛教振兴论》刊于《南瀛佛教会会报》第5卷第1号。

许林《宗教不宜混滥论》刊于《南瀛佛教会会报》第5卷第1号。

曾景来《佛教与耶稣教》刊于《南瀛佛教会会报》第5卷第1号。

吴明炎《广孝》刊于《南瀛佛教会会报》第5卷第1号。

洪和尚《台湾佛教振兴论》刊于《南瀛佛教会会报》第5卷第1号。

林述三《浴佛歌》刊于《南瀛佛教会会报》第5卷第2号。

许林《释尊出世本怀问答》刊于《南瀛佛教会会报》第5卷第2号。

郑罗汉《对释迦之管窥》刊于《南瀛佛教会会报》第5卷第2号。

曾真常《释迦牟尼之学说》刊于《南瀛佛教会会报》第5卷第2号。

蔡敦辉《释尊降诞谨言》刊于《南瀛佛教会会报》第5卷第2号。

真常《吾人为何要记念佛诞》刊于《南瀛佛教会会报》第5卷第2号。

高神觉昇《佛教学概论(续)》刊于《南瀛佛教会会报》第5卷第3号。

仲诚《太上老君清静经(续)》刊于《南瀛佛教会会报》第5卷第3号。

释圆瑛《佛儒教理同归一辙》刊于《南瀛佛教会会报》第5卷第3号。

许林《宗教不宜混滥论(续)》刊于《南瀛佛教会会报》第5卷第3号。

曾普信《善恶根源之研究(三)》刊于《南瀛佛教会会报》第5卷第3号。

蔡敦辉《社会主义与佛教(续)》刊于《南瀛佛教会会报》第5卷第3号。

许林《唯我独尊》刊于《南瀛佛教会会报》第5卷第3号。

曾普信《佛教捷径(五)》刊于《南瀛佛教会会报》第5卷第3号。

林述三《讽议录救济竞争》刊于《南瀛佛教会会报》第5卷第3号。

仲诚《太上老君清静经(续)》刊于《南瀛佛教会会报》第5卷第4号。

许林《宗教不宜混滥论(续)》刊于《南瀛佛教会会报》第5卷第4号。

曾景来《善恶根源之研究(完)》刊于《南瀛佛教会会报》第5卷第4号。

平心《穷刻论》刊于《南瀛佛教会会报》第5卷第4号。

曾普信《佛教捷径(六)》刊于《南瀛佛教会会报》第5卷第4号。

了一《起信论一心二门大意》刊于《净业月刊》第11期。

寄尘《净土资粮篇(续)》刊于《净业月刊》第11期。

谛老法师《念佛三昧宝王论疏(续)》刊于《净业月刊》第11期。

印老法师《庐山青莲寺启建莲社缘起疏》刊于《净业月刊》第11期。

印老法师《裴焯庭先生与其夫人双寿序发隐》刊于《净业月刊》第11期。

印老法师《慈悲镜发隐》刊于《净业月刊》第11期。

演乘法师《祝大云词》刊于《净业月刊》第11期。

许止净《兴化高鹤年居士创办贞节净土院感言》刊于《净业月刊》第11期。

谛老法师《天台山万年寺三坛戒法集要(续)》刊于《净业月刊》第11期。

寄沤《行法供养》刊于《净业月刊》第 11 期。

寄沤《净业社收容所纪略》刊于《净业月刊》第 11 期。

显微《布施结缘》刊于《净业月刊》第 11 期。

寄尘《净土资粮篇(续)》刊于《净业月刊》第 12 期。

谛老法师《念佛三昧宝王论疏(续)》刊于《净业月刊》第 12 期。

印老法师《教诲浅说序》刊于《净业月刊》第 12 期。

印老法师《启建普门无遮普度胜会大道场募缘疏》刊于《净业月刊》第 12 期。

印老法师《上海残疾院劝捐疏》刊于《净业月刊》第 12 期。

沈思齐居士《宗镜纲要叙言》刊于《净业月刊》第 12 期。

高鹤年《兴化县刘庄市贞节院记》刊于《净业月刊》第 12 期。

邓余生《如皋赵尊仁孔文甫两居士合传》刊于《净业月刊》第 12 期。

许止净《妹心净生西事略》刊于《净业月刊》第 12 期。

周师导居士《印光老人赞》刊于《净业月刊》第 12 期。

谛老法师《天台山万年寺三坛戒法集要(续)》刊于《净业月刊》第 12 期。

寄尘《净土资粮篇(续)》刊于《净业月刊》第 13 期。

谛老法师《念佛三昧宝王论疏(续)》刊于《净业月刊》第 13 期。

印老法师《台湾佛教会缘起序》刊于《净业月刊》第 13 期。

印老法师《阿弥陀经白话解释序》刊于《净业月刊》第 13 期。

谛老法师《赠宁波功德林蔬食处序》刊于《净业月刊》第 13 期。

显微《普贤十大愿王颂》刊于《净业月刊》第 13 期。

谛老法师《天台山万年寺三坛戒法集要(续)》刊于《净业月刊》第 13 期。

池莲邦述《莲社维持困苦情形》刊于《净业月刊》第 13 期。

寄沤《疾病扶持》刊于《净业月刊》第 13 期。

寄尘《净土资粮篇(续)》刊于《净业月刊》第 14 期。

印老法师《书佛两利小引》刊于《净业月刊》第 14 期。

裒法师《天台山万年寺三坛戒法集要(续)》刊于《净业月刊》第 14 期。

范古农转《上虞佛学会缘起》刊于《净业月刊》第 14 期。

印老法师《程筱鹏居士宏化日记序》刊于《净业月刊》第 18 期。

寄尘《净土资粮篇(续)》刊于《净业月刊》第 19 期。

观月法师《楞伽阿跋多罗宝经发源疏(续)》刊于《净业月刊》第 19 期。

天如禅师《净土或问》刊于《净业月刊》第 19 期。

印老法师《慈悲道场忏法随闻录序》刊于《净业月刊》第 19 期。

谛闻法师《祭学渊老和尚文》刊于《净业月刊》第 19 期。

江易园居士《戒杀放生集序》刊于《净业月刊》第 19 期。

李契源居士《象山纪母周太夫人往生传》刊于《净业月刊》第 19 期。

谛老法师《天台山万年寺三坛戒法集要(续)》刊于《净业月刊》第 19 期。

寄尘《净土资粮篇(续)》刊于《净业月刊》第 21 期。

观月法师《楞伽阿跋多罗宝经发源疏(续)》刊于《净业月刊》第 21 期。

天如禅师《净土或问(续)》刊于《净业月刊》第 21 期。

许止净居士《西湖放生募缘启》刊于《净业月刊》第 21 期。

印老法师《赎迁西湖放生鱼募缘疏》刊于《净业月刊》第 21 期。

许止净《西湖放生募缘启》刊于《净业月刊》第 21 期。

许止净《江浙佛教联合会普劝举行观音七启》刊于《净业月刊》第 21 期。

谛老法师《天台山万年寺三坛戒法集要(续)》刊于《净业月刊》第 21 期。

寄尘《净土资粮篇(续)》刊于《净业月刊》第 23 期。

观月法师《楞伽阿跋多罗宝经发源疏(续)》刊于《净业月刊》第 23 期。

谛老法师《天台山万年寺三坛戒法集要(续)》刊于《净业月刊》第 23 期。

谭嗣同《论不生不灭》刊于《大云》第 10 号第 76 期。

贾丰臻《教育上之信仰宗教观》刊于《大云》第 10 号第 76 期。

古越季、骆印雄述《净土三要述义(续)》刊于《大云》第 10 号第 76 期。

王莲航《单寄苧居士往生事略》刊于《大云》第 10 号第 76 期。

王舆楫《普建佛教居士林理由书》刊于《大云》第 10 号第 76 期。

印光法师《复张季直先生书》刊于《大云》第 10 号第 76 期。

徐文蔚记录《白法师传法记》刊于《大云》第 10 号第 76 期。

古越季、骆印雄述《净土三要述义(续)》刊于《大云》第 11 号第 77 期。

显瑞《佛顶尊胜咒弘传记》刊于《大云》第 11 号第 77 期。

张慰西《佛道西行记》刊于《大云》第 11 号第 77 期。

率公《寄禅和尚传》刊于《大云》第 11 号第 77 期。

陈荣昌《尼妙净留偈记》刊于《大云》第 11 号第 77 期。

无忧生《湖北佛化联合会成立记》刊于《大云》第 11 号第 77 期。

阿诚《粤东阴兵猖獗异闻》刊于《大云》第 11 号第 77 期。

庞海楼主《人鬼谈话之怪闻》刊于《大云》第 11 号第 77 期。

偶然《观世音菩萨之灵异》刊于《大云》第 11 号第 77 期。

玉观杉译《劳农俄国之新佛教思潮》刊于《大云》第 11 号第 77 期。

戴季陶《中国民族的道德观》刊于《大云》第 14 号第 80 期。

骆季和《绍兴县政府建设科改建寺院庵庙作平民教育与实业讲习机关之理由与办法之评论》刊于《大云》第 14 号第 80 期。

古越季、骆印雄述《净土三要述义(续)》刊于《大云》第 14 号第 80 期。

骆季和《对客语》刊于《大云》第 14 号第 80 期。

宁达蕴《曼谷游记》刊于《大云》第 14 号第 80 期。

宁达蕴《仰光游记》刊于《大云》第 14 号第 80 期。

曾怡齐《非道德不可以解决时局》刊于《大云》第 15 号第 81 期。

秦赓孙《家庭道德》刊于《大云》第 15 号第 81 期。

圆觉解《华严原人论合解》刊于《大云》第 15 号第 81 期。

古越季、骆印雄述《净土三要述义(续)》刊于《大云》第 15 号第 81 期。

印光法师《观世音菩萨三十二应发隐》刊于《大云》第 15 号第 81 期。

谛闲法师《赞大士三十二应文》刊于《大云》第 15 号第 81 期。

印光法师《慈悲镜发隐》刊于《大云》第 15 号第 81 期。

孝君《吴詠春居士往生记》刊于《大云》第 15 号第 81 期。

瞿鹤《赞吴璧华居士》刊于《大云》第 15 号第 81 期。

季和《秋热夜坐闻蟋蟀入户牅感时赋此》刊于《大云》第 15 号第 81 期。

周永年《奉题绍兴佛学研究会》刊于《大云》第 15 号第 81 期。

周永年《十业词》刊于《大云》第 15 号第 81 期。

程筱鹏《我之食牛受罪及念佛忏罪之灵感》刊于《大云》第 15 号第 81 期。

钟大雄《上中央政府浙省政府书》刊于《大云》第 15 号第 81 期。

骆季和《佛学组织之我见》刊于《大云》第 16 号第 82 期。

妙祥《劝学佛文》刊于《大云》第 16 号第 82 期。

李契源《余姚佛学会请宝静法师说法记》刊于《大云》第 16 号第 82 期。

微尘《绍兴某庵僧托生朱氏记》刊于《大云》第 16 号第 82 期。

梁海门《十龄童子念佛往生记》刊于《大云》第 16 号第 82 期。

支禅《对于岳池县佛教工厂之希望》刊于《大云》第 16 号第 82 期。

周永年《少年十六思箴》刊于《大云》第 16 号第 82 期。

李契源《三十述怀时客沪上居士林》刊于《大云》第 16 号第 82 期。

聂云台《诵呪解厄》刊于《大云》第 16 号第 82 期。

徐公达《作恶之报》刊于《大云》第 16 号第 82 期。

了凡《人为财死》刊于《大云》第 16 号第 82 期。

泰县居士林《何君入冥记》刊于《大云》第 16 号第 82 期。

寄涯《记日本之〈阿育王塔〉》刊于《大云》第 16 号第 82 期。

许士骐《南园佛展会参观记》刊于《大云》第 16 号第 82 期。

归元《戒宝即常住佛》刊于《世界佛教居士林林刊》第 16 期。

圆净《印光法师嘉言录》刊于《世界佛教居士林林刊》第 16 期。

妙培口述、无涯速记《通宝老和尚坚苦卓绝之行持》刊于《世界佛教居士林林刊》第 16 期。

无相集注《维摩诘经如来种品——简注》刊于《世界佛教居士林林刊》第 16 期。

显慈《唯识中道观法概言》刊于《世界佛教居士林林刊》第 16 期。

王少湖《摄论大义》刊于《世界佛教居士林林刊》第 16 期。

知行《归依浅说》刊于《世界佛教居士林林刊》第 16 期。

华日《雁荡山净名教寺募捐重修序》刊于《世界佛教居士林林刊》第 16 期。

无相速记《论月大师在家律要之开示》刊于《世界佛教居士林林刊》第 17 期。

印光《印光法师嘉言录题词》刊于《世界佛教居士林林刊》第 17 期。

无相居士《红螺山彻悟禅师法语》刊于《世界佛教居士林林刊》第 17 期。

无相《高旻寺普修老人之略传》刊于《世界佛教居士林林刊》第 17 期。

大圆《林性悟生西纪》刊于《世界佛教居士林林刊》第 17 期。

慈舫《尼炳清上人生西事略》刊于《世界佛教居士林林刊》第 17 期。

无相《汪女士生西之福德因缘》刊于《世界佛教居士林林刊》第 17 期。

李荣祥《诸佛菩萨像分组表》刊于《世界佛教居士林林刊》第 17 期。

清净《善巧义》刊于《世界佛教居士林林刊》第 17 期。

卢德元《我之研究》刊于《世界佛教居士林林刊》第 17 期。

显慈《敬劝持戒念佛者勿求福报说》刊于《世界佛教居士林林刊》第 17 期。

云台《论耶教致祸之故》刊于《世界佛教居士林林刊》第 17 期。

胡蒙子《惟佛法能纠正今日之人心》刊于《世界佛教居士林林刊》第 17 期。

嘿庵《破自生论》刊于《世界佛教居士林林刊》第 17 期。

契诚口述《心光之测验》刊于《世界佛教居士林林刊》第 17 期。

大块《人人本具佛性当修养成就不令胎夭说》刊于《世界佛教居士林林刊》第 22 期。

契西敬记《印光老法师在本林开示》刊于《世界佛教居士林林刊》第 22 期。

唐大圆《唯识略谈》刊于《世界佛教居士林林刊》第 22 期。

刘仁航《觉花园主集序》刊于《世界佛教居士林林刊》第 22 期。

显慈《扬州观音山牧师传教记》刊于《世界佛教居士林林刊》第 22 期。

梅光羲编《佛藏略考》刊于《世界佛教居士林林刊》第 22 期。

龙超《团城瞻佛记》刊于《世界佛教居士林林刊》第 22 期。

太虚《论贤首与慧苑之判教》刊于《海潮音》第 7 年第 12 期。

太虚法师《佛法应如何普及今世》刊于《海潮音》第 7 年第 12 期。

唐大圆《道德教育说要》刊于《海潮音》第 7 年第 12 期。

黄忏华《论佛教之分类》刊于《海潮音》第 7 年第 12 期。

唐大圆《中和与极端》刊于《海潮音》第 7 年第 12 期。

唐大圆《因明学讲要叙》刊于《海潮音》第 7 年第 12 期。

唐大圆《印度六派哲学讲要叙言》刊于《海潮音》第 7 年第 12 期。

寄尘《为武昌佛学院告全国佛教徒书》刊于《海潮音》第 7 年第 12 期。

太虚《题唐大圆礼乐之真义及其应用》刊于《海潮音》第 7 年第 12 期。

江谦《上印法师书》刊于《海潮音》第 7 年第 12 期。

唐大圆《礼乐之真义及其应用》刊于《海潮音》第 7 年第 12 期。

寄尘《邪正因果之研究》刊于《海潮音》第 7 年第 12 期。

慧敏《哲学与佛学之比较》刊于《海潮音》第 7 年第 12 期。

寄尘《试以五求三世自他相待门破我法》刊于《海潮音》第 7 年第 12 期。

太虚《第八年海潮音之新希望》刊于《海潮音》第 8 年第 1 期。

唐大圆《评胡适对于西洋近代文明的态度》刊于《海潮音》第 8 年第 1 期。

宁墨公《佛教不杀之原理》刊于《海潮音》第 8 年第 1 期。

太虚《爱之研究》刊于《海潮音》第 8 年第 1 期。

轶名《叙述生平经历视为最要之事一二则》刊于《海潮音》第 8 年第 1 期。

宁墨公《寺院在社会上之价值及其治理》刊于《海潮音》第 8 年第 1 期。

会觉《浏阳佛教组织刍议》刊于《海潮音》第 8 年第 1 期。

瞻风子《性具善恶之辨正》刊于《海潮音》第 8 年第 1 期。

太虚《行为学与心理学》刊于《海潮音》第 8 年第 1 期。

唐大圆《南京金光明佛学会启建大悲法坛通告》刊于《海潮音》第 8 年第 1 期。

满智《送克全法师住持松江超果寺序》刊于《海潮音》第 8 年第 1 期。

大定《破天荒之新僧运动》刊于《海潮音》第 8 年第 1 期。

汤城《今日佛教之危机及其挽救方法》刊于《海潮音》第8年第1期。

王博谦《学佛浅说》刊于《海潮音》第8年第1期。

太虚老法师《佛之修学法》刊于《海潮音》第8年第2期。

唐大圆《关于东方文化之解蔽》刊于《海潮音》第8年第2期。

宁墨公《物质分化与心性分化》刊于《海潮音》第8年第2期。

唐大定《求学之理由》刊于《海潮音》第8年第2期。

唐大定《求学之目的》刊于《海潮音》第8年第2期。

唐大圆《修学之标准》刊于《海潮音》第8年第2期。

唐大圆《世出世间之问题》刊于《海潮音》第8年第2期。

唐大圆《道之释义》刊于《海潮音》第8年第2期。

李荣祥《佛教与人生》刊于《海潮音》第8年第2期。

释大醒《居士宏扬佛法应有的觉悟》刊于《海潮音》第8年第2期。

唐大圆《大休行略》刊于《海潮音》第8年第2期。

唐大圆《许林性悟生西纪实》刊于《海潮音》第8年第2期。

征鸿《西来老和尚传略》刊于《海潮音》第8年第2期。

王羲《特生居士学佛纪略》刊于《海潮音》第8年第2期。

省凡《陈赞庭居士传》刊于《海潮音》第8年第2期。

太虚法师《以佛法解决现世困难》刊于《海潮音》第8年第3期。

黄忏华《佛教的人生观》刊于《海潮音》第8年第3期。

满智《蔡孑民先生讲演佛法》刊于《海潮音》第8年第3期。

大定《楞伽祈祷讲演纪要》刊于《海潮音》第8年第3期。

唐大定《文学探原》刊于《海潮音》第8年第3期。

唐大定《心性分析》刊于《海潮音》第8年第3期。

[日]小野玄妙作,铸陈译《慈愍三藏之净土教》刊于《海潮音》第8年第3期。

谭慧云《寄唐大定居士》刊于《海潮音》第8年第3期。

谭慧云《吊大休居士》刊于《海潮音》第8年第3期。

谭希明《静坐遗怀》刊于《海潮音》第8年第3期。

谭道《奉和晤一上人赴普陀舟次原韵》刊于《海潮音》第8年第3期。

谭慧云《奉和晤一上人赴普陀舟次原韵》刊于《海潮音》第8年第3期。

凤尾老人《偕端效禅师联句一首》刊于《海潮音》第8年第3期。

蒋特生《送贯一上人还新都宝光禅院》刊于《海潮音》第8年第3期。

谭道《奉和邓竹师偕端效禅师联句原韵》刊于《海潮音》第8年第3期。

李翊灼《真如不守自性义》刊于《海潮音》第8年第3期。

高穉伯《佛教时事杂记》刊于《海潮音》第8年第3期。

李一超译《美国佛学界之中国佛教史观》刊于《海潮音》第8年第4期。

释晤一记《现代青年与佛教关系》刊于《海潮音》第8年第4期。

释满智记《马叙伦先生讲演佛教》刊于《海潮音》第8年第4期。

康有为《大同书》刊于《海潮音》第8年第4期。

唐大圆《研究与参禅》刊于《海潮音》第8年第4期。

玉慧观《大梦与大觉》刊于《海潮音》第 8 年第 4 期。

宁达蕴《佛教之真面》刊于《海潮音》第 8 年第 4 期。

宁达蕴《佛教的社会化》刊于《海潮音》第 8 年第 4 期。

宁达蕴《实行佛教的稳妥方法》刊于《海潮音》第 8 年第 4 期。

释翠华《业之问题》刊于《海潮音》第 8 年第 4 期。

释满智《为摧残佛法上国民政府书》刊于《海潮音》第 8 年第 4 期。

唐大定《求智之趋向》刊于《海潮音》第 8 年第 4 期。

唐大定《求智之方法》刊于《海潮音》第 8 年第 4 期。

太虚大师《僧制今论》刊于《海潮音》第 8 年第 4 期。

太虚大师《整顿僧伽制度论》刊于《海潮音》第 8 年第 4 期。

兴慈法师《法相净土融通说等》刊于《海潮音》第 8 年第 4 期。

太虚《说革命》刊于《海潮音》第 8 年第 6 期。

汪德铨《前后弥曼萨派梵观之比较》刊于《海潮音》第 8 年第 6 期。

蕙庭记《行为学与唯根论及唯身论》刊于《海潮音》第 8 年第 6 期。

吴闻樨《答葛志亮关于佛学之疑问》刊于《海潮音》第 8 年第 6 期。

张志方译《宗教及其感化人心》刊于《海潮音》第 8 年第 6 期。

铸陈译《慈愍三藏之净土教》刊于《海潮音》第 8 年第 6 期。

李亦超译《美国佛学界之中国佛教史观》刊于《海潮音》第 8 年第 6 期。

陈独秀《有鬼论质疑》刊于《海潮音》第 8 年第 6 期。

唐大圆《答陈独秀有鬼论质疑》刊于《海潮音》第 8 年第 6 期。

飞白《答有鬼论之质疑》刊于《海潮音》第 8 年第 6 期。

宁墨公《泛论独身主义》刊于《海潮音》第 8 年第 6 期。

寄尘《论今日僧伽应采集产方法以兴佛化运动》刊于《海潮音》第 8 年第 6 期。

卢佛慧《佛法导言》刊于《海潮音》第 8 年第 6 期。

云岩《论因果轮回之原理及其建立之真价》刊于《海潮音》第 8 年第 6 期。

宁墨公《帝国主义与佛化》刊于《海潮音》第 8 年第 6 期。

宁达蕴《论中国现代佛教史料问题》刊于《海潮音》第 8 年第 6 期。

玉慧观《高丽版大藏经之沿革》刊于《海潮音》第 8 年第 6 期。

江柳声《长沙之僧伽大会》刊于《海潮音》第 8 年第 6 期。

太虚《净化主义》刊于《海潮音》第 8 年第 7 期。

太虚《大佛顶首楞严经摄论》刊于《海潮音》第 8 年第 7 期。

太虚《佛法的世界学术系统》刊于《海潮音》第 8 年第 7 期。

郑立三《世界文化亚洲部东亚系（中国系）学术表》刊于《海潮音》第 8 年第 7 期。

华山《大严上人事略》刊于《海潮音》第 8 年第 7 期。

觉真《智刚禅师燃身供佛记》刊于《海潮音》第 8 年第 7 期。

碧霞《悟纯生西记》刊于《海潮音》第 8 年第 7 期。

漱芳《破意师逝世事略》刊于《海潮音》第 8 年第 7 期。

唐尚贤《滇西丽江金山禅院正修和尚传》刊于《海潮音》第 8 年第 7 期。

张树候《西卢长老元公传》刊于《海潮音》第 8 年第 7 期。

耿顿捨《陆厚庄居士生西记》刊于《海潮音》第 8 年第 7 期。

达庵《故弟友直居士夫妇生西记》刊于《海潮音》第 8 年第 7 期。

鸿寿《陈宝畬老居士西生瑞应记》刊于《海潮音》第 8 年第 7 期。

寄尘《合肥唐妪往生传》刊于《海潮音》第 8 年第 7 期。

谭道《张蕒青居士生西传》刊于《海潮音》第 8 年第 7 期。

妙观《赤化与孔子的大学》刊于《海潮音》第 8 年第 7 期。

芬陀《任孤儿教育者应具性格之商榷》刊于《海潮音》第 8 年第 7 期。

张煊《消灭赤化大方针》刊于《海潮音》第 8 年第 7 期。

石庵《僧徒改革之事宜》刊于《海潮音》第 8 年第 7 期。

慧敏《一切学术必以佛学为本论》刊于《海潮音》第 8 年第 7 期。

石庵《龙女八岁成佛说》刊于《海潮音》第 8 年第 7 期。

蒋特生《与自新先生论佛化与三民主义函》刊于《海潮音》第 8 年第 7 期。

谭道《寄大定先生函》刊于《海潮音》第 8 年第 7 期。

太虚《修行第二》刊于《海潮音》第 8 年第 8 期。

太虚《与竟无居士论作师》刊于《海潮音》第 8 年第 8 期。

太虚《大佛顶首楞严经摄论》刊于《海潮音》第 8 年第 8 期。

李亦超译《美国佛学界之中国佛教史观》刊于《海潮音》第 8 年第 8 期。

印光《巢县鱼山圆觉禅院传戒序一》刊于《海潮音》第 8 年第 8 期。

融通《巢县鱼山圆觉禅院传戒序二》刊于《海潮音》第 8 年第 8 期。

杨棣棠《香山古刹记》刊于《海潮音》第 8 年第 8 期。

章太炎《告宰官白衣启》刊于《海潮音》第 8 年第 8 期。

印光《复福州佛化社书》刊于《海潮音》第 8 年第 8 期。

印光《答宗灵师书》刊于《海潮音》第 8 年第 8 期。

炯《寄月祥法师》刊于《海潮音》第 8 年第 8 期。

太虚《净化主义》刊于《海潮音》第 8 年第 9 期。

显教记《佛法的世界学术系统》刊于《海潮音》第 8 年第 9 期。

玉慧观《批比较宗教学对于佛教之一段》刊于《海潮音》第 8 年第 9 期。

太虚《八识规矩颂装注》刊于《海潮音》第 8 年第 9 期。

淡然《西行随记》刊于《海潮音》第 8 年第 9 期。

昌悟《缅印寄归传》刊于《海潮音》第 8 年第 9 期。

玉慧观《韩日佛化汇报》刊于《海潮音》第 8 年第 9 期。

一民《环球佛教图书馆筹备消息》刊于《海潮音》第 8 年第 9 期。

寄尘《合肥之佛化片片录》刊于《海潮音》第 8 年第 9 期。

太虚《净化主义》刊于《海潮音》第 8 年第 10 期。

谈玄记《救僧运动》刊于《海潮音》第 8 年第 10 期。

病僧《关于救僧运动的一个主张》刊于《海潮音》第 8 年第 10 期。

罗刚《说因明对宗喻之重要关系》刊于《海潮音》第 8 年第 10 期。

虞佛心《佛学的标准》刊于《海潮音》第 8 年第 10 期。

太虚《大佛顶首楞严经摄论》刊于《海潮音》第 8 年第 10 期。

王宏慈《募建济南净居寺放生苑启》刊于《海潮音》第 8 年第 10 期。

芝峰《能明老和尚六旬传戒序》刊于《海潮音》第 8 年第 10 期。

李光宇《三十年来之追述》刊于《海潮音》第 8 年第 10 期。

吴雷川《教会学校的已往及其将来》刊于《中华基督教教育季刊》第 3 卷第 1 期。

过探先《金陵大学农科之发展及其贡献》刊于《中华基督教教育季刊》第 3 卷第 1 期。

招观海《徐志摩评胡适之之论苏俄教育书后》刊于《中华基督教教育季刊》第 3 卷第 1 期。

陈观斗《今日教会学校之当前问题》刊于《中华基督教教育季刊》第 3 卷第 1 期。

钟鲁斋《为教会中学的国文教员们进一言》刊于《中华基督教教育季刊》第 3 卷第 1 期。

钟钟山《七克约序》刊于《中华基督教教育季刊》第 3 卷第 1 期。

李应林《广东岭南大学改组及筹备立案之经过》刊于《中华基督教教育季刊》第 3 卷第 1 期。

赵紫宸《我对于今后基督教学校宗教教育的管见》刊于《中华基督教教育季刊》第 3 卷第 2 期。

吴雷川《我的宗教教育谈》刊于《中华基督教教育季刊》第 3 卷第 2 期。

缪秋笙《对于宗教教育的我见》刊于《中华基督教教育季刊》第 3 卷第 2 期。

魏福恩《宗教科除必修之外更有他法吗》刊于《中华基督教教育季刊》第 3 卷第 2 期。

樊正康《宗教科目和礼拜仪式改为选修的办法》刊于《中华基督教教育季刊》第 3 卷第 2 期。

［美］克伯屈《答当今中国基督教教育上之重大问题》刊于《中华基督教教育季刊》第 3 卷第 2 期。

缪秋笙《各校试行宗教选修制及随意制之近况》刊于《中华基督教教育季刊》第 3 卷第 2 期。

斯宾克《新土耳其之教育方针》刊于《中华基督教教育季刊》第 3 卷第 2 期。

江石士《墨西哥政府对于宗教教育之态度》刊于《中华基督教教育季刊》第 3 卷第 2 期。

陶行知《中国乡村教育运动之一斑》刊于《中华基督教教育季刊》第 3 卷第 3 期。

德雷《中学学生课外活动管理法》刊于《中华基督教教育季刊》第 3 卷第 3 期。

魏福恩《中学校教职员之任务》刊于《中华基督教教育季刊》第 3 卷第 3 期。

包然《幼稚小学教学法之新试验》刊于《中华基督教教育季刊》第 3 卷第 3 期。

韦尔胥《日本政府与基督教学校》刊于《中华基督教教育季刊》第 3 卷第 3 期。

雷特《土耳其之教会学校》刊于《中华基督教教育季刊》第 3 卷第 3 期。

杜威《我对于教育上的信条》刊于《中华基督教教育季刊》第 3 卷第 3 期。

钟鲁斋《改进教会学校之原因经过及现在应注意之要点》刊于《中华基督教教育季刊》第 3 卷第 4 期。

何礼道《学校行政上之几种新困难》刊于《中华基督教教育季刊》第 3 卷第 4 期。

梁乾社《西教士在教会学校中之地位》刊于《中华基督教教育季刊》第 3 卷第 4 期。

朱福康《十六年秋季沪江大学课外宗教事业的概况》刊于《中华基督教教育季刊》第 3 卷第 4 期。

缪秋笙《中学宗教科课本问题》刊于《中华基督教教育季刊》第 3 卷第 4 期。

四、学术著作

(汉)刘向著,庄适逸注《新序·说苑》由上海商务印书馆刊行。

(南朝·宋)范晔著,庄适选注《后汉书》由上海商务印书馆刊行。

(梁)刘勰著,冯葭初编(言文对照)《文心雕龙》(上下册)由浙江湖州五洲书局刊行。

(唐)温大雅著《大唐创业起居注》由广东广州第一中山大学出版部刊行。

(宋)司马光辑《家范》由上海青年协会书报部刊行。

(明)沈宏宇述,范遇安校订《浑如篇》由上海北新书局刊行。

(明)丘文庄著,(明)蒋冕辑《琼台诗话》由广东琼州海南书局刊行。

(明)刘宗周著《人谱(附类记)》由上海印书馆刊行。

(明)刘宗周著《人谱》由上海青年协会刊行。

(明)徐爱、钱德洪编定,叶绍钧点注《传习录》由上海商务印书馆刊行。

(清)戴震著,许啸天句读,孙雪飘校阅《戴东原集》由上海群学社刊行。

(清)黄俊苑著《止斋遗书》由黄文藻等刊行。

(清)曾国藩著《(曾文正公)家训钞》由上海青年协会书局刊行。

范蛗海著《二千五百年来之国学》由上海世界学会刊行。

按:是书概述我国自春秋以来的哲学、历史学、政治学、经济学、宗教学、刑法学、天文学、数学的发展。

唐钺著《国故新探》由上海商务印书馆刊行。

许啸天编《国故学讨论集》(全3册)由上海群学社刊行。

按:许啸天编辑《国故学讨论集》目录如下:

第一册

国故学讨论集新序

国故学讨论集目录

第一集　通论

治国学的两条大路

再谈谈整理国故

重新估定国学之价值

国故学之意义与价值

春雷初动中之国故学

整理国学的三条途径

论国故学

第二集　学的讨论

清代学者的治学方法

中国近三百年学术史

先秦政治思想

经学之派别

两汉经师传授系统表

墨学讨论

中国文学史的大概

文史学家的性格及其预备

道家法家均反对旧道德说

儒家大同之义本于老子说

诗的文学

墨学的大概

名墨訾应考

坚白盈离辩

我国法律之起源

论汉魏以来迄隋唐古诗

第二册

第三集　书的讨论

中文书籍分类法商榷

古书辨伪方法

古书疑义举例补

中国经书之分析

对于国学书的讨论

评胡梁二先生所拟国学书目

梁任公墨经校释序

史记的研究

史记订补叙例

战国策研究

论诗经所录全为乐歌

春秋大义是什么

读楚辞

伴暨南诸生读孟子记

读荀子书后

墨子与科学

离骚文例

第三册

第四集　人的讨论

宋明哲学家的人格活动

孔孟的根本思想

荀子的心理学说

消极革命之老庄

杨朱考

杨朱考补证

墨子的劳农主义

商君政治哲学

尸子考证

王阳明思想的研究

颜习斋思想的研究

颜李学派与现代教育思潮

颜习斋的哲学

黄黎洲思想的研究

王船山思想的研究

顾亭林思想的研究

朱舜水思想的研究

戴东原在中国哲学史上的位置

戴东原研究指南

读老子札记

晦庵学说平义

伊川学说研究

按:徐剑缘撰《评胡梁二先生所拟国学书目》(载《国故学讨论集》第三集)一文,批评胡适、梁启超所开列的必读书目没有注意当时教育状况,内容过于庞杂,不宜于自学。

云南省教育会编辑《现代学术论著》(第2卷)由云南昆明编者刊行。

按:是书收录梁启超《什么是文化》、胡适《杜威论思想》、刘伯明《文学之要素》、陈启修《法律与民意及政治》、程振基《发行纸币制度之研究》等论文27篇。

中国学社讨论社编《中国学术讨论集》(第1集)由上海群众图书公司刊行。

陈柱尊编《中国学术讨论集》由上海群众图书公司刊行。

按:集中编入陈柱的《老子集训序例》《定本墨子间诂补正序例》《墨学十论自序》《论六官命名古义》《论井田制度》《转注说》《反语说》《字例篇上》《释夏》《释夷》《释羌》《释家》《释由》《设立国学研究院之我见》。

陈柱著《研究国学之门径》由上海中国学术讨论社刊行。

王重民编《老子考》(上下册)由北京中华图书馆协会刊行。

支伟成编《(标点注解)商君书之研究》由上海泰东图书局刊行。

胡适著《戴东原的哲学》由上海商务印书馆刊行。

刘以钟编纂《哲学概论》由上海商务印书馆刊行。

按:是书论述一般哲学问题,包括哲学的定义及性质、本体论、认识论等。全书分3编:序论、形而上学、认识论。

范寿康著《认识论》由上海商务印书馆刊行。

范寿康著《认识论浅说》由上海商务印书馆刊行。

按:范寿康是当时一位译介康德哲学的先行者,著有《康德》《认识论浅说》两本书,分别于1926年和1927年由商务印书馆刊行。两本书介绍了康德的生平思想及其哲学认识论中的几个问题,先验的综合、时间、空间、范畴及先验的自我意识之统一。

陈望道著《美学概论》由上海民智书局刊行。

范寿康编《美学概论》由上海商务印书馆刊行。

罗家伦(原题罗志希)著《科学与玄学》由上海商务印书馆刊行。

胡明复著《科学方法》由上海世界书局刊行。

按:是书论述现代科学方法,主要是实证论代表人物马赫、魏斯曼等人的科学方法。内容包括科学方法与精神之大概及其实用、科学之律例等。

孙镜亚著《对于〈孙文主义之哲学的基础〉》由上海三民公司刊行,有张继序。

胡适等著《孙文学说概要》由上海三民公司刊行。

王剑星编辑《孙文学说演讲集》(建国方略之一)由上海中央图书局刊行。

周润襄辑《中山嘉言钞》由上海中央图书局刊行。

余萍客著《催眠术讲义》由上海中国心灵研究会刊行。

中国心灵研究会编辑部编《催眠大展览》由上海编者刊行。

徐蔚南著《生活艺术化之是非》由上海世界书局刊行。

按：是书以日本本间久雄的《生活艺术化》及长谷川如是闲的《劳动的艺术化与艺术的劳动化》两书为依据，介绍关于"劳动生活"的两种不同观点。其一认为劳动生活不仅是为生存，而且要使生活自身成为美，成为艺术，为此必须发挥人的主动性与创造性，并造就一个这样的生活；其二认为劳动在人类社会是不能免除的，是机械的，压迫的，痛苦的，非艺术的，艺术只是痛苦的劳动生活的表现。

舒新城著《梦》由上海中华书局刊行。

聂其杰记《聂氏家庭集益会记录》由上海聂氏家言旬刊社刊行。

孙纬才编《处世箴规》(初集)由上海孙纬才父子医院刊行。

谈文炬编《修身古训》由上海中华书局刊行。

唐大圆著《性命问题》由上海群众图书公司刊行。

唐文治著《人格》由中华民国圣道会刊行。

潘光旦著《冯小青》由上海新月书店刊行。

马相伯著《五十年来之世界宗教》由上海土山湾印书馆刊行。

张钦士选辑《国内近十年来之宗教思潮》由北平燕京华文学校刊行。

陈彬龢著《中国佛教小史》由上海世界书局刊行。

按：是书记述自东汉至清代佛教在中国的发展略史。包括经典翻译时代、印度佛教传播时代、中国佛教兴盛、保守、衰颓时代等 5 章。

黄健六著《佛学是人人所必需的学问》由安徽止观学社刊行。

彭寿、董正初译《诸先知教义》由上海广学会刊行。

倪凤池著《基督徒的神化观念》由浙江湖州著者刊行。

彭彼得著《基督教义略解》由北京汇文学校刊行。

张纯一著《中国新基督学》由上海佛教精进社刊行。

真光杂志社编《批评非基督教言论汇刊全编》由中华浸会书局刊行。

清净讲《世间三大势力》由北平三时学会刊行。

北京佛教教养院编《玉历至宝钞劝世文》由北京编者刊行。

曾郁根撰述《两广浸会同胞自主的培正学校》由广东广州两广浸会事务所刊行。

陈燕翔著《公教真义与各教会》由香港公教真理学会刊行。

达文社编《命理易知》由上海文明书局刊行。

达文社编《相法易知》由上海文明书局刊行。

戴遂良著《日用粮(全部)》由河北献县刊行。

华北公理会编《华北公理会职员录》由编者刊行。

李荣祥编《拯婴录》由上海世界佛教居士林刊行。

孟亚丰素述《圣召指南》由河北献县天主堂刊行。

命学苑编《新命》由编者刊行。

倪柝声编《灵修指微》由上海福音书局刊行。

聂其杰著《戒杀名理》由聂氏家言旬刊社刊行。

聂云台著,杨慧镜选《人生指津》由上海聂氏家言旬刊社刊行。

太虚著,陈慧秉等编校《太虚法师文钞初集》(1—3编)由上海中华书局刊行。

唐大圆选《识海一舟》2卷由上海泰东图书局刊行。

唐大圆选《唯识四种》由上海群众图书公司刊行。

王垂琏编《相地微言》由上海文明书局刊行。

文明书局编《堪舆易知》(上下册)由上海文明书局刊行。

无名使徒著,费尔朴等译《第五福音》由上海青年协会书局刊行。

徐宗泽编著《探原课本》由上海圣教杂志社刊行。

杨棣棠著《论佛书稿》(第3集)由上海世界佛教居士林刊行。

印光著《寿康宝鉴》由增订者刊行。

印光著《印光法师文钞》(第4册)由江苏苏州弘化社刊行。

郑诚元编《圆光灵验法》由上海文明书局刊行。

中华全国基督教协进会编《基督化经济关系全国大会报告》由上海编者刊行。

青年协会书报部编《中国文化与基督教》由上海青年协会书局刊行。唐大圆编著《东方文化》(第3集)由上海泰东图书局刊行。

朱敬一著《中国乡村教会之新建设》由上海中华基督教文社刊行。

郭任远著《反科学的马克斯主义》由上海民智书局刊行。

常乃惪编《社会学要旨》由上海中华书局刊行。

按:是书分社会学与社会、社会之起源、家族、国家、经济、文化、社会学的起源及其派别等14章。

孙本文著《社会学上之文化论》由北平朴社刊行。

按:是书介绍各国社会学家之文化论。包括导言、晚近人类学之贡献与文化社会学派之起源、乌格朋之文化论、恺史之文化论、海史各费及卫莱之文化论等6章。

王平陵编《社会学大纲》由上海泰东图书局刊行。

杨幼炯著《社会学述要》由上海泰东图书局刊行。

云南省教育会编辑《现代学术论著》(第1卷)由云南昆明编者刊行。

孙本文著《社会学之文化论》由北平朴社刊行。

孙本文著《社会问题》由上海世界书局刊行。

陶孟和编《社会问题》(新学制高级中学教科书)由上海商务印书馆刊行。

按:是书对社会问题的内涵、性质、要素、起源等宏观问题以及人口问题、贫穷问题等具体问题都做了详尽的阐述。该书较早地论述了人口的数量与品质问题,认识到"限制人口,是现在各文明社会中一个最主要的问题","人的品质是社会问题上的一个重要因素"。

蔡毓驄著《社会调查之原理及方法》由上海北新书局刊行。

樊弘著《社会调查方法》由上海商务印书馆刊行。

何思源讲、林霖记录《社会政策大要》由广东广州中山大学政治训育部刊行。

按:是书分绪论、劳动法、劳动保护、社会保险等。

王警涛著《民生主义与人口问题》由上海民智书局刊行。

陈顾远著《中国古代婚姻史》由上海商务印书馆刊行。

王平陵著《中国妇女恋爱观》由上海光华书局刊行。

罗世嶷编《科学的家庭》由上海中华书局刊行。

蒋思一编《家庭问题讨论集》由上海中华基督教女青年全国协会刊行。

张竞生著《性书与淫书》由上海美的书店刊行。

张竞生著《性育丛谈》由上海美的书店刊行。

张东民著《性的崇拜》由上海北新书局刊行。

王朝佑著《我之日本观》由北平著者刊行。

陈以益著《东亚之东》由山东青岛同文印书局刊行。

中华职业教育社编《书业概况》（研究职业分析之一）由上海编者刊行。

鲁竹书著《失业问题研究》由上海中央图书馆刊行。

邹恩润著《书记之知能与任务》由上海中华职业教育社刊行。

萧楚女著《社会主义讲授大纲》刊行。

徐宗泽编著《社会主义鸟瞰》由上海圣教杂志社刊行。

余家菊著《国家主义概论》由北京新国家杂志社刊行。

省港罢工委员会教育宣传委员会编《政治常识》由国光书店刊行。

孙中山著,陆友白编辑《孙文全集》（1—6册）由上海卿云图书公司刊行。

孙中山著,三民公司编《孙中山全集》由上海三民公司刊行。

孙中山著《建国方略》由上海大一统图书局刊行。

孙中山著《建国方略》由中央图书局刊行。

孙中山著《民权初步》由上海民智书局刊行。

孙中山著《民权初步》由上海中山书店刊行。

孙中山著《中山宣言》由建国书店刊行。

孙中山著《中山演讲集》由新民书局刊行。

孙中山著《三民主义》由上海太平洋书店刊行。

孙中山讲述《三民主义常识》由上海三民公司刊行。

朱亮基编辑《民权主义演讲集》由上海中央图书局刊行。

吴毅编辑《中山革命演讲》由新文书局刊行。

三民公司编《孙中山演讲集》由上海编者刊行。

三民公司编《中山主义讲演集》由上海三民公司刊行。

孟宪章编辑《中山革命语录》由国民军联军总司令部刊行。

中山合社编辑《孙文主义读本》由湖南长沙编者刊行。

张天百编《社会主义问答》由上海中央图书局刊行。

孙中山讲,三民公司编《孙中山社会主义谈》由上海三民公司刊行。

戴季陶讲,林霖记《三民主义的国家观》由中山大学政治训育部编辑科刊行。

按:是书为1927年12月24日戴季陶在中山大学礼堂政治训育班的讲话。

朱亮基编《中山思想问答》由上海中央图书局刊行。

朱亮基编辑《中山主义浅说》由广东广州共和书局刊行。

甘乃光等著《孙文主义研究集》由上海大东书局刊行。

戴季陶演讲《三民主义的一般意义与时代背景》由上海商务印书馆刊行。

黄埔中央军事政治学校政治部编辑《孙总理演讲集》由编者刊行。

金曾澄编《三民主义问答》由民权书局刊行。

林文琴编《三民要旨》由上海会文堂刊行。

罗敦伟著，三民公司编辑《三民主义与国民权利》由上海三民公司刊行。

罗敦伟著《三民主义与中国及世界》由上海三民公司刊行。

王治心编著《三民主义在中国文化上的根据》由上海国学社刊行。

伍芋农编辑《三民主义纲要》由湖南长沙民治书局刊行。

诸青来著《三民主义商榷》由北京正谊社刊行。

三民公司编《三民主义讨论集》由上海三民公司刊行。

孙文主义研究社编辑《三民主义之研究》由上海明明书局刊行。

武宜停编《建国大纲讲义》由上海文古斋刊行。

朱剑芒编《国民革命问答》由上海中央图书局刊行。

魏冰心编《全民政治问答》由上海中央图书局刊行。

唐卢锋编《社会主义浅说》由上海中央图书局刊行。

费觉天著《阶级斗争原理》由上海北新书局刊行。

郎擎霄著《革命原理》由广州丁卜图书社刊行，有自序。

按：是书讲述革命的意义、要素、性质、思想、心理、种类、目的、方法，以及革命军、革命主义的人生观、民众革命等问题。

凌其翰著《革命概说》由上海世界书局刊行。

浙江省党部改组委员会青年运动会委员会编《革命的浙江要反抗一切文化侵略》由编者刊行。

甘乃光讲，林霖笔记，广州中山大学训育部编辑科编《中国国民党党史的研究》由编者刊行。

甘乃光讲，林霖笔记《中国国民党史及概论》由上海北新书局刊行。

陈味凉著，汤彬华主编《中国国民党之沿革与组织》由上海世界书局刊行。

三民公司编《中国国民党史之研究》由上海编者刊行。

中国国民党福建省党部筹备委员会组织部编《党的组织》由编者刊行。

中国国民党中央执行委员会宣传部编《中国国民党历年宣言汇刊》由编者刊行。

鲍罗廷演讲，黄道尊记《国际政治及中国革命根本问题》由三民出版部刊行。

曹雪松著《国民革命的两大使命》由上海大东书局刊行。

师郑编《国民革命要览》由新时代教育社刊行。

按：是书共10部分。包括国民革命正义、中国革命史略、建国方略摘要等。附兴中会宣言等。

董修甲著《市行政学纲要》由上海商务印书馆刊行。

按：是书阐述各国市行政发达史与模范市行政之要素，以及市政之设计、公安卫生、工务司法、社会教育、财政等设施状况。

北京民社编《蒋介石先生最近之言论》由北京民社刊行。

黄埔中央军事政治学校政治部编纂委员会编辑《蒋校长最近之言论》由黄埔中央军事政治学校政治部宣传科发行股刊行。

蒋介石讲《蒋介石先生演讲集》由明明书局刊行。

蒋介石著《蒋中正演讲录》由广东广州三民出版部刊行。

秦瘦鸥编《蒋介石最近言论》由上海三民公司刊行。

彬熙编《赈务纪略》由京兆赈务处刊行。

丁作舢著《英俄与犹太人》由上海世界书局刊行。

高承元编《广州武汉时期革命外交文献》由上海神州国光社刊行。

吴荣志编《民众团体组织法》由上海新学会社刊行。

周鲠生著《解放运动中之对外问题》由上海太平洋书店刊行。

李万里著,姜道三、刘荫生校订《公安警察问答》由上海中央图书局刊行。

按:是书附录范祥善卷头语和《著者私拟全省警务整顿大纲》等六篇。

李宗黄著,梁瑞莫校《市政指南》刊行。

按:是书有谭延闿、蒋介石序各1篇及自序,附:拟淞沪市暂行条例草案。

阮毅存著《市政府论》由上海世界书局刊行。

赵修鼎著《警察行政》由上海商务印书馆刊行。

黄绶著《唐代地方行政史》由北京永华印刷局刊行。

按:是书论述唐代各级地方官吏的设置和奖惩、任免、考核方法,以及内务、财务、农工商、军事、教育、司法、交通等方面的行政制度。有著者序。

高尔松著《国际社会运动小史》由上海光华书店刊行。

恽代英著《中国民族革命运动史》由建国书店出版。

韩德光编《中山主义劳工浅说》由上海中央图书局刊行。

彭学沛著《工人运动》由上海太平洋书店刊行。

古有成编辑《工人运动》由黄埔中央军事学校政治部刊行。

农民协进社编撰《中国农民问题》由上海三民出版部刊行。

李于峰订《组织工会纲要》由上海工会组织统一委员会组织部刊行。

刘公度著《近十年来世界上两大怪物》由上海世界书局刊行。

殷寿光著《工会组织研究》由上海世界书局刊行。

按:是书介绍工会起源、派别、组合原则及组织机构,并讨论工会组织中的各种问题。

贺岳僧著《中国罢工史》由上海世界书局刊行。

天心著《敬告中国青年》由广东新会民钟社刊行。

顽石著《俄国共产党之历史及其组织实力并俄国共产党与中国共产党之异同》由著者刊行。有著者序。

中国国民党浙江省执行委员会农民部订《农民协会暂行章程》由编者刊行。

中央图书局编《农民协会章程释义》由上海中央图书局刊行。

甘乃光讲,潘庆涛记《农民运动初步》由广州中山大学政治训育部编辑科刊行。

朱亮基编《中山主义农民浅说》由上海中央图书局刊行。

中山书社编《(三民主义)国民新言论》由上海中山书社刊行。

一青编《农民运动》由上海北新书局刊行。

甘乃光讲《怎样做农工行政》由广东农工行政讲习所刊行。

民治书局编《农工丛书》(附宣言通令及议决案)由湖南长沙民治书局刊行。

常书林著《帝国主义与中国》由上海世界书局刊行。

陈白虚著,胡憨珠校阅《国民革命》由上海自由出版社刊行,有自序。

高尔松著《中国民族运动》由上海光华书局刊行。

国民革命军海军总司令部政治部《打倒帝国主义》由上海编者刊行。

胡南湖等著《打倒帝国主义》由上海公理书店刊行。

何思源、陈友琴等演讲《政治训育丛书》由真美书社刊行。

胡梦华著《中国解放之敌》由江苏南京中央书局刊行。

李石曾著《李石曾革命论著》由革命图书社刊行。

宋葆畴著《国民革命》由岳阳个人刊行。

孙中山等著,吴毅编辑《中山革命方略》由新文书局刊行。

孙倬章著《到革命之路》由四川成都民力日报社刊行,有著者序。

孙倬章著《中国改造论》由四川成都民力日报社刊行。

唐生智著《论国民革命》刊行。

蒋介石著《蒋介石先生对党最近主张》由上海开智书局刊行。

吴稚晖著,方东亮编《吴稚晖全集》由上海群众图书公司刊行。

吴稚晖著《吴稚晖与汪精卫之商榷》由上海中山书店刊行。

吴稚晖著,梁冰弦编《吴稚晖学术论著》由上海出版合作社刊行。

按:是书收录作者在哲学、语言文字、政治思想、教育、中西文化评论等方面的主要学术成果。

吴稚晖著,李仲丹编《吴稚晖近著》由上海北新书局刊行。

吴稚晖著,李仲丹编《吴稚晖近著续编》由上海北新书局刊行。

吴稚晖著,秦同培编《吴稚晖言论集》由上海中央图书局刊行。

吴稚晖著《吴稚晖言论集》由上海三民书店刊行。

吴稚晖著《吴稚晖学术论著第三编》由上海出版合作社刊行。

吴稚晖著《吴稚晖演讲集》由上海革命图书社刊行。

戴季陶著,国立中山大学政治训育部宣传部编《戴季陶最近言论》由编者刊行。

胡汉民著《胡汉民先生在俄演讲录》(第2集)由广州民智书局刊行。

杨杏佛讲《杨杏佛讲演集》由上海商务印书馆刊行。

王季文编著,龙鸣皋、王桐轩校正《中国国民党革命理论之研究》由上海大东书局刊行。

《国民党清党运动论文集》由新中国社刊行。

清党运动急进会编《清党运动》由编者刊行。

中山书店编《清党运动概论》由编者刊行。

浙江省清党委员会编《中国国民党清党运动》由编者刊行。

国民党中央监察委员会编《弹劾共产党两大要案》(民国十二、三年)由编者刊行。

淞沪警察厅政治部编《护党救国重要文件汇编》编者刊行。

张天百编辑《帝国主义问答》由上海中央图书局刊行。

朱翊新编《国际正论与中国》由上海中央图书局刊行。

文娜著《妇女论集》由上海北新书局刊行。

杨之华著《妇女运动概论》由上海亚东图书馆刊行。

高德曼著,卢剑波译《自由的女性》由上海开明书店刊行。

一波等著《妇女问题杂论》由上海出版合作社刊行。

陈翰笙著《国际新局面》由上海北新书局刊行。

高尔松著《世界无产政党发达史》由上海太平洋书店刊行。

胡颖之编《劳资仲裁轨程》由上海新学会社刊行。

沈丹泥著《童工》由上海世界书局刊行。

孙文演讲《五权浅说》由上海通智书局刊行。

查良鉴著《中国学生运动小史》由上海世界书局刊行。

杨家铭著《中国学生运动概况》由上海光华书局刊行。

殷叔平编辑《民权初步演讲集》由上海中央图书局刊行。

印维廉编《世界政党史》由上海中央图书馆刊行。

按：是书分9章。论述政党的定义、性质，介绍英、美、法、德、意、苏、日等国政党的起源，发展及现状。附录：《以党建国论》。

中央军事政治学校政治部宣传科编《戴季陶先生两个重要的演讲》由编者刊行。

第二次全省代表大会秘书处文书科编《中国国民党广东第二次全省代表大会宣言及决议案》由编者刊行。

广东省组织部编《中国国民党广东省组织部半年来工作报告》由广东编者刊行。

杭州市政府编辑股编《三个月之杭州市政》由杭州市政府刊行。

景新著《合山广海剿匪记》由广东广海救亡同志会刊行。

陕西旅京学生联合会编《陕灾特刊》由编者刊行。

陈海澄著《亚细亚民族崛兴与英帝国主义之崩溃》由著者刊行。

按：是书评述英帝国主义对印度、阿富汗、波斯、埃及、土耳其、中国等国的侵略及被压迫民族争取民族独立的斗争。认为亚洲被压迫民族的联合斗争，必然使英帝国主义走向崩溃。有自序。

陈立廷、应元道编《最近太平洋问题》由上海太平洋国交讨论会刊行。

陈立廷编辑《太平洋问题》由上海青年协会书报部刊行。

按：是书分太平洋局面之重要、欧战后美国之新地位、欧战后之日本、英国帝制之最近局势、俄国革命对于固有社会之挑战、中国国民性之勃兴6部分。附讨论题及参考资料。

抱朴著《俄国革命之失败》由上海大同书局刊行。

按：是书否定十月革命和苏维埃政权的各项政策，包括新经济政策、土地政策及民族政策等。有惠林序及自序。

陈彬龢著《苏俄政治组织和共产党》由上海共和书局刊行。

陈彬龢著《苏俄治下的劳动反对派》由上海世界书局刊行。

刘秉麟著《泛系主义》由上海商务印书馆刊行。

夏文运著《意大利法西斯运动》由北京新国家杂志社刊行。

按：是书介绍意大利的统一，墨索里尼生平及思想，法西斯党的纲领及主要成员，法西斯党执政后的情况及未来前途等。

蒋国珍著《民众政治与英国的政治》由上海世界书局刊行。

杨幼炯著《近时国际问题与中国》由上海泰东图书局刊行。

吴义田著《犹太人与犹太主义》由上海世界书局刊行。

中华民国圣道会编《犹太人之阴谋》由编者刊行。

夏勤、郁嶷合编《法学通论》由北京朝阳大学出版部刊行。

按：是书分国家论、法律论、权利论、法学论4编。论述法的产生、发展及主要内容。为学者提供纲领和阶梯，为一般人提供法学常识。

夏勤、郁嶷合述，王选疏《法学通论及编制法》由北京朝阳大学刊行。

朝阳大学编,李祖荫等校勘《法学通论》由北京朝阳大学刊行。

朝阳大学编《朝阳大学法律讲义》由北京朝阳大学刊行。

程树德辑《九朝律考》由上海商务印书馆出版。

按:《九朝律考》所言"九朝"包括汉律考、魏律考、晋律考、南北朝(梁、陈、后魏、北齐、后周)律考、隋律考,共八卷,作者搜集九朝法律资料,并作了综合考证。

魏冰心编《五权宪法释义》由上海中央图书局刊行。

郑毓秀著《中国比较宪法论》由上海世界书局刊行。

王世杰著《比较宪法》由上海商务印书馆刊行。

按:是书共五编,第一编为"绪论",包括宪法的概念和国家的概念两章;第二编为"个人的基本权利与义务",包括个人的基本权利和人民的基本义务两章;第三编为"公民团体",包括公民选举权、公民直接造法权、公民的直接罢免权三章;第四编为"国家机关及其职权",包括议会、行政机关、法院、联邦制度四章;第五编为"宪法的修改",包括宪法的修改、中国制宪问题的经过两章。附录部分收录《临时政府组织大纲》《临时约法》等六个宪法文件。

白鹏飞编著《行政法总论》由上海商务印书馆刊行。

朱学曾编《民法物权》由北京朝阳大学刊行。

赵修鼎著《契约法论》由上海商务印书馆刊行。

韦松琴著《刑律要论》由江苏南京江苏法政大学刊行。

徐朝阳著《中国古代诉讼法》由上海商务印书馆刊行。

宁协万著《现行国际法》由上海商务印书馆刊行。

中央军事政治学校政治部编辑委员会编《军队与政治》由中央军事政治学校政治部宣传科发行股刊行。

韩德光编《三民主义军人浅说》由上海中央图书局刊行。

教育建国同志社编著《军人科学常识》由新时代教育社刊行。

教育建国同志社编著《军人历史常识》由新时代教育社刊行。

陆世益著《孙中山先生兵工计划论》由上海北新书局刊行。

中央军事政治学校政治部编《中央军事政治学校政治部民国十六年五月份政治工作报告书》。

国民革命军中央军事政治学校编《黄埔丛书》由国民革命军总司令部军需处刊行。

徐庭瑶编《步兵操典草案之研究》刊行。

李宗黄讲演《国民革命军》由上海民智书局刊行。

杨庆同、王诲初著《经济浅说》由上海商务印书馆刊行。

毛一波著《马克思经济学批评》由上海出版合作社刊行。

李权时著《中国经济问题纲要》由上海中国联合出版公司刊行。

按:是书为李的第一部学术著作,论述的内容涉及社会、经济、财政、金融、交通、工业、商业、农业、消费以及国际经济问题,尤其对中国近代社会制度的弊害、人口问题等发表独特的见解,提出了许多有价值的建议。

李权时著《中国经济思想小史》由上海世界书局刊行。

按:是书归纳中国历代各个方面的各家经济思想,还分别对中国社会历代以来的无政府主义、均产主义、富国主义、国家社会主义、共产主义、民生主义、资本主义、改良主义等七股思想流派进行了研究,着重对中国的社会经济制度与分配理论作了探讨,体现了李权时在中国经济思想史学科初创阶段的一种特殊的研究思路。

陈友琴著《现代中国经济略史》由广州中山大学政治训练部编辑科刊行。

前溪著《中国新经济政策》由天津国闻周报社刊行。

按:是书以孙中山先生倡导的民主主义为宗旨,论述中国应采取的新经济政策,主要是讨论有关生产与分配的政策问题。

杨道腴编《经济学概要》由上海泰东图书局刊行。

顾树森编《苏俄新经济政策》由上海中华书局刊行。

陈彬龢著《苏俄经济组织与实业政策》由上海共和书局刊行。

胡汝麟著《普产主义大纲初草》由北平普产协会刊行。

戴渭清编《资本主义浅说》由上海中央图书局刊行。

邓定人著述《帝国主义经济侵略中国史略》由上海东南书局刊行部刊行。

王世颖著《合作主义通论》由上海世界书局刊行。

翁渭民著《合作主义与劳动问题》由上海现代书店刊行。

陈友琴编著《合作运动实施法》由广州民智书局刊行。

陈彬龢著《法国之产业政策》由上海世界书局刊行。

万扶风编《中山实业浅说》由上海中央图书局刊行。

印水心著《实业计划演讲集》由上海中央图书局刊行。

戴季陶著《商会与商会法》由广州中山大学刊行。

孙绍康编《劳动法》由上海商务印书馆刊行。

樊弘著《劳动立法原理》由上海商务印书馆刊行。

三民公司编《劳资冲突问题》由上海编者刊行。

国民政府财政部驻沪调查货价处编《最低工资立法之要义》由上海编者刊行。

国民政府财政部驻沪调查货价处编《劳动争议调停立法论》由上海编者刊行。

国民政府财政部驻沪调查货价处编《德国劳动争议调停法之研究》由上海编者刊行。

国民政府财政部驻沪调查货价处编《德国劳动协约法概观》由上海编者刊行。

国民政府财政部驻沪调查货价处编《美国劳工统计局之沿革职务及组织》由上海编者刊行。

杨汝梅著《会计法释义》由上海商务印书馆刊行。

金国宝著《统计新论》由上海中华书局刊行。

王仲武著《统计学原理及应用》由上海商务印书馆刊行。

唐启宇著《农政学》由南京中国农政学社刊行。

唐启宇编《农业政策》由南京公孚印刷所刊行。

吴义田著《苏俄农民政策述评》由上海共和书局刊行。

顾树森编《丹麦之农业及其合作》由上海中华书局刊行。

江苏省教育团公有林总局编《江苏省教育团公有林概要》由编者刊行。

周国钧编著《马来半岛之橡皮事业》由上海暨南大学出版课刊行。

薛明剑著《工场设计及管理》由上海华新书社刊行。

戴季陶著《产业合作社之组织》由广东广州国立中山大学刊行。

洪彦亮著《中国冶业纪要》由上海商务印书馆刊行。

袁德宣著《交通史略》由北京交通丛报社、长沙铁路协会刊行。

刘光华著《交通》由上海商务印书馆刊行。

按：是书内分12章，分述交通的意义、公路、铁路、海运、航空等手段，交通对社会、经济、政治的影响，以及有关交通政策的规定、交通事业的经营及运费率的分析研究等。

交通部综核科编《中华民国十二年交通部统计图表》由编者刊行。

葛绥成著《中国之交通》由上海中华书局刊行。

东省特别区路警处秘书室编《东省特别区路警处统计报告书》由东三省救济哈尔滨俄侨工厂刊行。

云南路政促进会编《云南全省路政促进会纪念特刊》由编者刊行。

第一交通大学经济学会编《经济论丛》由编者刊行。

谭书奎著《胶济铁路运输改革刍议》由编者刊行。

陈广起著《航船须知》由黑河日报社刊行。

陈国桢编《商业学概论》由上海商务印书馆刊行。

韩德光编《商民协会章程释义》由中央图书局刊行。

沙为楷编《中国之买办制》由上海商务印书馆刊行。

何思源著《国际经济政策》由上海商务印书馆刊行。

按：是书分四部分。第一部分说明国际贸易原理和各国的实况；第二部分说明国外汇兑原理和各国的制度；第三部分说明商业政策的种类及其运用；第四部分说明对外商业政策的施行方法。

殷寿光著《中国国际贸易》由上海世界书局刊行。

王首春著《租税》由上海商务印书馆刊行。

杨汝梅著《民国财政论》由上海商务印书馆刊行。

欧宗祐著《中国盐政小史》由上海商务印书馆刊行。

万籁鸣著《整理中国外债问题》由上海光华书局刊行。

金国宝著《整理南京市财政刍议》由江苏南京特别市财政局事务股刊行。

胡己任著《中国财政整理策》由北京民国大学刊行。

陈震异著《二五附税与财政计划》由北京民国大学消费社刊行。

张静庐编著《革命后之江西财政》由上海光华书局刊行。

金侣琴著《取缔外钞问题》由上海光华书局刊行。

沈家桢编《银行簿记实践》（上下册）由上海商务印书馆刊行。

戈公振著《中国报学史》由上海商务印书馆刊行。有自序。

按：是书第一次系统地全面介绍和论述了中国报纸的产生以及发展。

蒋国珍著，汤彬华编《中国新闻发达史》由上海世界书局刊行。

舒新城著《教育通论》由上海中华书局刊行。

按：是书论述教育的意义、学校、学制、学生、教师、课程、教学、训育等问题。

徐宗泽编著《教育之原理》（圣教杂志社丛书）由圣教杂志社刊行。

徐蔚南著《三民主义教育》由上海世界书局刊行。

中央图书局编辑《党化教育辑要》（第1辑）由编者刊行。

瞿菊农编《克伯屈讲演集》由北京中华教育改进社刊行。

杨荫庆等著《克伯屈学说之介绍》（克伯屈专集第1种）由北京文化学社刊行。

张九如编《三民主义教育下各科教学法纲要》（新时代三民主义教育丛书）由上海商务印书馆刊行。

张家声编《教育心理测验实施法》由编者刊行。

徐蔚南著，汤彬华主编《党化教育》由上海世界书局刊行。

顾诗灵编《党化教育实施法》由上海大东书局刊行，有曹雪松、丁丁等人及编者序。

朱成碧编《党化教育浅说》由上海中央图书局刊行。

王克仁著《党化教育概论》由上海民智书局刊行，有慕鸣序言。

上海特别市市政府教育局编纂委员会编《党化教育运动特刊》由编者刊行。

舒新城著《收回教育权运动》（教育丛书）由上海中华书局刊行。

姜琦、邱椿著，蔡元培校订《中国新教育行政制度研究》由上海商务印书馆刊行。有著者自序及蔡元培序。

国民政府教育行政委员会编《教育法规汇编》由编者刊行。

陕西全省第一次革命教育行政大会编《陕西全省第一次革命教育行政大会汇刊》由编者刊行。

陕西省政府教育厅编《五月报政》由编者刊行。

上海特别市教育局编《上海特别市教育法规汇刊》（第1集）由上海编者刊行。

江恒源著《整理江苏教育计划书》刊行。

王颂文编《昆山县教育局十四年度学事年表》由江苏昆山县教育局刊行。

陈宝泉著《中国近代学制变迁史》由北京文化学社刊行，有序说。

按：是书以著者自己在清末学部和民国教育部20多年亲身见闻的翔实记录撰著而成，是第一部较完全地记述近代学制变迁的专著。在取材上，"见知者十之七八，闻知者居十之二三"，颇可作为学习中国近代教育史课程的信实参考。陈宝泉《中国近代学制变迁史·序说》说："我国教育制度之渊源，发端最早。舜命契为司度、敷五教，命夔典乐、教胄子，命伯夷为秩宗、典三礼，命弃为后稷、教稼穑。而古代学校，则有虞庠、夏校、殷序等制，逮成周以降，文物之盛，甲于往古，有立教之宗旨，有施教之方法，有教育之种类，复分大学、小学及女子教育等制。虽谓欧美最新之学制已实现于我国成周时代，无不可也。逮秦以来，弦歌中辍；汉则重博士选举；魏晋以九品官人；自隋唐逮前清，专以科举取士。虽各代均有学校之名，其实第为粉饰之具。故欲考现代学制之来源，不过五六十年间之近事，即清季至今日是已。近代学制之变迁，约可分为五个时期：一、无系统的教育时期（注重实用）；二、钦定学堂章程时期；三、奏定学堂章程时期；四、民国新学制颁布时期；五、学校系统改革案颁行时期。兹拟就此五个时期分期序述，大致有系统的学校组织，实始于钦定学堂章程，自此逐渐改革，终顺乎世界教育之潮流而已。本书所述，以关于章程、组织者为限。至于学风之递禅，不复详列。然就学制之变迁观之，亦可以略窥各时期教育界之思想焉。"（蔡振生、刘立德编《陈宝泉教育论著选》，人民教育出版社1996年版）

顾树森著《苏俄新教育》（欧游丛刊）由上海中华书局刊行。

王骏声编《幼稚园教育》（师范丛书）由上海商务印书馆刊行，有金嵘序和朱兆萃序。

赵欲仁编著《小学国语科教学法》（师范小丛书）由上海商务印书馆刊行。

商务印书馆编《新时代教科书》由编者刊行。

按：是书系全国最早以彩图为封面的教科书。

俞子夷著《一个乡村小学教员的日记》（上下册）（东南大学教育科丛书）由上海商务印书馆刊行。

李湘宸讲，赵质宸、鲁世英记《小学教育行政概要》由北京香山慈幼院刊行。有熊希龄序。

寰球中国学生会日校编《小花朵朵开》(寰球中国学生会日校丁卯级毕业纪念册)由上海编者刊行。

舒新城著《近代中国留学史》(教育丛书)由上海中华书局刊行。

按:是书包括留学创议、留美初期、欧洲留学之始、日本留学之始、西洋留学之再兴、留日极盛期等15章,为第一部梳理中国近代留学史的专著,出版后在学界产生重要影响。

中华民国留德学会编《中华民国留德学会年鉴》(民国十六年)由柏林编者刊行,有魏宸组、蒋兆钰序。

曹刍编《新师范各科教学法》由上海中华书局刊行。

按:是书分教学之性质、目的、学习种类、学习动机等项,阐述国语、算术、公民、社会、自然、形象艺术、工用艺术、音乐、体育卫生等科的教学方法。

殷祖赫著《平民学校管理法》(城市平民教育丛刊)由上海商务印书馆刊行。

赖成骧编《平民学校教学法》(城市平民教育丛刊)由上海商务印书馆刊行。

喻汉烈编《乡村教育》(师范丛书)由上海商务印书馆刊行。

张哲农编《北京之表演平民学校》(城市平民教育丛刊)由中华平民教育促进会总会刊行。

暹京育民学校编《暹京育民学校概况》由曼谷编者刊行,有陈步云的弁言。

罗继伦著《林间学校》(师范小丛书)由上海商务印书馆刊行。

谢以颜著《田径赛的理论与实际》由上海开明书店刊行。

葛绥成编《运动与卫生》由上海中华书局刊行。

王怀琪、吴洪兴译编《儿女强身法》(中国健学社体育丛书)由上海中华书局刊行。

吴圣明编《初中柔软体操教材》(中国健学社丛书)由上海中国健学社刊行。

按:是书共8章,论述运动与卫生、健康的关系。

王怀琪、吴洪兴编译《户内棒球图解》(健学社丛书)由上海大东书局刊行。

徐致一著《太极拳浅说》由上海太极拳研究社刊行,有陆鸿吉序。

孙福全编《八卦剑学》由北京编者刊行,有吴心毂序及编者序。

王怀琪、吴洪兴编《跑冰术》(体育小丛书)由上海商务印书馆刊行。

谢宣编著《象棋谱大全》(初集、卷四)由上海中华书局刊行。

吴葆诚编《铜旗辑谱》刊行,有序、绪言等。

罗振玉《殷虚书契考释》由东方学会出版。

按:此为先前《殷商贞卜文字考》增订版,分都邑、帝王、人名、地名、文字、卜辞、礼制、卜法八篇,共考释485字。书前有王国维序言一篇。

周熙编著《诗三百古音发明》(卷1)由四川顺庆益新书局刊行。

按:此书为《诗经》古音注。据顾炎武《日知录》编。

张振镛著《张氏文通》(上下册)由上海世界书局刊行。

叶长青著《文字学名词诠释》由上海群众图书公司刊行。

徐筱帆编《徐氏类音字汇》(上中下卷)由上海深柳书屋刊行。

按:此书实际是一部韵书,共收一万三千多字。同韵字、类音字集中,字下注有简单字义。分十五韵编排。书前有依音检字的有关介绍及康有为、章炳麟等人的题词、序文。

吕思勉著《字例略说》由上海商务印书馆刊行。

按：是书按照象形、指事、会意、形声、转注、假借等六书原则研究汉字，共13章。

马瀛、方毅编《平民字典》由上海商务印书馆刊行。

按：此书收字四千五百多个，按笔画多少编排。

黄钟瀛编《词性分解红皮新式中华字典》由上海世界书局刊行。

按：此书收字一万多个。有注音字母、同音汉字、反切3种注音。按部首编排。供学生查字用。封面及书脊书名题：《词性分解新式中华字典》，编辑大意中定名为：《词性分解简明学生字典》。

王璞编《王璞的国音示范》由上海中华书局刊行。

R. B. Blakney 著《汉字研究》由上海商务印书馆刊行。

庄人端、章琢其编《军政公文程式大全》（上下册）由上海华普书局刊行。

按：此书分公文程序、军事公文、杂项公文、军政应酬文件4编。

张须编辑《应用文》由上海商务印书馆刊行。

张须编《师范国文述教》由上海商务印书馆刊行。

张九如编《初中记事文教学本》由上海商务印书馆刊行。

张凤编《张凤形数检字法》（附姓氏索引）由编者刊行。

按：此书介绍该法口诀、检字正例、排字附例等，并有说明及自序。

郭后觉编《国语罗马字》由全国国语教育促进会刊行。

郭秉成等编《新式大字典》由上海广益书局刊行。

按：此书收字约一万二千个。按部首检字。

光华大学教育系、国文系编《中学国文教学论丛》由上海商务印书馆刊行。

蒋翼振编著《翻译学通论》由编者刊行。

严畹滋编著《（作文翻译捷诀）高级翻译指南》由上海世界书局刊行。

亚公编《公文程式全书》（1—4册）由上海中央书店刊行。

按：各类公函、咨文、通电、布告、令批等公文实例汇编。卷首书名题：《国民政府公文程式大全》。

戴渭清编《公文程式全书》（1—4册）由上海中央书店刊行。

商务印书馆编译所编《（订正）东文法程》由上海商务印书馆刊行。

黄连兆著《中国新字寻韵字典》由著者刊行。

黄连兆著《中国新字寻音字典》由著者刊行。

黄连兆著《中国新字寻汉字字典》由著者刊行。

黄连兆著《中国新字汉英分类语汇》由著者刊行。

胡炳熙编《国音英译详考》由天津谦益丰书局刊行。

钱兆和编《（戏剧式）中学英文读本》（第1—3册）由上海中华书局刊行。

陆费执编《模范英文尺牍》由上海中华书局刊行。

陆费执编《模范英汉会话》由上海中华书局刊行。

傅振伦编《（英汉双解）基本世界语字典》由上海民智书局刊行。

柏烈伟编《新俄华辞典检字表》由编者刊行。

《英语构造絜要》由上海商务印书馆刊行。

郑振铎编纂《中国文学研究》由上海商务印书馆刊行。

按：是书收中国文学研究论文67篇，其中有《研究中国文学的新途径》（郑振铎），《中国文学之趋势》（郭绍虞），《诗与诗体》（唐钺），《赋在中国文学史上的位置》（郭绍虞），《读诗札记》（俞平伯），《古代的民歌》(朱湘),《明清小说论》(谢无量),《徐霞客游记》(丁文江)等,作者还有梁启超、陆侃如、刘大舟、刘大白、许地山、欧阳予倩、钟敬文等,有西谛的"卷头语",附郑振铎的《中国文学年表》。

郑振铎编著《文学大纲》由上海商务印书馆刊行。

按:是书第1册介绍希腊、罗马、印度、中国等古典文学,第2册介绍中世纪欧洲及中、日、印、波斯等东方国家的文学,第3册介绍文艺复兴时期欧洲及中国文学,第4册介绍19世纪欧洲文学及中、日、美国文学,共46章。附彩色及黑白插图800多幅。有编者序及跋。每册附有年表。曾刊于《小说月报》。

郁达夫著《文学概说》由上海商务印书馆刊行。

按:是书分生活与艺术、文学在艺术上所占的位置、文学的定义、文学的内在的倾向、文学在表现上的倾向、文学的表现体裁之分类等6章。

田汉著《文学概论》由上海中华书局刊行。

按:是书上编讲文学的本质,下编讲社会的现象之文学。依次论述文学的起源、定义、特性、要素、形式以及文学与时代、道德、社会的关系等问题。

陈安仁著《文学原理》由广东广州著者刊行,有自序和吴康序。

按:是书论述文学与社会、时代、生活、美、人类情感以及哲学、科学和革命等方面的关系。

胡寄尘编《中国文学辨正》由上海商务印书馆刊行。

按:是书收《国风入乐辨》《和诗辨》《再辨和诗》《楚诗正名》等17篇有关中国文学的论文。

丁丁编《革命文学论》由上海泰东图书局刊行。

滕固著《唯美派的文学》由上海光华书局刊行。

周全平著《文艺批评浅说》由上海商务印书馆刊行。

徐慰南著《文学的科学化》由上海世界书局刊行。

傅东华著《文学常识》由上海商务印书馆刊行。

傅彦长、朱应鹏等著《艺术三家言》由上海良友图书印刷公司刊行。

黄之根编《文学清华》由因果书社刊行。

成仿吾著《使命》由上海创造社刊行部刊行。

梁实秋著《浪漫的与古典的》由上海新月书店刊行。

黄石著《神话研究》由上海开明书店刊行。

按:是书分两编。上编神话概论,介绍西方神话学理论;下编各国神话,举述埃及、巴比伦、希腊、北欧的著名神话。

陈钟凡著《中国韵文通论》由上海中华书局刊行。

按:是书分诗经略论、论楚辞、诗骚之比较、论汉魏六代赋、论乐府诗、论汉魏迄隋唐古诗、论唐人近体诗、论唐五代及两宋词、论金元以来南北曲等9章。

陈去病著《诗学纲要》(上下册)由江苏南京东南大学刊行。

陈去病著《辞赋学纲要》(上下册)由江苏南京东南大学刊行。

汪静之著《诗歌原理》由上海商务印书馆刊行。

按:是书分5章,介绍文学艺术的产生、发展,诗歌的性质、特点,诗歌里的感情、想象、思想与形式等诗歌原理。

吴梅编《词余讲义》由广东广州国立第一中山大学出版部刊行。

陈景新编著,江亢虎鉴定《小说学》由上海泰东图书局刊行。

余上沅著《戏剧论集》由上海北新书局刊行。

按:是书收《论戏剧批评》《旧戏评价》《论诗剧》《论改译》《今日之美国编剧家阿尼尔》《服饰与道具》

《舞台灯光的工具》等23篇有关戏剧的论文。

余心编著《戏曲论》由上海光华书局刊行。

按：是书分序论、剧艺术的系统、演剧的目的与要素、戏曲的观念、戏曲的二种性、结论等6部分，论述戏剧艺术的理论问题。

余上沅编《国剧运动》由上海新月书店刊行。

按：1925年，留美的余上沅与闻一多、熊佛西、赵太侔等结伴回国，发起"国剧运动"。国剧指由中国人用中国材料去演给中国人看的中国戏。他们于1926年在《晨报》副刊上创办《剧刊》，提出"从整理与利用旧戏入手"来创立"中国新剧"，他们的主张对新文化运动全盘否定传统戏剧的做法是一种修正。是书所收的文章，就是"国剧运动"的成果，主要包括徐志摩的《剧刊始业》，赵太侔的《国剧》《布景》《光影》，梁实秋的《戏剧艺术辨正》，熊佛西的《论剧》，闻一多的《戏剧的歧途》，余上沅的《论戏剧批评》《表演》，邓以蛰的《戏剧与雕刻》，杨振声的《中国语言与中国戏剧》，西滢的《新剧与观众》，顾颉刚的《九十年前的北京戏剧》等23篇。书末附《北京艺术剧院计划大纲》《中国戏剧社组织大纲》《余上沅致张嘉铸书》3篇。

赵景深著《童话概要》由上海北新书局刊行。

赵景深著《童话论集》由上海开明书店刊行。

徐蔚南著《民间文学》由上海世界书局刊行。

按：是书分10章，前5章概论中国民间文学，后5章略述原始民间文学、古代和中古的民间诗歌及山歌等。

胡适著《国语文学史》由北京文化学社刊行。

陈钟凡著《中国文学批评史》由上海中华书局刊行。

按：是书前三章总述文学及文学批评的意义、派别等，后九章按照周秦、两汉、魏晋、宋齐梁陈、北朝、隋唐、两宋、元明及清等历史时代阐述各代文学批评史。

胡云翼著《唐代的战争文学》由上海商务印书馆刊行。

梁乙真编《清代妇女文学史》由上海中华书局刊行，有王蕴章、王灿芝序。

范烟桥著《中国小说史》由江苏苏州秋叶社刊行。

贺扬灵著《古诗十九首研究》由上海光华书局刊行。

黄侃著《文心雕龙札记》由北京文化学社刊行。

按：是书系关于《文心雕龙》中之《序志》《神思》《体性》《风骨》《声律》等20篇的学习笔记，并对清黄叔琳注中纰缪遗脱之处加以指正。卷首有题词及略例。书末附录骆洪凯的《物色第四十六》。

寿鹏飞著《红楼梦本事辨证》由上海商务印书馆刊行。

吴虞著《吴虞文录》由上海亚东图书馆刊行。

师复著《师复文存》由广州革新书局刊行。

林纾著《畏庐续集》《畏庐三集》由上海商务印书馆刊行。

徐璈编《桐旧集》由光云锦以方守敦藏原刻本为底本，参校影印刊行。

按：是书乃现存最全的一部桐城诗歌总集，选录了自明初迄清道光庚子近五百年桐城籍一千二百余人、七千七百余首诗作。是书由桐城学者徐璈主编，在编辑中对前贤所编之乡邑诗总集如潘江的《龙眠风雅》和王灼的《枞阳诗选》有所取资，徐氏病逝后，由马树华、苏惇元续成，刊刻于咸丰元年。后经咸丰三年"癸丑"之乱，是书散佚，直到民国十六年始由乡后学光云锦以方守敦藏原刻本为底本，参校影印，刊行于世。

郁达夫著《寒灰集》《鸡肋集》《过去集》由上海创造社刊行部刊行。

章鸿钊著《石雅》由中央地质调查所刊行。

白采著《绝俗楼我辈语》由上海开明书店刊行。

郑次川著《欧美近代小说史》由上海商务印书馆刊行。

按:是书分小说发达史、浪漫主义时代、写实主义时代、自然主义时代、自然主义以后等5章,略述欧美近代文学发展的历史过程以及各发展阶段的主要思潮和流派。

郁达夫著《日记九种》由上海北新书局刊行。

俞寄凡著《西洋之神剧及歌剧》由上海商务印书馆刊行。

王靖著《英国文学史》(上编)由上海泰东图书局刊行。

谢六逸编《日本文学》(上卷)由上海开明书店刊行。

蒋光慈编《俄罗斯文学》由上海创造社刊行部刊行。

瞿秋白著《俄罗斯文学》(下卷)由上海创造社刊行部刊行。

华林著《艺术文集》由上海光华书局刊行。

傅彦长、朱应鹏、张若谷著《艺术三家言》由上海良友图书印刷公司刊行。有徐蔚南的序。

陈抱一著《油画法之基础》由上海中华书局刊行,有作者序。

黄文农作《文农讽刺画集》由上海光华书局刊行,有王敦庆、徐蔚南、张若谷、傅彦长等人的序及作者自序。

富晋书社编《北京富晋书社旧书碑帖书画目录》由北京富晋书社刊行。

丰子恺作《子恺画集》由上海开明书店刊行,有朱自清的跋。

北平延寿堂编《宋元明清四朝名画留真》由编者刊行。

李颂尧编《儿童图画之研究》由上海商务印书馆刊行。

刘达(原题刘豁公)、郑子褒编辑《兰社特刊》第1册由上海兰社刊行。

刘海粟绘《海粟近作》由上海美术用品社刊行,有徐志摩等人的序。

兆贤、季华制图《美华十字挑绣图案》第1、5、21集由上海美华手工挑绣公司刊行。

郑吻仌著《人体美》由上海光华书局刊行,有陈抱一、李金发的序。

倪贻德著《艺术漫谈》由上海光华书局刊行。

俞寄凡著《西洋音乐小史》由上海商务印书馆刊行。

俞寄凡著《西洋音乐史纲》由上海商务印书馆刊行。

萧友梅著《小提琴教科书》由上海商务印书馆刊行。

萧友梅编《和声学》刊行。

大兴居士编《大正琴、风琴、箫谱戏曲合刊大全》由北京瑞文书局刊行。

沈鉴声编《风琴胡琴小调大观》由上海知音乐社刊行。

刘湛恩、顾子仁编《新公民诗歌》由上海青年协会书局刊行。

裘梦痕、丰子恺编《中文名歌五十曲》由上海开明书店刊行。

黎锦晖编著《黎锦晖歌曲集》(第2册)由上海中华书局刊行。

国乐改进社编《国乐改进社成立刊》由编者刊行。

佟晶心著《新旧戏与批评》由北京隆华书社刊行。

佟晶心著《新旧戏曲之研究》由上海戏曲研究会刊行,有舒又谦序及跋。

按:是书分8章,前4章论述昆曲、皮簧、秦腔、高腔、大鼓、莲花落、道情、花鼓戏、社剧、话剧、说书、傀儡剧、影戏等;第5、6章为戏院和表演杂谈;最后两章包括18个戏曲范本和3个创作剧本。

刘半农著《半农谈影》由上海开明书店刊行，有著者序。

徐耻痕编纂《中国影戏大观》由上海合作出版社刊行。

甘亚子、陈定秀编，程树仁主纂《中华影业年鉴》（民国十六年）第 1 集由上海中华影业年鉴社刊行。

大中华百合影片公司编辑部编《美人计特刊》由上海大中华百合影片公司刊行。

甘亚子编《红楼梦》专号由上海孔雀电影公司刊行。

复旦影片公司编辑《红楼梦再生缘合刊》由编者刊行。

大中国影片公司编辑部编《孙悟空大闹天宫》（西游记之一）由上海大中国影片公司发行部刊行。

大中国影片公司编辑部编《哪吒闹海杨戬梅山收七怪合刊》（西游记之一）由上海大中国影片公司刊行。

大中国影片公司编辑部编《猪八戒招亲》（西游记之一）由上海大中国影片公司发行部刊行。

天一影片公司编辑部编辑《西游记三笑合刊》由上海天一影片公司发行部刊行。

卢梦殊著《星火》（影剧论集）由上海电影书店刊行。有著者自序。

刘豁公编《孽海惊涛》由上海大亚影片公司刊行。

周剑云、宋痴萍编辑《血泪碑、真假千金合刊》由上海明星影片公司刊行。

周剑云、宋痴萍编辑《侠风奇缘号》由上海明星影片公司刊行。

周剑云、宋痴萍编辑《湖边春梦卫女士的职业合刊》由上海明星影片公司刊行。

卓君庸书《卓君庸真草缩印第一册》刊行。

徐碧波编《山东响马特刊》由上海友联影片公司刊行。

何炳松著《历史研究法》由上海商务印书馆刊行。

按：是书分博采、辨伪、知人、考证与著述、明义、断事、编比、著作等 10 章，介绍治史法，并表示自己赞同治史上的疑古态度。

李泰棻编著《记录以前之人类史略》由北京青云阁等刊行。

按：是书包括人之由来、旧石器时代、新石器时代、耕种时代等 8 章。

李济《西阴村史前遗存》由清华学校国学研究院丛书第 3 种刊行。

按：本书为作者 1925 年至 1926 年参加山西考查团赴山西夏县西阴村进行考古发掘的报告。此为中国人自己撰写的第一篇科学的现代考古发掘报告。（参见中国大百科全书总编辑委员会《中国大百科全书·考古学》，中国大百科全书出版社 2002 年版；王学典《20 世纪史学编年（1900—1949）》，商务印书馆 2014 年版）

刘横起著，刘炎校《中国五千年革命史》由上海中华书局刊行。

按：是书分总论，自黄帝至晋，自晋至清末，自辛亥之革命成功至孙中山逝世、革命军下武汉止等 4 编。

胡怀琛等著《史记选注》由上海商务印书馆刊行。

赵祖铭著，李时校订《清代文献迈古录》（上下册）由北京慈祥工厂刊行。

高博彦著《中国近百年史纲要》（上下册）由天津华泰印书馆、北京文化学社刊行。

文公直编《中华民国革命史》（上卷）由民国史研究会刊行。

吴毅编《中国革命史》由新文书局刊行。

军事委员会总政治部编《革命日历》由编者刊行。

陆光宇著《民国史要》(初集)由北京文化学社刊行。

按:是书共2篇。第一篇民国肇兴,共三章。第二篇民国大事概要,共七章。书尾附录有《国会组织法》《临时约法》、日本二十条要求等五项。

孙嘉会著《中华民国史》由北京文化学社、北平戊辰学社刊行。

按:全书五篇文章,第一篇记述民国成立前近百年西方列强侵略中国及中华民族进行反抗斗争的经过。第二篇记述中华民国成立经过。第三篇记述军阀混战的局面。第四、五篇记述1927年国民政府建立至30年代初期的史事。

陈叔谅著《五卅痛史》由上海国际问题研究会刊行。

国际问题研究会编《五卅事件》由上海开明书店刊行。

刘秉麟著《各国社会运动史》(上册)由上海商务印书馆刊行。

廖划平编《社会进化史》由上海泰东图书局刊行。

李大年编著《英美劳动运动史》由上海学术研究会丛书部刊行,有刘百昭序。

按:是书第一编介绍英国劳动党的概况,第二编介绍美国职工组合的起源,劳动与政治、法律、教育等问题。

于树德著《帝国主义侵略中国史》由国光书店刊行。

陈彬龢著《帝国主义侵略中国史》由上海世界书局刊行。

黄克谦著,孙季武续著《帝国主义侵略中国史》由上海真美书店刊行。

刘彦著《帝国主义压迫中国史》由上海太平洋书店刊行。

财政讨论会编《研究各国变更庚款办法意见书》由编者刊行。

吴毅编《世界革命史》由新文书局刊行。

李璜编《欧洲远古文化史》由上海中华书局刊行。

三民出版部编《中外革命史》由编者刊行。

周鲠生著《近代欧洲外交史》由上海商务印书馆刊行。

按:此书详细阐述了19世纪至20世纪初欧洲主要国家外交关系史,并对不同时期欧洲国家外交关系形成的原因、事件及结果等做了深刻的分析。

周鲠生著《解放运动中之对外问题》由上海太平洋书店刊行。

燕尘社编辑部编《现代支那之记录》(1927年3月)由燕尘社刊行。

燕尘社编辑部编《现代支那之记录》(1927年7月)由燕尘社刊行。

燕尘社编辑部编《现代支那之记录》(1927年9月)由燕尘社刊行。

支恒贵著《日本侵略满蒙史》由上海世界书局刊行。

高博彦著《蒙古与中国》由天津华泰印书局刊行。

按:是书共5编:蒙古之道理的观察、蒙古之兴起及其与中国之接触、蒙古之退守及其与中国之关系、内外蒙古称藩于中国、俄罗斯侵略政策下蒙古与中国之关系。

陈恭禄编《日本全史》由上海中华书局刊行。

李待琛、刘宝书编《革命后之俄罗斯》(上下册)由上海太平洋书店刊行。

余牧人编著《中国历代名人传略》(第1、2集)由上海青年协会书局刊行。

按:是书简介上古至三国包括黄帝、尧帝、后稷、舜帝、夏禹、陈胜、项羽、刘邦、张良、韩信等数十位人物的生平事迹。书前有编著者导言及自叙。

傅东华著《李白与杜甫》由上海商务印书馆刊行。

雪林著《李义山恋爱事迹考》由上海北新书局刊行。

李冷衷编《李易安年谱》由北平明社刊行部出版。

潘光旦《小青之分析》由上海新月书店出版。

杨鸿烈著《大思想家袁枚评传》由上海商务印书馆刊行。

柳亚子、柳无忌编《苏曼殊年谱及其他》由上海北新书局刊行。

甘乃光著，林霖笔记《孙中山与列宁》由广东省党部宣传部刊行。

贺岳僧著《孙中山年谱》由上海世界书局刊行。

国民革命军总司令部政治训练部编《孙总理广州蒙难五周年纪念宣传大纲》由编者刊行。

中国国民党广东省党员俱乐部编《纪念孙总理诞生特刊》由编者刊行。

韵清编《总理诞辰纪念特刊》由江西南昌印记印刷所刊行。

陈德征著《总理纪念周条例释义》由中国国民党上海特别市党部宣传部刊行。

国民革命军第二集团军总司令部秘书厅公报处编《总理逝世二周年纪念陕西革命大祭特刊》由编者刊行。

中央军事政治学校武汉分校政治部编《总理逝世二周年纪念集》由编者刊行。

广东各界纪念总理逝世二周年大会编《总理逝世二周年纪念大会纪念册》由编者刊行。

抱恨生编《中山先生逝世后中外各界之评论》由中山主义研究会刊行。

甘乃光编《孙中山先生小传》由上海三民公司刊行。

吴毅编辑《中山革命史》由新文书局刊行。

亚东无我编《中山革命全史》由上海党化书店刊行。

王天恨编辑《孙中山轶事》由上海中央图书局刊行。

中国国民党安徽省执行委员会宣传部编《我们的领袖孙中山先生》由编者刊行。

孙文著《伦敦被难记》由上海中山书局刊行。

国民革命军总司令部政治部编《总理逝世二周纪念专刊》由编者刊行。

中国国民书局编辑《孙中山荣哀录》由编者刊行。

东亚无我编《蒋介石》由民众协作社刊行。

钟国强编《蒋中正事略》由民权出版部刊行。

文砥编著《蒋介石的革命工作》由上海太平洋书店刊行。

周佛海著《逃出了赤都武汉》由上海大同书局刊行。

北京述学社编辑部编辑《王静安先生专号》由北京朴社刊行。

按：梁启超署签专号封面，并作序。前7页为王国维的几幅近照和遗墨手稿照片。内文有王氏遗著《鞑靼考》等六篇文章，赵万里《王静安先生年谱》等三篇，另有吴其昌《王观堂先生学述》等两篇，刘盼遂《观堂学礼记》一篇，附录陈寅恪《王观堂先生挽词（并序）》一篇。这是对王国维的学术缅怀。1928年4月清华国学研究院《国学论丛》第1卷第3号出版的"王静安先生纪念专号"内容与此略同。（参见王学典《20世纪史学编年（1900—1949）》，商务印书馆2014年版）

唐世昌等重编《梅兰芳》由上海梅兰芳专集经理处刊行。

革命纪念会编，邹鲁著《红花冈四烈士传》由上海民智书局刊行。

郁达夫著《日记九种》由上海北新书局刊行。

按：郁达夫曾将自己于1926年11月3日至1927年7月31日所写的九组日记，分别命名为"劳生日记""病闲日记""村居日记""穷冬日记""新生日记""闲情日记""五月日记""客杭日记""厌炎日记"等，本年初编为《日记九种》，交给上海北新书局刊行，后来再编入《达夫日记集》。该书中披露了大量和王映霞恋爱的细节,具有不可替代的史料性,是研究作家郁达夫以及其文学心理最重要的著作之一。

徐润编《徐愚斋自叙年谱》由香山徐氏刊行。

张若谷著《到音乐会去》由上海良友图书公司刊行。

按:是书收录西洋著名音乐家70人的传略。

王国维著《金界壕考》由北京燕京大学刊行。

兴登堡著,丘兆深译《兴登堡东征实录》由上海泰东图书局刊行。

白眉初著《写真中国地理》由北京师大史地系刊行。

甘眠羊编《新天津指南》由天津绛雪斋书局刊行。

石荣暲编《吉敦铁路沿线调查录》由吉林长春吉敦铁路工程局刊行。

张相时著《华侨中心之南洋》由琼州海门海南书局刊行。

陈以一著《昼游漫墨》刊行。

杜秋声著《附旅行杂诗》由上海三民公司刊行。

杜秋声著《游美日记》由上海三民公司刊行。

周传铭著《济南快览》由济南世界书局刊行。

谢绍安等编《宜南旅行之友》由常州振声学校刊行。

盛叙功编《福建省一瞥》由上海商务印书馆刊行。

吴世勋编《河南》由上海中华书局刊行。

京兆国道局编《京兆国道旅行指南》由北京编者刊行。

王金绂编《中国分省地志》由上海商务印书馆刊行。

童世亨著《袖珍中华新舆图》由上海商务印书馆刊行。

上海特别市土地局制《上海特别市区域图》由编者刊行。

武昌亚新舆地学社编《浙江省明细地图》由编者刊行。

丁国瑞著《天空游记》(竹园丛话续集之一)由天津敬慎医室刊行。

周云青著《四库全书提要叙》由上海医学书局刊行。

支伟成著《国学用书类述》由上海泰东图书局刊行。

李笠著《三订国学用书撰要》由北平朴社刊行,有党蕴秀序。

按:是书分哲学、史学、文学、小学、类书辞典等部,各书均注明版本,并加评价。

抱经堂书局编《抱经堂书局临时书目》(第6期)由编者刊行。

查修等编《清华学校图书馆中文书籍目录》由清华学校图书馆刊行。

广雅版片印行所编《广雅版片印行所书目》由编者刊行。

海巫亚公编《(新编)新国名快览》由中央书店刊行。

普宁夏令大会编《洪阳(普宁夏令大会会刊)》由编者刊行。

受古书店编《受古书店旧书目录》(丁卯年四月第一期)由编者刊行。

文明书局编《文明书局图书目录》由编者刊行。

杜定友著《图书馆学概论》由上海商务印书馆刊行。

按:作者在书中明确提出图书馆有积极保存、科学处理和活用益人等功能,认为"图书馆的设立,有三大要素:(一)要能够积极的保存。(二)要有科学的方法,以处理之。(三)要能够活用图书馆,以增进人民的知识和修养。图书馆能够办到这三件事,方能称为完善"。

并创造性地将图书馆的发展划分为保守、被动、自动三个时期。

杜定友、蒋径三等编《革命文库分类法》由广东广州国立中山大学图书馆研究会刊行。

有中山大学图书馆丛书总序、杜定友序。

　　〔日〕荒村晓月编《西洋文明与唯物主义》由上海北新书局刊行。

　　〔日〕乔野升著，吕一鸣译《唯物史观略解》由北京北新书局刊行。

　　〔日〕河上肇著，郭沫若译《社会组织与社会革命》由上海商务印书馆刊行。

　　〔日〕田中香涯著，吴瑞书译《夫妻间之性智识》由上海性学研究社刊行。

　　〔日〕田中香涯著，吴瑞书译《女子之性欲与恋爱》由上海性学研究社刊行。

　　〔日〕米田正太郎著，卫惠林译《恋爱之价值》由上海民智书局刊行。

　　〔日〕堺利彦著，吕一鸣译《社会主义学说大要》由上海北新书局刊行。

　　〔日〕福井准造著，赵必振译《近世社会主义》由上海时代书局刊行。

按：是书于日本明治三十二年(1899)由有斐阁出版，1903 年由上海广智书局再版，本年重刊，是近代中国最早一本比较系统地介绍马克思主义学说的著作。

　　〔日〕山川菊荣著，吕一鸣译《社会主义的妇女观》由上海北新书局刊行。

　　〔日〕高柳松一郎著《扬子江中立论》刊行。

　　〔日〕副岛义一著，刘士木译述《移民政策》由上海中华南洋协会刊行。

　　〔日〕寺田精一编著，张廷健译《犯罪心理学》由上海商务印书馆刊行。

　　〔日〕安部矶雄著，曾毅译《经济学新论》由上海太平洋书店刊行。

　　〔日〕堀江归一著，王首春译《国际经济总论》由上海商务印书馆刊行。

　　〔日〕山川均著，崔物齐译《资本主义的解剖》由上海光华书局刊行。

　　〔日〕山川均著，吕一鸣译《资本主义的玄妙》由北京北新书局刊行。

　　〔日〕桥本傅左卫门编著，黄通译《农业政策纲要》由上海商务印书馆刊行。

　　〔日〕河西太一郎著，周亚屏译《农民问题研究》由上海民智书局刊行。

　　〔日〕佐田弘治郎编《南满铁路纪略》由大连南满洲铁道株式会社刊行。

　　〔日〕小川乡太郎著，何嵩龄译《财政总论》由上海商务印书馆刊行。

　　〔日〕高岛佐一郎著，高书田译《金融原理》由上海商务印书馆刊行。

按：是书于 1933 年再刊。主要论述金融学原理及英国金融市场、金融业务实况。全书共分 10 章，包括：现金与信用、理论上之金融市场、金融市场之水压机的说明、外国汇兑之理论的说明、外国汇兑之水压机的说明、票据认付商店票据经纪人及贴现商店、银行之贷借对照表、外国汇兑之实际、英格兰银行、现金准备总问题。

　　〔日〕昇曙华著，冯雪峰(原题画室)译《新俄的演剧运动与跳舞》(新俄文艺论述之一)由北京北新书局刊行。

　　〔日〕井奥敬一编《初等口琴练习曲集》由北平中华乐社刊行，有编者序。

　　〔日〕田边尚雄著，丰子恺译《孩子们的音乐》由上海开明书店刊行，有译者代序。

　　〔日〕泽柳清子著《新时代的教育》由上海北新书局刊行。

按："新时代教育"是指立足于人道主义谋求解放人类的一种新文化运动。

　　〔日〕芥川龙之介著，鲁迅等译《芥川龙之介集》由上海开明书店刊行。

　　〔日〕菊池宽著，刘大杰译《恋爱病患者》由上海北新书局刊行。

　　〔日〕仓田百三著，孙百刚译《出家及其弟子》由上海创造社刊行部刊行。

　　〔日〕国木田独步著，夏丏尊译《国木田独步集》由上海开明书店刊行。

　　〔日〕田山花袋著，夏丏尊译《棉被》由上海商务印书馆刊行。

［日］岛崎藤村著,徐祖正译《新生》(上下卷)由上海北新书局刊行。

［日］武者小路实笃著,孙百刚译《新村》由上海光华书局刊行。

［日］升曙梦著,画室(冯雪峰)译《新俄文学的曙光期》由上海北新书局刊行。

［日］升曙梦著,画室(冯雪峰)译《新俄的无产阶级文学》由上海北新书局刊行。

［日］菊池宽著,夏衍(原题沈宰白)译《戏曲研究》刊行。

［日］松村武雄著,谢六逸译《文艺与性爱》由上海开明书店刊行。

［英］柏雷著,罗志希译《思想自由史》由上海商务印书馆刊行。

［英］柏雷(原题伯利)著,宋桂煌译《思想自由史》由上海民智书局刊行。

［英］哈特(原题哈忒)著,李小峰、潘梓年译《疯狂心理》由北京大学出版部刊行。

［英］汤姆生著,谢颂羔、米星如同译《近代科学家的宗教观》由上海中华基督教文社刊行。

［英］克兰柔著,悟虚译《学佛一得》由上海中国图书公司刊行。

［英］麦希圣著,季理裴、谢颂羔译述《保罗的灵修生活》由上海广学会刊行。

［英］思密特著,周云路译《克理维廉传》(国外布道英雄集第二册)由上海广学会刊行。

［英］卡本特(原题加本特)著,樊仲云译《加本特恋爱论》由上海开明书店刊行。

［英］蔼理斯著,夏斧心译《女子的性冲动》由上海北新书局刊行。

［英］赫勃脱夫人著,松涛译《性的故事》由上海开明书店刊行。

［英］赫娄·哲密孙著,许善斋等译《贫穷之漩涡》由上海广学会刊行。

［英］罗素著,邓家彦译《工业文明的景况》(卷上)刊行。

［英］浦徕斯著,赵冠青译,张慰慈校《现代民治政体》(第二编上)由上海商务印书馆刊行。

［英］浦徕斯著,赵蕴琦译,张慰慈校《现代民治政体》(第二编下)由上海商务印书馆刊行。

［英］浦徕斯著,赵蕴琦译,张慰慈校《现代民治政体》(第二编中)由上海商务印书馆刊行。

［英］狄克逊著,程振基译《正义与自由》由上海商务印书馆刊行。

［英］乔治著,胡学勤译《女人的故事》由上海开明书店刊行。

［英］赫契森著,石光落译《英国政治中之劳工问题》由上海北新书局刊行。

［英］T. R. Fordham、M. Fordham 著,王寅生译《英国的佃工生活史(1900—1925)》由上海北新书局刊行。

［英］罗素著,高佩琅译《工业文明之将来》由北京译者刊行。

［英］安杰尔著,张友松译《新闻事业与社会组织》由北京北新书局刊行。

［英］约翰·罗斯金著,刘思训译《罗斯金的艺术论》由上海光华书局刊行。

［英］提克松著,陈荫明译,颜惠庆校订《英汉成语辞林》由上海商务印书馆刊行。

［英］道生著,夏莱蒂译《装饰集》由上海光华书局刊行。

［英］莎士比亚著,张采真译《如愿》由北京北新书局刊行。

［英］淮尔特著,徐葆炎译《莎乐美》由上海光华书局刊行。

［英］高尔斯华绥著,郭沫若译《银匣》由上海创造社刊行部刊行。

［英］高尔斯华绥著,郭沫若译《法网》由上海创造社刊行部刊行。

［英］高尔斯华绥著，席涤尘、赵宋庆译《鸽与轻梦》由上海开明书店刊行。

［英］格士克夫人著，伍光建译《克阑弗》由上海商务印书馆刊行。

［英］柯南道尔著，程小青译《福尔摩斯探案大全集》由上海世界书局刊行。

［英］曼殊斐尔著，徐志摩译《曼殊斐尔小说集》由上海北新书局刊行。

［英］韦尔斯著，梁思成等译《世界史纲》（上下册）由上海商务印书馆刊行。

按：《世界史纲》分上下册共三十九章，叙述从地球起源至第一次世界大战结束的历史，出版后风行欧美。梁思成等据原书译出，后经向达、秉志、竺可桢等校订。该书的副题为"生物和人类的简明史"，囊括了从宇宙天体、生物进化到人类形成、文明演进至第一次世界大战结束的世界历史中的发展进程，如"导言"所云："所谓世界史者，非直集合吾人习见之国别史而已，乃国别史之首经斟酌损益者，且临以不同之精神，施以不同之方法者也。"此书打破了国别史汇纂的传统写法，意在从"广阔的整体"来考察世界历史，体现了一种整体观念与世界眼光。（参见王学典《20 世纪史学编年（1900—1949）》，商务印书馆 2014年版）

［英］谷多尔著，竺士楷译《葡萄牙一瞥》由上海商务印书馆刊行。

［美］威伯尔著，徐炳昶译《欧洲哲学史》（上卷）由北京朴社刊行。

［美］琼斯著，潘梓年译《逻辑（归纳法和演绎法）》由上海商务印书馆刊行。

［美］布朗著，聂高莱、胡大龄译《宗教观》由中华圣公会书局委办刊行。

［美］古士毕著，简又文编译《新约小史》由上海中华基督教文社刊行。

［美］湛雷著，卢信恩译《两派争辩的耶稣》由浸信真光书楼刊行。

［美］威廉著，刘芦隐、郎醒石译《马克思主义与社会史观》由上海民智书局刊行。

［美］桑代克著，陈兆蘅译《桑代克教育学》由上海商务印书馆刊行。

［美］克伯屈著，孟宪承、俞庆棠译《教育方法原论》由上海商务印书馆刊行。有著者原序及译序。

［美］克伯屈讲《奇帕脱勒博士演讲集》由国民政府教育行政委员会刊行。

［美］勃兰罗著，曹刍译《设计教学法精义》（教育丛书）由上海中华书局刊行。

［美］尼林著，杜佐周译《苏俄的教育》（总政治部编译局丛书）由总政治部印刷所刊行。

［美］吉德著，王克仁译述《全民教育制度的演进》由上海民智书局刊行。

［美］威尔金森著，古梅编译《乡村学校设施法》由北京书店刊行。

［美］孔好塞著，包怀白译《读书法》由上海出版合作社刊行。

［美］芮德义著，秀毓生、金叔延校正《适用新中华语》由上海 Kelly and Walsh Ltd.刊行。

［美］詹姆士·斯蒂芬士著，徐志摩、沈性仁译《玛丽玛丽》由上海新月书店刊行。

［美］华尔寇著，顾德隆改译《梅萝香》由上海开明书店刊行。

［美］欧高德著，贝厚德、沈俊英译《贤妻模范》由上海广学会刊行。

［美］巴洛兹著，俞天游译《猿虎记》由上海商务印书馆刊行。

［美］巴洛兹著，俞天游译《弱岁投荒录》由上海商务印书馆刊行。

［美］巴洛兹著，俞天游译《古城得宝录》由上海商务印书馆刊行。

［美］巴洛兹著，张碧梧译《重圆记》由上海商务印书馆刊行。

［美］范龙著、林微音译《古代的人》由开明书店出版。

按：郁达夫为林微音译的《古代人》作序，曰："范龙的方法实在巧妙不过，干燥无味的科学常识，经他这么一写，无论大人小孩，读他的书，都觉得娓娓忘倦了。"

［美］鲍曼著，张其昀等译，竺可桢等校《战后新世界》由上海商务印书馆刊行。

［美］林百克著，徐植仁译《孙逸仙传记》由上海三民公司刊行。

［法］莫里哀著，东亚病夫译《夫人学堂》由上海真善美书店刊行。

［法］嚣俄著，东亚病夫译《欧那尼》由上海真善美书店刊行。

［法］嚣俄著，东亚病夫译《吕克兰斯鲍夏》由上海真善美书店刊行。

［法］嚣俄著，东亚病夫译《吕伯兰》由上海真善美书店刊行。

［法］凡尔太著，徐志摩译《赣第德》由上海北新书局刊行。

［法］弗洛贝尔著，李青崖译《波华荔夫人传》（法国外省风俗记）由上海商务印书馆刊行。

［法］都德著，成绍宗、张人权译《磨坊文札》由上海创造社刊行部刊行。

［法］左拉著，修匀、宅桴译《左拉小说集》由上海出版合作社刊行。

［法］左拉著，毕树棠译《一夜之爱》由上海北新书局刊行。

［法］法郎士著，金满城译《友人之书》由上海北新书局刊行。

［法］法郎士著，曾仲鸣译《塔克宾》由上海创造社刊行部刊行。

［法］莫泊桑著，张秀中译《魔鬼的追随》由北京海音书局刊行。

［法］果尔蒙著，蓬子译《处女的心》由上海北新书局刊行。

［法］保罗·缪塞著，顾均正译《风先生和雨太太》由上海开明书店刊行。

［法］勒明著，冯承钧译《政治心理》由上海商务印书馆刊行。

［法］卢骚著，马君武编译《卢骚民约论》由上海中华书局刊行。

［法］柏德录著，震天译《时的福音》由广东新会民钟社刊行。

［法］布立厄耳著，丁作韶译《现代三大帝国主义》由上海商务印书馆刊行。

［法］季特（原题基特）著，王建祖译《基特经济学》由上海商务印书馆刊行。

［法］季特，何思源译《近代欧美社会经济之组织及其发展》由广州中山大学政治训育部宣传部刊行。

［法］左拉著，刘复译《失业》（北京孔德学校小丛书第 2 种）由北京北新书局刊行。

［法］左拉著，刘复译《猫的天堂》（北京孔德学校小丛书第 1 种）由北京北新书局刊行。

［法］比奈著，曾展谟译《儿童学的新观念》（师范丛书）由上海商务印书馆刊行。

［法］罗兰著，杨晦译《悲多汶传》由上海北新书局刊行。

［俄］克鲁泡特金著，旅东译《告少年》由广东新会民钟社刊行。

［苏］布哈林著《共产主义 ABC》由汉口新青年社刊行。

按：是书分 5 编，第一编资本主义制度，包括商品经济、资本家阶级垄断生产机关、雇佣劳动、资本主义的生产关系、劳动力的剥削、资本、资本主义国家、资本主义制度的主要矛盾点等 8 章；第二编资本主义制度的发展，包括小生产和大生产的斗争（个人劳动私产和资本家不劳动私产的斗争）、无产阶级的依赖地位、生产的无政府状态、竞争和恐慌、资本主义发展与阶级冲突的加烈、资本集中与资本集合是实现共产主义制度的条件等 5 章；第三编共产主义与无产阶级专政，包括共产主义制度的特点、共产主义制度下的分配、共产主义制度下的管理、共产主义制度下生产力的发展（共产主义的优点）、无产阶级专政、夺取政权、共产党与资本主义社会的阶级等 7 章；第四编资本主义发展怎样达到共产主义革命（帝国主义战争与资本主义的崩坏），包括财政资本、帝国主义、军国主义、一九一四——一九一八年的帝国主义战争、国家资本主义与阶级、资本主义的崩坏与工人阶级、国内战争、国内战争的形式及其损耗、全般解体呢共产主义呢等 9 章；第五编，第二国际与第三国际，包括工人运动的国际主义是共产主义革命胜利的条件、第二国际的崩坏及其原因、保护祖国口号与和平主义、社会爱国派、"中央派"、第三共产国际等 6 章。

按：此书撰写并出版于 1919 年，其中第一部分（即理论部分）曾经被译成中文，于 1926 年作为新青年社丛书之一由新青年出版社出版，至是年全书译成出版，对于马列主义基本知识在我国的传播起了很好的作用。

〔俄〕克鲁泡特金著，旅东等译《国家论及其他》由上海克氏全集刊行社刊行。

〔苏〕列宁著，中外研究学会译《国家与革命》由中外研究学会刊行，有著者声明和序言。

〔苏〕波格丹诺夫著，周佛海译《经济科学概论》由上海商务印书馆刊行。

〔俄〕杜介涅夫著，张友松译《薄命女》由北京北新书局刊行。

〔俄〕Dostoevsky 著，白莱译《主妇》由上海光华书局刊行。

〔俄〕科罗连科著，周作人译《玛加尔的梦》由上海北新书局刊行。

〔俄〕契诃夫著，张友松译《契诃夫短篇小说集》由上海北新书局刊行。

〔俄〕柴霍甫著，赵景深译《悒郁》（柴霍甫短篇小说集）由上海文学周报社刊行。

〔俄〕阿志巴绥夫著，郑振铎译《血痕》由上海开明书店刊行。

〔俄〕陀罗雪维支著，胡愈之译《东方寓言集》由上海开明书店刊行。

〔俄〕麦高诺夫著，〔英〕何甲斯译，中华民国圣道会重译《赤俄血史》由天津重译者刊行。

〔俄〕皮克著，朱敏译《大彼得》由广州平社刊行。

〔德〕格拉乌著，陈大齐译《逻辑大意》由北京书局刊行。

〔德〕第力阿斯著，周煟昭译《婚姻的创化》由上海开明书店刊行。

〔德〕倍倍尔著，沈端先译《妇人与社会》由上海开明书店刊行。

〔德〕罗·卢森堡著，陈寿僧译，胡汉民校订《新经济学》由上海中国新文社刊行。

按：原名"经济学入门"，是作者在德国社会民主党党校的讲稿。1925 年由保罗·维利整理出版。分 6 章：国民经济学是什么；经济史（一）、（二）；商品生产；赁银法制；资本主义的诸倾向。此书转译自日文，卷首有日译者佐野文夫序、译者序和胡汉民代序，并有著者小传。

〔德〕李斯特著，王开化译述《国家经济学》由上海商务印书馆刊行。

〔德〕雷兴著，杨丙辰译《军人之福》由北京朴社刊行。

〔德〕歌德著，郭沫若译《少年维特之烦恼》由上海大中书局刊行。

〔德〕施笃谟著，郭沫若、钱君胥译《茵梦湖》由上海泰东书局刊行。

〔德〕施托奇著，朱契译《漪溟湖》由上海开明书店刊行。

〔比利时〕梅德林克著，谷凤田译《拜梨雅士与梅李三德》由北京海音书局刊行。

〔比利时〕梅德林克著，谷凤田译《爱的遗留》由北京海音书局刊行。

〔比利时〕伯应理著，许采白译《许太夫人传略》由上海土山湾印书馆刊行。

〔瑞典〕高本汉著，陆侃如译《左传真伪考》由上海新月书店刊行。

按：此书原题为《论左传之可信及其性质》（*The Authenticity and Nature of the Tso Chusn*）。高本汉从文献考证和文法研究两方面论证《左传》在秦始皇焚书以前就已成书，从而否定刘歆造伪说。他通过对比《左传》和《国语》得出两书文法相近的结论。先是在 1926 年，胡适收到高本汉寄来的《左传真伪考》，在太平洋舟中读完并节译大要，欲请顾颉刚、钱玄同阅后发表，后因故耽搁。胡适阅陆侃如译文后，于 10 月 4 日撰写《〈左传真伪考〉的提要与批评》的长序，指出此书"是用文法的研究来考证古书的初次尝试，他的成功与失败都应该引起我们的注意"，并将高本汉此书归结为两大功绩："高先生用《左传》的特别文法组织来和'鲁语'相比较，证明《左传》的语言自成一个文法组织，绝非'鲁君子'所作——这是他的最大成功。其次，他因此又证明《左传》和《国语》在文法上最接近，这是他的第二功。"胡适对高本汉以文法学的研究考证古书的创举表示钦佩,认为此方法"开后来无穷学者的新门径"。进而与作者及为中文版作跋的卫聚贤讨论。(参见鄢嫣《陆侃如的翻译活动》,《中国社会科学报》2019 年 9 月 9 日;王学典《20 世纪史学编年(1900—1949)》,商务印书馆 2014 年版)

[瑞典]爱伦凯著,黄石译《母性复兴论》由上海民智书局刊行。

[瑞典]爱伦凯著,朱舜琴译《恋爱与结婚》由上海光明书局刊行。

[匈牙利]育珂摩耳著,周作人译《黄蔷薇》由上海商务印书馆刊行。

[意]哥耳独尼著,焦菊隐改作《女店主》由上海北新书局刊行。

[意]艾儒略述《圣人言行》(12 册)由香港纳匝肋静院刊行。

[希]伊索著,陈嘉编译《(译注)伊索寓言》由上海群益书社刊行。

[瑞士]莱因哈德著,陈孺平译《欧洲列强武力对华的开端》由上海北新书局刊行。

[荷]亨利·包立尔著,秋士译,冯友兰校《生命之节律》由北京朴社刊行。

[葡]阳玛诺著《唐景教碑颂正途》由上海土山湾慈母堂刊行。

赛渠尔著,李问渔译《勤领圣体说》由上海土山湾印书馆刊行。

巴狄德水著,陈亮东译《传经指引》由上海中华基督教教育会刊行。

Annie Williams 著,徐松石编译《主日学最初三级的法程》由上海中华浸会书局刊行。

美国中等教育改制委员会编,胡忠智译述《中等教育的基本原理》由北京文化学社刊行。有金士烈和译者序。

Gardiner 著,黄静渊译《波兰一瞥》由上海商务印书馆刊行。

威廉斯(M. Williams)著《巴黎一瞥》刊行。

霍姆(原题荷姆)著,张屐变译《加拿大一瞥》由上海商务印书馆刊行。

汤姆逊著,贺昌祥译《丹麦一瞥》由上海商务印书馆刊行。

杨伊伦斯特著,顾德隆译《暹罗一瞥》由上海商务印书馆刊行。

毛一波著译《马克思主义评论》由上海光明书局刊行。

黄新民编译《社会哲学史大纲》由上海光华书局刊行。

黄新民编译《欧洲社会思想史》由上海光华书局刊行。

欧阳钧编译《社会学》由上海商务印书馆刊行。

中国心灵研究会编辑部编译《神通入门》由上海中国心灵研究会刊行。

傅代言编译《道教源流》由上海中华书局刊行。

按:是书分道教之起源,道教小史,道教神学及其教理,共 3 编,13 章。

李铁铮译《可兰经》由北平中华印刷局刊行。

朱聚仁、曹源文编译《社会学大纲》由上海民智书局刊行。

史维焕译述《交通论》由上海商务印书馆刊行。

杜佐周编译《麦柯尔教育测量法撮要》由上海民智书局刊行,有编译者序。

戚正成编译《(汉英对照)中山名著集》由上海商务印书馆刊行。

欧阳兰编译《英国文学史》由北京京师大学文科出版部刊行。

国民革命军总司令部秘书处编译《最近之苏俄》由编者刊行。

任白涛辑译《近代恋爱名论》由上海亚东图书馆刊行。

黄新民编译《结婚制度》(社学会讲座)由上海光华书局刊行。

胡仲持辑译《世界性的民俗谭》由上海光华书局刊行。

T. K. 口述，郑飞卿记《中原的蛮族》由上海开明书店刊行。

卢剑波编译《世界产业工人会简史》由上海泰东图书局刊行。

黄新民编译《世界农民运动》由上海光华书局刊行。

徐宋廷编译《日本的智识劳动者与劳动运动》由上海特别市党部工农部刊行。

黄新民编译《世界人种问题——世界问题讲座》由上海光华书局刊行。

崔物齐译述《震撼全世界之英国炭坑争议》由上海光华书局刊行。

徐象枢译《中国古代法律略论》由上海土山湾印书馆刊行。

卢剑波著译《失败了的俄国革命》由上海出版合作社刊行。

吕一鸣编译《列强在华经济的政治的势力及其外交政策》由北平北新书局刊行。

顾树森编译《德国职业补习学校概况》（欧游丛刊）由上海中华书局刊行。

邱景梅译述《俄国西洋画史》由上海良友图书印刷公司刊行。

А. П. Хиония 编《俄汉新辞典》由哈尔滨商务印书局刊行。

周作人辑译《两条血痕及其他》（日本小说集）由上海开明书店刊行。

鲍文蔚辑译《法国名家小说杰作集》由上海北新书局刊行。

刘半农辑译著《法国短篇小说集》由北京北新书局刊行。

郭沫若、成仿吾译《德国诗选》由上海创造社刊行部刊行。

衣萍、铁民译《少女日记》由上海北新书局刊行。

董秋芳译《争自由的波浪及其他》（俄国专制时代的七种悲剧文字）由上海北新书局刊行。

曹靖华辑译《白茶》（苏俄独幕剧集）由北平未名社刊行部刊行。

周瘦鹃译述《第三手》（侦探小说）由上海大东书局刊行。

傅兰雅口译，颜惠廉笔述《昕夕闲谈》由上海百新公司刊行。

陈济芸译《比利时一瞥》由上海商务印书馆刊行。

《福女伯尔纳德传略》由上海土山湾印书馆刊行。

《圣经摘录》刊行。

《司铎默想宝书》（卷 1 至卷 3）由山东兖州天主堂刊行。

《要理条解》由河北献县张家庄天主堂刊行。

《一捆小花》由山东济南华洋印书局刊行。

《预言末世提纲》由山东烟台东鲁印务公司刊行。

五、学者生卒

冯煦（1843—1927）。煦字梦华，号蒿盦，晚号蒿叟，江苏金坛人。1886 年中进士，授翰林院编修。1895 年以京察一等外兼安徽凤阳府知府，并两摄凤颖六泗道。1901 年迁山西河东道。1902 年迁四川按察使。逾年，署四川布政使。1905 年迁安徽布政使。1907 年补授安徽巡抚。著有《蒿盦类稿》32 卷、《蒿盦类稿续编》3 卷、《蒿盦随笔》4 卷、《蒿叟随笔》5 卷、《蒙香室词》（一名《蒿盦词》）2 卷、《蒿盦奏稿》4 卷、《蒿盦论词》1 卷等。

吴昌硕(1844—1927)。昌硕原名俊,字昌硕,别号缶庐、苦铁等,浙江安吉人。1865年中秀才,曾任江苏安东县知县。1882年定居苏州,后又移居上海,来往于江、浙、沪之间,阅历代大量金石碑版、玺印、字画,眼界大开。后定居上海,广收博取,诗、书、画、印并进;晚年风格突出,篆刻、书法、绘画三艺精绝,声名大振,公推艺坛泰斗,成为"后海派"艺术的开山代表。1913年任杭州西泠印社首任社长。其绘画、书法、篆刻作品集有《吴昌硕画集》《吴昌硕作品集》《苦铁碎金》《缶庐近墨》《吴苍石印谱》《缶庐印存》等,诗有《缶庐集》。

按:李淑辉《时空交界下的文化抉择——吴昌硕绘画思想研究》说:"中国近现代时期的上海处于传统与现代、东方与西方的文化交界中,早期的上海画坛在绘画思想上是被动地迎合市场的要求,而吴昌硕的绘画思想则是主动的文化抉择,将绘画与保存中国优秀的传统文化联系在一起。他对中国传统的绘画思想进行了系统而深入的思考,从道艺观、创作观、气韵观、笔墨观、色彩观、章法观、融通观和雅俗观方面继承了传统的绘画思想,同时又从时代的要求出发,将时代与传统结合起来,为传统注入了新的活力和生机。吴昌硕为近代中国绘画思想的第一人,他的绘画思想改变了学人对上海画坛的偏见,对后世的绘画思想产生了重要的影响,对当今的绘画思想仍不失其指导意义和理论价值。"(南京艺术学院博士学位论文,2007年)

赵尔巽(1844—1927)。尔巽字公镶,号次珊,又名次山,又号天补,清末汉军正蓝旗人,祖籍奉天铁岭。清同治年间进士,授翰林院编修。历任安徽、陕西各省按察使,又任甘肃、新疆、山西布政使,后任湖南巡抚、户部尚书、盛京将军、湖广总督、四川总督等职。1911年任东三省总督。武昌起义后在奉天成立保安会,阻止革命。民国成立,任奉天都督,旋辞职。1914年任清史馆总裁,主编《清史稿》。袁世凯称帝时,被尊为"嵩山四友"之一。1925年段祺瑞执政期间,任善后会议议长、临时参议院议长。著有《清史河渠志》。

李岳瑞(1852—1927)。岳瑞字孟符,陕西咸阳人。1883年进士,先授翰林院编修,后改任工部员外郎,又任总理衙门章京。"戊戌维新"期间,负责接奉传旨要务,同宋伯鲁一起组织关西学会,积极参加保国会的活动,常把朝廷重要情况转告维新派人士及国闻报馆,通过该报宣传变法维新主张,主动承担《时务报》在北京的募捐收款和发行工作.扩大维新思想的宣传。变法失败后,于1898年10月被革职。1905年经张济远邀请,赴上海商务印书馆任编辑。辛亥革命后,一直任清史馆编修,参与编纂《清史稿》。著有《评注国史读本》《春冰室野乘》3卷等。

钱恂(1853—1927)。恂字念劬,浙江吴兴人。1884年为宁绍召道薛福成门人。后受薛氏之命,整理宁波天一阁存书。1890年以直隶候补县丞随薛出使英国、法国、意大利、比利时。回国后,为张之洞帮办洋务。1893年以盐运使衔分省补用知府,出任湖北自强学堂首任提调、武备学堂提调。1898年任湖北留日学生监督。1905年为赴东西洋考察宪政大臣参赞官。1907年以江苏省补用知府出任荷兰大臣。次年改出使意大利大臣。1909年回国。1914年6月任北京政府参政院参政。著有《天一阁见存书目》《二二五五疏》《中俄界的疏注》《壬子文澜阁所存书目》等。

曹允源(1855—1927)。允源字根荪,号复盦,江苏吴县人。1889年进士,曾任兵部主事、员外郎中、汉阳知府、湖北襄郧荆兵备道等,授光禄大夫。辛亥革命后返苏州,任江苏省立图书馆长,后任民国《吴县志》主编。

孙锦标(1856—1927)。锦标字伯龙,号慕庐,江苏南通人。清廪贡生。少时嗜读书,曾举秀才,肄业南菁书院。著有《南通方言疏证》《通俗常言疏证》《自怡轩杂著》等。

康有为(1858—1927)。有为原名祖诒,字广厦,号长素,又号更生、更牲,晚号天游化人,广东南海人,人称"南海先生"。1888年以荫生资格赴京师应顺天府乡试,中癸巳科举人第八名。第一次上书光绪帝,提出变法图存三项建议,因受阻未达。1890年后在广州设万木草堂,聚徒讲学,培养人才。1895年赴京会试,与梁启超等联络18省会试举人1300余人上万言书,要求拒约、迁都、变法,史称"公车上书"。同年7月与梁启超创办《中外纪闻》报。8月与文廷式、陈炽等在京组织强学会,出版《强学报》,以推动全国变法运动。1898年1月又应诏上《应诏统筹全局折》。4月与梁启超在京组织保国会,号召救国图强。6月被光绪帝任命为总理衙门章京,筹划变法事宜。戊戌变法失败后逃亡日本。1899年在美洲、南洋、日本组织保皇会,宣传君主立宪,反对民主革命。1913年回国主编《不忍》杂志,宣扬尊孔复辟。1917年参加张勋复辟活动。晚年在上海办天游学院,讲授国学。1927年3月31日在青岛去世。著有《大同书》《新学伪经考》《孔子改制考》《春秋董氏学》《春秋笔削大义微言考》《万木草堂口说》《广艺舟双楫》《物质救国论》《理财救国论》《金主币救国议》《共和政体论》《共和平议》《诸天讲》《南海先生诗集》等。台湾蒋贵麟辑成《康南海先生遗著汇刊》《万木草堂遗稿》《万木草堂遗稿外编》等。自编有《康南海自订年谱》;赵丰田编有《康长素先生年谱稿》;杨克己编有《民国康长素先生有为梁任公先生启超师生合谱》;舒芜编有《康有为年谱简编》;康文佩编有《康南海先生年谱续编》;汤志钧编有《康有为生平活动简表》;宋青蓝编有《康有为生平大事年表》。

按:《清史稿·康有为传》曰:"有为天资瑰异,古今学术无所不通,坚于自信,每有创论,常开风气之先。初言改制,次论大同,谓太平世必可坐致,终悟天人一体之理。"

按:毛泽东说:"我写得一手好古文,但是我无心读古文。当时我正在读表兄送给我的两本书,讲的是康有为的变法运动……这两本书我读了又读,直到可以背出来,我崇拜康有为和梁启超,也非常感谢我的表兄。"(斯诺《西行漫记》,上海三联书店1979年版)

按:钟贤培说:"康有为的哲学思想是我国资产阶级诞生后第一个比较完整的哲学体系。他既继承了中国传统哲学的合理因素,特别是气一元论、变易论和理势论,又吸取了西方近代实证科学和社会科学,特别是进化论的思想养分,从而建构一个为变革封建君主专制提供理论基石的哲学体系。康有为希冀通古今、融汇中外,去冲决那论证封建之道不可变的古代传统哲学的樊篱。康有为哲学体系的建立,无疑具有划时代的意义,他开拓了中国哲学近代化之路。"(《康有为思想研究》,广东高等教育出版社1988年版)

叶德辉(1864—1927)。德辉字焕彬,号郋园,一号直山,湖南湘潭人。1892年进士,官吏部主事。两年后假归故里长沙苏家巷。此后居家从事经学、小学研究,兼及藏书、校书、刻书诸事。政治思想比较保守,于维新运动中反对变法,辑录《翼教丛编》护卫纲常伦理;辛亥革命时避往南岳僧寺,1915年任省教育会长,发起成立经学会,编写《经学通访》讲义;袁世凯复辟称帝时,他组织筹安会湖南分会,赞成复辟君主。1927年4月被湖南农工商学各界团体召开大会处死。著有《周礼郑注改字考》6卷、《仪礼郑注改字考》17卷、《礼记郑注改字考》20卷、《大戴礼记疏证》13卷、《春秋三传地名异文考》6卷、《春秋三传人名异文考》6卷、《孝经述义》3卷、《辑蔡邕月令章句》4卷、《天文本论语校勘记》1卷、《经学通诰》4卷、《说文解字故训》30卷、《说文籀文考证》1卷补遗1卷说籀1卷、《说文读若考》8卷、《六书古微》10卷、《同声假借字考》2卷、《释人疏证》2卷、《古今夏时表》1卷、《汉律疏证》6卷、《南史勘误》80卷、《北史勘误》100卷、《南阳碑传集》10卷、《祖庭典录》6卷、《山公启事》1卷、《山公佚事》1卷、《石林遗事》3卷、《疏香阁遗录》4卷、《隋书经籍志考证》、《孟子刘熙注》1卷、《宋赵忠定别录》8卷、《宋赵忠定奏议》4卷、《宋绍兴秘书省续编到四库阙书目考证》2卷、《四库全书总目板本考》20卷、《观古堂书目》4卷、《藏书十约》1卷、《书林清话》10卷余话2

卷、《辑鹖子》2卷、《辑傅子》3卷订误1卷、《辑郭氏玄中记》2卷、《辑孙柔之瑞应图记》1卷、《辑淮南万毕术》1卷、《辑许慎淮南鸿烈间诂》2卷、《星命真源》10卷、《郋园书画题跋记》4卷、《郋园书画廡目记》3卷、《游艺卮言》1卷、《古泉杂咏》4卷、《辑晋司隶校尉傅立集》3卷、《消夏百一诗》2卷、《观画百咏》4卷、《和金桧门观剧绝句》1卷、《昆仑䣥咏》2卷、《述德集》6卷、《郋园读书志》16卷、《观古堂文录》4卷等。事迹见《碑传集补》卷五三。

按:谢国桢《丛书刊刻源流考》曰:"叶氏为湖南土豪,出入公门,鱼肉乡里,……论其人实无可取,然精于目录之学,能于正经正史之外,别具独裁,旁取史料,开后人治学之门径。"(谢国桢《明清笔记谈丛》,上海书店出版社2004年版)

按:刘声木《桐城文学渊源考》卷一曰:"论文私淑归有光、方苞、姚鼐、张惠言诸人。其为文词旨雅饬,合乎义法。"

丁甘仁(1865—1927)。甘仁名泽周,江苏武进人。家世业医,精治喉科,兼通内、外、妇科。1878年开始学医。1885年开始行医。1917年创办上海中医专门学校,任校长。1919年创办上海女子中医专门学校,任校长。1920年创办上海国医学会,任首任会长。在上海行医40年。弟子有程门雪、黄文东、王一仁、张伯臾、秦伯未、许半龙、章次公、王慎轩等。著有《药性辑要》《脉学辑要》《喉痧证治概要》《孟河丁氏医案》等。

张均衡(1871—1927)。均衡字石铭,浙江吴兴人。1894年举人,官兵部车驾司郎中。酷嗜典籍,家有"九松精舍",另建有"适园",藏书10余万卷,精本亦多。曾由缪荃孙校订过的书不少。主编《适园藏书志》。刻有明《内阁藏书目录》等。

童春(1873—1927)。春字子与,号东迎,浙江余姚人。邑庠生,一生从事教育,历任浒山三山小学、白沙昌明小学、慈溪锦堂两等学校校董。擅书法,与人作书,从不受酬。著有《占恒斋吟稿》。

范源濂(1875—1927)。源濂字静生。湖南湘乡人。1898年就学于长沙时务学堂。毕业后赴日本留学,先后入东京弘文学院速成师范科和法政大学法政科学习。1904年回国,在长沙呼吁女子赴日本留学,并带领12名湘籍女学生到东京实践女校。1905年后任北京法政学堂部主事。1906年参与创办殖边学堂,教授蒙、藏语言。1909年发起组织"尚志学会",开办附设医院和学校,编译科学文化书籍。1910年任清政府学部主事、参事。参与创办清华学堂,并在京师大学堂任教。1912年中华民国成立,任北京政府唐绍仪内阁教育次长。是年7月教育总长蔡元培辞职,继任赵秉均内阁教育总长。次年1月辞职南下上海,任中华书局总编辑。1915年冬与梁启超等共同发起讨袁(世凯)运动,次年初任护国军务院驻沪委员。袁死后,7月任段祺瑞内阁教育总长,举荐蔡元培出任北京大学校长。1917年1至7月兼代内务总长。与黄炎培、蔡元培等发起组织中华职业教育社。是年11月辞教育总长职赴美国考察教育。翌年回国。1919年邀美国学者杜威等来华讲学。参与创办南开大学。1920年8月署靳云鹏内阁教育总长,次年12月辞职。再赴美国考察乡村教育。1923年7月北京国立高等师范正式改为北京师范大学,为首任校长,提倡人格教育。因无法摆脱经费积欠困境,次年9月辞职。1924年后历任中华教育文化基金委员会董事、董事长,南开大学董事、北京图书馆理事和代理馆长等。1927年12月在天津病死。

王国维(1877—1927)。国维字伯隅,号静安,别号观堂,浙江海宁人。1892年考中秀才。1893年肄业于杭州崇文书院。1898年2月至上海任《时务报》书记、校对。6月开始以业余时间到罗振玉等创办的东文学社学习,受业于藤田丰八等。1901年在罗振玉主持的农务学堂任译授。又在罗氏资助下,东渡日本东京物理学校习数理。1902年因病回国。1903

年受聘于南通师范学堂,任心理、伦理学教员。1904年随罗氏到江苏师范学堂任教。1906年随罗氏到北京学部任职。1907年经罗氏举荐,到学部总务司行走,又任学部图书馆编辑、名词馆协修。1911年2月为罗氏创办之《国学丛刊》作《序》,提出"学无新旧、无中西、无有用无用"。辛亥革命爆发后,于12月随罗氏逃亡日本京都。侨居日本达五年之久。从此,其治学转而专攻经史小学。在日本期间,以研究整理罗氏"大云书库"所藏经史、古器物为事,并考释甲骨文与"流沙坠简",先后写成《简牍检署考》《流沙坠简单考释序》《殷墟书契考释序》等论文。1916年应犹太富商哈同的聘请回到上海,为其编辑《学术丛编》杂志。1918年兼任哈同办的仓圣明智大学教授。1919年应藏书家蒋孟苹之请,为其编写《密韵楼书目》,同时参与编纂《浙江通志》。1922年任北京大学研究所国学门通讯导师。1923年被溥仪召为"南书房行走"。1925年任清华学校研究院教授。从事中国戏曲史和词曲研究,开近代戏曲史研究之先河。1927年6月2日自溺于颐和园昆明湖。著有《哲学辨惑》《观堂集林》24卷、《观堂别集》4卷、《静安文集》《王国维遗书》《王观堂先生全集》《宋元戏曲考》《曲录》《人间词话》《殷周制度论》《王国维诗词全编》《〈红楼梦〉评论》《流沙坠简》《罗振玉王国维往来书信》等。中国戏曲出版社集中其戏曲论著,编辑出版《王国维戏曲论文集》。陈鸿祥编有《王国维年谱》。

　　按:罗振玉《王忠悫公别传》曰:公既安奄穸,予乃董理公之遗著,求公疏稿于其家,则公已手自焚毁,幸予箧中藏公《论政学疏》草,盖削稿后就予商榷者,今录其大要于此。其言曰:

　　臣窃观自三代至于近世,道出于一而已。泰西通商以后,西学西政之书输入中国,于是修身齐家治国平天下之道乃出于二。光绪中叶新说渐胜,逮辛亥之变,而中国之政治学术几全为新说所统一矣。然国之老成,民之多数尚笃守旧说,新旧之争,更数十年而未有已,国是淆乱,无所适从。臣愚以为新旧不足论,论事之是非而已,是非之标准安在,曰在利害,利害之标准安在,曰在其大小,新旧之利害虽未遽决,然其大概可得言焉。

　　原西说之所以风靡一世者,以其国家之富强也。然自欧战以后,欧洲诸强国情见势绌,道德堕落,本业衰微,货币低降,物价腾涌,工资之斗争日烈,危险之思想日多,甚者如俄罗斯赤地数万里,饿死千万人,生民以来未有此酷。而中国此十二年中,纪纲扫地,争夺相仍,财政穷蹙,国几不国者,其源亦半出于此。臣尝求其故,盖有二焉,西人以权利为天赋,以富强为国是,以竞争为当然,以进取为能事,是故扶其奇技淫巧,以肆其豪强兼并,更无知止知足之心,浸成不夺不餍之势。于是国与国相争,上与下相争,贫与富相争.凡昔之所以致富强者,今适为其自毙之具。此皆由贪之一字误之也。西说之害根于心术者一也。

　　中国立说首贵用中,孔子称过犹不及,孟子恶举一废百。西人之说大率过而失其中,执一而忘其余者也。试以最浅显者言之。国以民为本,中外一也。先王知民之不能自治也,故立君以治之,君不能独治也,故设官以佐之。而又虑君与官吏之病民也,故立法以防制之。以此治民是亦可矣。西人以是为不足,于是有立宪焉,有共和焉。然试问立宪共和之国,其政治果出于多数国民之公意乎,抑出于少数党人之意乎,民之不能自治,无中外一也。所异者以党魁代君主,且多一贿赂奔走之弊而已。

　　孔子言患不均,《大学》言平天下,古之为政未有不以均平为务者,然其道不外重农抑末,禁止兼并而已。井田之法,口分之制,皆屡试而不能行,或行而不能久。西人则以是为不足,于是有社会主义焉,有共产主义焉。然此均产之事,将使国人共均之乎,抑委托少数人使均之乎,均产以后,将合全国之人而管理之乎,抑委托少数人使代理之乎。由前之说则万万无此理,由后之说则不均之事,俄顷即见矣。俄人行之伏尸千万,赤地万里,而卒不能不承认私产之制度,则曩之汹汹又奚为也。臣不敢谓西人之智大率类此,然此其章章者矣。

　　臣观西人处事皆欲以科学之法驭之。夫科学之所能驭者空间也、时间也、物质也,人类与动植物之躯体也。然其结构愈复杂,则科学之律令愈不确实。至于人心之灵及人类所构成之社会国家,则有民族之特性，数千年之历史，与其周围之切境遇，万不能以科学之法治之。而西人往往见其一，而忘其他。故其道方而不能圆，往而不知反，此西说之弊根于方法者二也。

至西洋近百年中，自然科学与历史科学之进步，诚为深邃精密，然不过少数学问家用以研究物理，考证事实，琢磨心思，消遣岁月斯可矣。而自然科学之应用又不胜其弊，西人兼并之烈，与工资之争，皆由科学为之羽翼，其无流弊如史地诸学者，亦犹富人之华服，大家之古玩，可以饰观瞻，而不足以养口体。是以欧战以后，彼土有识之士，乃转而崇拜东方之术，非徒研究之又信奉之，数年以来，欧洲诸大学议设东方学讲座者以数十计，德人之奉孔子老子说者，至各成一团体；盖与民休息之术莫尚于黄老，而长治久安之道莫备于周孔；在我国为经验之良方，在彼土尤为对症之新药。是西人固已憬然于彼政学之流弊，而思所变计矣。……爱记其说为公别传，俾当世君子知公学术之本原，在训诂考证已也。（参见袁英光、刘寅生《王国维年谱长编（1877—1927）》，天津人民出版社1996年版）

按：1928年6月3日，是王国维逝世周年忌日，清华师生立《海宁王静安先生纪念碑》，陈寅恪亲自撰写碑文，最为推崇王国维的"独立之精神，自由之思想"，此为王国维人生理念的核心之所聚，也是其得以成为学术巨匠的真正原因，碑文曰：

海宁王静安先生自沉后两年，清华研究院同人咸怀思不能自已。其弟子受先生之陶冶煦育者有年，尤思有以永其念。佥曰，宜铭之贞珉，以昭示于无竟。因以刻石之词命寅恪，数辞不获已，谨举先生之志事，以普告天下后世。其词曰：士之读书治学，盖将以脱心志于俗谛之桎梏，真理因得以发扬。思想而不自由，毋宁死耳。斯古今仁圣所同殉之精义，夫岂庸鄙之敢望。先生以一死见其独立自由之意志，非所论于一人之恩怨，一姓之兴亡。呜呼！树兹石于讲舍，系哀思而不忘。表哲人之奇节，诉真宰之茫茫。来世不可知者也。先生之著述，或有时而不彰。先生之学说，或有时而可商。惟此独立之精神，自由之思想，历千万祀，与天壤而同久，共三光而永光。（参见彭林编《中国近代思想家文库·王国维卷》附录《王国维年谱简编》，中国人民大学出版社2015年版）

按：陈寅恪说："自昔大师巨子，其关系于民族盛衰、学术兴废者，不仅在能承续先哲将坠之业，为其托命之人，而尤在能开拓学术之区宇，补前修所未逮。故其著作可以转移一时之风气，而示来者以轨则也。先生之学博矣，精矣，几若无涯岸之可望，辙迹之可寻。""然详绎遗书，其学术内容及治学方法，殆可举三目以概括之者：一曰取地下之实物与纸上之遗文互相释证，凡属于考古学及上古史之作，如《殷卜辞中所见先公先王考》及《鬼方昆吾玁狁考》等是也；二曰取异族之故书与吾国之旧籍互相补正，凡属于辽金元史事及边疆地理之作，如《萌古考》及《元朝秘史之主因亦儿坚考》等是也；三曰取外来之观念与固有之材料互相参证，凡属文艺批评及小说戏曲之作，如《红楼梦评论》及《宋元戏曲考》等是也。"（《海宁王静安先生遗书·序》）

按：蒋俊说："在中国，以金石考史并不自王国维始，宋代学者和清代的钱大昕等人都做过这方面的尝试。王国维的贡献在于：第一，他不仅继承了前人的方法，而且还吸收了西方近代的史学方法，熔古今中外为一体，从而达到了一个新的水平。第二，他明确地提出了'二重证据法'，并以此为指导，首次将甲骨文用于古史研究，表现了一种理论的自觉和方法的自觉，从而为史学研究开辟了一条新蹊径。这正如陈寅恪所指出的：'足以转移一时之风气，而示来者以轨则。'王氏在史料建设派中的开山地位，也由此奠定。"（蒋俊著《中国史学近代化进程》，齐鲁书社1995年版）

胡仲玉（1879—1927）。仲玉名绍宾，字仲玉，以字行，浙江余姚人。能诗文，工书法，尤精篆刻。著有《味腴室印存》。

李更生（1883—1927）。更生原名荃，字亘生，江苏淮阴人。淮阴江北高等学校肄业。曾任繁昌、宜城、太和、淮阴等县小学主事。辛亥革命后任江苏省第一届议会议员，江苏省立第六师范学校学监。1917年起任扬州江苏省立第八中学校长。1922年回家乡，曾任淮安江苏省立第九中学校长，创办《童灯》《淮铎》刊物，组织红十字会，提倡女子教育。毛泽东曾称赞李更生"毁家办学，高风亮节"。1927年被特务行刺逝世。

吕南仲(1887—1927)。南仲名律,字南仲,以字行,浙江绍兴人。清末附生。历任陕西省财政厅科员、股长,陕西临潼、渭南、华县、华阴厘局局长。1919年加入易俗社,历任易俗社编辑、评议长、社长等职。著有秦腔剧本24种,计有《金狮鼎》《天合镜》《端阳节》《夺魁阁》《紫碧鱼》《巧团圆》《双锦衣》《殷桃娘》等;折子戏16种:《花月简》《枯杨枯》《飞波扇》《碎黑碗》《假金记》《良军报》及易俗社成立十二周年时所编以"十二"为序列的一组小戏《十二先生》《十二戏迷》《十二锦屏》《十二因果》《十二花客》《十二金钗》《十二全福》等。

冉樵子(1889—1927)。樵子名正梅,字开先,别号梁樵,以笔名樵子行,四川梁山人。1900年就读于四川忠州中学堂,后入成都法政学堂。毕业后回本县中学任教。辛亥革命后,曾任国民革命军川鄂边防参议等职。1912年任川剧团体三庆会编辑。其主要剧作《刀笔误》《孝妇羹》《御河嫁女》《舟饯》《花仙剑》《妙常拜月》《淫恶报》《夕阳楼》《上路碰府》《绛霄楼》《无鬼论》《金山寺》《重梦缘》《青梅配》《醒妓》《琴挑》《夜奔》《脱险投庄》《杀子告庙》,合编为《梁樵曲本》。

李大钊(1889—1927)。大钊乳名憨头,曾用名李耆年,字寿昌,后改名李大钊,字守常,号奄年,直隶乐亭人。1907年夏至1913年夏,入天津北洋法政专门学校求学。在校期间与同学郭须静一起加入中国社会党,毕业后到北京参加中国社会党活动。1913年得到天津绅士孙洪伊的资助,赴日本入早稻田大学政治科,开始接触社会主义思想。1914年组织神州学会,进行反袁活动。次年为反对日本灭亡中国的"二十一条",以留日学生总会名义发出《警告全国父老》通电,号召国人以"破釜沉舟之决心"誓死反抗。1916年1月从日本回到上海,2月返回日本,主编留日学生会机关刊物《民彝》。5月回中国,在北京创办《晨钟报》,任总编辑。旋辞职,任《甲寅日刊》编辑,推动新文化运动的发展。1918年任北京大学图书馆主任,后任经济、历史等系教授,参与编辑《新青年》,同年7月被推举为少年中国学会的《少年中国》月刊编辑主任。12月与陈独秀、张申府创办《每周评论》,推动共产主义。1919年元旦为《每周评论》撰写社论《新纪元》。3月与邓中夏、高君宇等人发起成立北京大学平民教育讲演团,宣传新思想和新文化。五四运动爆发后,《每周评论》以大号标题,报道运动的发展情况,发表《秘密外交与强盗世界》的评论。为营救陈独秀而奔走。1920年与陈独秀酝酿组建中国共产党,发起组织马克思学说研究会。同年10月与邓中夏、高君宇、何孟雄等建立北京共产主义小组。12月领导组建北京大学社会主义研究会。1922年根据共产国际指示,赴上海会见孙中山。1924年参与"国共合作",出席中国国民党第一次全国代表大会,以个人身份加入国民党,任国民党第一届中央执委。1925年五卅运动爆发后,与赵世炎等人在北京组织5万余人的示威。1927年4月28日被张作霖杀害。2009年被授予100位为新中国成立作出突出贡献的英雄模范人物。遗著编为《李大钊选集》。张次溪编有《李大钊先生著述年表》;杨树升等编有《李大钊年谱》。

按:李大钊遇难后,灵柩寄于妙光阁浙寺六年之久,此时党组织通过北大师生、生前友好及遗属出面发起公葬。1933年4月22日,在宣武门外妙光阁浙寺,举行公祭仪式。北京的进步团体、教育界、文艺界的进步人士及日本、朝鲜等国革命人士前往致祭,送大批挽联、挽幛、花圈。23日举行灵榇出殡仪式,自宣武门浙寺送往香山万安公墓安葬。由于党的组织领导及李大钊的崇高威望,使这次出殡仪式变成群众性的、声势浩大的示威游行。据《展报》报道:"九时半启灵,送葬者有教育界及男女学生约七百余人。起灵时全体肃立,唱国际歌,继即静默志哀悼。殡仪最前列于旗伞执事,次为影亭,中供李大钊遗像,后即棺罩。由李之子女在前执幡,送葬者均在棺后。"北京教育界及各文化团体送挽联二十余幅。为这次安葬,北大教授刘半农受同人委托还起草了另一篇碑文,内容为:"故国立北京大学教授李君墓碑,君讳大钊,字守常,河北乐亭县人。早岁入北洋法政专门学校,习政治经济之学。既卒业,东游日本,入早稻田大学,所诣益精。归国后,作为文章,布之《甲寅》《新青年》诸报,理致谨严,思度宏远,见者称道。以民国七年一月主任北京大学图书馆事。九年九月,改任政治、史学两系教授,兼任北京高等师范学校、女子高等师范学校教员。君温良长厚,处己以约,接物以诚,为学不疲,诲人不倦,是以从游日众,名满域中。会张作霖自称大元帅于北京,政出武夫,儒冠可溺,遂逮君及同游六十余众,而令何丰林按其狱。君与路友于、张伯华、邓文辉等二十人遂同罹于难。风凄雨横,摧此英贤,呜呼伤哉!君生于清光绪十五年十月六日,死于民国十六年四月二十八日,春秋三十有九。夫人赵氏纫兰,子三:震华、光华、欣华,女二:星华、炎华。越六年,其友王烈、何基鸿、沈尹默、沈兼士、周作人、胡适、马裕藻、马衡、傅斯年、蒋梦麟、樊际昌、刘复、钱玄同等创议募资,为营窀穸,遂于民国二十二年〇月〇日葬君于北平西山万安公墓,载侯斯穴,挥涕凄怆,惟神魄之得所,迪吾民于恺康。"这篇碑文由于对死者为献身革命而罹难表示了深切的同情也未能用。后只刻了一块由刘半农书写的,记有姓名、生卒年月和子女署名的石碑,竖立墓前。是月,北大校长蒋梦麟等曾为这次公葬和赡养遗孤发起募捐,捐款者有鲁迅、李四光、易培基、刘复等一百余人,款达六百余元。(参见朱文通主编《李大钊年谱长编》,中国社会科学出版社 2009 年版)

按:曹力铁《论李大钊对马克思主义中国化的贡献》说:"李大钊是在中国传播马克思主义的第一人,也是把马克思主义与中国实际相结合的开拓者,为马克思主义中国化做出了奠基性的贡献。强烈的爱国主义、坚定的社会进步思想和鲜明的民本思想相结合,是李大钊接受并传播马克思主义的基本因素,由此奠定了中国共产党人把马克思中国化的基本立场。从时代要求出发,历史地(实践地)对待马克思主义的科学态度以及辩证思维的科学方法,则为马克思主义中国化提供了基本的思想方法。建党后,李大钊在革命实践中运用马克思主义分析中国社会、中国革命,得出了许多重要的认识,提出了许多重要观点,为马克思主义中国化开辟了道路。"(《浙江工商大学学报》2005 年第 5 期)

按:全燕黎《再论李大钊在中国马克思主义发展进程中的历史地位》说:"李大钊率先在中国举起马克思主义的旗帜,开始传播和宣传唯物史观,并从理论上对马克思主义与中国实际相结合进行了最初提示,开创了马克思主义在中国确立的历程,是马克思主义在中国确立阶段的奠基者。但是,由于历史和自身的局限,李大钊并未能使马克思主义基本理论得到完整传播,对马克思主义与中国实际必须'相结合'也没有达到理论自觉的程度,因此李大钊不是马克思主义中国化阶段的开创者。"(《中共党史研究》2009 年第 11 期)

按:杜艳华《李大钊文化思想对毛泽东早期文化观形成和发展的影响》说:"毛泽东早期文化观大致形成于 1915 至 1920 年间。此间,李大钊已成为中国进步思想文化阵地的主将并有相当影响。毛泽东从 1918 年开始结识李大钊,与之有直接的交往和联系,这在客观上使李大钊文化思想对毛泽东产生影响存在着可能性。毛泽东早期文化观的内容与李大钊文化思想表现了诸多的联系和一致性,这并非偶然的巧合,表明了李大钊文化思想对毛泽东有较深的影响。作为中国马克思主义的先驱者,李大钊对毛泽东早期文化观的影响是重要而深远的。毛泽东早期文化观能超越诸多近代思想家并最终走向科学,以及他能迅速转变为马克思主义者并对中国新文化建设作出重大贡献,与李大钊影响有不可分割的联系。"(《中共党史研究》2003 年第 1 期)

按:吴汉全《李大钊与中国现代学术》(河北教育出版社 2002 年版)说:"李大钊对历史学的主要贡献是,不仅对历史和历史学概念进行科学的界定和解说,为创建历史哲学的中国学派作出突出的努力,而且对西方历史哲学开展系统的研究,努力吸收西方历史哲学的有益成果;不仅在唯物史观的指导下对历史哲学的基本问题开展研究,努力创建中国马克思主义历史哲学的科学体系,而且还具体地对中国历史(包括中国古代史、中国近代史)进行比较系统的探索。李大钊是五四时期的历史学大家,同时又是中国马克思主义历史学的开创者。"

李汉俊(1890—1927)。汉俊原名李书诗,号汉俊,笔名人杰、汉俊、汗、先进、海镜、海晶、厂晶等,湖北潜江人。1902 年赴日本留学,毕业于东京帝国大学。1918 年回国后,在上海从事写作、翻译工作,参与编辑《新青年》、上海《星期评论》《共产党》,传播新文化及马克思主义。1920 年与陈独秀共同发起组织马克思主义研究会和上海共产主义小组,同时创办《劳动界》周刊,并赴武汉帮助筹建武汉共产主义小组。1921 年 7 月参加在上海召开的中国共产党第一次全国代表大会。1922 年回武汉从事革命活动,曾任湖北全省工团联合会教育主任委员。后脱离中国共产党。1926 年春赴上海任教。后回武汉,加入中国国民党。1927 年任国民党湖北省党部执行委员、省政府委员兼教育厅厅长、省党部青年部长。是中共第二、三届中央执行委员会候补委员。1927 年 12 月 17 日在武汉被桂系军阀杀害。曾在《星期评论》《觉悟》《妇女评论》《建设》《劳动界》《小说月报》等杂志发表宣传马克思主义的译文和文章 90 余篇。译有《马克思资本论入门》等。

周叙伦(1891—1927)。叙伦名守本,学名钟彝,河南信阳人。肄业于上海中国公学。1920 年参加恽代英创办的互助社。1924 年任县柳林中学国文教员,组织实现生活社,创办《实现生活》杂志,宣传马克思主义。1926 年任中共信阳地方委员会书记。1927 年牺牲。

萧楚女(1893—1927)。楚女原名萧秋,字树烈,学名楚三,笔名楚女、丑侣等,湖北汉阳人。幼年丧父,家贫无以为生,做过学徒、轮船杂工、街头报童、酱园徒工、排字工人等。1911 年投入新军,曾参加武昌起义。1915 年后编辑《大汉报》和《崇德报》,在武汉参加五四运动。1920 年参加恽代英在武汉创办的“利群书社”,成为该社骨干。1922 年夏加入中国共产党。后去四川创办重庆公学,曾任《新蜀报》主笔。1924 年任中共中央特派员,领导重庆社会主义青年团工作。1925 年被派往上海,编辑《中国青年》等报刊。年底去广州,任国民党中央宣传部干事,协助毛泽东编辑《政治周报》,并任农民运动讲习所专职教员,先后编写出《帝国主义讲授大纲》《中国民族革命运动史讲授大纲》《社会主义概要讲授大纲》等教材。1927 年 4 月 15 日在广州反革命政变中被逮捕,4 月 22 日牺牲于南京石头城监狱。2009 年被授予 100 位为新中国成立作出突出贡献的英雄模范人物。

按:孙念超、于志亭《萧楚女与早期马克思主义大众化》说:“作为我党早期的无产阶级革命家、自学成才的卓越理论家,萧楚女为唤醒群众,以手中的笔为武器,纵横驰骋在舆论阵地上,揭露帝国主义和封建主义的罪行,与敌人进行坚决斗争,直至生命的最后一刻。萧楚女在批判帝国主义和封建主义的同时,也推动了马克思主义的传播。他将毕生精力奉献给了中国革命、奉献给了马克思主义的传播,无愧为一名坚定的马克思主义者、优秀的中国共产党党员。”(《党史文苑》2011 年第 1 期)

潘大道(1897—1927)。大道字立三,又字力山,重庆开县人。早年留学日本,考入早稻田大学政治经济科,并师从章太炎学习经史子学。其间加入同盟会。1911 年回国,参加清政府学部考试。1912 年 4 月任成都法制局局长,参与创办共和大学,任教务长。1917 年秋,回四川任省政府秘书长,同年被选为国会议员。旋任四川省政务厅厅长,并曾一度代理省长。1918 年春任北京大学教授。1919 年冬留学美国,专攻政治。1922 年回国,被选为国会宪法起草委员会委员。1923 年反对曹锟贿选总统,被迫离京去沪。曹锟倒台后,回京为律师,并兼任北京法政专门学校教务长。1926 年段祺瑞制造迫害学生的“三一八”惨案后,受学生委托担任律师。1926 年夏举家赴沪就任重庆法科大学校长。1927 年创办《说论旬刊》。是年 10 月 14 日被特务暗杀。著有《诗论》《力山遗集》。

李春涛(1897—1927)。春涛幼名清荣,广东潮州人。潮州金山中学毕业后赴日本东京早稻田大学留学,1921 年毕业回国,先后在潮州、海丰、北京、广州的大学任教及参与报业工作,曾任汕头《岭东民国日报》社长等职。1925 年到广州参加毛泽东主编的《政治周报》工作。1927 年“四一二”反革命政变后被捕牺牲。著有《海丰农民运动及其指导者彭湃》等文章。

范鸿劼（1897—1927）。鸿劼曾用名通、大通，湖北鄂州人。1912年考入武昌外国语学校。1917年退学。1918年入北京大学理科预科学习。1919年3月与邓中夏等发起成立北京大学平民讲演团，积极参加和领导五四爱国运动以及北方地区的各次革命斗争。1920年3月参与发起成立北京大学马克思学说研究会。10月北京共产党小组成立，是小组最早成员之一。1922年5月与邓中夏等筹划成立非宗教大同盟，参与编辑《非宗教论》一书；出席在广州召开的中国社会主义青年团第一次全国代表大会。6月被选为社会主义青年团北京地委执行委员、团地委书记。同年7月至1923年6月任中共北京地方委员会委员长。同年8月与蔡和森、缪伯英等负责组建民权运动大同盟，并负责主编《民权》周刊。1923年7月至1927年先后任中共北京区执行委员会兼北京地委委员、委员长、组织部长，中共北方区委宣传部长，主编过北方区委机关刊物《政治生活》。1926年1月到广州参加中国国民党第二次全国代表大会，与毛泽东、邵力子、陈其瑗等人被任命为大会"宣传报告审查委员会"委员。1927年4月6日同李大钊一起被奉系军阀逮捕，28日英勇就义。

张太雷（1898—1927）。太雷原名曾让，字泰来，学名张复，自号长铗，投身革命后又名椿年、春木，后改名太雷，江苏常州人。1915年考入天津北洋大学法科。1919年积极参加五四运动，发起组织"社会建设会"，后被大学开除。1920年8月赴北京参加李大钊、张申府组织的共产主义小组。积极开展工人运动，与邓中夏到长辛店组建劳动补习学校，培养北方铁路工人运动的第一批骨干。后到天津组织社会主义青年团。1921年春被派往俄国伊尔库茨克，任共产国际东方局中国科书记。6月陪同共产国际代表马林和赤色职工国际代表尼克尔斯基来中国，筹备召开中共一大。会前，为大会筹备组翻译《中国共产党宣言》草案，提交马林修改。6月23日再度被派往俄国，代表中共出席莫斯科共产国际第三次代表大会。1927年参加中共中央在汉口召开的"八七"会议，坚决批判陈独秀的右倾投降错误，被选为临时中央政治局候补委员。后任中共广东省委书记、中共中央南方局书记。9月到潮（安）汕（头）组织群众接应南昌起义军。11月到上海中共中央参加制订广州起义计划，下旬回广州主持武装起义准备工作，兼任中共广东省委军委书记。12月11日领导广州起义，建立广州苏维埃政府，任代理主席、人民海陆军委员。12日下午与共产国际代表纽曼乘坐一辆敞篷汽车，在大北门附近遭遇市民武装枪击，身中三弹，倒在车内身亡。曾在国共两党举办的各种讲习班和训练班上，先后讲授《少年中国》《第三国际》《世界政治经济状况》《民族问题》《目前时局与党的策略》等，还曾在毛泽东主办的第六届农民运动讲习所讲授《中国革命问题》。2009年被授予100位为新中国成立作出突出贡献的英雄模范人物。著有《张太雷文集》。

按：翁莹香《共产国际背景下的张太雷革命实践与思想研究》说："张太雷革命生涯的一大特点，是与共产国际及其派驻中国的代表有着密切的联系。他是中共最早的国际使者，早在1921年3月即赴苏参加共产国际远东书记处的工作，筹建了远东书记处中国科，为尚处于萌芽状态的中国共产党与共产国际建立了组织关系。此外，他还参加了共产国际三大和青年共产国际二大等重要国际会议。回国后先后担任共产国际代表马林和鲍罗廷的助手和翻译，为促进国共两党建立革命统一战线作出了突出的贡献。同时，张太雷还是中国社会主义青年团的重要创始人。在青年共产国际的指导下，他在恢复和整顿青年团、召开团的一大等方面贡献卓著。1921年的苏俄之行，对张太雷影响最深的莫过于他优先学习和掌握了列宁的民族和殖民地理论。他根据列宁的这一理论，并结合中国的国情，在向共产国际提交的《报告》和《提纲》中提出了联合各阶级包括民族资产阶级的革命统一战线思想。在长期领导青年团的实践中，张太雷善于总结斗争的经验，研究青年运动的特点，形成了青年运动的思想。他认为青年运动担负着完成中国革命的重要使命,并提出青年运动必须以马克思主义为指导、青年运动必须与工农相结合等正确主张,为大革命时期青年运动的发展指明了方向。"(天津大学硕士学位论文,2009 年)

陈延年(1898—1927)。延年又名陈遐延,安徽安庆人。陈独秀长子。1915 年考入上海法语学校,1917 年考入震旦大学攻读法律。1919 年底赴法国勤工俭学。翌年 2 月 3 日抵巴黎,进巴黎大学尉设学校学习。参加无政府主义组织"工余社",主编《工余》杂志。1922 年 6 月与赵世炎、周恩来一起创建旅欧共产主义组织——中国少年共产党,并担任宣传部长。与赵世炎编印《少年》杂志。1924 年参与领导省港大罢工。1927 年被中央任命为中共江苏省委的首任书记。6 月 26 日在上海北四川路恒丰里 104 号上海区委所在地被国民政府逮捕,因拒绝招降于 7 月 4 日被国民党秘密杀害。2009 年被授予 100 位为新中国成立作出突出贡献的英雄模范人物。

杨闇公(1898—1927)。闇公原名尚述,号闇公,又名琨,重庆潼南人。1917 年去日本入成城学校补习日语。1918 年入日本士官学校,攻读军事。曾积极参与组织留日同学读书会,学习进步理论。1920 年回国,1921 年冬去成都,参加成都留日学友会。1922 年加入成都社会主义青年团。1924 年 1 月与吴玉章等 20 余人组织中国青年共青团,与成都社会主义青年团一道开展工农群众运动和学生运动。出版机关刊物《赤心评论》,建立社会主义研究会,开展马克思列宁主义的宣传教育和反帝反封建的革命鼓动工作。同年 9 月参加社会主义青年团重庆地委的领导工作,任组织部长。1925 年初被选为团地委书记。与萧楚女等在重庆成立四川反帝国主义联盟,建立青年团的外围组织——四川平民学社,开办平民学校,出版机关刊物《爝光》。1925 年 1 月 18 日重庆国民会议促成会正式成立,被推举为负责人之一。8 月与吴玉章一起筹办中法学校。10 月当选为四川省出席国民党第二次全国代表大会代表。1926 年 10 月与朱德、刘伯承组成中共重庆地委革命军事委员会,兼任军委书记。11 月 25 日至 12 月 4 日中国国民党四川省第一次代表大会在重庆中山学校举行。与刘伯承被选入大会主席团,并代表省党部作《政治报告》《工人运动报告》和《农民运动报告》。1927 年重庆"三·三一"惨案后不久被四川军阀逮捕,同年 4 月 6 日惨遭杀害。2009 年被授予 100 位为新中国成立作出突出贡献的英雄模范人物。

赵世炎(1901—1927)。世炎字琴生,号国富,笔名施英、乐生,四川酉阳人。1914 年考入国立北京高等师范附属中学。1919 年参加五四运动,任附属中学学生会干事长。由李大钊等介绍加入少年中国学会,并在法文专修馆学习法语。创办《少年》半月刊和主办《工读》半月刊、《平民》周刊。1920 年赴法国勤工俭学,与李立三等创建劳动学会。1921 年主办《华工周报》。1922 年发起组建旅欧中国少年共产党,同年任中共旅欧支部负责人。负责编辑少共机关刊物《少年》月刊(后改为《赤光》半月刊)。1923 年赴莫斯科入东方大学。翌年回国,应李大钊的要求担任中共北京地委书记,并主办北方区委的《政治生活》周刊。1926 年后,任中共上海区委组织部主任兼上海总工会党团书记、中共江苏省代理省委书记等职。1927 年春在中共"五大"上当选中央委员。7 月 2 日在上海虹口被国民党逮捕。7 月 19 日在上海枫林桥被处决。2009 年被授予 100 位为新中国成立作出突出贡献的英雄模范人物。

乌恩(—1981)、陈淼(—1981)、王德威(—1984)、李百忍(—1999)、公刘(—2003)、董辅礽(—2004)、邹衡(—2005)、乔羽(—2010)、李光谟(—2013)、张今(—2013)、马汝珩(—2013)、文伯屏(—2013)、刘士莪(—2013)、关怀(—2014)、周诚(—2014)、汤一介(—2014)、张福绥(—2016)生。

六、学术评述

本年度为第一次国内革命战争时期(1924 年 1 月至 1927 年 7 月)与第二次国内革命战争时期(1927 年 8 月至 1937 年 7 月)的交接之年,也是国共从合作走向决裂的转折之年。其间的重大变局,即是原先南北对立的国民政府与北京军政府达成某种默契,一同绞杀刚成立不久的共产党,短暂而脆弱的国共合作终于宣告彻底破裂。3 月 9 日,国民政府颁布《暂行反革命治罪法》:凡有反对国民党、国民政府和三民主义的言行,均被定为反革命罪。4 月 2 日,国民党中央监察委员会在上海开全体紧急会议,蔡元培、吴稚晖、张静江、李石曾、古应芬、陈果夫、李宗仁、黄绍竑等出席会议,由蔡元培主席,吴稚晖提出"请办覆党卖国之共产派党员案"。经会议讨论,决议清除共产党势力,照原案咨送中央执行委员。就在国民党发出"清党"危险信号之后不久,占据北京的张作霖抢先一步,于 4 月 6 日派人搜查苏联驻华使馆,带走大量文件,逮捕了在这里避难的共产党人李大钊、范鸿劼、谢伯俞、谭祖尧、杨景山等及国民党左派邓文辉等 60 余人。4 月 28 日,李大钊和北方党的领导骨干及国民党员共 20 人在北京被张作霖杀害,酿成震惊中外的"四二八"惨案。然而更为血腥的是 4 月 12 日蒋介石在上海发动屠杀共产党和国民党左派人士的武装政变,史称"四一二"大屠杀,或"四一二"政变。在事变后 3 天中,上海共产党员和革命群众被杀者 300 多人,被捕者 500 多人,失踪者 5000 多人,优秀共产党员汪寿华、陈延年、赵世炎等光荣牺牲。4 月 15 日,广州的国民党发动反革命政变,当日捕去共产党员和革命群众 2000 多人,封闭工会和团体 200 多个,优秀共产党员萧楚女、熊雄、李启汉等被杀害。19 日,蒋介石南京国民政府发布"秘字第一号令",通缉鲍罗廷、陈独秀、邓中夏、瞿秋白、谭平山、苏兆征、周恩来、李立三、罗亦农、蔡和森、张国焘、张太雷、邓演达、顾孟余、徐谦等 197 名"共产党首要分子"、国民党左派人士及其他著名活动家。其实,当时南方国民政府北伐战争还在继续,其矛头直指张作霖军政府,但彼此在大肆杀戮共产党员上却表现得如此默契,或以为张作霖为了向蒋介石示好,或以为蒋介石曾致张作霖密电,4 月 29 日《晨报》、5 月 12 日汉口《民国日报》都报道蒋介石"密电张作霖,主张将所捕党人即行处决,以免后患",言之凿凿。但这些都不重要,最为关键的是蒋介石与张作霖在反共上的高度一致性。然而由于国民党左右两派分裂为南京和武汉政府,即使在蒋介石南京政府大开杀戒之后,不少共产党人包括高层领导还是对汪精卫武汉国民政府普遍抱有幻想,期望彼此联合起来反抗蒋介石。4 月 17 日,针对蒋介石的"四一二"政变,武汉国民党中央发布命令,宣布开除蒋介石的国民党党籍,免去其本兼各职。21 日,武汉国民党中央、武汉国民政府通电否认南京国民政府。22 日,武汉国民政府由汪精卫领衔,孙科、邓演达、宋庆龄、张发奎、吴玉章、毛泽东、恽代英等联名发布通电,斥责蒋介石的分裂行为,于是形成"宁汉对立"的局面。然而"宁汉对立"只是一种假象,而"宁汉合流"则是一种必然。7 月 15 日,国民党中央常委扩大会议在汉口召开,通过了《统一本党政策案》,公开背叛孙中山实行的国共合作政策和纲领,正式决定"反共",宣布与共产党决裂。同日,汪精卫在武汉发动政变,提出"宁可枉杀千人,不可使一人漏网"的口号,大肆屠杀共产党人和革命群众,史称"七一五"反革命政变。7 月 24 日,中共中央作出《中央对于武汉反动时局之通告》,指示各级党组织转入秘密状态。这标志着国共第一次合作全面破裂。8 月 19 日,武汉国民政府决定迁往南京,实行"宁汉合流"。面对北京军政府张作霖、南京国民政府蒋介石、武汉国民政府汪精卫的三重血腥绞杀,刚成立不久的中国共产党遭遇了前所未有的危机以及内部的激烈纷争与冲突,其间经历了严厉谴责、组织调整与武装斗争三部曲。8月7日,中共中央在汉口召开紧急会议,决定撤销陈独秀的中央总书记职务,瞿秋白成为临时中央主要负责人。确定土地革命和武装反抗国民党的总方针,决定在湘、鄂、粤、赣四省举行秋收起义。武装斗争则集中体现在以8月1日"南昌起义"、9月9日"秋收起义"、12月11日"广州起义"为代表的"三大起义"。其中8月1日"南昌起义"打响了武装反抗国民党大屠杀的第一枪。"三大起义"的前后相续,从此开始了中国共产党独立领导革命武装斗争的新时期。以上政局的突变,对本年的学术产生了巨大而深远的影响。

就学术版图结构而论,由于国民政府重新建都南京,因而原先的四大区系结构又重新恢复为五大板块。4月18日,南京国民党中央政治会议发表《定都南京宣言》,在南京另组国民政府。南京国民政府委员为蒋介石、胡汉民、张人杰、吴稚晖、李石曾、邓泽如、蔡元培、李宗仁、何应钦、古应芬、陈铭枢等。同月,国民政府定都南京,为培植政党人才,决定创办中央党务学校。中央党务学校筹建时,有筹备委员9人,分别为蒋介石、戴传贤、丁惟汾、陈果夫、吴倚伧、曾养甫、刘芦隐、罗家伦、谷正纲。蒋介石为校长,戴传贤为教务主任,罗家伦为教务副主任,丁惟汾为训育主任,谷正纲为训育副主任。此后,相关的党政军人才以及部分学者群体从全国各地汇聚南京。5月4日,蒋介石在南京召开的五四运动纪念大会上,正式发出实行"党化教育"的号召。8月4日,南京政府教育行政委员会议决学校施行党化教育办法草案。这一"党化教育"——"三民主义教育"对于全国尤其是首都高校以及学术圈具有一定的辐射与渗透作用。在南京轴心中,身兼中华民国大学院院长与中央研究院院长的蔡元培依然牢牢居于领袖地位。蔡元培与李石曾等仿效法国体例,试行大学区制,撤销教育行政委员会,改设中华民国大学院为全国最高学术教育行政机关,筹设中的中央研究院成为其附属机构之一。5月9日,中央政治会议第九十次会议决定成立中央研究院筹备处,并推定蔡元培、李石曾、张人杰、褚民谊、许崇清、金湘帆为筹备委员。6月7日,蔡元培出席国民党中央政治会议第一〇二次会议,以所拟大学区制组织条例八项,提请变更教育行政制度,获得通过。中央政治会议当即咨请国民政府办理。13日,蔡元培向国民党中央政治会议第一〇五次会议提出设立中华民国大学院案。中央政治会议当即通过决议:任命蔡元培为该大学院院长,其组织条例交法制委员会修订。6月17日,由国民政府特任蔡元培为中华民国大学院院长。7月1日,《国民政府公报》宁字第7号载《大学区组织条例》,其主要精神是全国依现有之省份及特别区,定为若干大学区,以所在省或特别区之名名之,如浙江大学、江苏大学等。每大学区设校长一人,总理区内一切学术与教育行政事项。大学区设评议会,为本区立法机关。4日,南京国民政府公布《中华民国大学院组织法》,其中第一条明确规定:"中华民国大学院,为全国最高学术教育机关,承国民政府之命,管理全国学术及教育行政事宜。"10月1日,中华民国大学院在南京正式成立,蔡元培宣誓就任大学院院长。11月20日,蔡元培主持召开中央研究院筹备会及各专门委员会联合成立大会,讨论通过《中华民国大学院中央研究院组织条例》,"始确定中央研究院为中华民国最高科学研究机关",由大学院院长蔡元培、教育行政处主任杨铨分别兼任院长和秘书长。同时,议决先筹设理化实业研究所、社会科学研究所、地质研究所及观象台4个研究机关,并指定王季同、宋梧生、周仁为理化实业研究所常务筹备委员,李煜瀛、周览、蔡元培为社会科学研究所常务筹备委员,徐渊摩为地质研究所常务筹备委员,竺可桢、高鲁为观象台常务筹备委员。中华民国大学院中央研究院为中国教育行政制度的又一次重大变革,后来实践证明,前者是成功的,后者则以失败而草草收场。以首都南京为轴心,主要汇聚了以下几方面学者群体:一是就职于国民政府者,包括吴稚晖、李石曾、胡汉民、戴季陶、丁惟汾、王宠惠等国民党要员兼学者。二是就职于大学院(包括中央研究院)者,诸如杨杏佛、许寿裳、林风眠、林文铮等。三是任教于第四中山大学者,著名学者有张乃燕、竺可桢、柳诒徵、汪东、钱端升、熊十力、汤用彤、闻一多、张其昀、雷海宗等。四是任教于江苏省南京以及其他城市高校者,如陶行知、陈鹤琴、唐文治、陈柱、钱基博、钱穆等,皆为学界所推重。然而南京重回首都地位毕竟时间不长,何况在当时白色恐怖与党化教育的背景下,学者尤其是左翼学者群体多有抵触或顾忌,这不能不影响到南京首都轴心的凝聚效应。

北京轴心因为奉系军阀的进驻而遭受浩劫。张作霖除了残酷捕杀共产党人与国民党左派人士,就任"中华民国陆海军"大元帅职,组成安国军政府,并发表"讨共"宣言之外,其对于教育与学术的登峰造极之策,是8月6日令北京大学、法政大学、医科大学、农业大学、工业大学、师范大学、女子学院师范大学部、女子学院大学部、艺术专门学校国立九校合组为"国立京师大学校"。8月10日,北京军政府教育总长刘哲派教育部官员陈任中、刘风竹、韩瑞汾、谢中等12人为京师大学校筹备委员,分别接收国立九校。23日,北京军政府教育总长刘哲兼任"国立京师大学校"校长。31日,北京军政府教育部公布《国立京师大学校组织总纲》,共17条,规定该校的宗旨为教授高深学问,养成硕士闳才。9月20日,京师大学堂在教育部礼堂举行总开学典礼。教育部长兼校长刘哲发表长篇演说,提出该校今后办学宗旨为"保存旧道德,取法新文明"。从九校归并一校到上述各种违背时代潮流与教育规律的倒行逆施,各校师生表示强烈反对,遂有大批著名学者纷纷离京南下,形成民国第一次"孔雀东南飞"风潮。而就学者个体而言,最引人注目的是李大钊的被杀与王国维的自杀。自1925年王国维、梁启超、赵元任就任清华研究院,次年陈寅恪自欧洲经海道归国,"四大导师"终于同时"登台亮相",清华研究院异军突起,举国瞩目。5月,《清华大学一览(1927年)》出版,载有《学程大纲》及各系专修课程与教师名录,其中国学研究院载教授:王国维、陈寅恪、梁启超、赵元任;讲师:李济;助教:梁廷灿、浦江清、王庸。然至6月1日,王国维参加卫聚贤等毕业典礼和师生叙别会后,当夜又照常批阅学生试卷,毕后,乃草拟遗书藏之于怀。6月2日上午10时许,王国维至颐和园排云殿前鱼藻轩,投昆明湖自尽,举国震撼。就清华国学研究院而言,刚刚开张即失去了居于"四大导师"之首的王国维,可谓出师不利,损失惨重,唯赖其余三大导师梁启超、赵元任、陈寅恪艰难支撑。与此同时,由于奉系军阀张作霖占据北京,至8月6日甚至决定将北京大学解散,改办京师大学校,不少北大学者去职继续南下或流向北京其他高校,因而北大、清华之外的其他高校在聚集知名学者方面也更有作为。比如是年6月,北京公教大学正式获批更名为北京辅仁大学,这是一所由罗马公教创办的天主教大学,私立办学性质,其宗旨定为"介绍世界最新科学、发展中国固有文化、养成硕学通才",校长奥图尔聘任陈垣任副校长,并兼任文学院中国文学系主任,张星烺为历史系主任。后辅仁大学与北大、清华、燕京并称北平四大名校。再如燕京大学,除了陆续吸引冯友兰、郭绍虞、容庚、许地山等学者之外,最为重要的举措是于此年创办了著名学术刊物《燕京学报》,以研究和传播中国传统文化为办刊宗旨。著名学者王国维、陈寅恪、陈垣、朱希祖、许地山、冯友兰、张星烺等纷纷在此刊物上发表文章。又由于燕京大学与哈佛燕京学社及西方学界的联系，该刊得以充分借鉴吸收西方学术期刊之长，积极介绍学界新书、引得、杂志，在学术文化上产生了重要影响，后与《国学季刊》《清华学报》《中央研究院历史语言研究所集刊》并列为民国时期的四大学术刊物，又与北京大学的《国学季刊》《清华学报》鼎足而三。《燕京学报》的学术声誉显然有助于燕京大学的学术提升，彼此相辅相成，相得益彰。

再就上海轴心而论，因为上海是共产党的大本营，所以蒋介石对共产党人大开杀戒的"四一二"政变即发生在上海。与此同时，国民党还发出了对所谓"学阀"的通缉，而且令人意想不到的是，居然在5月4日由上海五四运动纪念大会通过决议，请国民政府通缉学阀，并指定为章太炎、张君劢、黄炎培、沈信卿、蒋维乔、郭任远、殷芝龄、刘海粟、阮尚介、凌鸿勋、张东荪、袁希涛等。6月16日，国民党上海特别市党部临时执行委员会又以"通缉学阀事呈中央"，第一名"著名学阀"就是章炳麟，然后依次为黄炎培、沈恩孚、张君劢、蒋维乔、郭任远、朱炎、胡敦复、殷芝龄、袁希涛、张东荪、阮尚介、刘海粟、沈嗣良、凌鸿勋等。上海轴心中的另一重要人物是胡适。胡适5月20日由美国经日本抵上海后，积极参与徐志摩、闻一多、潘光旦、余上沅、饶孟侃、刘英士等在上海龙华路开办的新月书店，并任董事长，余上沅为经理兼编辑主任，闻一多、梁实秋、徐志摩、饶孟侃、叶公超、胡适等11人为董事。10月24日，胡适致信蔡元培，因不赞同"党化教育"而辞大学委员会委员之职。胡适于此再次张扬其自由主义理念与立场，显然不可避免地要与蔡元培发生冲突。陈平原《中国现代学术的建立——以章太炎、胡适为中心》（北京大学出版社1998年版）选择以章太炎、胡适为推进中国学术现代转型的两代学人的代表，并认定1927年为中国现代学术建立的"关键时刻"，随着章炳麟的逐步淡出与胡适的走进上海，从而完成了近距离的代际交接。"四一二"政变也对上海左翼文坛与学界产生了强烈的震撼。4月14日，由胡愈之起草、郑振铎领衔以及冯次行、章锡琛、胡愈之、周予同、吴觉农、李石岑等联名给当时国民党中的所谓"三大知识分子"——吴稚晖、蔡元培、李石曾写一封抗议信。次日，此公开信发表于15日《商报》上。至5月16日，郑振铎与叶圣陶、王伯祥、徐调孚、李石岑、周予同、吴致觉等商谈拟出国避难事。然而，面对如此血腥的白色恐怖，陈独秀、瞿秋白、周恩来、罗亦农、王若飞、邓中夏、陈望道、茅盾等都依然潜居在上海，中共中央面对三重绞杀的激烈论争与重大决策也都发自上海。然后又由陈望道尤其是茅盾等连通上海的左翼文坛与学界。颇为巧合的是，鲁迅先于9月27日下午同许广平乘"山东"轮离开广州往上海。10月3日午后，同许广平抵上海，从此定居上海，开始了新的战斗生活。而郭沫若则于10月在参加南昌起义后，由香港秘密到达上海，并与家人团聚，住在窦乐安路一栋小弄堂房子里。此时前后，创造社后期成员冯乃超、朱镜我、彭康、李初梨等由日本弃学回国，相继抵上海，投入革命文学活动。11月，为加强创造社的力量以及掩护其活动，郭沫若发动了李一氓和阳翰笙来参加，并联系与鲁迅合作，一同办《创造周报》，得到鲁迅允诺。12月3日，鲁迅与郭沫若、成仿吾、郑伯奇、蒋光慈等在上海《时事新报》联名发表《创造周报》复刊广告。其中载有该刊编辑委员及特约撰述员名单：编辑委员：成仿吾、王独清、郑伯奇、段可情；特约撰述员鲁迅、蒋光慈、张资平、陶晶荪、穆木天、赵伯颜、麦克昂、李初梨、冯乃超等30余人。于是以鲁迅与郭沫若作为上海的左翼文坛与学界的领袖而开始联手文学研究会、创造社以及后来的太阳社群体，彼此就革命文学展开热烈讨论，从而促进了从文学革命到革命文学的重要转变，同时又与新月派、现代评论派重开论战，实际上也是以"文学"与"学术"对于国民党大屠杀的一种反抗，由此昭示了上海即将成为左翼文学家与学者群体的大本营。

在诸省板块中,去年的江苏、广东、福建"三足鼎立"局面迅速发生变化,南京上升为首都轴心,福建随着鲁迅、顾颉刚等相继离开而迅速下滑,所以广东上升为诸省之冠。其中史学领域有傅斯年、顾颉刚两大巨头。傅斯年是年春任中山大学教授,兼文科主任(文学院院长)及历史、中文两系主任,去函邀请顾颉刚至中山大学创办中国东方语言历史科学研究所。3月16日,顾颉刚辞去厦门大学教职,决定就聘中山大学史学系教授。8月,傅斯年、顾颉刚等筹办中山大学语言历史学研究所。11月1日,《国立中山大学语言历史学研究所周刊》创刊,顾颉刚、余永梁、罗常培和商承祚负责编辑,主要撰稿人为时任中山大学语言历史所的教授。顾颉刚为该刊撰《发刊词》,也有学者如董作宾认为《发刊词》乃傅斯年所作,实则此文代表了当时傅、顾二人的共识。《周刊》出版数期后,很快引起北方学界的注意。文学方面则有文坛领袖鲁迅以及成仿吾、许寿裳、孙伏园、罗庸等。1月16日,鲁迅乘苏州轮离厦门赴广州。3月底4月初,鲁迅因中山大学拟聘请顾颉刚任教授,表示辞职。6月6日,鲁迅得中大委员会信,允辞职,从此与中大断绝一切关系。9月27日下午,鲁迅离开广州往上海,这无疑是中山大学的一大损失。广东之下,当推两湖。武汉为中国的另一个政治学术中心,而且在宁汉合流之前,国共两党于武汉的合作比较密切。如高一涵1月经李大钊推荐,赴武汉参加革命工作。高一涵到达武汉后,经陈独秀、章伯钧的介绍,到武昌中山大学任政治学教授、政治系主任、法科委员会主任委员,同时兼任国民革命军总司令部编译委员会主任委员。在任期间,曾受邀在中央军事政治学校武汉分校作讲演。先后到武汉分校特约讲演的还有谭延闿、郭沫若、彭泽民、徐谦、谭平山、甘乃光、高语罕、陈独秀、瞿秋白、彭述之、陈公博、何香凝、吴玉章、宋庆龄、顾孟余、李鹤林、董必武、孙科、唐生智、向忠发等。茅盾1月初抵武汉,任中央军事政治学校武汉分校政治教官。分校校长蒋介石,教育长邓演达,日常工作由恽代英主持。同月,茅盾在武汉与陈石孚、吴文福、樊仲云、郭绍虞、傅东华、林思平、顾仲起、陶希圣、孙伏园等同仁组成"上游社",创刊《上游》,附在孙伏园编的《中央日报·中央副刊》上。而在湖南,毛泽东2月16日就考察湖南农民运动的情况写报告给中共中央。3月5日至4月3日,毛泽东在中共湖南区机关报《战士》周报第35—36期合刊和第38—39期上发表《湖南农民运动考察报告》。中共中央机关刊物《向导》第191期作了转载。4月,汉口长江书店以《湖南农民革命(一)》为书名出版单行本,瞿秋白作序。5—6月《共产国际》的俄文版和英文版先后转载了《向导》刊印的《报告》。毛泽东的《湖南农民运动考察报告》作为无产阶级及其政党领导农民革命斗争的纲领性文献,对马克思主义学者认识中国历史上的农民运动和农民阶级产生了重要影响。这里还要说到江西。当年中共三大起义最后归结于井冈山根据地,预示着新的红都即将在江西诞生。此外,由于蒋梦麟、马叙伦的南下任职而增加了浙江的分量。3月1日,蒋梦麟出任浙江临时政治会议委员兼秘书长。4月12日,马叙伦与蔡元培、邵元冲商谈返浙接收政务事。13日,政治会议浙江分会推定马叙伦、蒋梦麟、陈其采"主持政务"。21日,马叙伦暂兼省政务委员会主席。5月6日,蒋梦麟兼浙江省教育厅长。25日,浙江政治分会通过设立浙江大学研究院的计划及开办费预算,并聘任蔡元培、张静江、李石曾、蒋梦麟、邵元冲、马叙伦、胡适、陈世璋、邵裴子等9人为筹备委员。6月28日,蒋梦麟任第三中山大学校长。此外,还有两个区域中心,一是四川,张澜、吴虞、蒙文通、李璜、卢作孚等汇聚于此;二是天津,张伯苓及其南开大学的学术高地依然十分牢固。6月20日,张作霖组织安国军政府,委任张伯苓为天津市长,后者婉辞不就。由此可见张伯苓的政治定力与智慧。张伯苓还有一个重要举措是于 7 月 1 日成立南开大学社会经济研究委员会,任命何廉为主任,率先从事物价与生活指数关系研究,同时翻译经济学著作,此即南开大学经济研究所前身。另有严修、章式之等发起成立天津崇化学会,以研究历代学术源流,发扬固有文化为宗旨。10 月 25 日,崇化学会成立讲习科,科目分义理、训诂、掌故三门。

关于海外板块,先看"出"的方面,可先关注一下美国区域。1 月 3 日,胡适接张慰慈信,希望他在美留驻半年,免受国内纷乱的烦忧。7 日,徐志摩、陆小曼写信报告国内诸友的情况。2 月 4 日,胡适到哥伦比亚大学作讲演,并完成其取得该校哲学博士学位的最后手续,两周后去哈佛大学。4 月 24 日,胡适船到横滨。胡适以上年访苏期间的言论,又兼其朋友中多有进步人士甚至共产党人,所以很受北洋军阀疑忌。而南方新得势的国民党人,则以他曾经卫护溥仪,参加善后会议,公开批评过孙中山,其挚友丁文江又曾为孙传芳僚属,故对胡适亦持怀疑态度。有鉴于此,胡适不敢贸然归国。他陆续接到许多国内朋友的来信,劝他暂不要归国,可在日本做一个时期的研究工作。胡适 4—5 月在日本停留期间,一面继续观察分析国内的政治形势,以定行止,一面游览箱根、京都、奈良、大阪等处,并会见一些学界人士。其中有日本佛学家高楠顺次郎、常盘大定、矢吹庆辉以及佐伯方丈,此外,还有英国的爱里鄂爵士、法国的勒卫、瑞士的戴弥威等人。当时在美国留学的还有梅光迪、陈衡哲、贺麟、陈序经、梁思成、罗炳文等。欧洲区域中,法国、俄国依然是重镇。李石岑赴法、英、德等国考察西方哲学。在欧洲,他系统研读了从赫拉克里特到费尔巴哈的西方哲学家的主要著作,也认真研读了马克思、恩格斯和列宁的著作,思想发生了很大变化,逐渐转向马克思主义的辩证唯物论。郑振铎为躲避白色恐怖于 5 月 21 日下午 2 时半搭乘法国邮船"阿托士第二"出国,同行的有陈学昭、袁中道、魏兆淇、徐元度等。留学法国的还有侯外庐、杨堃、王力、常书鸿、黎烈文、巴金、阮毅成、许德珩等;留学于俄国的则有张闻天、王明、陆定一、曹靖华、杨松、赵济、萧三、凯丰、孟庆树等。至于"进"的方面,最为重要的是瑞典地理学家斯文·赫定 1 月 30 日在北京西郊张作霖大帅府,得到了北洋政府的许可。3 月 5 日,在刘半农等人的主持下,北京大学研究所、故宫博物院、古物陈列所、中央观象台等学术机构的代表,在北大研究所国学门召开北京学术团体联席会议,讨论筹备建立一个永久性机构,以监视外国人擅入中国收集学术材料,不准其随意挖掘、购买或假名窃取我国文物。会后发表了《北京学术团体反对外人采取古物之宣言》。4 月 26 日,中国学术团体协会执行主席、古物陈列所所长周肇祥与斯文·赫定在北京大学研究所国学门签订"中国学术团体协会为组织西北科学考查团事与瑞典国斯文·赫定博士订定合作办法"19 条。北京大学教务长徐炳昶和赫定分别担任中瑞团长,中方参加者有袁复礼、黄文弼、丁道衡、詹蕃勋等 10 人。5 月 9 日,考查团从北京出发,对内蒙至新疆等地进行考古学、人类学、民族学、民俗学等综合科学考察,其中的重要成果是发现居延汉简等。其次是由瑞典学者 B. 步林和中国学者李捷于 3 月 27 日至 10 月 18 日主持对周口店遗址进行大规模的考古发掘,此系中国地质调查所和北京协和医学院合作项目,共获得化石材料 500 箱。12 月,B. 步林在《中国古生物志》丁种第 7 号第 1 册发表《周口店储积中一个荷谟形的下臼齿》,文章提议建立一个人科的新属新种,即"Sinanthropus Pekinensis Black and Zdansky",直译为"中国猿人北京种"。还有美国倡导设计教学法的教育家克伯屈 3 月 10 日到达上海,系应中华教育改进社之邀请来我国讲演。4—5 月,克伯屈在北京教育部、清华学校、燕京大学、北大二院、师大、女子大学、法政大学、香山慈幼院等处发表讲演。其讲演题目有《文化变迁与教育》《道德教育》

《养成学生之自动能力》《中国目前教育问题》《现代教育方法批评》《中国女子教育问题》等。

由于本年度处于南北战争与白色恐怖之中,学者群体流动加速,相关学术论争减弱,包括历时、规模与激烈程度,都是如此。与此同时,国民党在抢夺话语权方面有了新的招数,最为典型的莫过于一年一度的五四纪念活动。5月4日,蒋介石在南京召开的五四运动纪念大会上,正式发出实行"党化教育"的号召。同日,上海同样举行五四运动纪念大会,会上居然通过下列决议:一、改组全国学生总会;二、请国民政府通缉章太炎、张君劢、黄炎培等学阀;三、请国民政府收回教育权;四、要求国民政府教育经费独立;五、请国民政府在上海筹备中山大学;六、请南京国民政府讨伐武汉伪政府;七、肃清上海各学校之共产党分子;八、警告汪精卫;九、杀徐谦、邓演达;十、驱逐鲍罗廷。上海五四运动纪念大会通过的上述决议,本出于上海买办资产阶级的操纵,复由上海市党部临时执行委员会呈请中央,则足以表明刚刚走向执政的国民党与上海买办资产阶级的一体化与同质化,其共同的反共、反俄、反五四、反自由批评的本质至为明显,实际上是借纪念五四之名行违背五四精神之实际。总体而言,值得重点关注的论争或讨论有以下五个方面:

1. 关于"党化教育"论争的兴起。"党化教育"是国民党新的教育方略,先是蒋介石5月4日在南京召开的五四运动纪念大会上,正式发出实行"党化教育"的号召,然后主要通过国民政府大学院院长蔡元培加以制定和实施。7月1日,上海各报刊载教育行政委员会委员韦悫撰写的《国民政府教育方针草案》。概而言之,国民政府教育行政委员会首先对"党化教育"作了诠释:"所谓'党化教育',就是在国民党指导之下,把教育变成革命化和民众化,即教育方针要建筑在国民党的根本政策上。国民党的根本政策是三民主义、建国方略、建国大纲和历次全国代表大会的宣言和决议案。"8月4日,南京政府教育行政委员会议决学校施行党化教育办法草案。11月6日,蔡元培在上海主持召开大学委员会的第一次会议,到会者有李石曾、易培基、郑洪年、褚民谊、戴季陶、蒋梦麟、胡适、朱家骅、张乃燕、张仲苏、杨杏佛、金曾澄、高鲁等委员。会议通过大学委员会条例、大学委员会议事细则、政治教育委员会组织条例、学校训育委员会组织条例等案。由于浙江为大学区改革试点之一,"党化教育"也走在前列。5月,国民党浙江省党部拟定了《党化教育大纲》。7月26—28日,浙江省教育厅长蒋梦麟召集全省中学校长会议,讨论、实施《浙江实施党化教育大纲》。与此相配合,还出版了多种党化教育著作。国民党提出并实施"党化教育"后,同时受到共产党与自由派知识分子的批判。10月,中共中央机关刊物《布尔塞维克》在上海创刊,瞿秋白任编委会主任。瞿秋白在《布尔塞维克发刊词》中将国民党所强调的"党权""党化"斥为"荒谬绝伦的理论",谓"资产阶级勾结土豪劣绅的新式军阀,从蒋介石起直到张发奎,想巩固自己的统治,所以要用国民党的名义,造作许多'中国并无阶级''共产主义不适宜于中国''唯有国民党人可以专政',还有甚么'党权''党化'等等荒谬绝伦的理论,——把孙中山先生的革命精神完全抛弃,而捧着孙中山学说中的反动思想以及陈死人的偶像,来笼罩全国。他们如此将改组后的国民党送终了"。10月24日,胡适致信蔡元培,辞大学委员会委员之职,表示不同意"党化教育"的宗旨,也反对办"劳动大学"。27日,蔡元培复信请他勿固辞。19日,胡适致函蔡元培、吴稚晖、赵元任、刘半农,再请辞全国国语教育促进会附设第一国语模范学校校董职。这是胡适基于自由主义理念与立场,对蔡元培"党化教育"直接表达不满。

2. 关于"国家主义"论争的延续。本年度中国青年党"国家主义"派十分活跃,继续依托军阀,主张反共反俄反国民党一党专政,以上海《醒狮周报》为阵地,又有靳宗岳于1月在北京创办《新国家》杂志,标举国家主义,明确声明:"真国家主义必主张全民政治,而反对独夫或一党专政。"彼此相互呼应,发表系列论文和出版著作,根据新形势继续鼓吹"国家主义"思想。由于得不到国民党的承认,中国青年党在反共的同时,也进行反对国民党一党专制的活动。而就学术而论,则以常乃惪论著更为丰硕。常乃惪发表文章论述国家主义与非国家主义的区别,意图统一国家主义阵营。此外,常乃惪在《东方杂志》第 24 卷第 24 号发表《中国民族与中国新文化之创造》,就中国新文化之创造问题提出国家主义派的主张与观点。"国家主义"派的主将还有李璜、陈启天、余家菊等。余家菊居于南京,1 月在《醒狮周报》第 118 期发表《国家主义之心理基础》,从心理学的角度阐明国家主义的基础。其上年所著《国家主义概论》由北京《新国家》杂志社刊行。陈启天北上北京,并将《醒狮周报》带到北京代编。4月 23 日,陈启天在《醒狮周报》第 129 期发表《救国的联合战线与国家主义者的态度》,一再呼吁蒋介石放弃北上进攻孙传芳、张作霖的行动,劝蒋不要"汲汲于争鸡虫之得失"而"放松共产党",希望蒋介石和北洋军阀、青年党结成联合阵线,共同反共。5 月 21 日,陈启天在《醒狮周报》第 134 期发表《苏俄不许共产党退出国民党与中国的前途》,鼓动全国的"各种反共的军事势力(蒋军包括在内)""克期会攻武汉",消灭武汉革命政权,否则必"同归于尽"。李璜年初赴成都大学任教,为"惕社"请,与"健行社"所请成大教授杨吉甫,"社科社"所请中共成都特支书记刘愿庵三派都在会上自由讲述自己的学术思想和政治观点。刘愿庵最后讲演,他驳斥了国家主义派的观点,赞扬了孙中山的新三民主义,提出了如何建立一个和平、自由、平等、幸福的新国家的主张。刚讲完,张澜即带头鼓掌,连声称赞:"讲得好!讲得好!"针对"国家主义"派的观点与危害,陈独秀连续发表多篇文章继续予以批判。2 月 7 日,陈独秀发表《讲容忍的国家主义者》《曾琦与麦克唐纳尔》《国家主义者眼中的国家和政府之分》《国家主义者的国家与中华民国》《究竟是谁无祖国》《令人肉麻的国家主义者》《怎见得我们不要国家》等。16 日,发表《曾琦与何海鸣》。28 日,发表《国家主义派又为张雨帅所赏识了》。此外,身处北京的周作人也加入了批判"国家主义"派的行列。1 月 17 日,周作人作《素朴一下子——呈常燕生君》,刊于 1 月 22 日《语丝》第 115 期,批评国家主义派常乃惪在《世界日报·学园》第 11 号上发表的《因读〈狂飙〉想到思想界》一文。2 月 26 日,周作人在《语丝》第 120 期发表《北京的好思想》,讽刺在极消沉的"北京的思想界""也决不是没有好的货色,所谓国家主义即是其一",并批评了国家主义派"反蒋不反孙,反俄不反英"的教义。3 月 25 日,周作人在《语丝》第 124 期发表《灭赤救国》,抨击"北京的所谓国家主义团体"成立的"抗英驱俄灭赤救国大同盟"及北京军警为"灭赤救国"而大肆"搜捕男女学生教员"的反动罪行。7月 26 日,周作人在《语丝》第 137 期发表《猫脚爪》,批评吴稚晖"骂共产党拿民众去当抓那爆栗子的猫脚爪""但据我看来……吴先生自己近来也似乎不知不觉地成为一只猫脚爪了",他"抓出来的半生半熟的栗子我看就已将落在别个猴子们的手里,无论这些是国家主义或是研究系之徒,总之吴先生去抓一下,他们来吃一顿,那是确实的了"。当时周作人不仅激愤于张作霖残酷杀害李大钊,而且激愤于蒋介石的"清党"暴行与白色恐怖。7 月 5 日,周作人作《偶感之三》,刊于 7 月 16 日《语丝》第 140 期,文中抨击了在"清党"运动里,国民党大杀青年的暴行。16 日,周作人在《语丝》第 140 期发表《人力车与斩决》,针对报载胡适在上海演说云"中国还容忍人力车,所以不能算是文明国"一事,指出国民党在"清党"中逮捕共产党多人,"枪毙之外还有斩首",而胡先生"只见不文明的人力车而不见也似乎不很文明的斩首,此吾辈不能不甚以为遗恨者也"。同日,周作人作《吴公何如?——致荣甫先生》(随感录三),刊于7月23日《语丝》第141期,信中谈到国民党的"清党"时说:"要不要清党,我们局外人无从说起,但是那种割鸡似地杀人的残虐手段我总不敢赞成;白色恐怖绝不会比赤色的更好。" 23日,周作人作《整顿学风文件汇编》,刊于7月30日《语丝》第142期。8月6日,因奉系军阀张作霖决定将北京大学解散,改办京师大学校,周作人愤然去职。9月20日,周作人作《怎么说才好》,刊于10月1日《语丝》第151期,文中抨击了国民党在"清党"中虐杀族诛的暴行。由于"国家主义"派明确投靠张作霖军政府,坚决支持蒋介石大屠杀,所以成为周作人批判、讽刺的对象,但结果是北新书局被迫停业、《语丝》杂志被禁,周作人与刘半农暂往菜厂胡同一日本友人家中避难。此外,因常乃惪在《学园》上发表拥护《狂飙》周刊的文章,引起鲁迅不满。鲁迅于年底在《语丝》上撰文,反讽常乃惪的党人气味。

　　3. 关于新旧东西文化论争的延续。这是一个经久不衰的老问题,而且东西、新旧文化两个维度的论争总是纠缠在一起,几乎成为一个"大杂烩",但在不同的学者之间具有迥然不同的立场与取向,而今年的一个显著特点是海内外的联动。其中国内的主要观点有:1月22日,周作人在《语丝》第115期发表《〈东海论衡〉的苦运》,文中讽刺了东南大学刊物《东南论衡》第28期中学衡派胡先骕的一则时评《半斤与八两》。2月,杜亚泉在《一般》杂志第2卷第2号发表《对于李石岑先生演讲"旧伦理观与新伦理观"的疑义和感谢》,就李石岑《旧伦理观与新伦理观》一文辩论新旧伦理问题,对其割裂新旧伦理的观点进行质诘。由于杜亚泉一直主张中庸调适,缓进和科学理性,在整体的激进思潮兴起的大背景下,难免被讥为"思想史上的失踪者"。3月27日中午,太平洋联会(Pan-Pacific Association,或译为"联太平洋会""泛太平洋协会")在上海华懋饭店雅各宾室举行餐会,林语堂应邀以"中国人民"为题演讲东西文化之沟通、中华人士的源流与个性等。4月3日,张申府在《上游》中央副刊星期日特别号发表《革命文化是什么》,认为"革命文化既非中国旧文化,也非近来流传的所谓新文化。可说乃是一种第三文化""革命文化,就是世界民众直接创造的客观化。更简单以名之,也可就叫作'民化'。鼓吹这种文化,显扬这种文化,建设这种文化,也可就说是民化运动。由这种文化,使大家贯彻革命的事实,使大家合于革命的习惯,使大家晓得在新建设的社会里怎么样子反应,也可就说是民化教育"。而在美国,先是梅光迪2月9日致信胡适,谓"若你始终拿世俗眼光看我,脱不了势力观念,我只有和你断绝关系而已"。又说:"我的白话,若我肯降格偶尔为之,总比一般乳臭儿的白话好得多。但是我仍旧相信作小说、戏剧可用白话,作论文和庄严的传记(如历史和碑志等)不可用白话。"4月3日,胡适在旧金山对华人讲演《新文化运动的过去及将来》。5月6日,胡适在日本讲演《中国文化的再生》。演讲稿由记者记录发表在日本《太平洋》周刊,题为Cultural Rebirth in China Outlined,是胡适有关"中国的文艺复兴"论著和演讲中的重要篇章。约12月初,胡适与聂云台就东西方文明有所论辩。12月17日,聂云台又致信继续申论他的东方文明优于西方的意见。他宣称胡适是极端崇拜西方人看不起东方人者,他自己则是极端看不起西方人而崇拜东方人者。他所以敢于尽力宣传东方学说,"系因为古来主张此种学说的人,都是忠实的尊重史料家而不肯戴眼镜者。他们所取的史料而应用的,都实有证验,足以证明他们的主张合于实用,不是夹杂感情的理想。至于新科学的成绩,我所知者,犯罪人数、死亡总率、烦恼恐怖的事情,比东方简陋愚昧生活的人只见其多,不见减少"。聂云台的思想言论,很可代表那一时期的国粹主义者的心态。

　　4. 关于"革命文学"论争的爆发。经过此前日俄两种"革命文学"资源的吸取与融合及其在中国本土的实践,终至是年以上海为阵地爆发了一场"革命文学"的大论战。然后至1929

年而进入"革命文学"论争勃然兴起的关键时期,也是从文学革命到革命文学的重要转折时期。其间,关于"革命文学"的讨论大量出现在太阳社和创造社的刊物,如《太阳月刊》《文化批判》和《创造月刊》上。除了成仿吾、蒋光慈等这些自诩代表了中国先进左翼思想的年轻人,鲁迅、郭沫若、郁达夫、茅盾等在彼时中国文坛占据举足轻重地位的知识分子也主动参与或被动卷入了这场论争。10月下旬至11月,李初梨、朱镜我、冯乃超、彭康等先成仿吾从日本相继回到上海,纷纷投入革命文学的讨论与建设之中,从而壮大了"革命文学"论争的正能量。其中鲁迅的重要文章有《革命时代的文学》《革命文学》《关于文学与革命问题》《文艺和革命》;郁达夫的重要文章有《无产阶级专政和无产阶级的文学》《诉诸日本无产阶级文艺界同志》《农民文艺的提倡》《乡村里的阶级》;成仿吾的重要文章有《完成我们的文学革命》《文学革命与趣味——复远中逊君》《文学家与个人主义》《从文学革命到革命文学》;郭沫若则有所译《革命与文学》。鲁迅《革命文学》强调做革命文学的"根本问题是在作者可是一个'革命人',倘是的,则无论写的是什么事件,用的是什么材料,即都是'革命文学'。从喷泉里出来的都是水,从血管里出来的都是血",深刻阐述了作家的世界观对文艺创作的决定作用。此文对于"革命文学"论争而言具有总览与定位的意义。成仿吾《从文学革命到革命文学》对"五四"以来文学革命进行了历史的总结,并及时地提出了在新的历史条件下新文学发展的方向。无论是赞同者,还是反对者,都产生了很大的反响,明确标示了从文学革命到革命文学的重要转向。上述有关"革命文学"的论争在文学与学界引发广泛反响,其中《洪水半月刊》刊有:觉先《〈完成我们的文学革命〉的回声》(第3卷第28期)、远中逊《完成我们的文学革命的回声》(第3卷第30期)、王少船《文学革命的商榷》(第3卷第34期)、徐克家《完成文学革命的回声》(第3卷第35期)。丁丁选录和编纂相关论文集,题为《革命文学论》由上海泰东书局出版,并以《献诗》冠于卷首,所录论文主要有:郭沫若《文艺上之社会的使命》《文艺家的觉悟》《革命与文学》《艺术家与革命家》、郁达夫《文学上的阶级斗争》、沈泽民《我所景慕的批评家》、蒋光赤《死去了的情绪》《革命与罗曼蒂克——布洛克》、瞿秋白《赤俄新文艺时代的第一燕》、洪为法《真的艺术家》、成仿吾《革命文学与他的永远性》、丁丁《革命与文学》。此为有关"革命文学讨论"的第一部论文集,但其中部分论文如陈独秀的《文学革命论》显得比较勉强,因为尽管"革命文学"承续"文学革命"而来,但彼此毕竟具有阶段与本质的不同。

　　5. 关于"人性论"论争的兴起。胡适5月20日抵沪后,与徐志摩、闻一多、潘光旦、余上沅、饶孟侃、刘英士等在上海龙华路开办新月书店,并任董事长,余上沅为经理兼编辑主任,闻一多、梁实秋、徐志摩、饶孟侃、叶公超、胡适等11人为董事。此后,新月书店陆续出版梁实秋的《浪漫的与古典的》《文学批评论》等书,宣扬"人性根本是不变的""普遍的人性是一切伟大的作品之基础""纯正之人性乃文学批评唯一之标准"等资产阶级人性论,抹杀阶级斗争,攻击革命文学。11月16日,鲁迅应邀往光华大学演讲文学与社会的关系,对文学界存在的种种不良倾向进行了分析和批评,也对"新月派"献媚投靠国民党,以及国民党反动派操纵文化进行反革命宣传的罪行进行了揭露,并希望中国文坛有一种新的人来创造新的文学。由此与新月派、现代评论派重开论战。同月,梁实秋在《复旦旬刊》创刊号重新发表几经修改的《卢梭论女子教育》一文,借《新女性》月刊开展对妇女问题的讨论,说"卢梭论教育无一是处,唯其论女子教育,的确精当",认为世上"有聪明绝顶的人""蠢笨如牛的人",有"弱不禁风的女子",也有"粗横强大的男人",把人分为三流九等。文中谈女子教育问题时说,"正当的女子教育应该是使女子成为完全的女子",而"理想的女子教育就是贤母良妻的教育",这样才"合于吾人之胃口"。针对这种论调,鲁迅、郁达夫等人展开了反击,鲁迅于 21 日作《卢梭和胃口》,刊于 1928 年 1 月 7 日《语丝》周刊第 4 卷第 4 期,文中以阶级分析的方法,指出梁实秋的所谓"女子教育",实际上是使女子"成为完全的'弱不禁风'者",永远成为剥削阶级的附属品,并进而指出,梁实秋之所以宣传卢梭的观点并加以发挥,是因为这些观点完全符合剥削阶级的"胃口"。23 日,鲁迅作《文学和出汗》,刊于 1928 年 1 月 14 日《语丝》周刊第 4 卷第 5 期,着重批判梁实秋等人宣扬的资产阶级人性论,这是自"五四"以来最早批评资产阶级人性论的重要文章之一。就学术著作而言,梁实秋著《浪漫的与古典的》是其倡导人性论的代表作。而丁丁编《革命文学论》则是一部收录"革命文学"讨论与争鸣的论文集。

　　6. 关于"整理国故"论争的延续。先是徐浩于上年 12 月 18 日在《现代评论》第 5 卷第 106 期发表《主客》一文,批评整理国故的一种恶影响是造成一种"非驴非马"的白话文。1 月 7 日,胡适撰写《整理国故与打鬼——给徐浩先生的信》,刊于 3 月 19 日《现代评论》第 5 卷第 119 期。文章首先就徐文批评整理国故的一种恶影响是造成一种"非驴非马"的白话文作了回应的说明。其次,不同意徐文所说国故整理的运动总算有功劳,因为国故学者判断旧文化无用的结论可以使少年人一心一意地去寻求新知识与新道德的结论。但更为重要的是,胡适旨在阐述其整理国故的新理念,谓整理国故就是"用精密的方法,考出古文化的真相;用明白晓畅的文字报告出来,叫有眼的都可以看见,有脑筋的都可以明白。这是化黑暗为光明,化神奇为臭腐,化玄妙为平常,化冲圣为凡庸;这才是'重新估定一切价值',他的功用可以解放人心,可以保护人们不受鬼怪迷惑"。此函标示着胡适对于"国故""国故整理"的新认识与新定位。《现代评论》第 5 卷第 119 期还同时刊出陈源为胡适《整理国故与"打鬼":给徐浩先生信》撰写的《西滢跋语》,对"整理国故"提出不同意见,归纳起来,其关键句有:一是"别人可以'整理国故',适之先生却不应当'整理国故'";二是"我对于'整理国故'这个勾当,压根儿就不赞成""我觉得现在还没有到'整理国故'的时候";三是"我觉得现在的国故学者十九还不配去整理国故。他们大家打的旗帜是运用'科学方法'。可是什么是科学方法? 离开了科学本身,那所说的'科学方法'究竟是什么呢? 一个人不懂得什么是科学,他又怎样的能用科学方法呢? 而且,用'科学方法'做工具,去整理国故,与用'外国文知识'做工具,去翻译西方的各种学识一样的可笑,一样的荒唐。"相关著作则有许啸天编《国故学讨论集》(全 3 册),旨在探讨"国故学里有些什么门径",全书共收入 62 篇文章,包括梁启超《治国学的两条大路》、胡适《再谈谈整理国故》、吴文祺《重新估定国学之价值》等重要文章,并依文章的阐述内容分门别类归辑于"通论""学的讨论""书的讨论""人的讨论"四类。从先秦六经到诸子百家,从治学方法到思想研究,内涵丰富,涉及广泛,为此前学界有关国故、国故学讨论重要成果的汇编。

　　7. 关于对王国维的哀悼与评价。王国维 6 月 2 日上午投昆明湖自尽后,当晚入殓。陈寅恪为王国维撰写挽联曰:"十七年家国久魂销,犹余剩水残山,留与累臣供一死;五千卷牙签新手触,待检契文奇字,谬承遗命倍伤神。"又作《挽王静安先生》一首,诗曰:"敢将私谊哭斯人,文化神州丧一身。越甲未应公独耻,湘累宁与俗同尘。吾侪所学关天意,并世相知妒道真。赢得大清干净水,年年呜咽说灵均。"9 月 20 日,梁启超率领清华国学研究院新旧学生,前往王国维墓地悼念,向诸生发表《王静安先生墓前悼词》,总结了王国维的学术成就和治学特点与成就:"我们看王先生的《观堂集林》,几乎篇篇都有新发明,只因他能用最科学而合理的方法,所以他的成就极大。此外的著作,亦无不能找出新问题,而得好结果。其辩证最准确而态度最温和,完全是大学者的气象。"10 月 31 日,《国学月报》第 2 卷第 8—10 号合刊"王静安先生专号"出版,载有《古史新证》等王国维遗著以及姚名达《观堂集林批校表》、耘僧《王静安先生整理国学之成绩述要》、储皖峰《王静安先生著述表》、赵万里《王观堂先生校本批本目录》、殷南(即马衡)《我所知道的王静安先生》、姚名达《王静安先生年表》、柏生(即戴家祥)《记王静安先生自沉事始末》等文,还载有梁启超、陈寅恪和研究院学生的挽词、挽诗、回忆文章等。专号《引言》指出王国维在学术上的莫大贡献是:"论哲学,是最早介绍康德、叔本华和尼采学说的人;论文学,首先以识宋元戏曲的价值,开辟平民文学的风气;论文字学,发明殷商甲骨文字,建设中国文学新系统。论史学的功绩,尤其数不胜数——殷周史迹及制度,西北佚事及地理,前人所不知或未解的问题,他能够说个清楚;古器物,前人只知著录或拓揭,他能够作系统的研究,又拿来考证史事;古书篇,前人已经误解或伪造,他能够作精详的笺考,又藉以辨别史书。"另有容庚与朱芳圃分别在《燕京学报》《东方杂志》发表《王国维先生考古学上之贡献》与《述先师王静安先生治学之方法及国学上之贡献》。后文指出:"先师治学,缜密谨严。奄有清代三百余年文字、声韵、训诂、目录、校勘、金石、舆地之长,而变化之、恢宏之。其所见新出史料亦最夥。又精英日法诸国文字,精通科学方法。故每树一义,考一事,精赅无伦,得未曾有。其著述之量,虽稍逊清代大儒,然新得之富,创获之多,谓之前无古人可也。"是年,王国维的著作《海宁王忠悫公遗书》由罗振玉编校,天津博爱工厂自1927年秋至1928年春分集印讫,出版石印本。关于王国维的死因,众说纷纭,至今仍争论不休,一般学者论点有所谓的"殉清说""逼债说""性格悲剧说""文化衰落说"。陈寅恪《王观堂先生挽词》的序言中写道:"或问观堂先生所以死之故。应之曰:近人有东西文化之说,其区域分划之当否,固不必论,即所谓异同优劣,亦姑不具言;然而可得一假定之义焉。其义曰:凡一种文化值衰落之时,为此文化所化之人,必感苦痛,其表现此文化之程量愈宏,则其所受之苦痛亦愈甚;迨既达极深之度,殆非出于自杀无以求一己之心安而义尽也。""吾中国文化之定义,具于白虎通三纲六纪之说,其意义为抽象理想最高之境,犹希腊柏拉图所谓 Idea者。若以君臣之纲言之,君为李煜亦期之以刘秀;以朋友之纪言之,友为郦寄亦待之以鲍叔。其所殉之道,与所成之仁,均为抽象理想之通性,而非具体一人一事。"

另外还有一些范围较小甚至局限于个别学者学术交流的批评与论争,诸如:周作人1月23日作《时运的说明》,刊于2月26日《世界日报·副刊》第8卷第18号。文中认为张竞生的性学研究以民国十六年为界,可划分为两个时期,并作出正负不同评价,此前"他的运动是多少有破坏性的,这就是他的价值所在"。又说:"《美的人生观》不能说是怎么好书,但是这一点反礼教的精神,打破古来对于性的禁忌——这两个字我是想拿来译'达布'(Taboo)这术语的——于性道德的解放上不无影响。就是《性史》我也以为不可厚非,他使人觉得性的事实也可以公然写书,并不是如前人所想的那样污秽的东西,不能收入正经书的里边去的……可是到了民国十六年,从一月一日起,张竞生博士自己也变了禁忌家,道教的采补家了。他在《新文化》第1期上大力提倡什么性部呼吸,引道士的静坐、丹田,以及其友某君能用阳具喝烧酒为证,喔,喔,张博士难道真是由性学家改业为术士了么?"郁达夫因在《洪水》上发表《广州事件》,受到郭沫若、成仿吾的指责,遂于8月15日在《申报》《国民日报》刊登《郁达夫启事》,声明自己完全与创造社脱离关系。张尔田10月2日在《国学专刊》第1卷第4期"通讯"栏刊载与叶长青的来往书信:《张孟劬先生与叶长青社长书》《张孟劬先生复叶长青社长书》及《叶长青社长复张孟劬先生书》。张尔田既赞赏叶长青等所办《国学专刊》"取材丰备,固不限一族",又不苟同其"总其大较,要以考据为归"的主张,希望"贵刊既以国学揭橥天下矣,由此驯而进焉,蕲以践乎其实,姬公孔父之道,吾国学一线之曙光,将惟公等是赖"。杜亚泉11月在《一般》杂志第3卷第3号发表《关于情与理的辩论》,对朱光潜《谈情与理》一文尊情抑理的非理性主义观点予以批评,主张以理智指导情感,实现理智与情感的辩证统一。傅斯年11月8日在《国立中山大学语言历史学研究所周刊》第1集第2期发表《评〈秦汉统一之由来和战国人对于世界之想象〉》一文,对顾颉刚《秦汉统一之由来和战国人对于世界之想象》及"古史辨"提出了一些质疑。12月31日,傅斯年在《国立中山大学语言历史学研究所周刊》第1集第7期发表《评〈春秋时代的孔子和汉代的孔子〉》一文,对顾颉刚刊于《国立中山大学语言历史学研究所周刊》第5期的《春秋时代的孔子和汉代的孔子》提出质疑。另有《东方杂志》第24卷第16号刊出"农民状况调查号",相当于专题讨论与研究,也充分显示了《东方杂志》对农民问题的高度关注和重视。

除了上述论争之外,本年度聚焦于重要学术论题的论著尚有:张知言著《国民党统治下的学术》,竺可桢著《取消学术上的不平等》,罗家伦(原题罗志希)著《科学与玄学》,胡明复著《科学方法》,梁启超著《社会学在中国方面的几个重要问题研究举例》《王阳明知行合一之教》,常乃惪著《周易中之社会哲学》,王重民编《老子考》(上下册),冯友兰著《孔子在中国历史中之地位》《中国哲学中之神秘主义》,贺昌群著《上古哲学史上的名家与所谓"别墨"》,许地山著《道家思想与道教》,唐钺著《尹文和尹文子》,容肇祖著《韩非的著作考》,郑宾于著《公孙龙考》,黄子通著《朱熹的哲学》,吴其昌著《朱子著述考》,胡适著《戴东原的哲学》《国语文学史》,范寿康著《认识论浅说》《美学概论》,陈望道著《美学概论》,陈彬龢著《中国佛教小史》,甘乃光等著《孙文主义研究集》,萧楚女著《社会主义讲授大纲》,恽代英著《中国民族革命运动史》,费觉天著《阶级斗争原理》,高尔松著《中国民族运动》《世界无产政党发达史》《国际社会运动小史》,刘秉麟《各国社会运动史》上册,印维廉编《世界政党史》,贺岳僧著《中国罢工史》,查良鉴著《中国学生运动小史》,杨之华著《妇女运动概论》,余家菊著《国家主义概论》,陈海澄著《亚细亚民族崛兴与英帝国主义之崩溃》,陈立廷编辑《太平洋问题》,毛一波著《马克思经济学批评》,李权时著《中国经济问题纲要》《中国经济思想小史》,陈友琴著《现代中国经济略史》,戴季陶著《产业合作社之组织》,袁德宣著《交通史略》,何思源著《国际经济政策》,陶孟和编《社会问题》,常乃惪编《社会学要旨》,孙本文著《社会学之文化论》,蔡毓骢著《社会调查之原理及方法》,程树德辑《九朝律考》,魏冰心编《五权宪法释义》,郑毓秀著《中国比较宪法论》,王世杰著《比较宪法》,张荫麟《九章及两汉之数学》,沉君《回回教进中国的源流》,缪天绶《宋学重要的问题及其线索》,侯厚培《五口通商以前我国国际贸易之概况》,胡愈之《一九二六年的国际问题》,胡稷咸《中国现代教育之症结》,舒新城《教育通论》《收回教育权运动》《近代中国留学史》,姜琦、邱椿著,蔡元培校订《中国新教育行政制度研究》,陈宝泉著《中国近代学制变迁史》,中华民国留德学会编《中华民国留德学会年鉴》(民国十六年),戈公振著《中国报学史》,蒋国珍著、汤彬华编《中国新闻发达史》,陆懋德《由甲骨文考见商代之文化》,罗振玉《殷虚书契考释》,周熙编著《诗三百古音发明》(卷1),叶长青著《文字学名词诠释》,吕思勉著《字例略说》,王力《三百年前河南宁陵方音考》,蒋翼振编著《翻译学通论》,郑振铎编纂《中国文学研究》《文学大纲》,郁达夫著《文学概说》,田汉著《文学概论》,胡寄尘编《中国文学辨正》,成仿吾《使命》,梁实秋著《浪漫的与古典的》,黄石著《神话研究》,陈钟凡著《中国韵文通论》,陈去病著《诗学纲要》(上下册)《辞赋学纲要》(上下册),汪静之著《诗歌原理》,朱希祖《汉三大乐歌声调辨》,鲁迅《魏晋风度及文章与药及酒之关系》，胡云翼著《唐代的战争文学》，吴梅编《词余讲义》，陈景新编著《小说学》，余上沅著《戏剧论集》《国剧运动》，余心编著《戏曲论》，赵景深著《童话概要》《童话论集》，徐蔚南著《民间文学》，陈钟凡著《中国文学批评史》，黄侃著《文心雕龙札记》，梁乙真编《清代妇女文学史》，范烟桥著《中国小说史》，郑次川著《欧美近代小说史》，瞿秋白著《俄罗斯文学》，蒋光慈编《俄罗斯文学》，谢六逸编《日本文学》（上卷），北平延寿堂编《宋元明清四朝名画留真》，俞寄凡著《西洋音乐史纲》，萧友梅编《和声学》，佟晶心著《新旧戏曲之研究》，甘亚子、陈定秀编、程树仁主纂《中华影业年鉴》（民国十六年）第 1 集，何炳松著《历史研究法》，李泰棻编著《记录以前之人类史略》，李济《西阴村史前遗存》，刘横起著《中国五千年革命史》，卫聚贤《左传之研究》，李嘉善《五胡十九国兴亡表》，高博彦《蒙古与中国》《中国近百年史纲要》（上下册），陈守实《明史稿考证》，谢国桢《顾亭林先生学侣考序》，赵祖铭著《清代文献迈古录》（上下册），孙嘉会著《中华民国史》，陈叔谅著《五卅痛史》，刘秉麟著《各国社会运动史》（上册），廖划平编《社会进化史》，吴毅编《世界革命史》，李大年编著《英美劳动运动史》，周鲠生著《近代欧洲外交史》，于树德著《帝国主义侵略中国史》，陈彬龢著《帝国主义侵略中国史》，黄克谦著、孙季武续著《帝国主义侵略中国史》，刘彦著《帝国主义压迫中国史》，王庸著《四海通考》，李璜编《欧洲远古文化史》，刘强著《中外文化接触之研究》，潘光旦著《小青之分析》，竺可桢著《论以岁差定〈尚书·尧典〉四仲中星之年代》，徐中舒著《从古书中推测之殷周民族》，容庚著《殷周礼乐器考略》，马衡著《中国之铜器时代》，李泰棻编著《记录以前之人类史略》，李济著《西阴村史前遗存》，郑振铎著《巴黎国家图书馆中之中国小说与戏曲》，杜定友著《图书馆学概论》，杜定友、蒋径三等编《革命文库分类法》等等。张知言《国民党统治下的学术》提出"近来中国学术界的不振，一由于中国人在通商口岸买办化，市侩化，或叫做肤浅的洋化；二由于留学生之毫不得力，派遣的政策既然错误，而留学生本身亦绝少披荆斩锐，百折不挠，以维持中国的旧学术，以建树中国的新学术的。"鉴此，作者认为改进新中国的学术，"第一要使学子能脱离通商口岸的文化，第二要更改前派留学生及任用留学生的办法。"竺可桢著《取消学术上的不平等》，特别指出中国历史上的汉唐时代，文化不亚于东、西罗马，宋末元初的时候，中国文明与西方也可以并驾齐驱。甚至在科学上，中国不仅有四大发明，中国古代的三皇五帝，都是科学上的发明家，可以视为对当时全盘西化的一种反拨。胡明复著《科学方法》论述现代科学方法，主要是实证论代表人物马赫、魏斯曼等人的科学方法，内容包括科学方法与精神之大概及其实用、科学之律例等。胡适著《戴东原的哲学》重在探讨与阐述戴东原的哲学，包括戴震的哲学、戴震哲学所产生的反响、戴震在中国哲学史上的位置等等。李权时著《中国经济问题纲要》为作者的第一部学术著作，论述的内容涉及社会、经济、财政、金融、交通、工业、商业、农业、消费以及国际经济问题，尤其对中国近代社会制度的弊害、人口问题等发表独特的见解，提出了许多有价值的建议。陶孟和编《社会问题》较早地论述了人口的数量与品质问题，认识到"限制人口，是现在各文明社会中一个最主要的问题""人的品质是社会问题上的一个重要因素"，具有学术前瞻性。孙本文著《社会学之文化论》介绍各国社会学家之文化论，实际上是一部社会文化学著作。王世杰著《比较宪法》曾是民国时期诸多法政学堂的必读教材，被称为民国时期我国宪法学领域的扛鼎之作。舒新城著《近代中国留学史》为第一部梳理中国近代留学史的专著，出版后在学界产生重要影响。陈宝泉著《中国近代学制变迁史》为第一部较完全地记述近代学制变迁的专著。戈公振著《中国报学史》为我国第一次系统全面介绍和论述中国报纸产生以及发展的重要著作，被誉为"中国新闻史开山之作"。蒋翼振编著《翻译学通论》率先提出"翻译学"并以此作通论研究，具有开拓性意义。郑振铎《文学大纲》共 4 册，相当于一部世界文学书，附彩色及黑白插图 800 多幅，无论在内容还是体例上多有创新。何炳松著《历史研究法》分博采、辨讹、知人、考证与著述、明义、断事、编比、著作等 10 章，意在介绍西洋之史法，并表示自己赞同治史上的疑古态度，大略在编译与著述之间，但能融会贯通，多有参考价值。李泰棻编著《记录以前之人类史略》包括人之由来、旧石器时代、新石器时代、耕种时代等 8 章，为中国最早的考古学专著之一。李济《西阴村史前遗存》作为清华学校国学研究院丛书第三种出版，为中国人自己撰写的第一篇科学的现代考古发掘报告。潘光旦《小青之分析》分为"小青事考"和"小青之分析"两部分，为学界提供了一个精神分析的案例。

至于聚焦于学术史的重要论著，首先当推范皕海的学术著作《二千五百年来之国学》，此书概述我国自春秋以来的哲学、历史学、政治学、经济学、宗教学、刑法学、天文学、数学的发展，具有学术史论的价值。其他尚有：吴其昌《宋代之地理学史》、卢冀野《太谷学派之沿革及其思想》、卡拉克《中国对于西方文明态度之转变》、马相伯《五十年来之世界宗教》、张钦士选辑《国内近十年来之宗教思潮》、愈之《世界语四十年》、江绍原所译《二十五年来之早期基督教研究》《廿五年来之宗教史研究》、贺麟《西洋机械人生观最近之论战》、程湘帆《英美德法四国教育的新趋势》、华林一《欧洲教育前途的趋势》、潘菽《心理学的过去与将来》、竺可桢《泛太平洋学术会议之过去与将来》、育干《近年相继来华的外国学术探险队及其发现》、甘人《中国新文学的将来与其自己的认识》、梁实秋《近年来中国之文艺批评》、林履彬《发声电影及电传形象发明的经过》《现代西洋绘画的主潮》、杨效春《对于时论"中国人口问题"的总答辩》。这些论文多致力于学术史研究，或者具有学术史意识，可以归入学术史论的范围。（以上参见本书"学术背景""学术活动""学术著作""学者生卒"栏所引文献与出处，以及章恒忠、王亚夫主编《中国学术界大事记(1919—1985)》，上海社会科学出版社 1988 年版；中央教育科学研究所编《中国现代教育大事记 1919—1949》，教育科学出版社 1988 年版；王学典《20 世纪史学编年(1900—1949)》，商务印书馆 2014 年版；付喜祥《20 世纪前期中国文学史写作编年史》，北京师范大学出版社 2013 年版；中国大百科全书总编辑委员会编《中国大百科全书·考古学》，中国大百科全书出版社 2002 年版；王学珍等编《北京大学纪事(1898—1997)》，北京大学出版社 1998 年版；清华大学校史研究室编《清华大学一百年》，清华大学出版社 2011 年版；齐家莹编《清华人文学科年谱》，清华大学出版社 1999 年版；北京师范大学党委办公室、北京师范大学校长办公室《北京师范大学纪事》，北京师范大学出版社 2012 年版；南京大学高教研究所编《南京大学大事记(1902—1988)》，南京大学出版社 1989 年版；沈卫威编《学衡派编年文事》，南京大学出版社 2015 年版；吴永贵《民国图书出版史编年：1912—1949》，社会科学文献出版社 2018 年版；李来容《院士制度与民国学术——1948 年院士制度的确立与运作》，南开大学博士学位论文，2010 年；肖卫兵《学术集权抑或行政集权——从大学院到教育部的建制及其反思》，《高等教育研究》2020 年第 2 期；朱晓江《"文学"与"文明"：周作人散文"反抗性"因素研究》，复旦大学博士学位论文，2011 年；雷颐《张申府与"新民主主义文化"理论建构》，《兰州学刊》2019 年第 5 期；吴旭《〈译文〉与 20 世纪 30 年代中国左翼文学建构研究》，贵州师范大学博士学位论文，2022 年；周海波《策略与方法：整理国故与新国学的几个问题》，《山东师范大学学报（人文社会科学版）》2018 年第 6 期；关爱和《陈寅恪的学术取向与文学研究（上）》，《东方论坛》2022 年第 3 期；陈平原《新文化运动的另一面》，《文汇报》2018 年 11 月 30 日；文韬《西学东渐与"四部"解体——从分类变化看中国学术体系变迁》，北京大学博士学位论文，2009 年；文韬《"国故学"与"中国学术"的纠结——民国时期两种"国学"概念的争执及其语境》，《中山大学学报》2013 年 5 期；马筱璐《俄苏-日本-中国："革命文学"的跨文化之旅》，《华文文学》2017 年第 5 期；张广海《革命文学论争与阶级文学理论的兴起》，北京大学博士学位论文，2011 年）

1928 年　民国十七年　戊辰

一、学术背景

1月1日,蒋介石指定周佛海(总负责)、戴季陶、邵力子、陈果夫、陈布雷在上海创办之《新生命月刊》杂志创刊。

是日,全国注册局在南京成立,李宗侗任局长。

1月4日,哈佛燕京学社正式成立。

按:在学社章程中,可以看到哈佛燕京学社成立的目的:"进行及提供关于中国文化,以及(或者)亚洲别处,日本,以及(或者)土耳其与欧洲的巴尔干半岛的文化之研究、讲习、出版活动,聘请有适当学术水准的中国人或西方人,从事相当于文理学院研究所水平的探讨与教育工作,必要时为帮助学者进入此学社作适当的学术准备,资助中国别的高等学府;探讨、发掘、收集及保存文化及古代文物;或资助博物馆从事此类工作。"(中文译文引自陈毓贤《洪业传》,台北联经出版事业公司1992年版)

1月7日,国民党中央执行委员会常务委员会召开临时会议,谭延闿主席,蒋介石等出席。蒋介石正式恢复北伐军总司令的职务。

1月8日,中华法学会在法科大学召开成立大会。

1月9日,中华民国大学院公布《革命功勋子女就学免费条例》,规定凡革命功勋子女已入公立学校,而家计贫苦不能担负费用者可请求免费。

1月19日,中华民国大学院核准《第四中山大学区视学委员会暂行条例》13条。

1月20日,中共临时中央发表《中国共产党宣布国民党为国民公敌宣言》,除已命令共产党员完全退出国民党外,号召全国工农民众在共产党领导下,努力继续广州暴动的事业,创立苏维埃的中国。

1月27日,大学院公布《修正大学区组织条例》10条,规定"全国依各地之教育经济及交通状况,定为若干大学区,以所辖区域之名名之,每大学区设大学一所,除在广州者永远定名为中山大学以纪念总理外,均以所在地名之"。(大学院公报编辑处《大学院公报》1928年第3期,上海太平洋印刷公司出版)

是月,由中华民国大学院编印的《大学院公报》出版。

是月,中华民国大学院采纳艺术教育委员会提案,在杭州创办国立艺术院。

是月,方志敏等在江西弋阳领导起义建立了工农革命军,创建了赣东北革命根据地。

是月,蒋光慈、阿英、孟超等在上海发起创立太阳社。《太阳月刊》创刊号出版。

按:太阳社成员大多数为共产党员,社内建有党组织,他们大都参加过大革命时期的革命斗争,积极倡导无产阶级革命文学，宣传马克思主义的文艺思想，在革命文学理论的宣传和创作实践上都起过积极作用，在当时的文坛上产生了极大影响，使一大批作家团结在党的周围。曾先后编辑出版了《太阳月刊》《海风周报》《新流月刊》等刊物。1930年春，中国左翼作家联盟（简称"左联"）成立，该社成员全部加入左联，太阳社自动解散。

是月，观象台筹备处在大学院设立。

2月2日，国民政府全国建设委员会成立。

2月2—7日，国民党第二届四中全会在南京召开，会议决定在广州、武汉、开封、太原四处设立政治分会，选举蒋介石等5人为中央执行委员会常委，谭延闿为国民政府主席，蒋介石任国民党中央常务委员会主席兼军事委员会主席。

> 按：国民党二届四中全会议决：大学院制暂保留，待三次代表大会再决存废。此前，中央执行委员经亨颐、朱霁青、丁惟汾、白云梯、陈树人等提案要求设立教育部，废止大学院。蔡元培、李石曾等主张维持大学院制。6月，经亨颐、郭春涛等中央执行委员在国民党五中全会上历数江苏、浙江两省试行大学院制之流弊，再次建议废止大学院制，设立教育部。（安树芬、彭诗琅主编《中华教育通史》第七卷，京华出版社2010年版）

> 按：国民党二届四中全会发表的宣言中提及救济中国教育之道，提出："救济之术，首在保障教育之独立，充实教育之内容，防止青年之恶化、腐化，普及国民教育，提高民众知识，以造成健全之国民，方为建设国家之基础。而对于女子教育，尤须确认培养博大慈祥之健全的母性，实为救国保民之要图，优生强种之基础。"（参见中央教育科学研究所编《中国现代教育大事记1919—1949》，教育科学出版社1988年版）

2月6日，中华民国大学院公布《私立学校条例》11条，《私立学校校董会条例》13条。

2月10日，中华民国大学院令广州第一中山大学校名永远定名为中山大学；又令国立第四中山大学校名改称为国立江苏大学，后者引发校名风潮。

2月14日，中华民国大学院公布《教育会条例》24条。

2月16日，中国科学社在大学院召开理事会，竺可桢为会议主席。

2月18日，中华民国大学院通令各大学，各省市教育厅、局，将春秋祀孔旧典，一律废止。

是日，中华民国大学院公布《小学暂行条例》8章29条。

2月20日，南京国民政府准大学院、财政部商定之《整顿教育经费暂行办法》。

2月22日，中华民国大学院公布《华侨学校立案条例》7条。

2月23日，中华民国大学院公布《华侨小学暂行条例》21条；中华民国大学院院长核准《华侨子弟回国就学办法》6条。

是日，中华民国学生联合总会发表宣言，主要内容有扩大三民主义宣传，联合全国民众，协助政府建设，急求教育复兴，提倡师生合作，减轻学生负担等。

2月28日，中华民国大学院公布《试行大学区制省份特别市教育局暂行条例》13条。《条例》规定：试行大学区制省份特别市教育局，受特别市市长管辖，及本区大学校长之指导，主持全市教育行政事宜。特别市教育局局长，由特别市市长遴选三人，请大学院选任。特别市教育局局长，以大学毕业而富有教育行政经验者充之。特别市教育局教育计划，由局长呈请市长及该区大学校长核定之。《条例》还对特别市教育局之设置，科长、科员、督学之委任及职责等作了规定。

3月7日，国民党中央政治会议推蒋介石为中央政治会议主席，分别任命李济深、李宗仁、冯玉祥、阎锡山为政治会议广州、武汉、开封、太原分会主席。

3月10日,国民政府公布《中华民国刑法》,凡387条。

是日,中华民国大学院公布《中学暂行条例》25条。

3月26日,大学院准福建私立厦门大学立案。

3月29日,兰州中山大学举行开学成立典礼,代校长马鹤天报告筹办经过。

是月,在蔡元培的主导下,南京国民政府大学院成立古物保管委员会,其成员有张继、高鲁、顾颉刚、蔡元培、徐炳昶、马衡、张静江、林风眠、刘复、易培基、袁复礼、胡适、傅斯年、翁文灏、李四光、沈兼士、徐悲鸿、李宗侗、陈寅恪、李石曾、朱家骅等。其工作主要是文物保护和考古研究。

是月,中华民国大学院公布《大学院教科图书审查委员会组织条例》9条,并制定《暂行教科图书审查办法》7条。

是月,中央研究院社会科学研究所在上海成立;又决议设历史语言研究所于广州,任傅斯年、顾颉刚、杨振声为常务筹备员。

是月,日本为便利在台日本青年升学深造,在台湾设立台北帝国大学,分文政、理农二学部。

4月1日,国立第三中山大学改名为浙江大学。

4月4日,蒋介石、阎锡山、冯玉祥、李宗仁开始联合反奉系军阀,新旧军阀混战。

4月7日,第二次北伐开始。第一集团军、第二集团军与第三集团军分别沿津浦线、京汉线和正太线同时向奉系军队发起总攻。

是日,中华民国大学院公布《教育学术统计暂行条例》13条。

4月8日,上海世界语学会呈请大学院准在全国学校加授世界语。

4月10日,南京国民政府公布《修正国立中央研究院组织条例》。《条例》规定:国立中央研究院"为中华民国最高科学研究机关"。其宗旨是:"实行科学研究,并指导、联络、奖励全国研究事业,以谋科学之进步,人类之光明。"研究范围:数学、天文学与气象学、物理学、化学、地质学与地理学、生物科学、人类学与考古学、社会科学、工程学、农林学、医学等11组科学。《条例》还对组织、基金、名誉会员等作了规定。(参见中央教育科学研究所编《中国现代教育大事记1919—1949》,教育科学出版社1988年版)

是日,中华民国大学院公布《中央研究院地质研究所奖金章程》。

是日,安徽大学预科在安庆菱湖百子桥第二院大礼堂(原省立法政专门学校旧礼堂)举行开学典礼,正式宣告成立。此为安徽现代高等教育之始。

4月13日,中国科学社在江苏大学举行南京社友会第四次集会,蔡元培任会议主席。

4月17日,南京国民政府公布《修正中华民国大学院组织法》22条。《组织法》规定:"大学院为全国最高学术教育机关,直隶于国民政府,依法令管理全国学术及教育行政事宜""大学院对于各省及各地方最高级行政长官之执行本院主管事务,有指挥监督之责""大学院于主管事务对于各省各地方最高级行政长官之命令或处分,认为违背法令或逾越权限者,得呈请中央变更或撤销之"。大学院设秘书处、高等教育处、普通教育处、社会教育处、文化教育处、大学委员会、中央研究院,为实行所定计划得设学校及其他教育学术机关。必要时得设专门委员会。《组织法》并对各处的职掌、编制等作了规定。(参见中央教育科学研究所编《中国现代教育大事记1919—1949》,教育科学出版社1988年版)

4月18日,中央研究院与广西当局积极接洽,组织"广西科学调查团"远赴广西,着重对该省地质矿产、动植物、农业、气象以及人种学等方面进行调查,参与者有李四光、郑章成、孟宪民、林应时、钱天鹤、秦仁昌、方炳文、常继先、陈昌年、唐瑞金等,其中李四光、孟宪民负责地质及矿物调查,郑章成、方炳文、常麟定负责动物调查,秦仁昌、唐瑞金负责植物调查,钱天鹤负责农学调查,此外尚有陈昌年、林应时随同帮助一切。

按:这次调查前后历时将近9个月,全程约3600余里。植物组由秦仁昌负责,最后秦仁昌根据采集标本完成《广西蕨类之新种篇》《中国蕨类专篇》;动物组采集活动由方炳文、常麟定主持,调查团工作结束之后,方炳文完成《广西新爬岩鱼类之研究》,常麟定完成《广西鹈鸪科之鸟类研究》。这是近代以来第一次由政府出面组织的大规模综合科学调查活动。

4月19日,国民政府下令"忠、孝、仁、爱、信、义、和、平""格物、致和、正心、诚意、修身、齐家、治国、平天下"为道德标准。

4月21日,《上海漫画》杂志创刊,主编张光宇。

4月23日,中比学术慈善事业委员会(庚款委员会)在北京成立。

4月24日,大学委员会以大学院337号训令,将江苏大学改称国立中央大学。

4月28日,朱德、陈毅等率南昌起义余部与毛泽东率领的湘赣边界秋收暴动部队在井冈山垄市会师。两支部队组成工农革命第四军。

4月28—29日,上海特别市政府举办第一届卫生运动大会,由财政、工务、公安、公用卫生等五局代表组织委员会负责筹备并执行。

是月,国民政府公布《修正国立中央研究院组织条例》,改中华民国大学院中央研究院为国立中央研究院,从法理上宣布中央研究院脱离大学院,而成为独立的学术研究机构,并特任蔡元培为国立中央研究院院长。

5月1日,渭南县、华县万余农民在中共陕东特委领导和西北工农革命军、陕东赤卫队的支持下,于渭南县崇凝及其附近地区发动"渭华"起义。随后刘志丹、唐澍任成立了西北工农革命军。

是日,《现代中国》杂志在上海创刊,由郭昌锦、丁时政创办。

按:《现代中国创刊词》(本刊的立场和态度)说:我们深深的感觉到,目前中国的文化水准太低,我们觉得坊间的一般出版物说空话太多,千篇一律,人云亦云,十分重复,亦未分工,只是说感情的话,只是说常识的话,而竟没有人拿出科学的体系来,说理智的话。我们不否认感情的价值,我们不否认常识的效用,然而,在今日的中国,光是感情,光是常识,十分不够,中国需要科学,中国更万分的需要理智。只有科学与理智,可以提高中国的文化水准,亦只有科学与理智,可以使混乱的中国思想界走上现代的轨道。我们的能力有限,我们的知识有限,但是我们却有弥补这一缺点的心愿与期望。我们希望:由于我们这一点小小的努力,引起各界的注意,造成一种学术的空气,使中国的思想界日渐接近于科学,日渐接近于理智。我们尝试,我们希望一切编者,作者,和读者与我们一起尝试。本刊的地盘是公开的,是读者的。在创刊之始,我们敬提出下列几条原则,说明我们的立场和态度:

一、现代化 中国的社会,中国的思想,中国的历史,在目前,大半尚在封建的阶段,中国必须向现代追赶,脱离封建的阶段,中国才有希望。中国必须现代化,脱离一切旧的,封建的,以突飞猛进的追求,推动历史前进,促进社会进化。一切旧的快些摧毁,一切新的快些接受与新生,这是现代化的意义。我们主张中国现代化,反对一切保守与后退。

二、科学化 科学最主要的有两大任务,一是求真,即尽量的要客观;二是有系统,即尽量的要合逻辑。在科学之前,一切不能欺骗,原原本本,真真实实,是非清楚,黑白分明,一切需要证明,一切要求合理。我们主张中国科学化,我们主张继续五四运动的精神,我们主张科学救国。我们反对一切非科学的冲动,说假,与造谣。

三、理性化 一切科学的进步,人类文明的进步,社会的进化,人类幸福的增进,都是导源于人类理性的提高。理性的发达,使人类脱离了黑暗,进入光明。我们主张中国一切都理性化,提高人类理智的价值,反对一切盲目的纯感情的不合理的思想与行为。

四、工业化 使中国走上光明的大道,使中国有伟大的历史前程,中国必须工业化。工业化的结果,中国的一切都将有新的形式与内容。工业化是中国的百年大计,是中国的立国基础,中国不工业化,中国无前途。我们主张中国工业化,主张以工业的基础,走上现代化的道路。

上述四项原则,是我们的要求。在政治上,我们要求对日彻底的全民抗战,拥护抗日的联合战线,拥护中央政府,拥护蒋委员长对日抗战到底。如果中国对日抗战不求得胜利,中国工业化便无前途,中国的土地,中国人民,中国的一切,均将非中国所有。我们反对中国国际化,中国的市场国际化,中国的原料国际化,以至于中国的一切国际化。我们坚决的抱民族主义,纯洁的抱极端爱国主义。我们以中华民族整个的利益为出发点,以为评论,以为叙述。我们觉得欧洲现代的民主主义与自由精神在中国尚有进步的作用,我们希望以民主主义与自由精神及民族主义的反封建反殖民地化的道路,完成中国民族革命的大业,而进到社会主义的建设。这是本刊的态度与立场。(《现代中国》1928年第1期)

5月3日,日军在山东济南大肆残杀中国军民及外交官员10000余人,酿成"济南惨案",又称"五三惨案"。随后,南京、上海、北京、天津、浙江等地学生纷纷集会,筹组学生军,抗议日本出兵济南,残杀我同胞之暴行。

是日,南京国民政府公布《大学院大学委员会组织条例》14条。《条例》规定大学委员会应决议之事项。一、大学院组织法之修正事项。二、教育制度及教育行政制度之变更事项。三、教育方针之制定事项。四、大学院长及各国立大学校长之人选事项。五、大学院及直属各机关预算决算事项。六、专门委员会之设立事项。七、其他由大学院院长交议之事项。(参见中央教育科学研究所编《中国现代教育大事记1919—1949》,教育科学出版社1988年版)

是日,南京国民政府公布《大学区组织条例》7条。

5月4日,中国工农红军第四军成立,朱德任军长,毛泽东任党代表。

按:是月,毛泽东与朱德等根据敌强我弱、以弱胜强只能采用游击战术的原则,总结南昌起义、秋收起义以来革命军多次作战的经验,提出"敌进我退,敌驻我扰,敌疲我打,敌退我追"十六字诀的游击战术,为后来红军整个作战原则的形成奠定了基础。(中共中央文献研究室编撰、逄先知主编《毛泽东年谱(1893—1949)》,人民出版社、中央文献出版社1993年版)

5月6日,全国学生总会号召各地学生联合会,发扬"五四"精神,扩大反日宣传,唤醒同学及一般民众,实行抵制日货。

5月7日,中华民国大学院电令全国教育机关于在5月7日至5月9日国耻纪念日讲授民族主义、日本研究、中日交涉史等特种课程,使青年明白纪念国耻之真谛。

是日,陈公博主编的《革命评论》杂志在上海创刊。

5月10日,北京大中学校学生召开代表会议,议决组织"济案"后援会,积极向国内外宣传"济案"真象;集款救济被难同胞;14日停课一天并自14日起哀悼三天,下半旗,停止一切娱乐活动。对此,北京军政府教育总长刘哲,以开除学籍威胁压制学生的爱国行动。(参见中央教育科学研究所编《中国现代教育大事记1919—1949》,教育科学出版社1988年版)

5月14日,全国职业学校联合会在苏州召开第六届年会。中华职业教育社同时在苏州举行第十届年会,会议分农村教育研究、民众教育研究、职业指导研究三组进行。

是日,国民政府公布《著作权法》及《著作权法实施细则》。

按:第一章 总纲

第一条 就左列著作物,依本法注册,专有重制之利益者,为有著作权:一、书籍、论著及说部;二、乐谱、剧本;三、图画、字帖;四、照片、雕刻、模型;五、其它关于文艺学术或美术之著作物;就乐谱、剧本有著作权者,并得专有公开演奏或排演之权。

第二条　著作物之注册,由国民政府内政部掌管之。内政部对于依法令应受大学院审查之教科图书,于未经大学院审查前,不予注册。

第三条　著作权得转让于他人。

第二章　著作权之所属及限制

第四条　著作权归著作人终身享有之,并得于著作人亡故后,由承继人继续享有三十年。但别有规定者,不在此限。

第五条　著作物系由数人合作者,其著作权归各著作人共同终身享有之。著作人中有亡故者,由其承继人继续享有其应有之权利。前项承继人,得继续享有其权利,迄于著作人中最后亡故者之亡故后三十年。

第六条　著作物于著作人亡故后始发行者,其著作权之年限为三十年。

第七条　著作物系用官署、学校、公司、会所或其它法人或团体名义者,其著作权之年限亦为三十年。

第八条　不署姓名或用假设名号之著作物,其著作权之年限为三十年。前项年限未满而改用真实姓名者,适用第四条之规定。

第九条　照片得由著作人享有著作权十年。但受他人报酬而著作者,不在此限。刊入文艺学术著作物中之照片,如系特为该著作物而著作者,其著作权归该著作物之著作人享有之。前项照片著作权,在该文艺学术著作物之著作权未消灭前,继续存在。

第十条　从一种文字著作以他种文字翻译成书者,得享有著作权二十年。但不得禁止他人就原著另译。其译文无甚差别者,不在此限。

第十一条　著作权之年限,自最初发行之日起算。

第十二条　著作物系编号逐次发行或分数次发行者,应于首次呈请注册时声明之,嗣后每次发行,仍应践行呈报之程序。前项后段所定呈报程序,限于定期刊物,得由内政部准其省略之。

第十三条　著作物系编号逐次发行者,其著作权之年限,自每号最初发行之日起算。著作物系分数次发行者,其著作权之年限,自其最后部分最初发行之日起算。但该著作物虽未完成,其应行继续之部分,已逾三年尚未发行者,以已发行之末一部分,视为最后之部分。前项规定,于第一次注册时预先声明继续发行之期限者,不适用之。

第十四条　著作权人亡故后,若无承继人,其著作权视为消灭。

第十五条　著作权之移转及承继,非经注册,不得对抗第三人。

第十六条　著作物系由数人合作,而有少数人或一人不愿发行者,如性质上可以分割,应将其所作部分除外而发行之,其不能分割者,应由余人酬以相当之利益,其著作于权则归余人所有。但该少数人或一人不愿列名于著作物者,听之。

第十七条　出资聘人所成之著作物,其著作权归出资人享有之。但当事人间有特约者,从其特约。

第十八条　讲义、演述虽经他人笔述,或由官署、学校印刷,其著作权仍归讲演人享有之。但别有约定或经讲演人之允许者,不在此限。

第十九条　就他人之著作阐发新理,或以与原作物不同之技术制成美术品者,得视为著作人,享有著作权。

第二十条　下列著作物,不得享有著作权:一、法令、约章及文书案牍;二、各种劝诫及宣传文字;三、公开演说而非纯属学术性质者。

第二十一条　揭载于报纸、杂志之事项,得注明不许转载,其未经注明不许转载者,转载人须注明其转载之报纸或杂志。

第二十二条　内政部于著作物呈请注册时,发现其有下列情事之一者,得拒绝注册:一、显违党义者;二、其它经法律规定禁止发行者。

第三章 著作权之侵害

第二十三条 著作权经注册后，其权利人得对于他人之翻印、仿制或以其它方法侵害利益，提起诉讼。

第二十四条 接受或承继他人之著作权者，不得将原著作物改窜、割裂、变匿姓名或更换名目发行之。但得原著作人同意或受有遗嘱者，不在此限。

第二十五条 著作权年限已满之著作物，视为公共之物。但不问何人，不得将其改窜、割裂、变匿姓名或更换名目发行之。

第二十六条 冒用他人姓名发行自己之著作物者，以侵害他人著作权论。

第二十七条 未发行著作物之原本及其著作权，不得因债务之执行而受强制处分。但已经本人允诺者，不在此限。

第二十八条 下列各款情形，经注明原著作之出处者，不以侵害他人著作权论：一、节选众人著作成书，以供普通教科书及参考之用者；二、节录引用他人著作，以供自己著作之参证注释者。

第二十九条 著作权之侵害，经著作权人提起诉讼时，除依本法处罚外，被害人所受之损失，应由侵害人赔偿。

第三十条 著作物系由数人合作者，其著作权受侵害时，得不俟余人之同意提起诉讼，请求赔偿其所受之损失。

第三十一条 因著作权之侵害提起民事或刑事诉讼时，得由原告或告诉人请求法院将涉于假冒之著作物，暂行停止其发行。于有前项处分后，经法院审明并非假冒，其判决确定者，被告因停止发行所受之损失，应由原告或告诉人赔偿之。

第三十二条 著作权之侵害，若由法院审明并非有心假冒，得免处罚。但须将被告已得之利益偿还原告。

第四章 罚则

第三十三条 翻印、仿制及以其它方法侵害他人之著作权者，处五百元以下、五十元以上之罚金。其知情代为出售者，亦同。

第三十四条 违反第二十四条之规定者，处四百元以下、四十元以上之罚金。

第三十五条 违反第二十五条之规定者，处三百元以下、三十元以上之罚金。

第三十六条 注册时呈报不实者，处二百元以下、二十元以上之罚金，并得注销其注册。

第三十七条 未经注册之著作物，于其末幅假填某年月日业经注册字样者，处四百元以下、四十元以上之罚金。

第三十八条 依本章处罚之著作物，没收之。

第三十九条 犯第三十三条、第三十四条之罪，须告诉乃论。但犯第三十四条之罪，而原著作人已亡故者，不在此限。

第五章 附则

第四十条 本法自公布尔日施行。（叶再生《中国近代现代出版通史》，华文出版社 2002 年版）

5月15—18日，第一次全国教育会议在南京召开。大学院院长蔡元培主持会议。蔡元培在开会词中提出今后办理教育应特别注意之点有三：一、提倡科学教育；二、养成全国人民劳动的习惯；三、提起全国人民对于艺术的兴趣。简言之，使教育科学化、劳动化、艺术化。会议主要内容是：确定三民主义为国民教育的宗旨；民众教育机会均等；劳工神圣；提倡艺术教育与科学教育；注重体育；广筹教育经费且保障其独立等。大会决议将"党化教育"改为"三民主义教育"；通过《整理中华民国学校系统案》，即"戊辰学制"。

按：面对"党化教育"的种种质疑和分歧，大学院召开的第一次全国教育会议通过决议，对"党化教育"的内涵进行了明确的界定，认为"'党化'二字，内容既不确定，出处亦不明了，总理著作，大会决议，均无此名，名不正则言不顺'，以后应删除此名，以彰'三民主义的教育'之实"。大会决议将"党化教育"改为"三民主义教育"，提出"此后中华民国的教育宗旨，就是三民主义的教育""三民主义教育就是以实现三民主义为目的的教育，就是各级行政机关的设施、各种教育机关的设备和各种教学科目，都是以实现三民主义为目的的教育"。（沈云龙主编《近代中国史料丛刊续编》第43辑，台湾文海出版社1978年版）

按：本次会议还讨论修改学制的问题。会议通过了新的学制系统案——《中华民国学制系统》，规定可以单独设立师范学校、职业学校，同时又规定高级中学仍然分为普通、农、工、商、师范等科。全国教育会议还通过《实施民众教育案》，决定实行民众教育。（参见中央教育科学研究所编《中国现代教育大事记1919—1949》，教育科学出版社1988年版）

5月28日，中华民国大学院发表全国教育会议宣言。宣言提出："此后中华民国的教育宗旨，就是三民主义的教育""我们全部的教育，应当准照着三民主义的宗旨，贯彻三民主义的精神"。

按：宣言提出："我们全部的教育，应当发扬民族精神，提倡国民道德，锻炼国民体格，以达到民族的自由平等；应该养成服从法律的习惯，训练团体协作和使用政权的能力，以导入民权的正轨；应该提倡劳动，运用科学方法，增进生产的技能，采取艺术的陶熔，丰富生活的意义，以企图民生的实现。总之，我们全部的教育，应当准照着三民主义的宗旨，贯彻三民主义的精神。"宣言并对教育行政及经费、普通教育、社会教育、高等教育、军事教育及体育、职业教育、科学教育、艺术教育、出版物、私立学校10项议案作了说明。（参见中央教育科学研究所编《中国现代教育大事记1919—1949》，教育科学出版社1988年版）

5月31日至6月7日，中华基督教教育会举行第13届年会。

是月，国民政府内政部颁布《禁止妇女缠足条例》，规定30岁以下缠足者，应一律解放；30岁以上者，劝令放足；以三个月为劝导期，各县市应设立劝导员，由村长或街长会同警察引导，按户劝导，解放妇女缠足，各社会团体、学校等组织放足会，辅助进行；劝导期满后，各县市政府应遴派女检查员，协同警察、村长或街长，施行严密之检查。（中国第二历史档案馆编《中华民国史档案资料汇编》第五辑第一编文化（一），江苏古籍出版社1994年版）

6月2日，张作霖通电声明退出北京。

6月4日，张作霖乘专车秘密离开北京回奉天，在奉天皇姑屯车站被日本关东军炸死。

6月8日，北伐军攻占北京，北洋政府统治时期结束。

是日，南京国民政府举行第七十次会议，决议：京师大学改为中华大学，任命蔡元培为校长，未到任时，以李石曾署理。同日任命吴敬恒为国立中央大学校长。京师大学改为中华大学，遭到北京大学学生的坚决反对。

按：南京国民政府为在北京推行大学区制，经蔡元培与易培基提议，决定改组北京国立九校为中华大学，任命原北大教授李石曾为校长，李书华为副校长。（参见高平叔编著《蔡元培年谱长编》，人民教育出版社1996年版）

6月9日，蔡元培与中央研究院各研究所负责人杨铨、李四光、竺可桢、丁燮林、周仁等在上海东亚酒楼召开第一次院务会议，中央研究院正式宣告成立，并采用拉丁文 Academia Sinica 的外文名称。该日也成为中央研究院的院庆日。中央研究院行政管理机构总办事处设在南京，由两个组（秘书组、总务组）、三个室（会计室、统计室、诊疗室）组成。又在上海设立驻沪办事处。

按：在中央研究院第一次院务会议中，蔡元培、杨铨、竺可桢、李四光等13位与会者共同议定国民政府训政时期中央研究院施行计划，决定分三期六年（1929—1934）进行。其中第1、2年度为"完成筹备时期"，1929年"拟定评议会组织条例"，1930年"选举评议员成立评议会"；第3、4年度为"集中建筑时期"，1931年"召集全国研究会议以收联络合作之效"，1932年"积极参加各种国际研究会议"；第5、6年度为

"扩充事业时期",任务之一即"扩充评议会事业及经费"(《国立中央研究院训政时期工作表》,《国立中央研究院十七年度总报告》)。

按:贾宗荣主编《中国现代史》(修订版)说:"中央研究院为国家最高学术研究机关,其使命为实行科学研究和指导、联络、奖励学术之研究。研究院的组织形式是在院长领导下设立评议、行政、研究三种机构。其中评议会由各研究所所长和从著名大学中聘请的教授组成,负责决定学术方针,促进国内外学术研究的合作与互助,审查评价学术成果和研究项目,以作为奖励和基金分配的依据。行政部门是总办事处,设总干事一人。杨杏佛被聘为研究院第一任总干事。中央研究院成立后积极筹建各专业研究所,安排任用了一大批留学回国人员,同时也想方设法扶助民间科研社团。因而在组织、指导和联络全国科学活动方面起了积极的作用。到1930年初,在上海、南京和全国其他地方共建立物理、化学、工程、地质、天文、气象、心理、历史、语言、社会科学等9个研究所和1个博物馆,稍后又成立了动植物研究所。这10个研究所的成立不仅使我国初步形成了门类较为完整的科研体系,而且汇聚了一批优秀科技人才。到1931年3月,中央研究院已共有专任和特约研究人员270人,著名科学家李四光、竺可桢等分别担任了地质、气象等研究所的所长。在中央研究院之外,1929年9月还成立了国立北平研究院。到1935年,北平研究院已拥有物理、镭学、化学、药物、生理学、动物学、植物学、地质学等8个研究所和5个研究会,成为地方最大的综合性国立研究机构。除上述两个研究院外,清华、北大等高等学府和实业界也逐步设立了一批研究院所。至1935年,全国各类专门研究机构已达73个。"(华东师范大学出版社1997年版)

是日,国民政府为统一整理全国教育学术机关起见,命令所有从前分隶各部院及特殊团体之中央教育学术机关,自应一律改归大学院主管。

6月12日,斯大林在莫斯科市接见中国共产党领导人瞿秋白、周恩来、李立三、邓中夏、苏兆征、蔡和森、项英、张国焘等。

6月13日,南京国民政府又公布《修正中华民国大学院组织法》23条。

6月16日,中央大学区中等学校联合会呈请南京国民政府、中央党部要求变更大学区制。呈文列举大学区制之弊害:一、受政潮之牵涉;二、经费分配之不公;三、行政效率之减低;四、学风之影响;五、酿成学阀把持之势力。

6月18日至7月11日,中国共产党第六次全国代表大会在苏联莫斯科近郊兹维尼果罗德镇"银色别墅"秘密召开。瞿秋白代表第五届中央委员会作《中国革命与共产党》的政治报告,周恩来作了组织报告和军事报告,李立三作农民问题报告,向忠发作了职工运动报告,共产国际代表布哈林作了《中国革命与中国共产党的任务》的报告。大会制定了反对帝国主义封建主义,实行土地革命,建立工农民主专政的革命纲领,并批评了"左"、右倾机会主义,特别是盲动主义的错误,确定了党的民主革命纲领。大会选举了中共中央领导机构,向忠发被选为中央政治局主席兼中央政治局常委会主席,周恩来为中央政治局常委会秘书长。

按:大会通过了关于政治、军事、组织、苏维埃政权、农民、土地、职工、宣传、民族、妇女、青年团等问题的决议,以及经过修改的《中国共产党党章》,选举产生了新的中央委员会,其中中央委员23人,候补中央委员13人。随后召开的六届一中全会选举苏兆征、项英、周恩来、向忠发、瞿秋白、蔡和森、张国焘为中央政治局委员,关向应、李立三、罗登贤、彭湃、杨殷、卢福坦、徐锡根为政治局候补委员;选举苏兆征、向忠发、项英、周恩来、蔡和森为中央政治局常委会委员,李立三、杨殷、徐锡根为常委会候补委员。(参见秦淑贞、盛继红编《中国共产党大事记》,中国人民大学出版社1991年版)

6月19日,国民政府准免国立中华大学校长蔡元培兼职,任命李石曾为国立中华大学校长。

是日,大学院公布《国立艺术院组织大纲》6章22条。《大纲》规定国立艺术院直隶于大学院,以培养专门艺术人材,倡导艺术运动,促进社会美育为宗旨。

6月20日,全国经济会议在上海开幕,宋子文任主席。

是日,《奔流》月刊在上海创刊,鲁迅主编。

6月21日,国民党中央政治会议第154次会议议决:直隶省改名河北省;京兆区各县并入河北省;北京改名北平;平、津为特别市。

6月30日,中华民国大学院拟定《训政时期施政大纲》。《大纲》以三民主义为政纲,提出训政时期大学院应办之教育事项共16大类。

是日,中央研究院举行第二次院务会议,蔡元培、杨铨、丁燮林、李四光等9位与会者决定将评议会英文名冠以"National Research Council",规定每年举行一次。

是月,国民党中央颁布《设置党报条例》《指导党报条例》《补助党报条例》,加强对党内报刊的管理与控制。

7月1日,浙江大学冠以"国立"二字,改称国立浙江大学,设工、农、文理三个学院。

7月1—10日,第一次全国财政会议在南京召开。

7月3日,中国测地协会在南京召开成立大会。

7月4日,中华民国大学院批准中央大学改自然科学院为理学院,社会科学院为法学院,哲学院裁撤归入文学院。中央大学至此拥有教育学院、农学院、工学院、商学院、医学院等8所学院。

7月5日,国民党中央常务会议通过《各级学校党义教师检定委员会组织条例》16条以及《检定各级学校党义教师条例》12条。

7月7日,国民政府外交部宣布废除一切不平等条约,重订新约。

7月10日,中共第六次全国代表大会通过《宣传工作决议案》,强调各种刊物宣传的重大意义。

7月14日,南京国民政府发布通缉令:王揖唐、曾毓隽、吴光新、姚震、汤漪、章士钊、曹汝霖、陆宗舆、章宗祥、顾维钧、汤芗铭、王印川等,劣迹昭著,着军事委员会、内政部、各总司令、各省政府、各特别市政府,迅饬所属,一体缉拿归案惩办,以警奸邪,而申国纪。

7月15日,中国共产主义青年团第五次全国代表大会在莫斯科举行。大会选举关向应为团中央书记。

7月16日,教育部颁布《取缔各种社会教育机关违背党义教育精神通则》,凡公私团体或私人所举办之社会教育机关或其负责人员,而有违背党义教育精神之设施或言行者,由国民政府遵照本通则,分饬所属各级教育行政机关及民政机关严格取缔之。

7月17日,共产国际第六次代表大会在莫斯科开幕,瞿秋白、苏兆征、周恩来、蔡和森等31人组成中国代表团出席会议。会议通过了《国际形势和共产国际任务》提纲、《殖民地和半殖民地国家革命运动》提纲,规定中国共产党的任务是在革命高潮到来时举行武装起义,推翻资产阶级政权。大会强调各国党内仍然要反对右倾思想。

7月20日,谭延闿、蔡元培呈请国民政府,要求通缉"三一八惨案"主犯段祺瑞、章士钊、梁启超等。

7月22日,湖南陆军独立第五师第一团团长彭德怀率部在湖南平江暴动,建立平江县苏维埃政府,将部队改为红军第五军,彭德怀任军长,滕代远任党代表。

7月23日,中华民国大学院院长蔡元培训令各省区、各特别市教育行政机关厉行义务教育,筹设义务教育委员会。

7月28日,中华民国大学院发出全国教育会议决议之《师范教育制度》,令各省市教育行政长官与各大学区及各大学校长遵行。

是日,中华民国大学院令推广幼稚教育。

7月30日,国民政府准大学院呈,改订《中华教育文化基金董事会章程》,取消原有中华教育基金董事会,任命胡适、贝克、贝诺德、孟禄、赵元任、司徒雷登、施肇基、翁文灏、蔡元培、汪精卫、伍朝枢、蒋梦麟、李石曾、孙科、顾临为中华教育文化基金董事会董事。

是月,中山大学语言历史研究所更名为历史语言研究所,隶属于中央研究院,傅斯年任所长。

按:随着国内大学中研究机构的发展、壮大,到二十年代末出现了全国性的综合研究机构——中央研究院历史语言研究所。由傅斯年长期领导这一研究所,被评定为当时国内"规模最大成绩最好的学术研究团体"。历史语言研究所1928年3月由傅斯年、顾颉刚、杨振声受聘为常务筹备员在广州开始筹备,筹备处设于广州中山大学,7月正式成立,10月22日迁入广州柏园,拥有独立所址。1929年6月迁至北平,1933年3月迁至上海,1934年10月迁至南京。抗日战争时期,先迁长沙,再迁昆明,1940年9月迁至四川省南溪县李庄,直到1946年11月迁回南京。从建所开始,长期由傅斯年任所长。该所成立初期分设史料、汉语、文籍考订、民间文艺、汉字、考古、人类学及民物学、敦煌材料研究等8组,迁至北平后合并为史学、语言学与考古学三组,第一组从事史学及文籍考订等研究,第二组从事语言学及民间文艺等研究,第三组从事考古学、人类学、民物学研究,分别聘陈寅恪、赵元任、李济为一、二、三组主任。1934年增设第4组,从事人类学、民族学研究。1946年又设北平图书史料整理处。在傅斯年的领导下,史语所在其成立后的一二十年内取得了巨大的成就,推动了学术研究的发展。首先,史语所内聚集了一大批优秀学者,像董作宾、徐中舒、罗常培、李方桂、梁思永、顾颉刚、陈垣等都被延揽进来,结成一个学术研究团体。据统计,在傅斯年领导史语所的二十多年里,史语所共印行各科专刊30种,单刊25种,集刊22种,《史料丛刊》7种,《中国考古报告集》2种,《人类学集刊》2卷,共刊布论文500余篇。其次,搜集、整理了大批原始资料。史语所内搜集了大量的甲骨文、殷周铜器、居延汉简、敦煌卷册等宝贵材料,著名的明清档案史料也是由史语所整理和编定出版的。再次,组织对安阳殷墟、城子崖等古文化遗址的挖掘,仅抗战开始前,安阳发掘即达15次,直接推动了考古学的兴起和发展。值得一提的是,史语所还培养出大批年轻学者,如夏鼐、张政烺、胡厚宣、郭宝钧、石璋如、陈乐素、陈述、劳幹、全汉升、凌纯声、丁声树、王利器、尹达等一大批史学名家,或在史语所工作过,或是史语所的研究生,都是在史语所的环境中成长起来的。1948年底,国民政府强令将该所迁往台湾。在傅斯年的主持下,所内的图书、标本、文物和一部分人员等由江苏南京迁台。(姜义华、武克全主编《二十世纪中国社会科学》历史学卷,上海人民出版社2005年版)

按:历史语言研究所成立之初,有专任研究员9人,包括董作宾、李方桂、岑仲勉、梁思永、丁声树、郭宝钧、劳幹、陈槃、周一良;兼任研究员沈兼士、韩儒林;通讯研究员12人,包括胡适、陈垣、高本汉、顾颉刚、罗常培、马衡、徐炳昶、徐中舒、翁文灏、陈受颐、陶德思、梁思成;副研究员11人,包括芮逸夫、全汉升、董同龢、张政烺、石璋如、高去寻、傅乐焕、夏鼐、王充武、杨时逢、李光涛;助理研究员8人,助理员6人,技士1人,技佐3人等。

8月1日,中国国民党中央执行委员会广播电台,简称"中央广播电台"正式开始播音。

8月6日,南京国民政府公布《各级学校增加党义课程暂行通则》13条。

是日,中华民国大学院第11次院务会议议决通过《中华民国学校系统草案》。

8月8日,中国国民党二届五中全会宣布"军政时期"结束,"训政时期"开始。

8月9日,中华民国大学院公布《中华民国学校系统表》。

8月15日,中国青年党在上海召开第三次代表大会,公开提出"打倒一党专政的国民党"的口号,发表《对时局宣言》。

8 月 16 日,以京师大学改为中华大学遭到北京大学学生的坚决反对,南京国民政府迫于舆论压力,又将中华大学改称为北平大学,隶属北平大学区。北京大学师生对此仍强烈反对。坚决要求恢复原有校名和组织,表示绝不受北平大学区的管辖。并组织恢复北京大学委员会,领导复校工作,学校的教学活动完全停顿。(参见中央教育科学研究所编《中国现代教育大事记 1919—1949》,教育科学出版社 1988 年版)

8 月 17 日,大学委员会举行会议,蔡元培任主席,李石曾提议在北平实行大学区制,蔡元培反对无效,通过北平大学区组织大纲案。

是日,清华学校改制升格为国立清华大学,罗家伦出任清华大学校长。

按:罗家伦任清华大学校长后,对清华大学的管理制度进行改革。在教师聘任方面,他认为:"要大学好,必先要师资好。为青年择师,必须破除一切情面,一切顾虑,以至公至正之心。凭着学术的标准去执行。"(清华大学校史研究室编《清华大学史料选编》第二卷(上)《国立清华大学时期(1928—1937)》,清华大学出版社 1991 年版)因而提出要"学术化,不分派别,集中本国优秀学者,延聘外国专家,与清华师生共同研究,提倡研究风气,创造佳绩"。(苏云峰《从清华学堂到清华大学 1928—1937》,北京三联书店 2001 年版)罗家伦还重新发放教授的聘书,续聘的教授有陈寅恪、王文显、吴宓、叶功超、金岳霖、叶企孙、熊庆来等 20 位,新聘任的教授有冯友兰、朱自清、刘文典、朱希祖、周培源、翁文灏等人。他们基本上都是日后清华大学发展的主要力量。

8 月 20 日,全国禁烟委员会在南京成立。

8 月 29 日,国民党中央政治会议将西康、青海、察哈尔、绥远、热河各特区改为省。

是月,大学院公布《学校系统表》。

是月,国民党三届五中全会在南京召开。因此,中国经济学社专门召开临时大会,并发表《中国经济学社宣言》。

按:《宣言》说:"北伐完成,全国统一,五中全会委员聚集首都,献议者条举万端,要不外党务、政治、经济、军事、外交。训政进行之顺利,端赖全会之乐观。本社同人,际兹时机,感自身责任之重,知时势需要之切,特召临时大会,阐明经济救国之义。以为五中大会待决之事良多,其中关系经济方面者,当不在少,爱本国家兴亡,匹夫有责之义,于党国经济大计亟待商酌者,悉心研讨。管见所及,以为在积极方面,当集合团体才智,从事经济建设,在消极方面,当革除苛捐杂税,裁并骈枝机关。"并向国民党三届五中全会建议四条:一、设立经济议会;二、进行经济建设;三、废除苛捐杂税;四、裁并骈枝机关。(《中国经济学社宣言》,《经济建设》,商务印书馆 1929 年版)对建议的第一条,中国经济学社还进而提出详细的《建议设立经济议会案》,在 1928 年 8 月 14 日《中央日报》发表,并引起了讨论。

9 月 3 日,中华民国大学院公布《国立清华大学条例》7 章 31 条。《条例》规定:国立清华大学"以求中华民族在学术上之独立发展,而完成建设新中国之使命为宗旨"。

9 月 10 日,中华民国大学院公布《管理留日学生事务规程》及《发给留学证书规程》。

9 月 14 日,国民政府照会美国政府,赞同加入非战公约,重申尽早修改不平等条约和外军从中国撤出等立场。

9 月 19 日,四川教育厅奉大学院令饬筹设四川大学,特组织筹备国立四川大学讨论委员会连日召开会议,议决将国立成都大学等 10 个大专学校改组为国立四川大学,设文、理、法、农、工、医学科。

9 月 21 日,南京国民政府委员会第九十六次会议通过《北平大学区组织大纲》,并改中华大学为北平大学。

9 月 25 日,南京国民政府通过大学院根据全国教育会议有关议案拟定的《中华民国教育宗旨》。教育宗旨的全文如下:"恢复民族精神,发扬固有文化,提高国民道德,锻炼国民体格,普及科学知识,培养艺术兴趣,以实现民族主义。灌输政治智识,养成运用四权之能力,阐明自由界限,养成服从法律之习惯;宣扬平等精义,增进服务社会之道德;训练组织能力,增进团体协作之精神;以实现民权主义。养成劳动习惯,增高生产技能,推广科学之应用,提倡经济利益之调和,以实现民生主义。提倡国际主义,涵养人类同情,期由民族自决,进于世界大同。"(《大学院公报》第 1 年第 9 期)

9 月 26 日,大学院公布蔡元培主持的《国语罗马字拼音法式》,作为国音字母第二式。

按:《国语罗马字拼音法式》系中国第一套法定的拉丁字母拼音方案,成为第二个由政府颁布的拼音方案。1925—1926 年国语统一筹备会罗马字母拼音研究委员会研究制订,1928 年南京国民党政府大学院作为"国音字母第二式"公布,与注音字母同时推行。方案采用现成的 26 个拉丁字母,不另增加符号,声调用变换拼法来表示,规则较繁。

9 月 28 日,国民党上海警备司令部政训部社会科学科调查上海的出版物,指《创造月刊》《流沙》《抗争》《现代小说》《血潮》《海上》《畸形》《峡潮》《洪荒》《奔流》《我们》《澎湃》《思想》《战线》《流荧》《戈壁》《太阳月刊》《前线》等为"反动刊物",指创造社、现代书局、晓山书店、光华书店、新宇宙书局为"共产党的大本营",污蔑郭沫若、成仿吾、潘汉年、钱杏邨、蒋光慈、郁达夫等为"新卖国贼""第三国际的走狗"。(参见王锡荣《左联与左翼文学运动》及附录《左翼十年文学大事记》,上海人民出版社 2016 年版)

是月,中央大学川籍学生组织的华西自然科学社更名为中华自然科学社,广泛吸收社员,致力于科学普及。

是月,国立武汉大学成立,以"阐扬优美文化,研求高深学术,造成实用专门人才"为宗旨。设社会科学、理工、文学三院,院下设系,10 月开始招生授课。

10 月 1 日,静生生物调查所在北平成立,秉志任所长。该所由中华教育文化基金与尚志学会合办,注意中国北方动植物调查。

10 月 2 日,内政部公布《寺庙登记条例》,要求各省于 3 个月内将第一次登记办理完毕。

10 月 3 日,国民党中央执行委员会通电公布《中国国民党训政纲领》,规定训政时期由国民党代表国民行使政权,训练国民行使选举、罢免、立法、创制、否决权。

是日,国民党中央政治会议议决:准中华民国大学院院长蔡元培辞职,任命蒋梦麟为大学院院长。

10 月 5 日,国民政府公布《故宫博物院组织法》及《故宫博物院理事会条例》。故宫博物院直隶国民政府,掌理故宫及所属各处建筑物和古物、图书、档案的保管、开放及传布事宜。院内设秘书、总务二处,古物、图书、文献三馆。理事会是议事及监督机关,决议及监督一切重要事项并执行之,理事由李石曾、易培基、于右任、蔡元培、柯劭忞、蒋中正等充任,李石曾任理事长,易培基为院长。

是日,中共湘赣边界第二次代表大会通过毛泽东起草的《中国共产党湘赣边界第二次代表大会决议案》,首次提出了"工农武装割据"的重要思想。

10 月 7 日,中央大学区中等学校联合会致函大学院院长蒋梦麟,请求取消大学区制。

10 月 8 日,国民党改组国民政府,采用行政、立法、司法、考试、监察五院制,蒋介石任国民政府主席,谭延闿为行政院长,胡汉民为立法院长,王宠惠为司法院长,戴传贤为考试院长,蔡元培为监察院长。

是日,国民政府任命李石曾为国立北平大学校长。

10 月 10 日,蒋介石就任国民政府委员会主席。

10 月 23 日,国民政府设立铁道部,改大学院为教育部。

是日,内政部颁发《神祠存废标准》,以便各地对祠庙甄别存废。

10 月 24 日,南京国民政府令大学院改为教育部,任命蒋梦麟为教育部部长。定 11 月 1 日起,所有前大学院一切事宜,均由教育部办理。

10 月 26 日,湖北民政厅颁发取缔僧道通告,劝各地僧尼力自振作,举办学校医院义仓工厂等公益事业。

10 月 27 日,南京国民政府发表训政时期施政宣言。

10 月 30 日,国民政府设立卫生部。

是月,中华民国大学院批准金陵大学、大同大学、复旦大学、无锡国学专门学院等私立学校立案。

是月,中央研究院在上海设立出版品国际交换处,专理国内外出版品交换事宜。

是月,以著名教育家、生物学家范静生(源濂)的名字命名的静生生物调查所在北平成立,由中华教育文化基金会与尚志学会集资创办,"以调查及研究全国动植物之分类,藉谋增进国民生物学之知识,促进农、林、医、工各种实业生物学之应用为宗旨"。

11 月 1 日,中央银行在上海成立。国民政府授以经理国库、发行兑换券、铸造银元、经理内外债、管理其他银行的存款、放款等特权。

11 月 8 日,江苏南通大学成立,由南通医学、农、纺织三所专门学校合并改组而成。

11 月 11 日,南京国民政府公布《国立中央研究院组织法》11 条。《组织法》规定:中央研究院之任务为实行科学研究;指导联络奖励学术之研究。中央研究院直隶国民政府,为中华民国最高学术研究机关。特任院长一人,综理全院行政事宜,设总干事一人,受院长指导,执行全院行政事宜。设评议会,为全国最高学术评议机关,由院长聘国内专门学者 30 人组织之。设物理、化学、工程、地质、天文、气象、历史、语言、国文学、考古学、心理学、教育、社会科学、动物、植物各研究所。中央研究院设个人名誉会员,团体名誉会员两种。外国科学专家在科学上有重大之发明或贡献,经评议员全体通过,可被选为中央研究院名誉通讯员。(《教育部公报》第 1 年第 1 期)

11 月 12 日,南社成立 20 周年纪念会在苏州虎丘举行,陈去病主席,议决编辑南社 20 周年纪念特刊,推举柳亚子、陈去病、胡朴安、朱梁公等 5 人编辑委员。

11 月 17 日,南京国民政府教育部训令各省市教育厅、局:孔子诞辰日,全国学校应各停课二小时,讲演孔子事迹,以作纪念。

按:1929 年 6 月 22 日,教育部明令废止此项纪念办法。(参见中央教育科学研究所编《中国现代教育大事记 1919—1949》,教育科学出版社 1988 年版)

11 月 20 日,中共中央创办的《红旗》周刊创刊,谢觉哉任主编。

11 月 22 日,在美国叶凯士天文台工作的张钰哲,观测发现一新的小行星,定名为中华小行星。

11 月 29 日,北京大学学生反对大学区制,向国立北平大学校长李石曾请愿,举行游行示威,要求恢复北京大学,增加经费,恢复公费。

是月,中国国民党改组同志会在上海成立。由汪精卫派骨干组成,陈公博任总部负责人。出版《革命评论》《前进》杂志。

是月,中华国货展览会在上海举办。

12月1日,国立北平大学李石曾派员率武装兵士接收前北京大学,为学生所拒。

12月5日,教育部就北京大学学生反对大学区制,维护北京大学事,电令北平大学警告学生勿为"共产党利用",应悉心为学,即期悛悔,否则即当依法制裁。

按:后由蔡元培、吴稚晖等人调解,于1929年初达成协议。将前北京大学改称为北平大学北大学院,分文、理、社会科三院。停课达九个多月的北大,于1929年3月重新开学。(参见中央教育科学研究所编《中国现代教育大事记1919—1949》,教育科学出版社1988年版)

12月6日,国民政府公布《中华民国海关进口税税则》,并由外交部照会各国,宣布关税自主。

12月11日,南京国民政府公布《教育部组织法》21条,《教育部大学委员会组织条例》14条,《修正大学区组织条例》7条。

是日,国民政府公布《全国卫生行政系统大纲》,规定在全国设立卫生机构。

是日,彭德怀、滕代远率领红军第五军到井冈山与红四军会师,壮大了井冈山的武装力量。

12月12日,南京国民政府教育部公布《国语统一筹备委员会规程》11条。

12月15日,南京国民政府教育部函复孔教总会,不同意该会提请令全国学校一律添习经学的意见。

12月17日,国民政府公布《中华民国国徽国旗法》。

12月18日,南京国民政府教育部公布《教育部中小学课程标准起草委员会规程》10条。

12月19日,国民政府行政院训令各省县一律修志。

12月21日,张学良委金梁办理影印文溯阁《四库全书》事宜,提开办费20万元,由东方印刷所承印,东北文化社出版。

12月25日,国民政府公布《修正管理留日学生事务规程》21条。

12月26日,张学良为影印文溯阁《四库全书》,致电世界各国预告影印此书之目的,旨在发扬东方文化,使世界学者便利研究。

12月29日,东三省保安司令张学良通电宣布"遵守三民主义",服从国民政府,改旗易帜。

12月30日,中国著作者协会在上海正式成立,参与者包括钱杏邨、郑振铎、叶圣陶、胡愈之、孙伏园、樊仲云、潘汉年、郑伯奇、冯乃超、张嵩年等90余人。会议选举郑伯奇、沈端先、李初梨、彭康、郑振铎、周予同、樊仲云、潘梓年、章锡琛等9人为执行委员;钱杏邨、冯乃超、王独清、孙伏园、潘汉年为监察委员。

是月,国民党中央政治会议制定《取缔各种匿名出版物令》,规定"无负责人、无发行所、无注册管辖,专以邮箱为通信机关志出版品(小报、小册子等),非共产党即捣乱分子之言论",均由"内政交通两部快速严加取缔"。(参见王锡荣《左联与左翼文学运动》及附录《左翼十年文学大事记》,上海人民出版社2016年版)

是月,湘赣边界工农民主政府颁布《井冈山土地法》,规定没收一切土地归苏维埃政府所有。

是月,教育部公布《中小学课程标准起草委员会规程》,邀请专家制定中小学课程标准。

是年,蔡元培支持创建了两所美术院系:杭州艺专,校长林风眠;中央大学美术系,系主任徐悲鸿。

是年,中华矿学社成立。

是年,中国科学社设立"高(君韦)女士纪念奖"。

按:中国科学社先后设立的科学奖项尚有"考古学奖金""爱迪生纪念奖""中国科学社研究奖章""何吟莒教授物理学纪念奖金""裘氏父子理工著述奖金""梁绍桐纪念奖金""范太夫人奖金"等。其他学术团体效仿中国科学社,设立各种奖金,成立评选组织,如中国地质学会设立葛氏奖金、丁文江先生纪念奖;中国工程师学会设有中国工程师学会金质奖章、天佑奖学金等。

是年,《中央日报》《河北民国日报》《天津民国日报》《国民新报》《中央研究院历史语言研究所集刊》《红旗》《出路》《太阳月刊》《文化批判》《新月月刊》《流沙》《战线》《文化战线》《我们月刊》《奔流》《现代文化》《思想月刊》《大众文艺》《时代文艺》《方志双月刊》《每日通讯》《耒阳农民》《大学院公报》《北平实报》《天津商报》《新闻日报》《燕京大学校刊》《自然科学》《社会科学论丛》《矿业周报》《红黑》《开明》《夹攻》《检阅》《急转》《暖流》《疾风》《双十》《民心》《青年呼声》《民众呼声》《北平民报》《嘉陵江日报》《夜航》《关外》《怒潮》《北国》《新民画报》《关声》《再造》《军事杂志》《外交部公报》《海王》《布道杂志》《辅仁学志》《湖北省政府公报》《湖南省政府公报》《两广地质调查所临时报告》《广西教育》等报刊创刊。

二、学术活动

蔡元培1月1日为上海《民国日报》元旦增刊撰写《一死一生》一文。1月2日晚间7时,与吴稚晖、张静江同乘快车到达南京。3日,出席国民政府第廿九次会议。同日,为蒋介石复职事,答南京《革命军日报》记者问。4日下午5时,蒋介石与谭延闿、杨树庄等由沪至宁。晚间6时20分,由谭延闿、蔡元培、李烈钧做东,在国民政府第一会议厅欢宴蒋及各中央委员。酒过三巡,李烈钧起立致欢迎词后,蔡元培、吴稚晖、杨树庄、张之江、刘朴忱等相继致词,末由蒋介石致答词。6日,应南京特别市市长何民魂之请,偕同褚民谊、邵力子前往南京市立通俗图书馆,演讲关于通俗教育问题及对于南京市政改良的意见。听众七百余人。1月27日,出席国民政府第三十五次会议,会议讨论通过大学院院长蔡元培呈送修正大学区组织条例、大学院院长蔡元培呈送大学区制省份特别市教育局暂行条例、大学院院长蔡元培呈送修正大学院组织法等。同月,蔡元培因《大学院公报》创刊,撰写发刊词,提出教育科学化、劳动化、艺术化等主张。

按:《大学院公报发刊词》说:"民国纪元以前,管理学术及教育之机关曰学部;民国元年,改为教育部;依'教育'一辞之广义,也可以包学术也。顾十余年来,教育部处北京腐败空气之中,受其他各部之熏染;长部者又时有不知学术教育为何物,而专骛营私植党之人,声应气求,积渐腐化,遂使教育部名词与腐败官僚亦为密切之联想。此国民政府所以舍教育部之名,而以大学院名管理学术及教育之机关也。大学院成立以来,所努力进行者凡三:一曰实行科学的研究与普及科学的方法。我族哲学思想,良不后人,而对于科学,则不能不自认为落伍者。虽曾自夸为罗盘、火药、印刷术等之创造者,然而今日西洋人所用之罗盘,其复杂为何如? 彼等所用之弹药,其猛烈为何如? 彼等所流行之印刷术,其敏捷为何如? 其他可由此类推。且不但物质科学而已,即精神科学,如心理学、美学等;社会科学,如社会学、经济学等,在西人已全用科学的方法,而我族则犹囿于内省及悬想之旧习。科学幼稚,无可讳言。近虽专研科学者与日俱增,而科学的方法,尚未为多数人所采用,科学研究机关,更绝无仅有。盖科学方法,非仅仅应用于所研究之学科而已,乃至一切事物,苟非凭藉科学,明辨慎思,实地研究,评考博证,即有所得,亦为偶中;其失者无论矣。本院为实行科学的研究与普及科学的方法起见,故设立中央研究院,以为全国学术之中坚;并设科学教育委员会,以筹划全国科学教育之促进与广被。二曰养成劳动的习惯。现今世界之大问题,在劳心者与劳力者之对待(峙)。前者对于人人所必需之生产品,常有不劳而获之机会;后者则过劳而所获乃无几,至不足以赡其生。不平之鸣,随在皆是,仇视惨杀之局,亦由是酿成焉。欲救其弊,在使劳心者亦出其力,以分工农之劳;于是劳力者得减少其工作之时间,而亦有劳心之机会。关于生产之农、工业,人人皆须致力;关于科学、美术之文化,亦人人皆得领略。阶级既泯,待遇自然平等,而仇视惨杀之祸消矣。本院是以直接设劳动大学,其中有高等、中等班,使平日偏重劳心之学者,兼为劳力之工作;有工、农夜校,使平日偏重劳力之农、工,亦有劳心之课程。至于普通中、小学校,亦将列劳动于课程之中,养成其习惯,并将采用大学委员会李石曾委员之说,仿征兵制,使每一学生,于中学毕业后,有服劳一年以上之义务焉。三曰提起艺术的兴趣。希腊之苏格拉底,吾国之王阳明,皆以为即知即行;而孔子有'民可使由之,不可使知之'之言;孟子有'终身由之而不知其道者众'之言;孙先生所以有'行之非艰,知之维艰'之学说也。然而知杀人为罪恶者,或不能临时而容忍;知航空之理论者,或不敢冒险而飞行,何哉? 感情兴奋之时,非理智所能调节;感情沉滞之时,非理智所能活泼也。孰调节之? 孰活泼之? 曰艺术。艺术者,超于利害生死之上,而自成兴趣。故欲养成高尚、勇敢与舍己为群之思想者,非艺术不为功。本院是以有艺术教育委员会,负计划全国艺术教育之责,并直接设立音乐院;明年将开美术展览会;其他若美术学校、美术馆等,亦将次第成立焉。本院主义上之注意点,既如上述,其组织上,亦多与旧式教育部不同。其最要之一点,即大学委员会。此委员会,以各国立大学校长、本院教育行政处主任及本院所推举专门学者五至七人组织之,以本院秘书长为秘书;委员会有推荐本院院长及讨议学术上、教育上重大方案之权,以学者为行政之指导。此亦以学术化代官僚化之一端也。本院公报将付印,因记大学院之特点,以告读者,即以充《公报》之发刊辞。"(《大学院公报》第1年第1期,民国十七年一月)

蔡元培2月1日与戴季陶、李石曾、吴稚晖联名提议以俄、英退还庚款拨充教育基金案,强调教育和科学研究对国计民生的重要性,要求各国退回之庚子赔款,均应拨作教育基金。同日,南京《中央日报》创刊,蔡元培撰写《贺词》。2月3日,蔡元培出席国民党二届四中全会第一次会议,讨论各委员依次递补、确定整理党务根本计划、中央党部改组等案。同日下午,讨论《国民政府组织法》时,对第七条议及改大学院为教育部一事,讨论甚久,未能解决。4日,复议。当时既由陈果夫、周启刚、陈树人等组成的改组国府案审查委员会提出的原案,只有教育部而无大学院,又有经亨颐、朱霁青、白云梯、丁惟汾、陈树人5委员提出设立教育部案,主张(一)大学院制应即废止,(二)大学委员会仍存在,设于国民政府,(三)研究院仍存在,直辖国民政府,(四)教育部以统筹全国社会教育、普通教育,使最短期间教育普及为主要任务,(五)教育部长为大学委员会当然委员。经蔡元培院长多方疏解,第二次会议讨论第七条国民政府设部、院、局、委员会等机构时,蔡元培与李石曾均主张维持大学院制,谓此项新制,正在试验中,至少须以年计,方可断其良否。原提案人则请将原案暂时保留。故国民政府组织法上仍删去教育部,列入大学院;而别作一决议案,将经亨颐、朱霁青等5委员原案保留至第三次全国代表大会时讨论。5日,法国驻北京公使马泰尔(de Martel)午前到达南京,系欧美各国政府代表到访新都的第一人。国民政府特设午宴招待,蒋介石、李石曾、张静江、于右任、何应钦、朱培德、何香凝、宋美龄、郑毓秀等六十余人与宴,蔡元培为主席。9日,大学委员会第四次会议,与政治教育委员会在大学院联席举行,谭延闿、彭学沛、张乃燕、杨杏佛、张仲苏、金曾澄等到会,因出席人数甚少,改为谈话会,由蔡院长主席,谈及第四中山大学名称案:"可以改称江苏大学。"10日,蔡元培复朱家骅电,同意广州中山大学删去"第一"两字,永远定名中山大学。11日,出席金陵大学春季学期开学典礼,到校教职员、学生及来宾 700 余人。最后请蔡元培院长演讲，大旨谓大学院以科学化、艺术化、劳动化相提倡，大学必须具备此三种精神。13 日，蔡元培以"校长蔡元培"的名义刊登《第一交通大学布告》。15 日，出席国民党中央政治会议第一二八次会议，会议通过大学院长蔡元培提议免收学杂费案。同日，主持大学委员会第五次会议，此次会议与教育经费计划委员会合开联席会议，李石曾、吴稚晖、易培基、高鲁、张乃燕、金曾澄、杨杏佛等到会，蔡院长主席。

　　按：会议讨论事项：（一）修正大学院组织法，请追认案，议决：照修正案通过。（二）大学院分掌政务、事务案，议决：院长主持政务，副院长主持事务；事务人员，须有保障，不随政务官为去留。（三）修正大学委员会条例案，决议：该条例第二条第二项"教育行政处主任"改为"副院长"三字。（四）修正大学区条例中的部务主任，决议：部改为处，部主任改名处长。（六）教育经费案，决议：推吴、李、张三委员将拟订的办法，再行修改。（七）决议：第三中大改名浙江大学，第四中大改名江苏大学。

　　蔡元培 2 月 17 日出席国民政府第三十九次会议，会议讨论通过大学院长蔡元培呈送教育会条例等议案。18 日，以大学院第一六九号训令废止春秋祀孔旧典。20 日，蔡元培到徐家汇第一交通大学就兼任校长之职。21 日，蔡元培出席国民政府会议，提议中法国立工业专门学校校长褚民谊已奉国府令派赴法考察卫生事宜，拟派李宗侗代理该校校长。议决：照准。25 日下午 2 时半，蔡元培出席沪江大学首任华人校长刘湛恩行就职典礼，并发表讲话。同日，发出召开全国教育会议的电报。26 日上午 10 时，大学院艺术教育委员会假上海国立音乐院开会，林风眠、萧友梅、李金发、王代之、李重鼎、张继、周峻等委员到会，蔡元培院长主席，报告增聘陈树人、唐家伟为委员，王代之报告杭州国立艺术院筹备经过。27 日午前，蔡元培到第一交通大学处理校务。午后 5 时，前东南大学校长郭秉文来蔡宅商谈。3 月 4 日上午 10 时，中国科学社在其南京社所举行范源濂董事追悼会，蔡元培主席，致开会词，竺可桢宣读祭文，社员柳诒徵、胡先骕及来宾刘成志相继致词。最后蔡先生补充发言，并宣读范氏家属谢电，直至下午 1 时始散。12 日上午 8 时半，蔡元培与谭延闿、于右任、张静江、李烈钧、朱霁青、丁惟汾、何香凝、蒋作宾、何应钦等及各部、会人员五百余人出席国民政府举行总理逝世三周年纪念典礼。

　　蔡元培与张继、傅斯年、沈兼士、张静江、陈寅恪、易培基、李济之、胡适、朱家骅、李四光、顾颉刚、李宗侗、马衡、李石曾、刘复、高鲁、袁复礼、翁文灏等 20 人 3 月 12 日被聘为大学院古物保管委员会委员。同日，由大学院公布该院古物保管委员会组织条例 9 条。19 日，由大学院公布该院译名统一委员会组织条例 12 条，聘定王云五、宋春舫、胡适、李石曾、曹梁厦、俞凤宾、宋梧生、张乃燕、余云岫、萧友梅、胡庶华、高镜明、江宗泮、严济慈、俞颂华、金井羊、何炳松、秉志、郑贞文、何尚平、朱经农、张歆海、程瀛章、郭任远、吕澂、李四光、高鲁、姜立夫、胡宪生、鲁德馨等为该委员会委员，指定王云五为主任。3 月 25 日下午 3 时，蔡元培主持大学院古物保管委员会的成立会。同日，撰《第一交通大学西文图书目录》序。4 月 5 日，大学委员会第六次会议在大学院举行，易培基、郑洪年、张乃燕、高鲁、金曾澄、张仲苏等委员到会，蔡元培院长任主席。同日，由大学院分函审查教科书各委员，寄去暂拟教科书审查标准，请尽量发表意见，以便汇齐早日制定共同标准，俾利审查。审查教科书委员有：蔡元培、吴稚晖、陈钟凡、冯沅君、钱基博、张士一、楼光来、叶元龙、周鲠生、汤用彤、竺可桢、吴承洛、钱宝琮、吴有训、秉志、李四光、高鲁、邰爽秋、高君珊、过探先、周仁、卫挺生、葛成慧、徐悲鸿、王瑞娴、姜丹书等 82 人。

　　蔡元培 4 月 6 日出席国民政府第五十三次会议，会议报告事项有大学院蔡院长（三日）

电,报告全国教育会议改定 5 月 15 日在京开会。会议决议:通过《国立中央研究院组织条例》。7 日,蔡元培与谭延闿于昨夜乘快车离宁,今晨 8 时 25 分到沪后,即与李济深、陈铭枢、蒋伯诚等于下午 1 时 4 分乘车赴杭州。8 日,蔡元培、张静江、吴稚晖,由蒋梦麟、程振钧等陪同,前往灵隐,中午,在烟霞洞与李济深、陈铭枢、梁漱溟等一同进餐,蒋伯诚、朱家骅、马寅初、庄崧甫等作陪。晚间,浙江省政府招待李济深、陈铭枢、吴稚晖的宴会,席间,蒋伯诚致欢迎词,李、陈、吴均有演说。蔡元培在讲话中提到:"西湖之天然美,应有艺术美以润色之,故中央……先设小规模之艺术院。"9 日,蔡元培出席西湖国立艺术院开院式,讲演《学校是为研究学术而设》。11 日,蔡元培出席国民党中央政治会议第一三六次会议。大学委员会函送大学院组织法修正草案。决议:大学院组织法修正通过,交国民政府公布。同日,蔡元培向各报发表关于大学院组织问题的谈话。

按:蔡元培谈话曰:"大学院最初组织法之起草,远在去年秋间,约在大学院成立前两三月。当时国民政府方以全力应付军事,对于教育事业,尚无具体计划,余与李、张、吴诸先生以教育不可无主管机关,又不愿重蹈北京教育部以官僚支配教育之覆辙,因有设立大学院之主张,其特点有三:一、学术、教育并重,以大学院为全国最高学术教育机关;二、院长制与委员制并用,以院长负行政全责,以大学委员会负议事及计划之责;三、计划与实行并进,设中央研究院,实行科学研究。设劳动大学,提倡劳动教育。设音乐院、艺术院,实行美化教育。此三点为余等主张大学院制之根本理由。"

蔡元培 4 月 13 日出席并主持国民政府第五十四次会议,决议:简任许寿裳、朱葆勤、杨芳为大学院参事,张奚若为大学院高等教育处处长,朱经农为大学院普通教育处处长,陈剑修为大学院社会教育处处长,钱端升为大学院文化事业处处长。同日下午 3 时,中国科学社假江苏大学梅庵举行南京社友会第四次集会,由蔡元培会长任主席,致开会词。18 日,出席国民党中央政治会议第一三七次会议,会议决议:特任蔡元培为中央研究院院长。23 日,国民政府令:"特任蔡元培为国立中央研究院院长,此令。"20 日,出席国民政府第五十六次会议,学院长蔡元培、内政部长薛笃弼提出著作权法案。决议:送请中央〈政治〉会议核议。24 日,出席国民政府第五十七次会议,会议讨论第四中山大学学生呈请改江苏大学为南京大学。决议:交大学院核办。同日下午 3 时,大学院副院长杨杏佛、参事许寿裳、杨芳、朱葆勤、秘书长金曾澄、秘书张西曼、孙揆均、齐宗颐、曾传统、处长张奚若、朱经农、钱端升、陈剑修等,在大学院行宣誓就职典礼,全院职员均参加。杨杏佛读誓词,蔡院长致训词,杨杏佛代表诸宣誓人答词。随后召开大学委员会临时会议,易培基、张乃燕、高鲁、郑洪年、金曾澄、杨杏佛等到会,蔡元培院长主席。

按:讨论(一)江苏大学改称中央大学,得冠以国立二字。(二)通过大学区组织条例修正案,呈国府公布。(三)通过大学委员会组织条例修正案,呈国府公布。(四)通过学生团体组织大纲,函中央党部核议。

蔡元培 4 月 27 日乘夜快车由宁赴沪。同日,中国公学大学部校董会,假座味雅酒楼开会,在沪校董熊克武、王云五、夏敬观、胡适、刘秉麟、朱经农、但懋辛、丁毂音等均到会,在京校董蔡元培委托王云五为代表,杨杏佛委托朱经农为代表。当即票选胡适为中公校长。29 日,上海大夏大学改委员制为校长制,新选校长王伯群、副校长欧元怀举行就职典礼,并开春季师生恳亲大会,到教职员、学生一千余人。校董马君武主席,蔡元培和杨杏佛、张定璠、韦悫、朱经农、保君建、刘湛恩等到校致贺,均有演说。30 日午前 10 时,蔡元培偕中法大学药学院院长宋梧生前往访晤法国驻上海的领事。5 月 1 日,出席国民政府第五十九次会议,会议决议:修正大学区组织条例,公布之;修正大学委员会条例,公布之。此为《大学区组织条例》的第二次修正。6日,大学院蔡院长通电各大学、各省〈市〉教育厅、教育局,分令各校,于"五七"至"五九"国耻纪念日,各校应讲授特种课程:(一)民族主义,(二)日本的研究,如地理、历史人口、经济、兵力、文化等,(三)中日交涉史等,使青年明白纪念国耻之真谛。12日为尤佳章所译李贝原著《西洋科学史》撰序。

蔡元培5月15日在南京主持召开教育会议,致开幕词。蔡元培提出用本会议名义,致电国际联盟秘书长德兰孟(Sir James Eric Drummond)和美国总统顾理治(John Calvin Coolidge),请他们对济南惨案主持公道,当经全体通过,即将电文发出。20日,蔡元培为中国地学会《地学丛书》撰序。25日,国民政府公布修正内政部、外交部、财政部、交通部、司法部、农矿部、工商部以及大学院的组织法,此为《大学院组织法》第三次修正。27日,蔡元培为冯薰(仪九)所撰《经营银行概论》作序。28日上午9时,全国教育会议举行纪念周后,接开第十二次大会,均由蔡议长主席。最后,通过大会宣言。11时30分,举行闭会式,蔡元培致闭会词。同月,蔡元培为尤佳章译斯洛斯原著《科学丛谈》撰序。同月,蔡元培等主编的"新时代史地丛书"由商务印书馆开始出版。6月3日上午9时,大学院艺术教育委员会在上海国立音乐院开第四次会议,张继、林风眠、萧友梅、李金发、林文铮、唐家伟、周峻、李树化等到会,蔡院长主席。讨论美术展览会具体办法。6日,出席国民党中央政治会议第一四三次会议,蔡元培提议,统一中央教育学术机关。决议:准照办,交国民政府公布。同日,在大学院主持召开三民主义考试委员会的会议,段锡朋、周鲠生、丁惟汾、陈果夫、叶楚伧、王世杰、杨杏佛、陈剑修等到会。7日,主持召开大学院三民主义考试委员会第二次会议。6月8日,出席国民政府第七十次会议,会议决议:京师大学改为中华大学,任命蔡元培为校长,未到任时,以李石曾署理。

按:蔡元培院长呈称,北京大学历史悠久,上年北京教育部并入师范等大学,改名为京师大学,现在国府定都南京,北方京师之名不能沿用,拟请仍名北京大学,并选任一校长,以专责成。又易委员培基提议,请任命蔡元培为中华大学校长,在蔡未能到任前,请以李石曾署理。

蔡元培6月9日假上海东亚酒楼举行中央研究院第一次院务会议,徐渊摩、丁燮林、陶孟和、竺可桢、李四光、杨端六、王小徐、杨杏佛、高鲁、周鲠生、宋梧生、周仁等到会。蔡元培院长主席,杨端六记录。10日中午12时,中国公学大学部校董会假一品香西餐馆开会,蔡元培、胡适、熊克武、杨杏佛、王云五、但懋辛、叶葵初、钟古愚、刘秉麟、沈钧儒、丁毂音、余蕴兰等出席,通过中国公学组织大纲13条及中国公学校董会章程13条。重新票选蔡、胡、熊、杨、王、但、叶、刘、丁及于右任、马君武、夏剑丞、朱经农、何鲁、王搏沙等15人为校董。13日,出席国民党中央政治会议第一四四次会议,会议决议:派易培基前往北京,接收故宫博物院。该院名称及章程应如何修改,交内政部、大学院商议,提会讨论。同日,国民政府公布《修正中华民国大学院组织法》,这是该院组织法的第四次修正,也是最后一次修正。14日,出席国民政府第七十二次会议,讨论通过蔡元培提出辞去第一交通大学校长兼职,请王伯群兼任该校校长。同日,主持大学院第四次院务会议。6月15日下午2时,蔡元培主持大学委员会在大学院开第七次会议,杨杏佛、吴稚晖、胡适、蒋梦麟、高鲁、易培基、郑洪年、张仲苏、张乃燕、许寿裳到会。讨论(一)中央大学校长人选问题,决议:在新校长人选未定前,仍由张乃燕校长继续维持。(二)中华大学校长人选问题,决议:蔡元培表示不往北京,即以李石曾担任。19日,出席国民政府第七十三次会议,讨论通过蔡元培委员提请辞去中华大学校长兼职,另以大学委员会所推之李石曾委员充任。6月20日,蔡元培出席国民党中央政治会议第一四五次会议,会议讨论通过《故宫博物院组织法》《故宫博物院理事会条例》,议决交国民政府公布。又通过故宫博物院理事名单:李煜瀛、易培基、黄郛、鹿钟麟、于右任、蔡元培、汪精卫、江瀚、薛笃弼、庄蕴宽、吴敬恒、谭延闿、李烈钧、张人傑、蒋中正、宋子文、冯玉祥、阎锡山、柯劭忞、何应钦、戴传贤、张继、马福祥、胡汉民、班禅额尔德尼、恩克巴图、赵戴文等27人,交国民政府任命。28日下午3时,主持大学院第六次院务会议。29日,中华教育文化基金董事会在天津利顺德饭店举行第四次年会,选举蔡元培为副董事长。30日,蔡元培主持中央研究院第二次院务会议,杨杏佛、丁燮林、李四光、徐渊摩、王小徐、陶孟和、宋梧生、杨端六等到会。同月,蔡元培向国民党五中全会提议取消青年运动,解散学生组织。全国学生会筹备处、上海市学生联合会发表宣言或致函蔡氏,表示反对。7月1日,蔡元培主持上海第一交通大学毕业典礼及王伯群校长就职典礼。

蔡元培7月5日下午3时主持召开大学院第七次院务会议。21日,国民政府公布:推定蔡元培、谭延闿、张静江、李烈钧、于右任、薛笃弼、钮永建、李石曾、何应钦、宋渊源、王正廷等为中央国术馆理事。26日,蔡元培主持大学院第九次院务会议。27日,出席国民政府第八十三次会议,会议讨论通过大学院院长蔡元培与外交部部长王正廷提议改组清华学校董事会案与改组中华教育文化基金董事会案。30日,国民政府准大学院呈,改订《中华教育文化基金董事会章程》,取消原有中华教育基金董事会,任命胡适、贝克、贝诺德、孟禄、赵元任、司徒雷登、施肇基、翁文灏、蔡元培、汪精卫、伍朝枢、蒋梦麟、李石曾、孙科、顾临为中华教育文化基金董事会董事,蔡元培为董事长。8月2日,蔡元培撰《全国教育会议报告》序。3日下午3时,主持召开大学院第十次院务会议。6日,主持召开大学院第十一次院务会议。7日,上海《民国日报》刊载经亨颐又提出设立教育部及废止大学院制的提案。16日,主持召开大学委员会的会议,戴季陶、杨杏佛、蒋梦麟、朱家骅、郑洪年、李石曾、许寿裳等到会,通过李石曾所提北平大学区组织大纲原案,俟文字修正后发表。同日,主持召开大学院第十二次院务会议,报告:中华民国教育宗旨,已经大学委员会通过,本会议无修改之必要,即照原文送国民党中央政治会议核定。

按:《大学院公报》第9期载经国民政府公布的中华民国教育宗旨:中国国民党以三民主义建国,应以三民主义施教。从前所颁布之教育宗旨,自不适用。今特仰遵总理遗教,根据教育原理,订定中华民国教育宗旨如左(下):

恢复民族精神,发扬固有文化,提高国民道德,锻炼国民体格,普及科学知识,培养艺术兴趣,以实现民族主义;灌输政治智识,养成运用四权之能力;阐明自由界限,养成服从法律之习惯;宣扬平等精义,增进服务社会之道德;训练组织能力,增进团体协作之精神;以实现民权主义;养成劳动习惯,增高生产技能,推广科学之应用,提倡经济利益之调和,以实现民生主义;提倡国际正义,涵养人类同情,期由民族自决,进于世界大同。

蔡元培8月13日委托杨杏佛主持中央研究院举行第三次院务会议,拟定11类学科各学科评议会人选及其候选人名单,并呈报蔡元培院长圈定。据《国立中央研究院十七年度总报告》载,中央研究院评议会学科分组及聘任评议员候选人名单如下:数学:姜立夫、李俨、钱宝琮、周达(美权)、俞大维;天文学气象学:余青松、高平子、张云、蒋丙然;物理学:饶毓泰、严济慈、李书华、颜任光、叶企孙、朱物华、胡刚复;化学:李麟玉、孙学悟、赵承嘏(石民)、曹梁厦、吴宪、曾昭抡;地理学地质学:翁文灏、朱骝先(地理学人选暂缺);生物学:秉志、辛树帜、钟心煊、李石曾(煜瀛)、汪敬熙、张巨伯;人类学考古学:李济、马衡;社会科学(历史语言):吴敬恒、胡适、陈寅恪、赵元任、顾颉刚、刘复(半农)、林语堂、(法律):王世杰、燕树堂、(经济)：任凯南、(社会)：戴季陶；工程学：李协、沈晤、彭济群、周仁、李熙谋、孙昌克、朱广才、石瑛、王庞佑、傅尔都、吕彦直；农林学：何尚平、谭熙鸿、过探先、陈焕镛、常宗会、邓植仪、叶雅各；医学：刘瑞衡(恒)、颜福庆、褚民谊、金(经)利彬、谷镜涵、林可胜。大致汇聚了各学科的学术名家。

蔡元培 8 月 17 日向国民党中央政治会议及国民政府呈请准予辞去中央政治会议委员、国民政府委员、大学院院长及兼代司法部长等本兼各职，仅保留中央研究院院长。同日，蔡元培携眷乘早车离开南京，赴上海定居。21 日，谭延闿主持国民政府举行第八十七次会议，讨论蔡元培委员呈请辞去大学院院长及代理司法部长等本兼各职案，决议：慰留。27 日，国民政府指令慰留蔡元培。同月，蔡元培撰《中央研究院历史语言研究所集刊》发刊词。又与谭延闿、阎锡山、蒋介石、冯玉祥、梁启超、张之江、宋美龄、李德全、陈衡哲、何香凝等列名发起、印发《临清武训学校募捐启》。9 月 1 日，向国民党中央政治会议及国民政府续辞大学院院长等本兼各职。8 日，蔡元培院长辞职离院时，力主将大学院的决算发表，被称为"国民政府实行财政公开之第一声"。11 日，傅斯年致函蔡元培，建议大学院以二万元购李盛铎所藏之档案。蔡元培立即写信给杨杏佛言此事。15 日，蔡元培辞职后，迭经国民政府先后派宋子文、孔祥熙亲往挽劝，但辞意坚决。是日，又上第三次辞呈于国民党中央政治会议及国民政府，并荐贤自代。16 日，所撰《三民主义的中和性》一文刊于《三民主义半月刊》第 1 卷 4 期。19 日，国民党中央政治会议举行第一五五次会议，讨论事项中有蔡元培续呈坚请辞去大学院院长职务，并荐蒋梦麟继任，决议：挽留蔡院长。同月，蔡元培撰《同济大学二十周年纪念册序》。10 月 1 日，蔡元培向国民党中央政治会议递送坚辞大学院长及兼代司法部长的第四次辞呈。2 日，国民政府举行第九十八次会议，决议事项中有任命蔡元培、张静江、李石曾为管理俄国部分庚子赔款委员会委员。

蔡元培 10 月 3 日出席国民党中央政治会议第一五七次会议。会议通过大学院长、兼代司法部长蔡元培迭请辞职，特任蒋梦麟为大学院长；催司法部长王宠惠速回本任。8 日，举行第一七三次国民党中央常务会议，通过李石曾、张静江、吴稚晖三委员临时提议，请选任蒋介石为国民政府主席，谭延闿为国府行政院院长，胡汉民为国府立法院院长，王宠惠为国府司法院院长，戴季陶为国府考试院院长，蔡元培为国府监察院院长案。同日，蔡元培发出辞任国府监察院长电。中旬，蔡元培向国民党中央常务委员会呈请辞去监察院院长。10 月 24 日，蔡元培出席国民党中央政治会议第一六〇次会议，讨论事项中有关于设立革命博物馆案与编辑革命史案，两案的决议，均为送中央常务会议讨论。10 月 25 日下午 2 时，国民政府行政院成立，院长谭延闿、副院长兼军政部长冯玉祥、内政部长阎锡山(缺席)、外交部长王正廷、财政部长宋子文、农矿部长易培基、工商部长孔祥熙、教育部长蒋梦麟、交通部长王伯群、铁道部长孙科、卫生部长薛笃弼在国府大礼堂举行宣誓就职典礼，到中央执、监委员及各机关代表三百余人。蒋介石授印，谭延闿及各部长均受印宣誓。中央党部监誓代表蔡元培委员训词，蒋介石训词，谭延闿答词。

蔡元培 10 月 26 日出席大学委员会的会议。易培基、褚民谊、李书华、李石曾、刘大白、张仲苏、张乃燕、蒋梦麟等到会，议决改名教育部大学委员会、国立大学得设副校长，通过修正北平大学区组织大纲。秋，蔡元培辞去北平中法大学校长的名义。其间，热带病研究所在杭州成立，推举蔡元培为董事长，汤尔和、洪式闾任正、副所长。11 月 7 日下午 4 时，蔡元培应中央广播电台之请，前往播讲《国立中央研究院与衣食住行的关系》。末谓中央研究院期于建设上有较大的贡献,认为将来各大学均应设有研究所。8 日,国民党中央常务会议举行第一八一次会议,推定蔡元培、蒋介石、谭延闿、胡汉民、吴稚晖、张静江、孙科、戴季陶、叶楚伧 9 位同志及教育部蒋梦麟部长组织党歌曲谱审查委员会,由蔡元培召集。并由委员会另聘专门审查人员。11 月底审查完竣,由中央颁行。9 日,国民政府公布经国民党中央政治会议第一六一次会议通过的《中央研究院组织法》。12 日上午 9 时,蔡元培到南市新普育堂出席上海党政军各机关联合纪念孙中山诞辰的大会,到 2000 余人。孙科报告孙中山革命史略,蔡元培、孔祥熙、吴铁城、邵元冲、冷欣相继演说。17 日晚间 6 时,到宁波同乡会出席上海十八所大学联合会的同乐会,到会会员及来宾一百四十余人。由胡适主席,致开会词,蔡元培发表演说。20 日,为王云五所著《中外图书统一分类法》撰写序文。26 日上午,至徐家汇交通大学,出席孙科新任该校校长就职典礼,到教职员、学生及来宾 1000 余人。前校长王伯群报告毕,孙科宣誓,监督员蔡元培代表中央致训词。27 日,教育部大学委员会开会,通过该委员会组织条例 14 条。除教育部部长、次长及国立大学校长为当然委员外,并聘请蔡元培、戴季陶、高鲁、罗家伦、杨杏佛等为委员。28 日,领衔与张继、易培基、柏文蔚联名为潘玉良刊登启事。

蔡元培 12 月 5 日出席国民党中央政治会议第一六六次会议,讨论事项中有王正廷提议设立中央图书馆筹备处,附送意见书、组织大纲、预算概略,请核议。决议:指定蔡元培、胡汉民、戴季陶、王正廷、蒋梦麟、赵戴文、薛笃弼 7 委员审查,由蔡委员召集。6 日,蔡元培与蒋梦麟联名致电原北京大学学生,劝告勿走极端。7 日,蔡元培出席国务会议第十次会议,以中央研究院院长呈为派员出席第四次太平洋科学会议,附具说帖。8 日正午,教育部长蒋梦麟与蔡元培、杨杏佛联名,假银行公会俱乐部,为将在上海举行美术展览会事,欢宴上海各界,到会虞洽卿、穆藕初、钱新之、袁履登、林康侯等。蒋梦麟起立致词,蔡元培发表演说。27 日,蔡元培列席第一八九次国民党中央常务会议,讨论事项中有:(二)安葬总理所用之丧乐乐谱,推蔡元培、孙科两委员于三星期内征集,提出本会审查。(三)中央宣传部拟具党徽党旗法、党旗使用条例、党旗制造条例及对党国旗礼节等草案,提请公决案。决议:交王宠惠、蔡元培、孙科、叶楚伧 4 委员审查。(四)蔡元培、王宠惠报告,准中央训练部拟具保障学术人才、技术人员、各种职业人员、艺术人才以及保护艺术品等五种办法,经会同审查,略述不能不改之故。决议:整理文字。(五)蔡元培、戴季陶提出关于失学革命青年救济办法审查报告。决议:照修正办法通过。(十)蔡元培、胡汉民、古应芬提出关于编辑革命史、设立革命历史博物馆两案的审查报告。决议:先从搜集革命史材料着手,目前由中央宣传部兼办;革命博物馆征集纪念品,亦暂由中宣部办理。(以上参见高平叔编著《蔡元培年谱长编》,人民教育出版社 1996 年版;龚克主编《张伯苓全集》第十卷附编《张伯苓年谱》,南开大学出版社 2015 年版;中央教育科学研究所编《中国现代教育大事记 1919—1949》,教育科学出版社 1988 年版)

王宠惠年初仍在法国巴黎。6 月 3 日,王宠惠与胡汉民、孙科、伍朝枢等在巴黎联名致信国民党中央,认为第二次北伐结束,全国统一后,当务之急是依据孙中山的遗教,实行训政,建立五权政制,提出训政大纲提案,建议实行训政。提案为国民党中央接受,应邀回国。8 月,国民党中央委员会任命王宠惠、胡汉民和戴季陶 3 人担任《中华民国国民政府组织法草案》的起草人员。9 月 19 日晚间,蒋介石在总司令部宴请胡汉民、蔡元培、李济深、李宗仁、李石曾、陈铭枢、戴季陶、王宠惠、吴铁城等,并请谭延闿、何应钦等作陪,席间对党国大计略有讨论。26 日,国民党中央政治会议举行第一五〇次会议。对五院组织法讨论甚久,决定交与蒋介石、谭延闿、胡汉民、孙科、戴季陶、李石曾、李济琛、张静江、蔡元培、吴稚晖、王宠惠、王正廷、何应钦、李烈钧等委员审查。10月3日,国民党中央政治会议举行第一五七次会议,通过大学院长、兼代司法部长蔡元培迭请辞职,特任蒋梦麟为大学院长;催司法部长王宠惠速回本任。4日晚间,谭延闿在私宅宴请张静江、吴稚晖、李石曾、蔡元培、胡汉民、孙科、王宠惠、戴季陶,席间,对五院组织法的内容,详细讨论,当推定胡、戴、王3委员起草,再由全体起草委员补充意见。《中华民国国民政府组织法草案》起草工作正式开始。7日晚间,蒋介石在总司令部宴请谭延闿、吴稚晖、戴季陶、蔡元培、王宠惠、胡汉民、李石曾、孙科、李宗仁等,席间,对所起草的国府五院组织法作总审查,当决定明日(星期一)召开中央政治会议临时会议表决。8日,国民党中央政治会议举行第一五八次会议,决议:国民政府行政院、立法院、司法院三院组织法,修正通过。同日,国民党中央常务会议举行第一七三次会议,王宠惠为国府司法院院长。此后,王宠惠与傅秉常实际负责起草《中华民国国民政府组织法草案》,绘制了国民政府的基本政治结构,奠定了1928年以后中华民国的国家机构格局。提经国民党中央政治会议议决公布施行,五权政制自此开始。国民党中央政治会议又指定王宠惠、蔡元培、戴传贤3人参与审查胡汉民、林森、孙科等人提出的民法立法原则案,最终确定了民法总则的立法原则。12月29日,送至立法院,该立法原则包括"民法为规定者习惯,无习惯或虽有习惯而法官认为不良者,依法理"等,为制定民法提供了指导。王宠惠以《刑法草案》为蓝本的《中华民国刑法》颁布施行,是为近代以来中国第一部最为完备的刑法典。(参见王宠惠著、张仁善编《王宠惠法学文集》附录《王宠惠先生年谱》,法律出版社2008年版;高平叔编著《蔡元培年谱长编》,人民教育出版社1996年版)

戴季陶、陈果夫、周佛海、陈布雷1月1日奉蒋介石之命在上海创办《新生命》月刊。2月1日,戴季陶与李石曾、吴稚晖、蔡元培联名提议以俄、英退还庚款拨充教育基金案。同日,戴季陶在《新生命》第1卷第2号发表《行易知难》,认为马克思主义"在今天的世界思想界中"已经"取得一个领导的地位""马克思主义的理论之精密完备处,在能够统治一切社会科学,说明一切社会现象""马克思主义的共产主义,在各派社会主义的理论当中,的确算是比较最有科学的价值而同时是尊重科学的方法的"。28日,戴季陶致电国民党中央执委会,辞就中央宣传部长,推蔡元培兼任。同月,出席国民党二届四中全会,当选为中央执委会常务委员、宣传部部长,并与于右任等负责中央执委会秘书处事务。3月,返穗主持中山大学校务。3月13日,戴季陶被任命为国民政府军事委员会政治训练部主任。4月18日,国民党中央政治会议第一三七次会议讨论事项中有:大学院转广州中山大学校长戴季陶、副校长朱家骅请维持该校经费,令行广东财政厅仍照原额十足发给。决议:令政治会议广州分会饬令照办。同月,戴季陶所著《日本论》在上海出版。5月,中山大学副校长朱家骅及教育系主任庄泽宣代其出席第一次全国教育会议。中山大学与两广教育厅共提之《确立教育方针实行三民主义的教育建设以立救国大计案》获得通过。6月20日,中央政治会议决议其与李石曾等为故宫博物院理事。

戴季陶7月11日与郑毓秀、陈辉德被中央政治会议加派为建设委员会委员。8月8日,出席国民党二届五中全会,当选为中央政治会议委员。9月24日,中央常委会加委其及胡汉民共同负责秘书处事务。同月,与胡汉民、王宠惠3人负责起草《国民政府组织法》。10月8日,与胡汉民、王宠惠所起草的《国民政府组织法》公布,实行五院制。其当选国民政府委员和考试院院长。中央常委会通过其所谱之陆军军官学校创办开学时孙中山四言十二句训词为中国国民党党歌。10日,就职考试院院长,随后在南京羊皮巷住宅成立考试院筹备处。15日,中央执委会决议加委其及谭延闿、胡汉民负责处理中央执委会秘书处日常文件。中旬,在中央常委会提议整理川政。10月31日,与蔡元培、王宠惠等在中央政治会议上拟送《国立中央研究院组织法》(草案)。11月6日,国民政府发表改组川省政府命令,蒋介石嘱其起草整理川政命令,因事繁冗,细详则授意谢铸陈代为草拟。10日,与胡汉民在中央政治会议上提议设立国都设计技术委员会并附送意见书。12月,国民政府公布《铨叙部组织法》。是年,戴季陶讲《东方问题与世界问题》由上海爱智学社刊行;戴季陶讲《戴季演讲演集》由上海新生书局刊行;甘乃光、戴季陶演讲《中山大学政治训育丛书》由上海三民书店刊行。(以上参见桑兵、朱凤林编《中国近代思想家文库·戴季陶卷》附录《戴季陶年谱简编》,中国人民大学出版社2015年版;高平叔编著《蔡元培年谱长编》,人民教育出版社1996年版;王学典《20世纪史学编年(1900—1949)》,商务印书馆2014年版)

陶希圣1月1日与周佛海、陈果夫、陈布雷等在上海创办《新生命》月刊,遂以该刊为阵地形成了以陶希圣为核心人物的"新生命派",在后来中国社会性质和社会史论战中发挥了主导作用,重要成员还有陈邦国、朱伯康、梅思平、梁园东等。这一学派被称为"新生命派",又因为该派主要由国民党改组派人员构成,也被称为"改组派"。2月,陶希圣任南京总政治部宣传处编纂科长,后改任中央陆军军官学校政治总教官,兼任政治部(主任周佛海)训育组组长、中央党部民众训练委员会指导科长。6月,所编《亲属法大纲》由商务印书馆出版。8月起,奔波于上海、南京之间为文演讲。10月1日,陶希圣在《新生命》第1卷第10期发表《中国社会到底是什么社会》,否定中国社会是封建社会或资本主义社会等主张,提出中国社会性质是宗法封建社会的观点,得到《新生命》杂志多数人的赞同。由此引发了一场关于中国社会性质和中国革命前途的论战。12月,陶希圣辞去南京职务赴上海。

按:从1928年8月至12月,政治上倾向于国民党改组派的陶希圣,在《新生命》月刊上发表了《从中国社会史上观察中国国民党》《中国社会到底是什么社会》等一系列关于中国社会性质和社会史方面的论文,并于年底由新生命书局结集为《中国社会之史的分析》一书出版。(参见陈峰编《中国近代思想家文库·陶希圣卷》及附录《陶希圣年谱简编》,中国人民大学出版社2015年版;王学典《20世纪史学编年(1900—1949)》,商务印书馆2014年版)

吴稚晖1月2日晚间7时与张静江、蔡元培同乘快车到达南京。2月,当选国民政府建设委员会委员。3月,向新成立的中华民国大学院提出分区设立大学,解决教育行政化问题,维护学术纯洁性。4月5日,吴稚晖与蔡元培、陈钟凡、冯沅君、钱基博、张士一、楼光来、叶元龙、周鲠生、汤用彤、竺可桢、吴承洛、钱宝琮、吴有训、秉志、李四光、高鲁、邰爽秋、高君珊、过探先、周仁、卫挺生、葛成慧、徐悲鸿、王瑞娴、姜丹书等82人被聘为大学院审查教科书委员。6月9日,大学院呈国民政府请任吴稚晖为中央大学校长,吴稚晖获悉之后,即致函蔡元培,推辞不就。15日下午2时,吴稚晖与杨杏佛、胡适、蒋梦麟、高鲁、易培基、郑洪年、张仲苏、张乃燕、许寿裳等出席大学委员会在大学院召开第七次会议,讨论事项有中央大学校长人选问题,决议:在新校长人选未定前,仍由张乃燕校长继续维持。会议期间,吴稚晖因支持李石曾与胡适发生正面交锋,甚至斥责胡适是"反革命"。胡适对此极为失望,于次日致函蔡元培,坚辞大学委员之职。吴稚晖事后找到胡适,解释自己也是不得已,他不希望"四大元老"因此分裂。7月,吴稚晖陪同蒋介石前往北京西山碧云寺谒灵,被聘为国语统一筹备会主席。10月,国民政府改组,被推为监察院院长,坚拒。同月8日,国民党中央常务会议举行第一七三次会议,吴稚晖与李石曾、张静江3委员临时提议,请选任蒋介石、谭延闿、胡汉民、蔡元培、戴季陶、王宠惠、冯玉祥、孙科、陈果夫、何应钦、李宗仁、杨树庄、阎锡山、李济琛、林森、张学良为中华民国国民政府委员案。又临时提议请选任蒋介石为国民政府主席,谭延闿为国府行政院院长,胡汉民为国府立法院院长,王宠惠为国府司法院院长,戴季陶为国府考试院院长,蔡元培为国府监察院院长案,决议:通过。是年,吴稚晖著《吴稚晖白话文钞》由上海中华书局刊行;吴稚晖著《吴稚晖清党后之言论》由明星印刷局刊行;吴稚晖著、陶乐勤编订《吴稚晖先生文粹》由上海全民书局刊行。(参见金以林、马思宇《中国近代思想家文库·吴稚晖卷》之《导言》及附《吴稚晖年谱简编》,中国人民大学出版社2015年版;高平叔编著《蔡元培年谱长编》,人民教育出版社1996年版)

胡汉民1月25日与孙科、伍朝枢等启程赴欧考察,途经菲律宾、新加坡、庇能、埃及、科伦坡、印度、伊朗等地。3月16日,访土耳其,受影响极大,归国后作《考察新土耳其的经过和感想》。5月,"五三"济南惨案发生,在法国进行外交努力,主张继续北伐。6月3日,与王宠惠、孙科、伍朝枢等在巴黎联名发电,向国民党二届五中全会提出《训政大纲案》。后由柏林寄回《训政大纲提案说明书》。7月,经奥地利、波兰、捷克、匈牙利等国,抵英国。会见朝野要人,讨论废除在华不平等条约事宜。8月8日,自法国乘船东归,经越南,28日抵香港。广东军政要人劝留在广州,拒之。主张与蒋介石合作。9月3日,抵上海,与蒋介石会见。被推为中央常委,负责新政府的筹组。10月,国民政府改组,出任立法院长。12月5日,宣誓就职,发表《三民主义之立法精义与立法方针》演讲。是年,发表《三民主义的连环性》。是年,胡汉民著《胡汉民先生演讲集》由上海民智书局刊行;胡汉民著《革命理论与革命工作》由中央政治会议武汉分会刊行。(参见陈红民、方勇编《中国近代思想家文库·胡汉民卷》附录《胡汉民年谱简编》,中国人民大学出版社2015年版;高平叔编著《蔡元培年谱长编》,人民教育出版社1996年版)

马寅初、邵元冲等43人11月9日被国民政府任命为立法院立法委员,参与政府经济立法工作。11日,在上海香港路四号银行俱乐部主持中国经济学社五届二次理事会。到会理事还有刘大钧、李权时、徐寄顾、戴蔼庐。21日,在上海东吴大学法科演讲《平均地权》。12月1日,出席浙江省国货陈列馆开幕式,发表演讲并欣笔题词。8日,马寅初出席国民政府立法院第一次会议,院长胡汉民、副院长林森,委员吕志伊、宋美龄、焦易堂、钮永健、邵元冲、吴尚鹰、庄崧甫、卫挺生、王葆真、王世杰、吴铁城、傅秉常等70人到会。25日,出席立法院第三次会议。26日,出席立法院经济委员会第一次常会,委员张志韩、马寅初、邵元冲、黄昌谷、吴尚鹰,委员长邵元冲。28日,出席立法院经济委员会第二次常会。29日,出席立法院第四次会议。30日,在上海香港路四号银行俱乐部主持中国经济学社第五届第三次理事会,商讨学社与商务印书馆王云五签订续约等事宜。同月,为田斌《中国盐税与盐政》作序,批评中国盐税制度;与魏颂唐、程远帆合编《浙江省田赋一览表》。(参见徐斌、马大成编著《马寅初年谱长编》,商务印书馆2012年版;彭华《马寅初年谱简编》,《淮阴师范学院学报》2005年第1期)

蒋梦麟仍任国立第三中山大学校长。2月初,国民党中央执行委员经亨颐、朱霁青、丁惟汾、白云梯、陈树人等在国民党二届四中全会上建议设立教育部,废止大学院。蔡元培、李石曾等主张维持大学院制。而蔡元培、李石曾等人坚持维持大学院制。4日,国民党二届四中全会决议大学院制暂保留,待三次代表大会再决存废。2月6日,国民政府大学院改第三中山大学为国立浙江大学。4月1日,国立第三中山大学改名为"国立浙江大学",有工、农、文理三个学院。5月15—28日,蒋梦麟在南京出席第一次全国教育会议,会议议决废止党化教育名称,改称三民主义教育。6月15日下午2时,蒋梦麟与杨杏佛、吴稚晖、胡适、高鲁、易培基、郑洪年、张仲苏、张乃燕、许寿裳等出席大学委员会在大学院召开第七次会议，讨论中央大学校长、中华大学校长人选问题。7月，国民党二届五中全会召开，反对大学院的提案更多。经亨颐、郭春涛等国民党中央执行委员历数江苏、浙江两省实行大学院之流弊，他们纷纷再次要求取消"中华民国大学院，改设国民政府教育部"。同月 27 日，国民政府举行第八十三次会议，大学院院长蔡元培提议改组中华教育文化基金董事会案，推荐蒋梦麟与胡适、李石曾、翁文灏、蔡元培、汪兆铭、周诒春、司徒来登、孟禄等为改拟中华教育文化基金董事会董事人选。8月 16 日，蔡元培主持召开大学委员会的会议，蒋梦麟与戴季陶、杨杏佛、朱家骅、郑洪年、李石曾、许寿裳等出席会议，讨论通过李石曾所提北平大学区组织大纲原案，俟文字修正后发表。9月 19 日，国民党中央政治会议举行第一五五次会议，讨论事项中有蔡元培续呈坚请辞去大学院院长职务，并荐蒋梦麟继任，决议：挽留蔡院长。10月1 日，蔡元培向国民党中央政治会议递送坚辞大学院长及兼代司法部长的第四次辞呈，再次请任命蒋梦麟为大学院院长。3 日，国民党中央政治会议第一五七次会议决议同意大学院院长、兼代司法部长蔡元培迭请辞职，特任蒋梦麟接替蔡元培为大学院院长。7 日，中央大学区中等学校联合会致函大学院院长蒋梦麟，请求取消大学区制。24 日，南京国民政府令大学院改为教育部，定 11月 1 日起，所有前大学院一切事宜，均由教育部办理。蒋梦麟遂改任教育部第一任部长，仍兼浙江大学校长，主持浙江大学区。11月 7 日，国民党中央政治会议议决任命蒋梦麟为中央政治会议委员。29 日，北京大学学生反对北平大学区改组方案，要求学校独立，增加经费，恢复公费，未果，愤而破坏北平大学校长李石曾、副校长李书华住宅。12月 1 日，李石曾派员率武装士兵强行接收北京大学，为学生所拒。6 日，蒋梦麟与蔡元培联名电劝北平大学生不要听信谣言，致走极端。26 日，蒋梦麟出席南京国民政府教育部中小学课程标准起草委员会举行会议，在委员们汇报各级课程标准起草情况后，蒋梦麟发表了对于课程之意见。（参见马勇、黄令坦编《中国近代思想家文库·蒋梦麟卷》及附录《蒋梦麟年谱简编》，中国人民大学出版社 2015 年版；马勇《蒋梦麟传》，河南文艺出版社 1999 年版；高平叔编著《蔡元培年谱长编》，人民教育出版社 1996 年版；中央教育科学研究所编《中国现代教育大事记 1919—1949》，教育科学出版社 1988 年版）

马叙伦 2 月继续逗留上海。同月，应浙江省立图书馆之邀为《浙江图书馆报》题签。3月，发布为国民政府参事，未就职。约上半年，偕张度在杭创办《三五日报》。7月 21 日，为洪式闾辑《青白之广济》题辞。31 日，余绍宋来访，托代借图书。8月 1 日，设宴杏花村招待余绍宋、蒋梦麟、姜绍谟等。9 日，余绍宋来访。17 日，访晤余绍宋。23 日，余绍宋来访未值。24 日，回访余绍宋。28 日，访晤余绍宋。同月，马叙伦所撰《王阳明先生年谱校录》刊于《浙江图书馆报》第二卷。9月 4 日，余绍宋来访又未值。9 日，余绍宋为徐鹏翼致书马。15 日，马叙伦介绍高其迈谒见余绍宋。29 日，胡适一家四人去游湖，计到了钱王祠、汪庄、西泠印社等处。在去汪庄路上邂逅马叙伦。10月 1 日，马叙伦访晤余绍宋。4 日，马叙伦所撰《医专学生会对发还广济之宣言》刊于《浙江民报》。12 日，余绍宋来访未晤。19 日，访晤余绍宋。

马叙伦 10 月被任为教育部政务次长。部长蒋梦麟，常务次长为原燕京大学副校长吴震春（雷川）。11月 2 日，余绍宋来函。15 日，访晤余绍宋。16 日，余绍宋回访未遇。27 日，复胡朴安函，同意担任中国学会发起人，谓"近复倡议发起中国学会，以整理中国学术、发扬民族精神为旨。承属附名柬末，自当遵命。惟会名似宜再加斟酌，鄙意如中国国学整理会之类较为明显,未审尊意如何?"同月,马叙伦赴南京出任教育部次长。12月14日,在《新晨报》发表《马叙伦谈北大学潮》。冬,聘杭州热带病研究所主持人洪式闾兼任教育部编审处主任。是年,马叙伦"重定"《说文解字研究法》。(参见卢礼阳《马叙伦年谱》,浙江古籍出版社2021年版)

杨杏佛1月28日因大学院行政机构改组,原与教育行政处并行的秘书处撤销,教育行政处责权扩大,被任命为大学院副院长。3月,中央研究院社会科学研究所成立,蔡元培兼任所长,下设经济、法制、社会、民族四个组。杨杏佛任经济组主任。5月15日,大学院在南京召开全国教育会议,这是中国现代教育史上第一次全国性会议,历时两周。会议讨论了当时教育及学术上急迫的应兴应革事项。会议结束时杨杏佛撰文为代表送行,提出四点:1.不要忘了我们教育的目的,是造成三民主义的中华民国国民;2.努力实行会议决案,不要犯只议不行的毛病;3.力争教育经费,注意教育经济,对人民的血汗钱不能铺张浪费;4.不要辜负全国民众的欢迎与期望。6月9日,国立中央研究院正式宣告成立。蔡元培在上海东亚酒楼主持第一次院务会议,出席者有杨杏佛、竺可桢、李四光、周仁等十余人。会议讨论了接收北平研究机关、统一和整理全国研究机构、工作计划、国际学术合作、办事规则等议题。8月13日,杨杏佛主持中央研究院举行第三次院务会议,杨端六、丁燮林、高鲁、傅斯年、竺可桢、王季同、宋梧生、李四光等9位与会者讨论了评议会的组织及人选问题,最后议决根据中央研究院的研究范围即数学、天文学与气象学、物理学、化学、地质学与地理学、生物科学、人类学与考古学、社会科学、工程学、农林学、医学11类学科,进行分组,拟定11类学科各学科评议会人选及其候选人名单,并呈报院长圈定。18—22日,中国科学社在苏州东吴大学举行第13次年会,杨杏佛任年会招待委员,在会上作题为《生活革命与科学精神》的演讲,指出:"科学家当然以应用科学来谋个人和社会之幸福,一方面更当根据因果律,藉正大之态度,来解决一切革命问题。"11月11日,南京国民政府公布《国立中央研究院组织法》,同时取消大学院体制,重设教育部,规定中央研究院直隶于国民政府,为中华民国最高学术研究机关。中央研究院总办事处正式成立,下设文书处、会计处、庶务处、出版品国际交换处等机构。蔡元培任中央研究院院长,杨杏佛应聘任第一任总干事,全力投入中央研究院创建工作,负责执行全院行政事务。(参见许为民《杨杏佛年谱》,《中国科技史料》1991年第2期;《国立中央研究院十七年度总报告》;中央教育科学研究所编《中国现代教育大事记1919—1949》,教育科学出版社1988年;卢礼阳《马叙伦年谱》,浙江古籍出版社2021年版)

许寿裳4月被任命为大学院参事。6月1日,国民政府第六十八次会议,讨论事项中有大学院院长蔡元培呈请调任许寿裳为大学院秘书长,孙揆均为大学院总务处处长,决议:照任命。8月6日,蔡元培主持召开大学院第十一次院务会议,决议中华民国教育宗旨的说明书,由许寿裳、朱经农、赵迺传、朱葆勤、张奚若5人担任修改。10月,大学院取消,蔡元培改任中央研究院院长,许寿裳亦改任中央研究院干事兼文书处主任,协助蔡元培、杨杏佛处理院内事务。11月18日,蔡元培致许寿裳函,略谓"研究院如每月收到十万,教育一门必设立,但或与实验心理合设。先生不往北平任女师校长,甚善"。是年,陈剑修任大学院社会教育处处长。(参见倪墨炎、陈九英编《许寿裳文集》下及附录二《许寿裳先生年谱》,百花出版社2003年版;高平叔编著《蔡元培年谱长编》,人民教育出版社1996年版)

竺可桢1月1日以中央研究院观象台筹备处假成贤街大学院花园余地,陈设气象仪器开始观测,是为气象研究所气象记录之始。2月16日,主持中国科学社理事会,议决上海科学图书馆定名为中国科学社明复纪念图书馆等事宜。中旬,南京市政府同意将钦天山全山移交于中央研究院,为建设气象台之用。同月,原观象台筹备处的天文组与气象组分别独立为天文研究所与气象研究所。竺可桢任气象研究所主任。该所后来正式成立,竺可桢被聘为气象研究所所长兼任研究员。3月2日,在全国教育会议筹备委员会举行第二次会议上,被聘为提案预备委员会科学教育组委员。4日,出席中国科学社举行的范静生追悼会,宣读祭文,并致词略述范氏与中国科学社之关系。29日,偕庄俊工程师至钦天山北极阁查勘建气象台地址。约4月,由大学院聘为审查教科书委员会委员。

竺可桢5月12日所提"关于太平洋科学会议应急进行案",经中国科学社理事会议决从速筹备。20日,主持中国天文学会第六届评议会第二次会议,被推举为"沈括历法讨论委员会"委员。22日,在中国科学社邀请各学术团体讨论出席太平洋科学会议事宜的宴会上,报告太平洋科学会议有关情况。5月,由中国科学社编辑会议推为编辑员。5月底,北极阁气象台建筑开始动工。6月6日,竺可桢拟定全国测候计划,以备呈请政府采纳施行。所撰《全国设立气象测候所计划书》发表于《科学》。9日,在上海出席中央研究院第一次院务会议,宣告中央研究院正式成立。后以此日为院庆日。12日,应江西省政府之邀,赴暑期学术讲演会。28日,拟定气象研究所训政时期研究计划。30日,出席第四中山大学第13次校务会议,提出"前次所议决之增建教室宿舍宜速筹备兴工案"。7月,在《地理杂志》上发表《中央大学地理学之前途》。

　　按:文章指出:"地理学之性质,介于自然科学与社会科学之间,即以自然科学为立足点,以社会科学为观察点。"认为地理学应列入于综合科学,地理学旨在研究人地相互之关系。论及自然环境时,则与地质学、生物学、人类学、农学等有连带关系;论及人类生活时,又与经济学、政治学、社会学、史学等有连带关系。主张放弃将自然地理纳入理科,将区域地理纳入文科的二元观念。改弦更张,合二者为一科,使地理学有独立之系统,整齐之组织,集中之精神。认为中大将来必定有一完备之地理系。在竺可桢一生的科学教育、科学研究、科普宣传和科研管理实践中,这一观念是贯彻始终的。在秉持这一基本学术思想的基础上,其研究领域广泛涉及政治、经济、社会、文化、教育以及基础科学和应用科学的诸多领域。

竺可桢8月2日由大学院聘为中小学课程标准起草委员会委员。13日,出席中央研究院第三次院务会议,议决评议会各组人数之分配名额及各组人选,被推为基金保管委员。18—22日,在苏州出席中国科学社第13次年会,被推为大会主席,主持开幕式并作报告。以社长身份任主席主持社务会,报告筹备参加太平洋科学会议之经过。18—19日,出席理事会,任主席。讨论修改社章等事宜。19日,在苏州主持中国天文学会第六届评议会第三次会议,讨论参加太平洋科学会议代表、迁移会所等事宜。8月23日,在上海主持科学社理事会,讨论社务。9月12日,主持科学社理事会,讨论社务。9月12—13日,出席大学院中小学课程标准起草委员会会议,被推为高中课程标准起草员、初中地理科标准起草专家。25日,主持气象研究所第一次所务会议,议决编辑季刊,专列观测报告;编辑气象所成立纪念刊。30日子夜,气象所将观测仪器移到钦天山山上北极阁。10月1日,气象所开始在北极阁进行气象观测,并开始在山上办公。同日,再次发表《南京之气候》。13日,竺可桢由中国气象学会推定为出席太平洋科学会议代表。30日,主持气象所第二次所务会议,议决制订气象所参观规则和图书室规则。11月2日,主持中国科学社理事会议,讨论社务。30日,主持中国科学社理事会议,继续当选社长。12月8—9日,在中国气象学会第四届年会上继续被选为副会长。11日,主持气象所第三次所务会议,议决取消夜班观测,晚间采用自记仪器之记录。20日,受浙江省政府委托,赴杭州规划浙江雷峰塔气象台。22日,由中国天文学会第六届年会推举为该会评议员。27日,在教育部中小学课程标准起草委员会第二次会议上,被推为初中地理科草案复合整理专家。是年,气象所的职员陆续增加,到年底共有 15 人。(以上参见李玉海编《竺可桢年谱简编》,气象出版社 2010 年版;王学典《20 世纪史学编年(1900—1949)》,商务印书馆 2014 年版)

徐渊摩、丁燮林、陶孟和、竺可桢、李四光、杨端六、王小徐、杨杏佛、高鲁、周鲠生、宋梧生、周仁等 6 月 9 日出席在上海东亚酒楼举行的中央研究院第一次院务会议。蔡元培院长任主席,杨端六记录。决议事项:(一)十七年度预算,照扩充计算提出。(二)由各所推举人员接收北平研究机关。(三)统一及整理全国研究机关,由大学院妥定计划。(四)国府训政时期本院计划,分三年六期拟定施行。各所于 6 月 20 日以前拟定,由大学院于 6 月 30 日前提交国府。(五)国际学术研究团体,如规定按各国人口比较纳费而负担过重,则不必加入。(六)本院办事细则自十七年七月一日起施行。(七)除因公须宿于院所者外,职员一律不管寄宿。(八)基金保管委员,由各所推举一人任之。29 日,杨端六、唐有壬、李权时、刘大钧、寿景伟、刘秉麟、戴蔼庐、董修甲等 8 位中国经济学社骨干社员被财政部长宋子文函聘为财政会议委员。30 日,杨杏佛、丁燮林、李四光、徐渊摩、王小徐、陶孟和、宋梧生、杨端六等出席中央研究院第二次院务会议,蔡元培院长主席,讨论十六年度决算查账问题、十七年度预算问题、对外宣传问题、各所招考研究生问题、出版物形式问题、会期、评议会等事项。是年1 月,李四光任中央研究院地质研究所所长。2 月,高鲁任中央研究院天文研究所所长。竺可桢任中央研究院气象研究所所长。3 月,杨端六任中央研究院社会研究所所长。4 月 5日,李四光、竺可桢、蔡元培、吴稚晖、陈钟凡、冯沅君、钱基博、张士一、楼光来、叶元龙、周鲠生、汤用彤、吴承洛、钱宝琮、吴有训、秉志、高鲁、邰爽秋、高君珊、过探先、周仁、卫挺生、葛成慧、徐悲鸿、王瑞娴、姜丹书等 82 人被聘为大学院审查教科书委员。7 月,李四光被国民政府大学院(教育部)院长蔡元培任命为武汉大学建设筹备委员会委员长。11 月,王琎任中央研究院化学研究所所长。丁燮林任中央研究院物理研究所所长。同年,陈翰笙由蔡元培推荐任中央研究院科学研究所副所长。(参见《国立中央研究院十七年度总报告》;高平叔编著《蔡元培年谱长编》,人民教育出版社 1996 年版)

王云五与宋春舫、胡适、李石曾、曹梁厦、俞凤宾、宋梧生、张乃燕、余云岫、萧友梅、胡庶华、高镜明、江宗泮、严济慈、俞颂华、金井羊、何炳松、秉志、郑贞文、何尚平、朱经农、张歆海、程瀛章、郭任远、吕澂、李四光、高鲁、姜立夫、胡宪生、鲁德馨等 3 月 19 日被聘为大学院译名统一委员会委员,指定王云五为主任。同日,由大学院公布该院译名统一委员会组织条例 12 条。6 月 10 日中午 12 时,王云五与蔡元培、胡适、熊克武、杨杏佛、但懋辛、叶葵初、钟古愚、刘秉麟、沈钧儒、丁毂音、余蕴兰等出席一品香西餐馆举行的中国公学大学部校董会,通过中国公学组织大纲 13 条及中国公学校董会章程 13 条。重新票选蔡、胡、熊、杨、王、但、叶、刘、丁及于右任、马君武、夏剑丞、朱经农、何鲁、王搏沙 15 人为校董。并决定组织中公基金募集委员会。11 月 20 日,蔡元培为王云五所著《中外图书统一分类法》撰写序文,谓"现在的图书馆,不能不兼收中外文书籍,但是编目的时候,要想中外统一,很感困难:第一在书目的分类,第二在著者的排列",称赞王云五所著《中外图书统一分类法》"实在是一部很好的著作,我相信这一定会风行海内的"。(参见高平叔编著《蔡元培年谱长编》,人民教育出版社 1996 年版)

钱端升 3 月在大学院筹备召集全国教育会议、成立"提案预备委员会"之际,名列该委员会出版物组委员。不久又被推定为审查提案委员会 7 人委员之一,任出版物组审查委员,并担任大会筹备委员会编辑科干事,向会议提交"提高学术文艺案"。4月13日,南京国民政府第五十四次会议决议简任钱端升为大学院文化事业处处长。5月,与吴敬恒、蔡元培、杨铨、胡适、蒋梦麟等发起高仁山追悼大会。追悼会定于5月24日下午在南京中央大学体育馆举行。9月12—13日,出席大学院召集的中小学课程委员会委员会议,讨论决议事项多件。其中之一为幼稚园、小学、初中、高中各级应有之科目、学分及各地学校各科目应占之时间,议决分四组,就大体情况进行讨论,先推员起草再交会决定。与孟宪承等6人被推为高中组。18日,钱端升离开大学院,此前已呈请辞去大学院文化事业处处长职。11月23日,参观在沪举行的中华国货展览会。是年,钱端升在《现代评论》上发表《党治与国民会议》等评论30余篇。(参见孙宏云编《中国近代思想家文库·钱端升卷》,中国人民大学出版社2014年版)

　　朱经农4月13日任大学院普通教育处处长。20日下午3时,学院行宣誓就职典礼。27日,与熊克武、王云五、夏敬观、胡适、刘秉麟、但懋辛、丁燮音等出席中国公学大学部校董会,在京校董蔡元培委托王云五为代表,杨杏佛委托朱经农为代表。29日,上海大夏大学新选校长王伯群、副校长欧元怀举行就职典礼,校董马君武任主席,蔡元培和杨杏佛、张定璠、韦悫、朱经农、保君建、刘湛恩等到校致贺,均有演说。9月12日,朱经农主持中华民国大学院召开中小学课程委员会会议。会议讨论了幼稚园、小学、初中、高中各级应有之科目、学分,以及各级学校各科目每周应占之时间等。是年,朱经农在《教育杂志》第20卷第2期发表《悼高仁山先生》;在《教育杂志》第20卷第3期发表《职业指导与中学课程》。(参见高平叔编著《蔡元培年谱长编》,人民教育出版社1996年版;中央教育科学研究所编《中国现代教育大事记1919—1949》,教育科学出版社1988年版)

　　林语堂任中央研究院英文总编辑。2月5日,所译《吃上帝的讨论(一个英国的特登)》刊于《贡献》第7期。2月16日,所译《安特卢亮评论哈代》刊于《北新》第2卷第9期,系节译自阿尔伯特·莫达尔(Albert Mordell)所著《著名的文学上的攻击》(*Notorious Literary Attacks*)一书。译文正文前附有"译者赘言",内称:"我趁哈代老翁逝世之时,翻译这篇批评的文章,并没有什么意思,不过生性喜欢看打笔墨官司的文章而已。"3月12日,所译《哈第论死生与上帝》刊于《语丝》第4卷第11期。25日,所译《戴密微印度支那语言书目》载《东方杂志》第25卷第6期。26日,所译《论静思与空谈——〈艺术的批评家〉节译之一》载《语丝》第4卷第13期。4月30日,所译《论创作与批评(《艺术的批评家》节译之二)》载《语丝》第4卷第18期。6月20日,所译《批评家与少年美国》载《奔流》第1卷第1期。7月9日,所撰《左传真伪与上古方音(下)》载《语丝》第4卷第28期。

　　林语堂8月1日所编《开明第一英文读本》(*The Kaiming First English Book*)由上海的开明书店出版,至1930年8月1日印至6版。8月,林语堂被聘为暨南大学文哲学院教授。20日,所译《新的批评》载《奔流》第1卷第4期。10月,林语堂被蔡元培聘为中央研究院国际出版品交换处处长。11月15日,所撰英文文章"Some Results of Chinese Monosyllabism"(《关于汉语单音节语倾向的一些结论》)载《中国评论周报》(*The China Critic*)第1卷第25期的"专论"("Special Articles")栏目。正文题名后标注"本文曾在燕京华文学校宣读,原题为《中国语言与文化》"。9月26日,《中华民国大学院第十七号布告》正式公布《国语罗马字拼音法式》,林语堂对此有贡献。10月29日,所撰《古音中已遗失之声母》载《语丝》第4卷第42期。12月6日,所撰英文文章"Lusin"(《鲁迅》)载《中国评论周报》第1卷第28期的"专论"栏目。同月,林语堂自著自编的《翦拂集》由北新书局出版。是年,林语堂又任上海暨南大学讲师、东吴大学法律学院预科英文教授。

　　按:据8月23日《申报》第16版所载《暨南大学教职员之全部组织》称:"文哲学院(外国文学系)主任兼教授叶公超,教授梁实秋、余上沅、洪深、蒯叔平,讲师马崇淦、余楠秋、林语堂、顾乐全,法文讲师高达观,日文讲师方光焘,荷兰文讲师苏秀梁,马来文讲师涂炳立,暹罗文讲师符舜南,德文讲师高罔。"可见,1928—1929学年,林语堂在暨南大学文哲学院外国文学系担任讲师。又据9月22日《申报》第12版所载《东吴法学院新聘教授》称:"东吴大学法律学院,已于本月十七日开学上课。本学期所聘教授,大多著名专家,以致各项课程俱臻严密。兹将各教授姓氏及其担任课目择录于下:吴经熊(法理学国际公法债权行为)、胡诒穀(债权)、盛振为(证据学法学通论)、张正学(刑法假法庭)、张嘉森(比较宪法)、张志让(民诉外交史)、陆鼎揆(行政法)、董康(比较刑律)、郑文楷(物权)、刘世芳(德国民法)、钟洪声(亲属)、瞿曾泽(公司法)、梁鋆立(国际私法民法总则)、萨麦德(契约法律伦理)、顾尔文(国际关系)、宋春舫(法文)、沈彭年(国文中国近百年史)、金兰荪(英文)、林语堂(英文)、俞颂华(政治思想史)、梁简香(国文文学史)、翁刚夫人(世界史)、张元枚(犯罪学)、张慰慈(政治学)、杜定修(演说学)、董修中(市政学)、潘先旦(后改名为潘光旦,心理学)、刘英士(劳动学)、刘鹤亭(国语速记术)、严独鹤(国文)。"当时林语堂应上海东吴大学法律学院院长吴经熊之邀,任东吴大学法律学院预科英文教授一年。(参见郑锦怀著《林语堂学术年谱》,厦门大学出版社2018年版)

　　刘半农资助的国乐改进社编辑的《音乐杂志》1月10日创刊。同日,刘半农在《音乐杂志》创刊号上发表《音律尺算法》,后在第1卷第2—3期上连载。4月初,与马衡赴日本出席东亚考古学协会召开的学术会议,途中经汉城,曾在汉城听朝鲜旧时王府中所奏的古乐,时称"李王府雅乐"。29日,在日本京都东亚考古学会的学术会议上演讲论文《新嘉量之校量及推算》。6月5日,在奉系军阀退出北京后,发起成立北京文物临时维护会。该会曾反对在国子监和景山驻兵,反对庙坛管理处标卖古柏,并向有关部门介绍档案图书的保管办法,要求保留原有专业及管理人员。7月5日下午,北京文物临时维护会召开茶话会,招待大学院(教育部)特派员。刘半农在会上做一月来维护北京市文物情况的工作报告。

　　刘半农7月赴南京,向中华民国大学院的大学委员会提出了编纂《中国大字典》计划,预算60万圆,被否决。又联合建议将北京的文物机构按性质重新分类,定出系统的科学的管理办法来。8月4日晚,在上海"万云楼"与鲁迅、许广平、周建人、沈尹默、郁达夫、张友松、林语堂暨夫人、李小峰暨夫人欢宴。13日,与吴稚晖、胡适、陈寅恪、赵元任、顾颉刚、林语堂被中央研究院聘为历史语言研究所研究员。同月,兼任中法大学的丛书委员会常务委员和古物保管委员会委员。10月7日,于北京作《关于外国话及外国字》,抨击当时一些人崇洋媚外的现象。10月,中央研究院历史语言研究所正式开始工作,下分史料学、汉语、文籍考订(筹办中)、民间文艺四个组。刘半农被聘任为民间文艺组主任,并提出了研究计划。后因经费支绌,此组被裁并,遂改任特约研究员。12月,在《辅仁学志》第1卷第1期上发表论文《新嘉量之校量及推算》。冬,与李家瑞合作,着手中国俗曲的研究整理工作,一面编目,一面采访搜集,费时三年余。是年,刘半农被聘为古物保管委员会委员。(以上参见徐瑞岳编《刘半农年谱》,中国矿业大学出版社1989年版;曹波、万兵《刘半农小说著译学术年谱(1913—1920)》,《广西社会科学》2020年第1期)

　　张乃燕年初仍任第四中山大学校长。2月9日,张乃燕与谭延闿、彭学沛、杨杏佛、张仲苏、金曾澄等出席大学委员会第四次会议,与政治教育委员会在大学院联席举行。因出席人数甚少,改为谈话会,由蔡院长任主席。商谈结果中有第四中山大学名称案:"可以改称江苏大学。"2月15日,国民党中央政治会议第一二八次会议讨论通过大学院长蔡元培提议,据第四中山大学学生请求免收学费、宿费、杂费,请统筹教育全局以免学生困难,而谋教育普及。同日,张乃燕与李石曾、吴稚晖、易培基、高鲁、金曾澄、杨杏佛等出席大学委员会第五次会议,此次会议与教育经费计划委员会合开联席会议,蔡元培院长主席。讨论事项中有第三中大改名浙江大学,第四中大改名江苏大学,决议通过。23日,中华民国大学院训令:以大学委员会之决议,第四中山大学改名为江苏大学。3月8日,张乃燕致函无锡国学专门学院,寄达立案用表式十三张。因1927年6月国民政府教育行政委员会颁布"大学区制",决定由江苏、浙江两省试行,各省区设立一所大学,并统管全省教育,故对无锡国学专门学院的立案,由中央大学实施。4月5日,张乃燕与易培基、郑洪年、高鲁、金曾澄、张仲苏等委员出席大学委员会第六次会议在大学院举行,蔡元培院长主席,讨论通过大学院组织法。9日,江苏大学校长张乃燕致函无锡国学专门学院,寄达《私立学校校董会用表》一册。5月16日,江苏大学又改称国立中央大学。21日中午,张乃燕在南京出席全国教育会议后,邀请出席会议的蔡元培与胡适等到中央大学出席宴会。胡适在宴会上发表演说,比较北京大学与中央大学学风之不同,希望中央大学同人,担北大所负之责,激烈的谋文化革新,为全国文化重心。6月8日,中央大学"易长风波"爆发。大学院拟免去张乃燕中央大学校长职务,调任大学院参事,为张乃燕所拒绝。张一方面呈书国民政府请求遴选新校长,另一方面又表示,在新校长到任之前仍负全责,拒绝交出校政大权,此事进而引发校内波动。9日,吴稚晖获悉大学院呈国民政府请任吴为中央大学校长之讯,即致函蔡元培坚辞。

按:据《申报》1928年6月14日第十一版《中大教员不满意张乃燕》载:中央大学因校长免职及高等教育处长辞职问题引起纠纷,全校状态顿呈不宁之象。学生方面,对于校长人选曾作多次之讨论,尤以十一日于纪念周时议决者更为具体。即请大学院于胡汉民、汪精卫、于右任三人中择一任命。同时免职之张校长表示,仍维校务,不愿交代于大学院所派之代理校长,并突然将大学本部之事务主任及日刊编辑主任等免职,或调行政院科员继任,因之学校摇动更甚。教授中多觉不可坐视,由国文学系主任汪旭初等十余人发起开教员全体谈话会讨论一切,于十二日上午九时在科学馆三楼地学系大教室举行。当时教员到者一百余人,公推汪旭初为主席,报告学校纠纷日甚一日,长此以往,校务既不能进行,风潮必愈行扩大,本校素主教授治校,似不能不表示意见云云。继徐善祥提议,到会人数甚多,应将谈话会改为正式教员全体大会。经众通过后,徐善祥、缪凤林、段调元、郑宗海、秦大钧相继提案,讨论历二小时之久。大多对于张校长不甚满意,认为再无能力维持学校。最后议决"本教授治校之精神,由正式教授会议产生临时委员会,维持本部校务进行,并呈文大学院从速解决校长问题"。继叶元龙提议请助教暂行退席,即举行教授会议。经众赞成,遂继续开正式教授会议,选举临时校务维持委员,公决人数为十五人,各院院长共九人为当然委员,余六人由教授会公推。结果汪旭初、段调元、吴正之、陈剑修、王季梁、叶元龙六教授当选,并指定汪旭初为召集人。因时间已过午,宣告散会。

张乃燕与杨杏佛、吴稚晖、胡适、蒋梦麟、高鲁、易培基、郑洪年、张仲苏、许寿裳等6月15日下午2时出席大学委员会在大学院召开第七次会议,蔡元培院长任主席,讨论事项有中央大学校长人选问题,决议:在新校长人选未定前,仍由张乃燕校长继续维持。7月18日,张乃燕接无锡国学专门学院董事会钱孙卿、俞复、顾彬生、顾述之、丁福保、邹家麟、蔡其标、孙家复、钱基博函,呈报《院董会立案呈报事项表》和《董会章程》。同日,无锡国学院董事会另致函张乃燕,呈报会计《事务表》。10月26日,与蔡元培、蒋梦麟、易培基、褚民谊、李书华、李石曾、刘大白、张仲苏等出席大学委员会的会议,讨论通过改名教育部大学委员会、修正北平大学区组织大纲以及国立大学得设副校长等事项。(参见高平叔编著《蔡元培年谱长编》,人民教育出版社1996年版;薛玉坤著《汪东年谱》,河南文艺出版社2016年版;陆阳著《唐文治年谱》,上海三联书店2013年版;沈卫威《学衡派编年文事》,南京大学出版社2015年版)

汪东继续任职于第四中山大学。2月,国立第四中山大学改名为国立江苏大学。3月15日,汪东与黄侃游鸡鸣寺,登豁蒙楼,黄侃有诗纪之。28日,与黄侃、黄焯游燕子矶,黄侃有诗纪之。4月3日,与黄侃诸人泛舟玄武湖看桃花,黄侃有诗纪之。4日,寒食,章太炎有书及寒食诗寄汪东。21日,章太炎有书寄汪东,品评所寄诸诗。22日,上巳,与黄侃、王晓湘、王伯沆、汪友箕、汪辟疆、胡小石等于玄武湖修禊联句,结"上巳诗社"。嗣后,诸人时为雅集,唱酬往还。4月,国立江苏大学特派汪东、王瀣等来锡调查无锡国专办学状况,回京呈文,称"该校办理七年,颇著成效。虽名义屡经改组,而精神始终如一。尤能于经费竭蹶之中,徐图发展,毅力热忱,深堪嘉尚""校风质朴醇谨,学生皆守规纪,勤心学业""值今国学衰微之际,该校独以此为揭橥,似当加奖勉,用为倡导。应请准予立案,并饬令随时扩张改善,以期益臻完全之域"。

按:《无锡国学专修学校校史概略》(《私立无锡国学专修学校十五周年纪念册》):"(民国十七年)四月,中央大学特派汪旭初(东宝)、王伯沉(瀣)两先生调查本院状况。回京复呈。极称办理完善。"余子侠《唐文治生平大事记》(《工科先驱国学大师南洋大学校长唐文治》附录):"(1928年)4月,中央大学特派汪东宝(旭初)、王瀣(伯沉)前来调查国专状况,回京复呈,极称办理完善。"

汪东5月6日上午出席中央大学召集教职员全体大会,讨论应付日本"济南惨案"暴行办法,决定成立国立中央大学教职员反日救国运动会。会议推举汪东为起草委员会委员,并负责召集。5月6日,立夏,汪东泛舟青溪作"上巳诗社"第二集,因"济南惨案"方发生,倭氛方炽,遂以"沧海横流到此身"分韵赋诗,汪东分得"海"字。11日,国民政府批准江苏大学改为国立中央大学,在校长张乃燕主持下,中大确定了由汪东填词、程懋筠谱曲的《校歌》。5月20日,"上巳诗社"雅集,偕黄侃等人游玄武湖,分韵赋诗。24日,与汪辟疆、黄侃、王伯沆、王晓湘等聚餐。座中众人议"济南惨案",汪东言美国亦有书致中国政府,云济南之事中国宜负其责。28日,与黄侃、胡先骕(步曾)等聚于萧纯锦(叔细)家,商谈《学衡》与《华国》合并,及续印《学衡》、拟请汪东为经理诸事。因将赴上海,黄侃请代购书,又托呈《水经注图》于章太炎。6月2日,自上海返宁,为黄侃带来章太炎书,二人共饭,谈时事及立身之道,饭后共游梅庵。3日,"上巳诗社"雅集,偕黄侃、王伯沆、汪辟疆、胡小石、陈汉章、柳诒徵游扫叶楼、石头城。8日,中央大学"易长风波"爆发。12日上午,汪东等教授发起谈话会,汪东被推举为主席,又被选为临时校务会议召集人。

按:此番"易长风波",汪东态度积极,但黄侃却置身度外,曾屡谏汪东勿预人事。其《读全史日记》四月廿九日丁亥日记云:"予观今日报,始知前日临时校务维持委员会委员六人中有旭初,昨已解散。予对于旭初屡有谏诤,劝其勿预人事,揖志为学。而未能见纳,令人忧也。"此正汪、黄二人之不同。

汪东6月9日与黄侃论唐人七律诗、陆机文赋,又共观近日陈陶遗与二人函。晚,汪辟疆、王易诸人亦来晤谈。10日,"上巳诗社"雅集,偕黄侃、王易、汪辟疆、汪友箕诸人同游秦淮河。15日,持程懋筠为黄侃《勉国人歌》所谱曲过侃。17日,"上巳诗社"雅集,偕黄侃、王易、汪辟疆等集于胡小石寓所。20日,偕黄侃至北极房书店,看王官寿所辑《宋词钞》,并转述吴梅论柳永词语。24日,"上巳诗社"雅集,偕陈汉章、黄侃、胡小石、汪辟疆诸人出游,联句赋词。7月7—14日,以事回苏一周。16日,陈陶遗致书黄侃,嘱汪东拟挽黎元洪联,黄侃为代拟。18—28日,应江西教育厅厅长陈礼江之邀,偕黄侃赴庐山讲学。汪东讲《小学常识》,黄侃讲《国学研究法》。此行往返11日,黄侃得诗37首,成《庐山诗册》,汪东为作后序并纂题于书端,汪亦自作有《经女儿城登五老峰作》诗。10月16日,在黄侃寓晚饭,与黄侃、王晓湘分工迻录所借郑文焯宋六十家词校记,两日后,汪东追录六家迄。10月17日,章太炎来书谈书法,并托寻《天发神谶碑》拓本。10月21日重九,与堂兄汪楫宝(君济)、黄侃、王易登北极阁,游鸡鸣寺,有词纪之。是月,常任侠拟入中央大学,以诗文一册投赞。因中央大学招生已过,汪东允以特别生入校,从汪东学《说文解字》及《清真词》。是秋,应吴梅邀请,参加潜社雅集,作《商调山坡羊》,又为诗钟之戏。11月3日,章太炎来函,嘱检金陵图书馆藏宋本、监本《史记·殷本纪》中"礼"字写法。19日,章太炎就汪东所答复《史记》"礼"字事回函,并请代唁黄侃丧女。21日,经学家林损来访黄侃,黄邀汪东等来谈,并偕游饮天山。12月。江苏省政府预算会议议决停拨中央大学经费,中央大学行政会议决定由全体教授上书行政院、教育部及江苏省政府,推举汪东等起草。冬,为施章《六朝文学概论》作序。是年,尝与黄侃联句并呈章太炎先生,章复书称其作"甚有风骨"。(参见薛玉坤《汪东年谱》,河南文艺出版社2016年版;陆阳著《唐文治年谱》,上海三联书店2013年版)

黄侃十九纽二十八部之说1月1日引起杨树达关注,认为其《二十八部声类表》古韵分部,皆采前人成说,无所创见。然为之最后,得其前人之成,故尤便于学者。其以十九纽隶各字,则黄侃之独见也。2月5日,收到金毓黻来信,论《越缦堂日记》。8日,复金毓黻信,论《越缦堂日记》。15日,写信辞别金毓黻。同日,致侄黄焯信,告知应第四中山大学之聘。到宁后,望将其书籍及最要之箱件运来。16日,黄侃应汪东之邀,任职第四中山大学,离开东北大学。17日,至大连,乘天津丸前往上海。20日晨,抵达上海,孙世扬前来迎接。21日,收到金毓黻来信,称赞所谓"胸中悬一鸿博之见,非经生朴学面目"之论。26日,抵达南京,居大石桥十七号。随后在第四中山大学授小学、经术。

按:汪辟疆《悼黄季刚先生》曰:"迄民国十六年东南大学改组为第四中山大学,楼光来代文学院长,汪旭初任中文系主任,乃决议招先生南来。时国军甫定金陵,北军负隅抗命,先生意颇犹夷,叠经函商,始允南下。自十七年春莅校。"

按:黄侃是初步建立训诂学理论体系的第一人,许嘉璐认为有几点特别值得注意:黄侃在"训诂之方式"一节中提出了互训(直训)、义界(界说)、推因(推求字义得声之由来)的概念。这是对始自周秦的训诂实践的全面总结。自黄侃提出后,海内外大多数讲训诂学的人皆本其说,可见其影响之大。第二,划清了"独立之训诂与隶属之训诂""说字之训诂与解经之训诂"这两对概念间的界限。第三,强调声训的重要。第四,注意字词本义、引申义的分析整理。

黄侃4月22日上巳节与王易、王靡、汪东、胡小石、汪长禄、汪辟疆等雅集,有《戊辰上巳北湖湖神祠楼修禊联句》。5月12日,致陆宗达信,谈转学事。21日,愤倭寇阻止我军北进,干预辽蒙用兵,强据济南,并悬倭旗,因作《勉国人歌》。22日,略翻《说文》,检说解之推物名由来者,未竟。录解说之与正篆同音同类者,又会意兼声有明文者,又读若,又古字通借,悉标记之。23日,到校上课,第一节课抄鲁连止田巴勿谈事,第二节课讲《诗·召旻》。24日,晤汤用彤,告以《魏书·释老志》道武除佛诏中所云汉人无赖子弟刘元真、吕伯强,刘为竺法深师,支遁称之曰"中州刘公",亦不知何名何爵里,平生何如;吕伯强竟无见。夫以伪造佛经,名书诏令,而史籍阙载。28日,至萧纯锦处,语《学衡》社诸人,主要讨论与《华国》合并、续印《学衡》、请汪东为经理三事。其报宗旨有二:一则必须用文言,一则沟通中西学术,非纯平保存国粹。

按:学衡派与国故派的合流,这是鲜为人知的重要史料。

黄侃接章太炎5月28日《与黄季刚书》,认为"诗人须兼犷气"。30日,撰《悼俗赋》。31

日,续校《尔雅·释鸟》。6月1日,高邮夏育民来访,以所著《语根字源》求教。其书颇有精语,而以意为说,绝不考据。与之谈高邮王氏父子之学,希望他先博览群书而后从事著作。同日,弟子黄建中来访,苦言谏戒,谓"立名誉、求资望,自有道,不可见人妄进而动念驰求"。3日,与汪东、王伯沉、汪辟疆、胡小石、陈汉章、柳诒徵聚会,举行诗社活动。柳诒徵首次加入,约各作五律二首。同日,孙世扬来信拟观《通鉴》,请示以治史方法。4日,论扬雄《法言》:"《法言》,醇书也,无疵。"8日,论韩愈诗非中声:"退之一味排奡,刚险太过,非中声也。李、杜之风,于焉不嗣,宋以后大家皆趣此道,望若甚难,实捷径也。"9日,陈钟凡来访,嘱书陈衍赠彼诗,黄侃认为"殊不见通",不肯为之书写。11日,论朱诗派之弊。13日,章太炎有《与黄季刚书》,品评所寄诸诗。15日,汪东持江西程与松所谱《勉国人歌》油印来示,谓"歌之音甚高壮"。同日,批评皮锡瑞《今文尚书考证》:"颇有臆说,未为良书也。"16日,见清顾观光撰《六历通考》,忆及刘师培《古历管窥》。18日,在日记中评议当时学风,批评罗振玉、王国维"发现之学"的根本局限在于"经史正文忽略不讲,而希冀发见新知以掩前古儒先"。

按:黄侃《黄侃日记》批评当时的所谓显学——罗王之学及其学风:"今阅刘盼遂所记国维说《尚书》语,果如伯弢言。国维少不好读注疏,中年乃治经,仓皇立说,挟其辩给,以炫耀后生,非独一事之误而已。始西域出汉晋简纸,鸣沙石室发得藏书,洹上培获角甲有文字,清亡而内阁档案散落于外,诸言小学、校勘、地理、近世史事者,以为忽得异境,可陵傲前人,辐凑于斯,而国维幸得先见。罗振玉且著书且行贾,兼收浮誉利实,国维之助为多焉。要之,经史正文忽略不讲,而希冀发见新知以掩前古儒先,自矜曰:'我不为古人奴,六经注我。'此近日风气所趋,世或以整理国故之名予之,悬牛头,卖马脯,举秀才,不知书,信在于今矣。"

按:司马朝军、王文晖合撰《黄侃年谱》(湖北人民出版社2005年版)曰:"黄侃与王国维治学取向不同,黄主发明之学,主张用传统方法处理新、旧材料,善于从常见书中发掘出新的东西,对旧材料的重视胜过新材料;王氏于发现之学,提倡'一重证据法',主张用新方法处理新材料,不仅材料新,观点更新,无疑对新材料的重视胜过旧材料。诚如黄侃所云:'发现之学行,而发明之学亡。'正是在此意义上,我们可以将黄侃视为最后一位国学大师。"

黄侃6月20日论《宋词钞》:"欲合词律、词选而一之,印甚精,书未善也。"同日,驳斥吴梅之柳词论。又论"博闻与强记直是两事"。22日,论李慈铭学术与为人。28日,论王闿运之经学、文章:"王氏说经,只事穿凿,浇风一扇,流毒无穷。所作文词,皆摹虚调,非无古色,真宰不存焉。"又论晚清学风之流变:"清之将亡,学风亦变。南皮、吴县之徒,则以目录、金石眩人;李慈铭、王闿运之党,则以大言浮词惑世;至端方辈,则清客而居大位者也;康有为辈,则奸民而饕盛誉者也。不独纪、阮之淹博,惠、戴之精纯,去人已远,即姚、曾辈亦何可几及哉?"29日,论王闿运学问之陋。同日,论近世考古之学,以考古之与盗墓混为一谈,似过于守旧。又论欧阳修诗风。30日,赴大中华楼胡步曾之约,席间与胡小石畅论笔意、笔势之说。7月3日,论王安石诗非诗家中道:"荆公差胜于子瞻,然剽急峭劲,翻空易奇,非诗家中道也。"6日,论王闿运经学臆造礼制、妄释名物。7日,论唐诗为诗之极至。12日,收到章太炎10日来信,讨论《广韵》。13日,检许敬宗诗,发现只有《奉和入潼关》五言脂之微同用,与其所奏定者不合。又复章太炎信,讨论音韵。18—28日,应江西教育厅长陈礼江之邀,与汪东赴庐山讲学,此行往返11日,得诗37首,曾印行《庐山游记及诗》一帙,章太炎作序,汪东作跋。28日,收到章太炎有关讨论音韵的来信。30日,致章太炎信,并寄《游庐山诗》一册。8月6日吴宓到南京,访汤用彤、缪凤林。汤用彤希望吴宓到中央大学任教,仍为《学衡》杂志总编辑,并推荐黄侃加入《学衡》作者队伍。10日,收到章太炎9日来信,继续讨论音韵,又告以近作《广论语骈枝》29 事。23 日,论衡文标准:"论人文当宽,自为文宜严。""凡持宗旨门法衡量昔人文者未有不失者也。唐宋元明各有所立,文史诗赋皆取宜心,果能感人,即称真诣也。"26 日,论初唐四杰诗为唐音之正。

黄侃 9 月 3 日收到日本人今关寿麿来信,并附寄所撰《浙东之学术》《清代及现代之学术》。同日,至安乐酒店赴于右任之招,晤李详、谢无量、刘成禺、黄立猷、林少和等,饭后偕谢无量、刘成禺至寓,以《庐山诗稿》示无量,久谈。11 日,论元遗山诗风。10 月 6 日论王肃文笔:"不似伪造《尚书》手笔。"15 日,论《孟子外书》为伪书。16 日,收到陆宗达来信。17 日,复陆宗达二信,第二封谈寄书办法。19 日,汪东来谈,出示章太炎来信。20 日,论版本与治学之关系。21 日,汪辟疆以《元诗选》见还。24 日,致章太炎信,叩问起居,并称徐为致《天发神谶》旧拓。28 日,收到章太炎 26 日来信。30 日,收到陆宗达 22 日来信,言直隶书局有钱大昕手校《白氏六帖》《初学记》。同日,复陆崇达信,今迅寄前所购《古乐府》《牧斋诗注》二书,并令询《白帖》价。同月,常任侠始来问学。11 月 4 日,见章太炎与汪东信,论《三体石经》。7 日,致陆宗达信,认为"学问文章皆宜由章句训诂起"。11 日,寄龙榆生笺,求《癸巳类稿》、吴景旭《历代诗话》。寄来青书店笺,询《四库考证》《册府元龟》。同日,因研究宋人小说之需,寄念容笺,令寄《稗海》:"求速将《稗海》赶速寄来,因我顷方研究宋人小说,非此不可。"14 日,作《与念容书》,谓"夏初,胡君云翼曾借我《词苑丛谈》三册,亦不省记见还与否。今检架上不得。此书为徐氏藏书,又取自《海山仙馆丛书》中,若竟失去,无以对姻友矣。"20 日,收到《湖北丛书》一百册,作致念容信二通。同日,论校勘不能轻改古书:清儒轻改古书,转不若明人不学而书犹存其真。"明人不改古书而古书存,清人以善改古书而古书亡。"又汪辟疆代购通志堂《经典释文》。12 月 2 日,邀汪东、王易、汪辟疆及黄焯、黄念田食于大中华馆。又同游城西,先入古林寺,登藏经阁。晚饮寓庐,与汪东、王易、汪辟疆连句,共得 16 章。13 日,与王伯沉久谈,详询太谷学派周星垣、李光炘、黄葆年学术。18 日,为龙榆生事致函林损。24 曰,论近世之学:"钩沉优而释滞拙,翻案出奇更拙。"31 日,致陆宗达快信,令购《学津讨原》。是年,张汝舟来问声韵学。

按:张汝舟《量守庐学记》回忆说:"我跟黄先生学习声韵是在一九二八年,那时他在南京中央大学中文系任教。他的住处是在大石桥西量守庐,我有幸能够经常出入,因此被称为黄门问业弟子。记得黄先生说过中国没有文法,训诂就是文法。"(以上参见司马朝军、王文晖《黄侃年谱》,湖北人民出版社 2005 年版)

梅思平仍任中央大学、中央政治学校教授。1 月 1 日,《新生命》月刊在上海创刊。围绕月刊形成了"新生命派",陶希圣是"新生命派"的核心人物,梅思平与陈邦国、朱伯康、梁园东为该派主将。5 月 1 日,梅思平在《新生命》第 1 卷第 5 号发表《民生史观概论》,提出"共产党们的理论,现在表面上的系统,已经是装饰得很好了,他们的中心理论,现在都建筑在唯物史观上面,由唯物史观从下推,则可得阶级斗争、无产阶级专政等结论,由唯物史观从上推,则又可得有近代科学作后盾的唯物论。"据此认为在这种情况下,"民生哲学系统的解释,在今日尤觉得是非常的迫切"。11 月 1 日,梅思平在《新生命》第 1 卷第 11 号上发表《中国社会变迁的概略》,认为春秋以前的史迹可以分为四个时期,即"氏族斗争时期""原始封建时期""原始帝国时期"和"新封建时期"。中国在春秋时代商业已经"勃兴",齐、鲁、郑、吴、越都是商业国,秦则是战国末年最大的商业国,"秦的并吞六国,完全是商业资本阶级政治的成绩"。秦以后的中国社会"绝对不是封建的社会,乃完全是一商业资本主义社会"。

商业资本主义的制度，一直沿袭到近代。（参见王学典《20世纪史学编年（1900—1949）》，商务印书馆2014年版）

胡小石仍任第四中山大学专职教授。2月9日，第四中山大学改名为江苏大学。春，胡小石将1921年至1928年间先后在北京女高师、武昌高等师范学校、东南大学、金陵大学主讲的"中国文学史"课程，取学生苏拯的笔记加以审核，题名为《中国文学史讲稿上编》11章，由上海人文出版社排印出版。此书篇幅不长，而具卓识，颇为学界所重。上巳，与诸同事黄季刚、王晓湘、王伯沆、汪旭初、汪友箕、汪辟疆等教授于玄武湖修禊联句成《戊辰上巳北湖湖神祠修禊》。5月16日，江苏大学改称为国立中央大学。是年，胡小石作《齐楚古金表》，刊于《图书馆学季刊》第2卷第3期。作《甲骨文例》，为中山大学语言历史研究所《考古丛书》之一出版。此书是我国第一本研究甲骨文文法的著作。继此之后又成《金文释例》1卷，其宗旨与体制与《甲骨文例》相同，先有油印讲稿，后刊于《中山大学语言历史研究所周刊》第2卷第17—18期。（参见胡小石《胡小石文史论丛》附录《胡小石先生年表》，南京大学出版社2008年版）

柳诒徵任中央大学国学图书馆馆长。先后聘任自己学生向达、缪凤林到图书馆任职。聘请著名学者陈汉章、王伯沆、汤用彤、李小缘为图书馆参议，定期会商馆务。是年，中央大学重印《中国文化史》。所编《宋元书影》由国学图书馆出版。论著《清德宗之大婚》发表于《史学与地学》；《咏怀堂诗跋》发表于《学衡》；《卢抱经年谱》发表于《国学图书馆年刊》。（参见孙文阁、张笑川编《中国近代思想家文库·张尔田、柳诒徵卷》及附录《柳诒徵年谱简编》，中国人民大学出版社2015年版；沈卫威《学衡派编年文事》，南京大学出版社2015年版）

汤用彤与蔡元培、吴稚晖、陈钟凡、冯沅君、钱基博、张士一、楼光来、叶元龙、周鲠生、汤用彤、吴承洛、钱宝琮、吴有训、秉志、李四光、竺可桢、高鲁、邰爽秋、高君珊、过探先、周仁、卫挺生、葛成慧、徐悲鸿、王瑞娴、姜丹书等82人4月5日被聘为大学院审查教科书委员。7月16日，在《现代评论》增刊中看完胡适新作《菩提达磨考》后，致函胡适。7月21日，胡适回复一长信。10月，所撰《南传念安般经》刊于《内学》第四辑第二种。（参见汤一介、赵建永编《中国近代思想家文库·汤用彤卷》及附录《汤用彤年谱简编》，中国人民大学出版社2015年版；高平叔编著《蔡元培年谱长编》，人民教育出版社1996年版）

吴梅是春始在上海光华大学任教，并在苏州与蒋香谷等结塞社。夏，赴杭州参观博览会，作南曲《风入松》《西湖博览会歌》二支。7月，作《唐堂乐府五种·跋》。8月，作《曲海·序》。东南大学易名中央大学，复课。秋，吴梅归国立中央大学，住大石桥十九号，兼京沪两校课。中央大学诸生续举潜社，改作南北曲。是年，吴梅辑编《奢摩他室曲丛》第一、二集出版，共收传奇杂剧35种。其中第一集收《扬州梦》《双报应》《报恩像》《才心福》《文星榜》和《伏虎韬》等传奇六种。第二集收《诚斋乐府二十四种》（杂剧）、《粲花别野五种曲》（传奇）。梅自序谓"计余旧藏剧曲，几及六百种，遍刊则值必巨，寒酸之士，或且敛手矣。乃询友人张君菊生之意，先印一百五十有二种"。所著《元剧研究ABC》疑成于是年。（参见《吴梅全集·日记卷上》，河北教育出版社2002年版；张人凤、柳和城编著《张元济年谱长编》，上海交通大学出版社2011年版）

张其昀在5月"济南惨案"发生后撰成《山东问题与民族前途》一文指陈自己的意见。同时还就北方大旱和北满边患问题发表过见解。6月，所著《中国民族志》收入蔡元培、吴稚晖、王云五等主编的"新时代史地丛书"，由上海商务印书馆刊行。书中依次叙述了中华民族发展史、中华民族的现状、华侨与祖国的关系、移民实边政策、原始民族的开化运动、西北回教徒的分布、外蒙与西藏、中国的民族精神等问题。是年,张其昀、翁文灏、张玉哲、李旭旦、任美锷、竺可桢等在南京发起成立中国人地学会,编辑出版《方志月刊》《中国人地学丛书》等。

按:张其昀《中国民族志》强调:"中国之民族解放运动,应有二大目的,一方面宜打破外人在中国之特殊地位,一方面宜解除华侨在海外所受种种限制。""当本民族平等之精神,联合蒙藏,组织真正之中华民国,共御外人之侵略。"张认为:"国民革命必有赖于全国农夫工人之参加而后可期成功。"书由浙江绍兴人、国民党元老邵元冲校,于1928年在商务出版后,至1929年10月又收入"万有文库",于1933年7月、1934年7月再出二版,1947年4月作为"新中学文库"的一种再版。(参见曾濂嘉《20世纪上半叶中国"人文地理学"与"人生地理学"内涵演变研究》,《历史地理研究》2019年第1期)

胡焕庸9月从法国回国,既担任中央大学地学系的教授,又担任气象研究所的研究员,成为竺可桢在这两个单位的得力助手。胡焕庸又加入有关"人生地理学"的讨论,在《约翰白吕纳之人生地理学》一文中指出:人生地理学的首要原则应为"解释原则",反对之前"人文地理学"中条目列举,独立说明的范式,认为"旧地理学与新地理学根本不同,旧地理学专叙述,新地理学重解释。叙述的地理,多写地名与数字研究所充塞,材料琐碎,缺一贯通精神。地理课本遂成枯燥无味之字典,久为人所厌恶者在此。人生地理,在人地相关,处处当加解释"。强调"地面上各种现象,匪特为空间性有机体结合,并且为时间性有机体演化"。此一节之观点秉承于法国学派重视历史作用的传统,也是这一阶段中国"人生地理学"不同于日本的显著之处。(参见曾濂嘉《20世纪上半叶中国"人文地理学"与"人生地理学"内涵演变研究》,《历史地理研究》2019年第1期;沈卫威《学衡派编年文事》,南京大学出版社2015年版)

缪凤林2月2日致函吴宓,说他辞东北大学教职,改任南京第四中山大学历史系讲师。是年,兼金陵女子文理学院历史系教授,授中国通史、中国文化史、日本史。又应中央大学国学图书馆馆长柳诒徵聘,到图书馆任职。在《东方杂志》第25卷第11号发表《中国之史前遗存》。(参见沈卫威《学衡派编年文事》,南京大学出版社2015年版)

陈去病是春任古物保管委员会江苏分会主任,设办公处于报恩寺,与该寺主持昭山相交甚得。6月2日,与刘三、何海樵任江苏革命博物馆筹备处委员,办公地点设南京头道高井二号。7月5日,与柳亚子书,谈苏曼殊葬事经过,纠正柳亚子所作苏曼殊传记之误,兼及曼殊之生平佚事。9月26日,与长女绵祥招集柳亚子和梅县蔡润卿、张运辉、郑雪耘三君,暨王佩珊女士,宴于海上酒楼。10月2日,应柳亚子邀,与女儿绵祥、绵翰宴集海上南园酒家,同席有诸贞壮、刘三、朱钵文、朱少屏诸君,暨徐自华、陆繁霜、蔡景明、王佩珊女士。3日,编祥返吴门。11月12日,与朱锡梁等联名发起,于苏州虎丘冷香阁举行纪念南社成立二十周年雅集,到会40人。陈去病被推为临时主席,讨论临时提案11项。柳亚子、朱少屏因病未到会。(参见俞前、殷安如《陈去病年谱简编》,吴江市政协学习和文史委员会编《吴江文史资料》第18辑,2000年)

陶行知1月5日将培养师资的"徒弟制"改定为"艺友制"。9日,《艺友制师范教育答客问》同时在《民国日报》《申报》上发表,阐明用朋友之道教人学做教师的艺友制教育理论。3月15日,主持纪念晓庄创校周年,发表《一年来之感想》,提出将晓庄师范改名为晓庄学校。4月1日,浙江召开设立乡村师范的第二次筹备会议,受蒋梦麟邀请,共同筹划创办浙江乡村师范。4日,为自编的第一部教育论文集《中国教育改造》作序。同月,主持晓庄指导会议,决定充实生物学研究的设备,拨给专款加强晓庄科学建设。成立晓庄科学社及晓庄生物室,先后有秉志教授等指导生物室工作。5月15—28日参加大学院召集的第一次全国教育会议,提出《整顿师范教育制度案》《注重幼稚教育案》《设立教育研究所案》《改革乡村教育案》等提案十余件。27日,全国教育会议代表参观晓庄师范及燕子矶中心小学。在欢迎会上致谢辞。7月,晓庄第一期学生结业,发表临别赠言,号召毕业生离校后应以发扬晓庄精神相勉励。8月1日,将晓庄试验乡村师范学校正式改名为晓庄学校。15日,在致全国大学生的一封信中,指出人生意义在于:"为一大事来,做一大事去。"同月,陶行知在全国教育会议上提出设立教育研究所案,指出:"中小学教育,为国家根本大计,必须运用科学方法,分析研究,实地试验,方能免入歧路。吾国办教育的人,多半是为外国教育制度拉东洋车,一国拉厌了,又换一国,到底是拉来干吗? 我们应当觉悟,惟独用科学的方法,才能建设适合国情的教育",并建议"由大学院设立教育研究所,聘请专门人才,分工研究。所中大部分工作是研究试验中小学教育"。陶行知还在此次会议上提出了改革乡村教育案,对大学校乡村教育系、乡村师范学校、乡村小学教师、乡村幼稚园教师之训练目标,对乡村小学、乡村幼稚园、乡村成人教育以及改良私塾等均提出了独到的建议。10月1日,湘湖师范开学,应该校师生之请,专程到校指导工作。是年在晓庄盖茅草房子,取名"五柳村",将全家从北京迁来晓庄生活。(参见江苏省陶行知研究会、南京晓庄师范学校编《陶行知文集》下附录《陶行知生平年表》,江苏教育出版社2008年版;余子侠编《中国近代思想家文库·陶行知卷》附录《陶行知年谱简编》,中国人民大学出版社2015年版;中央教育科学研究所编《中国现代教育大事记1919—1949》,教育科学出版社1988年版)

贾士毅、卫挺生、赵文锐、魏颂唐、俞希稷等中国经济学社社员7月1日以财政部机关代表身份参加全国财政工作会议。7月下旬,中国经济学社社员贾士毅、卫挺生、魏颂唐、刘大钧等人又参加全国裁厘会议。(参见徐斌、马大成编著《马寅初年谱长编》,商务印书馆2012年版;彭华《马寅初年谱简编》,《淮阴师范学院学报》2005年第1期)

萨孟武任南京陆军军官学校政治部附属之编辑部上校主任,负责宣传品、发行《革命军日报》。政治部主任周佛海,总教官陶希圣。后辞职,任《新生命》杂志主编。是年,所著《新国家论》列入《政法丛书》,由商务印书馆出版。

姚传法为理事长的中华林学会8月在南京成立,以"研究林学,建设林政,促进林业"为宗旨。

杨杰3月任中华民国军事委员会常务委员、办公厅主任。4月,任国民革命军总司令行营主任兼第一集团军总参谋长。10月,兼陆军宪兵学校校长。(参见皮明勇、侯昂好编《中国近代思想家文库·蒋百里、杨杰卷》及附录《杨杰简谱》,中国人民大学出版社2014年版)

罗鼎任立法院立法委员兼法制、商法起草委员会委员。

陈长蘅任第一届立法委员。同年参加中国经济学社,任常务理事。

周震麟任立法院立法委员、私立民国学院院长。

焦易堂任国民政府立法院委员兼法制委员会委员长。

聂绀弩任国民党中央通讯社副主任,后兼任《新京日报》副刊《雨花》编辑。

周仁7月任中央研究院工学研究所所长。

钱昌照任国民政府外交部秘书。

余文灿任国民政府教育部总务厅厅长。

余启昌任修订法律馆总裁。

卫聚贤任南京古物保存所所长。

杨家洛进教育部图书馆工作,开始系统地研究目录学。

何民魂任南京文化大学校长。

陈遵妫被国立中央研究院天文研究所聘为该所专任研究员,并兼该所算学组主任。

唐圭璋东南大学毕业后,先任教于江苏省第一女子中学,转任中央军校国文教官。

汪怡任《中国大辞典》编纂处国音普通词典组主任。

唐群英被聘为国民党党史史料编纂委员会委员,未就职。

吴景超获博士学位即回国,任金陵大学社会学系教授兼系主任。

吴贻芳回国,任金陵女子大学校长,长达 23 年,是中国教育史上的第二位大学女校长。

张安治考入中央大学教育学院艺术科。

吴作人赴南京中央大学艺术系向徐悲鸿学画。

欧阳竟无 2 月因弟子聂耦庚死于沪,乃闭关作叙。4 月,所著《大般若经叙》成。此书系学《般若》三张三弛,前后 28 年,至此了愿。同月,有致蔡元培的公开函,讨论当前佛学问题。(参见徐清祥《欧阳竟无评传》及附录一《欧阳渐学术行年简表》,百花洲文艺出版社 2010 年版;徐清祥编《欧阳竟无先生学术年表》,载欧阳竟无著《欧阳竟无内外学》,商务印书馆 2017 年版)

梁启超 1 月入北京协和医院体检并行灌血方法,情形颇良好。同月 22 日,梁启超与梁令娴等一书,告入协和医院检查和灌血的经过情形,说到"医生说工作是可以做的,不过要很自由的,要放下就放下,但是有固定的职务的事,是不相宜的,所以我决计把清华都辞脱了"。2 月,梁启超因病去函辞职,清华学校方面已复函慰留。同月 12 日,梁启超与梁思成一书,告结婚后游历各事。3 月,梁思成与林徽因女士在加拿大结婚。同月 17 日,袁同礼致书梁启超,商北京图书馆购书费各事,谓"董事会将于下月二十左右举行年会,图书大辞典之总报告如能于下月十日左右送下,尤所企盼"。4 月 26 日,梁启超与梁思成夫妇一书,告病状和结婚后研究职业各事,谈到梁思成夫妇回来的职业,正在向各方面筹画进行,一是东北大学教授,一是清华学校教授,另外还有一件"非职业的职业",即到上海大藏画家庞莱臣家当几个月的义务书记,倒是学问前途一个大机会。又谈到梁思成欲研究《中国宫室史》诚然是一件大事业,但一时很难成功,因为古建筑什九被破坏,其所有现存的,因兵乱影响,无从到内地实地调查,除了靠书本上资料外,只有北京一地可以着手。所以盼望注意副产工作,即《中国美术史》这项工作。28 日,梁启超与令娴一书,言病体情形和家中经济状况。

梁启超主编的《国学论丛》第 1 卷第 3 号 4 月出版《王静安先生纪念号》,载有王国维遗著《鞑靼考》《蒙古考》《黑车子室韦考》《蒙古札记》《宋代金石学》《唐宋大曲考》,赵万里《王静安先生年谱》《王静安先生著述目录》(62 种)、《王静安先生手校手批书目》(192 种),吴其昌《王观堂先生尚书讲授记》《王观堂先生学述》,刘盼遂《观堂学礼记》,以及陈寅恪《王观堂先生挽词(并序)》。梁启超为此《纪念号》作序,序中赞王国维研究成果卓著:"其以今文创读殷墟书契、治宋元戏曲史为空前绝后。"并深究其治学成功的原因,谓:"先生之学,从弘大处立脚,而从精微处着力;具有科学的天才,而以极其严正之学者的道德灌注而运用之。其少年喜谭哲学,尤酷嗜德意志人康德、叔本华、尼采之书。晚虽弃置不甚治,然于学术之整个不可分的理想,印刻甚深,故虽好从事个别问题,为窄而深的研究,而常能从一个问题与他问题的关系上,见出最适当之理解,绝无支离破碎专己守残之蔽。先生古貌古饰,望者辄疑为竺旧自封畛,顾其头脑乃纯然为现代的,对于现代文化原动力之科学精神,全部默契,无所抵拒,而每治一业,恒以极忠实敬慎之态度行之,有丝毫不自信,则不以著诸竹帛;有一语为前人所尝道者,辄弃去,惧蹈剿说之嫌,以自点污。盖其治学之道术所蕴蓄者如是,故以治任何专门之业,无施不可,而每有所致力,未尝不深造而致其极也。"

梁启超5月8日与梁令娴一书,言舍不得清华研究院事。6月10日,梁启超与梁思成一书,告进行清华及东北大学情形。18日,梁启超致袁同礼一书,报告一年来编纂《中国图书大辞典》成绩情形,谓"此书编纂颇费苦心,其义例及方法皆迥然不袭前人,意欲为簿录界开一新纪元,衍刘略阮录之正绪而适应于现代图书之用,公试一视其略定之稿(所须改者尚极多),谓可达此目的否耶? 致叔永、适之两书,阅后请交去。希望原约不至中止,若不能,则亦付之一叹而已"。同日,梁启超致胡适一书,商请赞助通过续编《中国图书大辞典》事,谓"此等工具之书,编纂备极繁难,非有一人总揽全部组织不可,却绝非一人之精力所能独任。现在同学数辈分功[工]合作,写卡片四万余纸,丛稿狼藉盈数箧,幸得董事会之助,使诸人薄得膏火之资,等于工读。现在第一期工作已过,(以经验之结果,知初枉费之工作极多。)下半专从事于整理写定。原定两年成书之计划,虽未必能完全实现,要可得十之七八耳。董事会所赐补助原定两年,今正得半,想董事诸公既提倡于始,则赓续更不成问题,仍盼我公稍注意审查成绩,估其价值,在会中力予主持,俾不致废于半途,幸甚幸甚"。

按:梁启超致胡适函有论编纂《中国图书大辞典》之进展,曰:"仆自去秋受北京图书馆之属托,编纂《中国图书大辞典》,一年以来,督率门人数辈,听夕从事,虽写定之稿未及什之一,然颇感斯业之有益,兴味引而弥长。窃不自揆,意欲使此书成后,凡承学之士欲研治某科之学,一展卷即能应其顾问,示以资料之所在,及其资料之种类与良窳,即一般涉览者,亦如读一部有新系统的《四库提要》,诸学之门径可得窥也。此种愿望之成绩,虽未敢期绝对的满意,然黾勉赴之,最少亦足树立规模,以俟来者之补正,于愿亦已足矣。今将稿本略审定可缮写者,提出若干种于图书馆,以转董事会,盼我公在会中审查时,费一、二日之力,细为省览,而有以是正之。其中簿录之部,官录及史志一册,史部谱传类年谱之属一册,金石书画部丛帖之属一册,史部杂史类晚明之属一册,比较可算已成之稿(虽应增改者仍甚多)。自谓其组织、记述、批评,皆新具别裁,与章实斋所谓横通者迥别,将来全书即略用此例。公视似此作法,能达前所期之目的否耶?"

梁启超6月19日辞去清华的一切职务。同日,与梁令娴一书,告已摆脱清华研究院事及近来生活状况,谓"近日最痛快的一件事,是清华完全摆脱,我要求那校长在他自己辞职之前先批准我辞职,已经办妥了。在这种形势之下,学生也不再来纠缠,我从此干干净净,虽十年不到北京,也不发生什么责任问题,精神上很是愉快"。这种心情可能与去年11月与校长曹云祥之间的不愉快有关。7月7日,梁启超侄梁廷灿致北京市党部党务指导委员会一书,辩该会关于三一八惨案之议决案牵涉先生事。8月22日,梁启超与梁令娴等一书,告梁思成夫妇到家后情形,谈及辞去北京图书馆馆长之职后听从梁廷灿劝告,拟辞去编纂《中国图书大辞典》事。24日,梁启超致北京图书馆一书,陈请辞却编纂《中国图书大辞典》之委托及结束办法,并退还津贴。同日,梁启超致袁同礼一书,言决意辞却该馆所给《图书大辞典》编纂津贴费事。同月,梁思成夫妇返国,梁思永赴美留学。9月7日,北平图书馆复梁启超一书,仍请维持续编《图书大辞典》事。18日,张君劢致梁启超书,颇殷殷以其之病为虑,因请速作对于国事党事之自述,以为以后同志继续奋斗之标准。

梁启超9月10日开始编写《辛稼轩年谱》。22日,梁启超致书叶揆初、陈叔通等,报告病体状况,及著《辛稼轩年谱》情形,未几痔疾发。10月12日,稿未成而疾大作,遂成绝笔。同日,梁启超与梁令娴一书,书中计划其夫妇归国前后各事甚详。随后再次入协和医院就医,病情转剧。17日,梁启超与梁思成一书,告在协和医院治疗情形说,谓:"这回上协和一个大当。他只管医痔,不顾及身体的全部,每天两杯泻油,足足灌了十天,(临退院还给了两大瓶,说是一礼拜继续吃,若吃多了非送命不可)把胃口弄倒了。也是我自己不好,因胃口不开,想吃些异味炒饭、腊味饭,乱吃了几顿,弄得胃肠一塌糊涂,以致发烧连日不止(前信言感冒误也)。人是瘦到不像样子,精神也很委顿。"同月,清华《国学论丛》第 1 卷第 4 号出版,载有余永梁《殷虚文字续考》,戴家祥《释皂》《释甫》《释百》《释千》,赵邦彦《戴氏声类蠡测》,刘盼遂《世说新语校笺》,陈守是《明史抉征》,罗根泽《子莫魏牟非一考》,赵万里《〈说苑〉斠补》,刘盼遂《〈文选〉篇题考误》,陈寅恪《须达起精舍因缘曲跋》(又载日本昭和九年五月《东洋学从编》第 1 册),梁启超《墨经通解叙》等文。12 月 1 日,前清华研究院学生徐中舒、程璟、杨鸿烈、方欣、陆侃如、刘纪泽、周传儒、姚名达等致梁启超一书,除恳切慰问外,颇致仰望祷祝之诚。

按:徐中舒、程璟、杨鸿烈、方欣、陆侃如、刘纪泽、周传儒、姚名达《致任师夫子大人书》如下:"任师夫子大人钧鉴:自别道范,相从南来,河山虽隔,系念常殷。每度京津同学有道出沪上者,辄相与把臂促膝问津门起居。闻师座清恙大减,则粲然色喜;若闻玉体违和,则相与蹙额浩叹矣。客岁党军占领江南,南北之音问遂疏,师座因历史关系,为各方所注目,邮电往来常被检查,用不便径修书候;然间接因同门诸子传达状况,尚颂起居者,盖无时或缺焉。暑假中得刚主信,称师座近况佳善,息影著书,私心窃喜,以为稍养数月,或能痊愈矣。今为时不过三月,乃报忽载病重入协和医院之说。诚然此信非虚。惟此间同门所急欲知者,即师座病为旧疾复发耶,抑新恙乍添耶?饮食行动尚能如常否?尚祈师座有以示之。师座以一身关系国家前途,文化前途。今政治方面虽较黯淡,而全国学术待师座之整理,全国学子待师座之指导者极多,即就政治方面言,初,亦非全然绝望,惟暂时不得不权安缄默耳。他日春雷陡起,万象或能更苏矣。尚望师座节忧寡虑,清心静养,留得梁木,为他日用。此间同门有足为师座告者,即全体俱能安心向学,无一轻率浮动者;且社会各方皆相推重,是悉由师座曩日训诲之功也。专此敬禀,即叩钧安。"(以上参见丁文江、赵丰田编著《梁启超年谱长编》,上海人民出版社 2009 年版;齐家莹编《清华人文学科年谱》,清华大学出版社 1999 年版)

赵元任上半年在清华国学研究院继续任教,开"中国音韵学"和"音乐"两门课,继续担任评议会和教授会成员,参加讨论教授去留问题,选举教务长和选举评议会成员等。1 月,赵元任开始筹备中国科学社年会。同月 2 日,赵元任接待吴宓来访。11 日,吴宓访赵元任。1—3 月,赵元任与瑞典汉学家高本汉通信,讨论翻译《中国音韵学研究》(*Etude sur la Phonologie Chinoise*)一书事。13 日,接到高本汉信,请赵元任作主翻译。3 月 13 日,高本汉又来信,不仅请元任翻译,还要求负责重编。29 日,赵元任回信同意。这部著作最后由赵元任、罗常培、李方桂三人前后花了几年的功夫合译,并于 1940 年由商务印书馆出版。2—5 月,撰写《现代吴语的研究》一书。3 月 26 日至 4 月 6 日校阅《国音字典》。5 月 10—11 日,为晏阳初赴美,协助准备"宣传提倡新文字"的材料,编写英文计划等。6 月,所著《现代吴语的研究》作为"清华研究院丛书第四种",由清华学校研究院印行,赵元任并作自序。是书为作者去年 10 月去江苏、浙江各处调查吴语的基础上写出的专著,其自序中谓"研究中国语音最详细又最多的,大概要首推瑞典的中国音韵家高本汉""不过一个全国的方言调查不是个把人一年工夫或一个人年把工夫可以做得完的"。"这种事业的重要,无论是本身的重要,或是在国学上地位的重要,或是应用于教育上的重要,也已经有过好些人谈过的了,可是空谈了许多时候怎么也没有结果呐?大半是因为有几种必需的条件还不能实现。第一,要有永久性的组织跟经费能一致的办这种事情""第二,要有有相当训练的工作者""第三,要国内太平,不然最值得调查的区域往往不能去调查""可是要慢慢的等,等到哪一天才可以有大队的语言学人马,大规模的来测量全中国的方言地理呐? 所以还是先比较小规模的在一个比较安静的区域里做一点比较简略的研究,至少也可以做一个后来研究的格式"。此书分为"吴音"与"吴语"两部分共6章及附录,为中国第一部用现代语言学的方法调查汉语方言的研究报告,对以后的汉语方言调查和研究有重要的影响。

> 按:袁毓林《中国现代语言学的开拓和发展·前言》(《中国现代语言学的开拓和发展》,清华大学出版社1992年版)曰:"赵元任先生能取得这么大的成就,固然与他天资聪慧、工作勤奋有关,但更主要的一点是赵先生具有极为广阔的学术背景,可以概括为:融会古今、贯通中外、横跨文理、精通音乐。"

赵元任7月2日与黎锦熙商定国语罗马字字母的读音法,并为该读音法编了一首歌儿。12日至8月3日,与钱玄同、黎锦熙等多次会晤,商讨公布国语罗马字的事。14日,在来今雨轩与汪怡、黎锦熙和钱玄同商量国语罗马字。8月3日,阅读钱玄同跟黎锦熙的成文本。12日,赵元任到苏州开中国科学社年会和社务会,后到上海开中国科学社理事会。同月,赵元任在上海先后会见了傅斯年和康奈尔大学老同学杨杏佛,与他们多次商讨中研院史语所建立语言组事宜。时傅斯年被聘为中央研究院历史语言研究所(简称中研院史语所)筹备处委员,后聘为所长。赵元任欣然接受了中研院史语所聘请,主持语言组的工作。他认为语言学是他最大的兴趣,史语所语言组的工作将是他毕生的事业。30日,赵元任返回北京。9月,赵元任在北平就开始了粤语方言调查的准备工作。从9月14日起阅读有关粤语的专著,包括Jones著 *Cantonese Phonetics*(《粤语语音学》),Cowles著 *Inductive Course in Cantonese*(《粤语入门教程》),Ball著 *Hakka Made Easy*(《简明客家话速成教材》)等,同时着手准备粤语调查材料,其中包括粤语单字,词汇表格,粤语《北风跟太阳的故事》等。这些准备工作从北平开始做到广州,12月5日才做完。9月26日,"中华民国大学院"正式公布了赵元任与钱玄同、黎锦熙合作的《国语罗马字拼音法式》作为国音字母第二式。10月2日,吴宓访赵元任。同月,中央研究院历史语言研究所成立,赵元任应聘担任研究员兼语言组主任,于是决定辞去清华大学的工作(但仍在清华大学兼课),到中央研究院历史语言研究所主持语言组工作。随后亲赴广东、广西进行粤语方言调查。由于赵元任为罕有之语言学天才,能于一星期内学会一种方言,能说33种方言之多,在华中、华南各省调查方言时,灌录唱片二千余张,被世界语言学界誉为语言学上之一大贡献。

> 按:赵元任在《台山语料序言》中说:1928年"正是我第一次参加中研院史语所方言调查工作的那年,那时候我们都在广东。一个方言最丰富的区域,所以第一部调查就是两广方言,一方面想法子多得点语言的材料,一方面想法子利用向来没有很用过的语言记录跟语言分析的新工具——无论是在标音方法上啊,或是音位论的分析上啊,哪怕是录音的新机器啊什么的,我们都想好好地试他一试。那次的'田野'工作是以广东省跟广西省的粤语之部为范围。"

赵元任10月28日带着全家起程南下。11月5日,经过上海时会见杨杏佛、傅斯年以及商务印书馆王云五等,接受了商务印书馆《学生字典》的国语罗马字注音及修订工作。10日,赵元任夫妇经香港抵达广州。在赴广州的途中开始《学生字典》的国语罗马字注音及修订工作,11月中在广州完成。11—12月,在广州中山大学讲授语音课;在国立国语讲习所讲《近来国语的进展和语调》;在中山大学讲《广州语的研究》。11月27—29日,赵元任送夫人到香港(乘船回上海),自己返广州,开始方言调查工作。12月9—23日,在广州附近找不同方言的发音人。跟中山大学的石声汉教授记瑶民音,继而在中山大学记梅县音、五华音、东山的瑶民音、客家音、广州音、汕头音等,有时一天记音达8个半小时之久。这次广州方言调查的一个额外收获,是对197首广西瑶歌作了详细的记音。在一次茶话会上听到一位名叫赵光荣的瑶山先生唱瑶歌。那时石声汉教授已经把他在瑶山记下的 197 首瑶歌记下汉字跟读音，并于 1928 年 9 月在中山大学发表了相关成果，但记音是用一种粗略的罗马字，其音类、音值的标法都不一致，于是趁赵光荣在广州的机会，赵元任把 197 首歌全部再听记一遍，用国际音标标音。12 月 22 日，赵元任又用蓄音机（dictaphone）把 1—90 首灌了音歌，并将这些材料带回北平。

赵元任 12 月 24 日赴广西调查广西区域粤语方言，一名听差陪同前往。24 日清晨 6 时半由广州赶到三水，乘"大明"号船。开船前到县立中学找发音人记三水大街的语音。25 日下午，船到梧州，上岸找发音人记梧州音，晚回船过夜。26 日，船到滕县过夜。27 日，船过江口有漩涡，夜里停泊浔州。28 日到贵县，上岸记贵县音。29 日，改乘汽车去南宁。12 月 29 日至 1929 年 1 月 3 日，在南宁六天，记南宁平话、恩阳话、南宁音和桂林音，发现恩阳的"土话"是一种苗语。赵元任调查方言时，调查到哪儿就学哪儿的话，调查粤语方言当然也不例外。到广州两个星期后就能用广东话发表演说。

按：赵元任在《我的语言自传》中写道："用表格用录音器作系统的调查工作是一回事，到各处学说各种话当然又是一种事。我对于两方面都有兴趣，并且学着说一点当地的话，可以使发音人放心说他们本地的话，免得有时误认为我是政府派来宣传统一国语，反而想法子跟我说国语。我调查粤语的时候，虽然知道潮州区是闽南语系统，我顺便也跑了一趟。可是我到火车站想说潮州话买一张二等票到汕头，他给了我两张三等票，我只好用广州话跟他解释了。"

按：在 1929—1930 年，赵元任将带回的材料进行分析，研究整理成专著出版。

赵元任是年又有重要音乐著作《新诗歌集》，由上海商务印书馆出版。在长达万字的序言中，作者表达了自己许多关于音乐的思想。冬，"国语统一筹备委员会"改组，教育部聘委员 31 人，并聘定吴敬恒任主席，钱玄同、黎锦熙、陈懋治、汪怡、沈颐、白镇赢、魏建功任常委，又依规程第六条，约请赵元任、萧家霖加入常委。赵元任还兼任"中华教育文化基金会"董事，以及北平女子师范大学音乐系教授。（以上参见赵新那、黄培云编《赵元任年谱》，商务印书馆 1998 年版；齐家莹编《清华人文学科年谱》，清华大学出版社 1999 年版）

陈寅恪 1 月 2 日接待吴宓来访。9 日，吴宓访陈寅恪。10 日，吴宓访陈寅恪。24 日，国学研究院毕业同学陈守实来清华谒见陈寅恪。晚，吴宓访陈寅恪。27—29 日，陈守实连续来清华谒见陈寅恪。同月，陈寅恪在《北平图书馆月刊》第 1 卷第 2 号发表《忏悔灭罪金光明经冥报传跋》。31 日，吴宓访陈寅恪，以自撰评《学衡》杂志第 59、60 期稿就正。2 月 10 日，陈寅恪劝吴宓办《学衡》杂志、《大公报·文学副刊》的过程中不必过分耗费精力、时间。17 日，陈寅恪出席第三次教务会议。23 日，吴宓访陈寅恪。陈寅恪访杨树达。27 日，吴宓访陈寅恪。3 月 8 日，吴宓访陈寅恪。19 日晚，吴宓访陈寅恪。28 日，陈寅恪为《学衡》杂志捐款 50 元。同月陈寅恪在《国语论丛》第 37 卷第 2 期发表《俞曲园病中呓语跋》。春，陈寅恪请俞平伯书韦庄《秦妇吟》长卷，张之屋壁。4 月 1 日，吴宓访陈寅恪。6 日，吴宓访陈寅恪。8 日，吴宓访陈寅恪。9 日，陈寅恪、吴宓同访冯友兰。22 日，吴宓访陈寅恪。30 日，吴宓访陈寅恪。5 月 5 日下午，陈寅恪出席第四次教务会议。10 日，陈寅恪赴杨树达宴。24 日，吴宓宴请赵万里、陈寅恪、张荫麟、浦江清、王庸，商议《文学副刊》稿件。26 日晚，陈寅恪访吴宓。

陈寅恪 6 月 1 日接待吴宓来访。4 日，《大公报·文学副刊》刊出陈寅恪《王观堂先生挽词并序》。5 日，吴宓访陈寅恪。12 日，张荫麟、罗根泽、陈寅恪访吴宓。12 日晚，陈寅恪出席第五次教务会议。14 日，张荫麟、陈寅恪访吴宓。19 日，陈寅恪、叶企孙访吴宓。21 日，陈寅恪访吴宓。24 日，赵万里、张荫麟、陈寅恪访吴宓。27 日，吴宓宴请张荫麟、陈寅恪、赵万里，商议稿件。28 日，陈寅恪访吴宓。同月，陈寅恪评吴宓《落花诗》。7 月 6 日，陈寅恪访吴宓。10 日，陈寅恪访吴宓。15 日，陈寅恪与唐篔在清华南院二号订婚。20 日，叶公超、温源宁、陈寅恪访吴宓。23 日，陈寅恪陪同梁实秋访吴宓。8 月 24 日，吴宓在上海访陈寅恪、陈登恪。陈寅恪向吴家转达罗家伦对赵元任说的话：清华可留用吴宓，不以文言白话意见之相反而迫使吴宓离开清华。10 月 2 日，吴宓访陈寅恪。11 日，吴宓访陈寅恪。14 日，吴宓同钱稻孙访陈寅恪。26 日，吴宓访陈寅恪，陈劝吴仍续办《大公报·文学副刊》。27 日，陈寅恪访吴宓。29 日，陈寅恪陪同邓以蛰访吴宓。30 日，陈寅恪访吴宓。同月，《国学论丛》第 1 卷第 4 号出版，刊有陈寅恪《须达起精舍因缘曲跋》，此文又载日本昭和九年五月《东洋学从编》第 1 册。秋，陈寅恪在北大兼职讲授"《蒙古源流》研究"。11 月 14 日，吴宓与陈寅恪晤谈。27 日，吴宓访陈寅恪。12 月 4 日，陈寅恪、张荫麟访吴宓。12 日，吴宓访陈寅恪。是年，陈寅恪在北京大学历史系兼课，春季讲授"佛经翻译文学"，秋季讲授"《蒙古源流》研究"。又有清华中国文系张煦教授从陈寅恪处获见藏文资料，遂立志研究西藏学术，并拟从编纂藏汉典入手。（以上参见卞僧慧纂《陈寅恪先生年谱》，中华书局 2010 年版；齐家莹编《清华人文学科年谱》，清华大学出版社 1999 年版）

李济 10 月受聘担任专任研究员兼考古组主任。是年，李济在哈佛大学所作的博士论文"The Formation of the Chinese People"（《中国人种之构成》），经两三年在国内继续搜集资料与研究，将原稿重加修订，由哈佛大学出版社出版。此文"根据现代中国人之体质特质，自春秋至明末二千余年间建筑城池之发展，自三代至明末三四千年间十大姓氏之起源与分布，以及南方孟高棉、掸、藏缅三系与北方奴、鲜卑、契丹、女真、蒙古诸系民族融合之史实，分别作精密之分析与探讨，再作综合的结论，认为中国民族之主要成分有五"。吴相湘《李济领导考古发掘》（《李济与清华》，清华大学出版社 1994 年版）认为"这是中国民族之科学研究第一部著作"。此后，中外学人凡论及中国民族或人种问题，大都征引其书，并被译成日文刊行。同年，李济还在广州中山大学做"中国最近发现之新史料"的讲演，后载广州中山大学《语言历史研究所周刊》第 5 卷第 57、58 期合刊。文中指出："个人研究所得，中国在有文字之史前已有文化，为固有文化。"

> 按：李学勤在《李济与清华》一书序言中称："这是一个非常正确而可贵的论点。他这样说，并不表示他认为中国的古代文化与其他文化没有发生过关系。后来，他在讨论殷墟发掘对于中国古史研究的价值时曾说，这项发掘'把中国文化与同时的其他文化中心，作了初步的联系，证明中国最早的历史文化不是孤立的发展，实在承袭了若干来自不同方向的不同传统，表现了一种综合性的创造能力'。他的不少作品以中国的考古成果与其他古代文化进行对比，企图说明其间的联系，这也是李济先生考古学研究中值得注意的方面。"（参见齐家莹编《清华人文学科年谱》，清华大学出版社 1999 年版；中国大百科全书总编辑委员会《中国大百科全书·考古学》，中国大百科全书出版社 2002 年版）

吴宓 1 月 2 日访陈寅恪、赵元任。同日，吴宓任总编的天津《大公报·文学副刊》出版第 1 期。吴宓撰写的《本副刊之宗旨及体例》论其宗旨为："大公无私，立论不偏不倚，取公开态度，愿以本报为国中有心人公共讨论研究之地。""文学副刊之言论及批评，力求中正无偏，毫无党派及个人之成见。其立论，以文学中之全部真理为标准。以绝对之真善美为归宿。"吴宓在本期还发表了《日本中国现代之思想》一文。

> 按：《本副刊之宗旨及体例》曰："文学副刊之言论及批评，力求中正无偏，毫无党派及个人之成见。其立论，以文学中之全部真理为标准，以绝对之真善美为归宿，以古今中西名贤哲士之至言及其一致之公

论为权威,以各国各派各家各类之高下文学作品为比较,以兼具广博之知识及深厚之同情为批评之必要资格,以内外兼到,即高尚伟大之思想感情与工细之技术完美之形式合而为一,为创造之正当途径,以审慎之研究、细密之推闻、及诚恳之情意,为从事文学批评及讨论者所应具之态度。更释言之,则重真理而不重事实,论大体而不论枝节,评其书而不评其人。……即对于中西文学,新旧道理,文言白话之体,浪漫写实各派,以及其他凡百分别,亦一例平视,毫无畛域之见,偏袒之私。惟美为归,惟真是求,惟善是从。本报文学副刊之宗旨及态度,为纯然大公无我,而专重批评之精神。本报同人以为文学固非宣传之资,不可有训诲之意。然在其最高境界,文艺实可与道德合一。于创造文学,则不取专务描写社会黑暗及人类罪恶之作品。于文体,则力避尖酸刻薄讥讽骂詈之风尚。"

吴宓1月3日清算《学衡》杂志账目。5日,陈铨访吴宓。6日,赵万里访吴宓。9日,吴宓访陈寅恪。同日,吴宓《文学与人生》刊于《大公报·文学副刊》,并连载该刊1月30日、2月20日、27日、11月25日。此文系吴宓于30年代开设之《文学与人生》课程的雏形。10日,吴宓访陈寅恪。11日,吴宓访赵元任。16日,《大公报·文学副刊》第3期出版发行。同日,陈铨访吴宓。《学衡》杂志第60期出版发行。17日,吴宓与张荫麟、浦江清、赵万里、王庸聚餐,讨论《大公报·文学副刊》编撰事宜,并约定以后每周二借聚餐谈论编稿事宜。18日,陈铨、刘盼遂访吴宓。18—19日,吴宓编辑《学衡》杂志第61期稿。20日,吴宓将《学衡》杂志第61期稿件发往上海中华书局。24日,吴宓包发已出版的《学衡》杂志第60期,并致函柳诒徵、汤用彤、缪凤林、景昌极等,说继续出版《学衡》杂志的款由他自己筹措,只希望《学衡》社的同人撰稿。晚,吴宓访陈寅恪。27日,吴宓向作者及订户寄发《学衡》杂志第60期。浦江清访吴宓。29日,张荫麟访吴宓。30日,吴宓向中华书局寄100元,作为《学衡》杂志第61期的补贴。30日,《大公报·文学副刊》第4期出版发行。31日,吴宓访陈寅恪,以自撰评《学衡》杂志第59、60期稿就正。自《学衡》杂志第61期始,增设副编辑兼干事缪凤林。

吴宓2月1日接待陈铨来访,告知新文学作家的作品有较高的稿酬。吴宓为此感叹自己办《学衡》杂志每期要补贴百元。2日,缪凤林致函吴宓,说他辞东北大学教职,改任南京第四中山大学历史系讲师。景昌极致函吴宓,表示愿意捐60元,资助《学衡》杂志出版。3日,林志钧访吴宓,得赠《学衡》杂志第59期一册。5日,吴宓编《学衡》杂志第62期稿件;校阅柳诒徵《中国文化史》。原南京东南大学数学系主任熊庆来来访,告诉东南大学自1927年6月改为第四中山大学后的情形。6日,《大公报·文学副刊》第5期出版发行。7日,吴宓因托姜忠奎向范文澜借《国粹学报》不成而发感叹,说自己对于《学衡》杂志如此牺牲,却不能感动人。9日,吴宓访陈寅恪、冯友兰。11日,吴宓访黄节。12日,翟吉喆致函吴宓欲购《学衡》杂志全份。晚,陈铨、张荫麟访吴宓。同日,吴宓接缪凤林来函,得知缪令其班上的学生购买登有《中国文化史》的《学衡》杂志。浦江清、王庸访吴宓。13日,《大公报·文学副刊》第6期出版发行。17日,吴宓访叶恭绰。18日,《大公报·文学副刊》第7期出版发行。19日,吴宓编《学衡》杂志稿件。23日,吴宓访陈寅恪、赵元任。27日,张荫麟访吴宓。吴宓访陈寅恪。同日,《大公报·文学副刊》第8期出版发行。28日,吴宓在成府燕林春菜馆宴请张荫麟、浦江清、赵万里、王庸,商议《文学副刊》稿件。是月,《学衡》杂志第61期出版发行。

吴宓3月2日与自广东回到北平的李沧萍相见。3日,吴宓访李沧萍、黄节。4日,刘盼遂访吴宓。5日,张荫麟访吴宓。同日,《大公报·文学副刊》第9期出版发行。6日,浦江清、王庸访吴宓,商议《文学副刊》事宜。7日,张荫麟、赵万里访吴宓。8日,吴宓访陈寅恪。10日,吴宓访李沧萍、黄节。12日,张荫麟、浦江清、赵万里访吴宓。同日,《大公报·文学副刊》第10期出版发行。13日,吴宓宴请赵万里、浦江清、张荫麟、王庸,商议稿件。16日,吴宓访黄节。19日,张歆海致函吴宓,要吴宓助其活动为清华学校校长,并表示事成后让吴宓出任教务长。晚,吴宓访陈寅恪、钱稻孙。同日,《大公报·文学副刊》第11期出版发行。20日,刘盼遂访吴宓。吴宓宴请张荫麟、浦江清、赵万里、王庸,商议稿件。23日,清华研究院学生戴家祥、姚名达持捐款册要吴宓为王国维纪念碑捐款,吴宓极不赞成此举,拒绝捐款,特向陈寅恪说明。晚,张荫麟访吴宓。24日,吴宓寄发《学衡》杂志第62期稿件。25日,吴宓访陈寅恪,得知自己拒绝为王国维纪念碑捐款一事,颇招研究院学生的怨恨。26日,张荫麟、陈铨访吴宓。同日,《大公报·文学副刊》第12期出版发行。27日,吴宓宴请陈寅恪、赵万里、浦江清、张荫麟、王庸,商议稿件。同月,吴宓译文《韦拉里论理智之危机》刊于《学衡》第62期。

　　吴宓4月1日访陈寅恪。2日,浦江清访吴宓。同日,《大公报·文学副刊》第13期出版发行。3日,吴宓为《学衡》杂志译稿。晚,吴宓宴请浦江清、张荫麟、赵万里、王庸,商议稿件。3日,黄侃与汪东等9人游玄武湖。4日晚,刘节、侯垿访吴宓,欲推吴宓为研究院主任,吴宓拒绝。5日,刘盼遂访吴宓,建议吴宓出任研究院主任。6日,吴宓访陈寅恪。8日,吴宓访陈寅恪。9日,陈寅恪、吴宓同访冯友兰。同日,《大公报·文学副刊》第14期出版发行,吴宓《苏曼殊年谱及其他》刊于《大公报·文学副刊》。10日,赵万里访吴宓。13日,浦江清访吴宓。14日,吴宓收到白璧德寄赠的《论坛》杂志,内有白璧德的文章《批评家与美国》。晚,浦江清、赵万里访吴宓。15日,张荫麟访吴宓。16日,《大公报·文学副刊》第15期出版发行。17日,吴宓在成府燕林春菜馆宴请容庚、张荫麟、浦江清、赵万里、王庸,商议《文学副刊》稿件。19日,刘盼遂访吴宓。21日,吴宓到天津,拜访《大公报》的张季鸾、胡政之,双方商定可在《大公报》上偶尔登《学衡》杂志的广告,但《大公报》社表示不能代印《学衡》丛书。22日,吴宓访陈寅恪。同日,为农历上巳节。吴宓与在南京的黄侃与王易、王潜、汪东、胡小石、汪长禄(友箕)、汪辟疆等人玄武湖(北湖、后湖)禊集,有《戊辰上巳北湖湖神祠楼修禊联句》。23日,《大公报·文学副刊》第16期出版发行。24日,清华学校新任校长温应星召开清华评议会,吴宓到会。晚,吴宓在成府燕林春菜馆宴请张荫麟、浦江清、赵万里、王庸,商议《文学副刊》稿件。30日,北京大学出版部与吴宓结算代售《学衡》杂志账目。赵万里、浦江清访吴宓。吴宓访陈寅恪。30日,《大公报·文学副刊》第17期出版发行。

　　吴宓5月1日在成府燕林春菜馆宴请张荫麟、浦江清、赵万里、王庸,商议《文学副刊》稿件。3日,吴宓访赵元任。6日,吴宓接到刘朴信,知东北大学近来风潮。7日,吴宓宴请赵万里、浦江清、张荫麟、王庸,商议《文学副刊》稿件。同日,《大公报·文学副刊》第18期出版发行。8日,吴宓因与张荫麟的矛盾而感叹自己开始编《学衡》杂志时受胡先骕的气,如今编《文学副刊》又受张荫麟的气。12日,吴宓赠萧俊贤一册《学衡》杂志(第59期)。14日,《大公报·文学副刊》第19期出版发行。17日,吴宓宴请赵万里、张荫麟、浦江清、王庸,商议《文学副刊》稿件。21日,《大公报·文学副刊》第20期出版发行。23日,张荫麟访吴宓。24日,吴宓宴请赵万里、陈寅恪、张荫麟、浦江清、王庸,商议《文学副刊》稿件。26日,吴宓准备寄发《学衡》杂志各件。27日,吴宓到景山书社,要求将交托北京大学出版部代售的五整部250册《学衡》杂志取回。晚,陈寅恪访吴宓。28日,《大公报·文学副刊》第21期出版发行。同日,浦江清访吴宓。30日,因浦江清《论王静安先生之自沉》一文,吴宓与浦江清产生矛盾。31 日,陈铨访吴宓。同月,吴宓译文《韦拉里说诗中音律之功用》《穆尔论现今美国之新文学》刊于《学衡》第 63 期。

吴宓 6 月 1 日访陈寅恪。2 日,吴宓将北京大学出版部寄售的 275 册《学衡》杂志取回。3 日,黄侃与汪东、王潼、汪辟疆、胡小石、陈汉章、柳诒徵诗会。4 日,吴宓访陈寅恪。同日,《大公报·文学副刊》第 22 期出版发行,为《王静安先生逝世周年纪念》号,载有吴宓所撰的《前言》、张荫麟的《王静安先生与晚清思想界》、浦江清的《记王静安先生之自沉》等。以上文章转载于 7 月出版的《学衡》第 64 期。5 日,吴宓访陈寅恪。赵万里、浦江清访吴宓。6 日,吴宓宴请张荫麟、浦江清、陈铨、王庸,商议《文学副刊》稿件。8 日,吴宓访浦江清。张荫麟访吴宓。9 日,赵万里、张荫麟访吴宓。11 日,冯友兰、刘盼遂访吴宓。同日,《大公报·文学副刊》第 23 期出版发行。12 日,张荫麟、罗根泽、陈寅恪访吴宓。吴宓的好友顾泰来病逝。13 日,赵万里、浦江清访吴宓。14 日,张荫麟、陈寅恪访吴宓。17 日,吴宓宴请赵万里、浦江清、张荫麟、王庸,商议稿件。18 日,《大公报·文学副刊》第 24 期出版发行。19 日,陈寅恪、叶企孙访吴宓。20 日,浦江清访吴宓。24 日,赵万里、张荫麟、陈寅恪访吴宓。同日,吴宓收到新出版的《学衡》杂志第 62 期。张荫麟访吴宓。同日,《大公报·文学副刊》第 25 期出版发行。27 日,吴宓宴请张荫麟、陈寅恪、赵万里,商议稿件。28 日,陈寅恪访吴宓。7 月 1 日,《学衡》杂志第 62 期出版发行后,中华书局致函吴宓催稿。2 日,陈铨、张荫麟访吴宓。同日,《大公报·文学副刊》第 26 期出版发行。4 日,吴宓编辑《学衡》杂志稿件。7 日,吴宓将《学衡》杂志第 63 期稿件寄出。8 日,陈铨访吴宓。吴宓向作者寄发已出版的《学衡》杂志第 62 期。同日,吴宓访梁实秋。梁欲编辑《白璧德介绍论文集》一书,吴宓答应将《学衡》杂志中有关文章交给梁。此书即后来出版的《白璧德与人文主义》。同日,《大公报·文学副刊》第 27 期出版发行。11 日,张荫麟访吴宓。12 日,张荫麟、陈铨访吴宓。14 日,刘盼遂访吴宓。15 日,陈铨访吴宓。16 日,刘盼遂访吴宓,送稿件。吴宓宴请张荫麟、陈铨、赵万里,商议《文学副刊》稿件,同时为陈铨赴美留学饯行。同日,《大公报·文学副刊》第 28 期出版发行。17 日,吴宓决定将吴芳吉的诗集分卷刊登在《学衡》杂志上。19 日,吴宓访叶企孙、赵元任。晚,张荫麟访吴宓。20 日,叶公超、温源宁、陈寅恪访吴宓。22 日,沈有鼎、赵万里访吴宓。23 日,陈寅恪陪同梁实秋访吴宓。同日,《大公报·文学副刊》第 29 期出版发行。26 日,吴宓宴请赵万里、张荫麟,商议稿件。30 日,吴宓自天津乘船赴青岛,与林宰平、沈从文同行。同日,《大公报·文学副刊》第 30 期出版发行。同月,《学衡》第 64 期转载了 6 月 4 日《大公报·文学副刊》刊出的纪念王国维的文章,另有陈寅恪《王观堂先生挽词并序》,吴宓和刘盼遂所作诗文等。

吴宓 8 月 3 日到上海,拜访张尔田、张东荪兄弟。5 日,吴宓与张尔田、张东荪、张歆海、孙德谦聚会。吴宓约张东荪为《学衡》杂志译柏拉图的文章。6 日,吴宓到南京,访国立中央大学的汤用彤、缪凤林。汤用彤希望吴宓到中央大学任教,仍为《学衡》杂志总编辑,并说黄侃也可加入《学衡》作者队伍。同日,《大公报·文学副刊》第 31 期出版发行,刊有吴宓《路易斯论治术》,后载《学衡》1931 年 1 月第 74 期。7 日,汤用彤、缪凤林、楼光来等访吴宓。吴宓表示《学衡》杂志不可改办。9—10 日,吴宓在上海访柳诒徵。13 日,《大公报·文学副刊》第 32 期出版发行,刊有吴宓《路易斯论西人与时间之观念》以及《答朱希祖君》,并在该刊 20 日、27 日、9 月 24 日连载。17 日,黄华向吴宓转来庄士敦的信,要吴宓到香港见一英国官员。国民政府决定改清华学校为国立清华大学,任命罗家伦为校长。20 日,《大公报·

文学副刊》第 33 期出版发行,刊有吴宓《拉塞尔论柏格森之哲学》。23 日,吴宓在上海中华书局访左舜生。左舜生提出《学衡》杂志下一年续办。24 日,吴宓在上海访陈寅恪、陈登恪。27 日,《大公报·文学副刊》第 34 期出版发行。29 日,吴宓到天津大公报社访张季鸾、胡霖(政之)。30 日,吴宓南游后返回北平。31 日,吴宓向浦江清、张荫麟出示《南游杂诗》百首。浦江清认为"吴先生天才不在诗,而努力不懈,可怪也"。

吴宓 9 月 1 日接待王文显、浦江清、张荫麟来访。2 日,吴宓到北平景山书社,送代售的《学衡》杂志。3 日,《大公报·文学副刊》第 35 期出版发行。4 日,吴宓拜访到清华任教的北京大学"新潮社"成员杨振声,杨振声向吴宓表示了罗家伦对他的态度,吴宓表示自愿与罗合作。6 日,张荫麟访吴宓。吴宓访梅贻琦、赵元任。7 日,吴宓读胡适的《白话文学史》,评其体例。8 日,浦江清访吴宓。10 日,吴宓将《学衡》数十册送交尹炎武处。同日,《大公报·文学副刊》第 36 期出版发行。14 日,张荫麟访吴宓。吴宓访冯友兰,冯向吴宓转达罗家伦对他的态度,所言与杨振声同。17 日,浦江清访吴宓。吴宓得知罗家伦已到清华。同日,《大公报·文学副刊》第 37 期出版发行,刊有吴宓译文《蜗逊论心理学与文学》。张荫麟访吴宓。吴宓访叶企孙。19 日,张荫麟、浦江清访吴宓。20 日,浦江清访吴宓。21、22 日,新任清华大学校长罗家伦、新任清华教务长杨振声、新任清华秘书长冯友兰访吴宓。罗、杨、冯以及新到任的朱自清,与随后到的俞平伯均为北京大学"新潮社"成员。24 日,《大公报·文学副刊》第 38 期出版发行,刊有吴宓译文《克拉塞做事格言》。25 日,樊橄远访吴宓,索要《学衡》杂志数册。28 日,吴宓访赵万里、朱自清。29 日,冯友兰访吴宓。

吴宓 10 月 1 日接待钱稻孙来访。同日,《大公报·文学副刊》第 39 期出版发行。2 日,浦江清访吴宓。吴宓访赵元任、陈寅恪。3 日,浦江清访吴宓。8 日,《大公报·文学副刊》第 40 期出版发行。11 日,张荫麟访吴宓。吴宓访赵元任、陈寅恪。13 日,张荫麟、浦江清访吴宓。14 日,吴宓同钱稻孙访陈寅恪。15 日,杨振声访吴宓。同日,《大公报·文学副刊》第 41 期出版发行。20 日,吴宓感到因陷入爱毛彦文的迷阵,而对《学衡》杂志的热诚大减。22 日,吴宓收到新出版的《学衡》杂志第 63 期。同日,《大公报·文学副刊》第 42 期出版发行。25 日,张荫麟、浦江清访吴宓。吴宓主张明年不再编辑《大公报·文学副刊》,而张荫麟、浦江清以为应续办。26 日,吴宓访陈寅恪。陈劝吴仍续办《大公报·文学副刊》。27 日,陈寅恪访吴宓。29 日,陈寅恪陪同邓以蛰访吴宓。同日,《大公报·文学副刊》第 43 期出版发行。30 日,陈寅恪访吴宓。31 日,黄学勤致函吴宓,说为《学衡》社捐 50 元经费。11 月 2 日,吴宓编辑《学衡》杂志第 64 期稿件。5 日,《大公报·文学副刊》第 44 期出版发行。8 日,吴宓发出《学衡》杂志第 64 期稿件。9 日,吴宓收到多封关于发售《学衡》杂志的来信。12 日,《大公报·文学副刊》第 45 期出版发行。14 日,清华学生水天同(《学衡》作者)访吴宓。吴宓与陈寅恪晤谈。19 日,《大公报·文学副刊》第 46 期出版发行,刊有吴宓《再答朱希祖君》。26 日,《大公报·文学副刊》第 47 期出版发行。27 日,吴宓访陈寅恪。29 日,林志钧访吴宓。30 日,吴宓与夫人陈心一合作编辑《学衡》杂志稿件(一九二八年西洋文学名人纪念汇编)。

吴宓 12 月 1 日编完《学衡》杂志第 65 期稿件,并发出。2 日,在南京中央大学的黄侃与王易、汪东、汪辟疆游古林寺,有《游古林寺连句》。3 日,《大公报·文学副刊》第 48 期出版发行。4 日,陈寅恪、张荫麟访吴宓。8 日,吴宓编辑《学衡》杂志稿件。9 日,张荫麟访吴宓。10 日,《大公报·文学副刊》第 49 期出版发行,刊有吴宓《圣伯甫之月曜谈》。12 日,吴宓访陈寅恪。15日,《人海微澜》作者潘式访吴宓。17日,《大公报·文学副刊》第50期出版发行。23日,张荫麟访吴宓。24日,《大公报·文学副刊》第51期出版发行,刊有吴宓《班达论智识阶级之罪恶》,后载《学衡》1931年1月第74期。27日,吴宓宴请张荫麟、浦江清,商议稿件。31日,《大公报·文学副刊》第52期出版发行。(以上参见沈卫威《学衡派编年文事》,南京大学出版社2015年版;齐家莹编《清华人文学科年谱》,清华大学出版社1999年版)

梅贻琦继续主持清华国学研究院。2月13日,国学研究院同学会举行会议,议决:组织"筹办王静安先生纪念事宜委员会",姚名达、刘盼遂等5人被选为委员。筹办:一、树纪念碑于校内,请名人撰写碑文;二、铸金属纪念币,分赠海内外各有名之学术团体。17日,梅贻琦主持研究院举行第3次教务会议,赵元任、陈寅恪、林宰平出席会议。梅贻琦报告:梁启超因病,来函辞职,学校方面已复函慰留;梁启超的《清华著草》一书,原拟作为清华研究院丛书向商务印书馆接洽出版,据梁启超之意,拟自己直接向商务交涉,但仍用"清华学校研究院丛书"名义出版。5月5日,梅贻琦主持研究院举行第4次教务会议,赵元任、陈寅恪出席会议。梅贻琦报告:梁启超经学校挽留表示愿为通信导师,评议会决定请梁先生回校任教授,不另请人;评议会还议决,研究院下年度继续开办,但因教授延聘不易,范围应缩小,应就教师所愿担任指导之范围招生,各科人数亦应酌情限制。是年招生命题,王国维过去所担任的部分由梁启超担任,日文请钱稻孙命题。

梅贻琦5月10日经教授会投票改选再次当选教务长。15日,在校评议会上,主席温应星报告:拟呈部将驻美学生监督赵国材调回国,改派本校教授梅贻琦任驻美学生监督。25日,外交部令,派梅贻琦任游美清华学生监督。6月6日,在校评议会上,前任教务长梅贻琦出示昨天收到之4日外交部部令:准温应星辞校长职,派余日宣暂行代理校长。6月11日,南京国民政府大学院和外交部会同致电梅贻琦,委托他暂代校务。14日,研究院举行毕业典礼。本年毕业生有研究3年的刘盼遂、姚名达、吴其昌;研究2年的有戴家祥、宋玉嘉、颜虚心、刘节、司秋运、朱芳圃、侯垮等7人;连同去年入研究院的学生吴宝凌、叶去非、罗根泽、蒋天枢、葛天民、储皖峰、张昌圻、门启明、蓝文征、马庆需、裴学海、马鸿勋共22人。15日,校评议会议决:设立讨论清华之将来委员会,梅贻琦为主席。27日,校评议会决定:应发聘书由主席签名发出,用"教务长代行校务"名义。6月7月,研究院教务会议批准颜虚心、罗根泽、蒋天枢、葛天民、储皖峰、张昌圻、门启明、蓝文征、马庆需、侯垮10人继续留校研究1年;录取新生裴占荣、徐景贤、王静如3名。8月17日,国民政府议决:清华学校改为国立清华大学,直属国府管辖。任命罗家伦为校长。梅贻琦辞教务长职,赴美接任清华留美学生监督处监督,不再主持研究院工作。清华国学研究院未再指定主持院务者。(参见清华大学校史研究室编《清华大学一百年》,清华大学出版社2011年版;齐家莹编《清华人文学科年谱》,清华大学出版社1999年版)

曹云祥1月11日经外交部批准辞职,严鹤龄为清华学校代理校长。16日,清华学校学生会在清华礼堂欢送曹云祥校长。3月14日,校评议会议决:三科委员会之设置:预算(委员:梅贻琦、戴超、瑞光)、学制(委员:梅贻琦、戴超、杨光弼)、购置审(委员:梅贻琦、戴超、李广诚)。3月,严鹤龄校长在《清华周刊》上发表《对于清华教育之意见》,谈学风、学制、经费等三个问题。4月7日,外交部次长吴晋当面通知清华学校校长严鹤龄,让他辞职。严鹤龄随即递交了辞呈。16日,外交部批准代理校长严鹤龄辞职,派温应星充清华学校校长。温应星乃在职军人,为奉系张作霖的部下。军阀混战,学校遭殃。同日,外交部公布修正的《清华学校董事会章程》,规定设置董事9人。不久,外交部聘定的9人为梁启超、章元善、李祖恩、张煜全、汤尔和、魏文彬、贝纳脱(C. R. Bennett)、戴士伟(John K. Davis)、白良知(J. D. Branch)。24日,清华学校新任校长温应星召开清华评议会。27日,汤尔和再次转告罗钧任外长的意见,让胡适出任清华校长。胡适表示若董事会选上,他出任;若外交部任命,他则不就。但后来又写信辞就。28日,清华大学举行建校17周年庆祝大会,温应星校长致开会辞,毕业生代表朱继圣、在校学生代表张汇文、教育总长代表刘风竹等讲演。5月9日,济南发生日军杀害中国军民的"五三"惨案震惊全国。本校教职员公会在科学馆召开临时紧急会议,讨论关于山东问题的通电事项以示抗议。5月31日,教授会选举余日宣为教务长。6月5日,日本特务在皇姑屯埋藏的炸弹使张作霖丧命,温应星校长辞职并离开清华。

余日宣6月6日由外交部令暂行代理清华学校校长。22日,校学生会为学校改组事发表宣言,要点:(1)清华大学应归大学院直辖;(2)清华应维持其固有地位,仍为独立之大学;(3)清华经费应稳固独立;(4)清华应力除积弊续求发展。并声明,在管辖问题未解决前,任何人不得接收清华。7月5日,校学生会决议,就校长人选的资格问题发表第二次宣言,主张:(1)具备下列资格者得为清华校长。①教育专家,办理高等教育有显著成绩者;②曾为党国效劳者;③人格高尚、声誉卓著者;④确能实现三民主义化的教育者;⑤确能发展清华使成为高深学府者。(2)有下列情形之一者不得为清华校长。①腐化或恶化分子;②军阀走狗;③在教育界历史上有劣迹者;④籍外国势力谋清华校长者。27日,南京国民政府第83次会议上,大学院院长蔡元培和外交部长王正廷提议改组清华董事会案,内容有:"清华学校改归大学院管辖,已奉国民政府明令规定在案。现由于历史上之关系,拟暂由大学院会同外交部处理,其处理方案,宜从董事会着手。特拟董事会组织人选如左:(一)当然董事:大学院院长、外交部长、美国驻华公使;(二)大学院会同外交部聘任国内学术专家四人(内二人系清华学校出身)。"会议决议:照准。(参见清华大学校史研究室编《清华大学一百年》,清华大学出版社2011年版;齐家莹编《清华人文学科年谱》,清华大学出版社1999年版;沈卫威《学衡派编年文事》,南京大学出版社2015年版)

罗家伦1月31日在《国立中山大学语言历史学研究所周刊》第14期发表致顾颉刚的信:《研究中国近代史的计划》,提出近代史资料如不收集,则一年困难一年,希望与顾颉刚共谋成立"中国近代历史博物图书馆",以收集资料,并认为"清宫重要档案照相及钞一副本""赴北京研究清宫文件""设法购买忠王李秀成供词"三件事比较具体可行,希望顾颉刚能"商酌厦大诸公先后一办"。3月6日,罗家伦任国民政府议决设立战地政务委员会委员,兼教育处主任,随军北伐。5月1日,国民革命军克复济南。3日,济南惨案发生,随即参与济案交涉。5月14日,任国民党中央执行委员会宣传部国际宣传委员会委员。7月3日,蒋介石、李宗仁、吴稚晖、戴季陶等到达北平。8月17日,国民政府议决:清华学校改为国立清华大学,直属国府管辖。任命罗家伦为校长。至此,清华学校完成向清华大学的过渡。下旬,罗家伦向国民政府大学院和外交部呈文,提出整理清华大学方针:(1)造成廉洁的清华,定期公布款项用途;(2)节约行政费,扩充设备费;(3)调整科系;(4)以国立清华大学名义重发聘书;(5)聘任外国专门学者;(6)设立研究院;(7)每系选派一人留学;(8)实行军事训练。同月,任命杨振声为教务长,冯友兰为秘书长。9月5日,中华民国大学院公布《国立清华大学条例》,共7章31条。《条例》规定:国立清华大学"以求中华民族在学术上之独立发展,而完成建设新中国之使命为宗旨""由中华民国大学院会同外交部管理之"。学校"设本科及研究院”，附设之留美预备班“于民国十八年夏裁撤”。条例规定，以本大学全体教授组织教授会；以校长、教务长、秘书长及教授会所互选之评议员 4 人组织评议会。《条例》还对董事会、学校组织、留美学生监督、学生等列有专章。9 月 18 日，罗家伦就任清华大学校长，在就职典礼上发表“学术独立与新清华”之演讲，以廉洁化、学术化、平民化、纪律化作为办学旗帜，倡导相容并包，唯贤是用。

按：罗家伦强调“国民革命的目的是要为中国在国际间求独立自由平等。要国家在国际间有独立自由平等的地位，必须中国的学术在国际间也有独立自由平等的地位。把美国庚款兴办的清华学校正式改为国立清华大学，正有这个深意。我今天在就职宣誓的誓词中，特别提出学术独立四个字，也正是认清这个深意”。又谈到为青年择师的标准为：“必须破除一切情面，一切顾虑，以至公至正之心，凭着学术的标准去执行。”罗家伦就任校长后，拟订章程，推行了一系列改革，以“廉洁化”“学术化”“平民化”“纪律化”的“四化”方针，以清除“旧清华”之积弊，同时提出十项措施实施对清华校务的整理：第一，改良组织，裁并骈枝机关和冗员；第二，扩大教授阵容，提高教授待遇；第三，整顿各学系；第四，增加招生数量，招收女生，设立奖学金；第五，成立教授会与评议会；第六，消除浪费；第七，出版校刊；第八，实行军事训练；第九，提高校工待遇，设立校工学校；第十，重订各系课程表。罗家伦还将“五四运动”的一代新青年先锋——北京大学“新潮社”成员带进了清华，清华人文社会科学因此而全面显示出来。

罗家伦 9 月主持《国立清华大学条例》通过。《条例》包括总纲、本科及研究院、董事会、校内组织、留美学生监督处、学生及附则 7 章共 31 条。其中总纲第一条说明：国立清华大学根据中华民国教育部宗旨，以求中华民族在学术上之独立发展，而完成建设新中国之使命为宗旨；第二条说明：国立清华大学由中华民国大学院会同国民政府外交部管理之。暑假结束后，因清华改办大学，新聘一批教授、讲师。杨振声被聘为清华大学中国文学系教授兼系主任，还聘刘文典任教授，俞平伯任讲师；外国语文系新聘教授陈福田、讲师钱稻孙；哲学系新聘教授冯友兰、邓以蛰；国学研究院新聘讲师马衡。10 月 29 日，《国立清华大学校刊》载《各系主任教授讲师一览》。经改组以后，留下的 18 位教授，都是学问与教学经验很丰富而很有成绩的。新聘的各位教授，也都是积学之士，一时人才济济。名录如下：国文系：杨振声（兼主任）、杨树达、朱自清、刘文典、钱玄同、俞平伯、沈兼士、张煦；外文系：王文显（主任）、翟孟生（Jameson）、温德（Winter）、艾锷（Ecke）、毕莲（Bille）、斯密斯（Smith）、吴可读（Urguhart）、常安尔（Tsdarner）、常安尔夫人、裴鲁（Plessen）、杨丙辰、陈福田、何林一、吴宓、钱稻孙、温源宁；历史系：罗家伦（兼主任）、朱希祖、孔繁霁、刘崇鋐、张星烺、王桐龄、陈垣；社会人类学系：陈达（主任）、许地山；哲学系：金岳霖（主任）、邓以蛰、冯友兰、瞿世英、黄子通；研究院：陈寅恪、赵元任、马衡、林宰平、李济。

按：罗家伦《整理校务之经过及计划》（《清华大学史料选编》卷二上，清华大学出版社，1991 年版）曰：“家伦以奉命太迟（八九月间），那时各大学均将开课，良好教授十九均已受聘。再加以其他大学之竞争，一时要想聘到多数的良好教授，确属不易。几经困难，总算请到几位。如国文系之杨振声、钱玄同、沈兼士君（刘文典君本已应允，以安徽大学坚留未能到校），历史系之朱希祖、张星烺君，地理系之翁文灏、葛利普君，政治系之吴之椿、浦薛凤君及美国名教授克尔文君，经济学系之陈锦涛君，哲学系之冯友兰、邓以蛰君，数学系孙舞君，物理系之吴正之、萨本栋君，化学系之谢惠君，生物系之陈桢君（暂时请假），工程系之孙瑞林君，均国内外学问能力颇为著称之教授。”（以上参见刘维开《罗家伦先生年谱》，中国国民党中央委员会党史委员会 1996 年版；张晓京编《中国近代思想家文库·罗家伦卷》附《罗家伦年谱简编》，中国人民大学出版社 2015 年版；玉政编著《刘文典年谱》，安徽大学出版社 2011 年版；齐家莹编《清华人文学科年谱》，清华大学出版社 1999 年版；沈卫威《学衡派编年文事》，南京大学出版社 2015 年版；王学典《20 世纪史学编年（1900—1949）》，商务印书馆 2014 年版）

　　罗家伦校长10月12日在清华大学大礼堂举行的开学典礼上发表演说,报告办理各系的方针。教务长、秘书长、政治系主任、军事训练主任进行演说。15日,清华大学举行第一次总理纪念周,罗家伦在会上演讲举行纪念周的意见,称纪念周的工作内容有二:(1)政治报告;(2)讲演,或各机关的工作报告。21日,罗家伦在体育馆举行的迎新大会上发表演说,略谓办理清华应有新思想、新态度。兼系主任,还聘刘文典任教授,俞平伯任讲师;外国语文系新聘教授陈福田、讲师钱稻孙;哲学系新聘教授冯友兰、邓以蛰;国学研究院新聘讲师马衡。29日,29日,郭廷以任总编辑的《国立清华大学校刊》第1期出版,以后每周一、三、五出版。校刊内容分文告、校闻、专载、学术消息、余墨等五个栏目。其中有《各系主任教授讲师一览》。经改组以后,留下的18位教授,都是学问与教学经验很丰富而很有成绩的。新聘的各位教授,也都是积学之士,一时人才济济。名录如下:国文系:杨振声(兼主任)、杨树达、朱自清、刘文典、钱玄同、俞平伯、沈兼士、张煦;外文系:王文显(主任)、翟孟生(Jameson)、温德(Winter)、艾锷(Ecke)、毕莲(Bille)、斯密斯(Smith)、吴可读(Urguhart)、常安尔(Tsdarner)、常安尔夫人、裴鲁(Plessen)、杨丙辰、陈福田、何林一、吴宓、钱稻孙、温源宁;历史系:罗家伦(兼主任)、朱希祖、孔繁霄、刘崇铉、张星烺、王桐龄、陈垣;社会人类学系:陈达(主任)、许地山;哲学系:金岳霖(主任)、邓以蛰、冯友兰、瞿世英、黄子通;研究院:陈寅恪、赵元任、马衡、林宰平、李济。31日,罗家伦校长收到教育部电报,教育部批准梅贻琦任留美学生监督。同月,大学院会同外交部聘任杨杏佛、唐悦良、张歆海、凌冰、任鸿隽、李书华、余同甲、朱胡彬夏、司徒雷登(辞职后改为蔡元培)为国立清华大学董事会董事。

　　罗家伦11月2日出席改国立清华大学后的首次教授会会议,报告对董事会的建议案,内容为基金的管理和使用问题,会议选举叶企孙、吴之椿、金岳霖、陈岱孙为评议员。校长罗家伦、教务长杨振声、秘书长冯友兰为当然评议员。11月3日,全体学生在大操场举行军事训练开始仪式,罗家伦作《军事训练的意义和使命》演讲。19日,罗家伦校长出席在南京举行的清华大学董事会。23日,《国立清华大学校刊》刊登罗家伦于行前拟就的上董事会报告《整理校务之经过及计划》,其中报告了裁撤机构、二次招生并招收女生、增聘教授及改善教授待遇、整顿学系、成立教授会和评议会等17项整顿措施,以及增置设备、管理和使用基金、设置奖学金、创设各系研究院等计划。27日,大学委员会在南京开会,罗家伦校长被聘为大学委员会委员。29日,清华大学董事会在南京开会,选举任鸿隽、唐悦良为常务董事。决定彻查基金、成立财务委员会、取消市政工程系等项。取消工程系的决定受到清华大学教授会、学生会和工程系全体教职员、学生的强烈反对。12月14日,市政工程系全体教职员和校教授会皆为此上书校董事会,详呈取消该系之弊,要求收回成案。17日,工程系全体学生发表宣言,要求董事会"从速复议,取消此案",声称"不达目的,誓不中止"。12月5日,中国国民党北平特别市第11区党务指导委员会成立,会址暂设本校三院后排,辖区为西郊,常务刘信芳。划分7个区分部,约有党员220人。清华园为第四、五区分部。12月7日,本校教职员与学生组织的边疆问题研究会在科学馆召开成立大会。研究会以研究边疆各种问题并唤起国人注意为宗旨。21日,常务委员会第一次会议推举朱希祖任主席。15日,全校学生参加在天安门举行的北平民众反日运动大会。(参见清华大学校史研究室编《清华大学一百年》,清华大学出版社2011年版;齐家莹编《清华人文学科年谱》,清华大学出版社1999年版;沈卫威《学衡派编年文事》,南京大学出版社2015年版)

　　刘哲继续以教育总长兼京师大学校校长职。2月6日,京师大学校公告,文科学长胡仁源辞职,教育部已任命江瀚先生任文科学长,定于 2 月 8 日到职。3 月 30 日,"国立北京大学"校匾被"国立京师大学校"匾额取代。4 月 28 日,校长办公处布告:现在战事方殷,人心浮动,难免少数分子从中煽诱,横生事端。故各学长督职教员,对学生交际及往来信件,并有无外人住宿等随时稽察。久不到校者应即酌量开除学籍。5 月 12 日,大元帅指令,奖给办学人员文杏章,计有国立京师大学校教职员 26 员获文杏章。秦汾、路孝植、陶昌善、李浦、何基鸿、韩述组、王抚洲、张鼎乾、凌善安、宋介、廖德珍、董时进、刘蕃、顾德铭、俞同奎、王蔽炜、钟相青、夏元瑮、李光忠、胡钧、安超、黄右昌、李傥、孙师郑、应时、杨荫庆 26 员均系国立京师大学校职教员,获一等三级文杏章。18 日,《国立京师大学文科周刊》第 25 期登"校长训令":近因济案发生,各科学生纷纷请求开会,并拟发表宣言等情,经召集各学长会议议决,外交问题自有政府负责,学生在校求学不得干预政治。训告各科部学生,如有不遵校令,轻举妄动者,即开除学籍。6 月 3 日,张作霖放弃北京,退出关外,北大师生开始进行复校运动,并发表《北大复校训言》。(参见王学珍等编《北京大学纪事(1898—1997)》,北京大学出版社 1998 年版)

李石曾接蔡元培 1 月 30 日函,谈中央研究院理化实业研究所即将开办及物理组、化学组主任人选。2 月 3 日,李石曾出席国民党二届四中全会第一次会议。同日下午,讨论《国民政府组织法》时,对第七条议及改大学院为教育部一事,讨论甚久,未能解决。4 日,复议。针对经亨颐、朱霁青、白云梯、丁惟汾、陈树人 5 委员提出废止大学院制、设立教育部案,李石曾与蔡元培均主张维持大学院制。2 月 7 日上午,李石曾出席国民党二届四中全会最后一次会议,决议制止共产党阴谋案,照蔡元培、李石曾、张静江、李宗仁所提原案通过。15日,蔡元培主持大学委员会第五次会议,此次会议与教育经费计划委员会合开联席会议。李石曾与吴稚晖、易培基、高鲁、张乃燕、金曾澄、杨杏佛等出席。3 月 14 日,国民党中央政治会议举行第一三二次会议,推定谭延闿、蒋介石、黄郛、李石曾、吴稚晖、蔡元培、张静江、孔祥熙、王正廷等为外交委员会委员。

李石曾 6 月在北伐结束后由南方回到北平,任国民党北平临时政治分会主席。同月 8日,南京政府正式接管北平。9 日,中华民国国民政府令,北京大学改名为国立中华大学。任命蔡元培为国立中华大学校长,蔡未到任时以李石曾署理。10 日,教务长陈大齐根据北大学生复校运动会要求,召集评议员及各学系、科、部、研究所主任、主席开会,讨论京师大学校结束后接收北大事宜。6 月 11 日,北京大学一二三院接收完竣。12 日,《京报》载北大学生军召开恳亲会,讨论恢复学生军办法。15 日,蔡元培主持大学委员会会议,李石曾与胡适发生正面交锋,胡适说:"石曾先生的派别观念太深,不很适宜(当校长),最好仍请蔡先生自兼。"李石曾一派的张乃燕马上反驳:"蔡先生的兼收并蓄,故有敷衍的结果。李先生派别观念深,故必不敷衍,故李石曾最适宜。"吴稚晖"站起来说了半点钟",支持李石曾,斥责胡适是"反革命"。胡适对此极为失望。16 日,胡适致函蔡元培,坚辞大学委员之职。19 日,经大学委员会推荐、国民政府第七十三次会议讨论任中华大学校长,蔡元培委员提请辞去中华大学校长兼职,决议照准。同时任命李书华为副校长,北京大学师生强烈反弹,展开了护校运动,北方学潮渐起。20 日,国民党中央政治会议第一四五次会议通过故宫博物院理事名单,李石曾、易培基、黄郛、鹿钟麟、于右任、蔡元培、汪精卫、江瀚、薛笃弼、庄蕴宽、吴敬恒、谭延闿、李烈钧、张人傑、蒋中正、宋子文、冯玉祥、阎锡山、柯劭忞、何应钦、戴传贤、张继、马福祥、胡汉民、班禅额尔德尼、恩克巴图、赵戴文等 27 人为故宫博物院理事,交国民政府任命。7月21日,国民政府公布:李石曾与蔡元培、谭延阁、张静江、李烈钧、于右任、薛笃弼、钮永建、何应钦、宋渊源、王正廷等被推定为中央国术馆理事。8月2日,北大复校运动委员会在第一院开会,议决发起筹备"三一八"惨案昭雪委员会,请中央定"三一八"为纪念日。8月3日,《京报》载北大复校委员会呈国民政府文,陈明理由,请勿改名为中华大学。16日,蔡元培主持召开大学委员会的会议,戴季陶、杨杏佛、蒋梦麟、朱家骅、郑洪年、李石曾、许寿裳等到会,会议通过李石曾所提北平大学区组织大纲原案,俟文字修正后发表。9月9日,北平国立九校学生读书运动会上大学院呈文及宣言,要求大学院急速选派专人来平整理国校,于最短期间招生开学;确定国校教育经费。25日,中华民国国民政府指令一〇〇五号,国立中华大学改为北平大学。10月2日,国民政府举行第九十八次会议,决议事项中有任命蔡元培、张静江、李石曾为管理俄国部分庚子赔款委员会委员。

李石曾10月8日由国民政府任命为国立北平大学校长。10月21日,国立九校教职员开全体大会,议决:(一)组织北平国立九校财务委员会,以便筹借款项;(二)电国府催校长来平,或另派人代理。22日,北平国立各校全体教职员大会致电教育部蒋梦麟部长,祈催李石曾校长即日来平主持校务。28日,《京报》报道,大学委员会开会,推定蔡元培、易培基、李石曾、张继、李书华、李盛章、沈尹默、萧瑜为北平大学分会委员;并议决教育行政机关对各校来往公事,一律用公函,不用训令。11月29日,百余名北京大学学生冲入李石曾办公处,捣毁了室内办公用品,还劈碎门前"北平大学委员会"等牌匾,并砸坏李石曾住宅门窗。12月6日,蔡元培、蒋梦麟致电北大学生,称学生以护校为名举动"有违常轨","起无谓之风波",甚至把这次事件看作是"李石曾先生勤劳党国,昭在有日,然为共党所嫉,百计摧毁",告诫学生"无令空穴来风"等。13日,中央政治会议复北平临时政治分会函称,暴徒盘踞前北京大学校舍,捣毁事务所,殴伤接收员,以及共党活动各节均悉。除函请中央执行委员会,切实制止共党办法,从严执行,并函行政院迅速制止北平大学学潮。(参见王学珍等编《北京大学纪事(1898—1997)》,北京大学出版社1998年版;高平叔编著《蔡元培年谱长编》,人民教育出版社1996年版)

李书华9月5日由国民政府任命为国立中华大学副校长。25日,国立中华大学改为北平大学,李书华改任北平大学副校长。11月13日,北平大学校务会议在中海北平大学校长办公处举行,到会有副校长李书华、代理秘书长萧瑜、国学研究所所长沈兼士、各学院院长经利彬、徐诵明、谢渊洲、俞同奎、张凤举、段憩棠、崔步瀛等十人。李书华主席,并报告大学委员会北平分会第一次常会,通过北平大学本部规程。11月15日,北大学生会公布全体同学大会决议:(一)护校三原则:(1)保存整个北京大学;(2)永远保存"北京大学"名称;(3)反对大学区制,本校直隶于教育机关。(二)重新组织正式学生会,以后凡关于本校一切对内对外事宜,均由"北大学生会"负责办理。11月21日,北大学生会召开全体代表大会,选举学生会各股职员,负责进行校务。本校复校空气本甚浓厚,北平大学副校长李书华及文理两学院院长张凤举、经利彬迄未敢到校接收。12月1日,北平大学布告第三号,前北京大学第一院、第二院、第三院分别改组为本大学文学院、理学院及法学院第二院,并限北大学生三日内报名,逾期不报名即取消学籍。(参见王学珍等编《北京大学纪事(1898—1997)》,北京大学出版社1998年版)

周作人《谈虎集》上册1月由上海北新书局出版。收1919年3月至1927年10月所写有关社会评论方面的文章共76篇,序文1篇。同月5、6日,周作人在《晨报副镌》发表在中法大学的讲演记录《文学的贵族性》，记录者昭园。文中讲述文学的意义、起源、性质，着重阐明了"文学的贵族性"，谓"平常人的谈话不能算做文学。文学须有丰富的情感，敏锐的思想。有丰富的情感，敏锐的思想，而无表现的手段，不能谓之文学家。是则文学家在情感上、思想上及艺术上，全都要超出常人。所以，文学家实际上是精神上的贵族，与乎社会制度上之贵族迥乎不同"，并对南方的革命文学提出批评。

按：《文学的贵族性》又说："拿了文学来做革命的工具，其实这种所谓革命文学，和南方呐喊的口号、纸上的标语是一样的。如其文学真是革命的工具，能奋起群众，全都作了革命的战士，那不是成了和念咒的妖法，或者和宗教上之祈求降福一样吗？而且提倡革命文学的人，想着从那革命文学上引起世人都来革命，是则无异乎以前的旧派人物以读了四书五经、诸子百家等的古书来治国平天下的梦想。"

周作人《谈虎集》下册 2 月由上海北新书局出版，收 1921 年 9 月至 1927 年 12 月所写有关社会评论方面的文章共 56 篇，后记 1 篇。同月 9 日，在《新女性》第 2 卷第 2 号发表《性的解放》。25 日，作《女革命》，刊于 3 月 12 日《语丝》第 4 卷第 11 期。27 日，作致江绍原信。信中谈到："关于无产阶级之尊论甚是，惟我觉得阶级虽有，而不能以无产划分，盖有许多朋友其思想全是有产的也，故似乎应分一种为有产思想者（包括上述的穷朋友），一种是非有产思想者，庶几近于事实。所可惜者，第二种人实在寥寥无几，决组不起团体来，至于第一种则滔滔者天下皆是……"4 月 1 日，在《北新》半月刊第 2 卷第 10 号发表《游仙窟》，后收入《看云集》，改题为《读游仙窟》。文中略述了《游仙窟》在日本、中国的几种版本及各种版本的讹误。4 月 16 日，在《语丝》第 4 卷第 16 期发表《愚夫与英雄》《爱的艺术之不良》。5 月 16 日，作《〈杂拌儿〉跋》，系为俞平伯的散文集《杂拌儿》（一名《梅什儿》）写的跋。跋中指出"平伯所写的文章自具有一种独特的风致""这风致是于中国文学的，是那样的旧而又这样的新"。

按：文中还重述了他认为"明清有些名士的文章""与现代文的情趣几乎一致"的观点，说："现代的文学——现在只就散文说——与明代的有些相像""现代的散文好像是一条淹没在沙土下的河水，多少年后在下流被掘了出来。这是一条古河，却又是新的"。

周作人 6 月 1 日在《新女性》第 3 卷第 6 号发表《火与淫》。14 日，作《北京通信——致川岛》，刊于 7 月 9 日《语丝》第 4 卷第 28 期。信中谈到北京的情况："北京现已挂了青天白日旗了，但一切还都是以前的样子，什么都没有变革。"26 日，作《妇女问题与东方文明等》，文中提出"妇女问题是全人类的问题，不单是关于女性的问题"，而"思想改革实为现今最应重视的一件事"。又说："青年必须打破什么东方文明的观念"，因为"这东方文明的礼赞完全是一种谬论或是误解""谬种流传，为害非浅，家族主义与封建思想都将兴盛起来，成为反动时代的起头了"。15 日，作《关于北京大学等》，载 7 月 16 日《世界日报》，文中称他"反对改称中华大学，反对保留北京大学，主张定名北平大学"。8 月 30 日，作《新旧医学斗争与复古》，文章认为："现在的中国"正处在"复古"的"反动潮流之中""中西医的争议即是新势力对于旧势力迫压之反抗的一种表现。所以它的成败是很可注意的"。并说："我最怕复古的反动，所以希望新医学的胜利，保留一点新势力的生命。"

周作人 9 月 17 日在《语丝》第 4 卷第 38 期发表《人口问题》，讽刺了 8 月 24 日北平《新晨报》载吴稚晖新定"共产党的朋友"的界说。10 月 11 日，作《国庆日颂》，刊于 10 月 22 日《语丝》第 4 卷第 41 期，文中说："今年的国庆日是在青天白日旗里过的了，这自然就很够可喜了""然而这国庆日又即是国府九十八次会议决定明令规定的孔子纪念日"，这"可以说是复古的反动之吉兆""不能不使人有'杞天之虑'"。11 月 10 日，在《开明》第 1 卷第 5 号发表

《古希腊恋歌》。21日,作《聊斋鼓词六种序》,序文很称赞蒲松龄所著聊斋鼓词题词中的两句:"姑妄言之姑听之,豆棚瓜架雨如丝。"说:"我很喜欢这种态度,这是一种文学的心情,不汲汲于功利,但也不是对于人事完全冷淡,只是适中地冷静处之罢了。"22日,作《〈燕知草〉跋》,系为俞平伯著散文集《燕知草》所写的跋。跋中称俞平伯的散文是"近来的一派新散文的代表,是最有文学意味的一种"。并有"近于明朝人的地方"。又说"中国新散文的源流我看是公安派与英国的小品文两者所合成,而现在中国情形又似乎正是明季的样子,手拿不动竹竿的文人只好避难到艺术世界里去,这原是无足怪的""文学是不革命,然而原来是反抗的:这在明朝小品文是如此,在现代的新散文亦是如此"。同月,原国立中华大学改为北平大学,周作人任文学院国文系教授、日本文学系主任。所著《点滴》易名《空大鼓》,由上海开明书店出版,收所译俄国、波兰等国短篇小说21篇。(以上参见张菊香、张铁荣主编《周作人年谱》,南开大学出版社1985年版)

钱玄同任国立北平师范大学国文系主任教授,讲授说文研究、经学史略、周至唐及清代思想概要、先秦古书真伪略说诸科目。9月26日,中华民国大学院正式公布了赵元任、钱玄同、黎锦熙合作的《国语罗马字拼音法式》作为国音字母第二式。冬,因教育部对"北平"二字的拼音与"国语罗马字"不合,钱玄同,黎锦熙两人写信给教育当局提出抗议。教育部改国语统一筹备会常驻干事称常务委员,钱玄同、黎锦熙、陈懋治、汪怡、沈颐、白涤洲、魏建功7人为常务委员后,由国语会约请赵元任、萧家霖为常委。国语统一筹备会内设中国大辞典编纂处,系由1923年设立之"国语辞典编纂处"扩充,处址在北平中南海居仁堂(曾为总统府)西四所。此为钱玄同、黎锦熙两位先生奔走经营的结果。(参见曹述敬著《钱玄同年谱》,齐鲁书社1986年版)

黎锦熙任国立北平大学第一师范学院(北京师范大学的前身)院长、教育部国语研究会常务委员。所著《国语罗马字国语模范读本》以及与赵元任合著《国语罗马字拼音法式》出版。是年,黎锦熙领导的"国语辞典编纂处"改名为"中国大词典编纂处",下设搜集、调查、整理、编著、统计五个部。计划到1948年成书三大册,共30卷。是年,黎锦熙、钱玄同、陈懋治、汪怡、沈颐、白镇瀛、魏建功等7人任教育部国语统一筹备会常务委员。

按:王宁《在黎锦熙先生120周年诞辰纪念会上的发言(代前言)》说:"早在1917年,黎锦熙先生向教育部提出的《国语研究调查之进行计划书》内提出了'《国语辞典》之编订'一项。他建议编纂《国语辞典》来帮助解决群众阅读白话文学作品遇到的困难。在当时的政治形势下,实现这个愿望是十分困难的,几经努力,才于1923年在'国语统一筹备会'设立了'国语辞典编纂处'。1928改名为'中国大词典编纂处',下设搜集、调查、整理、编著、统计五个部。为大型辞书的编纂和编纂人才的培养奠定了基础。这个编纂计划实行了一半,先后印出了《中国大辞典样本稿》《中国大辞典长编》,但是由于经费不足、战乱频仍而未能成书。解放后,黎锦熙先生把所剪录的数百种书报、依音序排列存储的300多万张卡片完好地保存下来,全部捐献给了中国科学院语言研究所。这些珍贵的档案资料,为我国编纂大型辞书和规范的词典提供了异常丰富的资料和极其宝贵的经验。中国大辞典编纂处在黎锦熙的领导下,以有限的人力,先后编辑出版了《国语词典》《增注国音常用字汇》《新部首国音字典》《增注中华新韵》《北平音系十三辙》以及解放后应社会扫盲的需要编写出版的《学文化字典》《正音字典》《汉语词典》等多部工具书。直到晚年,他还向中共中央写了'请中央组织《中国百科大辞典》的编写工作的建议'。如今,我国的辞书编纂事业蓬勃发展,黎先生等先行学者的功绩,是不应被忘记的。"(参见黎泽渝《黎锦熙先生年谱》,《汉字文化》1995年第2期;刁晏斌主编《黎锦熙先生诞辰120周年纪念暨学术思想研讨会论文集》,中华书局2011年版)

魏建功是春回国与王碧书女士结婚后同返汉城。8月,回国,任中法大学服尔德学院教授,兼北平大学女子文理学院讲师。12月,大学院院长蔡元培电约钱玄同、黎锦熙等筹办"国语统一筹备会",该会前身为辛亥革命后成立之"读音统一会",以"统一语言、提倡言文一致、改革文字"为目标。魏建功经钱玄同动员参加该会工作,被推为常委、分工编审工作,编辑《国语旬刊》,兼"大辞典编纂处"资料员。从此,语文运动成为他终身所从事的事业。(参见曹达《魏建功年谱》,《文教资料》1996年第4期)

黄文弼是年至次年参加西北科学考查团的新疆考察活动,在吐鲁番附近调查发掘高昌古城、雅尔湖故城及魏氏高昌墓地;在塔里木盆地周围,调查汉唐时代的城堡、寺庙、沟渠和屯戍遗迹;又在罗布淖尔附近调查石器时代遗址,发掘汉代烽燧遗址。袁复礼在吉木萨尔附近,勘查并实测唐北庭都护府遗址。后黄文弼将其工作收获编撰为《吐鲁番考古记》(1954、1958)、《塔里木盆地考古记》(1958)、《罗布淖尔考古记》(1948)等书。(参见中国大百科全书总编辑委员会《中国大百科全书·考古学》,中国大百科全书出版社2002年版)

易培基与张继、傅斯年、蔡元培、沈兼士、张静江、陈寅恪、李济之、胡适、朱家骅、李四光、顾颉刚、李宗侗、马衡、李石曾、刘复、高鲁、袁复礼、翁文灏等20人3月12日被聘为大学院古物保管委员会委员。4月5日,大学委员会第六次会议在大学院举行,蔡元培院长任主席,易培基与郑洪年、张乃燕、高鲁、金曾澄、张仲苏等委员出席,讨论通过大学院组织法。6月8日,国民政府第七十次会议讨论京师大学及校长人选,易培基提议请任命蔡元培为中华大学校长,在蔡未能到任前,请以李石曾署理。决议:京师大学改为中华大学,任命蔡元培为校长,未到任时,以李石曾署理。20日,国民政府委派易培基为故宫博物院接收专员,马衡、沈兼士、俞同奎、肖瑜、吴瀛为接收员,一同接收故宫博物院,旧故宫博物院理事会取消。10月5日,国民政府公布了《故宫博物院组织法》以及《理事会条例》。易培基与李石曾等27人被任命为故宫博物院理事,李石曾任理事长,易培基为院长兼古物馆馆长。李石曾之侄、易培基之女婿李宗侗为故宫博物院秘书长。当时,易培基仍在南京农矿部,故宫博物院院务,全部交由李宗侗主持。11月28日,蔡元培领衔与张继、易培基、柏文蔚联名刊登启事,谓"西画专家潘玉良女士,游欧八载,专攻绘事。昔由巴黎国立美专毕业,即考入意大利罗马美术学院,本年以最优等毕业,曾得意政府奖状,且数将女士作品选入该国国家展览会,并由意教育部特赠奖金五千利尔,实为我国女画家获得国际上荣誉之第一人也。今夏归国,随带海外作品凡八十余点。经同人等敦劝,举行留欧回国绘画公开展览会,兹定于十一月廿八日至十二月二日为会期,会场在西藏路宁波同乡会,届时务请各界莅临,以广见闻,而重文艺,毋任欣幸"。(参见高平叔编著《蔡元培年谱长编》,人民教育出版社1996年版)

马衡1月3日在《国立中山大学语言历史学研究所周刊》第10期发表《本校筹备考古学系之计划》,认为"欲改造旧史,非从考古学入手不可"。马衡本有在广州中山大学设立考古学系的计划,并草定该系成立后进行之事项与预算,后因取消南下而未能实现。同月,故宫博物院主办的《掌故丛编》创刊。6月,国民政府委员经亨颐提出一项议案,主张废除故宫博物院,分别拍卖或移置故宫一切物品。马衡等5人被推举为代表对此进行抗争。6月28日,故宫博物院接收委员会以马衡为代表接受了清史馆及《清史稿》。7月9日,博物院破例开放,接待因"北伐成功"到达北京的蒋介石、冯玉祥、阎锡山和各集团军总司令,各路军司令及北京的各界人士1000多人。马衡等将前一天拟定的传单分发给来宾,以争取他们的支持。通过马衡等人的游说,加上现场耳闻目睹,这些国民政府的要员一致表示:故宫不可废。9月,国民党第155次中政会议,通过了否决经亨颐议案,维持故宫博物院的决议。是年,古物保管委员会北平分会在北海团城设立。马衡为主任委员、刘半农和翁文灏为委员。

按:马衡等拟定的传单写道:"故宫文物为我国数千年历史所遗,万不能与逆产等量齐观。万一所议实行,而我国数千年文物,不散于军阀横恣之手,而丧于我国民政府光复故物之后,……我国民政府其何以自解于天下后世?拟请讯电主持,保全故宫博物院原案,不胜万幸!"(参见马思猛《马衡年谱长编》,故宫出版社 2021 年版;王学典《20 世纪史学编年(1900—1949)》,商务印书馆 2014 年版)

任鸿隽 1 月 28 日在《现代评论》上发表文章,揭露日本政府假借退还赔款的名目,在华实行文化侵略的政策,呼吁加强对本国资源的调查研究。3 月 19 日,中华教育文化基金董事会举行第十三次执委会,决议为纪念范源濂,接受尚志学会委托,拨款组建静生生物调查所。6 月 29 日,在天津举行的中基会第四次董事年会上当选为副干事长,会议还决定聘任秉志为静生生物调查所所长。7 月 18 日,成立静生生物调查所(简称静生所)委员会,任鸿隽被推举为委员长。同月,国民政府决定改组中华教育文化基金董事会,修改董事会章程。8 月 18—22 日,出席在苏州东吴大学举行的科学社第十三次年会,任鸿隽、胡刚复、杨铨、秉志、赵元任、竺可桢、翁文灏、过探先、王琎、周仁、叶企孙当选为中国科学社理事。10 月 1 日,任鸿隽出席静生生物调查所成立大会开幕典礼并致词,秉志任所长。是年,任鸿隽被中央政府委任为四川省委员兼教育厅长,未就。(参见樊洪业、潘涛、王勇忠编《中国近代思想家文库·任鸿隽卷》及附录《任鸿隽年谱简编》,中国人民大学出版社 2015 年版)

秉志、胡先骕筹建北平静生生物调查所,由中华教育文化基金会与尚志学会集资创办,以建所前去世的著名教育家、生物学家范静生(源濂)的名字命名,为中国科学院动物研究所和植物研究所的前身。2 月 16 日,胡先骕出席在成贤街大学院召开的中国科学社理事会,会议由竺可桢任主席,议决秉志、胡先骕同提议案:一、呈请大学院每年补助生物所六万元;二、本社呈请大学院行文川黔当局,请保护本社生物研究所人员 4 月间至川黔两省采集植物标本案;三、聘请东南大学植物系毕业生金维坚为本社生物所植物部助理案。3 月 4 日,中国科学社在南京社所举行追悼董事范源濂,由蔡元培任主席,并首先致词,继而竺可桢宣读祭文,柳诒徵作演说。会上胡先骕讲述了范源濂在抱恙之际,在病间仍置有生物标本及图书等物,潜心观察,未尝片刻忘之,以证先生好学求知之力矣。并言"先生久欲创设生物研究所于北京。几经筹划,以经费之梗,迄未完成,病革前二三日,犹津津详论其组织焉。今先生既殁,同人应尽力助成此事,以竟先生之志尔"。4 月 3 日,胡先骕致函任鸿隽,为调查所之开办积极筹划。13 日,中国科学社假江苏大学梅庵举行南京社友会第四次集会,由蔡元培会长任主席,并致开会词。江苏大学胡刚复致欢迎词,继由社友谢季骅讲演南京的地质,刘士能讲演中国之建筑。美国生物学家尼丹博士适于此时来宁,即参加此会,应邀讲演。散会后,该社设宴款待尼丹,由中外专家作陪。

胡先骕 5 月 1 日为筹办调查所又致函任鸿隽,嘱为提前购置图书、仪器等事。22 日,第四届太平洋科学会议定于明年 5 月 16 日至 6 月 9 日在爪哇举行,为筹备出席该会议,利用全国教育会议会员中各学术团体均有代表出席之便,本日特在中国科学社开会讨论此事。天文学会、地质学会、工程学会、农学会、蚕桑改良会、学艺会、科学社等代表高鲁、孔韦虎、竺可桢、胡先骕、王琎、沈宗瀚、钱宝琛、周昌寿、谢家荣、杨开道、张心一、何尚平等二十余人到会,由蔡元培任主席。议决:由中国科学社函知各学术团体迅即筹备,并将出席代表及论文题目速报科学社,以便转达爪哇政府。明年开会时,以中央研究院代表中国参加。31 日,中国科学社理事会在成贤街社址开会,讨论中基会来函商请借调秉志北上主持静生生物调查所,暂以四个月或半年为期案。议决秉志可北上主持静生生物调查所,唯至多以两月为期。夏,胡先骕在南京与江苏大学文科诸教授游,与黄侃商议续刊《学衡》事,及谈学诗经历。

胡先骕7月中旬往北京,参与筹建静生生物调查所。同月18日,静生所委员会第一次会议在北平南长街22号中基会事务所举行,陈宝泉、王文豹、翁文灏、祁天锡、周诒春、任鸿隽、范旭东诸委员出席会议,所长秉志列席会议。会议由周诒春代表中基会为临时主席,通过的议案有:一、《静生生物调查所委员会章程》。二、《静生生物调查所计划及预算》。三、推举任鸿隽为委员会主任、翁文灏为书记、王文豹为会计等,这些职位皆为名誉职位。四、秉所长提出请胡先骕为植物部主任,寿振黄为动物部副教授,刘崇乐兼任动物部教授。会议主席说明秉所长不能常居北平,其不在时所长一职由胡先骕代理。会议讨论本所正式成立日期为10月1日。8月,北平图书馆成立购书委员会,胡先骕被推选为委员。后该委员会分中文与西文两委员会,胡先骕则任西文委员,并长期担任之。10月1日,经过积极筹建,静生生物调查所如期在石驸马大街83号举行正式开幕,"以调查及研究全国动植物之分类,藉谋增进国民生物学之知识,促进农、林、医、工各种实业生物学之应用为宗旨"。此时静生生物调查所已经收到国内外一些机构和学者如中国科学社生物研究所赠予或交换的标本和图书,秉志、胡先骕引导来宾参观所中的动植物标本、书刊。同月,静生所成立时其职员聘有寿振黄、刘崇乐、何琦、沈嘉瑞、唐进及绘图员冯澄如等。年底,中央研究院自然历史博物馆秦仁昌于春夏之时,赴广西采得大量植物标本,并将其中兰科、虎耳草等科标本请胡先骕为之鉴定。胡先骕尝致函该院,云此中新种甚多。(参见胡宗刚《胡先骕先生年谱长编》,江西教育出版社2007年版)

翁文灏继续在京筹备中央研究院地质调查所。1月,据本月出版的《大学院公报》第1卷第1期载,该院设有中央研究院地质调查所筹备委员会,以翁文灏、李四光、朱家骅、谌湛溪、李济、徐渊摩为委员。同时,翁文灏也是该院科学教育委员会委员。2月12日,出席中国矿冶工程学会第8次理事会常会。3月25日,南京政府大学院古物保管委员会正式成立,翁文灏等20人被聘为委员。春,邀请自德国留学归来的古生物学博士杨钟健入地质调查所工作,任地质调查所新生代研究室副主任,兼周口店发掘的指导工作。4月,率北京大学地质系毕业班学生黄汲清、朱森、李春昱、杨曾威4人赴热河北票矿区实地考察。根据对北票地区的历次调查资料,翁文灏完成《热河北票附近地质构造研究》一文,描述了北票地区的大规模的逆掩断层,也就是推覆构造,认为:"北票一带悉为横移运动极普遍之地,实为中国横移构造极好之模范区域。"同月,中国地质调查所和北京协和医学院开始对北京周口店进行第2次发掘,由于步达生回加拿大,此次发掘实际主持者为翁文灏和福顿,参加者有步林、杨钟健、裴文中等人。

按:因为军阀混战,5月下旬发掘工作停顿,至8月底重新开始,直到11月25日才结束工作。此次发掘发现了一件北京人的少年女性右下颌骨、一个成年人的右下颌骨及三颗保存完整的白齿。

翁文灏6月29日在中华教育文化基金董事会第4次年会上被选举为该会董事,以继上年12月23日逝世的范源濂,至1933年6月任满。同时还被选举为董事会名誉会计、尚志学会纪念静生生物调查所委员会委员。7月18日,翁文灏、周诒春、王文豹、陈宝泉、祁天锡、任鸿隽等出席在中基会事务所举行的中基会静生生物调查所委员会成立会议。会议由周诒春主持,翁文灏在会上提议由中基会干事长兼任该委员会委员长,获得通过。经任鸿隽提议,翁文灏被推举为委员会秘书。8月3日,翁文灏被南京政府农矿部任命为农矿部地质调查所所长。25 日，翁文灏受农矿部委派，前往安徽烈山煤矿考查工程设施及一切情形。10 月，作《地质调查所出版十周年纪念辞》。同月 28 日，经翁文灏倡导，会同地学会原干事陈垣、白眉初等以及会员谭其骧等，举行地学会"复活纪念会"，暂停活动的地学会方得恢复。活动经费亦由翁建议由中华文华基金董事会每月补助 300 元，会刊亦方得印行出版。11 月 12 日，翁文灏被农矿部指派为农矿部农矿展览会筹备员。同月，为丁文江所著《中国官办矿业史略》做序。冬，周口店的发掘工作在翁文灏和协和医学院院长胡恒德的主持下，分 4 月下旬至 5 月下旬，8 月底至 11 月底两期进行。先发现一小孩下牙床化石，秋天又发现了成人下牙床和三颗牙的化石。（参见潘云唐《翁文灏年谱》，《中国科技史料》第 10 卷（1989）第 4 期；王学典《20 世纪史学编年（1900—1949）》，商务印书馆 2014 年版）

丁文江重新编订之《徐霞客游记》由商务印书馆出版，附有《徐霞客先生年谱》。是书编撰过程中，得到张元济、罗振玉、梁启超、胡适等相助。1 月 9 日，任鸿隽致函胡适：极力希望丁文江能继范源濂之后担任北京图书馆馆长。1 月 22 日，丁文江致函胡适，劝胡适不要贸然北来，因不安全；又谈在此间的寂寞并今后的打算。2 月 25 日，丁文江致函胡适，介绍了送 5000 元钱给他的河南人杨金的情况。5 月 3 日"济南惨案"后，丁文江打电报给孙传芳，劝他在内争中要以国家的立场为重，不要再跟着张宗昌胡干。10 日，丁文江当选为中华图书馆协会董事。6 月 19 日，丁文江任静生生物调查所委员会委员。7 月，丁文江领导主持了中国西南地质调查，开始到广西去调查拟议中的川广铁路线及沿线地质矿产。丁文江此次调查历时两年多，详细调查了川、滇、桂等地区的岩石矿物、地质构造、古生物地层、地史、矿产地质等，先后发表了《丰宁系地层学》《西康东部矿产志略》《四川峨眉山地质》《四川石油概论》《四川盐业概论》《西康东部地质矿产志略》以及《四川西康地质志》等专著，为西南地质科学研究奠定了坚实基础，在我国地质调查史上具有重要意义。（参见宋广波编《中国近代思想家文库·丁文江卷》及附录《丁文江年谱》，中国人民大学出版社 2014 年版；张人凤、柳和城编著《张元济年谱长编》，上海交通大学出版社 2011 年版）

陈垣年初应汪大燮之邀，在北平平民大学寒假讲学班作有关避讳学的演讲。演讲中说："过去讲避讳，还未成为一种专门学，避讳学这个名词，是我个人硬造出来的，能否成立。尚未敢确定。"1 月 5 日，开始在中法大学讲授年代学。10 日，《回回教入中国史略》（即《回回教进中国的源流》）刊于《东方杂志》第 25 卷第 1 号上。19 日，邵瑞彭来函，告知范文澜索避讳讲演稿。2 月 16 日，著成《史讳举例》，系为纪念钱大昕诞生二百周年而撰写的著作，全书 8 卷，82 例，征引书籍 140 种左右。有作者自序。《史讳举例》初稿曾经送胡适、杨树达、沈兼士、伦明、朱希祖等学者审阅，定稿时吸收了他们的部分观点和材料。

按：陈垣《史讳举例》自序曰："民国以前，凡文字上不得自书当代君主或所尊之名，必须用其他方法以避之，是之谓避讳。避讳为中国特有之风俗，其俗起于周，成于秦，盛于唐宋，其历史垂二千年。其流弊足以淆乱古文书，然反而利用之，则可以解释古文书之疑滞，辨别古文书之真伪及时代，识者便焉。盖讳字各朝不同，不啻为时代之标志，前乎此或后乎此，均不能有是，是与欧洲古之纹章相类，偶有同者，亦可以法识之。研究避讳而能应用之于校勘学及考古学者，谓之避讳学。避讳学亦史学中一辅助科学也。……兹编所论，以史为主，体裁略仿俞氏《古书疑义举例》，故名曰《史讳举例》。……意欲为避讳史作一总结束，而使考史者多一门路一钥匙也。"

按：胡适《读陈垣〈史讳举例〉论汉讳诸条后记》（《胡适书评序跋集》，岳麓述社 1987 年版）曰："这书的第八卷详述'历朝讳例'，使人知道避讳的制度是'渐臻严密'的，间有宋人的最严制度，又有元朝的完全不避制度，又有明朝的由最轻进到天启、崇祯的稍严，又有满清一朝由顺治时的不避变成乾隆时的'以讳杀戮多人'。这个历史的沿革,是避讳学的最有趣又最有用的方面。必经严格的了解这古今的不同,避讳学才可以成史学的一种有用的'辅助科学'。此第八卷乃是避讳学的历史,又是它的骨干。其第五六七诸卷,都是依靠这历史的骨干,讨论避讳学的功用和流弊。陈先生此书,一面是结避讳制度的总账,一面又是把避讳学做成史学的新工具。它的重要贡献,是我十分了解的,十分佩服的。"

陈垣3月13日复叶恭绰函,答以《医籍考》及其作者日本学者多纪元胤之情况。15日,复叶恭绰函,介绍日本汉医学世家富士七川的情况。22日,蔡尚思来函,表达仰慕向学之意。28日,复余嘉锡函,解答周亮工并吴其贞、李清等人的著述撤出《四库全书》的原因和经过,并为其抄录《撤出各书后填补空函办法》《先后奏请撤出销毁书单》等二件清宫档案。4月5日,复王重民函,告知北大国学门所藏三种《道德经》的行款序跋情况。25日,松崎鹤雄自大连来函,谓"刻承赐慈母堂印书目录,感激无极。此种书目,弟久搜索,今得之,忻跃之至"。5月10日,杨树达于北平宣南春饭庄宴请日本汉学家狩野直喜博士,陈垣应邀赴会,参加者还有日本人桥川时雄、小平总治和陈寅恪、林砺儒等。6月3日,奉军开始撤出北京,而北伐军尚未到达,部分民间组织和学者自发组织起来,保护文物,以防因混乱遭受损失。6日,北京地区组织临时文物维持会,由陈垣等负责。中旬,国民政府派易培基为故宫博物院接收专员,任马衡、沈兼士、俞同奎、肖瑜、吴瀛为接收委员,旧故宫博物院理事会取消。20日,国民政府大学院和内政部在南京拟定《故宫博物院组织法》,并提议李石曾等27人组成新的故宫博物院理事会,陈垣等非国民党籍人士未被提名。

陈垣接孟森6月29日来函,为陈聘三说项,希望聘为专任讲师。7月1日,余嘉锡来函,为同乡骆鸿凯求职。6日,访杨树达,送《史讳举例》稿,征求意见。24日,国民政府大学院电知京师图书馆改名北平图书馆,属大学院管辖,由陈垣、马裕藻、马衡、陈治、黄世晖组成筹备委员会,接受筹备。28日,马准来函,欲在辅仁大学求职,恳请推荐。同月,利用暑假之暇赴大连探亲。8月9日,胡子晋来函,为儿子肇椿求职。20日,陈垣在燕京大学任教时的学生顾敦绿自苏州木渎下塘来函,祝贺陈垣出任哈燕国学研究院(即燕京大学国学研究所)院长之职,并介绍自己在之江大学工作的情况。29日,吴震春来函,推介雷鸣夏之子雷海宗。同月,陈垣任燕京大学国学研究所所长。10月25日,马衡来函,关于在辅仁大学讲授金石学事。同月,国民政府公布故宫博物院组织法,任命李石曾、陈垣等37人为理事;中央研究院历史语言研究所正式成立,傅斯年任所长,陈垣被聘为特约研究员。12月,北平图书馆迁入中海西岸居仁堂新址,陈垣主持馆务。同月,《辅仁学志》第1卷第1期出版,以"研究中国学术"为主旨,陈垣、雷冕(Rev. Rudolf Rahmann)、英千里、胡鲁士、沈兼士、余嘉锡、张星烺等人组成的辅仁大学编辑会负责编辑出版;所撰《史讳举例》刊于《燕京学报》第4期,谓其撰著《举例》"意欲为避讳史作一总结束,而使考史者多一门路一钥匙也"。是年某月26日,孟森来函,谈孙中山上李鸿章书事。

按:孟森函载《陈垣来往书信集》,曰:"久不奉教为怅。昔年见《语丝》杂志登中山先生上李文忠书,云系得之先生所藏《万国公报》所载。今检《德宗实录》,乙未之夏广西起事已有中山大名。是冬伦敦使馆蒙难。然则中山之反满革命,已定于光绪二十一年。其上合肥书,必更在其前。但乙未之前一年即是甲午,东衅未定,国中尚少愤激之情绪,颇以为疑,而又不能记忆《语丝》所载究是何年之事,敢叩台端,乞赐指示。中山谈新政乃不缘甲午之激刺而已然耶?则可谓先觉矣!"(参见刘乃和、周少川、王明泽《陈垣年谱配图长编》,辽海出版社2000年版;王学典《20世纪史学编年(1900—1949)》,商务印书馆2014年版)

袁同礼仍为北京图书馆(北海)副馆长。2月9日,因北京图书馆(北海)馆长范源濂于去年12月23日病故,中基会以北京图书馆(北海)委员会委员长(第二次改组)周诒春兼代馆长职务。12日,武昌文华书林毛坤撰《关于中国图书大辞典之意见》,(一)对书名提出异议,认为北京图书馆编纂中的《中国图书大辞典》,与 United States Catalog(《合众国图书目录》)类似,实为书目性质,建议改名《中国图书目录》。(二)提出该书经史子集分类,虽类似标题意味,但过于疏阔,希望详作区分,并言"北京图书馆之地位如美国国会图书馆,理当在此万无准则之时,作此以为天下倡"。袁同礼作附识,提出商榷意见。23日,周诒春就任北京图书馆(北海)馆长职。5月,安徽教育厅韩安首及王云五,在全国教育会议中提倡设立国立中央图书馆案。6月18日,梁启超来函,谈《中国图书大辞典》义例,托转交任鸿隽、胡适之信。29日,中基会以丁文江为北平北海图书馆(北京图书馆)馆长(第三任馆长)。时丁游两广,秋间返平,迄未就职。6月,袁同礼主持的北京图书馆(北海)进行第二年度总结,报告内有新聘岳良木、赵万里、王重民、于道泉等。同月,大学院组建北平图书馆筹备委员会,电令陈垣等5人负责筹备该馆事务。7月7日,袁同礼致函中华图书馆协会,辞执行部正部长职务。辞职在该会本年选举之后,袁同礼在选举中再次当选执行部正部长。

袁同礼收到傅斯年7月15日来函,商借馆藏书目。18日,南京国民政府大学院令改国立京师图书馆为北平图书馆。24日,大学院重申前令,改国立京师图书馆为北平图书馆,并请陈垣、马裕藻、马衡、陈懋治、黄世晖5人为"筹备员"。8月24日,梁启超来函,因中基会董事变更,担心北京图书馆(北海)前途问题,执意辞去《中国图书大辞典》事务,并私意请帮忙处理退还编纂费事宜。同日,梁启超致北京图书馆(北海)委员会函,以身体原因辞《中国图书大辞典》编纂事。同日,报载北平市长何其巩考虑划中海居仁堂为北平图书馆(筹备中)馆址。9月,袁同礼与戴志骞、沈祖荣被中华图书馆协会推为国际图书馆暨目录委员会代表。12月23日,袁同礼在燕京大学主持北京图书馆协会第18次常会。通过协会新《简章》16条,协会更名为北平图书馆协会,推选出7人执行委员:袁同礼、洪有丰、钱稻孙、田洪都、蒋复璁、罗静轩、严文郁。27日,北平图书馆筹备委员会公推马衡到南京,向蔡元培面陈筹备情形,并请求经费援助。同日,筹备会并以此事致函教育部部长蒋梦麟、政务次长马叙伦、常务次长吴震春。31日,中华图书馆协会拟召开全体会员大会。(参见张光润《袁同礼研究(1895—1949)》,华东师范大学博士学位论文,2018年)

朱希祖1月10日至清华学校监考近世史,时清华正闹"易长"风波。11日,至清华学校监考历史研究法。"易长"风波稍平息。13日,至清华学校监考中国文学史。14日上午,至师范大学监考文学史。31日,至平民大学讲演《两汉文学概论》,听者百余人。2月2日,朱希祖五十寿辰,在家置筵席四桌。5日,张元济将其所作宋、齐、陈、魏四部史书的跋文寄傅增湘转朱希祖一阅。15日,京师大学女子第一部国文系主任黎锦熙来函,聘朱希祖担任该校文学史课。16日,写长信致北京图书馆袁同礼,谈办图书馆之方法与购书之术。2月20日,在清华学校史学会演讲《中国铁器时代之考证》。同日,袁同礼复函,并赠《图书季刊》一册。是日,从清华学校陈寅恪处借得元代和林地图。3月5日,辅仁大学印行朱希祖自编讲义《史学概论》。24日,致函钱玄同,述南明永历帝之谥号"昭宗匡皇帝"之由来。28日,再致函钱玄同,谈永历帝之谥号"昭宗匡皇帝"之由来。4月14日,为长子朱偰《日本侵略满蒙之研究》一事,致函张元济,请张元济介绍于商务印书馆出版,并将自著《读书题识》寄给张元济。5月20日,清华学校研究院研究生谢国桢来寓问南明史籍。5月25日,二子朱侃自天津归,因所读中日学校大肆宣扬日本军国主义思想,决定不再在该校就读。5日,长子朱偰参与领导北京大学复校运动。6月6日,北京大学复校。7日,南京政府派沈尹默、黎世蘅、张定璜、张璧萧等 6 人组成顺直特委会,在北京未成立政治分会之前,该特委会维持北京政治及文化一切事宜。同日,北京大学召开全体学生大会,组织恢复学校运动。8 日,与北大旧教员共同商议北大恢复问题。9 日,与长子偰至北大开会。同日,南京国民政府发布命令,北京大学改名为"中华大学",蔡元培为校长,蔡元培未到任之前由李石曾代理校长。

朱希祖 6 月 10 日出席北京大学教务长陈百年召集的原北京大学评议部评议员及各学系、科、部、研究所主任会议,大会决定 11 日上午会同学生代表接收北京大学全部机构,朱希祖与马裕藻、杨震文、陈百年 4 人负责接收北大一院。11 日上午,参与接收北大事宜。下午,校勘和林金石文字。15 日,与子女讲中俄外交关系始末。20 日,中央政治会议决定北京更名为北平。27 日,与陈百年在北海公园公请罗家伦,罗家伦为朱希祖旧日北大弟子,时为北伐军总司令部政务委员会教育处处长。同月,在《清华学报》第 5 卷第 1 期发表《中国古代铁制兵器先行于南方考》,文中批驳了"世以吾国秦汉以前为铜器时代,仅有铜器而无铁器,更无铁制兵器"的观点,认为春秋战国之际已有铁兵,并以文献例证铁剑、铁钝、铁矢、铁錍皆先行于南方,而北方未闻有以铁为刃的兵器。随后引发一场关于早期铁制兵器出现地域问题的辩论。

按:据王学典《20 世纪史学编年(1900—1949)》(商务印书馆 2014 年版)梳理,1928 年 7 月 30 日,《大公报·文学副刊》介绍朱希祖的文章时批评道:"作者染近人翻案立异之恶习,力言古代南方文化之高。"朱希祖阅后致函编辑进行申辩。8 月 13 日,《文学副刊》编辑作《答朱希祖君》进行了答复,并附朱希祖来信。他列出铁兵先行于北方的四种证据,根本推翻朱说。同时,他还指出,章鸿钊的相同观点早于朱希祖,朱氏所引证的材料也大体不出章文的范围。9 月 17—22 日,朱希祖连续在《新晨报》副刊发表《再致大公报文学副刊编辑书》《三致大公报文学副刊编辑书》。朱希祖申言自己与章鸿钊的文章的重心、取材不同,并对《大公报》编辑所提出的北方先行铁兵的证据进行商榷,认为多"弊在臆测而无实证,目有以伪书为证者"。他进一步从地理和逻辑两方面展开辩驳。10 月 1、8、15 日,《大公报·文学副刊》转载了朱希祖的两封答书。11 月 19 日,《大公报》编辑再度发难,刊发《再答朱希祖君》。文章重申了朱氏袭用章鸿钊文的问题,又针锋相对地列举铁兵先行于北方的证据。对于朱氏批评的误引伪书问题,编辑认为伪书和伪事不可混为一谈,书虽伪,而其所记录与真书契协,即可引为旁证。该年 12 月至次年 3 月,《新晨报》副刊将《大公报》上的讨论继续下去,不过这次论争主要转移到章鸿钊和绍来二人之间。章鸿钊先后发表《关于〈古代铁制兵器先行于南方考〉之讨论》《就绍来君讨论中国古代铁兵问题后之所感》《就文副对于铁兵问题之结论电述所见》。绍来发表了《关于〈中国古代铁制兵器先行于南方考〉之又一讨论》《结论中国古代铁兵问题并答章鸿钊君》。此外,陆懋德发表《评近人研究古代先用铁兵之地点》加入讨论。朱希祖发表《关于〈中国古代铁制兵器先行于南方考〉之讨论》,同时回应《大公报》编辑、章鸿钊、绍来、陆懋德诸人。1929 年 3 月 10 日,翁文灏在天津《益世报·学术周刊》发表《为古代铁兵问题进一解》一文后,讨论结束。

朱希祖 7 月 7 日至天安门参加北京市民庆祝北伐胜利大会,晚至中山公园观提灯会。7 月 8 日,罗家伦来访,谈至夜 12 时始归。10 日,参加北京大学北伐胜利庆祝大会,并代表北大教职员致庆祝词。赴会者有吴稚晖、李宗仁、罗家伦、蒋作宾、白崇禧等。11 日,率全家至北大参加祝北伐胜利游艺会。13—16 日,为子女讲解"三民主义"。15 日,吴稚晖在《大公报》《世界日报》发表《也关于北京大学》。16 日,朱希祖作《读吴稚晖先生的〈也关于北京大学〉》,与吴稚晖辩论教育上之"分治合作"法,拟刊于《世界日报》。17 日晚,率家人至中山公园参加军民联欢大会。是日,蒋介石至北京大学讲演。22 日,朱希祖又作《我也来谈谈北京大学》,拟刊于《世界日报》。

朱希祖 7 月 24 日至马裕藻家,与其商讨设法营救北大学生刘苗芬,刘苗芬于张作霖统治时期被指为共产党而被关押,至此未释,刘苗芬从狱中托人捎话与朱希祖,请其设法营救。25日,北大学生会干事赵子懋来访,请教北大以后如何杜绝校长任用私人。26日,访李书华,请其审查刘苗芬案,设法营救。27日,陈百年为刘苗芬案来访。同日,罗家伦来辞行,赴南京中央党务学校任职。8月3日,为清华学校学生罗香林所搜集的广东客家歌谣集《粤东之风》作序。4日,为天津《益世报》文学副刊、史学副刊事致信清华研究院学生徐景贤。13日,吴宓《答朱希祖君》刊于《大公报·文学副刊》。9月9日,马裕藻来访。18日,罗家伦就任清华学校校长。28日,朱希祖访罗家伦。同月,因实行大学区制,北平国立九所高校合并为北平大学,此举受到北京大学师生一致反对。北平大学校长为李石曾,然迟迟没有到任,学校也一时无法开学,甚至招生都无法进行。秋季开学后,朱希祖仍任清华史学教授,又受陈垣之聘为辅仁大学教授。10月1日,朱希祖《关于古代铁制兵器先行于南方考之讨论》刊于《大公报·文学副刊》,另载其《三致、四致、再致〈大公报·文学副刊〉编辑书》,并连载10月1日、8日、1929年1月21日该报。2日,朱希祖致函东方考古学协会主席,反对日本人至大连牧羊城探掘古物。13日,陈百年来访,商量召集教员先行上课之事。11日,为日本人至大连牧羊城探掘古物事,致函东方考古学协会,提议取消此会。18日,徐景贤来访,请朱希祖任天津《益世报·学术副刊》主编。10月19日,朱希祖草《日本发掘我国牧羊城古物应当干涉》一文。同日,为陈百年饯行,时陈百年将赴南京考试院任秘书长。20日,作《日本文化之侵略及质北京大学考古学会》,时北大考古学会不赞成朱希祖提出的取消中日考古学会的建议。

　　朱希祖10月22日在中央研究院历史语言研究所正式成立后,为蔡元培聘为该所特约研究员,并拟聘为中央研究院历史博物馆筹备处主任。29日,《国立清华大学校刊》载《各系主任教授讲师一览》,其中历史系所列教员为:罗家伦(兼主任)、朱希祖、孔繁霄、刘崇鋐、张星烺、王桐龄、陈垣。11月7日,北平大学副校长李书华来访,请朱希祖对如何办北平大学陈述意见。10日,读顾颉刚《古史辨》,对其推翻一切古史,牵强主观之处多有非议。12日,作《畸形的史学》,刊于11月19日《益世报·学术副刊》。13日,至燕京大学讲演《两汉的文艺》。19日,吴宓《再答朱希祖君》刊于《大公报·文学副刊》。20日,辅仁大学张星烺来访,请为其编著的《中西交通史料汇编》作序。24日,朱希祖与李宗侗、钱玄同、吴承仕、周作人、张继、陈垣、刘半农、马裕藻、叶礼、袁同礼及故宫委员数人出席《清史稿》审查讨论会,并被推举为故宫博物院审查《清史稿》委员会主任。会议要求由各审查员就清史研究中存在问题负责审查,限定3个月后审查完呈报中央。22日,张继发起组织满蒙新藏研究会,聘请朱希祖为名誉会员,时张继任北平政治分会主席。26日,作《建文刻本汉唐秘史跋》。

　　朱希祖12月2日拟在北平组织一史学会,集北平各大学史学系学生共同研究史学。3日,召北京大学史学系学生9人来寓商议发起中国史学会。6日,陈寅恪来访,谈审查《清史稿》事。7日,发起成立清华大学边疆研究会,在科学馆举行成立大会,朱希祖、张星烺、翁文灏、冯友兰、吴之椿、郭廷以、杨振声、罗志希、洪有丰、刘崇鋐等及学生到会者50余人,由袁翰青主持并报告发起情况及筹备经过,经大会讨论产生了正式会章。8日,黎锦熙来访,请朱希祖担任女师大国文系文学史课务,朱希祖因已在清华、辅仁任课,课务较忙不克分身,婉谢之。9日,女子大学文学院国文系主任周作人来访,请朱希祖到该校国文系教授文学史,婉谢之。10日,致信故宫博物院,商议审查《清史稿》事。同日,至燕京大学讲演《中国法家的历史观念》。16日,出席满蒙新藏研究会成立大会,并发表演说。

21日,"边疆问题研究会"委员会召开第一次会议,通过了常务委员分任:朱希祖为主席,翁文灏为文书,袁翰青为干事。还议定由各委员会指定分组会议日期,拟定研究方法数项,请学校设边疆问题研究室等项议案。28日,"边疆问题研究会"康藏组召开会议,由刘大白负责召集。教职员朱希祖和郭廷以及学生7人到会。会议推举刘大白为主席,并讨论了工作进行方法。同日,朱希祖分别致信北京大学、师范大学、燕京大学有关人员,邀请12月30日召开中国史学会筹备会。30日,在寓所召开中国史学会首次筹备会,讨论组织大纲。(以上参见朱元曙、朱乐川《朱希祖先生年谱长编》,中华书局2013年版;齐家莹编《清华人文学科年谱》,清华大学出版社1999年版)

沈兼士继续任教于北京大学,兼辅仁大学董事会董事。2月24日,京师大学校国学馆发出通知,请研究生自认导师,并另发已取研究生名单,请各导师分组审查。沈兼士为研究生杨晶华自请认定的导师,又为已取研究生林之棠、许森的审查导师。3月5日,赴京师大学校法科第二院参加国学研究馆本届研究生第一次会集,并行师生见面礼。3月12日,《申报》刊登消息,称蔡元培、傅斯年、沈兼士等20人被聘为大学院古物保管委员会委员,并已议决该委员会组织条例9条。6月10日,参加北京大学评议员及各学系、科、部、研究所主任、主席会议,讨论北大学生复校运动会要求接收学校事宜,议定沈兼士会同学生代表接收研究所。20日,《申报》刊登消息,称沈兼士、马衡、萧瑜、俞同奎受易培基指派,负责接收故宫博物院。29日,《申报》刊登消息,称沈兼士、萧瑜、马衡、俞同奎、吴瀛接收清史馆完毕。7月8日,与俞同奎、马衡、吴瀛、萧瑜等故宫接收委员联名发布声明,历陈故宫博物院迭经摧残,几经奋斗,幸得保存,请求国民政府保全故宫,万不能与逆产等量齐观,以期保存数千年来中国文化之精粹。11月9日,《申报》刊登消息,称沈兼士已被聘请为清华大学国文学系教员。13日,参加北平大学第一次校务会议,讨论教授待遇暂行章程等事项。12月24日,参加北平大学第三次校务会议,讨论其他国立大学学生借读问题等事项。29日,《申报》刊登消息,称沈兼士为新组成的北平大学国学研究所所长。(参见鄢千明、汪素梅《沈兼士年谱简编》,《湖州师范学院学报》2021年第3期)

陈达在清华学校改为清华大学后,负责创办社会学系并任教授兼系主任。11月,被选为浙江同学会会长。12月7日,经济学会邀请陈达讲演《小家庭制度》,以题目新颖适口,未讲之先,早已满园风雨。晚8时,一院205教室,人已爆满。陈达利用丰富的统计资料,从社会、经济、国际、优生等方面论述发挥,历时一时有半。(参见田彩凤《陈达先生年谱》,《清华大学学报》1995年2期)

俞平伯1月20日致周作人信,转告叶圣陶催稿事。另谈到"顷在市场购得一雍正刻袖珍本《琵琶记》,……有毛批,乃批《三国演义》毛宗岗之父,尚不算十分低能,却不如圣叹也"。24日,作《杂拌儿·自序》,谈书名的来历。30日,论文《雷峰塔考略》作讫。2月3日,收到周作人2日夜写来的信,略谓有三个人想买《春在堂全书》,希望能以实价分让。5日,作长诗《西关砖塔藏〈宝箧印陀罗尼经〉歌》。8日,复周作人信,一则感谢他赠送译著《黄蔷薇》和《贡献》杂志;二则请他为散文集《杂拌儿》作序或跋。10日,收到周作人9日来信,答应为《杂拌儿》作序跋。11日,复周作人信,答应将家中所存《春在堂全书》数部转卖需要书者。15日,作《论〈水浒传〉七十回古本之有无》,刊于4月10日《小说月报》第19卷第4号。16日下午,应邀至苦雨斋访周作人。18、19日,分别与朱自清晤面。20日,应嘱为张凤举藏沈尹默书《秦妇吟》卷子题跋。晚,复周作人信。3月10日,《新月》杂志第1卷第1期发表了胡适的《考证〈红楼梦〉的新材料》一文,指出:"俞平伯在《红楼梦辨》里特立专章,讨论可卿之死""现在平伯的结论都被我的脂本证明了。"19日,收到周作人18日来信,并将刊载胡适文章的《新月》杂志借给俞平伯使用。25日,俞平伯收到周作人24日来信,当即回信,慨叹自己"除'执教鞭'以外,士农工商更无一事可为"。

俞平伯3月得与陈寅恪相识,并共同讨论唐代韦庄的作品《秦妇吟》,对作品中留下的疑点交换了意见,并应嘱为陈寅恪楷写韦庄《秦妇吟》卷,并作跋。春,请陈寅恪为他所抄录诠释的《俞曲园先生〈病中呓语〉》题写跋语。陈寅恪的跋语后刊于1932年3月5日《清华周刊》第37卷第2期。4月25日,作《关于〈红楼梦〉的一封短信》,刊于5月15日《贡献》旬刊第2卷第8期,26日下午,致周作人信,请他将《关于〈红楼梦〉的一封短信》转给《贡献》杂志发表。6月5日,收到周作人4日来信,由读陶澍所编《陶靖节集》,想到批评家群起而抱陶渊明,以为他的一字一句都是思君爱国,认为这实在是陶渊明的"厄运"。8日,收到周作人7日来信,谈北京的时局。7月20日,致周作人信,说明自己想教燕京大学的诗课,请周作人帮助询商。26日,收到周作人25日来信,告知燕京大学下学期的功课无变化,沈尹默仍讲诗,俞平伯仍讲小说。8月1日收到周作人7月31日寄来的邀请信。2日晚,应邀至苦雨斋出席周作人的宴请和聚谈。20日,复周作人信,谓《燕知草》拟从速完卷,请周作人为之题写序跋。同月,叶圣陶将校对完毕的《杂拌儿》清样寄给俞平伯,用牛皮纸做封面,并在封面上写着:"八月六日校毕。先寄作者,俾知其情感思维,今成如是之式样矣。"此校样被一直保存至今。俞平伯散文集《杂拌儿》(一名《梅什儿》)由上海开明书店出版。

按:《杂拌儿》除《自序》《自题记》和周作人的《〈杂拌儿〉题记》(代跋)外,共收作品32篇,即《文学的游离与其独在》《析"爱"》《雪耻与御侮》《桨声灯影里的秦淮河》《陶然亭的雪》《记西湖雷峰塔发见的塔砖与藏经》《雷峰塔考略》《论商颂的年代》《修正〈红楼梦辨〉的一个楔子》《记在清宫所见朱元璋的谕旨》《杂记"储秀宫"》《山阴五日记游》《文训》《风化的伤痕等于零》《怪异的印象》《我想》《十七年一月十一日小记》《跋〈灰色马〉译本》《〈致死者〉序》《〈吴歌甲集〉序》《重刊〈浮生六记〉序》《重刊〈陶庵梦忆〉跋》《重印〈人间词话〉序》《关于〈子恺漫画〉的几句话》《〈北河沿畔〉跋》《〈初日楼少作〉跋》《〈忆〉自序》《〈燕知草〉自序》《以〈漫画〉初刊与子书》《与颉刚谈〈野有死麕〉》《与绍原论被》以及《与白采书(附跋语)》。疑古玄同(钱玄同)题封面,叶圣陶代校对。

俞平伯9月5日致周作人信,请他推荐他自己用白话直译的小说,以作为燕京大学小说课的阅读书目。信中说道:"小说一项本非素习,只因曾做了一部胡说的《红楼梦辨》,弄得成了专家的模样,岂不良哉!"10月,应罗家伦校长之聘,到国立清华大学中国文学系任讲师。当时杨振声任清华大学文学院院长兼中国文学系主任。11月7日下午,与朱自清在清华大学招待来访的周作人。22日,收到周作人21日来信,请俞平伯代问朱自清是否愿意代沈尹默在燕京大学讲诗的课。24日,张凤举来访,极力邀请俞平伯到北平大学去教书,俞平伯"殊有不能摆脱之苦",只好答应,但是声明"中国文学史是无论如何不能教的"。同日,收到周作人23日来信,告知《燕知草》跋已写就。俞平伯当晚即复信,说明急盼阅读跋语的心情。又谈朱自清当日上午在燕京大学讲"歌谣之起原与发展",大有成为歌谣专家的趋势。又致江绍原快信,代张凤举催促江绍原来北平大学文学院任教。25日,复周作人信,告知已代为劝说朱自清到燕京大学兼课事。26日,收到周作人25日来信,希望俞平伯能到北平大学任教。12月7日晚,清华大学中国文学系全体师生在工字厅举行"中国文学会"成立大会。"中国文学会"为学术团体,定期举办学术演讲。俞平伯也是中国文学会成员之一。12月,《冬夜》由上海亚东图书馆第四次印刷出版。此书与1923年5月版相同。是年,继续在燕京大学教中国小说,并在北平大学女子学院任教。曾托亲向上海商务印书馆出卖《读诗札记》书稿,结果"又雁沉鱼杳"。(以上参见孙玉蓉编《俞平伯年谱》,天津人民出版社 2006 年版)

朱自清 1 月 6 日晚出席清华教授会会议,表决通过议案,表示挽留校长曹云祥。2 月 7 日,作《那里走》毕,刊于 3 月《一般》第 4 卷第 3 期。由于 1927 年国内政坛的剧烈变动,引起朱自清思想的极度彷徨苦闷,经过痛苦的思索清理,他重新确立了自己的生活准则,由此遁入书斋。朱自清在《一般》第 29 卷第 6 号中谈道:"胡适之先生在《我的歧路》里说'哲学是我的职业,文学是我的娱乐',我想套着他的调子说,'国学是我的职业,文学是我的娱乐'。这便是现在我走着的路。"此文可以视为作者决定自己道路的一篇宣言。17 日,在《清华周刊》第 29 卷第 2 号发表评论《近来的几篇小说》,续载于 3 月 11 日《清华周刊》第 29 卷第 5 号,至 4 月 1 日《清华周刊》第 29 卷第 8 号续完。该文评论了茅盾的《幻灭》、桂山的《夜》和鲁彦的《一个危险的人物》三篇小说。5 月 31 日,作《〈粤东之风〉序》,刊于 11 月 28 日《民俗》第 36 期。《粤东之风》系清华历史系学生罗香林所搜集的广东客家歌谣集,序文分析了歌谣的价值和罗香林所录歌谣的特色。7 月 31 日,作《〈背影〉序》,刊于 10 月 9 日由清华中国文学会主办的《朝报》副刊《辰星》第 4 期,发表时题为《〈背影〉自序》。又刊于 11 月 25 日《文学周报》第 345 期,发表时改题《论现代中国的小品散文》。该文对"五四"以来散文发展的成就和在现代文学中的地位作了总结,对自己的创作也作了回顾和总结,并提出了朱自清自己的创作主张:"我意在表现自己。"同日,作《〈燕知草〉序》,刊于 9 月 3 日《语丝》第 4 卷第 36 期,系为俞平伯所写杭州生活的诗文合集,文中分析了该集抛弃礼俗世故、"以趣味为重"的"名士风"。8 月 17 日,国民政府议决改清华学校为国立清华大学,以罗家伦为校长。杨振声担任文学院长兼中国文学系主任,朱自清参与了中文系的草创工作。9 月 1 日,接待浦江清来访,谈朱自清拟开设的"歌谣"课。9 月 6 日,朱自清访浦江清,谈钱基博著《文学史讲义》。10 月,朱自清散文集《背影》由开明书店出版。

按:李广田在 1950 年发表的《最完整的人格》一文(俞平伯等著《最完整的人格》,北京出版社 1988 年版)中说:"《背影》一书,出版于民国十七年,二十年来,一直是一般青年人所最爱读的作品。其中《背影》一篇,论行数不满五十行,论字数不过千五百言,它之所以能历久传诵而有感人至深的力量者,当然并不是凭藉了甚么宏伟的结构和华瞻的文字,而是凭了他的老实,凭了其中所表达的真情。这种表面上看起来简单朴素,而实际上却能发生极大的感动力的文章,最可以作为朱先生的代表作品,因为这样的作品,也正好代表了作者之为人。由于这篇短文被选为中学国文教材,在中学生心目中,朱自清三个字已经和《背影》成为不可分割的一体。"除《背影》一篇外,《荷塘月色》《给亡妇》等篇亦在当时被称为新文学中早期散文的代表作。《执政府大屠杀记》《生命的价格——七毛钱》《白种人——上帝的骄子》等,具有进步的民主主义思想内容。

朱自清 11 月 22 日作书评《〈歧路灯〉》毕,刊于 12 月 5 日《一般》第 6 卷第 4 号,此文从题材、结构、描写三方面对清代李绿园所著长篇小说《歧路灯》作了分析。12 月 4 日,作书评《给〈一个兵和他的老婆〉的作者——李健吾先生》,刊于 12 月 8 日《清华周刊》第 30 卷第 5 号,文中拟原小说口语体风格,对作品的人物形象和语言作了评介。7 日晚,赴工字厅参加清华中国文学会成立大会,并作《杂体诗》讲演。参加成立大会的还有朱希祖、杨振声、刘文典等。中国文学会成立后,朱自清担任负责学术的委员。10 日,朱自清出席清华大学教职员公会大会,当选为中文书记,冯友兰当选为会长。12 日,清华校刊增刊《文学》第 1 期出版,朱自清和杨振声被聘为该增刊特约撰稿员。该期《文学》由朱自清和杨振声负责编辑。(以上参见姜建、吴为公编《朱自清年谱》,安徽教育出版社 1996 年版;齐家莹编《清华人文学科年谱》,清

华大学出版社 1999 年版)

　　杨振声 8 月下旬在国民政府议决改清华学校为国立清华大学,以罗家伦为校长后,被聘为文学院长兼中国文学系主任,与朱自清等筹建中文系。杨振声后来回忆说:"系中一切计划朱先生和我商量规定者多。""除了国文系的教员全体一新外,我们还决定了一个国文系的新方向,那便是(一)新旧文学的接流与(二)中外文学的交流。国文系添设比较文学与新文学习作,清华在那时是第一个。国文系的学生必修几种外文系的基本课程,外文系的学生也必修几种国文系的基本课程。中外文学的交互修习,清华在那时也是第一个。这都是佩弦先生的倡导。其影响必会给将来一般的国文系创造一个新前途,这也就是新文学的唯一的前途。"11 月 14 日,召开清华大学第一次评议会,金岳霖、杨振声、冯友兰等参加了会议,议决,冯友兰为本会书记。12 月 7 日,中国文学系召开了由教授及同学组织的"中国文学会"成立大会,杨振声等出席会议,朱自清作了演讲,题目为"杂体诗"。12 日下午,杨振声与叶企孙、陈岱孙、吴之椿等出席第二次评议会。会议决定以教授会名义具正式公函致董事会,请求取消裁撤市政工程系之决定。同月,杨振声在清华大学"终南社"演讲,题目是"新文学的将来"。刊于同月《国立清华大学校刊》增刊之一《文学》第 1 期。(参见杨振声《纪念朱自清先生》,《新路》第 1 卷第 16 期,1948 年 8 月 28 日;杨振声《为追悼朱自清先生讲到中国文系》,《文学杂志》第 3 卷第 5 期,1948 年 10 月;姜健康、吴为公编《朱自清年谱》,安徽教育出版社 1996 年版)

　　冯友兰 1 月 7 日为沅君先生与陆侃如婚事致函胡适。9 日上午,至清华园南院访陈寅恪,在陈宅遇赵𣨼抟、吴宓。又与吴宓至吴寓所谈话。11 时,陈寅恪、陈封怀亦来,吴宓邀请 3 人至小桥食社午餐。28 日,为沅君先生与陆侃如婚事致函蔡元培。月底,致函顾颉刚,告以恒慕义返美后拟将《古史辨》译为英文。2 月 9 日 6—10 时,在成府槐树街 10 号家中宴请陈寅恪、吴宓及其他燕京、清华教授。3 月 27 日,致函胡适,征求胡适对先生刊于《燕京学报》二文的意见。同月,张荫麟《评冯友兰君〈孔子在中国历史中之地位〉》刊于《大公报·文学副刊》第 9 期。4 月 9 日下午 2 时许,陈寅恪、吴宓来访,遂与陈、吴出游。6 月 5 日下午 4—5 时,访吴宓,托吴宓校阅《庄子》内篇的英译稿。11 日下午 4—5 时,访吴宓。26 日傍晚,与陈寅恪、吴宓散步。同月,《儒家对于婚丧祭礼之理论》刊于《燕京学报》第 3 期。7 月 13 日下午 3—4 时,冯友兰访吴宓,催请校阅《庄子》内篇的英译稿。24 日中午 12 至下午 3 时,赴瞿世英招宴,同席者有吴宓、张广舆等。

　　冯友兰 8 月下旬应国立清华大学新任校长罗家伦之邀,至清华大学任哲学系教授兼校秘书长,月薪四百元。9 月 8 日,冯友兰为沅君与陆侃如先生婚事致函胡适。14 日午后 2 时许,吴宓来访,代罗家伦向吴宓致意,"愿在校合作,勿萌去志。又谓罗君不以个人意见为好恶,且平昔待朋友亦甚好云云"。吴宓托先生为陈仰贤代觅寄寓之地,俾得入燕京大学。15 日,致吴宓函,告以为陈仰贤觅住处未得。18 日上午 10 时半,出席罗家伦宣誓就职仪式。罗家伦发表"学术独立与新清华"的讲演,其中既提到"学术独立"的总目标,又提出发展清华的具体措施,即先成立文、理、法学院,以文、理带动其他;以学术为准则,从国内外罗致良好教师;以研究为大学的灵魂,先后成立各种研究院;减少行政费用,积极添置图书仪器设备;招收女生,严格考试,使学生严进严出等。22 日晚,与罗家伦同访吴宓,未遇。29 日下午 2—3 时,访吴宓,吴宓以荐毛彦文为女生管理员函及毛彦文履历一并交冯友兰。10 月 4 日,吴宓来函申说荐毛彦文之意。当即复吴宓,此事已与罗家伦谈过,罗家伦似不以毛彦文为然。

冯友兰 10 月 10 日出席清华大学双十节庆祝活动:7 时升旗典礼,9 时讲演大会,晚游艺大会。12 日上午 9—12 时,冯友兰在清华大礼堂出席开学典礼并作简短讲演。14 日傍晚,吴宓、钱稻孙来访,未遇。15 日上午 8 时,出席全校总理纪念周活动(此后每星期一上午均有此项活动)。24 日 5 时,应吴宓邀宴于小桥食社,同席者还有张广舆、章寅。饭后吴宓来冯友兰家中小坐,冯友兰告以毛彦文事,罗家伦校长不肯明言其详,但云罗家伦夫人与毛彦文极稔、罗家伦亦极识毛彦文,知毛彦文之长处与短处,故不肯聘。是月,冯友兰迁居清华园南院 17 号。11 月 2 日晚 7 时半,在清华科学馆 212 室出席清华改组后第一次教授会。会议议决彻底清查清华基金。设立由校方代表参加之清华基金会财务委员会(该会人选注重专门知识)实际管理基金,并每年将基金账目公布一次;提出用部分基金建设校舍、添置图书仪器,又选举叶企孙、吴之椿、金岳霖、陈岱孙 4 人为评议会评议员。6 日下午 4 时,冯友兰与叶企孙、吴宓等在秘书处出席周寄梅奖学金董事会会议。会议决定将本年奖学金授予周缵武、王赣愚。14 日下午 3 时,在科学馆会客室出席清华改组后第一次评议会,并当选为该会本届书记。会议通过民国十七年预算及特别建筑预算,决定每年经公开考试选派 10人赴美留学。同月,冯友兰所著《人生哲学》由商务印书馆出第三版。

冯友兰 12 月 7 日晚在科学馆 212 室出席边疆问题研究会成立大会。大会决定组织边疆各处调查委员会,并选先生及翁文灏、吴之椿、洪有丰、朱希祖、杨振声、刘崇鋐、罗家伦、郭廷以等 9 人为委员。10 日上午,主持第八次纪念周活动并报告校务。同日,又出席清华大学教职员公会大会。会上改选公会本届职员,冯友兰当选为会长,朱自清为中文书记,章寅为中文记录书记,何林一为英文书记,刘本钊为会计。11 日下午,出席第二次教授会。12日下午,冯友兰与叶企孙、陈岱孙、吴之椿、杨振声出席第二次评议会。会议决定以教授会名义具正式公函致董事会,请求取消裁撤市政工程系之决定,并推先生与叶企孙起草此公函。冯友兰当晚即与叶企孙起草致董事会函。得朱自清所赠散文集《背影》。14 日下午 4时,出席第三次教授会。会议有三项议案:(一)改选教授会书记,冯友兰当选。(二)关于市政工程系问题。先生宣读致董事会公函稿后,朱自清动议全文采纳,吴宓附议,全体通过。(三)冯友兰提议,建议于校长,请将修正之本年度预算草案公布,多数赞成,通过。18 日晚,冯友兰出席清华大学教职员公会新旧职员联席会议。22 日上午 11 时,冯友兰出席并主持新年庆祝委员会会议。24 晚,冯友兰出席边疆问题研究会东三省组第一次会议。26 日下午 4 时,冯友兰在科学馆会客厅出席评议会第三次会议,讨论工程系电机工厂设备经费等问题。晚 7 时半,冯友兰出席第四次教授会,会议仍讨论基金问题。28 日,罗家伦聘冯友兰为清华大学奖学金委员会委员、招考委员会委员。29 日下午,清华大学文学社邀请徐志摩在科学馆 212 室讲演,冯友兰前往听讲。晚,参加筹赈游艺会。31 日下午,应邀前往清华工字厅参加罗家伦夫妇主持之新年教职员茶话会。同月,写成《仝雪舟先生传》。是年,冯友兰到清华后,曾同罗家伦往见国民党北平市党部主任委员王礼锡。又曾与罗家伦、邓以蛰同访齐白石,邓以蛰为引导。李笠赠其所著《中国文学述评》(雅成学社 1928 年 8 月初版),瞿世英(菊农)赠其所著《现代哲学》(文化书社 1928 年 9 月初版)。(以上参见蔡仲德《冯友兰年谱长编》,中华书局 2014 年版;李中华编《中国近代思想家文库·冯友兰卷》附录《冯友兰年谱简编》,中国人民大学出版社 2015 年版)

张荫麟《评李泰莱西周史征》1 月 16 日刊于《大公报·文学副刊》。29 日,张荫麟访吴宓。同月,张荫麟译文《斯宾格勒之文化论》,载《学衡》第 61 期,连载 11 月第 66 期,后载《大公报·文学副刊》。2月27日,张荫麟访吴宓。吴宓访陈寅恪。同日,张荫麟《续评〈小说月报〉中国文学研究号》刊于《大公报·文学副刊》。28日,吴宓在成府燕林春菜馆宴请张荫麟、浦江清、赵万里、王庸,商议《文学副刊》稿件。3月5日,张荫麟访吴宓。同日,张荫麟《评冯友兰君〈孔子在中国历史中之地位〉》刊于《大公报·文学副刊》。6日,张荫麟《评顾颉刚〈春秋时代的孔子与汉代的孔子〉》《评顾颉刚〈秦汉统一之由来和战国人对于世界之想象〉》,刊于《国立中山大学语言历史学研究所周刊》第2集第19期。7日,张荫麟、赵万里访吴宓。12日,张荫麟、浦江清、赵万里访吴宓。13日,吴宓宴请赵万里、浦江清、张荫麟、王庸,商议稿件。20日,吴宓宴请张荫麟、浦江清、赵万里、王庸,商议稿件。26日,张荫麟、陈铨访吴宓。27日,吴宓宴请陈寅恪、赵万里、浦江清、张荫麟、王庸,商议稿件。同月,张荫麟在《学衡》第62期发表《论历史学之过去与未来》。4月2日,张荫麟《评郭沫若译〈浮士德〉上部》刊于《大公报·文学副刊》。16日,张荫麟《评三宅俊成〈中国风俗史略〉》刊于《大公报·文学副刊》。5月9日,张荫麟《中国历史上之"奇器"及其作者》刊于《国立中山大学语言历史学研究所周刊》第3集第28期,又载《燕京学报》第3期。此文堪称"是一篇十分精炼的中国古代机械史略"。

按:张荫麟就读清华学校期间,就在我国科技史研究中涉及广泛领域,取得颇多创获。本文则可以说"是一篇十分精炼的中国古代机械史略",曾"对我国著名机械史专家刘仙洲的《中国机械工程史料》《中国机械工程发明史(第一篇)》的成书有许多启发。所以刘仙洲教授在60年代谈到张荫麟的这些论文时曾说:'当时国内学者对于记里鼓车、指南车发明史的研究,张先生可算是较早的一位,他的不少论文到今天对研究我国机械制造史仍有参考价值。'"其对科技史的研究在国外科技界也受到重视,如"李约瑟博士的《中国科学技术史》这部巨著中就引用张荫麟的科技史文章六篇之多"。(张云台《张荫麟文集》,教育科学出版社1993年版)。

张荫麟4月15日访吴宓。5月1日,吴宓在成府燕林春菜馆宴请张荫麟、浦江清、赵万里、王庸,商议《文学副刊》稿件。7日,吴宓宴请赵万里、浦江清、张荫麟、王庸,商议《文学副刊》稿件。8日,张荫麟因与吴宓的矛盾使吴宓感到受气。17日,吴宓宴请赵万里、张荫麟、浦江清、王庸,商议《文学副刊》稿件。23日,张荫麟访吴宓。24日,吴宓宴请赵万里、陈寅恪、张荫麟、浦江清、王庸,商议《文学副刊》稿件。28日,张荫麟《评戈公振〈中国报学史〉》刊于《大公报·文学副刊》。6月4日,《大公报·文学副刊》发表《王静安先生逝世周年纪念》号,刊有张荫麟的《王静安先生与晚清思想界》。8日,张荫麟访吴宓。9日,赵万里、张荫麟访吴宓。12日,张荫麟、罗根泽、陈寅恪访吴宓。14日,张荫麟、陈寅恪访吴宓。17日,吴宓宴请赵万里、浦江清、张荫麟、王庸,商议稿件。24日,赵万里、张荫麟、陈寅恪访吴宓。25日,张荫麟访吴宓。27日,吴宓宴请张荫麟、陈寅恪、赵万里,商议稿件。7月2日,陈铨、张荫麟访吴宓。9日,张荫麟在《大公报·文学副刊》发表《评冯友兰〈儒家对于婚丧祭礼之理论〉》,认为冯友兰在《燕京学报》第3期发表的《儒家对于婚丧祭礼之理论》一文大体精当,但个别论断存在"比附"的问题,并进而指出:"以现代自觉的统系比附古代断片的思想,此乃近今治中国思想史者之通病。此种比附,实预断一无法证明之大前提,即谓凡古人之思想皆有自觉的统系及一致的组织。然从思想发达之历程观之,此实极晚近之事也。在不与原来之断片思想冲突之范围内,每可构成数种统系。以统系化之方法治古代思想,适足以愈治而愈棼。"11日,张荫麟访吴宓。12日,张荫麟、陈铨访吴宓。16日,吴宓宴请张荫麟、陈铨、赵万里,商议《文学副刊》稿件,同时为陈铨赴美留学饯行。19日晚,张荫麟访吴宓。26日,吴宓宴请赵万里、张荫麟,商议稿件。8月26日,吴宓宴请赵万里、张荫麟,商议稿件。9月1日,王文显、浦江清、张荫麟访吴宓。6日,张荫麟访吴宓。14日,张荫麟访吴宓。18日,张荫麟访吴宓。19日,张荫麟、浦江清访吴宓。10月11日,张荫麟访吴宓。13日,张荫麟、浦江清访吴宓。25日,张荫麟、浦江清访吴宓。12月3日,张荫麟《评胡适白话〈文学史〉上卷》刊于《大公报·文学副刊》。4日,陈寅恪、张荫麟访吴宓。9日,张荫麟访吴宓。23日,张荫麟访吴宓。27日,吴宓宴请张荫麟、浦江清,商议稿件。31日,张荫麟《评卫聚贤〈古史研究〉》,刊于《大公报·文学副刊》。(以上参见齐家莹编《清华人文学科年谱》,清华大学出版社1999年版;沈卫威《学衡派编年文事》,南京大学出版社2015年版;王学典《20世纪史学编年(1900—1949)》,商务印书馆2014年版)

杨树达6月在《燕京学报》第3期发表《汉书释例》,又在《清华学报》第5卷第1期发表《古书之句读》,时杨树达曾以"古书句读"课授中国文学系诸生,是年成书。苏联汉学家阿力克读此书,对作者"尤表倾慕"。后经增益,改题为《古书句读释例》出版。10月,杨树达所著《词诠》一书,由商务印书馆出版。此书吸收了《助字辨略》《经传释词》《马氏文通》的长处,并加以融会贯通,对文言虚词的词类体系作了全面、系统、详尽的分析,大量订正了古人在文法认识上的讹误,填补了某些语法条例的空白,为我国第一部文法训诂相结合的文言虚词工具书。

按:王玉堂《杨树达先生事略》(《杨树达诞辰百周年纪念集》,湖南教育出版社1985版)曰:"1922年,先生于教文法之同时,开始撰《词诠》,以词为纲,以与按文法系统为纲之《高等国文法》相辅而行。此书体例类似王引之《经传释词》,但性质不同。《释词》寓文法于训诂,而《词诠》据训诂而讲文法。汉语以虚词作为语法手段,《词诠》则突出地揭示了汉语的这一特点。"汤可敬在《〈词诠〉述评》(《杨树达诞辰百周年纪念集》)中称《词诠》"是我国第一部文法训诂相结合的文言虚词工具书""对文言虚词的词类体系作如此全面、系统、详尽的分析,能填补某些语法条例的空白,能大量订正古人在文法认识上的讹误,这在中国文言虚词研究史上是没有先例的""《词诠》的训诂特色,也是空前的""《词诠》吸收了《助字辨略》《经传释词》《马氏文通》的长处,并将它们融合起来,达到了刘淇、王引之、马建忠他们没有达到的、也不可能达到的高度,给后人研究虚词以十分深远的影响"。

杨树达是年还著有《周易古义》《战国策集解》《中国语法纲要》等书。《周易古义》为作者17岁时成初稿,留日归国后有所补充。1927年更"遍检类书,多所补缀。盖自始事以迄今兹,凡历二十六七载矣"。此书与《老子古义》先后印行。《战国策集解》为作者为清华大学编的讲义《国文选》的一种,其"自序"谓此书"除全采高、姚、鲍、吴四家旧日注外,于清儒及近儒专注《战国策》如张尚瑗、王念孙、程恩泽、张琦、黄丕烈、金正炜、吴曾祺诸家,自皆已采择入书。其余搜罗各种笔记……无虑三四十家。前后用力四五年,精择博采,时下己意"。《中国语法纲要》为作者研究现代汉语语法的著作,由商务印书馆出版。(参见齐家莹编《清华人文学科年谱》,清华大学出版社1999年版)

陆侃如等发起的《国学月报》之《汇刊》第1卷1月1日出版,由述学社编辑,其发刊引言说:"近来,'整理国故'的呼声虽是很高,但是整理的成绩却还不多。廿年来的种种刊物,如《国粹学报》《中国学报》《船山学报》《国故》等等,都先后停刊了。所以我们不自量力的来办这个《月报》,想贡其一得之愚于读者诸君之前。"本期"诗经号"共收7篇文章,内有研究院学生陆侃如《三颂研究》《〈诗经〉参考书提要》《寄胡适之书》;"楚辞号"亦收7篇文章,有陆侃如《五月五日》《什么是〈九歌〉》;"陶渊明号"收13篇文章,内有陆侃如《陶公的千五百周年忌》《陶公生年考》《〈孔雀东南飞〉考证》,储皖峰《陶渊明与储光羲》,杨鸿烈《陶渊明的人生观》,黄节、陆侃如《〈孔雀东南飞〉之讨论》等文。(参见齐家莹编《清华人文学科年谱》,清华大学

出版社1999年版)

金岳霖于清华大学正式成立后继续任哲学系主任。8月,《休谟知识论的批评》刊于《哲学评论》第2卷第1期。9月,清华设评议会,任评议员。11月14日,金岳霖与杨振声、冯友兰等出席清华大学第一次评议会。12月,所撰"External Relation"(《外在关系》)刊于《哲学评论》第2卷第3期。年底,同徐志摩、张彭春、瞿菊农等人赴江苏、浙江两省考察,为实践泰戈尔农村建设计划选择试验区。(参见王中江编《中国近代思想家文库·金岳霖卷》及附录《金岳霖简谱》,中国人民大学出版社2015年版)

赵万里《论商务印书馆出版之〈四部丛刊〉》3月26日刊于《大公报·文学副刊》。4月30日,赵万里《评梦坡室〈获古丛编〉》,刊于《大公报·文学副刊》。同月,梁启超主编的《国学论丛》第1卷第3号出版《王静安先生纪念号》,载有赵万里《王静安先生年谱》《王静安先生著述目录》(62种)、《王静安先生手校手批书目》(192种)。6月18日,赵万里《王静安先生之考证学》,刊于《大公报·文学副刊》。25日,赵万里《评陶鸿庆〈老庄札记〉》刊于《大公报·文学副刊》。7月9日,赵万里《评陈延杰〈诗品注〉》刊于《大公报·文学副刊》。9月3日,赵万里《评赵景深〈中国文学小史〉》刊于《大公报·文学副刊》。10月22日,赵万里《评朱师辙〈清史稿·艺文志〉》刊于《大公报·文学副刊》。(参见齐家莹编《清华人文学科年谱》,清华大学出版社1999年版)

陈铨1月16日访吴宓。18日,陈铨、刘盼遂访吴宓。2月1日,陈铨访吴宓,告知新文学作家的作品有较高的稿酬。吴宓为此感叹自己办《学衡》杂志每期要补贴百元。7月2日,陈铨、张荫麟访吴宓。8日,陈铨访吴宓。15日,陈铨访吴宓。同月,陈铨自清华学校毕业,赴美国留学。11月19日,《大公报·文学副刊》第46期出版发行,刊有余生《陈铨〈天问〉》。(参见沈卫威《学衡派编年文事》,南京大学出版社2015年版)

浦江清《评〈小说月报〉第18卷》3月19日刊于《大公报·文学副刊》。6月4日,《大公报·文学副刊》刊载《王静安先生逝世周年纪念》号,载有浦江清的《记王静安先生之自沉》,又转载于7月出版的《学衡》第64期。11日,浦江清《王静安先生之文学批评》载《大公报·文学副刊》。(参见齐家莹编《清华人文学科年谱》,清华大学出版社1999年版)

姚名达、刘盼遂等5人2月13日在国学研究院同学会会议上被选为"筹办王静安先生纪念事宜委员会"委员,筹办:一、树纪念碑于校内,请名人撰写碑文;二、铸金属纪念币,分赠海内外各有名之学术团体。3月27日,姚名达在《国立中山大学语言历史学研究所周刊》第22期发表姚名达致顾颉刚讨论古史信,谓"王静安先生批评先生,谓疑古史的精神很可佩服,然与其力辨古史之虚伪,不如从事发掘,研究地质或考古,去寻求古史的真相。换句话说,与其打倒什么,不如建立什么。名达则以为先生的辨古史,只是要叫人别上伪史的当,并不是要马上就解决这个问题。这个问题原是要种种学者帮助才可以解决的,但先生从研究故事和神话的方法去研究,总不失为求真的一条路;况且这条路还可以有重大的发现哩"。30日,姚名达《王国维先生年谱》刊于《清华周刊》第29卷第9期。4月,梁启超主编的《国学论丛》第1卷第3号出版《王静安先生纪念号》,载有刘盼遂《观堂学礼记》。6月,姚名达经由清华大学国学院导师梁启超、陈寅恪、李济等人考察成绩,认定及格,授予毕业证书。(参见齐家莹编《清华人文学科年谱》,清华大学出版社1999年版;王学典《20世纪史学编年(1900—1949)》,商务印书馆2014年版)

郭绍虞继续任教于燕京大学。在《文学周报》第5卷第276—300期发表《介绍〈歧路灯〉》;在《东方杂志》第25卷第24期发表《所谓传统的文学观》;在《燕京学报》第4期发表

《儒道二家论"神"与文学批评之关系》。(参见何旺生《郭绍虞学术年表》,《中国韵文学刊》2008 年第 1 期)

　　许地山任燕京大学文学院、宗教学院副教授,并在北京大学兼授印度哲学,在清华大学兼授人类学。暑假,曾率领燕京大学学生去上海等地作疍民(即以船为家的水上居民)调查。经熊佛西、朱君允夫妇介绍,与周俟松女士相识。业余翻译《孟加拉民间故事》,共 22 篇。11 月 10 日,短篇小说《在费总理底客厅里》发表于《小说月报》第 19 卷第 11 号。此为许地山创作方法从浪漫主义转向现实主义的一块界碑。是年,《摩尼二宗三际论》一文刊于《燕京学报》第 3 期。(参见周俟松原著、王盛修订《许地山年表》(上),《世界华文文学论坛》1992 年第 2 期)

　　齐思和转入燕京历史系,又先后得到著名学者、史学家王桐龄、陈垣、顾颉刚、邓之诚、洪业等教授的青睐和熏陶,被选为新筹办的《史学报》主编。(参见张玮瑛、王百强、钱辛波主编《燕京大学史稿》,人民中国出版社 2000 年版)

　　张贻惠继续任国立京师大学校师范部学长。大学院公布《修正大学区组织条例》10 条,开始实施大学区制。6 月,奉系军阀退回关外,国民党势力到达直隶京津一带。国民党政府把教育上的大学区制推行到北方。原北京师大改为北平大学第一师范学院,原女师大改为北平大学第二师范学院,专收女生。北平大学聘张贻惠为第一师范学院院长,以林砺儒为临时院务委员会主席。第二师范学院院务由大学副校长李书华兼管。大学区制试行之后,北平各国立高等学校一致反对。11 月末,北京大学首先起来要求学校独立,随后北京师大师生起来要求学校独立、增加经费、恢复公费(高师改为大学后学生除不交学费外,其他改为自费),但毫无结果。11 月,任命黎锦熙为国立北平大学第一师范学院院长,未就职。(参见北京师范大学校史编写组编《北京师范大学校史》,北京师范大学出版社 1982 年版)

　　高仁山为北京师范大学教授。1 月 15 日,以内乱罪被北京军政府杀害,时年 34 岁,曾在北京创办试验道尔顿制的艺文中学。(参见中央教育科学研究所编《中国现代教育大事记 1919—1949》,教育科学出版社 1988 年版)

　　陈东原就读于北京大学教育系。1 月,所著《中国妇女生活史》由商务印书馆出版,被认为是中国妇女史的开山之作。书中绪论指出:"我们有史以来的女性,只是被摧残的女性,我们妇女生活的历史,只是一部被摧残的女性底历史。"作者希望此书能为向往新生活的妇女指明方向。(王学典《20 世纪史学编年(1900—1949)》,商务印书馆 2014 年版)

　　管翼贤为社长的《实报》10 月 4 日在北平创刊。

　　吕振羽赴北平任《村治月刊》编辑。

　　陈岱孙任清华大学经济系教授和系主任。

　　吴有训任清华大学物理系教授兼国民政府编志馆理学名词审查员。

　　陈宗器任清华大学工程学系助教。

　　陆学山在清华大学任教。

　　嵇文甫回国后,任教于清华大学。

　　罗根泽 2 月任清华研究院同学会主席,蓝文征为副主席,组织"筹办王静安先生纪念事宜委员会",一是在校内树纪念碑,请名人撰写碑文;二是铸金属纪念币,上镌刻纪念王静安先生字样,分赠海内外各有名学术团体。

　　郭廷以是秋随罗家伦赴北京清华大学任职,两人合开中国近代史课程。

　　林修竹任北京大学法科学长。

丁声树是秋北京大学预科毕业,升入北京大学中国文学系学习。

冯至在北京孔德学校教国文,同时兼任母校北京大学德文系助教。

余嘉锡到北平,就任辅仁大学国文系讲师,主讲目录学。后又兼在北京大学、中国大学、女子师范大学等校教授目录学。

洪业任燕大历史系主任、图书馆主任。是年发表《明吕乾斋吕宇衡祖孙二墓志铭考》。哈佛燕京学社成立,洪业以燕京大学代表赴美商洽。

杨开道、许仕廉组织燕京大学社会学系的学生,对清河镇的人口、家庭、集市、村镇组织进行调查。

张孟闻任北平大学农学院副教授。半年后到南京中国科学社生物研究所任研究员兼秉志的秘书。

孙楷第毕业于北京师范大学国文系,留校任教。兼《中国大辞典》编纂处的编辑。

林励儒因北京师范大学并入北平大学,称第一师范学院,任临时院务委员会主席。

徐悲鸿10月受聘担任北平大学艺术学院院长,不久辞职南归。是年秋,在徐悲鸿安排下,吴作人、刘艺斯、吕霞光到中大徐悲鸿画室旁听。

李苦禅参加中西画会在北海漪澜堂举办的画展。

黄均在北京四存中学肄业后,加入徐世昌主办以金北楼为首的北京中国画学研究会学画会,由齐白石、陈半丁、秦仲文、马晋、吴镜汀、徐燕荪、王雪涛等分别授课。

梁方仲由清华大学西洋文学系转入经济学系。

张岱年考入清华大学,旋即退学,又报考北京师范大学教育系,被录取。

裴学海考入北京清华国学研究院,受业于梁启超、陈寅恪、赵元任等。

翁独健考入燕京大学历史系,被洪业破格吸收参加《道藏子目引得》等的编纂工作。

林庚毕业于北京师范大学附属中学,是年考入清华大学物理系。

胡厚宣考入北京大学预科。

赵紫宸出任燕京大学宗教学院院长,兼任燕京大学宗教学院《真理与生命》月刊主编。3月24日至4月8日,代表中华基督教协进会参加在耶路撒冷召开的世界基督教宣教大会,会议主题是西方教会与后起教会的关系及世俗主义问题。他重点参加了"基督福音与非基督教思与生活的关系"小组的讨论,以及《基督福音宣言》的起草工作,其学识已受国际基督教界的赞赏与肯定。参加此次会议的中国代表有20人。记录该会议的《万方朝圣录》由(上海)中华全国基督教协进会出版。是年,发表"Christianity and Confucianism"和《朝圣杂录》等文章。(参见赵晓阳编《中国近代思想家文库·赵紫宸卷》及附录《赵紫宸简谱》,中国人民大学出版社2015年版)

章炳麟撰写《自定年谱》,止于民国十一年。除作诗写字外,余更无事。2月,章炳麟作《论少阴病》刊于《绍兴医学月报》第4卷第4号。5月8日,作《与黄季刚书》。27日,作《致李根源书七四》,谓"今之拔去五色旗,宣言以党治国者,皆背叛民国之贼也"。6月,黎元洪死于天津,章炳麟作《祭大总统黎公文》,挽联下署"中华民国遗民章炳麟哀挽"。同月,为黄侃《游庐山诗》作序。7月,为冯自由《中华民国开国前革命史》撰序,谓"余于开国前后诸大事,闻其谋与其役者颇众,虽不敢谓有功,自视亦庶几无疚。独民国二年,以宋教仁之死,同志发愤与中央政府抗,余亦颇与焉;稽之大法,盖不可以为至当矣。顾是时清故恭亲王潜谋复辟，因缘张勋，与南方人士相闻。同志不深观其利病，欲因势就用之，余力言其非，始已。不然，与宗社党同污，所谓志士者竟安在耶？此犹可以自慊者也。综观开国以来十余年中，赞帝制，背民国，延外患，参贿选，及诸背义卖友之事，革命党之不肖者皆优为之。独复辟事不与，则事前训练之功犹不可没。此余所愿举以告天下者也"。

章炳麟8月3日作《与马通伯书》，谓"尊意欲以三经导俗，谓《孝经》为圣人弥乱之原，鄙人正复同此，犹谓世情婶婀，非高节奇行之士出为表仪，惧不足以振起。宋世儒学，倡之者实在高平，高平所持，只在以气节厉俗耳。此如人病痿痹，非针引阳气，必不能起，其余犹后也。《戴记·儒行》一篇，昔与《大学》并重，所谓不尽中行。大抵狂狷之才，斐然成章者也。后代儒者，视为豪气不除，或有所訾议矣。不知豪气之与善柔，相为屈伸。豪气除则善柔自至，欲其振起，岂可得邪？自鲁连以逮汉之王烈、田畴，于十五儒者，才得一端。今视之，即邈乎不可及。宋、明诸贤行谊比于东汉，犹未也。二程尝谓子路亦是百世师，后儒视此，反漠如焉。故鄙意《儒行》一篇，特宜甄表，然后可以起痿痹，振罢顿尔"。11月21日，招商局轮船公司股东代表蒋尊簋等招待新闻界，席上章炳麟又责骂孙中山，攻击新三民主义，抨击国民党以党治国乃是以党员治国，攫夺国民政权，主张国民应起而讨伐之。国民党上海市三区党务指导委员会以章炳麟"图谋危害政府"，议决通缉，并由上海特别市党务委员会常会讨论通过。

按：1928年11月22日《申报》"本埠新闻"刊有《三区党部呈请通缉章太炎》，曰："呈为呈请转呈事：窃章逆太炎，辛亥前从先总理奔走革命，推倒满清，在中华革命史上，本不无微功。乃辛亥以还，总理远瞩世界潮流之奋进，内鉴民智之企发，其革命方策，乃益宏远精进。而章逆故步自封，不悟本身思想之落后，自是日事诋毁总理。民十年，奔走湘鄂汴洛，竟甘为吴逆佩孚之爪牙。迨吴逆失势，乃乞食于孙逆传芳之门，谋以阻抑本党势力之发展。迨本党统一东南，吴、孙崩溃，该逆乃匿迹沪滨。当时中央曾有通缉之议，后以该逆行将就木，不欲诛求，冀其闭门悔过，不复为军阀傀儡。乃顷据职会委员汤德民呈称，昨午招商局轮船公司股东代表蒋尊簋等招待新闻界，席上章逆又大放其荒谬万端之言词，其言曰：'孙中山之三民主义，东抄西袭，初以推倒满清为民族主义；改专制政体为共和政体曰民权主义；以平均地权为民生主义。迨后乃欲以联合平等待我之民族，更倡以党治国，及挑起劳资斗争。故孙中山后来的三民主义，乃联外主义、党治主义、民不聊生主义。今日中国之民不堪命，蒋介石、冯玉祥尚非最大罪魁，祸首实属孙中山。他们现在说以党治国，也不是以党义治国，乃是以党员治国，攫夺国民政权，而对外仍以中华民国名义。此与袁世凯称号洪宪后，仍以中华民国年号对外，意义相同。袁世凯个人要做皇帝，他们是一个党要做皇帝。这就是叛国，叛国者国民应起而讨伐之。故吾谓革命尚未成功，国民尚须努力，应共奋起'云云。窃该逆既不了解总理毕生致力革命事业之最大目的，复不认识三民主义，而乃以谬词诬蔑总理；该逆更不了解本党暂代国民执行政权，迨训政后政权还政人民之深意，而厚诬本党与袁逆类似，且公然鼓吹推翻国民政府，其居心灼然可知。夫目不识丁、知识稚浅之国民不了解三民主义，不认识孙总理，不认识本党，情可原而亦可理喻。章逆既为知识阶级，复有历史上反革命之铁证，今复于宴会席上狂放厥词，显图危害政府，捣乱本党，应请钧会转呈中央党部，按照中央颁布之惩戒反革命条例办理，即日训令军警机关通缉，实为党便。谨呈上海特别市党务指导委员会。"

章炳麟11月为李希白《治平吟草》作序。12月6日，作《致李根源书七九》，谓"来书云，文中满腔愤气，非颐养之道，敬受教矣。今年本以胸有不平，研寻理学家治心之术，兼亦习禅。四月以来，忿心顿释，而遇事发露，仍不能绝。适见孙君所作碑铭，审为引申，以此发抒至尽。幸文成后，胸次尚无芥蒂，略堪告慰。孙君亦治理学者，虽彼近朱学，我取慈湖、白沙，然惩忿治心之道，本来无二，而遇事感激，辞中即不能不露锋颖，不知宋、明诸老先生在此当如何也"。是年，章炳麟表章《三字经》，撰《重订三字经题辞》，谓"余观今学校诸生，或并五经题名历朝次第而不能举,而大学生有不知周公者,乃欲其通经义、知史法,其犹使眇者视、跛者履也欤? 今欲重理旧常,使人人诵《诗》《书》,窥纪传,吾之力有弗能已;若所以诏小子者,则今之教科书固弗如《三字经》远甚也。间尝举以语人,渐有信者,然诸所举人事部类,其切者犹有未具。明清人所憎尤鄙。于是重为修订,增入者三之一,更定者亦百之三四,以付家塾,使知昔儒所作非苟而已也"。(以上参见汤志钧编《章太炎年谱长编(增订本)》,中华书局2013年版;王小红《章太炎学术简谱》,《儒藏论坛》2010年第3辑)

胡适收到任鸿隽1月9日函,说范源濂病逝后,北京图书馆馆长出缺。该馆现在草创,需有才干且肯实心任事的人做馆长才有希望。请胡适出面推荐丁文江任此职。22日,丁文江写信劝胡适不要贸然北来。如一定要来,须得顾维钧担保安全方可。因是月奉军当局审判并杀害高仁山,判词中牵及胡适。2月7日,写定《几个反理学的思想家》,文章认为中国近300年的思想趋向是一个反理学的运动,并举出四个思想家来代表这一思想的趋势:顾炎武、颜元、戴震、吴稚晖。2月起,兼任东吴大学哲学讲座教授。同月18日,汤尔和写信告诉胡适,已与顾维钧说过北来安全问题,已得有关方面认可。如若北来,先到津,通知汤宅便可。21日,胡适写信给曾孟朴,对他们父子想系统翻译嚣俄(即雨果)的戏剧集极为赞赏。信中谈到西方许多名家名著至今无人翻译,偶有翻译还是出于老辈人之手,对此甚表遗憾。27日,余日章、陈立廷以太平洋国交讨论会执行委员会的名义聘请胡适为该会会员。28日,胡适致函吴稚晖,谈所作《几个反理学的思想家》中吴稚晖一题的来历及写作的动机。3月10日,新月社同人发起的《新月》创刊,主要撰稿人有徐志摩、梁实秋、陈源以及胡适等。第一期上发表胡适《考证〈红楼梦〉的新材料》一文。16日,曾孟朴复胡适信,详谈他走上研究和翻译法国文学的道路的经过,强调大量翻译西方名著对于创造新文学的必要。24日,胡适作《白居易时代的禅宗世系》。

胡适收到4月2日傅斯年信,列出九条理由,敦请胡适务必到中山大学讲学。次日,戴传贤亦致信胡适,恳请胡适到粤讲学,并请代荐民刑法专家。27日,汤尔和再次转告罗钧任外长的意见,让胡适出任清华校长。胡适表示若董事会选上,他出任;若外交部任命,他则不就。但后来又写信辞就。同日,丁文江致信胡适,请向蔡元培打听南方"通缉丁文江"事到底如何? 因很不想离北京他去,万非得已,不拟去大连避居。30日,胡适接任中国公学校长并兼文理学院院长,请高一涵任社会科学院院长,还罗致不少英美留学生到校任教。同月,所撰《元稹、白居易的文学主张》刊于《新月》第1卷第2期。5月2日,致电傅斯年,决定不去广东。4日,在光华大学讲演《五四运动纪念》,主要讲五四运动的影响:一、引起全国学生注意社会及政治问题;二、学生界出版物大量增加;三、给平民教育以巨大影响;四、劳工运动兴起;五、妇女运动兴起,女子社会地位提高;六、政党注意吸收青年。17日,去南京参加全国教育会议,两日后归沪。21日中午,胡适在南京出席全国教育会议后,应中央大学校长张乃燕之请,与蔡元培等到中央大学出席宴会。胡适在宴会上发表演说,其中说了这样一段话:"想中央大学在九年前为南高,当时我在北大服务。南高以稳健、保守自持,北大以激烈、改革为事。这两种不同之学风,即为彼时南北两派学者之代表。然当时北大同人,仅认南高为我们对手,不但不仇视,且引为敬慕,以为可助北大同人,更努力于革新文化。今者北大同人,死者死,杀者杀,逃者逃,北大久不为北大;而南高经过东大时期,而成为中央大学,经费较昔日北大多三倍有余,人才更为济济。我希望中央大学同人,担北大所负之责,激烈的谋文化革新,为全国文化重心云。"27日,胡适到苏州讲演,当日归。29日,上海市党部第八区党务指导委员会请赴纪念"五卅"三周年之会讲演。

胡适6月5日写成《〈白话文学史〉自序》。24日，写成《请大家来照照镜子》。以美国使馆商务参赞所提供的材料，说明中国的经济、交通的落后，劳动生产力的低下和社会风气的败坏。然后得出结论说："我们必须承认我们自己百事不如人，不但物质上不如人，不但机械上不如人，并且政治、社会、道德都不如人。"6月29日，在中基会第四次年会上被选为该会名誉秘书。同月，辞去光华及东吴两校的教职。所著《白话文学史》由新月书店出版。胡适在《引言》中谓"白话文学史就是中国文学史的中心部分。中国文学史若去掉了白话文学的进化史，就不成中国文学史了""这一千多年的中国文学史是古文文学的末路史，是白话文学的发达史"。7月2日，写成《名教》一文，深刻揭示中国人崇拜名词，迷信口号的大病。12日，任鸿隽写信告称中基会已于上月下旬开过。信中对《白话文学史》甚为赞赏，称为"近今出版界的杰作"，望其早日著成完本。20日，应邀对中华职业教育社与青年会合办的职业指导讲习所讲演"择业问题"。21日，复信给汤用彤，谈禅学史。31日，在上海东方图书馆举办的图书馆学暑期讲习班讲演《中国书的收集法》。同月，写成《治学的方法与材料》一文。除继续宣扬其"大胆的假设，小心的求证"的公式之外，还谈到材料问题的重要。9月10日，作《宋人话本八种》序。25日，作《吴淞月刊》发刊词。

胡适收到姚名达10月7日函，告《章实斋年谱》已补订过了，并详述补订的凡例。请约定时间，携稿当面承教。信上还说，拟去绍兴章氏遗族那里去看章氏家谱的材料，以解决几个尚不清楚的问题。30日，王敬方致信胡适，告以中国公学从前欠债的情形，望胡适担承逐步清还。11月15日，胡适复信王敬方，答应承担公学前欠各款。请王氏速将公学所存40万公债票妥交校董会保管。同月，在给胡朴安的一封信中说："我不认为中国学术与民族主义有密切的关系。若以民族主义或任何主义来研究学术，则必有夸大或忌讳的弊病。我们整理国故，只是研究历史而已，只是为学术而作工夫，所谓实事求是是也。从无发扬民族精神感情的作用。"提倡为学术而学术的治学宗旨。21日，作关于《镜花缘》的通信。（以上参见耿云志《胡适年谱》，四川人民出版社1989年版；沈卫威《学衡派编年文事》，南京大学出版社2015年版）

高一涵继续在上海法政学院任教。1月10日，在《东方杂志》第25卷第1期发表《平均地权的土地法》，分析中国土地的现状和国民党在土地问题上的主张和政策。15日，在《东方杂志》第25卷第2期发表《反对议会制度的独裁制与委员制》，评论议会制度的缺点，并对与之对立的苏俄中央集权的独裁制与委员制、意大利墨索里尼的行政独裁制、瑞士的委员制的主要特征加以评述。4月30日，胡适接任中国公学校长。5月5日，召开校务会议，通过"校务会议组织大纲""教务会议组织大纲"和"学校章程起草委员会"等议案。此后，裁掉工学院、法学院，只设文理学院和社会科学院以及中文系、外语系、哲学系、数理系等7个系。胡适兼任文理学院院长，聘高一涵为社会科学院院长兼任本科教授。26日，高一涵在《现代评论》第181期发表《闲话》，以中山先生20岁便立志革命，历经磨难的例子，勉励青年不要悲观，"革命的青年要向谁奋斗？就是要向社会奋斗。一说到奋斗，首先要下一个出了研究室便入监狱，出了监狱便入研究室的决心"。（参见高大同《高一涵先生年谱》，上海文化出版社2011年版；耿云志《胡适年谱》，四川人民出版社1989年版）

瞿秋白1月3日主持中央政治局会议，讨论通过《广州暴动之意义与教训》决议案、《中央政治局关于湖北党内问题的决议》。批评湖北省委"马上暴动"的主张。8日，主持中央政治局常委会议，停止原定两湖年关总暴动。18日，在中央政治局会议上报告《关于政治通告及第六次代表大会问题》，分工起草六大文件。2 月 20 日，瞿秋白在《布尔塞维克》第 1 卷第 18 期发表《中国革命低落吗》一文。3 月 9 日，召开中央政治局常委会议，讨论两湖与湘鄂赣边界割据问题。次日，中央发出第 37 号通告，指示"努力创造割据的局面准备总暴动"，提出在军队建立党组织"以每连为支部单位"。4 月 12 日，为中共六大起草的书面报告《中国革命与共产党》完稿。4 月 30 日，接受共产国际第九次全会关于中国问题决议。至此，"左"倾盲动错误在全国范围的实际工作中基本结束。同日，瞿秋白秘密离沪赴苏联。（参见陈铁健编《中国近代思想家文库·瞿秋白卷》附录《瞿秋白年谱简编》，中国人民大学出版社 2015 年版；王锡荣《左联与左翼文学运动》及附录《左翼十年文学大事记》，上海人民出版社 2016 年版）

周恩来 1 月 1 日和瞿秋白、罗亦农、王若飞、李富春、任弼时一起同陈独秀谈话，交换对中国革命的意见。10 日，中共临时中央政治局会议决定周恩来为组织局主任。2 月 12 日，出席中共临时中央常委召集的政治谈话会，讨论对国内政治形势的估量问题。16 日，与瞿秋白一起同张国焘、罗章龙、刘少奇、汪泽楷谈话。20 日，出席中共临时中央政治局常委会议。在发言中说：李立三提出的在党的指导机关中把知识分子的作用降到极小限度的意见是不对的，党的改造是一个积极无产阶级化问题，对知识分子也应领导他们无产阶级化。27 日，出席中共临时中央政治局常委会议，讨论上海问题。3 月中旬至 4 月中旬，受中共中央委托，前往香港，主持召开广东省委扩大会议，纠正李立三对广州起义所作的错误结论和惩办做法。指示中共广东省委组织营救在香港被捕的广东省委书记邓中夏。不久，邓中夏获释出狱。4 月中旬，返回上海。15 日，在罗亦农因叛徒出卖在上海被捕后，当即组织营救，未获成功。21 日，罗亦农在上海龙华遇难。后周恩来指示特科人员惩处了叛徒。28 日，自大革命失败后，在指导中国革命特别是各地农村游击战争的实践中，开始认识到中国革命中城市与农村发展的不平衡性。同月，根据共产国际的通知，中共中央决定瞿秋白、周恩来等赴莫斯科筹备中国共产党第六次全国代表大会。李维汉、任弼时留守国内主持中央日常工作。4 月底（或 5 月初），因郭沫若、成仿吾即将出国，约见阳翰笙，派他和李一氓到创造社工作，充实和发展这块阵地，开展文艺战线的革命斗争。两人去后，办了两个刊物：《流沙》和《日出》。前者表示纪念流沙的失败，后者表示太阳又出来了。

周恩来与邓颖超、李立三 10 月初离开莫斯科回国。同月 4 日，中共中央政治局会议认定蔡和森对顺直省委问题负有责任，决定由李立三接替其为中央政治局委员和常务委员会委员，并决定周恩来继续为《布尔塞维克》编委。周恩来归国途经哈尔滨，哈尔滨市委书记任国桢向他们汇报了接到鲁迅从上海来信告知"革命文学论争"情况。任国桢曾翻译《苏俄的文艺论战》，经鲁迅介绍出版，后从事革命活动，但仍与鲁迅有通信。周恩来听取汇报后当即指出对鲁迅的批评是错误的，创造社、太阳社应停止对鲁迅的攻击，团结一致，把斗争矛头对准国民党反动派。11 月上旬，周恩来回到上海，参与中共中央领导。因当时强调工人成分而被选为中共中央政治局主席的向忠发在实际工作中并不能起核心领导作用，故在此后相当一段时间内，周恩来成为中共中央工作的实际主持者。11 日，中共中央为贯彻六大决议发出《告全体同志书》，周恩来撰写其中第四部分。14 日，出席中共中央政治局常委会议。会议决定职工运动委员会由项英、罗登贤、周秀珠、王克全等组成。妇委由项英、周秀珠、邓颖超、彭湃、蔡畅等组成。特务委员会由向忠发、顾顺章、周恩来组成。20 日，出席中共中央政治局会议。会议决定由周恩来、李维汉、康生和团中央一人组成委员会巡视上海工作，以周恩来为主席。28 日，布置张沈川学习无线电通讯技术。之后，由张沈川培训无线电通讯技术人员,参加学习的有李强、黄尚英、王子纲、伍云甫、曾三等。冬,在上海建立起第一个地下无线电台,并派李强、黄尚英到香港设立分台。次年1月两台开始通报,沟通了中共中央与南方党组织的电讯联络。12月18日,在中共顺直省委机关刊物《出路》第2期发表《改造顺直党的过程中几个问题的回答》一文。(以上参见中央文献研究室《周恩来年谱1898—1976》,中央文献出版社1998年;复旦大学《鲁迅日记》注释组《访问楚图南》,载鲁迅研究室编《鲁迅研究资料》第五辑;王锡荣《左联与左翼文学运动》及附录《左翼十年文学大事记》,上海人民出版社2016年版)

蔡和森继续领导中共中央北方局的工作。1月6日,临时中央政治局常委会议听取了彭述之、刘伯庄关于顺直省委工作的汇报。中央决定调蔡和森、朱锦棠回中央汇报。春,蔡和森与蔡畅一起捎信,请母亲带着蔡妮、李特特、蔡博和刘昂到上海居家,形成一个有老有小有男有女的大家庭,以掩护党中央的工作。2月1日,蔡和森遵照中央指示,中共顺直省委就彭述之错误事实专门给中央常委作了一个报告。中旬,蔡和森按中央来信要求结束在北方的巡视工作,从天津启程回上海。3月20日,国民党武汉卫戍区在汉口租界逮捕了向警予,法国领事"以案无证据,未予引渡"。4月6日,蔡和森由上海到天津,去莫斯科参加党的六大。12日,向警予由法国巡捕房"引渡"至国民党武汉卫戍司令部。14日,武汉卫戍司令部开始审讯向警予,17日复审,以向警予担任《大江报》编辑、湖北共产党扩大会议宣传科长、编辑暴动计划、图谋叛乱等"参与共党谋议执重要职务于所为"判处其死刑。30日,武汉卫戍司令部按照陆军刑律,复核判处向警予死刑。蔡和森得知向警予被捕的消息后,竭力设法营救,曾写信给他与向警予原来共同的朋友萧子升,请他设法营救。萧子升虽然与向警予政见不同,但仍然为她的出狱而奔走,也为她的悲惨结局深深地感动。5月1日,向警予在汉口英勇就义。5日,因赴库伦的道路不通,蔡和森返回上海。15日,出席中共临时中央政治局留守常委会议,向中央汇报了他滞留天津期间了解的顺直党的组织与工作情况。

蔡和森7月底从莫斯科动身回国工作。回国之前,蔡和森曾征求瞿秋白的意见,党的机关报《布尔塞维克》交给谁编好,瞿秋白推荐仍由郑超麟继续编写,蔡和森采纳了这个意见。蔡和森回到北京后,开始整理1927年9月在顺直省委改组会及党的活动分子会上的报告《党的机会主义史》,以"供发展党内讨论之助",先后在莫斯科中山大学《中国问题》第1期、《顺首通讯》发表。报告详细论述了五大以后机会主义在党内政治方面和组织方面的表现。8月29日,新中央政治局委员向忠发、蔡和森、李立三、徐锡根等4人在上海与留守中央常委召开新的中央政治局常委特别会议。由李立三代表新中央政治局常委报告六大会议经过、新中央组织机构的设立与政治局常委的分工。9月2日,中共中央政治局常委开会,向忠发主持会议,中央常委蔡和森、候补常委李立三、徐锡根及留守常委李维汉、任弼时、罗登贤等出席。会议决定新的中央立即开始工作,原留守中央的同志帮助工作。10日、18日,出席中央政治局常委召开会议,讨论李立三起草的《目前革命形势与党的战术和策略的通告》。10月4日,出席中共中央政治局召开的第二次会议,讨论顺直省委领导错误的处分问题。会议认为蔡和森对顺直省委工作指导犯了"左"倾盲动主义错误,对顺直省委领导错误负有责任。经过讨论决定,开除蔡和森的中央政治局委员及常委资格,仍在宣传部工作。由李立三接替蔡和森任中央政治局常委,并任中央宣传部部长。会议还决定中央党报委员会以7名政治局委员及《布尔塞维克》《红旗日报》两报总编辑2人,共9人组成,以瞿秋白为书记,瞿秋白未回国以前由李立三代理。同时批准《布尔塞维克》报编辑委员会组成名单,李立三、蔡和森、邓中夏、刘少奇等37人为编辑委员会委员,主任由李立三兼,主编为郑超麟。10月10日,国民党政府利用辛亥革命纪念日宣传辛亥革命开始的事业已经完成,中国已经统一,现在的任务是搞"五权宪法""阶级合作"。蔡和森在《布尔塞维克》上发表《国民党反革命统治下的辛亥革命纪念》一文予以驳斥。

蔡和森11月1日在《布尔塞维克》第2卷第1期发表《中国革命的性质及其前途》一文,指出:"中国革命是资产阶级革命呢,还是资产阶级性的民权革命,或已转变到无产阶级社会主义革命?这一根本问题将决定今后革命之一切战术与策略。"文中批评"二次革命论"和"一次革命论",认为中国革命仍是资产阶级民权革命。同日,李立三在《布尔塞维克》上发表《中国革命中的农民问题》一文,批评并指责蔡和森在富农问题上犯有理论上和策略上的错误。20日,中共中央机关报《红旗》在上海创刊,谢觉哉主编。同日,中共中央政治局开会讨论蔡和森等人的处分问题,决定解除蔡和森中共中央政治局委员和政治局常委职务,增补李立三为中央政治局正式委员和政治局正式常委。蔡和森的宣传部长、党报编辑委员会主任职务亦由李立三接替。26日,蔡和森作《对顺直问题的书面报告》,总结在北方局工作情况,承认在顺直省委第二次改组时犯了极端民主化的错误,并愿意承担责任,接受任何处罚。中央接此报告后,正式作出了开除蔡和森政治局委员的决定。年底,蔡和森病情加重,中共中央决定派他到莫斯科治病,并担任驻共产国际代表。(以上参见李永春编著《蔡和森年谱》,湘潭大学出版社2008年版)

恽代英1月在《红旗》杂志上发表《广州暴动与工会》,总结了广州起义的经验教训。2月,恽代英与李立三合作《苏维埃的建立》一文。2、3月间,周恩来到香港后,实事求是地总结了广州起义失败的经验教训,恢复了因起义失败而被错误地撤销广东省委常委职务的恽代英等其他同志的工作。4月13日,中共广东省委第一次扩大会议在香港举行,由李立三任书记、恽代英等9人任常委。12月4日,前往上海向党中央汇报广东党组织的情况。18、25日,在《红旗》第5、6期上分别发表《关税自主与工农生活问题》《卖国交易中资产阶级与豪绅买办阶级的斗争》等文章,揭露国民党右派的罪行以及卖国的外交政策。冬,一度调任中共中央组织部秘书,协助周恩来工作。(参见刘辉编《中国近代思想家文库·恽代英卷》附录《恽代英年谱简编》,中国人民大学出版社2015年版)

李达5月在《现代中国》第1卷第1期发表《民生史观》《日本代议政治的破绽》。在《现代中国》第1卷第2期发表《土地所有权之变迁》。6月,在《现代中国》第1卷第3期发表《日帝国主义底海陆军现势》。在《现代中国》第1卷第4期发表《民生史观和唯物史观》。7月,在《现代中国》第2卷第1期发表《佃租论》(上)。此文是最早运用马克思主义地租理论分析中国土地问题的文章。8月,在《现代中国》第2卷第2期发表《中国所需要的革命》。9月,在《现代中国》第2卷第3期发表《佃租论》(下)。在《双十月刊》第3期发表《土地问题研究》。在《双十月刊》第4期发表《革命过程中的民主革命》。10月,在《现代中国》第2卷第4期发表《现代中国社会之解剖》。此文是李达参与中国社会性质论战的重要文章,文章依据马克思主义的社会形态学说,清晰地勾画出中国近现代社会的形态,正确地估计了中国资本主义的发展程度,有力地批判了新生命派、动力派关于中国社会性质的错误观点。11月,所译《法理学大纲》(穗积重远著)一书,由商务印书馆出版。同日,与友人熊得山、邓初民、张正夫、熊子民合作创办上海昆仑书店,出版马克思主义理论书籍和革命书籍,为30年代传播马克思主义的重要阵地。(参见宋俭、宋景明编《中国近代思想家文库·李达卷》附录《李达年谱

简编》,中国人民大学出版社2015年版)

茅盾1月5日在《一般》第4卷第1号发表《自然界的神话》。8日,茅盾在《文学周报》第5卷第1期发表《欢迎(太阳)》,文中祝贺《太阳》月刊的出版,同时对蒋光慈在该刊发表的论文中排斥一切"旧作家"等观点进行商榷。3月18日,在《文学周报》第6卷第8期发表《〈楚辞〉与中国神话》,论述神话与原始社会的关系,以及对后世文学的影响。5月,译作集《雪人》由开明书店初版,为《文学周报》丛书。同月,在《文学周报》第6卷第15、16期发表《中国神话的保存》。6月3日在《文学周报》第6卷第19期发表《人类学派神话起源的解释》,指出:"就以往的事实看来,一时代的新思潮往往给古代神话加上一件新外套,仍是无可讳言的。所以在最近有比较人类学成立起来,当然就要把神活解释的旧案翻一翻。"10日,在《小说月报》第19卷第6号发表《帕拉玛兹评传》。20日,作《〈欧洲大战与文学〉序》,载11月开明书店版《欧洲大战与文学》。24日,在《文学周报》第6卷第22期发表《神话的意义与类别》。同日在《小说月报》第19卷第6—9号发表所译帕拉玛兹著《一个人的死》。7月初,作赴日前准备。某晚,陈独秀来访,获悉他近来在研究现存于各省方言中之中国古音,为了作一部《文字学注释》准备材料。他说他现在不过问政治,所以治声韵学。(参见唐金海、刘长鼎主编《茅盾年谱》,山西高校联合出版社1996年版)

陈望道1月至8月为筹建大江书铺与当时正在南洋工作的汪馥泉通信联系,讨论各项事宜。5月15日午后,陪同鲁迅至复旦实验中学讲演一小时,题为《老而不死论》。9月,大江书铺开业,陈望道、施复亮、汪馥泉、冯三昧等合股经营。陈望道为经理,施复亮为编辑部主任。该书铺曾出版茅盾的《宿莽》《野蔷薇》,丁玲的《韦护》,以及鲁迅翻译的《毁灭》,沈端先翻译的高尔基《母亲》等。10月15日,《大江》月刊创刊,陈望道、汪馥泉主编,大江书铺出版,主要撰稿人有鲁迅、刘大白、叶圣陶、施存统、汪静之、张维祺、丰子恺等。陈望道在创刊号发表《关于片上伸》《关于国术的国考》。又在《大江月刊》创刊号至12月号发表《名雕名画名影录》;在《大江月刊》11月号发表《新近两部别致的书》,该刊出了三期便停刊。12月,陈望道、鲁迅所编辑的《文艺理论小丛书》由大江书铺出版,其译作《艺术简论》《文学及艺术之技术的革命》作为《文艺理论小丛书》中的两种书籍出版。又在《北新》第2卷第7号发表《美学概论的批评底批评》;在《新闻报》副刊《学海》上发表《文学与体制》。(参见上海鲁迅纪念馆《陈望道先生纪念集》,复旦大学出版社2006年版;王锡荣《左联与左翼文学运动》及附录《左翼十年文学大事记》,上海人民出版社2016年版)

杨度从北京来到上海,以卖字和为人撰写碑文及墓志铭为生,并向中国自由运动大同盟和中国革命互济会捐款。他为杜月笙门下"清客",为共产党提供过不少情报。(参见左玉河编《中国近代思想家文库·杨度卷》附录《杨度简谱》,中国人民大学出版社2015年版)

陈独秀1月30日在《布尔塞维克》第15期发表《新学阀》。2月,陈乔年被捕,解龙华警备司令部。2月至4月,数次接待张国焘来访,对张提出的组织"工农党",以摆脱瞿秋白的盲动路线,摆脱共产国际及其代表领导的建议,"大感兴趣",认为是"合情合理的改变党内现状的要图",并预料"第六次代表大会能改正瞿秋白这种显明的盲动错误"。5月中旬,拒绝共产国际的邀请和中共中央的劝说,不赴苏参加中共第六次代表大会,表示再不参加中共的领导工作,不为自己辩护也不出面批评别人;可如往常为中央刊物多做些短篇文章;如果第六次大会成绩不错,对共产国际和中共中央将不持反对态度。春夏间,完成《中国拼音文字草案》书稿,分(一)自序及说明;(二)北京话;(三)汉口话;(四)上海话;(五)广州话五部分,并分别请邓颖超、项英、沈雁冰、陆缀文、杨殷、罗绮园核校了各地方言。此稿后来卖给商务印书馆,但未能出版,为此胡适和赵元任等曾赠陈独秀千元稿费,维持了好久的生活。

陈独秀春夏间撰《中国拼音文字草案》一书,稿成售商务印书馆未果,旋由张元济、王云五、胡适、傅斯年、赵元任等"共赠稿费千元"。陈靠此款,维持一段生活。6月6日,陈乔年被杀害。6月18日至7月11日,中共第六次全国代表大会在莫斯科举行,制定了反帝反封建,实行土地革命,建立工农民主专政的革命纲领,批判了"左"右倾机会主义。特别是盲动主义错误。大会批评大革命时期的右倾错误时,不仅批评了陈独秀,还批评了共产国际代表鲍罗廷、罗易等。共产国际虽未作自我批评,但也认可了中国方面对其所派代表的批评,并在组织上改变过去由外国人充任国际驻中国代表的体制,而改为中央在共产国际设立常驻机构——中共代表团,以此来指导中共的工作。

按:对于大革命时期右倾错误的责任问题,王若飞不同意有些人搞文过饰非,把错误推在陈独秀一人身上,认为应该党中央集体负责。他在会上发言,批评了陈独秀领导的错误,也批评了瞿秋白同志的错误;同时,对他担任中央秘书长期间的工作作了自我批评。在选举中央委员会时,他还提名陈独秀当候选人。瞿秋白在"六大"《政治报告讨论之结论》中说:"是否责任由他(指陈独秀)一人负呢? 大家说不应该,又说他应多负一点。他的思想是有系统的,常有脱离马克思列宁主义的观点,在政治意义上说,是他要负责的。……但当时的中央政治局是和他共同负责的。至于过去,则'五四'运动的《新青年》杂志以来,他对中国革命有很大的功绩。现在只能说他个人做了错误,在政治上,机会主义应由政治局负责。"10月出席"六大"的云南代表王懋庭带回王若飞给陈独秀的信由郑超麟转陈,内容是"六大"情况,并劝陈不再消极。出席"六大"的汪泽凯回国,向陈独秀报告了"六大"经过,劝陈与他们一起积极行动起来反对党中央。陈表示,"我不来,我要来时就另外创造一个新党"。(以上参见唐宝林、林茂生《陈独秀年谱》,上海人民出版社1988年版;张人凤、柳和城编著《张元济年谱长编》,上海交通大学出版社2011年版;沈寂《陈独秀与商务印书馆》,《商务印书馆一百年》,商务出版社1998年版)

梁干乔等1月初被苏联遣送回国,与史唐等在上海成立"中国布尔什维克列宁主义反对派",成为中国第一个托派小组织,并在北平、香港、广州、武汉、苏州、哈尔滨诸城市建立分支。在上海设中央机构"全国总干事会"(简称总干),史唐为首任干事长(后来继任者有张特、区芳、梁干乔等),委员有梁干乔、史唐、陈亦谋、李梅五、宋逢春、张特、陆渊,候补委员肖冰洋、区芳、唐月波、徐正庵。陆渊任宣传部长;张特任组织部长;徐正庵负责江浙地区活动;梁干乔负责华南的活动;区芳负责华南的宣传工作;陈亦谋负责华南的组织工作;宋逢春负责华北的活动;肖冰洋负责华北的宣传工作;李梅五负责华北的组织工作。(参见唐宝林、林茂生《陈独秀年谱》,上海人民出版社1988年版)

鲁迅与创造社郭沫若、成仿吾等联名在1月1日出版的《创造月刊》第1卷第8期的封底里页发表《创造周报复活了》预告,并列出编辑人员:鲁迅、蒋光慈、张资平、陶晶孙、穆木天、赵伯彦、潘怀素、麦克昂、李初梨、冯乃超、彭坚、李白华、李声华、袁家骅、许幸之、倪贻德、敬隐渔、林如稷、夏敬农、黄药眠、杨正宗、孟超、张牟殊、杨邨人、黄鹏基、张曼华、高世华、聂解、邱韵铎、成绍宗等。由此揭开了左翼作家大联合的序幕。

按:鲁迅计划同创造社组成联合战线,是早有的愿望。1926年在即将离厦门往广州时,鲁迅在致许广平信中曾说打算到广州后"与创造社联合起来,造一条战线,更向旧社会进攻"(《两地书·六九》)。1927年又与成仿吾、王独清等在4月1日《洪水》第3卷第30期共同发表了《中国文学家对于英国知识阶级及一般民众宣言》。9月25日,鲁迅在致李霁野信中表示:"创造社和我们,现在感情似乎很好。他们在南方颇受迫压了,可叹。看现在文艺方面用力的,仍只有创造、未名、沉钟三社,别的没有,这三社若沉默,中国全国真成了沙漠了。"鲁迅为了实践在广州组成联合战线的夙愿,此次经双方努力,促成了这个联合作战计划。但是,这个计划未能实现。据郭沫若后来在《鲁迅与王国维》中回忆,那时由于"后期创造社的几位朋友回国了,他们以新进气锐的姿态加入阵线,首先便不同意我那种'退攘'的办法,认为《创造周报》的使命已经过去了,没有恢复的必要,要重新另起炉灶。结果我退让了。……和鲁迅的合作就这样不仅半途而废,而且不幸的是更引起了猛烈的论战,几乎弄得不可收拾。这些往事,我今天来重提,只是表明我自己的遗憾"。他们那时"把鲁迅作为了批判的对象"(《沫若文集·跨着东海》),又另外创办了《文化批判》,并组织了"太阳社",因而形成了"语丝社、太阳社、创造社,三分鼎立,构成了一个混战的局面"(《沫若文集·跨着东海》)。

鲁迅提议《莽原》半月刊改为《未名》半月刊。1月10日,《未名》半月刊由北京未名社出版第1卷第1期,主要撰稿人有韦素园、李霁野、曹靖华等。该刊以翻译和介绍外国文学,特别是俄国文学为主,同时也发表一些文学创作。1929年5月出完第2卷停刊。鲁迅曾打算移到上海继续出版,未能实现。同日,鲁迅在《语丝》第4卷第4期发表《卢梭和胃》,批判梁实秋的"卢梭论教育,无一是处,唯其论女子教育,的确精当"的观点。是月,鲁迅与齐寿山合译的荷兰望·蔼覃童话集《小约翰》,由未名社出版,为《未名丛刊》之一,封面由孙福熙设计。2月,《语丝》杂志在上海复刊。同月4日,会晤画家司徒乔等人。5日,往内山书店购买日文版恩格斯《社会主义从空想到科学》。12日,鲁迅作《"醉眼"中的朦胧》。14日,鲁迅收到李小峰信及新出版的《唐宋传奇集》下册25本。该书封面由陶元庆设计。23日,鲁迅在内山书店与日本汉学研究者盐谷温教授会面。接受盐谷温所赠《三国志平话》、杂剧《西游记》及辛岛骁转赠的旧刻小说词曲杂影片74张。鲁迅回赠了新出版的《唐宋传奇集》一部。同日,鲁迅在《语丝》周刊4卷11期发表《"醉眼"中的朦胧》,对创造社、太阳社某些成员进行反批评,这是鲁迅第一次对创造社、太阳社等人的攻击性文章作出回答,同时对"革命文学"口号提出了自己的看法。

按:创造社、太阳社部分成员由于脱离本国实际,对于大革命失败后中国革命的形势、性质和任务作了错误的估计,在文艺问题上出现严重的主观主义和宗派主义倾向。在1月15日朱镜我(丁惢)、冯乃超编辑的《文化批判》的创刊号上,钱杏邨《英兰的一生(书评)》把"五四"以来的中国作家说成是始终在"醉生梦死之中",要求作家"超越时代";冯乃超《艺术与社会生活》提出要对"中国混沌的艺术界的现象作全面的批判",说鲁迅"常从幽暗的酒家的楼头醉眼陶然地眺望窗外的人生""常追怀过去的昔日,悲悼没落的封建情绪",他的作品"反映的只是社会变革期中的落伍者的悲哀"。鲁迅在本文中针对他们的观点进行了反驳,指出他们空谈无产阶级文学口号,但又不去揭露和打击当前的真正敌人,对于主要的革命对象表现了各色各样的朦胧;他们批评托尔斯泰是"卑污的说教者",但是连托尔斯泰的"'剥去政府的暴力,裁判行政的喜剧的假面'的勇气的几分之一也没有";他们批评人道主义不彻底,但当反动派"'杀人如草不闻声'的时候,连人道主义式的抗争也没有"。鲁迅针对他们脱离工农和不敢正视现实,空谈"获得无产阶级意识""获得大众"以"保障最后的胜利"的现象,指出:"倘要将自己从没落救出,当然应该向工农大众去。"鲁迅还针对他们在革命处于暂时低潮时侈谈作家"由艺术的武器到武器的艺术"的说法,指出:既然有"这极彻底而勇猛的主张",那么"为什么不就到'武器的艺术'呢?"是"因为那边正有'武器的艺术',所以这边只能'艺术的武器'""这艺术的武器,实在不过是不得已,是从无抵抗的幻影脱出,坠入纸战斗的新梦里去了"。鲁迅认为,革命文学家只有参加革命斗争实践,才能写出真正的无产阶级革命文学。鲁迅对于上海文坛出现的这种状况,在次日致台静农信中说:"上海的情形,比北京复杂得多,攻击法也不同,须一一对付,真是糟极了。"

鲁迅2月24日积极支持未名社出版曹靖华所译苏联短篇小说集《烟袋》。25日,接待画家司徒乔、《良友》画报主编梁得所来访。司徒乔约期为鲁迅画像,梁得所约期为鲁迅摄影,准备编成一组图影,在画报上刊载。28日,接待司徒乔来访,司徒乔为鲁迅作炭笔速写画像,刊于4月号《良友》画报。3月1日,收到日本汉学家辛岛骁来信,于9日复信,对中国古典小说的一些问题进行探讨。3月6日,鲁迅致章廷谦信,表示可以为章廷谦代校《游仙窟》稿,并谈及自己所受到的各方面的攻击,说许钦文所闻种种迫害,并不足奇,但对新文学阵营内部的攻击感到遗憾,"有几种刊物(如创造社出版的东西),近来亦大肆攻击了。我倒觉得有趣起来,想试试我究竟能够挨得多少刀箭"。同日晚,郁达夫过鲁迅处闲谈,商议合办《奔流》月刊。14日,鲁迅致章廷谦信,谈到计划与郁达夫合办一刊物之事,谓"现在颇有人攻击他,对我的更多。五月间,我们也许要再出一种期刊玩一下子"。19日,在《语丝》周刊第4卷第12期发表《通信(季廉来信按语)》,系为季廉来稿《通信》作按语,讽刺了自称"革命文学家"者不敢正视"漆黑"的现实,只对《语丝》耍威风的错误倾向。4月4日,作《文艺与革命》,刊于4月16日《语丝》周刊第4卷第16期,这是鲁迅写给董秋芳的一封关于文艺问题的复信,对文艺与革命、文艺与宣传、文艺的内容与形式等问题进行了论述,还对"新月派"宣扬的资产阶级人性论予以了反驳。

　　按:董秋芳出于对创造社、太阳社的部分成员攻击鲁迅的不满和对梁实秋等人围攻鲁迅的义愤,于3月20日至25日,以"冬芬"的笔名给鲁迅写了一封长信。鲁迅以编者答复读者来信的形式在《语丝》上发表本文,对文艺与革命、文艺与宣传、文艺的内容与形式等问题进行了论述,指出:"世界上有革命,就会有革命文学";"一切文艺固是宣传,而一切宣传却并非全是文艺,……革命之所以于口号,标语,布告,电报,教科节……之外,要用文艺者,就因为它是文艺";真正的文学作品"当先求内容的充实和技巧的上达,不必忙于挂招牌"。并针对那种不正视现实而要求文艺"超时代"的观点说:"超时代其实就是逃避,倘自己没有正视现实的勇气,又要挂革命的招牌,便自觉或不自觉地要走入那一条路的。身在现世,怎么离去?这是说自己用手提着耳朵,就可以离开地球者一样地欺人。"强调了文艺与现实斗争的密切关系,强调了文艺本身的特点,在当时对无产阶级文学的健康发展有重要意义。文中还对"新月派"宣扬的资产阶级人性论予以了反驳。

　　鲁迅4月9日在致李秉中信中对上海文艺界"有人拾'彼间'牙慧,大讲'革命文学'""专挂招牌,不讲货色"的现象,进行了批评。10日,作《扁》《路》《头》《通信》,刊于4月23日《语丝》周刊第4卷第17期。《扁》用近视眼看匾的故事嘲讽文学界出现的空喊口号,"尽先输入名词,而并不介绍这名词的涵义",不做切实工作的倾向。《路》针对所谓"超时代",否则就没有出路的观点,讥讽说:"口头不说'无产'便是'非革命'还好;'非革命'即是'反革命',可就险了。这真要没有出路"了。《头》抨击国民党反动派在长沙杀害共产党员郭亮,以砍头示众来镇压革命的法西斯暴行,并揭露梁实秋借攻击卢梭来宣扬自己的主张的"借头示众"的手法。《通信》是答复一个自说受了鲁迅作品毒害而对革命前途悲观失望的青年的公开信。鲁迅在复信中谈了自己的经历和思想,对来信者作了婉转的批评和劝告,并对近年来所受到的攻击予以嘲讽和反驳。同日,鲁迅作《太平歌诀》《铲共大观》,刊于4月30日《语丝》周刊第4卷第18期。《太平歌诀》借用报载的一段民谣,讽刺"革命文学家"不敢正视现实和所谓"超时代"的空喊,指出:"近来的革命文学家往往特别畏惧黑暗,掩藏照暗,但市民却毫不客气,自己表现了";而"革命文学家"却"变成婆婆妈妈,欢迎喜鹊,憎厌枭鸣,只捡一点吉祥之兆来陶醉自己,于是就算超出了时代",这种作法是不能得到"最后的胜利"的。《铲共大观》引用报载的一段国民党当局屠杀共产党人的新闻记事,声讨反动派的法西斯暴行,同时忠告那些不敢正视黑暗现实的"革命文学家""正因为黑暗,正因为没有出路,所以要革命""倘必须前面贴着'光明'和'出路'的包票,这才雄赳赳地去革命,那就不但不是革命者,简直连投机家都不如了。虽是投机,成败之数也不能预卜的"。提示革命文学家应当用自己的作品去唤醒民众,共同前进。同月,柔石在家乡海宁参加暴动,失败后,到上海从事革命活动。

　　鲁迅4月14日接待蔡元培来访。蔡元培于本月任国立中央研究院院长,与总干事杨铨同在上海亚尔培路该院驻沪办事处办公。三人间的交往日渐增多。20日,鲁迅在《语丝》周刊4卷19期发表《我的态度气量和年纪》,批评创造社某些成员在论战中不该用对手的"籍贯、家族、年纪,来作奚落的资料"。在鲁迅的《"醉眼"中的朦胧》一文发表后,创造社、太阳社部分成员纷纷撰文反击,对鲁迅进行错误的指责。潘梓年(署名弱水)在4月出版的《战线》创刊号发表《谈中国现在的文学界》,以"态度""气量"和"年纪"对鲁迅进行人身攻击,并把鲁迅比作五四时期的林琴南。鲁迅此文重在批评文坛上出现的这种以人身攻击代替思想论战的不良作风和错误态度,指出这种现象若继续下去,"将会重陷林琴南当年"因为反对白话,不能论战,便从横道儿来做一篇影射小说,使一个武人痛打改革者之"覆辙"。24日,收到韦素园信,得知未名社被查封,李霁野、台静农、韦丛芜被捕。30日,在《语丝》周刊第4卷18期发表《〈这回是第三次〉按语》,文辉著文《这回是第三次》对"国用要人"李烈钧鼓吹"国技",宣扬"武术救国"论加以揭露和讽刺。鲁迅为该文作按语,借谈"打拳",讽刺"革命文学家"不进行"阶级战争"反而搞"同级战争"。5月3日,鲁迅接待陈望道来访。复旦大学附属实验中学举办"火曜讲话",邀请名家演讲,陈望道特来寓邀请鲁迅作第一讲。4日,鲁迅致章廷谦信,批评了文坛上那种不重视作家的世界观改造和不能用马克思主义的观点和方法进行文艺批评,乱攻一通的作风。15日,应陈望道之邀,往江湾实验中学讲演,题为《老而不死论》(稿佚)。27日,接待郁达夫来访。郁达夫赠日本出版的文学月刊《火调和》1927年10月号一本。该刊由武者小路实笃主编,东京春秋社发行。10月号中译载有鲁迅的短篇小说《故乡》。30日,鲁迅致章廷谦信,谓"革命文学家的一些言论行动,我近来觉得不足道了",这只不过是"将'口号''标语'之类,贴上了杂志而已"。并说:"但近半年来,大家都讲鲁迅,无论怎样骂,足见中国倘无鲁迅,就有些不大热闹了。"

　　按:据《郁达夫致周作人信》说:"鲁迅先生,近来被普罗包围得厉害。"茅盾《创作生涯的开始——回忆录(十)》说:在他发表《欢迎(太阳)!》后的一个多月,"创造社就开始了对鲁迅的围攻。说鲁迅'常从幽暗的酒家的楼头,醉眼陶然地眺望窗外的人生',说'阿Q时代是已经死去了''鲁迅他自己已走到了尽头',甚至骂鲁迅是'绍兴师爷''封建余孽''资产阶级最良的代言人''二重性的反革命的人物'等等。同时,创造社和太阳社的人们写了一些他们自称为普罗文学的东西,但可惜其中的人物都是没有血肉的……关于创造社,太阳社与鲁迅的这场论战,我没有加入,因为论战展开时我正埋头写《追求》,《追求》写完就真个到日本去了。直到我在日本写《从牯岭到东京》时,才间接地参加了这场论争"。

　　鲁迅6月2日译俄国尼古拉·布哈林所作论文《苏维埃联邦从 Maxim Gorky 期待着什么?》,刊于7月20日《奔流》月刊第1卷第2期。5日,作《〈奔流〉编校后记(一)》,刊于6月20日《奔流》月刊第1卷第1期,对这一期发表的几篇重要文章作了一些介绍与说明。在介绍郁达夫所译的俄国屠格涅夫的《哈姆雷特和堂·吉诃德》一文时,批评了一些人滥用"堂·吉诃德"的名字攻击别人的做法;在介绍《扁额拟狂言》时,针对一些"批评家""专挂招牌,不讲货色"的倾向,再一次提出忠告。文中对自己翻译的《苏俄的文艺政策》也作了简要说明。6日,复章廷谦信,在谈到"革命文学"论争时说,"革命文学现在不知怎地,又仿佛不十分旺盛了。他们的文字,和他们一一辩驳是不值得的。因为他们都是胡说"。6月20日,鲁迅与郁达夫合编的《奔流》月刊在上海创刊,由上海北新书局印行。主要撰稿人有鲁迅、郁达夫、柔石、杨骚、白薇、梁遇春等。7月4日,鲁迅作《〈奔流〉编校后记(二)》,刊于7月20

日《奔流》月刊第11卷第2期,本期为纪念高尔基六十寿辰,译载了高尔基的一篇小说及有关文章,印制了高尔基画像插图。22日,致韦素园信,谈及自己学习马列主义文艺理论的心得,谓"以史底唯物论批评文艺的书,我也曾看了一点,以为那是极直捷爽快的,有许多暧昧难解的问题,都可说明。但近来创造社一派却主张一切都非依这史观来著作不可,自己又不懂,弄得一塌胡涂"。

按:据楚图南回忆,本年春天鲁迅托他转给任国桢的信中曾说:现在上海有人对我围攻,满纸用一些颇不易懂的、革命的新词吓唬人;我想找些马列主义关于文艺的论述看看,从理论上加深我的认识,也好应付对我围攻的人,并更比较有把握地进行战斗。楚图南又说,鲁迅这封信写得很诚恳、迫切。就同任国桢商量,任说我们要支持他。随即设法拟了一个书目寄给鲁迅。后来鲁迅翻译了几部文艺理论书,由上海水沫书店出版,其中有些就是我们当时提供的(复旦大学《鲁迅日记》注释组《访问楚图南同志》,见本室编《鲁迅研究资料》第五辑)。又据丁玲回忆,那时"一群人攻击鲁迅一个人""眼看着鲁迅既要反对当权的国民党的新贵,反对复古派,反对梁实秋新月派,还要不时回过头来,招架从自己营垒里横来的刀斧和射来的暗箭,我心里为之不平。我又为鲁迅的战斗不已的革命锋芒和韧性而心折。他还在酣战的空隙里,大力介绍,传播马克思的无产阶级革命理论"。(丁玲《鲁迅先生于我》,见一九八一年本室编《鲁迅诞辰百年纪念集》)后来,鲁迅在《〈三闲集〉序言》中说,在上海遇到"文豪们的笔尖的围剿"中,倒"有一件事要感谢创造社的,是他们'挤'我看了几种科学底文艺论,明白了先前的文学史家们说了一大堆还是纠缠不清的疑问"。

鲁迅8月10日作《革命咖啡店》,刊于8月13日《语丝》周刊第4卷第33期,文中驳斥"革命文学家"散布鲁迅与郁达夫在咖啡店"高谈"取乐的流言,批评他们自己脱离工农大众,只坐在咖啡店那个"理想的乐园"里空谈革命的不良倾向。同日,作《文坛的掌故》《文学的阶级性》,刊于8月20日《语丝》周刊第4卷第34期,前文继续批评一些人不从中国的实际出发,照搬外国经验,"含混地只讲'革命文学',当然不能彻底"。后文批驳了文学创作可以"超时代""超阶级"的主张。11日,撰写《〈奔流〉编校后记(三)》,刊于8月20日《奔流》月刊第1卷第3期,该期《奔流》为易卜生诞生一百周年纪念增刊。19日,与柳亚子结识,柳亚子邀饮于功德林。28日,鲁迅作《〈我也来谈谈复旦大学〉文后附白》,刊于9月10日《语丝》周刊第4卷第37期。9月3日,往内山书店购买普列汉诺夫《马克思主义艺术论》日译本一册。后来将此书翻译出版。9日,鲁迅由景云里23号移居18号,鲁迅的原住所由柔石迁入,两人的交往日渐增多。同月,鲁迅回忆散文集《朝花夕拾》列入自编的《未名新集》丛书,由未名社出版,陶元庆作封面。所收为1927年在广州和上海所写的论文29篇及附录1926年文1篇。

鲁迅10月1日在《语丝》周刊第4卷第40期发表所译苏联卢那卡尔斯基文艺论文《艺术与阶级》。9日,译日本片上伸的论文《北欧文学的原理》,并作《译者附记》,刊于11月15日《大江月刊》11月号。26日,作《〈奔流〉编校后记(五)》,刊于10月30日《奔流》月刊第1卷第5期,集中答复社会上对于《奔流》编者、译者和刊物的种种意见。针对那种指责他的作品"以趣味为中心"和矜持着"闲暇"的论调:"说到'趣味',那是现在确已算一种罪名了,但无论人类底也罢,阶级底也罢,我还希望总有一日驰禁,讲文艺不必定要'没趣味'。"27日,译苏联雅各武莱夫小说《农夫》,并作《译者附记》,刊于11月20日《大众文艺》月刊第1卷第3期。文中对文艺界一些人空喊革命口号,排斥非无产阶级作家作品的倾向,给予了批评。同月,杂文集《而已集》由上海北新书局出版。同月,浙江省党务指导委员会下令查禁《语丝》月刊。11月1日,作《〈北欧文学的原理〉译者识》,刊于11月15日《大江》月刊11

月号。文中对"革命文学"论争中有些人只是空谈无产阶级文学,专指别人理论"矛盾""落伍""不懂唯物史观",而不注重实质性问题的论争等错误倾向,进行了批评。8日,作《〈东京通信〉按语》,刊于11月19日《语丝》周刊第4卷第45期,文中对一些人攻击《语丝》"落伍"、讲"趣味"等论调,顺笔予以讽刺。10日,鲁迅应许德珩之邀,往大陆大学讲演关于无产阶级文学的意见,并抨击国民党的反动文艺。11日,应内山完造之邀,往日本餐馆川久料理店晚餐,席间与日本作家长谷川如是闲会晤。后于15日将《彷徨》《野草》各一本,托内山完造代赠长谷川。19日,鲁迅辞去《语丝》编辑职务。后来推荐柔石接编。27日,鲁迅陪同柔石往北新书局访李小峰。后又至商务印书馆看书。30日,在《奔流》月刊第1卷第6期发表所译苏联尼可莱·叶夫雷诺夫论文《关于剧本的考察》。同月,鲁迅与柔石、崔真吾、王方仁等青年在上海成立"朝花社"。12月6日,鲁迅与柔石等合编的《朝花》周刊在上海创刊,由朝花社编印发行。封面由鲁迅设计,选用英国阿瑟·拉克哈姆的一幅画做刊头,"朝花"两个美术字也由鲁迅写定。

按:《朝花》周刊至1929年5月出至20期,改为《朝花》旬刊。《朝花》周刊终刊后,曾由朝花社出版了汇订本。

鲁迅12月9日经柔石介绍,与冯雪峰结识。冯雪峰于11月因受国民党浙江省政府通缉逃至上海,当时正在从日本藏原惟人的日文译本转译普列汉诺夫的《艺术与社会生活》,当晚鲁迅对他提出的疑难问题给予了指教。13日,鲁迅在《朝花》周刊第2期开始连载所译日本千叶龟雄的论文《一九二八年世界文艺界概观》,至次年1月24日出版的第8期载完。22日,鲁迅接赵景深信,告知欧美各国纪念托尔斯泰诞生百周年的情况。鲁迅将这些消息编入《〈奔流〉编校后记(七)》。23日,作《〈奔流〉编校后记(七)》,刊于12月30日《奔流》月刊第1卷第7期,该期《奔流》为托尔斯泰诞生百年纪念增刊,其中印有十幅插图。鲁迅在后记中对专刊内容及托尔斯泰作了扼要介绍,同时针对我国文坛有些人对托尔斯泰的不切实际的指责,以及不务实际的空喊口号的倾向,给予了批评。25日,接待《春潮》月刊编辑张友松、夏康农来访。27日,在《朝花》周刊第4期发表《〈"雄鸡和杂馔"抄〉译者附记》,借用原书中告诫文艺青年"莫买稳当的股票"的话,嘲讽"革命文学"论争中一些人的言行。同日,鲁迅致章廷谦信,谈到《山雨》杂志中西屏(即张孟闻)的《联想三则》的攻击时表示:"此种事甚无聊。"并说:"秋天以来,中国文人大有不骂我便不漂亮之概,而现在则又似减退矣,世风不古,良可慨也。因骂声减,而拉我作文者又多,其苦实比被骂厉害万倍。"30日,在《奔流》月刊第1卷第7期发表所译苏联迈斯基的"Leov Tolstoi",系从日本杉木良吉译《马克思主义者之所见的托尔斯泰》中转译;发表所译《苏俄的文艺政策——观念形态战线和文学》,系从日本外村史郎和藏原惟人辑译的《苏俄的文艺政策》一书中转译;发表所译苏联卢那卡尔斯基演讲《托尔斯泰与马克思》,亦从日本外村史郎和藏原惟人辑译的《苏俄的文艺政策》一书中转译。是年,鲁迅共购各种书籍四百五十余册,其中马列主义经典著作及有关论文六十余册,各种文艺书籍九十册,美术创作方面的书籍七十余册,文物古籍等一百九十余册,字典及其他三十余册。(以上参见鲁迅博物馆、鲁迅研究室编《鲁迅年谱》,人民文学出版社1981年版;陈其强《郁达夫年谱》,浙江大学出版社1989年版;唐金海、刘长鼎主编《茅盾年谱》,山西高校联合出版社1996年版)

冯雪峰3月离开北京到上海,暂住松江施蛰存家,继续从事翻译工作。5月,撰写《革命与知识阶级》一文(署名画室),刊于9月25日出版的《无轨列车》半月刊第2期。文中批评文坛上攻击鲁迅的错误,中肯地评价文学论争并赞誉鲁迅,为鲁迅进行辩护,指出:"实际上,鲁迅看见革命是比一般的知识阶级早一二年","一本大杂志有半本是攻击鲁迅的文章,在别的许多地方是大书着'创造社'的字样。而这只是为了要抬出创造社来。对于鲁迅的攻击,在革命的现阶段的态度上既是可不必,而创造社诸人及其他等的攻击方法,还含有别的危险性"。7月,与浙江党组织接上关系,回义乌工作,任城区支部书记,公开身份是义乌县立初级中学国文教员。此后四个多月中,他在义乌向学生宣传革命思想,组织进步团体"试鸣社"。9月,选鲁迅的《记念刘和珍君》作教材,因不知文中"绯红"一词作何解释,写信向鲁迅求教。11月,因发动商民为反对增加屠宰税举行罢市,受国民党浙江省政府通缉,离开义乌到上海。失去党的组织关系。同月,所编译的论文集《枳花集》由上海泰东图书局出版。12月9日,冯雪峰为了请教翻译马克思主义的文艺理论问题,也为了商量编印《科学的艺术论丛书》,由柔石陪同往见鲁迅。从此他们就接近起来,他与鲁迅并肩战斗,沟通了党和鲁迅的联系,成为鲁迅的忠诚学生和战友。是年,冯雪峰所译《新俄的文艺政策》由光华书局出版。又与鲁迅合编《科学的艺术论丛书》。(参见包子衍《雪峰年谱》,上海文艺出版社1985年版;鲁迅博物馆、鲁迅研究室编《鲁迅年谱》,人民文学出版社1981年版;王锡荣《左联与左翼文学运动》及附录《左翼十年文学大事记》,上海人民出版社2016年版)

潘汉年时任中共中央宣传干事。1月1日,潘汉年、叶灵凤主编的《现代小说》月刊在上海创刊。4月,潘汉年堂兄潘梓年等筹办的《战线》周刊创刊。潘梓年(署名弱水)在创刊号发表《谈中国现在的文学界》一文,把鲁迅比作五四时期的林琴南。10月,潘汉年与冯乃超受党中央之命,打着争取言论和出版自由的旗帜,联系了原文学研究会和创造社、太阳社的郑振铎、沈端先、朱镜我、叶圣陶、胡愈之、孙伏园、樊仲云、钱杏邨、郑伯奇、周谷城、许德珩等发起成立"中国著作者协会",在宣言上签名的作家、文化人达42人。12月30日,中国著作者协会在上海成立,选举郑振铎、郑伯奇、沈端先、李初梨、彭康、周予同、樊仲云、潘梓年、章锡琛等9人为执行委员,钱杏邨、冯乃超、王独清、孙伏园、潘汉年为监察委员。但由于成立大会上,太阳社和中华艺大的青年学生发表了一些激烈的意见,引起了一些人的疑虑,因而协会成立不久就流产了。中国著作者协会的短命,促使党考虑用另一种形式团结广大的革命文艺界,不久便开始酝酿筹备中国左翼作家联盟。(以上参见吴泰昌(记述)《阿英忆左联》,《新文学史料》1980年第1期;荣太之《中国著作者协会成立的报道和宣言》,《新文学史料》1980年第3期;复旦大学《鲁迅日记》注释组《访问楚图南》,载鲁迅研究室编《鲁迅研究资料》第五辑;冯乃超《左联成立前后的一些情况》,《鲁迅研究资料》第六辑;鲁迅博物馆、鲁迅研究室编《鲁迅年谱》,人民文学出版社1981年版;王锡荣《左联与左翼文学运动》及附录《左翼十年文学大事记》,上海人民出版社2016年版)

郭沫若1月1日以麦克昂的笔名,与鲁迅、成仿吾、蒋光慈等联名在《创造月刊》第1卷第8期发表《创造周报复活了》的预告,并为编辑委员。

按:《创造周报复活了》预告曰:"时代滚滚地流去,转瞬之间,在我们的文艺界瞌睡着的当中,时代又已经前进得离我们很远了。文艺应该站在时代的前头,至少也得跟在时代的尾后前进。可诅咒的瞌睡,可耻辱的落伍!我们不甘于任凭我们的文艺界长此消沉,任凭我们的文艺长此落后的几个人,发愿恢复我们当年的、不幸在恶劣的环境中停顿了的《创造周报》,愿以我们身中新燃着的烈火,点起我们的生命于我们消沉到了极点的文艺界,完成我们当年未竟的志愿。我们的文学革命已经告了一个段落,我们今天要根据新的理论,发扬新的精神,努力新的创作,建设新的批评——我们将在复活的《创造周报》开始新的简册。我们在这里正式宣布,我们的休息已经告终,我们决在十七年的第一个星期日再与诸君相见。亲爱的朋友们呦,请听,请听,我们卷土重来的雄壮的鼙鼓!"

　　郭沫若(署名麦克昂)1月1日在《创造月刊》第1卷第8期发表《英雄树》,借广东俗称英雄树的一种热带植物木棉的特征——"内质十分疏松,只贪图向外发展,而发展得又非常迅速。但也开过一次赤花,然而不久就变成了白色恐怖的世界"——抨击了国民党反动势力对革命的背叛,提出了关于无产阶级文艺的主张:"文艺是应该领着时代走的""个人主义的文艺老早过去了""社会上有无产阶级便会有无产阶级的文艺""无产阶级的文艺是倾向社会主义的文艺"。呼唤文艺家们不要脱离时代,"有笔的时候提笔,有枪的时候提枪""我们大家脱去感伤主义的灰色衣裳,请来堂堂正正地走上理论斗争的战场""思想是生活的指路碑"。文中特别提出了"当一个留声机器——这是文艺青年们的最好的信条"的重要观点,那就是要做到:"第一,要你接近那种声音。第二,要你无我。第三,要你能够活动。"由此掀起无产阶级文学运动与革命文学的论战。

　　按:在郭沫若等人的积极推动之下,从1928年初前后开始,以创造社和太阳社为主,在他们创办的《创造月刊》《文化批判》《太阳月刊》等杂志上,开始了无产阶级革命文学运动的倡导。郭沫若的《英雄树》,成仿吾的《从文学革命到革命文学》《全部的批判之必要》,冯乃超的《艺术与社会生活》,蒋光慈的《关于革命文学》,李初梨的《怎样地建设革命文学》,钱杏邨的《死去了的阿Q时代》等是最初发表的有代表性的论文,从多方面阐述无产阶级革命文学的基本主张。无产阶级革命文学的倡导,立即在文艺界引起强烈反响。在先后出版的《洪水》《泰东月刊》《北新》《文学周报》《语丝》《秋野》《流沙》《战线》《洪荒》《文化批判》《我们月刊》《畸形》《新月》《摩登》《现代文化》《思想》《山雨》《文艺生活》等不同倾向的报刊上,展开了声势浩大的讨论。到1929年上半年,这场论争才基本结束。

　　郭沫若1月16日上午读安德列夫的《黑面具》,德波林的《康德的辩证法》,《资本论》的"商品与价值"一章。晚,读列宁的《党对宗教的态度》,认为"反宗教运动应隶属于阶级斗争之下"。接待成仿吾来访。17日,读马克思《政治经济学批判·序言》,并译出其中一段。18日,读《资本论》。成仿吾来访,与其一起讨论《资本论》的一条脚注。草毕《天才病治疗》。受《资本论》脚注的启发,改题作《桌子的跳舞》。19日中午,接李民治携来周恩来回信,告以邓演达已回国,在香港与彭泽民组织第三党。夜,读斯大林的《中国革命的现阶段》。补写《桌子的跳舞》毕,刊于《创造月刊》5月第1卷第11期。文中提出:"我们的文艺是'普罗列塔利亚的文艺'。""不怕他昨天还是资产阶级,如果他今天受了无产者精神的洗礼,那他所做的作品也就是普罗列塔利亚的文艺。""普罗列塔利亚的文艺是最健全的文艺。"21日,读瞿秋白译哥列夫《无产阶级的哲学》一书中"艺术与唯物史观"一章。26日,读《资本论》。成仿吾来访,促其将《从文学革命到革命文学》编好。接待来访的王独清,谈及陈抱一意欲王独清去做中华艺术大学的委员,以为陈抱一只是在利用创造社,感叹王独清的"虚荣心真比女人还要厉害"。27日,读《资本论》第1卷。29日,读完《资本论》第1卷。本月,与钱杏邨(阿英)相识。2月1日,郭沫若译著《浮士德》由创造社出版部出版发行,列为"世界名著选"第8种。5日晚,李初梨邀往其寓所谈话,在座的还有成仿吾、郑伯奇、彭康、朱镜我、冯乃超。6日,赴创造社,旁听郑伯奇在社内"社会科学研究会"讲列宁的《马克思的价值论》。9日下午,成仿吾来,与其谈《创造月刊》,主张"把水准放低,作为教育青年的基本刊物"。决定11日全家同往日本。10日上午,周恩来与李民治来,同吃中饭。成仿吾来,约了李初梨等人来谈话。(以上参见林甘泉、蔡震主编《郭沫若年谱长编》,中国社会科学出版社2017年版;鲁迅博物馆、鲁迅研究室编《鲁迅年谱》,人民文学出版社1981年版)

　　成仿吾与朱镜我(丁玦)、冯乃超筹办的《文化批判》1月15日在上海创刊,是创造社的又一重要理论刊物,也是《创造月刊》的姊妹杂志。刊名原为《抗流》,因为字眼太激烈,郭、成都认为还是灰色一些好,故改为《文化批判》。成仿吾任主编,成仿吾、冯乃超、朱镜我、彭康、李初梨、郭沫若为主要撰稿人。《创造月刊》第1卷第8期刊登《文化批判》出版预告:本杂志的目的"在以学者的态度,一方面介绍最近各种纯正的思想,他方面更对于实际的诸问题为一种严格的批判的工作"。"我们深信《文化批判》将在新中国的思想界开一个新的纪元,我们切望海内外觉悟的青年同志们一致起来拥护这思想界的新的生命力。"成仿吾为作《文化批判祝词》,提出"'没有革命的理论,没有革命的行动'。《文化批判》当在这一方面负起它的历史的任务","将从事资本主义社会的合理的批判,它将描出近代帝国主义的行乐图,它将解答我们干什么的问题,指导我们从那里干起。《文化批判》将贡献全部的革命理论,将给予革命的全战线以朗朗的火光,这是一种伟大的启蒙"。基于这一宗旨,《文化批判》致力于新兴社会科学理论的研究和传播,主要刊登哲学社会科学方面的论文和译文,并专辟"新辞源"栏目,用以解释马克思主义哲学社会科学的基本概念和范畴。创刊号刊有郭沫若《英雄树》,成仿吾《从文学革命到革命文学》,蒋光赤《关于革命文学》,冯乃超《艺术与社会生活》,李初梨《怎样地建设革命文学》等,后又陆续刊出朱镜我的《理论与实践》《科学的社会观》《政治一般的社会的基础——国家起源及其灭亡》,彭康的《哲学的任务是什么》《科学与人生观——近几年来中国思想界的总结算》《唯物史观的构成过程》《思维与存在——辩证法的唯物论》,李铁声译的《辩证法的唯物论》,李初梨的《唯物辩证法精要》等,从多方面阐述无产阶级革命文学的主张,批评鲁迅、叶圣陶、郁达夫等人,掀起无产阶级文学运动。冯乃超《艺术与社会生活》,认为"中国的社会从根本上翻覆了旧形态",要对"中国混沌的艺术界的现象作全面的批判"。文中批评了叶圣陶、郁达夫、鲁迅、郭沫若、张资平。于是引发一场关于革命的大论战。

成仿吾1月26日在郭沫若住处商谈编辑出版《从文学革命到革命文学》一书。2月1日,成仿吾在《创造月刊》第1卷第9期发表《从文学革命到革命文学》,依次论述了文学革命的社会的根据、文学革命的历史的意义、文学革命的经过、文学革命的现阶段、文学革命今后的进展、革命的"印贴利更追亚"团结起来等论题,对胡适及"五四"以来的白话文学予以否定,提出要进行"全面的批判",同时对鲁迅、周作人的"语丝派"也予以否定。但对创造社则给予了充分肯定,谓"创造社以反抗的精神,真挚的热诚,批判的态度与不断的努力完成我们的语体。由创造社的激励,全国的'印贴利更追亚'常在继续地奋斗,文学革命的巨火至今在燃,新文化运动幸而保存了一个分野"。就"革命文学"大论战而言,成仿吾的《从文学革命到革命文学》具有切割五四界限、告别"文学革命"而走向"革命文学"的标示性意义。王独清在同刊于2月1日《创造月刊》第1卷第9期的《今后的本刊》里写道:"仿吾底《从文学革命到革命文学》是一篇最重要的论文,简直可以说是今后同人要从事于新努力的一篇宣言。"

按:成仿吾《从文学革命到革命文学》之三"文学革命的经过",大体反映了作者以及创造社成员对于五四的重新评价甚至否定,曰:

文学革命的史实可以不须在这里多写。我现在只略述大概的经过。而且与新文化运动对照着,因为前者在理论上是后者的一个分野,它们有许多共同的趋向。新文化运动的第一种工作为旧思想的否定(Negation),第二种工作为新思想的介绍。但这两方面都不曾收得应有的效果。这是因为从事这两种工作的人们对于旧思想的否定不完全,而对于新思想的介绍更不负责。我们只要一说运动开始不久就有所谓国学运动的出现,胡适之流才叫喊了几声就好像力竭声嘶般的回了老巢,猛吸着破旧了的酒瓶想获得一点生命的力,其余一些半死的大妖小怪也跟着一齐乱喊;我们只要一看研究系共学社张东荪等所翻译的那些要通不通的译本;我们只要一看梁漱溟著的不三不四的"东西文化及其哲学"。但是最不幸的是这些"名流"完全不认识他们的时代,完全不了解他们的读者,也完全不明了自己的货色。这是为什么新文化运动不上三五年就好像寿终正寝的原故。他们不知道那时候的觉悟的青年已经拒绝了他们的迷药,他们本应该背着药笼到资本主义安定的国家去讨饭吃的呀!

文学运动在它的初期大致与新文化运动有同样的倾向。胡适之流始终不能摆脱旧的腔调,文学研究会的翻译也大可与共文学社媲美。与"国语运动"相对的有"新式标点"派,其实他们只是乱点。维持文学革命的运动使它不至于跟着新文化运动同归的是民十以后的创作方面的努力。这时候,创造社已正式登台,不断地与恶劣的环境奋斗。它的诸作家以他们的反抗的精神,以他们的新鲜的作风,四五年之内在文学界养成了一种独创的精神,对一般青年给与了不少的刺激。他们指导了文学革命的方针,率先走向前去,他们扫荡了一切假的文艺批评,他们驱逐了一些蹩脚的翻译。他们对于旧思想与旧文学的否定最为完全,他们以真挚的热诚与批判的态度为全文学运动奋斗。

有人说创造社的特色为浪漫主义与感伤主义,这只是部分的观察。据我的考查,创造社是代表着小资产阶级(bourgeois)的革命的"印贴利更追亚"。浪漫主义与伤感主义都是小资产阶级特有的根性,但是在对于资产阶级(bourgeois)的意义上,这种根性仍不失为革命的。是这种创作方面的努力救了我们全文学革命的运动。创造社以反抗的精神,真挚的热诚,批判的态度与不断的努力完成我们的语体。由创造社的激励,全国的"印贴利更追亚"常在继续地奋斗,文学革命的巨火至今在燃,新文化运动幸而保存了一个分野。

成仿吾、李初梨2月5日听郭沫若介绍"八一"南昌起义情况,由李初梨出面邀请,郑伯奇、彭康、冯乃超、朱盘均等在场。9日,成仿吾与郭沫若谈郭动身离沪的日期问题,并通过潘梓年向豪兄(周恩来)做了汇报。同一天,成仿吾与郭沫若讨论了《创造月刊》事,郭沫若主张把水准放低,作为教育青年的基本刊物,成仿吾很赞成。10日,成仿吾邀李初梨等到郭沫若住处谈话,遇周恩来、李一氓正同郭商谈赴日的时间问题。15日,《文化批判》第2期出版,成仿吾作《打发他们去》。16日,李一氓诸人在都益处为郭沫若饯行。郭沫若把成仿吾拉了去,安娜夫人也同去。席间通知郭沫若改乘24日卢山丸,家眷于同日乘上海丸。19日,为古有成译稿事,王独清在郭沫若处与成仿吾大闹。郭沫若说"仿吾真难处,介乎两种意识形态的斗争之间"。23日,郭沫若赴日前夕,在敌人严密监视下,当晚成仿吾等为之饯行。是夜,成仿吾陪郭沫若住日本人开的八代旅馆。

成仿吾3月1日在《创造月刊》第10期发表《全部的批判之必要——如何才能转换方向的考察》,后收入《从文学革命到革命文学》。文中号召革命文学家对文艺理论进行"全部的批判",认为"我们的文艺现在已经到了应该实行方向转换的阶段",提出"文艺应该积极地成为变革社会的手段"。此文对蒋光慈《现代中国文学与社会生活》一文中关于"革命运动发展太速"的观点进行批判,又攻击鲁迅"语丝派"等"早已固结为反动"。而其副标题:"如何才能转换方向的考察",含有为全书总结并指明未来方向的意义。

按:文中提出:"我们从前的理论只是一些讨论与提倡,还没有尽批判的能事。这是无从隐晦的;而且正因为这个原故,我们的文艺运动至今日才有转换方向的可能性;也正因为这个原故,我们才不能不赶做全部的批判。我们目前所要的批判必然地是我们的文艺的良心的总结算。没有这种全部的总结算,我们的文艺的方向转换是不能实现的。""我们的文艺现在已经到了应该实行方向转换的阶段。在这个分野认定自己的天职的人们应该起来做一次文艺的良心的总结算,而获得革命的意识。过去的十余年中,在大体上,我们可以说是完成了我们的使命(在历史的必然性的观点上)。但是一切都是自然生长的。今后我们应该由不断的批判的努力,有意识地促进文艺的进展,在文艺本身上由自然生长的成为目的意识的,在社会变革的战术上由文艺的武器成为武器的文艺。"

　　成仿吾3月15日在《文化批判》第3号发表《维持我们对于时代的信仰》短文,提出"革命文艺家要振作起来,巩固我们的阵营,支持我们的革命",为此"文艺家必须克服一切虚无主义的妖魔,维持他对于时代的信仰,要这样,他才能够随行他的任务"。4月1日,成仿吾在《流沙》第2期发表所译Edwin Markhem原作《倚锄的人》。15日,创造社与太阳社举行联席会议,到会者创造社方面尚有张资平、王独清、冯乃超、朱镜我,太阳社方面有钱杏邨等。同日,《文化批判》第4号出版,刊有成仿吾《知识阶级的革命分子团结起来》,文章本着上层建筑与经济基础的关系,认为"知识分子的革命分子应该是意德沃罗基战线上的先锋队""我们站在阶级意识之下,构成这部分的战线!"

　　成仿吾、郭沫若合著《从文学革命到革命文学》4月20日作为"创造社丛书"第24种由创造社出版部刊行。内容包括《新文学之使命》《我们的文学运动》《艺术家与革命家》《艺术之社会的意义》《文艺之社会的使命》《闽中艺术》《文学界的现形》《孤鸿——致仿吾的一封信》《文艺家的觉悟》《革命与文学》《革命文学与他的永远性》《完成我们的文学革命》《从文学革命到革命文学》《全部的批判之必要》。此书之所以以成仿吾的文章标题作为两人论文集书名,同样含有划清五四界限、告别"文学革命"而走向"革命文学"时代的寓意。5月1日,成仿吾在《创造月刊》第10期发表《毕竟是"醉眼陶然"罢了》,继续对鲁迅进行错误的批评。文中把鲁迅比做是中国的唐·吉诃德,要鲁迅"从朦胧与对于时代的无知中解放出来,而早一点悔改",并把鲁迅学习马克思主义说成是"涂抹色彩,粉饰自己的没落",是"掩耳盗铃式的行为"。该刊的《编辑后记》中还说:由于鲁迅的"无理取闹",所以需要消灭这种给运动造成的"不良影响"。4日,作《校〈茵梦湖〉谈到翻译》,刊于《日出月刊》第2期。中下旬,成仿吾为了深入地学习马克思主义理论,离上海赴欧探求。在离开上海之前,成仿吾对创造社的工作做了周密的安排,直到一切就绪,他才出国。20日,在《我们》月刊创刊号发表《文学革命的展望》。(以上参见张傲卉、宋彬玉《成仿吾年谱》,《东北师大学报》1985年第5期;唐金海、刘长鼎主编《茅盾年谱》,山西高校联合出版社1996年版)

　　朱镜我等创造社成员1月1日在《创造月刊》上提出"普罗列塔利亚文学"(无产阶级文学)口号。1月15日,朱镜我(丁悆)与成仿吾、冯乃超筹办的《文化批判》在上海创刊,朱镜我为主要撰稿人,先后刊载《理论与实践》《科学的社会观》《政治一般的社会的基础——国家起源及其灭亡》等文。9月15日,创造社创办的《思想》月刊创刊,着重介绍马克思主义理论和苏联状况。朱镜我等编辑,主要撰稿人有朱镜我、彭康、李初梨、冯乃超等。共出5期。(参见张傲卉、宋彬玉《成仿吾年谱》,《东北师大学报》1985年第5期;王锡荣《左联与左翼文学运动》及附录《左翼十年文学大事记》,上海人民出版社2016年版)

　　冯乃超4月15日在《文化批判》第4号发表《人道主义者怎样地防卫着自己?》,对鲁迅《"醉眼"中的朦胧》一文进行反批评。5月,《文化批判》出至第5号遭查禁,于是改名《文化》,不久被查封。8月10日,《创造月刊》第2卷第1期发表冯乃超《冷静的头脑——评驳梁实秋的〈文学与革命〉》、郭沫若(署名杜荃)《文艺战线上的封建余孽——批评鲁迅〈我的态度,气量和年纪〉》、何大白(郑柏奇)《文坛的五月》、梁自强《文艺界的反动势力》等文。冯乃超《冷静的头脑——评驳梁实秋的〈文学与革命〉》,批评梁实秋鼓吹的资产阶级人性论,同时继续攻击鲁迅。梁自强的《文艺界的反动势力》对鲁迅进行攻击和谩骂,威胁鲁迅应该"忏悔"和"改邪归正",如果再"倚老卖老"就要替鲁迅"发讣"。15日,因《文化批判》改名《文化》后再次被禁,于是再度改为《思想》,继续《文化批判》《文化》的政治使命、理论导向与编辑原则,主要撰稿人有朱镜我、彭康、李初梨、冯乃超等。重在介绍马克思主义理论和苏联情况,刊有《思想》的重要文章有克兴《意识形态的变革与唯物辩证法》、李铁声译《〈哲学底贫困〉底拔萃》等文,出至第5期后停刊。(参见鲁迅博物馆、鲁迅研究室编《鲁迅年谱》,人民文学出版社1981年版;林甘泉、蔡震主编《郭沫若年谱长编》,中国社会科学出版社2017年版;陈其强《郁达夫年谱》,浙江大学出版社1989年版;张傲卉、宋彬玉《成仿吾年谱》,《东北师大学报》1985年第5期;唐金海、刘长鼎主编《茅盾年谱》,山西高校联合出版社1996年版)

　　李初梨1月17日撰写《怎样地建设革命文学》,刊于2月15日《文化批判》第2号。作者开篇即提出郭沫若在1926年4月发表在《创造月刊》上的《革命与文学》中发出了"中国文坛上首先倡导革命文学的第一声",或可视为创造社与太阳社争夺"革命文学"先发权与主导权的一种反映。文中以首开风气的姿态对文学进行新的诠释,谓"在我们,从新来定义于'文学',不惟是可能,而且是必要"。接着在对创造社曾经提出"文学是自我的表现"以及目前自称革命文学家主张的"文学的任务是描写社会生活"的观念展开简要批驳之后,引用辛克莱尔的话,提炼和阐释自己关于文学本质的新定义:"一切的文学都是宣传。普遍地,而且不可逃避地是宣传;有时无意识地,然而当时故意地是宣传""文学,与其说它是自我的表现,毋宁说它是生活意志的要求。文学,与其说它是社会生活的表现,毋宁说它是反映阶级的实践的意欲""文学,是生活意志的表现。文学,有它的社会根据——阶级的背景。文学,有它的组织技能——一个阶级的武器"。旨在强调和论证文学的阶级意识形态性和工具性,并通过文学观念马克思主义化而与五四文学划清了界线。然后通过对文学革命的历史追溯,认为五四文学革命包括创造社已经完成了前期的使命,"这是文学革命的后期。文学革命运动,亦于此告一段落。以后当为文学革命到革命文学的酝酿期"。最后认定"现在的革命文学必然是无产阶级文学",并聚焦于"无产阶级革命文学"的建设问题,提出"无产阶级革命文学"的大约样式应该是:第一讽刺的(把有产者极端地戏化出来);第二暴露的(把有产者的黑幕揭开,把它一切的欺瞒、虚伪、真相赤裸裸地呈现于大众面前);第三鼓动的(向着一个目标组织大众行动);第四教导的(教导无产阶级)。此文重点批评了周作人、鲁迅,而在申述成仿吾"阶级背景论"中也连带批评了刘半农、陈源,又对前期创造社以及郭沫若等的文学主张作了扬弃,并就太阳社蒋光慈《现代中国文学与社会生活》一文中的部分观点提出尖锐质疑,代表了比较激进的"革命文学"派。

　　按:创造社与太阳社对于"革命文学"认知与倡导的共同点是:彼此都是在接受了马克思主义的深刻影响后,从"文学革命"的五四中走出,获得了崭新的理论视野,并通过他们在论争中激烈、峻急、攻击性的言论,确立革命文学是唯一合法的文学,文学是阶级的意识形态、是阶级斗争的工具的文学本质论,从而以阶级的文学压倒了五四"人的文学""为人生""为艺术"的文学观念。

　　李初梨3月在《文化批判》第3号上发表《一封公开信的回答》,对太阳社成员的批判进行"回答";又在《读者的回声》栏目中发表了一个读者对太阳社的文学创作的意见。4月15日,李初梨在《文化批判》第4号发表《请看我们中国的Don Quixote的乱舞——答鲁迅〈"醉眼"中的朦胧〉》。同期发表冯乃超《人道主义者怎样地防卫着自己?》、彭康《"除掉"鲁迅的"除掉"》等文,对鲁迅《"醉眼"中的朦胧》一文进行反批评,并对鲁迅继续进行人身攻击。他们把鲁迅比作唐·吉诃德,认为鲁迅是"讲趣味的有闲阶级",资产阶级的"人道主义者",布鲁乔亚的"代言人"等。该期《编辑杂记》向读者推荐以上三文,并反诬鲁迅是"反动的煽动家""自鸣得意的智识阶级"。6月20日,李初梨在《我们》月刊第2期发表《普罗列塔利亚文艺批评底标准》,力图对文学批评有更马克思主义理论化的理解,文中引用普罗汉诺夫的话说："批评家的任务,是在于他把一个艺术作品底观念,由艺术的语言翻译成社会学的语言,以发现一个文学的现象底社会学底等价。"认为"当我们批评一种文艺作品的时候,在检查它的结构和技巧之成功与否之前,应该先分析这个作品是反映着何种的意识"。可见李初梨是把考察文艺作品的思想内容置于优先地位的。此文还提出了如何批判鲁迅作品的方法。12月30日,李初梨、彭康、郑伯奇等被选为中国著作者协会执行委员。(参见鲁迅博物馆、鲁迅研究室编《鲁迅年谱》,人民文学出版社1981年版;陈其强《郁达夫年谱》,浙江大学出版社1989年版;杨胜刚《1928年中国文学理论的新变——马克思主义化》,《柳州师专学报》2008年第2期)

郑伯奇与成仿吾、彭康、冯乃超等2月5日听取郭沫若介绍"八一"南昌起义情况。在是年创造社转变方向前后,郑伯奇创作了多部反帝爱国剧作,这些戏剧作品因其所表现的革命情绪而受到研究者的瞩目,其中的代表作是《抗争》。8月10日,郑伯奇(署名何大白)在《创造月刊》第2卷第1期发表的《文坛的五月》,指出"我们所批评的不是鲁迅个人,也不是语丝派几个人,乃是鲁迅与语丝派诸君所代表的一种倾向"。"鲁迅和语丝派诸君所代表的倾向,分析下来,我们可以大胆地说,不过是以下几种的混合;就是:很多的趣味,相当的不平,些须的人道精神……。"文中称鲁迅是革命文学的"敌人"。12月1日,郑伯奇等人在上海创办《文艺生活》周刊。是年,郑伯奇(署名何大白)在《畸形》第2期发表《革命文学的战野》,提出革命文学者急切要做的工作是:(一)确立理论;(二)建设批评,确立理论就是要"确切地把握着辩证法的唯物主义",亦即是要以马克思主义武装文学理论,然后利用这"已定的基本理论"展开批评。由于革命文学的工作应该是"破坏多于建设",所以要大力扩展"批评的范围""不必局限于既成的作品",甚至批评还可以延伸到通俗的"大众的文学"范围。同时更强调和注重文学批评的意识形态性,明确宣称:"我们的批评不是主观的鉴赏,也不是客观的实证,我们的批评是klasse的暴露,是Ideologie的检讨",主张文学批评更注重揭示出作品"背后所藏的思想和作用"。(参见张傲卉、宋彬玉《成仿吾年谱》,《东北师大学报》1985年第5期;唐金海、刘长鼎主编《茅盾年谱》,山西高校联合出版社1996年版;乔丽华《革命文学论争中的"语丝"阵营》,《上海鲁迅研究》2018年第1期;杨胜刚《1928年中国文学理论的新变——马克思主义化》,《柳州师专学报》2008年第2期)

叶灵凤主编的《现代小说》1月1日创刊,主要撰稿人有郭沫若、钱杏邨、冯乃超、潘汉年等。叶灵凤主编的《戈壁》半月刊在上海创刊。叶灵凤在该刊第1卷第2期发表漫画一幅,攻击鲁迅。漫画附说明:"鲁迅先生,阴阳脸的老人,挂着他已往的战绩,躲在酒缸的后面,挥着他'艺术的武器'在抵御着纷然而来的外侮。"该刊出至第4期后停刊。(参见鲁迅博物馆、鲁迅研究室编《鲁迅年谱》,人民文学出版社1981年版;王锡荣《左联与左翼文学运动》及附录《左翼十年文学大事记》,上海人民出版社2016年版)

彭康1月15日在《文化批评》创刊号上发表《哲学的任务是什么?》,提出"哲学的任务是把这个世界变更"。4月15日,彭康在《文化批判》第4号发表《"除掉"鲁迅的"除掉"》,对鲁迅《"醉眼"中的朦胧》一文进行反批评。7月10日,彭康在《创造月刊》第1卷第12期发表《什么是"健康"与"尊严"——"新月的态度"底批评》,对"新月派"进行批判。11月10日,在《创造月刊》第2卷第4期发表《革命文艺与大众文艺》,批评郁达夫关于"大众文艺"的主张,攻击郁达夫等主编的《大众文艺》是"反动的东西",并将鲁迅与梁实秋等一律斥为反动文学阵营中的成员。(参见鲁迅博物馆、鲁迅研究室编《鲁迅年谱》,人民文学出版社1981年版;陈其强《郁达夫年谱》,浙江大学出版社1989年版)

张资平3月到上海参与后期创造社活动后,公开表示要转向革命文学,并创作"革命＋

恋爱"小说,如长篇小说《长途》。但仅仅时过半年,他就因出版思路上的分歧与创造社新锐们分道扬镳。9月,开办乐群书店后创《乐群》半月刊(后改为月刊)。10月16—30日,参加以陈文祥为代表的学术团体访问日本,回国后写了篇日记体小说《群犬》,形容日本侦探之多。此后,致力于中长篇恋爱小说的创作,成为公认的"恋爱小说家"。同时在沪宁线的第一站——上海市郊的真如兴土木建私宅,名之"望岁小农居",打算在上海扎下根来。12月30日,鲁迅在《奔流》月刊第1卷第7期"托尔斯泰诞生百年纪念增刊"发表《〈奔流〉编校后记(七)》,针对我国文坛有些人对托尔斯泰的不切实际的指责,以及不务实际的空喊口号的倾向,给予了批评,文中还指出:中国作家的行为与俄国的托尔斯泰是没有可比性的,"我们有开书店造洋房的革命文豪,没有分田给农夫的地主——因为这也是'浅薄的人道主义';有软求'出版自由'的'著作家'兼店主,没有写信直斥皇帝的胡涂虫——因为这是没有用的,倒也并非怕危险",这是对张资平的讽刺与批评。(参见鲁迅博物馆、鲁迅研究室编《鲁迅年谱》,人民文学出版社1981年版)

华汉(阳翰笙)、李一氓编辑的《流沙》半月刊3月15日在上海创刊,由创造社出版部发行,为创造社主办的综合性刊物,以社会科学论文和文学作品为主要内容,郭沫若题写刊头。主要执笔者有华汉、彭康、朱镜我、李一氓、成仿吾等。此前一天,成仿吾在郭沫若的住处,与阳翰笙、李一氓、成仿吾、郑伯奇等商议出版新的周刊,郭沫若提议取名《流沙》,认为"这不单是包含沙漠的意义,汕头附近有这样一个地名,在我们是很可以警惕的一个地方"。创刊号《前言》中号召全国文艺青年,"打倒那些小资产阶级的学士和老爷们的文学,转换方向来开辟这文艺的荒土!"5月,《流沙》特刊号登载李一氓为纪念马克思诞辰110周年而编译的《唯物史观原文》和《科学社会主义的哲学渊源》两文。还在特刊号"社会运动家和社会思想家"专栏刊发介绍马克思、恩格斯生平活动的文章。同月停刊,共出6期。

按:该刊于本年5月30日出至第6期停刊。(参见鲁迅博物馆、鲁迅研究室编《鲁迅年谱》,人民文学出版社1981年版;王学典《20世纪史学编年(1900—1949)》,商务印书馆2014年版)

夏衍年初在内山书店结识鲁迅,经内山完造介绍认识了尾崎秀实、山上正义及后来的日本作家鹿地亘、池田幸子夫妇。8月,所译日本本间久雄的《欧洲近代文艺思潮概论》由上海开明书店出版,后多次再版。10月,所译苏联柯伦泰的《恋爱之路》由上海作新书社出版发行。是年,译日本金子洋文的《地狱》由上海春野书店发行。(参见夏衍《夏衍全集》附录《夏衍年表》,浙江文艺出版社2005年版)

田汉1月7日发表《谈欧阳予倩》一文,以对话形式评论欧阳予倩的戏曲创作和演出,希望他"专向新歌剧之建设努力"。上旬,因资金困难,将上海艺大从善钟路迁到西爱咸斯路拉都路西一简陋的处所。中旬,上海艺大原校长与部分旧教职员前来无理取闹。田汉向艺大学生会提出辞职书。学生会宣布脱离该校,请求田汉另组学院。下旬,经与徐悲鸿、欧阳予倩商议,决定筹建南国艺术学院,下设文学、绘画、戏剧三科,自任院长兼文学科主任。绘画、戏剧两科则分别由徐悲鸿和欧阳予倩主持。30日,以广告形式发表《南国艺术学院创立宣言》。

按:《南国艺术学院创立宣言》载1月30日《申报》,曰:"新时代之划成恒赖有力的艺术运动为之先驱。在此混乱时势而言艺术运动,首在得与此时代同呼吸共痛痒之青年而与以必要的适当的艺术训练。本学院之组织即本斯旨。一切科目设备皆以朴质为归。暂分文学、绘画、戏剧三科,文学科附以南国图书室,由田汉、郁达夫、徐志摩诸先生指导。画科另建美备之画室,特请徐悲鸿先生主持。戏剧科教授则为欧阳予倩、洪深、赵太侔诸先生。"

　　田汉 2 月 2 日开始为上海《中央日报》编副刊《摩登》，所得编辑费均用于筹建南国艺术学院。4 日，发表为话剧《黄花岗》新写的《序》，赞扬黄花岗起义烈士"知其不可为而为"的牺牲精神是"人性底珠玉"。5 日，发表话剧《黄花岗》。24 日，南国艺术学院开学，田汉在开学典礼上致辞。南国艺术学院实质上是南国社的研究机关，一时吸引了一大批志在献身于艺术事业的青年，陈白尘、金焰、郑君里、陈凝秋、左明、赵铭彝、张曙、吴作人等均为学生。3 月，田汉在南国艺术学院为易卜生诞生一百周年举行的纪念仪式上作关于易卜生生平和剧作的报告。31 日，应江苏无锡中学学生会邀请，由刘大杰陪同专程去该校作题为《恋爱与情死》的演讲，论述了"人生最大意义和价值问题，阐明了无产阶级恋爱观与资产阶级恋爱观的特点与性质"。演讲内容刊于 4 月《苏大锡中半月刊》第 1 期。又在该校文学研究会上发表《怎样去解决文学上的问题》《关于无产阶级文学》讲话。

　　按：第一部分《怎样去解决文学上的问题》具体地对当时文坛上的文学流派作了分析，鲜明地指出文学创作必须要走浪漫主义与现实主义相结合的道路，才能深受广大读者的欢迎。第二部分《关于无产阶级文学》则"详细介绍了无产阶级文学的性质及其目的。列举了大量事实来证明只有无产阶级革命文学，才能对社会作出贡献"。最后还呼吁："现在的文学，是需要民众的文学——无产阶级的文学。"讲话内容刊于 5 月《苏大锡中半月刊》第 3 期。

　　田汉是年春出任上海光华大学戏剧教授。4 月，与上海戏剧界人士在大西洋餐馆为过沪赴粤的欧阳予倩饯行。席间，田汉提出新剧的名称不妥，洪深当即建议取消"新剧"，改用"话剧"这个名称，获在座人士的一致赞同。话剧这一名称由此开始使用。6 月 19 日，在《民国日报》副刊《戏剧周刊》第 1 号发表译文《艺术剧场到民众剧场》。6、7 月间，田汉为南国艺术学院暑期讲座作题为《近代戏剧文学及其社会背景》的演讲，提出："戏剧文学是一种实用的艺术，它本是与文学一体的。它须有舞台性也应当有文学性，那才是所谓戏剧的文学""文学上最重要的是真实性（Sincerity），只有真正感到某种社会的痛苦和要求的，并且是自己有体验的，那才有产生社会的文学的可能。……我们能从自己的体验得到一种真理而写成的无产阶级文学，才是有真实性的社会文学"，现代戏剧家的描写对象"应当从个人的转到社会的，从个性与社会的斗争转到被压迫阶级和压迫阶级的斗争"。以上集中代表了田汉的戏剧观。8 月，田汉为《南国》不定期刊第 5 期出版发表《重刊之词》。9 月，译著《日本现代剧三种》一书由上海东南书店出版。10 月，田汉出席与洪深、欧阳予倩、朱穰丞 4 人发起，由南国社、上海戏剧协社和辛酉剧社三团体联合举行的上海戏剧界第一次讨论会，并作讲演。

　　按：此次集会最后议决五项：（一）成立一永久组织，定名为戏剧运动协会；（二）由戏剧运动协会办一周刊；（三）介绍西洋剧运动；（四）年内每剧社必须演剧一次；（五）三剧社联合大公演一次。

　　田汉 10 月 22 日与唐槐秋两人倡议南国社进行改组。最后推举严工上、王芳镇、唐槐秋、周信芳、田汉、左明、万籁天 7 人为筹备委员，田汉为委员长。同时推定田汉、万籁天、左明 3 人为出席戏剧运动协会全权代表。下旬，上海戏剧运动协会正式成立。经推定，南国社的田汉、左明、万籁天，戏剧协社的洪深、谷剑尘、王怡庵，辛酉剧社的朱穰承、马彦祥、庄诚榛等 9 人为执行委员。执行委员会议决三剧团联合公演易卜生的《群鬼》，作为易卜生诞生一百周年的演出，并附在《时事新报》出一周刊，定名《戏剧运动》，由洪深主编。31 日，中华全国伶界联合会开会欢迎田汉、唐槐秋等南国社成员。欧阳予倩、周信芳致欢迎词，田汉致答词。秋，出任复旦大学戏剧教授。11 月 5 日，应复旦大学文科之邀，前往作题为《舞台和人生的关系》的演讲。8、11 日，在《梨园公报》22、23 号连载《新国剧运动第一声》。9 日，主持召开改组后的"新南国成立大会",任大会执行主席。会上,与唐槐秋、万籁天、左明、周信芳、欧阳予倩、张本清等 7 人当选为执行委员。19 日,出席南国社执行委员会第一次会议,当选为委员长,并被推兼任影剧部长。会议还推举王芳镇任总务部长兼秘书,周信芳任戏剧部长,左明任出版部长。

田汉 12 月作《在戏剧上我的过去,现在,及未来》一文,回顾了自己接触戏剧的起点和走过的戏剧道路,刊于 15 日上海《民众日报》副刊《戏剧周刊》109 号。15 日,南国社在方浜路梨园公所开始举行预期三天的第一次在沪公演,上演的剧目有《苏州夜话》《生之意志》《名优之死》《古潭的声音》《湖上的悲剧》《最后的假面》等。洪深在此期公演中加入南国社。同月,在上海《南国》不定期刊第 6 期发表《南国对于戏剧方面的运动》一文。年底,田汉与洪深、朱穰丞一起为上海光华书局编辑《"新世纪"戏剧丛书》。是年,田汉所著《银色的梦》一书由上海良友图书印刷公司出版。田汉"为要使人对于真正的'无产文学',不要因了中国一般冒牌的东西而发生误会",翻译日本秋田雨雀的独幕剧《围着棺的人们》和金子洋文的独幕剧《理发师》。此两剧后结成《围着棺的人们》一书于次年 8 月由上海金屋书局出版。
(以上参见张向华编《田汉年谱》,中国戏剧出版社 1992 年版)

李少仙 6 月 4 日发表《一个读者对于无产文学家的要求》,嘲讽创造社人"穿着洋装,住在租界的无产文学家"对着乞丐高喊口号,就自称为无产阶级文学,认为"写这种文章不如写标语有效力,看这种文章也不如看传单起劲"。指出那些无产阶级革命文学家说鲁迅过时了,却"没有创造出比过了时的《呐喊》《彷徨》这类好的东西来""新兴的文学家"不过是狐狸吃不到葡萄说葡萄酸,"这只是新的投机家"。(参见乔丽华《革命文学论争中的"语丝"阵营》,《上海鲁迅研究》2018 年第 1 期)

高明 7 月 13 日在《语丝》第 4 卷第 35 期发表《从时代说到无产文学再扯到言论自由》,文中针对麦克昂(即郭沫若)的《桌子的跳舞》一文,讥刺创造社人自以为"捉到了"时代精神,捉到了"普罗列塔利亚"等几个词就以为是无产阶级文学的成功。同时也对国民党当局将一批创造社太阳社刊物如《流沙》《文化批评》等禁止表示愤慨,指出:"创造社那付态度我们不以为对不过我们自会将他们的错误一齐揭出,使人家不再信它;我们决不许横暴的政府来侵犯权利!"可见其基本立场是坚持文艺自由。

按:此文文末注明"一九二八,七,十三日,于日本水户追赶室。"可知这篇稿子也是寄自日本。(参见乔丽华《革命文学论争中的"语丝"阵营》,《上海鲁迅研究》2018 年第 1 期)

青见在《语丝》第 4 卷第 33 期发表《关于革命文学》;在《语丝》第 4 卷第 24 期发表《阿 Q 时代没有死》;在《语丝》第 4 卷第 37 期发表《在革命的气氛中》;在《语丝》第 5 卷第 41 期发表《"穷愁的自传"中的"新兴"的色彩》。(参见乔丽华《革命文学论争中的"语丝"阵营》,《上海鲁迅研究》2018 年第 1 期)

傅克兴 9 月 10 日在《创造月刊》第 2 卷第 3 期发表《评驳甘人的"拉杂一篇"——革命文学底根本问题底考察》一文,攻击鲁迅的作品是"站在支配阶级底立场注射人道主义底麻醉药,幻想永久不变的仁爱,教支配阶级怎样去巧妙地施行剥削欺骗"。11 月 13 日,傅克兴作《小资产阶级文艺理论之谬谈——评茅盾君底〈从牯岭到东京〉》,刊于 12 月 10 日《创造月刊》第 2 卷第 5 期。文中用极左方法对茅盾的文章提出了全面的批评,以为"茅盾君底这篇文字,除了巧妙地玩弄些文字上矛盾,幻灭,动摇的把戏而外,确是找不出很大的价值"。该刊编辑委员会宣称:"茅盾的从牯岭到东京这篇文章,显然与普罗列塔利亚文学尖锐地对立着,我们对于他的意见,应该从各方面去批评分析。"(参见鲁迅博物馆、鲁迅研究室编《鲁迅年

谱》,人民文学出版社1981年版;唐金海、刘长鼎主编《茅盾年谱》,山西高校联合出版社1996年版)

虚白(曾虚白)11月4日作《文艺的新路——读了茅盾的〈从牯岭到东京〉之后》,刊于12月16日《真善美》第3卷第2号。文中认为茅盾的文章"竟清晰地指给我们一条可以遵循的文艺新路",他"观察到我们'新文艺'的读者实在只是小资产阶级,所以他决心要做小资产阶级所能了解和同情的文艺了。这就是他指给我们的新路"。并说:"现在,我们该提倡的是要叫一切作家去找寻他们发展'自我'的路径,不能指定了一条路叫一切作家都跟着我们走。茅盾是找着了他的路了,可不一定就是大家共同该走的路。"(参见唐金海、刘长鼎主编《茅盾年谱》,山西高校联合出版社1996年版)

祝秀使11月25日作《茅盾的〈一个女性〉》,刊于1929年6月10日《海风周刊》第6—7期合刊,谓《一个女性》中的描写与莫泊桑的《一生》"似乎不相上下""不过《一个女性》的描写是不十分深刻的",采用"自然主义的手法,并未臻于成功之境""至于作者的思想,他根本上就是站在小资产阶级说话的人""他的创作并不是革命文学,里面找不出一点革命的思想"。(参见唐金海、刘长鼎主编《茅盾年谱》,山西高校联合出版社1996年版)

复三10月27日作《茅盾的三部曲》,谓"在当时的文坛这三部实在是沙漠中稀有的,宝贵的绿洲了,而且它还有它更大的使命,价值和位置的",即在中国文学史上"有它永久的位置"和"占有特殊的位置","我不敢说这三部曲于我们中国青年会有若何大的影响,可是也说不定在最近的将来,青年的生活或将因而起变化,就是退一步说是对时代不负影响的使命,则十六年时代整个社会的面目也已深深地描绘在纸上了"。

按:复三《茅盾的三部曲》,载伏志英编《茅盾评传》,上海现代书局1931年12月出版。(参见唐金海、刘长鼎主编《茅盾年谱》,山西高校联合出版社1996年版;鲁迅博物馆、鲁迅研究室编《鲁迅年谱》,人民文学出版社1981年版)

张眠月11月19日作《〈幻灭〉的时代描写》,刊于1929年3月3日《文学周报》第8卷第10期,谓"《幻灭》虽是很忠实的时代描写,然而它是不含有多量的客观性地,用写实的笔法将整个时代情形显露给我们看"。(参见唐金海、刘长鼎主编《茅盾年谱》,山西高校联合出版社1996年版)

王独清、邱韵铎、龚冰庐等5月在上海创办《畸形》半月刊,王独清作发刊词《致畸形同人书》。

按:此刊于1928年6月15日停刊,共出2期。(参见陈其强《郁达夫年谱》,浙江大学出版社1989年版)

蒋光慈、钱杏邨、孟超、洪灵菲、夏衍、楼适夷、殷夫、林伯修(杜国庠)、戴平万、刘一梦、顾仲起、冯宪章、祝秀侠、迅雷、圣悦(李平心)、王艺钟、童长荣等1月1日在上海成立太阳社,创办《太阳月刊》,由蒋光慈主编,上海春野书店发行。太阳社的成员全部是共产党员,当时在中共中央的瞿秋白和高语罕、杨匏安等也参加了"太阳社",是为现代文学史上由中国共产党领导和组织的第一个文学团体。太阳社与创造社成员共同提倡"革命文学",掀起"无产阶级文学运动",传播了马克思主义文艺理论,推动了后来的左翼文艺运动的发展。同日,蒋光慈在《太阳月刊》创刊号发表《卷头语》及《现代中国文学与社会生活》,认为当时中国社会形势"是革命浪潮极为高涨的时代",忽视作家有再去参加革命实际锻炼的必要,引起了创造社成员李初梨、成仿吾以及文学研究会茅盾等人的批评和商榷。

按:由于其中一部分成员受到国内外左倾思潮的影响,对中国当时的革命形势和文学的发展作了错误的估计,对鲁迅等作家进行批判甚至攻击,并与鲁迅发生"笔战"。与此同时,太阳社与创造社在革命文学问题上也存在分歧,并为此展开论争。所以太阳社发起的在革命文学阵营内部展开的关于革命文学的论争,主要是在鲁迅和"创造社""太阳社"之间,以及"创造社"和"太阳社"之间进行。这场论争延续一年之久,直接参加这场论争的文章不下百余篇。

按:蒋光慈在《现代中国文学与社会生活》中说:"革命的步骤实在太快了,使得许多人追赶不上,文学虽然是社会生活的表现,但是因为我们的社会生活被革命的浪潮推动得太激烈了,因之起了非常迅速的变化,这弄得我们的文学来不及表现——我们的文学家虽然将笔运得如何灵敏,但当他这一件事情还未描写完时,而别一件事情却早已发生了,文学家要表现社会生活时,有意识地或无意识地,必定要经过相当的思考的过程,但是我们的社会生活之变化,却没有这样从容的顺序的态度,如此,我们的文学就不得不落后了。"这段话,是引起轩然大波的论述。李初梨、成仿吾都对这段话进行了批评,认为蒋光慈的论点是:"蒋君好像在此地大发牢骚,以为我们的文学的落后却是因为'革命的步骤实在太快'!"单独地从这一段话来说,可以认为李初梨、成仿吾的结论是正确的。但从蒋光慈的全文来看,他在开篇之后就掉转了话题,首先把作家分为了三类:反革命的作家、不革命的作家、革命的作家。在对作家分类之后,他认为反革命的作家当然不会描写革命的生活,而不革命的作家由于没有革命的实感,只能感慨革命的步骤实在太快了,而不能对革命有所描写。只有革命的青年作家即太阳社的作家才能紧跟革命的步骤,成为时代生活的表现者。他的结论很显然是认为只有太阳社的作家是革命作家,因为他们都是从革命前线撤退回来的战士。钱杏邨、杨邨人对此当然毫无异议,而且理直气壮地认为这就是事实。李初梨想必也能从文章中看出这一点。但创造社的成员明显地不是这样认为的。他们创办《文化批判》的目的,就是认为大革命的失败原因在于国内真正懂得马克思列宁主义的知识分子太少。那些自认为自己已经是无产阶级的知识分子,其实大部分是小资产阶级知识分子,并没有真正掌握马克思列宁主义。他们回国就是要向国内输送马克思列宁主义的。国内的所有的知识分子都需要"转向",从原来的资产阶级思想转向马克思列宁主义思想。包括蒋光慈在内的太阳社成员,虽然曾经参加过大革命,但并不能表明他们就已经是无产阶级知识分子了,他们同样需要"转向"。因此,李初梨认定蒋光慈的说法"至少是非马克思列宁主义的说法"。……创造社的这一思想对文坛的影响是相当巨大的。从此之后,革命文学阵营中的作家,无论是创造社作家还是太阳社作家,无论他们是共产党员还是非共产党员,都被认为是小资产阶级作家,都是需要进行思想转变的作家。直到1930年在"文艺大众化问题"笔谈中,郑伯奇还是认为知识阶级出身的作家并不能具有"大众的意识,大众的思想感情","大众文学的作家,应该是由大众中间出身的:至少这是原则"。在知识分子的思想与大众的思想之间划出了一道界限。蒋光慈更惨,死去之后,还被称作"小资产阶级作家"。(赵新顺《太阳社研究》,中国社会科学出版社2010年版)

按:《太阳月刊》出至第七期后停刊,太阳社于一九二九年底解散。

蒋光慈1月1日在《创造月刊》第1卷第8期开始连载《十月革命与俄罗斯文学》的长篇论文,介绍十月革命前后苏俄文坛的情况,宣传无产阶级革命文学理论。同期《创造月刊》先后出版两种版本,其中一种刊载《〈创造周报〉改出〈文化批判〉月刊紧要启事》,谓从1928年元月起,按月逢15日出版,全年1期。同时刊登《月刊》的姊妹杂志《文化批判》出版预告。2月1日,《太阳月刊》2月号出版,蒋光慈发表《关于革命文学》一文,强调"近两年来的中国革命的性质,已经不是单纯或民族或民权的革命了",因此"要转变文学的方向",要"面向表现旧社会生活的作家加以攻击",并批评鲁迅虽然也攻击社会的不良,虽然有时也发几声反抗呼喊,但是始终在彷徨,彷徨……寻不出什么出路。该刊在《编后》中预告说:"第三号将有杏邨的《死去了的阿Q时代》,是一篇很值得注意的鲁迅论。"4月1日,蒋光慈在《太阳月刊》4月号发表《论新旧作家与革命文学——读了〈文学周报〉的〈欢迎太阳〉以后》,主张新作家"用自己的心灵去参加社会的斗争",认为旧作家"象衰颓的树木总不会重生出鲜艳的果实来",否认他们有参加革命文学战线的可能性,同时反驳茅盾(署名方璧)《欢迎〈太阳〉!》一文中关于革命文学的观点,重点从五个方面就茅盾对他发表于《太阳月刊》创刊号上的《现代中国文学与社会生活》的批评进行反批评,认为"方君以为总是凭藉客观的观察为合于通例",这是"旧的写实主义与自然主义的理论","方君心目中的新的发现和新的启示",是"很带点神秘主义的意味"。文中还对"革命文学的范围"等进行了论述和批评。(参见吴泰昌(记述)《阿英忆左联》,《新文学史料》1980年第1期;荣太之《中国著作者协会成立的报导和宣言》,《新文学史料》1980年第3期;复旦大学《鲁迅日记》注释组《访问楚图南》,载鲁迅研究室编《鲁迅研究资料》第五辑;冯乃超《左联成立前后的一些情况》,《鲁迅研究资料》第六辑;鲁迅博物馆、鲁迅研究室编《鲁迅年谱》,人民文学出版社1981年版)

　　钱杏邨(阿英)与蒋光慈1月1日在上海成立太阳社,创办《太阳月刊》。钱杏邨在《太阳月刊》创刊号发表《英兰的一生(书评)》,否定"五四"新文学的成绩和意义,主张作家要"超越时代""创造时代"。12日,钱杏邨著《革命的故事》作为"太阳小丛书"第一种,由春野书店出版。从此,在上海开展革命文化工作及文化界的统战工作。当时,住在虹口区一条弄堂里,和蒋光慈是邻居。经蒋光慈介绍,认识了田汉。认识了创造社主将郭沫若,并成为一生的挚友。又通过来稿,认识了殷夫。2月,春野书店正式开张。后因引起敌人注意,迁对面厚德里一家亭子间,不挂招牌,由住在那里的严启文等,将书整捆送一些书摊推销。李克农从芜湖撤至上海,暂时安排在春野支部。夜里常和钱杏邨一起上街散传单、贴标语。钱杏邨和蒋光慈介绍杜国庠入党。同月13日,郁达夫在日记中称赞钱杏邨的《革命的故事》有时代的价值,在他们的这一代younger generation(年轻的一代)里,可以算是代表的作品,幼稚病不足为他们的病,至少他们已经摸着了革命文学及内部暴露的路了。19日,钱杏邨作《茅盾与现实》中的谈《幻灭》部分,刊于《太阳月刊》3月号,批评"《幻灭》是一部描写革命时代及革命以前的小资产阶级女子的游移不定的心情,及对于革命的幻灭,同时又描写青年的恋爱狂的一部具有时代色彩的小说。全书把小资产阶级的病态心理写得淋漓尽致。而且叙述得很细致。描写只是后半部失败了,至于意识不是无产阶级的,依旧是小资产阶级的,是革命失败后堕落的青年的心理与生活的表现"。27日,郁达夫来访,钱杏邨为《达夫代表作》写后记。因为约稿,与在日本的郭沫若常有书信来往。

　　钱杏邨3月1日在《太阳月刊》3月号发表《死去了的阿Q时代》一文,认为鲁迅的著作没有抓住时代,是"无意义的类似消遣的依附于资产阶级的滥废的文学",不但"阿Q时代早已死去",而且"阿Q正传的技巧也已死去",并认为"超越时代的这一点精神就是时代作家的唯一生命!"该刊在"编后"中称该文是"一篇估定所谓现代大作家鲁迅的真价的文字。很多人总以为鲁迅是时代的表现者,其实他根本没有认清十年来中国新生命的原素,尽在自己狭窄的周遭中彷徨呐喊;利用中国人的病态的性格,把阴险刻毒的精神和俏皮的语句,来淆乱青年的耳目;这篇论文实足澄清一般的混乱的鲁迅论,是新时代青年第一次给鲁迅的回音"。对鲁迅发起猛烈的攻击,甚至进行人身攻击。此后,钱杏邨又相继发表《死去了的鲁迅》《朦胧之后》《鲁迅》。《死去了的阿Q时代》《死去了的鲁迅》《朦胧之后》三篇合称为"鲁迅三论",最后一篇称为"鲁迅史论"。这四篇文章,分别从鲁迅的文、鲁迅的人、论争中的鲁迅、文学史上的鲁迅考察和批判鲁迅。

　　按:钱杏邨的《死去了的阿Q时代》(《太阳月刊》1928年3月号),是太阳社同人发表的第一篇批判鲁迅的文章。由于这篇文章发表在冯乃超的《艺术与社会生活》之后,很容易让人认为这是太阳社与创造社联手"围剿"鲁迅,并进而认为这篇文章是依据创造社的观点来对鲁迅进行批判的。这其实都是误解。《死去了的阿Q时代》是蒋光慈的《现代中国文学与社会生活》一文的具体化(另外三篇也是如此)。在这篇文章中,钱杏邨首先建立了一种崭新的对五四运动以来的社会思潮史的叙述线索:那就是"从个人主义的反抗到民族的反抗、从民族的反抗再到阶级的反抗"这样一个社会思潮史的叙述线索,这是钱杏邨文学批评理论的最重要的阐述,是全文最重要的部分。在文章的第二部分,钱杏邨对鲁迅《呐喊》《彷徨》《野草》三部作品集进行了分析,论点是:"他始终没有找到一条出路,始终的在呐喊,始终的在彷徨,始终的如一束丛生的野草不能变成一棵乔木!"文章的第三部分,"这一篇(《阿Q正传》)的好处不但是代表了病态的国民性,同时还解剖了在辛亥革命初期的农村里一部分人物的思想,我们扩大点说,阿Q的思想也代表那时都市里一部分民众的思想""于是乎阿Q死,《阿Q正传》也就完成了他的时代的记载!""《阿Q正传》虽有这么多的好处,在表现与意义两方面虽值得我们称赞,然而究竟不能说是代表十年来的中国现代文坛的时代的力作;十年来的中国农民是早已不像那时的农村民众的幼稚了。所以根据文艺思潮的变迁的形式去看,阿Q是不能放在五四时代的,也不能放在五卅时代的,更不能放到现在的大革命时代的……",结论便是"阿Q时代是已经死去了"。这篇文章是钱杏邨发生重要影响的论文,带有明显的三段论的痕迹。钱杏邨的结论其实在理论准备阶段——三段论的大前提阶段已经是非常清楚的了。用业已建立的"正确的"理论思潮的线索来检验作家的创作,只能是得出"符合"或"不符合"的结论。鲁迅的创作"不符合"理论,自然就是落伍的。(赵新顺著《太阳社研究》,中国社会科学出版社2010年版)

钱杏邨3月在《太阳月刊》3月号上发表《关于"现代中国文学"》一文,针对李初梨、成仿吾的批评文章加以反驳。4月,钱杏邨在《太阳月刊》4月号上发表《批评与抄书》,对创造社进行批评。杨邨人也在同期杂志上发表《谈成仿吾的〈全部的批判之必要〉》,批评了成仿吾。5月1日,钱杏邨在《太阳月刊》5月号上发表《批评与建设》,认为资产阶级在政治方面已是"空无所有",其"文艺也是如此";革命文学的新作家"是早已无产化了,早已不是唯心的主观的个人主义的了……他们从没有进过象牙之塔,他们也不必再从象牙之塔里走将出来"。否定青年作家的世界观有改造的必要。文中不点名地批判了创造社。20日,钱杏邨在《我们》月刊创刊号发表《"朦胧"以后——三论鲁迅》,针对鲁迅在《语丝》第4卷第16—18期上发表的几篇杂文,攻击鲁迅"不仅朦胧而且糊涂",要鲁迅"接受批评,翻然悔悟",抛弃"死去了的阿Q时代""转换新方向",否则"只有死亡"。该刊"编后"中称该文是"给鲁迅先生最后以一个致命的打击"。29日,钱杏邨作《茅盾与现实》中的谈《动摇》部分,载《太阳月刊》第7号,谓此书"以解剖投机分子的心理和动态见长",当然还"不是一部成功的创作""但就目前的文坛的成绩看,这是值得一读的。虽然技巧有一些缺陷,但是规模具在;虽然意识模糊,我们终竟能在里面捉到革命的实际"。

钱杏邨6月1日在《太阳月刊》6月号发表《艺术与经济》,认为"现代艺术的重大使命,是否定资本主义的社会"。7月,因被当局察觉,《太阳月刊》被迫停刊。同月,所著《暴风雨的前夜》《现代中国文学作家》(第1卷)出版。9月,所著《义冢》出版。同月15日,所著《欢乐的舞蹈》出版。10月1日,出版《时代文艺》,仅一期,又被查禁。同月,钱杏邨、郁达夫为中国济难会编辑文艺性半月刊《白华》,钱杏邨撰写发刊词《我们的态度》,但仅出三期就被查禁。其间,钱杏邨与《小说月报》主编郑振铎建立了友谊。济难会代表从苏联回来,谈起在莫斯科见到高尔基的情形。10月18日,钱杏邨在《茅盾与现实》中谈《追求》部分,刊于《泰东》月刊第2卷第4期,谓"作者客观方面所表现的,思想也仍旧的不外乎悲哀与动摇。所以,这部创作的立场不是无产阶级的"。"《追求》虽具有革命的时代色彩,然而不是革命的创作",并希望"作者以后的作品",改正那些"悲观的""幻灭的"思想。12月30日,中国著作者协会在北四川路广肇公学成立,钱杏邨当选为监察委员,开始从事文艺评论,一年来写了二十余万字。有关中国作家研究的部分,编成《现代中国文学作家》一、二卷。有关其他各国文艺研究部分,编成《力的文艺》。(以上参见钱厚祥整理《阿英年谱(上)》,《新文学史料》2005

年第 4 期；鲁迅博物馆、鲁迅研究室编《鲁迅年谱》，人民文学出版社 1981 年版；陈其强《郁达夫年谱》，浙江大学出版社 1989 年版；唐金海、刘长鼎主编《茅盾年谱》，山西高校联合出版社 1996 年版）

　　杜国庠（林伯修）1 月到上海，住在钱杏邨（阿英）、蒋光慈所办的春潮书店，参加了革命文学团体"太阳社"。2 月，由钱杏邨（阿英）、蒋光慈介绍，加入中国共产党，随即投身于反文化"围剿"的斗争。杜国庠与创造社负责人成仿吾接上关系。以后就用吴念慈、林伯修等笔名发表翻译文章和论著，由春潮书店、创造社和南强书店等出版。在这期间，他翻译的有普列哈诺夫的《艺术论》《史的一元论》，德波林的《辩证唯物论入门》，编的有《政治经济学辞典》。又与洪灵菲、戴平万等编辑出版了《我们》杂志。在严重的白色恐怖之中，坚持了马克思主义的传播工作。5 月 20 日，杜国庠与洪灵菲等主编的《我们》月刊在上海创刊，由我们社出版，上海晓山书店发行。创刊号《祝词》中说：现在文学运动中的两派人，一派是"自尊狂的人物和代表无聊的智识阶级的文人底联合"，一派是"明目张胆地反对革命文学"，"这些不能和我们联合战线的就是我们底敌人！当然我们须先把这些敌人打倒！"

　　　按：《我们》月刊出至第三期后停刊。（参见钱厚祥整理《阿英年谱（上）》，《新文学史料》2005 年第 4 期；鲁迅博物馆、鲁迅研究室编《鲁迅年谱》，人民文学出版社 1981 年版）

　　郁达夫任上海艺术大学教务长。1 月 4 日作论文《卢骚的思想和他的创作》，刊于 2 月 1 日《北新半月刊》第 2 期第 7 号，文中介绍了卢梭的性格、思想及其主要著作，认为他的性格"充满着矛盾的两极端"——"自卑与自大"。这种矛盾的性格使他的一生都处在"苦忧之中"。16 日，在《北新月刊》第 2 卷第 6 号发表传记文学《卢骚传》，文中记述了卢梭的出生、创作道路、学术成就及其悲苦坎坷的一生，认为"千部万部的卢梭传记，总不能及他晚年的半部著作的价值的永久"。2 月 5 日傍晚，在内山书店会见鲁迅，鲁迅向其借阅汉姆生的《饥饿》德译本。12 日下午访鲁迅，未遇。留借德国莫洛翻译的汉姆生小说集一册，赠俄国作家蒲宁的小说《米佳的爱情》德译本一册。14 日，作《翻译说明就算答辩》，刊于 16 日《北新半月刊》第 2 卷第 8 号。梁实秋针对达夫的《卢骚传》，于 5 日在《时事新报》"书报春秋"栏撰文笑骂达夫只引了四部书作参考，似乎不足以称卢梭"学者"，并痛斥郁达夫"在拒绝别人批评他（卢梭）的行为，估量他的价值"。本文为此予以答辩，亦谈及自己脱离创造社的经过。26 日下午，访鲁迅。

　　郁达夫《奇零集》3 月 1 日由上海开明书店出版。6 日，与王映霞同访鲁迅。鲁迅约其共出一杂志，因自己"也有这个想法"，就约定 4 月 6 日回上海后具体地来进行。10 日，译美辛克莱作《拜金艺术》第一章，刊于 4 月 1 日《北新半月刊》第 2 卷第 10 号。3 月 15 日，钱杏邨、孟超、杨邨人编定《达夫代表作》由上海春野书店出版。同月 24 日、25 日、31 日，郁达夫访鲁迅。是月，经钱杏邨介绍，秘密加入"太阳社"。郁达夫《达夫代表作》版税全部提供给太阳社作活动经费。27 日，译美辛克莱作《拜金艺术》第二章《艺术家是谁之有？》，文后有《译者按》，刊于 4 月 16 日《北新半月刊》第 2 卷第 11 号。4 月 1 日，郁达夫致函鲁迅，邀其于 2 日中午去陶乐春参加为欢迎来华访问的日本诗人金子光晴、画家宇留河太目、中国文学研究者国木虎雄等人举行的宴会。2 日，内山完造应邀作陪。5 日，郁达夫与王映霞应邀参加鲁迅夫妇在中有天举行的宴会。同席者有林语堂夫妇、司徒乔、许钦文、陶元庆和周建人。同日，译美辛克莱作《拜金艺术》第三章《艺术与个人性》，文后有《译者按》，刊于 5 月 1 日《北新半月刊》第 2 卷第 12 号。4 月 14 日，作论文《关于卢骚》，刊于 5 月 1 日《北新半月刊》第 2 卷第 12 号，系针对梁实秋的批评而作。

按:2月16日,郁达夫在《北新半月刊》第2卷第8号发表《翻译说明就算答辩》之后,梁实秋于3月25日在《时事新报》"书报春秋"栏撰文,批评郁达夫"引了辛克莱尔的话作答辩是鲁迅用过的'借刀杀人'的方法",并笑其未读过白璧德的《卢骚与浪漫主义》。为此,郁达夫严加痛斥,说他的话竟和自己"在总司令部与国民政府里注册而得有专卖特许权的只此一家创造为记的几位号称革命文学家所攻击的话是一样的"。

郁达夫《敝帚集》4月15日由上海现代书局出版。中旬,译美辛克莱作《拜金艺术》第四章《劳动者和他的报酬》,刊于5月16日《北新半月刊》第2卷第13号。27日晚,访鲁迅。5月9日晚,送稿予鲁迅,谈到9点钟才回来。10日,郁达夫闻讯日本侵入山东,愤慨地说:"中国又是一块土地断送,可恶的新卖国贼蒋介石。"同日,译美辛克莱作《拜金艺术》第五章《沐神恩的人们》(The Lord's Anointed),文后有译者《附记》,刊于6月1日《北新半月刊》第2卷第14号。4月27日下午访鲁迅,并持赠1927年10月号日本《大调和》杂志一册。同月6日、7日、19日、25日,访鲁迅。6月1日,向鲁迅借阅德国哲学家马克思·施蒂纳(Max Stirner)书一册。同日,译美辛克莱作《拜金艺术》第六章《虚饰的幼稚时代》(Artificial Childhood),文后有译者《附记》,刊于16日《北新半月刊》第2卷第15号。3日午后,访鲁迅,还以Max Stirner的书一本,晤谈一个小时。临走,鲁迅赠以"绍兴带出来"的已有"八、九年的陈色"的黄酒。中旬,译美辛克莱作《拜金艺术》第七章《阿嶷夫人出现》(Mrs. Ogi Emerges),文后有译者《附记》,刊于7月1日《北新月刊》第2卷第16号。6月20日,郁达夫与鲁迅合编的《奔流》月刊创刊。23日,致函周作人,信中还提及鲁迅当今被包围得相当厉害,"处境不妙,斗争激烈"。24日,应林语堂夫妇之邀,偕同王映霞前往悦宾楼赴午宴。同席者有鲁迅夫妇、周建人、漱六及李小峰等。30日下午,访鲁迅。

郁达夫7月1日译美辛克莱作《拜金艺术》第八章《马的买卖》(The Horse Trade),刊于16日《北新半月刊》第2卷第17号。6日午后,郁达夫为《奔流》第3期事去看鲁迅,谈到傍晚。7日,应李小峰夫妇之邀,偕同王映霞去悦宾楼赴午宴,同席者有鲁迅夫妇、章廷谦、许钦文、苏雪林、林语堂及其夫人。16日,译英伊尔斯作《易卜生论》,文后有译者附记,刊于8月20日《奔流》月刊第1卷第3期,鲁迅在该期《编校后记》中对译文加以肯定。18日晚,访鲁迅,并交为《奔流》第3期所译的英国伊尔斯的《易卜生论》一稿。22日,访鲁迅,决定第4期《奔流》的文稿。23日,接待钱杏邨来访,钱杏邨送其《太阳月刊》一册。28日上午,访鲁迅。31日,为将出的月刊定名为《大众文艺》。同月,译美辛克莱作《拜金艺术》第九章《阶级的虚言》(The Class Lie),文后有译者《附记》,刊于8月1日《北新半月刊》第2卷第18号。8月1日下午,访鲁迅。同日,作《对于社会的态度》,系对《文化批判》创刊号某篇似褒却贬批评自己的文字的反批评,刊于16日《北新半月刊》第2卷第19号。文中较详细地回顾了创造社及出版部成立的经过和自己脱离创造社的原因,并深信将来的天下,是无产阶级的天下,将来的文学,也当然是无产阶级的文学。同时剖析、赞誉鲁迅的人格和作品。2日上午,访鲁迅。4日,应李小峰夫妇之邀,偕同王映霞去万云楼赴宴。同席者有鲁迅夫妇、刘半农、沈尹默、林语堂夫妇、张友松和周建人。8日,作《革命广告》,因是日上海《申报·艺术界》载署名慎之的文章《"上海咖啡"》,以戏谑的语言,冷嘲热讽了"以咖啡店为招牌的创造社"被封后成立的"江南书店",并大造鲁迅、郁达夫之谣,郁达夫即作此文予以反击。下午,又将此文转交鲁迅。10日,鲁迅为之作《附记》一篇,两文一并发表于13日《语丝》第4卷第30期。中旬,因国民党当局放出空气要对其采取行动,郁达夫被迫去吴淞暂避。21日上午,与王映霞同访鲁迅。22日,托李小峰转寄鲁迅信一封和《讨钱称臣考》稿一件。鲁迅于

24日收阅,刊于9月3日《语丝》周刊第4卷第36期"随感录"栏。

　　按:此文针对创造社某些人对自己和鲁迅的指责,套用了鲁迅在《我的态度、气量和年纪》中所说的"小资产阶级或有产阶级臣鲁迅诚惶诚恐呈革命的印贴利更追亚老爷麾下"一语说:"今又有郁达夫的向鲁迅称臣,或者鲁迅是称臣被纳,而带有'革命的印贴利更追亚老爷麾下'之阔号了,也未可知。"

　　郁达夫8月26日下午访鲁迅。31日上午,再访鲁迅。同月,作《〈大众文艺〉释名》,刊于9月20日《大众文艺》月刊创刊号,文中强调指出:"文艺是大众的,文艺是为大众的,文艺也须是关于大众的。"又作《灯蛾埋葬之夜》,以灯蛾的埋葬比喻自己被社会埋葬的身世,诉述自己被社会遗忘和丢弃的痛苦,刊于9月20日《奔流》第1卷第4期。9月20日,郁达夫与夏莱蒂主编的《大众文艺》创刊,由上海现代书局发行,后为"左联"的机关刊物之一,曾出版"新兴文学专号",介绍各国进步文学。鲁迅先后在该刊发表了翻译小说及"译后记"等十余篇。21日上午,郁达夫访鲁迅。10月1日下午,郁达夫与夏莱蒂同访鲁迅。16日,与钱杏邨合编的中国济难会机关刊物《白华》创刊,并发表创刊词《白华的出现》。26日上午,访鲁迅。同月,作随笔《故事》,以秦始皇"焚书坑儒"和赵高"指鹿为马"的历史故事,影射、抨击现实。同月,译美辛克莱作《拜金艺术》第十章《阿嶷夫人说要"及时"舞乐》,文后有《译者附志》,认为"文章是宣传是对的,但宣传不是全部都是文学";又译第十一章《甘萨斯与犹太》(Kansas and Judea),文后有《译者按》。分别刊载于11月16日《北新半月刊》第2卷第24号与1929年1月1日第8卷第1号。

　　郁达夫11月2日晚访鲁迅。7日晚,再访鲁迅。11日,应内山完造之邀,赴川久料理店参加为来华访问的日本社会评论家长谷川如是闲举行的晚宴。同席者有鲁迅。中旬,郁达夫去苏州、无锡、扬州等地旅行。12月6日,返沪。下午访鲁迅。21日,应鲁迅之邀,参加在中有天举行的晚宴。同席者有日本小说家田河广一郎和内山完造等。同月,译美辛克莱作《拜金艺术》第十二章《英雄崇拜的时代》,文后附《译者志》,刊于1929年1月16日《北新半月刊》第3卷第2号。又译苏Maxm Gorki作《托尔斯泰回忆杂记》,文后有《译者附记》,载30日《奔流》月刊第1卷第7期。鲁迅在《编校后记》中称该期发表的译作中"首先要推Gorki的《回忆杂记》"。同月11日、14日、28日,访鲁迅。是年,郁达夫著《恋爱之花》由上海开明书店印行,此书为《迷羊》的盗版本。(以上参见陈其强《郁达夫年谱》,浙江大学出版社1989年版;鲁迅博物馆、鲁迅研究室编《鲁迅年谱》,人民文学出版社1981年版;唐金海、刘长鼎主编《茅盾年谱》,山西高校联合出版社1996年版)

　　张天化所著《文学与革命》作为"革命丛书"第二种4月由上海民智书局刊行。书中"引论"撰于"民国十六年除夕",即1928年1月22日,谓"当我看见托洛斯基新著的一本《文学与革命》,在书目上发表的时候,我就起了做这本书的动机;因为像这一类的书,现在外间还未有,不敢说要等我来做,不过我何妨先来开一开路,藉此可以引起读者的注意,可以一齐来努力于这条新的文学的大道上,使得文学上发出一点新生机,使得文学上显出一点真效用"。可见此书的撰写是受了托洛斯基新著的《文学与革命》书目的启发。全书分10章,重点讨论文学与革命的关系、革命文学的界说、革命文学与文学革命、革命文学与一般文学、文学进化与社会变迁、热烈的感情、各种主义及其影响、革命文学的真价值等问题,为第一部独立撰述的有关"革命文学"的学术专著。又据上海民智书局"出版预告",张天化另有所译《赤俄研究》收录于"苏俄丛书"出版。

　　按:据《文学与革命·引言》,张天化主张"为人生"的革命文学观:"我们知道文学与时代精神有密切的关系,离开时代精神,就不会产生好的文学。试问现代文学界所需要的是什么?现代青年所渴望的是什么？现在迷惑青年与麻醉青年的文学作品,充满了市廛;那些梦幻游仙,海市蜃楼的色彩,更是满布在文学界里,此后我希望作者不要再做那些消遣品,读者不要再白废光阴去流连欣赏。文学与人生更是密切,离开人生,文学就没有什么价值可言;革命文学的立足点是在人生方面;人生的前进,是靠文学来做一个开路先锋,文学的效用,是全在求人生的向前发展。我们只要认识了时代精神与了解人生的意义;那么文学与革命的相互关系,也就可以不言而喻。”

王任叔选录和编辑有关“革命文学”论争文章的《革命文学论文集》,署“霁楼编”。4月10日,王任叔作《序言》,谓“革命文学的理论,从前本有丁丁君编的一册《革命文学论》;可是为时虽暂,许多已成为过去的陈迹,不能适合于眼前的范畴。而一方却已有许多论文,是很重要的,得成为革命文学理论的中心,是它所未经收受——不能收受——,所以我仍有编辑这册书的必要”。《序言》还将“革命文学”理论分为两派:一派似乎过于狭隘,以为专门描写革命题材的才是革命文学;一派却过于宽泛,以为有反抗精神与前进精神表现的即是革命文学;还有一派,“以为革命文学是他们所独创,很有自尊狂的态度;其实一种主义或学说之造成,都是自然性的势使,断不是一二人所能独全或违反的。——虽然少数人不无提倡之力,终究乃是大多数人所共同形成的啊”。作者明确主张宽泛的“革命文学”观,对于第三派的批评,乃是对创造社与太阳社抢夺“革命文学”先发权与主导权的质疑。5月,《革命文学论文集》作为《文艺丛书》之二由生路社出版,上海新学会社发行。书中按文章发表时间为序,依次收录郭沫若《文学与革命》,郁达夫《文学上的阶级斗争》,成仿吾《革命文学与他的永远性》,芳孤《革命的人生观与文艺》,香谷《关于革命文学的几句话》,麦克昂(郭沫若)《英雄树》,鲁迅《革命与政治的歧途》,诈僚《文艺与社会》,蒋光慈《现代中国与社会生活》,香谷《革命的文学家,到民间去》,成仿吾《从文学革命到革命文学》,蒋光慈《关于革命文学》,李初梨《怎样地建设文学革命》,顾凤城《文学与时代》,钱杏邨《死去了的阿Q时代》《关于“现代中国文学”》,李初梨《一封公开信的回答》,赵冷(王任叔)《革命文学的我见》。

　　按:王任叔(署名赵冷)《革命文学的我见》在参照俄国革命文学的一些思考成果后,提出“革命文学是被压迫阶级反抗压迫阶级的一种文学作品,是描写被压迫阶级苦痛辗转与夫全个阶级的生理机制以及两个阶级间的利害冲突的作品”,同时还强调革命文学是使读者认识生活、唤起其革命的意识,并决定或理解生活的创造,即除了关注革命文学表现阶级斗争的战斗性外,还考虑到了革命文学的教育意义。然而无论“革命文学”论者希望发挥“革命文学”的战斗性,还是发挥其教育性,都是以把文学当作一种阶级意识形态和阶级斗争工具为前提,他们在这方面的众多论述,无非是把这一观念具体化。“革命文学”论者在这里阐释的文学阶级性和意识形态性观念成为后来中国主流文论的中心观念。(参见杨胜刚《1928年中国文学理论的新变——马克思主义化》,《柳州师专学报》2008年第2期)

郑振铎6月8日下午2时从法国回到上海,即与叶圣陶、王伯祥、徐调孚等友人会晤。13日晚6时,开明书店编译所聚餐,郑振铎与叶圣陶、王伯祥、章雪村、周予同、谢六逸、徐调孚、李石岑、赵景深、黎锦明、吴文祺等赴宴。16日,郑振铎应邀到暨南大学作题为《到民间去》的演讲。同月,所译德国A. 狄尔的《高加索民间故事》由商务印书馆出版。又在上海《留英学报》不定期刊第2期发表去年12月30日作于伦敦的《论北剧的楔子》。7月7日,与叶圣陶、章雪村、谢六逸、徐调孚、周予同、赵景深等人在晋隆聚餐。17日,郑振铎在庐山,致胡适信,谈在中国公学上课安排事,并为《小说月报》20卷向胡适约稿。9月3日,郑振铎复任《小说月报》编辑,叶圣陶仍回国文部。28日《申报·教育消息》载《复旦大学近讯》:“教授方面,除原有者外,又加聘多人。如文科饶孟侃、余上沅等,商科郑惠祥等,社会科魏良声、应戊一等,理工科李泽民等,中国文学科陈布雷、郑振铎等,生物学科有江上峰等,均系著名教家。"9月,郑振铎在商务印书馆编译所工作之余,还在复旦大学等校任教,讲授中国文学史和小说史。作论文《敦煌的俗文学》,后刊于1929年3月10日《小说月报》第20卷第3期,作为所著《中国文学史》中世卷第三篇第三章。同月29日,郑振铎致胡适信,指出胡适近日写的《〈宋人话本八种〉序》中关于"楔子"的说法有误。

郑振铎10月24日为所作短篇小说集《家庭的故事》作《自序》。28日下午,与曾孟朴、曾虚白、邵洵美、傅彦长、张若谷等十多位友人在新雅酒楼聚会。晚饭后,又到郑振铎家继续聚谈。同月,中华学艺社第五次学术视察团前往日本,出席日本学术协会第四届大会。商务印书馆张元济以学艺社名誉社员名义与郑贞文随同代表团东渡借影古书。出发前郑振铎曾就中国古代文艺、小说方面选出若干种书目交给他们作为借书时的参考。10月底、11月初,参与发起筹备中国著作者协会。12月15日,作《经书的效用》,后刊于1929年1月1日《文学周报》第8卷第1期。18日,作《关于游仙窟》,后刊发于1929年1月6日《文学周报》第8卷第2期。唐代骈文小说《游仙窟》在国内久佚,但在日本文学史上却发生了重要影响。郑振铎介绍的是他向日本古典保存会求得的山田孝雄氏的翻印本,并附他请谢六逸翻译的山田氏写的《游仙窟解题》。27日,为所译俄国阿志巴绥夫的小说《沙宁》补作《译序》。30日下午,出席在北四川路广肇公学召开的中国著作者协会成立大会。到会共90余人。郑振铎签署了该会宣言,并在成立大会上与郑伯奇、沈端先、李初梨、彭康、周予同、樊仲云、潘梓年、章锡琛等9人当选为执行委员。该会实际是后来成立的中国左翼作家联盟的前身。郑振铎是主要发起人之一。同日,在《文学周报》第350期上发表启事,说明该刊从第8卷第1期起,脱离开明书店,改由远东图书公司印行。由耿济之、谢六逸、傅东华、李青崖、樊仲云、徐调孚、赵景深、郑振铎诸君同负编辑之责。31日,与樊仲云、孙伏园3人去游苏州,共2天。同月,京剧演员梅兰芳从北平到上海演出。上海各日报、小报天天无聊捧场。引起郑振铎等人的反感。在苏州时,郑振铎以"西源"笔名写了《打倒旦角的代表人梅兰芳》等文。(以上参见陈福康《郑振铎年谱》,三晋出版社2008年版)

叶圣陶任商务印书馆国文部编辑,代编《小说月报》。春,胡愈之赴法国留学,叶圣陶专程到浙江上虞为胡愈之送行。叶圣陶在上虞停留期间,应邀到白马湖春晖中学作短期演讲。4月,夏丏尊、叶绍钧著《文章讲话》由开明书店出版,内收《陈望道〈序〉》《夏丏尊〈序〉》《句读和段落》《开头和结尾》《句子和安排》《文章的省略》《文章中的会话》《文章中的静境》《文章中的动态》《所谓文气》《意念的表出》及《感慨及其发抒的法式》。7月间,叶圣陶送茅盾赴日,并受茅盾委托,帮助孔德趾照料家事。因憎恨黑暗现实,在"革命文学论争"中被人称为"厌世家",叶圣陶辑《未厌集》,于《前言》中答复说:"有人说我是厌世家,自家检察,似乎未必是。不想去自杀,这个世怎么厌?自家是这样想的。几篇小说集拢来付刊,就用'未厌'两字题之。"秋,与王伯祥、徐调孚、丁玲、胡也频等到海宁,共赏钱塘江秋涛。11月15日,写作长篇小说《倪焕之》毕,刊于《教育杂志》第20卷第1—12号。

按:茅盾《读〈倪焕之〉》(《文学周报》第8卷第20号)曰:"把一篇小说的时代安放在十年的历史过程中的,不能不说这是第一部;而有意地要表示一个人——一个富有革命性的小资产阶级知识分子,怎样地受十年来时代壮潮所激荡,怎样地从乡镇到都市,从埋头教育到群众运动,从自由主义到集团主义,这《倪焕之》也不能不说是第一部。在这两点上,《倪焕之》是值得赞美的。"(参见商金林编《叶圣陶年谱》,江苏教育出版社1986年版)

周予同仍居上海。1月,《学术通讯:周予同—顾颉刚》刊于《国立第一中山大学语言历史学研究所周刊》第1集第10期。夏丏尊决意归白马湖暂休,与众友人于开明编译所设宴钱行。春节,周予同与章锡琛、叶圣陶、钱君匋、贺昌群自上海赴白马湖探望夏丏尊、胡愈之。众人论及教育问题,提出"把开明就当作学校来办",并倡议创办《中学生》杂志。2月1日,顾颉刚来书,系前信之回复。同日,在《文学周报》第5卷发表《追悼一个文字学的革命者:王静安先生》。3月24日,胡愈之赴法国留学,周予同与友人赴黄浦码头送行。6月,在《一般》第5卷第2号发表《中国现代教育杂论》。8日,郑振铎返回上海。13日,开明编译所同仁聚餐,为郑振铎接风。7月7日,作书答复胡适,辞谢后者所提供之武汉教职。9月,《经学史与经学之派别》发表于《民铎》第9卷第1号,此文即皮锡瑞《经学历史》序言。9月29—30日,与王伯祥、高觉敷、贺昌群、叶圣陶、陈乃乾、胡也频、丁玲等人赴海宁观潮。10月,尚公学校教师王芝九因所编教材涉嫌"通共"被捕。10月22日,与尚公同人联名具呈保释王芝九。11月,皮锡瑞著、周予同注释《经学历史》由商务印书馆出版,先后被收入"万有文库""学生国学丛书"等丛书再版。12月30日,中国著作者协会成立大会召开,当选为执行委员。是年,所著《经学历史》注释本由商务印书馆出版。叶圣陶应李石岑、周予同之请作长篇小说《倪焕之》,并在周予同主持下连载于《教育杂志》。(参见成棣《周予同先生年谱》,《传统中国研究集刊》第20辑,上海社会科学院出版社2019年版)

　　徐志摩、梁实秋、叶公超、罗隆基编辑的《新月》月刊3月10日在上海创刊,由新月社主办,为新月社的机关刊物。徐志摩为创刊号撰写了发刊词《〈新月〉的态度》。在这篇超长的发刊词中,既有烂漫梦幻的辞藻,又有完整清晰的文学主张,谓"我们舍不得新月这名字,因为它虽则不是一个怎样强有力的象征,但它那纤弱的一弯分明暗示着,怀抱着未来的圆满",旨在申明新月社同仁的追求是"为这时代的思想增加一些体魄,为这时代的生命添厚一些光辉"。同时把当时文艺界归纳为"十二派"亦即十三种文学趋向,重点抨击无产阶级文学运动和马克思主义阶级斗争学说,指责无产阶级文学是"攻击派""偏激派""主义派"等,从而大力提倡"健康与尊严",标榜"自由"和"民主",充分体现了新月社同仁在文学和政治上的诉求。

　　按:徐志摩《〈新月〉的态度》全文如下:

　　我们这月刊题名新月,不是因为曾经有过什么"新月社",那早已散消,也不是因为有"新月书店",那是单独一种营业,它和本刊的关系只是担任印刷与发行。新月月刊是独立的。

　　我们舍不得新月这名字,因为它虽则不是一个怎样强有力的象征,但它那纤弱的一弯分明暗示着,怀抱着未来的圆满。

　　我们这几个朋友,没有什么组织,除了这月刊本身,没有什么结合,除了在文艺和学术上的努力,没有什么一致,除了几个共同的理想。

　　凭这点集合的力量,我们希望为这时代的思想增加一些体魄,为这时代的生命添厚一些光辉。但不幸我们正逢着一个荒歉的年头,收成的希望是枉然的。这又是个混乱的年头,一切价值的标准,是颠倒了的。要寻出荒歉的原因并且给它一个适当的补救,要收拾一个曾经大恐慌蹂躏过的市场,再进一步要扫除一切恶魔势力,为要重见天日的清明,要浚治活力的来源,为要解放不可制止的创造的活动——这项巨大的事业当然不是少数人,尤其不是我们这少数人所敢妄想完全担当的。

　　但我们自分还是有我们可做的一部分的事。连着别的事情我们想贡献一个谦卑的态度。这态度,就正面说,有它特别侧重的地方,就反面说,也有他郑重矜持的地方。

　　先说我们这态度所不容的。我们不妨把思想(广义的,现代刊物的内容的一个简称)比做一个市场,我们来看看现代我们这市场上看得见的是些什么?如同在别的市场上,这思想的市场也是摆满了摊子,开满了店铺,挂满了招牌,扯满了旗号,贴满了广告,这一眼看去辨认得清至少有十来种行业,各有各的色彩,各有各的引诱,我们把它们列举起来看看:一、感伤派;二、颓废派;三、唯美派;四、功利派;五、训世派；六、攻击派；七、偏激派；八、纤巧派；九、淫秽派；十、热狂派；十一、稗卖派；十二、标语派；十三、主义派。

商业上有自由，不错。思想上言论上更应得到充分的自由，不错。但得在相当的条件下。最主要的两个条件是（一）不妨害健康的原则，（二）不折辱尊严的原则。买卖毒药，买卖身体，是应该受干涉的，因为这类买卖直接违反健康与尊严两个原则。同时这些非法的或不正当的营业还是一样在现代大都会里公然的进行——鸦片，毒药，淫业，那一宗不是利市三倍的好买卖？但我们却不能因它们的存在就说它们不是不正当而默许它们存在的特权。在这类的买卖上我们不能应用商业自由的原则。我们正应得觉到切肤的羞恶，眼见这些危害性的下流的买卖公然在我们所存在的社会里占有它们现有的地位。

同时在思想的市场上我们也看到种种非常的行业，例如上面列举的许多门类。我们不说这些全是些"不正当"的行业，但我们不能不说这里面有很多是与我们所标举的两大原则——健康与尊严——不相容的。我们敢说这现象是新来的，因为连着别的东西思想自由这观念本身就是新来的。这也是个反动的现象，因此，我们敢说，或许是暂时的。先前我们在思想上是绝对没有自由，结果是奴性的沉默；现在，我们在思想上是有了绝对的自由，结果是无政府的凌乱。思想的花式加多本来不是件坏事，在一个活力磅礴的文化社会里往往看得到，偎傍着刚直的本干，普盖的青荫，不少盘错的旁枝，以及恣蔓的藤萝，那本不关事，但现代的可忧正是为了一个颠倒的情形。盘错的，恣蔓的尽有，这里那里都是的，却不见了那刚直的与普盖的。这就比是一个商业社会上不见了正宗的企业，却只有种种不正当的营业盘踞着整个的市场，那不成了笑话？

即如我们上面随笔写下的所谓现代思想或言论市场的十多种行业，除了"攻击""纤巧""淫秽"诸宗是人类不怎样上流的根性得到了自由（放纵）当然的发展，从此多少是从外国转运来的投机事业。我们不说这时代就没有认真做买卖的人，我们指摘的是这些买卖本身的可疑。碍着一个迷误的自由的观念，顺着一个容忍的美名，我们往往忘却思想是一个园地，它的美观是靠我们随时的种植和铲除，又是一股水流，它的无限的效用有时可以转变成不可收拾的奇灾。

我们不敢附和唯美与颓废，因为我们不甘牺牲人生的阔大，为要雕镂一只金镶玉嵌的酒杯。美，我们是尊重而且爱好的，但与其咀嚼罪恶的美艳还不如省念德性的永恒，与其到海陀罗凹腔里去收集珊瑚色的妙药还不如置身在扰攘的人间倾听人道那幽静的悲凉的清商。

我们不敢赞许伤感与热狂，因为我们相信感情不经理性的清滤是一注恶浊的乱泉，它那无方向的激射至少是一种精力的耗废。我们未尝不知道放火是一桩新鲜玩意，但我们却不忍为一时的快意造成不可救济的惨象。"狂风暴雨"有时是要来的，但狂风暴雨是不可终朝的。我们愿意在更平静的时刻中提防天时的诡变，不愿意借口风雨的猖狂放弃清风白日的希翼。我们当然不反对解放情感，但在这头骏悍的野马的身背上我们不能不谨慎的安上理性的鞍索。

我们不崇拜任何的偏激，因为我们相信社会的纪纲是靠着积极的情感来维系的，在一个常态社会的天平上，情爱的分量一定超过仇恨的分量，互助的精神一定超过互害的与互杀的动机。我们不愿意套上着色眼镜来武断宇宙的光景。我们希望看一个真，看一个正。

我们不能归附功利，因为我们不信任价格可以混淆价值，物质可以替代精神，在这一切商业化恶浊化的急坂上我们要留住我们倾颠的脚步。我们不能依傍训世。因为我们不信现成的道德观念可以用作评价的准则，我们不能听任思想的矫健僵化成冬烘的臃肿。标准，纪律，规范，不能没有，但每一个时代都得独立去发表它的需要，维护它的健康与尊严，思想的懒惰是一切准则颠覆的主要根由。

末了还有标语与主义。这是一条天上安琪儿怕践足的蹊径。可怜这些时间与空间，那一间不叫标语与主义的芒刺给扎一个鲜艳！我们的眼是迷眩了的，我们的耳是震聋了的，我们的头脑是闹翻了的，辨认已是难事，评判更是不易。我们不否认这些殷勤的叫卖与斑斓的招贴中尽有耐人寻味的去处，尽有诱惑的迷宫。因此我们更不能不谨慎，我们更不能不磨砺我们的理智，那剖解一切纠纷的锋刃，澄清我们的感觉，那辨别真伪和虚实的本能，放胆到这嘈杂市场上去做一番审查和整理的工作。我们当然不敢预约我们的成绩，同时我们不踌躇预告我们的愿望。

这混杂的现象是不能容许它继续存在的，如其我们文化的前途还留有一线的希望。这现象是不能继续存在的,如其我们这民族的活力还不曾消竭到完全无望的地步。因为我们认定了这时代是变态,是病态,不是常态。是病就有治,绝望不是治法,我们不能绝望。我们在绝望的边缘搜索着希望的根芽。

严重是这时代的变态。除了盘错的,恣蔓的寄生,那是遍地都看得见,几于这思想的田园内更不见生命的消息。梦人们妄想着花草的鲜明与林木的葱茏。但他们有什么根据,除了飘渺的记忆与想象?

但记忆与想象! 这就是一个灿烂的将来的根芽! 悲惨是那个民族,它回头望不见一个庄严的已往。那个民族不是我们,该得灭亡是那个民族,它的眼前没有一个异象的展开。那个民族也不应得是我们。

我们对我们光明的过去负有创造一个伟大的将来的使命;对光明的未来又负有结束这黑暗的现在的责任。我们第一要提醒这个使命与责任。我们前面说起过人生的尊严与健康。在我们不曾发现更简赅的信仰的象征,我们要充分的发挥这一双伟大的原则——尊严与健康。尊严,它的声音可以唤回在歧路上彷徨的人生。健康,它的力量可以消灭一切侵蚀思想与生活的病菌。

我们要把人生看作一个整的。支离的,偏激的看法,不论怎样的巧妙,怎样的生动,不是我们的看法,我们要走大路。我们要走正路。我们要从根本上做工夫。我们只求平庸,不出奇。

我们相信一部纯正的思想是人生改造的第一需要。纯正的思想是活泼的新鲜的血球,它的力量可以抵抗,可以克胜,可以消灭一切致病的微菌。纯正的思想,是我们自身活力得到解放以后自然的产物,不是租借来的零星工具,也不是稗贩来的琐碎的技术。我们先求解放我们的活力。

我们说解放因为我们不怀疑活力的来源。淤塞是有的,但还不是枯竭。这些浮荇,这些绿腻,这些潦泥,这些腐生的蝇蚋——可怜的清泉,它即使有奔放的雄心,也不易透出这些寄生的重围。但它是在着,没有死。你只须拨开一些污潦就可以发见它还是在那里汩汩溢出,在可爱的泉眼里,一颗颗珍珠似的急溜着。这正是我们工作的机会。爬梳这壅塞,粪除这秽浊,浚理这淤积,消灭这腐化,开深这潴水的池潭,解放这江湖的来源。信心,忍耐。谁说这“一举手一投足”的勤劳不是一件伟大事业的开端,谁说这涓涓细流不是一个壮丽的大河流域的先声?

要从恶浊的底里解放圣洁的泉源,要从时代的破烂里规复人生的尊严——这是我们的志愿。成见不是我们的,我们先不问风是在哪一个方向吹。功利也不是我们的,我们不计较稻穗的饱满是在哪一天。无常是造物的喜怒,茫昧是生物的前途,临到“闭幕”的那俄顷,更不分凡夫与英雄,痴愚与圣贤,谁都得撒手,谁都得走;但在那最后的黑暗还不曾覆盖一切以前,我们还不一样的得认真来扮演我们的名分? 生命从它的核心里供给我们信仰,供给我们忍耐与勇敢。为此我们方能在黑暗中不害怕,在失败中不颓丧,在痛苦中不绝望。生命是一切理想的根源,它那无限而有规律的创造性给我们在心灵的活动上一个强大的灵感。它不仅暗示我们,逼迫我们,永远创造的,生命的方向走,它并且启示给我们的想象,物体的死只是生的一个节目,不是结束,它的威吓只是一个谎骗,我们最高的努力目标是与生命本体同绵延的,是超越死线的,是与天外的群星相感召的。为此,虽则生命的努力有时不免比较的消歇,到了相当的时候,人们不能不醒起。我们不能不醒起,不能不奋争。尤其在人与生的尊严与健康横受凌辱与侵袭的时日! 来罢,那天边白隐隐的线,还不是这时代的“创造的理想主义”的高潮的先驱? 来罢,我们想象中曙光似的闪动,还不是生命的又一个阳光充满的清早的预告?

按:1931年11月,新月社代表人物徐志摩机坠身亡,该社活动渐衰。1933年6月,《新月》杂志出至第4卷第7期停刊,新月社宣告解散。(参见鲁迅博物馆、鲁迅研究室编《鲁迅年谱》,人民文学出版社1981年版)

梁实秋2月5日在《时事新报》“书报春秋”栏撰文笑骂郁达夫《卢骚传》“只引了四部书作参考,似乎不足以称卢梭‘学者’”,并痛斥郁达夫在拒绝别人批评他(卢梭)的行为,估量他的价值。14日,郁达夫作《翻译说明就算答辩》予以回击。3月10日,梁实秋与叶公超、徐志摩等创办《新月》月刊。梁实秋在《新月》创刊号发表《文学的纪律》,提出:“文学的力量,不在于开扩,而在于集中;不在于放纵,而在于节制。新古典派所订下的许多文学的规律,都是根据于节制的精神,但是那些规律乃是‘外在的权威’(outer authority)而不是‘内在的制裁'(internal check)。把'外在的权威'打倒,然后文学才有自由;把'内在的制裁'推翻,文学就要陷于混乱了。新古典派所主张的是要执行'外在的权威',以求型类之适当;古典派所提倡的是尊奉'内在的制裁',以求表现之合度。这个分别是很清晰的。"最后再次重申:"文学的纪律是内在的节制,并不是外来的权威。文学之所以重纪律,为的是要求文学的健康。"随后,梁实秋在《新月》连续发表文章,以人性论反对阶级论,竭力攻击革命文艺运动。

梁实秋 3 月 11 日为文学评论集《文学的纪律》作《序言》。25 日,梁实秋在《时事新报》"书报春秋"栏撰文,批评郁达夫"引了辛克莱尔的话作答辩是鲁迅用过的'借刀杀人'的方法",并笑其未读过白璧德的《卢骚与浪漫主义》。14 日,郁达夫作《关于卢骚》予以反击,此文刊于 5 月 1 日《北新半月刊》第 2 卷第 12 号。6 月 10 日,梁实秋在《新月》第 4 期发表《文学与革命》,提出"我们知道富有革命精神的文学,往往发现实际的革命运动之前。革命前之'革命的文学',才是真挚的、最自然的。与其说先有革命后有'革命的文学',毋宁说是先有'革命的文学'后有革命。文学家并不表现什么时代精神,而时代确是反映着文学家的精神"。文中重在否定马克思主义的阶级论,反对无产阶级革命文艺运动,宣扬"在文学上讲,'革命的文学'这个词根本就不能成立""只有'革命时期中的文学',并无所谓'革命的文学'""伟大的文学乃是基于固定的普遍的人性""文学是没有阶级性的。假如'革命的文学'解释做以文学为革命的工具,那便是小看了文学的价值""伟大的文学家足以启发革命运动,革命运动仅能影响到较小的作家"等。12 月,梁实秋主编的《白璧德与人文主义》一书由上海新月书店出版发行。是年,梁实秋编辑所著文学评论集《文学的纪律》由新月书店出版,系以 3 月 10 日刊于《新月》创刊号的《文学的纪律》作为文学评论集书名,由闻一多为此书设计封面。此书以对抗"革命文学"的人性论为宗旨,重在探索文学内在规律,主张"文学的研究或创作或批评或欣赏,都不在满足我们的好奇的欲望,而在于表现出一个完美人性。好奇心的活动是任意的,不拘方向的,漫无别择的;文学的活动是有纪律的,有标准的,有节制的"。要以人性论反对阶级论,以规律论否定"革命文学"运动。(以上参见万直纯《梁实秋年谱》,《阜阳教育学院学报》1994 年第 3、4 期;闻黎明、侯菊坤《闻一多年谱长编》(增订版),上海交通大学 2014 年版;鲁迅博物馆、鲁迅研究室编《鲁迅年谱》,人民文学出版社 1981 年版;陈其强《郁达夫年谱》,浙江大学出版社 1989 年版;沈卫威《学衡派编年文事》,南京大学出版社 2015 年版)

柳絮 5 月 1 日在上海《文化战线》旬刊创刊号上发表《无产阶级艺术新论》,攻击无产阶级革命文学,反对马克思文艺理论。该刊出至第五期后停刊。(参见鲁迅博物馆、鲁迅研究室编《鲁迅年谱》,人民文学出版社 1981 年版)

柳亚子 4 月 2 日自江户转神户,启程归国。6 日抵上海,寓上海西门路润安里。26 日,赴南京,谒孙中山陵寝。于右任招饮安乐酒家,同席者叶楚伧、姚鹓雏、杨千里、朱宗良、朱少屏,皆南社旧人。柳亚子赋诗以纪。旋返上海。8 月 6 日,再赴南都。8—15 日,以中央监察委员身份出席国民党第二届五中全会,住中央大学宿舍。晤何香凝、经颐渊(亨颐)、柏烈武、陈树人诸人。在京旬余返沪。经北新书局的李小峰介绍,柳亚子与鲁迅相见,当时鲁迅的《中国小说史略》正在北新书局出版,柳亚子的《曼殊全集》也在北新书局校印。8 月 19 日,柳亚子偕夫人郑佩宜及女儿无非、无垢在上海功德林素菜馆设宴,出席宴请的除鲁迅外,还有沈尹默、刘季平、李小峰诸人。(参见柳无忌《柳亚子年谱》中国社会科学出版社 1983 年版;鲁迅博物馆、鲁迅研究室编《鲁迅年谱》,人民文学出版社 1981 年版)

李登辉继续任私立复旦大学校长。5 月 18 日,主持召开教职员全体大会。议定即日起组织复旦教职员对日外交后援会,全体教职员均参加。6月5日,撰写《中国今日之重要因素》再版序言。再版中增加一篇重要文章《论日本在东北的地位》。序言最后一段说:"为了消除对本书再版时的某些误会,有必要重申它的目的,是鼓励学生具有积极向上和独立创造的精神。因此,尽管有些篇章是多年以前写就的,但是那些原则和意见,仍然具有现实意义和对将来也有意义。对于那些衷心对这个国家热爱的人来说,这本书仍将是能使他们振奋起来的良师益友。"8月4日,国民政府决定组织全国禁烟委员会。委员会主席张之江电请中华国民拒毒会会长和总干事赴京,商议组织全国禁烟委员会委员办法。李登辉与钟可托于今日抵达南京。12日,李登辉与钟荣光、韩希琦等出席国际电讯社发起人会议,被推为主席,负责办理该社改组事宜。1个月后,李登辉以事务繁冗为由,登报辞去国际电讯社委员职务。20日,全国禁烟委员会成立,李登辉与李烈钧、王正廷等9人被推为禁烟委员。为向群众宣传拒毒知识,中华国民拒毒会邀请黄嘉谟创作话剧《芙蓉花泪》,李登辉、张之江、马寅初3人为剧本作序。10月14日,李登辉假新新酒楼招待上海各报新闻记者,介绍复旦发展情况。15日,国民政府教育部批准复旦立案。此前因复旦向教育部大学院提请立案,大学院派丁西林等人来校调查,至此终于批复复旦立案。是年,李登辉《文化英文读本,翻译问题解答》3册由商务印书馆出版。(参见钱益民《李登辉传》及附录四《李登辉年谱简编》,复旦大学出版社2005年版;《复旦大学百年志》编纂委员会编《复旦大学百年志(1905—2005)》,复旦大学出版社2005年版)

郑洪年继续任暨南大学校长。1月,教育学系参加上海教育局乡村教育调查。商学院戊辰级毕业生14人赴日考察商业。4月,参加上海华侨联合会。农科学生赴江苏参观。5月,庆祝北伐战争胜利。全体教职员和学生参加真如市民反日运动大会。郑洪年校长出席全国教育会议。追悼济南惨案烈士。秋,将原来设立的训育委员会改组为训练处,专司训育事宜,旨在训练"学生能力道德"。10月,南洋文化教育事业部改委员会制为部主任制,聘刘士木为部主任。(参见张晓辉、夏泉主编《暨南大学史(1906—2016)》,暨南大学出版社2016年版)

陈中凡1月5日应聘任暨南大学中文系主任兼教授。校址在上海真如。当时前任夏丏尊已另就。校长郑洪年,教务长黄建中。中文系的教师阵容不弱,除陈中凡担任散文、文学史教学外,陈柱教诗、古方言、专家文;刘赜教诗、《说文》、声韵;张凤教古文字学(以上为教授)。陆侃如教诗史、诗论;郑振铎教小说;饶孟侃教文学概论、文法(以上为兼任讲师)。冯淑兰教词、词史;张世禄教语音学;龙沐勋、王家吉、马承钧教各体文;徐中舒教各体文、古文字学(以上为讲师)。黄侃亦在暨大任教。4月,陈中凡仍兼大学院图书编审委员,并被推主持国文教科书审查工作。钱基博、孟宪承应邀参预其事。春夏之交,厦门大学数次函聘陈中凡任教,因郑洪年校长"强留而未去"。7月,陈中凡与黄宾虹、陈柱尊等10余人应邀赴桂林讲学。后因家属生病,陈中凡提前返回。是年,陈中凡接黄侃、钱基博、孟宪承、胡朴安等信数通,俱关于人事或文事。(参见姚柯夫编著《陈中凡年谱》,书目文献出版社1989年版)

张申府赴沪,在暨南大学、大陆大学、大夏大学等校教书,所教均是西洋哲学史与逻辑。在上海与邓演达、章伯钧、黄琪翔共同创办中国国民党临时行动委员会(今日中国农工民主党之前身),人称"第三党"。(参见雷颐编《中国近代思想家文库·张申府卷》附录《张申府年谱简编》,中国人民大学出版社2015年版;郭一曲著《现代中国新文化的探索——张申府思想研究》,广东人民出版社2002年版)

胡怀琛4月在《东方杂志》第8号发表《墨子为印度人辩》,论证墨翟为印度人,于是引发一场重大争论。同月,郑师许在《东方杂志》第8号发表《墨子为印度人辩驳议》予以反驳。8月,《东方杂志》第16号同时发表吴进修《正胡怀琛的墨子为印度人辩》与胡怀琛《墨翟续辩》的辩论文章。9月,方授楚在《知难周刊》第68期发表《墨子非印度人论》继续反驳。10月,胡怀琛在《知难周刊》第80—81期发表《关于墨翟问题的讨论》进行反批评。11月,方授楚又在《知难周刊》第87期发表《再论墨子非印度人》。12月,方授楚在《知难周刊》第88、89期发表《驳胡怀琛墨翟续辩》,继续反驳胡怀琛的观点。

> 按:胡适则在日记中斥责胡怀琛"其论甚谬",称赞方授楚"其言甚有理""此论最痛快",10月25日的日记中,再次批驳胡怀琛的论文。据后来杨宽回忆,当时反驳胡怀琛的,"还有吴进修、郑师许,接着进行批评的还有钟泰(字钟山)、冯友兰、方授楚等,同时,也还有卫聚贤和太虚法师等人支持胡氏之说,卫聚贤主张墨子是阿拉伯人"。这一论争延续至1929年初,参见陈登原《为墨翟国籍——质胡怀琛君》(《一般》第7卷第25期、第8卷第2期,1929年),胡怀琛《为墨翟国籍问题——答陈登原君》(《一般》第8卷第2期,1929年),胡怀琛《为墨翟国籍问题——再答陈登原君》(《一般》第9卷第1期,1929年),陈登原《为墨翟国籍——致胡怀琛君》(《一般》第9卷第4期,1929年),卫聚贤《墨子、老子是印度人的考证》(《认识周报》第2期,1929年1月),钟钟山《墨翟非印度人》(《中山大学语言历史学研究所周刊》第6卷第67—68期,1929年2月),静因《墨子与穆勒是否中国人的问题》(《文学周报》第8卷第7期,1929年2月)。(参见王学典《20世纪史学编年(1900—1949)》,商务印书馆2014年版)

周佛海、戴季陶、邵力子、陈果夫、陈布雷等1月1日在上海创办《新生命月刊》杂志,以"阐扬三民主义,研究建设方案,并介绍、批评各国社会思想学说及政治经济制度"为宗旨,周佛海为总负责人。后来围绕《新生命月刊》形成了中国社会性质和社会史论战中最先出场而且人数最多、声势最壮的所谓"新生命派",并与新思潮派形成革命后"回想"时期(即反省时期)社会史方面的两大派。12月1日,周佛海在《新生命》第1卷第12号发表《明年的新生命》,强调中国特殊问题的讨论,认为陶希圣和梅思平关于中国社会史的研究,乃是研究中国特殊情形的极有价值的著作。(参见王学典《20世纪史学编年(1900—1949)》,商务印书馆2014年版)

张东荪4月10日、25日在《东方杂志》第25卷第7—8号上连载《宇宙观与人生观——我所献议的一种》,系统阐述了"新哲学"体系。此文为张东荪多年对哲学问题思索和研究的结晶,也是他在介绍和领会西方哲学基础上建构新哲学体系的初步尝试,基本上形成了所谓"新哲学"体系的雏形。6月30日,张东荪主持《哲学评论》第一个专号《休谟专号》,并发表《休谟哲学与近代思潮》一文,致力介绍休谟这位富于怀疑精神的近代哲学家。

> 按:在《哲学评论》准备出版第一个纪念专号时,张东荪毅然决定选择近代哲学家休谟,致力介绍这位富于怀疑精神的近代哲学家。有人对于出版"休谟专号"表示疑议,曾问:西方大哲学家多得很,如亚里士多德、康德等,何以《哲学评论》刚刚问世,独独挑出休谟作为第一个专号呢?张东荪在《休谟哲学与近代思潮》一文中断然回答:社会上有些不懂哲学的人,总把那些怪诞不经的事情放在哲学中,以致使不少人把哲学与这些东西混为一谈。哲学的第一步必须揭穿常识的矛盾与浑昧,只有驳倒了常识,方能消除人们对于哲学的误解,进入哲学的奥堂。近代哲学中笛卡儿提出的"普遍怀疑"原则,是揭穿常识矛盾与浑昧工作的开始。对此,张东荪指出:"我想哲学评论第一提出休谟来或许即有见于此。认为哲学的入门当以拨开常识为着手。"他认为,哲学不过是一种精神,即俗话说的"追根问底"的精神,"凡事必追究到最后的根底,而不有遗留"。这种精神实际上是一种方法;而在精神中有建设的,也有破坏的,康德属于前者,休谟属于后者。"虽一建设一破坏,在哲学潮流的全体上是始终相待相成与相辅相合,而不可分散的,然而就这种追根究底的精神来看,却是破坏方面比较上表现得更明显些。所以为示例的便利计,先拿休谟比拿康德来得好些。"

张东荪是年夏为徐蔚南主编、由世界书局出版的"ABC丛书"撰写了四部介绍西方哲学的小册子，即《人生观 ABC》《精神分析学 ABC》《哲学 ABC》和《西洋哲学史 ABC》。徐蔚南作《ABC 丛书发刊旨趣》，阐述编纂出版这套丛书的目的。7 月，张东荪在世界书局出版了《人生观 ABC》，继续阐述《由自利的我到自制的我》《兽性问题》等文中提出的"主智的、创造的、化欲的"人生观。12 月 30 日，张东荪在《哲学评论》第 2 卷第 3 期上发表《快乐论：其历史及其分析》。是年，张东荪有意将多年撰写并公开发表的有关哲学论文编辑成册，以《新哲学论丛》为名交付商务印书馆刊印，并为自己的论文集《新哲学论丛》撰写《自序》，详述自己从事哲学研究之历程及心得。

按：张东荪初步建构的"新哲学"体系，是以认识论为起点和中心，包括宇宙观和人生观在内的一套哲学体系。他通过对于认识问题的讨论，提出了"主客交互作用"的认识论；通过阐述"主客交互作用"说，他提出了"架构主义"和"层创进化"的宇宙观；以"层创进化"的宇宙观为基础，他提出了"主智的""创造的""化欲的"人生观。这套"新哲学"体系，是五四以后中国哲学界创建现代哲学体系的最初尝试，表明中国的哲学家已经不满足于介绍西方哲学，而是开始在接受和把握西方哲学的基础上，进行中国现代哲学的大胆建构。对此，当时的人们几乎有着一致的看法。就连他的批评者叶青也在《张东荪哲学批判·序言》（上海辛垦书店 1934 年版）中承认："中国在'五四'时代才开始其古代哲学底否定，现在固然没有坚强的近代体系，然而已在建设之中了。作这种企图的，首先要算张东荪。……如果我们说梁启超和陈独秀是中国近代哲学的启蒙运动者，那末张东荪就是中国近代哲学底系统的建立人。"（参见左玉河编《张东荪年谱》，群言出版社 2014 年版；左玉河编《中国近代思想家文库·张东荪卷》附录《张东荪年谱简编》，中国人民大学出版社 2015 年版）

张尔田《黄晦闻诗集序》刊登于《学衡》第 64 期，《与大公报文学副刊编者书》，即之一"论清史稿乐志体例"，之二"论史例"，之三"论清史稿艺文志作法""诗录"刊登于《学衡》第 66 期。《入阿毗达磨论讲疏玄义》刊登于《光华期刊》第 2 期。（参见孙文阁、张笑天编《中国近代思想家文库·张尔田、柳诒徵卷》及附录《张尔田年谱简编》，中国人民大学出版社 2015 年版）

常乃惪（德）2 月在《中央日报》上发表了一系列柳子厚思想之研究的文章。4 月 1 日，常乃惪与刘大杰等人编辑《长夜》杂志，常乃惪在该刊创刊号发表《关于真理问题的一些话》。同月，常乃惪与王去病在《民国日报·觉悟副刊》撰文讨论中西文化问题，主要讨论的论文有：7 日，发表王去病《读常乃惪的〈中国民族与中国新文化之创造〉》；12、13 日，发表常乃惪《与王去病讨论中国文化问题》《与王去病讨论中国文化（续）》；16 日，发表王去病《"为讨论中国文化问题"答常乃惪先生》；19 日，发表常乃惪《再论"整理国故"与"介绍西化"》；22、23、25 日，发表王去病《文化问题中之夹杂语》；25 日，发表授衣《整理国故和介绍欧化必要和应取的方向》。关于这场争论并没有结束，常乃惪于 4 月 13 日刊于《民国日报·觉悟副刊》的《与王去病讨论中国文化（续）》答复道："对于中国文化问题的意见，在新出的《长夜》半月刊上将尽量发表。以后读者赐教。我的答复稍长时，也将在《长夜》半月刊上发表。"

常乃惪 4 月 15 日在《长夜》第 2 期发表《前期思想运动与后期思想运动》，《房龙的〈人类为思想的权利而奋斗〉》。前文认为"五四运动以来，中国曾经过了一个号称'思想运动'的时代"，同时感叹"但是领导者却已经纷纷退却了"，提出："我的惟一的答案是转向超越过前期思想运动的路上去""理智的桥是从前期思想运动过渡到后期思想运动唯一的径路，走与不走，当然还在自己"。文中还批评"语丝派多少可以代表中国民族对于自己文化的反省态度，这种反省大约自中日战后的维新运动起一直经过《新青年》而到《语丝》为止，所表现的是中国民族的一种自觉过程。但直到《语丝》为止，所表现的还只仅有对于过去的消极的反省,而没有过此以上的东西。我们试问语丝派,你们摧灭了或者批评了中国旧文化之后可能拿什么东西去代替他,语丝派并没有给我们正式的回答"。5 月 1 日,常乃惠在《新国家》第 2 卷第 5 期发表《三民主义批判》(六续)。同日,常乃惠在《长夜》第 3 期发表《越过了阿 Q 的时代以后》《荒原的梦》等文。其中《越过了阿 Q 的时代以后》,对鲁迅的《阿 Q 正传》进行了歪曲,批评鲁迅从职业与地域偏见中概括的中国民族的恶根性不正确,提出"中国今日的作家不幸都是出于一个单纯的文人社会中的,对于民众并没有接近,根本不了解民众的真相。鲁迅以为全中国人都像他一样的徘徊于新旧之间,因而以为中国民族性是消极;郁达夫以为全中国人都像他一样有充裕的生活,因而以为人生的需求只是性欲;此外一切留声机派更是天天在那里喊些'无产阶级'文学的口号,结果他们创出来的什么'奥伏赫变'之类,连'有产阶级'也要头痛。不了解民众的作家,不能写出真正代表国民大众的文学"。此文后来引起鲁迅的反驳。夏,常乃惠自沪返太原,本拟携眷南下,因生病居家半年。秋,常乃惠著成《中国政治制度小史》,由爱文书局出版,作者自序谓"今春在家无事,乃动手改作政治制度之一部,至秋间完稿,合计约四五万言。较之鸟瞰旧稿,十分已改其八,欲以加入鸟瞰之内,则以其余经济等三稿尚未改作,未免材料仍不匀称,故决意独立成一书,而名之曰《中国政治制度小史》"。是年,常乃惠译布拉马克著《史前的人》刊于《社会季刊》1928 年第 1 卷第 1 期。所著《中华民族小史》《中国思想小史》《中国文化小史》等书相继出版。(参见查晓英编《中国近代思想家文库·常乃惠卷》,中国人民大学出版社 2014 年版;顾友谷《常乃惠学术思想述评》,云南大学出版社 2013 年版;鲁迅博物馆、鲁迅研究室编《鲁迅年谱》,人民文学出版社 1981 年版)

陈启天以中国青年党中常委兼训练部长的身份,为加强组织,扩大宣传,主编"黄皮小丛书",由上海中国书店在 1929 年出版。该丛书所收文章多属《醒狮周报》上的旧著,有陈启天《政党与政治运动》《反共须知》《建国政策发端》,陈启天、常燕生《国家主义运动史》,常燕生《三民主义批判》,李璜《国家主义的经济政策》《国家存在》,李璜、常燕生《联省自治》,邓孝情《职业代表制论从》。

潘光旦 5 月发起并参与编辑英文《中国评论周报》(*The China Critic*),后在该刊发表大量的英文论文、时评和书评。8 月,受聘到暨南大学教课一年。同时任东吴大学法科预科主任并教课至 1930 年。9 月,参加上海各大学社会学教授欢迎吴景超博士留美回国的聚会,席间讨论,全体赞成组织东南社会学社,与吴泽霖、孙本文等 3 人为临时委员,共同负责起草章程。10 月 10 日,举行茶话会,3 人所拟章程通过。29 日,通信选举学社职员,至此东南社会学社正式成立,创办学术刊物《社会学刊》,于 1929 年 7 月由世界书局出版创刊号。10 月,所著《人文生物学论从》由新月书店出版,再版改名《优生概论》(《人文生物学论从》第一辑)。(参见吕文浩编《中国近代思想家文库·潘光旦卷》及附录《潘光旦年谱简编》,中国人民大学出版社 2015 年)

游嘉德、孙本文、吴景超、余天休、吴泽霖、潘光旦、王际昌、应成一、俞项华、李剑华等 10 月在上海发起成立东南社会学会,以联络东南各省专攻社会学者共同研究为目的,出版《社会学刊》,孙本文任主编。

陈柱受聘为交通大学教授。6 月,长子陈一百所著《曹子建诗研究》由上海商务印书馆出版,书中屡引"家大人云"。夏秋之交,与画家黄宾虹同游桂林,黄宾虹为其画《八桂清游图》,因作《八桂清游图记》。11 月,陈柱主编之《中国学术讨论集》第二集由上海群众图书公司出版。

按:《中国学术讨论集》收录陈柱的文章有《老子八篇自序》《诠文篇》《文心雕龙增注叙例》《字例篇中》《说文释要自序》《小学平议绪言篇》《双声叠韵易知说》《大夏大学图书馆募捐启代》。集后有陈柱之侄陈起予所作《三书堂丛书提要》,收录陈柱已著书共50种,其中十几种曾单独出版。(参见张京华、王玉清《陈柱学术年谱》,《广西社会科学》2007年第2期)

吕思勉仍任教于上海光华大学。1月1日,在《光华期刊》第2期发表《考试论》。5月,光华大学教职员与学生反日运动委员会召开联席会议。钱基博、吕思勉、潘序祖、廖茂如等都在会上提出各自的提案。同月,吕思勉在《光华期刊》第3期发表《订戴》。10月,所著《日俄战争》由上海商务印书馆初版发行,为新时代史地丛书之一。11月,所编《新唐书选注》由上海商务印书馆初版发行,原编入学生国学丛书。是年,始以日记曰《居易记》,正撰《理学纲要》。(参见李永圻、张耕华编撰《吕思勉先生年谱长编》,上海古籍出版社2012年版)

沈钧儒继续任上海法科大学教务长。1月,上海法科大学第14次董事会正式推定褚辅成为校长,改选钱新之为董事长,沈钧儒仍为教务长。4月16日,沈钧儒得司法部发给正式律师证书。5月3日,"济南惨案"发生,全国掀起反日及抵制日货活动。在沈钧儒支持下,上海法科大学学生纷纷投入运动。27日,经上海律师公会常务委员会议决:批准沈钧儒加入上海律师公会。10月1日,获上海律师公会发给正式会员证书,开始执行律师职务。事务所暂设于寓所。沈钧儒办案有所选择,对冤狱,反复阅卷,精密观察,认真研究,提出反证,进行辩论,务求雪冤。对无力负担诉讼公费者,常为义务律师,甚至资助有困难的被告,人称"政治律师"。6月,上海私立文治大学发生风潮,校长被迫离校,沈钧儒被公推为校务委员会主席。8月,上海法科大学由蒲柏路(今太仓路)原址迁至闸北江湾路(今西江湾路),为取得教育部批准立案,沈钧儒反复奔走于上海、南京间,至10月始获批准。(参见沈谱、沈人骅编《沈钧儒年谱》,中国文史出版社1990年版)

黄炎培4月24日午后,送步惠廉牧师归国。5月11日,偕杨卫玉等由上海赴苏州,参加在苏州青年会举行的中华职业教育社第十届年会。6月26日,致函评议会,辞中华职业教育社办事部主任,并推荐江问渔继任。12月28日,写成《与安亭青年合作社谈乡村教育》一文。因安亭青年合作社某君发表一文,对徐公桥新村提出意见,主张"深入民间",乃作此文复之。(参见余子侠编《中国近代思想家文库·黄炎培卷》附录《黄炎培年谱简编》,中国人民大学出版社2015年版)

邹韬奋继续任《生活周刊》主编。1月1日,《介绍研究职业教育行政之名著》刊于《教育与职业》第91期。1月4日,在时事新报馆,潘公弼介绍鲁士毅与邹韬奋相识。2月21日晚8时,邹韬奋去新闸路福康里B623号陈布雷寓所采访。后作《陈布雷先生的生平》。3月,所译美国杜威著《民本主义与教育》编入《大学丛书》,由上海商务印书馆出版。书前有邹韬奋《〈民本主义与教育〉译者序言》,谓"现代教育家的思想,最有影响于中国的,当推杜威博士。惟关于杜威博士的教育学说,多散见于汉文译述的零篇演稿。本书最能有系统的概述他的教育学说的全部;足供我们彻底研究的参考资料。这是我发愿译述本书的动机。"5月3日,日本在我国制造"济南惨案",《生活》周刊自第3卷第33—52期,用黑体大字刊登标题新闻:"时刻勿忘暴日强占济南的奇耻",连续刊登达两个半月,愤怒抗议日本帝国主义的侵略行径。7月29日,《国民党与中华民族之惨痛》刊于《生活》周刊第3卷第37期。10月29日,黄炎培到职教社与邹韬奋长谈。(参见邹嘉骊编著《邹韬奋年谱长编》,上海交通大学出版社2015年版)

周谷城1月在《教育杂志》第20卷第1号发表《教育新论》,文中论述了经济、政治与教育的关系,指出"不平等之经济地位,即今日中国教育之背景。中国目前教育上之几种病态,即缘此而生""教育无时无处不与政治相关""今后改造教育之方针应为:一、全国人民均应有受教育之权。二、凡受教育者必皆有用之材。三、有用之人材,又必切乎中国之需要"。文章指出欲达此目标,"尤必运用政治之力量始能奏效""教育问题,必须政治问题彻底解决时,始能有彻底之解决"。(参见中央教育科学研究所编《中国现代教育大事记 1919—1949》,教育科学出版社 1988 年版)

张元济 1 月 31 日复傅增湘书,谈购、印古籍各事。2 月 9 日晚,在家宴请黄齐生、黄炎培等。15 日,致傅增湘书,谓"承假《南齐书》,去腊校读一过,撰有后跋,谨早阅。又校阅《魏书》《宋书》《陈书》《齐书》均已竣事,亦各撰有后跋。各书均另有校勘记。多者至千数百条,并呈上,统祈教正""景印旧本正史,极拟于本年内发售预约。迩来一意校勘,尚有兴趣。前承允为详细计划,其盼见示"。同月,校勘《南齐书》《魏书》《宋书》《陈书》毕,并撰各书后跋及校勘记。3 月,撰排印本《〈张氏艺文〉序》。4 月 11 日,黄炎培来访,托购《浙江(图书馆)丛书》。同月,《海盐张氏涉园丛刻续编》由商务印书馆排印出版。5 月 13 日,张元济赴上海总商会议事厅参加商务印书馆民国十六年度股东常会。高凤池、鲍咸昌、丁榕、王云五、李宣龚、张元济、夏鹏、郭秉文、盛同孙、杨端六、高梦旦、叶景葵、吴麟书等 13 人当选新一届董事;陈少舟、黄汉梁、秦印绅等 3 人当选监察人。17 日,张元济致蔡元培书,忧虑并抨击电影与性学,期望蔡元培登高一呼,予以禁止。

按:5 月 17 日张元济致蔡元培书曰:"阅报知中央教育会昨已开幕,并读演词,忧深虑远,真老成谋国之苦心,钦仰奚似。窃有陈者,近来上海有数事,于社会教育最有关系,而影响于青年者尤大。其一曰电影,大都来自美国,其情节不外海盗与海淫。偶赁数椽,便可开演。今且推行及于内地,取资极廉,故人皆趋之若鹜。冥冥中,我少年品性,不知被破坏几许矣。其一曰性学,冒哲理之名词,仍行诲淫故技,报章广告几于盈篇累幅。观其出品之多,可决其销路之广。昔日会审公廨尚有时示禁淫书,今则寂无所闻,未知何故? 以上二事若不严加取缔,窃恐积极上谋教育之发达,消极上导教育于破产。何不于此大会之时,严定检查及禁遏方法? 各省教育专家经过一番讨论,异日各归其乡,必能切实施行。此不能不有望于我兄之登高一呼矣。"

按:6 月 8 日蔡元培复张元济书曰:"前奉惠书,以电影与性学之害,宜属教育会议诸君注意,甚感甚佩。因会议已将结束,未能具案提出;曾于谈话时,分别属托,彼等均表同情也。检查电影事,别种议案中,已有涉及者。惟此次会议,竟无关涉性教育之案,故性学无正式禁条,然大学院必当随时取缔也。"

张元济 6 月 21 日致刘承幹书。同日午后访刘承幹,因知刘由南浔到沪,特来晤见。同座冒广生、章棳。25 日,张元济致胡适书,谈其《白话文学史》上卷一册出版。28 日午,张元济在家宴请叶恭绰、宗舜年、丁文江、刘鸿生、冒鹤亭、黄炎培等。8 月 24 日,复丁福保书,谓"先生研究目录学有年,拟编《四部书目总录》一书,以补《四库提要》之遗。他日纂辑成编,饷遗学界,嘉惠良多,无任跂幸"。29 日,跋《四部丛刊初编·说文解字系传通释》。10 月 15 日,中华学艺社第五次学术视察团赴日本出席日本学术协会第四届大会。张元济以学步社名誉社员名义、由郑贞文陪同离沪,乘"上海丸"轮东渡访书。同行有中华学艺社成员陈文祥、张资平等。张元济携带《海盐张氏涉园丛刻》初集、续集等自印家集若干,作礼品之用。

按:郑贞文《我所知道的商务印书馆编译所》(《商务印书馆九十年》)回忆此次赴日访书原委曰:"中华学步社东京分社干事马宗荣(继华,贵州人)在东京帝国大学文科大学专门研究图书馆学,知道日本公私立各图书馆藏有宋、元、明、清中国精版图书甚多,建议由学艺社向日本各藏书家选借,作为《中华学艺社辑印古书》的整套内部刊物出版,仅分配于特别需要的社员,不对外发售。这原是日本学术团体常有的办法,可以援例举办。马宗荣的文一提案,经上海总社干事会议通过,由我向张元济、高梦旦接洽,得到他们的赞成协助,商定由商务提供选书影印的经费,由我和马宗荣代表学艺社向日本公私立图书馆及藏书家交涉借印的手续,约明书籍印出后,每种分别赠送原书所存者各二十部。""在出发之前,张(元济)曾就经、史、子、集方面,在日本公私立图书馆目录中选出若干种书目,郑振铎则就中国古代文艺、小说方面选出若干种书目交我,作为借书参考。"(以上参见张人凤、柳和城编著《张元济年谱长编》,上海交通大学出版社 2011 年版)

何炳松任商务印书馆编译所副所长。6 月,在《史学与地学》第 3 期发表《拉施特元史考》。秋,受大学院之托,与顾颉刚、陈训慈起草《初中历史课程标准》。因顾颉刚远在广州,遂与陈训慈会商完成。10 月,何炳松在《史学与地学》第 4 期发表《历史上之演化问题及其研究法》。11 月,在《民铎》杂志第 9 卷第 5 期发表《增补章实斋年谱序》。是年,《历史研究法》英文注释本(法国郎格罗亚、塞诺波著,原名《历史研究法入门》)由商务印书馆出版。

按:《史学与地学》第 4 期出版时间本应在 1927 年,但因故延期出版,刊内已见"民国七年"。鑫亮著《忠信笃敬:何炳松传》(浙江人民出版社 2006 年版)系于 1929 年,王学典《20 世纪史学编年(1900—1949)》(商务印书馆 2014 年版)系于 1928 年 10 月,今从之。

张世禄任上海商务印书馆编译员,先后兼暨南大学、复旦大学、光华大学等校语言文字学教授。

舒新城应中华书局总经理陆费逵之约,任《辞海》主编。3 月,舒新城编辑《近代中国教育史料》4 册由中华书局出版。该书收录从同治初年至民国十五年的中国教育史料,对研究中国现代教育的起源与发展具有非常重要的价值,在中国教育史研究领域的影响延续至今。(参见王学典《20 世纪史学编年(1900—1949)》,商务印书馆 2014 年版)

徐蔚南任世界书局编辑,主编《ABC 丛书》,包括文艺、哲学、史地等类作品,共出版 152 种。徐蔚南在《ABC 丛书发刊旨趣》中,表示此丛书的标准一是通俗有趣,二是系统简要,以有利于青年学习。

按:该丛书至 1935 年出版 150 余种,如玄珠(茅盾)《中国神话研究 ABC》、刘叔琴《人类进化史 ABC》、刘剑横《历史学 ABC》、李宗吾《人文地理 ABC》、高希圣《政治思想史 ABC》、曹聚仁《中国史学 ABC》、傅彦长《西洋史 ABC》等。(参见王学典《20 世纪史学编年(1900—1949)》,商务印书馆 2014 年版)

刘呐鸥 9 月在上海创办第一线书店,邀请戴望舒、施蛰存主持编辑工作。12 月,《无轨列车》出至第 8 期,因宣传"赤化"遭查禁,第一线书店亦被警告停业,遂改名为水沫书店,继续营业。

林汉达任上海世界书局编辑主任、出版部长。

刘叔琴、杜海生、丰子恺、胡仲持、吴仲盐等人发起,将开明书店改组为股份有限公司。

尚钺到上海泰东图书公司,专职为该公司写书。

陈果夫、张廷灏、王世颖为常务执行委员的中国合作学社 12 月 22 日在上海成立,以"研究合作学说""提倡合作运动""倡导合作设施""调查合作事业"为宗旨。出版《合作月刊》《中国合作导报》等。

陈公博 5 月 7 日在上海创办《革命评论》周刊,自任主编,是国民党改组派刊物。

王昆仑主编的《再造》旬刊 4 月在上海创刊,钟天心、梁寒操、周一志编辑。

按:1928 年初,胡汉民、孙科因不满蒋介石对汪精卫的"袒护"和对西山派人士的排斥,遂离开国内去欧洲。该派骨干王昆仑等在上海创办《再造》旬刊,以"再造国民党"为口号,故称"再造派"。

李济深资助,谌小岑、程元斟主持的《民众日报》1 月在上海创刊。

吴泽霖回国后,先后任上海大夏大学社会学教授、系主任、文学院院长、教务长。

龙榆生9月经陈石遗介绍,任上海暨南大学国文系讲师兼国立音乐院诗词课。又经陈石遗介绍,得以拜谒夏敬观,并进而结识陈散原(三立)、朱彊村(祖谋)、程十发、胡适等。

倪贻德从日本回国,先后在广州、武昌、上海艺术专科学校任教。后参与组织"摩社",主编《艺术旬刊》杂志。

陈鹤琴是年至1939年任上海公共租界工部局华人教育处处长,创办多所小学、幼稚园和中学。

范烟桥是春应王西神之聘,为正风中学国学主任;秋天,经陈去病介绍到上海持志大学讲授小说;又应包天笑、江红蕉、姚苏凤、查士端、黄光益、黄转陶力荐,任《小日报》主编。

张大千与张善孖、马骀、俞剑华、黄宾虹诸人组织"烂漫社",刊行《烂漫画集》。5月与张善孖、郎静山等人倡建"黄社"。(参见李永翘《张大千年谱》,四川省社会科学院出版社1987年版)

俞剑华改任上海新华艺术专科学校教授兼教务长。与黄宾虹、熊松泉、陈刚叔、蔡逸民、马企周、张大千等人组织烂漫画社,印烂漫画集。

黎锦晖主持的中华歌舞专门学校在上海停办,改建美美女校,仍任校长。

按:美美女校名为学校,实际上是专为排练节目以赴南洋演出为目的而设立的。在节目排演完成后,美美女校即宣告结束,以黎氏为团长的"中华歌舞团"正式建立。五月,黎氏率"中华歌舞团"男女演员三十余人乘船去香港。行前,曾受到田汉、郑振铎的嘱托和鼓励。

徐凌霄在1月4日上海出版的第1期《戏剧周刊》上,撰写《戏剧周刊述旨》的"开场白"。其曰:"本报自去年添设剧评以来,虽承读者加增注意、常致好评,而揆诸本意尚多缺憾,因篇幅限制不能充量登载。现值新年度开始,本报扩张版数并各种周刊分立之计划,亦已筹备就绪,《戏剧》一周一出成为专刊之性质,庶几收整齐划一之效果,为同志公共讨论之机关,敬述大纲,以为介引。"

按:徐凌霄为《大公报》主编的《戏剧周刊》,从内容上分三个方面:第一是"剧评",包括对剧本、演员、舞台布置、表演、化妆、服装等,均有详尽介绍和分析评论。第二是发表作品,从数量上看,刊登话剧作品32个,戏曲作品5个;从表演形式上看,有独幕剧、两幕剧、三幕剧,以独幕剧为最多;从风格上看,有悲剧,有喜剧,有滑稽剧。第三是笔谈、随笔、杂记等,篇幅较小,旨在调节版面气氛,调动读者阅读兴趣。

陈鸿4月在《小说月报》第19卷第4号上撰文《泰纳重要著作梗概》,介绍泰纳的文艺思想。(参见陈其强《郁达夫年谱》,浙江大学出版社1989年版)

周瘦鹃被上海记者公会推选为监查委员。

龚德柏任《申报》总编辑。胡仲持任《申报》编辑、国际版主笔。

戈公振是年回国,任《申报》总管理处设计处主任兼《申报星期画刊》主编。

张竹平集资购买《时事新报》产权并任经理,汪英宾任总编辑,潘公弼任总主笔。

夏康农、张友松主编的《春潮》月刊11月在上海创刊,由上海春潮书局出版。1929年9月停刊,共出9期。(参见鲁迅博物馆、鲁迅研究室编《鲁迅年谱》,人民文学出版社1981年版)

郭锦昌主编的《现代中国》月刊5月在上海创刊。

顾孟余创办并主编的《前进》杂志6月1日在上海创刊。

刘豁公主编的《戏剧月刊》6月在上海创刊,海上漱石生、红豆馆主、陈彦衡、吴我尊、周剑云、梅花馆主等主要撰稿。

丁善德考入上海国立音乐院,初学琵琶,一年后转习钢琴。

马彦祥毕业于复旦大学中文系。在复旦大学学习期间从洪深学习戏剧理论和欧洲古典戏剧名著,并参加复旦剧社的演剧活动。曾参加创办申酉剧社。

胡秋原考入上海复旦大学中文系。

冼星海由北平来上海考入国立音乐学院,因家贫无以维系,萧友梅为他安排文字抄写工作以半工半读。

吴晗考入上海吴淞的中国公学,颇受校长胡适赏识。

储安平考入上海光华大学英文系。

林淡秋入上海艺术大学。

胡道静插班考入上海持志大学文科国学系。

沙千里考入上海法科大学,并参加青年之友社,任《青年之友》周刊主编。

周立波、周起应(周扬)到上海,后考入江湾劳动大学经济系学习,参加革命互济会活动。沙千里考入上海法科大学,并参加青年之友社,任《青年之友》周刊主编。

马坚入上海伊斯兰师范学校学习。

赵朴初任上海江浙佛教联合会秘书、上海佛教协会秘书、“佛教净业社”社长。

李叔同是秋至上海,与丰子恺、李圆净具体商编《护生画集》。冬,刘质平、夏丏尊、丰子恺、经亨颐等共同集资在白马湖筑“晚晴山房”,供大师居住。

达浦生任上海福佑路清真寺教长,并与哈德成共创伊斯兰师范学校,任校长。

吴耀宗主持拟定青年协会书局议定文字事业三年计划,出版宗教与社会问题著作52种,其他小丛书多种。发表《求知中的修养》《现在学生思想的趋势》《基督教学生运动当前的事业》《中国基督教学生运动事业的前途》等文章。(参见赵晓阳编《中国近代思想家文库·吴耀宗卷》,中国人民大学出版社2014年版)

傅斯年1月3日在《国立中山大学语言历史学研究所周刊》第1集第10期发表《评丁文江〈历史人物与地理的关系〉》一文。1月23、31日,《国立中山大学语言历史学研究所周刊》第2集第13—14期连载《与顾颉刚论古史书》。傅斯年高度评价了顾颉刚的古史研究,认为“史学的中央题目,就是你这‘累层地造成的中国古史’”“这一个题目,乃是一切经传子家的总锁钥,一部中国古代方术思想史的真线索,一个周汉思想的摄镜,一个古史学的新大成”。

按:傅斯年建议顾颉刚说:“你自然先以文书中选择的材料证成这个‘累层地’,但这个‘累层地’的观念大体成后,可以转去分析各个经传子家的成籍。如此,则所得的效果,是一部总括以前文籍分析,而启后来实地工作的一部古史,又是一部最体要的民间思想流变史,又立一个为后来证订一切古籍的标准。”在评述了顾颉刚的学术研究之后,傅斯年考论了几篇载记的时代、阐述了孔子与六经的关系、探索了“周汉方术家的世界中几个趋向”“殷周间的故事”等问题。

按:傅斯年此信,始写于1924年初,1926年9月才抄成正本。文末有1928年1月2日“颉刚案”:“傅孟真先生此书,从一九二四年一月写起,写到一九二六年十月卅日船到香港为止,还没有完。他归国后,我屡次催他把未完之稿写给我,无奈他不忙便懒,不懒便忙,到今一年余,还不曾给我一个字。现在《周刊》需稿,即以此书付印。未完之稿,只得过后再催了。书中看不清的草书字甚多,恐有误钞,亦俟他日校正。”

傅斯年3月以中央研究院决定在中山大学筹设历史语言研究所,与顾颉刚、杨振声为常务筹备员。同月12日,由大学院公布该院古物保管委员会组织条例9条,傅斯年与张继、蔡元培、沈兼士、张静江、陈寅恪、易培基、李济之、胡适、朱家骅、李四光、顾颉刚、李宗侗、马衡、李石曾、刘复、高鲁、袁复礼、翁文灏等 20 人被聘为大学院古物保管委员会委员。5 月，傅斯年在广州作《历史语言研究所工作之旨趣》，落款"中央研究院历史语言研究所筹备处"。6 月 9 日，国立中央研究院正式成立。7 月，傅斯年等筹办的中央研究院历史语言研究所正式成立，傅斯年代行所长。

按：中央研究院历史语言研究所是由国家设立的第一个现代史学研究机构。历史语言研究所成立之初，设史料学、汉语、文籍考订、民间文艺、考古、汉字、人类学民物学、敦煌材料研究八组。后归并为三组：史学及文籍考订组（陈寅恪任主任）、语言学及民间文艺组（赵元任任主任）和考古学人类学及民物学组（李济任主任）。1934 年，人类学自第三组分出，增设为第四组，由李济任主任，随后由吴定良任主任。史语所是中国现代人文学术研究的重镇，其成立后的一二十年内取得了巨大成就，被认为是当时国内"规模最大成绩最好的学术研究团体"。史语所延揽聚集了大批优秀学者，如董作宾、徐中舒、罗常培、李方桂、梁思永等；取得了一批重大学术成果，如殷墟考古发掘、明清内阁大库档案整理、各省方言调查等；除编辑出版集刊外，还印行各种专刊、单刊、田野考古报告，其中不少为学术价值甚高的名作；并且培养出一批年轻学者，如夏鼐、张政烺、胡厚宣、陈乐素、陈述、劳榦、全汉升、丁声树等，成为日后学术界的中坚。杜维运评价云："自晚清迄今百年间的新史学，其创获辉煌成绩者，不是梁启超、何炳松所倡导的新史学，而是傅孟真先生所实际领导的新史学。找出一个新方向，领导一个学术群体，共同从事史学研究，历久而不衰，在中国历史上，甚少前例。有之，则自孟真先生领导中央研究院历史语言研究所始。这是中国史学史上的新猷，甚值珍视。"但史语所在学术路向上也存在很大的局限性。王学典认为主要承受了德国兰克式实证史学和欧洲汉学的衣钵，一味追求科学客观的史学，排斥史观和理论，将史学压缩为史料学，影响了史学的全面健康发展。正如余英时所批评的："近代中国的史学，从清代训诂考证的基础上出发，一度凑泊而汇入兰克历史主义的末流，真是一个值得惋惜的发展"，结果是把近代中国史学推到了"'事实主义'的狭路上去，以章学诚所谓的'史纂''史考'代替了史学本身"。就当时的世界史学潮流来看，它舍美国"新史学"而从西方传统史学，也确有落伍之嫌。（王学典《20 世纪史学编年（1900—1949）》，商务印书馆 2014 年版）

傅斯年 9 月就中央研究院历史语言研究所所长。同月 11 日，傅斯年致函蔡元培，求助收购内阁大库档案。函中历陈购买这批档案之必要，并希望史语所能够负责整理这批档案。蔡元培得傅函后，立即写信给杨杏佛，略谓："孟真来函，欲大学院以二万元购李盛铎所藏之档案。如能腾出此款，当然甚好。但几日内有法筹出否？"后中央研究院乃以 2 万元价格购入这批档案。

按：傅斯年致蔡元培函曰：午间与适之先生及陈寅恪兄餐，谈及七千袋明清档案事。此七千麻袋档案，本是马邻翼时代由历史博物馆卖出。北大所得，乃一甚小部分，其大部分即此七千袋。李盛铎以万八千元自罗振玉手中买回，月出三十元租一房以储之。其中无尽宝藏。明清历史，私家记载，究竟见闻有限；官书则历朝改换，全靠不住。政治实情，全在此档案中也。且明末清初，言多忌讳，官书不信，私人揣测失实。而神、光诸宗时代，御房诸政，明史均阙。此后明史改修，清史编纂，此为第一种有价值之材料。罗振玉稍整理了两册，刊于东方学会，即为日本、法国学者所深羡，其价值重大可想也。

去年冬，满铁公司将此件订好买约，以马叔平诸先生之大闹，而未出境。李盛铎切欲急卖，且租房漏雨，麻袋受影响，如不再买来保存，恐归损失。今春叔平先生函斯年设法，斯年遂与季、骝（戴季陶、朱家骅）两公商之，云买，而付不出款。遂又有燕京买去之议。昨日适之、寅恪两先生谈，坚谓此事如任其失落，实文化学术上之大损失，明史、清史，恐因而搁笔，且亦国家甚不荣誉之事也。拟请先生设法，以大学院名义买下，送赠中央研究院，为一种之 Donation。然后由中央研究院责成历史语言研究所整理之。如此，则（一）此一段文物，不至失散，于国有荣。（二）明清历史得而整理。（三）历史语言研究所有此一得，声光顿起，必可吸引学者来合作，及增加社会上（外国亦然）对之之观念。此实非一浪费不急之事也。先生虽辞去大学院，然大学院结束事物，尚由杏佛先生负责，容可布置出此款项，以成此大善事，望先生与杏佛先生切实商之。此举关系至深且巨也。至费用，因李盛铎索原价一万八千元，加以房租，共在二万以内，至多如此。叔平先生前云可减，容可办到耳。

傅斯年10月开始调查殷墟以及两广方言。同月13日，中央研究院历史语言研究所对安阳殷墟进行第1次发掘。31日结束，傅斯年后来所作《本所发掘安阳殷墟之经过》对于此次考古发掘的经过、成果与意义作了简要总结。10月22日，中央研究院历史语言研究所迁入广州柏园，始有独立办公场所。同日，《国立中央研究院历史语言研究所集刊》亦正式创刊，蔡元培作《国立中央研究院历史语言研究所集刊发刊词》，谓"语言学与历史学，便是和我们最有密切关系的科学。语言学的研究，或偏于声音，或偏于语式，或为一区域，一种族，一时期间的考证，或注重于各区域，各种族，各时期相互的关系；固不必皆属于历史，但一涉及参互错综的痕迹，就与历史上事实相关。历史的研究，范围更为广大；不但有史以来，人类食衣住行的习惯，疾疫战争的变异，政教实业的嬗变，文哲科学艺术的进行，都是研究的对象；而且有史以前的古物与遗迹，地质学上的化石，而语言学的材料，与历史学关系的很多；所以我们把这两种科学，合设研究所，觉得是很便利的"。

傅斯年于10月22日《国立中央研究院历史语言研究所集刊》第一本第一分发表《历史语言研究所工作之旨趣》《周颂说附论鲁南两地与诗书之来源》。前文从讨论西方语言学、历史学为何在近世发达，而曾经发达的中国语言学、历史学反而在近代落后入手，提出学术发展的三条标准：第一，"凡能直接研究材料，便进步。凡间接的研究前人所研究或前人所创造之系统，而不繁丰细密的参照所包含的事实，便退步"；第二，"凡一种学问能扩张他研究的材料便进步，不能的便退步"；第三，"凡一种学问能扩充他作研究时应用的工具的，则进步，不能的，则退步"。文中着重强调史学以史料为中心和本位，极力倡导通过团体互补引会、互补订正的有规模的系统研究，最后提出三大要点：一、把些传统的或自造的"仁义礼智"和其他主观，同历史学和语言学混在一气的人，绝对不是我们的同志！二、要把历史学语言学建设得和生物学地质学等同样，乃是我们的同志！三、我们要科学的东方学之正统在中国！此文被称为是一篇向传统学术和西方东方学挑战的宣言书，在近代学术史上具有里程碑的意义。

按：劳幹将《历史语言研究所工作之旨趣》与胡适所撰北京大学《国学季刊〈发刊宣言〉》相提并论，称"两篇文字可以说是近年来中国历史研究经过上的重要文献，而奠定了中国现代历史学的基础"。

傅斯年11月辞去中山大学教务，专任历史语言研究所所长。是年，傅斯年在中山大学编写讲义，在《中山大学语言历史学研究所周刊》与《中央研究院历史语言研究所集刊》发表《中国古代文学史讲义》《诗经讲义稿》《战国子家叙论》等。又作《中山大学民国十七届毕业同学录序》。（以上参见韩复智编《傅斯年先生年谱》，《台大历史学报》1996年第20期；欧阳哲生编《中国近代思想家文库·傅斯年卷》及附录《傅斯年年谱简编》，中国人民大学出版社2015年版；顾潮编著《顾颉刚年谱》，中国社会科学出版社1993年版；高平叔编著《蔡元培年谱长编》，人民教育出版社1996年版；王学典《20世纪史学编年（1900—1949）》，商务印书馆2014年版）

顾颉刚1月2日为即将连载于1月23、31日《国立中山大学语言历史学研究所周刊》第2集第13、14期的《与顾颉刚论古史书》作跋语。21日，应钟敬文之邀作《吴歌丙集（一）》，刊于《民间文艺》周刊。26日，与钟国楼信，论十三经及其编目。29日，作《〈民俗学会小丛书〉弁言》。同月，理《崔东壁遗书·细目》毕。1—2月，编《古史辨》第二、三册。2月1日，与恒慕义信。因1月底得冯友兰信，谓恒慕义回美国后，拟将《古史辨》译为英文，在美出版。顾颉刚劝其节译此书，因零星材料或为欧美人士不易理解。16日，编《妙峰山》毕。27

日,编《孟姜女故事研究集(第一册)》毕,并作《自序》。3月6日,作《〈东壁遗书校勘记〉序》。7日,顾颉刚为《民俗》周刊作发刊辞。此文末尾高呼:"我们要站在民众的立场上来认识民众!我们要探检各种民众的生活,民众的欲求,来认识整个的社会!我们自己就是民众,应该各各体验自己的生活!我们要把几千年埋没着的民众艺术,民众信仰,民众习惯,一层一层地发掘出来!我们要打破以圣贤为中心的历史,建设全民众的历史!"此文吹响了民俗学运动的号角,被称为"我国民俗学运动的一篇宣言书和动员令"。

　　按:魏建功《〈歌盖〉四十年(下)》称顾颉刚对北大的民俗学研究"苦心孤诣做了分蘖移植的辛勤劳动""《民俗》杂志,便是《歌谣》中断时期,他大力提倡在南方生长出来的新苗"。王文宝《中国民俗学发展史》(辽宁大学出版社1987年版)谓这篇"作为中国第一个正式的民俗学会组织刊物的《发刊辞》",是"我国民俗学运动的一篇宣言考和动员令"。

　　顾颉刚3月8日编《苏粤的婚丧》,作为《民俗学会小丛书》出版。14日,作《清代著述考小引》。顾颉刚与校中同人将旧作《清代著述考》加以补正、编排,陆续刊于《图书馆周刊》,共收清代学者七十多人。20日,顾颉刚受岭南大学之邀,作《圣贤文化与民众文化》的学术演讲,阐述民俗研究之意义和目标,为民俗学会作鼓吹。钟敬文、余永梁同去,钟敬文笔录,后发表于中山大学《民俗周刊》第5期。27日,与学校商定民俗学传习班事。同日,顾颉刚在中大历史所第一次会议上,提议筹办丛书事,被推为《语言历史学丛书》总编辑。《语言历史学丛书》分五类编纂,语言学由罗常培、丁山、马太玄负责;考古学由商承祚、黄仲琴、余永梁负责;历史学由顾颉刚、傅斯年、容肇祖负责;民俗学由何思敬、顾颉刚、钟敬文负责;目录学由马太玄、徐信符、容肇祖负责。3—6月,编《孟姜女故事研究集》第二、三册毕。4月初,有数位瑶民来广州,顾颉刚与傅斯年、何思敬、史禄国同往访之,问俗问字,并与其跳舞。10日,与杨振声召集图书馆丛书整理部编目者开会商编纂法并分工。12日,与夏定棫信,论如何从《庄子》书中研究孔子。同月,民俗学会丛书《孟姜女故事研究集(第一册)》《苏粤的婚丧》《狼僮情歌》《台湾情歌集》出版。23日,民俗学传习班开始上课,至7月,此班第一届毕业。顾颉刚在此班讲授《整理传说的方法》。应邀授课者还有何思敬、庄泽宣、汪敬熙、崔载阳、刘奇峰、马太玄、陈锡襄、容肇祖、余永梁、钟敬文、杨成志。

　　顾颉刚是春应中央研究院院长蔡元培邀,与傅斯年、杨振声共同筹办该院历史语言研究所,负责筹备成立研究院历史语言研究所。4月下旬至5月上旬,顾颉刚起草《历史语言研究所组织大纲》及该所预算表、集刊目、工作计划书等。后因与傅意见不合退出筹办。5月16日,顾颉刚出席中大语史所事务委员会第一次会议,与余永梁、黄仲琴被推为本委员会常务委员,又出席该所出版物审查委员会第一次会议,与容肇祖被推为审查民俗周刊稿件负责人,与何思敬、黄仲琴被推为审查民俗丛书刊印一切事宜。25日,何定生来信,论古代文法研究。顾颉刚为此信加按语,刊《中大周刊》。5、6月间,为刘万章《广州儿歌甲集》作序。6月民俗学会《孟姜女故事研究集(第三册)》《吴歌乙集》《民俗学问题格》《广州儿歌甲集》《民间文艺丛话》出版。同月1日,何定生来信,对日前顾颉刚所言《盘庚》"出于西周及东周之间"有异议,故探讨之。14日,与彭炜棠信,论巡狩及封禅。15日,与胡适信,谓"我深信这一年中已为广东学界造成一个新风气"。25日,为《孟姜女故事研究集(第三册)》作序。同日,又为杨成志所译《民俗学问题格》作序。

　　按:顾颉刚序曰:"大凡学术有两方面:一方面是理论,一方面是应用。没有理论,应用的泉源就要干竭。没有应用,理论也不会发生实际的效果。"对于五六年前所提倡"到民间去"之口号,顾颉刚认为若要实行,"也应当有两部分人分工做:其一是专门做研究调查的工作的,其一是把研究调查的结果拿去设施的。前一种人是社会学家,经济学家,宗教学家,语言学家,民俗学家;后一种人是政治家,教育家,社会运动家"。

顾颉刚6月欲辞中大职,赴京专事中央研究院之研究,经校方和学生十多日之挽留,允再留半年。7月,组织研究所赴滇调查少数民族事,派史禄国、杨成志等前往。又派容肇祖赴北路考察古物。同月12日,为周振鹤《苏州风俗》作序。19日,为谢云声《闽歌甲集》作序。20日,为钱南扬《谜史》作序,题为《关于谜史》,称赞"今日研究古代民众艺术的,南扬先生是第一人,他是一个开辟这条道路的人!"同月,民俗学会丛书《谜史》《孩子们的歌声》《扬州的传说》《苏州的风俗》《闽歌甲集》出版。8月初,陈垣因省亲到粤,来访。顾颉刚陪同陈垣彼等参观中大图书馆及研究所。中旬,参观本校生物系教授辛树帜等在猺山的成绩。20日,与胡适书,直陈两年中的痛苦,谓"我这两年的烦闷、愤怒、希望、奋斗,我有一中心问题,便是想得到一个研究的境地。除了这件事,什么名,什么利,都不在我心上"。31日,为钟敬文《两广地方传说》作序,题为《论地方传说》。同月,民俗学会丛书《绍兴歌谣》《情歌唱答》出版。9月,傅斯年就任中央研究院历史语言研究所所长。

顾颉刚9月起讲授"古代地理研究""春秋研究""孔子研究""中国上古史实习""三百年来思想史"课,并编写讲义。同月12日,为《中大周刊》编《(广西)猺山调查专号》。16日,作《妙峰山》一书《自序》。又为刘万章《广州谜语》作序。同月,民俗学会丛书《妙峰山》《广州谜语》出版。又校点高似孙《子略》由朴社出版,范文澜为此书作《跋》。22—25日,与容肇祖游其家乡东莞,到城隍庙、天后庙、象塔、何真庙、袁督师祠、孔庙等处,画《东莞城隍庙图》。30日,顾颉刚作《古代地理研究课旨趣书》。10月2日,作《春秋研究课旨趣书》《孔子研究课旨趣书》。7日,作《中国上古史实习课旨趣书》。10日,作《中国上古史研究实习第一次工作计划书》。14日,顾颉刚参加中央研究院历史语言研究所第一次会议。15日,中大语史所派员全数接收广东民政厅积存至历年档案四万余件并着手整理。因去年顾颉刚《购求中国图书计划书》中关于档案的提议,广东政治分会议于10月初决将广东民政厅积存至历年档案四万余件拨归中大语史所保存。17日,《中大周刊·〈尚书〉的文法研究专号》出版,刊有何定生《〈尚书〉的文法及其年代》等。21日,顾颉刚又赴中央研究院历史语言研究所会议,并看该所在东山恤孤院后街35号柏园新屋。22日,中央研究院历史语言研究所自中大借用的筹备处迁至新址,正式开办。25日,应傅斯年邀赴会,会上被傅斯年推为该所文籍考订组主任。月底,作《编辑广东通志提议案》。

顾颉刚10月下旬至11月中旬为《(广西)猺山调查专号》作跋语,指出中山大学"对于西南诸省的民族研究实有不可辞的责任"。11月,历史语言研究所欢迎李济、赵元任,陪同参观中大语史所及图书馆。25日,与容肇祖参观黄浦军官学校,始识该校代理校长何遂,因其甚好古,彼此谈论极畅,此后乃成莫逆之交。26日,顾颉刚到岭南大学出席思之摩社成立宴,被邀发表演讲。同月,傅斯年辞中大语言历史学研究所主任,由顾颉刚代理。12月5日,顾颉刚在《国立中山大学语言历史学研究所周刊》第57—58期合刊发表《古代地理研究课旨趣书》《春秋研究课旨趣书》《孔子研究课旨趣书》《中国上古史实习课旨趣书》。7日,顾颉刚将旧书整理部杂书类目录编毕,为旧书整理部作《本部杂志书目跋》,指出近代史料的价值及搜集之困难。10日,作《〈本馆旧书整理部年报专号〉卷头语》。中旬,中大历史所考古学会成立。24日,顾颉刚致函校长,欲邀请邓尔雅、陈垣、容庚等任语史所名誉顾问,又推举商承祚为考古学会主席,容肇祖任民俗学会主席,均得允。下旬,顾颉刚任中大语言历史学研究所主任，开始筹备中大语史所展览会。25日，与余永梁拟《本所计划书》。是年，记笔记《东山笔乘》第三册、《东山笔记》。（以上参见顾潮编著《顾颉刚年谱》，中国社会科学出版社1993年版；顾潮编《中国近代思想家文库·顾颉刚卷》附录《顾颉刚年谱简编》，中国人民大学出版社2015年版；王学典《20世纪史学编年（1900—1949）》，商务印书馆2014年版）

董作宾8月14日前往安阳殷墟小屯实地调查甲骨出土情形。经过实地勘验，认为此地仍有继续发掘的价值，撰写了报告和计划书，向傅斯年建议由中央研究院主持进行系统发掘。傅斯年得到董作宾的报告后，决定由中央研究院历史语言研究所组织，在小屯从事科学的考古发掘。10月13日，董作宾等受中央研究院历史语言研究所委派赴河南安阳殷墟开始考古发掘，参加者有王湘、郭宝钧等，至同月31日结束。此为中国学术机关独立进行科学发掘的开端，最初是为了继续在此地寻找甲骨，共获得甲骨854片及其他一些遗物，后由董作宾编为《殷虚文字》甲、乙编。此对刚刚成立的中央研究院历史语言研究所的学术研究取向产生了重要的影响。

按：董作宾自是年至1937年抗日战争爆发前，先后多次参加安阳殷墟的系统发掘，并为此付出了巨大心血。并由此开始对甲骨文进行全面系统的研究，发表一系列重要论文和专著。他最早提出甲骨断代的10个标准，主持了殷代帝王世系年谱、殷先王称号、殷帝姓氏、出土物墓葬地段、异域地名、铭文所述人物、铭文语法结构、铭文表意标准、铭文书写形态等重大课题的研究。后又参加山东城子崖发掘，发现了龙山文化。董作宾在考古上所取得的举世瞩目的成就，使他成为当时中国最著名的考古学家之一，一代甲骨学大师。

按：傅斯年在《本所发掘安阳殷墟之经过》中指出："安阳之殷墟，于三十年前出现所谓龟甲之字者。此种材料至海宁王国维先生手中，成极重大之发明。但古学知识，又不仅在于文字。无文字之器物，亦是研究要件。地下情形之知识，乃为近代考古学所最要求者。若仅为取得文字而从事发掘，所得者一，所损者千。……此次初步试探，指示吾人向何处工作，及地下所含无限知识，实不在文字也。"（参见中国大百科全书总编辑委员会《中国大百科全书·考古学》，中国大百科全书出版社2002年版；王学典《20世纪史学编年（1900—1949）》，商务印书馆2014年版）

容肇祖任中山大学预科教授兼哲学系讲师。为研究民俗学，从上年起，与朋友至广东乐昌县和云南调查民俗，撰成《猺山族调查记》《伊伊文字》。3月27日，容肇祖被推为《语言历史学丛书》历史学、目录学负责人之一。4月23日，民俗学传习班开始上课，容肇祖讲授"北大歌谣研究会及风俗调查会的经过"。7月，顾颉刚派容肇祖赴北路考察古物。5月16日，容肇祖在《国立中山大学语言历史学研究所周刊》第29期发表《述阮籍嵇康的思想》。9月22—25日，容肇祖陪同顾颉刚赴自己家乡东莞，到城隍庙、天后庙、象塔、何真庙、袁督师祠、孔庙等处游历考察。10月，容肇祖继钟敬文之后，担任《民俗》周刊的主编。12月24日，因顾颉刚致函校长推荐，容肇祖任民俗学会主席。（参见东莞市政协编《容庚容肇祖学记》，广东人民出版社2004年版；顾潮编著《顾颉刚年谱》，中国社会科学出版社1993年版；王学典《20世纪史学编年（1900—1949）》，商务印书馆2014年版）

商承祚与容肇祖"赴北路调查瑶民考察古物"。12月14日，在该所内成立考古学会。24日，因顾颉刚致函校长推荐，商承祚任考古学会主席。

按：中山大学语史所成立不久，原北大国学门考古学会主席、中大教授马衡就拟定《本校筹备考古学系之计划书》，为语史所的考古工作制定清晰的蓝图，兹录文如下："今日世界史学家皆感到以前所谓史者，都是少数特殊阶级之史，而非普遍的全人类之史，在数十年中，都努力改造之工作。此工作之最重要者，厥惟考古学。盖考古学者，是从人类的遗迹或遗物中求其进化之过程，是求其真的，是客观的。故欲改造旧史，非从考古学入手不可。现在世界各国考古学之成绩，都已斐然可观，而我国号称东方古国，对于此学,犹在萌芽时代。若能急起直追,努力于我们自己的工作,不特在中国历史上有很大的成绩,抑且于世界人类史上有相当的贡献,可断言也。"又说:"史之改造,既须奠基于考古学之上,则此类之专门人才,为最需要。然环顾国中,此类人才最为缺乏,即如我自己,就是一知半解的。盖中国昔日之所谓考古学,多为无系统的,不科学的,且偏重于有史时期的,焉能负改造中国史之重大责任? ……遴选史学或国学有根基之人——教员或学生,派赴欧洲各国,研究考古学及其他有关系之学科,夫然后乃为今日最需要之人才。"(载《语史所周刊》第 10 期,1928 年 1 月 3 日)

按:按照马衡的建议,中山大学语史所在 1929 年初制定的《本所计划书》中,规定考古学会的具体工作有 10 项:一、两粤古代城市宫室坟墓遗址的搜寻;二、发掘事业之进行;三、拓两粤碑帖;四、搜集考古书籍拓本照片;五、制造古物模型;六、编制器物图谱及图案谱;七、编制考古地图;八、编印考古学丛书及图片;九、扩充古物陈列室为历史博物馆古物部;十、养成考古学人才。(《本所计划书》,载《语史所年报》,1929 年 1 月 16 日)

辛树帜 5 月再次组织动植物考察团前往猺山调查,中山大学历史语言研究所所长傅斯年嘱其调查猺人的风俗习惯,考察历经 3 月有余,其调查的成果以《猺山调查专号》结集公开出版。

按:辛树帜对调查团成员进行具体分工,由任国荣调查猺山社会制度和家族制度;黄季庄负责照片的拍摄以及服饰等特别器具的搜集;石声汉收集猺歌和编辑猺音字典;辛树帜本人则主要通过书信向傅斯年、顾颉刚报告调查的进程及商讨调查的方法等。任国荣的《猺山两月视察记》,内容涉及猺山的地势、种族及职业、服饰及装饰、住居、交通、迷信、外力、雇工及租借、两性关系、礼节等方面;石声汉将征得的两百多首猺歌整理出《正猺歌舞》和《甲子歌》;黄季庄将搜集的服饰等风俗物品实物带回历史语言研究所保存。

卫聚贤 7 月 18 日在《国立中山大学语言历史学研究所周刊》第 38 期发表《禹贡考》,提出此书作于战国末年(前 316 至前 290 年)的秦代。顾颉刚在《古代地理研究讲义甲种案语》中认为:"卫先生这篇文章,是用现代的眼光,现代的方法来研究《禹贡》的第一篇。固然他只费了很短的时间草成,算不得完密,但平常人没有注意到而给他提出的大问题(例如祖护雍州,不知河套等)实在不少。有了这篇文章开了一条路,冲了一次锋,要继续加功就比较容易多了。"同期还刊载了梁远中《古巴略述》、汪宗衍《西汉黄肠木刻考》等文。9 月,卫聚贤所著《古史研究》第 1 集由新月书店出版。本集收录作者之《春秋》《左传》《国语》研究文章,对三部古籍的著作时间、著作地点及作者等进行辨伪考证,充分体现了卫聚贤力图继承王国维"二重证据法",融入民俗学、人类学等学科方法,并多采用历史统计学方法,意欲纠偏"古史辨"派不注重考古材料的学术取向,但因受考古材料限制,往往大胆怀疑过头,推论较随意,因此颇受学界质疑。(参见王学典《20 世纪史学编年(1900—1949)》,商务印书馆 2014 年版)

杜定友继续任中山大学图书馆馆长。在《研究图书馆学的心得》一文中认为,图书馆就如同人的大脑,其功用"就是社会上一切人的记忆,实际上就是社会上一切人的公共脑子。图书馆学则是专门研究人类学问记载的产生、保存与应用的",这种认识又肖似巴特勒的观点。是年,在《图书馆学季刊》第 2 卷第 4 期发表著名的《类例论》。这是一篇从古今类例比较研究的角度,全面系统地研究图书分类理论的学术论文。所著《学校图书馆学》出版。(参见张世泰《杜定友先生传略》,《广东图书馆学刊》1981 年第 1 期)

陈序经 6 月获美伊利诺斯大学博士学位。采纳 James W. Garnet 教授选题意见,完成学位论文《主权可分论》(Recent Theories of Sovereignty)。其论文得益于社会学系教授 Edward C. Hayes、哲学系教授 Matthew T. McClure、政治学教授 Clarence A. Berdahl 及 John A. Fairlie。留美期间,关注"文化学"一词及其所含的意义。秋,接受陈受颐建议,受聘于岭南大学社会学系。继续使用"文化学"一词,指出文化学是自有其对象、自有其题材的一种学问。11月7日,在岭大怀士堂听陈受颐演讲后,拟《再开张的孔家店》。后刊于11月17《广州民国日报》岭南大学学术研究会主编"学术周刊"栏第7期。12月17日晚,应邀草拟《春秋战国政治哲学的背景》。是年,在欧班那(Urbana)与杜威晤谈,得知杜氏已放弃东方精神文化优越论。又与哲学系卢观伟、国文系陈受颐常讨论文化问题,先后就"全盘西化"的主张轮流演讲十余次。(参见田彤编《中国近代思想家文库·陈序经卷》及附录《陈序经年谱简编》,中国人民大学出版社2014年版;中山大学图书馆《陈序经图录》附录一《陈序经先生年表简编》,中山大学出版社2014年版)

梁漱溟春季与李济深、陈铭枢乘船去上海、南京,途中畅谈积年研究心得。在南京,梁漱溟参观了陶行知创办的晓庄学校。回广州后,梁漱溟代李济深出任广州政治分会建设委员会主席一职。4月,梁漱溟在建设委员会提出"请办乡治讲习所建议书"及试办计划大纲,未成。5、6月,梁漱溟在建设委员会对地方武装团体训练员养成所人员以"乡治十讲"为题作连续讲演,宣传乡村建设,认为宪政应以地方自治为基础,而地方自治又应由基层(乡村)入手,因而作《乡治十讲》。7月,为筹办乡治讲习所而接任广州第一中学校长职。11月6日和12月24日,在第一中学先后作题为《抱歉、苦痛、一件有兴味的事》和《今后一中改造之方向》的讲演。(参见李渊庭、阎秉华编著《梁漱溟年谱》,商务印书馆2018年版)

朱谦之在杭州整理在黄埔军校的讲义完成《到大同的路》。4月24日其妻子杨没累因肺病去世,葬于烟霞洞。朱谦之再赴广州,又往返于沪杭之间,与文艺界朋友往来,如杭州的潘天寿、林风眠、李朴园,上海的胡也频、丁玲、沈从文等,以此排遣郁闷。为纪念杨没累,完成《中国音乐文学史》,起草《新艺术》,刚开头即作罢。(参见黄夏年编《中国近代思想家文库·朱谦之卷》及附录《朱谦之年谱简编》,中国人民大学出版社2015年版)

钱亚新毕业于武昌华中大学文华图书科后,一度去广州中山大学和上海交通大学图书馆工作。

万籁声创设"两广国术馆",并任馆长。是年,撰写了十几万字的《武术汇宗》,并从此把自己的名字改为万籁声。

马瑞图、周善之、陈焕文、吴事勤、陈应昆等10月在广州濠畔回教礼拜堂创办《天方学理月刊》。刊物的主笔主要有马瑞图、杨瑞生、陈焕文、马得康、吴事勤、山国庆、易司马仪等。

董泽继续任东陆大学校长。1月17日,云南经过几个月的战乱,特别是龙云所部取得"廖角山之战"的胜利,打败了胡若愚、张汝骥及黔军之后,龙云在云南的力量占了上风,并且对蒋介石表示忠诚,于是南京国民政府正式任命龙云为云南省政府主席。云南政局渐趋明朗。9月24日,东陆大学第三届董事会成立。由龙云、王九龄、陈钧、周钟岳、马聪、董泽等6人组成,公推龙云为董事长,拟定了《东陆大学董事会简章》,呈云南省政府立案。年底,东陆大学第一届文、工本科生毕业,共27人。其中文科之政治经济系毕业生20人,工科之土木工程系毕业生7人。是为云南自办大学以来有正式大学毕业生之嚆矢。(参见《云南大学志》编审委员会《云南大学志》第2卷《大事记(1915年—1993年)》,云南大学出版社1993年版)

毛泽东1月中旬在遂川县城五华书院主持召开中共前敌委员会和万安、遂川两县县委联席会议。同月24日,出席遂川县工农兵政府成立大会,大会通过由毛泽东主持起草的《遂川工农兵政府临时政纲》,共30条。25日,布置部队再次从遂川县城分兵下乡,并向部队进行纪律教育。根据部队第一次下乡的经验与教训,宣布工农革命军最早的"六项注意"：上门板，捆铺草，说话和气，买卖公平，不拉夫、请来夫子要给钱，不打人不骂人。2月上旬，中共前敌委员会决定，在宁冈大陇将袁文才、王佐两支地方武装改编为工农革命军第一军第一师第二团，任命袁文才为团长兼一营营长，王佐为副团长兼二营营长，何长工为党代表。同月，中国第一个农村革命根据地——井冈山革命根据地已初具规模，湘赣边界的工农武装割据局面已经形成。

毛泽东3月20日在中村给工农革命军上政治课，讲述当时的政治形势和中国革命的任务，阐明坚持井冈山斗争的重要性，指出无产阶级不是无产游民，批评危害革命的"左"倾盲动主义。在这里对部队连续进行了一周左右的思想政治教育。4月3日，针对部队受"左"倾盲动主义影响发生违犯纪律的情况，在湖南桂东沙田集合部队进行纪律教育，宣布和解释工农革命军的"三大纪律，六项注意"。"三大纪律"是：第一，行动听指挥；第二，不拿工人农民一点东西；第三，打土豪要归公。"六项注意"是：一、上门板；二、捆铺草；三、说话和气；四、买卖公平；五、借东西要还；六、损坏东西要赔。4月24日前后，朱德、陈毅率领湘南起义一部分直属部队从沔渡到达宁冈砻市，毛泽东率领担任后卫的工农革命军第一团，在掩护湘南起义部队转移后也回到砻市。分别由毛泽东和朱德等领导的两支革命军队胜利会师，壮大了井冈山革命根据地的军事力量。下旬，两支部队编为工农革命军第四军，朱德任军长，毛泽东任党代表。

毛泽东5月初在从永新撤回宁冈砻市的路上，同陈毅边走边谈。从中国资产阶级民主革命讲到共产党领导中国革命要联系中国实际，从陈独秀、李大钊的历史作用讲到陈独秀的错误，并且详细谈了他对党内思想尚不统一的诸多问题的看法，表明坚持在中国搞武装斗争和群众运动的决心。此外，还谈了建立罗霄山脉中段政权的构想，指出陈毅他们在湘南站不住脚的原因是地处交通要道，敌人过于强大。这次谈话使陈毅感到新奇，非常钦佩。6月24日，粉碎了赣敌第四次进剿。8月29日，黄洋界保卫战取得胜利，保住了井冈山革命根据地。9月，毛泽东为这一胜利作《西江月·井冈山》词。10月5日，中共湘赣边界第二次代表大会通过毛泽东起草的《中国共产党湘赣边界第二次代表大会决议案》。决议案第一部分《政治问题和边界党的任务》，指明了中国革命的性质、任务以及中国革命政权的实质，总结了井冈山根据地及其他地区建立小块红色政权的经验和教训，首次提出"工农武装割据"的重要思想。

按：《政治问题和边界党的任务》收入《毛泽东选集》时，题为《中国的红色政权为什么能够存在？》

毛泽东11月底获悉彭德怀、滕代远率领平江起义后建立的红五军主力即将来井冈山，同朱德决定派何长工率军部特务营和独立营前往莲花县迎接。12月11日，在新城举行庆祝红四军、红五军会师大会，毛泽东和朱德、彭德怀、滕代远出席，并先后讲话。12月，在总结井冈山革命根据地一年来土地斗争的经验的基础上，制定井冈山《土地法》。同月中旬，毛泽东在茨坪会见彭德怀。向他详细地谈了对中国革命道路和前途的看法，以及为什么必须建立革命根据地，红色政权在中国得以存在的独特原因，中国目前进行民主革命和将来进行社会主义革命的关系等等，一席话使他留下终身难忘的印象。（以上参见中共中央文献研究室编撰、逄先知主编《毛泽东年谱(1893—1949)》人民出版社、中央文献出版社1993年版）

胡风2月由穆济波（在东大附中时的语文教员）、周璧光介绍进朱培德第五路军所属的金汉鼎第九军（滇军）政治部任宣传科长。周是政治部主任，穆是宣传处长。因胡风不愿到军部去讲"三民主义"，被金汉鼎怀疑是共产党，撤了职。在此共23天。后因共产党嫌疑，被军部逮捕过两次,均被周璧光保释了出来。共产党员黄克谦被捕,胡风与胡兰畦等设法营救,后由家属出钱,黄才被释放。胡风同时又任江西省政府《策进周刊》特约撰稿员。夏,胡风离开南昌,在庐山牯岭闲住约3个月。曾想写长篇小说,未成。秋,离开江西去上海,流浪了几个月。创作小说《三年》,刊于《新生命》第2卷第3期。（参见晓风《胡风年表简编》,《新文学史料》1986年第4期）

李平心4月因叛徒出卖,被国民党当局逮捕入狱。半年后,始经保释回南昌乡下。

熊秉坤任湖北省政府委员,并受聘为湖北革命博物馆筹备委员会委员。

黄建中任湖北省民政厅秘书,兼武汉大学筹备委员会委员。同年12月,任国民政府教育部参事。

李四光、周鲠生、王星拱、刘树杞、麦焕章、黄建中、张知本、曾昭安等人奉南京国民政府大学院长蔡元培之命筹建国立武汉大学。

杜钢百任武汉大学教授。

孙绳任汉口《中山日报》总编。

唐文治1月23日（春节）辑《家谱》"世系""传""状""艺文志"共2卷告成。1月15日和2月9日,无锡国学专门学院前后两次举行招生考试,招收第六班学生40人。2月11日,无锡国学专门学院行开院礼,唐文治讲授《尚书》。2月,聘钱基博为教务主任,冯振为院务主任,高涵叔为训育主任。同月,参照国立大学中国文学系各项必修、选修学程,实行学分制,务期毕业学生程度与国立各大学中国文学系毕业生程度相当,规定三年毕业时必修、选修科至少读满120学分。5月27日,无锡国学专修馆馆主孙鹤卿去世,学校举行追悼会,唐文治作墓志铭。6月,增设国技选科,聘徐震教授,并举行全体早操,练习弹腿、八字弓两项。同月,举行第四班第四届学生毕业礼,毕业生计崔履宸、路式遵、许岱云等12人;大学院特派俞复莅院监考三民主义,全体学生应试合格。6月,编《尚书大义内外篇》成。《外篇》,考古今文源流,《内篇》,发挥每篇精义,多有先儒未经道者。

唐文治7月拟编《诗经大义》,分论理、性情、政治学等,凡8类。8月25日,从光华大学毕业的四子唐庆永赴美入西雅图华盛顿大学,旋转入奥海州立大学肄业,学经济科。8月,无锡国学专门学院行开院礼,招收第七班学生50人。因校舍不敷,租借四郎君庙为校外宿舍,共住30人。9月初大学院特派柳诒徵、薛光锜来无锡国专进行调查,报告称:"条例符合、成绩优良。"9月19日,薛光锜致函唐文治,"贵学院立案问题,已于今日奉批准予立案矣""惟经费一节,批中有应速筹措基金等语,即希随时注意"。20日,大学院批准无锡国学专门学院立案。同月教授徐震、职员沈健生辞职,聘徐景铨、孙家复继任。徐景铨讲授中国文学史、历代文评、散文选等。又聘刘觉民任党义教授,侯敬舆任国技教授。11月26日,柳诒徵复函唐文治,嘱助求陆枰亭佚稿,"又取家藏朱集通篇过录,一俟学竟即将原书邮呈"。同月,俞庆恩辑《太昆先哲遗书》开始印行,收太仓、昆山两县明清人之遗著。唐文治作序,谓"爱国不在空言,当先爱乡。爱乡不在空言,当先爱乡先哲。爱乡先哲不在形迹而在精神。先哲往矣,其精神何所寄?惟传述其著作文字而已"。是年,两次作《答胡敬庵书》。又应钱基博、孙卿昆仲之请,为其父钱福炯作《墓志铭》;为常州沈竹初《周易易解》作序,并为康乾年间太仓沈敬亭文稿作序。又陈柱编辑《中国学术讨论集》（二）由上海群众图书公司印行,内有唐文治《宋明诸儒说一辨》一文。（以上参见陆阳《唐文治年谱》,上海三联书店2013年版）

钱穆继续在苏州中学任教职。春,撰成《国学概论》,此书系前在无锡江苏省立第三师范任教时,所编教材讲义,仅成七章,转来苏中后,续成后三章。夏,应苏州青年会学术研讲之邀,讲《易经研究》一题。此稿后来收入《中国学术思想论丛》(一)。8月,所作《孔子略史及其学说之地位》刊于《苏中校刊》第11期。(参见韩复智编著《钱穆先生学术年谱》,中央编译出版社2012年版)

姜亮夫1月为《世说新语》作校笺,并仿照《世说新语》体例,编写《师友新语》。2月,手摹宋刊本《啸堂集古录》《博古图》两书成,是为治金文之学之始。5月,因读阮元《经籍纂诂》,转而以《经典释文》为蓝本,纂集先唐音韵,是为勤于抄录之始。同月,读《疆村丛书·喜温集》,并为之校笺。7月,至上海,住四川路青年会。应周凤甸邀请去无锡中学任教。8月,赴无锡招生,复返上海,与北新人李小峰过往较密。日读《离骚》,请人刻"与屈子同年"章。9月,于无锡中学上课。授国文两班、文学论两班,至次年五月授毕。10月,拜见唐文治,结识钱基博。课余游览梅园、鼋头渚,有定居之意。(参见林家骊《姜亮夫先生年谱简编》,《职大学报》2012年第4期)

俞庆棠时任江苏大学扩充教育部部长,3月3日,在民众教育学校邀请苏州各界领袖讨论民众教育问题。并请北京平民教育总会晏阳初、汤茂如、陈筑山指导。晏阳初、汤茂如分别作《平民教育的意义及其经过》《民众教育学校进行之方针》的讲演。晏阳初3月10日又作关于民众教育的讲演。他认为:我国民众弱点是一愚二穷三私。救济之法:一须培养民众知识力,用文字教育;二须培养生产力,用生计教育;三须培养团结力,用公民教育。

杨允中、胡刚复、程相庐、俞庆棠、孟宪承、郑晓沧、王季良7人4月组成江苏大学教学视察委员会。

高阳任江苏苏州民众教育学校校长。

吴子深任江苏苏州美专校董会主席。

朱冲涛在江苏南通发起成立中华盲哑教育社,以"盲哑教育职业化,化分利为生利"为宗旨。

孙福全被江苏省国术馆聘为副馆长。

金佳福被江苏省国术馆聘为少林门门长。

费孝通入东吴大学(现苏州大学),读完两年医学预科,因受当时革命思想影响,决定不再学医,而学社会科学。

马寅初1月1日在杭州第三中山大学发表演讲《中国之劳资问题》。4日,在嵊县发表演讲《鸦片问题》。6日,由马寅初、朱家骅诸委员订定的《浙江禁烟条例》提交省政府第六十三次会议通过。2月1日,担任中国国民党机关报《中央日报》撰述委员。2日,因公赴沪。3日,参加沪上北大同学会第三次聚餐会,发表《北大之精神与社会之状况》(又名《北大之责任与鸦片问题》)的演讲。2月16—17日,应财政部部长宋子文之邀赴沪商谈禁烟问题。3月8日,在杭州演讲《现代之新经济政策》。3月15日,在海宁县禁烟处演讲《台湾禁烟之办法》。3月21日,浙江省政府主席何应钦,委员蔡元培、朱家骅、陈其采、程振钧、蒋伯诚、蒋梦麟、马寅初、陈屺怀等人就"统币制应先废两用元案"分别提呈改革方案。31日,马寅初在杭州法政专门学校演讲《浙江之两税制》。同月,为《唐庆增经济论文集》作序。4月15日,于浙江省立第一中学演讲《禁烟应归财政部办理乎》。16日,出席浙江省政府总理纪念周活动。19日,在杭州崇文中学演讲《关于禁烟问题之几个要点》。23日,宋子文将蔡元培、马寅初等人就"统币制应先废两用元案"分别提呈的改革方案及金融监理局意见呈报国民政府。30日，马寅初出席江苏省第49次总理纪念周，演讲禁烟问题，言及苏浙两省历史及两省政治上之连带关系。5月6日，马寅初在普陀山发表演讲《今日之佛教》。

马寅初5月26日在南京总商会演讲《中国经济问题》（又名《中国工商业发达的原因在社会安静》）。6月24日，婉拒上海商科大学校长之聘。7月1日，赴南京出席全国财政会议开幕式。5日，撰《吾所希望于财政会者》，批评财政部破坏税制及腐败行为。7月16日，出席江苏省农民银行开业典礼。8月5日，在杭州环龙路主持中国经济学社临时会议，马崇淦、戴蔼庐、刘大钧等20余人到会，马寅初受托起草《对国家财政问题》宣言。10日，《马寅初演讲集》第四集由商务印书馆出版发行。该书选录1925年11月至1928年5月演讲稿《鸦片问题》《浙江之两税制》等45篇。18日，会同缪斌、陈其采联名推荐金建宏为诸暨县县长。24日，国民政府特派钮永键、马寅初为禁烟委员，并指定马寅初为常务委员，又指定财政、交通两部部长为当然委员。25日，国民政府宣布中央禁烟委员会成立，委员：蒋中正、冯玉祥、阎锡山、李宗仁、李济深、何应钦、钟可托、马寅初、李登辉、张之江、李烈钧、陈绍宽。以内政部长薛笃弼、司法部长蔡元培、外交部长王正廷为当然委员，并指定张之江为主席，薛笃弼、钟可托为常务委员，黄乃祯为禁烟委员会秘书长。同月，在《商业杂志》第3卷第8号发表《评财政会议之各项议案》。同月，杭州清波学舍扩建为杭州清波中学。马寅初应创办人裘冲曼邀请，任该校顾问，继任校董。

马寅初9月28日上午出席在杭州平海路旧省教育会举行的中国经济学社第五届年会开幕式，代表学社致开幕词。29日上午，出席大会自由演讲。30日上午，出席年会宣读论文。中午，浙江大学工学院、劳农学院、文理学院、浙江省立法政专门学校、浙江省立医药专门学校、浙江省地方自治学校、浙江财务人员养成所、浙江省立高级商科中学、浙江省立第一中学等九校，于省教育会西楼公宴会议代表。下午，主持召开经济学社理事会，再度当选理事。10月3日主持中国经济学社五届一次理事会。到会理事还有刘大钧、李权时、刘南陔、卫挺生、戴蔼庐。会议推选出版委员会及学社基金委员会成员，推荐陈蔼士、徐兆荪、周炳琳、王永新加入经济学社。5日，为浙江财务人员养成所开学典礼演讲。11月1日，出席全国禁烟会议开幕式，中央禁烟委员蒋中正、冯玉祥、阎锡山、李宗仁、李济深、李登辉、王宠惠、王正廷、宋子文、王伯群、薛笃弼、陈绍宽、马寅初、张之江、钟可托、李烈钧、何应钦、钮永键及各省代表61人到会。同日，在上海参加第一届工商部中华国货展览会开幕式。孔祥熙、张之江等各界名流，各国使节及各界群众5万余人出席盛典。马寅初对工商界演讲《中华国货事业发展之障碍及其救济之方法》。（以上参见徐斌、马大成编著《马寅初年谱长编》，商务印书馆2012年版；彭华《马寅初年谱简编》，《淮阴师范学院学报》2005年第1期）

夏丏尊1月5日在《一般》第4卷第1号发表《文艺随笔》。10日傍晚，在开明书店编译所，叶圣陶与章雪村、王伯祥、胡愈之、徐调孚、徐中舒、周予同、李石岑、方光焘等共饯夏丏尊。夏丏尊将辞一切教职，回白马湖从事翻译和写作。2月8日，叶天底英勇就义。夏丏尊在平屋挂了副"天高皇帝远，人少畜牲多"的对联，以示愤慨。3月7日，所作《经子渊改革婚制》刊于《明镜报》。12日，胡愈之赴法留学前夕，叶圣陶、章雪村、周予同、徐调孚、贺昌群、胡愈之6人相约赴杭甬绍一带旅行。先到白马湖访夏丏尊，邀请他到开明书店任职，并在平屋前留影。随后，游温州和绍兴。4月，在白马湖平屋作《〈近代的恋爱观〉译者序》。春夏之交，吴觉农陪同夏衍访开明书店。此时夏衍的真实身份是地下党员，没有职业收入。夏丏尊从书架上抽出日本本间久雄的《欧洲文艺思潮论》让他翻译,不仅解决了他的生计问题,也促使他从此走上了作家的道路。5月5日,在《一般》第5卷第1号发表《知识阶级的运命》,文中通过对知识阶级的分析,给知识阶级下了定义。

> 按:《知识阶级的运命》曰:知识阶级的正体,实近于幽灵,难以捉摸。说他是无产者呢,其中却有每小时10元、出入汽车的大学教授,展览会中一幅油画要售数千金(虽然大家买不起,从无销路)的画家,出洋回国挂博士招牌的学者。说他是资本家呢,其中又有月薪10元不足的小学教师,被人奴畜的公署书记,每几字售一个铜板的文丐。知识阶级之中,实有表层中层与底层之别……就广义言,不管上层与下层都可谓之知识阶级;就狭义言,所谓知识阶级者实仅指下层的近于无产阶级或正是无产阶级的人们。因为在上层的人数不多,并不足形成一阶级的。为划清范围计,姑且下一个知识阶级的定义如下:所谓知识阶级者,是曾受相当教育,较一般俗人有学识趣味与一艺之长的人们。学校教员、牧师、画家、医师、新闻记者、公署职员、文士、工场技师,都是这类的人物;现在中学以上的学生,就是其候补者。

夏丏尊5月12日赴立达学园演讲。傍晚,在陶乐春与叶圣陶、章雪村、王伯祥、谢六逸、李石岑、周予同、徐调孚、傅东华等友人聚餐。15日,邀鲁迅至江湾实验中学演讲。6月5日,翻译日本吉野作造的《对支出兵》和长谷川如是闲的《我国对支那大陆的军事行动——对于济南事件的反省》。后将此两篇译作合在一起以《关于济南事件日本论客的言论二则》为题,刊于《一般》第5卷第2号。9月1日,翻译日本林房雄《新"恋爱道"——柯伦泰夫人的恋爱观》(署名默之),刊《新女性》第33号。同月,《文艺论ABC》由上海ABC丛书社出版,世界书局印行。译自日本厨川白村的《近代的恋爱观》,由开明书店出版,为开明书店"妇女问题研究会丛书"系列之一。11月底,夏丏尊、丰子恺、刘质平等听说弘一法师将随尤惜阴和谢仁斋两居士前往暹罗弘法,便忙着为其南下作准备,并赴码头送行。后弘一法师因故在厦门下船,未去成暹罗。11月,由夏丏尊、丰子恺、刘质平、经亨颐、穆藕初、周承德、朱稣典等7人发起,在报上发布《为弘一法师筑居募款启》。年底,叶圣陶创作的长篇小说《倪焕之》分12期在《教育杂志》上刊完。夏丏尊建议修订出书。叶圣陶请夏丏尊校读并指出作品中的疵病。同年,开明书店形成"开明酒会"。酒会对吸收会员有一个特殊的规定,即一次要能喝5斤绍兴加饭酒。结果,夏丏尊、丰子恺、叶圣陶、郑振铎、章锡琛等全部入选。酒会每周雅集一次,许多重要的组织活动和雅谈趣事均在此发生。由夏丏尊、叶圣陶等策划的《开明活页文选》开始分批出版。这是开明书店为中学生编选的课外阅读文选,先后选印古今中外文学名作1600余篇。学生杨荫深美专毕业,生活无着,想通过夏丏尊投稿,得到夏丏尊的帮助。(参见葛晓燕、何家炜编著《夏丏尊年谱》,中国文史出版社2012年版)

朱家骅年初任浙江省民政厅长,首先提出禁烟条例、取缔野狗、提倡公墓,引起士绅与佛教徒的反对。2月底,赴南京参加非正式的中央研究院筹备会,谈到中央研究院的译名问题,建议用拉丁文。后定名的"Academia Sinica"即因此而来。3月,开始筹备"村里制"。同月,李济深电邀朱家骅回粤主持校务,朱家骅辞浙江省民政厅长,未获允准。再电大学院辞中山大学副校长,也未照准。于是身兼双重职务达三年之久。3月底,至广州。4月,受大学院院长蔡元培委托,协助傅斯年在中山大学内筹建中央研究院历史语言研究所,直至10月筹建完成。9月,朱家骅创办浙江警官学校与浙江地方自治专修学校,自任两校校长。又成立浙江省卫生试验所,以德国罗珊博士为所长。月底赴广州。10月中旬回杭州,调查全省人口完成。同月,浙江省政府改组,张静江任主席,朱家骅连任民政厅长。不久,张静江发起建筑杭江铁路、钱塘江大桥、杭州电厂。12月15日,朱家骅往南京出席内政部召开的苏浙皖闽赣五省的民政会议,浙江的两个主要提案即是"村里制"与"土地陈报"。(参见胡颂

平《朱家骅先生年谱》,台北传记文学社 1969 年版)

邵裴子任职于第三中山大学。4 月,第三中山大学改名为浙江大学。7 月 1 日,在浙江大学校名前加"国立"两字,定名为"国立浙江大学"。邵裴子教授担任副校长,协助蒋梦麟校长贯彻蔡元培先生"民主办学,教授治校"的精神,并主张"学者办学""舆论公开"。10 月,蒋梦麟校长调南京任职后,邵裴子即主持浙江大学校务。

郑晓沧从美国哥伦比亚大学获得教育硕士学位归国后,在南京高等师范学院任教。6 月起在浙江大学执教、任职。

熊十力住西湖孤山广化寺,蔡元培来看望,与蔡先生谈养材及设立哲学研究所事。应汤用彤先生邀,去南京中央大学讲学,唐君毅得列门墙。(参见郭齐勇编《中国近代思想家文库·熊十力卷》及附录《熊十力年谱简编》,中国人民大学出版社 2014 年版)

马一浮 4 月为《黄仲弢丁酉湖北乡试元墨改本》撰跋。6 月 16 日,致书弘一法师。8 月 8 日,为郑道昭《云峰山诗》石刻撰跋。8 月,为丰子恺撰《护生画集序》。是年,书法家沙孟海初次拜谒先生并求教。(参见张雨晴《马一浮学术年谱整理(1911—1949)及其儒学践履活动研究》,贵州大学硕士学位论文,2019 年)

林风眠 2 月由大学院长蔡元培任为国立艺术院院长。林文铮为教务处长兼西洋美术史教授。林风眠时年 28 岁,是中国最年轻的一位大学校长。3 月,林风眠与王代之、李树化、克罗多、李朴园、吴大羽、孙福熙、林文铮、刘既漂、樊仲云、孙伏园、胡愈之等发起成立文艺通讯社。

按:1 月,中华民国大学院采纳艺术教育委员会提案,在杭州创办国立艺术院。(参见中央教育科学研究所编《中国现代教育大事记 1919—1949》,教育科学出版社 1988 年版)

潘天寿定居杭州,任西湖艺术院教授。

洪式闾在杭州创办热带病研究所,任所长。

王任叔执教浙江上虞春晖中学。

朱惺公任《浙江商报》副刊编辑。

许绍棣任社长的《杭州民国日报》创刊。

艾青中学毕业后考入国立杭州西湖艺术院。

刘文典继续主持筹建安徽大学工作。2 月 7 日,安徽大学筹委会函请安徽省财政厅筹拨大学预科开办费。13 日,刘文典经安徽大学筹备委员会第四次会议公推为预科主任,负责春季招生。18 日,刘文典拟就《安徽大学组织大纲草案》,由安徽大学筹备委员会秘书处函送省教育厅,省教育厅厅长雷啸岑阅后,大为赞赏,评价为"条理缜密,擘画周详"。21 日,安徽省政府答复安徽大学筹备委员会,认可刘文典担任安大预科主任。3 月初,刘文典偕安徽教育经费管理处处长程小苏往返于京沪之间,与南京国民政府财政部部长宋子文、大学院院长蔡元培磋商安徽教育经费事宜。15 日,因在沪宁周旋安徽教育经费事宜,刘文典缺席安徽大学筹备委员会第五次会议,预科主任一职由吴承宗暂代。19 日,北京《晨报》报道,安徽拟请李石曾担任安大校长,但后来李并未赴任。4 月 10 日,安徽大学预科在安庆菱湖百子桥第二院大礼堂(原省立法政专门学校旧礼堂)举行开学典礼,正式宣告成立。此为安徽现代高等教育之始。

刘文典 4 月 11 日出席并主持安徽大学筹委会常务委员第十二次会议,商议教育经费问题。5 月 2 日,刘文典经安徽大学筹备委员会第八次会议公推为文学院筹备主任,代行校长职权,主持校务工作。9 日,刘文典出席安大筹委会常务委员第十五次会议,讨论文法学院院址等事项。文法学院院址案,决议由庶务妥觅地点,再行核议。16日,刘文典出席安大筹委会常务委员第十六次会议,讨论慰劳北伐将士事宜。6月9日,刘文典向安大图书馆赠送中国科学社出版《科学通论》等书籍。15日,刘文典致函胡适,倾诉办学苦衷,并邀请胡适回皖讲学。7月19日,刘文典出席安大筹委会常务委员第二十二次会议,商议预科聘任教员暂行规程等事宜。23日,《安徽教育行政周刊》载,刘文典遭人诬告"有共产行动",后经省政府查明"系捏名诬控"。28日,刘文典出席安大筹委会常务委员第二十四次会议,欢迎农学院筹备主任谢家声。8月1日,刘文典出席安大筹委会常务委员第二十五次会议,商议工学院筹备等事宜。17日,国民政府决议将清华学校改为国立清华大学,任命罗家伦为校长,并新聘杨振声、刘文典等一批教授、讲师,但刘文典因安大挽留未能即时到任。

刘文典8月29日出席安大筹委会常务委员第二十六次会议,商议公推教育厅长韩安代理农学院筹备主任等事项。9月1日,刘文典出席安大筹委会常务委员第二十七次会议,讨论大学本部房屋及聘任教员诸事宜。17日,刘文典委托李冰代为出席安大筹委会第九次会议。本次会议决定追认文学院设立国文学系、教育学系等,并设立招生委员会办理秋季招生诸事宜。同时,根据刘复临时动议,适时结束筹委会职能。9月,刘文典著作《三余札记》第一、二卷由商务印书馆印行。10月29日,《国立清华大学校刊》刊登《各系主任教授讲师一览》,刘文典名列其中。11月23日,省立第一女子中学举行十六周年纪念。安大百余名学生闻讯前往,准备"参观跳舞",结果遭到拒绝,于是便捣毁礼堂、殴打女仆,酿成风波。24日,安徽第一女子中学百余名女生赴省府办公地请愿。同日,安徽第一女中派出三名代表会见刘文典,要求开除为首闹事的学生,但刘文典表示"学生气焰方张,本人无力解决"。25日,奉命前往两校进行调解的三所中学校长无功而返。26日,刘文典答应正式道歉,并赔偿省一女中损失,但对开除学生一事声称"暂难办到",需查明案情再作处理。28日,南京国民政府主席蒋介石到安庆视察,途经安大,入内参观,刘文典未出面接待。29日,刘文典因学潮之事顶撞蒋介石,被扣押于省府"后乐轩"内。

按:《教育杂志》详细报道事情经过如下:

二十九日早,刘文典接总部机要科来函,谓:"奉总座谕,约贵主任于本日下午,来辕问话。"同时程勉亦接函同前,惟时间为下午二时。刘程既先后往,于三时许延见。蒋氏先询刘:"学生捣毁一女中、殴伤学生,已有办法乎?"刘答:"此事发生,为安徽教育界之大不幸,自身不能解决,有劳总司令动问,益觉汗颜,现在已与程校长和平了结矣。"蒋问:"肇事之学生三人,如何办理?"刘答:"当时滋闹者不止大学一校学生。"蒋言:"他校不管,单问尔校学生?"刘答:"此事内容复杂。"蒋问:"内容究竟若何?"刘称:"不便言。"蒋言:"当我面有何事不可言?"刘称:"背后有黑幕。"蒋厉声问:"有何黑幕?"刘言:"此事内容,程校长亦知之。"蒋转问程。程答"一女中请愿之目的,在保全学校之安宁,学生能安心上课,他无所求。安大之学生开除与否,毫无成见。安徽教育界虽复杂,但此事极单纯,并无黑幕"云云。蒋点首,转问刘:"尔能不能办学生?"刘一再言"此事复杂",始终不承认严办学生,出言顶撞。蒋氏大为震怒,郑重而言曰:"大学学生黑夜捣毁女校、殴伤学生,尔事前不能制止,事后纵任学生胡作胡为,是为安徽教育界之大耻!我此来为安徽洗耻,不得不从严法办,先自尔始。"言毕,即令两卫士掖刘出,命秘书陈立夫饬送公安局收押,并嘱多派警士保护女校,又命程回校维持。对于为首滋事之学生,则命公安局访拿归案法办。(《皖省学潮之内幕》,载《教育杂志》第21卷第1号)

按:关于刘文典顶撞蒋介石的细节,众说纷纭,颇多附会。时任国民党安徽省党部指导委员会秘书石慧庐曾有回忆文字,应较为可信:我在那时任国民党省党部指导委员会秘书,尚没有资格参加这会,参加这个会的人,都是省政府和省党部的委员们。会后,据参加这个会的省党部委员们回来说:蒋当时盛怒之下,大骂安大学生代表们,骂了又坐下,稍停一下,站起来又开骂,训了学生一顿之后,转过来便责备两校校长。女师校长程勉旈(即程勉),为安徽老教育界程筱苏的儿子,坐在那里一言不发,恭听责备。蒋又转向安大校长刘叔雅(文典)大加责难,认为刘对学生管教无方。叔雅和蒋言语间颇有冲突,众皆色变。蒋即骂:"看你这样,简直像土豪劣绅!"刘大声反骂:"看你这样,简直是新军阀!"蒋立时火气冲天地骂:"看我能不能枪毙你!"刘把脚向下一顿说:"你就不敢! 你凭什么枪毙我!"蒋更咆哮地说:"把他扣押起来!"立时便有在门外的两个卫兵进来,把刘拖下。(石慧庐《刘文典面斥蒋介石》,载《安徽文史资料选辑》第8辑)

> 按:此事后续发展如下:12月2日,《世界日报》报道蒋介石在皖视察训话种种情形,包括扣押刘文典之事。3日,安徽省政府发布公告,对安大风潮肇事学生作出处理。5日,经蔡元培、胡适、蒋梦麟力保开释,刘文典恢复自由,即日离皖。安大学生仍积极呼吁援助被开除学生。19日,国民党中央召开政务会议,决定免去韩安教育厅长职务,由程天放继任。(参见玉政编著《刘文典年谱》,安徽大学出版社2011年版)

姚永朴回安庆任安徽大学教授。6月,姚永朴所著《诸子考略》由北平资研编译社出版。

林文庆继续任厦门大学校长。3月21日,国民政府大学院院长蔡元培签发131号训令,批准私立厦门大学立案。28日,为反对日本驻厦领事馆私设警察侵权逮捕中国国民,厦大学生成立"反日外交后援会"。29日,教职员"反日外交后援会"也宣告成立,积极开展反帝斗争。6月26日,举行第三届毕业典礼,各系毕业生共18人。(参见洪永宏编著《厦门大学校史》(第一卷),厦门大学出版社1990年版)

林徽因回福州探亲,曾应福州师范学校和英华中学之请,作《建筑与文学》和《园林建筑艺术》的演讲。又为其叔林天民设计福州东街文艺剧场。

张澜继续任成都大学校长。2月17日,成都军阀制造震惊中外的"二一六"惨案,逮捕和屠杀无辜学生。2月17日晨,获悉成都"二一六"惨案后李正恩等14人已被杀害,万分震惊,立即赶到学校,召开全校师生员工大会,在讲话中悲愤地揭露军阀残酷迫害革命师生,侵犯人权,破坏学府尊严,摧残教育事业的罪行,并当场宣布辞去成都大学校长职,以示强烈抗议。19日,张澜发表《自行解除成都大学校长职务函》,并同时致函刘文辉、邓锡侯,提出辞职。辞职书中对军阀无理杀害无辜师生的暴行进行了严厉谴责。2月20日起,成大教职工掀起"挽张"运动,声讨军阀制造惨案的罪行。3月9日,在教职员和学生的一致挽留下,张澜对学生会代表表示:"勉允复职。"12日,出席成大全校师生员工欢迎张校长复职大会。法学院院长吴君毅、理学院院长沈懋德等发表了讲话,张澜发表复职演说,最后还向大家表达了决计辞职的愿望,我已经向国民政府呈请辞职,在国民政府新任之校长未到以前,我只好暂负责任,照旧办理。4月5日午前10时,成大全体教职员在青羊场侧送仙桥成都公学死难学生新茔扫墓摄影。5月27日,为庆祝北伐胜利,成大放假三日。8月,刘文辉、邓锡侯、田颂尧和赖心辉等根据新颁布的《修正大学区组织条例》,经过斟酌,联衔宣布"筹备国立四川大学讨论委员会",任命省教育厅代厅长向楚为主席,委员由他们指定的代表熊晓岩、杨伯谦、曹四勿(均为成大教授),成大代表李劼人,师大代表付养怡,公立川大代表伍所南组成。随即"讨论委员会"通过了《筹备国立四川大学的决议案》,并上报中华民国大学院并转发各校。9月19日,张澜致函大学院和教育厅,表达自己对筹备国立四川大学的意见。

> 按:张澜致大学院和教育厅函曰:国立四川大学所在地虽指定四川,而于西南各省区如滇、黔、西康之文化均有关系。无论其学校规模将来何如宏大,恐以学制所限,仍难为一省养成适应地方需要之各项人才。因大学在精研学理,阐发微奥,在学殖荒落之区。固应协力促成组织完备、规模宏阔之学府。而职业专门学校如农、蚕、工、商、医等之侧重艺术、期在养成实务专家者,在地大物博、频年苦兵、民生凋敝之

四川,亦切感需要。且征之东西各国,于大学之外,不废职业专门学校,良有以矣。本校主张四川除国立大学而外,所有省办各种职业专校,仍当并行。尚需尽量扩充,以期实效。此对于该会议决案之第一项所谓先就现有十校校地、校产及一切设备统筹改组划归国立四川大学接收,未能赞同者也。

关于国立大学经费问题。本校以为完全应由国库担负,除前三年应需之开办费外,年有二百万元确定可靠之收入已足敷用,不必牵涉省款。而省款教育经费应予保留,以谋省立各校之发展,方为正当企图。目大学不设预科,应由省办规模完整之高中数校,所需经费约六七十万元。各项职业专门学校经费约需百万元。以四川早经指定作省教育经费之肉税全部加以整理,即可勉资应付。不应忽视省教育之扩张而将所有经费并入国立大学,以求目前一时之苟合。此对于该会议决案之第七项所谓应将以上九校经费全数划归国立四川大学接收,除国税外,其余之数仍由省税中之肉税项下开支,未能赞同者也。

至国立大学现设成都,应即以成都二字冠于大学通名之上,正名为国立成都大学,较为适当。四川名词系代表省区,如大学系省立,冠此二字尚属合理,今以国立大学而加省区之名,殊嫌名实淆混。证以近事,如国立江苏大学之改为国立中央大学,国立湖北大学之改称国立武汉大学,即其例也。

综以上各点论之,或为国立大学根本所关,或以四川地方利益所系。本校既切盼规模宏远组织完备之国立大学早日实现,而为国家教育永久计划。(《张澜文集》)(参见谢增寿编著《张澜年谱》,群言出版社2013年版;王承军撰《蒙文通先生年谱长编》,中华书局2012年版)

蒙文通任教于成都大学、成都师范大学、成都国学院。3月12日,张澜校长发表复职演说。16日,蒙文通晤吴虞,并告知弟蒙思明已释出,到上海。4月2日,成大中国文学系另选主任,吴虞选蒙文通任之。21日,晤刘咸忻,商课事。23日,因学生呈请,午后成大召开教授会议。27日,还吴虞《榲书隅录》八册。夏末,草《天问本事》,则又知晚周之学有北方三晋之学焉,有南方吴楚之学焉,有东方齐鲁之学。乃损补旧稿以为十篇,旧作《议蜀学》一篇并附于末。遂以此十篇之说用代讲疏。8月25日,蒙文通辞成大聘,往南京内学院。10月18日,蒙文通任国学院教务长,向楚以教育厅长兼院长。11月1日,蒙文通访吴虞,并告"拟住内学院一年"的计划。(参见王承军《蒙文通先生年谱长编》,中华书局2012年版)

吴虞1月12日接待彭云生来访,言敬业专修社改为敬业学院,请吴虞任名誉董事。2月10日,吴虞预立遗嘱。5月5日,作《对祀孔问题之我见》毕,令人交与《新四川日刊》。7月12日,四女吴桓来信,言三女吴楷已与傅无退离婚。11月16日,四女来信,言吴楷已与陈茹云结婚。11月17日,七师、十八师、十九师三军合办军官眷属子弟学校,四女任校长。(参见朱玉、孙文周《吴虞年谱简编》,《吴虞诗词研究与整理》附录一,河南文艺出版社2016年版;王承军《蒙文通先生年谱长编》,中华书局2012年版)

卢作孚1月确定峡防局例会制度。2月,创办峡区实用小学。3月,改组《学生周刊》,创办《嘉陵江》报三日刊(1931年1月起改为日刊)。4月,在关庙创办峡区图书馆。9月11日,峡区农民银行成立,资本1万元。20日,北碚公共体育场建成。9月,开始架设乡村电话线。至1930年3月,北碚各场及重庆、合川之间接通电话。9月,创办民生机械厂,于本年冬建成。此时仅能修理小型轮船,后来发展壮大,到抗战时,不仅能修理本公司轮船,还能制造新船。10月,北碚举行首次秋季运动会。同月,开始整理北碚市政,开辟码头、整齐街道、建设市场、设立路牌、取缔淫祠、清理尿缸、成立市民自治会。经两个月努力,北碚面貌焕然一新。11月16日,创办峡防局第一期少年队。12月5日,发起成立北川铁路公司。(参见王果编《中国近代思想家文库·卢作孚卷》及附录《卢作孚简编》,中国人民大学出版社2015年版)

吴金鼎3月24日及4月4日两次前往山东省章丘县龙山镇城子崖作调查,发现以磨光黑陶为显著特征的新石器时代遗存,最初称之为"黑陶文化",后来命名为"龙山文化"。(参见中国大百科全书总编辑委员会《中国大百科全书·考古学》,中国大百科全书出版社2002年版)

李震瀛曾与向忠发代表中共与斯大林、布哈林联名发表两党宣言。不久回国到上海,5月被派到济南,任中共山东省委常务委员兼工委书记。

关友声毕业于山东大学国学系,后又至北平向吴秋晖学习诗词歌赋。在北平时结识黄宾虹、齐白石、张大千、于非闇等画家。

张维华毕业于济南齐鲁大学。

赵太侔在山东泰安创办民众剧场。

李文斋兼办山东《民国日报》。

方治任青岛《民国日报》社长。

张伯苓1月6日函嘱因病住院的梁启超"格外安心将息"。7日,在南开中学礼堂为校董事会董事长范源濂逝世举行追悼会,张伯苓致悼词,高度评价范源濂平生热心教育,为南开发展尽力独多。14日,派满蒙研究会(即东北研究会)主任傅恩龄赴东北专程拜谒张学良,请其为南开大学满蒙研究会名誉董事,以资指针而便策进。19日,学校董事会召开例会,丁文江、卞俶成、李琴襄、孙子文、颜惠庆、严慈约出席。范源濂故去后,选举颜惠庆为董事长。同月,聘张彭春为南开中学主任。2月1日,访颜惠庆,谈组织社会科学与政治科学研究院事。2日,会晤颜惠庆、任鸿隽等,谈中华教育文化基金会基金使用方案。28日,张伯苓被推为中国太平洋国际学会会议会员。同月,主持成立南开大学募款委员会,并制订《南开大学募款委员会计划书》,其中之一为《南开大学发展方案》。

> 按:方案"强调南开发展之程序,反映吾国革新运动之变迁"。在此基础上,回顾了南开发展的两个"阶程"和学习日本、欧美教育的得失,结论是"外人之法制能资吾人之借镜,不能当吾人之模范""故吾人可断定,中国大学教育,目前之要务即'土货化'""所谓土货的南开,即以中国历史、中国社会为学术背景,以解决中国问题为教育目标的大学"。新南开所抱之志愿,不外"知中国""服务中国"二语。

张伯苓3月2日邀请美国康奈尔大学生物学教授尼约海姆来南开学校演讲。4日,应邀在南开大学理科学会周年纪念会上演讲。12日,偕南开教授访颜惠庆,教授们希望去北京研究外交和经济问题。14日,邀请美国公使馆商务参赞安立德(Julean Herbert Arnold)在南开大学演讲《中国之根本问题》,并使用广播电机播音。15日,感谢北京镇威军三、四方面军团司令部张学良资助南开大学东北研究会500元。中旬,向天津电车电灯公司经理建议由公司捐资2万元,与南开合设电工科培养人才。18日,向学校董事会例会报告学校十七年度预算。董事会决议成立南开筹款顾问部,讨论了顾问部组成人选,并于本年拟在中学附近成立南开小学。19日,赴北京出席中华教育文化基金董事会执行委员会。23日,访见颜惠庆,报告执行委员会会议情况,会议定于6月间在大连举行。成立生物研究所的问题原则上被采纳,而社会科学研究所的问题则暂缓考虑。30日,大学预科同学会周年纪念,张伯苓到会讲演。

张伯苓4月1日陪同南开大学何廉、萧蘧(叔玉)、蒋廷黻三教授赴北京,代为联络介绍国务院、财政整理会、交通部、财政部、农商部、审计院、统计局等相关负责人,以便搜集学术资料,藉裕教材。7日,偕东北研究会主任傅恩龄、日本人远山猛雄由津出发去东北考察,搜集研究材料。5月4日,返回天津。7日,在南开大学召开的国耻纪念会上,演讲东北归来对旅途情形及东北现状的感想。16日,南开中学召开济南惨案纪念会,每人发黑纱一条束左臂以志哀。6月12日,南开中学期末考试最后一天,国民军进入天津,张伯苓随即部署维持学校秩序。29日,中华教育文化基金董事会在天津举行第四次年会,改选张伯苓为董事长,蔡元培、孟禄为副董事长。7 月 1 日,为基督教教育会事赴上海,其间拜访宋子文。16
日,应工商部驻沪办事处邀请,为上海工商界领袖百余人演讲"东三省问题"。27 日,国民政
府第 83 次会议讨论大学院院长蔡元培提议改组中华教育文化基金董事会案,蔡元培欲撤
换张伯苓等人。

按:蔡元培认为,前中华教育文化基金董事会由贿选总统曹锟以大总统命令成立,委派董事皆不适
当其任。于是决定改组董事人选,撤换张伯苓等人。胡适致函蔡元培,坚持张伯苓仍留董事会中,认为张
伯苓管理会中会计多年,是中、美董事都信服的人。甚至表示:我自己辞职,遗缺推荐张伯苓先生。但胡
适的"千万俯允所请",被蔡元培坚拒。

张伯苓 8 月 2 日安排南开大学教授萧叔玉、蒋廷黻、李继侗、杨石先、张彭春、傅恩龄等
赴东北调查,并致函所经各地机构代为关照。11 日,为李惠堂所著《足球》一书作序文。8
月,成立南开小学,聘请美国哥伦比亚大学克伯屈的女弟子阮芝仪博士为"教学导师",从事
"设计教学法"的实验。9 月 10 日,傅作义宴请张伯苓、胡政之、张季鸾等人。12 日,出席南
开大学开学仪式并致辞。17 日,邀请傅作义来南开大学参观。21 日,在南开大学女同学会
首次大会演讲,强调南开教育目的,是"为造就活泼有为与奋发立志之青年,然读书勿忘娱
乐"。25 日,再函孔祥熙,请求政府以经济援助南开。10 月 15 日,为美国哥伦比亚大学中
国历史讲师毕格来津访谒事致函罗振玉,并告知南开大学历史系主任蒋廷黻偕同前往。17
日,在南开校庆纪念会上演讲。同日南开大学图书馆落成,题额"木斋图书馆"。卢木斋出
席致辞,并将图书馆钥匙交付张伯苓。11 月 5 日,受邀在中国国货展览会上演讲,谈如何扶
持国货。15 日,发表《论满洲及其殖民地化》演讲。16 日,在南京南开校友欢迎公宴上,提
议成立南京南开校友会。17 日,顾临来电告知颜惠庆、孟禄不赞成张伯苓赴美捐款。18
日,请南开大学李继侗教授在南开中学讲《东三省之农林》。11 月 17 日、22 日、23 日南开中
学高三同学、教职员、南开大学女同会相继为张伯苓赴欧美考察举行欢送会。24 日,在津学
校董事会董事及教职员为张伯苓饯行。30 日,顾临致函美国社会活动家、明尼苏达大学前
校长乔治·文森特(George E. Vincent),谈南开大学校长张伯苓几天内要动身来美国为他
的学校募款。12 月 11 日,为解决顺直省委问题,周恩来受中共中央委托到天津工作一个
月,其间曾秘密拜见张伯苓等师友。(以上参见龚克主编《张伯苓全集》第十卷附编《张伯苓年谱》,
南开大学出版社 2015 年版)

刘少奇 3 月 24 日经中共中央临时政治局常委会议讨论决定被委派去天津,作为中央
委员指导顺直省委的工作。10 月 4 日,中共中央政治局会议决定《布尔什维克》报编辑委员
会组成名单,李立三、蔡和森、邓中夏、刘少奇等 37 人为编委委员。5 日,撰写《论口号的转
变》一文,刊于 11 月 1 日出版的《布尔什维克》第 2 卷第 1 期。11 月 16 日,为中共顺直省委
内部刊物《出路》写出版绪言。(参见中共中央文献研究室编《刘少奇年谱(1898—1969)》,中央文献
出版社 1996 年版)

郭则沄、林葆恒等人在天津创办须社,郭则沄为社长,社员有陈恩澍、查尔崇、李孺、章
钰、周登皞、白廷夔、杨寿楠、林葆恒、王承垣、郭宗熙、徐沅、陈宝铭、周学渊、许锺璐、胡嗣
瑗、陈曾寿、李书勋、唐兰、周伟等人;另有陈宝琛、樊增祥、夏孙桐、陈懋鼎、陈毅、高德馨、邵
章、夏敬观、姚鹓素、万承杖、袁思亮、钟刚中、黄孝纾等社外词侣 13 人。

刘节自清华大学国学研究院毕业后,应聘到南开大学任教。

张锡纯定居天津,创办国医函授学校。

苏昌泰为会长的天津绿渠美术会成立,有《绿渠会刊》。

谢国桢经梁启超介绍,到南开中学任中文教员。

曹禺2月任《南开双周》的戏剧编辑。是夏升入南开大学学习。

沈尹默与黎世蘅、张定璜、张壁萧等6人6月7日受南京政府指派,组成顺直特委会。26日,国民政府会议通过成立河北省政府委员会,任命商震、沈尹默等为省府委员。同日,沈尹默出任河北省政治分委会委员。7月4日,沈尹默与河北省政府全体委员一起在天津宣誓就职。7月18日,沈尹默参加河北省政府第一次会议。8月1日,沈尹默被中法大学公布为该校校务会议成员和中学教育委员会、丛书委员会委员。4日,沈尹默赴上海万云楼李小峰晚宴,同席有鲁迅、许广平、周建人、刘半农、郁达夫等。19日,沈尹默赴柳亚子功德林宴,同席有鲁迅、李小峰、刘三夫妇等。10月16日,沈尹默参加河北省政府为第二十六次会议,被推选为审查安得思古物专员。27日,沈尹默被国民政府大学员会推定为北平大学分会委员。12月10日,沈尹默、吴稚晖、蔡元培、王宠惠等发起为巴黎中国图书馆征集图书。(参见郝千明编著《沈尹默年谱》,上海书画出版社2018年版)

晏阳初1月11日致信R.M.范德堡,告知1927年12月31日的来信收到。同月,在定县开展平民教育工作,提出在定县实验的文艺、生计、卫生、公民四大教育,以治中国农村愚、穷、弱、私四病,并采用学校式、社会式、家庭式三种方式推行;连续得南京国民政府教育当局函电,请派人南下协办平民教育。于是派汤茂如去苏州,协助江苏大学筹办"江苏省民众教育学院"。这是中国政府正式开办学校以训练服务于平民教育的人才之始。2月5日,晏阳初致信R.M.范德堡,首先告知本月23或24日左右将去上海与之面谈为平教会拍片一事。其次,告知已接受国民政府邀请帮忙制订省际平民教育运动整体规划。如果此规划按计划实施,希望范德堡能帮拍一些影片。最后,拜托选定烟台那部平教运动电影片的画面。中旬,应南京国民政府教育当局电邀南行协助办理平民教育,在大学院院长蔡元培的支持下,创办江苏省民众教育学院。29日,晏阳初致信R.L.威尔伯校长,告知已接受南京的国民政府邀请在江苏开展全省的平民教育运动,已抵达上海,正开展筹建一个为平民教育的管理者和监督者提供整整两年课程的"民众教育学院"以及推行平民教育计划。

晏阳初与瞿世英、熊佛西等2月携带新刊的《士兵千字课》第一册,到何柱国的第23师新驻地顺德府(今河北邢台)向60名军官组成的教师训练班讲授教学法。一周结业后,学院分班教士兵1万余名,教学中配合使用了幻灯,反应热烈,进展迅速。何柱国为示谢意,特备花车将3人送回北京。又于河北邢台举办军队智慧测验,受测验的士兵有5000名,为国内大规模教育测验的创举。3月3日,江苏大学扩充教育部部长俞庆棠在民众教育学校邀请苏州各界领袖讨论民众教育问题。受邀与汤茂如、陈筑山担任指导,晏阳初作《平民教育的意义及其经过》的演讲。10日,晏阳初在江苏作关于民众教育的讲演。同日,张学良与奉军参谋长杨宇霆等到定县翟城村参观"平教总会"种种设施及定县实验,并在学生和农民代表欢迎会上致词,赞扬"平教总会"的工作且表示愿加协助,被邀请赴奉天。15日,晏阳初收到母校美国耶鲁大学秘书朗曼来电:"如你能于6月20日前抵纽黑文,耶鲁将授予你荣誉文学硕士学位。"17日,晏阳初担任指导的江苏省民众教育学院录取了120名考生,正式开学。20日,晏阳初致信郭秉文,询问郭秉文赴美时间,希望能同行,并征询关于组建"中国平民教育美国合作委员会"的有关事宜。28日,晏阳初应邀前往奉天张学良官邸会见张学良、杨宇霆,委婉谢绝张、杨提出将"平教总会"归奉军掌握的意见。同月,晏阳初赴南京拜访曾在法国华工学校讲过课的国民政府大学院院长蔡元培,蔡元培对推行平民教育极感兴趣,表示支持江苏的建院计划。晏阳初又到南京、无锡、苏州各地演讲宣传,极受欢迎。晏阳初在南京第四中山大学演讲时,教授学生 150 余人拥挤一室,很多人站立静听达 2 小时毫无倦容。上海中英文报纸都刊载这些大新闻。同月,晏阳初所编《平民千字课》修正重订本第十三版发行。

按:由《平民千字课》发展成《农民千字课》《市民千字课》《士兵千字课》三种课本,通用城乡各地。

晏阳初前一年撰写并发表的《平民教育概论》4 月以单行本由商务印书馆出版,收入《平民教育丛书》之中。5 月 10 日,因日前"平教总会"之《农民报》发表纪念勿忘《二十一条》国耻的文章,该报及《市民报》遭北京奉军宪兵司令部查封,"平教总会"亦被包围,晏阳初被列入指名逮捕名单。由陈筑山出面交涉,陈筑山及总会所有职员均遭逮捕。从天津返京,毅然去宪兵司令部质询,并表示自愿入监狱以释放同仁,未获允。不得已去电报局致电张学良要求恢复各同仁的自由。11 日,赶往宪兵部看守所接获释的陈筑山等同仁,见陈筑山等正在给看守的宪兵讲《平民千字课》,当陈等走出看守所时,一些宪兵都依依不舍地流出眼泪,更坚定推行平民教育之决心。15 日,第二次全国教育会议在南京举行,大学院院长蔡元培主持,各省市教育厅长及学者、专家 70 余人出席。提案中有关平民教育的计有 11 件。会议决议采纳"平教总会"的计划,"请大学院提交国民政府决议以颁布分期施行民众教育案",内容分"文艺教育、生计教育、公民教育三端",步骤分三期,即县试验期、省试验期、全国推行期。晏阳初在南京期间,曾应邀到中央军校高级班演讲定县实验。蒋介石亲临听讲并表示赞赏。(参见杜学元、郭明蓉、彭雪明《晏阳初年谱长编》,上海交通大学出版社 2017 年版;宋恩荣编《中国近代思想家文库·晏阳初卷》附《晏阳初年谱简编》,中国人民大学出版社 2015 年版)

李景汉任中华平民教育促进会调查部主任,赴河北定县调查。

沈尹默任河北省政府委员、教育部大学委员会北平分会委员。

杨秀峰到河北省教育厅供职,任第三科科长,从事社会教育工作。

刘盼遂是秋离开清华研究院,到河南中山大学中文系任教授,讲授《说文》《尔雅》等课程,并兼任河南通志馆编纂,负责"宗教门""民族门"两部分编纂。

郭宝钧以河南代表的身份,参加中央研究院主持的安阳殷墟第一次考古发掘工作。

张友渔由山西同乡会通过当时的财政总长董士恩出面保释而出狱。

罗振玉 5 月编静安遗书四集告成,计 43 种,123 卷,又外集 4 卷。7 月,东陵、定东陵被盗发,罗振玉上《筹议东陵善后疏》。秋,托人于旅顺新市街筑新居。辑《殷礼在斯堂丛书》20 种刊行,其中有王石矔《广雅疏证补正》及《尔雅郝注刊误》两书。是年,又作《史颂敦》《魏江阳王元继》《唐河南府司录参军李璪墓志》跋、《宋史曹辅传注》等文。(参见罗继祖《永丰乡人行年录(罗振玉年谱)》,江苏人民出版社 1980 年版;齐家莹编《清华人文学科年谱》,清华大学出版社 1999 年版)

王树枏应张学良之邀,出任萃升书院主讲。9 月 22 日,自北京访徐世昌,与之闲谈良久。25 日,徐世昌在日记中记道:"(八月)十二日(9 月 25 日),开拟着《清儒学案目录》。"自此,《清儒学案》的编纂正式开始。11 月 1 日,奉天省通志馆正式成立,同时启用关防,开始办公。17 日,奉天省政府发出通志馆成立和关防启用通令,指出"省之有志犹国之有史,一代有一代之史,一代有一代之志",奉天已有百余年未有修志,时代变迁,典章政俗变化巨大,若不尽快修志,则征访愈难,考证尤为不易。通志馆以张学良为总裁,白永贞为馆长,袁金铠为副馆长,总纂为王树枏、吴廷燮、金梁、吴闿生、金毓黻、世荣、王树翰,纂修为许宝蘅、陈思、于省吾、陶明浚、王光烈、杨宗羲、伦明等，共 60 余人参与纂修。

　　按：先是光绪年间，赵尔巽任盛京将军时就曾经提出修志，徐世昌任总督后又令三省修志，吴廷燮、金毓黻、金梁等人都曾积极准备从事新志修订。吴廷燮在 1909 年完成了《奉天郡邑志》《奉天沿革表》等著作，金梁也着手《奉天乡土志》的修订，后工作中辍。直到此次重新成立通志馆，修志工作才重新开始。"九一八"事变时《奉天通志》尚未成稿，机构瓦解，人员星散，被迫担任伪职的金毓黻独立承担续补统稿的工作，用两年的时间完稿，1937 年刊行于世。该志 260 卷，700 万字，被誉为"辽宁史籍之最"。该志在创设篇目、编纂体例、编纂方法、保存史料等方面都有传世的价值。（参见王学典《20 世纪史学编年（1900—1949）》，商务印书馆 2014 年版）

　　余家菊春以学校监督的名义带领金陵军校，先后经临河、沧州、天津，退往芦台、山海关、热河的新立屯，最后到达沈阳。经沈阳兵工厂督办杨宇庭推荐任沈阳兵工厂技师管，负责工人教育事宜，兼任东三省《民报》副刊主编。12 月，回北京度岁，著《冯庸教育主义》一书，阐明仁义忠孝诸义理。冬，受冯庸之托，为冯庸大学草拟教育方针。（参见余子侠、郑刚编《中国近代思想家文库·余家菊卷》，中国人民大学出版社 2013 年版）

　　于省吾被授予东北边防司令长官公署咨议，参与创办奉天萃升书院并任院监。

　　吴闿生任奉天萃升书院教授、北京古学院文学研究员。

　　郭道甫在沈阳任边防司令长官公署秘书兼蒙旗师范学校校长。

　　吴恩裕在沈阳东北工业大学哲学系学习，与同学合办东北第一个白话文艺刊物《夜航》，开始发表短篇小说、新诗。

　　傅振伦主编《新河县志》，并撰有《新志述略》。

　　瞿秋白 5 月上旬抵达莫斯科，为六大起草文件。6 月 7 日，与苏兆征、周恩来召集近 60 名六大代表谈话，为六大进行准备。9 日，斯大林会见瞿秋白、周恩来、苏兆征、邓中夏、黄平等，谈中国革命形势与中共任务。14—15 日，布哈林与瞿秋白等举行政治谈话会，讨论中共六大有关问题。6 月 18 日至 7 月 11 日，参加并主持中共六大，作政治报告。7 月 10 日，大会选出中央委员 23 人，候补中央委员 13 人。瞿秋白当选为中央委员。7 月 17 日至 9 月 1 日，出席共产国际第六次代表大会，为大会主席团成员。参加殖民地半殖民地政治决议案起草委员会，作补充报告和多次发言。大会通过《国际形势和共产国际的任务》提纲，提出目前处于"第三时期"的理论，认为"这个时期必然要通过资本主义稳定中的各种矛盾的不断发展，导致资本主义稳定的进一步瓦解和资本主义总危机的急剧尖锐化"，提出"目前时期应为积蓄群众力量准备迎接革命新高潮的阶段"。瞿秋白当选为共产国际执行委员、执委会主席团委员。19 日，出席中共六届一中全会。会议选出中央政治局委员 7 人，候补委员 7 人和中央政治局常务委员会委员 5 人，候补委员 3 人。瞿秋白当选为中央政治局委员。会议决定瞿秋白、张国焘任中央驻共产国际代表。9 月 5 日，任共产国际政治书记处成员，和各国代表赴南俄巴统、第比利斯、巴库、罗斯托夫、乌法、哈尔科夫等地参观，杨之华随行。14 日，自巴库致函周恩来，谈贯彻六大决议，苏区实行土地革命、创造红军和游击战争等问题。18 日，共产国际执委会任命瞿秋白为近东部部长，负责土耳其、巴勒斯坦、叙利亚、波斯等地区事务。20 日，在第比利斯致函旅居巴库的中国工人。11 月上旬，应斯大林之约，与张国焘在斯大林办公室谈中国革命问题。斯大林问及宋庆龄、陈独秀动向。12 月 17 日，参加共产国际东方书记处远东部会议，商谈军校中国学员管理事务。（参见陈铁健编《中国近代思想家文库·瞿秋白卷》附录《瞿秋白年谱简编》，中国人民大学出版社 2015 年版；中央文献研究室《周恩

来年谱1898—1976》，中央文献出版社1998年）

　　周恩来5月初装扮成古董商和邓颖超从上海出发，途经大连、长春、吉林、哈尔滨，由满洲里转赴莫斯科，筹备并出席中共六大。在大连时，遇到日本水上警察厅的盘问纠缠，经沉着应付后脱险。6月3日，在莫斯科为中共临时中央政治局起草致共产国际、赤色职工国际、济难国际的财政预算报告。6日，同联共（布）军委代表讨论中国革命中军事的中心任务、红军的建立、编制、军队中的党组织和政治工作等问题。7日，瞿秋白、苏兆征、周恩来召集已到莫斯科的近60名六大代表开谈话会。会议讨论了政治、组织、职工、农运等决议草案的起草问题，确定6月12日前后成立大会秘书处和各个委员会并开始工作。9日，斯大林同瞿秋白、向忠发、周恩来、李立三等谈话，分析论述中国革命的形势和任务等问题。6月14日、15日，布哈林以共产国际代表身份召集政治谈话会。瞿秋白、苏兆征、周恩来、蔡和森、李立三、项英、黄平、邓中夏、向忠发、王若飞、张国焘等21人出席。会上，周恩来和王若飞报告了陈独秀拒绝来莫斯科出席六大的理由和意见。会议围绕对当前革命形势的估计、过去的经验教训和党在今后的任务方针等问题交换了意见。

　　周恩来6月18日出席中国共产党第六次全国代表大会开幕会，任主席团委员、大会秘书长。6月19日、20日，出席大会，听取共产国际书记布哈林作《中国革命与中国共产党的任务》的报告和瞿秋白代表第五届中央委员会作题为《中国革命与共产党》的政治报告。7月10日，大会选出中央委员23人，候补中央委员13人。周恩来当选为中央委员。11日，出席中国共产党第六次全国代表大会闭幕会并致词。17日至9月1日，出席在莫斯科召开的共产国际第六次代表大会，参加大会代表资格审查委员会和共产国际资格审议委员会，并当选为共产国际执行委员会候补委员。7月19日，出席中共六届一中全会，共产国际东方部的米夫在会议开始以共产国际名义提出一个7人的名单：向忠发、周恩来、蔡和森、瞿秋白、张国焘、李立三、项英。说这个提名是经过共产国际慎重考虑后提出的。与会代表不愿引起新的争论，一致通过了此名单。周恩来当选为中央政治局委员和常务委员会委员。20日，出席中共中央政治局会议。会议决定中央常委和各部的组织与分工。常委8人：苏兆征、项英、向忠发、周恩来、蔡和森为正式委员，李立三、杨殷、徐锡根为候补委员。中央下设组织部、宣传部、军事部和秘书处，直属中央政治局常委领导。下设职工运动委员会、农民运动委员会、妇女运动委员会，直属中央政治局领导。具体分工为：中央政治局主席兼中央常委主席向忠发；中央常委秘书长兼中央组织部部长周恩来；中央宣传部部长蔡和森，并兼任中央党报主笔；中央军事部部长杨殷；中央工委书记苏兆征；中央农委书记李立三；中央妇委书记张金保。会议还决定委托向忠发、蔡和森、李立三等第一批回国，项英、周恩来、杨殷等第二批回国。7月下旬至10月初，周恩来留在莫斯科，受中共中央政治局委托，办理六大各项未了事宜，并向正在苏联院校学习的中共党员传达六大精神。审阅中国留苏学生的档案，并同留学生逐个谈话，了解他们的学习情况，介绍国内革命形势，并征询他们对回国工作的意见。参加由共产国际监委会、联共（布）监委和中共代表团联合组成的审查委员会，审理陈绍禹等人控告的所谓"江浙同乡会"案件，查明并无此事，据此作出结论。（以上参见中央文献研究室《周恩来年谱1898—1976》，中央文献出版社1998年；李永春编著《蔡和森年谱》，湘潭大学出版社2008年版）

　　蔡和森5月中旬再次动身赴苏联参加党的六大，于6月初抵达莫斯科。6月7日，蔡和森与瞿秋白、苏兆征、周恩来等一起出席中共六大代表开座谈会，讨论六大的政治、组织、职工、农运等决议草案起草问题,听取代表们的意见与建议。上旬,在莫斯科听到萧三在海参崴病故的消息,与瞿秋白、王若飞等萧三的好友为萧三举行了追悼会。后来才知道纯属谣传。6月12—17日,斯大林召集中共第五届部分中央委员和六大代表谈话。出席者有瞿秋白、苏兆征、周恩来、蔡和森、李立三、项英、张国焘等人。斯大林对中国革命性质及革命形势、中国革命的高潮与低潮等问题作了论述。6月14—15日,与瞿秋白、苏兆征、周恩来、李立三等21人一起出席政治谈话会。17日,出席六大的各省代表团书记举行联席会议,讨论并初步通过了六大主席团、秘书长、副秘书长与代表资格审查委员会名单等。18日下午,中共六大在莫斯科隆重开幕。大会通过了主席团名单,蔡和森为主席团成员之一。是晚,主席团召开第一次会议,讨论大会议程、大会会场规则、议事细则等。蔡和森被指定负责其中的宣传问题报告。22日,中共六大继续讨论政治报告,蔡和森作为顺直代表作了《关于目前形势与党的任务》的长篇发言。7月2日,中共六大讨论农民与土地问题的报告,蔡和森在大会上发言。10日,蔡和森主持召开第十六次主席团会和各省代表团书记联席会议,讨论决定正式中央委员23人、候补中央委员13人的候选名单。大会选举了正式中央委员和候补委员,蔡和森当选为中央委员。17日,共产国际第六次代表大会在莫斯科开幕,瞿秋白、苏兆征、周恩来、蔡和森等31人组成中国代表团出席会议。7月19日,出席中共第六届中央委员会第一次全体会议,当选为中央政治局委员和中央政治局常务委员。20日,出席中共中央政治局会议,会议决定中央常委和各部的组织与分工,蔡和森任中央宣传部部长,并兼任中央党报主笔。会议还决定委托向忠发、蔡和森、李立三等第一批回国。22日,按照中共六大秘书处组织代表撰写死难烈士传记的提议,蔡和森在莫斯科写作了《向警予同志传》,简单介绍了向警予生平事迹,回忆了他与向警予的交往、恋爱与分离经过,高度赞扬了向警予在中国革命尤其是大革命转变时的革命积极性和战斗性,充分肯定了她临死不屈、英勇就义的精神。(参见李永春编著《蔡和森年谱》,湘潭大学出版社2008年版)

　　邓中夏1月1日与瞿秋白、周恩来、王若飞等参加罗亦农、李文宜新婚贺喜。并一起与陈独秀谈话,交换有关中国革命的策略问题的意见。2月1日,受中共中央政治局委派,乘船离沪南下广东,接任李立三广东省委书记一职,于7日抵达省委机关所在地香港。2月中旬,写作《广州暴动与中国共产党的策略》一文。20日晚7时,与罗登贤、王强亚、黄谦等出席广东省委常委会时被捕。3月下旬,经周恩来等营救,获释返沪。5月上旬,乘小舢板出吴淞口,然后搭乘一艘苏联货船"基辅号",经海参崴赴莫斯科,参加中共第六次全国代表大会的筹备工作。到达莫斯科后,寓居特维尔斯卡娅大街团结旅馆。同月6日,在《红旗》半周刊第21期发表《广州暴动的前途》。16日,出席部分六大代表在莫斯科举行的"南昌暴动"讨论会。6月7日,与苏兆征、周恩来、瞿秋白等召集已到莫斯科的近60名中共六大代表举行谈话会。9日,与周恩来、张国焘、苏兆征、瞿秋白等部分中共领导人赴莫斯科民房大楼,受到斯大林接见。14日与周恩来、瞿秋白、蔡和森、李立三、王若飞、项英、向忠发、苏兆征、张国焘等21人出席由布哈林召集的政治谈话会。18日下午,邓中夏出席在莫斯科近郊五一村召开的中国共产党第六次全国代表大会开幕式。晚上,出席六大主席团第一次会议,被推举为《中国共产党章程草案》报告人。29日,因"江浙同乡会"事件牵连被苏联军校开除的中国留学生左权、陈启科、胡世杰、尤赤等联名致信联共(布)中央监察委员会,申述自己所蒙受的不白之冤。7月10日,出席党的六大第二十一次大会,邓中夏、罗章龙等13人当选为候补中央委员。22日,因"江浙同乡会"事件牵连,而被苏联军校开除的中国留学生学员左权、陈启科、胡世杰、尤赤等集体前往克里姆林宫，请求面见斯大林和莫洛托夫。适逢斯大林参加共产国际六大。联共（布）中央监察委员会主席雅罗斯拉夫斯基接见中国留学生，接受中国留学生的申诉，并当即致电共产国际东方部，要求调阅所有关于"江浙同乡会"事件的材料。正值中共代表团书记周恩来和主要负责人瞿秋白、苏兆征、张国焘等也就此事前往"格别乌"查阅有关材料，于是中共代表团与联共（布）中央监察委员会就如何妥善处理"江浙同乡会"一事进行磋商，双方均认为有必要重新调查这一事件。27日，"江浙同乡会"事件委员会正式组成，雅罗斯拉夫斯基任主席，成员来自联共（布）中央监察委员会、中共代表团、苏联军方和"格别乌"。即日起，对所谓"江浙同乡会"展开调查、听证、调阅材料、走访当事人。邓中夏作为中共代表团成员，参加了"江浙同乡会"事件委员会的调查工作。8月10日，经过为期两周的调查，雅罗斯拉夫斯基正式向委员会提交《关于所谓"江浙同乡会"或"互助会"事件报告大纲》，完全否认了"江浙同乡会"的反动性质。

　　按：报告最后明确指出："江浙同乡会"事件仅仅是一个组织纪律和思想认识问题，因此其正确的解决办法是对组织互助性质的小团体而未向党总支汇报的同学进行必要的党内教育，从根本上否定了所谓"江浙同乡会"的存在及其定为反动组织的调查材料。

　　邓中夏8月18日出席共产国际第六次代表大会第37次会议。19日，为了促进中国革命运动的发展，加强共产国际对中国革命的影响和帮助，邓中夏特向大会主席团提出了《关于加强对中国革命的宣传和研究工作的建议》，并要求主席团讨论。其中大部分建议被共产国际和中共中央所采纳。会后不久，就在莫斯科成立了中文翻译局和中文印刷所。原有的"中国问题研究会"也充实人员，发展成中国问题研究所。9月中旬，邓中夏与瞿秋白等一道，以中共代表团的名义，向共产国际东方部部长库西宁提出撤换米夫中山大学校长职务的建议。11月上旬，与瞿秋白、张国焘应邀与联共中央斯大林、布哈林、莫洛托夫等会见，商讨中国革命有关问题。12月，经与瞿秋白商议，指派余飞、黄平赴德国柏林，出席国际反帝同盟大会。是年，先后撰写《白色恐怖下之中国职工运动》《上海新兴的黄色工会》《组织中国农村工会问题》等文章，刊于《赤色职工国际》月刊。其中《白色恐怖下之中国职工运动》被德国、美国的工人刊物和《太平洋工人》月刊转载。又参加中共中央组织在莫斯科的部分中共六大代表开展的革命烈士传的撰写、编辑工作。（参见冯资荣、何培香编著《邓中夏年谱》，中国文史出版社2014年版）

　　吴玉章3月因身体虚弱，赴黑海过克里姆休养，住萨拉德休养院。与同在黑海休养的叶挺时相往还。其间阅读马克思、列宁著作和共产国际·联共（布）中央文件，思考中国革命问题，在东方大学所作报告基础上，参考刘伯承的军事报告《南昌暴动始末记》，开始撰写《八一革命》一书。5月30日，《八一革命》成稿，将书稿"质诸孙东两大（中山大学和东方劳动者共产主义大学）同志，并呈共产国际执行委员会，以作此次暴动的报告"。夏，身体复原后回到莫斯科。闻林伯渠由日本辗转来苏，往车站迎接。8月进入莫斯科中山大学中国问题研究所。秋，与林伯渠合作，共同研究中国土地问题。12月，吴玉章与瞿秋白、林伯渠、肖三等在苏联开始共同研究汉字改革以利工农大众扫除文盲的问题。年底，吴玉章在与林伯渠讨论切磋之后，执笔写成论文《太平革命以前中国经济、社会、政治的分析》，指出：中国社会从秦到太平天国一直存在封建主义的土地所有制，帝国主义的入侵使中国沦为半封建半殖民地社会。而要在中国解决反封建主义斗争，唯一的手段就是土地革命。（参见刘文耀、杨世元《吴玉章年谱》，四川人民出版社1998年版）

　　董必武与吴玉章、林伯渠、徐特立等赴莫斯科入中山大学特别班研究、学习。7月，中国共产党第六次全国代表大会在莫斯科召开。会议分析了二七年以后的中国社会政治经济情况，肯定在半封建半殖民地社会，仍然是资产阶级性质的民主革命，发布了关于反对帝国主义，实行土地革命，建立工农民主专政的民主革命纲领，提出了建立红军和农村革命根据地的任务。董必武参加了会议并被选为中央委员。（参见《董必武年谱》编辑组编《董必武年谱》，中央文献出版社 1991 年版）

徐特立 1 月受中共中央委派，与贺龙、周逸群、郭亮、柳直荀组成五人委员会，拟开辟湘鄂西革命根据地。抵达武汉，突发严重的肠胃病，未能与贺龙等成行。5 月底，病愈，被派往苏联莫斯科中山大学学习，从上海出发途经大连、哈尔滨，前往苏联。6 月 17 日，到达莫斯科。6 月 18 日至 7 月 11 日，作为代表旁听，出席在莫斯科近郊兹维尼果德镇塞列若耶别墅召开的中国共产党第六次全国代表大会。此次大会的任务是总结大革命失败和八一南昌起义以来革命斗争的经验教训，分析革命形势，确定新时期的任务和方针。7 月，入莫斯科中山大学高级班，与何叔衡、董必武、方维夏、林伯渠、吴玉章等同班。在莫斯科中山大学期间，刻苦学习俄语、马克思主义理论等，非常重视锻炼身体。（参见《徐特立年谱》编纂委员会编《徐特立年谱》，人民出版社 2017 年版）

张闻天 4 月 18 日与王明等合译戈列夫与达谢夫斯基《武装暴动》。6 月 13 日，中山大学联共（布）支部局会议决定出版国际述评，暂以翻译报刊文章为限，指定教员班的张闻天、西门宗华和二年级的廖竹君、林登岳等 3 人共 5 人担任这一工作，由张闻天任编辑。9 月 1 日，东方劳动者共产主义大学的中国学员全部并入中山大学，中山大学改名中国劳动者共产主义大学。9 月 26 日，劳动大学教员班、研究生和研究员问题委员会举行会议，决定研究员、研究生和教员班的组成。张闻天被列为研究联共（布）党史的 3 名教员之一，另两人为陈原道、陈定远。同时确定的研究员有：经济学：沈泽民、卜世奇、竺廷璋、傅胜蓝、薛萼果（孙冶方）；世界史：王稼祥、沈联春等；党的建设：郭绍棠、黄励；经济地理：杨放之、吴亮平、云泽（乌兰夫）；军事问题：黄仲理。11 月 8 日，作评论《从国民党的五权谈到苏维埃的民权》，刊于中共浙江省委的党刊《出路》第 2 期。12 月，进入红色教授学院，作为旁听生在历史系东方史专业一年级学习。同在一年级学习的有沈泽民、王稼祥、卜世奇。（参见张培森主编《张闻天年谱》，中共党史出版社 2000 年版）

华岗 5 月去莫斯科出席中国共产党第六次代表大会和中国共产主义青年团第五次代表大会，同时参加共产国际第六次代表大会和少共国际第五次代表大会。回国后任青年团中央宣传部长、团中央机关刊物《列宁青年》主编、中共湖北省委宣传部长、党中央华北巡视员。

王若飞 6 月赴莫斯科参加中国共产党第六次全国代表大会。会后，主动请求留在莫斯科，并担任中共驻农民国际代表，参加中共驻共产国际代表团工作。下半年，入列宁学院俄文班学习。

王明 6 月参加中国共产党第六次代表大会的筹备工作，并以米夫助手和大会秘书处翻译科长身份参加中国共产党第六次代表大会。7 月，又作为翻译工作人员，参加共产国际第六次代表大会。

孟庆树出席在莫斯科召开的中国共产党第六次全国代表大会。参加大会秘书处文书科工作。

卜士奇 6 月作为指定及旁听代表，参加在莫斯科召开的中国共产党第六次全国代表大会。大会结束后,任莫斯科中山大学政治经济学讲师和列宁学院中国班政治经济学讲师。不久脱离中共组织关系。

安福秋等潜伏在莫斯科中国留学生中间的托派分子9、10月间在莫斯科郊外集会,正式组织起来,推举出一个干事会,安福为书记,王文元宣传,范金标组织,曾猛和卞福临为干事,李平和谢英为候补干事,决定在莫斯科、列宁格勒高等院校的中国留学生中发展组织,翻译宣传托洛茨基的文章和托派文件,与国内托派组织及苏联托派组织建立联系等,到这年冬天,他们的成员发展到一百四五十人。(参见唐宝林、林茂生《陈独秀年谱》,上海人民出版社1988年版)

郭沫若2月24日化名吴诚,假借往日本东京考察教育的南昌大学教授的身份,独自乘日本邮船"卢山丸"离开上海,赴日本神户避难。27日上午,抵达神户港,会合了早半天到达的安娜。3月上旬,与安娜同往位于千叶县的市川市,拜访横田兵左卫门,并得到横田的大力帮助。往东京过访亦来日本流亡的钱介磐、杨贤江。钱介磐与杨贤江均为中共党员。大革命失败后,钱介磐遭通缉流亡日本,杨贤江往日本负责中国留学生中共特别支部工作。15日,郭沫若在《文化批判》第3号发表《留声机器的回音》,文中表示自己与李初梨《怎样地建设革命文学》的思想"完全一致""同一是辩证法的唯物论者",并夸奖李初梨把"语丝派的'趣味文学'解剖得血淋漓地把它的心肝五脏都评检出来了",指责"语丝派的'趣味文学'是资产阶级的护符","语丝派"的作家是"不革命的文学家"。同时就《英雄树》中强调的三点重新概括为三个"必经的战斗的过程":(1)他先要接近工农群众去获得无产阶级的精神;(2)他要克服自己旧有的资产阶级意识形态;(3)他要把新得的意识形态在实际上表示出来,并且再生产地增长巩固这新得的意识形态。25日,诗集《恢复》由创造社出版部出版发行,为《创造社丛书》第23种。同月,对一些创造社成员意欲成立政治组织,表示不赞成,告以中国已经有了共产党,应当同共产党合作。4月20日,与成仿吾合著的《从文学革命到革命文学》由创造社出版部出版,列为《创造社丛书》第24种。收入《我们的文学新运动》《艺术家与革命家》《文艺之社会的使命——在社会大学讲》《孤鸿——致仿吾的一封信》《文艺家的觉悟》《革命与文学》等6篇文章。5月20日,所著《水平线下》由创造社出版部出版发行。25日,《沫若译诗集》由创造社出版部出版发行,列为"世界名著选"第10种。同月,与去欧洲途经日本的成仿吾会面,"得以详细地知道了创造社的工作情况"。成仿吾邀同往欧洲,因家庭、签证的原因,无法成行。与成仿吾一起在家中接待日本左翼作家藤枝丈夫、山田清三郎的来访,访谈围绕中国无产阶级文学运动的话题。

按:在1928年2月的日本国会选举中,共产党和劳动农民党的力量开始增长,执政的田中义一内阁于3月15日开始,在全国1道3府27个县对于日本共产党进行大检举,逮捕共产党员及进步人士一千六百余人。此即所谓"三一五事件",是日本政府在全国范围内镇压共产党和进步力量的重要事件。当时正是日本的思想统治开始走向极端反动的时候,曾经盛极一时的左翼文学运动、马克思主义的研究和介绍,逐渐受着摧残。4月10日,日本政府下令解散劳动农民党、劳动组合评议会、无产阶级青年同盟,在日本全国形成大规模的白色恐怖。藤枝丈夫、山田清三郎即是在这样的背景下采访郭沫若与成仿吾的。访谈后他们分别撰写了文章《中国的新兴文艺运动》《访中国的两位作家》,刊载于《战旗》杂志7月第3号。《战旗》是全日本无产者艺术联盟(即"纳普",藤森成吉为委员长)的机关刊物,山田清三郎为主编。他在文章中称郭沫若"是中国无产阶级文学运动的先驱者之一",并写道:"我国的无产阶级文学运动与中国相比较,激起我极大兴趣的是,我国的无产阶级文学运动是在由文学运动到与政治运动汇合时成了问题,乃至发展到今天的阶段。与之相比,中国的情形则是在现实的××(革命)运动发展中,了解到意识形态斗争的重要性，并从其要求中蕴育而出的。……我坚定不疑地相信，在××（革命）的炮火中诞生的中国无产阶级文学也必将对我国的无产阶级文学作品产生不少的影响。"

郭沫若 6 月 1 日作《文艺战线上的封建余孽——批评鲁迅的〈我的态度，气量和年纪〉》，署名杜荃，刊于《创造月刊》8 月第 2 卷第 1 期。文中针对鲁迅的《我的态度，气量和年纪》一文批评道："鲁迅先生的时代性和阶级性，就此完全决定了。他是资本主义以前的一个封建余孽。资本主义对于社会主义是反革命，封建余孽于社会主义是二重的反革命。鲁迅是二重性的反革命的人物。以前说鲁迅是新旧过渡期的游移分子，说他是人道主义者，这是完全错了。他是一位不得志的 Fascist（法西斯蒂）！"至此不仅原先创造社与鲁迅的合作已绝无可能，而且反目成仇，双方交锋只会愈演愈烈。10 日，《沫若诗集》由创造社出版部出版发行，为《创造社丛书》第 21 种。7 月下旬，买到一本日本版《易经》，开始草《周易的时代背景与精神生产》。8 月 1 日，《周易的时代背境与精神生产》脱稿，刊于上海《东方杂志》半月刊 11 月 10 日、25 日第 25 卷第 21、22 号，分上、下两部分。同日，被日本东京警视厅拘捕。3 日被释放，遭到监视。中旬将家迁至市川町真间十二番地。25 日，作《诗书时代的社会变革与其思想上的反映》初稿。

郭沫若、冯乃超、何大白、梁自强 8 月 10 日在《创造月刊》第 2 卷第 1 期发表文章，均恣意攻击、谩骂鲁迅，其中以郭沫若（署名杜荃）《文艺战线上的封建余孽——批评鲁迅的〈我的态度，气量和年纪〉》攻击最烈。下旬，郭沫若往上野图书馆查找考古发掘资料，得阅罗振玉《殷虚书契前编》，开始研究甲骨文。9 月上旬，往文求堂书店寻找考古发掘的图书资料。初识文求堂店主田中庆太郎，并得到继续查阅有关资料去处的指点。得记者山上正义帮助，联系上并拜访了藤森成吉。同月，经藤森成吉介绍，得石田干之助应允，开始在东洋文库查阅金文甲骨文资料。在东洋文库与林谦三相识。10 月 25 日，《诗书时代的社会变革与其思想上的反映》改作定稿，刊于上海《东方杂志》半月刊 1929 年 4 月 25 日、5 月 10 日、6 月 10 日、6 月 25 日第 26 卷第 8 期、第 9 期、第 11 期、第 12 期。11 月 30 日，所译美辛克莱著《石炭王》由上海乐群出版社出版发行。同月，晤见来访的张元济、郑贞文。此为与张元济初次见面。当时张元济赴日本访问，为寻访日本静嘉堂文库等处所藏国内失传的古代典籍版本，并商借翻拍底片，以为辑入商务印书馆印行之《四部丛刊》《百衲本二十四史》。以麦克昂的笔名列名为日本《国际文化》撰稿人。是年，经常走访住在市川的牙科大夫藤原丰次郎，与之交谈"政治和文学"。所著《革命精神人类机巧自然》由上海开明书店出版。（以上参见林甘泉、蔡震主编《郭沫若年谱长编》，中国社会科学出版社 2017 年版；鲁迅博物馆、鲁迅研究室编《鲁迅年谱》，人民文学出版社 1981 年版）

茅盾 7 月初经陈望道帮助，离上海去日本，先到神户，再到东京。北京大学教授陈启修来访。不久，黄源与表弟陈渝清即来旅馆探望。16 日，作《从牯岭到东京》，刊于《小说月报》第 19 卷第 10 号，文章对自己早期的思想及创作作了真实的解剖，其中第三部分谈到了对国内文坛的意见：呼吁"悲观颓丧的色彩"要消灭，而"狂喊口号"的作品也"不必再继续下去了"，主张新文艺需要"声诉"小资产阶级的市民们的"痛苦"，"激动他们的情热"，把他们作为"广大的读者对象"；同时在"文学技巧"上要有"一条新路"，"不要太多的新名词，不要欧化的句法，不要新思想的说教似的宣传"、不要成为"标语口号文学"，"只要质朴地有力地抓住小资产阶级生活的核心去描写"。文末表示"现在是北欧的勇敢的命运女神做我的精神上的前导""我自己是决定要试走过一条路"。这是茅盾 20 年代中后期真实思想感情的记录，是研究茅盾青年时代思想发展和文艺观的重要文献。全文表现出茅盾正直、不屈、执着的人生观和对标语口号文学的批评的胆识，结果引来了太阳社、创造社他们的"围攻"。

按：茅盾《我走过的道路（中）》一文对此文的写作背景作了说明，认为当时"创造社、太阳社的朋友们在革命文学和理论实践方面，有一些问题"，所以，在这篇长文中，"首先申述我写《幻灭》等二部小说的创作意图，承认我个人当时的悲观失望情绪加深了故事的悲观、失望气氛。然后，提出我认为值得心平气和来讨论的三个问题"。但这篇文章的发表，引来了太阳社、创造社他们的"围攻"。

茅盾7月22日在《文学周报》第7卷第1期发表《北欧神话的保存》。同月，委托叶圣陶在自己赴日期间，帮助孔德沚照料家事。8月10日，作《希腊神话与北欧神话》，刊于《小说月报》第19卷第8号。15日，在东京作《〈小说研究ABC〉凡例》。同月，所著《小说研究ABC》由世界书局出版。同月，在东京寄居的旅馆里，初次见到了吴朗西和庄重，他们是由表弟陈渝清带来晤面的。9月23日，在《文学周报》第7卷第10期发表《希腊罗马神话的保存》。30日，在《文学周报》第7卷第11期发表《埃及印度神话的保存》。同月，选注《楚辞》（学生国学丛书），由商务印书馆出版。10月20日，作《〈中国神话研究ABC〉序》，此书是企图在中国神话领域内作一次大胆的探险，处处用人类学的神话解释法以权衡中国古籍里的神话材料，有许多新创性意见。28日，作《〈脑威现代文学〉译后补记》。同月，完成《中国神话研究初探》，又作《〈近代文学面面观〉序》。11月，在东京编完最后一本书《现代文艺杂论》，系汇集旧稿5篇及新写的7篇而成。同月3日，作《〈现代文艺杂论〉序》。同月，所著《欧洲大战与文学》由开明书店出版。12月初，茅盾绘好去苏联的路线地图，拟由东京到西京（京都）转郭贺，再经北海道到海参崴，然后直抵莫斯科。遂先去西京友人杨贤江处，暂租一室居住。9日，作《关于中国的神话》，刊于15日《大江》第1年第3期。（以上参见唐金海、刘长鼎主编《茅盾年谱》，山西高校联合出版社1996年版）

胡秋原在日本期间"专门研究朴列汉诺夫和文学""从日文英文及其译本看了一些文艺理论和各国新旧作""靠在上海许多杂志上以假名投些短篇的稿费与借赁度日"。署名李冰禅在《北新》第2卷第12号发表《革命文学问题——对于革命文学的一点商榷》，对在与创造社、太阳社的论争中的鲁迅给予声援，提出"深切的表现社会的罪恶，痛苦与悲哀，毫无隐讳的针砭民族的恶劣根性与堕落思想，我以为是我们的文学家应该所有的事。这样平淡的话自然是没有'革命文学'那样响亮时髦，然而我们在文艺上多做一点忠实的工夫，比之于仅在好听的名义上推求，说不定我们的子孙还多得些实益哩！"（参见乔丽华《革命文学论争中的"语丝"阵营》，《上海鲁迅研究》2018年第1期）

张元济10月15日以中华学艺社名誉社员名义，郑贞文以东方文化事业委员会中国委员的名义，同时赴日本访求散佚其地的我国孤本、善本古书。同时出席日本学术协会第四届大会。同行有中华学艺社成员陈文祥、张资平等。10月17日，抵长崎，遂至广岛。19日，抵京都。晤长尾桢太郎。出示《涉园图咏》手卷，请长尾题识。24日，抵东京。27日，日本外务省文化事业部长冈部长景招宴中华学艺社第五次学术视察团，张元济代表致答辞。后观剧，正在日本演出的北昆名演员韩世昌等演昆剧《思凡》《春香闹学》。至静嘉堂文库观原陆氏丽宋楼藏书约十日。

按：在静嘉堂检阅并拟借印主要有：（1）影宋钞本《群经音辨》，（2）明刊《饮膳正要》，（3）宋刊残本《册府元龟》，（4）宋刊《诗集传》，（5）宋刊《陈书》，（6）宋刊《新唐书》，（7）宋刊《欧公本末》，（8）宋刊《武经七书》，（9）宋刊残本《清明集》。又见两种流落日本的中国近代史的密件：一件是甲午战争时的，内有李鸿章的亲笔条谕、来往电报底稿以及零篇断简等数十件；还有一种是袁世凯称帝时的，内有袁世凯的亲笔手谕及张一麐婉言谏袁称帝的信等约数十件。这一包的密件，据说是由袁世凯随从秘书手里购来，张元济认

得是某内史的笔迹，但对他的姓氏仍不明言。（郑贞文《我所知道的商务印书馆编译所》）

张元济收到日本斯文会服部宇之吉、宇野哲人、盐谷温联署 11 月 12 日致函，约 18 日下午 5 时 30 分于日本侨区桧物町 25 号香兰亭出席欢迎会。同日，至宫内省图书寮观书三日；至内阁文库阅书；参观足利文库；访前田侯爵私人藏书处尊经阁；至德富苏峰家观书。18 日，与汤岛写真场户壕正幸签订摄照书籍相片合同。同日晚，出席日本斯文会宴会。19 日，至实业家内野皎亭家观书；至帝国大学图书馆和东洋文库观书。23 日晚，诸桥辙次等于东京陶陶亭招待张元济，出席者约 20 人。同日，由郑贞文陪同赴千叶县市川市须和田，访郭沫若。见郭沫若正在研究甲骨文字，多所勖勉，并表示回国后将自己藏书中天津王襄关于殷墟甲骨文研究的书寄供参考。归国途中抵京都。再晤长尾桢太郎，商请日后照印旧书时帮助照料。26 日，赴京都瓶原村（今加茂町）恭仁山庄，访内藤湖南。主人出示唐写本《说文解字》"木部"残本，张元济应邀题跋。同日，至神田喜一郎家观书。神田告以宫内省图书寮藏有《史记》宋黄善夫刊本，引起张元济极大注意。又至东福寺观宋刊《中庸说》《太平御览》。应邀出席狩野直喜等汉学家的欢迎座谈会。30 日，抵别府。12 月 1 日，于长崎偕郑贞文登轮船回国。2 日，抵达上海。15 日，复马宗荣书中，特开示涵芬楼藏宋刊黄善夫本《史记》缺卷数，嘱查图书寮本，如有可从补配者极思借照。同月，撰《四部丛刊初编·甫里先生文集》校勘记。是年，《续古逸丛书》第 23—34 种出版，共 12 种。（参见张人凤、柳和城编著《张元济年谱长编》，上海交通大学出版社 2011 年版）

刘大杰继续在日本早稻田大学研究科文学部专攻欧洲文学，经常写点短文寄回国内发表，以稿费维持生活。5 月，刘大杰在《长夜》第 4 期发表《呐喊彷徨与野草》，认为鲁迅的创作时代已经"走到了末路"。是年，刘大杰所著《易卜生研究》《托尔斯泰研究》由商务印书馆出版；所著《德国文学概论》《表现主义的文学》以及短篇小说集《支那女儿》由北新书局出版；所著话剧集《白蔷薇》由上海东南书店出版。（参见鲁迅博物馆、鲁迅研究室编《鲁迅年谱》，人民文学出版社 1981 年版）

杨东莼继续流亡日本。年初，在日本与刘斐、沈其震、陈公培等相遇。在东京牛込区若松町刘斐家中一住经年，向通晓华语的日本人——"支那通"数纳兵治学习日语，受到刘斐资助。春，开始翻译《狄慈根全集》。年底，撰成《一九二八年国际形势》一书。后经修改，次年改题为《世界之现状》。（参见周洪宇等《杨东莼大传》之《杨东莼生平年表》，华中师范大学出版社 2014 年版）

周扬大学毕业后，到日本留学。与日共党员、著名文艺理论家藏原惟人有过交往。在日期间，参加中国留学生组织的"中国青年艺术联盟"。（参见中国社会科学院科研局编选《周扬集》附录《周扬生平年表》，中国社会科学出版社 2000 年版）

王亚南赴日本留学，阅读了大量马克思著作及欧洲古典经济学著作。

徐复观东渡日本留学，考入陆军士官学校。

邓深泽、王荣佳、陈辅成等人在日本东京组织中国社会事业协进会。

沈西苓从日本回国，参加创造社。

陈高佣赴日本留学。

章士钊 4 月为《长沙章氏丛稿·癸甲集》作序。7 月 14 日，南京国民政府发布通缉令：王揖唐、曾毓隽、吴光新、姚震、汤漪、章士钊、曹汝霖、陆宗舆、章宗祥、顾维钧、汤芗铭、王印川等，劣迹昭著，着军事委员会、内政部、各总司令、各省政府、各特别市政府，迅饬所属，一体缉拿归案惩办，以警奸邪，而申国纪。随后章士钊第三次赴欧洲游历。7 月 20 日，谭延阎、蔡元培又呈请国民政府,要求通缉"三一八惨案"主犯段祺瑞、章士钊、梁启超等。10月7日,作《伦敦郊居寄怀纕蘅》,载《国闻周报》第5卷第39期国风社选《采风绿》。(参见袁景华编《章士钊先生年谱》,吉林人民出版社2001年版;郭双林编《中国近代思想家文库·章士钊卷》及附录《章士钊简谱》,中国人民大学出版社2015年版)

郑振铎约1—3月翻译M. R. 柯克士的《民俗学浅说》一书。1月15日,所译高加索民间故事《巴古齐汗》刊于上海《文学周报》第299期。12日,著《近百年古城古墓发掘史》毕,作序。2月27日,天津《大公报》文学副刊发表素痴(张荫麟)《续评〈小说月报〉"中国文学研究号"》,认为"此书谬妄浅陋之处逐目皆是"。文中对郑振铎《研究中国文学的新途径》和《中国文学年表》提出商榷意见。3月3日,上海《申报·艺术界》发表俞剑华《读了小说月报第十八卷第十一号以后》,写道:"郑振铎先生的《巴黎国家图书馆中之中国小说与戏曲》是叙他在巴黎李查留街世界最大的法国国家图书馆里所见到的中国的而为中国所不易见或竟见不到小说戏曲的报告。其中共有三种目录:(一)分类目录,共有九千零八十号,每号一册;(二)书名目录,将中文书名译为法文;(三)伯希和所得书目,伯希和君在敦煌石室以及北京、上海所得的书籍,甲部凡三百二十九号,乙部凡一千七百四十三号,每号为一部。郑君特将关于小说方面列为:第一,长篇小说《三国志演义》《水浒传》等二十五种;第二,短篇小说《觉世雅言》《拍案惊奇》等七种;第三,戏曲《韩朋十义记》《虎口余生记》等六种;第四,其他,唱本四种。其中有许多我们所未见过的书,和未听见过的书名,并且有很多我们没有的版本。郑君都写的很详细。"3月10日,郑振铎译述的《希腊罗马神话传说中的恋爱故事》开始在上海《小说月报》第19卷第3期上发表。4月,所编《中国短篇小说集》第三集上册由商务印书馆出版。约在4月,游意大利,访问罗马、那不勒斯、佛罗伦萨、威尼斯等地,参观了不少文化古迹。约5月初,从意大利到法国,从马赛乘船回国。(参见陈福康《郑振铎年谱》,三晋出版社2008年版)

成仿吾5月底赴欧,经日本敦贺到苏联境内海参崴的路线。途经日本时停留月余。在中国驻日大使馆用假名办理了经莫斯科去德国的护照。在日期间曾在市川郭沫若寓所住十余日。谈到创造社的活动时,郭沫若说:"仿吾也开始感觉着矫枉有点过正了。"此间也曾访问过东京一些左翼作家,也有日本左翼朋友到市川回访。其中有一次是战旗社的两位作家藤枝大夫和山田清三郎来访,他们详细地询问了中国文艺运动的情形。这次会见的记录刊于《战旗》杂志,文中提到成仿吾的赴欧"是中国无产阶级选出的代表"。7月中旬,成仿吾途经莫斯科停留数日。时中共"六大"刚开过,在此见到了张闻天、林伯渠等人,张闻天作向导陪成仿吾参观了莫斯科的名胜古迹。他把自己的想法告诉了张闻天,张闻天嘱他可径去巴黎,那里的党组织是了解你的。中下旬,成仿吾在柏林稍作停留。此间曾把沿途见闻写了一封长信寄给郭沫若。8月1日,此信在郭沫若的市川寓所被东京警视厅抄走。同月,成仿吾到达巴黎。遵照张闻天嘱咐,同中国共产党巴黎负责人取得了联系。不久由何肇绪、詹渭明介绍加入了中国共产党,并开始编辑中共柏林、巴黎支部机关刊物《赤光》。《赤光》为不定期刊物,原为周恩来同志所创办,周回国后停刊。主要宣传对象是德、法的华工,留学生和各地华侨等。成接编《赤光》后,按期出版,办刊经费主要由成自己承担。开始时几乎全部由自己编写、刻印。是年,成仿吾编辑的文学论文集《从文学革命到革命文学》作为创造社丛书第二十四种,由上海创造社出版。内收郭沫若、成仿吾13篇文艺论著。其中有成仿吾《从文学革命到革命文学》等7篇。在巴黎期间,成仿吾还见到了创造社同人敬隐

渔，敬隐渔陪他游览了巴黎。(参见张傲卉、宋彬玉《成仿吾年谱》,《东北师大学报》1985 年第 5 期)

胡愈之 1 月 10 日在《东方杂志》第 25 卷第 1 号发表《我们需要和平》。25 日,在《东方杂志》第 25 卷第 2 号发表《两个老教授得了和平奖》。同月,胡愈之以《东方杂志》驻欧洲特约记者身份流亡法国,入巴黎大学法学院学习国际法,同时入新闻学校研习新闻学。夏,作为中国世界语代表出席了在比利时安特卫普举行的第二十次国际世界语大会。8 月 10 日,在《东方杂志》第 25 卷第 15 号发表《巴黎国际戏剧节的两晚(巴黎通讯)》。25 日,在《东方杂志》第 25 卷第 16 号发表《和平的新方案——"战争非法"运动(巴黎通讯)》。9 月 10 日,在《东方杂志》第 25 卷第 17 号发表《纸上和平的开洛公约(巴黎通讯)》。10 月 10 日,在《东方杂志》第 25 卷第 19 号发表译作《托尔斯泰与东方》。11 月 25 日,在《东方杂志》第 25 卷第 22 号发表《最近得诺贝尔奖金的两大作家》和译作《贫穷世界的第一次发现(小说)(挪威恩特赛夫人作)》等文。(参见朱顺佐、金普森《胡愈之传》,杭州大学出版社 1991 年版)

侯外庐年初开始使用"外庐"笔名。春,在巴黎经成仿吾、章伯韬介绍加入中国共产党(附属法共,称"旅法中国语言支部")。是年,在法国巴黎大学文学院学习,同时选择恩格斯审定的《资本论》德文第 4 版,并参照英、法、日等译本,开始试译《资本论》。

按:《资本论》在中国的翻译:1927 年,陈启修流亡日本期间开始根据德文版,并参照日本学者河上肇日译本翻译《资本论》,其翻译的《资本论》第一卷第一分册于 1930 年 3 月由上海昆仑书店刊行;潘冬舟继陈启修后先后翻译第一卷第二、三、四篇,分为二卷,即第二分册和第三分册,于 1932 年 8 月和 1933 年 1 月由北平东亚书局出版,后潘被捕牺牲,中断翻译;1928 年,侯外庐在法国开始翻译,于 1930 年译完第一卷的二十章,后与王思华合作从头翻译,他们将《资本论》分为上、中、下三册翻译,第一卷上册于 1938 年 9 月由生活书店以"北京国际学社"名义出版,第一卷上、中、下合译本于 1936 年 6 月以"世界名著译丛"名义出版。(参见杜运辉著《侯外庐先生学谱》,中国社会科学出版社 2013 年版)

张竞生再度赴法,从事学术研究,抵法后,给陆小同学、时任广东省长的陈铭枢上书,提出由他编译介绍世界名著的计划,受到陈铭枢的支持资助。其间,张竞生节衣缩食,专心翻译。可惜不久,陈铭枢下野。张竞生经过自身的努力,翻译了《忏悔录》《歌德自传》等著作。所译法国卢骚著《卢骚忏悔录》由上海美的书店刊行。(参见张枫《张竞生博士年表及其性学术思想》,《韩山师专学报(社会科学版)》1992 年第 1 期)

傅雷 12 月 31 日随兄离沪乘船赴法国巴黎留学。此前他读了郑振铎主编的诸期《文学周报》Athos 专号,此后他在船上撰写《法行通信》中多次提到郑振铎等人在阿托士号船上写的文章。在法国就读于巴黎大学和罗浮美术史学校。为学法文,试译都德的短篇小说和梅里美的《嘉尔曼》,均未投稿。开始受罗曼·罗兰影响,热爱音乐。(参见陈福康《郑振铎年谱》,三晋出版社 2008 年版)

鲍文蔚赴法留学,在格勒诺布尔大学学习法国古典文学及欧洲近代文学。而后经四年潜心研读,获得法兰西古典文学学士学位。(参见乔丽华《革命文学论争中的"语丝"阵营》,《上海鲁迅研究》2018 年第 1 期)

吕斯百于国立中央大学艺术专修科肄业。是年底,由徐悲鸿推荐,与中大同学王临乙一起由福建省庚款公派法国留学。与常书鸿成为同学。

颜文梁赴法国留学并考察欧洲艺术,在国立巴黎高等美术学校学习。

刘开渠在蔡元培的帮助下,赴法留学,进入巴黎国立美术学院雕塑系,师从著名雕塑家让·朴舍教授。

岑麒祥赴法国留学,师从法国里昂大学现代外国语言文学系房德里耶斯、梅耶、柯恩、傅舍等学习语言学、历史比较语言学、语音学与语言调查等。

黎烈文入巴黎大学研究院，专修法国文学和比较文学。

司徒乔以 70 多幅绘画作品，举行乔小画室春季展览会。同年底赴法国勤工俭学，向巴黎写实派大师比鲁求教。

太虚 10 月 20 日于巴黎发起成立佛学院，设通讯处于南京毗卢寺。法国发起人有希尔筏勒肥、阿甘、葛拉乃、胡雪、爱斯嘉拉、马古烈、腊尔华、伯希和马格尔、龙舒贝勒等二十余人，设通讯处于巴黎东方博物馆。（参见释印顺编著《太虚法师年谱》，宗教文化出版社 1995 年版）

王光祈 3 月在《中华教育界》第 17 卷第 3 期发表《小学歌唱教材》。8 月 5 日，在柏林译完《辛亥革命与列强态度》，系译自德国《一八七一到一九一四年的欧洲内阁大政》。9 月 2 日，在柏林译完《李鸿章游俄纪事》。同月，在柏林译完《瓦德西拳乱笔记》。10 月 9 日，在柏林译完《美国与满洲问题》。同月，在北平《晨报》发表《国际三大经济新战线》。11 月，在《中华教育界》第 17 卷第 7 期发表《学说话与学唱歌》一文，此为一篇相当系统的关于人声发音原理和声乐基本常识的文章，是中国近代音乐史上较早地介绍意大利美声唱法的文章之一。是年，在国内发表的文章尚有《欧洲农业革命潮流》，载北平《晨报》。在国外用德文发表的文章计有：《论中国记谱法》，刊于《法兰克福（中国学院）科学导报》；《中国耕地数千年的统计》，译自《北平经济半月刊》，刊于《法兰克福科学导报》；《吕利歌剧〈阿尔美德〉序曲研究》，刊于柏林大学音乐史学院研究报告书。（参见四川音乐学院、成都市温江区人民政府编《王光祈文集》，巴蜀书社 2009 年版）

张伯苓 12 月 14 日离津访美，与严修话别。颜惠庆、张彭春及南开同人等到车站送别。行前，致函各地校友。17 日上午，在沈阳拜访张学良，欢谈甚洽。晚，东北大学五位院长宴请，饭后往省教育会演讲。22 日，在东京，拜访国际联盟协会理事奥山，访问早稻田大学，出席由国际联盟协会学生部各大学学生代表举行的欢迎晚餐会。23 日，拜访中国驻日本公使及留学监督。在中华同学会演讲。24 日，在庆应大学访谈。出席由日本贵族院议长德川公爵主持的国际联盟协会午餐。下午拜访币原前外相。31 日，在船上度过 1928 年岁末。船到檀香山后，应邀在太平洋国际学会会议上发表演讲。李方桂获美国芝加哥大学博士学位，其论文题目为《马朵尔——一种阿塔巴斯堪语》。（参见龚克主编《张伯苓全集》第十卷附编《张伯苓年谱》，南开大学出版社 2015 年版）

晏阳初 5 月 15 日应世界教育会联盟之邀启程赴美，以探讨具体事宜。自天津赴日本横滨，乘邮轮"President Jefferson"转往美国耶鲁母校接受荣誉文学硕士学位。途中欣闻第二次全国教育会议采纳平教提案佳讯，行色更壮。6 月 5 日，到达美国西雅图。20 日，出席耶鲁大学毕业典礼，领受文学硕士荣誉学位。费力甫教授宣读赞扬辞，称晏君自 1918 年在耶鲁膺学士学位，今已届 10 周年。极少的毕业生在 10 年间的成就，可与这位具进取心、富有才能，而且又不自私的人相提并论。他是中国平民教育计划的主要负责人。他对东方的贡献可能比战后任何一人都伟大。当他在法国以青年会干事与中国劳工相处时，设想出对中国文盲的教育观念。他在中国雅礼会所在的长沙，开始作平民教育大运动，迅速地扩张全国性事业。他自繁多的中国文字中简要选取一千字。在这平民教育制度下，200 万中国人民已经学会读和写本国文字。晏君实在是世界文化中一有效能的力量。校长安吉尔博士致词："我们承认你对自己的同胞们的忠实，且有划时代意义的服务，显示非常的才智和创造力，以及极不自私而又有广泛的热诚。你的母校特赠授你文学硕士学位。"晏阳初在耶鲁母校领受荣典后,即撰《为中国作新民》,次年刊于《耶鲁评论》上,详述平教运动的起源及推行经过,指出平教运动的真义:"最终目的不在于教万千文盲能识字,实在训练他们成为现代国家的公民。文字教育固然是重要步骤,但只是平民教育的初步。……中国平民教育的最终目的,既不是只使文盲能读书,也不是在使质朴的农民成为科学化的农民,实在使他们成为有才智又进取的中华民国公民。一旦定县实验成功,即可作为基本,将有4000年历史的老大帝国转变成为一现代民国。"

晏阳初7月开始在美国纽约、芝加哥、旧金山等地访问、讲演,会晤各界名流,广结知己。并将募捐的"中国委员会"名单:颜惠庆、范源濂、王景春、张伯苓、胡适、钟荣光、司徒雷登、顾临、马慕瑞9人交太平洋国际学术会议大会主席韦尔伯博士。10月23日,纽约市Plaza Hotel举行欢宴,韦尔伯依卡特之意,特拍长电致宴会主席请宣读,谓:"自1925年夏威夷会议,我即被其讲述中国平民教育运动所感动。后来访问中国时,又亲自与若干参与这一运动的人士会谈。我深知世界上没有一教育运动是和这一样具有如此的潜力,也没有任何他例是这样的以高尚的服务与牺牲精神从事的。他的目的不仅在消除文盲,而且提供开放中国面对现代世界的途径。这样,中国人读书以及他们阅读能力都将有深刻的意义。"在韦尔伯宣读长电后,被邀讲述中国平民教育的真义,与会者150多人均加赞美,预加协助募捐。在《耶鲁评论》上发表《为中国作新民》,介绍中国平民教育运动的起源、在中国推行的经过、最终目标、步骤等。是年,中国平民教育美国合作委员会在美成立。(以上参见杜学元、郭明蓉、彭雪明《晏阳初年谱长编》,上海交通大学出版社2017年版;宋恩荣编《中国近代思想家文库·晏阳初卷》附《晏阳初年谱简编》,中国人民大学出版社2015年版)

江亢虎9月在美国给进入北京的阎锡山写信,自诩"以提倡社会主义最早之人,为非难共产主义最早之人";建议联军在占领京城以后,应延揽和容纳各方、各类人才,"开诚心布公道,集众思广忠益",并希望阎将此意见转告蒋介石和冯玉祥。10月,致书蒋介石,称颂蒋的"清共"之有魄力、有手段,蒋的下野出洋为"何等心胸,何等气象",不仅是"枭雄",而且是"俊杰"。信中提醒蒋介石:要防止"共祸"之"后患方长";要警惕"历来军阀,向背无常"。因此,"公能从容杯酒尽释兵权乎?"(参见江佩伟编《中国近代思想家文库·江亢虎卷》及附录《江亢虎年谱简编》,中国人民大学出版社2015年版)

洪业受聘赴美国哈佛大学讲学,并推动哈佛与燕京两校合作创立哈佛燕京学社,以发展研究中国及远东文化。(参见张玮瑛、王百强、钱辛波主编《燕京大学史稿》,人民中国出版社2000年版)

梁思成与林徽因3月21日在加拿大渥太华梁思成姐夫任总领事的中国总领事馆举行婚礼。之后按照其父梁启超的安排,赴欧洲参观古建筑,于8月18日回京,夫妻同时到东北大学建筑系工作。

　　按:梁思成创办东北大学建筑系,并任系主任,成为中国建筑教育的开拓者之一。他渊博的知识、对古建专业真挚的感情,对于鼓励学生热爱专业、树立良好的学风并献身古建专业有极大的号召力。这个系只办了三年,却培养了像刘致平、刘鸿典、张镈、赵正之等一批卓有成就的建筑学者和大师(《民国学案》第六卷《梁思成学案》)。

杨堃完成博士论文初稿《祖先崇拜在中国家族、社会中的地位》。接着赴巴黎大学进修,师从著名汉学家、社会学家、神话专家葛兰言教授,随后又到巴黎大学民族学院攻读民族学、体质人类学、语言学和史前考古等课程。同时,还在巴黎高等学术实习学校听"原始宗教"课,又在巴黎民族学博物馆实习。

贺麟2月以优异成绩提前半年从奥柏林大学毕业,获文学学士学位,学士论文题目是《斯宾诺莎哲学的宗教方面》。3月,转入芝加哥大学专攻哲学,其间选习了米德教授讲授的"黑格尔精神现象学""柏格森生命哲学"课程,斯密士教授的"格林、布拉德雷、西吉微克、摩尔的伦理学"课程以及塔尔兹的"政治伦理"课程。十分推崇格林哲学,并开始接受新黑格尔主义思想,写成《托马斯·希尔·格林》一文。又在《芝加哥道德论坛》上发表《中国革命胜利的主导思想》。9月,转入哈佛大学学习西方古典哲学。(参见高全喜编《中国近代思想家文库·贺麟卷》中国人民大学出版社2014年版)

李大明赴旧金山参与出版《中华世界》,并任该地孔教会分会会长。

刘咸考取江西省公费留学,入英国牛津大学研究人类学。

吕碧城参加世界动物保护委员会,决计创办中国保护动物会,并在日内瓦断荤。

杨兆龙任上海公共租界临时法院及上诉法院推事,因对违法洋人依法判案,得罪洋人被解职,后赴美留学。

周培源获美国加利福尼亚理工学院理学博士学位,并获得最高荣誉奖(Summa Cum Laude)。是秋,赴德国莱比锡大学,在W. K. 海森伯(Heisenberg)教授领导下从事量子力学的研究。

孙大雨在耶鲁大学研究生院专攻英国文学。

梅贻琦赴美任清华留美学生监督。

梁思永回哈佛大学研究院继续深造。

伍宪子赴美国旧金山,主编《世界日报》。

陈之迈毕业于清华大学,之后赴美国研习历史与政治。

李公朴留学美国。

高鲁、孔韦虎、竺可桢、胡先骕、王琎、沈宗瀚、钱宝琮、周昌寿、谢家荣、杨开道、张心一、何尚平等5月22日代表中国出席在爪哇举行的第四届太平洋科学会议。

林惠祥毕业于菲律宾大学研究院人类学系,获人类学硕士学位。

曾宝荪出席世界基督教协进会会议。

能海法师与永光、永轮、永严等法师抵达拉萨,依止康萨喇嘛习得显密法要。

美国人司徒雷登继续任燕京大学校长,获悉美国铝业大王霍尔(1863—1914)有一笔巨额遗产捐作教育基金,并声明遗产中一部分用于研究中国文化,由一所美国大学和一所中国大学联合组成一个机构,来执行这项计划。起初遗嘱执行机构选了美国的哈佛大学和中国的北京大学,但司徒雷登设法成功地说服哈佛大学与燕京大学合作,于1928年春成立哈佛燕京学社,并设立燕京学社北平办事处。1月5日,哈佛燕京学社章程表明,该社的目的是"从事及帮助有关中国文化的研究、教学和出版,或者亚洲大陆的其他地方及日本,或者土耳其及欧洲巴尔干国家文化的研究、教学和出版",以及"帮助有条件的中国和西方学者开展适合于文理学院研究生院程度的研究和教学,目前迫切需要帮助学者为进入学社工作提供学术准备;资助其他学校发展本科教育,考察、发现、收集和保存文化和古代文物,或者资助博物馆及其他机构从事此类工作"。关于中国文化的研究,将首先资助以下课题:如中国文学、艺术、历史、语言、哲学和宗教史。"共同的任务在于激发美国人的兴趣和鼓励利用近代批评手段的中国东方问题研究。"哈佛燕京学社的建立,有力促进了中西方学术交流与汉学研究,同时也对燕京大学的学术发展产生极大的推动作用,真正让燕京大学跻身世界一流大学地位。

按：哈佛燕京学社自1928年起为燕京大学拨付购书款，燕京大学图书馆四分之三的藏书是用此款购置的。学社补助燕京大学出版《燕京学报》和《哈佛燕京学社引得》。此外，齐思和、翁独健、洪业、周一良等大批知名学者得到过学社的资助。（参见王学典《20世纪史学编年（1900—1949）》，商务印书馆2014年版）

美国教育家孟禄12月27日应上海市教职员联合会之邀请作《儿童教育应注意的五件事——生活技能、家庭、公民，休闲》之演讲。在此之前，孟禄参观了上海的几所中学。（参见中央教育科学研究所编《中国现代教育大事记1919—1949》，教育科学出版社1988年版）

美国进步作家、新闻记者史沫特莱12月以德国《法兰克福日报》驻华记者身份来到中国，在上海参加中国进步文化运动，结识宋庆龄、鲁迅等。（参见鲁迅博物馆、鲁迅研究室编《鲁迅年谱》，人民文学出版社1981年版）

美国学者葛利普任中央研究院地质研究所通讯研究员。

俄国人类学教授史禄国夫妇等7月从云南出发，对彝族各种情况进行专题调查，随行的中国学者有杨成志、容肇祖等。傅斯年、顾颉刚代表中研院送行。调查历时两年，是我国历史上第一次对云南民族有系统的调查。

日本考古学家岛田贞彦依据滨田耕作的指示协助，10月开始在旅大地区发掘牧羊城遗址。此系日本东亚考古学会和关东厅博物馆联合项目。经国内有关学者呼吁，国民党政府设立中央古物保管委员会，隶属教育部。（参见中国大百科全书总编辑委员会《中国大百科全书·考古学》，中国大百科全书出版社2002年版）

加拿大传教士怀履光调查并记录了洛阳金村8座战国大墓墓地的大体情况，是年，大墓被盗，出土属羌钟等重要文物。（参见中国大百科全书总编辑委员会《中国大百科全书·考古学》，中国大百科全书出版社2002年版）

德国格来瓦德（Greifs Wald）大学统计学校教授瞿恩（Dr. Otto Kuchne）6月4日到北京图书馆参观，并请代为搜求中国统计书籍，藉以互换出版物。（参见张光润《袁同礼研究（1895—1949）》，华东师范大学博士学位论文，2018年）

三、学术论文

王国维讲授，刘盼遂笔录《观堂学礼记》刊于《国学论丛》第1卷第3号（王静安先生纪念号）。

[日]箭内亘著，王国维译《鞑靼考》刊于《国学论丛》第1卷第3号（王静安先生纪念号）。

王国维《萌古考》刊于《国学论丛》第1卷第3号（王静安先生纪念号）。

王国维《黑车子室韦考》刊于《国学论丛》第1卷第3号（王静安先生纪念号）。

王国维《蒙古札记》刊于《国学论丛》第1卷第3号（王静安先生纪念号）。

王国维《宋代之金石学》刊于《国学论丛》第1卷第3号（王静安先生纪念号）。

王国维《唐宋大曲考》刊于《国学论丛》第1卷第3号（王静安先生纪念号）。

吴其昌《王观堂先生学述》刊于《国学论丛》第1卷第3号（王静安先生纪念号）。

吴其昌《王观堂先生尚书讲授记》刊于《国学论丛》第1卷第3号（王静安先生纪念号）。

余永梁《殷虚文字续考》刊于《国学论丛》第1卷第4号。

戴家祥《释皀》刊于《国学论丛》第1卷第4号。

戴家祥《释甫》刊于《国学论丛》第1卷第4号。

戴家祥《释百》刊于《国学论丛》第1卷第4号。

戴家祥《释千》刊于《国学论丛》第1卷第4号。

赵邦彦《戴氏声类表蠡测》刊于《国学论丛》第1卷第4号。

刘盼遂《〈文选〉篇题考误》（依四部丛刊景宋刻六臣注本）刊于《国学论丛》第1卷第4号。

刘盼遂《世说新语校笺（依明袁氏嘉趣堂本）》刊于《国学论丛》第1卷第4号。

陈守实《明史抉微》刊于《国学论丛》第1卷第4号。

罗根泽《子莫魏牟非一考》刊于《国学论丛》第1卷第4号。

赵万里《说苑斠補》刊于《国学论丛》第1卷第4号。

刘盼遂《文选篇题考误》刊于《国学论丛》第1卷第4号。

陈寅恪《须达起精舍因缘曲跋》刊于《国学论丛》第1卷第4号。

梁启超《墨经通解叙》刊于《国学论丛》第1卷第4号。

蔡元培《国立中央研究院历史语言研究所集刊发刊词》刊于《历史语言研究所集刊》第一本第一分册。

按：发刊词说：同是动物，为什么止有人类能不断的进步，能创造文化？ 因为人类有历史，而别的动物没有。因为他们没有历史，不能把过去的经验传说下去，作为一层层积累上去的基础，所以不容易进步。例如蜂蚁的社会组织，不能不说是达到高等的程度；然而到了这个程度，不见得永远向上变化，这岂不是没有历史的缘故？

同是动物，为什么止有人类能创造历史，而别的动物没有？ 因为人类有变化无穷的语言，而后来又有记录语言的工具。动物的鸣声本可以算是他们的语言；古人说介葛庐识牛鸣，公冶长通鸟语，虽然不是近代确切的观念；然而狗可以练习得闻人言而动，人可以因经验了解狼的发声之用意，这是现代的事实；但是他们的鸣声既没有可以记录的工具，且又断不是和人的语言有同等复杂的根基的，所以不能为无穷的变化，不能作为记录无限经验的工具，所以不能产生历史。人类当没有文字的时候，已有十口相传的故事与史歌，已不类他种动物鸣声的简单而会有历史的作用。发明文字以后，传抄印刷，语言日加复杂，可以助记忆力，而历史始能成立。

人类的这种特殊的语言，而因以产生历史，这也是人类在动物中特别进步的要点，而语言学与历史学，便是和我们最有密切关系的科学。

语言学的研究，或偏于声音，或偏于语式，或为一区域，一种族，一时期间的考证，或注重于各区域，各种族，各时期相互的关系；固不必皆属于历史，但一涉参互错综的痕迹，就与历史上事实相关。历史的研究，范围更为广大；不但有史以来，人类食衣住行的习惯，疾疫战争的变异，政教实业的嬗变，文哲科学艺术的进行，都是研究的对象；而且有史以前的古物与遗迹，地质学上的化石，而语言学的材料，与历史学关系的很多；所以我们把这两种科学，合设研究所，觉得是很便利的。

我们研究的旨趣，与方法，与计划，已经有专篇说明了。 几个月来，我们少数同志，按着预定的计划，分途工作，已经有开头一点小小材料，我们希望有多数同志加入，把工作的范围扩大起来，不能不随时把我们已有的工作作报告，听同志们的评判，这就是我们开始印行这集刊的缘故。

傅斯年《历史语言研究所工作之旨趣》刊于《历史语言研究所集刊》第一本第一分册。

按：中央研究院历史语言研究所是民国时期国立中央研究院下属的研究历史、语言的学术机构。1928年，中央研究院院长蔡元培命傅斯年等三人负责筹建，同年于广州成立，傅斯年任所长。次年迁北平(今北京),所址在北海静心斋。1936年迁至南京鸡鸣寺。傅斯年主张历史、语言的研究要运用新材料,发现新问题,采取新方法。他认为近代历史学只是史料学,应当用自然科学提供的一切方法、手段来整理现存的所有史料;唯有发现和扩充史料,直接研究史料的工作才具有学术意义。因此该所成立后,工作重点放在:1.安阳殷墟发掘和甲骨文的研究整理;2.西南少数民族语言、习俗的调查;3.西北考古。目的在于扩大历史、语言研究材料,该所先后设历史组、语言组、考古组、人类学四个组。该所集中了当时一批著名学者,如陈寅恪、赵元任、罗常培、李方桂、李济、董作宾等,一方面继承了乾嘉学派治学精神,一方面汲取了包括西方近代新史学、人文科学和自然科学在内的研究方法,在历史、语言等许多领域都有卓著贡献,十年间组织殷墟发掘十五次,取得了世界瞩目的重大成果。重要出版物《历史语言研究所集刊》,1928年创刊,该刊第一本第一分册于1928年10月刊印,商务印书馆出版发行,至1949年共出版二十一本。此外,还有《专刊》《单刊》《集刊外编》《史料丛刊》《田野考古报告》《人类学集刊》《中国人类学报告》等。抗日战争爆发后,该所辗转于长沙、昆明,1940年迁四川南溪李庄,1946年迁回南京。所长始终由傅斯年担任。1949年迁至台湾。

《历史语言研究所工作之旨趣》可以看做是傅斯年对历史语言研究所研究定位于未来发展的一个总体规划,全文主要阐述了如下问题:

一、何谓历史学、语言学。"历史学和语言学在欧洲都是很近才发达的。历史学不是著史;著史每多多少少带点古世中世的意味,且每取伦理家的手段,作文章家的本事。近代的历史学只是史料学,利用自然科学供给我们的一切工具,整理一切可逢着的史料,所以近代史学所达到的范域,自地质学以至目下新闻纸,而史学外的达尔文论,正是历史方法之大成。欧洲近代的语言学,在梵文的发见影响了两种古典语学以后才降生,正当十八十九世纪之交。经几个大家的手,印度日耳曼系的语言学已经成了近代学问最光荣的成就之一,别个如赛米的系,芬匈系,也都有相当的成就,即在印度支那语系也有有意味的揣测。……最近一世语言学所达到的地步,已经是生物发生学、环境学、生理学了。无论综比的系族语学,如印度日耳曼族语学等等,或各种的专语学,如日耳曼语学、芬兰语学、伊斯兰语学等等,在现在都成大国。本来语言即是思想,一个民族的语言即是这一个民族精神上的富有,所以语言学是一个大题目,而直到现在的语言学的成就也很能副这一个大题目。在历史学和语言学发达甚后的欧洲是如此,难道在这些学问发达甚早的中国,必须看着它荒废,我们不能制造别人的原料,便是自己的原料也让别人制造吗?"

二、标准。"(一)凡能直接研究材料,便进步。凡间接地研究前人所研究或前人所创造之系统,而不繁丰细密地参照所包含的事实,便退步。上项正是所谓科学的研究,下项正是所谓书院学究的研究。在自然科学是这样,在语言学和历史学亦何尝不然?(二)凡一种学问能扩张它研究的材料便进步,不能的便退步。(三)凡一种学问能扩充它作研究时应用的工具的,则进步;不能的,则退步。"

三、宗旨。"我们宗旨第一条是保持亭林、百诗的遗训。……因为我们觉得亭林、百诗在很早的时代已经使用最近代的手段,他们的历史学和语言学都是照着材料的分量出货物的。他们搜寻金石刻文以考证史事,亲看地势以察古地名。亭林于语言按照时和地变迁的这一个观念看得颇清楚,百诗于文籍考订上成那末一个伟大的模范著作,都是能利用旧的新的材料,客观地处理实在问题,因解决之问题更生新问题,因问题之解决更要求多项的材料。这种精神在语言学和历史学里是必要的,是充足的。本这精神,因行动扩充材料,因时代扩充工具,便是唯一的正当路径。""宗旨第二条是扩张研究的材料。第三条是扩张研究的工具。……关于我们宗旨的负面还有几句话要说。(一)我们反对'国故'一个观念。(二)我们反对疏通,我们只是要把材料整理好,则事实自然显明了。(三)我们不做或者反对所谓普及哪一行中的工作。"

四、工作。历史工作范围主要是"文籍考订、史料征集、考古、人类及民物、比较艺术"。语言工作范围则是"汉语、西南语、中央亚细亚语、语言学"。

董作宾《跋唐写本切韵残卷》刊于《历史语言研究所集刊》第一本第一分册。

商承祚《释"朱"》刊于《历史语言研究所集刊》第一本第一分册。

胡适《建文逊国传说的演变》刊于《历史语言研究所集刊》第一本第一分册。

丁山《殷絜亡文说》刊于《历史语言研究所集刊》第一本第一分册。

余永梁《易卦爻辞的时代及其作者》刊于《历史语言研究所集刊》第一本第一分册。

容肇祖《占卜的源流》刊于《历史语言研究所集刊》第一本第一分册。

丁山《数名古谊》刊于《历史语言研究所集刊》第一本第一分册。

傅斯年《周颂说附论鲁南两地与诗书之来源》刊于《历史语言研究所集刊》第一本第一分册。

傅斯年提议《本所对于语言学工作之范围及旨趣》刊于《历史语言研究所集刊》第一本第一分册。

朱希祖《中国古代铁制兵器先行于南方考》刊于《清华学报》第5卷第1期。

林义光《周易卦名释义》刊于《清华学报》第5卷第1期。

王力《两粤音说》刊于《清华学报》第5卷第1期。

刘驷业《英国巴克黎银行会计制度之研究》刊于《清华学报》第5卷第1期。

侯厚培《明代以前之金银货币》刊于《清华学报》第5卷第1期。

朱君毅《大学生智力之测验》刊于《清华学报》第5卷第1期。

杨树达《古书之句读》刊于《清华学报》第5卷第1期。

邬颖川《如何使清华学术化》刊于《清华周刊》第30卷第1期。

按：国立清华大学条例第一章第一条即开宗明义谓："国立清华大学根据中华民国教育宗旨，以求中华民族在学术上之独立发展，而完成建设新中国之使命为宗旨。"1928年9月18日罗家伦宣誓就职清华大学校长时，亦声言：清华大学之"目的在谋中国民族在学术上之独立发展。国民革命之目的，在求中国民族之自由平等，如学术界不能立于平等地位，民族独立，即不能永久"；并提出"清华学术化"为改革清华四大方针。虽然，罗家伦在当日演说中提出了清华学术化应注意之事三点（教授，学术及设备，为学校施教之三大要素。欲求清华学术化，非先注意此三方面不可）但终嫌语焉不详。是文的写作目的就是："值兹校务改进之际，本校师生对于此种重大事业，均负有莫大责任。爰本愚人一得之见，略述'清华学术化'之方案如左，聊备学校当局之参证，并以就正于诸位师长暨同学！"

对于如何推进"清华学术化"，是文提出了如下主张：

一、聘请学有专长，并富于研究精神之教授——大学教授与中小学教师不同，必须学有专长，并富于研究精神。大学教授而无专门学问，则直接的既不能胜任"传授并指导学生之学业"之重责，间接的又不免引起学生之"烟士披里纯"，于"学术化"云何？进而言之，大教教授之研究精神，尤为学术化之必要条件。……所谓研究精神，大抵系指"为学问而学问"而言。清华教授应授课之余，就各人专门继续研究，务求学术上有所贡献。如是，则学生与之相处日久，必能耳濡目染，于有意无意间发生研究学问之兴趣，迨既相习成风，则"学术化"之目的始能达到。但细考本校现有教授中，合乎第一项资格者尚不乏人，合乎第二项资格者则寥寥不满十人。苟罗校长诚有使清华学术化之决心，则此后对于聘请教授之际，务须厚其薪俸，优其待遇，以求兼具上列两项资格之教授，多多益善。

二、慎选学生，宁缺毋滥——学生为施教之对象，吾人欲使清华学术化，则余聘请学有专长并富于精神之教授外，尤须遴选学有根基，并富于研究兴趣之学生。举凡入学考试，升级降班，毕业考试，均应严格办理，求精而不求多。平时尤须督促指导学生于听讲诵读课本之外，自动研究较深学术。细考本校同学对于学术研究之兴趣，近年来已渐浓厚（图书馆所报告每出借书籍数目之激增，可作佐证），但因仅有数年之历史，故尚未蔚然成风，是则犹待吾人之继续努力矣。

三、充实研究之工具——谚曰："工欲善其事，必先利其器"，教育亦然。有良好之教授，堪资造就之学生，并均抱有研究学术之决心，但倘无研究之工具——大部分为书籍仪器——则亦空说而已。细考本校图书馆虽号称藏书数万卷，但大半为中等学校或初级大学适用之课本，能供各系之专门研究者，数目有限,即有亦率为古董式之旧书。至于仪器方面,则除物理化学两系粗具规模外,其余如心理、生物、工程各系,亦均亟待充实。值此"清华学术化"发端之际,尚祈学校拨款添购,是为要图。

四、提倡师生研究工作——研究工作为大学生命寄托之所在。……且清华既以学术化自许,则对于研究工作之尤不允忽视,可无疑义矣。细考本校研究工作之空气,则殊太稀薄;全校无一研究学术之机关团体,尤足惊人。此后提倡之道,端待学校方面厘定规律,(一)凡教授助教位置之升迁,薪俸之增加,当以所做研究工作为标准;(二)设立学术团体,研究机关,选教授学生中之确具学识并富有研究精神者为会员,予以特殊权利;(三)凡高年级学生于必修功课外,每学期均须择一专题研究,由学校品第优劣,发给荣誉奖品,以资鼓励,如是,则本校师生对于研究工作,必大加注意。再由努力结果,发生研究兴趣,则清华庶几学术化矣。

五、奖励师生著述工作——研究学术之结果,必有相当成绩;发为言论,是谓著述。细考本校之著书工作,则除半年出一册之官办《清华学报》,及每周出一册之《清华周刊》外,无一出版物,是诚吾人之耻辱,亦为中外未有之奇观也。陈铨君刊于《周刊》第二十五卷第十三号《清华改革之根本问题》文中谓本校"教授学术中常作文讨论学术者,寥寥无几,以视北大、东大对于学术思想之影响,在社会之声价,吾人实无法以自豪。议者犹以清华学生及职员不轻发表为美谈,此实掩丑之言,非真确之论也。夫所谓不轻发表者,非不研究之谓,不过研究而慎重不发表之谓耳。清华教职员从事努力著述者,则实未尝多见也"。此种情形,迄今犹然!此后奖掖之道,当由学校(一)兴办印刷所,以利本校出版事业;(二)规定教授著述为增加薪俸,升迁位置条件之一;(三)鼓励学生发表文字,讨论学术问题;(四)于现有之《清华学报》外,添办中英文合刊之半月刊或月刊一二种,由教职员与学术会同办理;(五)清华丛书之投稿权,不宜限于教职员;凡学生著述之确有价值者,经审定后,应一律介绍于商务印书馆或其他订约之各书局。总之,上列四点仅为举例而已;欲求清华学术化,对于出著作事业之奖掖,尚有待他种方法焉。

六、设立毕业院——研究工作,不能且亦不可尽委诸大学尚未毕业之学生,其理至显,但研究工作既为"清华学术化"之必要条件,是毕业院之设立,实已成为不可延缓之举。再考曹校长在《周刊》第二十八卷第十四号《清华大学将来之发展》文中,亦谓:"拟俟旧制学生结束,大学毕业期满,即成立大学院",是毕业院(即大学院)之设立早在本校预定计划之中矣。毕业院一旦成立,则不但本校毕业生之不获入留学考试之选者,倘程度相当,得录入毕业院,研究高深之学问,即回国之清华或他校同学,及全国大学毕业生,亦可应考入院,获得以中国继续研究学术之机会。如是,"清华学术化"之目的,可以达到;而中国民族在学术上之独立发展,亦庶几有望矣。

七、言论思想之自由——学术非政治;学术思想或言论,只需持之有理,应享求绝对自由之发表权。前言欲求清华学术化,应提倡师生研究工作,并奖掖其著述工作,但倘不赋予言论思想自由之保障,一任有力者取缔或留难与自己思想或主义不同之言论文字,以求归于一宗,则不但未会提倡学术化,且连学术思想亦被摧残矣。总之,除前述(一)聘请学有专长,并富于研究精神之教授;(二)慎选学生,宁缺毋滥;(三)充实研究之工具——书籍仪器;(四)提倡师生研究工作;(五)奖掖师生著述工作;(六)设立毕业院,以为学术研究之正统机关外,必辅之以(七)言论思想之自由保障,庶几无论教授学生,能尽量发表其言论文字,学术因以阐明,而"清华学术化"之目的,亦庶几可以完成。

结论:"清华学术化"为本校最近将来要务之一,亦即为本校最终目标之一;惟事关重大,究应如何促其实现,则断非愚拙如作者所能道其什一。本文之作,难免挂一漏万之识,但倘能由此而引出宏论博议,则私愿亦已满足矣。

冯友兰《儒家对于婚丧祭礼之理论》刊于《燕京学报》第3期。

张荫麟《中国历史上之"奇器"及其作者》刊于《燕京学报》第3期。

许地山《摩尼之二宗三际论》刊于《燕京学报》第3期。

容庚《汉代服御器考略》刊于《燕京学报》第3期。

张星烺《中国史书上关于马黎诺里使节之记载》刊于《燕京学报》第3期。

杨树达《汉书释例》刊于《燕京学报》第 3 期。

黄子通《王守仁的哲学》刊于《燕京学报》第 3 期。

伦明《续书楼读书记》刊于《燕京学报》第 3 期。

朱希祖《明季史籍五种跋文》刊于《燕京学报》第 3 期。

洪业《明吕乾斋吕宇衡祖孙二墓志铭考》刊于《燕京学报》第 3 期。

陈垣《史讳举例》刊于《燕京学报》第 4 期。

［日］羽溪了谛著，许敦谷译《西域佛教之研究》刊于《燕京学报》第 4 期。

郭绍虞《儒道二家论"神"与文学批评之关系》刊于《燕京学报》第 4 期。

吴其昌《印度释名》刊于《燕京学报》第 4 期。

刘盼遂《〈诗·蠨蝀〉篇韵述》刊于《燕大月刊》第 2 卷第 3—4 期合刊。

刘盼遂《由天问证〈竹书纪年〉益干启位启杀益事》刊于《国立中山大学语言历史学研究所周刊》第 3 卷第 32 期。

方欣庵《白话小说起原考》刊于《国立中山大学语言历史学研究所周刊》第 5 集第 52 期。

商承祚《重建大圣寺灵瑞塔碑记校正》刊于《国立中山大学语言历史学研究所周刊》第 5 集第 52 期。

刘朝阳《几何原本》刊于《国立中山大学语言历史学研究所周刊》第 5 集第 52 期。

余永梁《1884—1885 年扬州气候表》刊于《国立中山大学语言历史学研究所周刊》第 5 集第 52 期。

余永梁《金文地名考》刊于《国立中山大学语言历史学研究所周刊》第 5 集第 53—54 合期。

李荫光《鲧的罪状的讨论》刊于《国立中山大学语言历史学研究所周刊》第 5 集第 53—54 合期。

卫聚贤《史记的残卷校》刊于《国立中山大学语言历史学研究所周刊》第 5 集第 53—54 合期。

杨筠如《尚书核诂卷一》刊于《国立中山大学语言历史学研究所周刊》第 5 集第 53—54 合期。

刘朝阳《中国与波斯》刊于《国立中山大学语言历史学研究所周刊》第 5 集第 55 期。

清水《翁源古俗》刊于《国立中山大学语言历史学研究所周刊》第 5 集第 55 期。

杨筠如《尚书核诂卷一（续）》刊于《国立中山大学语言历史学研究所周刊》第 5 集第 55 期。

崔盈科《洛阳龙门之造像》刊于《国立中山大学语言历史学研究所周刊》第 5 集第 55 期。

程憬《二程子的哲学》刊于《国立中山大学语言历史学研究所周刊》第 5 集第 56 期。

崔盈科《陕西邠县之造像》刊于《国立中山大学语言历史学研究所周刊》第 5 集第 56 期。

孔德《元氏民族考》刊于《国立中山大学语言历史学研究所周刊》第 5 集第 56 期。

孔德《唐元次山世系考》刊于《国立中山大学语言历史学研究所周刊》第 5 集第 56 期。

余永梁的《1887，1890 年扬州气候表》刊于《国立中山大学语言历史学研究所周刊》第 5

集第 56 期。

余永梁《中国最近发现之新史料》刊于《国立中山大学语言历史学研究所周刊》第 5 集第 57—58 期合刊。

杨筠如《尚书核诂卷一(续)》刊于《国立中山大学语言历史学研究所周刊》第 5 集第 57—58 期合刊。

石兆棠《一首很长的獞人结婚仪式歌》刊于《国立中山大学语言历史学研究所周刊》第 5 集第 57—58 期合刊。

顾颉刚《古代地理研究课旨趣书》刊于《国立中山大学语言历史学研究所周刊》第 5 集第 57—58 期合刊。

顾颉刚《春秋研究课旨趣书》刊于《国立中山大学语言历史学研究所周刊》第 5 集第 57—58 期合刊。

顾颉刚《孔子研究课旨趣书》刊于《国立中山大学语言历史学研究所周刊》第 5 集第 57—58 期合刊。

顾颉刚《中国上古史实习课旨趣书》刊于《国立中山大学语言历史学研究所周刊》第 5 集第 57—58 期合刊。

朱芳圃《评卫聚贤古史研究》刊于《国立中山大学语言历史学研究所周刊》第 5 集第 59—60 期合刊。

容肇祖《韩非子初见秦篇考》刊于《国立中山大学语言历史学研究所周刊》第 5 集第 59—60 期合刊。

黄仲琴《禹在中国西南部之传说及与杜宇传说之比较》刊于《国立中山大学语言历史学研究所周刊》第 5 集第 59—60 期合刊。

杨筠如《尚书核诂(续)》刊于《国立中山大学语言历史学研究所周刊》第 5 集第 59—60 期合刊。

杨筠如《尧舜的传说》刊于《国立中山大学语言历史学研究所周刊》第 5 集第 59—60 期合刊。

[美]葛达德、吉朋斯合撰,张荫麟译《斯宾格勒之文化论》刊于《学衡》第 61 期。

柳诒徵《中国文化史 第二编 第二十至二十三章》刊于《学衡》第 61 期。

吴宓译《韦拉里论理智之危机》刊于《学衡》第 62 期。

景昌极《论心与论事》刊于《学衡》第 62 期。

张荫麟《论历史学之过去与未来》刊于《学衡》第 62 期。

谢宗陶《说文字符号(录晓光周刊)》刊于《学衡》第 62 期。

柳诒徵《中国文化史 第二编 第二十四至二十六章》刊于《学衡》第 62 期。

吴宓译《韦拉里说诗中韵律之功用》刊于《学衡》第 63 期。

吴宓译《穆尔论现今美国之新文学》刊于《学衡》第 63 期。

景昌极《文学与玄学 序论 第一节真善美与存在 第二节一与多》刊于《学衡》第 63 期。

柳诒徵《中国文化史 第三编 第一至五章》刊于《学衡》第 63 期。

《王静安先生逝世周年纪念 录大公报文学副刊》刊于《学衡》第 64 期。

柳诒徵《中国文化史 第三编 第六至十一章》刊于《学衡》第 64 期。

刘永济《中国文学史纲要 卷首 叙论》刊于《学衡》第 65 期。

素痴《一九二八年西洋文学名人纪念汇编（录大公报文学副刊各期）》刊于《学衡》第65期。

按：《学衡》第65期《一九二八年西洋文学名人纪念汇编（录大公报文学副刊各期）》中主要汇编了以下名人的纪念文章：（一）哈代逝世；（二）易班乃士逝世；（三）麦雷迭斯诞生百年纪念；（四）易卜生诞生百年纪念；（五）但因诞生百年纪念；（六）罗色蒂诞生百年纪念；（七）福禄特尔逝世百五十年纪念；（八）卢梭逝世百五十年纪念；（九）托尔斯泰诞生百年纪念；（十）马勒尔白逝世三百年纪念；（十一）戈斯密诞生二百年纪念；（十二）彭衍诞生三百年纪念。

［美］葛达德、吉朋斯合撰，张荫麟译《斯宾格勒之文化论（续第六十一期）（完）》刊于《学衡》第66期。

王国维讲授，刘盼遂笔录《观堂学礼记》刊于《史学与地学》第3期。

王国维《元朝秘史之主因亦儿坚考》刊于《史学与地学》第3期。

王勤堉《直隶地理的环境和水灾》刊于《史学与地学》第3期。

柳诒徵《清德宗之大婚》刊于《史学与地学》第3期。

胡焕庸《新俄之田制》刊于《史学与地学》第3期。

张星烺《中国史书上关于马黎诺里使节之记载》刊于《史学与地学》第3期。

何炳松译《拉施特元史考》刊于《史学与地学》第3期。

钱穆《古本竹书纪年辑校补正》刊于《史学与地学》第3期。

柳诒徵《宋太宗实录校证（续）》刊于《史学与地学》第3期。

赵万里编《王静安先生著作目录》刊于《史学与地学》第3期。

何炳松《历史上之演化问题及其研究法》刊于《史学与地学》第4期。

按：《史学与地学》第4期本应出版于1927年，但因故衍期至是年刊行。

陈汉章《小方壶斋舆地丛钞点勘要略》刊于《史学与地学》第4期。

张其昀《中国山岳之分类》刊于《史学与地学》第4期。

胡焕庸译《巴黎地理教育》刊于《史学与地学》第4期。

孟森《满洲源流考所考明代满洲疆域之发微》刊于《史学与地学》第4期。

陈守实《清初奴患》刊于《史学与地学》第4期。

张星烺《泉州访古记》刊于《史学与地学》第4期。

竺可桢《南京之气候》刊于《史学与地学》第4期。

陈训慈译《蒙古探险记》刊于《史学与地学》第4期。

西林《聪明与老实》刊于《现代评论》第7卷第161期。

孟和《都市与乡村人口的消长》刊于《现代评论》第7卷第163期。

叔永《日本的文化侵略》刊于《现代评论》第7卷第164期。

张为骐《论"孔雀东南飞"致胡适之先生》刊于《现代评论》第7卷第165期。

胡适《跋张为骐论"孔雀东南飞"》刊于《现代评论》第7卷第165期。

征蓬《回顾与希望》刊于《现代评论》第7卷第166期。

辅仁《离心力与向心力与世界的改造》刊于《现代评论》第7卷第167期。

德《学问与事业》刊于《现代评论》第7卷172期。

征蓬《批评的批评》刊于《现代评论》第7卷第175期。

胡也苹《往何处去》刊于《现代评论》第7卷第178期。

陶希圣《中国社会到底是什么社会？》刊于《新生命》第1卷第10期。

按:是文主要围绕中国社会现状,探讨了以下几个问题:1.中国社会是不是宗法社会?是文认为:"宗法制度已不存在,宗法势力还存在着。"2.中国社会是不是封建社会?是文认为:"答案是封建制度已不存在,封建势力还存在着。""中国的政治组织整个建立在乡村的农民之上,而士大夫也便是农民所养育的游惰阶级。这个阶级是封建社会的身分阶级的扩大,其阶级支配在以政治力量执行土地所有权并保障其身分信仰。个个地主与佃农雇工之间保存着多少封建的意识,而整个阶级与农民之间的势力关系则纯为封建的阶级关系。自帝国主义势力侵入中国以后,这个身分阶级已陷于破坏及紊乱时期。在从前士大夫阶级俸给及租税所得大抵投于土地的购买,所以土地价值的流通化,是中国从前经济构造的一个特征,虽有人会认为资本主义的征象,而不知这正是封建士大夫阶级生存的表现。自帝国主义的经济势力,发展中国的城市经济并破坏中国的农村经济以后,投资的方向因之一变,而群趋于工商业的经营。因此便生出下面的现象:(一)金钱的崇拜化替了身分的崇拜,第一使士大夫阶级崩溃,第二使商人僭有士大夫从来的信仰。(二)富裕的士大夫(官僚)渐投资于工商业,使士大夫阶级兼地主与资本家。"3.中国社会有没有阶级?是文认为:"第一,资本阶级与无产阶级,已有'见端'";"第二,农村阶级的现状,为事亦属可惊。……中国全国耕地百分之五十以上是佃田,所以地主和佃户的阶级现象很是可惊""产业状况和农村状况既如上述,我们断不能说中国社会没有阶级的存在。"

综上所述,是文认为:"中国社会是什么社会呢?从最下层的农户起到最上层的军阀止,是一个宗法封建社会的构造,其庞大的身分阶级不是封建领主,而是以政治力量执行土地所有权并保障其身分的信仰的士大夫阶级。中国资本主义受这个势力的桎梏,所以不能自发的发展。自帝国主义的经济势力侵入以后,上层社会除兼地主与资本家的残余士大夫阶级而外,新生了以帝国主义资本为中心的资本阶级。在都市,资本阶级与无产阶级的对立,已有'见端'。在乡村,全国耕地大半属于地主而为佃田,农民土地问题形势极为严重。中国社会便是这样一个社会!"

育干《德奥合邦问题》刊于《东方杂志》第25卷第1号。

愈之《我们需要和平》刊于《东方杂志》第25卷第1号。

楼桐孙《中国最近之政制问题》刊于《东方杂志》第25卷第1号。

高一涵《平均地权的土地法》刊于《东方杂志》第25卷第1号。

武堉干《中国国际贷借抵偿问题》刊于《东方杂志》第25卷第1号。

俞颂华《英国劳动党与自由党政见之比较》刊于《东方杂志》第25卷第1号。

[日]坂本义孝《中国政治经济及教育的概观》刊于《东方杂志》第25卷第1号。

[日]桑原隲藏《中国人口问题》刊于《东方杂志》第25卷第1号。

培格尔《中国地利问题》刊于《东方杂志》第25卷第1号。

张东荪《新创化论》刊于《东方杂志》第25卷第1号。

陈垣《回回教入中国史略》刊于《东方杂志》第25卷第1号。

范锜《种族平等之科学的论证》刊于《东方杂志》第25卷第1号。

郭绍虞《文学观念与其含义之变迁》刊于《东方杂志》第25卷第1号。

文宙《十年流浪的白俄状况》刊于《东方杂志》第25卷第1号。

哲生《文学与年龄》刊于《东方杂志》第25卷第1号。

育干《英国近年的对华政策》刊于《东方杂志》第25卷第2号。

育干《印度宪法自主运动的激昂》刊于《东方杂志》第25卷第2号。

高一涵《反对议会制度的独裁制与委员制》刊于《东方杂志》第25卷第2号。

寿勉成《三民主义与合作主义》刊于《东方杂志》第25卷第2号。

陶百川《训政时期的新土耳其》刊于《东方杂志》第25卷第2号。

刘节《洪范疏证》刊于《东方杂志》第25卷第2号。

华林一《印象主义的文学批评论》刊于《东方杂志》第 25 卷第 2 号。

哲生《苏俄戏剧与苏俄剧场》刊于《东方杂志》第 25 卷第 2 号。

哲生《十字迷之心理》刊于《东方杂志》第 25 卷第 2 号。

育干《英国劳资协调问题》刊于《东方杂志》第 25 卷第 3 号。

洪康《现代日本政治之解剖》刊于《东方杂志》第 25 卷第 3 号。

江绍原译《英帝国主义与新拉萨》刊于《东方杂志》第 25 卷第 3 号。

明义士《殷墟龟甲文学发掘的经过》刊于《东方杂志》第 25 卷第 3 号。

莫萨尔《东三省的经济发展与铁路》刊于《东方杂志》第 25 卷第 3 号。

闻宥《殷墟文字孳乳研究》刊于《东方杂志》第 25 卷第 3 号。

倪文宙《伊本纳兹的文学见解和政论》刊于《东方杂志》第 25 卷第 3 号。

哲生《为两性斗争的工具的非洲黑人秘密结社》刊于《东方杂志》第 25 卷第 3 号。

微知《土耳其废皇的新婚与新回教运动》刊于《东方杂志》第 25 卷第 3 号。

张廷休《十年来国际情势中的几种变动》刊于《东方杂志》第 25 卷第 4 号。

朱皆平《欧洲列强对于空中权力之角逐》刊于《东方杂志》第 25 卷第 4 号。

颂华《欧美刑事法规改良之新倾向》刊于《东方杂志》第 25 卷第 4 号。

齐尔士《千五百年前之敦煌户口册与中国史籍上户口数之比率》刊于《东方杂志》第 25 卷第 4 号。

〔日〕菊池西治《中国鸦片问题和日本人的责任》刊于《东方杂志》第 25 卷第 4 号。

柳克述《东方国家恢复国权之先例》刊于《东方杂志》第 25 卷第 5 号。

大均《阿富汗民族及其独立后的政治状况》刊于《东方杂志》第 25 卷第 5 号。

陈仲益《金融缓急之观察》刊于《东方杂志》第 25 卷第 5 号。

但尼士《门户开放政策的来由》刊于《东方杂志》第 25 卷第 5 号。

黄泽苍《英属缅甸华侨之概况》刊于《东方杂志》第 25 卷第 5 号。

施福柴《苏俄在华之帝国主义》刊于《东方杂志》第 25 卷第 5 号。

陈立夫《楷书笔画分类图书》刊于《东方杂志》第 25 卷第 5 号。

陈德荣《神经系与心理学》刊于《东方杂志》第 25 卷第 5 号。

周太玄《从细胞到原子》刊于《东方杂志》第 25 卷第 5 号。

陈石孚《军备竞争与和平运动》刊于《东方杂志》第 25 卷第 6 号。

吴云《东西两半球外交大势之观察》刊于《东方杂志》第 25 卷第 6 号。

柳克述《东方国家恢复国权之先例》刊于《东方杂志》第 25 卷第 6 号。

怀德《英国名士之中国政治观》刊于《东方杂志》第 25 卷第 6 号。

〔日〕鹤见祐辅《日本名士之动乱中的中国观》刊于《东方杂志》第 25 卷第 6 号。

张崧年《罗素论原子新说》刊于《东方杂志》第 25 卷第 6 号。

林语堂《戴密微印度支那语言书目》刊于《东方杂志》第 25 卷第 6 号。

陈朴《共相篇》刊于《东方杂志》第 25 卷第 6 号。

可可《日本的中间社会圈》刊于《东方杂志》第 25 卷第 6 号。

颂华《最近意大利内治外交的鸟瞰》刊于《东方杂志》第 25 卷第 7 号。

罗努生《爱斯葵士》刊于《东方杂志》第 25 卷第 7 号。

范锜《帝国主义政治的方式》刊于《东方杂志》第 25 卷第 7 号。

文宙《英国对于新嘉坡筑港的始程》刊于《东方杂志》第 25 卷第 7 号。

冠丹《月球与地球之交通》刊于《东方杂志》第 25 卷第 7 号。

张东荪《宇宙观与人生观》刊于《东方杂志》第 25 卷第 7 号。

沙孟海《名字号》刊于《东方杂志》第 25 卷第 7 号。

华林一《判断主义的文学批评论》刊于《东方杂志》第 25 卷第 7 号。

唐启宇《佃租制度之背景与中国佃租制度》刊于《东方杂志》第 25 卷第 8 号。

吴云《旅法华人近五十年之奋斗生活》刊于《东方杂志》第 25 卷第 8 号。

颂华《巴力斯坦地方亚剌伯人与犹太人的民族运动》刊于《东方杂志》第 25 卷第 8 号。

张崧年《罗素论原子新说校后补记》刊于《东方杂志》第 25 卷第 8 号。

颂华《德国之中国文化研究机关——中国学社——之情况》刊于《东方杂志》第 25 卷第 8 号。

[日]高濑武次郎《王阳明与斐希脱》刊于《东方杂志》第 25 卷第 8 号。

姚蔚生《英属新嘉坡历届人口统计中之华侨地位》刊于《东方杂志》第 25 卷第 8 号。

济之《高尔基》刊于《东方杂志》第 25 卷第 8 号。

微知《太阳的寿命》刊于《东方杂志》第 25 卷第 8 号。

胡怀琛《墨翟为印度人辨》刊于《东方杂志》第 25 卷第 8 号。

育干《日兵强占济南之空前浩劫》刊于《东方杂志》第 25 卷第 9 号。

颂华《尼加拉瓜的政情与美国对她的干涉》刊于《东方杂志》第 25 卷第 9 号。

许大章《关税自主方式之面面观》刊于《东方杂志》第 25 卷第 9 号。

田炯锦《美国政治上之趋势与本届总统候选人》刊于《东方杂志》第 25 卷第 9 号。

[苏]尼古来夫《中俄日在东三省的利权竞争》刊于《东方杂志》第 25 卷第 9 号。

兰索姆《苏俄外交在中英失败的原因》刊于《东方杂志》第 25 卷第 9 号。

任二北《研究词集之方法》刊于《东方杂志》第 25 卷第 9 号。

丘景尼《从本能生活到道德生活》刊于《东方杂志》第 25 卷第 9 号。

姜长英《水星的研究》刊于《东方杂志》第 25 卷第 9 号。

董修甲《市财政问题》刊于《东方杂志》第 25 卷第 10 号。

味荔《法国政党的现状》刊于《东方杂志》第 25 卷第 10 号。

童蒙正《日本检举共产党事件述评》刊于《东方杂志》第 25 卷第 10 号。

洛克胡德《东西方相互求了解的努力》刊于《东方杂志》第 25 卷第 10 号。

高卓《以行为主义的观点讲梦》刊于《东方杂志》第 25 卷第 10 号。

朱芳圃《佛经原本与翻译》刊于《东方杂志》第 25 卷第 10 号。

段观海《天空旅行之新计划》刊于《东方杂志》第 25 卷第 10 号。

哲生《韦勃斯脱字典的一百年》刊于《东方杂志》第 25 卷第 10 号。

介六《人种之起源和内分泌》刊于《东方杂志》第 25 卷第 10 号。

育干《日本对华急进与满蒙问题的归趋》刊于《东方杂志》第 25 卷第 11 号。

育干《俄国犹太人的移殖运动》刊于《东方杂志》第 25 卷第 11 号。

颂华《南的罗尔地方日耳曼民族所受的压迫》刊于《东方杂志》第 25 卷第 11 号。

梁敬錞《济案之见证》刊于《东方杂志》第 25 卷第 11 号。

补拙《最近欧洲国际政治上之纵横论》刊于《东方杂志》第 25 卷第 11 号。

邱祖铭《美国和平公约提案》刊于《东方杂志》第 25 卷第 11 号。

缪凤林《中国之史前遗存》刊于《东方杂志》第 25 卷第 11 号。

张崧年《现代物理科学的趋向》刊于《东方杂志》第 25 卷第 11 号。

育干《世界各国恢复金本位的趋势》刊于《东方杂志》第 25 卷第 12 号。

朱偰《满洲移民的历史和现状》刊于《东方杂志》第 25 卷第 12 号。

龙大均《越南的民族独立运动及华侨》刊于《东方杂志》第 25 卷第 12 号。

莫震旦《风动一时的美国伴婚制》刊于《东方杂志》第 25 卷第 12 号。

黄季陆《日本对华侵略的背景》刊于《东方杂志》第 25 卷第 12 号。

池敬炳《日本和中国在满洲的铁路竞争》刊于《东方杂志》第 25 卷第 12 号。

文宙译《英法及西班牙民族心理的比观》刊于《东方杂志》第 25 卷第 12 号。

唐庆增《孙鼎臣之经济思想》刊于《东方杂志》第 25 卷第 12 号。

周钟岐《电力化与中国》刊于《东方杂志》第 25 卷第 12 号。

哲生《一九二二年死去的法戏剧作家巴推勒》刊于《东方杂志》第 25 卷第 12 号。

遂生《生面别开之美国治盗新法》刊于《东方杂志》第 25 卷第 12 号。

陆世益《一个具体的兵工政策》刊于《东方杂志》第 25 卷第 13 号。

陈植《南京都市美增进之必要》刊于《东方杂志》第 25 卷第 13 号。

罗素、倪林《关于苏维埃政治形式与西方文明关系的论辩》刊于《东方杂志》第 25 卷第 13 号。

《关于民治主义成败问题的讨论》刊于《东方杂志》第 25 卷第 13 号。

宓贤弼《今后政治学应走上自然科学的途径》刊于《东方杂志》第 25 卷第 13 号。

郑鹤声《五百年前中日交涉之一幕》刊于《东方杂志》第 25 卷第 13 号。

董家溠《莫利耶的研究》刊于《东方杂志》第 25 卷第 13 号。

颂华《美国对俄的态度与两国间的商务关系》刊于《东方杂志》第 25 卷第 14 号。

颂华《加拿大实施人种改良的法律》刊于《东方杂志》第 25 卷第 14 号。

徐锡龄《中国之文盲问题》刊于《东方杂志》第 25 卷第 14 号。

陶文《日本最近的出版界》刊于《东方杂志》第 25 卷第 14 号。

黄幼雄《最近的英埃纠纷》刊于《东方杂志》第 25 卷第 14 号。

叶元龙《马先尔的价值论》刊于《东方杂志》第 25 卷第 14 号。

吕炯《中国珠算之起源》刊于《东方杂志》第 25 卷第 14 号。

哲生《外蒙古的新旧印象》刊于《东方杂志》第 25 卷第 14 号。

幼雄《回教国家之两种联合运动与英俄》刊于《东方杂志》第 25 卷第 15 号。

张慰慈《民族主义与帝国主义》刊于《东方杂志》第 25 卷第 15 号。

张梓生《国民革命军北伐战争之经过（上）》刊于《东方杂志》第 25 卷第 15 号。

［日］铃木茂三郎《日本政论家眼中的日本对华经济侵略》刊于《东方杂志》第 25 卷第 15 号。

萧炳实《殷墟甲骨文之发现及其著录与研究》刊于《东方杂志》第 25 卷第 15 号。

周宪文《战具之进化与未来战争》刊于《东方杂志》第 25 卷第 15 号。

颂华《德国的青年运动》刊于《东方杂志》第 25 卷第 15 号。

育干《列强对华态度的转变与最近废约交涉》刊于《东方杂志》第 25 卷第 16 号。

育干《苏俄建设中亚新铁路的价值及其与新疆的关系》刊于《东方杂志》第 25 卷第 16 号。

颂华《立陶宛修正宪法后的维尔诺问题》刊于《东方杂志》第 25 卷第 16 号。

愈之《和平的新方案——战争非法运动》刊于《东方杂志》第 25 卷第 16 号。

张梓生《国民革命军北伐战争之经过(下)》刊于《东方杂志》第 25 卷第 16 号。

楼桐孙《苏俄消费协作的史略》刊于《东方杂志》第 25 卷第 16 号。

[日]币原喜重郎《日本前外相的"支那问题概观"》刊于《东方杂志》第 25 卷第 16 号。

[日]小川平吉《币原"支那问题概观"的反响》刊于《东方杂志》第 25 卷第 16 号。

郑师许《墨翟为印度人辨议》刊于《东方杂志》第 25 卷第 16 号。

吴进修《正胡怀琛的墨翟为印度人辨》刊于《东方杂志》第 25 卷第 16 号。

胡怀琛《墨翟续辨》刊于《东方杂志》第 25 卷第 16 号。

哲生《东陵劫》刊于《东方杂志》第 25 卷第 16 号。

育干《土耳其的最近经济状况》刊于《东方杂志》第 25 卷第 17 号。

俞颂华《非战公约与中国》刊于《东方杂志》第 25 卷第 17 号。

张铭鼎《废战主义与和平主义》刊于《东方杂志》第 25 卷第 17 号。

张梓生《国民革命军北伐战争之经过(下)》刊于《东方杂志》第 25 卷第 17 号。

忻介六《人类的化成》刊于《东方杂志》第 25 卷第 17 号。

心史《象棋以欧制为近古说》刊于《东方杂志》第 25 卷第 17 号。

微知《黑人帝国的奇俗》刊于《东方杂志》第 25 卷第 17 号。

岑俊《北方民众的秘密结社》刊于《东方杂志》第 25 卷第 17 号。

育干《埃及取消自治与最近的英埃关系》刊于《东方杂志》第 25 卷第 18 号。

幼雄《美国的失业问题》刊于《东方杂志》第 25 卷第 18 号。

张慰慈《革命》刊于《东方杂志》第 25 卷第 18 号。

盛叙功《呼伦贝尔事件述评》刊于《东方杂志》第 25 卷第 18 号。

卢化锦《中美关税新约》刊于《东方杂志》第 25 卷第 18 号。

[日]伊藤武雄《中国的人口统计》刊于《东方杂志》第 25 卷第 18 号。

贺圣鼐《中国印刷术沿革史略》刊于《东方杂志》第 25 卷第 18 号。

江绍原译《寓言及俗说中之鼠观》刊于《东方杂志》第 25 卷第 18 号。

春华《法国文学家瓦雷李之东西文化观》刊于《东方杂志》第 25 卷第 18 号。

叶长青《福州豹屏山古圹瓷器出土记》刊于《东方杂志》第 25 卷第 18 号。

育干《非战公约签字后之各国扩张军备状况》刊于《东方杂志》第 25 卷第 19 号。

颂华《第二国际大会对于中国的态度和决议》刊于《东方杂志》第 25 卷第 19 号。

颂华《瑞典应付劳资冲突的新律》刊于《东方杂志》第 25 卷第 19 号。

翰笙《中国农民负担的赋税》刊于《东方杂志》第 25 卷第 19 号。

陈宗城《国际劳工组织与中国》刊于《东方杂志》第 25 卷第 19 号。

"托尔斯泰诞生百年纪念"专栏刊于《东方杂志》第 25 卷第 19 号。

按:这期《东方杂志》专门开辟一专栏,刊发了陈叔谅《托尔斯泰诞生百周年纪念》、愈之译《托尔斯泰与东方》、彭补拙译《托尔斯泰的艺术》、巴金译《脱落斯基的托尔斯泰论》、味荔译《托尔斯泰的两封信》、哲生译《高尔斯华绥论托尔斯泰》等论文。

邱祖铭《英国之现势》刊于《东方杂志》第 25 卷第 20 号"英国研究专号"。

从予《英国资本主义之过去与现在》刊于《东方杂志》第 25 卷第 20 号"英国研究专号"。

陈石孚《英日同盟复活声中之英国外交》刊于《东方杂志》第 25 卷第 20 号"英国研究专号"。

张志让《中国外交史上之英帝国主义》刊于《东方杂志》第 25 卷第 20 号"英国研究专号"。

黄幼雄《大英帝国之国防与军备》刊于《东方杂志》第 25 卷第 20 号"英国研究专号"。

陈茹玄《英国政党一瞥》刊于《东方杂志》第 25 卷第 20 号"英国研究专号"。

叶德明《英国吏治观》刊于《东方杂志》第 25 卷第 20 号"英国研究专号"。

汤象龙《英国司法制度》刊于《东方杂志》第 25 卷第 20 号"英国研究专号"。

武堉干《现代英国商业状况与对华贸易》刊于《东方杂志》第 25 卷第 20 号"英国研究专号"。

微知《英国的农业问题》刊于《东方杂志》第 25 卷第 20 号"英国研究专号"。

安世《英国国债问题》刊于《东方杂志》第 25 卷第 20 号"英国研究专号"。

俞颂华《英国妇女参政权之扩张》刊于《东方杂志》第 25 卷第 20 号"英国研究专号"。

味荔译《英国报纸之蜕变》刊于《东方杂志》第 25 卷第 20 号"英国研究专号"。

程振基《欧战期中英国的回顾》刊于《东方杂志》第 25 卷第 20 号"英国研究专号"。

辛白《英国性质之研究》刊于《东方杂志》第 25 卷第 20 号"英国研究专号"。

按:《东方杂志》第 25 卷第 20 号为"英国研究专号",该期《卷头语》曰:"近世史上的大革命大概要算政治革命,工业革命和社会革命了。这三大革命之中,有二大革命——政治革命和工业革命——都是首由英国于十七世纪开端的。英国为实行宪政的先进国,同时亦是资本主义帝国主义资格最老的国家。她于十七世纪经过政治革命之后,政治就渐上轨道,没有国内战争,对外也很少受过军事上的挫折。所以她的现代工业,发达独早,而资本主义之勃兴亦较各国为先。她的殖民地遍布于东西两半球,工商业殊为发达,尝有世界'作场'(work-shop)之称。所以她的盛衰和变迁与国际政治的关系是很深切的,而大战之后,她于经济和政治上发生许多变动,尤为留心世界现势者所宜注意。西哲有言:'资本主义与社会主义是双生子。'诚然,社会主义的思想与实验,在英国亦发生得很早。像 Thomas More 就是现代很早的一个社会主义的理想家;又如 Robert Owen 又是个很早出资组织新村,实试社会主义的实行家。但是英国的国民是偏于保守的。他们往往不大喜欢推翻原有的制度。所以自从十七世纪政治革命以来,英国无论在政治上或社会上,只有缓缓渐进的改革,没有什么剧烈的革命和变动。记得罗素先生尝谓带有世界革命性质的社会革命在英美大概最缓发生。据闻这种见解,凡是主张世界革命者亦大都承认,因为他们以为英国是世界革命的骨鲠,假定英国起了很大的社会革命,世界的现状,立刻可以改观,而世界革命才可以成功。英国与国际政治的关系怎样密切,我们不难从这种见解推想而知。至于英国与中国及东方的关系亦是很密切的。她欲维持她资本主义的发展,故总是拼命以压力向东方和中国推广商务,扩充势力范围。中国自鸦片战争以来,不但丧失了土地和利权,而且深深地受列强不平等条约的束缚。以炮舰政策,压迫中国,使中国承受不平等条约者,实以英国为祸首。不说别的,单看五卅惨案,沙基惨案,万县惨案等发生以来,忽忽数年,都未解决,岂不都是眼前痛心之事么? 大战以还,英国的资本主义和帝国主义却发生了很多显著的破绽。战后的社会问题是她全国朝野所苦心焦虑而难得最后解决的一个大问题。她的外交,虽自有她的传统政策,无论何政党执政,总不肯根本放弃;然而她欲在海上称雄,永执霸权,照她战后外交上的情况而论,前途亦颇多荆棘。虽然,从另外一方面,她有根深柢固的民治基础。内政有平和渐进的发展,国内无自相残杀的战祸。她的教育普及,学术发达。她的民族有冒险独立的精神,尊重理智而不尚感情,遇事能镇静坚持而不大慌乱,对于变动不居的环境,颇能随机应变。这都是她的长处,'观过知仁',我们不能全然忽视。"

"因此,际此国民革命成功之候,我们不但是因为国际政治的关系,要研究英国,并且因为我们要打倒帝国主义的压迫,祛除资本主义的流毒,不能不援'知彼知己'之义,对于现代资本主义和帝国主义资格最老的英国,有一种明确的观察。不但如此,中国今日要积极建设,以裕民生;将来要实行宪政,以扩民权。英国是个宪政和工业发达的先进国,我国对她既往及现在的情形,亦都有注意参考的价值。总之,她的弱点和长处,以及她今后经济政治方面的趋势,都是我们须得平心静气加以研究的。如今我们不自量力,出这一期英国研究专号,得到海内外著作者对本志投稿的助力很大,我们当然非常感谢,不消多说。不过区区一期的专号,对于那么广的英帝国的范围,那么多的关于英帝国的问题,如何能兼容并包,统统说到?我们明知对于英国应该叙述而在这里没有说到的问题很多。这是要请列位读者加以原谅的。不过有句话可以在这里声明的,就是英国的殖民地布满全球,而这里却没有一篇文字,专论这个问题。这是因为本志以前出过国际现势号,早已载过几篇关于英国殖民地的论文,而我们现在在这里要留些篇幅,多讨论别的问题的缘故。我们出这期专号,并不想把关于研究英国一切的资料,统统贡献于读者,因为这是不可能的。我们的意思不过是在引起国人对于英国的注意罢了。倘使这期专号,能够于引起社会上对于英国研究的兴趣,对于英国事情的注意,有点补助,我们便觉很满足,很荣幸了。"

育干《最近日本政争与对华外交问题的关系》刊于《东方杂志》第25卷第21号。

育干《意大利对巴尔干政策的新成就》刊于《东方杂志》第25卷第21号。

乔启明《中国乡村人口问题之研究》刊于《东方杂志》第25卷第21号。

盛叙功《吉敦铁道与日本之东满侵略政策》刊于《东方杂志》第25卷第21号。

雷宾南《丹麦之土地立法》刊于《东方杂志》第25卷第21号。

H. B. Morse《中国境内之租界与居留地》刊于《东方杂志》第25卷第21号。

Vee Esse《在华外国租界问题之解剖》刊于《东方杂志》第25卷第21号。

B. Russell《中国的改造》刊于《东方杂志》第25卷第21号。

杜衍《周易的时代背景与精神生产》刊于《东方杂志》第25卷第21号。

高鲁《欧文字母源流考》刊于《东方杂志》第25卷第21号。

建霞《右利与左利之问题》刊于《东方杂志》第25卷第21号。

幼雄《赔偿问题之复燃与莱因撤兵问题》刊于《东方杂志》第25卷第22号。

宓贤弼《从国府组织法中讨论对外宣战缔约之权限》刊于《东方杂志》第25卷第22号。

田炯锦《美国选举总统经过之见闻及感想》刊于《东方杂志》第25卷第22号。

谭之良《日俄两国国际间的北库页问题》刊于《东方杂志》第25卷第22号。

米田实《英帝国主义与西藏政策》刊于《东方杂志》第25卷第22号。

M. Bon、M. Boll《德国近十余年物理学之进步》刊于《东方杂志》第25卷第22号。

郭任远《目的论及试验与错误说的谬误》刊于《东方杂志》第25卷第22号。

哲生《欧洲剧场中的现代主义》刊于《东方杂志》第25卷第22号。

诸青来《近十年全国财政观》刊于《东方杂志》第25卷第23号。

卢化锦《中国关税交涉之过去现在与未来》刊于《东方杂志》第25卷第23号。

何燮《新中国与国际宣传》刊于《东方杂志》第25卷第23号。

[日]高桥龟吉作,陈叔兑译《中日经济关系与日本对华武断政策》刊于《东方杂志》第25卷第23号。

H. A. Arohdale《妇女国际运动的近状》刊于《东方杂志》第25卷第23号。

J. B. Tayler《丹麦与中国乡村改建问题》刊于《东方杂志》第25卷第23号。

邱祖铭《主权与领土主权》刊于《东方杂志》第 25 卷第 23 号。

刘大白《转注正解》刊于《东方杂志》第 25 卷第 23 号。

邓孤魂《航空建设之我见》刊于《东方杂志》第 25 卷第 23 号。

哲生《动物中的道德性》刊于《东方杂志》第 25 卷第 23 号。

吴颂皋《外交官的治外法权问题》刊于《东方杂志》第 25 卷第 24 号。

李崇伸《美国各政党最近发表之政策》刊于《东方杂志》第 25 卷第 24 号。

［日］山本条太郎《满铁会社经营之基础》刊于《东方杂志》第 25 卷第 24 号。

觉明译《历史人物之心理学的研究》刊于《东方杂志》第 25 卷第 24 号。

郭绍虞《所谓传统的文学观》刊于《东方杂志》第 25 卷第 24 号。

哲生《安德鲁斯蒙古探险之所获》刊于《东方杂志》第 25 卷第 24 号。

哲生《英伦报纸的分野》刊于《东方杂志》第 25 卷第 24 号。

微知《国民性趣谈》刊于《东方杂志》第 25 卷第 24 号。

皆平《近世学术观》刊于《学生杂志》第 15 卷第 3 期。

按：是文认为："'学术'两字所合成的名词，用来代表人类一种最高贵的活动，是再确当没有了。这个名词即刻指示我们，学与术是分不开的东西。没有学不是术的，也没有术不是学的。'不学无术'，无术也实在就没有学了。学与术要是分开了，世界上便将没有'学术'这东西了。我们试一翻世界的学术史，我们将看出，我们现在所有的想入非非之学问，无一不是从原始的人生技术里脱胎的。实在原始的技术，给出原始的学问；原始的学问又改进原始的技术成为高一等的技术。由这高一等的技术，又生出高一等学问。……这样学与术辗转互助，而有我们近世文明。每一个'学'里，各有其'术'，每一个'术'里，也各有其'学'，所以大科学家，对于其本支学问，没有不是大艺术家的。大艺术家，对于本支艺术，也没有不是大学问家的。古代所倡的知行合一，近代所倡的理论与实验合作，都是认明'学术'是一个整的东西，不容分开的。"

作者写此文的目的，是希望读者："（一）使读者得有一种系统的学术观。而尤注意于人生与学术不能须臾相离。我国'人生无味'！要想人生有味，必从昌明学术起。要想昌明学术，也必自'人生有味'起。（二）使读者知道近世科学之最合理的分类法。一切知识便是分类。我们既能了解科学之分类，我们却不难按部就班，爬上那学术的阶梯。如我们欲讲学术，我们必须自根本的数算科学起首。我们欲研究社会学，我们必须对于生物、理化、数算三门科学有充分的预备。（三）要使读者知道近世科学，各各相联。专精虽是必要的事，却也是万不得已的事。要是以为'专精'已足，那便是'博士'只算'狭士'，自欺欺人而已！为学譬如海洋，我们必须既深且广。如述者在英国所听过的名人演讲，以及所看过的名人书籍，谁不是包罗万象的呢？在英国的政治学家里，相对论与恩斯坦，也已成为口头禅。在那些科学家，文艺与哲学也成为家常便饭。（四）'人事科学'在现在仍留在婴孩期内，我们却不必为一般宣传的学者所动，以为社会学及社会心理学等真成了科学，可以与理化生物诸科学，并列无愧。早着呢！这也许是我们年轻的初学者机会呀！再四千年的中华文明，也许由我们从我国'大学方式'，（自格物致知到治国平天下）复新起！但我们千万不要再蹈旧辙，致知不在格物，正心不在诚意，以至于治国平天下不在修身齐家，一路虚假下来！总记着学术的方法革命，才是一切革命之最根本的。"

岂明等《自由问答》刊于《北新》第 2 卷第 5 号。

刘穆《日本资本主义的今日》刊于《北新》第 2 卷第 6 号。

潘菽《心理学的取材》刊于《北新》第 2 卷第 6 号。

江绍原《廿五年来之宗教史研究》刊于《北新》第 2 卷第 6 号。

郁达夫《卢骚传》刊于《北新》第 2 卷第 6 号。

周作人《谈虎集后记》刊于《北新》第 2 卷第 6 号。

荷郎《看了三个展览会以后》刊于《北新》第 2 卷第 6 号。

潘菽《中国宗法社会的将来》刊于《北新》第 2 卷第 7 号。

川孤《宗法社会构成和崩溃的自然因果》刊于《北新》第 2 卷第 7 号。

郁达夫《卢骚的思想和他的创作》刊于《北新》第 2 卷第 7 号。

陈望道《美学概论的批评底批评》刊于《北新》第 2 卷第 7 号。

贾颂铭《帝国主义下的中国经济》刊于《北新》第 2 卷第 8 号。

罗溥《中国的农村经济与农民》刊于《北新》第 2 卷第 8 号。

郁达夫《翻译说明就算答辩》刊于《北新》第 2 卷第 8 号。

王任叔《中国文艺上的食与性》刊于《北新》第 2 卷第 8 号。

潘菽《批评陈望道君给我的答复》刊于《北新》第 2 卷第 8 号。

梁秉三《国际近况》刊于《北新》第 2 卷第 9 号。

潘梓年《再和陈百年先生论判断二成分说》刊于《北新》第 2 卷第 9 号。

赵景深《小说家哈代的八大著作》刊于《北新》第 2 卷第 9 号。

语堂《安特卢亮评论哈代》刊于《北新》第 2 卷第 9 号。

招勉之《关于粤讴及其作者》刊于《北新》第 2 卷第 9 号。

孤川《家族制度和宗法社会》刊于《北新》第 2 卷第 10 号。

黎作梁《娼妓问题》刊于《北新》第 2 卷第 10 号。

郁达夫《拜金艺术》刊于《北新》第 2 卷第 10 号。

希圣译《现代文化论》刊于《北新》第 2 卷第 11 号。

郁达夫译《拜金艺术(第 2 章)》刊于《北新》第 2 卷第 11 号。

希博《贫乏问题及其救济》刊于《北新》第 2 卷第 12 号。

梁秉三等《国际近况》刊于《北新》第 2 卷第 12 号。

陈光尧《英文简字草案》刊于《北新》第 2 卷第 12 号。

郁达夫译《拜金艺术(第 3 章)》刊于《北新》第 2 卷第 12 号。

郁达夫《关于卢骚》刊于《北新》第 2 卷第 12 号。

潘菽《论"本能论"》刊于《北新》第 2 卷第 12 号。

李冰禅(胡秋原)《革命文学问题——对于革命文学的一点商榷》刊于《北新》第 2 卷第 12 号。

按:是文认为:最近"革命文学的理论,革命文学的作品,风起而云涌了。诚如蒋光慈君所云,'革命文学已成了一个很时髦的名词了'。我们对于这些文学家的精神与用意,只有无限的同情与欣喜","然而我们的革命文学家,革命文学批判家,为了革命热情的激动,或者还有其他的原因,遂至抹煞一切的文学家,排斥一切在他们所认为'非'革命的文学;觉得真正伟大的文艺,'只此一家';所有一切'不革命文学',都只应该'扔到毛厕里去'。这种精神固然大可佩服,但是革命文学的标准究竟是什么,文学的真价值究竟是什么,是我们应该仔细地冷静的讨论的问题:不然,我们不独要误解文学作品,而且很容易在一种有权威的旗帜之下,制造出许多肤浅的,俗滥的,挂牌的劣货了!"

是文指出:"文学是什么?什么人都知道承认的一句话,'文学是人生的表现'……文学除了教人'革命'以外,还有许多许多的事情呢!我们如何能因提倡'革命文学'之故遂抹煞一切的文艺呢?"我们的新文学批评家有一个根本的思想,就是:"一切的艺术都是宣传""一种政治上的主张放在文艺里面,不独是必然而且在某几个时期却是必要的,这就是蒲列汉诺夫,马克思主义的文化批评家,也如此的承认。但是不可忘记的,就是不要因此破坏了艺术的创造。所以我们只能说,艺术有时是宣传;而且不可因此而破坏了艺术在美学上的价值""无论艺术是否'宣传',决不足以衡鉴艺术的价值"。而"'文学是阶级的武器',这也不是我们革命文学批评家的创见""俄罗斯文坛中'纳巴斯徒'Na pastu派早就斩钉截铁的肯定,'文艺的作品无论是涉及什么的,不是为劳动阶级的武器,就是反劳动阶级的利刃',并且肯定,'从前的文学,都充满特权阶级的精神'""文学之所以不是'阶级的武器',根本因为她不是如政治法律一样;世界上也决没有那样的资产阶级拿文学当机关枪使用。"

但这并不是说"文学"与"革命"是不是简直风马牛不相及,是文认为:"文学之所以为文学,就因为她是真而且美的描写生活;因为她表现了人生,也就批评了人生,也就指导了人生,也就创造了人生。文学家是时代的灵魂,他看清楚了'现在',也就很早的看见了'将来'。因为文学家的感觉比我们敏锐,他们的感情比我们真挚,他们的观察比我们精确;于是时代的真象,就逃不出他们如鹰一样的'预知的眼'了。所以伟大的文艺家也就是'文化的先驱''时代的先驱''革命的先驱'了。当一个社会的黑暗与腐败还未充分暴露时,文学家已经感到深切的不安了;当无数民众还在醉生梦死时,文学家已吹着他们的喇叭惊醒人们的好梦了;当人们已在呻吟隐怨时,文学家代表不幸的人们号泣了;当人们正在绝望于无涯的黑暗时候,文学家又预示着以未来的曙光了。……总而言之:文艺是社会生活真切,深刻的表现;能如此的便是永远不朽的伟作。文艺的目的,并不在于教人'革命',然而在一个不平黑暗的时代中,伟大的作品,也就无不有革命的精神了,十九世纪的一个俄国文学批评家Dobmlubov也是这样的意见,他是一个批评一切事物都要问'他们对于劳动阶级有什么用处呢?'的人,然而他并不劝人以预定的目的去做诗或小说,所以文艺家如不彻底知道他所描写的人生,他的目的不是从最深挚的理想中出来,作品不一定会好。所以他对于一切作品,只问是不是正确的反映人生。这才是批评文艺的态度了。……深切的表现社会的罪恶,痛苦与悲哀,毫无隐讳的针砭民族的恶劣根性与堕落思想,我以为是我们的文学家应该所有的事。这样平淡的话自然是没有'革命文学'那样响亮时髦,然而我们在文艺上多做一点忠实的工夫,比之于仅在好听的名义上推求,说不定我们的子孙还多得些实益哩!"

刘穆《丹麦在东亚和中国的经济活动》刊于《北新》第2卷第13号。

胡达夫《劳动者和他的报酬》刊于《北新》第2卷第13号。

顾来苏《法国的农妇》刊于《北新》第2卷第13号。

储安平《布洛克及其名作——十二个》刊于《北新》第2卷第13号。

雪林女士《蝉之曲序》刊于《北新》第2卷第13号。

陈道彦《今日中国大学生之厄运》刊于《北新》第2卷第13号。

民养《最近苏联人口统计》刊于《北新》第2卷第14号。

川孤《我国妇女拜佛的讨论》刊于《北新》第2卷第14号。

李伟森《不幸的预言(译文)》刊于《北新》第2卷第14号。

郁达夫译《拜金艺术(第5章译文)》刊于《北新》第2卷第14号。

梁指南译《英文圣经之文学的价值》刊于《北新》第2卷第14号。

赵景深《论帝王出身传说》刊于《北新》第2卷第14号。

梁秉三《考古家还不是史学家》刊于《北新》第2卷第14号。

契可亲《耶的卜司错综与文艺》刊于《北新》第2卷第14号。

木公《不成问题的问题》刊于《北新》第2卷第14号。

友松译《日本的国际问题及其国内窘状》刊于《北新》第2卷第15号。

亦波《民治主义的成败问题》刊于《北新》第2卷第15号。

友松《意大利政教权限之争权起》刊于《北新》第2卷第15号。

友松《英国失去垄断橡皮业之势力》刊于《北新》第2卷第15号。

郁达夫译《拜金艺术第6章》刊于《北新》第2卷第15号。

徐霞村《李健吾君的西山之云》刊于《北新》第 2 卷第 15 号。

民养《法国移民问题》刊于《北新》第 2 卷第 16 号。

友松《法国今年的选举》刊于《北新》第 2 卷第 16 号。

友松《英国缓和印度抗英运动之失败》刊于《北新》第 2 卷第 16 号。

亦波《美国最近之对俄态度》刊于《北新》第 2 卷第 16 号。

亦波《德美间之公断条约》刊于《北新》第 2 卷第 16 号。

郁达夫译《拜金艺术第 7 章》刊于《北新》第 2 卷第 16 号。

侍衍《最高的艺术之问题》刊于《北新》第 2 卷第 16 号。

好雯《孔子又做了亡国奴》刊于《北新》第 2 卷第 16 号。

好雯《艺术的战术》刊于《北新》第 2 卷第 16 号。

木公《只怪上帝造人的时候太大意》刊于《北新》第 2 卷第 16 号。

木公《中国的庙宇只嫌太少了》刊于《北新》第 2 卷第 16 号。

鲁迅译《近代美术史潮论(十三)》刊于《北新》第 2 卷第 17 号。

梁秉三《意大利的移民问题》刊于《北新》第 2 卷第 17 号。

刘穆《最近的英日俄煤油问题》刊于《北新》第 2 卷第 17 号。

郁达夫译《拜金艺术第 8 章》刊于《北新》第 2 卷第 17 号。

M. T《新广州的学生们》刊于《北新》第 2 卷第 17 号。

张友松译《巴尔干诸国国家思想勃兴之原因》刊于《北新》第 2 卷第 18 号。

林幽《论革命与新旧道德》刊于《北新》第 2 卷第 18 号。

郁达夫译《拜金艺术第 9 章》刊于《北新》第 2 卷第 18 号。

振扬《无产者的气概》刊于《北新》第 2 卷第 18 号。

石泉《党权高于一切》刊于《北新》第 2 卷第 18 号。

亦波《法国新国会当前的问题》刊于《北新》第 2 卷第 19 号。

张友松译《英国自治属地的新地位》刊于《北新》第 2 卷第 19 号。

夏康农《生物科学的研究方法》刊于《北新》第 2 卷第 19 号。

达夫《对于社会的态度》刊于《北新》第 2 卷第 19 号。

侍桁《诗人与批评家》刊于《北新》第 2 卷第 19 号。

孙席珍《乔琪桑之生平》刊于《北新》第 2 卷第 19 号。

赵景深《中国的吉诃德先生》刊于《北新》第 2 卷第 19 号。

顾来苏《二十五年美国农村经济的发展》刊于《北新》第 2 卷第 20 号。

博《德国政局的新变化》刊于《北新》第 2 卷第 20 号。

圣《新兴阿富汗的国际关系》刊于《北新》第 2 卷第 20 号。

侍桁译《都会生活与现代文学》刊于《北新》第 2 卷第 20 号。

赵景深译《契诃夫的新认识》刊于《北新》第 2 卷第 20 号。

赵景深《波斯民间故事研究》刊于《北新》第 2 卷第 20 号。

龚彬《法国政党政治之现在与将来》刊于《北新》第 2 卷第 21 号。

龚彬《凯洛格弭战公约与英法海军协定》刊于《北新》第 2 卷第 21 号。

彰《日本政党最近的分化》刊于《北新》第 2 卷第 21 号。

侍桁译《生之要求与艺术》刊于《北新》第 2 卷第 21 号。

老公《从男女分校说到尊孔》刊于《北新》第 2 卷第 21 号。

鲁迅译《近代美术史潮论(十八)》刊于《北新》第 2 卷第 22 号。

圣《经济稳定中的国际新危机》刊于《北新》第 2 卷第 22 号。

王权中《妇人参政权的扩张与英国政局的变化》刊于《北新》第 2 卷第 22 号。

侍桁《告白与批评与创造》刊于《北新》第 2 卷第 22 号。

秋原《文艺起源论》刊于《北新》第 2 卷第 22 号。

陈光尧《介绍影印元刻古今杂剧三十种》刊于《北新》第 2 卷第 22 号。

老尧《当代要人之平民化》刊于《北新》第 2 卷第 22 号。

老尧《新时代的人物与新时代的团体》刊于《北新》第 2 卷第 22 号。

郭真《德国产业合理化的效果》刊于《北新》第 2 卷第 23 号。

彰《最近美国大总统的选举战》刊于《北新》第 2 卷第 23 号。

林幽《方法学绪论》刊于《北新》第 2 卷第 23 号。

[日]黑田辰男作,鲁迅译《关于绥蒙诺夫及其代表作〈饥饿〉》刊于《北新》第 2 卷第 23 号。

伟森译《最后的一个哈姆雷德》刊于《北新》第 2 卷第 23 号。

郭真《美国最近的产业政策》刊于《北新》第 2 卷第 24 号。

龚彬《第九届国际联盟大会之内幕》刊于《北新》第 2 卷第 24 号。

行之《姓与社会组织之关系》刊于《北新》第 2 卷第 24 号。

郁达夫译《拜金艺术第 10 章》刊于《北新》第 2 卷第 24 号。

张佐文《二个思想家》刊于《北新》第 2 卷第 24 号。

瞿然《从看报纸广告说起》刊于《北新》第 2 卷第 24 号。

周乐山《贡献之辞》刊于《一般》第 4 卷第 1 号。

章克标《朦胧的思路》刊于《一般》第 4 卷第 1 号。

K.S《作家种种》刊于《一般》第 4 卷第 1 号。

丏尊《文艺随笔》刊于《一般》第 4 卷第 1 号。

林房雄作,郁达夫译《爱的开脱》刊于《一般》第 4 卷第 1 号。

K.S《作家种种》刊于《一般》第 4 卷第 1 号。

魏肇基《威廉勃莱克百年忌》刊于《一般》第 4 卷第 1 号。

韦充栋译《艺术制作的心理》刊于《一般》第 4 卷第 1 号。

方光焘《艺术漫想》刊于《一般》第 4 卷第 1 号。

琴《最好的与最恶的》刊于《一般》第 4 卷第 1 号。

赵景深《中国新文艺与变态性欲》刊于《一般》第 4 卷第 1 号。

玄珠《自然界的神话》刊于《一般》第 4 卷第 1 号。

从予《苏俄共产党内讧》刊于《一般》第 4 卷第 2 号。

魏肇基《天才的意识》刊于《一般》第 4 卷第 2 号。

化鲁《化学战争》刊于《一般》第 4 卷第 2 号。

贺昌群《克鲁泡特金的伦理学》刊于《一般》第 4 卷第 2 号。

丰子恺《现代西洋画诸流派》刊于《一般》第 4 卷第 2 号。

刘叔琴《谈谈现代的进化论》刊于《一般》第 4 卷第 2 号。

石樵《作文的哲学》刊于《一般》第 4 卷第 2 号。

鲁彦《安特列奥》刊于《一般》第 4 卷第 2 号。

张望译《葛都良的肖像画》刊于《一般》第 4 卷第 2 号。

孟实《谈在露浮尔宫所得的一个感想》刊于《一般》第 4 卷第 3 号。

孟实《谈人生与我》刊于《一般》第 4 卷第 3 号。

高德曼女士著，李苗甘译《易卜生底四大社会剧》刊于《一般》第 4 卷第 3 号。

丰子恺《现实主义的绘画》刊于《一般》第 4 卷第 3 号。

丰子恺《近世理想主义的绘画》刊于《一般》第 4 卷第 3 号。

杨浩然《南满铁道会社的经济侵略》刊于《一般》第 4 卷第 3 号。

白《关于"初恋"》刊于《一般》第 4 卷第 3 号。

豫堂《也来谈谈"中国宝贝"》刊于《一般》第 4 卷第 3 号。

陶父《世界经济稳定之问题》刊于《一般》第 4 卷第 4 号。

方欣庵《中国戏剧之起源》刊于《一般》第 4 卷第 4 号。

朱自清、李健吾《为诗而诗（续）》刊于《一般》第 4 卷第 4 号。

端先《说翻译之难》刊于《一般》第 4 卷第 4 号。

丰子恺《艺术的科学主义化》刊于《一般》第 4 卷第 4 号。

岂凡《读革命文学论诸作》刊于《一般》第 4 卷第 4 号。

魏肇基《读郭译〈争斗〉后底几点商榷》刊于《一般》第 4 卷第 4 号。

叔琴《"五月一日"》刊于《一般》第 5 卷第 1 号。

均式《习得性（Acquired Character）真不遗传吗》刊于《一般》第 5 卷第 1 号。

夏承法《谈谈指纹》刊于《一般》第 5 卷第 1 号。

丰子恺《印象派的画风与画家》刊于《一般》第 5 卷第 1 号。

杜衡《夏娃的四个儿子》刊于《一般》第 5 卷第 1 号。

叔琴《马尔萨斯和他底人口论》刊于《一般》第 5 卷第 1 号。

夏丏尊《知识阶级的命运》刊于《一般》第 5 卷第 1 号。

天行《中国现代教育杂论》刊于《一般》第 5 卷第 2 号。

觉敷《谈谈弗洛伊特》刊于《一般》第 5 卷第 2 号。

魏肇基《自我的发展》刊于《一般》第 5 卷第 2 号。

丰子恺《点彩派的绘画》刊于《一般》第 5 卷第 2 号。

钟子岩译《发达诸阶段里的社会的全体性》刊于《一般》第 5 卷第 2 号。

潜《英法留学的情形》刊于《一般》第 5 卷第 2 号。

章克标《崇拜知识的迷信和知识阶级》刊于《一般》第 5 卷第 3 号。

李宗武《社会学的国家观》刊于《一般》第 5 卷第 3 号。

雨苍《美化的情绪》刊于《一般》第 5 卷第 3 号。

陈之佛《美术工业的本质和范围》刊于《一般》第 5 卷第 3 号。

丰子恺《主观主义化的西洋画》刊于《一般》第 5 卷第 3 号。

黎烈文《由上海到巴黎》刊于《一般》第 5 卷第 3 号。

章克标《站在十字街头的一个问题》刊于《一般》第 5 卷第 4 号。

希圣《从人口统计上观察法国的社会状况》刊于《一般》第 5 卷第 4 号。

陈登元《笑话论》刊于《一般》第 5 卷第 4 号。

丰子恺《现代四大画家》刊于《一般》第 5 卷第 4 号。

黎烈文《由上海到巴黎》刊于《一般》第 5 卷第 4 号。

程祥荣《建设时代的建设计划》刊于《一般》第 6 卷第 2 号。

飘蓬译《悲累阿士和梅丽桑》刊于《一般》第 6 卷第 2 号。

薰宇《欧行随笔》刊于《一般》第 6 卷第 2 号。

黎烈文《由上海到巴黎》刊于《一般》第 6 卷第 2 号。

希圣《俄国经济发展的前途》刊于《一般》第 6 卷第 3 号。

陈登元《生命与时代》刊于《一般》第 6 卷第 3 号。

竹依《从生殖生活的解放到女子独裁》刊于《一般》第 6 卷第 3 号。

丰子恺《立体派·未来派·抽像派》刊于《一般》第 6 卷第 3 号。

丰子恺《修裴尔德百年祭过后》刊于《一般》第 6 卷第 3 号。

钟敬文《黄叶小谈》刊于《一般》第 6 卷第 3 号。

杨次道《读胡适之白话文学史》刊于《一般》第 6 卷第 3 号。

飘蓬译《悲累阿士和梅丽桑(续)》刊于《一般》第 6 卷第 3 号。

李宗武《美国的新局面与世界政潮》刊于《一般》第 6 卷第 4 号。

绥百《读戴季陶先生近著〈日本论〉以后》刊于《一般》第 6 卷第 4 号。

章克标《民众主义与天才的相反及交错》刊于《一般》第 6 卷第 4 号。

江绍原《迷信的治病法》刊于《一般》第 6 卷第 4 号。

竹依《科学的胜利》刊于《一般》第 6 卷第 4 号。

[日]升曙梦作,罗翟译《托尔斯太在俄国文学上的地位》刊于《一般》第 6 卷第 4 号。

自清《歧路灯》刊于《一般》第 6 卷第 4 号。

子恺《〈再和我接个吻〉的翻译》刊于《一般》第 6 卷第 4 号。

薰宇《欧行随笔》刊于《一般》第 6 卷第 4 号。

飘蓬译《悲累阿士和梅丽桑(续)》刊于《一般》第 6 卷第 4 号。

麦克昂《桌子的跳舞》刊于《创造月刊》第 1 卷第 11 期。

石厚生《毕竟是醉眼陶然罢了》刊于《创造月刊》第 1 卷第 11 期。

彭康《什么是健康与尊严》刊于《创造月刊》第 1 卷第 12 期。

冯乃超《冷静的头脑》刊于《创造月刊》第 2 卷第 1 期。

沈起予《演剧运动之意义》刊于《创造月刊》第 2 卷第 1 期。

何大白《文坛的五月》刊于《创造月刊》第 2 卷第 1 期。

杜荃《文艺战线上的封建余孽》刊于《创造月刊》第 2 卷第 1 期。

梁自强《文艺界的反动势力》刊于《创造月刊》第 2 卷第 1 期。

[苏]倭罗夫斯奇原著,嘉生译《高尔基论》刊于《创造月刊》第 2 卷第 1 期。

[苏]塞拉菲莫维奇原著,李初梨译《高尔基是同我们一道的吗》刊于《创造月刊》第 2 卷第 1 期。

冯乃超《中国戏剧运动的苦闷》刊于《创造月刊》第 2 卷第 2 期。

毛文麟《演剧改革的基本问题》刊于《创造月刊》第 2 卷第 2 期。

[苏]倭罗夫斯奇原著,嘉生译《高尔基论》刊于《创造月刊》第 2 卷第 2 期。

可兴《评驳甘人的"拉杂一篇"》刊于《创造月刊》第2卷第2期。

沈起予《艺术运动底根本观念》刊于《创造月刊》第2卷的3期。

冯乃超《革命戏剧家梅叶荷特的足迹》刊于《创造月刊》第2卷第3期。

[苏]伊理支原著,嘉生译《托尔斯泰论》刊于《创造月刊》第2卷第3期。

彭康《革命文艺与大众文艺》刊于《创造月刊》第2卷第4期。

R. T.《文化问题与月刊》刊于《创造月刊》第2卷第4期。

文氓《关于"读书自由"》刊于《创造月刊》第2卷第4期。

克兴《小资产阶级文艺理论之谬误——评茅盾君底〈从牯岭到东京〉》刊于《创造月刊》第2卷第5期。

傅利采《绘画底马克思主义的考察》刊于《创造月刊》第2卷第5期。

许仕廉《社会生活的理化基础》刊于《社会学界》第2期。

孙本文《文化失调与中国社会问题》刊于《社会学界》第2期。

严景耀《北京犯罪之社会分析》刊于《社会学界》第2期。

张镜予《北京司法部犯罪统计的分析》刊于《社会学界》第2期。

房福安《成府人口调查》刊于《社会学界》第2期。

王桐龄《中国民族之研究》刊于《社会学界》第2期。

冯锐《乡村社会心理之分析》刊于《社会学界》第2期。

刘弮《闽谣选解》刊于《社会学界》第2期。

熊佛西《戏剧与社会》刊于《社会学界》第2期。

金宝善《关于卫生行政之研究》刊于《社会学界》第2期。

叶鹏年《中国几个农佃制度举例》刊于《社会学界》第2期。

杨浩然《英领马来之现势》刊于《南洋研究》第1卷第1期。

士慎《近年华侨移入荷属南洋群岛人数统计表》刊于《南洋研究》第1卷第1期。

陈兴焰《研究南洋文化应有的态度》刊于《南洋研究》第1卷第1期。

李则纲《马来半岛土人的婚姻》刊于《南洋研究》第1卷第1期。

凌翔《马来人种的渊源》刊于《南洋研究》第1卷第1期。

刘士木《日人藤山雷太氏的南进策》刊于《南洋研究》第1卷第1期。

凌翔《古代之马来半岛文化》刊于《南洋研究》第1卷第1期。

史海夫《暹罗的唠仔民族》刊于《南洋研究》第1卷第1期。

曹聚仁《中国史乘上之南洋》刊于《南洋研究》第1卷第1期。

陈福璇《南洋华侨的教育谈》刊于《南洋研究》第1卷第1期。

余椿《南侨教育》刊于《南洋研究》第1卷第1期。

张嘉树《菲律宾大学》刊于《南洋研究》第1卷第1期。

陈宗山《暨南与南洋》刊于《南洋研究》第1卷第2期。

刘士木《荷属东印度概况》刊于《南洋研究》第1卷第2期。

许克诚《荷属东印度群岛民族略况》刊于《南洋研究》第1卷第2期。

李长傅《荷属东印度华侨略史》刊于《南洋研究》第1卷第2期。

徐中舒《南洋华侨教育与立案条例》刊于《南洋研究》第1卷第2期。

姚蔚生《新加坡历届人口统计中之华侨地位》刊于《南洋研究》第1卷第2期。

周国钧《马来半岛一瞥》刊于《南洋研究》第1卷第2期。

顾因明《马来人之生活》刊于《南洋研究》第1卷第2期。

［日］长永正义作，林奄方译《国弱民强的支那》刊于《南洋研究》第1卷第2期。

张星烺《近三百年菲律宾华侨状况》刊于《南洋研究》第1卷第2期。

刘士木《英属南洋概况》刊于《南洋研究》第1卷第3期。

王旦华《菲律宾之将来》刊于《南洋研究》第1卷第3期。

张星烺《三百年前菲律宾群岛与中国》刊于《南洋研究》第1卷第3期。

陈宗山《荷属东印度新宪法》刊于《南洋研究》第1卷第3期。

许克诚《荷属东印度群岛之古代略史》刊于《南洋研究》第1卷第3期。

杨浩然《日本治下之台湾》刊于《南洋研究》第1卷第3期。

顾因明《热带中之白人》刊于《南洋研究》第1卷第3期。

林奄方《太平洋之列强势力消长年表》刊于《南洋研究》第1卷第3期。

周国钧《马来半岛一瞥》刊于《南洋研究》第1卷第3期。

刘士木《菲律宾概况》刊于《南洋研究》第1卷第4期。

张星烺《三百年前之菲律宾群岛》刊于《南洋研究》第1卷第4期。

李长傅《英属马来西亚华侨略史》刊于《南洋研究》第1卷第4期。

林复彦《印度尼西亚与华侨》刊于《南洋研究》第1卷第4期。

黄斐然《爪哇华侨史迹及今后改善问题》刊于《南洋研究》第1卷第4期。

许克诚《十六世纪之东印度群岛》刊于《南洋研究》第1卷第4期。

季达《南洋的重要产业》刊于《南洋研究》第1卷第4期。

刘士木《暹罗概况》刊于《南洋研究》第1卷第5期。

陈宗山《暹罗底戏剧》刊于《南洋研究》第1卷第5期。

李长傅《菲律宾华侨略史》刊于《南洋研究》第1卷第5期。

顾因明、王旦华《槟榔屿开辟史》刊于《南洋研究》第1卷第5期。

许克诚《荷兰东印度公司时代的东印度群岛》刊于《南洋研究》第1卷第5期。

林奄方《南洋贸易会议略说》刊于《南洋研究》第1卷第5期。

林金沙等《从南洋到暨南》刊于《南洋研究》第1卷第5期。

陈宗山《半年中之南洋研究》刊于《南洋研究》第1卷第6期。

刘士木《法属越南概况》刊于《南洋研究》第1卷第6期。

张星烺《西班牙人在菲律宾商业文化及宗教上之关系》刊于《南洋研究》第1卷第6期。

李长傅、顾因明《英属缅甸之经济状况》刊于《南洋研究》第1卷第6期。

钱鹤译《英领马来之教育》刊于《南洋研究》第1卷第6期。

张明慈《暹罗之铁路交通》刊于《南洋研究》第1卷第6期。

王蕴玉《台湾一瞥》刊于《南洋研究》第1卷第6期。

征夫等《关于南洋华侨教育的讨论》刊于《南洋研究》第1卷第6期。

费哲民《谈谈整理华侨捐款问题》刊于《南洋研究》第2卷第1号。

刘士木《日本之对菲律宾政策》刊于《南洋研究》第2卷第1号。

王旦华译《一九二七年之马来亚》刊于《南洋研究》第2卷第1号。

顾因明《一九二七年马来亚东海岸之贸易》刊于《南洋研究》第2卷第1号。

许克诚《十九世纪之荷属东印度群岛》刊于《南洋研究》第2卷第1号。

顾因明、王旦华译《新加坡未开辟前之探险史》刊于《南洋研究》第2卷第1号。

顾因明、王旦华译《槟榔屿开辟史(续第1卷第5期)》刊于《南洋研究》第2卷第1号。

李长傅《南洋地理志略》刊于《南洋研究》第2卷第1号。

林奄方译《华南及南洋园艺视察谈》刊于《南洋研究》第2卷第1号。

费哲民《我们期望中的侨务委员会》刊于《南洋研究》第2卷第2号。

钱鹤《策进南洋文化事业之两大问题》刊于《南洋研究》第2卷第2号。

陈宗山《马来半岛被征服之经过》刊于《南洋研究》第2卷第2号。

王旦华《法属印度支那之历史与组织》刊于《南洋研究》第2卷第2号。

王旦华《槟榔屿开辟史(续第2卷第1号)》刊于《南洋研究》第2卷第2号。

李长傅《南洋地理志略(续第2卷第1号)》刊于《南洋研究》第2卷第2号。

陈宗山《马来亚之晚间娱乐》刊于《南洋研究》第2卷第2号。

费哲民《华侨与建设事业》刊于《南洋研究》第2卷第3号。

蔡世英《马来半岛之交通事业》刊于《南洋研究》第2卷第3号。

刘士木《马来群岛概况》刊于《南洋研究》第2卷第3号。

钱鹤译《殖民政策之今昔》刊于《南洋研究》第2卷第3号。

李长傅《缅甸之城市》刊于《南洋研究》第2卷第3号。

陈宗山《法属印度支那之经济地位》刊于《南洋研究》第2卷第3号。

顾因明、王旦华译《槟榔屿开辟史(续第2卷第2号)》刊于《南洋研究》第2卷第3号。

李长傅《南洋地理志略(续第2卷第2号)》刊于《南洋研究》第2卷第3号。

顾因明《五方杂处之马来亚》刊于《南洋研究》第2卷第3号。

钱鹤《南洋华侨学校调查概览》刊于《南洋研究》第2卷第3号。

刘龙泽、刘士木《南洋问题与华侨问题》刊于《南洋研究》第2卷第3号。

费哲民《开拓南洋航线之我见》刊于《南洋研究》第2卷第4号。

刘士木《交通与华侨》刊于《南洋研究》第2卷第4号。

钱鹤《我所望于南洋华侨教育会议者》刊于《南洋研究》第2卷第4号。

陈谷川《华侨与地域观念》刊于《南洋研究》第2卷第4号。

顾因明、王旦华译《槟榔屿开辟史(续第2卷第3号)》刊于《南洋研究》第2卷第4号。

李长傅《南洋地理志略(续第2卷第3号)》刊于《南洋研究》第2卷第4号。

钱鹤《南洋华侨学校调查概览(续)》刊于《南洋研究》第2卷第4号。

林奄方《南洋各属华侨之反日运动》刊于《南洋研究》第2卷第4号。

同人《〈民俗〉发刊辞》刊于《民俗周刊》第1期。

按:《民俗周刊》为民俗学会定期刊物之一,1928年3月21日出版第1期。由国立中山大学语言历史学研究所编印。从发刊辞可知:"本刊原名《民间文艺》,因放宽范围,收及宗教风俗材料,嫌原名不称,故易名《民俗》"。《民俗周刊》的办刊使命是:"我们要站在民众的立场上来认识民众!我们要采检各种民众的生活,民众的欲求,来认识整个的社会!我们自己就是民众,应该各各体验自己的生活!我们要把几千年埋没着的民众艺术,民众信仰,民众习惯,一层一层地发掘出来!我们要打破以圣贤为中心的历史,建设全民众的历史!"

何思敬《民俗学的问题》刊于《民俗周刊》第1期。

钟敬文《数年来民俗学工作的小结账》刊于《民俗周刊》第1期。

顾颉刚《孟姜女故事研究集自序》刊于《民俗周刊》第 1 期。

杨成志译《民俗学问题格》刊于《民俗周刊》第 1 期。

招北恩《广东妇女风俗及民歌一斑》刊于《民俗周刊》第 1 期。

黄仲琴《仙都之畜奴》刊于《民俗周刊》第 1 期。

夏廷棫《环境与神仙传说》刊于《民俗周刊》第 1 期。

顾颉刚《泉州的土地神》刊于《民俗周刊》第 2 期。

杨成志译《民俗学问题格(一续)》刊于《民俗周刊》第 2 期。

夏廷棫《东汉时朝野风气一斑》刊于《民俗周刊》第 2 期。

钟敬文《台湾情歌集序》刊于《民俗周刊》第 3 期。

顾颉刚《泉州的土地神(续)》刊于《民俗周刊》第 3 期。

杨成志译《民俗学问题格(二续)》刊于《民俗周刊》第 3 期。

我乐《浙江绍兴的民谚》刊于《民俗周刊》第 3 期。

李荫光《东莞民间传说和童谣》刊于《民俗周刊》第 3 期。

阮清镜《三仙迹》刊于《民俗周刊》第 3 期。

俞绍基《杭州小孩的对答词》刊于《民俗周刊》第 3 期。

何思敬《读妙峰山进香专号》刊于《民俗周刊》第 4 期。

钟敬文《介绍一部六十多年前的风俗书》刊于《民俗周刊》第 4 期。

杨成志译《民俗学问题格(三续)》刊于《民俗周刊》第 4 期。

黄仲琴《潮州的青龙爷》刊于《民俗周刊》第 4 期。

王敬宜《蒙古风俗一瞥》刊于《民俗周刊》第 4 期。

黎春荣《东莞风俗谈》刊于《民俗周刊》第 4 期。

赵简子《两个美国 Alent 地方的故事》刊于《民俗周刊》第 4 期。

刘万章《一首关于私生儿的民歌》刊于《民俗周刊》第 4 期。

谢光汉《关于粤曲通信》刊于《民俗周刊》第 4 期。

顾颉刚讲,钟敬文记《圣贤文化与民众文化》刊于《民俗周刊》第 5 期。

何思敬《读妙峰山进香专号(续)》刊于《民俗周刊》第 5 期。

杨成志译《民俗学问题格(四续)》刊于《民俗周刊》第 5 期。

霍广华《宝坻县一带的民间文艺》刊于《民俗周刊》第 5 期。

赵梦梅《潮州民歌》刊于《民俗周刊》第 5 期。

何恩泽《母系制度与父系制度之探究》刊于《民俗周刊》第 6 期。

敬文《纪念两位早死的民俗学致力者》刊于《民俗周刊》第 6 期。

杨成志译《民俗学问题格(五续)》刊于《民俗周刊》第 6 期。

莫辉熊《连阳猺民状况的概要》刊于《民俗周刊》第 6 期。

若水《潮州民间传说二则》刊于《民俗周刊》第 6 期。

董作宾《南阳歌谣》刊于《民俗周刊》第 6 期。

钟敬文《呆女婿故事探讨》刊于《民俗周刊》第 7 期。

杨成志译《民俗学问题格(六续)》刊于《民俗周刊》第 7 期。

丘峻《情歌唱答序言》刊于《民俗周刊》第 7 期。

谢恩覃《广西平南县的婚俗》刊于《民俗周刊》第 7 期。

赵简子《吉卜赛民间故事四则》刊于《民俗周刊》第 7 期。

张震宇《弟弟鸟的故事》刊于《民俗周刊》第 7 期。

赵景深《中国民间故事型式发端》刊于《民俗周刊》第 8 期。

杨成志译《民俗学问题格(七续)》刊于《民俗周刊》第 8 期。

程云祥《关于〈潮州的青龙爷〉》刊于《民俗周刊》第 8 期。

容肇祖《歌谣零拾》刊于《民俗周刊》第 8 期。

周赞刘《琼山县的死丧风俗》刊于《民俗周刊》第 8 期。

赵简子《吉卜赛民间故事四则(一续)》刊于《民俗周刊》第 8 期。

容肇祖《德庆龙母传说的演变》刊于《民俗周刊》第 9 期。

杨成志译《民俗学问题格(八续)》刊于《民俗周刊》第 9 期。

清水《关于命名的迷信》刊于《民俗周刊》第 9 期。

刘万章《除日拜社的风俗》刊于《民俗周刊》第 9 期。

俞绍基《杭州的清明节》刊于《民俗周刊》第 9 期。

钟敬文《读三公主》刊于《民俗周刊》第 9 期。

赵梦梅《潮州民歌(续)》刊于《民俗周刊》第 9 期。

崔载阳讲,刘万章记《初民风俗》刊于《民俗周刊》第 10 期。

容肇祖《德庆龙母传说的演变(续)》刊于《民俗周刊》第 10 期。

杨成志译《民俗学问题格(九续)》刊于《民俗周刊》第 10 期。

赵梦梅《真君输妻的故事》刊于《民俗周刊》第 10 期。

万章《一女配四男的故事》刊于《民俗周刊》第 10 期。

静闻《台湾俗歌》刊于《民俗周刊》第 10 期。

钟敬文《中国印欧民间故事之相似》刊于《民俗周刊》第 11—12 期合刊。

顾颉刚《苏州的歌谣》刊于《民俗周刊》第 11—12 期合刊。

崔载阳《初民心理(续)》刊于《民俗周刊》第 11—12 期合刊。

杨成志译《民俗学问题格(十续)》刊于《民俗周刊》第 11—12 期合刊。

黄诏年《民间神话》刊于《民俗周刊》第 11—12 期合刊。

赵简子《吉卜赛民间故事四则(二续)》刊于《民俗周刊》第 11—12 期合刊。

清水《翁源民间谜语廿五则》刊于《民俗周刊》第 11—12 期合刊。

林渺《山歌两首》刊于《民俗周刊》第 11—12 期合刊。

容肇祖《粤东笔记与南越笔记》刊于《民俗周刊》第 11—12 期合刊。

崔载阳《野人的生与死》刊于《民俗周刊》第 13—14 期合刊。

叶国庆《金蚕鬼的传说》刊于《民俗周刊》第 13—14 期合刊。

杨成志《民俗学上名词的解释》刊于《民俗周刊》第 13—14 期合刊。

程云祥《潮州求雨的风俗》刊于《民俗周刊》第 13—14 期合刊。

黄诏年《民间神话(续)》刊于《民俗周刊》第 13—14 期合刊。

愚民《山歌原始传说及其他》刊于《民俗周刊》第 13—14 期合刊。

刘万端《吕蒙正和程灏的故事》刊于《民俗周刊》第 13—14 期合刊。

清水《关于啖槟榔风俗之二》刊于《民俗周刊》第 13—14 期合刊。

容肇祖《北大歌谣研究会及风俗调查会的经过》刊于《民俗周刊》第 15—16 期合刊。

杨成志《民俗学上名词的解释(续)》刊于《民俗周刊》第 15—16 期合刊。

黄诏年《流乞的江湖》刊于《民俗周刊》第 15—16 期合刊。

谢云声《闽歌甲集自序》刊于《民俗周刊》第 15—16 期合刊。

李建青《东莞风俗的一斑》刊于《民俗周刊》第 15—16 期合刊。

张峥嵘《鱼的习俗》刊于《民俗周刊》第 15—16 期合刊。

董作宾《净土宗的歌谣化》刊于《民俗周刊》第 17—18 期合刊。

顾颉刚《广州儿歌甲集序》刊于《民俗周刊》第 17—18 期合刊。

容肇祖《北大歌谣研究会及风俗调查会的经过(续)》刊于《民俗周刊》第 17—18 期合刊。

杨国徽《马来人的生活》刊于《民俗周刊》第 17—18 期合刊。

清水《由歌谣中见出广东人啖槟榔的风俗》刊于《民俗周刊》第 17—18 期合刊。

崔载阳《图腾宗教》刊于《民俗周刊》第 19—20 期合刊。

何思敬《民俗学问题格序》刊于《民俗周刊》第 19—20 期合刊。

招勉之《关于粤讴及其作者的尾巴》刊于《民俗周刊》第 19—20 期合刊。

愚民《阿斯皮尔孙的三公主》刊于《民俗周刊》第 19—20 期合刊。

李丹云《花县民间故事》刊于《民俗周刊》第 19—20 期合刊。

黄诏年《淮安的歇后语》刊于《民俗周刊》第 19—20 期合刊。

顾均正《关于民间故事的分类》刊于《民俗周刊》第 19—20 期合刊。

钟敬文《波斯故事略窥》刊于《民俗周刊》第 21—22 期合刊。

赵景深《评"印欧民间故事型式表"》刊于《民俗周刊》第 21—22 期合刊。

顾颉刚《苏州风俗序》刊于《民俗周刊》第 21—22 期合刊。

清水《谈谈重叠的故事》刊于《民俗周刊》第 21—22 期合刊。

胡张政《漳州比赛龙舟的风俗及故事》刊于《民俗周刊》第 21—22 期合刊。

刘万章、梁孔滚《关于儿歌甲集讨论》刊于《民俗周刊》第 21—22 期合刊。

崔载阳《野人个体的原素与界限》刊于《民俗周刊》第 23—24 期合刊。

顾颉刚《序闽歌甲集》刊于《民俗周刊》第 23—24 期合刊。

顾颉刚《关于谜史》刊于《民俗周刊》第 23—24 期合刊。

愚民《翁源人的求雨和闹房》刊于《民俗周刊》第 23—24 期合刊。

黄诏年《一个名词及其他》刊于《民俗周刊》第 23—24 期合刊。

清水《再谈啖槟榔的风俗》刊于《民俗周刊》第 23—24 期合刊。

愚民《翁源猺民生活一瞥》刊于《民俗周刊》第 23—24 期合刊。

杨成志《槟榔传说》刊于《民俗周刊》第 23—24 期合刊。

若水《夏雨来的故事》刊于《民俗周刊》第 23—24 期合刊。

叶国庆《关于啖槟榔风俗及罗隐故事》刊于《民俗周刊》第 23—24 期合刊。

谢云声《辑歌杂记(八篇)》刊于《民俗周刊》第 25—26 期合刊。

李铭燊《王千三郎的传说》刊于《民俗周刊》第 25—26 期合刊。

司徒永《卢隐的故事》刊于《民俗周刊》第 25—26 期合刊。

司徒永《灶菩萨的故事》刊于《民俗周刊》第 25—26 期合刊。

陈颂棠《古云中的故事》刊于《民俗周刊》第 25—26 期合刊。

陈朱敬《许獬的故事》刊于《民俗周刊》第 25—26 期合刊。

韦承祖《广东灵西婚丧概述》刊于《民俗周刊》第 25—26 期合刊。

伦达瑜《中国语系文学诗辞语系的特色》刊于《民大学报》第 1 卷 1 期。

霍共若《所得税论》刊于《民大学报》第 1 卷 1 期。

李秦初《商业循环制度法》刊于《民大学报》第 1 卷 1 期。

陈嘉蔼《造化谈》刊于《民大学报》第 1 卷 1 期。

何学骥《法国人权宣言之研究》刊于《民大学报》第 1 卷 1 期。

朱勉躬《欧战后法意二大帝国主义的冲突》刊于《民大学报》第 1 卷 1 期。

编辑部《告阅者》刊于《教育研究》第 1 期。

按:《教育研究》是"广州第一中山大学教育学研究所及教育学系的教授与同学共同编辑的"一本教育学术刊物。"这个刊物既称教育研究,我们希望除附录外,篇篇文章含有研究的性质或是可供研究的材料。"

韦悫、许崇清《教育方针讨论》刊于《教育研究》第 1 期。

庄泽宣《教育之意义及范围》刊于《教育研究》第 1 期。

崔戴阳《法国小学教育研究》刊于《教育研究》第 1 期。

戴先启《小学国语教科书的分析(一)》刊于《教育研究》第 1 期。

庄泽宣《三十年来中国之新教育》刊于《教育研究》第 2 期。

庄泽宣、韦悫《教育方针讨论(二)》刊于《教育研究》第 2 期。

钟自新《广州小学生年龄性别调查》刊于《教育研究》第 2 期。

庄泽宣《如何使新教育中国化》刊于《教育研究》第 2 期。

梁伟琮《广州平民读物研究(一)》刊于《教育研究》第 2 期。

舒新城《中国教育建设方针》刊于《教育杂志》第 20 卷第 5 期。

傅苔年《释行为主义》刊于《教育杂志》第 20 卷第 5 期。

高觉敷《心理学的主观与客观》刊于《教育杂志》第 20 卷第 5 期。

杜佐周《现代小学教育的趋势》刊于《教育杂志》第 20 卷第 5 期。

汤鸿耆《小学算学心理之研究(续)》刊于《教育杂志》第 20 卷第 5 期。

赵演《精神健康的基础及一般的原则》刊于《教育杂志》第 20 卷第 5 期。

李宏君《朝鲜教育的现状》刊于《教育杂志》第 20 卷第 5 期。

邬翰芳《菲岛教育拾零》刊于《教育杂志》第 20 卷第 5 期。

艾伟《汉字之心理研究(续)》刊于《教育杂志》第 20 卷第 5 期。

常乃惪《文化进步与教育宗旨》刊于《教育杂志》第 20 卷第 5 期。

曾在幹《影片的教育利用》刊于《教育杂志》第 20 卷第 5 期。

舒新城《芬得雷的教育原理第一册》刊于《教育杂志》第 20 卷第 5 期。

沈佩弦《大学区制衡议(论评)》刊于《教育杂志》第 20 卷第 11 期。

董修甲《市教育行政制度之比较及其重要问题》刊于《教育杂志》第 20 卷第 11 期。

孙伯才《"做学教合一"之理论与实际》刊于《教育杂志》第 20 卷第 11 期。

丰子恺《艺术教育心理学的论究》刊于《教育杂志》第 20 卷第 11 期。

沈百英《小学低年级读文游戏法》刊于《教育杂志》第 20 卷第 11 期。

须小山《小学高年级史地教学之管见及其实例》刊于《教育杂志》第 20 卷第 11 期。

张铭鼎《近今幼稚教育之概况》刊于《教育杂志》第 20 卷第 11 期。

杨人楩《苏俄教育之理论与实际》刊于《教育杂志》第 20 卷第 11 期。

于化龙《苏俄教育一瞥》刊于《教育杂志》第 20 卷第 11 期。

杜佐周《一个应用智力测验的实例》刊于《教育杂志》第 20 卷第 11 期。

朱然藜《丹麦的农村建设与丹麦的农村教育》刊于《教育杂志》第 20 卷第 11 期。

周谷城《教育新论》刊于《教育杂志》第 20 卷第 1 期。

姜琦《中学校分科问题的商榷》刊于《教育杂志》第 20 卷第 1 期。

胡家健《乡村学校的社会中心运动》刊于《教育杂志》第 20 卷第 1 期。

杜佐周《与小学校教师谈教育测验的用度》刊于《教育杂志》第 20 卷第 1 期。

丰子恺《儿童的音乐教育与艺术的陶冶》刊于《教育杂志》第 20 卷第 1 期。

张铭鼎《威尔士之世界教育论》刊于《教育杂志》第 20 卷第 1 期。

李洪康《日本教育之最近概况》刊于《教育杂志》第 20 卷第 1 期。

葛承训《太仓全县测验报告》刊于《教育杂志》第 20 卷第 1 期。

于化龙《新闻纸在中学历史科中之地位》刊于《教育杂志》第 20 卷第 1 期。

李华民《改革考试制度之我见》刊于《教育杂志》第 20 卷第 1 期。

丰子恺《废止艺术科》刊于《教育杂志》第 20 卷第 2 期。

杨人楩《艺术化的教育论》刊于《教育杂志》第 20 卷第 2 期。

丰子恺《图画教育的方法》刊于《教育杂志》第 20 卷第 2 期。

徐蕴晖《小学训育制度的研究》刊于《教育杂志》第 20 卷第 2 期。

沈百英《小学教材的研究》刊于《教育杂志》第 20 卷第 2 期。

赵演《精神卫生》刊于《教育杂志》第 20 卷第 2 期。

洪康《日本学校教育之演化》刊于《教育杂志》第 20 卷第 2 期。

黎养源《德国柏林大学之概况》刊于《教育杂志》第 20 卷第 2 期。

徐锡龄《学生组织之一个实例研究》刊于《教育杂志》第 20 卷第 2 期。

俞子夷《一笔教育上的旧帐》刊于《教育杂志》第 20 卷第 2 期。

曾在幹《略论公民教育》刊于《教育杂志》第 20 卷第 2 期。

朱经农《悼高仁山先生》刊于《教育杂志》第 20 卷第 2 期。

吴研因《回忆十八年前的小朋友高仁山》刊于《教育杂志》第 20 卷第 2 期。

刘湛恩《世界各国职业指导的近况》刊于《教育杂志》第 20 卷第 3 期。

刘湛恩、潘文安《中国职业指导的近况》刊于《教育杂志》第 20 卷第 3 期。

蒋石洲、吴增芥《职业指导之理论与实施》刊于《教育杂志》第 20 卷第 3 期。

叶公朴《职业指导的意义》刊于《教育杂志》第 20 卷第 3 期。

沈亦珍《职业指导与大学教育》刊于《教育杂志》第 20 卷第 3 期。

廖世承《职业指导与中学校》刊于《教育杂志》第 20 卷第 3 期。

姜琦《职业指导与中学校分科问题》刊于《教育杂志》第 20 卷第 3 期。

朱经农《职业指导与中学课程》刊于《教育杂志》第 20 卷第 3 期。

胡叔异《职业指导与小学教育》刊于《教育杂志》第 20 卷第 3 期。

杨鄂联《职业指导在小学校的地位》刊于《教育杂志》第 20 卷第 3 期。

潘吟阁《职业指导与乡村教育》刊于《教育杂志》第 20 卷第 3 期。

赵廷为《教育指导与职业指导》刊于《教育杂志》第 20 卷第 3 期。

顾树森《职业指导与职业心理测验》刊于《教育杂志》第 20 卷第 3 期。

刘湛恩《职业指导与职业分析》刊于《教育杂志》第 20 卷第 3 期。

潘鸣凤、潘文安《职业指导与职业训练》刊于《教育杂志》第 20 卷第 3 期。

杜佐周《职业指导所用的测验》刊于《教育杂志》第 20 卷第 3 期。

刘湛恩、潘文安《上海南京两职业指导所之现况》刊于《教育杂志》第 20 卷第 3 期。

胡叔异《克伯屈博士之职业教育讨论》刊于《教育杂志》第 20 卷第 3 期。

李灿辉《美国中等教育之趋势》刊于《教育杂志》第 20 卷第 3 期。

洪康《日本最近的教育统计一斑》刊于《教育杂志》第 20 卷第 3 期。

俞子夷《小学与小学教员——解决普及教育的一个草案》刊于《教育杂志》第 20 卷第 3 期。

邬翰芳《菲律宾的华侨教育》刊于《教育杂志》第 20 卷第 3 期。

傅苕年《赫德主编之心理学撰著提要》刊于《教育杂志》第 20 卷第 3 期。

王书林《智力遗传问题之研究与其发展》刊于《教育杂志》第 20 卷第 4 期。

周谷城《教育与估有欲》刊于《教育杂志》第 20 卷第 4 期。

胡家健《乡村学校教师问题》刊于《教育杂志》第 20 卷第 4 期。

汤鸿鼒《小学算学心理之研究》刊于《教育杂志》第 20 卷第 4 期。

沈百英《小学教材的研究（续）》刊于《教育杂志》第 20 卷第 4 期。

史美煊《天才之初期的心理特性》刊于《教育杂志》第 20 卷第 4 期。

邬振甫《德国中等教育之近况》刊于《教育杂志》第 20 卷第 4 期。

周谷城《苏俄最近之工艺教育》刊于《教育杂志》第 20 卷第 4 期。

郑绍康《论日本各政党的总选中所提的教育政策》刊于《教育杂志》第 20 卷第 4 期。

罗廷光《今后中学训育的新路》刊于《教育杂志》第 20 卷第 4 期。

艾伟《汉字之心理研究》刊于《教育杂志》第 20 卷第 4 期。

舒新城《免费问题》刊于《教育杂志》第 20 卷第 6 期。

杜佐周《实施民众补习教育的几个根本问题》刊于《教育杂志》第 20 卷第 6 期。

张铭鼎《社会主义与教育》刊于《教育杂志》第 20 卷第 6 期。

丰子恺《艺术教育论》刊于《教育杂志》第 20 卷第 6 期。

赵廷为《小学校里的训育标语》刊于《教育杂志》第 20 卷第 6 期。

杨伟文《小学教师之薪水问题》刊于《教育杂志》第 20 卷第 6 期。

杜定友《儿童参考书研究》刊于《教育杂志》第 20 卷第 6 期。

董任坚《法美大学比较观》刊于《教育杂志》第 20 卷第 6 期。

罗篁《法国小学教育行政的组织》刊于《教育杂志》第 20 卷第 6 期。

王祖廉《大夏中学训育计划》刊于《教育杂志》第 20 卷第 6 期。

康德一《儿童的活动性》刊于《教育杂志》第 20 卷第 6 期。

叶公朴《论儿童图书馆与儿童文学书》刊于《教育杂志》第 20 卷第 6 期。

赵轶尘《愚笨儿童教学法》刊于《教育杂志》第 20 卷第 6 期。

张雪门《儿童观之幼稚教育（续）》刊于《新教育评论》第 4 卷第 22 期。

赵演译《成人教育哲学（续）》刊于《新教育评论》第 4 卷第 22 期。

海秋译《近今美国幼稚生试验习惯表之组织及其经过》刊于《新教育评论》第 4 卷第 22 期。

亚文《湖南教育之新生与本刊之使命》刊于《湖南教育》第 1 期。

龚云村《创巨痛深以后之湖南教育》刊于《湖南教育》第 1 期。

杨国础《关于湖南教育几个问题》刊于《湖南教育》第 1 期。

吴剑《女学校训育问题研究》刊于《湖南教育》第 1 期。

周调阳《中学课程中之英语问题》刊于《湖南教育》第 1 期。

余先砺《谈士兵教育》刊于《湖南教育》第 1 期。

李旦蕿《小学教育实际问题之商榷》刊于《湖南教育》第 2 期。

龚云村《创巨痛深以后之湖南教育(续)》刊于《湖南教育》第 2 期。

吴剑《女学校训育问题研究(续)》刊于《湖南教育》第 2 期。

刘逸民《音乐在课程中所处的地位》刊于《湖南教育》第 2 期。

李岳立《训政时期的教育》刊于《湖南教育》第 2 期。

罗湘遒《改进旅鄂湖南学校意见书》刊于《湖南教育》第 2 期。

刘钥《学历宜采用季历案》刊于《湖南教育》第 2 期。

《统一教育学术机关》刊于《安徽教育行政周刊》第 1 卷第 11 期。

按:蔡院长提议统一中央教育学术机关文案云:国民革命势力既统一全国,一切建设事业,皆当积极进行,教育学术,为立国之本,尤有统一整理之必要。查从前北京政府之下,中央教育学术机关,往往分隶各部院机关。如清华学校及俄文专修学校,属于外交部,地质调查所,属于农商部,观象台属于国务院,社会调查所,属于中美教育文化基金委员会之类;政策既不一贯,性质更漠不相关,于发展教育学术前途,障碍实多。现在国民政府既设有中华民国大学院,为全国教育学术机关,从前在北京政府时代,分隶各部院之中央教育学术机关,自应一律改归大学院主管。其各部院对于专门人才之需要,各团体对于设立机关之条件,均当由大学院继续负责办理云云,现经议决准照办,咨国民政府明令公布。

蜀《英国退还庚款的问题》刊于《留英学报》第 2 期。

朱光潜《现代英国心理学者之政治思想》刊于《留英学报》第 2 期。

郑振铎《论北剧的楔子》刊于《留英学报》第 2 期。

刘乃诚《地方政府之研究(续)》刊于《留英学报》第 2 期。

骆美轮《留学生应有的决心》刊于《留英学报》第 2 期。

何隐《出洋学生之感想》刊于《留英学报》第 2 期。

薛鋠曾《英国学校寄宿的生活》刊于《留英学报》第 2 期。

薛鋠曾《埃及游记》刊于《留英学报》第 2 期。

傅尚霖《建于社会学基础上之和平观》刊于《留英学报》第 2 期。

朱皆平《论科学救国》刊于《留英学报》第 2 期。

沈美镇《唠仔民族的妇女》刊于《妇女杂志》第 14 卷第 1 号。

庸夫《马来半岛的妇女》刊于《妇女杂志》第 14 卷第 1 号。

沈美镇《唠奴的妇女》刊于《妇女杂志》第 14 卷第 1 号。

国荣《猺族妇女杂谈》刊于《妇女杂志》第 14 卷第 1 号。

王小逸《广东崖县苗人的风俗》刊于《妇女杂志》第 14 卷第 1 号。

孙晓楼《意大利撒丁岛的妇女状况》刊于《妇女杂志》第 14 卷第 1 号。

淑芳《阿剌伯妇女的生活》刊于《妇女杂志》第 14 卷第 1 号。

胡川如《苏俄妇女的地位》刊于《妇女杂志》第14卷第1号。

李芸芳《现代日本妇女的生活》刊于《妇女杂志》第14卷第1号。

调梅《日本的女工生活》刊于《妇女杂志》第14卷第1号。

许君可《直隶定兴县妇女的现状》刊于《妇女杂志》第14卷第1号。

王伯言《济南妇女的生活现状》刊于《妇女杂志》第14卷第1号。

玖《我的眼光中之烟台妇女》刊于《妇女杂志》第14卷第1号。

凛霜《荷泽的妇女》刊于《妇女杂志》第14卷第1号。

何伦《大同妇女生活谈》刊于《妇女杂志》第14卷第1号。

王诗超《安阳妇女的生活现状》刊于《妇女杂志》第14卷第1号。

荷生《怀远的妇女》刊于《妇女杂志》第14卷第1号。

汪本渊《徽州的妇女》刊于《妇女杂志》第14卷第1号。

朱文辉《南昌妇女的现状》刊于《妇女杂志》第14卷第1号。

黄俊琬《黔阳妇女的生活状况》刊于《妇女杂志》第14卷第1号。

崔崇仁《云南缅宁的妇女状况》刊于《妇女杂志》第14卷第1号。

仲融《新会的妇女生活》刊于《妇女杂志》第14卷第1号。

阿侬《韶关南雄赣州的妇女情况》刊于《妇女杂志》第14卷第1号。

林筱青《梅县的妇女生活(一)》刊于《妇女杂志》第14卷第1号。

廖英华《梅县的妇女生活(二)》刊于《妇女杂志》第14卷第1号。

池蕙卿《梅县的妇女生活(三)》刊于《妇女杂志》第14卷第1号。

李爱贞《松口妇女的状况》刊于《妇女杂志》第14卷第1号。

汉秋《略谈厦门的妇女》刊于《妇女杂志》第14卷第1号。

怵幻《绍兴妇女杂谈(一)》刊于《妇女杂志》第14卷第1号。

张履庄《绍兴妇女杂谈(二)》刊于《妇女杂志》第14卷第1号。

岩泉《上虞余姚妇女的生活状况》刊于《妇女杂志》第14卷第1号。

吉云《苏州的妇女生活》刊于《妇女杂志》第14卷第1号。

徐独天《无锡妇女的劳工生活》刊于《妇女杂志》第14卷第1号。

董伯昂《扬州妇女的生活》刊于《妇女杂志》第14卷第1号。

顾学范《奉天的妇女》刊于《妇女杂志》第14卷第1号。

张效愚《黑龙江的妇女生活状况》刊于《妇女杂志》第14卷第1号。

刘汉《察哈尔农村妇女状况及救济的方法》刊于《妇女杂志》第14卷第1号。

素芬《艺术的创造》刊于《妇女杂志》第14卷第1号。

吴稷云《恋爱的要素》刊于《妇女杂志》第14卷第1号。

许君可《美满的家庭》刊于《妇女杂志》第14卷第1号。

尚木《妇女健康生活的改进》刊于《妇女杂志》第14卷第1号。

尚木《妇女职业生活的改进》刊于《妇女杂志》第14卷第1号。

漱灵、尚木《妇女政治生活的改进》刊于《妇女杂志》第14卷第1号。

默馨《生活不安与社会组织》刊于《妇女杂志》第14卷第1号。

友莲《我们对于生活的态度其一》刊于《妇女杂志》第14卷第1号。

亚萍《我们对于生活的态度其二》刊于《妇女杂志》第14卷第1号。

星侣《我们对于生活的态度其三》刊于《妇女杂志》第 14 卷第 1 号。

漱霞《我们对于生活的态度其四》刊于《妇女杂志》第 14 卷第 1 号。

湛珉《我们对于生活的态度其五》刊于《妇女杂志》第 14 卷第 1 号。

徽知《复杂社会与简要生活》刊于《妇女杂志》第 14 卷第 1 号。

徽知《生活上的信仰与迷信》刊于《妇女杂志》第 14 卷第 1 号。

周维善《生活与艺术》刊于《妇女杂志》第 14 卷第 1 号。

佚名《由日内瓦国际妇女和平自由同盟会来华代表所携来各国妇女团体的使命》刊于《妇女杂志》第 14 卷第 1 号。

廖国芳《领袖人才》刊于《妇女杂志》第 14 卷第 1 号。

陈增善《得人信仰的教师》刊于《妇女杂志》第 14 卷第 1 号。

黄任昌《兴趣普遍的学生》刊于《妇女杂志》第 14 卷第 1 号。

惜蕉《奔走社会的学者》刊于《妇女杂志》第 14 卷第 1 号。

徽知《二个怪异的主义》刊于《妇女杂志》第 14 卷第 1 号。

孙伯才《青年女子生活上的反动》刊于《妇女杂志》第 14 卷第 1 号。

E. R. Brand 原著,徐厦才译《青年女子生活上的转机》刊于《妇女杂志》第 14 卷第 1 号。

黄中《娼妓生活的穷途》刊于《妇女杂志》第 14 卷第 1 号。

程瀚章《医事卫生顾问》刊于《妇女杂志》第 14 卷第 1 号。

杜就田《摄影术顾问》刊于《妇女杂志》第 14 卷第 1 号。

史美煊《两性生活的优劣》刊于《妇女杂志》第 14 卷第 2 号。

素芬《性欲与人生》刊于《妇女杂志》第 14 卷第 2 号。

乃禾《互助与合作》刊于《妇女杂志》第 14 卷第 2 号。

李宋文《人以貌相》刊于《妇女杂志》第 14 卷第 2 号。

王建勋《教室中的辩论》刊于《妇女杂志》第 14 卷第 2 号。

红冰《媚笑的代价》刊于《妇女杂志》第 14 卷第 2 号。

程瀚章《医事卫生顾问》刊于《妇女杂志》第 14 卷第 2 号。

杜就田《摄影术顾问》刊于《妇女杂志》第 14 卷第 2 号。

舒新城《近代中国女子教育思想变迁史》刊于《妇女杂志》第 14 卷第 3 号。

陈廷璋《妇女劳动法之制定》刊于《妇女杂志》第 14 卷第 3 号。

王超然《妾的问题》刊于《妇女杂志》第 14 卷第 3 号。

遂初《日本人眼光中的美国女子》刊于《妇女杂志》第 14 卷第 3 号。

陈增善《意志的胜利者》刊于《妇女杂志》第 14 卷第 3 号。

李寓一《衣装"美"的判断》刊于《妇女杂志》第 14 卷第 3 号。

徽知《母教顾问的片言》刊于《妇女杂志》第 14 卷第 3 号。

王建勋《妇女与园艺》刊于《妇女杂志》第 14 卷第 3 号。

程瀚章《医事卫生顾问》刊于《妇女杂志》第 14 卷第 3 号。

杜就田《摄影术顾问》刊于《妇女杂志》第 14 卷第 3 号。

毛礼锐《新女子的真精神》刊于《妇女杂志》第 14 卷第 4 号。

杜定友《图书馆与女子职业》刊于《妇女杂志》第 14 卷第 4 号。

钱剑秋《法律上男女平等之原则》刊于《妇女杂志》第 14 卷第 4 号。

赵雪芳《还是读书求实学的好》刊于《妇女杂志》第 14 卷第 4 号。

海宽《妇女的职业和妇女的堕落》刊于《妇女杂志》第 14 卷第 4 号。

A Modern Girl 原著《刑法草案之修正点》刊于《妇女杂志》第 14 卷第 4 号。

程瀚章《医事卫生顾问》刊于《妇女杂志》第 14 卷第 4 号。

高君韦译《盲聋女子克勒氏自传》刊于《妇女杂志》第 14 卷第 4 号。

［美］Thomas D. Ellot 原著,徐尚木译《家庭生活中的社会问题》刊于《妇女杂志》第 14 卷第 5 号。

陈东原《经济压迫下的女性》刊于《妇女杂志》第 14 卷第 5 号。

Malkus 原著,徐厦才译《女子的大学教育问题》刊于《妇女杂志》第 14 卷第 5 号。

林绍昌《劳工界的慈母》刊于《妇女杂志》第 14 卷第 5 号。

储祎《女诗人鱼玄机》刊于《妇女杂志》第 14 卷第 5 号。

储祎《到美国后的感想》刊于《妇女杂志》第 14 卷第 5 号。

晓未《故乡的端阳节》刊于《妇女杂志》第 14 卷第 5 号。

徐鹤林《亚珊的言论自由》刊于《妇女杂志》第 14 卷第 5 号。

程瀚章《医事卫生顾问》刊于《妇女杂志》第 14 卷第 5 号。

杜就田《摄影术顾问》刊于《妇女杂志》第 14 卷第 5 号。

寄陶《无产阶级儿童的呼吁》刊于《妇女杂志》第 14 卷第 6 号。

德恩《今后我国妇女应用的觉悟》刊于《妇女杂志》第 14 卷第 6 号。

［美］Leta S. Hollings Worth 原著,徐厦才译《新妇女进化的过程》刊于《妇女杂志》第 14 卷第 6 号。

高桥平《法国的妇女运动》刊于《妇女杂志》第 14 卷第 6 号。

陈东原《性的牺牲与解放》刊于《妇女杂志》第 14 卷第 6 号。

唐紫庭《精神与物质的比较》刊于《妇女杂志》第 14 卷第 6 号。

瑞青《可以傲王侯》刊于《妇女杂志》第 14 卷第 6 号。

裴毅公《皖北霍邱妇女生活的大概》刊于《妇女杂志》第 14 卷第 6 号。

筠隐《徐州妇女的一瞥》刊于《妇女杂志》第 14 卷第 6 号。

杜文通《对于女教员的感想》刊于《妇女杂志》第 14 卷第 6 号。

授衣《俞理初对于妇女的几个概念》刊于《妇女杂志》第 14 卷第 6 号。

瑞青《家庭经济上的小补助》刊于《妇女杂志》第 14 卷第 6 号。

任梦霞《阅读旧书的危险》刊于《妇女杂志》第 14 卷第 6 号。

唐紫庭《古画与古瓶》刊于《妇女杂志》第 14 卷第 6 号。

程瀚章《医事卫生顾问》刊于《妇女杂志》第 14 卷第 6 号。

杜就田《摄影术顾问》刊于《妇女杂志》第 14 卷第 6 号。

李珲石《广西苗族的嫁娶及风俗》刊于《妇女杂志》第 14 卷第 7 号。

杨光钺《永绥苗族的婚谈》刊于《妇女杂志》第 14 卷第 7 号。

何健民《台湾番族的婚姻》刊于《妇女杂志》第 14 卷第 7 号。

周曙山《日本婚姻上的迷信——"丙午马"》刊于《妇女杂志》第 14 卷第 7 号。

珲石《柳庆嫁娶情形的怪异》刊于《妇女杂志》第 14 卷第 7 号。

雪琴《潜山的婚俗谈》刊于《妇女杂志》第 14 卷第 7 号。

王伯言《记济南的婚嫁情形》刊于《妇女杂志》第 14 卷第 7 号。

廖国芳《高安旧式婚礼谈》刊于《妇女杂志》第 14 卷第 7 号。

倪象乾《无为的婚嫁情形》刊于《妇女杂志》第 14 卷第 7 号。

王浓清《兰溪的婚嫁》刊于《妇女杂志》第 14 卷第 7 号。

许伴山《当涂的婚制》刊于《妇女杂志》第 14 卷第 7 号。

刘中谦《华县旧式的婚礼谈》刊于《妇女杂志》第 14 卷第 7 号。

涂三福《柳城的婚俗》刊于《妇女杂志》第 14 卷第 7 号。

钟康阜《新会的婚俗》刊于《妇女杂志》第 14 卷第 7 号。

秉彝《如皋的婚俗》刊于《妇女杂志》第 14 卷第 7 号。

郑廷栋《衢县的婚俗》刊于《妇女杂志》第 14 卷第 7 号。

张运池《徽州婚嫁的趣谈》刊于《妇女杂志》第 14 卷第 7 号。

褚德康《昆明旧式婚礼琐谈的补遗》刊于《妇女杂志》第 14 卷第 7 号。

王穆清《宝山正月里的新妇》刊于《妇女杂志》第 14 卷第 7 号。

闲谷《龙岩的婚嫁谈》刊于《妇女杂志》第 14 卷第 7 号。

罗寿山《合江妇人再嫁漫谈》刊于《妇女杂志》第 14 卷第 7 号。

屏山《石屏婚嫁的情形》刊于《妇女杂志》第 14 卷第 7 号。

周镜清《平湖的旧式婚礼》刊于《妇女杂志》第 14 卷第 7 号。

因心《宁波的婚嫁情形》刊于《妇女杂志》第 14 卷第 7 号。

天任《绍兴的旧式结婚》刊于《妇女杂志》第 14 卷第 7 号。

哲盦《绍兴嫁娶杂缀》刊于《妇女杂志》第 14 卷第 7 号。

王焕珍《萧山的婚事琐记》刊于《妇女杂志》第 14 卷第 7 号。

毕霞《武义的旧式婚礼》刊于《妇女杂志》第 14 卷第 7 号。

雪蕉《月老和冰人的由来》刊于《妇女杂志》第 14 卷第 7 号。

不平人《婚姻是人和社会的问题应有先决的主义》刊于《妇女杂志》第 14 卷第 7 号。

般生《改革婚姻的近代学说》刊于《妇女杂志》第 14 卷第 7 号。

CY《婚姻问题概论》刊于《妇女杂志》第 14 卷第 7 号。

卢绍稷《女学生的婚姻问题》刊于《妇女杂志》第 14 卷第 7 号。

八二《从哲理上论我国离婚律的改良》刊于《妇女杂志》第 14 卷第 7 号。

王宪煦《婚姻的研究》刊于《妇女杂志》第 14 卷第 7 号。

戴行辂《生存与婚姻问题》刊于《妇女杂志》第 14 卷第 7 号。

刘仪宾《婚姻的过去与将来》刊于《妇女杂志》第 14 卷第 7 号。

赵颜如《我的恋爱观》刊于《妇女杂志》第 14 卷第 7 号。

戚维翰《婚姻问题的我见》刊于《妇女杂志》第 14 卷第 7 号。

丘式儒《我的自由结婚观》刊于《妇女杂志》第 14 卷第 7 号。

徽知《婚姻上的自由及限制》刊于《妇女杂志》第 14 卷第 7 号。

梁洪钧、周振光译《罗素的婚姻观》刊于《妇女杂志》第 14 卷第 7 号。

Hutton 原著，粹存译《结婚前应注意的几点》刊于《妇女杂志》第 14 卷第 7 号。

述之《讲述结婚的起源》刊于《妇女杂志》第 14 卷第 7 号。

廖国芳《从彩词中看出的婚姻观念》刊于《妇女杂志》第 14 卷第 7 号。

廖国芳《不正当的婚姻种种》刊于《妇女杂志》第 14 卷第 7 号。

王超然《怎样可得佳偶的刍议》刊于《妇女杂志》第 14 卷第 7 号。

丁堃生《我的婚姻主张》刊于《妇女杂志》第 14 卷第 7 号。

示韦《美国婚姻法述要》刊于《妇女杂志》第 14 卷第 7 号。

鸣九《日本女学卒业生的结婚调查》刊于《妇女杂志》第 14 卷第 7 号。

彭竹君《日本尚存原始时代的婚制》刊于《妇女杂志》第 14 卷第 7 号。

蒋文鹤《日本国民生死结婚的状况》刊于《妇女杂志》第 14 卷第 7 号。

程瀚章《医事卫生顾问》刊于《妇女杂志》第 14 卷第 7 号。

曹用先《妇女读书运动的捷径》刊于《妇女杂志》第 14 卷第 7 号。

陈罕敏《离婚与家庭及道德问题》刊于《妇女杂志》第 14 卷第 8 号。

李挺《结婚年龄与妊娠调节》刊于《妇女杂志》第 14 卷第 8 号。

雪蕉《浪漫式的婚姻》刊于《妇女杂志》第 14 卷第 8 号。

郭心玄《婚姻的选择和改进》刊于《妇女杂志》第 14 卷第 8 号。

陈伯吹《婚姻问题的六个断片》刊于《妇女杂志》第 14 卷第 8 号。

钟焕邺《离婚问题》刊于《妇女杂志》第 14 卷第 8 号。

沈沛恩《贞操问题》刊于《妇女杂志》第 14 卷第 8 号。

志坚《失恋自杀之预防》刊于《妇女杂志》第 14 卷第 8 号。

Strindberg 原著，晶清译《爱情与面包》刊于《妇女杂志》第 14 卷第 8 号。

徐学文《婚事上的苦闷》刊于《妇女杂志》第 14 卷第 8 号。

玉英《恋爱的坟墓》刊于《妇女杂志》第 14 卷第 8 号。

程瀚章《医事卫生顾问》刊于《妇女杂志》第 14 卷第 8 号。

杜就田《摄影术顾问》刊于《妇女杂志》第 14 卷第 8 号。

陈光鼎《妇女运动与妇女今后所当注意的》的刊于《妇女杂志》第 14 卷第 9 号。

陆德音《女权的运动》刊于《妇女杂志》第 14 卷第 9 号。

楣《泛太平洋妇女大会与中国妇女》刊于《妇女杂志》第 14 卷第 9 号。

黄月娇《女子自身的革命》刊于《妇女杂志》第 14 卷第 9 号。

蒋星德《溧阳妇女的生活》刊于《妇女杂志》第 14 卷第 9 号。

珍三《关于妇女生殖部分的卫生常识》刊于《妇女杂志》第 14 卷第 9 号。

廖国芳《精神的安慰》刊于《妇女杂志》第 14 卷第 9 号。

程瀚章《医事卫生顾问》刊于《妇女杂志》第 14 卷第 9 号。

朱锦江《妇女与文化》刊于《妇女杂志》第 14 卷第 10 号。

淡园《母教的势力》刊于《妇女杂志》第 14 卷第 10 号。

益坚《社会化的家庭》刊于《妇女杂志》第 14 卷第 10 号。

钟挺秀《家庭的研究》刊于《妇女杂志》第 14 卷第 10 号。

超然《崑山的妇女》刊于《妇女杂志》第 14 卷第 10 号。

梁敦诗《苗猺妇女的概况》刊于《妇女杂志》第 14 卷第 10 号。

明养译《苏联的女公民》刊于《妇女杂志》第 14 卷第 10 号。

镜元《日本女工状况的一斑》刊于《妇女杂志》第 14 卷第 10 号。

王穆清《家中教儿识字的研究》刊于《妇女杂志》第 14 卷第 10 号。

李寓一《蓝色化装饰之美的评论》刊于《妇女杂志》第 14 卷第 10 号。

徐亚生《女子的民众教育问题》刊于《妇女杂志》第 14 卷第 11 号。

周大年《离婚的条件》刊于《妇女杂志》第 14 卷第 11 号。

徽知《路上的教育》刊于《妇女杂志》第 14 卷第 11 号。

记者《上诉的类别》刊于《妇女杂志》第 14 卷第 11 号。

王炳华《劳动与健康的关系 一》刊于《妇女杂志》第 14 卷第 11 号。

孙菱方《劳动与健康的关系 二》刊于《妇女杂志》第 14 卷第 11 号。

Fr. Chr. Reller 原著，唐哲译《妇女的职工与妇女的健康》刊于《妇女杂志》第 14 卷第 11 号。

洪竞芳《革新后的南昌妇女》刊于《妇女杂志》第 14 卷第 11 号。

慕容《桂平妇女的生活》刊于《妇女杂志》第 14 卷第 11 号。

蝶仙《保定附近的妇女生活》刊于《妇女杂志》第 14 卷第 11 号。

记者《堕胎的罪与应受的刑》刊于《妇女杂志》第 14 卷第 11 号。

许君可《北平小学校中的女教师》刊于《妇女杂志》第 14 卷第 11 号。

储韦《我国妇女的优点及劣点 一》刊于《妇女杂志》第 14 卷第 11 号。

李杰《我国妇女的优点及劣点 二》刊于《妇女杂志》第 14 卷第 11 号。

廖国芳《我国妇女的优点及劣点 三》刊于《妇女杂志》第 14 卷第 11 号。

李笠、吴汝滨《文学与女子》刊于《妇女杂志》第 14 卷第 11 号。

[美]Mrs. H. W. Calvin 原著，重华译《女子太没有工作做了》刊于《妇女杂志》第 14 卷第 11 号。

记者《权利的本钱》刊于《妇女杂志》第 14 卷第 11 号。

东岑《论家庭教育的改革》刊于《妇女杂志》第 14 卷第 12 号。

徐亚生《新女子的责任》刊于《妇女杂志》第 14 卷第 12 号。

徽知《利用儿童的投票法》刊于《妇女杂志》第 14 卷第 12 号。

镜元《英国妇女运动的经过与胜利》刊于《妇女杂志》第 14 卷第 12 号。

[美]Prescott Lecky 原著，曹仪孔译《妇女的智力是否和男子一样?》刊于《妇女杂志》第 14 卷第 12 号。

雪健《海丰妇女的生活及其运动》刊于《妇女杂志》第 14 卷第 12 号。

欲樵《湘乡的妇女》刊于《妇女杂志》第 14 卷第 12 号。

徐厦才译《一个美国少年的自述》刊于《妇女杂志》第 14 卷第 12 号。

汪本渊《戏剧的价值》刊于《妇女杂志》第 14 卷第 12 号。

郝伟光《总动员令准备之意见》刊于《军事杂志》第 1 期。

段骏玺《追述军城独立案之起源》刊于《军事杂志》第 1 期。

郝伟光《谈谈多兵》刊于《军事杂志》第 1 期。

端木彰《唐克国(战车)之战术》刊于《军事杂志》第 1 期。

熊之洞《步兵射击飞机之研究》刊于《军事杂志》第 1 期。

胡百炼《将来战斗之新兵器》刊于《军事杂志》第 1 期。

老军《炮兵射击方式之名称及其要领》刊于《军事杂志》第 1 期。

魏益三《野山炮超过友军射击公式之研究》刊于《军事杂志》第 1 期。

曹宝清《我国急宜设航空军》刊于《军事杂志》第 1 期。

长元祜《国民革命军北伐之经过概要》刊于《军事杂志》第 1 期。

黄昌度《苏俄红军中俱部的工作》刊于《军事杂志》第 1 期。

郑毅诒《济南会战前作战初期兵站之概况》刊于《军事杂志》第 1 期。

郝子华《此次北伐第一集团军负伤将士概数》刊于《军事杂志》第 1 期。

周宇友《留日陆军士官学生义愤回国》刊于《军事杂志》第 1 期。

范苑声《最近东三省问题之研究》刊于《北新》第 2 卷第 5 号。

洵美《关于"花一般的罪恶"的批评》刊于《狮吼半月刊》复活号第 1 期。

傅彦长《必读书》刊于《狮吼半月刊》复活号第 3 期。

水淇《北平通信》刊于《狮吼半月刊》复活号第 3 期。

洵美《纯粹的诗》刊于《狮吼半月刊》复活号第 4 期。

雪林女士著《介绍批评与讨论》刊于《狮吼半月刊》复活号第 4 期。

郁达夫著《介绍批评与讨论》刊于《狮吼半月刊》复活号第 5 期。

章克标《恋爱两极(上)》刊于《狮吼半月刊》复活号第 6 期。

伍光建译《介绍批评与讨论》刊于《狮吼半月刊》复活号第 6 期。

浩文译《Savoy 杂志的编辑者言》刊于《狮吼半月刊》复活号第 7 期。

章克标《恋爱两极(下)》刊于《狮吼半月刊》复活号第 7 期。

梁宝秋译《介绍批评与讨论》刊于《狮吼半月刊》复活号第 7 期。

徐蔚南《介绍批评与讨论》刊于《狮吼半月刊》复活号第 8 期。

滕固《甜味之梦里的逐客》刊于《狮吼半月刊》复活号第 9 期。

朱维基、芳信合译《介绍批评与讨论》刊于《狮吼半月刊》复活号第 9 期。

张水淇译《恶魔的宗教》刊于《狮吼半月刊》复活号第 10 期。

叶秋原《最后的会见》刊于《狮吼半月刊》复活号第 10 期。

徐蔚南《介绍批评与讨论》刊于《狮吼半月刊》复活号第 10 期。

张水淇译《恶魔的宗教》刊于《狮吼半月刊》复活号第 11 期。

章克标《江湾夜话》刊于《狮吼半月刊》复活号第 11 期。

曾虚白著《介绍批评与讨论》刊于《狮吼半月刊》复活号第 11 期。

郭子雄著《介绍批评与讨论》刊于《狮吼半月刊》复活号第 12 期。

《〈新月〉的态度》刊于《新月月刊》创刊号。

按:1928 年 3 月 10 日,《新月月刊》创办于上海。是文曰:"我们这月刊题名新月,不是因为曾经有过什么'新月社',那早已消散,也不是因为有'新月书店',那是单独一种营业,它和本刊的关系只是担任印刷与发行。新月月刊是独立的。……我们这几个朋友,没有什么组织除了这个月刊本身,没有什么结合除了在文艺和学术上的努力,没有什么一致除了几个共同的理想。凭借点集合的力量,我们希望为这时代的思想增加一些体魄,为这个时代的生命添厚一些光辉。"创刊号"编辑者"名单中的编辑为徐志摩、闻一多、饶孟侃,后梁实秋、潘光旦、叶公超、胡适、罗隆基、余上沅、邵洵美也陆续担任过《新月》杂志的编辑。从《新月》杂志办刊信息看,月刊不但没有主编,而且编辑者也是不断更换,这的确与当初刊物办刊时确定的"态度"是吻合的。是文虽然说《新月》刊名与"新月社"没有什么关系,但从《新月》编辑成员看,其与"新月社"还是有内在联系的,说《新月》是新月社主办的刊物应该没有太大的问题。从内容上看,《新月》虽然也发表时政和社会科学的论文,但大部分篇幅仍是文学作品和文学论文。

梁实秋《文学的纪律》刊于《新月月刊》创刊号。

沈从文《阿丽思中国游记》刊于《新月月刊》创刊号。

徐志摩《汤麦士哈代》刊于《新月月刊》创刊号。

西滢《一个懂得女子心理的人》刊于《新月月刊》创刊号。

胡适《考证红楼梦的新材料》刊于《新月月刊》创刊号。

闻一多《白郎宁夫人的情诗(一)》刊于《新月月刊》创刊号。

徐志摩《白郎宁夫人的情诗(二)》刊于《新月月刊》创刊号。

叶公超《写实小说的命运》刊于《新月月刊》创刊号。

余上沅《最年青的戏剧》刊于《新月月刊》创刊号。

梁实秋《文人有行》刊于《新月月刊》第1卷第2号。

胡适之《元稹白居易的文学主张》刊于《新月月刊》第1卷第2号。

凌叔华《疯了的诗人》刊于《新月月刊》第1卷第2号。

潘光旦《德日民族性相肖说》刊于《新月月刊》第1卷第2号。

闻一多《白郎宁夫人的情诗》刊于《新月月刊》第1卷第2号。

沈从文《阿丽思中国游记》刊于《新月月刊》第1卷第2号。

顾仲彝《今后的历史剧》刊于《新月月刊》第1卷第2号。

徐志摩《一个行乞的诗人》刊于《新月月刊》第1卷第3号。

余上沅《伊卜生的艺术》刊于《新月月刊》第1卷第3号。

张嘉铸《伊卜生的思想》刊于《新月月刊》第1卷第3号。

胡适《庐山游记》刊于《新月月刊》第1卷第3号。

潘光旦《德日民族性相肖说》刊于《新月月刊》第1卷第3号。

徐志摩、陆小曼《卞昆冈》刊于《新月月刊》第1卷第3号。

郭有守《见哈代的四十分钟》刊于《新月月刊》第1卷第3号。

沈从文《阿丽思中国游记》刊于《新月月刊》第1卷第3号。

闻一多《先拉飞主义》刊于《新月月刊》第1卷第4号。

西滢《曼殊斐儿》刊于《新月月刊》第1卷第4号。

梁实秋《文学与革命》刊于《新月月刊》第1卷第4号。

按:是文发表于"革命的文学"的呼声高唱入云的时候,认为要探讨文学与革命的关系,首先要弄清"革命究竟是怎么一回事",在梁实秋看来,革命的意义主要表现在:"一、革命的运动是在变态的政治生活之下产生出来的;二、革命的目标是要恢复常态的生活;三、革命的精神是反抗的精神,所反抗的是虚伪;四、革命的经过是暂时的变态,不是久远的状态;五、革命的爆发,在群众方面是纯粹的感情的;六、革命的组织,应该是有纪律的,应该是尊重天才的。"

在阐述了革命的意义的基础上,是文进而讨论了革命与文学的关系。"在革命的时期当中,文学是很容易的沾染一种特别的色彩。然而我并不能说,在革命的时期当中,一切的作家必须创作'革命的文学'。……文学家是民众的先知先觉,所以从历史方面观察,我们知道富有革命精神的文学,往往发现在实际的革命运动之前。革命前之'革命的文学',才是人的心灵中的第一滴的清冽的甘露,那是最浓烈的,最真挚的,最自然的。与其说先有革命后有'革命的文学',毋宁说是先有'革命的文学'后有革命。实际的革命爆发之后,文学之革命的色彩当然是益发显明,甚至产出多量的近于雄辩或宣传的文字。文学家并不表现什么时代精神,而时代确是反映着文学家的精神。……在文学上讲,'革命的文学'这个名词根本的就不能成立。在文学上,只有'革命时期中的文学',并无所谓'革命的文学'。站在实际革命者的立场上来观察,由功利方面着眼,我们可以说这是'革命的文学',那是'不革命的文学',再根据共产党的理论,还可以引伸的说'不革命的文学'就是'反革命的文学'。但是就文学论,我们割分文学的种类派别是根据于最根本的性质与倾向,外在的事实如革命运动复辟运动都不能借用做量衡文学的标准。……自从人类的生活脱离了原始的状态以后,文学上的趋势是使文学愈来愈有作家的个性之渲染,换言之,文学愈来愈成为天才的产物。天才的降生,不是经济势力或社会地位所能左右的,无产者的阶级与有产者的阶级一样的会生出天才,也一样的会不常生出天才! 所以从文学作品之产生言,我们也看不见阶级的界限。文学是没有阶级性的。……文学而有革命的情绪,大概只有反抗的精神这一点。除此以外,文学与革命没有多少的根本的关系。即以这一点关系而论,文学也不是依赖着革命才产出来的。文学本不一定要表现反抗的精神,反抗的精神在文学上并不发生艺术的价值,不过在一种相当的时代之中,文学作品便不免要沾染一点反抗的色彩而已;并且有反抗精神的文学又往往发生在实际革命运动之前。所以反抗精神可以常常成为革命运动与'革命期中的文学'之一共同的色彩,而我们从文学上观察,并不能承认有所谓'革命的'文学。"

　　　　欧阳予倩《潘金莲》刊于《新月月刊》第 1 卷第 4 号。

　　　　徐志摩译《万牲园里的一个人》刊于《新月月刊》第 1 卷第 4 号。

　　　　方重《夏拉瓦极》刊于《新月月刊》第 1 卷第 4 号。

　　　　程憬《商民族经济生活之推测》刊于《新月月刊》第 1 卷第 4 号。

　　　　沈从文《阿丽思中国游记(续完)》刊于《新月月刊》第 1 卷第 4 号。

　　　　胡适《名教》刊于《新月月刊》第 1 卷第 5 号。

　　　　饶孟侃《梧桐雨(元曲本事)》刊于《新月月刊》第 1 卷第 5 号。

　　　　沈从文《阿丽思中国游记》刊于《新月月刊》第 1 卷第 5 号。

　　　　陆侃如《论山海经的著作时代》刊于《新月月刊》第 1 卷第 5 号。

　　　　闻一多《杜甫(传记)》刊于《新月月刊》第 1 卷第 6 号。

　　　　胡适《禅学古史考》刊于《新月月刊》第 1 卷第 6 号。

　　　　潘光旦译《自然淘汰与中华民族性》刊于《新月月刊》第 1 卷第 6 号。

　　　　饶孟侃《梧桐雨(元曲本事)》刊于《新月月刊》第 1 卷第 6 号。

　　　　顾仲彝译《理想中的佳人》刊于《新月月刊》第 1 卷第 6 号。

　　　　沈从文《阿丽思中国游记》刊于《新月月刊》第 1 卷第 6 号。

　　　　费鉴照《现代诗人(一)(二)》刊于《新月月刊》第 1 卷第 6 号。

　　　　彭基相《法国十八世纪的哲学》刊于《新月月刊》第 1 卷第 7 号。

　　　　叶公超《牛津字典的贡献》刊于《新月月刊》第 1 卷第 7 号。

　　　　饶孟侃《梧桐雨(元曲本事)》刊于《新月月刊》第 1 卷第 7 号。

　　　　潘光旦译《自然淘汰与中华民族性》刊于《新月月刊》第 1 卷第 7 号。

　　　　沈从文《阿丽思中国游记》刊于《新月月刊》第 1 卷第 7 号。

　　　　冯沅君《论左传与国语的异点》刊于《新月月刊》第 1 卷第 7 号。

　　　　徐景贤《明季之欧化美术及罗马字注音考释》刊于《新月月刊》第 1 卷第 7 号。

　　　　方重《大卫》刊于《新月月刊》第 1 卷第 7 号。

　　　　费鉴照《现代诗人(三)》刊于《新月月刊》第 1 卷第 7 号。

　　　　卫聚贤《我们的朋友》刊于《新月月刊》第 1 卷第 7 号。

　　　　梁实秋《论散文》刊于《新月月刊》第 1 卷第 8 号。

　　　　罗隆基《美国未行考试制度以前之吏治》刊于《新月月刊》第 1 卷第 8 号。

　　　　徐景贤《徐光启著述考略》刊于《新月月刊》第 1 卷第 8 号。

彭基相《法国十八世纪的道德观念》刊于《新月月刊》第 1 卷第 8 号。

梁实秋译《阿伯拉与哀绿绮思的情书》刊于《新月月刊》第 1 卷第 8 号。

沈从文《阿丽思中国游记》刊于《新月月刊》第 1 卷第 8 号。

胡适《治学的方法与材料》刊于《新月月刊》第 1 卷第 9 号。

梁实秋译《莎士比亚时代之英国与伦敦》刊于《新月月刊》第 1 卷第 9 号。

上沅《五件头的布景》刊于《新月月刊》第 1 卷第 9 号。

彭基相《哲学的真价》刊于《新月月刊》第 1 卷第 9 号。

潘光旦译《自然淘汰与中华民族性》刊于《新月月刊》第 1 卷第 9 号。

罗隆基《美国未行考试制度以前之吏治(二)》刊于《新月月刊》第 1 卷第 9 号。

卫聚贤《读论左传与国语异点以后》刊于《新月月刊》第 1 卷第 9 号。

吴景超《中国移民之趋势》刊于《新月月刊》第 1 卷第 10 号。

徐志摩《浓得化不开》刊于《新月月刊》第 1 卷第 10 号。

胡适试译《米格儿》刊于《新月月刊》第 1 卷第 10 号。

彭基相《欧洲近代哲学概观》刊于《新月月刊》第 1 卷第 10 号。

潘光旦译《自然淘汰与中华民族性(三续)》刊于《新月月刊》第 1 卷第 10 号。

罗隆基《美国未行考试制度以前之吏治》刊于《新月月刊》第 1 卷第 10 号。

剑云《今后的努力》刊于《电影月报》第 7 期。

小可《宣传与事实》刊于《电影月报》第 7 期。

陈大悲《中国电影之将来》刊于《电影月报》第 7 期。

英之《谈谈我们土产的影戏》刊于《电影月报》第 7 期。

范佩英《安全电影胶片之发明》刊于《电影月报》第 7 期。

沈子宜《对于国产影片说几句逆耳的话》刊于《电影月报》第 7 期。

赵醒梦《电影在青岛》刊于《电影月报》第 7 期。

徐卓呆《世界最大的影戏馆》刊于《电影月报》第 7 期。

胡忠彪《神怪魔鬼化装之研究》刊于《电影月报》第 7 期。

黄嘉谟《现代日本电影之一瞥》刊于《电影月报》第 7 期。

紫微《参观明星摄影记》刊于《电影月报》第 7 期。

痴萍《谈女侦探》刊于《电影月报》第 7 期。

民遗《谈谈女侦探的结构》刊于《电影月报》第 7 期。

沈小瑟《电影摄片机》刊于《电影月报》第 7 期。

珠光《美国银幕外史》刊于《电影月报》第 7 期。

张荫麟《评顾颉刚〈春秋时的孔子和汉代的孔子〉》刊于《大公报·文学副刊》第 8 期。

绍来《整理古史应注意之条件——质顾颉刚的〈古史辨〉》刊于《益世报·学术周刊》第 6 期。

陈光垚《介绍影印元刻古今杂剧三十种》刊于《北新半月刊》第 2 卷第 22 期。

马廉《大连满铁图书馆所藏中国小说戏曲目录》刊于《图书馆学季刊》第 2 卷第 4 期。

刘盼遂《申郭象注〈庄子〉不盗向秀义》刊于《文字同盟》第 10 号。

刘盼遂《〈世说新语校笺〉叙》刊于《文字同盟》第 11 号。

刘盼遂《〈世说新语校笺〉凡例》刊于《文字同盟》第 13 号。

唐大圆《人生哲学之标准谈》刊于《东方文化》第 4 期。

大圆《东方建国应采之大方针》刊于《东方文化》第 4 期。

大圆《道德教育说要》刊于《东方文化》第 4 期。

王启湘《从文字上推测古代社会进化之状况》刊于《东方文化》第 4 期。

大圆《东方哲学正名》刊于《东方文化》第 4 期。

陶其情《读我之内外学观质疑》刊于《东方文化》第 4 期。

唐大圆《答读我之内外学观质疑》刊于《东方文化》第 4 期。

大圆《再答陶其情对于答我之内外学观质疑之饶舌》刊于《东方文化》第 4 期。

大圆《关于东方文化之解蔽》刊于《东方文化》第 4 期。

大圆《答陈毅问佛法论》刊于《东方文化》第 4 期。

大圆《东方文化研究院宣言及简章》刊于《东方文化》第 4 期。

大圆《成唯识论讲要》刊于《东方文化》第 4 期。

大勇《修行觉道次第略科(续)》刊于《佛化旬刊》第 4 年第 109 期。

净空《川省僧众应该觉悟了》刊于《佛化旬刊》第 4 年第 110 期。

大勇《修行觉道次第略科(续)》刊于《佛化旬刊》第 4 年第 110 期。

大勇《修行觉道次第略科(续)》刊于《佛化旬刊》第 4 年第 112 期。

大勇《修行觉道次第略科(续)》刊于《佛化旬刊》第 4 年第 113 期。

王卓如《戒色探源记》刊于《佛化周刊》第 79 期。

王椒园《讼过记》刊于《佛化周刊》第 79 期。

省庵大师《告应赴僧文》刊于《佛化周刊》第 80 期。

王卓如《戒色探源说(续上期)》刊于《佛化周刊》第 80 期。

王卓如《戒色探源说(续上期)》刊于《佛化周刊》第 81 期。

寄尘《评社会讥僧伽分利者》刊于《佛化周刊》第 81 期。

吴倩艻《佛说十善业道经》刊于《佛化周刊》第 84 期。

清彭定求《爱物说》刊于《佛化周刊》第 84 期。

蟪山野人《神祠存废警告说》刊于《佛化周刊》第 84 期。

吴倩艻《佛说十善业道经(续)》刊于《佛化周刊》第 85 期。

寄尘《净土资粮篇(续)》刊于《净业月刊》第 24 期。

观月法师《楞伽阿跋多罗宝经发源疏(续)》刊于《净业月刊》第 24 期。

印老法师《罗梓生居士生西记》刊于《净业月刊》第 24 期。

谛老法师《天台山万年寺三坛戒法集要(续)》刊于《净业月刊》第 24 期。

寄尘《净土资粮篇(续)》刊于《净业月刊》第 25 期。

演乘法师《佛说阿弥陀经五重玄义》刊于《净业月刊》第 25 期。

妙叶大师《宝王三昧念佛直指(续)》刊于《净业月刊》第 25 期。

丁未生《贩牛获报之惨闻》刊于《净业月刊》第 25 期。

寄尘《净土资粮篇(续)》刊于《净业月刊》第 26 期。

谛闲《大方广佛华严经入不思议解脱境界普贤行愿品辑要疏》刊于《净业月刊》第 26 期。

妙叶大师《宝王三昧念佛直指(续)》刊于《净业月刊》第 26 期。

谛闲《大方广佛华严经入不思议解脱境界普贤行愿品辑要疏》刊于《净业月刊》第27期。

妙叶大师《宝王三昧念佛直指(续)》刊于《净业月刊》第27期。

印老法师《上海世界居士林佛学研究丛书序》刊于《净业月刊》第27期。

印老法师《整理僧伽委员会委员就职发愿文》刊于《净业月刊》第27期。

江衡《人道须知(续)》刊于《净业月刊》第27期。

寄尘《净土资粮篇(续)》刊于《净业月刊》第28期。

谛闲《大方广佛华严经入不思议解脱境界普贤行愿品辑要疏》刊于《净业月刊》第28期。

妙叶大师《宝王三昧念佛直指(续)》刊于《净业月刊》第28期。

印老法师《五台山秘魔岩中庵石窟接引佛装金记》刊于《净业月刊》第28期。

江衡《人道须知(续)》刊于《净业月刊》第28期。

寄尘《净土资粮篇(续)》刊于《净业月刊》第29期。

谛闲《大方广佛华严经入不思议解脱境界普贤行愿品辑要疏》刊于《净业月刊》第29期。

妙叶大师《宝王三昧念佛直指(续)》刊于《净业月刊》第29期。

印老法师《天台山上方广寺募修三圣殿疏》刊于《净业月刊》第29期。

江衡《人道须知(续)》刊于《净业月刊》第29期。

寄尘《净土资粮篇(续)》刊于《净业月刊》第30期。

谛闲《大方广佛华严经入不思议解脱境界普贤行愿品辑要疏》刊于《净业月刊》第30期。

智旭大师《阿弥陀经要解》刊于《净业月刊》第30期。

印老法师《嘉兴真如寺开念佛堂专修净业缘起疏》刊于《净业月刊》第30期。

式昌《上海圆通寺敦请谛闲老法师莅沪讲经敬告同人启》刊于《净业月刊》第30期。

江衡《人道须知(续)》刊于《净业月刊》第30期。

离尘《述佛法各宗之大概》刊于《息灾专刊》第2期。

住心《曼荼罗略释》刊于《息灾专刊》第2期。

离尘《我见的东密藏密之概况》刊于《息灾专刊》第3期。

释大勇译《觉道次第科判》刊于《息灾专刊》第3期。

允衡《息灾道场见闻录》刊于《息灾专刊》第3期。

聂云台《处乱世趋吉避凶之法》刊于《息灾专刊》第4期。

释大勇译《觉道次第科判》刊于《息灾专刊》第4期。

允衡《息灾道场见闻录》刊于《息灾专刊》第4期。

容海《息灾说》刊于《息灾专刊》第5期。

骆季和《锦汉君佛学八识之批评与研究附跋》刊于《息灾专刊》第5期。

尤雪行居士辑《文殊大士灵应录》刊于《天津佛教居士林林刊》第8期。

离尘《我见的东密藏密之概况》刊于《天津佛教居士林林刊》第8期。

徐文霈居士《净土三要述义跋》刊于《天津佛教居士林林刊》第8期。

徐文霈居士《致骆季和居士函》刊于《天津佛教居士林林刊》第8期。

释道安《大十二门经序第九》刊于《天津佛教居士林林刊》第 8 期。

徐文霨《大藏辑要目录提要——石埭杨仁山居士辑录》刊于《天津佛教居士林林刊》第 8 期。

候《释仁》刊于《大云》第 18 号第 84 期。

印光法师《讲请观音经及普门品缘起疏》刊于《大云》第 18 号第 84 期。

印光法师《赎迁西湖放生鱼募缘疏》刊于《大云》第 18 号第 84 期。

徐文霨《净土三要述义序》刊于《大云》第 18 号第 84 期。

显《焦心理女士生西事略》刊于《大云》第 18 号第 84 期。

悟因《金刚经灵验记六则》刊于《大云》第 18 号第 84 期。

周逸君《记兰溪县之奇僧》刊于《大云》第 18 号第 84 期。

神狮《新活阎罗》刊于《大云》第 18 号第 84 期。

瞿鹤《全人夫妇》刊于《大云》第 18 号第 84 期。

徐公达《学生肃清性书籍之大运动》刊于《大云》第 18 号第 84 期。

弭兵《陕西之废娼》刊于《大云》第 18 号第 84 期。

葡香《站到平民线上去》刊于《现代僧伽》创刊号。

蕙庭《略谈物质唯心》刊于《现代僧伽》创刊号。

傅戒《佛教和耶教的比较及佛徒的责任》刊于《现代僧伽》创刊号。

费伯《纸老虎驱逐问题》刊于《现代僧伽》创刊号。

亦幻《冲突》刊于《现代僧伽》创刊号。

法幢《维持》刊于《现代僧伽》第 2 期。

转轮《祈祷和平普利幽冥大会》刊于《现代僧伽》第 2 期。

蕙庭《闽南佛化新气象》刊于《现代僧伽》第 2 期。

寄尘《今日中国之僧伽》刊于《现代僧伽》第 2 期。

任三《镇江和尚的广告语》刊于《现代僧伽》第 2 期。

度云《自忏赘言》刊于《现代僧伽》第 2 期。

否平等《关于北京佛化》刊于《现代僧伽》第 2 期。

转轮《求人也要求己与利己也要利人》刊于《现代僧伽》第 3 期。

法幢《"帝制时代遗留在佛徒中的污点"》刊于《现代僧伽》第 3 期。

觉迷《僧伽自杀之政策与自救之政策》刊于《现代僧伽》第 3 期。

寄尘《今日中国之僧伽(续)》刊于《现代僧伽》第 3 期。

化生《一个青年僧伽的自白》刊于《现代僧伽》第 3 期。

奉持《思凡》刊于《现代僧伽》第 3 期。

迦林《好消息》刊于《现代僧伽》第 3 期。

法幢《整理佛教的机会到了》刊于《现代僧伽》第 4 期。

转轮《寺庙财产登记的弊病》刊于《现代僧伽》第 4 期。

太虚《去除稚僧的几种错误》刊于《现代僧伽》第 4 期。

松《佛教的将来主义》刊于《现代僧伽》第 4 期。

弘三《读宝静法师复闽南海印法师函感言》刊于《现代僧伽》第 4 期。

印谛《假和尚的假面具揭破了》刊于《现代僧伽》第 4 期。

文涛等《明因学社的现状》刊于《现代僧伽》第 4 期。

转轮《警告全国丛林住持》刊于《现代僧伽》第 5 期。

法幢《告全国有志整理佛教的僧伽同袍们》刊于《现代僧伽》第 5 期。

觉迷《敬告护法的居士》刊于《现代僧伽》第 5 期。

邰爽秋《庙产兴学运动》刊于《现代僧伽》第 5 期。

塞人《僧寺改为学校》刊于《现代僧伽》第 5 期。

慈《佛教工作僧众训练班》刊于《现代僧伽》第 13 期。

太虚《佛教僧寺财产权之确定》刊于《现代僧伽》第 13 期。

陈培寿译《佛教与远东民族》刊于《现代僧伽》第 13 期。

WT《"冲突"的续讯》刊于《现代僧伽》第 13 期。

转轮《关于造谣"僧尼结婚"的批评》刊于《现代僧伽》第 15 期。

慈《慈溪县县长挑拨民众反对佛教》刊于《现代僧伽》第 15 期。

大醒《太虚大师的两大志行》刊于《现代僧伽》第 15 期。

文涛《敬告全国僧伽之有徒子徒孙的同袍们》刊于《现代僧伽》第 15 期。

HY《台湾佛教及其他》刊于《现代僧伽》第 15 期。

月如《悼梅鹤和可能》刊于《现代僧伽》第 15 期。

和《内政部庙产登记与整理改进》刊于《现代僧伽》第 17 期。

警沈《改革江苏僧制之第一步办法》刊于《现代僧伽》第 17 期。

慧云《台湾佛教掇谈与僧伽生活之一斑》刊于《现代僧伽》第 17 期。

学僧《革心运动》刊于《现代僧伽》第 17 期。

宝静《观宗举行盂兰盆会之感言》刊于《弘法社刊》第 2 期。

灵修《我之整理僧伽谈》刊于《弘法社刊》第 2 期。

谛闲《七塔寺佛学院开幕日训词》刊于《弘法社刊》第 2 期。

宝静《报恩佛学院开学演说辞》刊于《弘法社刊》第 2 期。

谛闲《答郑公硕居士疑问》刊于《弘法社刊》第 2 期。

谛闲《罗溪建筑放生围启》刊于《弘法社刊》第 2 期。

式昌《上海圆通寺恭请谛老法师讲经启》刊于《弘法社刊》第 2 期。

仁山《镇江竹林寺毗尼学院序》刊于《弘法社刊》第 2 期。

悟西《普观西华佛教会念佛缘起》刊于《弘法社刊》第 2 期。

明真《魔佛同体说》刊于《弘法社刊》第 2 期。

谛闲《不读佛经不知出生死路》刊于《弘法社刊》第 4 期。

显慈《我之新旧观》刊于《弘法社刊》第 4 期。

觉安《了知法法心现何怨何尤》刊于《弘法社刊》第 4 期。

宗镜《慈溪县党部召集该县僧尼演说之评论》刊于《弘法社刊》第 4 期。

明真《论各处欲废除僧尼之原因》刊于《弘法社刊》第 4 期。

谛闲《普贤十大愿王讲演录》刊于《弘法社刊》第 4 期。

陆西林录《谛老法师讲演辞》刊于《弘法社刊》第 4 期。

谛闲《修真空观须约三自性明二谛中道是为显中二谛观有五翻详明》刊于《弘法社刊》第 4 期。

仁山《台湾毗卢寺碑铭》刊于《弘法社刊》第 4 期。

许止净《江西青原山创修三圣殿记》刊于《弘法社刊》第 4 期。

罗忍慈《重印普贤行愿品辑要疏缘起》刊于《弘法社刊》第 4 期。

谛闲《青原念佛林序》刊于《弘法社刊》第 4 期。

明真《道心进退缘何理由说》刊于《弘法社刊》第 4 期。

性一《末法众生业障深重非净土法门不能解决》刊于《弘法社刊》第 4 期。

谛闲《复香港罗忍慈居士函》刊于《弘法社刊》第 4 期。

谛闲《复大安居士函》刊于《弘法社刊》第 4 期。

圣聪《慈溪赭山心恺法师略传》刊于《弘法社刊》第 4 期。

觉观《育王幻寄头陀略纪》刊于《弘法社刊》第 4 期。

灵修《三界唯心论》刊于《弘法社刊》第 4 期。

明真《世人不信佛法之理由》刊于《弘法社刊》第 4 期。

宝静《台宗二十五方便辑要浅述一》刊于《弘法社刊》第 4 期。

谛闲《四运观心之正观》刊于《弘法社刊》第 4 期。

全德《释二谛义》刊于《弘法社刊》第 4 期。

知错学人《浙江第二监狱布教辞》刊于《弘法社刊》第 4 期。

太虚《净化主义》刊于《海潮音》第 8 年第 11—12 期合刊。

太虚《说四度以上的事》刊于《海潮音》第 8 年第 11—12 期合刊。

太虚《评佛家哲学通论》刊于《海潮音》第 8 年第 11—12 期合刊。

伍五《宗依宗体之区别及其关系》刊于《海潮音》第 8 年第 11—12 期合刊。

佚《佛教无我与数论无我之差别》刊于《海潮音》第 8 年第 11—12 期合刊。

智融记《帝制于神民主于佛之根据》刊于《海潮音》第 8 年第 11—12 期合刊。

常惺《佛学与学佛》刊于《海潮音》第 8 年第 11—12 期合刊。

静记《太虚法师在裕丰纱厂之演讲》刊于《海潮音》第 8 年第 11—12 期合刊。

满智《在闽南佛学院专修科毕业讲演辞》刊于《海潮音》第 8 年第 11—12 期合刊。

常惺《佛学概论》刊于《海潮音》第 8 年第 11—12 期合刊。

太虚《大佛顶首楞严经摄论》刊于《海潮音》第 8 年第 11—12 期合刊。

玉慧观《中国佛教振兴策》刊于《海潮音》第 8 年第 11—12 期合刊。

存厚《整理僧伽办法之商榷（一）》刊于《海潮音》第 8 年第 11—12 期合刊。

闻赡《整理僧伽办法之商榷（二）》刊于《海潮音》第 8 年第 11—12 期合刊。

逸雁《整理僧伽办法之商榷（三）》刊于《海潮音》第 8 年第 11—12 期合刊。

大醒《沩山》刊于《海潮音》第 8 年第 11—12 期合刊。

大智《隐山行者明心赋》刊于《海潮音》第 8 年第 11—12 期合刊。

太虚《灵隐寺万年簿序（一）》刊于《海潮音》第 8 年第 11—12 期合刊。

谈玄《灵隐寺万年簿序（二）》刊于《海潮音》第 8 年第 11—12 期合刊。

燕翼《四川重庆创修普陀岩募捐序》刊于《海潮音》第 8 年第 11—12 期合刊。

谈玄录《迎塔澄照禅院常住田记》刊于《海潮音》第 8 年第 11—12 期合刊。

张乐净《佛化基督宗之商榷》刊于《海潮音》第 8 年第 11—12 期合刊。

芝峰《金刚般若之大意》刊于《海潮音》第 8 年第 11—12 期合刊。

芝峰《去心垢染行即清净说》刊于《海潮音》第 8 年第 11—12 期合刊。

寄尘《对于现在佛教革新之意见》刊于《海潮音》第 8 年第 11—12 期合刊。

汪奉持《答葛君佛教疑问(一)》刊于《海潮音》第 8 年第 11—12 期合刊。

王小徐《答葛君佛教疑问(二)》刊于《海潮音》第 8 年第 11—12 期合刊。

唐大圆《三民主义的佛化与佛化的三民主义》刊于《海潮音》第 8 年第 11—12 期合刊。

王深《南普陀访太虚上人记》刊于《海潮音》第 8 年第 11—12 期合刊。

太虚《海潮音继续出版之希望》刊于《海潮音》第 9 年第 1 期。

太虚《论世界史纲》刊于《海潮音》第 9 年第 1 期。

太虚《候尔特意识学与佛学》刊于《海潮音》第 9 年第 1 期。

太虚《再论心理学与行为学》刊于《海潮音》第 9 年第 1 期。

太虚《评中国学术史概论》刊于《海潮音》第 9 年第 1 期。

太虚《致吴稚晖先生书》刊于《海潮音》第 9 年第 1 期。

王位功《佛说观无量寿佛经分科略解》刊于《海潮音》第 9 年第 1 期。

张拙仙《云栖双白鹅往生记》刊于《海潮音》第 9 年第 1 期。

太虚《评胡适之的戴震哲学》刊于《海潮音》第 9 年第 2 期。

太虚《论掌珍论之真性有为空景》刊于《海潮音》第 9 年第 2 期。

太虚《东方杂志短评四则》刊于《海潮音》第 9 年第 2 期。

太虚《维摩诘经讲义》刊于《海潮音》第 9 年第 2 期。

常惺《云南金卍字救护队成立的经过及出发后工作的情形》刊于《海潮音》第 9 年第 2 期。

刘仁甫《文字摸象》刊于《海潮音》第 9 年第 2 期。

印光《赎还西湖放生鱼募缘疏》刊于《海潮音》第 9 年第 2 期。

印光《论现在僧伽制度》刊于《海潮音》第 9 年第 2 期。

志真《消除兵灾之第一妙法》刊于《海潮音》第 9 年第 2 期。

太虚《生活与生死》刊于《海潮音》第 9 年第 3 期。

太虚《再论大乘三宗》刊于《海潮音》第 9 年第 3 期。

太虚《再论法相唯识》刊于《海潮音》第 9 年第 3 期。

景昌极《评进化论》刊于《海潮音》第 9 年第 3 期。

会觉《中论因缘品何以注重破自生》刊于《海潮音》第 9 年第 3 期。

太虚《维摩诘经讲义(续)》刊于《海潮音》第 9 年第 3 期。

大勇《觉道略科次第》刊于《海潮音》第 9 年第 3 期。

太虚《对于中国佛教革命僧的训词》刊于《海潮音》第 9 年第 4 期。

太虚《对于郜爽秋庙产兴学运动的修正》刊于《海潮音》第 9 年第 4 期。

持松《贤密教衡》刊于《海潮音》第 9 年第 4 期。

太虚《评沈译克鲁泡特金的人生善行学》刊于《海潮音》第 9 年第 4 期。

常惺《答广慧师种子三疑》刊于《海潮音》第 9 年第 4 期。

唐大圆《礼教与思想自由》刊于《海潮音》第 9 年第 4 期。

太虚法师《生命之研究》刊于《海潮音》第 9 年第 4 期。

太虚《维摩诘经讲义》刊于《海潮音》第 9 年第 4 期。

王位功《观无量寿佛经分科略解》刊于《海潮音》第 9 年第 4 期。

唐大圆《瑜伽师地论真实品讲录》刊于《海潮音》第 9 年第 4 期。

持松《扶桑重游记》刊于《海潮音》第 9 年第 4 期。

常惺《佛教救亡的新建议》刊于《海潮音》第 9 年第 4 期。

太虚《现实主义》刊于《海潮音》第 9 年第 5 期。

密林《贤密教衡（续）》刊于《海潮音》第 9 年第 5 期。

唐大圆《今日僧伽应持之态度》刊于《海潮音》第 9 年第 5 期。

景昌极《评进化论（续）》刊于《海潮音》第 9 年第 5 期。

大空《对中国现今亡国教育的批评》刊于《海潮音》第 9 年第 5 期。

太虚《维摩诘所说不可思议解脱经讲义》刊于《海潮音》第 9 年第 5 期。

唐大圆《瑜伽师地论真实品讲录》刊于《海潮音》第 9 年第 5 期。

太虚《致日本佛教徒电》刊于《海潮音》第 9 年第 5 期。

太虚《发起全国佛教代表会议的提议》刊于《海潮音》第 9 年第 5 期。

太虚《全国教育会议提议案》刊于《海潮音》第 9 年第 5 期。

太虚《对于苏州北寺之解决方法》刊于《海潮音》第 9 年第 5 期。

袁嘉穀《论今日中国佛学之中兴当自滇始》刊于《海潮音》第 9 年第 5 期。

太虚《人生佛学说明》刊于《海潮音》第 9 年第 6 期。

太虚《佛教僧寺财产权之确定》刊于《海潮音》第 9 年第 6 期。

太虚《现实主义（续）》刊于《海潮音》第 9 年第 6 期。

持松《贤密教衡（续）》刊于《海潮音》第 9 年第 6 期。

太虚《维摩诘经讲义（续）》刊于《海潮音》第 9 年第 6 期。

唐大圆《唯识三字经讲录》刊于《海潮音》第 9 年第 6 期。

太虚《与胡适之论菩提达磨书》刊于《海潮音》第 9 年第 6 期。

苏慧持《当今教育界之根本问题》刊于《海潮音》第 9 年第 6 期。

太虚《现实主义（续）》刊于《海潮音》第 9 年第 7 期。

会觉《佛教与今后中国的国民性》刊于《海潮音》第 9 年第 7 期。

景昌极《评进化论（续）》刊于《海潮音》第 9 年第 7 期。

常惺《大乘起信论讲要》刊于《海潮音》第 9 年第 7 期。

陈维东《太虚法师之新僧运动》刊于《海潮音》第 9 年第 7 期。

张慰西《佛化西行记》刊于《海潮音》第 9 年第 7 期。

仁山《普峻老和尚传》刊于《海潮音》第 9 年第 7 期。

王弘持《为无始尊亲持呪供养忏悔文》刊于《海潮音》第 9 年第 7 期。

胡道文《送常惺法师归厦门序》刊于《海潮音》第 9 年第 7 期。

太虚《现实主义（续）》刊于《海潮音》第 9 年第 8 期。

景昌极《因与果》刊于《海潮音》第 9 年第 8 期。

唐大圆《唯识与常识》刊于《海潮音》第 9 年第 8 期。

欧阳渐《大般若经叙》刊于《海潮音》第 9 年第 8 期。

太虚《维摩诘经讲录（续）》刊于《海潮音》第 9 年第 8 期。

陈维东《太虚法师之佛教新运动》刊于《海潮音》第 9 年第 8 期。

印光《整理僧伽委员会委员就职发愿文》刊于《海潮音》第9年第8期。

谛闲《普贤行愿品楫要疏叙》刊于《海潮音》第9年第8期。

谛闲《宏法社刊发刊辞》刊于《海潮音》第9年第8期。

印光《复愚僧居士论回向书》刊于《海潮音》第9年第8期。

唐大圆《佛的认识论》刊于《海潮音》第9年第9期。

太虚《现实主义(续)》刊于《海潮音》第9年第9期。

幻华记《佛陀学纲要》刊于《海潮音》第9年第9期。

欧阳渐《大般若经叙(续)》刊于《海潮音》第9年第9期。

罗珀述、陈培寿译《佛教与远东民族》刊于《海潮音》第9年第9期。

白普仁《劝发心修行文》刊于《海潮音》第9年第9期。

太虚《安特雷朋同舟录后序》刊于《海潮音》第9年第9期。

仁山《台湾毗卢寺碑铭》刊于《海潮音》第9年第9期。

宝静《观宗举行盂兰盆会感言》刊于《海潮音》第9年第9期。

陈昌旭《先严立三府君往生纪略》刊于《海潮音》第9年第9期。

周还、徐公肃记《太虚法师在法国巴黎哲人厅讲》刊于《海潮音》第9年第10期。

清净《唯识指掌》刊于《海潮音》第9年第10期。

太虚《现实主义(续)》刊于《海潮音》第9年第10期。

幻华、达蕴记《佛陀学纲(续)》刊于《海潮音》第9年第10期。

大醒《太虚大师的两大志行》刊于《海潮音》第9年第10期。

谛闲《金刚般若波罗密经新疏》刊于《海潮音》第9年第10期。

常惺《大乘起信论讲要(续)》刊于《海潮音》第9年第10期。

宁墨公《冯玉祥与棲霞山》刊于《海潮音》第9年第10期。

慈《蒋总司令对王一亭居士的谈话》刊于《海潮音》第9年第10期。

张慰西《西域佛法灭亡时代考》刊于《海潮音》第9年第10期。

张慰西《西域佛教之古物》刊于《海潮音》第9年第10期。

张慰西《现存大藏经之数》刊于《海潮音》第9年第10期。

张慰西《释迦佛出世之断定》刊于《海潮音》第9年第10期。

张慰西《印度外道》刊于《海潮音》第9年第10期。

太虚《现实主义(续)》刊于《海潮音》第9年第11期。

太虚《跋齐尔博士所著自由哲学》刊于《海潮音》第9年第11期。

李圆净《揭示佛教徒应具之崇高伟大人格》刊于《海潮音》第9年第11期。

谛闲《金刚般若波罗密经新疏(续)》刊于《海潮音》第9年第11期。

太虚《维摩诘经讲义(续)》刊于《海潮音》第9年第11期。

蒋维乔《九华山纪游》刊于《海潮音》第9年第11期。

力定《印度佛教之盛衰》刊于《海潮音》第9年第11期。

印光《初机佛学摘要序》刊于《海潮音》第9年第11期。

法舫《两个模范的僧寺和两个和尚》刊于《海潮音》第9年第11期。

太虚《世界佛学院缘起》刊于《海潮音》第9年第12期。

善因《锦汉君八识批评正误》刊于《海潮音》第9年第12期。

大圆《劝今日念佛者须兼持经论文》刊于《海潮音》第9年第12期。

太虚《身命观与人生观》刊于《海潮音》第9年第12期。

太虚《佛法与美》刊于《海潮音》第9年第12期。

太虚《维摩诘经讲义(续)》刊于《海潮音》第9年第12期。

克明《蒋主席之佛学与孝思》刊于《海潮音》第9年第12期。

法舫《武昌佛学院追薦唐大定居士记》刊于《海潮音》第9年第12期。

法舫译《世界文化之大贡献》刊于《海潮音》第9年第12期。

蒋维乔《天目山纪游》刊于《海潮音》第9年第12期。

四、学术著作

(汉)司马迁等著,张钧辑(新式标点)《四史精华读本》由上海然藜阁书局刊行。

(唐)刘知几著,刘虎如选注《史通》由上海商务印书馆刊行。

(宋)高似孙著,顾颉刚标点,范仲沄校阅《子略》由北平朴社刊行。

(宋)吴景鸾著《珠神真经》由上海文明书局刊行。

(明)程冲斗著《长枪法图说》由上海大东书局刊行,书前有马纯序。

(清)崔述著《洙泗考信录》由北平文化学社刊行。

(清)黄宗羲著,全祖望修订,缪天绶选注《宋元学案》由上海商务印书馆刊行。

(清)皮锡瑞著,周予同注释《经学历史》由上海商务印书馆刊行。

(清)姚际恒著《重考古今伪书考》由上海大东书局刊行。

(清)孙梅著《四六丛话叙论》由北平朴社刊行。

(清)范祖述原著,洪如嵩补辑《杭俗遗风》由杭州六艺书局刊行。

李时著《国学丛谭》由北平君中书社刊行。

按:是书分读书捷径、学术丛弊、群书谈要、国学问答4编。

胡秋原著《宋元学案》由重庆中周出版社刊行。

许啸天编《清儒学案》由上海群学社刊行。

按:是书根据清代江藩《汉学师承记》改编。

梁启超、章太炎编辑《中国学术论著辑要》由慈惠殿章宅刊行。

陈柱主编《中国学术讨论集》(第2集)由上海群众图书公司刊行。

陈柱编《老子集训》由上海商务印书馆刊行。

陈柱著《老学八篇》由上海商务印书馆刊行。

陈柱著《老子》由上海商务印书馆刊行。

王力著《老子研究》由上海商务印书馆刊行。

王诒心著《孟子研究》由上海群学社刊行。

郎擎霄著《孟子学案》由上海商务印书馆刊行。

陈登元编《荀子哲学》由上海商务印书馆刊行。

陈柱著《墨学十论》由上海商务印书馆刊行。

蒋维乔著《杨墨哲学》由上海商务印书馆刊行。

顾实著《庄子天下篇讲疏》由上海商务印书馆刊行。

王力著《庄子研究》由上海商务印书馆刊行。

黄天行疏解《庄子抉隐（第一卷　天下莫大于秋毫之末而泰山为小）》由江苏南京止观学社刊行。

金受申释《公孙龙子释》由上海商务印书馆刊行。

陈此生著《杨朱》由上海商务印书馆刊行。

姚永朴编《诸子考略》由北平资言编译社刊行。

姚永朴著《历代圣哲学粹》44 卷刊行。

冯宗道注解，缪咏仁鉴定《（标准注音）四书白话注解》（上下册）由上海昌文书局刊行。

林科棠著《宋儒与佛教》由上海商务印书馆刊行。

岭南大学哲学研究委员会编《南大戊辰哲学论文集》由广东广州岭南大学哲学研究委员会刊行。

瞿世英著《现代哲学》由北平文化学社刊行。

彭基相著《法国十八世纪思想史》由上海新月书店刊行。

汪奠基著《哲学与科学》由上海商务印书馆刊行。

谢颂羔著《西洋哲学 ABC》由上海世界书局刊行。

徐庆誉著《美的哲学》由上海世界学会刊行。

黄忏华著《西洋哲学史》由上海商务印书馆刊行。

朱奉闲辑述《儒道贯》（上下册）由北京著者刊行。

刘若诗等著《辩证法浅说》由上海现代中国社刊行。

柳絮译《唯物史观批评》由南华书店刊行。

周谷城著《生活系统》由上海商务印书馆刊行。

按：1923 年张君劢、丁文江展开"科玄论战"，并迅速波及当时学界。周谷城受此影响，出版《生活系统》，阐发其对传统与现代化、中学与西学、科学与人生观的看法。书中认为，生活是动态的广阔的不断变化的，不断前进的，人们的思想也是不断变化前进的，任何思想都源于生活，生活本身使人各有所感，由此产生各种看法和见解。该书是周氏学术思想体系的雏形，也是今后学术体系的一个基本思路，其于 20 世纪 30 年代后期撰写的《历史完形论》、60 年代初期撰写的《统一整体与分别反映》以及 80 年代撰写的《所谓意境》，都是从这一思想体系出发的。（《民国学案》第二卷《周谷城学案》）

朱谦之著《一个唯情论者的宇宙观及人生观》由上海泰东图书局刊行。

王恩洋著《王国维先生之思想》由上海佛学书局刊行，有王恩撰《龟山丛书叙》。

安若定著《大侠魂主义》（卷上）（一名《大侠魂论》；又名《宇宙之原理及人生之实验》）由江苏南京铸魂学社刊行。

张廷健编《论理学》由上海商务印书馆刊行。

江恒源编著《论理学大意》由上海大东书局刊行。

朱兆萃著《论理学 ABC》由上海世界书局刊行。

郭任远编《行为主义心理学讲义》由上海商务印书馆刊行。

郭任远著，黄维荣辑译《郭任远心理学论丛》由上海开明书店刊行，有黄维荣序。

郭任远著《心理学 ABC》由上海 ABC 丛书社刊行。

黄维荣著《变态心理学 ABC》由上海丛书刊行，有郭任远序。

陆东平著《辩论术 ABC》由上海世界书局刊行。

陈本文编《新主义评论》(上下册)由上海新主义研究社刊行。

任中敏著《革命与腐化》由上海民智书局刊行。

石成金等著《家庭宝鉴》由上海国光印书局刊行。

谢扶雅著《人格教育论》由上海青年协会书局刊行。

按:是书论述造就人才的正确途径。全书分人格之理想,人格教育之实际两卷。共6章:人格之意义,东西史上之人格观,现代人的人格,人格教育之范畴,人格教育之阶段,人格教育之工厂。

赵锦华著《一个前进青年的日记》由上海国光书店刊行。

谢扶雅著《宗教哲学》由上海青年协会书局刊行。

按:是书分宗教之起源与演进、宗教意识、宗教与玄学等5章。

谢颂羔著《宗教学ABC》由上海世界书局刊行。

燕京大学诸教授著《宗教论文集》由上海中华基督教文社刊行。

陶成章著《教会源流考》由广东广州国立中山大学语言历史学研究所刊行。

王博谦辑述,印光鉴订《学佛浅说》由上海佛学书局刊行。

太虚著《中国革命僧》刊行。

太虚著《自由史观》由上海群众图书公司刊行。

按:是书内含古近人类专权制度之原理,近代自由运动及尚未成功之故,佛陀现实主义之自由原理,以自由史观完成近代之自由运动等。共6章。

太虚讲,胡赓支、胡任支笔述《佛乘宗要论》由上海佛学书局刊行。

太虚著《大乘宗地引论》由上海光华书局刊行。

太虚著《佛教人乘正法论》由上海世界佛教居士林刊行。

王明道著《耶稣是谁》由北平灵食季刊社刊行。

杨道荣编《传道经验(第3集)》由中华信义会书报部刊行。

基督复临安息日会教育部编译《圣经与自然》由上海时兆报馆刊行。

圣教杂志社编《天主教传入中国概况》由上海土山湾印书馆刊行。

中华基督教教会著《宗教课程》(草案)由上海编者刊行。

大悲著《孝友感应录》刊行。

福幼报社编《福幼唱歌》由上海广学会刊行。

季理斐、李路德著《马太福音注释》由上海广学会刊行。

李问渔(原题李杕)著《默思圣难录》由上海土山湾印书馆刊行。

李圆净编《地藏菩萨本迹灵感录》由上海世界佛教居士林刊行。

李圆净编《印光法师嘉言录》由上海佛学书局刊行。

利玛窦著《畸人十篇》由上海土山湾印书馆刊行。

刘显亮著《观世音菩萨自陈圆通章俗注》由北平佛化居士会刊行。

陆基编(卜易新法)《王元占征验录》由天津刊行。

伦敦圣教书会著,窦乐安、农竹译《安乐家》由上海中国圣教书会刊行。

吕澂、印沧编《观所缘释论会译》由江苏南京支那内学院刊行。

吕澂、印沧著《理门论证文因轮论图解》由江苏南京支那内学院刊行。

吕澂著《集量论释略抄》由江苏南京支那内学院刊行。

倪柝声著《属灵人》刊行。

聂其杰著《辟邪篇》由上海聂氏家言旬刊社刊行。

聂云台著，杨慧镜选《人生指津》由上海聂氏家言旬刊社刊行。

欧阳竟无编《大般若波罗蜜多经叙》由江苏南京支那内学院刊行。

青年会世界协会著，应元道、袁访赍译《人神的呼应》由上海青年协会书局刊行。

上海时兆报馆编《安息日要论（国语）》由编者刊行。

世界佛教居士林编《大悲忏法仪规》由上海佛学书局刊行。

世界佛教居士林编辑处编《戒杀放生集》由上海编者刊行。

卫英士著《个人传道》由美华浸会书局刊行。

文明书局编《选吉易知》（上下册）由上海文明书局刊行。

伊文思著，时兆报馆编《因信称义》由上海编者刊行。

张亦镜著《真光丛刊》由上海中华浸会书局刊行。

赵怀信著《助善终引》刊行。

赵紫宸著《万方朝圣录（耶路撒冷大会记）》由上海中华基督教协进会刊行。

支那内学院编《内学》第 4 辑由江苏南京编者刊行。

季理斐、李路得著《马太福音新注释》由上海广学会刊行。

中华基督会办公处编《中华基督会会录（1926 年—1928 年）》由上海编者刊行。

谢受灵、辛鼎编《湘中二十五年（中华信义会湘中总会二十五周年纪念特刊）》（1902—1927 年）》由湖北汉口盛教印书局刊行。

中华基督教女青年会第一次全国大会编《中华基督教女青年会第二次全国大会纪录》由上海中华基督教女青年会全国协会编辑部刊行。

中华基督教宗教教育促进会编《儿童工作用书》（宗教教育书目 1）由上海编者刊行。

鲁智著《马克思主义的破产》由上海自由书店刊行。

何思源著《社会科学研究法》由上海商务印书馆刊行。

许任廉著《社会学书目论》由北京文化学社刊行。

常乃惪编《社会学要旨》由上海中华书局刊行。

杨幼炯著《社会学述要》由上海泰东图书局刊行。

朱亦松著《社会学原理》由上海商务印书馆刊行。

按：朱亦松在书中说："古往今来，没有一个时代，没有一处社会，没有它的特殊社会问题，各个时代和各处社会问题的性质，虽然也有许多共同的地方，但是它们的数量、范围和程度，在各个时代和各个社会里面，却是各个不同，而其形成某时代和某某社会的社会问题之各种原因，当然亦不能一一同。"

孙本文著《社会学 ABC》由上海 ABC 丛书社刊行。

孙本文著《文化与社会》由上海东南书店刊行。

孙本文著《社会学的领域》由上海世界书局刊行。

按：是书乃研究社会学入门之作，包括社会学的意义、社会学的性质、社会学的材料、社会学的问题、社会学的目标、社会学与社会科学的关系等 7 章。

蒋文鹤著《社会进化原理》由上海卿云图书公司刊行。

许德珩编《社会学概论》由上海商务印书馆刊行。

按：是书包括社会学的对象、社会学的方法、社会学的分类 3 章。

陈毅夫著《社会学的基本知识》由江苏南京印书馆刊行。

蔡毓聪著《社会调查原理及方法》由上海北新书局刊行。

按:是书分个案调查、户口调查、社会调查的史略、种类及组织、调查的人才、调查的表格、实用统计法等。

徐逸樵著《社会思想史 ABC》由上海 ABC 丛书社刊行。

徐宗泽编著《社会问题》由上海圣教杂志社刊行。

樊弘著《社会调查方法》由上海商务印书馆刊行。

何思源讲,林霖记录《社会政策大要》由广东广州中山大学政治训育部刊行。

蔡毓聪著《统计学 ABC》由上海 ABC 丛书社刊行。

按:是书分9章,介绍统计学史,统计资料的来源和集合,统计表编制法,统计图的种类和做法,平均数,变量,统计书报述要等。卷首有徐蔚南的"ABC 丛书发刊旨趣"及作者序言。

上海特别市市政府秘书处编《上海特别市市政统计概要(中华民国十六年度)》由上海编者刊行。

徐庆誉著《中国民族与世界文化》由上海世界学会刊行。

江绍原著《发须爪》由上海开明书店刊行。

周颂尧著《缠足》由四川成都著者刊行。

广州国立中山大学广西猺山采集队编《采集广西猺山报告及请辟猺山为学术研究所意见书》由编者刊行。

顾颉刚、刘万章编《苏粤的婚丧》由广东广州国立中山大学语言历史学研究所刊行。

周振鹤著《苏州风俗》由广东广州国立中山大学语言历史学研究所刊行。

萧汉编《扬州的传说》由广东广州国立中山大学语言历史学研究所刊行。

蔡炳章编《新村制》由上海有益书局刊行。

潘吟阁编《职业概况》由上海商务印书馆刊行。

顾树森编《英国职业指导》由上海中华书局刊行。

童振藻著《鸦片与卫生》由中华国民拒毒会云南分会刊行。

国立中央研究院社会科学研究所编《农村调查表》由江苏南京编者刊行。

刘仁航著《天下太平书》由上海泰东书局刊行。

严景耀著《北京犯罪之社会分析》由北平燕京大学社会学系刊行。

张镜予著《北京司法部犯罪统计的分析》由北平燕京大学社会学系刊行。

孙本文著《人口论 ABC》由上海 ABC 丛书社刊行。

按:是书分绪论、人口数量问题概观、人口增加率、土地利用的饱和度、移民的可能程度、生育限制、世界人口的将来、人口与国际关系、中国的人口问题等13章。

陈长蘅著《中国人口论》由上海商务印书馆刊行。

高廷梓著《人口政策》由广东广州中山大学出版部刊行。

房福安著《成府人口调查》由北京燕京大学社会学系刊行。

洪瑞钊著《革命与恋爱》由上海民智书局刊行。

蟾侪著《最新结婚学》由上海中国图书公司刊行。

曹雪松编《私生子问题》由上海群众图书公司刊行。

王光祈著《德国人之婚姻问题》由上海中华书局刊行。

刘远名著,李石岑校《爱的人生》由上海光华书局刊行。

柴福沅著《性爱 ABC》由上海 ABC 丛书社刊行。

陆简敬著《求是学社社刊》刊行。

陈筑山著《政治学纲要》由北京平民教育促进总会刊行。

倪竞存编《政治学纲要》由北京文化学社刊行。

萨孟武著，王世杰校阅《现代政治思潮》由上海商务印书馆刊行。

王恒著《中国政治思想纲领》由上海革新评论社刊行。

熊理著《尚书的政治学说》由上海学术研究会刊行。

易家钺著《国家主义概论》由上海商务印书馆刊行。

郭真编《社会主义概论》由上海励群书店刊行。

铁心编《社会革命论丛》由广东广州革新书局刊行。

肖治北著《大同主义下之世界改造问题》由著者刊行。

赵兰坪著《社会主义史》由上海商务印书馆刊行。

施存统著《目前中国革命问题》由上海复旦书店刊行，有自序。

施存统著《中国革命底理论问题》由上海现代中国社刊行。

徐江著《共产主义与中国》由进化出版部刊行。

徐庆誉著《评共四讲》由世界学会刊行。

郑介民编著《阶级斗争与民族解放》由黄埔同学会刊行。

孙中山著《中国存亡问题》由上海民智书局刊行。

孙中山著《孙总理全集》（第 2—4 册）由上海中山书店刊行。

三民公司编《三民主义考试问答一百条》由上海三民公司刊行。

孙中山演讲，汪协如句读《三民主义》由上海亚东图书馆刊行。

杨幼炯著《三民主义概论》由上海民智书局刊行。

张水淇著《三民主义与共产主义》由上海民生书店刊行。

陈彬龢编《三民主义考试指南》由上海彬彬书店刊行。

中国国民党浙江省党务指导委员会训练部编《三民主义的认识》由杭州编者刊行。

中国国民党浙江省党务指导委员会训练部编《总理遗著拾零》由编者刊行。

周佛海著《三民主义之理论的体系》由上海新生命书局刊行。

周履直著《废止遗产与三民主义》由上海中华书局刊行。

楼桐孙著《民权主义浅说》由新时代教育社刊行。

胡汉民著《三民主义之认识》由上海青春书店刊行。

胡汉民著《国民党民众运动的理论》由武汉中央政治会议武汉分会刊行。

按：是书内分一般的观察、舍三民主义外无民众运动的理论、民众运动的三大程度、阶级斗争的民众运动 4 节。

胡汉民著《胡汉民先生演讲集》由上海民智书局刊行。

胡汉民著《革命理论与革命工作》由中央政治会议武汉分会刊行。

严晶哉编《汪精卫与吴稚晖的论文集》由上海新时代书店刊行。

孟明编《吴稚晖陈公博辩论集》由上海复旦书店刊行。

吴稚晖著，陶乐勤编订《吴稚晖先生文粹》由上海全民书局刊行。

吴稚晖著《吴稚晖白话文钞》由上海中华书局刊行。

吴稚晖著《吴稚晖清党后之言论》由明星印刷局刊行。

大东书局辑集《党国要人最近的几封信》由上海大东书局刊行。

李煜瀛等著、郎醒石编《革命与反革命》由上海民智书局刊行。

大东书局辑《陈公博最近言论集》由上海大东书局刊行。

孟明编《陈公博先生最近论文集》由上海复旦书店刊行。

大东书局辑《党国要人戴季陶最近言论集》（上中下编）由上海大东书局刊行。

戴季陶讲《戴季陶讲演集》由上海新生书局刊行。

甘乃光、戴季陶演讲《中山大学政治训育丛书》由上海三民书店刊行。

大东书局辑《胡汉民最近言论集》（上下册）由上海大东书局刊行。

廖仲恺演讲《廖仲恺先生讲演集》由军事委员会政治训练部刊行。

吴山编辑《冯总司令演说词择要汇录》由上海道路月刊社刊行。

曾伯兴著《乙戊集》由上海著者刊行，书前有吴敬恒给著者的信。

大东书局辑《汪精卫最近言论集》由上海大东书局刊行。

中国国民党山西省党务指导委员会宣传部编《汪精卫先生最近言论集》由编者刊行。

何应钦、陈铭枢著，大东书局辑《何应钦陈铭枢最近言论集》由上海大东书局刊行。

三民公司编辑《冯总司令最近政见》由上海三民公司刊行。

邵元冲著《邵元冲先生演讲集》由上海商务印书馆刊行。

江西省政府秘书处总务科宣传股丛书编辑室编《到革命之路》由江西省政府秘书处总务科宣传股出版室刊行。

朱谦之著《到大同的路》由上海泰东图书局刊行。

李士刚编辑《帝国主义的真面目》由上海大东书局刊行。

刘岳峙著《本党革命根本理论之出发点》刊行。

佘精一著《党国的前途》由上海三民书店刊行。

首都各界总理逝世三周年纪念大会编《革命与自由》由江苏南京编者刊行。

唐宋元著《帝国主义与战争》由上海现代书局刊行。

王恒著《科学与民治》由国民革命军第四集团军前敌总指挥部政治训练部刊行。

徐天一著《今日之革命与革命者》由上海民智书局刊行。有孙中山语录代卷头语。

陈公博等著，中国国民党河北省党务指导委员会宣传部编《机会主义的第三党》由编者刊行。

戴德辉编《中国国民党的组织和训练》由江苏南京中央陆军军官学校政治部刊行。

高晶斋编《中国国民党史概要》由江苏南京中央陆军军官学校政治部编辑部刊行。

李宗黄讲《中国国民党党史》由上海民智书局刊行。有自序。

戴季陶讲《东方问题与世界问题》由上海爱智学社刊行。

邹容著《革命军》由上海民智书局刊行。

刘秉麟著《世界各国无产政党史》由上海商务印书馆刊行。

按：是书论述第一、二、三国际史及英、德、法、美、俄无产阶级党史，介绍奥地利、匈牙利、丹麦、荷兰及欧、亚、澳、南美等洲的无产阶级政党运动。

饶宝刚编《现代国际大势》由国民革命军第 11 军官教导队刊行。

第二集团军政治工作委员会编《中国国民党与民众运动》由编者刊行。

中国国民党浙江省党务指导委员会宣传部编《中国国民党的民众运动》由编者刊行。

中国国民党中央执行委员会民众训练委员会编《民众训练委员会规程汇编》由编者刊行。

中国国民党中央执行委员会宣传部编《国民政府与民众》由编者刊行。

黄诏年著《中国国民党商民运动经过》由上海三民公司刊行。

蓝玉光编《第三党讨论集》由上海黄叶书局刊行。

王乐平编《中国国民党的组织及训练》由编者刊行，有著者序及再序。

中国国民党上海特别市党部组织部编《中国国民党的基本组织》由上海编者刊行。

中国国民党中央组织部编《整理党务法令》由江苏南京编者刊行。

中国国民党第二次全国代表大会编《中国国民党整理党务之统计报告》由编者刊行。

中国国民党湖南省党务指导委员会宣传部编《中国国民党中央执行委员会第四次全体会议宣言及议决案》由编者刊行。

中央秘书处编《中国国民党第二届中央执行委员会第四次全体会议纪录》由编者刊行。

中央宣传部编《中国国民党宣言汇刊》由上海卿云图书公司刊行。

广州特别市党务指导委员会训练部编《党员训练丛刊》由编者刊行。

广东省党务指导委员会宣传部编《宣传工作》由编者刊行。

江宁县政府村政处编辑《江宁村制初编》由江苏南京编者刊行，有周浩序、秦亚修引言。

李宗黄著《模范之广州市》由上海商务印书馆刊行。

励志社编《励志社开幕纪念特刊》由江苏南京编者刊行。

南京特别市市政府秘书处编《一年来之首都市政》由江苏南京编者刊行。

陕西全省训政大会筹备处编《陕西全省训政大会汇刊》由编者刊行。

蔡炳章编《新村制》由上海有益书局刊行。

邓哲照编《全国人民十二要》由河南民政厅刊行。

国民外交丛书社编著《新疆问题》由上海中华书局刊行。

河北山东赈灾委员会编《河北山东赈灾委员会报告书》由上海编者刊行。

李长傅著《列强在中国之势力》由上海大东书局刊行。

任独人编《最近的中日问题》由广东广州刊行。

太平洋书店编译部编《国旗的历史及其意义》由上海太平洋书店刊行。

王朝佑著《中国与日本》由北京文美书庄刊行。

翁敬棠著《训政时期的民众运动问题》刊行。

章熊著《中华民国的内阁》由北平古城书社编译所刊行，有陈宝泉序及自序。

赵澍著《帝国主义在华侵略之分析》由中国国民党上海特别市党务指导委员会宣传部刊行。

中央训练部编《中央训练部部务汇刊》由编者刊行。

周鲠生编《革命的外交》由上海太平书店刊行。

庄病骸编著《外交思痛录》由上海进益学社刊行。

鲍鉴清著《组织学纲要》由文化学社刊行。

国民政府内政部编《行政精神》由编者刊行。

广东省民政厅编《广东警务状况》由编者刊行。

按:是书介绍广东警政的沿革,并收有各县市警务统计比较表,调查统计总、分表,以及整理广东警政意见书等,有李济深序和刘裁甫序。

国民政府内政部编《警察须知》由编者刊行。

河南民政厅编《警察勤务须知》由编者刊行。

河南民政厅编《警察要领》由编者刊行。

徐淘编著《警察学纲要》由上海法学社刊行。

中央警官训练班编《中央警官训练班讲义》由编者刊行。

董修甲著,冯雄校订《市组织论》由上海商务印书馆刊行。

国民政府内政部编《市政纲要》由江苏南京编者刊行。

徐淘编著《市政学纲要》由上海法学社刊行。

薛学潜著《政本论》(上下册)刊行。

马饮冰编著《都市政策论》由江苏南京美利生印书馆刊行,有何民魂、刘纪文、王伯秋序和著者序。

马元放编著《都市政治通论》由江苏南京钟山书局刊行,有初版自序、再版附言及王伯秋、刘纪文、何民魂序各1篇。附《考察日本政纪略》。

杨哲明著《都市论ABC》由上海ABC丛书社刊行。

杨哲明著《市政管理ABC》由上海ABC丛书社刊行。

孙绰章著《地方自治》由四川成都民力日报社刊行。

按:是书共7章,分述地方自治与各方面的关系,权限与范围,应举办的事务,进行的步骤,以及地方自治与中央的统一等。有自序一、二及再版自序。

楼荃等著《村农民协会之指导工作》由中国国民党浙江省党部农人部刊行。

贺扬灵编《农民运动》由中央党务学校刊行。

常熟县农民协会筹备处编《常熟农民》由上海编者刊行。

吴县农民协会筹备处编《吴县农民》由江苏吴县编者刊行。

唐仁著《农民问题大纲》由上海励群书店刊行。

中国国民党中央执委会民众训练委员会编《农民协会组织条例》由编者刊行。

自由丛书社编《革命之路》由上海自由书店刊行。

毕修勺著《一个贫农子的话》由上海革命周报社刊行,有吴敬恒、罗喜闻序及自序。

国民政府财政部驻沪调查货价处编《中国劳动问题之现状》由上海编者刊行。

国民政府财政部驻沪调查货价处编《各国劳工运动概观》由上海编者刊行。

国民政府财政部驻沪调查货价处编《劳工问题论丛》由上海编者刊行。

中国国民党中央执行委员会宣传部编《工人如何救国》由编者刊行。

国民政府财政部驻沪调查货价处编《瑞士德意志法兰西关于劳动协约之主要立法例》由编者刊行。

国民政府财政部驻沪调查货价处编《德国工厂议会运动》由上海编者刊行。

革命评论社编《革命评论全集》由上海复旦书店刊行。

范锜著《中国国民革命之使命》由上海民智书局刊行,有胡汉民序。

国立中山大学编《雪耻救国特刊》由编者刊行。

黄埔留日同学编《五月刊》由编者刊行。

王治焘编辑《国际劳工机关概要》由上海商务印书馆刊行。

夏渠撰述，郑毓秀校阅《国际联盟》由上海商务印书馆刊行。

曹庸方编著《童子军营地布置术》由上海勤社刊行。

文砥著《妇女问题的研究》由上海太平洋书店刊行，有著者卷头语。

天翯、剑波著《新妇女的解放》由上海泰东图书局刊行。

天翯、剑波著《妇女解放与性爱》由上海泰东图书局刊行。

陈东原著《中国妇女生活史》由上海商务印书馆刊行，有自序。

按：本书较系统地论述了自周以前至民国期间中国妇女生活的概况，对于宗法制度下妇女生活的悲惨状况作了特别深刻的揭露，并且分析其社会根源。作者希望此书能为向往新生活的妇女指明方向，同时唤醒封建卫道士，被认为是中国妇女史的开山之作。

陈维编辑《日本妇女运动考察纪略》由上海商务印书馆刊行。

赵风喈著《中国妇女在法律上的地位》由上海商务印书馆刊行。

景梅九著《男女问题讨论集》由革命图书社刊行。

中国国民党广东省党部青年妇女运动委员会妇女股编《三八节特刊》由编者刊行。

陆丹林编《市政全书》由上海中华全国道路建设协会刊行，有张维翰等序及自序。

戴季陶著《日本论》由上海民智书局刊行。

按：是书包括神权的迷信与日本国体、封建制度与社会阶级、武士生活与武士道、军阀与财阀的渊源、军国主义的实际、中日国际关系与日本的南进北进两政策等。

江苏省党务指导委员会编《日本问题研究集》由编者刊行，作者有萨孟武、张希真、周鲠生等。

宋树人编《新土耳其》由上海中华书局刊行。

王朝佑著《亚洲之日本》由北京著者刊行。

章渊若著《苏共改建论》由上海著者刊行。

按：是书包括苏俄民族发展历史的观察的基础、苏俄革命的原因和经过、李宁与苏俄革命、无产阶级专政、苏俄国体与政治、苏俄经济政策、苏俄底国际关系等。

白鹏飞著《法学通论》由上海民智书局刊行。

按：是书共4编，概述法、法系、法学，以及法律上的权利和义务。

朱采真编《法学通论》由上海世界书局刊行。

中华学艺社编《法制论丛》由上海商务印书馆刊行。

程树德编著《中国法制史》由荣华印书局刊行。

欧宗祐编《民法总则》由上海商务印书馆刊行。

董康著《刑法比较学》由上海法学编译社刊行。

国民政府法制局编《中华民国刑法》由江苏南京编者刊行。

陈茹玄著《民国宪法及政治史》由上海政治学社刊行。

按：是书共分为总论、清季之法治运动、中华民国临时政府之组织、临时约法时期、天坛宪法草案、袁世凯之新约法、新约法之施行与帝制运动之继起、临时约法复活时期、南北两政府之对峙、省宪运动之勃兴及其结果、国会第二次之恢复与曹锟宪法之完成、曹锟称总统至段祺瑞临时执政时期、执政府之瓦解至国民政府建都南京等13章。

刘经旺编《行政法要论》由编者刊行。

国民政府法制局编《国民政府现行法规》由上海编者刊行。

戴渭清编《国民政府新公文新法令汇编》由上海广智书店刊行。

河北省政府秘书处第四科公报股编《河北省政府法规汇编》由北平编者刊行。

上海特别市政府秘书处编《上海特别市市政法规汇编》由上海编者刊行。

安徽省政府秘书处编《安徽省现行法规》由安徽省政府秘书处刊行。

浙江省政府秘书处编《浙江省现行法规汇编》由杭州编者刊行。

宁波市政府编辑委员会编《宁波市政府现行法规汇编》由宁波编者刊行。

曾广棻著《国民军事通论》由上海最新军事图书社刊行。

按：是书分战争之起源、军事和政策之关系、战术和战略之解释、兵役法军制及军之阶级、兵役补充法及军之编制、海外作战之准备、开战时之准备及秘密之保持等。

刘炎编著《军事学术大全》由上海军事书局刊行。

朱执信著《士兵心理》由军事委员会政治训练部刊行。

中央陆军军官学校教授部编《列强青年之军事预备教育》由国民革命军军事杂志社刊行

吕思勉编述《日俄战争》由上海商务印书馆刊行。

陈真如讲《陈真如军长训话》由国民革命军第十一军司令部刊行。

黄埔陆军军官学校编《革命军军人须知》由上海武学书局刊行。

军官团政治训练部革命军人日报社编辑《革命军人日刊存稿》由国民革命军军官团政治训练部刊行。

蒋特生著《蒋特生主任讲演录》由国民革命军第二十九军政治训练部刊行。

喻士英著《野战实施之参考》由江西南昌印记印刷所刊行。

中央陆军军官学校政治部编《黄埔丛书》刊行。

黄埔同学训练科编《最近局势的转动与会员工作应有的趋向》由黄埔同学会刊行。

何应钦编《征兵制施行准备方案》刊行。

许崇灏编《战术应用作业之参考》由上海民智书局刊行。

孟宪章报告《第二集团军的过去及现在》由北平朝报社刊行。

军官学校编《操场野外实施笔记》由上海武学书局刊行。

刘秉粹编撰《革命军第一次东征实战记》由编者刊行。

李权时著《经济学 ABC》由上海 ABC 丛书社刊行。

李权时著《经济学原理》由上海东南书店刊行。

按：是书将通常的生产四要素论，扩展为生产五要素论，既在劳力、资本、土地、企业之外，增加"国家"，认为国家对于生产是不可缺少的要素。李氏的观点，受到当时一些学者的批评，如朱通九在《经济学季刊》1 卷 1 期上发表《批评李权时著经济学原理》；叶元龙在《国立中央大学法学院季刊》第 2 卷第 1 期上发表《评李权时先生的生产要素论》，因此，李权时在 1933 年 9 月的《经济学季刊》发表《生产要素论答客难》，对叶元龙的批评进行回应。1933 年 11 月 24 日，李权时在交通大学《统制经济基本理论》演讲时，对叶元龙的批评再次进行反驳。

赵兰坪著《近代欧洲经济学说》由上海商务印书馆刊行。

郑斌著《世界各国新经济政策》由上海商务印书馆刊行。

按：是书分 8 章，论述 18 世纪以来西方各国国内经济政策的演变，第一次世界大战后苏联的国有化政策及欧美各国的经济政策等。

韩亮仙编著《经济地理与国际问题》由上海民智书局刊行。

曾仰丰著《经济救国之研究》由四川自流井著者刊行。

宓汝卓著《近世欧美经济史》由上海爱文书局刊行。

王光祈编《战后德国之经济》由上海中华书局刊行。

按：是书叙述德国在第一次世界大战后八年来的经济变迁情形。

林子英著《实业革命史》由上海商务印书馆刊行。

李权时著《生产论》由上海东南书店刊行。

殷寿光著《分配论 ABC》由上海世界书局刊行。

杨子嘉著《对日经济绝交根本之商榷》刊行。

李权时著《消费论》由上海东南书店刊行。

赵人俊著《物价指数论提要》由财政部驻沪调查货价局刊行。

张徐谷编《会计学纲要》由上海广益书局刊行。

林襟宇著《改订审计法之我见》由著者刊行。

李剑华著《劳动问题与劳动法》由上海法科大学出版部刊行。

李剑华著《劳动问题与劳动法》（改订再版）由上海太平洋书店刊行。

国民政府财政部驻沪调查货价处编《劳工立法大要》由上海编者刊行。

高廷梓著《调剂劳资纠纷方法》由国立中山大学出版部刊行。

国民政府财政部驻沪调查货价处编《政府解决劳资争议之方法》由上海编者刊行。

国民政府财政部驻沪调查货价处编《苏俄劳动法》由上海编者刊行。

寿勉成著《合作法规》由上海中国合作学社刊行。

寿勉成著《合作原理》由上海中国合作学社刊行。

朱朴编《各国合作事业概况》由上海中国合作学社刊行。

李积新著《中国原有之合作制度》由江苏省政府农工厅合作指导员养成所刊行。

白敦庸著《市政述要》由上海商务印书馆刊行。

内政部编《促进市政计划书》由南京编者刊行。

唐启宇著《中国农业改造问题丛著》由上海中国农林学社刊行。

东省铁路经济调查局编《北满农业》由哈尔滨编者刊行。

严仲达著《耕者要有其田》由上海民智书局刊行。

刘宝书著《平均地权》由上海太平洋书店刊行。

中国国民党河北省党务指导委员会宣传部编《平均地权的讨论》由编者刊行。

张原絜编《土地问题浅说》由上海商务印书馆刊行。

唐启宇著《民生主义与土地问题》由江苏省政府农工厅合作社指导养成所刊行。

浙江省政府民政厅土地科编《浙江省政府民政厅土地特刊》由编者刊行。

龙商禧著《广东土地行政刍议》由江苏南京大功坊王吉源印刷号刊行。

湖北省政府财政厅编《经界三书》（中国经界纪要）由编者刊行。

湖北省政府财政厅编《经界三书》（各国经界纪要）由编者刊行。

湖北省政府财政厅编《经界三书》（经界法规草案）由编者刊行。

内政部编《全国土地测量调查登记计划书草案》由南京编者刊行。

国民政府内政部编《移民垦殖计划书》由编者刊行。

许振著《请以兵法部勒裁兵二十万人屯垦兴利铲除江北沿海荒地七百里匪蝗以谋建设

之计划》刊行。

王世颖著《农业合作 ABC》由上海 ABC 丛书社刊行。

陶昌善著《中国米谷问题之研究》由著者刊行。

陈騊声著《世界各国之糖业》由上海商务印书馆刊行。

杜时化、陈言编辑《浙江渔业建设会议特刊》由浙江渔业事务所刊行。

浙江省第二造林场宣传股编《林业浅说》第 2 期由编者刊行。

国民外交丛书社编《外国在华之经济侵略》由上海中华书局刊行。

王搏沙著《新中国建设政策之商榷》刊行。

刘光华编《实业计划摘要》由上海商务印书馆刊行。

苏易日编《实业计划辑要》由新时代教育社刊行。

潘序伦著《会计师业概况》由上海中华职业教育社刊行。

熊子奇著《中国革命的出路》由上海现代中国社刊行。

陈铭勋著《经济改造中之中国工业问题》由上海新时代教育社刊行。

丁文江著《中国官办矿业史略》由北平地质调查所刊行。

虞和寅编《矿业法草案》由南京农矿部刊行。

刘基磐著《湖南之锑业》由湖南省建设厅地质调查所刊行。

钟履坚著《中国酱业之危机》由江苏南京盐政讨论会刊行。

林振翰编辑《淮盐纪要》由上海商务印书馆刊行。

江西水利局编《江西水利局报告书》由编者刊行。

浙江省政府建设厅编《浙江省工厂一览表》由编者刊行。

杨得任编《中国近世道路交通史》由长春编者刊行。

国民政府交通部秘书处编《全国交通会议汇编》由编者刊行。

民国外交丛书社编《中国交通与外国侵略》由上海中华书局刊行。

霍宝树著《发展中国运输四计划》由编者刊行。

东省特别区路警处秘书室编《东省特别区路警处统计报告书》由东三省救济哈尔滨俄侨工厂刊行。

刘国安编著《军旅必携陕西交通挈要》由上海中华书局刊行。

翁文灏著《路矿关系论》由著者刊行。

南满洲株式会社编《满蒙与满铁》由满洲日报社刊行。

刘树藩、邹恩元著《最近满蒙铁路大势纪要》由江苏苏州振新书社刊行。

经济调查局编《东省铁路概论》由编者刊行。

俞凤韶讲演《招商局的历史》刊行。

孔祥鹅著《长途电话浅说》由湖北省政府建设厅刊行。

谢彬著《中国邮电航空史》由上海中华书局刊行。

按：是书为史地丛书之一。

赵文锐编《近世商业史》由上海商务印书馆刊行。

按：是书为新知识丛书之一。

唐启宇编《运销合作之经营》由江苏省政府农工厅合作社指导养成所刊行。

王世颖编《合作商店实施法》由上海中国合作学社刊行。

蒯世勋著《广告学 ABC》由上海世界书局刊行。

工商部、内政部编《国货运动》由编者刊行。

陈震异著《提倡国货论》由上海太平洋书店刊行。

上海总商会编《上海总商会概况》由编者刊行。

林振翰编著《盐政辞典》由上海商务印书馆刊行。

林有壬编《福建盐务概况》由上海利国印刷所刊行。

凌文渊编《省债》由北平银行月刊社刊行。

陈绩编著《公债纪要》由上海华商证券交易所刊行。

陈价著《整理财政意见书》刊行。

奚霨赓编著《财政学纲要》由上海法学社刊行。

魏颂唐编《财政学撮要》由浙江经济学会刊行。

按:是书分总论、支出论、收入论、收支适合论、财务行政论 5 编。通过对晚清以来我国的财政制度、法规及状况方面的考证与研究,阐明财政学基本原理。

邵金铎著《银价之研究》由上海学术研究会总会刊行。

金国宝著《中国币制问题》由上海商务印书馆刊行。

银行周报社编《废两改元问题》由编者刊行。

龚冠华编《中国纸币史》由编者刊行。

蒯世勋著《银行学 ABC》由上海 ABC 丛书社刊行。

卓宣谋编《农工银行救国论》由编者刊行。

冯熏著《经营银行概论》由江苏无锡锡成公司刊行。

侯厚培著《信用合作浅说》由编者刊行。

按:是书为合作小丛书之一。

武堉干编著《中国国际贸易史》由上海商务印书馆刊行。

金葆光编《海关权与民国前途》由上海商务印书馆刊行。

周培兰编《日本之关税制度与政策》由大连政治经济学会刊行。

中国国民党中央执行委员会宣传部编《关税自主与中国前途》由编者刊行。

李培恩编《关税自主问题》由上海商务印书馆刊行。

王效文编《保险学》由上海商务印书馆刊行。

按:是书分寿险、水险、火线、法律 4 编,讲述保险之源流、沿革、制度程序,各种保险之利弊,保险费之计算及契约之订立等。

陈掖神著《保险业概论》由上海商务印书馆刊行。

按:是书为百科小丛书之一。全书分 8 章,叙述保险的沿革、利弊、组织和保险的经营宗旨,以及各种保险业。

张九如、周翥青编《新闻编辑法》由上海中华书局刊行,有武进、蒋维乔的序。

按:是书分 3 卷,共 30 章。讲述编辑新闻的事例,鼓励儿童编辑新闻的兴味、供给儿童经营新闻事业的方法。有武进、蒋维乔的序及编者的《编辑儿童课余服务丛书旨趣》。

张静庐著《中国的新闻记者》由上海光华书局刊行,有著者序。

张静庐著《中国的新闻纸》由上海光华书局刊行,有著者序。

周孝庵著《最新实验新闻学》由上海时事新报馆刊行。

戈公振著《中国报学史》由上海商务印书馆刊行。

按:是书将中国报刊发展经历划分为四个时期,是我国现代第一部系统论述中国报刊历史的专著,被誉为"中国新闻史开山之作"。

周德文编《编辑平民报纸的经过》由中华平民教育促进会总会刊行。

黄梁就明著《教育学 ABC》(ABC 丛书)由上海世界书局刊行。

庄泽宣著《教育概论》由上海中华书局刊行。

按:是书论述教育之定义、教法与分级、课程与教材、学校制度、教育行政与经费等。

庄泽宣著《西洋教育制度的演进及其背景》由上海民智书局刊行。

孟宪承著《教育通史》(上下册)由国立中央大学刊行。

舒新城著《中国教育指南》(民国十五年)由上海商务印书馆刊行。

陈东原编《中国教育新论》由上海商务印书馆刊行。

陶行知等著,舒新城编《中国新教育概况》(教育丛书)由上海中华书局刊行。

陈彬龢著《谈谈教育》(一)由上海彬彬书屋刊行。

王凤喈著《中国教育史大纲》(北京师范大学丛书)由上海商务印书馆刊行。

按:是书为出版较早、影响较大的一部中国教育史专著,曾多次再版。1945年经重新编写改名为《中国教育史》,由国立编译馆刊行、正中书局印行,被定为"部定大学用书"。

舒新城编《近代中国教育史料》(1—4 册)由上海中华书局刊行。

按:是书辑录清同治初年到民国十五年间的教育史料。

中华书局编《中国教育辞典》(样本)由上海编者刊行。

余家菊等编《中国教育辞典》由上海中华书局刊行。

按:是书收教育原理、教育方法、教育行政、教育史传有关词汇,同时收录心理学、伦理学、社会学、生理学、哲学及生物学等学科中的重要词语,不以狭义教育学术为限。

国立中央大学民众教育院编《教育学术演讲汇编》(国立中央大学民众教育院丛刊)由编者刊行。

林励儒著《文化教育学》由北京文化学出版社刊行。

丰子恺著《艺术教育 ABC》由上海世界书局刊行。

陶行知著《中国教育改造》由上海亚东图书馆刊行。

按:是书全面反映了作者主张实行教学做合一的"生活教育"的目的、原则和实践方法,受到国内外教育界的普遍重视和高度评价。

朱翊新著《教育测验 ABC》(ABC 丛书)由上海 ABC 丛书社刊行。

张季信编著《教育行政》由江苏南京教育合作社刊行。

华超编《三民主义教育要览》(党化教育要览)(新时代民众丛书)由上海商务印书馆刊行。

张九如编《三民主义教育学》(新时代三民主义教育丛书)由上海商务印书馆刊行。

黄少文编著《三民主义教育的理论与实施》由上海青年书店刊行。

卢绍稷编《三民主义教育法》(百科小丛书)由上海商务印书馆刊行。

曹雪松编《三民主义教育实施法》由上海中山书店刊行。

李越著《三民主义教育训练大纲》(中山学会丛书)由上海三民书店刊行。

华超著《党化教育要览》由新时代教育刊行。

李越著《党化教育训练大纲》(中山学会丛书)上海三民书店刊行,有余精一序及著者序。

姜琦拟《解释党化教育草案说明书》刊行。

中华民国大学院编《现行中央教育法规汇编》由编者刊行。

中华民国大学院编《国民政府教育法规》由编者刊行。

国立中山大学编《全国教育会议提案》（广东教育厅、广西教育厅、国立中山大学提出）由广东广州国立中山大学刊行。

陶行知编《教学做合一讨论集》（晓庄学校丛书）由上海商务印书馆刊行。

范云六著《各科教学 ABC》（ABC 丛书）由上海 ABC 丛书社刊行，有徐蔚南的 ABC 丛书发刊旨趣。

邰爽秋著《学龄计算法》（广西教育厅教育丛刊）由广西南宁教育厅编译处刊行。

中华民国大学院编《大学院之工作报告与决算》（十六年度）由江苏南京编者刊行。

胡家健编《全国教育会议之回顾》由安徽安庆市教育局刊行。

中华民国大学院编《全国教育会议报告》由上海商务印书馆刊行。

河北省政府教育厅编《河北省政府教育厅行政辑要》由编者刊行。

山西省长公署统计处编《山西省第九次教育统计》（民国十三年度）由编者刊行。

陕西省教育厅编《陕西教育年报》（民国十六年度）由编者刊行。

中山大学教育学系编《江浙教育考察报告》由广东广州中山大学出版部刊行。

上海特别市政府教育局编《上海特别市政府教育局概况》由上海编者刊行。

上海特别市政府教育局编《上海特别市政府教育局十七年度施政大纲》由上海编者刊行。

江苏教育经费管理处编《江苏教育经费管理处概况》由编者刊行。

甘豫源编《江苏各县之教育财政》（义务教育丛刊）由江苏南京中央大学义务教育组委员会刊行。

中央大学区教育行政院义务教育组委员会编《中央大学区义务教育进行概况》由江苏南京编者刊行。

中央大学区教育行政院普通教育处编《普通教育计划》（中央大学区教育行政院丛刊）由江苏南京编者刊行。

中央大学区教育行政院普通教育处编《普通教育第一次统计报告》（中央大学区教育行政院丛刊）由江苏南京编者刊行。

中央大学区教育行政院普通教育处编《中央大学区普通教育暂行法规》（中等教育之部）（中央大学区教育行政院丛刊）由江苏南京编者刊行。

中央大学区教育行政院普通教育处编《中央大学区普通教育暂行法规》（初等教育之部）（中央大学区教育行政院丛刊）由江苏南京编者刊行。

南京特别市教育局编《一年来之南京特别市教育》由江苏南京编者刊行。

上海县教育局编《上海县教育局年报》（十六年度）由上海编者刊行。

国立浙江大学编《中华民国十五年度浙江省教育统计图表》由杭州编者刊行。

教育厅编《江西省政府教育厅暂行教育法规汇编》由编者刊行。

江西省教育厅编《江西省教育厅现行教育法规续编》由编者刊行。

陈礼江著《江西历行义务教育计划》由江西省政府教育厅刊行。

河南教育款产管理处编《河南教育专款独立略历及整顿计划》由编者刊行。

陈绍贤著《广东全省教育会议提案》由广东省立第四中学刊行。

建铭著《民国十六年之广西教育》由广西省教育厅刊行。

杨效春著《晓庄一岁》（晓庄丛书，陶行知主编）由上海儿童书局刊行。

杨效春编《晓庄学校与中国乡村教育》（晓庄丛书）由上海爱文书局刊行。

王志瑞编辑《新时代国语教授书》（1）由上海商务印书馆刊行。

裴玉瑞编《儿童的乐园》由上海中华基督教女青年会全国协会编辑部刊行。有郑盛组序。

张宗麟著《幼稚教育概论》由上海中华书局刊行。

按：是书内容包括我国幼稚教育之由来及其现状、幼稚教育发达史略、幼稚园课程、幼稚教师、幼稚园之设备等 9 章。

邰爽秋著《婴儿教养学校运动》（广西教育厅教育丛刊）由广西南宁教育厅编译处刊行。

王国元、汪期增编《小学训育实施法》（师范小丛书）由上海商务印书馆刊行。

赵宗预编《小学校的公民教育》由新时代教育社刊行。

俞子夷等编《初小算术四则测验》（第 1、2 类）由上海商务印书馆刊行。

黄兰贞等著《常识问答》（第 1 册）（儿童世界丛刊、儿童理科丛书）由上海商务印书馆刊行。

周逸林编《板制玩具图说》（小学适用工艺丛书）由上海商务印书馆刊行。

嵇宇经编《民间游戏》由上海商务印书馆刊行，有编者序。

殷子固编《游戏教学书》（初级平民学校）由上海中华平民教育促进会总会刊行。有作者导言。

魏冰心著《小学行政 ABC》（ABC 丛书）由上海 ABC 丛书社刊行。

李映惠著《乡村小学的农业课程》（金陵大学农林科农林丛刊）由江苏南京金陵大学刊行。

宜兴党化教育研究会编《中山信徒》（新时代党化教育丛书）由江苏宜兴新时代教育社刊行。

尚公学校编《尚公学校行政概况》由上海商务印书馆刊行。

南翔公学编《南翔公学二十年大事记》由上海编者刊行。

丁超编《燕子矶小学》（中华教育改进社丛刊）由上海商务印书馆刊行，有陶行知、张一麟序言。

中央大学实验小学校编《一个小学十年努力纪》由上海中华书局刊行。

苏州中学实验小学编《实验小学行政组织》（苏州中学实验小学丛书）由江苏苏州小说林书社刊行。

苏州中学实验小学校编著《实验小学政治训练实施法》由江苏苏州编者刊行。

国立中山大学附属小学校编《中山市组织法》（国立中山大学附属小学校丛书）由广东广州编者刊行。

国立中山大学附属小学校训育部编《中山市各部规程》（国立中山大学附属小学校丛书）由广东广州国立中山大学附属小学刊行。

国立中山大学附属小学编《学生信条》（国立中山大学附属小学丛书）由广东广州编者刊行。

中山市执行委员会制定编《中山市违警罚法》（国立中山大学附属小学丛书）由国立中山大学附属小学刊行。

国立中山大学附属小学编《中山市巡察团组织规程》（国立中山大学附属小学校丛书）由广东广州编者刊行。

国立中山大学附属小学训育部编《中大附小儿童活动》由广东广州国立中山大学附属小学校刊行。

邱椿译《中等教育基本原理》（广西教育厅教育丛刊）由广西南宁广西教育厅编译处刊行。

江西省政府教育厅普通科编《江西全省中等学校校长会议报告》由编者刊行。

私立北京汇文学校编《汇文年刊》（1928年）由北京编者刊行。

潞河年刊社编《潞河年刊》由河北通县私立潞河中学刊行。

上海中西女校编《墨梯》由上海编者刊行。

南洋模范中小学编《私立南洋模范中小学章程》由上海编者刊行。

上海县立敬业初级中学校第一小学校编《敬业概况初编》由上海编者刊行。

中央大学区立上海中学编《中央大学区立上海中学校一览》由上海编者刊行。

上海私立民智公学编《民智公学演讲集》由上海民智公学刊行。

黄炎培著《南满洲朝鲜职业教育之一斑》（中华民国十六年调查报告）由中华职业教育社刊行。

艾华编《城市贫民学校课程论》（城市贫民教育丛书）由上海中华平民教育促进会总会刊行。

晏阳初著《平民教育概论》由上海中华平民教育促进会总会刊行。

按：作者在书中指出："现在国家弄到这步田地，固然应该痛恨一般军阀、官僚、政客的祸国误民。……因为多数民众没有政治的知识，不知道国家是什么东西，和自身有什么关系？所以我们觉得现在应从速施行平民教育，提高民众知识，才有实现真正的民主政治的希望。"他还认为，中国不是没有人才，而是民众的脑矿未开。"平民教育是开脑矿最简单最适用的工具，使大多数人民均有受教育的机会；然后才有人去负担国家各种的责任。所以欲谋国家的发扬光大，惟有推行平民教育之一法。"

郑锦著《平民教育与平民美术》（平民教育丛书）由上海中华平民教育促进会总会刊行。

河南省民政厅编《平民教育手册》由开封编者刊行。有邓哲熙序。

汤茂如著《平民教育实施的试验》（平民教育丛书）由上海商务印书馆刊行。

汤茂如编《城市平民教育大纲》由北平中华平民教育促进会总会刊行。

汤茂如编《平民教育运动术》（城市平民教育丛刊）由北平中华平民教育促进会刊行。

按：平民教育，就是面向普通老百姓、面向广大中低收入者的教育。它注重每个人受教育机会和权利的平等，是以人为本执政理念的体现。与其相对的是精英教育，它考虑的是培养少数拔尖者，其结果是少数人获益。

刘拓编《城市平民生计教育》（平民教育丛书）由上海中华平民教育促进会总会刊行。

中华平民教育促进会总会编《平民学校教育实施法》由上海商务印书馆刊行。

赖成骧编《城市平民学校之测验》（城市平民教育丛刊）由上海中华平民教育促进会总会刊行。

汤茂如编《城市平民学校的教材》由上海商务印书馆刊行。

中华平民教育促进会总会编《平民学校教育实施法》由上海商务印书馆刊行。

中华平民教育促进会总会编《平民学校招生法》由上海编者刊行。

王骏声编《(教育中心)中国新农村之建设》(师范丛书)由上海商务印书馆刊行。

江恒源著《村治与农村教育》(农村教育丛辑)由中华职业教育社刊行。

储劲编《乡村教育》(师范小丛书)由上海商务印书馆刊行。

秦亚修编《农村教育》由上海大中书局刊行。

赵叔愚著《农民训练的理论和方案》刊行。

陕西省民众教育委员会编《陕西省民众教育委员会法规汇刊》由陕西编者刊行。

荷属华侨学务总会编辑委员会编《荷领印度华侨教育鉴》由荷属华侨学务总会刊行。

蒋湘青著《田径赛 ABC》(ABC 丛书)由上海 ABC 丛书社刊行。

王怀琪编《圆阵联络体操》(中国健学社体育丛书)由上海中国健学社刊行。

王怀琪编《青天白日庆祝体操》由上海中国健学社刊行。

李惠堂编《足球》由上海乐华体育书报社刊行,有冯少山、张伯苓、卢炜昌等序言。

王怀琪编《星球规则》由上海中国健学社刊行。

章乃器著《内功拳的科学的基础》由上海新评论社刊行。

严寿民编《乘马刍言》由上海文明书局刊行。

于照著《都门钓鱼记》(北京丛刊晨报丛书)由北京晨报出版部刊行。

胡光炜著《甲骨文例》由广东广州国立中山大学语言历史学研究所刊行。

王国维编,容庚重编《宋代金文著录表》由北平北海图书馆刊行。

邹炽昌编《国语文法概要》由上海商务印书馆刊行。

周辨明著《半周字汇索引》由福建厦门大学语言学系刊行。

按:此书介绍汉字分类索引方法。前为索引法说明,后为字表,收 6915 字。用半周索引法检字。

赵元任著《现代吴语的研究》由北平清华学校研究院刊行。

按:是书系中国第一部用现代语言学方法研究方言的著作。

张凤创编《张凤字典创造本》由张凤字典编辑所刊行。

按:此书的排检法为编者所创造,是一种由面及线到点的独特检索方法。

杨树达著《词诠》由上海商务印书馆刊行。

按:是书取古书中常用虚词 470 余个,首别其词类,次释其义训,再举例说明之。它是我国首部将现代汉语学与传统训诂学有机结合,系统详尽地研究文言虚词的专著。

瞿秋白著《中国拉丁化字母方案》由莫斯科中国劳动者共产主义大学出版部刊行。

王云五著《(第二次改订)四角号码检字法》(附检字表)由上海商务印书馆刊行。

陆尔奎、方毅编,王云五制号码《(四角号码)学生字典》由上海商务印书馆刊行。

按:此书收单字七千多个。采用第二次改订四角号码检字法检索。后附笔画索引。

黄士复、江铁主编《(合订本)综合英汉大辞典》由上海商务印书馆刊行。

方毅、马瀛编,王云五制号码《(四角号码)国音学生字汇》由上海商务印书馆刊行。

文明书局编辑《中华通俗新字典》由上海文明书局刊行。

胡怀琛编著《简易字说》由上海商务印书馆刊行。

马国英著《新旧国音辨异》由上海东方编译社刊行。

马国英著《新国语概论》由上海东方编译社刊行。

马国英著《新国音概要》由上海东方编译社刊行。

马国英编著《国音模范字读本》由上海东方编译社刊行。

陈柱编《国文比较研究法》由上海大夏大学刊行。

陈鹤琴编《语体文应用字汇》由上海商务印书馆刊行。

按：此书是通过对常用字的调查汇集的。编者阅读554478字的各类材料，收集重复出现率最多的异样字4261个，注明每字重复次数，使读者看出各字的使用率，知道哪些字是常用字。按部首编排。

陈复衡编《潮汕注音字集》由汕头大潮社刊行。

杨炳乾编《演说学大纲》（万有文库；百科小丛书）由上海商务印书馆刊行。

徐松石编著《演讲学大要》由上海中华书局刊行。

按：是书分概论、心理之考察、题目、材料、布置、体裁、登台演述等7编29章。

余楠秋著《演说学ABC》（ABC丛书）由上海ABC丛书社刊行。

李寅一编《讲演法的研究》（一名《讲演常识》）由上海现代书局刊行。

汪励吾编著《实验演说学》由上海人生书局刊行。

张冥飞编著《国文百日通》（下册）由上海中华国学研究会刊行。

朱剑芒编《（国民政府）公文程式大观》（1—6册）由上海世界书局刊行。

按：分公文要诀、政界、党部、军界、公团、杂项文件6编。

法政研究社编《公文程式全书》由上海法政研究社刊行。

按：包括军、政、商、学、农、工各界公文程式。卷首和书口书名题：《（增订）行政公牍》。书名前加题"国民政府最新适用"。

《（国府现行）公文程式大全》（1—4册）由上海民益图书局刊行。

按：此书共10编。包括公文程式总纲、分类说明、办理手续及各类公文、函牍等。书前有编例，书末附有关法令。

张九如编《初中写景文教学本》由上海商务印书馆刊行。

徐子长编《小学作文教学法》由上海商务印书馆刊行。

阮真著《中学国文教学的问题》由广西南宁教育厅编译处刊行。

《拉丁文学》（卷1位置论）由山东兖州天主教堂印书局刊行。

伍大光著《世界语运动拉杂记》由广东广州著者刊行。

盛国成编著《世界语全程》由上海开明书店刊行。

魏肇基著《英语发音学》（学艺丛书4）由上海中华学艺社刊行。

杨立诚编《英法德造句学之比较》由上海商务印书馆刊行。

王宠惠编《文学的英语读本》（第1—2册）由上海中华书局刊行。

王昌祉编《新中学高级英文典》由上海中华书局刊行。

汪震编《中等国文法》由北平文化学社刊行。

刘传厚编《（新式标点）分类实用白话尺牍大全》由上海文明书局刊行。

林语堂编著《开明第一英文读本》由上海开明书店刊行。

林语堂编著《开明第二英文读本》由上海开明书店刊行。

梁遇春译注《（英汉译注）英国小品文选》由上海开明书店刊行。

陈炳洪、梁得所译《爱的花园》由上海良友图书印刷公司刊行。

赵景深著《中国文学小史》由上海光华书局刊行。

胡适著《白话文学史》（上卷）由上海新月书店刊行。

按:是书分唐以前和唐朝(上)两编,阐述中国白话文学产生的背景,汉、唐两代白话文学的演变和发展(至元稹、白居易止)。原系著者在1921年第三届国语讲习所讲授国语文学史的讲稿,付出印前作了修改。胡适在《引》中说:"我为什么要讲白话文学史呢? 第一,我要大家知道,白话文学不是这三四年来几个人凭空捏造出来的。"它是"有很长又很光荣的历史的"。"我要人人都知道,国语文学乃是一千几百年历史进化的产儿。""第二,我要大家知道,白话文学在中国文学史上占一个什么地位。……白话文学史就是中国文学史的中心部分。中国文学史若去掉了白话文学的进化史,就不成中国文学史了。……这一千多年的中国文学史是古文文学的末路史,是白话文学的发达史。"

周群玉编《白话文学史大纲》由上海群学社刊行。

赵祖抃著《中国文学沿革一瞥》由上海光华书局刊行。

成仿吾、郭沫若著《从文学革命到革命文学》由上海创造社刊行部刊行。

张天化著《文学与革命》由上海民智书局刊行。

霁楼编《革命文学论文集》由上海生路社刊行。

按:以上三书汇聚了有关"革命文学"大论战的主要成果。

张子三(许杰)著《明日的文学》由上海现代书局刊行。

梁实秋著《文学的纪律》由上海新月书店刊行。

杨鸿烈著《中国文学杂论》由上海亚东图书馆刊行。

张若谷著《文学生活》由上海金屋书店刊行。

胡寄尘编著《文艺丛说》由上海商务印书馆刊行。

按:是书收《识宝回子和江西人(阿拉伯化的中国神话)》《读搜神记》《郑板桥的田家诗》《谈社会小说》《河伯娶妇志疑》《南社掌故》《有意味之俗语》《文坛秘录》等13篇有关中国文学的论文及资料。

李笠著《中国文学述评》由上海雅成学社刊行。

按:是书分何谓文学、文学之分类、文学之修养、文学与个性、文学与感情、文学与环境等6编。

刘师培著《论文杂记》由北平朴社刊行。

夏丏尊著《文艺论ABC》由上海ABC丛书社刊行。

按:是书分18章。重点论述文艺的本质、鉴赏、创作等文学基本问题。

陈子展(原题陈炳堃)著《中国近代文学之变迁》由上海南国艺术学院刊行。

刘大杰著《表现主义的文学》由上海北新书局刊行。

按:是书根据日本小池坚治《表现主义文学的研究》、北村喜八《表现主义的戏曲》和《德国文学十二讲》等书编成,分表现主义文学的主潮、表现主义文学的国家社会思想、表现主义剧的本源与特质、表现主义文学的弱点等7章。

华林著《文艺杂论》由上海南华书店刊行。

孙俍工编《文艺辞典》由上海民智书局刊行。

傅东华著《文艺批评ABC》由上海ABC丛书社刊行。

谢六逸著《神话学ABC》由上海世界书局刊行。

杨鸿烈著《中国诗学大纲》由上海商务印书馆刊行。

江恒源著《中国诗学大纲》由上海大东书局刊行。

傅东华著《诗歌原理ABC》由上海ABC丛书社刊行。

李维编《诗史》由北平石棱精舍刊行。

胡朴安著《诗经学》由上海商务印书馆刊行。

陆侃如著《宋玉》由上海亚东图书馆刊行。

古层冰著《汉诗研究》由上海启智书局刊行。

陈一百著《曹子建诗研究》由上海商务印书馆刊行。

汪静之著《李杜研究》由上海商务印书馆刊行。

顾彭年著《杜甫诗里的非战思想》由上海商务印书馆刊行。

刘大白著《旧诗新话》由上海开明书店刊行。

谭正璧著《诗歌中的性欲描写》由上海嘉定黄渡淞社刊行。

丁福保编《诗钥》由上海医学书局刊行。

靳德峻笺证《人间词话笺证》由北京文化学社刊行。

胡梦华、吴淑贞著《表现的鉴赏》由上海现代书局刊行。

金慧莲编《小说学大纲》由上海天一书院刊行。

茅盾(原题玄珠)著《小说研究 ABC》由上海 ABC 丛书社刊行。

培良著《中国戏剧概评》由上海泰东图书局刊行。

按:是书评述陈大悲、丁西林、胡适、田汉等人的作品,以及当时戏剧中的一些问题。

熊佛西著《佛西论剧》由北平朴社刊行。

蔡慕晖著《独幕剧 ABC》由上海世界书局刊行。

张若谷著《歌剧 ABC》由上海 ABC 丛书社刊行。

罗香林编著《粤东之风》由上海北新书局刊行。

钟敬文编《歌谣论集》由上海北新书局刊行。

顾颉刚编著《孟姜女故事研究集》(第 1 册)由广东广州国立中山大学语言历史学研究所刊行。

按:第 1 册收有顾颉刚的两篇论文《孟姜女故事的转变》《孟姜女故事的研究》及《自序》。1924 年 11 月,顾颉刚应《歌谣》周刊之邀,写出一万二千字的《孟姜女故事的转变》,刊于《歌谣》第 69 期。此文纯是纵向材料的排列,将孟姜女故事从春秋到北宋的发展过程,大致理出了个"系统"。此文一出,立刻引起了学界的关注。刘半农在 1925 年 1 月 11 日给顾颉刚的一封信中称赞说:"你用第一等史学家的眼光与手段来研究这故事;这故事是二千五百年来一个有价值的故事,你那文章也是二千五百年来一篇有价值的文章。"(《孟姜女故事研究集》第 2 册)

顾颉刚编著《孟姜女故事研究集》(第 2 册)由广东广州国立中山大学语言历史学研究所刊行。

按:第 2 册收有顾颉刚、吴立模等所著 8 篇短论和启事、插图等有关资料。其中较重要的文章有顾颉刚所著《杞梁妻哭崩的城》《杞梁妻的哭崩梁山》《孟姜女故事研究的第二次开头》等篇。

顾颉刚编著《孟姜女故事研究集》(第 3 册)由广东广州国立中山大学语言历史学研究所刊行。

按:第 3 册收入各地学者刘复、郭绍虞、钱肇基、钟敬文等写给顾颉刚的讨论信件 38 封,以及顾颉刚为其中 31 封信加的按语。这些书信和按语或对孟姜女故事提出了新的资料(有的还是非常重要的资料);或对资料进行考证,以及评价顾颉刚的论文,提出或讨论故事流传演变的一些问题。

顾颉刚编著《妙峰山》由国立中山大学语文历史学研究所刊行,有自序。

按:顾颉刚《自序》说:"这本《妙峰山》记录的妙峰山进香情形,是我们四年前在北京大学时的调查报告。……因为北京大学的经费太艰窘,所以这些报告文字竟没有汇合了出一专册的可能。现在靠着中山大学的力量,得纳入民俗丛书,使这许多调查得来的材料以及讨论出来的意义不至湮没失传,我真是非常的快乐!"

赵景深著《民间故事研究》由上海复旦书店刊行。

钟敬文著《民间文艺丛话》由广东广州国立中山大学语言历史学研究所刊行。

钟敬文编《歌谣论集》由上海北新书局刊行。

钱南扬编著《谜史》由广东广州国立中山大学语言历史学研究所刊行。

郁达夫著《敝帚集》(达夫全集第五卷)由上海现代书局刊行。

郁达夫著《奇零集》由上海开明书店刊行。

鲁毓泰著《茜萝之园》由上海华普书局刊行。

吴云著《近代文学 ABC》由上海 ABC 丛书社刊行。

阿英(原题钱杏邨)著《现代中国文学作家》(第 1 卷)由上海泰东图书局刊行。

柳亚子、柳无忌编《苏曼殊年谱及其他》由上海北新书局刊行。

谢六逸著《农民文学 ABC》由上海 ABC 丛书社刊行。

按:是书分 6 章,介绍俄国、爱尔兰、波兰、法国及日本等国的农民文学。

张圣瑜编著《儿童文学研究》由上海商务印书馆刊行。

赵景深编《最近的世界文学》由上海远东图书公司刊行。

茅盾(原题沈雁冰)著《欧洲大战与文学》由上海开明书店刊行。

钟敬文编《马来情歌》由上海远东图书公司刊行。

曾虚白著《英国文学 ABC》由上海 ABC 丛书社刊行。

曾仲鸣著《法国的浪漫主义》由上海开明书店刊行。

按:是书包括什么叫做浪漫主义、法国的浪漫主义及其时代、浪漫主义与革命、法国的浪漫主义的几个名家等 4 章。

刘大杰著《德国文学概论》由上海北新书局刊行。

按:是书分 9 章,分别论述上世纪二十年代以前的德国文学,重点评介莱辛、歌德、席勒、亨利·克莱司特、海勃尔、霍普特曼、苏德曼、汉森克洛甫、恺石等作家及其作品。

刘大杰编《托尔斯泰研究》由上海商务印书馆刊行。

顾均正著《安徒生传》由上海开明书店刊行。

刘大杰著《易卜生研究》由上海商务印书馆刊行。

按:是为中国学者评价易卜生的第一部专著,全面介绍了易卜生的生平和著作。

李金发著《意大利及其艺术概要》由上海商务印书馆刊行,有作者序。

邓以蜇著《艺术家的难关》由北京古城书社刊行。

张若谷编《艺术十二讲》由上海昆仑书局刊行。

丰子恺编《西洋美术史》由上海开明书店刊行,有编者序。

按:是书分古代、近代、现代三大部分,对原始时代、古代埃及、古希腊、古罗马及现代新兴美术各流派作了系统介绍。

萧石君编《西洋美术史纲要》由上海中华书局刊行。

按:是书分绪论、建筑、雕刻、绘画等编,叙述自古希腊至 19 世纪的西洋美术史。

丰子恺作《护生画集》由上海开明书店刊行。

丰子恺著《构图法 ABC》由上海 ABC 丛书社刊行。

王济远编《王济远个人绘画展览会出品图目》第 3 回刊行。

司徒乔绘《司徒乔去国画展》由上海艺术社刊行。

陈抱一绘《陈抱一画集》第1卷由上海开明书店刊行。

朱应鹏著《国画 ABC》由上海 ABC 丛书社刊行。

李寓一著《裸体艺术谈》由上海现代书局刊行。

李寓一编，何元校《写生画入门》由上海商务印书馆刊行。

陈万里摄《西雕壁画集》由上海良友图书印刷公司刊行。

鲁少飞作《北游漫画》由上海光华书局刊行，有季小波的序及作者自序。

秦岱源绘《微云草堂画存》由个人刊行，有侯毅序。

莽苍社编辑部编《秋林黄叶》由北平北京书店刊行，有编者序。

苏州美术专门学校、苏州美术馆刊行科编《沧浪美》由江苏苏州沧浪美术社刊行。

诸宗元著《中国书学浅说》由上海商务印书馆刊行。

按：是书分书体分析、笔法研究、字之结体及运用、学书之次第、中国历代制字之概述、中国历代书家与论书之概述等 11 节。

钱君匋编《摘花》由上海开明书店刊行。

须戒己编《工艺新教材》由上海商务印书馆刊行。

黄金槐著《西洋音乐浅说》由上海中华学艺社刊行，有著者序。

王光祈著《西洋乐器提要》由上海中华书局刊行。

顾子仁编《民间音乐》由编者刊行。

柯政和编译《口琴如何吹奏》由北平中华乐社刊行，有编译者序。

鹿原雪人编纂《昆曲皮簧盛衰变迁史》由上海泰东图书局刊行。

中华基督教青年会全国协会校会组编辑《(有谱)青年诗歌节本》由编者刊行。

白蕊先编，钱君匋、邱望湘校订《进行曲选》上下编由上海开明书店刊行。

刘诚甫编《(标注)音乐古赋》由上海群众图书公司刊行，有刘艺岗的序。

谢康编《新生》由上海商务印书馆刊行。

黎锦晖著《春天的快乐》(少女歌舞剧本)由上海中华书局刊行。

潘毅华编辑《黑奴魂》(又名《黑奴吁天录》)由上海毅华广告社刊行。

戴逸青编《和声与制曲》由上海中华书局刊行，有凌洪勋、傅彦长的序。

刘振修编《昆曲新导》(上下册)由上海中华书局刊行，有江恒源的序及编者自序。

青龙居士编《(中西对照)国乐新谱》(1—4 册)由上海形象艺术社刊行。

林泽苍、高维祥著《露光指南》由上海中国摄影学会刊行。

赵元任作曲《新诗歌集》由上海商务印书馆刊行。

顾子仁、谢乃王编辑，胡贻毂校订《(有谱)青年诗歌》由青年协会书报部刊行。

徐慕云编《梨园影事》由上海编者刊行。

赵景深歌，邱文藻曲《天鹅歌剧》由上海商务印书馆刊行。

刘湛恩、顾子仁编《新公民诗歌》(有谱)由上海青年协会书局刊行。

《革命歌》第1集由中国国民党北平特别市党务指导委员会宣传部刊行，有田玉珍的序。

钱君匋编《中国名歌选》由上海开明书店刊行。

沈良能编《透视学撮要》由上海土山湾印书馆刊行。

徐碧波编《红蝴蝶特刊》由上海友联影片公司刊行。

凌纯声、童之絃编著《霓裳羽衣》由上海商务印书馆刊行,有吴梅序及编者自序。

唐杰编著《跳舞的艺术》由上海良友图书印刷公司刊行。

许志豪、沈景然著《锣鼓秘诀》由上海大华书局刊行。

李白英编《民间十种曲》由上海光华书局刊行。

谢绍雄、莫仲夔编《歌舞集》由江苏无锡大同书局刊行,有徐乐山的序。

佟振家著《春秋乐趣》(歌舞剧)由北平文化学社刊行。

大华艺术社编《舞星艳影》由上海大华艺术社刊行。

王怀琪著《跳舞场》(一致训练游戏)由上海中国健学社刊行。

齐如山编《中国剧之组织》由北平北华印刷局刊行,有冯叔鸾、张厚载等人的序。

按:张厚载序文说:"余与高阳齐如山先生,订交在十余年前。其时先生已著《观剧建言》及《说戏》诸种。以欧西戏剧眼光,批判吾国曲艺。……盖先生少壮时,于技击无所不娴。又远游欧西各国,出入其歌场,研讨其剧本;返国后,更与诸老伶工商谈戏曲,熟知其掌故,洞悉其内容。故其剧学,奄贯中外,实为吾国近代最精湛之戏剧家。"

沈醉了作词,陈雪鸹谱曲《名利纲》(孩子们的歌剧)由上海开明书店刊行。

卢梦殊编《电影与文艺》由上海良友图书印刷有限公司刊行。

李璜著《历史学与社会科学》由上海东南书店刊行。

按:是书介绍西方研究历史的方法论,以便应用于中国史学研究,并强调历史学与经济、政治、法律、统计、宗教、社会等学科的关系。全书分历史学与社会科学、历史学方法论概论、欧洲文化史导言、历史教学法旨趣等4节。

王桐龄著《中国民族史》由北京文化学社刊行。

按:是书分上下两篇。上编"内延史",以汉族为主体,叙述中华民族对内融合事迹。下编"外延史",叙述中华民族对外发展事迹。书中记述几千年来汉族和其他民族融合同化的历史,论证中华民族的历史是各民族的共同史,中华民族是各民族的统一体。

张其昀著《中国民族志》由上海商务印书馆刊行。

陈公博著《中国历史上的革命》由上海复旦书店刊行。

常乃惪著《中国文化小史》由上海中华书局刊行。

按:是书叙述上古至1928年所谓"中国文化运动"的文化思想史。共15章,有:什么是中国文化、宗法社会与封建制度之进化、大帝国的出现、新文化成熟时代、海通以后的文化转变期、民国十七年来的中国文化运动鸟瞰等。

张亮采编《中国风俗史》由上海商务印书馆刊行。

瞿兑之编《汉代风俗制度史(前编)(中国文化史之一部)》由北平广业书社刊行。

冯节著《近百年国际政治史略》由上海商务印书馆刊行。

按:是书简述十八世纪末至巴黎和会的近百年国际政治史。

张廷休编《近代革命史概要》由上海民智书局刊行。

按:是书叙述英国、美国、法国、俄国、德国、土耳其和中国的革命运动。

梁冰弦著《现代文化小史》由上海出版合作社刊行。

按:此书原名"二十世纪之母"。再版时改为现名。

卫聚贤著《古史研究》(第1集)由上海新月书店、上海商务印书馆刊行。

陈垣著《史讳举例》由北平燕京大学燕京学报编辑会刊行,有自序。

按:是书分避讳所用之方法、避讳之种类、避讳改史实、因避讳而生之讹异等8节。初稿出来后,作者曾送胡适、杨树达、沈兼士、朱希祖等学者审阅,定稿时吸收了他们的部分观点和材料。作者《自序》说:"民国以前,凡文字上不得直书当代君主或所尊之名,必须用其他方法以避之,是之谓避讳。避讳为中国特有之风俗,其俗起于周,成于秦,盛于唐宋,其历史垂二千年。其流弊足以淆乱古文书,然反而利用之,则可以解释古文书之凝滞,辨别古文书之真伪及时代,识者便焉。盖讳字各朝不同,不啻为时代之标志,前乎此或后乎此,均不能有是,是与欧洲古代之纹章相类,偶有同者,亦可以法识之。研究避讳而能应用之于校勘学及考古学者,谓之避讳学。避讳学亦史学中一辅助科学也。……兹编所论,以史为主,体裁略仿俞氏《古书疑义举例》,故名曰《史讳举例》。……意欲为避讳史作一总结束,而使考史者多一门路一钥匙也。"

按:胡适《读陈垣〈史讳举例〉论汉讳诸条后记》说:"这书的第八卷详述'历朝讳例',使人知道避讳的制度是'渐臻严密'的。其间有宋人的最严制度,又有元朝的完全不避制度,又有明朝的由最轻进到天启、崇祯的稍严,又有满清一朝由顺治时的不避变成乾隆时的'以讳杀戮多人'。这个历史的沿革,是避讳学的最有趣又最有用的方面。必经严格的了解这古今的不同,避讳学才可以成史学的一种有用的'辅助科学'。此第八卷乃是避讳学的历史,又是它的骨干。其第五六七诸卷.都是依靠这历史的骨干,讨论避讳学的功用和流弊。陈先生此书,一面是结避讳制度的总账,一面又是把避讳学做成史学的新工具。它的重要贡献,是我十分了解的,十分佩服的。"(《胡适书评序跋集》,岳麓书社1987年版)

群众编辑部校点(标点注释)《读史论略》由上海群众图书公司刊行。

清国史馆修《清史列传》由上海中华书局出版。

郑振铎著《近百年古城古墓发掘史》由上海商务印书馆刊行。

按:是书分11章记述近百年世界各国对古代城市遗址、古墓的发掘史。其中有阿比多斯及埃及第一朝的陵墓、梦城、底比斯城及其死城、都丹喀门王墓、巴比伦南部的城国、巴比伦城、尼尼微、推来城、阿加绵农墓、克里特、巴力斯坦等城与陵墓。

米粟著《中山出世后中国六十年大事记》由上海太平洋书店刊行。

陈功甫著《中国最近三十年史》由上海商务印书馆刊行。

夏德仪编《中国近百年史》由编者刊行。

印维廉著《中国革命史》由上海世界书局刊行。

束世澂著《中法外交史》由上海商务印书馆刊行。

按:是书主要叙述法国对中国的侵略;法国强迫中国签订不平等条约;对中国的领土侵略、政治侵略、经济侵略以及中法之间的交涉事件等。

冯自由著《中华民国开国前革命史》由上海良友印刷公司刊行。

按:是书分上、中、下三编。共51章,从1895年广州起义至1910年黄复生、汪兆铭谋炸清摄政王止的革命史。两种版本内容一样,都载有章炳麟的序文,革命史编辑社版多收几幅照片。

冯自由著《中华民国开国前革命史》由上海革命史编辑社、重庆中国文化服务社刊行。

黄孝先著《帝国主义侵略中国史》(上下册)由上海商务印书馆刊行。

吴渔川口述、刘治襄记《庚子西狩丛谈》(清史秘本)刊行。

民报特刊编《天讨》由上海民智书局刊行。

中国孙中山劳动大学编《西方革命史》由编者刊行。

志光编《革命日志》由上海新宇宙书店刊行。

黄诏年著《商民运动沿革史》由上海三民公司刊行。

唐巨川著《日本蹂躏山东痛史》由上海大东书局刊行。

旭社编《济南惨案》由编者刊行。

第一交通大学学生会出版部编《济南惨案特刊》由第一交大校刊社刊行。

济南编辑社《五三国耻济案惨史》由编者刊行。

民众日报社编《民众日报济南特刊》由上海编者刊行。

李宗武编《济南惨案史》由上海开明书店刊行。

中国国民党中央执行委员会编《清党实录》由江南晚报刊行。

中国国民党中央党部职工后援会编《中国国民党中央党部职工一一二二惨案后援会特刊》(西山会议派黑幕专号)由编者刊行。

江西省党部改组委员会宣传部编《毋忘"一一二二"惨案》由编者刊行。

杭县妇女协会编《首都"一一二二"惨案始末纪略》由杭州编者刊行。

广州平社编《广州事变与上海会议》由编者刊行。

石明著《日本侵略下之满蒙》由上海大东书局刊行。

刘介著《苗荒小纪》由上海商务印书馆刊行。

河北新河修志局编《修志丛刊》由河北省新河县修志局刊行。

陈铭鉴著《西平县志稿之一斑》刊行。

陈天锡编,广东省实业厅主编《西沙岛东沙岛成案汇编》刊行。

林定平、邓伯粹撰述,邵元冲校阅《各国劳工运动史》由上海商务印书馆刊行。

傅彦长著《西洋史ABC》由上海世界书局刊行。

按:是书分希腊、罗马、东罗马帝国、法兰西、德意志、余论等10章。

陈叔谅著《世界大战史》由上海商务印书馆刊行。

按:是书共19章。叙述第一次世界大战的起因、经过和结果。书末附世界大战大事表、中国关于大战史书目录。

吕思勉《日俄战争》由上海商务印书馆出版。

傅彦长著《东洋史ABC》由上海ABC丛书社刊行。

顾因明编《马来半岛土人之生活》由上海暨南大学南洋文化事业部刊行。

陈恭禄著《印度通史大纲》由著者刊行。

柳克述著《土耳其革命史》由上海商务印书馆刊行。

自由丛书社编著《苏俄革命惨史》由上海自由书店刊行。

杨幼炯编著《俄国革命史》由上海民智书局刊行。

中国国民党广东省党务指委会宣传部编《十年来共产党专政下的苏俄》由编者刊行。

贺昌群著《英国现代史》由上海商务印书馆刊行。

金兆梓著《法国现代史》由上海商务印书馆刊行。

张惟骧著《太史公疑年考》由武进张氏小双寂庵丛书本刊行。

孙毓修著《班超》由上海商务印书馆刊行。

胡云翼著《浪漫诗人杜牧》由上海亚细亚书局刊行。

丁文江著《徐霞客先生年谱》由上海商务印书馆刊行。

陈东原著《郑板桥评传》由上海商务印书馆刊行。

刘汝霖著《崔东壁先生年谱》由北平文化学社刊行。

李警众著《宋渔父》由上海震亚图书局刊行。

李警众著《陈英士》由上海震亚图书局刊行。

李警众著《秋瑾》由上海震亚图书局刊行。

柳亚子、柳无忌编《苏曼殊年谱及其他》由上海北新书局刊行。

田士懿著《金石著述名家考略》刊行。

冯沅君著《张玉田》由北平朴社刊行。

暨南大学南洋文化事业部编《南洋华侨殖民伟人传》由上海编者刊行。

按：是书介绍明清两代在现印度尼西亚、菲律宾、缅甸、越南、泰国、马来西亚等东南亚国家近 20 位华侨领袖的生平经历。

奚楚明等编《中国革命名人传》由上海商业书局刊行。

按：是书收录陈肇英、蒋作宾、方鼎英、金汉鼎、夏斗寅、张森等 72 位民国时期人物小传。

蒋叔良编著《党国伟人轶事》由上海玫瑰书店刊行。

红豆生主编《当代革命伟人集》由上海革命军事新闻社刊行处刊行。

按：是书辑录国民政府政要人物蒋介石、胡汉民、汪精卫、戴季陶、于右任、孙科、何应钦等 52 人事略。

余牧人著《党国名人传》由上海天一书院出版。

广州特别市党务指导委员会宣传部编《总理伦敦被难概略》由编者刊行。

傅纬平编著《孙中山先生传略》由上海商务印书馆刊行。

陈彬龢著《新中国的救星孙中山先生》由彬彬书店刊行。

马眉伯编辑《中山故事》由上海商务印书馆刊行。

河北省政府宣传股编《总理传略》由编者刊行。

中国国民党广西省党务指导委员会宣传部编《总理革命事略及年谱》由编者刊行。

蕴璞等编辑《孙中山先生纪念写真》由蕴兴兄弟贸易公司刊行。

谭延闿辑《总理遗墨》第 1 辑由编者刊行。

衡阳人民纪念总理诞辰大会筹备处编《总理诞辰纪念特刊》由编者刊行。

中国国民党湖南武冈县党务指导委员会宣传部编《总理诞辰纪念特刊》由编者刊行。

邓子仪等著《总理逝世三周年纪念特刊》刊行，林霖作发刊词。

中央党部宣传部编《首都各界总理逝世三周年纪念特刊》由编者刊行。

中国国民党浙江省党务指导委员会宣传部编《陈英士殉难十二周年》由编者刊行。

彭兴道著《我退出共产党来底悲痛的回忆》由著者刊行。

三民图书公司编辑《冯玉祥革命史》由编者刊行。

简又文编《冯玉祥传记》由上海三民图书公司刊行。

张奋启著《冯总司令治军记》由上海三民图书公司刊行。

中国国民党浙江省党务指导委员会宣传部编《朱执信先生遗教》由编者刊行。

俞定著《威尔逊》由上海商务印书馆刊行。

冯承钧著《毅碑考》由上海商务印书馆刊行。

姚明辉著《禹贡注解》由上海吴兴读经会刊行。

佚名氏著《清太庙纪略》刊行。

火雪明编《上海城隍庙》由上海青春文学社刊行。

李升培著《先农坛古迹纪略》由北京内务部礼俗司刊行。

李升培著《天坛古迹纪略》刊行。

陈万里编《故宫图录》由上海良友图书印刷公司刊行。

申报世界旅行团编《申报世界旅行团》由上海编者刊行。

天津出版社编《天津要览》由天津编者刊行。

钱孟材著《东三省西比利亚新疆观察记》刊行。

钱孟材著《赴新考察记》由编者刊行。

陈德征著《日本研究丛书提要》由上海世界书局刊行。

戴东原著《日游萦思录》由上海元益公司刊行。

卓宏谋著《南洋群岛游记》由北平著者刊行。

黄强著《马来鸿雪录》由上海商务印书馆刊行。

抱朴著《赤俄游记》由上海北新书局刊行。

陈以一著《英西志美》由上海世界书局刊行。

陆农言编（最新）《南京游览指南》由上海中华书局刊行。

顾容展编（实用）《首都指南》由上海中正书局刊行。

徐寿卿编《新南京志》由江苏南京共和书局刊行。

周杰编《江西省一瞥》由上海商务印书馆刊行。

王桐龄著《陕西旅行记》由北京文化学社刊行。

王桐龄著《江浙旅行记》由北京文化学社刊行。

徐珂编《西湖游览指南》由上海商务印书馆刊行。

陈秉仁著《旅行江浙直鄂日记》由云南昆明市立职业中学刊行。

黄强著《五指山问黎记》由香港商务印书馆刊行。

黄强著《台湾别府鸿雪录》（上卷）由编者刊行。

沈鹏飞著《调查西沙群岛报告》刊行。

陈兼善著《气候与文化》由上海商务印书馆刊行。

谢颂羔编《文化的研究》由上海广学会刊行。

按：是书内分"文化的发展""文化的商榷"2卷，共4编，包括文化是什么、文化与人口、西方科学演进、新文化运动是什么、文明或文化、西方文明与中国、中国文化的根源和近代学问的发达等25章。

叶法无著《文化评价ABC》由上海ABC丛书社刊行。

杜定友著《学校图书馆学》由上海商务印书馆刊行。

马宗荣编《现代图书馆经营论》由上海中华学艺社刊行。

马宗荣著《现代图书馆序说》由上海中华学艺社刊行。

按：是书分6章，论述图书馆的意义、任务、沿革、类别，以及现代的图书馆等。

王云五著《中外图书统一分类法》由上海商务印书馆刊行。

沈学植著《图书馆学ABC》由上海ABC丛书社刊行。

按：是书分现在所需要的几种图书馆、图书馆组织和职务、图书选择与购置、图书馆公开的办法等10章。

王云五著《首笔号码索引法》由重庆香草书屋刊行，有张阅声、汪辟疆、孙伏园的序。

张九如、周翦青编《可爱的小图书馆》由上海中华书局刊行，有武进、蒋维乔的序。

钱亚新著《拼音著者号码编制法》由湖北武昌文化公书林刊行，有杜定友序、沈祖荣序及自序。

查士元等译《世界名著提要丛刊》由上海世界书局刊行。

任松如著《四库全书答问》由上海启智书局刊行,有自序。

按:是书介绍《四库全书》的历史、门类和有关重要文献。

张连枞著《国学读法》由云南图书馆刊行。

常识报馆编《常识大全》(第1集)由编者刊行。

姜泣群等编《日用百科常识》(1—6册)由教育图书馆刊行。

刘复编《北京光社年鉴》(第1册影印社员一九二七年作品)由北平光社刊行。有刘复的序。

鞠增钰著《四库总目索引与四库撰人录》由辅仁大学辅仁学志编辑会刊行。

梁凤楼等著《日用宝库》(军政商学各界适用)由中华新教育社刊行。

林敬斋著《知新杂录》(辑刊之四)由著者刊行。

叶德辉著《书林余话》由上海澹园刊行。

琴石山人编《稽古录》由会文堂书局刊行。

姚镛编《国民日用宝鉴》由上海文明书局刊行。

北平图书馆协会期刊联合目录委员会编《北平各图书馆所藏期刊联合目录》由编者刊行。

北京图书馆编《北京图书馆现藏中国政府出版品目录》(第1辑)由编者刊行。

浙江公立图书馆编《浙江公立图书馆年报》由编者刊行。

东三省博物馆编《博物馆陈列古物册》由编者刊行。

无锡县立图书馆编《无锡县立图书馆历年概况》由编者刊行。

中央大学国学图书馆编《中央大学国学图书馆第一年刊》由编者刊行。

上海正谊社宣传部编《正谊社六周纪念特刊》由编者刊行。

天声日报筹办七周年纪念册委员会编《天声日报七周年纪念册》由天声日报发行部刊行。

经训堂书店编《杭州经训堂书店旧书目录》(第1期)由编者刊行。

西泠印社编《西泠印社第二十五期书目》由编者刊行。

新亚书店编辑《新民国年鉴》由编者刊行。

中国书店编《中国书店戊辰年临时书目》由编者刊行。

中华书局编《中华书局古书碑帖书画目录》由编者刊行。

中华书局编《中华书局图书目录》由编者刊行。

[日]金子筑水著,蒋径三译《现实主义哲学的研究》由上海商务印书馆刊行。

按:是书乃金子筑水《现代哲学概论》一书的第2篇。现实主义(realism)现译为唯实论或实在论。本书论述从16世纪的英国感觉经验论起至美国的实用主义止的哲学。全书分4章:现代现实主义的渊源及发达,实证主义哲学,社会主义哲学的发达,实验主义。

[日]河田嗣郎著,潘大道译《社会主义哲学史要》由上海商务印书馆刊行。

[日]北村泽吉著《儒学概论》由上海商务印书馆刊行。

[日]波多野影著,杨正宇译《共同社会与利益社会》由上海太平洋书店刊行。

[日]波多野鼎著,徐文亮译《近世社会思想史》由上海开明书店刊行。

[日]田制佐重著,无闷译《社会思想概论》由上海太平洋书店刊行。

〔日〕冈崎文规著,阮有秋译《社会统计论》由上海太平洋书店刊行。

〔日〕长谷川万次郎著,阮有秋译《人类行动之社会学》由上海太平洋书店刊行。

〔日〕厨川白村著,夏丏尊译《近代的恋爱观》由上海开明书店刊行。

〔日〕丘浅次郎著,马廷英译《由猿群到共和国》由上海北新书局刊行。

〔日〕室伏高信著,沈茹秋译《共产主义批评》由上海开明书店刊行。

〔日〕山川均著,高希圣译《资本主义批判》由上海励群书店刊行。

〔日〕山川均著,施存统译《资本制度解说》由新东方书店刊行。

〔日〕松下芳男著,徐文亮译《资本主义与战争》由上海启智书局刊行。

〔日〕河上肇著,沈绮雨译《社会改革底必然性》由上海创造社刊行部刊行。

〔日〕安部正雄著,罗超彦译《普通选举与无产政党》由上海太平洋书店刊行。

〔日〕吉井清春讲演《关于对华政策失败的原因及今后应取的对策》由上海亚细亚和平研究会刊行。

〔日〕山田武吉著,周佩岚译《日本新番豢政策》由上海民智书局刊行。

〔日〕细野繁胜著,王慕宁译《日本并吞满蒙论》由上海太平洋书店刊行。

〔日〕河西太一郎著,佘叔奎译《世界农民运动之现势》由上海太平洋书店刊行。

〔日〕庄原达著,刘宝书译《农民与政治运动》由上海太平洋书店刊行。

〔日〕浅利顺次郎著,佘叔奎译《国际劳工问题》由上海太平洋书店刊行。

日本产业劳动调查所编,佘叔奎译《国际劳工运动之现势》由上海太平洋书店刊行。

〔日〕信夫淳平著,萨孟武译《国际纷争与国际联盟》由上海商务印书馆刊行。

〔日〕川原次吉郎著,李超桓译《英国费边协会发达史》由上海太平洋书店刊行。

〔日〕穗积重远著,李达译《法理学大纲》由上海商务印书馆刊行。

〔日〕穗积重远著,李鹤鸣译《法理学大纲》由上海商务印书馆刊行。

〔日〕河上肇著,温盛光译《马克思主义经济学》由上海启智书局刊行。

按:是书论述马克思主义经济学的基本观点,包括资本主义社会商品的生产和流通、生产力和生产关系的发展等。

〔日〕河上肇著,林植夫译《资本主义经济学之史的发展》由上海商务印书馆刊行。

〔日〕那须皓著,黄枯桐译《人口食粮问题》由上海新学会社刊行。

〔日〕安部正雄著,李达译《产儿制限论》由上海商务印书馆刊行。

〔日〕大野辰见著,高书田译《商业心理学》由上海商务印书馆刊行。

按:是书分别就商业活动范围中人们的知觉与记忆、注意与感情、意志与能力、个性与职业等方面的问题加以阐述。

〔日〕津村秀松著,彭耕译《经济学大意》由上海群益书社刊行。

〔日〕崛江归一著,陈家瓒译《国际经济问题》由上海商务印书馆刊行。

按:是书由作者一些讲演稿和论文汇编而成。按内容分为 10 章:世界和平与国民经济并国际经济、从世界经济上所见之日内瓦会议、对外债务废弃问题、欧洲经济复兴问题、世界和平与对华经济政策、英国之银行合并、国民经济与财政之交涉、经济政策上之退缩与进取、日本税法上之问题等。

〔日〕丸冈重尧著,佘叔奎译《世界资本主义经济之现势》由上海太平洋书店刊行。

〔日〕猪俣津南雄著,林伯修译《金融资本论》由上海创造社刊行部刊行。

〔日〕安川雄之助著《日华经济绝交利害问题》刊行。

〔日〕胜田主计著,龚德柏译《日本对华经济侵略之过去及将来》由上海吴越书店刊行。

〔日〕北泽新次郎著，朱应祺、朱应会译《劳动经济论》由上海泰东图书局刊行。

按：是书分 7 章。论述劳动问题的产生及其特征、失业问题、关于工资之各种问题、工会、解决劳动争议的各项制度、工厂法及有关劳动问题的各种思潮。卷末附录：主要工会纲领、同盟罢工统计、治安维持法、劳动争议调停法、工人募捐及取缔令等 10 种法令。

〔日〕野口著，黄昌言译《罢工与怠业》由上海中山书局刊行。

〔日〕佐藤宽次著，黄枯桐译《国际经济会议之农业问题》由上海启智书局刊行。

〔日〕安部矶雄著，佘叔奎译《土地国有论》由上海太平洋书店刊行。

〔日〕井村薰雄著，周培兰译《中国之纺织业及其出品》由上海商务印书馆刊行。

〔日〕户田海市著，周佛海、郭心嵩译《商业经济概论》由上海商务印书馆刊行。

〔日〕马场锼一著，李祚辉译《财政学新论》由上海太平洋书店刊行。

〔日〕细矢祐治著，资耀华译《信托及信托公司论》由上海商务印书馆刊行。

〔日〕上田贞次郎著，刘宝书译《产业革命史》由上海太平洋书店刊行。

按：是书简述英国产业革命的起源、意义、经过，当时英国劳工的状态，贵族与实业家、保守党与自由党等社会支配势力、阶级、集团的态度，以及 19 世纪末叶英国的社会主义和社会政策等内容。

〔日〕平林初之辅著，阮有秋译《资本主义文化与社会主义文化》由太平洋书店刊行。

按：是书分资本主义社会之文化、资本主义文化黑暗面、帝国主义之文化、社会主义文化之展望 4 章。有序言《资本主义以前的社会文化》。

〔日〕米田庄太郎著，王璧如译《现代文化概论》由上海北新书局刊行。

〔日〕青野季吉著，陈望道译《艺术简论》由上海大江书铺刊行。

〔日〕黑田鹏信著，丰子恺译《艺术概论》由上海开明书店刊行，有译者序。

〔日〕大村西崖著，陈彬龢译《中国美术史》由上海商务印书馆刊行。

〔日〕内堀维文著《日语读本》（1—4 册）由上海商务印书馆刊行。

〔日〕铃木虎雄著，孙俍工译《中国古代文艺论史》（上下册）由上海北新书局刊行。

〔日〕平林初之辅著，林骙译《文学之社会学的研究方法及其适用》由上海太平洋书店刊行。

〔日〕平林初之辅著，方光焘译《文学之社会学的研究》由上海大江书铺刊行。

〔日〕平林初之辅著，陈望道译《文学与艺术之技术的革命》由上海大江书铺刊行。

〔日〕厨川白村著，绿蕉、大杰译《走向十字街头》由上海启智书局刊行。

〔日〕内崎作三郎著，王璧如译《近代文艺的背景》由上海北新书局刊行。

〔日〕藤森成吉著，张资平译《新兴文艺论》由上海联合书店刊行。

〔日〕金子洋文著，沈端先译《地狱》由上海春野书店刊行。

〔日〕武者小路实笃著，章克标译《爱欲》由上海金屋书店刊行。

〔日〕前田河广一郎著，陈勺水译《新的历史戏曲集》由上海乐群书店刊行。

〔日〕武者小路实笃著，崔万秋译《母与子》由上海真美善书局刊行。

〔日〕石川啄木著，画室（冯雪峰）译《我们的一团与他》由上海光华书局刊行。

〔日〕谷崎润一郎著，杨骚译《痴人之爱》由上海北新书局刊行。

〔日〕菊池宽著，葛祖兰译《再和我接个吻》由译者刊行。

〔日〕细田源吉著，郑佐苍、张资平译《空虚》由上海新宇宙书店刊行。

〔日〕芥川龙之介著，汤鹤逸译《芥川龙之介小说集》由北平文化学社刊行。

〔日〕芥川龙之介著，黎烈文译《河童》由上海商务印书馆刊行。

[日]小岛勖著,郑佐苍、张资平译《平地风波》由上海乐群书店刊行。

[日]林房雄著,林伯修译《一束古典的情书》由上海现代书屋刊行。

[日]鹤见祐辅著,鲁迅译《思想·山水·人物》由上海北新书局刊行。

[日]本间久雄著,沈端先译《欧洲近代文艺思潮概论》由上海开明书店刊行。

[日]藏原惟人著,画室(冯雪峰)重译《新俄的文艺政策》由上海光华书局刊行。

[日]上田茂树著,柳岛生译《世界史纲》由上海创造社刊行部刊行。

[日]上田茂树著,刘叔琴译《世界史要》由上海开明书店刊行。

按:是书乃《世界史纲》一书的另一种译本。

[日]山内封介著,卫仁山译《俄国革命运动史》由上海太平洋书店刊行。

[美]杜兰著,谢颂羔编译《西洋哲学家的研究》由上海广学会刊行。

[美]顾西曼著,瞿世英译《西洋哲学史》(上下册)由上海商务印书馆刊行。

[美]华伦著,赵演、汪德全译《人类心理学要义》由上海商务印书馆刊行。

[美]华生著,谢循初编译《行为心理学大意》由译者刊行。

[美]卡里利著,水斯冰译《人类的解放》由上海北新书局刊行。

[美]卡侬著,臧玉海译《痛饥惧怒时的身体变化》由上海商务印书馆刊行。

[美]帕刻著,臧玉海译《脊椎动物的化学感觉》由上海商务印书馆刊行。

[美]怀爱伦著《得救指南》由广东汕头安息日会书报房刊行。

[美]怀爱伦著《拾级就主》由上海时兆报馆刊行。

[美]花友兰著《我之改奉天主教小史》由上海土山湾印书馆刊行。

[美]布来克马(原题白拉克马)著,陶乐勤译《社会学原理》由上海新文化书社刊行。

[美]拜得著,杨廉译《主要社会问题》由上海商务印书馆刊行。

按:是书包括新文化与旧文化、社会发展论、家庭之道德文化、妇女运动之意义、工作的精神化、健康之必要、宗教的社会功用、实业之社会化、国家主义之功用、国际主义之需要等15章。

[美]桑格著,陈海澄译《生育主义》由上海商务印书馆刊行。

[美]加罗威著,陈宝书译《恋爱与结婚》由上海商务印书馆刊行。

[美]Sana Swain著,徐海萍译《恋爱生理术》由上海新民图书馆兄弟公司刊行。

[美]吉来德著,刘鸣九译《家庭与社会》由上海商务印书馆刊行。

[美]安立德著,唐鸣时译《中国问题里的几个根本问题》由上海商务印书馆刊行。

[美]庞德著,雷沛鸿译《法学肄言》由上海商务印书馆刊行。

[美]嘉惠尔著,陈长衢译《美国现今的经济革命》由上海商务印书馆刊行。

[美]徐尔著,章鼎峙译《合作会计》由上海中国合作学社刊行。

[美]卜凯、乔启明著《佃农纳租平议》由南京金陵大学农学院刊行。

[美]怀特著,蒋凤五译《汽车运输学》由上海商务印书馆刊行。

按:是书原著27章,经译者删节后编为20章,内容包括:运货汽车与公共汽车的构造与给养,汽车运输公司与公共汽车公司的营业,出租汽车、汽车法规、车胎、车轮与拖车,成本会计,保险,公路,以及汽车与铁路的关系、汽车运输与经济的关系等。

[美]尼亚苓著,周谷城译《文化之出路》由上海新宇宙书店刊行。

按:是书另于1929年再版,泛论人类过去经济生活的情形,现代工业文明的流弊,以及将来应有的理想等文明进化问题。内分文化之来历、大革命、企业阶级之统治、劳动运动、文化时代之末运、新文明之模型6章。

［美］杜威著，邹韬奋译《民本主义与教育》(现代教育名著、大学丛书)由上海商务印书馆刊行。

［美］塞斯顿著，朱君毅译《教育统计学纲要》(美国实验教育丛书)由上海商务印书馆刊行。

［美］格利哥莱著，徐松石译《教授之七大定律》由上海中华浸会书局刊行。

［美］波比忒著，张师竹译《课程》(现代教育名著)由上海商务印书馆刊行。

［美］麦克乐、沈重威著《(新学制)体育教材》由上海商务印书馆刊行。

［美］尼林著，杜佐周译《苏俄的教育》(苏俄丛书)由上海民智书局刊行。

［美］尼林著，许崇清译《苏俄之教育》由上海商务印书馆刊行。

［美］孟禄编，刘建阳译《青年心理》由上海中华书局刊行。

［美］特尔曼著，张采真译《少年武士团》由上海商务印书馆刊行。

［美］派克著，邱椿译《小学初步阅读教学法》(广西教育厅教育丛刊)由广西南宁广西教育厅编译处刊行，有译者序。

［美］密利斯、密利斯夫人著，程其保译《中学教学法之研究》由上海商务印书馆刊行。

［美］伊利亚著，谢冰译《大学之行政》(现代教育名著)由上海商务印书馆刊行。

［美］孔好塞著，唐谷之译《学生学习法》(广西教育厅教育丛刊)由广西南宁教育厅编译处刊行。

［美］麦克洛著《普及游戏运动》由江苏省教育会体育研究会刊行。

［美］琉威松等著，傅东华译《近世文学批评》由上海商务印书馆刊行。

按：是书收法、德、英、美四国25位作者的文学评论文章45篇。

［美］欧亨利著，丝环译《欧亨利短篇小说集》由上海商务印书馆刊行。

［美］威廉著，张志澄编译《短篇小说作法研究》由上海商务印书馆刊行。

［美］得利赛著，张友松译《婚后》由上海北新书局刊行。

［美］巴洛兹著，李毓芬译《兽王豪杰录》由上海商务印书馆刊行。

［美］巴洛兹著，吴衡之译《倭城历险记》由上海商务印书馆刊行。

［美］巴洛兹著，吴衡之译《宝窟生还记》由上海商务印书馆刊行。

［美］巴洛兹著，张桐馆译《侵城历险记》由上海商务印书馆刊行。

［美］辛克莱著，坎人译《石炭王》由上海乐群书店刊行。

［美］爱马塞儿著，沈百英译《两只熊》由上海商务印书馆刊行。

［美］意斯门著，汉钟译《史达林与杜洛斯基》由上海民智书局刊行。

［英］娇德著，张嵩年译《现代哲学引论》由上海商务印书馆刊行。

［英］娇德著，张君劢译《心与物》由上海商务印书馆刊行。

［英］瑞查臣(原题列察臣)著，黄希声译《智力测验方法与实验》由上海商务印书馆刊行。

［英］黑斯廷斯编，上海广学会译《伦理宗教百科全书》由上海广学会刊行。

［英］龚斯德著，谢颂羔、谢颂义同译《实行的基督教》由上海广学会刊行。

［英］塔尼著，吴之椿译《近代工业社会的病理》由上海商务印书馆刊行。

［英］柏恩著，杨成志译《民俗学问题格》由广东广州国立中山大学语言历史学研究所刊行，顾颉刚作序。

按:是书包括土地与天空、植物界、动物界、超人间的存在、个人生活的仪式等17部分。书后附民俗学上名词的解释。作者的翻译旨在给国内从事民俗工作者提供从事调查时的"方法和手段",是田野调查的指南。

[英]霭理斯著,杨虎啸、金钟华译《霭理斯婚姻论》由上海美的书店刊行。

[英]司托浦司著,胡仲持译《结婚的爱》由上海开明书店刊行。

[英]柏尔曼著,许心武译《建筑合作运动》由江苏省政府农工厅合作社指导养成所刊行。

[英]韦廉士著,许炳汉译《商业史》由上海商务印书馆刊行。

按:是书叙述古代商业的形成与兴起,介绍中古时期的商业活动,16—17世纪的商业帝国,新、旧商业制度的不同特征,并概述各国的商业发展情况。末附:1.一九一三年与一九二三年之世界贸易;2.不列颠联合王国贸易之差额;3.一八二○年伦敦署名商人之请愿书。

[英]海登著,张东民译《科学与将来》由上海北新书局刊行。

[英]罗素著,李元译《科学的将来》由上海北新书局刊行。

[英]罗素著,李大年译《教育与人生》由上海启智书局刊行。

[英]李莱著,王倘译《团体游戏心理学》(师范小丛书)由上海商务印书馆刊行,有译者例言。

[英]肯斯黎著,清晨译《希腊神话故事》(一)由上海春潮书局刊行。

[英]王尔德著,徐培仁译《一个理想的丈夫》由上海金屋书店刊行。

[英]萧伯纳著,席涤尘、吴鸿绥译《武器与武士》由上海光华书局刊行。

[英]斯伟夫特著,韦丛芜译《格里佛游记》由北平未名社刊行部刊行。

[英]斐尔丁著,伍光建译《约瑟安特路传》由上海商务印书馆刊行。

[英]祁恩史屈顿卜土著,薛琪瑛译述《哥哥》由上海广学会刊行。

[英]迭更斯著,谢颂羔译《三灵》由上海商务印书馆刊行。

[英]迭更斯著,魏易编译《双城故事》由译者刊行。

[英]哈代著,虚白、仲彝译《人生小讽刺》由上海真美善书店刊行。

[英]王尔德著,虚白译《鬼》([英]王尔德小说集)由上海真美善书店刊行。

[英]王尔德著,杜衡译《道连格雷画像》由上海金屋书店刊行。

[英]道生著,朱维基译《道生小说集》由上海光华书局刊行。

[英]毕尔邦著,梁实秋译《幸福的伪善者》由上海东南书店刊行。

[英]罗斯金著,谢颂羔译《金河王》由上海开明书店刊行。

[英]非尔格莱夫著,滕柱译《新大陆》由上海商务印书馆刊行。

[英]司各脱著,钟建闳译《近代名人与近代思想》由上海商务印书馆刊行。

按:是书分《卢骚与人权》《拿破仑与治术》《梅特涅与专断》《勃朗与劳工权利》《穆勒与经济》《林肯与民治》《马克斯与社会主义》《威尔逊与万国联盟》等24章。分述每人的生平与思想。

[英]亚诺得著,周谷城译《战后世界政治之关键》由上海春潮书局刊行。

[爱尔兰]法纳·玛利亚述,张士泉译《耶教毕大尔夫人归正自述》由圣教杂志社刊行。

[德]尼采著,郭沫若译《查拉图司屈拉钞》由上海创造社刊行。

[德]辛迈尔著,黄新民译《德国社会学史》由福建厦门国际学术书社刊行。

[德]发尔亭著,陈淑甫、何贞爱译《性之支配问题》由上海泰东图书局刊行。

[德]柯诺著,朱应祺、朱应会译《马克斯的民族社会及国家概念》由上海泰东图书局刊

行,有译者小引。

[德]俺·伯亚著,胡汉民译《马克斯主义时代社会主义史》由上海民智书局刊行。

[德]考茨基著,黄惠平译《恐怖主义与共产主义》由上海新时代丛书社刊行,有译者的话和克鲁普斯卡亚《列宁论民族殖民地问题》。附录民族殖民地问题参考书目。

[德]柯诺著,朱应祺、朱应会译《马克斯的经济概念》由上海泰东图书局刊行。

[德]海涅著,段可情译《新春》由上海世界书局刊行。

[德]歌德著,郭沫若译《浮士德》由上海创造社刊行部刊行。

[德]夫赖塔格著,柯一岑译《新闻记者》由上海商务印书馆刊行。

[德]卫德耿著,汤元吉译《春器》由上海商务印书馆刊行。

[德]苏尔池著,潘怀素译《和影子赛跑》由上海创造出版社刊行。

[德]歌德著,郭沫若译《少年维特之烦恼》由上海创造社刊行部刊行。

[德]歌德著,黄鲁不译《少年维特之烦恼》由上海创造社刊行。

[德]施笃谟著,张威廉译《灵魂》由上海光华书局刊行。

[德]福尔歧著,钟宪民译《深渊》由上海现代书局刊行。

[德]海涅著,冯至译《哈尔次山旅行记》由上海北新书局刊行。

[德]尼采著,郭沫若译《查拉图司屈拉钞》由上海创造出版社刊行。

[德]Herminiaz　Muhlen著,王艺钟译《玫瑰花》由上海春野书店刊行。

[德]狄尔著,郑振铎译《高加索民间故事》由上海商务印书馆刊行。

[德]瓦德西著,王光祈译《庚子联军统帅瓦德西拳乱笔记》由上海中华书局刊行。

[法]邵可侣、[美]马斐煞著,袁振英译《革命与进化》由香港受匡出版部刊行。

[法]皮力葛著,韦荣译《国际劳动组织》由上海商务印书馆刊行。

[法]季特著,陶乐勤译《季特经济学》由上海泰东图书局刊行。

[法]赛亨利著,胡纪常译《近世资本主义发展史》由上海新月书店刊行。

[法]季特等著,孔宪铿译《罢工权研究》由广州民强印务局刊行。

[法]季特著,王世颖译《世界合作运动鸟瞰》由上海中国合作学社刊行。

[法]拉姆贝尔著,鲁彦译《花束》由上海光华书局刊行。

[法]刺外格著,杨人楩译《罗曼·罗兰》由上海商务印书馆刊行。

[法]嚣俄著,东亚病夫译《钟楼怪人》由上海真善美书店刊行。

[法]米尔波著,岳煐译《工女马得兰》由上海开明书店刊行。

[法]罗曼·罗兰著,夏莱蒂、徐培仁译《爱与死之角逐》由上海创造社刊行社刊行。

[法]维勒得拉克著《商船"坚决号"》由上海创造社刊行部刊行。

[法]本嘉曼公时党著,叶麐译《阿朵尔夫》由北京晨报出版社刊行。

[法]沙多勃易盎著,戴望舒译《少女之誓》由上海开明书店刊行。

[法]梅丽曼著,虚白译《神秘的恋神》由上海真善美书店刊行。

[法]哥谛蔼著,周颂棣译《克兰丽蒙特》由上海晨曦书社刊行。

[法]左拉著,东亚病夫译《南丹及奈侬夫人》由上海真善美书店刊行。

[法]左拉著,徐霞村译《洗澡》由上海开明书店刊行。

[法]法郎士著,杜衡译《黛丝》由上海开明书店刊行。

[法]法朗士著,金满城译《红百合》由上海现代书局刊行。

［法］法朗士著，李青崖译《波纳尔之罪》由上海商务印书馆刊行。

［法］莫泊桑著，顾希圣译《田家女》由上海光华书局刊行。

［法］莫泊桑著，旅翁译《兄与弟》（上下册）由上海商务印书馆刊行。

［法］葛尔孟著，虚白译《色的热情》由上海真善美书店刊行。

［法］罗曼·罗兰著，叶灵凤译《白利与露西》由上海现代书局刊行。

［法］安德烈·纪得著，穆木天译《窄门》由上海北新书局刊行。

［法］散颠著，［美］亮乐月译，余铁庵笔述《狱中花》由上海广学会刊行。

［法］卢骚著，张竞生译《卢骚忏悔录》由上海美的书店刊行。

［法］贝洛尔著，戴望舒译《鹅妈妈的故事》由上海开明书店刊行。

［法］巴里尔著，留余室主译《舞蹈术》刊行。

［法］马德楞著，伍光建译《法国大革命史》由上海商务印书馆刊行。

［法］希勒格著，冯承钧译《中国史乘中未详诸国考证》由上海商务印书馆刊行。

［俄］克鲁泡特金著，凌霜等译《近世科学和安那其主义》由上海克氏全集刊行社刊行。

［俄］杜加塞夫著，东省铁路经济调查局编译，翁文灏校《远东矿业》由编译者刊行。

［俄］特罗茨基著，韦素园、李霁野译《文学与革命》由北平未名社刊行。

［俄］科捷连斯基辑译，李伟森重译《朵思退夫斯基——朵思退夫斯基夫人之日记及回忆录》由上海北新书局刊行。

［俄］克鲁泡特金著，一波译《托尔斯泰论》由上海南华书店刊行。

［俄］安特列夫著，李霁野译《黑假面人》由北京未名社刊行。

［俄］屠介涅夫著，徐冰铉译《初恋》由上海北新书局刊行。

［俄］屠介涅夫著，顾绶昌、梁遇春译《浮士德》由上海北新书局刊行。

［俄］屠格涅夫著，涤尘译《爱西亚》由上海春潮社刊行。

［俄］屠格涅夫著，樊仲云译《畸零人日记》由上海开明书店刊行。

［俄］屠格涅夫著，黄维荣译《十五封信》由上海开明书店刊行。

［俄］屠介涅夫著，张友松译《春潮》由上海北新书局刊行。

［俄］屠格涅夫著，赵景深译《罗亭》由上海商务印书馆刊行。

［俄］安特列夫著，蓬子译《小天使》由上海光华书局刊行。

［俄］安特列夫著，嵇介译《七个绞杀者》由上海南华书店刊行。

［俄］安特列夫著，夏莱蒂译《七个绞死的人》由上海金屋书店刊行。

［俄］柯伦泰著，沈端先译《恋爱之路》由上海作兴书社刊行。

［俄］塞门诺夫著，张采真译《饥饿》由上海北新书局刊行。

［苏］苏柯罗夫著，朱应会译《俄罗斯的革命经过》由上海太平洋书店刊行。

［俄］朵思退夫斯基夫人著，李伟森译《朵思退夫斯基——朵思退夫斯基夫人之日记及回想录》由上海北新书局刊行。

［苏］高尔基著，宋桂煌译《高尔基小说集》由上海民智书局刊行。

［苏］高尔基著，朱溪译《草原上》由上海人间书店刊行。

［苏］高尔基著，效洵译《绿的猫儿》由上海远东书局刊行。

［波兰］廖抗夫著，李石曾译《夜未央》由广州革新书局刊行。

［波兰］廖抗夫著，蒂甘、石曾译《薇娜》由上海开明书店刊行。

［波兰］显克微支著，王鲁彦译《显克微支小说集》由上海北新书局刊行。

［波兰］显克微支著，叶灵凤译《蒙地加罗》由上海光华书局刊行。

［波兰］显克微支著，张友松译《地中海滨》由上海春潮书店刊行。

［波兰］华罗琛著，华通斋译《他与她》由上海商务印书馆刊行。

［意］艾儒略编《圣方济各第三会规》刊行。

［意］塞洛著，周颂棣译《永别了爱人》由上海光华书局刊行。

［意］科罗狄著，徐调孚译《木偶奇遇记》由上海开明书店刊行。

［意］费利俄著，孙茂柏、陶纤纤译《意大利勃兴中之墨沙里尼》由江苏南京大公印刷公司刊行。

［西班牙］伊巴涅思著，戴望舒译《良夜幽情曲》由上海光华书局刊行。

［西班牙］伊巴涅思著，戴望舒译《醉男醉女》由上海光华书局刊行。

［西班牙］柴玛萨斯著，沈馀译《他们的儿子》由上海商务印书馆刊行。

［比利时］梅德林克著《茂娜凡娜》由上海开明书店刊行。

［比利时］梅德林克著，古犹人译《媄娜娃娜》由上海光华书局刊行。

［瑞典］罗育德著《宣传正义之古先知阿摩司之研究》由中华信义会书报部刊行。

［西非］赫勒·马郎著，李劼人译《霸都亚纳》由上海北新书局刊行。

［荷兰］拂来特力克·望·蔼覃著，鲁迅译《小约翰》由北平未名社刊行。

［匈牙利］尤利渤海著，钟宪民译《只是一个人》由上海光华书局刊行。

［丹麦］安徒生著，赵景深译《安徒生童话集》由上海新文化书社刊行。

［挪威］易卜生著，徐鸪荻译《野鸭》由上海现代书局刊行。

［希腊］帕拉玛兹著，沈馀译《一个人的死》由上海商务印书馆刊行。

［奥］菲里波维奇著，马君武译《农业政策》由上海中华书局刊行。

［加拿大］谢尔孟著，［加拿大］云从龙译《文献里的耶稣》由上海协和书局刊行。

苏安伦编译《圣经函授考试问题（卷上·新约之部）》由中华信义会书报部刊行。

Robert Flint 著，郭斌佳译《历史哲学概论》由上海新月书店刊行。

A. Gasperment 著，孟斯铎述《路得传略》由河北献县刊行。

Henry Eyster Jacobs 著，伍礼德译《教义神学》上册由中华信义会书报部刊行。

Meads Maguire 著，季富德译《得胜的生活》由上海时兆报馆刊行。

S. M. Miller 著，唐秀德、陈建勋译《启示录之研究法》由湖北汉口中华信义会书报部刊行。

Bonamy Robref 著，徐霞村译《剧院的将来》由上海北新书局刊行。

孟杰原著，萨孟武译述《新国家论》由上海商务印书馆刊行。

戴乐仁著，李锡周编译《中国农村经济实况》由北平农民运动研究会刊行。

路易等著，施尔德译《组织学》由中国博医会刊行。

霍尔特夫人著，上海时兆报馆选译《蒙童团组织法》由上海时兆报馆刊行。

康斯特博著，张道藩译《近代欧洲绘画》由上海商务印书馆刊行。

马斯科尔文著，徐霞村译《艺术的将来》由上海北新书局刊行。

达马南著，金玛、陈雅译《善择地位规则》由上海土家湾印书馆刊行。

夫劣利要著，刘赖孟多译《圣克辣未尔传》由河北献县刊行。

松本隽著，吴钦泰译《东蒙风俗谈》由上海商务印书馆刊行。

约翰孙著,李安素译《中学教学指导法》(广西教育厅教育丛刊)由广西南宁广西省教育厅编译处刊行。

高登著,张天化译《赤俄游记》由上海民智书局刊行。

亚伯特·莫尔著,夏斧心译《儿童的性生活》由上海北新书局刊行。

森欧外著,画室(冯雪峰)译《妄想》由上海人间书店刊行。

碧丽蒂著,李金发译《古希腊恋歌》由上海开明书店刊行。

基葡特著,徐培仁译,杜衡校《沛生斯的海盗》由厦门国际学术书社刊行。

麦葛莱自述,邹恩润译述《一位美国人嫁与一位中国人的自述》由上海中华职业教育社刊行。

邢德著,陈共田述译《贺川丰彦评传》由上海中华全国基督教协进会基督化经济生活委员会刊行。

宓亨利著,岑德彰译《华侨志》由上海商务印书馆刊行,有顾维钧、邝富灼序及自序。

梅克洛弗尔曼著,汪今鸾译《挪威一瞥》由上海商务印书馆刊行。

无名氏著,伍光建译《杜巴利伯爵夫人外传》由上海商务印书馆刊行。

陈锦英译《人类怎样战胜天然》由上海商务印书馆刊行。

刘宝书编译《马克思与列宁之农业政策》由上海太平洋书店刊行。

查士元、查士骥编译《世界哲学名著提要》由上海新文化学会刊行。

黄玉斋编译《新国家学》由福建厦门国际学术书社刊行。

郭关居译《英帝国之将来》由广东广州民声社刊行。

按:是书评论英帝国的衰微,英美竞争,苏联工业化与中国革命对英国的影响,英国国内阶级矛盾尖锐化及帝国的分裂趋向等,认为英国的出路是推行战争政策。

魏国伟、陈建勋译《奥斯堡信条》由湖北汉口中华信义会书报部刊行。

查士元、查士骥译述《世界社会经济名著提要》第1—4集由上海新文化学会刊行。

赵仰夫译著《丹麦的农村建设》由上海新学社刊行。

查士元、查士骥编译《世界教育名著提要》(世界名著提要丛刊)由上海新文化学会刊行。有编者导言。

黄哲人编译《东西小说发达史》由福建厦门国际学术书社刊行。

杨成志、钟敬文译《印欧民间故事型式表》由国立中山大学语言历史学研究所刊行。

水沫社编译《法兰西短篇杰作集》(第一册)由上海现代书局刊行。

李金发著译《德国文学ABC》由上海ABC丛书社刊行。

按:是书从中古时期(十三世纪)起到现代止,分时代介绍代表作家的代表作。

叶灵凤辑译《新俄短篇小说集》由上海光华书局刊行。

曹靖华辑译《烟袋》由北平未名社刊行。

黎敬明等译《意大利的恋爱故事》由上海亚细亚书局刊行。

章铁民译《波斯故事》由上海北新书局刊行。

梁秋实译《阿伯拉与哀绿绮思的情书》由上海新月书店刊行。

叶灵凤辑译《九月的玫瑰》由上海现代书局刊行。

祝华译《淫毒妇》(侠情小说)由上海进步书局刊行。

范寿康编译《艺术之本质》由上海商务印书馆刊行。

陈望道译《文学及艺术之技术的革命》由上海大江书铺刊行。

美子译述《世界文艺批评史》由福建厦门国际学术书社刊行。

任白涛辑译《给志在文艺者》由上海亚东图书馆刊行。

田汉辑译《日本现代剧三种》由上海东南书店刊行。

刘大杰著译《寒鸦集》由上海启智书局刊行。

南京银光编译所编《电影万恶史》由江苏南京银光出版部刊行。

黄志诚、林默厂译著《交际跳舞术》由上海大东书局刊行。

张栩东编译《步兵指南》由北京武学书馆刊行。

赵会昌编译《欧战以来世界史》由保定河北大学刊行。

郭文山编译《现代日本岁时记》由北平中华法令编印馆刊行。

刘华式译《日俄海战史》由山东青岛海事编译局刊行。

刘叔琴编译《民众世界史要》由上海开明书店刊行。

按：此书据日本上田茂树的《无产阶级底世界史》一书编译而成。

左舜生编译《法兰西新史》由上海启智书局刊行。

郎醒石、张国人编译《法国革命史》由上海民智书局刊行。

程中行编译《土耳其革命史》由上海民智书局刊行。

魏易译述《元代客卿马哥博罗游记》由北京正蒙书局刊行。

问渠译《圣女若纳达尔克传》由上海土山湾印书馆刊行。

陈家瓒编译《福特传》由上海寻乐轩刊行。

秦翰才编译《成功人鉴》由上海商务印书馆刊行。

张仕章编译《青年模范》由上海广学会刊行。

张资平辑译《衬衣》由上海世纪书局刊行。

呐呐鸥辑译《色情文化》（日本小说集）由上海第一线书店刊行。

张资平辑译《草丛中》由上海乐群书店刊行。

顾树森编译《苏俄新法典》由上海中华书局刊行。

谢颂羔译《基督化人生的研究》由上海广学会刊行。

《办理安息日学之训言》由上海时兆报馆刊行。

《古经详解》（1—4 册）由兖州天主堂刊行。

《救灵近思》刊行。

《灵心小史——圣女小德肋撒自传》由上海土山湾印书馆刊行。

《青年风浪》由山东兖州天主堂刊行。

《圣母圣月》刊行。

《圣母瞻礼九日神工》刊行。

《童子圣体军要略》由上海土山湾印书馆刊行。

《耶稣言行纪略》由香港纳匝肋静院刊行。

五、学者生卒

卢戆章（1845—1928）。戆章名担，字雪樵，福建同安人。曾在新加坡半工半读，专攻英文。25岁回国定居厦门，以教书为业。曾应英国传教士之请，帮助翻译《英华字典》。1892年制成一套以拉丁字母为基础的汉语拼音方案——中国第一快切音新字，是近代中国第一个汉字拼音方案。又根据切音新字方案在厦门编印了切音新字课本《一目了然初阶》（《中国切音新字厦腔》）。次年又出版了上书的节本《新字初阶（厦腔）》。1898年应侵占台湾的日本总督之邀，赴台湾主持总督府学务三年。1906年再次进京具禀上奏《中国切音字母》一书，被外务部否定之后，愤然离京。途经上海时，把进呈本《中国切音字母》再次修改补充，更名为《北京切音字母》出版。其后，《中国字母北京切音合订》出版。1912年，被福建省选派为教育部读音统一会会员。1915年在厦门出版《中国新字》。1916年编成教科书《中华新字》。后应吴稚晖之邀，编制一套闽南闰音，并编成《闽南语注音字母、卢戆章中华新字字母、罗马字母对照表》。

按：《民国学案》第四卷《卢戆章学案》说："卢戆章是中国语文现代化运动之先驱，不仅创制了中国近代第一个拼音方案，而且在以下几个方面的理论和实践上也都做出了重要贡献。首先，他先后创制了多种拼音方案，揭开了清末切音字运动的序幕。其切音字还第一个实行分词连写和符号标调，并在所编切音字读物里加以实践。他创制切音字不是要取代汉字，而是要与汉字并用，通过注音帮助学习汉字。他所编的课本也都是切音字和汉字对照的读物。其次，在推行共同语方面，他于1892年提出了'语言一律'思想。先主张以南京话为标准，后又顺应潮流，改以北京音为标准，明确提出'认京音官话为通行国语'，第一次提出了'国语'的概念。其《北京切音教科书》里的读物也都是采用当时的京音官话写成的。再次，在实行白话文方面，提倡使用'男女老少雅俗通晓之文'，主张翻译中外书籍，采用横排横写和使用新式标点，并设计了一套标点符号，其中有1/3仍为今天所采用。最后，他还提出了汉字'趋易避难'思想。在这种思想指导下，其创造了大量简体俗字，其中很多与今天的规范简化字完全相同。卢戆章的切音新字方案和文字改革思想，为中国语文现代化奠定了基础。"

陈璧（1852—1928）。璧字玉苍，号苏斋，室名望嵩堂，福建闽县人。1877年进士。历任内阁中书、礼部郎中、监察御史、太仆寺少卿、顺天府尹，商部、户部、度支部侍郎，邮传部尚书等职。著有《望嵩堂奏稿》。陈宗蕃编有《陈苏斋年谱》。

李士鉁（1853—1928）。士鉁字嗣香，天津人。李春城次子。与兄李士铭为同科举人，1877年进士，为翰林院庶吉士，授编修，转翰林院侍读学士，历充文渊阁校理、武英殿提调、国史馆纂修等。著有《周易注》《金刚经注释》《三昧录》等。

时象晋（1854—1928）。象晋字樾皆，湖北枝江人。1885年参加乡试中副榜。1887年任云梦县教谕。1896年到日本考察教育。回乡创办枝江高等小学堂。1897年任安陆府训导。旋到罗田办学堂，又在武昌开办滋兰女学堂。曾先后在存古学堂、两湖师范学堂、工业学堂等校任史学教习。1903年在武汉参加拒俄运动。同年与湖北留学生在上海创办昌明公司，发行和翻印《猛回头》《警世钟》《湖北学生界》等宣传革命的刊物。1904年7月3日创办科学补习所。1906年任制台衙门文案。1908年11月12日与姚晋圻、张继煦等18人成立湖北史学会。1909年当选湖北咨议局议员。1911年武昌起义期间任红十字会会长，奔赴前线救护民军伤员。武昌起义成功后，任湖北省临时议会副议长、湖北军政府外交部参议、湖北军政府教育司副司长。1912年参与创办私立武昌荆南中学，并任首任校长。1913年至1916年任湖北省教育司司长，并兼任民政司司长。著有《非五行论》1卷、诗文集8卷。

辜鸿铭（1857—1928）。鸿铭名汤生，号立诚，别号汉滨读易者，自称慵人、东西南北人，祖籍福建省同安县，生于南洋英属马来西亚槟榔屿。精通英文、法文、德文、拉丁文、希腊文、马来文等9种语言，获13个博士学位。1905年任上海黄浦浚治局督办。1908年宣统即位，任外务部员外郎，后擢升为郎中、左丞。1910年1月被清廷赐为文科进士，辞去外务部职务,赴上海任南洋公学监督。1911年辛亥革命后,辞去公职。1913年任五国银行团翻译。1917年被蔡元培聘为北京大学教授,讲授英国诗歌和希腊文等课程。1919年五四运动时,与林纾等反对白话文运动。1924年至1927年应日本大东文化协会邀请,东渡讲学。回国后,被奉系军阀张作霖聘为顾问,又被委任为山东大学校长,未上任。1928年4月30日病逝于北京。曾翻译《论语》《中庸》和《大学》,并著有《春秋大义》《读易草堂文集》《中国的牛津运动》《中国人的精神》《张文襄幕府纪闻》等。

　　按:李玉刚说:"第一,在当时那种特定条件下,辜鸿铭凭借着同时代国人所鲜有的文化结构和精通西方语言的特出优势,对中西文化优劣与东西方文明是非等重要思想论题,曾经做了大量而有力的评骘与判别工作。在当时的中国思想界和文化领域,这无疑具有首开先河的性质和独一无二的作用。……第二,作为一位清末中国学者,辜鸿铭还是近代著名的翻译家(而这一点,则正是国人长期以来所不知或知之不详的)。其时,他曾以其'邃于西学西政'且精通多种西方语言文字的优势,向欧洲和西方社会译介了有关中国儒学经典,他当年这种'中学西传'的工作,并非仅只表现为语言翻译上的成功,尤以西人便于理解和接受的独特方式大受后者欢迎,以至他一时被视为中西文化的最佳沟通者。……第三,在那风雨如磐的十九世纪末二十世纪初,辜鸿铭曾在一定意义上担负了国人'在西方及英语世界的发言人'的特殊职任。当然,这里更多系指民间而言。……在这种条件下,正是这个深谙西学西政的辜鸿铭,起而对西方列强加诸给中国的炮舰政策和铁血外交,对西方来华传教士披着宗教外衣,合法地帮助其政府从事侵华活动的劣迹,利用西方报刊等传媒及通信,以堪称大量的西文文字给予了义正词严的大胆揭露。同时,对某些西方学者对中国历史文化的偏见及加诸给中国人民的民族歧视,也给予了不遗余力的激烈抨击。甚至他还充当'慈禧太后的义务律师',为清廷和西太后作出了种种迹近诡辩的护卫性辩白。""有此者三,则足使辜鸿铭在西方社会成为闻人了。"(李玉刚《狂士怪杰:辜鸿铭别传·引子》,人民文学出版社2002年版)

　　汪兆铨(1858—1928)。兆铨字辛伯,一作莘伯,晚号惺默,别署苌轩,室名苌楚轩、惺默斋,广东番禺人。少承家学,为陈澧入室弟子。曾任海阳县教谕、菊坡精舍学长、广雅书院总校及广东省教育会会长。工书画。著有《惺默斋诗》《苌楚轩诗集》等。

　　李长龄(1861—1928)。长龄字筱香,湖北天门人。早年攻读经史,后研习道、佛之学。中日甲午战争后,留心时务,提倡新学,先后任教于长沙明德学堂、武昌师范学堂。后加入湖北新军,为营部书记长。1905年参加日知会。1908年参与组织群治学社,后又参加文学社。武昌起义爆发时,积极筹饷募兵,旋任湖北军政府秘书,不久辞职。民国成立后,返回家乡从事教学。

　　丁毓瑾(1862—1928)。毓瑾字子瑜,山东黄县人。光绪年副贡。官江西候补知府。工古文词,善隶书,亦精鉴赏。著有《丁子瑜杂文》。

　　胡雨人(1868—1928)。雨人原名尔霖,字雨人,以字行,江苏无锡人。1898年考入南洋公学师范院,继又东渡日本进东京高等师范学校学习,并加入孙中山的同盟会。1902年回国兴办新学,与兄壹修共同创办"胡氏公立蒙学堂"(后改为胡氏公学),并附设女学。同时又在尤家坦设立师范传习所,以培养师资。1909年应聘为北京女子师范学堂教务长。1911年返回无锡参与光复无锡的革命活动,被推举为无锡县议会第一任议长。1912年受聘为江阴南菁中学校长。1913年又任北京女子师范学校校长。1913年又南下第二次担任南菁中学校长。1918年应荣德生的邀请,回锡创办公益工商中学,任该校第一任校长。1920年任太湖水利局参议和江浙水利联合审查员及江苏省水利协会研究员。1924年任宜兴中学校长。著有《江淮水利调查记》《淮沂泗实测蓝图》《太湖水利计划》等。

　　潘月樵(1869—1928)。月樵艺名小莲生,江苏扬州人。早年丧父,8岁到北京,入戏班,是夏奎章传门弟子。16岁以后长期在上海演出,为清末民初南派京剧代表人物。1908年与夏月恒、月润、月珊、月华兄弟创办上海新舞台,对传统京剧从舞台、戏装、道具、唱腔等方面进行改革,排演针砭时事的改良京剧有《四妆关胜》《四戏迷传》《血手印》《潘烈士投海》等。另有时装新戏《新茶花女》,共演20大本,采用光学机关布景,久演不衰。辛亥革命爆发后,曾率伶界同仁与上海革命党人分路围攻江南制造局,受到孙中山的表扬。1912年被陈其美委以调查部长职。后因参与"讨袁"斗争,遭到反动政府通缉。1928年病逝于常州。

杜之堂(1869—1928)。之堂,河北广宗人。曾受业于吴汝纶,后居天津,以律师为业。工书,摹柳公权《玄秘塔碑》,积数十年之工,深得其精髓。行草尤著,与华世奎、甘眠羊、赵元礼为天津四大书法家。著有《瀚华斋诗文稿》《广宗文史资料》《书法讲义》等。

徐珂(1869—1928)。珂原名昌,字仲可,浙江杭州人。1889年举人。1895年参加梁启超发起的"公车上书"活动。又加入柳亚子等创立的南社。1901年到上海,与蔡元培、张元济相交,任《外交报》编辑。后随该报一起成为商务印书馆编译所的职员。1904年任《东方杂志》主编。编有《清稗类抄》《清朝野史大观》《天苏阁丛刊》《康居笔记汇函》及《上海指南》《日用须知》《醒世文柬指南》《通俗新尺牍》等。

秦望澜(1870—1928)。望澜字少观,甘肃会宁人。1895年进士,历任兵部主事、贵川道及辽沈道监察御史。辛亥革命后.先后任参议院议员、国务院咨议、清史馆协修等职。著有《退想斋词》《三省九斋文集》《枝阳诗集》等。

胡家祺(1871—1928)。家祺字玉荪,直隶天津人。1897年中举人。1899年赴日本宏文学院学习师范。归国后,任天津府中学堂监督。又任天津天河初级师范学堂监督。1911年赴上海出席全国教育会联合会议,被推举为副主席。1913年参与发起成立直隶省教育总会,被推举为会长。后应山东按察使蔡儒楷之邀,任山东教育厅厅长。1916年任北京政府教育部总长范源濂的秘书。1918年被任命为安徽教育厅厅长,未就任。1919年调任江苏教育厅厅长。1922年辞职。

陈家鼎(1875—1928)。家鼎又名曾,字汉元,别署铁郎、毅君、汉辕等,湖南宁乡人。1892年举人。1898年入武昌两湖书院,与黄兴同学。1900年参与唐才常自立军起义。1902年进入日本早稻田大学攻读法律,协助黄兴创办湖南编译社。1904年加入华兴会。1905年加入同盟会。1906年与宁调元、龚铁铮等创办《洞庭波》杂志。1912年当选为南京临时参议院议员。工诗文,善书画。著有《百尺楼诗集》《半僧斋诗文集》《邯郸梦传奇》等。

赵叔愚(1889—1928)。叔愚原名崇鼎,字叔怡,河南新乡人。1908年进入南京汇文学院学习。1918年毕业于金陵大学农科。1921年任中华教育改进社董事。1922年赴美留学,入哥伦比亚大学,专攻乡村教育,1924年获硕士学位。回国后任国立东南大学教育科教授。1926年春,为改进农民生活,亲至昆山、金坛的农村做社会调查,同年任国立东南大学教育科主任,手订该系宗旨与课程,提倡大学生下乡。1927年初被国立中央大学聘任为民众教育院(在苏州)院长,兼任劳农学院筹备委员。3月与陶行知创办晓庄学校。8月将民众教育院由江苏苏州迁至无锡开原乡,以便在乡村生活中实验民众教育。9月不幸因病去世。

高仁山(1894—1928)。仁山,江苏江阴人。1911年就读于南开中学。1917年自费留学日本早稻田大学文科。1918年冬自费赴美国葛林纳尔大学学习教育。1920年毕业后进入美国芝加哥大学学习教育,获硕士学位。后赴英国,用半年时间调查英国26个城市的教育情况。随后又到德国、法国调查当地的教育和社会状况。1923 年回国后任北京大学教育系教授兼副系主任、系主任。1925 年 6 月在北京大学参加革命。与陈翰笙、薛培元、查良钊、胡适等人创办北平艺文中学,任首任校长。与陶行知创办《新教育评论》。曾是国共合作的国民党北京市党部负责人之一。1927 年任"北方国民党左派大联盟"主席。1927 年 9 月 28 日被捕,1928 年 1 月 15 日在北京天桥被奉系军阀张作霖杀害。其妻陶曾穀改嫁给蒋梦麟。著有《道尔顿制教学法》《北平艺文中学校道尔顿制实施概况》等。

马骏(1895—1928)。骏又名天安,字通泉,号淮台,吉林宁安县人。回族。1915 年考入天津南开中学,参加到周恩来等组织的"敬业乐群社"中,并两任该校演说会、学生讨论会及自治励学会的会长及义塾服务团总董及教务长。1919 年参加五四运动,当选为天津学生联合会副会长兼执行部长。9 月与周恩来、邓颖超、郭隆真、刘清扬等人一同发起成立觉悟社。11 月 10 日当选为全国各界联合会常务理事,在上海宣传革命。1924 年被派往苏联莫斯科中山大学留学,留学期间曾负责中山大学的中共党务组织。1927 年调回国,任中共北京市委书记。12 月因叛徒出卖而被捕。1928 年 2 月 15 日英勇就义。

向警予(1895—1928)。警予原名向俊贤,湖南溆浦人,土家族。1912 年考入湖南省立第一女子师范学校,两年后转入周南女校,并将名字改为向警予。1919 年秋参加毛泽东、蔡和森等创办的革命团体新民学会。同年 10 月与蔡畅等组织湖南女子留法勤工俭学会,成为湖南女界勤工俭学运动的首创者。12 月与蔡和森一起赴法勤工俭学。1920 年与蔡和森在法国蒙达尼结婚。1921 年底回国,1922 年初加入中国共产党,开始领导中国最早的无产阶级妇女运动。曾为党中央妇女部起草《妇女运动决议案》等许多重要指导文件,发表《中国最近妇女运动》《中国妇女宣传运动之新纪元》《妇女运动的基础》等大量论述妇女解放运动的文章。1925 年 5 月任中共中央妇女部主任,并当选为中共第四届中央局委员。10 月赴莫斯科东方劳动者共产主义大学学习。1927 年回国,在中共汉口市委宣传部和市总工会宣传部工作。同年 10 月任中共湖北省委党报《大江报》主笔。1928 年 3 月 20 日由于叛徒的出卖不幸被捕,5 月 1 日英勇就义。2009 年被授予 100 位为新中国成立作出突出贡献的英雄模范人物。

张秋人(1898—1928)。秋人乳名友表,学名慕翰,别号秋莼,浙江诸暨人。1920 年到上海,结识陈独秀、俞秀松等人,开始接触马列主义。次年加入社会主义青年团。1922 年初参加中国共产党。经陈独秀介绍,专程到长沙会见毛泽东。旋去衡阳任湖南省立第三师范英文教员。1923 年春指导和支持湖南"三师学潮"。因遭军阀迫害而回到上海。同年 8 月在中国社会主义青年团第二次全国代表大会上被选为团中央候补委员。1924 年 1 月任中共上海地方兼区执行委员会候补委员。6 月任团江浙皖区兼上海地方执委会秘书(书记)。9 月补选为团中央委员,任《中国青年》编辑。同时任上海非基督教大同盟领导成员。1926 年 3 月到广州,继毛泽东和沈雁冰之后,接任国民党政治委员会机关刊物《政治周报》编辑。《政治周报》停办后,到第六期广州农民运动讲习所任教员。调任黄埔军校政治教官,与恽代英、萧楚女并誉为"广州三杰"。"四·一二"反革命政变后,到武汉黄埔分校工作,与向警予等一起从事党的宣传工作。1927 年 7 月任中共浙江省委书记,9 月被捕。1928 年 2 月 8 日遇害。

夏明翰(1900—1928)。明翰字桂根,祖籍湖南衡阳,生于湖北秭归。1919 年在衡阳参加学生爱国运动。1921 年入湖南自修大学学习。1924 年任中共湖南省委委员,并负责农委工作。1925年兼任省委组织部长、农民部长和长沙地委书记。1926年12月主持召开湖南省第一次农民代表大会。1927年春任全国农民协会秘书长兼武汉中央农民运动讲习所秘书。6月调回湖南,任中共湖南省委委员兼组织部长。中共"八七"会议后,在湖南积极参加组织秋收起义。10月兼任平(江)浏(阳)特委书记。1928年初调任中共湖北省委常委。同年2月在汉口被国民党逮捕。3月20日英勇就义。就义前写下的诗:"砍头不要紧,只要主义真,杀了夏明翰,还有后来人。"1964年在排演大型音乐舞蹈史诗《东方红》时,在周恩来总理的建议下,夏明翰烈士的《只要主义真》与刘伯坚烈士的《带镣行》被合成雄浑悲壮的《就义歌》而广泛传唱。2009年被授予100位为新中国成立作出突出贡献的英雄模范人物。

石评梅(1902—1928)。评梅原名石汝璧,自号评梅,笔名冰华、淑雪,山西平定人。高君宇妻子。早年就学于山西省立女子师范学校,中间曾因参加学校风潮被开除。后来受"五四"新思潮影响,到北京求学。1919年入北京女子高等师范学校体育音乐系学习。1923年毕业后,任北师范大学附中女子部主任兼国文、体育教员。1926年以后,先后为《京报》和《世界日报》编辑《妇女周刊》与《蔷薇周刊》。著有短篇小说和散文合集《涛语》,散文集《偶然草》。另有小说《心海》《归来》《白云庵》《匹马嘶风录》《流浪的歌者》等。

按:王菲《恨别传统,向死而生——论石评梅的精神追求与文学创作》说:"石评梅是五四新文化运动中涌现的一位风格独特的女作家,虽然生命只有短短的二十七年,却在诗歌、散文、小说、戏剧创作领域留下了一系列卓有特色的作品,是五四时期新文学的重要成就。石评梅作为在新文化运动中觉醒的中国第一代知识女性,其独特的人生追求和文学书写,实现了由传统走向现代的涅槃式的'浴火重生';其文学史的意义就在于,以本真的生命书写形式,向世人真实地昭示了特定时代与历史文化背景下,一个女性先觉者在对人生苦难甚至死亡的思考与承担中完成其'向死而生'的精神裂变的过程与意义。"(浙江大学硕士学位论文,2011年)

罗亦农(1902—1928)。亦农字慎斋,湖南湘潭人。1916年考入美国人在湘潭创办的教会学堂益智学校学习。1919年夏到上海"边工边读",通过《新青年》《劳动界》等进步杂志,阅读大量宣传马克思主义的文章和介绍新思想的书籍,并认识陈独秀等人。1920年进入上海中国共产党早期组织创办的"外国语学社"学习俄语,同年8月和张太雷、俞秀松等人组织并加入中国社会主义青年团。1921年经上海中国共产党早期组织的介绍,与刘少奇、任弼时等同志一起赴莫斯科东方劳动者共产主义大学学习,同年冬加入中国共产党。1925年3月回国,任中共广东临时委员会成员,后任中共广东区委宣传部长,参与组织和领导省港大罢工。同年10月调北京任中共北方区委党校校长,12月起调任中共上海区执委会书记。1926年11月和1927年2月与赵世炎等人两次领导上海工人举行起义,均未成功。1927年5月至9月先后任中共江西省委书记、中共湖北省委书记。11月在中央政治局扩大会议上,被补选为中共中央政治局委员、常务委员,并兼任中央组织部部长。年底离开武汉前往上海中央所在地工作。为筹备召开党的"六大",负责起草《党务问题》的报告,并与瞿秋白一起拟写《党纲草案》。1928年4月15日因叛徒出卖,在上海英租界被捕,4月21日英勇就义。2009年被评为100位为新中国成立作出突出贡献的英雄模范人物。

陈乔年(1902—1928)。乔年,安徽怀宁人。陈独秀次子,陈延年胞弟。1915年先后在上海法语补习学校、震旦大学学习。1919年初支持其兄与无政府主义者黄凌霜、郑佩刚等人在上海组织无政府主义的"进化社",创办《进化》杂志,年底赴法勤工俭学。从1921年开始,在赵世炎、李立三等人的影响下,致力于马克思主义的研究。1922年加入旅欧中国少年共产党,同年转为中国共产党党员。参与《少年》半月刊的编辑工作。1923年兄弟俩在赵世炎的率领下,赴莫斯科东方大学学习。1925 年回国,任中共北京地委组织部部长、北方区委组织部部长。与陈为人等策划成立专为印刷中共北方区委机关刊物《政治生活》的印刷厂。1926 年 3 月与李大钊等一起发动和领导北京各界群众的大游行,反对八国的最后通牒,遭到北京政府的镇压,身负重伤。1927 年在中共第五次全国代表大会上当选为中央委员。调任湖北省委组织部部长。同年秋,调任中共江苏省委组织部部长。1928 年 2 月 16 日中共江苏省委机关遭到上海国民党反动派的破坏,陈乔年等被捕。6 月 6 日与郑复他、许白昊在上海龙华的枫林桥畔英勇就义。

李大春(—1980)、王文里(—1981)、陈椿元(—1982)、焦焕之(—1982)、毛兰木(—1990)、刘茂森(—1993)、范雨(—1993)、艾知生(—1997)、唐达成(—1999)、王正屏(—2000)、梅绍武(—2005)、杨德豫(—2013)、朱贵生(—2013)、刘中庸(—2013)、伍铁平(—2013)、宁可(—2014)、庞朴(—2015)、罗国杰(—2015)、周升业(—2015)、王尧(—2015)、周遵谔(—2015)、袁良义(—2015)、刘升平(—2015)、王孝忠(—2016)、楚庄(—2016)生。

六、学术评述

本年度是第二次国内革命战争时期(1927 年 8 月至 1937 年 7 月)第二年,也是始于 1926 年的北伐战争结束之年。一方面,国民政府北伐成功,北洋政府统治结束。6 月 8 日,北伐军攻占北京,北洋政府统治时期结束。10 月 8 日,国民党改组国民政府,采用行政、立法、司法、考试、监察五院制,蒋介石任国民政府主席,谭延闿为行政院长,胡汉民为立法院长,王宠惠为司法院长,戴传贤为考试院长,蔡元培为监察院长。国民党的“五权”体制正式开始运行。10 月 10 日,蒋介石就任国民政府委员会主席。至此,蒋介石集党政军首领于一身而至权力巅峰。12 月 29 日,东三省保安司令张学良通电宣布遵守三民主义,服从国民政府,改旗易帜,全国重新归于统一。另一方面,鉴于国民党对内依然血腥残杀共产党人,共产党的顽强斗争与武装反抗也在继续之中。4 月 28 日,朱德、陈毅等率南昌起义余部与毛泽东率领的湘赣边界秋收暴动部队在井冈山垄市会师,两支部队组成工农革命第四军。5 月 4 日,中国工农红军第四军成立,朱德任军长,毛泽东任党代表。同月,渭南县、华县万余农民在中共陕东特委领导和西北工农革命军、陕东赤卫队的支持下,于渭南县崇凝及其附近地区发动“渭华”起义,刘志丹、唐澍任成立了西北工农革命军。10 月 5 日,中共湘赣边界第二次代表大会通过毛泽东起草的《中国共产党湘赣边界第二次代表大会决议案》,首次提出了“工农武装割据”的重要思想。12 月,湘赣边界工农民主政府颁布《井冈山土地法》,规定没收一切土地归苏维埃政府所有。同月 11 日,彭德怀、滕代远率领红军第五军到井冈山与红四军会师,壮大了井冈山的武装力量。共产党武装反抗的两大区域是在江西与陕西,从江西到陕西的两区之间,即构成了未来的长征之路。

上述政治格局的重大变化,对于当时及其后学术产生多方面的影响:一是从“党化教育”转向三民主义教育;二是大学院制的推行、终结与回归;三是中央研究院建设的实施与推进;四是相关大学的创立、升级、更名与改制;五是有关教育文化法规制定与导向。这里再谈一下本年度学潮再高涨的问题。先是 5 月 3 日日军在山东济南大肆残杀中国军民及外交官员,酿成震惊中外的“济南惨案”。随后,南京、上海、北京、天津、浙江等地学生纷纷集会,筹组学生军,抗议日本出兵济南,残杀我同胞之暴行,全国学潮再次高涨,而后又与反对京师大学改为中华大学的学潮交织在一起。6月8日,南京国民政府举行第七十次会议,决议:京师大学改为中华大学,任命蔡元培为校长,未到任时,以李石曾署理。同日,任命吴敬恒为国立中央大学校长。京师大学改为中华大学,遭到北京大学学生的坚决反对。同月,蔡元培向国民党五中全会提议取消青年运动,解散学生组织。全国学生会筹备处、上海市学生联合会发表宣言或致函蔡元培,表示反对。8月16日,以京师大学改为中华大学遭到北京大学学生的坚决反对,南京国民政府迫于舆论压力,又将中华大学改称为北平大学,隶属北平大学区。北京大学师生对此仍强烈反对,坚决要求恢复原有校名和组织,表示绝不受北平大学区的管辖,并组织恢复北京大学委员会,领导复校工作,学校的教学活动完全停顿。10月8日,国民政府任命李石曾为国立北平大学校长。11月29日,北京大学学生反对大学区制,向国立北平大学校长李石曾请愿,举行游行示威,要求恢复北京大学,增加经费,恢复公费。12月1日,国立北平大学李石曾派员率武装兵士接收前北京大学,为学生所拒。12月5日,教育部就北京大学学生反对大学区制,维护北京大学事,电令北平大学警告学生勿为"共产党利用",应悉心为学,即期悛悔,否则即当依法制裁。应该说,蔡元培极力推行大学区制,本来就是一个错误的决策,而他要维护这个错误的决策,必然以牺牲北京大学的稳定发展以及引发原有高等教育体系混乱为代价。10月24日,南京国民政府令大学院改为教育部,任命蒋梦麟为教育部部长。从大学院制向教育部体制回归,说明蔡元培、李石曾参照法国而发起的大学区、大学院制改革最终归于失败,但在改革过程中以及召开全国教育大会期间出台的一系列教育法规、政策,成效还是应予充分肯定。以大学建置改制为例:1月,中华民国大学院采纳艺术教育委员会提案,在杭州创办国立艺术院,直属于中华民国大学院。2月10日,中华民国大学院令广州第一中山校名永远定名为中山大学。同日,中华民国大学院令国立第四中山大学校名改称为国立江苏大学,后者引发校名风潮。3月26日,大学院准福建私立厦门大学立案。29日,兰州中山大学开学成立。4月1日,中华民国大学院令国立第三中山大学改名为浙江大学。24日,大学委员会以大学院337号训令,将江苏大学改称国立中央大学。6月8日,南京国民政府举行第七十次会议决议京师大学改为中华大学,遭到北京大学学生的坚决反对。7月4日,中华民国大学院批准中央大学改自然科学院为理学院,社会科学院为法学院,哲学院裁撤归入文学院。中央大学至此拥有教育学院、农学院、工学院、商学院、医学院等8所学院。8月16日,又将中华大学改称为北平大学,隶属北平大学区,依然遭到北京大学师生的强烈反对。8月17日,清华学校改制升格为国立清华大学。9月,国立武汉大学成立,以"阐扬优美文化,研求高深学术,造成实用专门人才"为宗旨,设社会科学、理工、文学三院。同月19日,四川教育厅奉大学院令饬筹设四川大学,特组织筹备国立四川大学讨论委员会连日召开会议,议决将国立成都大学等10个大专学校改组为国立四川大学,设文、理、法、农、工、医学科。11月8日,江苏南通大学成立,由南通医学、农、纺织三专门学校合并改组而成。以上诸多大学的创立、升级、更名与改制以及区域布局,对中国教育、学术、人才同样意义重大,影响深远。与此同时,蔡元培本人则将主要精力转向中央研究院。4月10日,南京国民政府公布《修正国立中央研究院组织条例》,改中华民国大学院中央研究院为国立中央研究院,从法理上宣布中央研究院脱离大学院,而成为独立的学术研究机构,并特任蔡元培为国立中央研究院院长。6月9日,蔡元培在上海东亚酒楼主持召开中央研究院第一次院务会议,中央研究院正式宣告成立,此日也成为中央研究院的院庆日。11月9日,国民政府公布《中央研究院组织法》11

条。由此确立了中国现代学术的总体构架、学科门类与管理体制,初步形成了门类较为完整的科研体系,而且汇聚了一批优秀科技人才,意义重大,影响深远。从此之后直至1940年去世,蔡元培一直任职于中央研究院,从而开创了中央研究院这一举国体制的辉煌。

就学术版图结构而论,本年度延续去年形成的五大板块结构。在南京轴心中,蔡元培因为继续身兼国民党监察院长、大学院院长与中央研究院院长而依然居于学术领袖地位,然后通过这三大途径构成涵盖全国政学的交际网络。其中政界同样不乏知名学者,或者政学两栖人物,诸如戴季陶、吴稚晖、胡汉民、陶希圣、王宠惠等。当然,更为重要的是后两条途径。尽管外界对于大学院制一直争议不断,但蔡元培还是对此倾注了大量心血,而且大学院本身尤其是相继组建的各种委员会及其相关活动具有聚合学者的独特功能,包括大学院大学委员会、大学院教育经费计划委员会、大学院艺术教育委员会、大学院古物保管委员会、大学院译名统一委员会、大学院审查教科书委员会、大学院三民主义考试委员会等。比较而言,中央研究院较之大学院的学术性更强。按照国民政府公布的《中央研究院组织法》,中央研究院设立评议员制度。据《国立中央研究院十七年度总报告》载,中央研究院评议会11类学科分组及聘任评议员候选人名单如下:数学:姜立夫、李俨、钱宝琮、周达(美权)、俞大绂;天文学气象学:余青松、高平子、张云、蒋丙然;物理学:饶毓泰、严济慈、李书华、颜任光、叶企孙、朱物华、胡刚复;化学:李麟玉、孙学悟、赵承嘏(石民)、曹梁厦、吴宪、曾昭抡;地理学地质学:翁文灏、朱骝先(地理学人选暂缺);生物学:秉志、辛树帜、钟心煊、李石曾(煜瀛)、汪敬熙、张巨伯;人类学考古学:李济、马衡;社会科学(历史语言):吴敬恒、胡适、陈寅恪、赵元任、顾颉刚、刘复(半农)、林语堂;法律:王世杰、燕树堂;经济:任凯南;社会:戴季陶;工程学:李协、沈晤、彭济群、周仁、李熙谋、孙昌克、朱广才、石瑛、王庞佑、傅尔都、吕彦直;农林学:何尚平、谭熙鸿、过探先、陈焕镛、常宗会、邓植仪、叶雅各;医学:刘瑞衡(恒)、颜福庆、褚民谊、金(经)利彬、谷镜涵、林可胜。大致汇聚了各学科的学术名家。此外,蔡元培还有其他多种渠道对学术界施加重要影响,比如7月30日国民政府准大学院呈,改订《中华教育文化基金董事会章程》,取消原有中华教育基金董事会,任命胡适、贝克、贝诺德、孟禄、赵元任、司徒雷登、施肇基、翁文灏、蔡元培、汪精卫、伍朝枢、蒋梦麟、李石曾、孙科、顾临为中华教育文化基金董事会董事,蔡元培为董事长。然而就在蔡元培政学两栖、如日中天之际,却依然急流勇退,坚辞中央政治会议委员、国民政府委员、大学院院长及兼代司法部长、监察院长等职,仅保留中央研究院院长。其中或许交织着志趣、身体、心理等各种因素,但从蒋介石走向权力巅峰之后相继打压国民党元老来看,蔡元培的疏离政界、回归学术的确显示了其超凡的政治智慧,而且基于资历、名望以及中央研究院这一最高学术平台,蔡元培的学术领袖地位依然无法撼动,而其在学术界的核心作用更是无人可以比拟。由于蔡元培的极力举荐,任国立浙江大学校长的蒋梦麟接替蔡元培就任大学院院长。10月1日,蔡元培向国民党中央政治会议递送坚辞大学院长及兼代司法部长的第四次辞呈,再次请任命蒋梦麟为大学院院长。3日,国民党中央政治会议第一五七次会议决议同意大学院长、兼代司法部长蔡元培选请辞职,特任蒋梦麟接替蔡元培为大学院长。24日,南京国民政府令大学院改为教育部,蒋梦麟遂改任教育部第一任部长。11月7日,蒋梦麟兼中央政治会议委员。至此,经蔡元培长期悉心培养的蒋梦麟终于臻于教育界最高层级。10月,马叙伦被任为教育部政务次长,11月到任。蒋、马皆出于北大,又都是浙江同乡,可以视为蔡元培思想与人脉在教育界的延续。在大学院—教育部的大学布局与建设中,由于国民政府建都南京,第四中山大学地位日隆,尤其在 4 月 24 日改称国立中央大学之后,至 7 月 4 日经大学院批准,中央大学拥有了教育学院、农学院、工学院、商学院、医学院等 8 所学院,从此进入了学校发展与人才聚集的快车道,而且这一趋势一直在延续,但与北京、上海轴心相比,还需一定时间的积累。

在北京轴心中,清华研究院在失去四大导师之首王国维之后,遂由梁启超、赵元任、陈寅恪继续维持。然而十分不妙的是梁启超身体已亮起了红灯。1 月,梁启超入北京协和医院体检并行灌血方法。2 月,梁启超因病去函辞职,清华学校方面复函慰留。4 月,梁启超主编的《国学论丛》第 1 卷第 3 号出版《王静安先生纪念号》,梁启超在为此所作序中赞王国维研究成果卓著,称"其以今文创读殷墟书契、治宋元戏曲史为空前绝后",并深究其治学成功的原因。这是对王国维的深切缅怀,也显示了梁启超的同道情谊。6 月 19 日,梁启超终于辞去清华的一切职务。10 月 12 日,梁启超再次入协和医院就医,病情转剧。12 月 1 日,前清华研究院学生徐中舒、程璟、杨鸿烈、方欣、陆侃如、刘纪泽、周传儒、姚名达等致梁启超一书,除恳切慰问外,颇致仰望祷祝之诚。不意次年 1 月 19 日梁启超遽然病逝。好在赵元任、陈寅恪两大导师之外,李济已经快速成长起来,而吴宓则依然十分活跃。但对清华而言,一个至为重要的发展机遇是 7 月 27 日南京国民政府第八十三次会议上,大学院院长蔡元培和外交部长王正廷提议改组清华董事会案。8 月 17 日,国民政府议决清华学校改为国立清华大学,直属国府管辖。同时任命罗家伦为国立清华大学校长。这在清华大学发展史上具有里程碑意义。9 月 5 日,中华民国大学院公布《国立清华大学条例》,共 7 章 31 条。《条例》规定:国立清华大学"以求中华民族在学术上之独立发展,而完成建设新中国之使命为宗旨""由中华民国大学院会同外交部管理之"。9 月 18 日,罗家伦校长宣誓就职,发表《学术独立与新清华》的演讲,特别提出"学术独立",要求"中国的学术在国际间也有独立自由平等的地位",声言清华大学之"目的在谋中国民族在学术上之独立发展。国民革命之目的,在求中国民族之自由平等,如学术界不能立于平等地位,民族独立,即不能永久",宣布"廉洁化、学术化、平民化、纪律化"为改革清华四大方针,倡导相容并包,唯贤是用。其中"清华学术化"之具体方案包括:一、聘请学有专长,并富于研究精神之教授;二、慎选学生,宁缺毋滥;三、充实研究之工具;四、提倡师生研究工作;五、奖励师生著述工作;六、设立毕业院——研究工作;七、言论思想之自由。与此相呼应,《清华周刊》第 30 卷第 1 期刊出邬颖川的《如何使清华学术化》,直接提出"清华学术化"这一富有创意的重要命题展开讨论。暑假结束后,因清华改办大学,新聘一批教授、讲师。据 10 月 29 日《国立清华大学校刊》所载《各系主任教授讲师一览》,名录如下:国文系:杨振声(兼主任)、杨树达、朱自清、刘文典、钱玄同、俞平伯、沈兼士、张煦;外文系:王文显(主任)、翟孟生(Jameson)、温德(Winter)、艾锷(Ecke)、毕莲(Bille)、斯密斯(Smith)、吴可读(Urguhart)、常安尔(Tsdarner)、常安尔夫人、裴鲁(Plessen)、杨丙辰、陈福田、何林一、吴宓、钱稻孙、温源宁;历史系:罗家伦(兼主任)、朱希祖、孔繁霄、刘崇鋐、张星烺、王桐龄、陈垣;社会人类学系:陈达(主任)、许地山;哲学系:金岳霖(主任)、邓以蛰、冯友兰、瞿世英、黄子通;研究院:陈寅恪、赵元任、马衡、林宰平、李济。经改组以后,留下的 18 位教授,都是学问与教学经验很丰富而很有成绩的。新聘的各位教授,也都是积学之士,一时人才济济,表明罗家伦校长就职后的治校方略还是富有成效的。然而反观北京大学,依然处于动荡之中。本来在 6 月 8 日南京政府正式接管北平之后,应该迅速结束张作霖将九校合并为京师大学的荒唐决定,但令人意外的是南京政府却以已定都南京为由,将京师大学更名为中华大学,并由蔡元培兼任校长。6月19日,经大学委员会推荐、国民政府第七十三次会议讨论,同意蔡元培请辞中华大学校长,任命李石曾为中华大学校长,李书华为副校长,北京大学师生强烈反弹,展开了护校运动,北方学潮渐起。8月16日,中华大学改称为北平大学,依然遭到北京大学师生的强烈反对。其中坚守在北平大学的有周作人、钱玄同、黎锦熙、魏建功等。饶有意味的是周作人7月16日在《世界日报》发表《关于北京大学等》,文中称他"反对改称中华大学,反对保留北京大学,主张定名北平大学"。其余高校中,辅仁大学、燕京大学都有不俗的作为。燕京大学除了《燕京学报》的风生水起之外,又增添了燕京学社这一重要平台,对燕京大学的学术发展和水平提升发挥了重要的推动作用。再是辅仁大学,著名学者陈垣继续任该校副校长。12月,《辅仁学志》第1卷第1期出版,以"研究中国学术"为主旨,陈垣、雷冕(Rev. Rudolf Rahmann)、英千里、胡鲁士、沈兼士、余嘉锡、张星烺等人组成的辅仁大学编辑会负责编辑出版。此对辅仁大学的学术发展和水平提升同样发挥了重要的推动作用。高校之外,还有故宫博物院、北京静生生物调查所、中央研究院地质调查所等学术机构。翁文灏在京筹备中央研究院地质调查所。以翁文灏、李四光、朱家骅、谌湛溪、李济、徐渊摩为委员。4月,中国地质调查所和北京协和医学院开始对北京周口店进行第2次发掘。无论是北京静生生物调查所,还是中央研究院地质调查所,皆与社会科学存在一定的交叉关系,也都可以为北京轴心增添分量。

比较而言,上海轴心要复杂得多。老一代学术领袖章炳麟因被当局通缉而深居简出,逐渐趋于边缘化,而胡适则继续居于学术中心地位。从3月10日胡适、徐志摩、梁实秋、陈源等新月社同人发起创办《新月》,到4月30日胡适接任中国公学校长并兼文理学院院长,请高一涵任社会科学院院长,还罗致不少英美留学生到校任教,胡适提供了重要的学术交流阵地与平台。此后,约有三事值得重点关注:一是5月4日胡适在光华大学讲演《五四运动纪念》,主要讲五四运动的影响。二是5月21日中午应中央大学校长张乃燕之请,胡适出席中央大学宴会并发表演说,其中说了这样一段话:"想中央大学在九年前为南高,当时我在北大服务。南高以稳健、保守自持,北大以激烈、改革为事。这两种不同之学风,即为彼时南北两派学者之代表。""我希望中央大学同人,担北大所负之责,激烈的谋文化革新,为全国文化重心云。"这是对南北学术遭变与重建的殷切期待。三是11月在给胡朴安的一封信中,胡适说:"我不认为中国学术与民族主义有密切的关系。若以民族主义或任何主义来研究学术,则必有夸大或忌讳的弊病。我们整理国故,只是研究历史而已,只是为学术而作工夫,所谓实事求是也。从无发扬民族精神感情的作用。"胡适旨在提倡为学术而学术的治学宗旨,是对整理国故价值取向的重新定位。以上三点充分彰显了胡适的学术领袖气度。但胡适《几个反理学的思想家》一文认为,中国近300年的思想趋向是一个反理学的运动,并举出四个思想家来代表这一思想的趋势:顾炎武、颜元、戴震、吴稚晖。居然将当代吴稚晖与顾炎武、颜元、戴震并列为四大思想家,不能不说是胡适的学术偏失。与此同时,尽管上海仍然笼罩在白色恐怖之中,但瞿秋白、周恩来、蔡和森、恽代英、李达、茅盾、陈望道以及被开除出党的陈独秀依旧潜居于上海。而身兼共产党员或与共产党组织和领导保持密切联系的相当庞大的左翼作家与学者群体,大致由以下三方面力量构成:一是以鲁迅、郑振铎等为代表的文学研究会成员;二是以郭沫若、成仿吾为代表的创造社成员;三是以钱杏邨、蒋光赤为代表的太阳社成员。12月30日,中国著作者协会在上海正式成立,参与者包括钱杏邨、郑振铎、叶圣陶、胡愈之、孙伏园、樊仲云、潘汉年、郑伯奇、冯乃超、张嵩年等90余人。会议选举郑伯奇、沈端先、李初梨、彭康、郑振铎、周予同、樊仲云、潘梓年、章锡琛等9人为执行委员;钱杏邨、冯乃超、王独清、孙伏园、潘汉年为监察委员。此为上海左翼作家学者的再次联合。上海轴心中还值得关注的有:一是周佛海、戴季陶、邵力子、陈果夫、陈布雷等1月1日在上海创办《新生命月刊》杂志,以"阐扬三民主义,研究建设方案,并介绍、批评各国社会思想学说及政治经济制度"为宗旨,周佛海为总负责人。后来围绕《新生命月刊》形成了中国社会性质和社会史论战中最先出场且人数最多、声势最壮的所谓"新生命派";二是张东荪4月10日、25日在《东方杂志》第25卷第7—8号上连载《宇宙观与人生观——我所献议的一种》,系统阐述了"新哲学"体系。此文为张东荪多年对哲学问题思索和研究的结晶,也是他在介绍和领会西方哲学基础上建构新哲学体系的初步尝试。年底,张东荪有意将多年撰写并公开发表的有关哲学论文编辑成册,以《新哲学论丛》为名交付商务印书馆刊印,并为自己的论文集《新哲学论丛》撰写《自序》,初步建构起了以认识论为起点和中心,包括宇宙观和人生观在内的一套哲学体系的"新哲学"体系。

诸省板块中,由于傅斯年、顾颉刚两巨头任教于中山大学,广东学术地位继续高涨。1月23、31日,傅斯年在《国立中山大学语言历史学研究所周刊》第2集第13—14期连载《与顾颉刚论古史书》,高度评价了顾颉刚的古史研究。7月,傅斯年等筹办的中央研究院历史语言研究所正式成立。9月,傅斯年就任中央研究院历史语言研究所所长。10月22日,《国立中央研究院历史语言研究所集刊》正式创刊,创刊号上刊出蔡元培《国立中央研究院历史语言研究所集刊发刊词》、傅斯年《历史语言研究所工作之旨趣》。后文最后提出三大要点:一、把些传统的或自造的"仁义礼智"和其他主观,同历史学和语言学混在一气的人,绝对不是我们的同志! 二、要把历史学语言学建设得和生物学地质学等同样,乃是我们的同志! 三、我们要科学的东方学之正统在中国! 此文被称为是一篇向传统学术和西方东方学挑战的宣言书,在近代学术史上具有里程碑的意义。劳榦将《历史语言研究所工作之旨趣》与胡适所撰北京大学《国学季刊〈发刊宣言〉》相提并论,称"两篇文字可以说是近年来中国历史研究经过上的重要文献,而奠定了中国现代历史学的基础"。顾颉刚3月7日为《民俗》周刊作发刊辞。此文末尾高呼:"我们要站在民众的立场上来认识民众! 我们要探检各种民众的生活,民众的欲求,来认识整个的社会! 我们自己就是民众,应该各各体验自己的生活! 我们要把几千年埋没着的民众艺术,民众信仰,民众习惯,一层一层地发掘出来! 我们要打破以圣贤为中心的历史,建设全民众的历史!"此文吹响了民俗学运动的号角,被称为"我国民俗学运动的一篇宣言书和动员令"。是年春,顾颉刚应中央研究院院长蔡元培邀,与傅斯年、杨振声共同负责筹备成立研究院历史语言研究所。4月下旬至5月上旬,顾颉刚起草《历史语言研究所组织大纲》及该所预算表、集刊目、工作计划书等。但因与傅斯年意见不合退出筹办。11月,傅斯年辞中大语言历史学研究所主任,由顾颉刚代理。12月下旬,顾颉刚就任中大语言历史学研究所主任,与傅斯年分别主持中央研究院历史语言研究所与中山大学语言历史学研究所。就学术渊源而论,傅斯年留学德国,颇青睐于当时流行于彼邦的历史语言学,希望将其运用到中国的历史研究当中。今人常言傅斯年的史学风格受到19世纪德国史学界泰斗兰克的影响,但兰克史学虽然强调运用档案来进行实证研究,但他具有极强的政治敏锐性,通过研究欧洲近世的大国争逐,为当时正在崛起的德国寻找政治智慧。换言之,兰克史学具有很强的经世致用性质。而傅斯年在史语所集刊的《旨趣》中,强调自己要提倡不以现实为目的的史学研究,主张考证具体问题,不做历史叙事层面的"综合"。如此这般,到底是受到兰克的影响,还是胡适的"整理国故"学说的升级版?此外,傅斯年在这篇著名的《旨趣》中,将批评的矛头直指章太炎及其门生。如果联想到章太炎在学界的巨大影响,以及五四新文化运动中章门弟子不可替代的作用,傅斯年用如此猛烈的笔调批评他们,很明显是在告知世人,自己要别树一帜,代表了中国史学未来的发展方向,而与章太炎这样的"老朽"坚决划清界限。不过不能忽视的是,傅斯年在北京大学读书期间,曾一度与黄侃颇为亲近,今人还在海外图书馆发现了学生时代的傅斯年仔细阅读章太炎的《国故论衡》,并作了大量笔记的遗物。如此说来,傅斯年这篇《旨趣》背后的复杂因缘,绝非其表面文章那样泾渭分明。与此同时,在广州还汇聚了董作宾、容肇祖、商承祚、卫聚贤、辛树帜、杜定友、梁漱溟、朱谦之、陈序经等学者。董作宾等于 10 月 13 日受中央研究院历史语言研究所委派赴河南安阳殷墟开始考古发掘,参加者有王湘、郭宝钧等,至同月31 日结束。此为中国学术机关独立进行科学发掘的开端,最初是为了继续在此地寻找甲骨,共获得甲骨 854 片及其他一些遗物,后由董作宾编为《殷虚文字》甲、乙编。此对刚刚成立的中央研究院历史语言研究所的学术研究取向产生了重要的影响。其余区域中,两湖、江西、浙江、四川、安徽、天津、辽宁等也有显著优势,尤其是南京、北京、上海三大轴心之外的大学的创办或升格,包括广东的中山大学,四川的四川大学,湖北的武汉大学,浙江的浙江大学、国立艺术院,福建的厦门大学,安徽的安徽大学,甘肃的兰州大学。其中兰州中山大学 3 月 29 日举行开学典礼,代校长马鹤天报告筹办经过;刘文典受命筹办的安徽大学于4 月 10 日举行开学典礼,并正式宣告成立,此为安徽现代高等教育之始。这些都对区域学术发挥了重要的支撑和引领作用。

海外板块中,"出"的方面,瞿秋白、周恩来、蔡和森、邓中夏、吴玉章、张闻天、董必武、林伯渠、徐特立、王若飞、王明、华岗等曾集聚于苏联,而郭沫若、茅盾、张元济、刘大杰、周扬等则集聚于日本。郭沫若于 2 月 24 日化名吴诚,假借往日本东京考察教育的南昌大学教授的身份,独自乘日本邮船"卢山丸"离开上海,赴日本神户避难。8 月下旬,郭沫若往上野图书馆查找考古发掘资料,得阅罗振玉《殷虚书契前编》,开始研究甲骨文。10 月 28 日,郭沫若作《中国社会之历史的发展阶段》,刊于上海《思想月刊》第 4 期,开始由文艺拓展至史学研究。茅盾 7 月初经陈望道帮助,离上海去日本,先到神户,再到东京。16 日,茅盾作《从牯岭到东京》,刊于《小说月报》第 19 卷第 10 号,这是茅盾二十年代中后期真实思想感情的记录,是研究茅盾青年时代思想发展和文艺观的重要文献,结果引来了太阳社、创造社的"围攻"。在欧美,成仿吾编辑的文学论文集《从文学革命到革命文学》作为创造社丛书第 24种,由上海创造社出版,内收郭沫若、成仿吾等人的 13 篇文艺论著,其中有成仿吾《从文学革命到革命文学》等 7 篇。侯外庐在法国巴黎大学文学院学习,同时选择恩格斯审定的《资本论》德文第四版,并参照英、法、日等译本,开始试译《资本论》。晏阳初 5 月 15 日应世界教育会联盟之邀启程赴美。6 月 20 日,出席耶鲁大学毕业典礼,领受文学硕士荣誉学位。耶鲁大学费力甫教授宣读赞扬辞,称赞晏阳初"是中国平民教育计划的主要负责人。他对东方的贡献可能比战后任何一人都伟大。当他在法国以青年会干事与中国劳工相处时,设想出对中国文盲的教育观念。他在中国雅礼会所在的长沙,开始作平民教育大运动,迅速地扩张全国性事业。他自繁多的中国文字中简要选取一千字。在这平民教育制度下,200万中国人民已经学会读和写本国文字。晏君实在是世界文化中一有效能的力量"。"进"的方面,燕京大学校长司徒雷登设法成功地说服哈佛大学与燕京大学合作,于 1928 年春成立哈佛燕京学社,并设立燕京学社北平办事处。哈佛燕京学社的建立,有力促进了中西方学术交流与汉学研究,同时也对燕京大学的学术发展产生极大的推动作用,真正让燕京大学跻身世界一流大学地位。俄国人类学教授史禄国夫妇等 7 月从云南出发,对彝族各种情况进行专题调查,随行的中国学者有杨成志、容肇祖等。傅斯年、顾颉刚代表中研院送行。调查历时两年,是我国历史上第一次对云南民族有系统的调查;日本考古学家岛田贞彦依据滨田耕作的指示协助,10 月开始在旅大地区发掘牧羊城遗址。此系日本东亚考古学会和关东厅博物馆联合项目;加拿大传教士怀履光调查并记录了洛阳金村 8 座战国大墓墓地的大体情况。是年,大墓被盗,出土属羌钟等重要文物;美国教育家孟禄 12 月 27 日应上海市教职员联合会之邀请作《儿童教育应注意的五件事——生活技能、家庭、公民、休闲》之演讲;美国进步作家、新闻记者史沫特莱年底以德国《法兰克福日报》驻华记者身份来到中国,在上海参加中国进步文化运动,1929 年开始与鲁迅结识;等等。

　　1. 关于五四运动 9 周年的纪念与阐释。与北洋政府教育部明令不许纪念"五四"不同,南京国民政府对纪念与重新定位"五四"确实花费了一番功夫,旨在全面掌控纪念和重释"五四"运动的主导权,以服务于南京国民政府推翻北洋政府统治的合法性。2 月 1 日,国民党的中央机关报《中央日报》在上海创刊后,很快取代《民国日报》,成为国民党纪念五四运动的主要报纸。4 日,《中央日报》特设"五四纪念专刊",载有《今天是五四纪念日》《首都的五四纪念会》《上海特别市党务指导委员会临时民训委会为"五四"纪念告上海青年》《沪学联会五四纪念告同学书》《为五四纪念节告全国同学书》《为五四纪念告全国学生书》《五四纪念宣传大纲》(上海特别市党务指导委员会颁发)《五四纪念爱国歌》以及署名"雪崖"的《五四运动的成绩》等。尽管当时南北尚未统一,但国民党已是掌控长江以南大半中国的执政党,巩固北伐成果、稳定社会秩序上升为新的统治阶层的首要需求。所以上海特别市党务指导委员会宣传部制定的《五四纪念宣传大纲》充分肯定五四的历史功绩,其中第一条称:"五四是一个学生运动或是新文化运动的纪念日。五四以前,中国学生几乎醉生梦死,不知生活为何物;自五四运动以后,学生运动,妇女运动,工人农民运动等,无一不日益发展,劳工神圣等口号,也开始普遍于各个社会,对于中国固有的思想,国人不敢再盲目的接受,对于外国舶来的思想,我们也知道有尽量接受的必要。中国学术界,思想界之得有今日,无一不当归功于五四运动。"同时明确指出五四运动适用于军阀专政时期,现在国民党政府秉承孙中山厘定的"平等待我"的外交方针与外国交涉,再也用不着民众的直接行动,即使政府外交有不尽如人意之处,也应善意忠告或提醒。当然《五四纪念宣传大纲》同样不忘乘机攻击共产党,吹捧国民党与蒋介石。署名"雪崖"的《五四运动的成绩》作为重点推介文章列于头版"今天的要目",相当于一篇"社评"或具有"社评"功能的特约文章。文中开篇这样写道:"今天是'五四运动'的九周年纪念日。五四运动为什么值得纪念呢? 就因为五四运动一方面在中国外交史上占了民众外交史的第一页,一方面在中国文化史上占了新文化运动史的第一编。"然后谈道:"全国青年既想担负起来救国的大责任,于是便不得不讲求救国的新方法,所以从五四运动以后,一般青年便发生发愤求学的热心。从此以后,便发生几种新趋向":一是杂志报纸陡然增加;二是出洋留学的志士陡然加多;三是译著事业陡然发达。"由此看来,这个五四运动,又可以说是中国的学术思想的复兴运动或再生运动。"文章结尾向青年发出号召:"五四运动是外交的当头棒,是文化的偾兴剂,本着这个精神干下去,国内腐化的暮气,辱国的奇耻,皆不难在最短期内一扫而空!"同日,上海《民国日报》之《觉悟副刊》继续刊出"五四特刊",载有德徵《纪念五四的意义》、彭学海《五四运动与日本帝国主义》以及上海特别市党部民众训练委员会《五四纪念告上海去年》。德徵《纪念五四的意义》总结为四个要点:一、纪念五四,是纪念唤起民众初步的能力;二、纪念五四,是纪念对于敌人的认识;三、纪念五四,是纪念集中力量的开端;四、纪念五四,是纪念民族意识之唤起。但在气势上已远逊于《中央日报》。5月10—11日,《民国日报》居然刊出胡适5月4日在光华大学的讲演稿《五四运动纪念》,文中主要讲五四运动的影响和作用:一、引起全国学生注意社会及政治问题;二、学生界出版物大量增加;三、给平民教育以巨大影响;四、劳工运动兴起;五、妇女运动兴起,女子社会地位提高;六、政党注意吸收青年。此与《中央日报》《民国日报》观点互有异同。这是《民国日报》唯一一次刊登胡适纪念五四运动的文章,有学者认为其中不排除是国民党上台伊始对胡适的某种示好。随着人权论战的开展,国民党控制的报刊在宣传反共思想的同时,又展开对自由主义的清算。

2. 关于"革命文学"论战的高涨与纠偏。这场论战同时包含了上海左翼作家阵营与"新月派"的论争以及左翼内部论争两个层面,其中涉及文学研究会、创造社、太阳社、新月社等不同群体,而呈现为比以往都更为复杂的局面。倡导"革命文学"的主体力量是创造社与太阳社,以1926年3月在上海创刊的《创造月刊》为主阵地。1月1日,鲁迅与创造社郭沫若、成仿吾等联名在《创造月刊》第1卷第8期的封底里页发表《创造周报复活了》预告,并列出编辑人员:鲁迅、蒋光慈、张资平、陶晶孙、穆木天、赵伯彦、潘怀素、麦克昂、李初梨、冯乃超、彭坚、李白华、李声华、袁家骅、许幸之、倪贻德、敬隐渔、林如稷、夏敬农、黄药眠、杨正宗、孟超、张牟殊、杨邨人、黄鹏基、张曼华、高世华、聂解、邱韵铎、成绍宗等,由此揭开了左翼作家大联合的序幕。同日,蒋光慈、钱杏邨、孟超、洪灵菲、夏衍等在上海创办《太阳月刊》,由蒋光慈主编,上海春野书店发行。太阳社的成员全部是共产党员,当时在中共中央的瞿秋白和高语罕、杨匏安等也参加了"太阳社",是为现代文学史上由中国共产党领导和组织的第一个文学团体。1月15日,朱镜我(丁惢)、冯乃超编辑的《文化批判》在上海创刊,是创造社的又一重要理论刊物,也是《创造月刊》的姊妹杂志。于是《创造月刊》《太阳月刊》《文化批判》成为推动"革命文学"的内外论争的三大阵地。另一方面,徐志摩、梁实秋、叶公超、罗隆基编辑的《新月月刊》3月10日在上海创刊,由新月社主办,为新月社的机关刊物。于是以《新月月刊》为主阵地,以"人性论"对抗"革命文学论",左右两大阵营的对垒与论战渐趋激化。《新月月刊》创刊号所载徐志摩撰写的超长发刊词《〈新月〉的态度》,把当时文艺界归纳为"十三派"亦即十三种文学趋向,重点抨击无产阶级文学运动和马克思主义阶级斗争学说,指责无产阶级文学是"攻击派""偏激派""主义派"等,从而大力提倡"健康与尊严",标榜"自由"和"民主",充分体现了新月社同仁在文学和政治上的诉求。随后,梁实秋在《新月》连续发表文章,以人性论反对阶级论,竭力攻击革命文艺运动。柳絮也在上海《文化战线》旬刊创刊号上发表《无产阶级艺术新论》,攻击无产阶级革命文学,反对马克思文艺理论,结果引来鲁迅、冯乃超、彭康、郁达夫、杜国庠、洪灵菲等的反击与批判。另一方面是左翼作家阵营内部的论争。《文化批判》创刊号刊有冯乃超《艺术与社会生活》、李磐《理论与实践》、朱镜我《科学的社会观》。在此前后,从郭沫若(署名麦克昂)刊于1月1日《创造月刊》第1卷第8期的《英雄树》,到成仿吾刊于2月1日《创造月刊》第1卷第9期的《从文学革命到革命文学》,蒋光慈刊于2月1日《太阳月刊》2月号的《关于革命文学》,再到李初梨刊于2月

15日《文化批判》第2号的《怎样地建设革命文学》，以及相继发表于《文化批判》《创造月刊》《太阳月刊》等刊物的系列文章，通过无产阶级革命文学运动的倡导与讨论，从多方面阐述无产阶级革命文学的主张，并将批评矛头指向鲁迅、茅盾、郁达夫、叶圣陶等，由此掀起了无产阶级文学运动与革命文学的大论战。成仿吾《从文学革命到革命文学》依次论述了文学革命的社会的根据、文学革命的历史的意义、文学革命的经过、文学革命的现阶段、文学革命今后的进展、革命的"印贴利更追亚"团结起来等论题，对胡适及"五四"以来的白话文学予以否定，提出要进行"全面的批判"，同时对鲁迅、周作人的"语丝派"予以批评与否定。就"革命文学"大论战而言，成仿吾的《从文学革命到革命文学》具有切割五四界限、告别"文学革命"而走向"革命文学"的标志性意义。王独清在同刊于2月1日《创造月刊》第1卷第9期的《今后的本刊》里写道："仿吾底《从文学革命到革命文学》是一篇最重要的论文，简直可以说是今后同人要从事于新努力的一篇宣言。"然而由于创造社尤其是太阳社一部分成员受到国内外左倾思潮的影响，对中国当时的革命形势和文学的发展作了错误的估计，对鲁迅等作家进行批判甚至攻击，并与鲁迅发生"笔战"，致使革命文学建设与论争走错了方向。对于这场"革命文学"的内外论争，周恩来始终予以高度关注和指导。4月底或5月初，因郭沫若、成仿吾即将出国，周恩来约见阳翰笙，派他和李一氓到创造社工作，充实和发展这块阵地，开展文艺战线的革命斗争。7月，周恩来在莫斯科出席中共第六次全国代表大会后的归国途中，听取了有关上海文化界"革命文学论争"的汇报，当即指出对鲁迅的批评是错误的，创造社、太阳社应停止对鲁迅的攻击，团结一致，把斗争矛头对准国民党反动派。12月30日，中国著作者协会在上海正式成立，上海左翼作家阵营包括内部论战双方90余人出席大会，终于实现了上海左翼作家学者的再次联合。

3. 关于新旧中西文化论争的延续。常乃惪与王去病于4月在《民国日报·觉悟副刊》密集发文，集中讨论中西文化问题：4月7日，王去病发表《读常乃惪的〈中国民族与中国新文化之创造〉》；4月12—13日，常乃惪发表《与王去病讨论中国文化问题》《与王去病讨论中国文化（续）》；4月16日，王去病发表《"为讨论中国文化问题"答常乃惪先生》；4月19日，常乃惪发表《再论"整理国故"与"介绍西化"》；4月22、23、25日，王去病发表《文化问题中之夹杂语》；4月25日，授衣发表《整理国故和介绍欧化必要和应取的方向》。4月13日，常乃惪在刊于《民国日报·觉悟副刊》的《与王去病讨论中国文化（续）》中答复道："对于中国文化问题的意见，在新出的《长夜》半月刊上将尽量发表。以后读者赐教，我的答复稍长时，也将在《长夜》半月刊上发表。"常乃惪发表于是年《长夜》半月刊的相关重要论文有：4月15日在《长夜》第2期发表《前期思想运动与后期思想运动》；5月1日，在《长夜》第3期发表《越过了阿Q的时代以后》。前文是一篇代表国家主义观点的思想史论，所以关乎中西文化的论争。作者认为"五四运动以来，中国曾经过了一个号称'思想运动'的时代"，同时感叹"但是领导者却已经纷纷退却了"。文中尖锐批评"《新青年》时期以后，中国的思想界忽而杜威的实验哲学，忽而罗素的新唯实主义，忽而语丝派的怀疑思想，忽而共产派的唯物史观，仅仅十年之间，变换了若干种不同的花样，健全而自觉的思想是应该这样的吗？""你们是赞成全盘承受西洋文化连军国制度和资本制度也完全承受过来呢？还是从中有所抉择呢？他们不能回答。你们是否澈底的人道主义和自由主义者？你们对于与自由主义极端相反的一切专制思想究竟取如何的态度？他们还是不能回答。"关于这一论题，还要关注一下胡适与陈序经的"全盘西化论"。6月24日，胡适在《请大家来照照镜子》一文中以美国使馆商务参赞所提供的材料,说明中国的经济、交通的落后,劳动生产力的低下和社会风气的败坏,然后得出结论说:"我们必须承认我们自己百事不如人,不但物质上不如人,不但机械上不如人,并且政治、社会、道德都不如人。"几乎重复 1922 年梁启超《五十年中国进化概论》的全盘西方论,但梁启超陈述的是"全盘西化"之历程,而胡适则是表达"全盘西化"之结论。11 月 17 日,陈序经刊于《广州民国日报》"学术周刊"栏第 7 期的《再开张的孔家店》一文由"孔子究竟是否占东方文化的重心"引出东西方文化问题,说:"假使孔子占东方文化的重心,这种文化,是否有存在的价值,又是一问题。我想 20 世纪的世界,对于所谓东方文化,只好当作博物院里的古董看,值不得我们的提倡。"因为"文化是日新月异的……我们记得二千余年前,也许是二百余年前的中国,是世界上很文明的国,为什么现在变做一个半开化的国家呢? 其原因照我看来,并不是在乎中国文化退步,而在乎现代文化的进步。我们现在若不虚心诚意地去急起直追,接纳现代的文化,恐怕待一二百年后,我们不但不能保存我们的半开化的地位,恐怕那时人家又要叫我们做全不开化的民族。"文中又极力反对物质文化与精神文化的"二元论",说:"晚近以来,我们每听一般人说,西方的物质文化是优过东方的。他们对于西方的物质文化是愿意采纳,但是我们却极力提倡东方的精神文化。我们承认'文化'二字是包含精神和物质二方面,然若一方面提倡西方的物质文化,他一方面又提倡东方的精神文化,是行不去的。""中国人今后若不痛改前非,而还要自夸自大地说:'孔子之伦理学,为二千年来中国社会安全人群进化之重要条件。'(此乃发起孔子学说研究会的宣言中一段话)则中国的前途,更不堪问。"较之胡适的温和"全盘西化论",陈序经堪称激进的"全盘西化论"。此外,郭昌锦、丁时政筹办的《现代中国》杂志 5 月 1 日在上海创刊,《现代中国创刊词》专门提出现代化、理性化、科学化、工业化四项原则,强调"欧洲现代的民主主义与自由精神在中国尚有进步的作用,我们希望以民主主义与自由精神及民族主义的反封建反殖民地化的道路,完成中国民族革命的大业,而进到社会主义的建设。"其中也关乎新旧中西文化问题,并提供了一种更加综合性的思考与探索。还有周谷城因受此前"科玄论战"的影响,著成《生活系统》一书,由上海商务印书馆刊行,重点阐发其对传统与现代化、中学与西学、科学与人生观的看法。该书是周氏学术思想体系的雏形,也是今后学术体系的一个基本思路,其于 20 世纪 30 年代后期撰写的《历史完形论》、60 年代初期撰写的《统一整体与分别反映》以及 80 年代撰写的《所谓意境》,都是从这一思想体系出发的。其中所论中学与西学的关系,也是对当时中西文化论争的某种呼应。

　　4. 关于中国社会性质的论争。年初,周佛海在《新生命》第 1 卷第 12 号发表《明年的新生命》,强调中国特殊问题的讨论,其中谈到陶希圣和梅思平两先生关于中国社会史的研究,乃是研究中国特殊情形的极有价值的著作。6 月 18 日,中共六大在莫斯科举行,会议就当时中国社会性质以及革命性质、对象、动力、前途等关系革命成败的重大问题展开了广泛激烈的讨论。7 月 9 日,大会通过政治决议案,确定:"中国现在的地位是半殖民地""现在的中国经济制度,的确应当规定为半封建制度",中国革命的性质"是资产阶级民主革命,反帝反封建是现时革命的根本任务"。由此引发有关中国社会性质的争议。8 月至 12 月,陶希圣在《新生命》月刊上发表《从中国社会史上观察中国国民党》《中国社会到底是什么社会》等一系列关于中国社会性质和社会史方面的论文,并于年底由新生命书局结集为《中国社会之史的分析》一书出版。其中《中国社会到底是什么社会》刊于 10 月 1 日《新生命》第 1 卷第 10 期,文中开宗明义地提出:"虽然我们能够把社会形式分做宗法社会、封建社会、资本主义社会，但是世界上从来没有纯粹的属于某种社会型的社会，而毫没有驳杂的成分存在于其中"，作者的核心观点是否定中国社会是封建社会或资本主义社会等主张，提出中国社会性质是宗法封建社会，同时明确提到左翼分子"力说中国社会是封建社会，或半封建半资本主义社会"，并说"我在《新生命》月刊发表的论文，渐渐集中于这一问题的论断与争辩"。这说明《新生命》所载诸文即明确针对中共六大决议而来，由此引发了一场关于中国社会性质和中国革命前途的论战。10月，李达在《现代中国》第2卷第4期发表《现代中国社会之解剖》，为李达参与中国社会性质论战的重要文章，文中依据马克思主义的社会形态学说，清晰地勾画出中国近现代社会的形态，正确地估计了中国资本主义的发展程度，有力地批判了新生命派、动力派关于中国社会性质的错误观点。11月1日，蔡和森在《布尔塞维克》第2卷第1期发表《中国革命的性质及其前途》，指出："中国革命是资产阶级革命呢，还是资产阶级性的民权革命，或已转变到无产阶级社会主义革命？这一根本问题将决定今后革命之一切战术与策略。"文中批评"二次革命论"和"一次革命论"，认为中国革命仍是资产阶级民权革命。

5. 关于"古史辨"论争的延续。傅斯年1月23、31日在《国立中山大学语言历史学研究所周刊》第2集第13—14期连载《与顾颉刚论古史书》，高度评价了顾颉刚的古史研究，认为"史学的中央题目，就是你这'层累地造成的中国古史'""这一个题目，乃是一切经传子家的总锁钥，一部中国古代方术思想史的真线索，一个周汉思想的摄镜，一个古史学的新大成"。3月27日，姚名达在《国立中山大学语言历史学研究所周刊》第22期发表致顾颉刚讨论古史信，谓"王静安先生批评先生，谓疑古史的精神很可佩服，然与其力辨古史之虚伪，不如从事发掘，研究地质或考古，去寻求古史的真相。换句话说，与其打倒什么，不如建立什么。名达则以为先生的辨古史，只是要叫人别上伪史的当，并不是要马上就解决这个问题。这个问题原是要种种学者帮助才可以解决的，但先生从研究故事和神话的方法去研究，总不失为求真的一条路；况且这条路还可以有重大的发现哩"。文中从王国维对顾颉刚"古史辨"的批评说起，但对"古史辨"还是作了充分肯定。而至12月3日，绍来在天津《益世报·学术周刊》第6期发表《整理古史应注意之条件——质顾颉刚的〈古史辨〉》，强调"我们整理古史，在零乱的、散漫的、传说纷纭的记载之中，要求出正确的、系统的观念，在应用考古学以外，应注意左列几个条件：1. 证据确凿，不可带模棱的、疑似的性质。2. 引证须有普遍性。3. 严格遵守逻辑上的规则。"该文归纳出演绎推理、归纳推理和类比推理三种逻辑推理方法，然后质疑顾颉刚在辨伪工作态度上、方法上，却太多令人可议的地方，认为"古史可怀疑的地方正多，却不能用这种牵强附会的方法来辨明的。怀疑是求知应有的精神；牵强附会，主观揉合史事，却是治史之大忌"。此外，是年9月，卫聚贤著《古史研究》（第1集）由新月书店出版。作者力图继承王国维"二重证据法"，并融入民俗学、人类学等学科方法，又多采用历史统计学方法，意欲纠偏"古史辨"派不注重考古材料的缺陷。

6. 关于铁制兵器起源的论争。先是朱希祖6月在《清华学报》第5卷第1期发表《中国古代铁制兵器先行于南方考》，批驳了"世以吾国秦汉以前为铜器时代，仅有铜器而无铁器，更无铁制兵器"的观点，认为春秋战国之际已有铁兵，并以文献例证铁剑、铁钝、铁矢、铁鐏皆先行于南方，而北方未闻有以铁为刃的兵器。随后引发一场关于早期铁制兵器出现地域问题的辩论。根据王学典《20世纪史学编年（1900—1949）》（商务印书馆2014年版）的梳理：朱希祖《中国古代铁制兵器先行于南方考》一文发表后，7月30日，《大公报·文学副刊》

在介绍朱希祖的文章时批评道："作者染近人翻案立异之恶习，力言古代南方文化之高。"朱希祖阅后致函编辑进行申辩。8月13日，《文学副刊》编辑作《答朱希祖君》进行了答复，并附朱希祖来信。作者列出铁兵先行于北方的四种证据，根本推翻朱说。同时，他还指出，章鸿钊的相同观点早于朱希祖，朱氏所引证的材料也大体不出章文的范围。9月17—22日，朱希祖连续在《新晨报》副刊发表《再致大公报文学副刊编辑书》《三致大公报文学副刊编辑书》。朱希祖申言自己与章鸿钊的文章的重心、取材不同，并对《大公报》编辑所提出的北方先行铁兵的证据进行商榷，认为多"弊在臆测而无实证，目有以伪书为证者"。他进一步从地理和逻辑两方面展开辩驳。10月1、8、15日，《大公报·文学副刊》转载了朱希祖的两封答书。11月19日，《大公报》编辑再度发难，刊发《再答朱希祖君》。文章重申了朱氏袭用章鸿钊文的问题，又针锋相对地列举铁兵先行于北方的证据。对于朱氏批评的误引伪书问题，编辑认为伪书和伪事不可混为一谈，书虽伪，而其所记录与真书契协，即可引为旁证。是年12月至次年3月，《新晨报》副刊将《大公报》上的讨论继续下去，不过这次论争主要转移到章鸿钊和绍来二人之间。章鸿钊先后发表《关于〈古代铁制兵器先行于南方考〉之讨论》《就绍来君讨论中国古代铁兵问题后之所感》《就文副对于铁兵问题之结论电述所见》。绍来发表了《关于〈中国古代铁制兵器先行于南方考〉之又一讨论》《结论中国古代铁兵问题并答章鸿钊君》。此外，陆懋德发表《评近人研究古代先用铁兵之地点》加入讨论。朱希祖发表《关于〈中国古代铁制兵器先行于南方考〉之讨论》，同时回应《大公报》编辑、章鸿钊、绍来、陆懋德诸人。次年3月10日，翁文灏在天津《益世报·学术周刊》发表《为古代铁兵问题进一解》一文后，讨论结束。

7. 关于墨子国籍的论争。胡怀琛4月在《东方杂志》第8号发表《墨子为印度人辩》，论证墨翟为印度人，于是引发一场重大争论。同月，郑师许在《东方杂志》第8号发表《墨子为印度人辩驳议》予以反驳。8月，《东方杂志》第16号同时发表吴进修《正胡怀琛的墨子为印度人辩》与胡怀琛《墨翟续辩》的辩论文章。9月，方授楚在《知难周刊》第68期发表《墨子非印度人论》继续反驳。胡适在日记中斥责胡怀琛"其论甚谬"，称赞方授楚"其言甚有理""此论最痛快"。10月，胡怀琛在《知难周刊》第80—81期发表《关于墨翟问题的讨论》进行反批评。同月25日，胡适在日记中再次批驳胡怀琛的论文。11月，方授楚又在《知难周刊》第87期发表《再论墨子非印度人》。12月，方授楚在《知难周刊》第88—89期发表《驳胡怀琛墨翟续辩》，继续反驳胡怀琛的观点。这一论争延续至1929年初。

8. 关于对王国维的纪念与评论。《国学论丛》第1卷第3号（王静安先生纪念号），首先冠以梁启超序，指出："先生之学，从弘大处立脚，而从精微处着力；具有科学的天才，而以极其严正之学者的道德灌注而运用之。其少年喜谭哲学，尤酷嗜德意志人康德、叔本华、尼采之书，晚虽弃置不甚治，然于学术之整个不可分的理想，印刻甚深，故虽好从事个别问题，为窄而深的研究，而常能从一个问题与他问题的关系上，见出最适当之理解，绝无支离破碎专己守残之蔽。先生古貌古饰，望者辄疑为竺旧自封畛，顾其头脑乃纯然为现代的，对于现代文化原动力之科学精神，全部默契，无所抵拒，而每治一业，恒以极忠实敬慎之态度行之，有丝毫不自信，则不以著诸竹帛；有一语为前人所尝道者，辄弃去，惧蹈剿说之嫌以自点污。盖其治学之道术所蕴蓄者如是，故以治任何专门之业，无施不可，而每有所致力，未尝不深造而致其极也。"堪称的论。此专号除了刊载王国维论文之外，又载有吴其昌《王观堂先生学述》《王观堂先生尚书讲授记》。前文实乃王国维的学术回顾评价之论。学术著作方面，则有王恩洋著《王国维先生之思想》，由上海佛学书局出版。

此外，胡焕庸9月从法国回国，既担任中央大学地学系的教授，又担任气象研究所的研究员，其间加入有关"人生地理学"的讨论，在《约翰白吕纳之人生地理学》一文中指出：人生地理学的首要原则应为"解释原则"，反对之前"人文地理学"中条目列举，独立说明的范式，认为"旧地理学与新地理学根本不同，旧地理学专叙述，新地理学重解释。叙述的地理，多写地名与数字研究所充塞，材料琐碎，缺一贯通精神。地理课本遂成枯燥无味之字典，久为人所厌恶者在此。人生地理，在人地相关，处处当加解释"。胡焕庸强调"地面上各种现象，匪特为空间性有机体结合，并且为时间性有机体演化"。他的这一观点只是秉承于法国学派重视历史作用的传统，是这一阶段中国"人生地理学"不同于日本的显著之处。又《东方杂志》第25卷第19—20号相继刊出"托尔斯泰诞生百年纪念"专栏与"英国研究专号"，也具有专题讨论的性质。

除了上述学术论争之外，聚焦于重要学术论题的论著尚有：皆平著《近世学术观》，胡适著《治学的方法与材料》《白话文学史》（上卷），邬颖川《如何使清华学术化》，何思源著《社会科学研究法》，李时著《国学丛谭》，胡秋原著《宋元学案》，许啸天编《清儒学案》，以及梁启超与章太炎编辑《中国学术论著辑要》，陈柱主编《中国学术讨论集》（第2集）《老子集训》《墨学十论》，王力著《老子研究》《庄子研究》，蒋维乔著《杨墨哲学》，顾实著《庄子天下篇讲疏》，金受申释《公孙龙子释》，姚永朴编《诸子考略》，瞿世英著《现代哲学》，朱谦之著《一个唯情论者的宇宙观及人生观》，张东荪《宇宙观与人生观》，戴季陶《行易知难》，谢扶雅著《宗教哲学》，太虚《中国革命僧》《自由史观》，陶成章著《教会源流考》，欧阳竟无编《大般若波罗蜜多经叙》，陈恒著《回回教入中国史略》，许地山著《摩尼之二宗三际论》，萨孟武著、王世杰校阅《现代政治思潮》，易家钺著《国家主义概论》，赵兰坪著《社会主义史》，胡汉民著《国民党民众运动的理论》，施存统著《目前中国革命问题》《中国革命底理论问题》，朱谦之著《到大同的路》，天乔、剑波著《新妇女的解放》，陈东原著《中国妇女生活史》，戴季陶讲《东方问题与世界问题》《日本论》，周鲠生编《革命的外交》，刘秉麟著《世界各国无产政党史》，章渊若著《苏共改建论》《经济史学底发生与发展及其在学术上之地位》，李权时著《经济学原理》《消费论》，王效文编《保险学》，赵兰坪著《近代欧洲经济学说》，郑斌著《世界各国新经济政策》，宓汝卓著《近世欧美经济史》，林子英著《实业革命史》，杨得任编《中国近世道路交通史》，赵文锐编《近世商业史》，谢彬著《中国邮电航空史》，武堉干编著《中国国际贸易史》，方书林《九章的真伪谈》，许任廉著《社会学书目论》，常乃惪编《社会学要旨》，朱亦松著《社会学原理》，孙本文著《文化与社会》，许德珩编《社会学概论》，蔡毓璁著《社会调查原理及方法》，樊弘著《社会调查方法》，陈灿《整理账簿计划书》，梅思平《中国社会变迁的概略》，康生《中国社会的蠡测》，程憬《殷民族的社会》《商民族的氏族社会》，黎光明《〈穆天子传〉的研究》，杨筠如《春秋时代之男女风纪》，蒋荫楼《春秋时代的风气》，陈长蘅著《中国人口论》，陈长蘅著《中国人口论》，顾颉刚、刘万章编《苏粤的婚丧》，容庚《汉代服御器考略》，齐尔士《千五百年前之敦煌户口册与中国史籍上户口数之比率》，张镜予著《北京司法部犯罪统计的分析》，王光祈著《德国人之婚姻问题》，何思敬《民俗学的问题》，白鹏飞著《法学通论》，程树德编著《中国法制史》，董康著《刑法比较学》，陈茹玄著《民国宪法及政治史》，张九如、周耆青编《新闻编辑法》，张静庐著《中国的新闻记者》《中国的新闻纸》，周孝庵著《最新实验新闻学》，林砺儒著《文化教育学》，陶行知著《中国教育改造》，陶行知编《教学做合一讨论集》，舒新城编

《近代中国教育史料》(1—4册)，陈东原编《中国教育新论》，孟宪承著《教育通史》(上下册)，王凤喈著《中国教育史大纲》，晏阳初著《平民教育概论》，汤茂如编《平民教育运动术》，张宗麟著《幼稚教育概论》，蔡元培《国立中央研究院历史语言研究所集刊发刊词》，傅斯年《历史语言研究所工作之旨趣》《周颂说附论鲁南两地与诗书之来源》，丁山《汉字起源考》，胡光炜著《甲骨文例》，闻宥《殷墟文字孳乳研究》，胡光炜《金文释例》，余永梁《金文地名考》《1881—1885年扬州气候表》，王国维编、容庚重编《宋代金文著录表》，赵元任著《现代吴语的研究》，杨树达著《词诠》，王力著《两粤音说》，瞿秋白著《中国拉丁化字母方案》，王云五著《(第二次改订)四角号码检字法》(附检字表)，周群玉编《白话文学史大纲》，刘大杰著《表现主义的文学》，谭正璧著《诗歌中的性欲描写》，郭绍虞著《儒道二家论"神"与文学批评之关系》，容肇祖著《述阮籍嵇康的思想》，任二北著《研究词集之方法》，金慧莲编《小说学大纲》，陈子展(原题陈炳堃)著《中国近代文学之变迁》，胡朴安著《诗经学》，陆侃如著《宋玉》，汪静之著《李杜研究》，靳德峻笺证《人间词话笺证》，罗香林编著《粤东之风》，钟敬文编《歌谣论集》，顾颉刚编著《孟姜女故事研究集》(第1册)《孟姜女故事研究集》(第2册)《孟姜女故事研究集》(第3册)《妙峰山》《古代地理研究课旨趣书》《春秋研究课旨趣书》《孔子研究课旨趣书》《中国上古史实习课旨趣书》《民俗发刊辞》，钱南扬编著《谜史》，钟敬文著《民间文艺丛话》《歌谣论集》，赵景深著《民间故事研究》《中国民间故事型式发端》，赵景深编《最近的世界文学》，曾仲鸣著《法国的浪漫主义》，刘大杰著《德国文学概论》《托尔斯泰研究》《易卜生研究》，春华《法国文学家瓦雷李之东西文化观》，丰子恺编《西洋美术史》，萧石君编《西洋美术史纲要》，诸宗元著《中国书学浅说》，王光祈著《西洋乐器提要》，齐如山编《中国剧之组织》，卢梦殊编《电影与文艺》，李璜著《历史学与社会科学》，杨成志译、(美)M. Rostovzeff著《历史之目的及其方法》，何炳松《历史上之演化问题及其研究法》，梅思平《民生史观概论》，萨孟武《民生史观》，罗家伦《研究中国近代史的计划》，马衡《本校筹备考古学系之计划》，张其昀著《中国民族志》，王桐龄著《中国民族史》，张亮采编《中国风俗史》，瞿兑之《汉代风俗制度史》，陈公博著《中国历史上的革命》，常乃惪著《中国文化小史》，梁冰弦著《现代文化小史》，卫聚贤著《古史研究》(第1集)，陈垣著《史讳举例》，缪凤林《中国之史前遗存》，陈槃《黄帝事迹演变考》《周召二南与文王之化》，何定生《尚书的文法及其年代》，刘节《〈洪范〉疏证》，杨树达《汉书释例》，张星烺《中国史书上关于马黎诺里使节之记载》，王国维《〈元朝秘史〉之主因亦儿坚考》，孟森《〈满洲源流考〉所考明代满洲疆域之发微》，陈守实《明史抉微》，郑振铎著《近百年古城古墓发掘史》，印维廉《中国革命史》，冯自由著《中华民国开国前革命史》，半粟(李剑农)编著《中山出世后中国六十年大事记》，束世澂著《中法外交史》，林定平、邓伯粹撰述，邵元冲校阅《各国劳工运动史》，陈叔谅著《世界大战史》，丁文江著《徐霞客先生年谱》，陈东原著《郑板桥评传》，刘汝霖著《崔东壁先生年谱》，柳亚子、柳无忌编《苏曼殊年谱及其他》，田士懿著《金石著述名家考略》，暨南大学南洋文化事业部编《南洋华侨殖民伟人传》，姚明辉著《禹贡注解》，卫聚贤《禹贡考》，于鹤年《关于"九州"之讨论》，张其昀《中国山岳之分类》，陈训慈译、安特生著《蒙古探险记——美国自然史博物馆中亚探险队报告》，卓宏谋著《南洋群岛游记》，抱朴著《赤俄游记》，沈鹏飞著《调查西沙群岛报告》，陈兼善著《气候与文化》，谢颂羔编《文化的研究》，黎光明《汲冢竹书考》，陈万里编《故宫图录》，杜定友著《学校图书馆学》，王云五著《中外图书统一分类法》《首笔号码索引法》，任松如著《四库全书问答》等等。皆平《近世学术观》提出："'学术'两字所合成的名词，用来代表人类一种最高贵的活动,是再确当没有了。这个名词即刻指示我们,学与术是分不开的东西。没有学不是术的,也没有术不是学的。'不学无术',无术也实在就没有学了。学与术要是分开了,世界上便将没有'学术'这东西了。"作者写此文的目的,是希望读者:"(一)使读者得有一种系统的学术观。(二)使读者知道近世科学之最合理的分类法。(三)要使读者知道近世科学,各各相联。(四)'人事科学'在现在仍留在婴孩期内,我们却不必为一般宣传的学者所动,以为社会学及社会心理学等真成了科学,可以与理化生物诸科学,并列无愧。"胡适《治学的方法与材料》特别强调考古发现的重大意义,代表了胡适对于倡导"整理国故"运动的反思以及学术方法乃至方向的调整,因而尤具学术价值。许啸天编《清儒学案》系清代江藩《汉学师承记》的改编本。金受申释《公孙龙子释》提出"指物"和"名实"两组概念范畴互相独立又互相勾联印释,是理解公孙龙子整个思想的关键。陈东原著《中国妇女生活史》被认为是中国妇女史的开山之作。陈灿《整理账簿计划书》认为从普通人家的账簿可以看到物价的涨落、生活的状况、财政的情形、文化的关系,并提出了具体的整理方法,无论是理念还是方法都很前沿。陶行知著《中国教育改造》全面反映了作者主张实行教学做合一的"生活教育"的目的、原则和实践方法,受到国内外教育界的普遍重视和高度评价。王凤喈著《中国教育史大纲》为出版较早、影响较大的一部中国教育史专著。傅斯年《历史语言研究所工作之旨趣》重点阐述了"何谓历史学、语言学""标准""宗旨""工作"等问题,着重强调史学以史料为中心和本位,极力倡导通过团体互补引会、互补订正的有规模的系统研究。此文被称为是一篇向传统学术和西方东方学挑战的宣言书,在近代学术史上具有里程碑的意义。顾颉刚为《民俗》周刊作发刊辞。此文吹响了民俗学运动的号角,被称为"我国民俗学运动的一篇宣言书和动员令",也是一篇新史学运动的宣言书。顾颉刚编著《孟姜女故事研究集》(3册)大体汇集了顾颉刚发起的孟姜女故事研究代表性成果。刘大杰著《易卜生研究》为中国学者评价易卜生的第一部专著。何炳松《历史上之演化问题及其研究法》依次论述了"演化问题的重要性""演化与变动的异同""社会演化与生物演化的异同""社会演化的原因""社会演化的表现""研究社会演化的困难""社会演化的研究法""专史家与通史家的合作",富有启示意义。陈垣著《史讳举例》分避讳所用之方法、避讳之种类、避讳改史实、因避讳而生之讹异等8节。作者自序谓"意欲为避讳史作一总结束,而使考史者多一门路一钥匙也"。胡适《读陈垣〈史讳举例〉论汉讳诸条后记》称"陈先生此书,一面是结避讳制度的总账,一面又是把避讳学做成史学的新工具"。郑振铎著《近百年古城古墓发掘史》分11章,记述近百年世界各国对古代城市遗址、古墓的发掘史。其中有阿比多斯及埃及第一朝的陵墓、梦城、底比斯城及其死城、都丹喀门王墓、巴比伦南部的城国、巴比伦城、尼尼微、推来城、阿加绵农墓、克里特、巴力斯坦等城与陵墓。

聚焦于学术史的论著主要有:彭基相《法国十八世纪思想史》《经济史学底发生与发展及其在学术上之地位》、杨朝杰《中国民族问题发生之起源及其归宿》、庄泽宣《三十年来中国之新教育》、曹养吾《辨伪学史——从过去说到最近的过去》、郭绍虞《文学观念与其含义之变迁》、钟敬文《数年来民俗学工作的小结账》、怀德《英国名士之中国政治观》、明义士《殷墟龟甲文学发掘的经过》、萧炳实《殷墟甲骨文之发现及其著录与研究》、朱芳圃《佛经原本与翻译》、吴宓译作《穆尔论现今美国之新文学》、张荫麟《论历史学之过去与未来》《中国历史上之"奇器"及其作者》、余永梁《中国最近发现之新史料》、吕炯《中国珠算之起源》、贺圣鼐《中国印刷术沿革史略》、姚士鳌(姚从吾)《中国造纸术输入欧洲考》等等,都不同程度地具有学术史论的内涵。章渊若《经济史学底发生与发展及其在学术上之地位》刊于中国社会科学研究会《社会科学杂志》第 1 卷第 2 期，文中提出经济史是人类历史最基本的一部，经济史学可脱离普通史学而独立，并分别探讨了经济史与经济思想史、经济学、商学、史学、政治、法学的关系，强调欲解决中国现实的经济社会问题，应大力研究经济史，并指明了应采取的方法和态度。张荫麟《论历史学之过去与未来》刊于《学衡》第 62 期，作者主张历史学既是科学的，也是艺术的，然后重点从认识论的维度探讨了三个问题："一、过去历史资料所受之限制何在？二、此等限制在将来有打破或减轻之可能否？若可，则三、如何控制将来之资料以打破或减轻此等限制使将来之历史渐臻于理想之域？"并深信"苟认识此诸问题之意义者，必深觉其于史学及人类知识之前途有綦重之关系。盖此等问题一解决，新方法见诸实行，则将来世界之历史纪录，将来人类经验之库藏，必大改观。人类关于自身之知识，或因此而得无限之新资料与新观点，亦未可知也"。（以上参见本书"学术背景""学术活动""学术著作""学者生卒"栏所引文献与出处，以及章恒忠、王亚夫主编《中国学术界大事记（1919—1985）》，上海社会科学出版社 1988 年版；中央教育科学研究所编《中国现代教育大事记 1919—1949》，教育科学出版社 1988 年版；王学典《20 世纪史学编年（1900—1949）》，商务印书馆 2014 年版；付喜祥《20 世纪前期中国文学史写作编年史》，北京师范大学出版社 2013 年版；中国大百科全书总编辑委员会编《中国大百科全书·考古学》，中国大百科全书出版社 2002 年版；王学珍等编《北京大学纪事（1898—1997）》，北京大学出版社 1998 年版；清华大学校史研究室编《清华大学一百年》，清华大学出版社 2011 年版；齐家莹编《清华人文学科年谱》，清华大学出版社 1999 年版；北京师范大学党委办公室、北京师范大学校长办公室《北京师范大学纪事》，北京师范大学出版社 2012 年版；南京大学高教研究所编《南京大学大事记（1902—1988）》，南京大学出版社 1989 年版；沈卫威编《学衡派编年文事》，南京大学出版社 2015 年版；吴永贵《民国图书出版史编年：1912—1949》，社会科学文献出版社 2018 年版；文韬《"国故学"与"中国学术"的纠结——民国时期两种"国学"概念的争执及其语境》，《中山大学学报》2013 年 5 期；张广海《革命文学论争与阶级文学理论的兴起》，北京大学博士学位论文，2011 年；欧阳哲生《纪念"五四"的政治文化探幽——一九四九年以前各大党派报刊纪念五四运动的历史图景》，《中共党史研究》2019 年第 4 期；商金林《几代人的"五四"（1919—1949）》，《新文学史料》2009 年第 3 期；吴海勇《1928 年至 1948 年〈中央日报〉对五四运动的评论》，《上海党史与党建》2009 年第 5 期；徐斯雄《民国大学学术评价制度研究》，西南大学博士学位论文，2011 年；邱建生《为中国找回晏阳初》，《求知导刊》2014 年第 3 期；顾友谷《对常乃德和胡适文化争论的现实思考》，《安徽广播电视大学学报》2011 年第 2 期；陈峰《社会史论战与现代中国史学》，山东大学博士学位论文，2005 年；向燕南、尹静《中国社会经济史研究的拓荒与奠基——陶希圣创办〈食货〉的史学意义》，《北京师范大学学报（社会科学版）》2004 年第 3 期；李长银《王国维的"古史新证"与"古史辨运动"》，《四川师范大学学报（社会科学版）》2020 年第 3 期；侯书勇《通方知类　承先启后——王国维金文古史研究综论》，《河北师范大学学报（哲学社会科学版）》2013 年第 4 期；郭佳《历史与神话的交融——近现代学术史视野下的顾颉刚禹夏研究》，山东大学博士学位论文，2019 年）

1929 年　民国十八年　己巳

一、学术背景

1月1日,全国编遣会议召开,确定全国共设八个编遣区,全国军队一切权力收归中央,取消一些军事统率机构的设置。

是日,湘、赣两省"围剿"军总指挥部在江西萍乡正式组成,由湖南国民党"清乡"督办鲁涤平任总指挥,第十九师师长何键任代总指挥,以18个团兵力分五路对井冈山革命根据地进行第三次"围剿",红军第四军主力向赣南闽西转移。

1月4日,中华教育文化基金董事会在杭州召开第三次常会,修改该会章程,并议决董事郭秉文、顾维钧、张伯苓、颜惠庆、周诒春、胡适辞职,由汪精卫、孙科、李石曾、伍朝枢、任鸿隽、赵元任继任,选举蔡元培为董事长,蒋梦麟为副董事长,任鸿隽为干事长。

1月6日,西北科学考查团理事会召开第一次会议。会议听取斯文·赫定和徐炳昶的考察汇报,同意延长两年的考察时间,并批准加入新的队员。

1月7日,东北政务委员会在沈阳成立,张学良任主任。

1月10日,国民党第二届执行委员会第190次常委会议议决《宣传品审查条例》,规定了审查各种宣传品的范围、审查手续、审查标准等,对反动宣传品、谬误宣传品进行界定,并针对违规宣传品规定了处理办法。

按:国民党中央常务会议通过的《宣传品审查条例》,计十五条。其中第五条规定,凡"宣传共产主义及阶级斗争"为"反动宣传品",上海有几家进步书店因经售华兴出版局(曾出版过列宁的《国家与革命》等十几种马列主义著作)的出版物曾被国民党一度封闭。1930年12月,在国民党政府颁布《出版法》四十四条对刊物及出版物严加限制前,"左联"刊物《拓荒者》《萌芽月刊》《巴尔底山》等已全部被禁,或转入秘密出版。此后,白色恐怖与文化迫害愈演愈烈,至1931年9月,国民党政府共查禁228种书刊,而鲁迅自费出版的《铁流》等6种进步文学读物也在国民党的禁售范围内。

1月13日,中央研究院召开第四次院务会议,蔡元培、杨铨、李四光、竺可桢、王世杰等15人出席,会中提出评议会之人选及成立时期应规定案,决定推选王世杰、竺可桢、李四光起草本院评议会组织条例。会后,王世杰、竺可桢、李四光3人未能按照会议决定草拟相关条例。

1月16日,国民政府公布《处理留俄回国学生暂行办法》,强令留俄归国学生于一周内亲赴中央或各省市党部报到,否则以共产嫌疑犯论。

1月19日,西北科学考查团中国团长徐炳昶在北平大学报告考察经过,谓该团共有中外学者20余人，于1927年5月自北京出发，近日从迪化归来。在考察中，袁希渊所发现之恐龙最有价值，为亚洲第一次发现，时间在1600万年以前，远比西人发现者古老。

1月21日，中国政治学会召开年会，选举颜惠庆为会长，马瑞慕、张煜全为副会长。

1月22日，教育部公布《民众学校办法大纲》《教科图书审查规程》《教育部订定暂行教科图书审查办法》和《教育部订定审查教科图书共同标准》。

1月23日，东北政务委员会常会议决设立蒙文师范学校、委王树翰为东三省博物馆馆长。

1月25日，国民政府颁布《寺庙管理条例》，因激起全国佛道界的强烈反对，不得不暂缓施行。

1月29日，国民政府公布《捐资兴学褒奖条例》。

是月，陶希圣的《中国社会之史的分析》由上海新生命书局出版，继续激发中国社会性质大讨论。

按：20世纪20年代末至30年代初，由于北伐革命和辩证唯物论浪潮的冲击，中国社会结构产生了激变，一些学人力图以经济观点来探讨中国社会的发展、中国社会史的分期及中国社会的性质等问题，并由此引发了一场论战。这场论战的发起者是陶希圣。他首先在上海《新生命月刊》提出："中国社会到底是什么社会？"此论即引起诸多学人的响应和论战，论战的焦点有三：一派认为"中国社会是半封建半资本主义"；一派认为"中国是商业资本主义"；以陶希圣为代表的"新生命派"则认为，"中国封建制度已衰，封建势力犹存，而中国社会的两大阶层是士大夫与农民"。从1927年到1928年间，陶希圣发表了一系列论文，后收集成册，冠以《中国社会之史的分析》书名于1929年出版。该书出版后反响甚大，不少人就是通过评论陶氏的观点而加入论战的。不久陶希圣又出版了《中国社会与中国革命》一书，进一步阐述他关于中国社会发展史的看法。为促进讨论走向深入，陶希圣还收集了当时学者们讨论社会史较有代表性的论著，编成《中国问题之回顾与展望》一书出版。对于陶希圣在中国社会史研究方面的贡献，郭湛波《近五十年中国思想史》（北平中国书店1935年版）认为，"中国近日用新的科学方法——唯物史观，来研究中国社会史，成绩最著，影响最大，就算陶希圣先生了""陶氏在近五十年中国思想史之贡献，就在他用唯物史观的方法来研究'中国社会史'，影响颇大"。

是月，国民党中央政治会议决定，将奉天省改名为辽宁省。

是月，中央研究院颁布《国立中央研究院院务会议章程》《国立中央研究院办事通则》《设置助理员章程》《设置研究生章程》等多项条例，对各研究所的编制、研究院资格、所务会议构成及其职能、具体研究方向等予以明确规定，从而保障各所研究工作的顺利推进。

2月1日，蒙藏委员会在南京成立。

2月2日，国民政府教育部公布《督学规程》19条。

2月5日，国民政府教育部公布《修正发给留学生证书规程》12条。

2月8日，国民政府教育部公布《教育部编审处译名委员会规程》13条。

2月12日，托洛茨基被苏联政府驱逐出国后亡命土耳其。

2月13日，教育部颁布《识字运动宣传计划大纲》，指出识字运动"为实施民众教育之入手方法"，通令各地"举行大规模之宣传，以期唤起民众，对于识字读书求知之兴趣"，认为推行识字教育可使"民众教育日益普遍，即国家训政前途，亦得以推行无阻"。（《教部提倡识字运动》，《申报》1929年2月16日）

2月16日，国民政府公布《度量衡法》，统一全国度量衡。

2月19日，北平大学第一师范学院学生为要求增加预算和恢复公费事，赴大学委员会北平分会请愿，与门警发生冲突，学生5人被捕。

2月22日，中华职业教育社在无锡举行第四届专家会议，讨论了有关职业指导、农村教育、工商业教育及一般职业教育问题。

2月24日，国民政府教育部电北平大学，令将为首各生依法办理，并电国民党中央政治会议北平分会、河北省政府、卫戍司令部、北平市政府设法制止风潮。

2月27日，国民政府修正公布《教育部大学委员会组织条例》。

是月，国民政府通令各级行政遍设国术馆（社），颁布《中央国术馆组织大纲》。

按：第一条规定："中央国术馆以提倡中国武术，增进全民健康为宗旨。"第二条："为实行前条宗旨起见，本馆特延聘国术专家、体育专家及其他专门学者，办理下列事项：一、研究中国武术与体育；二、教授中国武术与体育；三、编著关于国术及其他武术之图书；四、管理全国国术事宜。"（国家体委武术研究院编纂《中国武术史》，人民体育出版社1997年版）

3月4日，国民政府发布整顿学生令。

3月17日，国民政府颁布《废止旧医以扫除医事卫生之障碍案》，激起全国中医药界的反对。此案作废。

3月18日，国民党第三次全国代表大会召开第一次正式会议，蒋介石、汪精卫争权，蒋介石取胜。

3月25日，国民党在南京召开第三次全国代表大会上提出教育方针与政策，要求"本党今后必须确定整个教育方针与政策。其根本原则必须以造成三民主义的文化为中心""必须以三民主义之精神，融化东西文化之所长，使全国人民在'人民之生活，社会之生存，国民之生计，群众之生命'上，备具三民主义之实际功用，以达民族独立，民权普遍，民生发展之目的"。

按：第三次全国代表大会通过了《确定教育宗旨及其实施方针案》，文件规定："1.各级学校之三民主义教育，应与全体课程及课外作业相关联，以史地教科阐明民族之真谛，以集团生活训练民权主义之运用，以各种生产劳动的实习培养民生主义之基础，务使智识道德融会贯通于三民主义之下，以收笃信力行之效。2.根据'总理遗教'，以陶融儿童及青年'忠孝仁爱信义和平'之国民道德。3.中等学校及大学学生，须受相当之军事训练，以锻炼强健之精神、养成规律之习惯为主要任务。"（国民党中央党史会编《革命文献》第76辑，台北近代中国出版社1992年版）

按：第三次全国代表大会同时提出国家教育政策，"即教育乃国家建设永久之任务，其功用应始于胎教，而终于使个人能为社会生存之总目的各献其健全之能力，因此之故，吾人必须从优生学之基础上建设父母教育，从社会伦理学之基础上建设儿童教育，从国民经济学之基础上建设国民教育，从世界实用科学之基础上建设高等教育"。（参见中央教育科学研究所编《中国现代教育大事记（1919—1949）》，教育科学出版社1988年版）

3月26日，国民政府下令免去李宗仁、白崇禧、李济深的职务，讨伐桂系。

3月27日，蒋桂战争爆发，进攻井冈山的湘赣两省国民党军大部撤走，坚持井冈山地区的军民乘机反攻，恢复了井冈山革命根据地的基本地区。湘赣两省国民党军的第三次"围剿"遂告破产。

4月3日，中华职业教育社在上海召开夏季评议员会议，讨论设立补习性质之职业专修学校等问题，并推王云五、邹秉文、廖茂如为常任评议员。

4月10日，第一届全国美术展览在上海举办，出版《美展》季刊。

4月12日，中国佛教会在上海觉园召开第一次全国佛教徒代表大会，圆瑛当选为会长，太虚、仁山、常惺、克全、圆瑛等36人为执行委员，谛闲、印光、白普仁等12人为监察委员，会议议定会章16条，其中规定中国佛教会由中华民国全国佛教徒组织之，为僧侣共同的组织。

4月16日，教育部颁布《国民体育法》。

是日，中国托派"全国总干事会"仿效托洛茨基在俄国十月革命前创办的同名地下刊物，创办中央机关报《我们的话》，该派被称为"我们的话派"。

按：《我们的话》创刊词宣称，"我们要拯救工人阶级的自己的政党——消灭一切党机关的官僚化，指出国际及中央机会主义的错误政治路线和策略——使我们的党无产阶级化，使党的领导走上无产阶级行动的正轨"。此派还办有内部机关刊物《反对派内部生活》，交流组织内部的情况。（参见唐宝林、林茂生著《陈独秀年谱》，上海人民出版社1988年版）

4月17日，班禅代表罗桑泽仁等3人到达北京，请求国民政府接管西藏事务。

4月21日，中国经济学社关于"工厂法中规定盈余分配问题"的辩论在中央大学举行，主席马寅初，正方为工商部劳工司长朱懋澄和上海教育局局长陈德徵（朱代理），反方为著名会计师潘序伦和徐永祚。论题为："工厂中的盈余分配应否在工厂法内规定？"

按：4月22日，即举行辩论的第二天，《京报》对"工厂盈余分配问题"发表社论，赞同潘序伦、徐永祚的观点，反对朱懋澄的意见。同时，《京报》专门组织一组文章，专题介绍和讨论中国经济学社的这场辩论。1929年4月27日—5月14日，《中央日报》副刊发表3篇长篇论文，即曹茂良《朱徐潘三位先生对于工厂盈余分配问题的论辩和我的意见》、贺维玉《评潘序伦先生所论盈余分配法》、道文《关于工厂法草案规定益余分配之批评》，批驳潘序伦、徐永祚的观点，赞同朱懋澄的意见。1929年12月21日立法院第67次会议通过《工厂法草案修正案》，采纳了潘序伦、徐永祚的观点，没有硬性规定盈余分配方案。

4月23日，国民政府教育部布告《取缔宗教团体私立各学校办法》4条。

4月26日，国民政府公布《中华民国教育宗旨及其实施方针》，规定教育宗旨和实施方针。教育宗旨是："中华民国之教育，根据三民主义，以充实人民生活，扶植社会生存，发展国民生计，延续民族生命为目的，务期民族独立，民权普遍，民生发展，以促进世界大同。"

是月，红四军公布《兴国土地法》，将《井冈山土地法》规定的没收一切土地，改为没收公共土地及地主阶级土地。

5月8日，国民政府教育部公布《教育会规程》31条，前大学院颁布之规程作废。

5月18日，教育部颁布《国立北平图书馆组织大纲》。

5月22日，国民党中央宣传部通令查禁《先声周刊》《快乐之神》《中国工人》《民众呼声》《创造月刊》等多种书刊。

5月23日，国民政府公布《中华民国民法总则》。

5月24日，国民政府教育部公布《领事经理华侨教育行政规程》10条。

5月25日，国民政府训令山东省政府查禁《民权导报》。

5月29日，上海报纸首次刊出无线电传真稿。

是月，国民党改组派在上海成立护党革命大同盟，并发表成立宣言，反对蒋介石，拥护汪精卫。

6月1日，孙中山灵柩由北平西山碧云寺移葬南京紫金山中山陵，国民政府举行奉安大典。

6月5日，教育部准北平私立燕京大学、天津南开大学立案。

6月6日，中国佛教会代表数十人向国民政府、行政院、内政部请愿，要求取消《寺庙管理条例》,另颁包括各宗教之适当条例。

6月8日,内政部训令各省民政厅、南京市公安局转饬所属:"在寺庙管理条例未经修正公布以前,所有寺庙事项一律维持现状,停止处分,前条例暂缓施行。"

6月11日,国民党上海市党部查禁《世界日报》《公论日报》。

6月12日,清华大学通过修订的《国立清华大学规程》。其总纲第一条为:国立清华大学根据中华民国教育宗旨,以求中华民族在学术上之独立发展,而完成建设新中国之使命为宗旨。

6月13日,教育部聘请蔡元培、何思源、王近信、赵畸、彭百川、杜光埙、傅斯年、杨振声、袁家谱为国立青岛大学筹备委员。

6月15日,国民党第三届中央执行委员会第二次全体会议讨论一批关于教育之决议案,决定由教育部定期停止试行大学区制。

6月15—30日,国际图书馆第一次大会在罗马召开,沈祖荣代表中国参加会议并利用各种机会与外国代表沟通,会后又参观与考察10多个欧洲国家的图书馆。

6月16—19日,北京再次举行卫生清洁运动大会,举办方为卫生局、公安局以及筹备自治办事处。

6月17日,国民政府教育部通令:国立大学教授自民国十八年上学期起以专任为原则,以杜绝各校教授因兼课太多,请假缺课,影响教学效能,妨碍学校进步之弊端。

6月21日,中央研究院举行第六次院务会议,蔡元培、杨铨、李四光、竺可桢等19人出席,与会者再次提出评议会组织条例应制定案,经过讨论决定除原评议会组织条例起草委员会委员王世杰、竺可桢、李四光3人外,增派徐韦曼、宋梧生为起草委员,并由徐韦曼负责召集开会,限7月底以前完成。

6月25—30日,中国共产党在上海举行六届二中全会,通过《政治决议案》《组织问题决议案》《宣传工作决议案》《职工运动决议案》。

是月,中国国民党召开全国宣传会议第三次会,决定"创造三民主义文学,取缔违反三民主义之一切文艺作品"。国民党上海党部组织傅彦长、朱应鹏、范争波、王平陵等从事"民族主义文艺"的文人,提出《民族主义文艺运动宣言》。

7月10日,中方下令以武力接收中苏合办的中东路,将苏方职员全部解职,并驱逐出境。

7月11日,北平大学学生会致电教育部,要求北大直属中央,请任蔡元培为校长,恢复"北京大学"原称。

7月19日,国民政府为苏联对华绝交事件发表对外宣言。

7月22日,教育部公布《蒙藏学生待遇章程》,凡12条。

是日,国民党中央常会通过《资送革命青年出洋留学办法》。

7月26日,国民政府颁布《大学组织法》26条,《专科学校组织法》13条。《大学组织法》规定大学分国立、省立、市立及私立,凡具备三个以上学院者始得称大学,否则应称为独立学院。

7月31日,国民政府公布《特种工业奖励法》,规定公民在创办基本化学工业、纺织工业、建筑材料工业、制造工业、机器工业、电讯工业及其他工业中有成就者,政府将给予专利权、减免税收等奖励。

是月，中共闽西第一次代表大会通过《苏维埃政权决议案》。

是月，复旦大学与美国华盛顿大学交换教授。此为两国交换教授之始。

8月1日，国民政府公布《考试法》。

是日，吉林大学正式成立，张作相兼校长，李锡恩为副校长。

8月2日，国民政府教育部制定《教科用标本仪器审查规程》10条。

8月4日，北平大学区结束，河北教育行政事务移交省教育厅办理。

8月8日，教育部设立国立北平研究院，李石曾任院长。

8月13日，北平国立八院学生成立联合会，为谋独立运动发表宣言并派代表南下请愿。

8月14日，国民政府颁布《大学规程》6章30条。

按：1929年以后，国民党颁布一系列有关大学教育管理制度的法规，如《大学组织法》《大学规程》《大学研究所暂行组织规程》《大学教员资格条例》《学位授予法》等。

是日，中央研究院于南京成立天文、气象两研究所，上海成立化学、工程、物理、地质四研究所，北平成立历史语言、心理两研究所。

8月15日，国民政府行政院32次会议议决批准教育部所拟国立北平大学几所学院、研究院之设置意见。

是日，中华教育文化基金董事会在清华学校举行科学教育会议，讨论科学教育方法之改良及合作办法。

8月16日，国民政府教育部公布《华侨教育设计委员会组织大纲》14条。

是日，教育部聘王宠惠、王正廷、李石曾、陈立夫、王劭廉、赵天麟、茅以升等7人为国立北洋大学筹备委员会委员。

8月21日，中国科学社在北平燕京大学召开年会。

8月29日，国民政府教育部公布《私立学校规程》29条。

是月，托派分子刘仁静、王文元、吴季严等人自苏回国。刘仁静回国时曾绕道土耳其拜见托洛茨基，并将托洛茨基亲自起草的中国托派政纲——《中国布尔什维克列宁主义派（反对派）纲领》带回中国。

是月，闽西省苏维埃政府颁布《苏维埃组织法》。

是月，国民党政府公布《电信条例》，允许民间经营广播电台。

是月，教育部公布《中小学课程暂行标准》。

9月1日，开始施行卫生部颁布的《传染病预防条例》及《传染病预防条例施行纲则》。

9月8日，中央研究院在驻沪办事处举行第七次院务会议，蔡元培、杨铨、竺可桢等18人出席，与会者又一次提出先设评议会，其组织章程，由原起草委员会负责从速起草。之后，评议会的筹备活动仍处于停顿状态。

9月9日，国立北平研究院正式成立，李石曾任院长，李书华任副院长。内设动物学、植物学。生物学三个研究所。

按：11月，成立理化部（物理学研究所、化学研究所）及史学研究所、水科研究会、字体研究会。（参见中央教育科学研究所编《中国现代教育大事记(1919—1949)》，教育科学出版社1988年版）

9月13日，蒋介石下令各省限期办理保甲。

9月18日，国民政府教育部遵照国民党三届二中全会的议决案，组织教育方案编制委员会，以制成实行整顿并发展全国教育之方案。

9月29日,国民政府教育部与中华教育基金董事会合组国立北平图书馆,公布《国立北平图书馆办法》《国立北平图书馆委员会组织大纲》。聘蔡元培、袁同礼为正副馆长。

是月,由陈独秀、彭述之、尹宽等人在上海成立托派组织"无产者社",陈独秀为总书记。

是月,教育部颁布《国立北平图书馆委员会组织大纲》。

10月1日,国民政府公布《修正教育部组织法》23条。

是日,燕京大学在新校址举行落成典礼。之后陆续买下附近诸园,如农园、镜春园、朗润园等,面积扩大了四倍,形成了一套完整的社区,统称燕园。

10月10日,西北军将领通电反对蒋介石,推戴阎锡山、冯玉祥为正、副总司令。

10月10—13日,北平图书馆在居仁堂前楼下举行图书展览会。展览书籍分唐及唐以前写本、宋刻本、宋钞本、金刻本、元刻本、明刻本、明钞本、清刻本、清钞本、稿本、批校本、满蒙回藏文书籍、方志、词曲小说、清禁书、古器物拓本、舆图等17部。

10月12日,国民政府教育部会同中央训练部审查《全民识字法案》,并决定由教育部编《三民主义千字课》。

10月15日,中共中央政治局《关于反对党内机会主义与托洛斯基主义反对派的决议》公布,要求陈独秀放弃托洛斯基观点和非组织活动,接受党分配的工作,但遭到陈独秀等人的拒绝。

> 按:《决议》说:"现在机会主义与托洛斯基主义反对派,不只是故意的煽起党的讨论而且实行了他们的小组织的行动。反对派已经有他们的秘密刊物,在党内传播,独秀同志也在未经中央决定以前,把他写给中央的信,自由在同志中间宣传,这是列宁党所不能宽恕的破坏党的行为。因此中央在组织上有下面的决定:(一)各级党部如果发现了这样的小组织必须马上解散,对于参加的同志须与以组织上的制裁。(二)经过讨论以后,仍然固执他的取消主义的思想,不执行党的策略,不服从决议的,应毫不犹疑的开除出党。(三)独秀同志必须立即服从中央的决议,接受中央的警告,在党的路线之下工作,停止一切反党的宣传与活动。中央认为在目前革命斗争紧张的形势之下,上面的决定,是巩固党,使党能坚决执行领导革命斗争任务的必须的方法。中央号召全党同志一致起来,拥护中央的决议,肃清党内取消主义的思想与一切反党的小组织。"(安庆市历史学会、市图书馆编印《陈独秀研究参考资料》第1辑,1981年版)

10月22日,国民政府公布《工会法》,决定于同年11月1日施行。

10月28日,国民党中央第44次常会通过《各级学校教职员研究党义暂行条例》,通令全国各级教职员,平均每日至少须有半小时之自修研究党义。

是月,国民政府颁布《以后对于西藏民族不得再沿用番蛮等称谓以符中华民族一律平等之旨》的法令。

11月7—10日,中华全国总工会在上海召开第五次全国劳动大会。

11月14日,国民政府教育部通令全国大学停止实行学分制,改行学年制。

11月15日,中共中央政治局会议通过《关于反对党内机会主义与托洛茨基主义反对派的决议》,决定开除陈独秀的党籍。

11月28日,教育部指令第3066号核准《国立北平图书馆组织大纲》,据此善本部下设写经组,为主管敦煌遗书事务的专门机构。

11月30日,立法院第63次会议逐条讨论通过《监督寺庙条例》。12月7日,国民政府公布了《监督寺庙条例》,并将《寺庙管理条例》明令废止。

12月2日,中国古生物学家裴文中教授在北京房山县周口店龙骨山洞内发现第一个比较完整的猿人头盖骨化石,史称北京猿人。

按:北京猿人遗址位于北京西南郊,离城区大约50公里的房山县周口店镇。周口店一带的石灰岩非常厚,由于地壳的运动,形成了许多的褶曲,龙骨山正好位于背斜层的中轴。由于石灰岩很容易被水溶解,于是形成了许多洞穴或裂隙,在洞穴和裂隙中填满了堆积物。1921年,奥地利人师丹斯基在龙骨山从事发掘工作,发现两枚古人类牙齿化石。北京协和医院解剖科主任加拿大籍学者步达生还为它们取了一个拉丁学名"Sinanthropus Pekinensis",译成中文就是"北京中国猿人"。后来,美国古生物学家葛利普给了它一个俗名"北京人"。周口店发现人类化石的消息之所以能迅速传遍全世界,与这个绝妙的俗称是分不开的。1927年,在美国洛克菲勒基金会的资助下,国民政府对周口店开始了系统的发掘。中国科学家丁文江、翁文灏、李捷、杨钟健、裴文中等走进了周口店。翁文灏是中国地质学的奠基人之一,从比利时留学回国后,进入了正在筹办的地质调查所,后来接替丁文江成为所长,举世瞩目的周口店发掘就是在其任内进行的。1929年,在其他学者相继离开周口店之后,裴文中就负责起这里的发掘工作。也就是在裴文中主持发掘期间,发现了举世闻名的"北京人"头盖骨化石。……发现"北京人"头骨的消息一经传出,便引起了巨大的轰动。它的发现不仅为达尔文进化论所预言的人类从猿到人的演化提供了确凿的化石证据,更是史前学和古人类学研究的一块里程碑。(唐毅、罗艳梅《中国古遗址》,四川出版集团、巴蜀书社2011年版)

12月7日,国立北平图书馆举办西夏文书及佛像展览会,展览当年11月新购西夏文书,同时选列各项善本书籍及唐人写经,邀请学界、政界名流及新闻记者前往参观。

是日,国民政府公布《监督寺庙条例》,并将《寺庙管理条例》明令废止。

12月11日,中共中央代表邓小平、张云逸、韦拔群等发动广西百色起义。

12月14日,国民政府教育部准北平大学第二师范学院改称国立北平大学女子师范学院,北平大学第一工学院改称北平大学工学院。

12月22日,中苏签订《伯力条约》,中东路的管理恢复冲突以前的状态。

12月28日,国民政府教育部公布《医学教育委员会章程》11条。

是日,中共红四军第九次代表大会在福建上杭县古田召开,会议通过《中国共产党红四军第九次代表大会决议案》(即《古田会议决议》),强调红军必须服从党的领导,树立无产阶级思想,纠正单纯军事观点、极端民主化、绝对平均主义、主观主义、个人主义、流寇思想等错误观念。红军必须担负起宣传群众、组织群众、武装群众等项任务。

是月,毛泽东在其起草的《中国共产党红军第四军第九次代表大会决议案》中提出了十种教授法。

按:这十种教授法是:1. 启发式(废止注入式);2. 由近及远;3. 由浅入深;4. 说话通俗化(新名词要释俗);5. 说话要明白;6. 说话要有趣味;7. 以姿势助说话;8. 后次复习前次的概念;9. 要提纲;10. 干部班要用讨论式。(参见中央教育科学研究所编《中国现代教育大事记(1919—1949)》,教育科学出版社1988年版)

是月,上海亚美公司亚美实验无线电播音台(简称亚美公司电台)开播。

是年,中国营造学社、中国化学工程学会、中国古生物学会、中国园艺学会成立。

是年,上海佛教界发起创办上海佛学书局。

按:上海佛学书局是中国近代规模较大的一所专门编辑、刻印、流通佛学典籍的机构,设有流通、出版、翻印、代办四部。与刻经处不同的是,佛学书局出版流通的典籍,既有从汉文大藏经中辑录出来的佛典(经、律、论)和各宗撰述,也有中国近代佛教学者撰写的佛学论著。同时,全国刻经处和书局出版的佛典和著述,它都代为流通。除此以外,上海尚有功德林佛经流通处、世界佛教居士林佛经流通处、弘化社、大法轮书局、大雄书店、般若书局等。这些佛典出版机构,为佛教文化的复兴起了积极的促进作用。(周霞《中国近代佛教史学探研(1900—1949)》,华东师范大学博士学位论文,2005年)

是年,《新民报》《新思潮》《教育杂志》《教育周刊》《教育与民众》《北方红旗》《海风周报》

《新流月报》《南国月刊》《艺术月刊》《福建红旗报》《红旗周报》《工农兵报》《右江日报》《华北日报》《武汉日报》《新民报》《新省报》《中外评论》《文华图书馆学专科学校季刊》《新闻壁报》《青年生活周报》《上海报》《好报》《鄂东北通讯》《岭南学报》《燕大团契声》《自然科学季刊》《社会学刊》《社会科学研究》《自然科学研究所汇报》《时事月刊》《时代》《民众先锋》《护党》《毁灭》《民意周刊》《革命青年》《革命出路》《革命前路》《革命战线》《革命日报》《天津人民行动日报》《我们的出路》《青年先锋》《妇女共鸣》《月华》《全民日报》《云南建设月刊》《通俗日报》《绥远省政府行政报告》《社会日报》《绥远建设季刊》《绥远财政季刊》《绥远民政刊要》《绥远农村周刊》《绥远实业周报》《绥农》《蒙文周报》《辽宁省政府公报》《军事月刊》《沈海铁路》《国民外交》《实业月刊》《经济月刊》《民政月刊》《辽宁建设月刊》《司法杂志》《蒙旗旬刊》《中华国货月刊》《东北丛辑》《辽宁教育杂志》《辽宁教育月刊》《冰花》《辽风》《劲草》《星洲日报》《暨南大学校刊》《海光》《交通公报》《教育部公报》《蒙藏月报》《立法专刊》《之江校刊》《边政》《青海日报》《月华》《热河省政府公报》《湖大学生》《广东省政府公报》《国粹月刊》《荒原》《蔚报》《葱岭》《美展》《中央画报》《教育部全国美术展览会特辑号》《美周》《苏州美专己巳级毕业特刊》《故宫月刊》《艺苑》《故宫周刊》《杭州艺术专科学校周刊》《歌笛湖》《画风》《西湖一八艺社展览会特刊》《无锡美术专门学校第四届毕业纪念刊》等报刊创刊。

二、学术活动

　　蔡元培1月1日晨与李石曾同乘夜快车离宁到沪。午间，又与张静江、蒋梦麟、李石曾、高鲁同乘快车往杭州。1月4日上午9时半，中华教育文化基金董事会在杭州新新旅馆举行第三次董事常会，出席董事有蔡元培、蒋梦麟、胡适、翁文灏、颜惠庆、周诒春、顾临、贝诺德、司徒雷登、孟禄。公推蔡元培主席。

　　张伯苓被迫请辞董事长，董事顾维钧、颜惠庆、郭秉文、周诒春、胡适也被迫请辞。票选汪精卫、孙科、李石曾、伍朝枢、任鸿隽、赵元任继任。补选蔡元培为董事长，蒋梦麟为副董事长，任鸿隽接替周诒春为干事长。胡适为避免张伯苓等辞职有政府胁迫之嫌，也正式提出辞职，以示安慰被迫辞职的张伯苓、周诒春等人。会议最后蔡元培对辞职董事"讲了客套话"。胡适对蔡元培很有意见，谓"我坐在旁边听了如坐针毡！他不知道这一次的事，他个人损失多少！"下午2时半，续开第二次会议。决议北海图书馆设馆长1人，聘袁同礼为馆长。5日，中华教育文化基金董事会仍在杭州新新旅馆举行第十四次执行委员会，蔡元培、顾临、翁文源、任鸿隽到会，由蔡董事长主席，议决：（一）添聘丁文江、周诒春为北海图书馆委员会委员。（二）聘蔡元培、翁文源及秉志、张景钺、步达生为计划自然历史博物馆委员会委员。1月6日，蔡元培与李济璨、李石曾、谭延闿、张静江同乘夜快车由沪赴宁。8日，蔡元培被教育部聘请为全国美术展览会名誉会长及名誉评判员。10日，为杨立诚所编《四库目略》撰序。11日，蔡元培致北平政治分会主席张继电，谓中央研究院历史语言研究所将在北平设分所，拟请拨故宫博物院所属南河沿堂子及景山西旧御史衙门两处房屋，为藏书及办公之用，详由马衡面陈。13日，中央研究院第四次院务会议在驻沪办事处举行，各所所长或代表，蔡院长主席到会。

　　按：决议事项有：通过院务会议章程、设置助理员章程、设置研究生章程；各所所长、主任、专任研究员在外兼职应即辞去；编印定期刊物一种（即院务月报）；史语所购置清档案及西夏档案，就该所存款酌办;物理、化学、工程、地质四所所址决定在沪,各所应预备购地及建筑之款;等等。

蔡元培、吴稚晖、蒋介石、冯玉祥、宋子文、钱新之、陈光甫等1月16日被国民党中央政治会议第一七一次会议聘为建设委员会委员,特任张静江为建设委员会委员长。同日,教育部聘请蔡元培、吴稚晖等32人为国语统一筹备委员会委员。蔡元培出席全国美术展览会总务会议,推定王一亭、李毅士、林风眠、徐悲鸿、刘海粟、江小鹣、徐志摩为常务委员。19日,梁启超病逝于北京。23日,国民政府特派蒋介石、胡汉民、蔡元培、刘纪文等为首都建设委员会委员。25日,出席国务会议第十七次会议,通过捐资兴学条例,即予公布。30日,蔡元培与蒋梦麟在中央政治会议上联名提请政府褒扬梁启超,因遭到立法院长胡汉民反对而自动撤销。同日,国民政府令:派蔡元培、张乃燕、朱家骅、陈大齐等为浙江省考试县长典试委员;蔡元培致傅斯年函,谓"同人均以研究院有散漫之状","现拟集中京、沪两处,希望史语研究所即迁首都,其重要关系,已详于杏佛先生函中,想兄必能采纳"。

蔡元培2月1日出席国务会议第十八次会议,决议事项中有考选留学国外陆海军大学校条例,修正通过。同日,教育部订定保存甪直唐塑委员会组织大纲,聘请蔡元培、叶恭绰等18人为委员。12日阴历除夕,蔡元培由宁来沪后,本日中午1时,与李石曾等为世界社假座蒲柏路中法学堂设宴招待中法人士。16日,中央研究院第五次院务会议在驻沪办事处举行,总干事、各处主任、各所所长或代表到会,由蔡院长主席,议决:社会科学研究所所址,暂定在沪一年,以后再定;推派翁文灏为出席太平洋科学会议我国总代表;推定杨杏佛将本院章程译为英文、宋梧生译为法文、颜复礼译为德文。同日,中国科学社上海社友会晚间在华安八楼举行聚餐会,首由马相伯演说,继由蔡元培演说,吴稚晖、杨杏佛、竺可桢等亦有演说。2月17日,上海学、商各界,假静安寺公祭上月19日在北平逝世的梁启超。9时后,吊者纷临,有蔡元培、孙宝琦、张菊生、陈散原、叶恭绰、刘文岛、唐蟒、高梦旦等一百余人。蔡元培的挽联云:"保障共和,应与松坡同不朽;宣传欧化,宁因南海让当仁。"20日,蔡元培出席国民党中央政治会议第一七六次会议,讨论事项中有蔡委员元培等提议,请将国立暨南、劳动、同济三大学两年所有临时、经常两项积欠,令财政部暂发二十万元,以便开学。22日,出席国务会议第廿一次会议。会议决议公布教育部大学委员会组织条例,及华侨回国兴办实业奖励法。28日,题马崇淦所编《学生指南》。

蔡元培与叶恭绰、马叙伦、陈去病、金家凤暨吴稚晖、褚民谊以及雕刻家、建筑家十余人于3月4日上午9时到达昆山,改乘汽轮,前往甪直镇,实地考察保圣寺唐代杨惠之所塑罗汉,将遗存未倒之塑壁,已卸下之断片,以及庙屋基址等,逐项审视,认为非于雨季前赶紧完工不可,当嘱范文照、赵深两工程师从速设计,以便早日兴工修葺。26日下午2时,国民党第三次全国代表大会,举行改选中央执行、监察委员的开票,蔡元培继续当选为国民党中央监察委员。同月,蔡元培被推为上海私立大同大学校董。又为中国经济学社所编《中国经济问题》一书撰序,谓"中国经济学社为国内专家所组织,藉以研求经济学理及其应用方法。成立以来,仅阅四载,而规模远大,贡献宏多,于是有社刊之发行。其第一卷曰《中国经济问题》,于财政、金融、货币、会计、地方经济、交通经济、土地经济等等,多所论列,切中肯綮"。

蔡元培4月1日为《钦天山气象台落成纪念刊》撰序。12日,全国美术展览会开幕之第二日,蔡元培与何香凝、陈树人等先后莅会。28日,为《美展》三日刊撰写《美术批评的相对性》一文。春,为山西铭贤学校创立二十周年纪念刊题词。5月1日,致赵元任、陈寅恪函,谓"历史语言研究所,承两先生允为主持,将来成绩,必为世界学者所注意,不胜欣幸。顷已与傅孟真兄商定迁平计划,此后进行,必益顺利。傅君到平后,请接洽一切为荷"。5月6日,国民党中央常务会议通过修正中央政治会议条例,当即推定胡汉民、蒋介石、汪精卫、谭延闿、孙科、冯玉祥、吴稚晖、张静江、李石曾、蔡元培等24委员为中央政治会议委员,朱家骅、邵元冲、孔祥熙等8委员为中央政治会议候补委员。同日,蔡元培复美国华盛顿州立大学社会学系教授吴尔东(Howard Woolston)函。11日,上海各大学联合会假座东亚酒楼举行聚餐会,由中法国立工专校长褚民谊主席,敦请蔡元培、马君武、邵力子等演讲。20日,为《五权宪法》手稿印本撰序。26日,孙中山灵榇由北平香山碧云寺起移南下。28日上午10时50分,灵车由浦口车站抵达中央党部大礼堂,沿途静默致敬民众五十余万人。29日,举行公祭。中午12时,监察院正、副院长率职员二十余人致祭,蔡元培主祭。下午2时50分,中央研究院职员致祭,蔡元培主祭。6月1日10时,举行奉安典礼,灵榇下穴,12时大典告成。孙中山奉安时,蔡元培再挽一联,曰:"生荣死哀倡革命,而有志事成,胜似丰碑显功德;知难行易论科学,当迎头赶上,愿皈遗训惜光阴。"

蔡元培6月3日致函谭延闿,谓"中国西北科学考查团来电,以该团在甘肃、新疆扩充工作,增派团员,曾函请教育部转呈行政院电令该两省积极援助。现已派团员陈宗器及瑞典人步林取道中东铁路,前往工作;惟闻新省当局犹有误会,嘱恳先生再电金主席,勿加阻止,并妥为保护,予以充分便利云云。该团年来努力考查,成绩卓著。新省僻居西陲,尤赖有科学上之探究。用特函请察核,电知新省,解释一切,俾利进行,曷胜感盼"。6日,撰《西湖博览会祝词》。7日,因病辞监察院院长及国民政府委员。13日,被聘为国立青岛大学筹备委员会委员。17日,复胡适函,谓"奉惠书,并大著《人权与约法》,振聩发聋,不胜佩服"。21日,主持召开中央研究院在驻沪办事处举行第六次院务会议,总干事、各处主任、各研究所所长或代表到会。

按:议决事项:(一)加推徐韦曼、宋梧生为本院评议会组织条例起草委员,限七月底以前完成。(二)自十八年七月起刊印《国立中央研究院院务月报》,由各所供给材料,交总办事处编印。(三)加推杨端六、许寿裳为本院版权及专利章程起草委员,指定杨负责召集。(四)本院职员待遇章程草案,由各所长、各处主任审查后,交总干事修正,经院长核准施行。(五)本院十七年度总报告之编制,各所详细报告,限七月底以前交至文书处。(六)各所预算如有增加时,其分配,视各所计划,比较缓急而定,不必平均分配。(七)本院十八年度预算,选出宋梧生、胡刚复、李四光为审查委员,会同总办事处共同审查。(八)除依照国民政府颁布之放假日期外,再加本院成立纪念日(六月九日),放假一天。(九)自十八年度起,各种补助费,停止发给。(《国立中央研究院十七年度总报告》)

蔡元培、宋汉章、胡敦复、任鸿隽、秉志、竺可桢、杨允中,周仁、翁文灏等6月22日出席中国科学社的基金保管会与理事会联席会议,决定拨款十二万元,以十万元建筑上海的该社图书馆,以二万元添建南京的该社生物研究所,日内即招工厂投标。6月26日,蔡元培与林森、吴铁城等同乘夜快车由沪赴宁。27日晨到达南京后,在中央研究院稍事休息。下午4时,即偕蒋梦麟搭津浦车北上。29—30日,蔡元培、蒋梦麟、任鸿隽、翁文灏、赵元任以及美方董事司徒雷登、顾临、贝诺德、贝克等在天津顺德饭店出席中华教育文化基金董事会第五次年会,会议决定(二)改组社会调查部为北平社会调查所。接受教育部的提议,将居仁堂之原北平图书馆合并于北海图书馆,改名为国立北平图书馆。最后改选本年任满的三董事,胡适、蒋梦麟、施肇基当选。董事长、副董事长、名誉会计均被选连任,惟名誉秘书改推胡适继任。同月,撰《国立中央研究院院务月报发刊词》。

按:《国立中央研究院院务月报发刊词》曰:国立中央研究院之设,在中国尚为创举。本院直隶国民政府,就名义言,为全国最高学术研究机关;就职责言,实兼学术之研究、发表、奖励诸务,综合先进国之中央研究院、国家学会及全国研究会议各种意义而成。使命重大,无烦多述。其组织分行政、研究、评议三部,而研究为其中坚。研究之目的,在于发宇宙之秘奥,成事物之创造,崭然有新的发现与发明。然所谓发现与发明者,本不能刻期袭取,或期诸数年以后,甚而或期诸数十年以后……势不能责以每月中均有成绩报告。

本院研究所之已成立者九处,图书馆、博物馆等各处尚不计在内。纵不能谓每月每处均有特殊之贡献,而一月之中,必有若干事可以陈述,公之于世。……且实际上,各研究所陆续印行专刊与集刊,性质专门,各自为书。月报所收,不过荟萃群著,摘录要旨,作简明之报告而已。成绩虽不受迫促,而工作则永无间断。各研究所于实行研究之外,尚有调查、规划、讨论、指导诸务,亦应以每月情形报告于读者。且正惟成绩之未可刻期,而报告工作,既以自励,复以告人,尤为必不可少。况本院自开办以来,并未领有建筑及设备费。各研究所及图书馆、博物馆等各处,均于每月经常费中,提出大部分以供设备之需,截长补短,逐渐布置。故本院现有之事业,半为工作,半为设备,亦应以每月扩张设备之情形,报告于读者。……将来如有大宗开办费可以领取,则更足以骤增进行之速度,而此撙节开支、扩张设备之习惯,仍愿永久保持,循行无替。故无论研究上,设备上,皆须以不懈之精神,作有恒之进取。月计不足,岁计自然有余。英国斯带芬孙(J. J. Stephenson)有言:"凡最著之发明,皆由于渐,不由于顿。"非求速成,而常精进,此本院同人所孜孜自勉者也。

蔡元培7月6日到达青岛。8日下午2时,蔡元培、蒋梦麟与国立青岛大学筹备委员何思源、彭百川、傅斯年、袁家普等人在青岛汇泉饭店举行筹备会议,就如何接收原有私立青岛大学和省立山东大学以及今后院系设置等问题,详加讨论。7月18日,致刘文辉、刘湘电,谓"四川成都刘主席、重庆刘军长勋鉴:中央研究院博物馆派动物馆采集员唐开品,偕中国科学社植物研究员方文培赴贵省南部与云贵交界处采集动植物,务请转饬所属,于该两员过境时,酌派军警沿途保护,并予以各种便利为祷"。21日,与李石曾、褚民谊等为中法大学筹设药学院事,在蒲石路设宴,招待上海制药界人士,蔡元培致欢迎词。24日,为平息北京大学师生要求复校的风潮,各方商请蔡元培重居校长名义。在同月19—24日袖珍日记本上,蔡元培拟出北大主要人员名单,拟陈大齐为代理校长。8月3日,致吴稚晖函,谈筹办青岛大学事宜。17日,保存甪直唐塑委员会假亚尔培路中央研究院驻沪办事处举行常务委员会,蔡元培、叶恭绰、马叙伦、金家凤、陈万里等到会。21日,国民党中央政治会议第一九二次会议的决议案中,通过中央政治会议委员分组名单,教育组六人:蔡元培、吴稚晖、戴季陶、朱家骅、邵力子、程天放。8月29日,国民党中央常务会议第三十一次决议准蔡委员元培辞去监察院院长兼职,选任赵戴文为国民政府委员兼监察院院长。同日,教育部聘蔡元培、袁同礼为国立北平图书馆正、副馆长。

按:据9月7日上海《民国日报》报道:教育部与中华教育文化基金董事会合组国立北平图书馆,设该馆委员会,主持馆务,委员为马叙伦、傅斯年、陈垣、刘半农、任鸿隽、孙洪芬、周诒春及正、副馆长。按该馆组织条例第五条规定:正、副馆长人选,系由该委员会推荐,经基金董事会同意,然后由教育部聘任。

蔡元培9月1日约蒋梦麟、陈大齐及南京同学会代表与北京大学教职员代表王烈、刘半农会谈回任北大校长之事。2日,蔡元培分别致函北京大学教职员、北京大学学生、南京北大同学会,允诺九个月以后回任北大校长,最近九个月则请陈大齐代理。8日,中央研究院第七次院务会议在驻沪办事处举行,各处主任、各所所长或代表到会,蔡元培院长主席,特设出版委员会,负印刷、保管、销售、交换等事之责,推徐韦曼、李四光、胡刚复、王琎为出版委员会条例起草委员。10日,行政院第三十七次会议任命蔡元培为国立北京大学校长,在未到任前,派陈大齐代理。16日,国民政府连发三个命令:(一)任命蔡元培为国立北京大学校长,此令。(二)北京大学校长蔡元培未到任前,以陈大齐代理,此令。(三)派陈大齐代理国立北京大学校长,此令。一年后,蔡元培辞去校长名义。18日,教育部组织教育方案编纂委员会,聘蔡元培、陶知行、俞子夷、陶玄、戴修骏等7人为常务委员。20日晚间7时,中央研究院假上海银行公会饯送出席在东京举行的万国工业会议的中国代表王宠佑、朱物华、萨本栋、杜镇远、李熙谋、顾毓琇、薛次莘、宋希尚、李书田、吴承洛、唐炳源、傅式说、王正辅等四十余人。席间,蔡元培院长主席,致欢送词,中国工程师学会会长、同济大学校长胡庶华演说,赴会代表胡博渊、徐佩璜、王小徐答词,最后由杨杏佛致词。23日,分别致函马裕藻、朱希祖,谈北大回复,一同尽力。30日上午9时,国立音乐专科学校举行开学典礼,蔡元培致词。国立音乐专科学校的前身为国立音乐院,教育部令改组为国立音乐专科学校。同月,撰《安阳发掘报告》第一期序。

蔡元培10月7日出席西湖博览会的教育宣传大会,到会者有浙江大学、国立艺专、杭州高中及各公私立中学师生代表四千余人。陈布雷主席,先请蔡元培讲演《教育事业的综合》,继请蒋梦麟、杨杏佛演说。14日下午3时,教育部教育方案编制委员会开会,推举蔡元培为教育方案编制委员会主席。15日,蔡元培撰《全国美术展览会特刊》序。同日,蔡元培致电张继(北平古物保存委员会),谓"山西大同云冈石像,近闻被匪偷割,售诸市肆,国宝消亡,至深愤惜。除电阎公百川迅饬地方文武长官先行负责防护外,务恳贵会妥筹永久保存之法,以维现状,而示来叶,幸甚"。同日,致电阎锡山,谓"山西大同云冈石像,工程伟大,雕刻瑰奇;出龙门造像之前,集北朝美术之粹,久为世界有识者所称美。近闻被匪偷割,售诸市肆,名迹因以毁损,国宝日就消亡。我公关心国粹,扶翼文明,想亦同深愤惜也。务恳电令地方文武长官,先行负责防护,并妥商永久保存之法,以维现状,而示来叶,幸甚"。阎锡山复电:"咸电诵悉。云冈石佛,弥足珍贵。承示被人割售,如果属实,深为可惜。已转饬地方官吏将保管经费列立预算,设法保护矣。特电奉闻。"

蔡元培10月20日出席在一品香西餐馆举行的中国公学大学部校董会会议,马君武、王云五、朱经农等校董到会,听取胡适校长报告校务,随即通过预算、决算。中午12时,参加中公教职员的聚餐会,到一百二十余人。席间,蔡元培和杨杏佛均有极恳切的演说。26日,蔡元培主持中央研究院在驻沪办事处举行第八次院务会议,总干事、各处主任、各所所长或代表到会。决定本院图书分类方法,由王云五、胡刚复、时昭涵、李四光、傅斯年商议适当办法,送各所征求意见。同月,应中国公学大学部校刊(三日刊)之请,特撰《说三》一文。11月1日午后2时,蔡元培邀集上海各有关机关、团体的代表到中央研究院驻沪办事处,讨论出席万国工业会议各国代表过沪访问时的招待事宜。2日下午3时,中国科学社在上海亚尔培路建筑的明复图书馆举行奠基典礼,到各方代表及该社社员一百余人。由蔡元培董事主席致开会词,理事会代表杨杏佛报告筹建经过,即由孙科董事奠基,发表演说,随后,吴稚晖、蒋梦麟、岑德彰、胡庶华相继演说。7日,为黄季飞编《经济史长编》撰写序文。17日中午1时,中国科学社假一品香菜社为马相伯九旬大寿开庆祝会,蔡元培致词。20日,撰《北京大学卅一周年纪念刊》序。

按:蔡元培《北京大学卅一周年纪念刊》序谓北京大学,到现在有三十一年的历史了。名称改了几次;内容与外延的广狭,改了几次;学风改了几次。到了第三十一年,值教育部新改大学条例,又值北大的名称终于恢复。自此以后,又将有一时期可以专心致志于按部就班的进展。但为北大同人若要维持不易动摇的状态,至少应注意两点:(一)要去尽虚荣心,而发起自信心。有一部分的人,好引过去的历史北大的光荣，尤以五四一役为口头禅；不知北大过去半由于人才之集中，半亦由于地位之特别。盖当时首都仅有此惟一之国立大学，隐隐然取得领袖之资格。今则首都既已南迁，一市之中，大学林立，一国之中，大学更林立。北大不过许多大学中的一校，决不宜狃于已往的光荣，妄自尊大。要在有日进无疆的自信心，不凭借何等地位，而自能崭然露头角。(二)要以学术为惟一之目的，而不要想包办一切。从前，在腐败政府之下，服务社会者又不可多得，自命为知识阶级的大学，不得不事事引为己任。在责无旁贷的时期，即亦无可如何。今则宣传党义、运动民众等事，又已有党部负了专责。我们正好多做点预备的工夫，就是多做点学术上的预备。若此刻早已纷心他事，荒弃学业，他日重任加身，始发不学无术的悔恨，就无及了。所以应守分工的例，不想包办一切，而专治学术。"若全校同人均能了解这两点，则北大的进步，将无限量。否则抱万能之愿，而无一得之擅，前途就可想而知。愿这次参与北大三十一周年纪念诸君，要深切的注意。"

蔡元培11月30日上午10时，召集并主持中央研究院社会科学研究所所务会议。蔡元培一度兼任社会科学研究所所长，并兼该所民族学组主任。该所举行所务会议时，常亲自出席主持。同月，为李季所撰《马克思传》作序，谓"今人以反对中国共产党之故，而不敢言苏俄，不敢言列宁，驯致不敢言马克思，此误会也。吾人研究中国共产党所由来，或不能不追溯马克思；而研究马克思，不必即与中国共产党生关系"。大致代表了当时蔡元培对于马克思研究的态度。12月27日晚间7时，蔡元培假东亚酒楼欢宴美国地质学会会长、哥伦比亚大学教授地质学家D. W. Johnson博士及其夫人。(以上参见高平叔编著《蔡元培年谱长编》，人民教育出版社1996年版；龚克主编《张伯苓全集》第十卷附编《张伯苓年谱》，南开大学出版社2015年版)

戴季陶任考试院院长。1月30日，在中央政治会议上提议：改革官产处，保护学田，保留各县仓库及校场，保护森林，保护水利。同月，受聘为建设委员会委员，被任命为国民政府财政委员会委员，受聘为立法院顾问。2月6日，与胡汉民、吴铁城在中央政治会议上建议改中山县为模范县。提议首都应设一完善医学校；提议创制最近之地图发行，使人们明了疆域及政区实情。决议：交中央研究院、教育部、卫生部、财政部、建设委员会先行会商具复。28日，国务会议第十九次会议讨论事项中有改中山县为模范县，设中山县训政实施委员会，以吴铁城、钟荣光等9人为委员。3月，任国民党第三次全国代表大会秘书长，并当选为中央执监委员会委员。又于国民党三届一中全会当选为常务委员、训练部部长。5月，当选为中央政治会议委员。同月，考试院及所属会部新址落成，戴季陶迁入办公。6月，中央党务学校改称中央政治学校，仍被任为校务委员。8月1日，国民政府公布《考选委员会组织法》《典试委员会组织法》《考试法》。10月，戴季陶赴杭州解决浙江农民减租风波。国民政府公布《公务员任用条例》《现任公务员甄别审查条例》。11月4日，国民政府公布《考绩法》。21—28日，与刘纪文前往西北慰问前方部队。12月23日，戴季陶兼任考选委员会委员长。(参见桑兵、朱凤林编《中国近代思想家文库·戴季陶卷》及附录《戴季陶年谱简编》，中国人民大学出版社2015年版；高平叔编著《蔡元培年谱长编》，人民教育出版社1996年版)

胡汉民任立法院院长。1月23日，国民政府特派蒋介石、胡汉民、蔡元培、刘纪文等为首都建设委员会委员。24日下午3时，胡汉民邀请蔡元培、吴稚晖、王宠惠、冯玉祥、刘纪文等十余人，协商礼制、服章及南京市公建民房等事。25日，出席国民革命军编遣会议的第六次大会，通过陆军军官学校组织要领，并推定胡汉民、冯玉祥、何应钦等为军官学校校务委员，蒋介石为委员长。同日下午4时，国民革命军编遣会议举行闭幕式，蒋介石、蔡元培、胡汉民均有演说。30日，蔡元培与蒋梦麟在本日中政会上联名提请政府褒扬梁启超，因胡汉民反对而自动撤销提案。3月18日，出席国民党三全大会，当选中央执行委员。5月6日，国民党中央常务会议通过修正中央政治会议条例，当即推定胡汉民等24名委员为中央政治会议委员。8月，参加国民党军队编遣实施会议，主张加紧编遣。12月16日，发表《目前局势与处分汪精卫经过》，赞成永远开除汪精卫国民党党籍。（参见陈红民、方勇编《中国近代思想家文库·胡汉民卷》及附录《胡汉民年谱简编》，中国人民大学出版社2015年版；高平叔编著《蔡元培年谱长编》，人民教育出版社1996年版）

王宠惠被选为国民党中央监察委员会委员。1月29日，立法院第十次会议，组织民法起草委员会，指派傅秉常、焦易堂、史尚宽、郑毓秀、林彬5人为民法起草委员会委员，由傅秉常委员为召集人，并聘请王宠惠、戴传贤及法国人宝道（Paodoux）为顾问，开始制定中华民国民法。2月2日，王宠惠出席财政委员会委员、国防会议委员、编遣委员会常务委员在国府大礼堂举行的宣誓就职典礼。王宠惠代表中央党部监督，并致训词，谭延闿代表宣誓者答词。12日中午1时，出席蔡元培、李石曾等假座上海蒲柏路中法学堂为世界社招待中法人士的宴会，并发表演说。5月9日下午3时至5时，国民党第三届中央监察委员会举行第一次会议，蔡元培、王宠惠、张静江、古应芬、林森当选为常务委员。9月24日，新民法总则草案公布，经国民党中央政治会议决议，交由王宠惠、胡汉民及戴传贤3人审查。民法的立法原则采纳王宠惠主张颇多，如民商合一、男女平等、注重社会利益等。是年起，王宠惠设立法官训练所，为各地司法机构培养法官人才。每届开学和结业时王宠惠都会专门到场发表演说。在这些演说中，王宠惠要求法官明了党义，并告诫法官们："法官办理民刑事案件，一以法律为准。"（参见张仁善编《王宠惠法学文集》附录《王宠惠先生年谱》，法律出版社2008年版；高平叔编著《蔡元培年谱长编》，人民教育出版社1996年版）

吴稚晖、蔡元培等32人1月16日被教育部聘为国语统一筹备委员会委员。2月15—28日，中国国民党第三次全国代表大会在南京召开，吴稚晖、张静江、古应芬等12人为中央监察委员。16日，中国科学社上海社友会晚间在华安八楼举行聚餐会，到一百余人，马相伯演说，蔡元培、吴稚晖、杨杏佛、竺可桢等发表演说。同月，吴稚晖为邹鲁《中国国民党党史稿》作序。3月4日上午9时，吴稚晖与蔡元培、叶恭绰、马叙伦、陈去病、金家凤、褚民谊以及雕刻家、建筑家十余人到达昆山，改乘汽轮，前往甪直镇，实地考察保圣寺唐代杨惠之所塑罗汉。6日，与蔡元培、张静江同乘昨夜快车离沪，7日晨到南京。5月6日，国民党中央常务会议通过修正中央政治会议条例，当即推定吴稚晖等24名委员为中央政治会议委员。6月，中山陵建成，参加孙中山遗体安葬仪式。8月3日，蔡元培致吴稚晖函，谓"山东旧有山东大学，又有私立青岛大学。现教育部取消此两大学，而设一青岛大学，似乎又多设一大学，而实则并两为一也"。"青岛之地势及气候，将来必为文化中心点，此大学之关系甚大。其经费预算，年六十万元，拟请中央政府及省政府各出二十四万，而市政府与胶济铁路各出六万。省政府因旧出各专门学校费本有二十八万，后即移作山东大学经费。减去四万，本无问题。惟中央应出之费，闻业与财政部宋部长商及，尚无确切答复。"8月21日，国民党中央政治会议第一九二次会议通过中央政治会议委员分组名单，蔡元培、吴稚晖、戴季陶、朱家骅、邵力子、程天放等6人列于教育组。同月，国立北平研究院成立，当选学术会议主席，兼任史学研究会常务委员。11月2日下午3时，中国科学社在上海亚尔培路建筑的明复图书馆举行奠基典礼，由蔡元培董事主席，致开会词，吴稚晖、蒋梦麟、岑德彰、胡庶华相继演说。（参见金以林、马思宇《中国近代思想家文库·吴稚晖卷》之《导言》及附录《吴稚晖年谱简编》，中国人民大学出版社2015年版；高平叔编著《蔡元培年谱长编》，人民教育出版社1996年版）

蒋梦麟续任教育部长。1月4日，任中华教育文化基金董事会副董事长，蔡元培为董事长。8日,教育部发表全国美术展览会职员名单,名誉会长蔡元培,名誉副会长杨杏佛,会长蒋梦麟,副会长马叙伦、吴震春,总干事陈石珍。经费预算约一万五千元。20日,《民国日报》消息:蒋梦麟提出《大学委员会条例》修正案,当然委员包括教育部部长、次长,大学区制校长、副校长。22日,教育部公布《教育部编审处分组规程》《教育部审查教科图书规程标准》。2月1日,教育部订定保存甪直唐塑委员会组织大纲,聘请蔡元培、叶恭绰等18人为委员。16—17日,教育部保存甪直唐塑委员会在中研院驻沪办事处开会两次。第一次全体委员会议,蔡元培、叶恭绰、张一麐、陈去病、黄涵之、马叙伦、陈剑修、金家凤等到会。议决:预定经费三万元,由教育部、江苏省政府及向外筹募各一万元;上海会务,推叶恭绰等暂为主持;定3月4日各委员偕同工程师、塑匠等亲往甪直,视察并计划保存办法。17日,北京广惠寺内佛堂均为祭联、哀章所布满,约有三千余件,各界凭吊梁启超。蒋梦麟所撰挽联云:"海内遗文豪,又弱一个;岭南论哲学,自有千秋。"同日,蔡元培主持召开常务委员会,叶恭绰、陈去病、马叙伦、陈剑倚、金家凤到会。议决:款项存于上海银行,并委托该行代办会计事务;保存唐塑之设计工作,3月1日起,三个月内完成。6月13日,教育部聘请蔡元培、何思源、王近信、赵畸、彭百川、杜光埙、傅斯年、杨振声、袁家谱为国立青岛大学筹备委员。

　　蒋梦麟6月18日接待中央大学区中等学校教职业联合会请愿代表时表示,浙江大学区制可立即取消,中央大学区制需延长半年再行取消,河北大学区制俟与李石曾会商后再定取消日期。25日,行政院第廿七次会议决议:暑假期内停止浙江、北平两大学区的试行;中央大学区则限于本年年底停止。7月26日,在蒋梦麟的主持下,以国民政府的名义颁布《大学组织法》《专科学校组织法》。前者规定:国立大学由教育部审察全国各地情形设立之。省立、市立及私立大学之设立、变更及停办须经教育部核准。大学分文、理、法、教育、农、工、商、医各学院。凡具备三学院以上者始得立为大学。不具备三学院以上条件者为独立学院。大学得设研究院。大学各学院教员分教授、副教授、讲师、助教四种,由院长商请校长聘任,大学修业年限除医学院五年外余均四年,修业期满考核成绩及格由大学发给毕业证书。至此,中国自晚清以来一直在探索的近代教育体制基本确立。8月24日,胡适因发表《人权与约法》等文章,被教育部撤职惩办。9月4日,北平八校学生代表到教育部请愿,蒋梦麟派黄建中代表接见。记者详询代表请愿情形,除有一次为马叙伦次长接见,一次为黄司长接见,其余均为蒋梦麟部长亲自接见。

　　蒋梦麟9月18日聘蔡元培、陶行知、俞子夷、陶玄、戴修骏等7人为教育部教育方案编制委员会委员。10月4日,教育部长蒋梦麟奉命下达对于胡适的警告令。14日下午3时,主持教育方案编制委员会第一次会议,韦悫、欧元怀、胡庶华、陶行知、朱经农、陶玄、刘大白等20余人到会,由蒋梦麟主席,推举蔡元培为教育方案编制委员会主席,褚民谊为副主席。会议决定,教育方案分高等教育、中等教育、初等教育、义务教育、社会教育、青年补习教育、党义教育、华侨教育、蒙藏教育、教育行政、师范教育等11组,分工起草。11月2日下午3时,蒋梦麟出席中国科学社在上海亚尔培路建筑的明复图书馆举行的奠基典礼,与吴稚晖、岑德彰、胡庶华等相继分别演说。(以上参见马勇、黄令坦编《中国近代思想家文库·蒋梦麟卷》及附录《蒋梦麟年谱简编》,中国人民大学出版社2015年版;马勇《蒋梦麟传》,河南文艺出版社1999年版;高平叔编著《蔡元培年谱长编》,人民教育出版社1996年版;卢礼阳《马叙伦年谱》,浙江古籍出版社2021年版;耿云志编《胡适年谱》,福建教育出版社2012年版)

　　马叙伦续任教育部次长。1月8日,任教育部全国美术展览会副会长,会长蒋梦麟。9

日,马叙伦主持教育部部务会议,通过《全国美术展览会组织大纲》11条,第三条规定:"本会以教育部部长为会长,教育部次长为副会长,总理本会一切事务。"前《大学院美术展览会组织大纲》同时废止。16日,中央党部全国大学及专门学校党义教师检定委员会举行第五次常务会议,马叙伦委托高等教育司司长黄建中代为出席。22日,教育部公布《教育部编审处分组规程》,其中第三条规定,本处每月开编审会议一次,由政务次长召集之。表明编审处归马分管。同日,刘绍宽来函。2月1日,余绍宋回信。11日,访晤余绍宋。16—17日,出席教育部假座中央研究院驻沪办事处召开的两次保存甪直唐塑委员会会议。21日,余绍宋来函。3月3日下午,出席保存甪直唐塑委员会举行常委会议。4日,偕蔡元培、叶恭绰、陈去病、金家凤及吴稚晖、褚民谊并雕刻家建筑家一行十余人,考察江苏吴县甪直,商讨唐塑整修办法,以为非于雨季前赶紧完工不可,嘱范文照、赵深两工程师从速设计,以便早日兴工。仍乘原汽轮回昆山。7日,余绍宋来函。18日,余绍宋复函。4月2日,访晤余绍宋。3日,蔡元培复函许寿裳,谈及李石曾有意出席波士顿国际生物学会议,表示似可由本院正式函告教育部,会派李石曾、汪敬熙为代表,出席该会,至教育部能否对于李石曾助以旅费,请许寿裳或杨杏佛向蒋梦麟或马叙伦面商一次。6日,为母七十做寿。9日,全国大学及专门学校党义教师检定委员会在中央训练部举行审查会,马叙伦仍委托黄建中代表出席。会议审查确认第二批合格教师陈劭南等28名。

马叙伦4月10日在上海全国美术展览会上致开幕辞,略称:"前大学院发起这个美术展览会,要引诱倡导以世界性的美术,一方面来恢复振兴中国的美术,一方面翼助促成中国的新教育。现在教育部继承大学院的工作,更将美术展览会冠以'全国'字样,虽似反加限制,缩小范围,其实却为恐怕发生误会,以为仅是教育部一种普通的会,并且确定范围,便于工作。经过这次经验以后,便希望办一个世界美术展览会。"代理总干事孟寿椿报告筹备经过。来宾致辞之后,马叙伦答谢。杨杏佛、张群、褚民谊、叶恭绰等上千人出席。12日,访晤余绍宋。4月,兼任北平图书馆馆长。请叶左文赴平任编纂部主任,兼代处理日常馆务。5月20日,访晤余绍宋。28日,余绍宋复函。6月10日,访晤余绍宋不值,夜间余绍宋回访。16日,马叙伦介绍陈万里至余绍宋处拍摄庄子像,拟用于《庄子义证》卷首。25日,访晤余绍宋。6—10月,西湖博览会举办期间,马叙伦应邀赴杭讲演"博览会与科学教育"。7月19日,走访余绍宋未值。8月1日,上海中国公学校长胡适致函蒋梦麟、马叙伦,委派副校长杨亮功带呈表册,盼望教育部及早调查,给予立案。

马叙伦8月17日偕蔡元培、叶恭绰、金家凤、陈万里等出席教育部在中央研究院驻沪办事处召开的保存甪直唐塑委员会常委会。19日,访晤余绍宋。20日,余绍宋回访。29日,教育部聘蔡元培、袁同礼为国立北平图书馆正副馆长。马叙伦不再兼任馆长。国立北平图书馆改由教育部与中华教育文化基金董事会合办,设委员会主持馆务,委员为马叙伦、傅斯年、陈垣、刘半农、任鸿隽、孙洪芬、周诒春及正副馆长。9月1日下午,马叙伦就北大复校运动等情形,在教育部接受日日社记者采访。次日,《申报》以《马叙伦谈北大复校运动》为题予以披露。

　　按:北平各校复大运动,极为社会所注意。日日社记者特于昨日下午三时至教育部请见蒋部长,适蒋氏因公赴杭,即见马次长,对此问题详为询明,因其为教部处理此事之理由,而为以前各报所未记载者,爱特将谈话披露如次:

　　(记者问)此次北平各校复大运动,外间对教部不甚了解,究竟教部所持以处理此事由及经过,可得闻否?

(马氏答)外间误会多因不明北平各校实在情形,而为报纸上所发表之片面记录所眩惑,固无足怪。查自北京(平)大学区取消后,教部暂认定北平学校应加整饬,整饬标准,即根据其成绩内容而定,如北京大学原为国内著名大学之一,备有文、理、法三院,与新颁《大学条例》相符,应使之独立,自无问题。至于第一师范学院,即前师范大学,自来办理成绩与北京大学相伯仲,亦备有文、理、教育三部,教部根据三全代表大会决议公布之《教育实施方案》第五项,师范教育"于可能范围内使其独立设置"之意旨,拟定计划,将师范教育独立设置,故将第一师范学院使之独立,并改文、理、教三科为三个学院,称为大学,以为全国师范教育之最高学校,且与《大学条例》相符,并无外间所传不合法之处。至该校改大,仍以师范名之者,一则系以三全大会之决议,一则系取旧有之名,与北大学院仍用北京大学同。现各校欲援引师范改大之例子,亦请改为大学,是不明教部对师范所以改大之情形也。各校请求改大,教部以其与《大学条例》不符,碍难允许。至要求独立,只须至相当时期,由教部考察斟酌,当可办到。查《大学条例》,独立学院与大学同,不过内容所包含不同而已。

(问)各校要求增加经费一层,可否办到?

(答)教部职责即望教育办得有进步,必须充足经费,此自然之理,增加经费一层,俟各校预算报来,经部审核,即可呈请转交财政委员会定夺。至财委会能否通过,须视国家财力如何。现在可暂就北平大学每月余款,酌量分配增加,教部自当尽力设法。

(问)湖北学潮,教部拟如何办理?

(答)教部仅一面令教职员先行回校开学上课,一面将调查报告转呈核办。谈至四时余,始兴辞而出。

马叙伦9月11日乘车外出,在教育部门口为北平八校代表所堵截,即在车上发表谈话,大意谓:昨日行政会议议决案已于昨晚书面答复,今日答复仍与议决案一样,无接见之必要;增加经费为教部与各校一致之希望,教部于可能范围内,自当尽力设法,但此事须与各校当局商量办理,今日教部不能作数目上之应允。30日,余绍宋来函托向江南图书馆借书。10月3日,访晤余绍宋;余绍宋答访。7日,姜绍谟赴南京就任教育部参事,临行向余绍宋辞行,余绍宋叮嘱两事。18日,代余绍宋向南京图书馆借书四种。19日,余绍宋寄书四部与马,归还南京江南图书馆。21日,余绍宋来访。同月,陈大齐代理北大校长,托马叙伦邀马一浮到北大执教,马一浮回函婉辞。11月,马叙伦被免教育部政务次长职,由常任次长刘大白接替。年内返杭州,以长生路十八号为通讯处。参与余绍宋、孙智敏发起的"东皋雅集",谈艺论文,切磋书画。该集每月一两会,多聚于城东皋园,直至日寇侵华才停止活动。是年,北平北海图书馆刊行李慈铭《后汉书札记》《三国志札记》,王重民校订。(以上参见卢礼阳《马叙伦年谱》,浙江古籍出版社2021年版)

杨杏佛续任中央研究院副院长。2月16日,出席在驻沪办事处举行的中央研究院第五次院务会议,推定杨杏佛将本院章程译为英文、宋梧生译为法文、颜复礼译为德文。同日,中国科学社上海社友会晚间在华安八楼举行聚餐会,马相伯、蔡元培、吴稚晖、杨杏佛、竺可桢等发表演说。10月21日,为即将出版的《杨杏佛文存》一书写自序,谓:"回国以来,十一年矣。十一年中由实业而教育而政治,所致凿枘。凡所努力梦想之实业改造,教育革命,民族独立百无一成。箧中所存足以为个人鞭策愧汗之迹者,此十余万言不文不白无头无脑之文稿而已。半生劳瘁,未尝以文人自期,《文存》所载皆有触而发不吐不快之言。昔石达开有句曰:'我志未酬人亦若,东南到处有啼痕'。此十余万言者,亦吾十一年中之啼痕而已。"11月2日,中国科学社明复图书馆在上海亚尔培路309号举行奠基仪式。该馆以已故中国科学社创始人之一胡明复命名,以示纪念。杨杏佛代表理事会报告筹备经过。20日,《杨杏佛文存》由上海平凡书局出版发行,书中内容分为三辑:第一辑收入社会改造文章20篇,第二辑关于"五卅"惨案和庚款问题营论25篇,第三辑收录作者与章行严、张东荪、江亢虎、梁启超、王儒堂等人的来往书信15封。年底,蔡元培在中央研究院工作报告中提及杨杏佛近一年中进行的两项经济学研究:其一为《所得税之理论及其应用》,习培然助理之;其二为《中国土地经济》,高仲洽助理之。(参见许为民《杨杏佛年谱》,《中国科技史料》1991年第2期;中央教育科学研究所编《中国现代教育大事记1919—1949》,教育科学出版社1988年版)

　　许寿裳续任中央研究院秘书长。3月,蔡元培致函许寿裳,谓"天文研究所、气象研究所之报告及预算,可批准"。4月3日,蔡元培复函许寿裳,略谓本年国际生物学会在美国波士顿于8月间开会,本院已派汪敬熙前往,并曾助旅费。现李石曾亦愿参加此会,如李石曾自筹费,则院方必玉成。似可由本院正式函告教育部,会派李石曾、汪敬熙为代表,出席该会。至教育部能否助以旅费,请向教育部蒋梦麟部长或马叙伦次长面商一次。28日,蔡元培致函许寿裳,略谓各事中,有一条说熊十力之特约研究员,自五月起取消,而以让诸朱谦之,请备朱君聘书云云。"熊君最后来函,自己可以不辞,而要求增聘朱君,如此则尚须讨论一次。朱君之聘书备好否?暂搁文书处,俟弟信再寄发可也"。5月17日,蔡元培复许寿裳函,略谓:"钦天山建筑事,杏佛兄已到京,想一切可决定,……前天文学会索会费,弟已忘其数目,请询明青松兄后,嘱毅侯兄代付为幸。"21日,许寿裳复蔡元培函,略谓:"国际心理学会,汪敬熙君必到会,彼来本院请补助费时已声明,当不成问题,请告教育部转驻美伍(朝枢)公使。熊子真(十力)函,专为张立民催三、四月份特约著作费,已函告蒋梦麟君。其前一函,想是由李仲揆君转下者,已读过矣"。23日,蔡元培致函许寿裳,略谓"顷接商章孙兄函,知同济大学生理学教授史图博君拟往浙、闽两省考审民风俗,要求本院发给护照或介绍函……惟本院是否有自发护照之例?如无之,则可为分别致函浙江及福建省政府,请其保护。请与杨先生商办,并就近告知商先生径复史君"。

　　按:知同济大学生理学教授史图博(H. Stübel),德国人,时兼中研院社会科学研究所特约研究员。

　　许寿裳收到蔡元培6月21日来函,略谓:"林惠祥先生本拟于下月改特约研究员,曾请预备聘书。现渠因专任聘书已收到,愿留所两个月,研究猡猡标本,备印小册,不便却之。特约聘书备好后,暂不寄去为要。"8月24日,蔡元培致许寿裳函,略谓:"致赵(戴文)部长函,已签名,奉上,请佑长(徐世保)兄一试之。中央党部密函已读过,当注意。弟因见报纸新闻中,有准弟脱离监察院之消息,故于廿二日即发电重申辞意,想不久必可发表矣。"11月10日,蔡元培复许寿裳函,略谓:"抄示孔德成呈文及宣言,彼等为利害关系,自不能不一试最后之抵抗,但财产充公案,似由委员四五人审查,不知彼何以攻弟一人。弟固不便与之辩明,以免诿谤于人之嫌疑,如教育部严斥之,则不必说;万一置之不理,似可由友人如(陈)剑修之流以私人名义平心和气的疏辩之,但亦非必不可少也。""徐庆誉君事,弟接朱经农、杨宗伯两君函,详叙其历史,拟直接致戴(季陶)一函试之;如朱君或徐君再来询,请告之。"11月14日,蔡元培复许寿裳函,略谓:"连奉两函,敬悉……孔德成呈文,教育部已驳斥;陈焕章之驳议,未知如何。剑修现想回京,当已接洽。吴定良函,已交杏佛兄。"12月4日,蔡元培致许寿裳函,略谓:"顷接宋春舫函,并附来青岛观象台组织细则(台中原稿),……知市政府有致本院一函,并附细则(此经市政府修正者),未知已到院否?因行政院批市政府呈文有既据函达中央研究院,自应仍候该院议复,另呈核转云云。……是必待本院核复后,此细则始能成立;而本院于收到后,必须审核市政府之修正本,于该台办事上、及本院与该台之关系上,有无不妥之点,始可函复也。"12月7日,蔡元培致许寿裳函,略谓:"青岛观〈象〉台组织细则,既由市政府送来,……请检出,与宋(春舫)君所寄稿对校一过,如有疑义,请就近约竺、余两主任(所长)商定;如有须商酌之处,可正式函告市政府,请其酌改。若无容商改,则似应一面复市政府,一面告行政院,庶此案即可确定。"(以上参见倪墨炎、陈九英编《许寿裳文集》下及附录二《许寿裳先生年谱》,百花出版社2003年版;高平叔编著《蔡元培年谱长编》,人民教育出版社1996年版)

竺可桢续任气象研究所所长。1月1日,气象台建筑完工,气象所始完全成立,开始绘制天气图试行预报。11日,在南京主持气象所第四次所务会议,议决准备办理高空测候及编辑年刊。13日,出席中央研究院第四次院务会议,报告过去一年中气象所工作情况,被推参加起草中研院评议会组织条例。会议通过国立中研院院务会议章程等。31日,主持气象所第五次所务会议。同月,气象所将《气象季刊》改为《气象月刊》。2月16日,出席中央研究院第五次院务会议,被推定为中研院及在京各所负责进行圈地事宜。晚,出席中国科学社上海社友会在华安八楼举行聚餐会,首由马相伯演说,继由蔡元培演说,吴稚晖、杨杏佛、竺可桢等亦有演说。中间穿插赵元任唱《教我如何不想他》等。17日,竺可桢在上海主持中国科学社理事会议,议决《科学》杂志以通俗为原则,实行酬稿制。26日,主持气象所第六次所务会议,议决测量气象所高度并制钦天山地形图。同日,任教育部编审处名誉编审。3月5日,出席中国科学社招待西北科学调查团团员瑞典人斯文·赫定、亨姆二氏及徐炳昶之晚宴并致词。9日,中央研究院致函财政部,声明全国气象事件当以气象所为总枢。3月11日至4月20日,气象所开办第一届练习班。21日,任教育部编审处译名委员会委员。同月,西北科学考查团斯文·赫定来访,谈西北科学考查团所属四测候所向中研院移交事。竺可桢向斯文·赫定提议,由中研院先派调查员至四测候所调查,然后办理接收;发表《地理教学法》,阐述地理教学之目的、地理学之定义与范围、初中与小学地理教学法原理大要及高中之地理。

按:《地理教学法》指出:"地理学者,乃研究地面上各种事物之分配及其对于人类影响之一种科学。"强调我国中学地理教学之改良已刻不容缓。

竺可桢4月1日偕杨孝述前往码头迎接美国哈佛大学教授、气象学家华德到沪。同日,蔡元培应邀为《钦天山气象台落成纪念刊》题签刊名并撰序。8日,邀邵元冲至中研院作纪念周讲演。19日,在教育部召集的中小学课程标准委员会及农工两科专家会议上,被推定为《气象学》起草委员。28日,在上海主持中国科学社理事会,被推为年会会程委员及参加拟定高君韦纪念奖金办法。同月,气象所接管前中央观象台的北平气象台部分,这是气象所的第一个下属测候所;在《国立中央研究院气象研究所集刊》第1号发表Climatic Provinces of China(中国气候区域论),为我国气候区划方面最早的著作。

按:此文根据当时所能得到的有限资料,对各种气候分类方法应用于中国的利弊得失进行了评论;又从我国面积大、气候复杂、具有季风特点出发,并注意于气候与农业的关系,提出适用于中国的分区标准,将全国划分为八大区,是为我国第一个气候区划。

竺可桢5月1日与金文激等7人离上海赴爪哇出席第四次太平洋科学会议。5月16—29日,在爪哇万隆出席第四次太平洋科学会议,宣读论文《中国气候区域论》,后刊于《国立中央研究院气象研究所集刊》。大会通过我国代表机关以中央研究院代中国科学社案。6月16日,返沪。19日,在上海主持中国科学社基金保管委员会与理事会联席会议,决定建筑中国科学社上海图书馆。同日,在上海主持中国科学社理事会,被推为南京生物研究所建筑委员会委员;与周仁、杨铨3人被推举为中国科学社代表,出席中国科学图片仪器股份公司印刷所股东大会。21 日,在上海出席中央研究院第六次院务会议。7 月 15 日,致函张其昀,告之清华资助其赴美一事已由评议会通过。21 日,主持中国科学社理事会,议决科学图书馆迁沪后南京社所房屋归生物研究所使用,并须自设生物图书馆。同日,在杭州参加胡明复公葬活动,胡明复被安葬于杭州南山烟霞洞之巅。31 日,主持中国气象学会理事会,决定年会在首都举行。7 月底,委任吴持柔为北平气象台主任。

竺可桢 8 月 15—17 日在北平以中华教育文化基金董事会科学教育顾问委员会委员身份,出席该会在清华大学举行的科学教育会议。21—25 日,在北平出席中国科学社第 14 次年会,任开幕典礼主席并致开会词,任社务会主席,当选理事及科学专刊编辑。在宣读论文会上报告关于平流层与对流层两区域最近研究进展。又主持中国科学社第 81 次理事会,讨论社务。9 月 8 日,在上海出席中央研究院第七次院务会议,决定设立该院评议会。10 月 4 日,到南京中央广播无线电台演讲“航空与气象”,后以《航空与天气》为题发表于《地理杂志》。10 月,气象所专函咨请外交部照会英美日法四国公使,转饬各该国停留我国沿江沿海大小军舰,一律将各该舰上按日测得结果,用无线电详细报告该所,以便汇集参酌。11 月 27 日,主持中国科学社理事会,当选为本年度社长。报告南京社所建筑计划。12 月 5 日,主持中国科学社理事会。6 日,出席中央研究院总理物质建设计划研究委员会成立会议。21 日,中央研究院呈文国民政府,呈报气象所筹备经过、建筑开工情形及附陈气象研究关系农、政、国防、飞航、教育诸端,请令各院、部、会及各省政府、各特别市政府协力合作。22 日,中国天文学会第七届年会与中国气象学会第五届年会联合举行年会,由两会公推为主席并致辞。竺可桢主持气象学会会议,当选为第六届中国气象学会会长。提出“拟修改会章添聘名誉会员案”。是年,竺可桢发表文章还有《国立中央研究院气象研究所筹备经过报告》《国际气象台台长会议纪略》。(以上参见李玉海编《竺可桢年谱简编》,气象出版社 2010 年版;高平叔编著《蔡元培年谱长编》,人民教育出版社 1996 年版)

卫聚贤赴南京任大学院科员,大学院改教育部后,兼教育部编审,审查历史教科书,同时还兼任南京古物保存所所长,主持两次发掘南京明故宫。9 月 4 日,卫聚贤在《国立中山大学语言历史学研究所周刊》第 97 期发表《墨子辨序》。10 月,卫聚贤首次主持发掘明故宫,在南京明故宫外五龙桥东南侯家塘明永乐年间故宫遗址发现的遗物有铜器、瓷器、建筑物、木徽章、鸟兽骨等,由此开启南京地区科学的田野考古工作的先声。同月 9 日,卫聚贤在《国立中山大学语言历史学研究所周刊》第 9 集第 100 期“百期纪念号”发表《穆天子传研究》。(参见赵换《卫聚贤学术研究》,华东师范大学硕士学位论文,2010 年)

王云五 3 月任上海市图书馆筹备委员。4 月,王云五主编的大型丛书“万有文库”开始由商务印书馆出版,先行编印第一集,至 1934 年 7 月结束。9 月,王云五以商务印书馆工潮迭起,不愿久负调解工潮之责,乃辞编译所长职,推荐何炳松以自代。10 月正式离职,转任中央研究院社会科学研究所研究员兼法制组主任。10 月 26 日,中央研究院在驻沪办事处举行第八次院务会议,议决本院图书分类方法,由王云五、胡刚复、时昭涵、李四光、傅斯年商议适当办法,送各所征求意见。11 月,李四光、胡刚复、时昭涵、严恩械、傅斯年、王云五出席中央研究院图书馆委员会第一次会议,王云五为召集人。(参见张人凤、柳和城编著《张元济年谱长编》,上海交通大学出版社 2011 年版)

陈翰笙回国任中央研究院社会科学研究所所长。夏,组织一批调查团赴营口、大连、长春、齐齐哈尔等地调查,考察对象是由于天灾人祸而大批流亡东北的难民,最后写成《难民的东北流亡《黑龙江流域的农民和地主》和《东北的难民与土地问题》。7月初至9月底,陈翰笙率领45人调查团,对江苏无锡农村进行社会调查。共调查55个村和8个农村市场,其中对22个村1204户村民进行挨户调查。(参加陈洪进《陈翰笙传略》,《晋阳学刊》1987年第5期)

林惠祥任中央研究院特约编辑员,后参加该院民族学组研究工作。曾受中央研究院院长蔡元培之托,冒着生命危险,到日本占据下的台湾调查台北圆山新石器时代遗址和高山族文化遗俗,后写成《台湾番族之原始文化》一书,由中央研究院出版,为国内系统调查研究台湾高山族第一人。(参见蒋炳钊、吴春明《林惠祥文集》厦门大学出版社,2013年版)

马寅初任国民党南京政府立法院财政委员会委员长、中央大学经济系教授兼系主任。1月5日下午,出席立法院经济委员会第3次常会。议决:(一)国府饬送交通部所拟《电信条例》付经济委员会会同军事委员会审查;(二)监督《商办航空事业条例》案,付委员马寅初、张志韩审查。7日,出席立法院经济、军事、财政委员会联席会议,到会委员邓召荫、卫挺生、陈长蘅、魏怀、曾杰、陈肇英、刘盥训、邵元冲、黄昌谷、张志韩等,会审国民政府交通部《电信条例》案。同月,在《商业杂志》第4卷第1号发表《中国之国际汇兑银行》,系马寅初在南京中国银行演讲词。2月3日,马寅初于上海香港路4号银行俱乐部主持中国经济学社第五届第四次理事会,刘南陔、李权时、徐寄庼、戴蔼庐、寿景伟等理事到会,潘序伦、李伯嘉、程振基、何德奎等列席。会议通过促成设立武汉、北平两处分社案。26日,中国经济学社召开第五届第五次理事会,马寅初因事未出席。3月17日,主持《工厂法》立法辩论会。4月21日,主持中国经济学社在中央大学举行的关于《工厂法》第二场公开辩论会,正方为工商部劳工司长朱懋澄和上海教育局局长陈德徵(朱代理),反方为著名会计师潘序伦和徐永祚。论题为:"工厂中的盈余分配应否在工厂法内规定?"28日,于上海香港路4号银行俱乐部主持中国经济学社第五届第六次理事会,到会理事有刘南陔、李权时、徐寄庼、戴蔼庐、寿毅成,李伯嘉列席。

马寅初5月6日应妇女学术研究会邀请,于南京文化大学演讲《中国妇女之地位问题》。15日,在《东三省官银号经济月刊》第1卷第1号发表《华银行之放款》。29日,国民政府举行孙中山奉安大典。立法院院长胡汉民及马寅初、庄崧甫委员等80余人参祭。是月,在《商业杂志》第4卷第5号发表《训政时期的地方财政》。6月6日,西湖博览会开幕。出席典礼者万余人,参观者十余万人。国民政府代表孔祥熙,中央党部代表朱家骅,行政院代表蒋梦麟,立法院代表马寅初,中央委员林森、褚民谊,省政府委员陈其采,省党部委员陈希豪、叶溯中,博览会会长张人杰、副会长程振钧及各省代表,杭州各机关,各学校代表等出席。15日,在《东三省官银号经济月刊》第1卷第2号发表《票据法原则》。16日,于上海香港路4号银行俱乐部主持中国经济学社第五届第八次理事会,初推贾士毅、卫挺生、马寅初、刘大钧、金国宝、陈钟声、蔡竞平为第六届年会筹备员,议定本届年会于首都南京举行。后加推陈长蘅、陈灿、陈华寅、欧阳雪、刘廷冕、朱彬元、孙拯、叶元龙为筹备委员,主席卫挺生,演讲委员会委员长马寅初。24日,担任立法院特别令遵事。同月,在《西湖博览会特刊》发表《我们为什么要征求统计材料》。同月《禁烟谈》及《关于禁烟问题之几个要点》,编入国民党宣传部《禁烟宣传汇刊》,列为该书重要言论。

马寅初7月2日会同焦易堂、邵元冲等继续审议《考试法(草案)》及修正《考试院组织法(草案)》案。3日,北京大学学生会通告:"兹将各系代表联席会来函及提交学校及课程建议书公布于后:经济系应增聘教授:陈翰笙、李光忠、王建祖、马寅初、陈启修。"4日,会同焦易堂、邵元冲等10位立法委员,审查《考选委员会组织法》及《典试委员会组织法》,会后审查报告函送秘书处。7月5日,会同焦易堂、邵元冲等继续审查《考选委员会组织法》《典试委员会组织法》及《现任官吏办法》等案。8日,至中央无线电台播讲《中国女子的地位问题》(又名《中国妇女的地位问题》),阐述中国传统社会及国民政府成立以来,女子财产权之特征及其新变,与英、美两国女子地位相比较,说明中国男女地位平等目标尚属遥远。7月,专著《中国银行论》由商务印书馆出版发行,有作者自序。

　　按:马寅初自序曰:"欲知中国之财政与金融,非先明中国银行业之原理不可。且年来吾国各大学之经济系与商科大学、商业专门学校等,皆以银行一学列入专科,讲义中所选用之教材,固当取诸西书,尤当讨论本国事实,引举本国证例。庶于学理与实际,均能顾及,俾学者一读,不仅关于基本学理,可得一种知识,即于基本学理所由生之环境与关系,亦可稍稍窥悉,此实著述家之使命也。鄙人见是书需要之急,乃不揣谫陋,着手著述,虽不能发挥尽致,亦足为将来深造之基础耳。'内分:总纲,华银行之存款,华银行之支票,华银行之放款,华银行之抵押放款与抵押品,华银行之贴现,华银行之外埠期票买卖,华银行之汇兑,华银行之押汇,银拆、洋拆、洋厘与标金,中央银行,钞票,银行发行记账法等十三章,详论中国银行业务方方面面,为金融界人士之必读书。'"

　　马寅初8月9日于上海香港路4号银行俱乐部主持中国经济学社第五届第十次理事会。刘秉麟、李权时、徐寄庼、戴蔼庐等理事到会,徐玉书、俞寰澄列席。推荐吴鼎昌、周作民、谈丹崖3人加入学社。8月15日,在《东三省官银号经济月刊》第1卷第4号发表《辽宁之金融》。同月,与胡适共同推荐毛彦文获美国密西根大学安娜堡分校奖学金,每月80美元。与毛氏同获奖学金赴美求学者有:沪江大学郭美德、南开大学刘菊淡、金陵女大张肖松等。9月15日,在《东三省官银号经济月刊》第1卷第5号发表《交易所法原则》。21日,出席立法院第50次会议,会同陈长蘅、焦易堂等委员提议提前起草《户籍法》;领衔商法起草委员会诸委员提呈《票据法(草案)》审查报告。26日,于上海香港路4号银行俱乐部主持中国经济学社第五届第十二次理事会,会商于杭州创办经济图书馆事宜。同月,受浙江财务人员养成所特聘,指导经济问题。10月4日,马寅初出席杭州各界拒毒运动周西湖博览会拒毒宣传大会,演讲《拒毒须从家庭做起》,获大会感谢章。5日,受聘上海交通大学实业经济组主任,为铁道管理学院二年级主讲"公家财政"。

　　马寅初10月9日下午主持中国经济学社第六届年会开幕式,社员120余人出席,邀请立法院院长胡汉民担任本届名誉社长。胡汉民、邵元冲等演讲。晚,工商部张轶欧司长代表孔祥熙宴请与会社员,马寅初代表中国经济学社致答词。10日上午8时,马寅初偕与会社员赴机场出席阅兵典礼。10时,至金陵大学,主持第六届第一次社务会议。高票连任社长,刘大钧为副社长。下午,偕全体与会社员瞻仰中山陵。晚,出席交通部公宴与会社员,代表中国经济学社致答辞。11日上午,大会演讲《中国租佃制度之研究》(又名《中国的租佃制度》《中国之租佃制》)。12日下午,参观中央大学,并出席中大经济学会茶话会。晚,主持中国经济学社答谢公宴,年会社员及各界来宾200百多人出席,代表经济学社对首都各机关招待雅意致谢。来南京出席太平洋会议之美国代表、《世界大战经济史》主任编纂沙德维尔教授等3人受邀出席。15日,在《东三省官银号经济月刊》第1卷第6号、《商业杂志》第5卷第1期发表《土地增价税》。25日,出席立法院法制、经济委员会第11次联席会议,会审(一)建设委员会华北、太湖流域《水利委员会组织条例》案,(二)东方大港、北方大港筹备处组织章程案。26日,出席立法院第56次会议,会审邵元冲、马寅初、史尚宽等报告拟具《人民团体设立程序(草案)》案,议决:照案通过。27日,于上海交通大学演讲《新颁票据法之精神》（又名《〈票据法〉总说明》）。11月6日上午，马寅初出席中国经济学社第七届理事会第一次会议，向理事会汇报"财政部宋子文先生捐助本社基金洋二万元已如数领到"。12月11日，主持中国经济学社第七届理事会第二次会议。12月14日，为黄序鹓《中国经济史长编》作序。是年，多次出席立法院会议，立法院法制、经济委员会联席会议，立法院法制、外交、财政、经济、军事五委员会联席会议等。（以上参见徐斌、马大成编著《马寅初年谱长编》，商务印书馆2012年版；彭华《马寅初年谱简编》，《淮阴师范学院学报》2005年第1期）

柳诒徵续任中央大学国学图书馆馆长。1月，江苏省通志局成立，设局于镇江焦山，柳诒徵被聘为编纂委员会委员，分任《礼俗志》《书院志》《钱币志》纂辑之事。同月，柳诒徵与范希曾、向达、缪凤林、陈训慈、郑鹤声、张其昀等弟子共同倡议成立"南京中国史学会"，并筹备创办《史学杂志》，出版"南京中国史学会丛书"。其成员多为先前史地研究会中从事史学研究的会员。3月10日，由南京中国史学会同人编辑发行的《史学杂志》创刊，实系由《史学与地学》分化而来，以"发表研究著作，讨论实际教学，记述史界消息，介绍出版史籍为宗旨"。主要撰稿人和负责人仍是柳诒徵、缪凤林、张其昀等，办公地点设在南京国学图书馆内。柳诒徵撰《发刊词》，论述学会与刊物宗旨。

　　按：柳诒徵撰《发刊词》指出："愈益信夫鉴戒之不可不知，往闻近世号称史学魁宿者，目涑水《通鉴》为帝王教科书，无裨于今之新制，嗟乎，斯特皮相之论耳""欧战之后，支配欧陆者，乃托兴灭继绝，以削强大之邦。彼之坛坫主盟，未尝读吾书也，然其命意则暗合焉，以是知不学固未必无术。然根据前事因应方今，其为术可以尤富。阁束不观，徒以自窒神智耳。《尚书》首称'粤若稽古'，解者诂若为顺，吾谓是真能解读史之法者。学僮甫解一卷，便挟成见，谓某书伪制，不足信，某书腐旧不足观，其设心已与前人之经验相逆，恶能由之以获益？惟委心顺书，优游餍饫于其间，然后数千祀无量数人之识解思想，始可辐辏于今人之心胸而惟所裁择。"

柳诒徵9月1日在《史学杂志》第1卷第4期发表《与某君论研究经济史之法》，对学界当下"往往标持单文只义，遽自诩为新得"提出批评。10月，中央大学国学图书馆改名为江苏省立国学图书馆。是年，柳诒徵论著《述宋史质》《沈万三》《记王锡侯字贯案》《火葬考》《校补韩蕲王碑》《与某君论研究经济史之法》《南朝太学考》发表于《史学杂志》，《说文句读稿本校记》发表于《国学图书馆年刊》。（以上参见孙文阁、张笑川编《中国近代思想家文库·张尔田、柳诒徵卷》及附录《柳诒徵年谱简编》，中国人民大学出版社2015年版；沈卫威《学衡派编年文事》，南京大学出版社2015年版；王学典《20世纪史学编年（1900—1949）》，商务印书馆2014年版）

缪凤林1月参与其师柳诒徵发起成立"南京中国史学会"。3月10日，在《史学杂志》创刊号发表《中日民族论》。作者因"济南惨案"爆发对日本侵略中国尤为警惕，认识到"以中日关系近代最密，而国人对于日本之研究，最不经心"，于是借在中央大学任日本史课的机会，致力于对日本的专题研究，并在中央大学等处讲演日本问题六次，此文即其讲座之一。同期还发表缪凤林《悼梁卓如先生》，指出梁启超的著作虽多，但"其中有一义焉，则其研究以史学为中心是也"，并一一胪列他在国史新观念、政治史、学术史、财政史各个方面的贡献，说他"方面既众，观点亦异，实开史学无数法门"。大多数学术界思想界人士并没有忘却梁启超在中国学术史上的地位和影响。此文与张荫麟刊于《大公报·文学副刊》的《近代中国学术史上之梁任公先生》同被10月《学衡》第67期转载。12月1日，缪凤林在《史学杂志》第1卷第6期、第2卷第3期连载《古史研究之过去与现在》。文中将研究中国古史者分为四派，具有学术史论之价值。同期还刊载了张尔田《答德国颜复礼博士问〈管子轻重书〉》、陈训慈《太平天国之宗教政治》（第2卷第1期连载）、缪凤林《南京明故宫发掘古物记》等文。

按：缪凤林《古史研究之过去与现在》将研究中国古史者分为四派：一为疏通知远派，其旨主"疏通知远而不诬"，司马迁、杜佑、司马光、柳诒徵等属之。二为博古派，其治古史"不以六艺为衷据"而能博征他籍，如三国蜀谯周《古史考》、清马骕《绎史》、林春溥《开辟传异》、近人陈汉章《上古史》等属之。三为杂糅派，其"迷信载籍逾于博古派，而博雅不足，无别择、无义法又过之"者属之，如南宋胡宏《皇王大纪》、近人王桐龄《中国史》等。四为儒家正统派，主张"屏百家之异说，据儒家之记载"以言古史者属之，如宋欧阳修之《帝王世次图序》、吕祖谦《大事记》、清崔述《考信录》等。（参见沈卫威《学衡派编年文事》，南京大学出版社 2015 年版；王学典《20 世纪史学编年（1900—1949）》，商务印书馆 2014 年版）

蒙文通上半年任教于成都各校，并大力提倡廖平之学，由此引发了李源澄的问学兴趣，蒙文通于是为函介绍李源澄到井研廖平处求学。7 月中旬，李源澄从成都出发，往井研县廖平宅，登门学经，前后约两个月。4 月 15 日，成都各省立学校学生成立"读书请愿团"，发表宣言，提出"一致力争教育经费独立，打倒侵吞教育经费的军阀"。暑期，唐君毅休学回成都，蒙文通于是聘唐君毅在川大任教西洋哲学史。7 月 4 日，成都大学开会，吴虞举蒙文通友刘咸炘作主任出题，林思进、蒙文通皆同此见。同日，蒙文通晤吴虞，言刘咸炘下学年教书与否尚未定。约在 8 月前后，蒙文通与吴芳吉、欧阳竟无等同游山东，登泰山绝顶。16日，蒙文通告知吴虞"中秋后始启程"事。9 月 1 日，蒙文通在《史学杂志》第 1 卷第 4 期发表成名作《古史甄微》，第 5—6 期，第 2 卷第 1—2 期连载。

按：此文为蒙文通代表作，内容主要有"江汉民族""河洛民族""海岱民族""古代文化""虞夏禅让""夏之兴替""殷之兴替""周之兴替""世传考异""历年考异"。1933 年，在此文的基础上，加入《三皇五帝说探原》《中国开纪余东方考》等文后，以《古史甄微》为题由商务印书馆出版。

蒙文通 9 月 17 日中秋节后启程前往南京，任教于中央大学历史系。10 月 16 日，蒙文通致缪凤林函，论三皇五帝起源。11 月 1 日，缪凤林复函蒙文通。两人探讨三皇五帝说之起源，是为探讨三皇五帝起源之先导，往来书函载南京《史学杂志》第 1 卷第 5 期。16 日，蒙文通《中国开化始于东方考》刊于《国立中央大学半月刊》第 1 卷第 3 期。24 日，蒙文通思晤黄侃，汤用彤不日将延请黄侃"素食""为之介绍"。30 日，晤黄侃，然因黄侃"与渐论学不合，致渐向余长揖而去"。冬，访钱穆于苏州。是年，蒙文通践师门五年之约，再至南京支那内学院。（参见王承军《蒙文通先生年谱长编》，中华书局 2012 年版；王学典《20 世纪史学编年（1900—1949）》，商务印书馆 2014 年版）

郑鹤声任南京国民政府教育部编审处编审、教育部编译馆专任编译兼人文组主任。国立编译馆转为国史馆后，任纂修兼史料处处长。1 月，参与其师柳诒徵发起成立"南京中国史学会"。3 月 10 日，《史学杂志》创刊，郑鹤声为发起人和主要撰稿人之一。11 月 1 日，郑鹤声在《史学杂志》第 1 卷第 5 期发表《史与史字之解释》。同期还刊载了蒙文通、缪凤林《三皇五帝说探源》，柳诒徵《南朝太学考》（第 6 期，第 2 卷第 1—2 期及第 3—4 期合刊连载），陈汉章《史通补释》（第 6 期连载），范希曾《〈书目答问史部目〉补正》（第 6 期、第 2 卷第 1 期连载），陈裕菁《中法战事文件汇辑》（第 2 卷第 2 期连载），张其昀《悼梁任公先生》等文。（参见王学典《20 世纪史学编年（1900—1949）》，商务印书馆 2014 年版）

黄侃 1 月 11 日与王易、汪辟疆、陈伯弢、胡小石、胡翔冬、王伯沆等游豁蒙楼，用纸韵连句。5 日，论《章氏遗书外编》考核未精。7 日，汪东携来吴梅赠《滂喜斋藏书》一本。借十三经白文一巨册去。20 日，闻梁启超逝世，挽之曰："何晏王弼，罪浮桀纣，却是过言；坏乱风俗，利口覆邦，盖有之矣。"27 日，致陆宗达信，论治名物制度宜抽绎其例。2 月 3 日，致龙榆生信,令求刘承幹刻《旧五代史笺注》及《晋书翻注》,又罗振玉刻《敦煌碎金》、《玉篇》残卷、《群经字类》。5日致章太炎信,言《高宗肜日》"祀无豐于昵"敦煌本,日本写本"豐"作"豊",可见此字虽伪孔亦作"豊"而读为"禮"也。又举读《汉书》正文字句数条。6日,致信陆宗达,嘱买罗氏书数种,并抄《文镜秘府》,从徐森玉抄《万象名义》(或求之胡玉缙)。8日,与陶仲木信,求寄景宋本《详注片玉词》。同日,于右任自审计院以百番为黄侃寿。9日,致于右任信。同日,黄侃作年终总结:"今年买书甚多,而读书甚少。所可粗慰心者,校《经典释文》一过;读《全上古文》《全汉文》《全后汉文》《全三国文》尽,加点;写《论语》《孝经》《尔雅》一通;读《新唐书》传一过;抄唐诗三本,此功程之可计者也。其余零星琐碎,不成条理矣。作诗百余首,略有吟咏之乐耳。"12日,致陆宗达信,令求《道藏目录》辽左李杰注本。同日,论骈文之通病:"《叙事篇》:'应以一言蔽之者,辄足为二言;应以三句成文者,必分为四句。'此骈文之通病,非独史也。"15日,论治学宜博通经史。

> 按:黄侃谓"《史通·杂说下》云:'又观世之学者,或耽玩一经,或专精一史。谈《春秋》者,则不知宗周既陨,而人有六雄;论《史》《汉》者,则不悟刘氏云亡,而地分三国。亦犹武陵隐士,灭迹桃源,当此晋年,犹谓暴秦之地也。'据此知徒观经一史,不知古今之可闵。《颜氏家训》讥儒生未闻《汉书》可以注经,即此类也。"

黄侃2月20日收到陆宗达来信,称已为求得《敦煌石室碎金》。复陆宗达信,示以目录四纸。21日,治《尚书》,取《隶古定尚书》《书古文训》等对勘。23日,竟日读《汉书》,至黄昏始毕。同日,始复温《后汉书》。25日,拟阅宋人金石书目次:《集古录》《考古图》《啸堂集古录》《宣和博古图》《金石录》、王复斋《钟鼎款识》《历代钟鼎彝器法帖款识》《隶释》《隶续》。同日,论金石学历史与方法。26日,收到章太炎24日来信,论《易》大衍之数。28日,致陆宗达信,嘱买《贞观政要》、李本注《道藏目》《灵棋经》。3月1日,续读《刘子》卷三,认为《审名篇》最精,并抄其要语。23日,致龙榆生信,嘱求《聚珍本全书》。25日,致陆宗达信,嘱求王刻《郡斋读书志》《贞观政要》《灵棋经》《弘法大师集》。又令速抄《文镜秘府论》。4月11日,致陆宗达信,嘱买《古文旧书考》。27日,与陆宗达明信片,催寄《文镜秘府论》上册。5月2日,偕汪东、王伯沆、汪辟疆、胡小石、王易赴苏州,吴梅导游邓尉、灵岩诸胜。4日,返宁,与诸人连句为词15首,成诗1首。18日,致陆宗达信。23日,陆宗达来信称日本有《文镜秘府论校注》印本。24日,致陆宗达信,托求《文镜秘府论校注》。29日,与汪荣宝、汪东、汪梦九、王伯沆、王易、汪辟疆宴饮。席间,汪荣宝畅谈其新得以译梵语推究古音之法,黄侃依违而已。7月25日,读《汪中年谱》《学行记》《孤儿编》。31日与潘重规游焦山。

黄侃9月2日论《助词辨略》实为疣赘。13日,读纬书,以《黄氏逸书考通纬》为主,参以《玉函山房辑逸书》经篇纬书类。20日,论《三家诗义集疏》非良书。25日,致念容明信片,催寄《寒斋集古录》。28日,卧观新出《汉魏石经考》。10月2日,论吴大澂《集古录》殊浅漏缪戾。10日早起看孙诒让《名原》。同日饭后,汪东、王易、汪辟疆、吴梅来访,共游后湖。11日,黄焯代借《国朝金文著录表》《观堂吉金文考释》来。嘱潘重规代买王国维《王忠悫遗书》。13日,致王富晋书,托购罗振玉金石甲骨文字群书。竟日检寻孙诒让《札迻》所据书本。14日,借得日本林泰辅《龟甲兽骨文字》二本、西洋人明义士《殷虚卜辞》一册。看孙诒让《名原》。17日,致来青阁书店明信片,嘱有金石骨甲文字书即见告。18日,张君宜言瑞典国人某所撰论文,称黄侃为唐代以后有重大发明者。23日,在金陵大学借龟书三种。托张君宜代购《殷虚卜辞》。夜间致信陆宗达。27日,今日证明古音"为"皆归"匣"。28日,致王富晋明信片，仍嘱求《藏龟》《藏龟之余》《殷虚书契》及《书契精华》。31 日，致来青阁明信片，嘱买《增订殷虚书契考释》《铁云藏龟之余》等。

黄侃 11 月 1 日给徐行可写信，认为《说文解字》一书"于数百年所出之古文字，所见未宏"，山川鼎彝足以羽翼《说文》，不可"徒执木版传刻之篆书"。故托徐行可代购《铁云藏龟》《殷虚书契》《书契精华》等书。同日，黄焯自鄂还，从徐行可处为黄侃借来《铁云藏龟》共十册。2 日，天津博物馆寄赠《簠室殷契征文》一部。6 日，夜看孙诒让《古籀拾遗》《契文举例》《名原》等书。9 日收到陆宗达来信，云富晋告以有人售《殷虚书契》，立即分别致信陆宗达及富晋，坚嘱其代为作成。10 日，致林尹信，令求《古籀余论》。11 日，作《惑旭初言》。15 日，致信富晋及陆宗达，托求罗振玉《殷虚书契前编》《殷虚书契菁华》《铁云藏角之余》《秦汉瓦当文字》《秦金石刻辞》《古镜图录》《雪堂所藏吉金文字》精拓本、王绪祖《殷虚书契萃菁》、刘鹗《铁云藏龟》。17 日，录《本典解》："明能见物，高能致物，物备咸（致）（至）曰帝。"认为"此致知格物之的解"。19 日，致黄建中信，令求中央研究院印董作宾《新获卜辞写本》。同日，欲得《开元占经》。20 日，收到黄建中来信及《新获卜辞写本》。21 日，晨读《古籀余论》。22 日，用《读书杂志》《札迻》等书校《战国策》。24 日午，偕汪东赴陈仲子之招，饮于老万全，同坐有柳诒徵、汤用彤。26 日，在中央大学借得《殷虚书契前编》四册，拟与潘重规抄此，并抄刘鹗《藏龟》。30 日，赴汤用彤之招，晤蒙文通、欧阳竟无等。与欧阳竟无论学不合，竟无长揖而去。

黄侃 12 月 27 日午后偕汪东、潘重规赴上海，为章太炎祝寿，半夜到达。29 日，章太炎为书一长联："既秉上皇心，岂屑末代消。始信安期术，得尽养生年。"中午与汪东备酒为章太炎祝寿。夜间章太炎设席款待黄侃与汪东。30 日，章太炎生辰，晨往祝寿。章太炎出《春秋疑义》一册，细读一过。是年，徐复就学金陵大学，始从问业。作《文学记微·标观篇》，刊于《晨报》副刊。此文在《文心雕龙》"六观"的基础上，补陈三弊，即今古之偏、雅俗之偏、奇偶之偏；补述五观，即一观时会，二观材性，三观凭籍，四观质地，五观效用。又撰《中国文学概谈》刊于《晨报》副刊，分十个阶段论述文学之变迁。附录《文学卮言》提纲：训诂第一，章句第二，法式第三，体制第四，师承第五，神思第六，声调第七，材具第八，情理第九，问学第十。所著《反切解释上篇》由中央大学出版社出版。（以上参见司马朝军、王文晖《黄侃年谱》，湖北人民出版社 2005 年版）

汪东 1 月 7 日自苏返宁，转交吴梅赠黄侃《潃喜斋藏书记》二本。又借黄侃向不借人之手批自文十三经归。3 月 20 日，汪东 40 岁生日，黄焯邀宴大中华酒楼。30 日，参加中央大学第七次行政会议，被推举为出版委员。4 月 3 日，偕黄侃出游，又交付黄侃影宋本《百川学海》。8 日，往贺黄侃 44 岁生日。5 月 2 日，中央大学春假，与吴梅做东道主，邀同事黄侃、王伯沆、王晓湘、胡小石、汪辟疆赴苏，至吴县光福赏梅，又登石壁、天平，游木渎、寒山寺。吴九珠、张茂炯预其事。29 日，与兄汪荣宝（衮甫）、弟汪楚宝（梦九）、从子汪星伯及汪曼坛往访黄侃，王伯沆、汪辟疆、王晓湘亦在座。5 月 31 日至 6 月 1 日，偕黄侃、胡小石、王濯等作栖霞之游。6 月 3 日，汪东兄汪荣宝参加完孙中山奉安大典后，拟回苏州省亲，汪东偕黄侃往大华饭店送行。8 月 10—11 日，与黄侃、王潼、陈仲子等游镇江焦山。偶遇柳诒徵，同晤陈去病。夏，章太炎曾赋《长夏纪事》诗寄汪东、黄侃，并自谓"皆附事实，故反多新语"。10 月 2 日，以所撰《清中宪大夫候选直隶州知州王君墓志铭》求正于黄侃。10 日，偕黄侃、吴梅、王易、汪辟疆等游后湖，联句填词。20 日，与黄侃复有镇江焦山之游。11 月 2 日，参加中央大学同事朱亦松婚礼,复与黄侃、胡小石游香林寺、半山寺。12月27日,为祝章太炎先生62岁生日,午后偕黄侃、潘重规赴上海。(参见薛玉坤著《汪东年谱》,河南文艺出版社2016年版)

汤用彤8月在南开讲义基础上,于中央大学编成汉文油印讲《印度学说史》,在绪论之外分十四章。该讲义手稿"绪论"文末云:"惟念国方多难,学殖荒芜。向者玄奘入印,摧破外道邪见,虽不可望。世多高谈佛学,而于其学说之背景,弃而不讲,亦甚怪矣。……今复整理删益成十四章,名曰印度学说史,或可为初学之一助欤。中华民国十八年八月十日黄梅汤用彤识于匡山五老峰上。"是年,《印度哲学史——绪论》发表于《国立中央大学半月刊》第1期。又编成油印讲义《隋唐佛教史稿》第二稿。约在是年,东南印刷公司代印中央大学讲义《汉魏六朝佛教史》(1927—1931年间讲授),是汤用彤拟撰《汉魏两晋南北朝佛教史》的第二稿。钱穆《忆锡予》所述汤用彤于中大所撰之讲义,当指此稿。(参见汤一介、赵建永编《中国近代思想家文库·汤用彤卷》及附录《汤用彤年谱简编》,中国人民大学出版社2015年版)

钱端升3月22日出席由教育部召集的全国中小学课程标准起草委员会第三次大会。5月,著成《法国的政治组织》一书。6月16日,与萧淑娴女士结为连理。秋,因派系之争和学生罢课,辞去南京中央大学教职。10月,着手翻译C. M. Trevelyan的 *History of Eng-land*(《英国史》)。11月,应清华政治学会邀请,演讲"英国的员吏制度"。讲演记录后刊登在《清华政治学报》创刊号(1931年1月出版)上,题为《英国之员吏制度》。冬,动笔写《德国的政府》。(参见孙宏云编《中国近代思想家文库·钱端升卷》及附录《钱端升简谱》,中国人民大学出版社2014年版)

吴梅仍在南京中央大学任教,兼上海光华大学课。5月,《词余讲义》由北京大学再版。同月19日,寄陈仲凡一书,荐王起(季思)到暨南大学任教。7月,与陈邦述、顾巍成、吴伯渊等9人结六一词社,历时三月,集会9次。所著《元剧研究ABC》上册由ABC丛书社出版。冬,卢前编《霜崖曲录》2卷成,吴梅为之作《霜崖曲录·序》,又作《潜社曲刊·序》。蒲林巷建成二层楼,于楼上左侧辟百嘉室藏善本书。(参见《吴梅全集·日记卷上》,河北教育出版社2002年版)

胡小石仍在中央大学任教,并兼金陵大学教授。作《干支与古历法》,发表于金陵大学《咫闻》第1期。(参见胡小石《胡小石文史论丛》附录《胡小石先生年表》,南京大学出版社2008年版)

陈伯弢、胡小石、王晓湘、王伯沆、汪辟疆、胡翔冬、黄侃皆任教于南京中央大学。1月1日,共同参加鸡鸣寺"禊社",有《豁蒙楼联句》。2—4日,黄侃与汪东、王灜、汪辟疆、胡小石、王易苏州游览,吴梅在苏州接待,写有诗词联句。10月10日,黄侃、汪东、汪辟疆、吴梅同游后湖(玄武湖),有联句词。(参见沈卫威《学衡派编年文事》,南京大学出版社2015年版)

陈去病1月任江苏通志馆委员,同人于南京瞻园合影留念。4月28日,柳亚子、郑佩宜夫妇来京口,陈去病相约柳诒徵、林一厂、金葆光、于范亭、汤树闳、吴东等作陪,同游瘦西湖、平山堂、小金山诸胜。5月12日,陈去病偕柳亚子、柳诒徵、戴思骞、陈伯弢、金衡意诸君夜坐焦山松寥阁联句。同月,柳亚子为陈去病所编《吴江诗录》作《序》。夏,撰《南社杂佩》,所录社友姓氏630人。7月,江苏革命博物馆正式成立,陈去病任主任,馆址设明中山王徐达故邸瞻园。8月,陈去病主编《江苏博物馆月刊》创刊号出版,陈去病与柳亚子分别作发刊词。内容辟为论说、明史补传、江苏革命史略、新国民史、丛谈、文苑等栏。8月2日,陈去病夫人何梅英任江苏革命博物馆总务干事。10日,函聘徐自华为江苏革命博物馆编纂。10月4日,陈去病函聘柳亚子、秦毓鎏为江苏革命博物馆名誉编纂。12月,范烟桥至江苏革命博物馆拜访，并阅陈去病所辑月刊。陈去病出示馆藏革命文物以供观赏。是年，江苏革命博物馆月刊第 1 期到第 5 期出版，发表陈去病论说、传记、百尺楼膣录等多篇。（参见俞前、殷安如《陈去病年谱简编》，吴江市政协学习和文史委员会编《吴江文史资料》，第 18 辑，2000 年）

陶行知年初聘请贵州老教育家黄齐生先生来校讲文史课程。1 月下旬，组织晓庄剧社，任剧社社长，创作剧本，与学生同台演出。春派晓庄学生李友梅、吴庭荣、蓝九盛到江苏淮安创办新安小学。6 月 6 日，新安小学开学。陶行知兼任校长，后派汪达之专任。夏，为解决农村孩子升中学问题，创办老山中学。辞去安徽中学校长职。10 月 15 日，接待美国哥伦比亚大学师范学院克伯屈教授参观晓庄学校，并拍了影片带往美国。12 月 4 日，由于领导晓庄科学社在生物研究方面取得了优异成绩，获上海圣约翰大学授予的科学博士（现称为理学博士）荣誉学位。17 日，乡村教育先锋团举行大会，决定出版《乡村教师》周刊。24 日，被推为《乡村教师》周刊编辑委员会主席。（参见江苏省陶行知研究会、南京晓庄师范学校编《陶行知文集》及附录《陶行知生平年表》，江苏教育出版社 2008 年版；余子侠编《中国近代思想家文库·陶行知卷》附录《陶行知年谱简编》，中国人民大学出版社 2015 年版；中央教育科学研究所编《中国现代教育大事记 1919—1949》，教育科学出版社 1988 年版）

谢冠生任司法院秘书长。9 月，国立中央大学《半日刊》创刊，谢冠生、徐悲鸿等为编委会委员。（参见朱刚《谢冠生先生年谱》，《嵊州文史资料》第 28 辑）

雷海宗任中央大学历史学系主任。同时应邀为金陵女子大学兼课。开始为《时事月报》撰写有关国际局势动态的文章，翻译英美学者史学文章，撰写书评推介史学名著。（参见江沛、刘忠良编《中国近代思想家文库·雷海宗林同济卷》及附录《雷海宗年谱简编》，中国人民大学出版社 2014 年版）

孟森受聘南京国立中央大学历史系副教授，讲授清史，自此开始专注于历史研究。12 月 24 日，孟森在《华北日报》发表《清史稿应否禁锢之商榷》，呼吁解禁清史稿，亲自编纂检索资料，以推动清史研究。（参见何龄修《孟森的生平和学术：孟心史学记》，生活·读书·新知三联书店 2008 年版；王学典《20 世纪史学编年（1900—1949）》，商务印书馆 2014 年版）

吴湖帆任教育部全国美展常委。4 月 22 日，与叶恭绰、褚民谊、王一亭、狄楚青、李拔可、张大千、白坚甫、徐志摩等出席教育部部长、全国美展会会长蒋梦麟的宴会，庆贺教育部全国美展顺利结束。（参见杨雨瑶《叶恭绰先生艺文年谱》（上），《艺术工作》2019 年第 1 期）

余青松任中央研究院天文研究所所长，创建南京紫金山天文台。

陈宗器任中央研究院物理研究所助理员，为中国西北科学考查团团员。

罗志如任中央研究院助理研究员。

张珏哲回国，任中央大学物理系教授、中央研究院天文研究所特约研究员。

孙本文任中央大学教授，兼社会学系主任。

张书旂应徐悲鸿聘，为南京中央大学艺术系教授。

费孝通任东吴大学学生会秘书、校刊通讯秘书，因参加抗议校方祖护校医的学生罢课而被勒令转学。

巨赞任江阴金童桥小学校长，兼任江阴东南乡学产保管委员会委员。

杭立武任国民政府考试院编撰。

傅启学任国民党中央宣传部指导科主任。

陈树人在国民党第三十九次中委会上被宣布开除党籍。

李士珍任国民政府内政部警官高等学校校长、中央警官学校教育长。

郑万钧应聘为中国科学社生物研究所植物学研究员。

施今墨任中央国医馆副馆长。汪精卫提出《取缔中医案》,施今墨等组织华北中医请愿团,联合各省中医到南京请愿,获胜。

谢观参加反对废止中医的斗争,出任赴南京抗争请愿代表团首席代表。

陈鹤琴任中华儿童教育社主席。

查光佛任国民党《中央日报》总编辑。

李剑华参与筹建东南社会学会。

马公愚与郑曼青、马孟容等创办中国艺术专科学校,并任书法教授。同年,教育部举办第一次全国美术展览,被聘为委员;后又应聘为"西湖博览会"美术馆委员。

俞庆棠主政江苏社教,是年1月江苏首先颁布《各县通俗教育馆暂行规程》,旋改称《各县民众教育馆暂行规程》,有力推动民众教育馆的建立和发展。

李蒸提出以民众教育馆为实施民众教育之中心,每省划分几个民众教育区,每区设立一处省立民众教育馆,负责实施及指导全区民众教育之责;各县亦划分若干民众教育区,每区设立一处县立民众教育馆为该区实施民众教育之中心(李蒸《民众教育的途程》,《教育与民众》第1卷第3号,1929年10月)。

陈瘦石考入国立中央大学英国语言文学系。

张安治入中央大学西画班学习,主要老师有徐悲鸿、潘玉良、蔡任达等。

徐复就读于金陵大学,从黄侃攻文字、音韵、训诂。

曾昭燏入南京中央大学外文系。

欧阳竟无7月主持支那内学院编印《藏要》第一辑开始刊行,选录《大般若经第二分》《大般若经第五分》《华严经》《楞伽经》《大般涅槃经》《解深密经》《菩萨藏经》《胜鬘经》《无量寿经》《法华经》《杂阿含经》《菩萨戒本羯磨》《十诵戒本羯磨》《善见律毗婆沙》《中论》《辨中边论》《大智度论》《瑜伽师地论》《集论》《摄大乘论》《二十唯识论》《成唯识论》《因明正理门论》《品类足论》《异部宗轮论》,凡十一经三律十一论,共25种。此《藏要》皆经过对校梵藏各本、新旧各译,用批判方法,校注定稿,然后付上海仿宋印书局精印。

按:欧阳竟无《内学杂著·覆陈伯严书》称,《藏要》为《大藏经》中之要,而《藏要》第一辑为要中之要。内院编《藏要》作了二项工作,一是考据,一是义理。考据段,书之真伪,译善版善,必求精审以饷学者。此一段事,千年来已无作者矣。义理段,则文之脉络,科判本以销文,反因药而加病。今须废科判法,以文法叙次,叙次已,应抉择经义。谈到经义,千年以来更芜秽不治:第一,分部不确当;第二,各溺其所宗而诬概全局;第三,肤浅泛滥、充栋汗牛,乃无一纸切当示要之论。今须革弊兴利,成一不刊之典籍。所谓考据,就是经文的具体编校、考证、挑选工作,这个工作是吕澂负责完成的。所谓义理,就是《藏要》提要,即欧阳渐后来写成的《藏要叙》,此项工作系由欧阳渐自己承担,到1940年最终完成。(参见徐清祥《欧阳竟无评传》及附录一《欧阳渐学术行年简表》,百花洲文艺出版社2010年版;徐清祥编《欧阳竟无先生学术年表》,载欧阳竟无《欧阳竟无内外学》,商务印书馆2017年版)

太虚4月29日晨还抵上海。莹照、体参、墨禅、王一亭、程仲英、徐醒忱等来迎。大愚、孙厚在来见,欢宴太虚于功德林,同席有蒋维乔等。30日,太虚应大愚之印心精舍之欢迎,讲《去欧讲学及经过之一斑》。5月4日,太虚赴报本堂,出席上海各界之欢迎会。5日,太虚应世界佛教居士林之欢迎,讲《寰游之动机与感想》。6日,太虚赴杭,住灵隐寺。12日,杭州佛教界惠宗、却非、钟康侯、范古农、常惺、蕙庭等,假浙江僧学院(常惺、蕙庭主办)开欢迎大会。太虚讲《佛法对于现代人类之贡献》。其间,太虚小住灵隐,稍事游憩,审读9卷潮音,作《第九卷海潮音之回顾》。6月3—5日,太虚在上海出席中国佛教会第一次执监委员会,被举为常务委员。太虚以管理寺庙条例之不利佛教,而该条例五月中已交立法院审核,法制委员会长焦易堂以询大师,乃作"佛寺管理条例之建议"。9月1日,太虚出席上海中国佛教会第二执监常会。10月27日,太虚乘大贞轮,抵一别四载之汉口,驻锡佛教会。29日,太虚受各界盛大之欢迎,到会者有李子宽、张纯一、唐祖培、王民仆等七八百人。11月12日,太虚离鄂回南京。29日,南京中国佛学会(万寿寺)开成立大会,太虚当选为会长。12月1日,太虚于中国佛学会星期研究会,讲《一切法因缘生唯识现》。留京期间,太虚曾访欧阳竟无。(参见释印顺编著《太虚法师年谱》,宗教文化出版社1995年版)

梁启超1月11日拟预备自祝60岁寿,请其友人作文百篇,请林宰平作关于任公之佛学研究,罗复庵作任公书法。15日,梁启超病势垂危,嘱家人请医生做尸体解剖,务求病源以供医学界参考。19日下午2时15分,梁启超病逝于北平协和医院。是时,女令娴、思庄,子思永、思忠等均在美。因政局变化,丧事颇冷清。吴宓曾感叹道:"梁先生为中国近代政治文化史上影响最大之人物。其逝也,反若寂然无闻,未能比于王静安先生受人哀悼。吁!可怪哉!"

按:1月21日《大公报》转载梁仲策《病床日记》如下:任公于四年前,即患小便出血症,当时因在清华讲学,城内各校时有定期讲演,异常忙碌;加以其夫人病体沉重不可救治,任公以此种种关系,未暇医治。及其夫人病殁之后,任公失偶,情极难堪,仍在清华讲学如常,亦借此寄托,以过其难堪之日月也。其小便出血之症,由此愈剧。友人有劝其就医者,因先入德国医院,由克里大夫检查,结果不能断定病原所在。因改入协和医院,由协和泌尿科诸医检验,谓右肾有黑点,血由右边出,即断定右肾为小便出血之原因。任公向来笃信科学,其治学之道,亦无不以科学方法从事研究,故对西洋医学向极笃信,毅然一任协和处置。其友人中有劝其赴欧美就名医诊治者,有劝其不必割治,辞却一切事务专心调养者,有劝其别延中医,谓有某人亦同患此病,曾服某中医之药而见痊者,众论纷歧,莫衷一是。而任公微笑曰:"协和为东方设备最完全之医院,余即信任之,不必多疑。"及右肾割去后,小便出血之症并未见轻,稍用心即复发,不用心时便血亦稍减。二三年来,精神体力已大不如从前,时到协和打血针,约一个月一次,此法以生人之血补其血分之不足,打针后,元气稍复。而任公因著述方面未完之工作甚多,虽友朋切劝而思潮时起,欲理旧业,仍不能绝对停止。近数月来,专以词曲自遣,拟撰一《辛稼轩年谱》。去年九月中因痔疾复发,未能脱稿,即来平,入协和割治,服泻药二星期之久,稍见轻。在院中仍托人觅关于辛稼轩材料,忽得《信州府志》等书数类,狂喜,携书出院,痔疾并未见好,即驰回天津,仍带泻药到津服用。拟一面服泻药,一面继续《辛稼轩年谱》之著作。未及数日,即发微热,延日医邨氏诊治未见有效,热度不稍退,体气渐就衰弱,在津寓约四五十日,衰弱日甚,渐至舌强神昏,几至不起。去年十一月二十七日,乃弟仲策(启勋)到津视疾,遂偕至平入协和医院诊治。经该校教授柏格兰发见痰内有毒菌,在肺部及左肋之间。此病在美国威士康辛地方有三人曾罹此病,其一已死,其一治愈,一人尚医治中。在病原未发见以前,任公以其病不治,亲嘱家人以其尸身剖验,务求病原之所在,以供医学界之参考。一月十一日,任公拟预备自祝六十岁寿,请其友人作文百篇,请林宰平作关于任公之佛学研究,罗复庵作任公书法。一月十五日病势垂危,至临终时,无一语遗嘱云云。

梁启超1月19日病逝于北平后,蔡元培与蒋梦麟1月30日在中央政治会议上联名提请政府褒扬梁启超,但此提案因立法院长胡汉民反对而自动撤销。而后其家族于2月17日举行开吊。是日,梁启超生前知友同志及各界人士,分别在京、沪举行追悼大会。北京广惠寺内佛堂均为祭联、哀章所布满,约有3000余件。据闻梁氏讣闻,仅择其素昔有关系者而送之。冯玉祥、丁春膏、商震、芳泽谦吉、籍忠寅、曹缠衡、刘淑湘、丁文江等均送祭幛。男女公子思成、思礼、思懿、思达、思宁与林徽因女士等均麻衣草履,俯伏灵帏内,稽颡叩谢,泣不可仰。全场均为暗呜之声笼罩,咸为所黯然。是日到者甚众,除尚志学会、时务学会、清华大学研究院、香山慈幼院、松坡图书馆、司法储才馆、广东旅平同乡会等团体外,有熊希龄、丁文江、胡适、钱玄同、朱希祖、张贻惠、林砺儒、瞿世英、杨树达、熊佛西、余上沅、蓝志先、任鸿隽、陈衡哲女士、沈性仁女士、江瀚、王文豹、钱稻孙、袁同礼等,门人中有杨鸿烈、汪震、塞先艾、吴其昌、侯锷、谢国桢等约五百余人。同日,上海方面亦于同日假静安寺设席公祭,由诗人陈散原与商务印书馆张元济等主持其事。17日上午9时后,吊客纷临,有孙慕韩、蔡元培、姚子让、唐蟒、叶誉虎、刘文岛、高梦旦等,不下百余人。学生及商界中人来者甚众。四壁满悬挽联、挽诗。天津《益世报》春季增刊中《北平公祭梁任公先生情状志略》以及28日上海《新闻报》西神撰《静安寺路公祭梁任公先生记》以及29日《申报》所载《商学界公祭梁任公》分别记述了北平、沪上追悼梁启超情形。

按:据美国《史学界消息》载(梁思庄译自是年4月《美国历史评论》第34卷):

梁启超于一月十九日在北京逝世,终年五十六岁。他早年和已故的康有为一起,推行了一些改革,导致满清政权于一九一一年崩溃。一八九八年,当他二十五岁时,曾上书提倡对科举制度进行改革,从而为在一九〇五年彻底废除这一制度铺平道路。在一八九八年的政变中,他险些丧失生命,以后几年,他过着流亡生活。在此期间,他撰写宣传政治改革的文章,登在他担任编辑的刊物上。民国建立后,他全心致力于历史科学的教学、讲授、写作。他的政治活动仅限于发起组织进步党以及后来的研究系——两个较孙中山领导的国民党稳健一些的党派。

梁先生深受他的老师康有为的两本进步著作的影响,即《新学伪经考》和《孔子改制考》——这两种著作被看作是今天整个中国史学评论的推动力。他是“今文”的坚定维护者。这一派认为不少古代的存疑著作是在公元头十年中,出于政治原因,而被刘歆所篡改。康、梁对十七至十八世纪的所谓“汉学派”的史学评论的深刻研究,以及他们学到的西方方法,很自然地使他们成为当今史学研究复兴的奠基者。

梁启超最新的《合集》(《饮冰室文集》)于一九二七年出版,共八十卷。另外一些学术著作以单行本出版,对其中三种,他很自豪,即:《中国历史研究法》《清代学术概论》和《先秦政治思想史》,均出版于一九一一——一九一二年间。最后一种已译成法文。他的最新著作之一,《要籍解题及其读法》是当今古籍评论的最好总结。在他逝世前,他正在编写一部巨著《中国文化史》,只有部分付印。

在一本小自传《三十自述》里,梁先生说:“我十八岁初到上海,第一次拿到一本地图册之前,我不知道世界上有五大洲。(……下第归,道上海,从坊间购得《瀛环志略》,读之,始知有五大洲各国。)然而就是这个年轻人,以非凡的精神活力和自成一格的文风,赢得全中国知识界的领袖头衔,并保留它一直到去世。表现在他的文风和他的思想里的这种能够跟上时代变迁的才华,可以说是由于他严格执行他自己常常对人引用的格言:‘切勿犹疑以今日之我宣判昨日之我。’”(以上参见丁文江、赵丰田编著《梁启超年谱长编》,上海人民出版社2009年版;高平叔编著《蔡元培年谱长编》,人民教育出版社1996年版;齐家莹编《清华人文学科年谱》,清华大学出版社1999年版)

傅斯年续任中央研究院历史语言研究所所长。1月11日,蔡元培致北平政治分会主席张继电,谓中央研究院历史语言研究所决定在北平设分所,拟请拨故宫博物院所属南河沿堂子及景山西旧御史衙门两处房屋,为藏书及办公之用。详由马衡面陈。13日,中央研究院第四次院务会议在驻沪办事处举行,决议事项中有史语所购置清档案及西夏档案,就该所存款酌办。30日,蔡元培致傅斯年函,谓“同人均以研究院有散漫之状……现拟集中京、沪两处,希望史语研究所即迁首都,其重要关系,已详于杏佛先生函中,想兄必能采纳”。3月,历史语言研究所从广州迁至北平,所址设在北海静心斋。此后,傅斯年改组史语所,将在广州时所设8组改设为3组:第一组是从事史学与文籍考订的历史学组,第二组是从事语言学和民间艺文的语言学组,第三组是从事考古学、人类学及民物学的考古学组,并分别聘请陈寅恪、赵元任、李济为第一、二、三组组长。此次改组确立了史语所的基本架构。5月1日,蔡元培致赵元任、陈寅恪函,谓"历史语言研究所承两先生允为主持,将来成绩,必为世界学者所注意,不胜欣幸。傅君到平后,请接洽一切为荷。弟七月间或能来平一次,当晤罄积恫"。5月11日,蔡元培致北平傅斯年电,谓"本院各处各所主任应全体参加奉安典礼;另由每所派代表一人加入。贵所代表姓名,请速派定电复"。

傅斯年与蔡元培、何思源、王近信、赵畸、彭百川、杜光埙、杨振声、袁家谱6月13日被教育部聘请为国立青岛大学筹备委员。7月8日下午2时,傅斯年出席在青岛汇泉饭店举行的国立青岛大学筹备委员会议,讨论如何接收原有私立青岛大学和省立山东大学以及今后院、系设置等问题。29日,傅斯年由北平致函蔡元培,谓"兼任研究员之制,最易发生流弊,故今年在史语所中拟尽废之"。8月29日,教育部聘蔡元培、袁同礼为国立北平图书馆正、副馆长。傅斯年、马叙伦、陈垣、刘半农、任鸿隽、孙洪芬、周诒春及正、副馆长任该馆委员会。按该馆组织条例第五条规定:正、副馆长人选,系由该委员会推荐,经基金董事会同意,然后由教育部聘任。8月下旬左右,傅斯年由北平致函蔡元培,谓"北大请先生做校长事,三日内吵得更盛。……斯年下忱以为,先生如来,则真来;不来,则真不来""斯年不敢劝先生究竟就否,但愿先生来亦积极,退亦积极,如走中间之一路,后来恐不可收拾耳。越分多言,幸恕之"。

傅斯年9月主持中央研究院历史语言研究所开始整理清廷内阁大库档案。由于陈寅恪等的建议,史语所把7000麻袋档案购回,9月由徐中舒等把存在天津的一半运回北平,傅斯年亲自监督,立即开始清理和登录。同在9月,傅斯年与陈寅恪筹划成立历史语言研究所明清史料编刊会,聘请朱希祖、陈垣及徐中舒为编刊委员,取名《明清史料》,将整理出来的内阁档案公布于世。10月,历史语言研究所整理了214麻袋、76席包,11月整理了500麻袋,12月又整理了468麻袋,陆续发现了《崇祯年间兵部题行稿》《清初揭帖》《摄政郑王吉儿合郎入关奏表》《朝鲜与金国重申盟誓书》《钞本建文帝实录》等史料。至1930年9月30日完工。秋,傅斯年兼任北京大学教授。11月9日,傅斯年应邀作《考古学的新方法》的演讲,后刊于1930年12月《史学》第1期,文中提出:"历史哲学可以当作很有趣的作品看待,因为没有事实做根据,所以和史学是不同的。历史的对象是史料,离开史料,也许成为很好的哲学和文学,究其实与历史无关。"并就"疑古"与"信古"发表了新的认识,认为研究古史"完全怀疑,固然是不对的;完全相信,也是不对的。我们只要怀疑的有理,怀疑的有据,尽可以怀疑。相信的有理有据,也尽可以相信的"。可见已走出以往学界的"疑古—信古"之争,不再倾向于单纯的疑古。同月,傅斯年赴开封解决中央研究院与河南民族博物馆之间有关殷墟考古发掘纠纷。12月,事毕返京。

按《考古学的新方法》还介绍了瑞典考古学家安特生"完全用近代西洋考古方法去研究"的路数和史语所进行的殷墟发掘工作。他批评中国考古学家"还是用旧法整理"发掘物,即"用文字作基本,就一物一物的研究。文字以外,所得的非常之少"。而西方考古学新方法则是"以世界文化眼光去观察,以人类文化作标准,故能得整个的文化意义"。考古学离不开人类学和民族学。研究年代学有比较和绝对的两种方法。他以安阳殷墟发掘为例,着重谈了地层学方法在考古学中的作用。傅斯年所讲的新方法,是西方考古学中使用的地层学、年代学、人类学、民族学等方法,这为中国考古学的发展指明了方向。(以上参见韩复智编《傅斯年先生年谱》,《台大历史学报》,1996年第20期;欧阳哲生编《中国近代思想家文库·傅斯年卷》及附录《傅斯年年谱简编》,中国人民大学出版社2015年版;高平叔编著《蔡元培年谱长编》,人

民教育出版社 1996 年版；王学典《20 世纪史学编年(1900—1949)》，商务印书馆 2014 年版)

顾颉刚 1—2 月任中山大学史学系教授兼主任，并任中山大学语言历史学研究所主任。1—3 日中大历史所展览会，陈列品分古物、风俗物品、书籍、碑帖、档案、书画、本所出版物 7 部分，参翻者约 7000 人。2 日，为民俗学会丛书、陈元柱《台山歌谣集》作序。16 日，作研究所启事，征求学生作古墓探考工作。17 日，召开民俗学会会议，由容肇祖主持，讨论进行计划，议决继续编印《民俗学会丛书》。是月，该丛书《孟姜女故事研究集(第二册)》出版。28 日，作《致选修三百年来思想史诸同学书——代〈桂学答问〉序》。1 月底至 2 月初，为民俗学会丛书、姚逸之《湖南唱本提要》作序。2 月 1 日，为民俗学会丛书、魏应麒《福州歌谣甲集》作序。3 日，为《民俗》周刊《传说专号》作序。4 日，教育部来函，告教育部组织保存甪直唐塑委员会，聘蔡元培、叶恭绰、顾颉刚等 18 人为委员，办理保存事宜。6—7 日，为《中山大学语言历史学研究所年报》作序。9 日，作《北平钞书部计划书》。14 日，与中山大学校长信，因事请假回北平。15 日，作《离粤时与诸同学书》。19 日，作《顾颉刚启事》，请假期间，中大史学系主任职务由陈功甫代理，语言历史学研究所主任职务由商承祚代理。

顾颉刚 2 月 24 日与家人离开广州，抵香港，何定生退学随行。26 日，启程北行。同月，顾颉刚任中央研究院历史语言研究所特约研究员。3 月 1 日，顾颉刚抵沪。6 日抵杭，晤诸亲友。13 日，浙江大学校长邵裴子邀宴，饭后演讲"怎样唤起第二次新文化运动"，同席者刘大白、郭任远、钱南扬、钱宾琮等人。14 日，离杭抵苏。顾颉刚又为中山大学事到宁、沪数日。在沪时访时任中国公学校长胡适，胡适对顾颉刚说："现在我的思想变了，我不疑古了，要信古了！"29 日，为民俗学会丛书、吴藻汀《泉州民间传说》作序。春，所编《现代初中本国史教科书》被国民政府查禁。3—4 月，整理《崔东壁遗书》，《校勘记》改毕。3 月 30 日至 4 月 3 日，陪同徐炳昶及瑞典人斯文·赫定游苏州、甪直保圣寺。9 日，为顾廷龙《五色评本积古斋钟鼎彝器款识》作跋语。15 日，到苏州中学演讲《对于苏州男女中学的史学同志的几个希望》。16 日，到振华女校国学研究会演讲《古史辨的主旨》。17 日，为史襄哉、夏云奇合编之《纪元通谱》作序，指出编制工具书的重要性。23 日，应苏州中学钱穆、沈维钧、王庸等邀宴。26 日，为朱家骅作《浙江省重修省志意见书》。

顾颉刚 4 月 29 日离苏北上。5 月 1 日抵北平，何定生同行。5 月，应燕京大学之聘。同月 5 日，郭绍虞邀赴凡社之宴，陈垣、金岳霖、许世廉、冯友兰、熊佛西、黄子通、徐祖正同席。7 日，赴古物保管委员会会议。17—19 日，与魏建功、徐炳昶、朱自清、徐旭生、罗香林、王义诠、王碧书、葛毅卿、朱保雄、白涤洲、周振鹤、容媛、侯惠贞等组织"十八妙峰山进香调查团"，游妙峰山、天太山，由白涤洲导游，再度调查妙峰山风俗。此次调查由魏建功编为"妙峰山进香调查专号"，刊于《民俗》周刊第 69、70 合期。25 日，朴社诸同人来，商量社务，议定出版辨伪丛刊。26—30 日，整理胡应麟《四部正讹》毕，交朴社出版。6 月 11 日端午节，由范文澜起草，马裕藻、马衡、马廉、董作宾、刘复、钱玄同、钱稻孙、徐炳昶、周作人、陈垣、沈兼士、吴肇麟、魏建功、范文澜联名为顾颉刚父亲 60 寿辰赠送寿屏，高度称颂了顾颉刚疑古辨伪的成就："书不可尽信，孟子于《武成》取二三策而已。秦氏燔书，旧典零落。两汉经师蔚起，捃摭焚余，笃守残缺，缀葺不遑。黠诈者蹈隙作伪，苟便私意，淆乱弥甚。自是以来，沿为风习，烟瘴蔽塞，不可清梳。顾君颉刚，专精国学，辨正古史，推压偶像，剿剥神哲。非立异以鸣高，将求理之安切。故好之者，比之执锐陷坚，学林之骁将；而墨守之士，则相视骇愕，大以为怪。顾其人实恂恂懿雅，不以锋棱震物。凡与之游者，见其心意诚挚，久而益亲，知其必有世德积善,所以涵冰陶铸之甚厚。与夫器小易盈,炫奇哗众者,殆不可同日语也。"

　　顾颉刚6月15日为辨伪丛刊《四部正讹》作序。16日,与丁文江去康有为女儿康同薇家。因欲作康有为年谱并编康氏遗集,故经丁文江介绍识康同薇,与彼等商此事。20日,为朴社作《印行〈辨伪丛刊〉缘起》。6月27日,顾颉刚离开北平南下。29日抵苏。7月10日,燕京大学历史学会会刊《史学年报》创刊,由燕京大学历史学会负责编辑出版,曾得到顾颉刚、洪业等知名学者的支持。15日,顾颉刚题潘博山所藏之黄荛圃所校《贾谊新书》。28日,顾颉刚致中山大学戴季陶、朱家骅二校长信,辞中山大学职。29日,为杨立诚《文澜阁目索引》作序,至8月底改毕。夏,顾颉刚在苏州得见钱穆《先秦诸子系年》稿,谓《系年》大有创见,似不宜长在中学教国文,宜去大学中教历史,遂向中山大学推荐,并嘱为《燕京学报》撰稿。8月27日,游甪直,阅《吴郡甫里志》《吴都甫里人物考》等书,摘抄若干,订为一册,题《甪直的一星期》。9月6日,离苏抵沪。8日,举家乘船北上,12日,抵达北平。同月,顾颉刚就聘燕京大学国学研究所导师研究员、学术会议委员、历史学系教授。授"中国上古史研究"课,编讲义,至次年毕。燕京大学国学研究所导师研究员及学术会议委员有容庚、黄子通、许地山、郭绍虞、张星烺等,所长及学术会议主席为陈垣。

　　　　按:顾颉刚《中国上古史研究讲义》序中说:"我编辑这份讲义的宗旨,期于一反前人的成法,不说哪一个是,哪一个非,而只就它们的发生时代的先后寻出它们的承前启后的痕迹来,又就它们的发生时代的背景求出它们异军突起的原因来。我不想取什么,丢什么,我只想着一窥这一方面的史说在这二三千年之中曾起过什么样的变动。……我想,待到它们的来源和变动都给我们知道之后,于是它们在史实上的地位可以一个一个地推翻,而在传说上的地位可以一个一个地建设了。这是我的研究这学问的大目的,而这编讲义乃是个造房屋的草图。"

　　　　按:《中国上古史研究讲义》是顾颉刚在燕京大学开设"中国上古史"课时的讲稿。作者旁征博引,对先秦、两汉典籍中的三皇五帝等古史传说作了详细的考辨,逐层剥离其中的非历史成分而恢复其传说地位,从而创立了独到的"累层地造成的中国古史"观,重构了一个比较完整的堪为信史的古史系统,堪称是"累层地造成的中国古史"观的奠基之作。

　　顾颉刚9月29日为燕大校舍落成纪念会作《孔子事实的变迁》,未毕。30日,在纪念会上改读中山大学上古史讲义中《周易卦爻辞中之故事》。同月,辨伪丛刊之一《四部正讹》出版。北京大学代理校长陈大齐及学系代表来邀任北大教授,辞不受,谓"予以北大党派太多,攻讦太甚,婉词拒之,心中痛苦可知矣"。10月,以北大史学系坚邀,因定史部研究一门,两星期一去,或一月一去,尽义务,不支薪,不上课堂,不算北大教员。10月3日,致胡适信,因何定生作《关于胡适之与顾颉刚》一册,恐小人藉此挑拨,或造谣言,即请朴社停止发行,且一函告胡适。10月18日至11月14日,重作《周易卦爻辞中之故事》,刊于12月《燕京学报》第6期,文中分辨《易经》《易传》历史观念之不同,认为"《易经》中的历史观念和《易传》中的历史观念处于绝端相反的地位:《易经》中是断片的故事,是近时代的几件故事;而《易传》中的故事却是有系统的,从邃古说起的,和战国、秦、汉以来所承认的系统,所承认的这几个古人在历史中所占有的地位完全一致。所以我们可以知道:这些历史事实的异同是它们的著作时代有与没有的问题。而不是它们的作者说与不说的问题""《易传》的著作时代至早不得过战国,迟则在西汉中叶""《易经》的著作时代在西周,那时没有儒家,没有他们道统的故事""我们正可借着著作《易经》时的历史观念来打破许多道统的故事"。

　　　　按:顾颉刚于11月3日作此文跋,述此文之作,自二六年底至今,首尾四年,"生活不安,即此可见"。

　　顾颉刚10—12月标点王柏《诗疑》。11—12月,校《古今伪书考》,编《古史辨》第二册。

11 月 19 日,与冼玉清同到康同璧家,并见康同薇,取康有为稿两包归。12 月 1 日,与容庚合拟《古迹古物调查计划书》,欲进行河北、河南、山东、山西四省之访古。7 日,顾颉刚赴师大讲演,陈垣同往。12 日,应《燕大月刊》邀作《四记杨惠之塑像》,将 8 月在甪直所览书中寻得之材料整理成文。18 日,阅范成大《吴郡志》,"杨惠之在昆山慧聚寺塑天王像之说动摇矣。苟他未到昆山塑此,则甪直之塑自不出他手也。考一件事,其难如此"。因《记杨惠之塑像》稿已发排,不便追改,故下一期中当作《五记杨惠之塑像》一文,重新考虑一下。25 日,顾颉刚为民俗学会丛书、奉宽《妙峰山琐记》作序。是年,记笔记《忍小斋笔记》《遂初室笔记》。(以上参见顾潮编著《顾颉刚年谱》,中国社会科学出版社 1993 年版;顾潮编《中国近代思想家文库·顾颉刚卷》及附录《顾颉刚年谱简编》,中国人民大学出版社 2015 年版;王学典《20 世纪史学编年(1900—1949)》,商务印书馆 2014 年版)

陈寅恪 1 月 14 日在《清华学报》编辑委员会举行第一次会议,由罗家伦校长聘为编辑委员会委员。23 日,陈寅恪访吴宓。2 月 27 日,吴宓访陈寅恪。3 月,历史语言研究所从广州迁至北平,所址设在北海静心斋。所内分设研究史学、语言学、考古及人类学三组,陈寅恪为第一组主任,介绍于道泉来本组任助理研究员。4 月,《学衡》杂志第 64 期出版发行,其中"文苑"有载陈寅恪《王观堂先生挽词并序》。

按:陈寅恪《王观堂先生挽词并序》全文如下:

或问观堂先生所以死之故。应之曰:近人有东西文化之说,其区域划分之当否,固不必论,即所谓异同优劣,亦姑不具言;然而可得一假定之义焉。其义曰:凡一种文化值衰落之时,为此文化所化之人,必感苦痛,其表现此文化之程量愈宏,则其受之苦痛愈甚;迨既达极深之度,殆非出于自杀无以求一己之心安而义尽也。

吾中国文化之定义,具于白虎通三纲六纪之说,其意义为抽象理想最高之境,犹希腊柏拉图之所谓 Idea 者。若以君臣之纲言之,君为李煜亦期之以刘秀;以朋友之纪言之,友为郦寄亦待之以鲍叔。其所殉之道,与所成之仁,均为抽象理想之通性,而非具体之一人一事。

夫纲纪本理想抽象之物,然不能不有所依托,以为具体表现之用;其所依托以表现者,实为有形之社会制度,而经济制度尤其重要者。故所依托者不变易,则依托者亦得因以保存。

吾国古来亦尝有悖三纲违六纪无父无君之说,如释迦牟尼外来之教者矣。然佛教流传播衍盛昌于中土,而中土历世遗留纲纪之说,曾不因之以动摇者,其说所依托之社会经济制度未尝根本变迁,故犹能藉之以为寄命之地也。

近数十年来,自道光之季,迄乎今日,社会经济之制度,以外族之侵迫,致剧疾之变迁;纲纪之说,无所凭依,不待外来学说之掊击,而已销沉沦丧于不知觉之间;虽有人焉,强聒而力持,亦终归于不可救疗之局。

盖今日之赤县神州值数千年未有之钜劫奇变;劫尽变穷,则此文化精神所凝聚之人,安得不与之共命而同尽,此观堂先生所以不得不死,遂为天下后世所极哀而深惜者也。至于流俗恩怨荣辱委琐龌龊之说,皆不足置辨,故亦不之及云。

汉家之厄今十世,不见中兴伤老至。一死从容殉大伦,千秋怅望悲遗志。曾赋连昌旧苑诗,兴亡哀感动人思。岂知长庆才人语,竟作灵均息壤词。依稀廿载忆光宣,犹是开元全盛年。海宇承平娱旦暮,京华冠盖萃英贤。当日英贤谁北斗,南皮太保方迁叟。忠顺勤劳矢素衷,中西体用资循诱。总持学部揽名流,朴学高文一例收。图籍艺风充馆长,名词瘿野领编修。校雠椠译凭谁助,海宁大隐潜郎署。入洛才华正妙年,渡江流辈推清誉。闭门人海恣冥搜,董白关王供讨求。剖别派流施品藻,宋元戏曲有阳秋。沈酣朝野仍如故,巢燕何曾危幕惧。君宪徒闻俟九年,庙谟已是争孤注。羽书一夕警江城,仓卒元戎自出征。初意潢池嬉小盗,遽惊烽燧照神京。养兵成贼嗟翻覆,孝定临朝空痛哭。再起妖腰乱领臣,遂倾寡妇孤儿族。大都城阙满悲笳,词客哀时未还家。自分琴书终寂寞,岂期舟楫伴生涯。回望觚棱涕泗涟,波涛重泛海东船。生逢尧舜成何世,去作夷齐各自天。江东博古矜先觉,避地相从勤讲学。岛国风光换岁时,乡关愁思增绵邈。大云书库富收藏,古器奇文日品量。考释殷书开盛业,钩探商史发幽光。当世通人数旧游,外穷瀛渤内神州。伯沙博士同扬榷,海日尚书互倡酬。东国儒英谁地主,藤田狩野内藤虎。岂便辽东老幼安,还如舜水依江户。高名终得彻宸聪,徽奉南斋礼数崇。屡检秘文升紫殿,曾聆法曲侍瑶宫。文学承恩值近枢,乡贤敬业事同符。君期云汉中兴主,臣本烟波一钓徒。是岁中元周甲子,神皋丧乱终无已。尧城虽局小朝廷,汉室犹存旧文轨。忽闻撰甲请房陵,奔问皇舆泣未能。优待珠盘原有誓,宿陈刍狗遽无凭。神武门前御河水,好报深恩酬国士。南斋侍从欲自沉,北门学士邀同死。鲁连黄鹞绩溪胡,独为神州惜大儒。学院遂闻传绝业,园林差喜适幽居。清华学院多英杰,其间新会称耆哲。旧是龙髯六品臣,后跻马厂元勋列。鲰生瓠落百无成,敢并时贤较重轻。元祐党家惭陆子,西京群盗怆王生。许我忘年为气类,北海今知有刘备。曾访梅真拜地仙,更期韩偓符天意。回思寒夜话明昌,相对南冠泣数行。犹有宣南温梦寐,不堪灞上共兴亡。齐州祸乱何时歇,今日吾侪皆苟活。但就贤愚判死生,未应修短论优劣。风义平生师友间,招魂哀愤满人寰。他年清史求忠迹,一吊前朝万寿山。

　　陈寅恪与赵元任收到5月1日蔡元培来函,谓"历史语言研究所,承两先生允为主持,将来成绩,必为世界学者所注意,不胜欣幸"。同月,陈寅恪所撰《敦煌本十诵比丘尼波罗提木叉跋》刊于《北平图书馆月刊》第2卷第5号。6月2日,王国维去世2周年之际,清华国学研究院师生集资,在清华园工字厅东南土坡下建"海宁王静安先生纪念碑"。纪念碑由梁思成设计,陈寅恪撰文,林志钧(宰平)书丹,马衡篆额。陈寅恪所撰碑文归结为"独立之精神,自由之思想"。

　　陈寅恪6月底以清华国学研究院正式宣告结束,改任清华大学中文、历史两系合聘教授,并在哲学系开课。同月,陈寅恪《元代汉人译名考》刊于《国学论丛》第2卷第1号。7月8日,陈寅恪访吴宓。同日,清华大学《消夏周刊》第1期刊出陈寅恪所撰写《清华大学王观堂先生纪念碑铭》。8月7日,陈寅恪在《国立中山大学语言历史学研究所周刊》第92、93期合刊发表《灵州宁夏榆林三城译名考》。同月,陈寅恪在清华大学《国学论丛》第2卷第1号发表《元代汉人译名考》。秋,陈寅恪与天津藏书家李盛铎经过数次谈判,终于将清宫流出的号称8000麻袋,计约6万公斤内阁档案,以中央研究院史语所的名义买下,并运到史语所办公所在地北海静心斋,参与整理研究的有徐中舒、劳榦、李光涛等。是年,陈寅恪以王国维、梁启超相继逝世,请校方聘章炳麟、罗振玉、陈垣为清华大学国学研究院导师,马衡为特别讲师,校方一一致聘,但章、罗均不就,陈垣亦再三恳辞。(以上参见卞僧慧纂《陈寅恪先生年谱》,中华书局2010年版;高平叔编著《蔡元培年谱长编》,人民教育出版社1996年版;齐家莹编《清华人文学科年谱》,清华大学出版社1999年版;沈卫威《学衡派编年文事》,南京大学出版社2015年版)

　　赵元任1月继续在广东广西多处奔走,完成粤语的方言调查工作。3日,完成为时6天的南宁方言调查,经贵县到梧州。4日上午9时半,中华教育文化基金董事会在杭州新新旅馆举行第三次董事常会,赵元任继任董事。10日,记梧州北部乡下音。同日,改乘"广雄"号船到三水。11日,回到广州,从而结束了广西粤语的实地调查。1月12日至2月2日,调查广州以外地区方言。2日,动身南下,到江门、新会、台山等地调查江门、新会、台山、又昌和河音,18日,返回广州。19日,乘火车向北到韶州(韶关),调查并记录了六种语音。23日,返回广州。24日,动身经香港乘"林肯"号船赴汕头、潮州两地调查方言和记音。30日,回到香港,经澳门到石岐(中山),沿途调查和记音。2月1日,回到广州。23日,在广州完成最后的调查,记录廉州、梅县音及广州入声音。至此,完成了整个粤语方言的田野工作。

　　按:赵元任这次调查,掌握了大量粤语方言第一手材料,可惜这些材料没有全部发表。赵元任在《台山语料序言》中说:"调查之后,本想就都给整理出来,报告出来。孟真(傅斯年)常对我说,'元任,你这些东西不写出来,以后情形变了,方法改了,就会总不写了'。这话果然大半给他说着了。这些年下来,虽然记了些别省的方言,出了些别的报告,可是在粤语方面,除了《粤语入门》(*Cantonese Primer*)一书跟《中山方言》之外,其余的材料都没有发表过。"

赵元任2月4日离广州,经香港乘"林肯"号海轮到上海。在上海一住19天,正值阴历年,看望亲朋好友杨杏佛、钱端升、林语堂、徐志摩和王云五等,后回北平。2月16日,中国科学社上海社友会晚间在华安八楼举行聚餐会,首由马相伯演说,继由蔡元培演说,吴稚晖、杨杏佛、竺可桢等亦有演说。中间穿插赵元任唱《教我如何不想他》等歌。3月,历史语言研究所从广州迁至北平,所址设在北海静心斋。将原设史学、敦煌材料、文籍校订、汉语、汉字、民间文艺、考古学、人类学等八组合并为三组,分别主持研究史学(一组)、语言学(二组)、考古及人类学(三组),并聘请陈寅恪为第一组主任,赵元任为第二组主任,李济(济之)为第三组主任。3月,由于工作的变动,赵元任一家从清华园迁到北平城里居住,先住东城羊益胡同40号,后迁西观音寺甲72号,办公在同一大院内。赵元任仍在清华兼课。

赵元任4月主要从事广韵的研究。5—8月,从事广西猺歌记音的整理和研究。6月29日,出席中华教育文化基金董事会第五次董事年会,并与出席会议的蒋梦麟、施肇基、蔡元培、顾临(R. S. Greene)、翁文灏、任鸿隽、司徒雷登(J. Leighton Stuart)、贝诺德(C. R. Bennett)合影。6—12月,学习藏文,并与于道泉一同研究第六代达赖喇嘛仓洋嘉错情歌;研究从广东带回的一手材料(记音和录音)。因右手摔伤,有时只好对自己的专用录音机(dictaphone)口述,再请杨时逢帮助整理。7—12月期间,编制《国语罗马字与威妥玛式拼音法对照表》,刊于《国语旬刊》。序言说:"为统一威式,邮政式,法德式等罗马字拼汉音的分歧与繁复,国语统一筹备委员会曾经制出一种国语罗马字拼音法式,业经于民国十七年九月二十六日由中华民国大学院公布,作为国音字母第二式。现在为便于已经懂威式拼法者对查起见,特将这两种拼法制成对照表。"9月1日,国语统一筹备委员会开第一次常委会,赵元任为主席,议决每两周开一次会。11月3日开第二次常委会,赵元任为主席,议决在《国音字典》增修未成之前,先编《国音常用字汇》。10月25日至12月24日,编写了《国语罗马字常用字表》。12月3—12日,应晏阳初之邀请,到定县教国语罗马字。除讲课外还调查了定县的方言。(以上参见赵新那、黄培云编《赵元任年谱》,商务印书馆1998年版;高平叔编著《蔡元培年谱长编》,人民教育出版社1996年版;齐家莹编《清华人文学科年谱》,清华大学出版社1999年版)

李济年初仍任职于清华大学。3月,历史语言研究所从广州迁至北平,所址设在北海静心斋。所内分设研究史学、语言学、考古及人类学三组,李济为第三组主任,领导并参加了安阳殷墟、章丘城子崖等田野考古发掘,使得发掘工作走上科学轨道,造就出中国第一批水平较高的考古学者。同月7日,李济主持中央研究院历史语言研究所对安阳殷墟进行第2次发掘,参加者有董作宾、王湘、裴文中等。李济等在安阳洹上村设办事处,分别从村中、村南、村北三处进行发掘,至5月6日结束,获甲骨740片,另有古器物等甚多。其中最值得注意的是,开始从主要寻找甲骨变为对整个遗址所有遗存的科学发掘,认识到"凡是经过人工的、埋在地下的资料,不管它是否有文字,都可以作研究人类历史的资料"。这次发掘更符合近代考古学的标准,除系统登录发掘出的每件遗物的准确出土地点、时间、周围堆积物情况和层次之外,还要求每个参加者坚持写发掘日记,因而第2次发掘的成果更为显著。10月7日,中央研究院历史语言研究所对安阳殷墟进行第3次发掘。此次发掘由李济主持,参加者有董作宾、王湘、董光忠等,至12月12日结束,共得甲骨文字2742版,其中有著名的

"大骨四版"。河南省政府派人发掘亦得有字甲骨等众多。李济为及时发表殷墟发掘简报和有关研究成果,创办《安阳发掘报告》。12月,李济、董作宾、余永梁编撰《安阳发掘报告》第1期由中央研究院历史语言研究所作为专刊之一出版。该书内有李济《小屯地面下情形分析初步》《殷商陶器初论》,董作宾《中华民国十七年十月试掘安阳小屯报告书》《商代龟卜之推测》等。

按:《安阳发掘报告》共出4期,第2期1930年12月出版,第3期1931年6月出版,第4期1933年6月出版。以后另出《田野考古报告》。《燕京学报》于1930年评价《安阳发掘报告》"均有确切之举证,冲破向来考古学家,专在故纸堆中搜寻材料之沉寂空气,诚足称为学术界之曙光也"。中央研究院院长蔡元培在《安阳发掘报告》(第一册)的序中指出:"中国的历史人文之学发达在自然科学未发达之前,西洋的历史人文之学则发达在自然科学既发达之后;所以他们现在的古学有其他科学可资凭借,我们前代的古学没有其他科学可资凭证。""若不扩充我们的凭借,因以扩充或变易我们的立点和方法,哪里能够使我们的学问随着时代进步呢?"因而自1928年开始的安阳殷墟发掘,"确是因应上文所说的要求而生的"。(参见中国大百科全书总编辑委员会《中国大百科全书·考古学》,中国大百科全书出版社2002年版;齐家莹编《清华人文学科年谱》,清华大学出版社1999年版;王学典《20世纪史学编年(1900—1949)》,商务印书馆2014年版)

唐钺任中央研究院心理研究所专任研究员兼所长。5月17日,唐钺收到蔡元培复电,此前唐钺致电蔡元培,谓"中央研究院蔡孑民院长:心理所租定北平新开路三十五号,警署不知有研究院,索官样委任状,并拒迁入。恳电北平公安局,饬内一区警署勿阻,并盼电复"。蔡元培复电:"电悉,已电公安局转饬查照。"(参见高平叔编著《蔡元培年谱长编》,人民教育出版社1996年版)

罗家伦继续任清华大学校长。1月13日,中国史学会在北平大学第一师范学院举行成立大会,到会100余人,清华史学会会员均出席。历史系教授朱希祖报告筹备经过,通过由罗家伦、朱希祖等起草的简章。选举委员9人,清华罗家伦、朱希祖等当选。14日,《清华学报》编辑委员会举行第一次会议,罗家伦校长聘请杨振声、王文显、陈总、吴之椿、陈达、翁文灏、金岳霖、高崇熙、熊庆来、叶企孙、刘崇乐、笪远纶、唐钺、朱希祖、吴正之、冯友兰、陈寅恪、赵元任等担任委员会委员。晚8时,编委会举行第一次会议,与会编委有杨振声、王文显、陈岱孙、吴之椿、陈达、翁文灏、冯友兰、金岳霖、高崇熙、熊庆来、叶企孙、刘崇乐、笪远纶、朱希祖、吴有训、陈寅恪、赵元任、唐钺。会议决定学报每年出三期,即文学哲学、自然科学、社会科学各一期。29日,清华大学章制起草委员会举行第一次会议,罗家伦指定何林一、章寅、张广舆等9人为委员,负责起草或修改应有及已有的各种章制。3月7日下午4时,教授会第五次会议在科学馆212室举行,会议决定动用基金利息若干为建筑费,请评议会议决后作为教授会意见向董事会提出,请董事会来北平开会,并推举冯友兰为教授会代表前往南京列席董事会会议,说明清华校舍扩充计划。

罗家伦3月15日在中国国民党第三次全国代表大会上当选候补中央执行委员。会中,罗家伦提交提案主张实行减租政策,为国民政府"二五减租"政策之倡导者。4月1日,董事会拒绝清华校方请他们到北平开会之要求,仍在南京开会,且不许他代表清华教授会列席会议。3日,董事会继续开会,讨论清华大学教授会提案,冯友兰到会作简要说明,董事会限定说明不得超过15分钟。此后清华大学师生继续斗争。8日,教授会通过决议,反对董事会议决案,要求改组董事会,否则即取消董事会。当晚,评议会通过决定:"呈请国民政府取消董事会制度,实行教授治校,校长由教授会推举,呈请国民政府任命之。"11日,罗家伦以"办学政策不行,设施诸感困难"为由请辞清华大学校长一职,未准。4月中旬,学生会为请求取消董事会、改隶属教育部发表宣言:"同人知有学校,不知有个人;知有是非,不知有忌讳。对董事会乖舛之一切议决案,誓不承认;对董事会存在,誓死反对;全体一致,非达到直隶教育部之目的不止。"18日,学生会代表南下请愿。19日,罗家伦再辞清华大学校长。24日,学生罢课半日。5月,罗家伦第三次请求辞清华大学校长职。同月2日,清华大学第六次教授会会议决定致电行政院、教育部、外交部,请中华教育文化基金委员会基金保管委员会兼任清华大学基金保管委员会;要求清华直接隶属教育部;要求彻底查清清华大学基金。又决定派杨振声、叶企孙代表教授会赴南京交涉此事。10日,经清华大学校长、教授会、学生会多方努力后,国民政府第二十八次国务会议决定清华大学基金改由中华教育文化基金委员会基金保管委员会保管,清华大学直隶教育部。6月7日,清华大学举行欢送毕业生大会。29日,教育部又下令取消清华大学董事会,此即清华历史上所谓"改隶废董"。至此,清华大学领导权之争以中方胜利而告终。

　　按:《清华周刊》报道说:"清华大学部,成立四年来,今年系第一班毕业。旧制之最后一班与国学研究院之最级一班亦均于今年毕业,故本届毕业之情景,有空前绝后之意味存乎其中。"本届毕业生亦被称为"第一级",其中外国语文系有吴达元、杨业治等6人;哲学系有沈有鼎等2人;历史学系有张贵永等3人。

　　罗家伦6月12日公布《国立清华大学规程》,该《规程》分为总纲、本科及研究院、校内组织、留美学生监督处、基金、学生及附则共7章29条。其总纲第一条为:国立清华大学根据中华民国教育宗旨,以求中华民族在学术上之独立发展,而完成建设新中国之使命为宗旨。《规程》规定校务会议由校长、教务长、秘书长及各院长组成,议决一切日常行政事宜;评议会由上述人员及教授会选出之评议员7人组成,负责制定学校重要制度,审议预算,议决建筑及其他重要设备、各学系之设立与撤销、留学生之选派与管理;教授会审议教课与研究事业改进方案、学风改进方案、建议于评议会之事项及由校长或评议会交议之事项。《规程》规定当时全校设文、理、法三学院,文学院包括中国文学、外国文学、哲学、历史、社会人类学五系。《规程》还规定校长及评议会得随时调查基金保管及经理存放实况,随时建议于中华教育文化基金委员会请其酌采。13日,罗家伦继续到校视事,立即在校内进行改革,宣布成立各学院,增设校务会议,扩大评议会权力,使之成为立法机构。6月底,清华国学研究院正式宣告结束,旧制留美预备部亦同时结束。国学研究院前后四届70多名毕业生,或执教,或从事研究,后来大都成为我国在语言学、史学、哲学、古文字学、考古学等方面的著名专家学者,为国学的继往开来做出了贡献。同月,中央党务学校更名为中央政治学校。7月,任命罗家伦为中央政治学校校务委员。同月18日,清华大学第15次评议会议决:下半年拟设立研究院。根据已有设备先成立物理、外国文学两研究院。9月16日上午9时,罗家伦出席在大礼堂举行的全校开学典礼。晚6—9时,罗家伦设宴于工字厅,与宴者有新旧教员五六十人。是年,兼任北京大学历史系教授。(以上参见刘维开《罗家伦先生年谱》,中国国民党中央委员会党史委员会1996版;张晓京编《中国近代思想家文库·罗家伦卷》及附录《罗家伦年谱简编》,中国人民大学出版社2015年版;清华大学校史研究室编《清华大学一百年》,清华大学出版社2011年版;齐家莹编《清华人文学科年谱》,清华大学出版社1999年版;蔡仲德编撰《冯友兰先生年谱长编》,中华书局2014年版)

　　吴宓1月3日患病,杨振声、冯友兰前来探视。4日,吴其昌访吴宓。5日,张荫麟访吴宓。6日,张荫麟、陈嘉访吴。7日,罗根泽、浦江清访吴宓。11—12日,吴宓编辑《学衡》稿件。16日,浦江清、赵万里向吴宓建议:《大公报·文学副刊》可加入语体文(白话文)及新文学作品,并请朱自清为社员,加盟《文学副刊》。吴宓因迷恋毛彦文,加上病了一场,故对《学衡》《大公报·文学副刊》均持消极态度。17日,林志钧访吴宓。18日,吴宓邀朱自清加入《大公报·文学副刊》编辑部。19日,赵万里陪同吴宓访朱自清,朱谓容考虑几日后答复。吴宓宴请赵万里、浦江清、张荫,商议稿件,并决定《大公报·文学副刊》增入新文学、白话文及新式标点(新诗及小说),不论团体和派别。这是吴宓主动向新文学作出的一次重大让步和认输。21日,浦江清陪同朱自清访吴宓,朱自清答应暂时加入《文学副刊》编辑部,春假为止,先做实验。23日,陈寅恪访吴宓。24日,林志钧访吴宓,谈公祭梁启超及编理遗著。31日,《大公报·文学副刊》近期因纸张加宽,也发生稿件缺乏事件。吴宓、张荫麟访浦江清,商议对策。朱自清加入《大公报·文学副刊》的撰稿人行列。

吴宓2月2日接待张荫麟来访。3日,吴宓访朱自清。4日,朱自清访吴宓。5日,吴宓编辑《学衡》杂志第66期稿件。8日,吴宓访浦江清、张荫麟。20日,吴宓到南京,访张歆海、汤用彤、楼光来。25日,吴宓访浦江清。26日,《学衡》杂志作者杨葆昌访吴宓。吴宓宴请朱自清、浦江清、张荫麟,商议稿件。27日,吴宓访陈寅恪。3月1日,吴宓致函白璧德、梅光迪,托请在美国代他谋一个汉文讲师的位置,计划今夏赴美。吴宓访冯友兰。7日,吴宓请燕京大学校长司徒雷登(John Leighton Stuart,1876—1962)致函美国哈佛大学,推荐他为汉文讲师人选。吴宓此举的目的是想步梅光迪之后,约他所爱的毛彦文一同赴美,以便成婚。12日,吴宓访浦江清。清华学生李惟建访吴宓。17日,吴宓访浦江清。9日,清华外文系学生李健吾访吴宓。23日,张荫麟访吴宓。4月4日,吴宓收到新出版的《学衡》杂志第64期,本期为《学衡》杂志为王国维所出的第二个纪念专号。其中"述学"载《王静安先生逝世周年纪念》录天津《大公报·文学副刊》,包括素痴《王静安先生与晚清思想界》、毅永《王静安先生之文学批评》、蠡舟《王静安先生之考证学》、毅永《论王静安先生之自沉》。

吴宓4月9日宴请朱自清、浦江清、张荫麟,商议稿件。11日,吴宓访陈寅恪。12日,吴宓访赵万里。13日,吴宓访赵元任,托赵推荐他到哈佛大学任职。5月2日,吴宓访吴之椿、杨振声。3日,吴宓访赵万里。10日,赵万里访吴宓。6月26日,吴宓访赵万里。7月1日,吴宓收到新出版的《学衡》杂志第65期,其中"述学"载有《一九二八年西洋文学名人纪念汇编》,包括:(一)《哈代逝世》;(二)《易班乃士逝世》;(三)《麦雷迭斯诞生百年纪念》;(四)《易卜生诞生百年纪念》;(五)《但因诞生百年纪念》;(六)《罗色蒂诞生百年纪念》;(七)《福禄特尔逝世百五十年纪念》;(八)《鲁索逝世百五十年纪念》;(九)《托尔斯泰诞生百年纪念》;(十)《马勒尔白逝世三百年纪念》;(十一)《戈斯密诞生二百年纪念》;(十二)《苏德曼逝世》;(十三)《彭衍诞生三百年纪念》。是日起,《大公报》改由王芸生发稿。8日,陈寅恪访吴宓。23日,冯友兰访吴宓。28日,吴宓处理《学衡》杂志第65、66期遗留问题。9月2日,清华学生曹葆华访吴宓。4日,汪兆播、瞿国眷访吴宓,为东北大学聘请教授之事。7日,原东南大学西洋文学系学生胡梦华访吴宓。8日,叶公超访吴宓。10日,钱锺书持父亲钱基博的信,拜访吴宓。16日,叶公超、黄节访吴宓,吴陪同黄节访文学院长杨振声和赵元任。19日,张耘、浦江清访吴宓。24日,黄节访吴宓,吴宓陪同黄节看清华园的住房。25日,赵元任访吴宓。

吴宓10月6日宴请《文学副刊》作者毕树棠、浦江清、朱自清、叶公超,商议稿件。18日,吴宓访赵元任。21日,吴宓办理《学衡》杂志的杂务。26日,吴宓到北平静生生物调查所访胡先骕。同月,《学衡》杂志第 67 期出版,为本期为悼念梁启超专刊,刊出的文章中有张荫麟的《近代中国学术史上之梁任公先生》、缪凤林《悼梁卓如先生》等。11 月 1 日,吴宓访潘式。2 日,吴宓访浦江清。5 日,吴宓、浦江清访《学衡》杂志作者顾随。6 日,黄节、顾随、浦江清访吴宓。12 日,顾随访吴宓。吴宓访叶公超。13 日,黄节访吴宓。12 月 31 日,朱自清对吴宓说,外间的人大都以为吴宓的离婚与他平时的学说不相符合。同月,梁实秋主编的《白璧德与人文主义》一书由上海新月书店出版发行。内收文章包括:胡先骕译《白璧德的中西人文教育谈》,徐震谔译《白璧德的人文主义》,马西尔著、吴宓译《白璧德之人文主义》,吴宓译《白璧德论民治与领袖》《论欧亚两洲文化》。(以上参见沈卫威《学衡派编年文事》,南京大学出版社 2015 年版;齐家莹编《清华人文学科年谱》,清华大学出版社 1999 年版)

朱希祖 1 月 6 日接待傅增湘来访。因傅增湘欲搜辑四川一省文人文章汇刻成书,故向朱希祖借《天下名胜志》。7 日,朱希祖草拟《发起中国史学会的动机和希望》,声称发起中国史学会,出于三种动机,寄托七种希望。8 日,朱希祖等发起的"边疆问题研究会"海疆组召开会议。到会者 10 人,推选邬振甫为临时主席,并选举了正副干事,讨论了研究范围案、工作进行案等。10 日,朱希祖又与张星烺、罗家伦共同拟定中国史学会简章。13 日,在北平大学第一师范学院召开中国史学会成立大会,北大、清华、师范大学、燕京大学、辅仁大学、女子师范大学等六校史学系师生,以及故宫博物院等专家共 94 人出席会议。会议由历史系教授朱希祖报告筹备经过,并印发了由其起草的《发起中国史学会的动机和希望》一文。通过了罗志希、朱希祖、张星烺共同起草的简章,选举朱希祖、陈垣、罗家伦、钱玄同、王桐龄、张星烺、沈兼士、陈衡哲、马衡 9 人为委员,陶孟和、袁同礼、萧一山、刘崇鋐、翁文灏 5 人为候补委员,朱希祖任学会主席。下设编译、征审、出版、图书四部,计划组织各种专题研究,出版《史学季刊》及史学丛书,开设定期讲演等,并提出逐步将学会"扩充至全国的计划,第一步是将各大学史学系及史地系毕业生散在各省者加入为会员,再由委员会敦请国内外对于史学有贡献之学者为名誉会员及通讯会员"。

按:朱希祖拟《发起中国史学会的动机和希望》称发起中国史学会,出于三种动机,寄托七种希望。所谓三种动机:一是要打破孤独讲学的旧习;二是要打破专靠学校来讲史学的旧习;三是要打破史学为政治的附属品,而为社会的独立事业。所谓七种希望,也就是应办的七项事业:一、办一史学杂志(月刊或季刊),发表研究论著;二、发展会员,扩大组织,吸收各大学史学系毕业生、教员和在校学生,以及社会上研究史学的专家,分别调查全国的史料以及古迹古物,互相咨询报告;三、分组进行不同层次的工作,如编辑人名地名词典、历史索引、史料采集和编目,继续清代学者的事业,搜集已引各史,翻译外国记载的中国史事和各国历史名著等;四、改良史学教育,对中小学史地教科书进行比较批评;五、推动高深的史学研究,会员各认定一种史学,专门研究数年,然后著述;六、北平的史学家尤其应当重视重修清史、倡修十七年民国史,以及整理利用故宫博物院所藏清代和民国档案,供给史材;七、改良地方史志,以最新最良之方法,定一最适宜体例,以改革各处地方志,使之不专属于地理,而属于历史,以为一切社会科学和史学最丰富的材料。

朱希祖 1 月 14 日在《清华学报》编辑委员会第一次会议上被罗家伦校长聘为《清华学报》编辑委员会委员。15 日,朱希祖主持召开"边疆问题研究会"各组干事联席会议。到会者有常务委员朱希祖、袁翰青及各组干事 10 余人。会议报告了最近工作,通过了今后的工作安排。同月,"边疆问题研究会"东三省组干事李述庚启事,发表该组研究题目,计有"中日东省交涉史""日本在东省经济之事业"等 30 个题目。3 月 14 日,边疆问题研究会召开全体大会,到会约 40 人,主席袁翰青及各组干事报告了半年来工作,讨论了本学期计划,通过了出版定期刊物、组织出版委员会等议案。12 月 16 日,《国立清华大学校刊》刊登"中国边疆问题研究会"本年研究大纲及说明书,其中规定今年研究范围限于东三省,着眼点在"内治、军事国防、外交、经济、地理"五方面。(以上参见朱元曙、朱乐川《朱希祖先生年谱长编》,中华书局 2013 年版;齐家莹《清华人文学科年谱》,清华大学出版社 1999 年版;王学典《20 世纪史学编年(1900—1949)》,商务印书馆 2014 年版)

张荫麟 1 月 5 日访吴宓。6 日,张荫麟、陈嘉访吴宓。19 日,吴宓宴请赵万里、浦江清、张荫麟,商议稿件。31 日,《大公报·文学副刊》近期因纸张加宽,也发生稿件缺乏事件。吴宓、张荫麟访浦江清,商议对策。2 月 2 日,张荫麟访吴宓。8 日,吴宓访浦江清、张荫麟。11 日,张荫麟在《大公报·文学副刊》第 57 期发表《近代中国学术史上之梁任公先生》,以此纪念梁启超逝世,文中将梁启超学术历程分为四个时期,归纳为四个方面的贡献。

按:此文谓"任公先生一生之智力活动,盖可分为四时期,每时期各有特殊之贡献与影响。第一期自其撇弃词章考据,就学万本草堂,以至戊戌政变以前止,是为'通经致用'之时期;第二期自戊戌政变以后,至辛亥革命成功时止,是为介绍西方思想,并以新观点批评中国学术史之时期;而仍以'致用'为鹄的;第三期自辛亥革命成功后,至先生欧游以前止,是为纯粹政论家之时期;第四期自先生欧游归后以至病殁,是为专力治史之时期;此时期有为学问而学问之倾向,然终不能忘情国艰民瘼,殆即以此损其天年,哀哉!"作者认为梁启超未能完成"一部宏博之中国文化史"即"抱志以殁,实中国史学史上一大损失"。文章总结其学术方面主要成绩为:"(一)《中国历史研究法》一书。虽未达西洋史学方法,然实为中国此学之奠基石。其举例之精巧亲切而富于启发性,西方史法书中实罕其匹。(二)关于学术史者。《先秦政治史》及《墨学案》《老子哲学》等书,推崇比附阐发及宣传之意味多,吾人未能以忠实正确许之。惟其关于《中国佛教史》及《近三百年中国学术史》之探讨,不独开辟新领土,抑且饶于新收获,此实为其不朽之盛业。(三)先生《中国文化史》之正文,仅成《社会组织》一篇,整理犹未完善。然其体例及取材全空依傍,亦一有价值之创作也。(四)关于文学史者,除零篇外,以《陶渊明》一书(内有年谱及批评)为最精绝。报载其作《辛稼轩年谱》,力疾属草,实成绝笔。他日此书印行,当为我国学术史上与人印象最深之纪念物也已。"浦江清事先获阅此文,2 月 6 日评价道:"张文甚佳,颇能概括梁先生晚年思想上及学术上之贡献。"(浦江清《清华园日记·西行日记》,三联书店 1987 年版)

张荫麟 2 月 25 日在《大公报·文学副刊》发表《所谓"中国女作家"》。3 月 23 日,张荫麟访吴宓。4 月 1 日,张荫麟在《大公报·文学副刊》第 64 期发表所译《论中国语言之足用及中国无哲学系统之故》。同月,在《学衡》杂志第 64 期发表《王静安先生与晚清思想界》。同期还载有毂永(浦江清)《王静安先生之文学批评》《论王静安先生之自沉》,蠹舟《王静安先生之考证学》,接录自天津《大公报·文学副刊》。5 月 6 日,张荫麟在《大公报·文学副刊》发表《评容庚〈宝蕴楼彝器图录〉》。27 日,张荫麟在《大公报·文学副刊》发表《白璧德论班达与法国思想》。同月,张荫麟译文《德效骞论中国语言之足用及中国无系统哲学之故》刊于《学衡》第 69 期。6 月 10 日,张荫麟译文《罗素评现代人之心理》刊于《大公报·文学副刊》。同月,张荫麟《伪〈古文尚书〉案之反控与再鞫》刊于《燕京学报》第 5 期。7 月 1 日起,张荫麟的《纳兰性德传》连载《大公报·文学副刊》,又载《学衡》第 70 期。同月,张荫麟在赴美前,将《纳兰性德〈饮水词〉注》交商务印书馆出版。10 月,《学衡》第 67 期为悼念梁启超专刊,转载张荫麟刊于 2 月 11 日《大公报·文学副刊》的《近代中国学术史上之梁任公先生》以及缪凤林刊于 3 月 10 日《史学杂志》创刊号的《悼梁卓如先生》。《学衡》第 67 期还刊有张荫麟《王德卿传》。(以上参见齐家莹编《清华人文学科年谱》,清华大学出版社 1999 年版;沈卫威《学衡派编年文事》,南京大学出版社 2015 年版)

李石曾续任北平大学校长。1 月 1 日,李石曾、段锡明、沈尹默、刘真如等主持的《华北日报》在北平创刊。同日,李石曾偕蔡元培同乘夜快车离宁到沪。午间,又与张静江、蒋梦麟、高鲁同乘快车往杭州。2月,故宫博物院理事会选举,李石曾任委员长。4日上午9时半,中华教育文化基金董事会在杭州新新旅馆举行第三次董事常会,李石曾继任董事。6日,与蔡元培、谭延闿、张静江等同乘夜快车由沪赴宁。2月6日,李石曾宴请吴稚晖、蔡元培、蒋介石、宋子文、何应钦、冯玉祥、张静江、胡汉民、恩克巴图等,商谈北平故宫博物院进行各事。12日中午1时,李石曾偕蔡元培等为世界社假座上海蒲柏路中法学堂设宴招待中法人士,首由蔡元培致词,次由李石曾报告世界社之创立及其事业,继由玛德、卜鲁斯、张静江、吴稚晖、王宠惠、王正廷、孔祥熙、郑毓秀等演说。6月25日,行政院第廿七次会议决议:暑假期内停止浙江、北平两大学区的试行;中央大学区则限于本年年底停止。李石曾提出辞北大校长,请蔡元培担任,自己专心于学术,并谓大学区制辩护。

> 按:李石曾谓"大学区制,各国通行并无流弊。浙、宁、北平先后试办……虽有须因时因地制宜之点,但属于改良问题,并非制度不善,不宜废止。煜以此言进,绝非关于个人问题,在受命为北大校长之初,曾屡辞不获,并曾推子民先生担任……兹于陈请维持大学区制之时,同时重提辞卸北大校长原议,并仍请改任子公为北大校长,俾煜专心从事学术,亦正效忠于党国"。

李石曾7月21日与蔡元培、褚民谊等为中法大学筹设药学院事,在蒲石路设宴,招待上海制药界人士,到30余人。席间,李石曾首先介绍中法大学设立经过,继由蔡元培致欢迎词,褚民谊报告增办药学院的设想,药界公推华美药房总经理黄裕生代表致答词,当即推举褚民谊、宋梧生及药界黄裕生、屠开征4人起草中法大学药学院章程及中法大学与上海药界合作的办法。宴毕,由法国名医郎培安陪同参观中西疗养院。7月24日,为平息北京大学师生要求复校的风潮,各方商请蔡元培重居校长名义。8月6日,国民政府正式决定将北大学院脱离北平大学独立设置,恢复为国立北京大学,这样在历经两年的动荡之后,北大的复校独立运动取得完全成功。

李石曾筹划之国立北平研究院8月8日正式成立,归教育部管辖,以李石曾任院长,李书华为副院长。设有物理所、化学所、动物所、地质所、药物所、镭学所、生理所、史学所。该院是重要的地方性科学研究机构,似有与中研院分庭抗礼之意。9月5日、10日,行政院第三十七次会议的决议任命蔡元培为国立北京大学校长,在未到任前,派陈大齐代理。至此,北大复校风潮终于告一段落,但其间也遭受了严重的冲击与损失。11月,北平研究院史学研究会成立,包括正副院长李石曾、李书华,共有会员20人,张继、朱希祖、马衡、马廉、陈垣、徐炳昶、沈尹默、沈兼士、白眉初、陆鼎恒、吴敬恒、李宗侗、肖瑜、汪申、翁文灏、刘慎谔、齐宗康、乐均士、李宗侗为常务委员兼干事。随后派吴世昌、张江裁带队普查北平古迹,以大小庙宇为重点,编辑《北平庙宇通检》等书;派刘厚滋任金石编纂工作;派吴丰培负责边疆史地研究,并为本组选购边疆图书。

> 按:从1929年11月到1938年11月10年间,北平研究院史学研究会成绩斐然,其声势一度超过中央研究院史语所。一是在考古方面主要有:(1)河北易县燕下都故址之发掘(常惠等);(2)陕西丰镐、大邱、雍、阿房宫、陈宝祠等遗址之调查(徐炳昶、常惠、何士骥);(3)发掘唐中书省旧地,得宋吕大防所刻唐大明兴庆两宫图残石(何士骥);(4)发掘陕西宝鸡县斗鸡台遗址(徐炳昶、何士骥、苏秉琦、白万玉、龙元忠等);(5)整理斗鸡台发掘结果并调查陕西省境之古迹遗址(徐炳昶、苏秉琦、何士骥);(6)南北响堂寺及其附近石刻拓片之研究(徐炳昶、顾颉刚、龙元忠、马丰);(7)调查邯郸县之赵王城、曲阳县之恒山庙(徐炳昶、顾颉刚);(8)道德经古本的校对(何士骥)。二是在历史方面主要有:(1)调查北平内外城庙宇882处,照相2000余张,测绘平面图700余幅,拓碑1200多品,访问笔录800余份;又调查北平西郊庙宇28处,

照相135张,测绘平面图21张,拓碑102品,访问笔录28份(姚彤章、常惠、李至光、吴世昌、张江裁、许道龄等);(2)编纂北平史表长编;(3)编纂北平金石目;(4)编纂北平庙宇志(鲍汀、张江裁、吴世昌、许道龄、刘厚滋);(5)史记校点及索引(顾颉刚、徐文珊);(6)宋元学术史之研究(白寿彝);(7)边疆史料之整理(冯家昇、吴丰培)。研究院考古组与历史组的成果主要刊载于院办的《考古专报》与《史学集刊》。研究院史学所还编著专书,至1938年出版有18种。(以上参见高平叔编著《蔡元培年谱长编》,人民教育出版社1996年版;王学典《20世纪史学编年(1900—1949)》,商务印书馆2014年版)

陈大齐继续任北平大学教务长。1月22日,原北京大学改为北平大学北大学院。当时北大学生会代表赴京,请愿北平实行大学院制应保持北大原名。经吴稚晖、蔡元培出面调停,北大改为北平大学北大学院,院长陈大齐,第一院文科长陈大齐兼任,第二院理科长请王星拱充任;在王未到任前,由王烈代理,第三院社会科学科长请何基鸿充任,预科主任请阎应铸充任,以上条件由吴、蔡商得李石曾同意后,北平大学即可正式成立。30,陈大齐与蔡元培、张乃燕、朱家骅等为浙江省考试县长典试委员。2月5日,李书华电教育部请转呈国府辞去北平大学副校长职务。7日,教育部致电慰留李书华。27日,陈大齐到任北大学院院长,聘定教授。3月11日开学上课。据3月5日《世界日报》第6版所载《北大学院昨日下午举行教授会,教授已聘定二十余人》:"北大学院,自院长陈大齐就职后,关于接洽教员筹备开课,甚为忙碌,其在平旧教授,已接洽妥当。允于本期即返校授课者,有王仁辅、胡溶济、胡壮猷、李麟玉、夏元瑮、朱希祖、王绍瀛、王尚济、李书华、王烈、刘复(半农)、沈兼士、刘文典、马裕藻、樊际昌、邓以蛰、温源宁、杨震文、周作人、韩述祖、温宗禹、黄右昌、秦汾等二十余人,聘书业于上星期六发出。讲师亦已请定数十人,聘书日内即可发送。又不在北平之教员,前经电请返校授课,丁绪贤、朱锡龄、潘家洵、严毅等,均有复电,允即行返平云。"

陈大齐院长与教务长何基鸿、总务长王烈及各系主任教授等15人3月17日出席北大学院开第一次教务会议,重点讨论清校问题。同日,北大学院评议会评议员选举,结果何基鸿、王烈、夏元瑮、马裕藻、胡浚济、朱希祖、沈兼士7人当选。4月3日,《京报》载北大学院六委员会成立,它们是组织委员会、图书委员会、财务委员会、聘任委员会、仪器委员会、校舍委员会。12日,《北京大学日刊》载蔡校长来函,其中提出"为北大发展计,与其求诸量,无宁求诸质;与其普及,无宁提高"。13日,《北京大学日刊》发布本届评议员名单:何基鸿、王烈、夏元瑮、马裕藻、胡溶济、朱希祖、沈兼士,并发布本届组织、图书、财务、聘任、仪器、校舍诸委员会委员名单。同日,《北京大学日刊》发布北大学院院长布告聘请王星拱为第二院主任,何基鸿为第三院主任,关应麟为预科主任。又聘王星拱暂兼总务长,何基鸿暂兼教务长。25日,北平大学代理校长李书华,今晨亲赴南京向教育部催请拨付经费。同日,北平大学各学院院长致电蒋主席及宋部长:北平大学各学院经费无着,校务停顿,人心惶惑,不可终日。顷奉李校长电,俄款得财政部协助,即可照发。特恳钧座俯念北平教育亟待维持,迅令宋部长电总税务司即日拨发,以系国脉。

陈大齐7月10日应蒋介石之召,面陈北大校名因历史关系和国际信用,请求恢复原名,蒋介石当面表示赞许。随后学校评议会立即电请教育部照准。14日,北大学生会发表北京大学复校宣言,请蔡元培为北大校长。7月24日,为平息北京大学师生要求复校的风潮,各方商请蔡元培重居校长名义,蔡元培拟推荐陈大齐代理北京大学校长。8月3日,陈大齐致电教育部请辞北大学院院长职。6日,国民政府正式决定将北大学院脱离北平大学独立设置,恢复为国立北京大学。8日,北大学生会电教育部请颁令任蔡元培长校,并函陈大齐暂行继续维持校务。同日,教育部致电陈大齐仍请维持北大校务。9日,陈大齐再电教育部请收回8日成命,另任贤能以重校务。19日,北大学生会致电蔡元培校长请即命驾北来主持一切。20日,学生会为庆祝复校成功,特筹备《庆祝特刊》,发布征文启事。21日,北大学生会暑期委员会议决,推余锡嘏、陈泽恩二人为代表,赴南京向教育部请愿,明令蔡元培为北大校长;电呈教育部申明北大规模宏大,校址不敷应用,请将景山拨充北大校址。23日,北大全体教职员工致电蔡元培先生:北大幸得恢复,校长一席非先生莫属,务乞北返主持以慰众望。并致电教育部蒋梦麟部长早日任命蔡元培为北大校长。同日,北大学生会致电蔡元培先生万恳立即北上主持校务;全体教职员致电南京陈大齐,请他会同南下代表王霖三、刘半农一同赴沪请蔡元培校长速来长校。9月1日,北大学生会暑期委员会议决:致电南下代表,促教育部速解决校长问题,并请蔡元培先生立即北上,请学校向教育部正式呈请,将景山拨给北大,扩充校址,等多项议案。2日,蔡元培致函北大教职员称9月后,若非有特殊阻力,元培决当回校随诸先生之后,努力于北大之发展。

陈大齐9月3日再电教育部,齐材不胜,力难支持,务祈速任贤能,俾得交卸。10日,行政院第三十七次会议的决议案中:任命蔡元培为国立北京大学校长,在未到任前,派陈大齐代理。16日,国民政府连发三个命令:(一)任命蔡元培为国立北京大学校长,此令。(二)北京大学校长蔡元培未到任前,以陈大齐代理,此令。(三)派陈大齐代理国立北京大学校长,此令。24日,国民政府令,准蔡元培辞国立北京大学校长职。任命陈大齐代理国立北京大学校长。25日,国立北京大学布告,奉国民政府令陈大齐于本月25日就代理国立北京大学校长之职。10月5日,国民政府照准教育部呈请铸发国立北京大学关防(大印)及校长小章。17日,本届评议员选举开票结果:何基鸿、王烈、马裕藻、关应麟、夏元瑮、朱希祖、刘复、沈兼士、徐宝璜、胡溶济、马衡、王仁辅、李书华13人当选。11月5日,蔡元培致陈大齐函,谓"顷接北平普育平民学校来函称:'开办以来,无日不仰赖将伯之助。兹者需款甚亟,无法筹措,不得已,再向各界吁请随意捐助,庶不致中道停止'等语,并附捐启一本。该校平日办理状况若何? 弟不甚明悉。敢请先生代为探听示及,俾知大略,无任心感"。12月21日,蔡元培致陈大齐函,谓"接李辛之兄函,言拟发行《北大月刊》,于明年一月出创刊号,嘱作发刊词。弟虽从《日刊》上见有关于月刊之通告,然未详其组织如何。弟意既以北大名,应由学校当局负责主持,不能付之初毕业或未毕业之同学。已函复辛之,请先生阅后,转送之,并商决办法。""或由学校当局主持,而出《北大月刊》(当然可收学生作品);或由学生自出杂志,而不用北大名义(当然亦可由教职员投稿)。此事不可放任,务请注意为幸。"(参见王学珍等编《北京大学纪事(1898—1997)》,北京大学出版社1998年版;高平叔编著《蔡元培年谱长编》,人民教育出版社1996年版;《刘文典年谱》安徽大学出版社2011年版)

刘半农离开北京大学一年半以后,又重返北大任教。1月17日,被推选为北京大学评议会候补评议员、北京大学图书委员会委员长、北京大学仪器委员会委员。1月21日晚,刘半农等出席在北京大学举行的西北科学考查团公开讲演会,在会上作《西北科学考查团之性质及其成立之经过》的报告;徐炳昶作《本团二年中分途工作之大略及考古学之成绩》的报告;斯文·赫定作《我们的西北科学考查团及其在各科科学上所得结果与将来进行的计划》的报告。听讲演者约三千人。22、23日,刘半农在《世界日报·教育界》上连载《在欢迎西北科学考查团大会上的讲演》。同月,刘半农与钱玄同、刘大白等7人被南京政府教育部聘为名誉编审。2月25日上午,刘半农在北大学生欢迎院长暨教职员大会上演说。3月4日下午,出席北大学院教授会议,讨论开课问题及促请北大原教授回校任教诸问题。5月,刘半农被聘为北京大学学生演说辩论会导师和北京大学摄影研究会导师。6月15日,被聘为北京大学《国学季刊》编辑委员会的委员。23日,在北京大学国文学会发表演讲《明沈宠绥在语音学上的贡献》。26日,被聘为北京大学学院研究所国学门委员会的委员。7月,刘半农应沈兼士之邀,兼任北京辅仁大学教务长。赴南京,办理辅仁大学董事会立案及恢复辅仁大学名称诸事宜,在南京会见蒋梦麟。南京政府教育部和中华教育文化基金董事会合组为国立北平图书馆,设国立北平图书馆委员会,刘半农被教育部聘为该委员会的委员。8月6日,北大复校运动取得胜利。教育部改国立北平大学北大学院为国立北京大学。

刘半农、陈大齐、王烈3人8月22日被北京大学教职员工公推为代表,欢迎蔡元培回北大任校长,遂赴南京、上海等地。9月,刘半农主编辅仁大学《辅仁学志》第1卷第2期。两次出席国立北平图书馆委员会会议,被推选为国立北平图书馆建设委员会委员。10月10日上午10时,在辅仁大学教务处主持召开国文教程会议。台静农等人亦出席。11月4日,经北京大学评议会议决,任命其为评议会书记,兼任北大仪器委员会委员。12月3日,《中国大辞典》编纂处召开会议,议决字典组分为七股。书报组分为八股。书报组中的俗曲股由刘半农负责。15日下午3时,出席在辅仁大学会议厅召开的第二次教务会议,刘半农在会上报告了《辅仁大学志》目录。17日,国立北京大学31周年校庆纪念日。上午,刘半农在庆祝会上发表演说。同日,在《北京大学卅一周年纪念刊》上发表《北大河》。

按:《北大河》折射着北大的历史沧桑,蕴含着刘半农对北大的深情,全文如下:

唯中华民国十有八年有二月,北京大学三十一周年纪念刊将出版,同学们要我作篇文章凑凑趣,可巧这几天我的文章正是闹着"挤兑"(平时答应人家的文章,现在不约而同的来催交卷),实在有些对付不过来。但事关北大,而又值三十一周年大庆,即使作不出文章,榨油也该榨出一些来才是,因此不假思索,随口答应了。

我想:这纪念刊上的文章,大概有两种做法。第一种是说好话,犹如人家办喜事,总得找个口齿伶俐的伴娘来,大吉大利说上一大套,从"红绿双双"起,直说到"将来养个状元郎"为止。这一工我有点做不来,而且地位也不配:必须是校长,教务长等来说,才能说的冠冕堂皇,雍容大雅,而区区则非其人也。第二种说老话,犹如白发宫人,说开天遗事,从当初管学大臣戴着红顶花翎一摆一摇走进四公主府说起,说到今天二十九号汽车在景山东街哦哦哦;从当初同学中的宽袍大袖,摇头抖腿,抽长烟管的冬烘先生说起,说到今天同学中的油头粉脸,穿西装,拖长裤的"春烘先生"(注曰:春烘者,春情内烘也)。这一工,我又有点不敢做,因为我在学校里,虽然也可以窃附于老饭桶之列,但究竟不甚老:老于我者大有人在。不老而卖老,决不能说得"像煞有介事";要是说错了给人挑眼,岂非大糟而特糟。

好话既不能说,老话又不敢说,故而真有点尴尬哉! 哈! 有啦! 说说三院面前的那条河罢! 我不知道这条河叫什么名字。就河沿说,三院面前叫作北河沿,对岸却叫作东河沿。东与北相对,不知是何种逻辑。到一过东安门桥,就不分此岸彼岸,都叫作南河沿;剩下的一个西河沿,却丢在远远的前门外。这又不知是何种逻辑。

真要考定这条河的名字,亦许拿几本旧书翻翻,可以翻得出。但考据这玩艺儿,最好让给胡适之、顾颉刚两先生"卖独份",我们要"玩票",总不免吃力不讨好。亦许这条河从来就没有过名字,其唯一的名字就是秃头的"河",犹如古代黄河就叫作河。

我是个生长南方的人,所谓"网鱼漉鳖,在河之洲;咀嚼菱藕,捃拾鸡头;蛙羹蚌臛,以为膳羞;布袍芒履,倒骑水牛",正是我小时候最有趣的生活,虽然在杨元慎看来,这是吴中"寒门之鬼"的生活。

在八九岁时,我父亲因为我喜欢瞎涂,买了两部小画谱,给我学习。我学了不久,居然就知道一小点加一大点,是个鸭,倒写"人"字是个雁;一重画之上交一轻撇是个船,把"且"字写歪了不写中心二笔是个帆船。我父亲看了很喜欢,时时找几个懂画的朋友到家里来赏鉴我的杰作。记得有一天,一位老伯向我说："画山水,最重要的是要有水。有水无山,也可以凑成一幅。有山无水,无论怎样画,总是死板板的,令人透气不得。因为水是表显聪明和秀媚的。画中一有水,就可以使人神意悠扬远了。"他这话,就现在看来,也未必是画学中的金科玉律;但在当时,却飞也似的向我幼小的心窝眼儿里一钻,钻进去了再也不肯跑出来;因而养成了我的爱水的观念,直到"此刻现在",还是根深蒂固。

民国六年,我初到北京,因为未带家眷,一个人打光棍,就借住在三院教员休息室后面的一间屋子里。初到时,真不把门口的那条小河放在眼里,因为在南方,这种河算得了什么,不是遍地皆是么?到过了几个月,观念渐渐的改变了。因为走遍了北京城,竟找不出同样的一条河来。那时北海尚未开放,只能在走过金鳌玉冻桥时,老远的望望。桥南隔绝中海的那道墙,是直到去年夏季才拆去的。围绕皇城的那条河,虽然也是河,却因附近的居民太多了,一边又有高高的皇城矗立着,看上去总不大入眼。归根结底说一句,你若要在北京城里,找到一点带有民间色彩的,带有江南风趣的水,就只有三院前面的那条河。什刹海虽然很好,可已在后门外面了。

自此以后,我对于这条河的感情一天好一天;不但对于河,便对于岸上的一草一木,也都有特别的趣味。那时我同胡适之,正起劲做白话诗。在这一条河上,彼此都吟过了好几首。虽然后来因为吟得不好,全都将稿子揉了,而当时摇头摆脑之酸态,固至今犹恍然在目也。

不料我正是宝贵着这条河,这条河却死不争气!十多年来,河面日见其窄,河身日见其高,水量日见其少,有水的部分日见其短。这并不是我空口撒谎:此间不乏十年以上的老人,一问便知端的。

在十年前,只隆冬河水结冰时,有点乌烟瘴气,其余春夏秋三季,河水永远满满的,亮晶晶的,反映着岸上的人物草木房屋,觉得分外玲珑,分外明净。靠东安门桥的石岸,也不像今日的东歪西敧,只偷剩了三块半的石头。两岸的杨柳,别说是春天的青青的嫩芽,夏天的浓条密缕,便是秋天的枯枝,也总饱含着诗意,能使我们感到课余之暇,在河岸上走上半点钟是很值得的。

现在呢,春天还你个没有水,河底正对着老天;秋天又还你个没有水,老天正对着河底!夏天有了一些水了,可是臭气冲天,做了附近一带的蚊蚋的大本营。

只是十多年的工夫,我就亲眼看着这条河起了这样的一个大变化。所以人生虽然是朝露,在北平地方,却也大可以略阅沧桑!

再过十多年,这条河一定可以没有,一定可以化为平地。到那时,现在在蒙藏院前面一带河底里练习掷手榴弹的丘八太爷们,一定可以移到我们三院面前来练习了!

诸公不信吗?试看西河沿。当初是漕运的最终停泊点;据清朝中叶人所做的笔记,在当时还是樯桅林立的。现在呢,可已是涓滴不遗了!

基于以上的"瞎闹"(据师范大学高材先生们的教育理论,做教员的不"瞎闹"就是"瞎不闹",其失维均,故区区亦乐得而瞎闹),谨以一片至诚,将下列建议提出诸位同事及诸位同学之前——

第一,那条河的最大部分(几乎可以说是全体),都在我们北大区域之内(我们北大虽然没有划定区域,但南至东安门,北达三道桥,西迄景山,谁也不能不承认这是我们北大的势力范围矩——谓之为"矩"而不言"圈"者,因其形似矩也——而那条河,就是矩的外直边),我们不管它有无旧名,应即赐以嘉名曰"北大河"。

第二,即称北大河,此河应即为北大所有。但所谓为北大所有,并不是我们要把它拿起来包在纸里,藏在铁箱里,只是说:我们对于此河,应当尽力保护;它虽然在校舍外面,应当看得同校舍里的东西一样宝贵。譬如目今最重要的问题,是将河中积土设法挑去,使它回复河的形状,别老是这么像害着第三期的肺病似的。这件事,一到明年开春解冻,就可以着手办理。至于钱,据何海秋先生说——今年上半年我同他谈过——也不过数百元就够;那么,老老实实由学校里掏腰包就是,不必向市政府去磕头,因为市政府连小一点的马路都认为支路不肯修,那有闲情逸致来挑河?(但若经费过多,自当设法请驻平的军队来帮帮忙)此外,学校里可以专雇一两上,或拨一两个听差,常在河岸上走走。要是有谁家的小少爷,走到河边拉开屁股就拉屎,就向他说:"小弟弟,请你走远一步罢,这不是你府上的中厕啊!"或有谁家的老太太,要把秽土向河里倒,就向她说:"你老可怜可怜我们的北大河罢!这大的北平城,那一处不可以倒秽土呢?劳驾啊,我给您请安!"诸如此类,神而明之,会而通之,是在哲者。

河岸上的树,现在虽然不少,但空缺处还很多。我的意思,最好此后每年每班毕业时,便在河旁种一株纪念树,树下竖石碑,勒全班姓名。这样,每年虽然只种十多株,时间积久了,可就是洋洋大观了。假如到了北大开一百周年纪念会时,有一个学生指着某一株树说:"瞧,这还是我曾祖父毕业那年种的树呢。"他的朋友说:"对啊! 那一株,不是我曾祖母老太太密斯某毕业的一年种的么?"诸位试闭目想想,这还值不得说声"懿欤休哉"么?

总而言之,言而总之,我虽然不相信风水,我总觉得水之为物,用腐旧的话来说,可以启发灵思;用时髦的话来说,可以滋润心田。要是我们真能把现在的一条臭水沟,造成一条绿水涟漪,垂杨飘拂的北大河,它一定能于无形中使北大的文学,美术,及全校同人的精神修养上,得到不少的帮助。我人话已说完,诸位赞成的请高举贵手;不赞成就拉倒,算我白费,请大家安心在臭水沟旁过活!

刘半农12月15日作《光社年鉴·二集·序》。30日,在京剧表演艺术家梅兰芳赴美游历演出前,刘天华编辑《梅兰考芳歌曲谱》,刘半农作《梅兰芳歌曲谱·序》。同月,刘半农担任北大《国学季刊》编辑委员会委员。经多年筹建的我国第一个语音乐律实验室在北京大学正式建成并开放,刘半农担任该实验室主任。是年,刘半农搬迁到北京王府井大街附近的大阮府胡同30号寓所居住。作《没有光棚的人像摄影——〈半农谈影〉之余》。所著小说集《西游补》由上海北新书局出版。(以上参见徐瑞岳编《刘半农年谱》,中国矿业大学出版社1989年版;曹波、万兵《刘半农小说著译学术年谱(1913—1920)》,《广西社会科学》2020年第1期)

张贻惠继续任北平大学第一师范学院院长。2月2日,全体同学赴北海团城,向大学委员会请愿。因大学委员会北平分会代主席张继和北平大学副校长李书华多方刁难,学生激于义愤,冲入院内。张、李"联名担保"答应拨给临时经费和公费,事后竟不算数。19日,召开全校大会,群情激昂,接着去北平大学办公处请愿。请愿学生与守门的士兵发生冲突,学生十三四人被打伤,大学委员会和大学办公处的木牌被砸碎。学生五人被捕,随即由校长保释。20日,师大全体学生组织了一次大规模的游行。在教育界坚决反对之下,张继、李书华相继向教育部提出辞职。6月,在教育界坚决反对之下,国民党政府宣布大学区制停止试行。教育部通令恢复原来的北京大学,北平大学的第一师范学院恢复为北平师范大学。北平师大独立后,校务由评议会维持。校长问题迟迟不能解决,学校没有专人负责。教师被生活困扰常提出辞职,学生曾派代表到南京"索长"。(参见北京师范大学校史编写组编《北京师范大学校史》,北京师范大学出版社1982年版)

徐旭生(炳昶)自1927年4月担任中瑞西北科学考查团的中方团长,与中、欧多学科专家共同去内蒙古、新疆等地进行地质、气象、考古等科学考察20个月,在规模、历时与收获等各方面都堪称空前。徐旭生与斯文·赫定一道返回,在北平、南京各大学作考察演讲时,受到学术界空前热情的欢迎。《大公报》报道说,"楼上楼下均无隙地,听众踊跃情况为历来集会所未有""唤起学术界之倾倒"。徐旭生在一次演讲中谈到新疆矿产丰富,特别是蕴藏着大量的石油,如果不改变国防空虚、科学落后的情况,必将成为帝国主义列强的觊觎之地。徐旭生自新疆返回后,应邀参加国民政府国道设计委员会第三次会议,并在会上介绍从内蒙古至新疆途中道路情况,说明蒙新地区汽车通行的实际状况,对可修筑铁路和公路的地段提出了建议。1月,北平大学第二师范学院(即女师大)院长徐旭生在校举行就职典礼。2月,徐旭生到校讲演,介绍赴西北考察的情况。11月,北平研究院成立史学研究会,聘请张继、朱希祖、马衡、马廉、陈垣、徐炳昶、沈尹默、沈兼士、白眉初、陆鼎恒、吴敬恒、李宗侗、肖瑜、汪申、翁文灏、刘慎谔、齐宗康、乐均士等为委员。史学研究会内设考古组,由徐炳昶任考古组主任。12月，教育部批准北平大学第二师范学院改称国立北平大学女子师范学院，徐炳昶为院长。徐旭生徐任院长期间，对学校作过一些整顿，筹办了研究所，出版《女师大学术季刊》，开展学术研究。是年，刘盼遂应徐旭生之约，到北平第二师范学院任历史语言研究所研究员。（参见北京师范大学校史编写组编《北京师范大学校史》，北京师范大学出版社1982年版；李旻《信而有征：中国考古学思想史上的徐旭生》，《考古》2019年第6期；中国大百科全书总编辑委员会《中国大百科全书·考古学》，中国大百科全书出版社2002年版；徐瑞岳编《刘半农年谱》，中国矿业大学出版社1989年版）

钱玄同5月在孔德学校偶然遇到回北平省亲的鲁迅，两位老同学因为一张名片上的姓名问题发生争执，不欢而散，从此意不再见面。是年，国语统一筹备委员会第二次常务委员会议决《国音字典》改名《国音常用字汇》，就原稿删定，包括异体异音字在内，合计一万二千二百二十字。由钱玄同作最后的审核，黎锦熙和白涤洲参加意见。苏联列宁格勒大学和莫斯科大学研究"中国罗马字拼音方式"的两位教授来中国，要求同钱玄同、黎锦熙两位讨论这方面的问题。钱玄同说，外国人对于中国语文总是隔膜的，何况主义不同！我们的"国语罗马字"是以国家民族为前提的。当时只把"国语罗马字"的印刷品全份送往北京饭店他们的住处，没有约他们讨论。作《读汉石经周易残字而论及今文易的篇数问题》，载《古史辨》第三册上编。（参见曹述敬《钱玄同年谱》，齐鲁书社1986年版）

黎锦熙、钱玄同等领导下成立"大辞典编辑处"，开始从事编辑字典及词典的工作。王重民受委托担任重修《小学考》的工作，并开始编纂《续修小学考》100卷、《谢氏小学考校勘记》5卷、《增辑小学考简目》10卷、《清人文集札记中文字说总索引》12卷、《清人字说选录》第一辑5卷等工作。（参见黎泽渝《黎锦熙先生年谱》，《汉字文化》1995年第2期；刁晏斌主编《黎锦熙先生诞辰120周年纪念暨学术思想研讨会论文集》，中华书局2011年版）

沈兼士继续任教于北京大学，兼辅仁大学董事会董事。1月13日，中国史学会在北京师范大学成立，被推选为该会9名委员之一。20日，赴辅仁大学参加中国史学会第一次委员会议，选举主席及各部主任。3月1日，国民政府第22次国务会议议决沈兼士为故宫博物院文献馆副馆长。4日，参加北平大学北大学院第一次各系科教授会联席会议，讨论学校一切组织俱照旧制等事项，并就相关问题提出个人意见。17日，被选为北大学院评议会评议员。18日，被选为北大学院校舍委员会委员。22日，在《燕京大学校刊》发表演讲稿《国学研究之我见》。4月24日，北大学院评议会召开第三次会议，议决仍请沈兼士任研究所国学门主任等事项。6月15日，被北大学院公布为《国学季刊》编辑委员会委员。26日，被北大学院评议会第7次会议议定为研究所国学门委员会委员。7月，任私立北平辅仁大学校董会董事。9月20日，任私立北平辅仁大学教授。9月24日，北京大学公布《国立北京大学民国十八年度国文学系课程概要》，沈兼士所授课目为"中国文字声韵概要"和"中国文字及训诂"。10月17日，被选为北京大学评议会评议员。11月9日，北京大学公布研究所国学门招收研究生通告，导师沈兼士的指导科目为文字学。13日，参加私立北平辅仁大学新校舍奠基典礼。24日上午，赴故宫博物院参加文献馆第5次专门委员会会议，议决寿安宫"方略"移存太极殿等事项。同月，国立北平研究院史学研究会成立，沈兼士被聘为该会会员之一。（参见郦千明、汪素梅《沈兼士年谱简编》，《湖州师范学院学报》2021年第3期）

周作人与沈士远、沈尹默、沈兼士、马裕藻、马季明、马隅卿、刘半农、钱玄同、张凤举、徐祖正、俞平伯等1月1日集宴庆元旦。2日，往北海濠濮间赴星星社之会。17日，往燕京大学参加国文学会讨论会，冰心主持。22日得教育部函，聘任为国语统一筹备委员会委员。

26 日,同马裕藻、马衡、张凤举、沈尹默、沈兼士、刘半农、马隅卿等共在苦雨斋宴胡适。27 日中午,往北海团城,参加骆驼社同人集会。2 月 3 日,编定《永日集》,寄给上海北新书局。8 日上午,往孔德学校演讲。13 日,作致俞平伯信。15 日,作《永日集·序》。17 日,得周建人转来绍兴县县长汤日新函邀为绍兴县修县志。19 日,复汤日新函,辞谢修县志事。18 日下午,至第一师范学院讲演《偶成与赋得》。24 日,为李星华事访沈尹默。28 日晚,往燕京大学国文学会讲演《文学与常识》,笔录者李北风,刊于 3 月 15 日《燕京大学校刊》第 24 期。3 月 1 日,赴孔德学院参加开学典礼。10 日,往妇女协会讲演。11 日,往燕京大学国文学会讲演《文学与常识》。

按:在 2 月 28 日及此次的讲演中讲述了文学的定义、文学的源起、文学之变迁、中国文学最近的趋势,强调了"文学是发挥'情绪'的""真正的文学,乃是情绪的结晶""文学既为情绪的果实,未来的发展,当亦从'抒情'方面做起才对"。

周作人 3 月 15 日往燕京大学为"近代文化班"讲演。17 日,往北平大学法学院健行社讲演。25 日,在《未名》半月刊第 2 卷第 6 期发表《娼妇礼赞》,以反语抨击了这种鼓吹"卖淫足以满足大欲,获得良缘,启发文化"的谬论。4 月 10 日在《绮虹》第 1 卷第 1 期发表《新文学的二大潮流》,认为"中国新文学的趋势,将来当分为二大潮流。用现在的熟话来说,便是革命文学与颓废派。这两者的发达都是当然的,而且据我看来,后者或要占更大的势力"。4 月 19 日下午,与俞平伯、沈士远、陈逵、沈步洲等教员在国立北平大学女子学院(前文理分院)被用武力前来接收校址的法学院学生无故拘禁近三小时。4 月 20 日上午,在北大与俞平伯、陈逵、沈士远共同致函北平大学副校长李书华,质问他有无办法保障教员以后不再被拘禁。21 日,北京大学俄文系教员柏烈伟来访,请阅所译《蒙古童话集》稿(后出版时改名《蒙古故事集》)。5 月 3 日,赴北大图书委员会会议。11 日,往孔德学院参加孔德学院同学会成立会。13 日,作《伟大的捕风》,反映了重则历史循环论的观点。19 日,往访未名社李霁野。22 日,往清华大学为终南社中国文学会讲演。27 日,得教育部函,聘任为译名委员会委员。同月,所著《永日集》由北新书局出版。6 月 6 日,收故宫博物院送来的《清史稿》一部,邀为审阅。16 日,北平大学俄文系教授柏烈伟来访,赠所编《俄华辞典》。18 日,赴北平大学女子学院院务会议。20 日,刘半农来访,邀往辅仁大学教课。言定自下半年起,每周往辅仁大学教课二小时。7 月 1 日,往北平大学女子学院赴教务会议。3 日,往北平大学女子学院,参加学生毕业典礼。又赴院务会议。5 日,往北海漪澜堂参加北平大学女子学院国文系学生送别会。20 日,作致江绍原信,信中谈到"北大将独立,校长则以蔡太史呼声为高,唯不佞甚反对",又谓"北大师生至今尚迷信蔡公,甚奇。至于不佞则反蔡而不拥李。近来很想不做教员,只苦于无官可做,不然的确想改行也"。30 日,编定诗集《过去的生命》,于次日寄给上海北新书局李小峰。31 日,作《女子学院毕业同学录序》,刊于 8 月 8 日《华北日报·副刊》。

周作人 8 月 3 日阅故宫博物院送来的《清史稿》19 本完毕,致函清史馆编修朱逖先送还《清史稿》,并报告审阅结果。同日,作《〈性教育的示儿编〉序》,刊于 9 月 16 日《北新》第 3 卷第 17 号。4 日,作致许寿裳的信,信中谓"北平近日各学院正闹独立风潮,不知兄能对蔡公进一言,请其转劝梦麟让各校独立,以息事而宁人"。10 日,作《过去的生命·序》,寄给上海北新书局李小峰。25 日,罗常培、郑天挺、丁丁山三人来访。30 日,作致胡适信,载《胡适来往书信选》上册(中华书局 1979 年版,下同),信中劝告胡适:"以后别说闲话,而且离开上海,最好的办法是到北平来""回大学仍做一个教授,当系主任,教书做书",勿将才力再"耗费于别的不相干的事情上面"。9月4日,胡适复信给周作人,感谢周作人的"厚意",并谓"此时不想到北京来,有几层原因"。同日,往北平大学女子学院赴院务会议。19日,郁达夫致信周作人,说"现在上海,沉闷得非常,文艺界是革命文学家的天下,而且卑鄙龌龊,什么事情都干,我以后想不再做什么东西了"。又说"近事之足资谈助者,是鲁迅与北新算版税,与鲁迅和语堂反目两事。前者是鲁迅应有的要求,后者是出于鲁迅的误解"。夏秋之交,推荐冯文炳留任北平大学中国文学系教员。

周作人10月2日辞北平大学女子学院国文系主任职。6日,遣人送还辅仁大学聘书。次日,刘半农等来挽留在辅仁教学,并送还聘书。此后一个时期周作人仍在辅仁大学兼课。10日,往孔德学院参加国庆纪念会并讲演。在《学生杂志》第16卷第10号发表《林纾的晚年》。15日,往燕京大学,午赴吴文藻、冰心招午餐。26日,往北平大学女子学院与杨丙辰、徐祖正、董洗凡、温源宁、张犀海等8人共签署反对女子学院院长经利彬的宣言。下午,联合北京大学和孔德学院的友人,在中山公园水榭为即将赴法留学的张凤举饯行,出席者共47人。秋,北平大学恢复了日文预科,教员中只剩了周作人、徐祖正两人。11月6日午间,至德国饭店,赴沈兼士招为张凤举饯行,下午送张凤举至车站。14日,往燕京大学,赴冰心邀便饭,许地山亦来。同月,诗集《过去的生命》由上海北新书局出版。12月8日,往北平大学赴外国语委员会会议。(以上参见张菊香、张铁荣主编《周作人年谱》,南开大学出版社1985年版)

俞平伯1月1日上午应邀至周作人家饮酒、畅谈,共度元日,沈士远、沈尹默、沈兼士、马裕藻、马季明、马隅卿、林如樱、刘半农、钱玄同、张凤举,徐耀辰、黎世荷等在座,并于饭后合影留念。6日中午,与周作人、许地山、郭绍虞、邓叔存、张凤举等出席凡社聚会。8日收到周作人1月7日来信两封。12日晚,周作人设家宴招待清华大学校长罗家伦,俞平伯与朱自清、钱玄同、冯友兰、杨振声、徐耀辰、张凤举、刘廷等应邀出席作陪。俞平伯赠送周作人复制的曲园老人照片一张。21日,应嘱为清华大学罗皑岚的长篇小说《苦果》作序。3月13日,在清华园作《没落之前》,刊于5月10日《小说月报》第20卷第5号,文章针对普罗文学家称他为"快要没落的人"一事,谈了自己的感想。3月16日,作《教育论》(上);18日,作《教育论》(下),针对当时教育理论的偏颇,谈了自己认为理想的方策。22日下午,至孔德学校与周作人谈北大功课事。4月5日中午,周作人与徐耀辰招待凡社同人,俞平伯、黄子通、郭绍虞、金岳霖、邓叔存出席。30日,俞平伯撰论文《林黛玉喜散不喜聚论》。4同月,《红楼梦辨》由上海亚东图书馆再版。5月11日晚,俞平伯在东兴楼宴请傅斯年,周作人应邀出席。18日晚,应邀与傅斯年、朱自清、钱玄同、刘半农、马幼渔、马叔平、马隅卿赴周作人家宴。22日下午,与朱自清在清华园接待来访的周作人。

俞平伯5月在《北平北海图书馆月刊》第2卷第5号发表札记《家藏〈春在堂日记〉记概》。6月4日,收到周作人3日来信,请俞平伯代师大学生向朱自清索取《新文学纲领》二三份。7月5日下午,至东兴楼,与周作人、朱自清、徐耀辰等出席张凤举宴请。8月24日,收到周作人23日夜写来的信,转述从《科学月刊》第6期见到的江绍原讲俞曲园写废医论的一段话,即复信。28日,收到周作人27日来信,劝其到北大任教。俞平伯即复信,决定暂听周作人的劝告。又想去师大教诗,请周作人帮助询问介绍。10月9日,收到周作人8日来信,谈文人与政治家的区别。即复信。16日,收到周作人15日来信及赠送《清平山堂话本》两部。其中一部转交朱自清。26日晚,俞平伯与周作人等北大、孔德的熟人二十五六人联合为张凤举饯行。秋,应聘到北京大学任教。是年,俞平伯标点的《三侠五义》120回本由上海亚东图书馆再版。(以上参见孙玉蓉编《俞平伯年谱》,天津人民出版社2006年版)

魏建功9月回北大中文系任助教,并开始兼辅仁大学中文系讲师,中法大学之课程分交范文澜、施天侔接任。秋,与台静农、庄尚严、常维钧、金满叔等结"圆台印社"于北海团城。请王福庵、马叔平二先生指导,切磋技法。并首创以注音符号治印,在《国语周刊》上设奖征答,答对者刻赠注音符号印一枚,寓教于乐,收到很好的效果。是年,论文《古音学上的大辩论——〈歌戈鱼虞模古读考〉引起的问题》《古阴阳入三声考》《说"相""厮"》《再说"相""厮"》《与人论方音之由来》《论六书条例不可迳用于甲骨文责彦堂》发表于《国学月刊》等刊物。(参见曹达《魏建功年谱》,《文教资料》1996年第4期)

范文澜仍任教于北京大学。应顾颉刚之邀,参加组织朴社(社址在北平),编辑出版书刊。6月11日端午节,钱玄同提议并与范文澜、魏建功等商议发起为顾颉刚父亲六十寿辰赠送寿屏,公推范文澜撰文,最后署名者有马裕藻、马衡、马廉、董作宾、刘复、钱玄同、钱稻孙、徐炳昶、周作人、陈垣、沈兼士、吴肇麟、魏建功。范文澜在这篇寿序中高度称颂了顾颉刚疑古辨伪的成就。8月,范文澜所著《水经注写景文钞》由北平朴社出版。9月,所著《文心雕龙注》上册由北平文化学社出版。该书中册及下册分别于1929年12月、1931年6月出版。(参见范文澜《中国通史简编》下附录《范文澜先生学术年表》,商务印书馆2010年版;杜运辉《侯外庐先生学谱》,中国社会科学出版社2013年版;王学典《20世纪史学编年(1900—1949)》,商务印书馆2014年版)

张申府上半年继续在暨南大学等校教书。1月6日,在《民众先锋》发表《我们为什么革命》,开宗明义地提出:"现在是再度革命的酝酿时期,不论对于革命的理论,或是对于革命的行动,都有清算与整理的必要。'没有革命理论,没有革命行动'。"然后重点论述革命的缘故与革命的对象。最后结论是:"我们的所以革命,第一,是为个人而革命;但第二,绝不止于是为个人而革命,更是为革命而革命;但第三,也不仅仅是为革命而革命,更还是为人生的最高理想,即是'生之扩大'而革命。而我们的革命对象,绝对在制度,而不在人。"下半年,张申府回京在中国大学专任教员。陈大齐任北大代理校长后,张申府兼任北大讲师。10月,在《哲学月刊》第2卷第6期发表《什么是观念论、唯心论、理想主义?》。(参见雷颐编《中国近代思想家文库·张申府卷》及附录《张申府年谱简编》,中国人民大学出版社2015年版;郭一曲《现代中国新文化的探索——张申府思想研究》,广东人民出版社2002年版)

翁文灏1月4日上午9时半出席中华教育文化基金董事会在杭州新新旅馆举行的第三次董事常会。5日,中华教育文化基金董事会仍在杭州新新旅馆举行第十四次执行委员会,蔡元培、顾临、翁文源、任鸿隽到会,由蔡董事长主席。议决聘蔡元培、翁文灏及秉志、张景钺、步达生为计划自然历史博物馆委员会委员。2月16日,中央研究院第五次院务会议在驻沪办事处举行,推派翁文灏为出席太平洋科学会议我国总代表。4月19日,国民政府农商部正式批准翁文灏和步达生起草的新生代研究室组织章程。《章程》规定,"本研究室的宗旨为开展一项广泛的人类古生物学调查计划。采集、研究和描述中国第三纪及第四纪的化石均为本研究室的目标。本研究室尤其关注人类生物学方面的问题";研究室归地质调查所所长管理,以丁文江为名誉主持人,杨钟健为研究室副主任,聘请北京协和医学院教授、加拿大解剖学家步达生为名誉主任。此为第一个中国古生物学、古人类学的研究机构,专门从事古生物学部分而不是人类学部分的研究工作。新生代研究室正式成立后,立即组织了对周口店遗址的第三次发掘。

按：该研究室是第一个中国古生物学、古人类学的研究机构，为中国科学院古脊椎动物与古人类研究所前身。至抗战爆发前的十年，一直致力于发掘周口店遗址，共发掘人骨化石、动物化石、石器等十万余件。

翁文灏6月29日上午9时出席在利顺德二楼举行的中华教育文化基金董事会，蔡元培董事长主席，由名誉会计翁文灏、贝诺德报告截至本年5月底止基金会财产，约计值国币六百六十万元。上述报告经表决通过。8月，翁文灏任农矿部技监。8月8日，国立北京研究院成立，地质研究所与农商部地质调查所合并，由翁文灏任所长。（以上参见潘云唐《翁文灏年谱》，《中国科技史料》第10卷（1989）第4期；高平叔编著《蔡元培年谱长编》，人民教育出版社1996年版；参见中国大百科全书总编辑委员会《中国大百科全书·考古学》，中国大百科全书出版社2002年版；王学典《20世纪史学编年（1900—1949）》，商务印书馆2014年版）

裴文中4月在新生代研究室正式成立后，主持对周口店遗址的第三次发掘，一直持续到年末。12月2日，裴文中在北京周口店发现第一个中国猿人头盖骨。此为"完好之猿人头盖骨"，仅缺鼻部以下之上下颚及齿牙，余均完善，不必修理即可研究，"实学术界之重要发现"。这一在世界人类化石研究史上具有划时代意义的重大事件，成为中国古人类学发展史上重要里程碑，国内外学术界为之震动。1930年中国科学社授予其金质奖章。

按：贾兰坡在《周口店发掘记》一文中说："发现第一个完整的北京人头盖骨的消息，象一声春雷震撼了学术界。不久，石器、骨器和用火证据的发现，又使北京人遗址在科学研究上的重要地位提到了一个新的高度。全世界的史前学家、古人类学家以及对人类进化问题感兴趣的人们，一下子都把目光集中到周口店这个小地方来了。"（参见中国大百科全书总编辑委员会《中国大百科全书·考古学》，中国大百科全书出版社2002年版；王学典《20世纪史学编年（1900—1949）》，商务印书馆2014年版）

杨钟健把在国外考察学习期间的见闻，以游记形式写成《去国的悲哀》一书出版。夏，与担任地质调查所科学顾问的法国古生物学家德日进到山西、陕西和鄂尔多斯高原南部，作了三个月考察。8月31日，由杨钟健、孙云铸等发起组织的中国古生物学会在北平诞生。杨钟健一直参加学会的领导工作，多次被选为学会的理事长。所作《周口店之骨化石堆集》刊于《科学》第14卷第8期。又与德日进合作《周口店洞穴层简报》，刊于《中国地质学会志》第8卷第3期。（参见王仰之《杨钟健年谱》，《西北大学学报》1993年第2期）

丁文江1月19日在梁启超于北平逝世后，开始编纂《梁启超年谱长编》。2月13—14日，丁文江在北平出席中国地质学会第六届年会，并做《中国的造山运动》演讲。3月前后，丁文江为西南地质调查的事曾有南京一行。又从南京顺便到上海，"看看朋友"，并为梁启超的年谱找材料。在上海，丁文江还与胡适、黄炎培、李宝章等老朋友会面。4月，秉志提出兴建静生生物调查所所址的议案，得到丁文江等人的支持，顺利通过。春，中央研究院历史语言研究所自广州迁北平，丁文江对该所给予极大的同情与注意。5月21日，丁文江复函胡适，谈为梁启超作年谱和为秉志主持的生物研究所向中华文化基金会申请补助事。6月，丁文江任社会调查所委员。初夏，丁文江始结识傅斯年。7月3日，丁文江致函胡适，除谈为梁启超编年谱的事以外，又劝胡适积极与闻中基会的事务。

丁文江、葛利普、李四光、赵亚曾、俞建章等人8月在北平发起成立中国古生物学会，以开展古生物研究，推动中国古生物学的发展为宗旨。创办《中国古生物学会会议》《中国古生物学会会刊》等刊物。同月3日，丁文江复函胡适，谈去西南考察的目的和计划。9月，丁文江任国立北平图书馆购书委员会西文组委员。10月8日，丁文江带领曾世英、李春昱、谭锡畴、王曰伦等西南地质调查队多数成员从北平出发，前往西南。11月中旬，丁文江、曾世英、王曰伦一行跋涉二十多天，行程六百多里，到达遵义。11月底或12月初，丁文江抵贵州大定，抵后即得赵亚曾遇难噩耗，悲痛欲绝。拟停下贵州的工作，专门处理赵亚曾的后事。在大定，丁文江再着手研究罗锥。是年，丁文江担任新设立的考古学奖金首届评选委员会委员。由丁文江于1916、1917年编成的《外资矿业史料》由地质调查所出版。首为翁文灏序，次《例言》，次目录，次正文。（以上参见宋广波编《中国近代思想家文库·丁文江卷》及附录《丁文江年谱》，中国人民大学出版社2014年版）

任鸿隽1月4日在杭州新新旅馆举行的中华教育文化基金董事会第三次董事常会上继任为中基会董事、干事长。1月16、17日，接连致函蔡元培，对教育部在给中基会的公文中使用"训令"事提出抗议，请蔡向蒋梦麟部长协调解决。后于本月22日获蔡答复，教育部与中基会之间仍互以公函形式往来。6月29、30日，出席在天津顺德饭店举行的中基会第五次董事年会，蔡董事长主席，由干事长任鸿隽报告一年来工作情况。议决接受国民政府教育部及清华基金会之委托，接管清华大学基金；接受教育部之提议，接收并合组国立北平图书馆。8月21—25日，出席在北平燕京大学举行的科学社第十四次年会。30日，教育部和中基会联合组织成立国立北平图书馆委员会，出任副委员长。翌日，与袁复礼代表该委员会接收前北平图书馆和北海图书馆。9月3日，致电刘湘，请其下令撤出入驻任家花园的属下部队，刘于8日复电，告已令撤出。下旬，请假回四川料理家务。25日，被推举为中基会社会调查所委员会委员长，陶孟和为所长。12月，中基会公布职员任职名单，任鸿隽的职务有：董事、干事处干事长、科学研究补助金及奖励金审查委员会委员、社会调查所委员会委员长、国立北平图书馆委员会委员长、静生生物调查所委员会委员长。（参见樊洪业、潘涛、王勇忠编《中国近代思想家文库·任鸿隽卷》及附录《任鸿隽年谱简编》，中国人民大学出版社2015年版；高平叔编著《蔡元培年谱长编》，人民教育出版社1996年版）

胡先骕3月20日复函时在英国牛津大学留学之刘咸，指导其选择学业，并告成立未久之静生所情况及国内生物学界情形。4月10日，静生生物调查所委员会在欧美同学开第三次会议，出席委员有祁天锡、丁文江、江庸、任鸿隽等，秉志、胡先骕列席。会议主席任鸿隽，秉志、胡先骕提出要求增加研究人员，及建设新所址之提议，得通过。5月初，胡先骕往华南调查植物，又往香港植物园访问研究。静生所绘图员冯澄如与之偕行，为绘制各地所藏各种植物标本之图，作刊印《中国植物图谱》第三、第四册之用。5月14—29日，由香港往爪哇，出席第四次太平洋科学会议，提交会议论文《东南各省森林植物继续之观察》。中国所派代表还有翁文灏、竺可桢、陈焕镛、沈敦辉、蒋丙然、黄国璋、董时进、余青松、魏品寿、陶烈、冯景兰、黎国昌等。胡先骕在爪哇参观了纯粹植物学机关茂物植物园（Buiten-zorgs Lands Plantentuin，Government Botanic Gardens），该园时为亚洲最大之植物园。出席会议的中国科学家还受到当地华侨的欢迎，曾设宴款待，并一同摄影留念。后胡先骕撰有《第四次太平洋科学会议植物组之经过及植物机关之观察》。

胡先骕7月自印度尼西亚回国，有福州之行。8月初返回北平。8月3日，北平图书馆与北平北海图书馆合并，仍称北平图书馆，由教育部与中华教育文化基金董事会合办。联合组织成立委员会，推举陈垣为委员长，任鸿隽为副委员长，袁同礼为书记，孙洪芬为会计，并组建建筑、购书两委员会。陈垣、傅斯年、陈寅恪、胡先骕、叶企孙、孙洪芬、任鸿隽为购书委员会委员。28日，静生生物调查所委员会第四次会议，任鸿隽任会议主席，主要讨论筹集兴建静生所新址之经费问题。会上秉志请辞调查所所长之职，以不便同兼科学社研究所所长,而推陈焕镛前来继任。会议以为秉志所长请辞,既有不得已之苦衷,俟陈焕镛允就时,再准辞职。10月中旬,中央研究院自然历史博物馆研究员秦仁昌以事赴北平,胡先骕嘱其鉴定静生所助理李建藩采自东陵之蕨类植物标本,经审阅,发现一新种,名之为 Woodsia xanthosporangia Ching。同月,胡先骕著《细菌》由上海商务印书馆出版,有《万有文库》本与《百科小丛书》本。12月,由梁实秋编,胡先骕、吴宓、徐震堮译《白璧德与新人文主义》一书由新月书店出版,是书系集录《学衡》杂志所刊中译白璧德之文而成。(以上参见胡宗刚《胡先骕先生年谱长编》,江西教育出版社 2007 年版)

陈垣 1月在北京琉璃厂购得乡先贤胡金竹临写智永草书《千字文》帖,非常高兴,当即影印数百册。2月3日,陈寅恪来函,为王以中商借《殊域周咨录》。10日,北平图书馆在居仁二堂开馆,馆长陈垣在开馆典礼上讲话。17日,章嵚来函,请审阅中古史讲义。同月,故宫博物院理事会选举,李石曾任委员长,易培基任院长,陈垣不再担任具体职务。3月17日,致叶恭绰函,请为万松老人塔书写横额,并告知为历史语言研究所整理敦煌出土经卷情况。春,应中央研究院历史语言研究所之请,重新编辑整理北平图书馆敦煌写经目录。是季,瞿宣颖来函,为《史讳举例》补充二事。4月2日,章嵚来函,继续请审阅讲义。5月27日,在燕京大学现代文化班讲演《中国史料急待整理》,由翁独健纪录成稿。讲演中提到整理中国史料的迫切性,特别强调编纂目录索引的重要性,又系统地提出了整理史籍的八种方法和整理档案的八种方法。

按:整理史籍的八种方法:1.书籍翻印的改良,2.类书工具书的改良,3.书籍装订的改良,4.笔记的整理,5.文集的整理,6.群书篇目汇纂,7.重要书籍索引,8.分类专题编集。整理档案的八种方法:1.分类,2.分年,3.分部,4.分省,5.分人,6.分事,7.摘由,8.编目。

陈垣收到马相伯 6月7日来函,请改定《教廷使署碑记》一文。6月25日,马相伯来函,谈伊阙石刻的价值,以及中西建筑和中西交通问题。是月任辅仁大学校长。时辅仁大学扩大为文学、理学、教育学三个学院,十二个系,增聘教师并聘请一批"学邃望重,热心教育,且与本校有历史关系"的社会人士为董事。董事会由 27 人组成,计有张继、傅增湘等政教界人士 4 人,张相文、沈尹默等学术界人士 5 人,陈垣、沈兼士等辅仁大学领导 7 人,以及实业界人士 3 人,罗马教宗代表、区主教、本笃会等 8 人。时沈兼士任辅仁大学文学院院长。同月《致叶退庵论医籍考函二则》发表在《北海图书馆月刊》第 2 卷第 6 号上。7月 10 日,陈垣在燕京大学《史学年报》创刊号发表《中国史料的整理》,此系在燕京大学现代文化班上讲演,作者据翁独健记录稿修改增补。文中提出"整理研究的史料"是"以最经济的时间得最高的效能"的读书方法,并将中国史料分为"成书册的史籍"和"未成书册的档案",然后细致探讨了如何运用索引等方法整理不同的史料。创刊号还载有孟世杰《戎狄夷蛮考》,王桐龄《汉唐之和亲政策》《唐宋时代妓女考》,徐琚清《北边长城考》,张星烺《中世纪泉州状况》,瞿兑之《以日本平安京证唐代西京之规制》,次弓《两汉之胡风》,梁佩贞《南北朝时期中国的政治中心》,李崇惠《石达开日记之研究》,李书春《李文忠公鸿章年谱》,齐思和《先秦历史哲学管窥》等论文。

按:《史学年报》由燕京大学历史学会负责编辑出版。《发刊辞》反思"吾国史学,渊源最早,而以其进步迟缓之故,及至今日反落欧西诸国之后",导致史学落后的原因之一就是"因袭多而创作少",而"反顾西洋其史学之大形发展,亦不过近百年来事耳,然史料之分类与审定也,史学理论也,历史哲学也,考古也,类皆议论将定,成为科学,后进之士,苦于在其本国史中,无覆可发,且浸假而肆其精力于中国史焉。而我国学者,本其传统之实用主义,舍本趋末,专言富强,于史学一科,目为无用,摒而不讲,甚至'现今我国学校通用课本,乃率皆神贩迻译,以之充数',其结果不但富强不可几,且行将为印度之续",强调"非学理无以指导研究工作,非有专门研究,则学理无所附丽",故以该刊内容"学理与工作并重,尤侧重于国史研究"。

陈垣7月19日访傅增湘,请其出任辅仁大学董事会董事长。20日,傅增湘来函,表示不愿出任辅仁大学董事会董事长之职。8月4日,松崎鹤雄自大连来函,询问清初乾隆帝赞平定台湾图铜版的作者及刻版之地。8日,陈寅恪自清华大学来函,咨询元史史料。19日,自翊教寺移居到丰盛胡同。30日,北平图书馆与北平北海图书馆合并,仍称国立北平图书馆。成立委员会,陈垣被聘为委员之一。同月,陈垣任北平师范大学史学系教授、系主任,为一年级同学讲授国文、中国史学名著选读、史学名著评论等基础课,为高年级同学讲授宗教史。9月7日,教育部与中华教育文化基金董事会合组国立北平图书馆,设该馆委员会,主持馆务,委员为马叙伦、傅斯年、陈垣、刘半农、任鸿隽、孙洪芬、周诒春及正副馆长。13日,陈寅恪来函,为吴其昌求职。30日,在燕京大学校舍落成典礼上宣读论文《耶律楚材父子信仰之异趣》和《云冈石窟寺之译经与刘孝标》。同月,国立北平图书馆委员会推定傅斯年、陈寅恪、陈垣等为购书委员会委员。陈垣任中文组主席委员。秋,陈垣与中央研究院历史语言研究所同仁陈寅恪、朱希祖、傅斯年、马衡、容庚、赵万里等在北海静心斋聚会。10月29日,瞿宣颖来函,拟探讨编纂历史索引事。同月,辅仁大学新校舍举行奠基典礼,陈垣在典礼仪式上发表讲话。北平图书馆委员会改选,陈垣连任委员长。

陈垣收到马衡11月9日来函,拟为陈垣五十寿辰刻印留念。28日,送杨树达《史讳举例》印本。12月3日,致台静农函,认为史料愈近愈繁,宜分类搜集研究,主张"宜分类研究,收缩范围,按外交、政治、教育、学术、文学、美术、宗教思想、社会经济、商工业等,逐类研究,较有把握。且既认定门类,搜集材料亦较易。前数年上海《申报五十年纪念特刊》,即此种办法"。8日,柯劭忞来函,拟转《宋史记》一书。14日,柳肇嘉来函,告知陈横山《类稿》已经印刷。17日,陈寅恪来函,转达俄国梵文学家钢和泰(Alexander von Stael-Holstein)恳求会面之意。31日,陈汉章来座,询问《隋书·西域·曹国传》中的得悉神是何神,《明史·外国·爪哇传》中宣德七年贡表书的纪年是何种纪年,以及《辽史》中甘州回鹘和阿萨兰回鹘等问题。是月,《耶律楚材父子信仰之异趣》和《云冈石窟寺之译经与刘孝标》二文发表在《燕京学报》第6期《校舍落成纪念专号》上。是年,因王国维、梁启超相继逝世,陈寅恪请校方聘陈垣为清华大学国学研究院导师,陈垣再三恳辞。(以上参见刘乃和、周少川、王明泽《陈垣年谱配图长编》,辽海出版社2000年版;王学典《20世纪史学编年(1900—1949)》,商务印书馆2014年版)

易培基2月接替陈垣任故宫博物院院长。9月,故宫博物院主办《故宫月刊》创刊。此刊将故宫原藏书画金石等器形文字影印,于原物之考据尺寸,及历存所在注释綦详。其中刊出不少珍贵材料,如散盘、新嘉量、石达开职凭等,供学者参考。该刊于1934年4月停刊,共出版42期。12月16日,故宫博物院院长易培基呈文行政院,建议禁止《清史稿》的发行。呈文指出:此书"系用亡清遗老主持其事,彼辈自诩忠于前朝,乃以诽谤民国为能事,并不顾其既食周粟之嫌,遂至乖谬百出,开千百年未有之奇……故其体例文字之错谬百出,尤属指不胜屈。此书若任其发行,实为民国之奇耻大辱",然后列举其十九条错误:一、反革命;二、藐视先烈;三、不奉民国正朔;四、例书伪谥;五、称颂遗老,鼓励复辟;六、反对汉族;七、为满清讳;八、体例不合;九、体例不一致;十、人名先后不一致;十一、一人两传;十二、目录与书不合;十三、纪传表志互不相合;十四、有日无月;十五、人名错误;十六、事迹之年月不详载;十七、泥古不化;十八、简陋;十九、忽略。并建议"宜将背逆之清史稿一书,永远封存"。20日,行政院批准故宫博物院院长易培基呈文,查禁《清史稿》。

按:《清史稿》是一部接续《明史》并以《明史》为样本的大型历史著作,撰有本纪25卷,志135卷,表53卷,列传316卷,共529卷,约500余万言,篇幅大于二十四史中的任何一部。《清史稿》比较系统全面地记述了清代历史,至今仍不失为清史研究的基本参考书,但也存在着诸多疏漏与失误,学界对此存在不同意见。就在20日行政院批准故宫博物院院长易培基呈文后不久,著名史学家孟森在本月24日《华北日报》发表《清史稿应否禁锢之商榷》,呼吁解禁清史稿,亲自编纂检索资料,以推动清史研究。(参见高平叔编著《蔡元培年谱长编》,人民教育出版社1996年版;王学典《20世纪史学编年(1900—1949)》,商务印书馆2014年版)

马衡任故宫博物院理事会理事兼古物馆副馆长。1月10日,国立北平图书馆(居仁堂)开馆,陈垣、马裕藻、马衡、陈悉治和黄世晖5位筹备委员,致电国民政府主席蒋介石、行政院院长谭延闿、教育部部长蒋梦麟、中研院院长蔡元培,报告开馆。5月,与从上海北返探亲的鲁迅相见。秋,陈垣与中央研究院历史语言研究所同仁在北海静心斋聚会,马衡与陈寅恪、朱希祖、傅斯年、容庚、赵万里等出席。6月9日,至欧美同学会,与周作人、傅斯年、马裕藻、马衡、俞平伯等出席潘家询宴请。10日晚,至欧美同学会,与周作人、马裕藻、马隅卿、潘家询、俞平伯等出席傅斯年宴请。(参见马思猛《马衡年谱长编》,故宫出版社2021年版;张光润《袁同礼研究(1895—1949)》,华东师范大学博士学位论文,2018年)

袁同礼为北平北海图书馆副馆长。1月4日,中华教育文化基金董事会在杭州举行第三次会议,决议裁撤北平北海图书馆副馆长一职,并推举袁同礼为馆长。10日,国立北平图书馆(居仁堂)开馆,馆长陈垣致辞,介绍馆史颇详。同日,筹备委员陈垣、马裕藻、马衡、陈悉治和黄世晖5人,致电国民政府主席蒋介石、行政院院长谭延闿、教育部部长蒋梦麟、中研院院长蔡元培,报告开馆。17日,袁同礼就职北海图书馆馆长。21日晨7时,袁同礼南下赴京,以北海图书馆主任身份出席中图协年会,同行者有李宗侗等。27日,陈垣等5人筹备委员会委员拟向中意庚款委员会请求250万美金发展馆务,特致函蔡元培、李石曾、蒋梦麟三人,请求鼎力相助,促成此事。28日,代表北海图书馆在南京参加中华图书馆协会第一届年会,以该会执行部长身份致答辞。1月29日上午,仍在南京参加年会,时分行政、建筑、索引检字三组,袁同礼为行政组主席,副主席为柳诒徵。同日,国际图书馆协会主席柯林(Dr. Isak Collin)致函袁同礼,邀请中国图书馆协会参与本年6月在罗马举行的图书馆会议及图书展览会,并索参会论文。30日下午,袁同礼充主席主持论文宣读,并发表《国际目录学事业之组织》。31日上午,向行政组提交《请协会通告全国各图书馆注重自然科学书籍案》。2月1日,袁同礼在会务会议中当选执行部委员、常务委员委员长(亦称执委会主席,任期两年)。

按:执行部委员共15人,常务委员5人。同日下午,协会会员赴中国国民党中央执行委员欢迎会,有戴季陶代表中央执行委员会致欢迎词,继有胡汉民致辞。晚间,协会会员在安乐酒店赴教育部欢迎宴会,有部长蒋梦麟致辞,协会主席蔡元培致答辞,继有吴稚晖、李石曾、马叙伦演说,最后由袁同礼致辞。2月4日,北平图书馆(已开馆未合并)筹备委员会呈教部解除职务。25日,教育部训令"照准"筹委会解除职务。2月19日,中基会在南京开会,调整北海图书馆委员会委员及任期,周诒春(任期三年)、张伯苓(任期三年)、丁文江(任期二年)、戴志骞(任期二年)、陈垣(任期二年)、胡先骕(任期一年)、叶企孙(任期一年)。委员李四光已"因事辞职"。

袁同礼2月23日主持北平图书馆协会举行常会,并邀请中央大学图书馆主任戴志骞、金陵大学图书馆主任李小缘到会演讲。26日下午5时,袁同礼应万国妇女中国学术研究社之邀,在东单三条协和礼堂发表题为《中国图书馆发达史》(Development of Public Library in China)的演讲。同月,北海图书馆委员会组织购书委员会,推定丁文江、任鸿隽、陈垣、叶企孙、胡先骕5人为委员,馆长袁同礼为当然委员。3月,《国立北平图书馆馆刊》出版"永乐大典专号",刊载袁同礼《永乐大典现存卷目表》、孙壮《永乐大典考》、赵万里《永乐大典内辑出之佚书目》《馆藏永乐大典提要》等文。3月8日,袁同礼被推为中华图书馆协会参加国际图书馆会议委员会之常务委员。另有杨杏佛(南京国立中央研究院总办事处)、戴超(南京国立中央大学图书馆)、刘国钧(南京金陵大学文理科)、柳诒徵(南京中央大学国学图书馆)、傅增湘、徐鸿宝(北平国立北平图书馆)、洪有丰(北平国立清华大学图书馆)。另有张元济、王云五、杨立诚(杭州浙江省立图书馆)、刘承幹(浙江吴兴南浔镇嘉业堂藏书楼)、沈祖荣(武昌县华林街文华公书林)、杜定友(广州国立中山大学图书馆)、金梁(辽宁故宫四库全书校印馆)为委员。委员和常务委员以城市划分,其中南京及北平各委员,皆为常务委员。

袁同礼3月延请时在北平的德国石派耶(Speyer)市图书馆馆长莱士米勒(Reismuller)到平馆演讲"中德文化沟通",请在北京大学任教的好友郑寿麟作翻译。4月28日,中华图书馆协会国际图书展览预备会在北海图书馆召开。4月间,袁同礼主持北海图书馆筹办了《永乐大典专号》,即《北平北海图书馆月刊》第2卷第3—4号,将当时《永乐大典》的研究热度推向高潮。5月23日,沈祖荣代表协会及教育部赴罗马参加国际图书馆大会。6月29、30日,中基会天津年会,董事蒋梦麟以教部部长身份提议,赓续北京教部与中基会契约,"重新订定国立北平图书馆组织办法,即将现在中南海居仁堂之北平图书馆,合并于北平北海图书馆,改成国立北平图书馆,由部、会合聘蔡元培先生为馆长,袁同礼先生为副馆长"。附有《国立北平图书馆组织办法》9条、《国立北平图书馆委员会组织大纲》10条、《国立北平图书馆组织大纲》14条等。8月27日,教育部训令国立北平图书馆于本月内向国立北平图书馆委员会移交,同时训令国立北平图书馆委员会本月内前往接收。30日,国立北平图书馆委员会成立。同日,袁同礼被教育部聘担任国立北平图书馆副馆长。31日,国立北平图书馆合组成立。袁同礼与任鸿隽代表北平图书馆委员会,接收国立北平图书馆与北海图书馆,合组国立北平图书馆,英文名为 National Library of Peiping,北平图书馆委员由以下9人组成:蔡元培、陈垣(委员长)、任鸿隽(副委员长)、周诒春、马叙伦、袁同礼(书记)、傅斯年、刘半农、孙洪芬(会计)。在新建筑未落成以前,居仁堂为第一馆,北海为第二馆,各就原馆址,继续公开阅览。袁同礼与周诒春、丁文江、戴志骞、任鸿隽、刘半农、孙洪芬组成建筑委员会;陈垣、丁文江、胡先骕、叶企孙、任鸿隽、陈寅恪、傅斯年组成购书委员会。10月25日,国立北平图书馆函请中外专家12人匡助馆务。12月,中协会会报报道国立北平图书馆花巨款购入西夏文书。(以上参见张光润《袁同礼研究(1895—1949)》,华东师范大学博士学位论文,2018年)

余嘉锡4月作《书仪顾堂题跋后》,刊于6月《北平北海图书馆月刊》第2卷第6号。6月28日,余嘉锡子余逊至杨伯峻家,巧遇其叔父杨树达,一问知为余嘉锡之子。余嘉锡通过子余逊结识杨树达。当时湖南学者在京颇多,但在杨树达眼中多为混迹者,唯以余嘉锡为同道。余嘉锡为杨树达兄壬寅同年,杨树达又曾于《甲寅杂志》见其文字,知余嘉锡长于考证,因以《老子古义》一部交予余逊赠其父。7月,余嘉锡造访杨树达,两人相谈甚欢。尔后两人时相文学、访书为乐。二人在学术上互相切磋,结下了深厚的友谊。10月,余嘉锡在《国立北平图书馆馆刊》第3卷第4号发表《刘向新序提要辨证》。(参见王语欢《余嘉锡学术年

谱》,黑龙江大学硕士学位论文,2013 年)

余家菊 1 月退出沈阳兵工厂。接受冯庸的邀请,任冯庸大学教授。3 月,译《领袖学》一书,由沈阳长城书局印行。9 月初,经长春、哈尔滨、扎赉诺尔赴满洲里、绥芬河最前线考察。年底,回到北平,其时家眷住北平西城邱祖胡同。是年,著成《中国教育史要》一书,由沈阳长城书局出版。所述以普通教育为限,分历史为古代、中世、近世三个时期,古代止于周亡,中世自秦至唐,近世自宋至清。维新变法以后之教育亦附列。(参见余子侠、郑刚编《中国近代思想家文库·余家菊卷》及附录《余家菊简谱》,中国人民大学出版社 2013 年版)

朱自清 1 月应吴宓邀,加入《大公报》之《文学副刊》撰稿者之列。2 月 11 日,朱自清在《大公报·文学副刊》第 57 期发表为老舍的《老张的哲学》与《赵子曰》所作书评。同月,钟敬文在《一般》第 7 卷第 2 期发表书评《〈背影〉》,对朱自清的散文集《背影》作了细致评介,指出:"他在同时人的作品中,虽没有周作人先生的隽永,俞平伯先生的绵密,徐志摩先生的艳丽,冰心女士的飘逸,但却于这而外另有种真挚清幽的神态。"清华大学年度第二学期开学,朱自清新开设"中国新文学研究"课,编有讲义"中国新文学研究纲要",为最早用历史总结的态度来系统研究新文学的成果。

按:王瑶《先驱者的足迹——读朱自清先生遗稿〈中国新文学研究纲要〉》(《文艺论丛》第四辑,上海文艺出版社 1982 年版)曰:"当时距'五四'已有十年,新文学运动已经历了它的倡导和开创的时期,各种文学体裁都出现了许多作者和作品,赢得了读者的爱好,产生了广泛的社会影响。但当时还没有人对这一阶段的历程作过系统的回顾和总结,更没有人在大学讲坛上开过这类性质的课程。……因此朱先生的《纲要》可以说是最早用历史总结的态度来系统研究新文学的成果。当时大学中文系的课程还有着浓厚的尊古之风,所谓许(慎)郑(玄)之学仍然是学生入门的先导,文字、声韵、训诂之类课程充斥其间,而'新文学'是没有地位的。朱先生开设此课后,受到同学的热烈欢迎,燕京、师大两校也由于同学的要求,请他兼课;……如果我们用历史的观点看问题,朱先生的《纲要》无论从哪一方面说都是带有开创性的,它显示着前驱者开拓的足迹。"

朱自清 3 月 4 日在《大公报·文学副刊》第 60 期发表论文《关于"革命文学"的文献》,至 3 月 18 日《文学副刊》第 62 期续完。文章首次从历史的角度,对 1928 年至 1929 年新文学论坛爆发的一场大规模的"革命文学"论战的缘起、内容、过程进行了客观细致的分析评介。4 月 19 日晚,赴后工字厅出席中国文学会第二次常会,与会者还有杨振声、毕树棠等。29 日,在《大公报·文学副刊》第 68 期发表论文《中国近世歌谣叙录》,至 5 月 6 日《文学副刊》第 69 期续完。5 月 17—19 日,参加顾颉刚、徐炳昶等组织的"妙峰山进香调查团",赴北平远郊妙峰山作民俗调查。7 月 14 日,朱自清在《清华周刊》第 32 卷第 3 期发表《白马湖》。24 日,在《民俗》第 69—70 期合刊发表杂论《〈妙峰山圣母灵签〉的分析》。9 月 16 日,清华大学 1929 年度第一学期开学,朱自清新开设"歌谣"课,编有讲义《歌谣发凡》和参考资料《歌谣》。10 月 19 日,《清华周刊》第 32 卷第 1 期出版。自本期始,朱自清担任该刊特约撰述。(以上参见姜建、吴为公编《朱自清年谱》,安徽教育出版社 1996 年版;齐家莹编《清华人文学科年谱》,清华大学出版社 1999 年版)

冯友兰 1 月 3 日下午 4—6 时,在工字厅参加教授会茶话会。会后与杨振声、杨震文往吴宓宅探视吴宓。时吴宓正患疟疾,冯友兰告以《验方新编》中的治疟三方,甚灵验。4 日下午 4 时,在科学馆出席招考委员会会议,讨论本年度招考留美学生方案。9 日下午 4 时,在科学馆会客厅出席第四次评议会,会议通过教授兼课规程,规程规定以不在外兼课为原则。12 日晚,周作人设宴招待清华大学校长罗家伦,冯友兰应邀作陪,同席者还有朱自清、俞平伯、钱玄同、杨振声、徐耀辰、张凤举、刘廷芳等。14 日,应聘任《清华大学学报》编辑委员会委员。晚 8 时出席编委会第一次会议。21 日,为沅君结婚事离平赴沪。离校期间秘书长一职由庶务科主任张广舆代理。24 日,在上海参加冯沅君、陆侃如婚礼并为之主婚。25 日,陆侃如、冯沅君夫妇回陆之原籍江苏海门省亲,冯友兰同往。月底回到北平。2 月下旬,新学期开始,同时讲中国哲学史、认识论、伦理学三门课。因课时加多,遂辞去秘书长职,专任哲学系教授。秘书长改由张广舆担任。

　　冯友兰 3 月 7 日下午 4 时出席在科学馆 212 室举行的教授会第五次会议,被推举为教授会代表前往南京列席中华教育文化基金委员会董事会会议,说明本校校舍扩充计划。25 日,偕任夫人乘平浦快车离北平赴南京。4 月 3 日,董事会继续开会,讨论清华大学教授会提案,冯友兰到会作简要说明。4 日下午往教育部见罗家伦。知董事会否决清华教授会提案,罗家伦已经向教育部提出辞去清华校长职务。5 月 1 日,冯友兰偕任夫人由沪返平。2 日,出席第六次教授会。5 日,应郭绍虞邀请赴凡社宴,同席者还有陈垣、金岳霖、许世廉、熊佛西、黄子通、徐祖正、顾颉刚等。6 日,出席纪念周活动,并向全校师生报告(见 5 月 8 日出版之《校刊》第 65 期)赴南京与董事会交涉经过,认为董事会不明清华情形,有权无职,董事会非为妨碍清华发展之机关,即为骈枝之机关。10 日,国民政府第二十八次国务会议决定清华大学基金改由中华教育文化基金委员会基金保管委员会保管,清华大学直隶教育部。同月,冯友兰被推举为高中、师范科课程标准起草委员会人生哲学门委员。6 月 6 日下午 4时,冯友兰在后工字厅出席第七次教授会议,会议决定建议于校长,今后各院院长由教授会推举,再由校长聘任。20 日,在后工字厅出席第八次教授会议,会议讨论进行各学院院长选举事宜,决定各院院长由教授会选举两名,再由校长聘任其中之一。8 月 23 日晚,访吴宓。同月,冯友兰《〈中庸〉的年代问题》,收入《古史辨》第四册。

　　冯友兰自 9 月新学年起接替金岳霖任清华大学哲学系主任职务。10 日上午 10 时,冯友兰出席全校系主任会议,商讨本学年第一学期开学事宜。16 日上午 9 时,出席在大礼堂举行的全校开学典礼。晚 6 至 9 时罗家伦设宴于工字厅,与宴者有新旧教员五六十人。冯友兰与吴宓、杨振声、金岳霖同席,谈论《老子》书之真伪及老庄思想等。23 日下午 4 时,在工字厅出席本学年第一次教授会。会议选举本年度评议员,冯友兰及张子高、王文显、浦薛凤、吴宓、熊庆来、陈福田等 7 人当选。10 月 1 日,往燕京大学参加燕京大学校舍落成典礼并出席哲学年会,宣读论文《孟子哲学》。25 日,在《清华周刊》32 卷第 2 期发表《一件清华应作的事情》,认为"现在中国所最需要的事情之一,就是译书""学校应定一种办法,使教授能从教学、研究及翻译三方面,出其所长,以贡献于国家社会,使'百十人任其难,亿兆人获其益'"。31 日下午 4 时,在科学馆会客厅出席本学年第一次评议会,与会者还有罗家伦(主席)、陈福田、吴宓、叶企孙、熊庆来、陈岱孙、杨振声、浦薛凤、张子高、吴之椿、张广舆(书记)。会议讨论评议会议事细则及图书馆扩充计划等事宜。11 月 7 日下午 4—6 时,在工字厅参加教授会茶话会,与吴宓谈翻译。8 日,自《清华周刊》32 卷第 4 期发表《老子哲学》。同月,罗根泽赠其所作《慎懋赏本慎子辨伪》(《燕京学报》第 6 期单行本)。是年,写成《中国哲学史》上卷,并分赠师友征求意见。傅斯年自广州来北平,以在中山大学(其前身为广东大学)所印的《战国子家叙论》等相赠。约是年,杨树达赠其清华大学讲义《〈马氏文通〉勘误》。(以上参见蔡仲德编撰《冯友兰先生年谱长编》,中华书局 2014 年版;齐家莹编《清华人文学科年谱》,清华大学出版社 1999 年版)

杨振声为清华大学中国文学系主任。1月18日,被聘为《清华学报》编辑委员会编委,并与叶企孙、陈达3人为常委。2月1日,清华学报委员会成立,决定每年3期,一期为文学哲学,由杨振声负责主编。4月19日,文学会召开第2次常会,全体会员出席会议,朱自清、杨振声、毕树棠到会。5月,文学社所编《新风雨》月刊出版,载有杨振声《茅盾的〈幻灭〉〈动摇〉》、于潜《回答》、念生《给》、李惟建《爱》、霍佩心《我是一湾寂寞的池水》、曹葆华《故乡》、朱自清《中年》、罗皑岚《苦果》、岂曰《死囚》等诗文。文学社还于本月召开了本学期末次常会,由干事夏霜报告,进行了职员改选,讨论《新风雨》第2期稿件等项议程。10月18日,文学社召开本学期第1次常会,到会的有杨振声、朱自清、毕树棠诸先生及同学10余人。会议提出增加新社员;社员注重在艺术创作练习,不在多发表文章。另还讨论了最近文坛上的一些问题。11月1日,中国文学会召开本学期第1次常会,到会的教职员学生共20余人。杨振声作了会务报告,谈本系所定课程标准分3个途径:1.注重中国课程之博观;2.注重西洋文学;3.创造新时代的文学。同日,杨振声的讲演辞"中国文学中妇女地位之变迁",载《国立清华大学校刊》。主要内容为古今我国文人对妇女的观念,从《诗经》至现代从文人作品中体现出妇女地位的变化,并预料将来也许妇女地位超过男子。12月4日,杨振声评论文《迷羊》,载《清华周刊》第32卷第9期。(参见齐家莹编《清华人文学科年谱》,清华大学出版社1999年版)

叶企孙任清华大学理学院院长,并被推选为决定学校大政的7位评议员(教授会议的最高议事机构)之一。1月18日,被聘为《清华学报》编辑委员会编委。11月22日,在清华校刊上发表《中国科学界之过去、现在及将来》,指出:"纯粹科学和应用科学须两者并重。纯粹科学的目标,应着重在养成对于研究的兴趣;应用科学方面,则应明定目标,切实去做。"(参见齐家莹编《清华人文学科年谱》,清华大学出版社1999年版)

陈达等1月18日被聘为《清华学报》编辑委员会编委。编委会第一次会议决定举杨振声、叶企孙、陈达为常委。2月1日,清华学报委员会成立,决定每年3期。学报的安排:一期为文学哲学,由杨振声主编;一期为社会科学,由陈达主编;一期为自然科学,由叶企孙主编。3月初,受内政部坚邀,陈达被任命为统计司副司长。经清华校长及同学连电肯切挽留,又回到学校。4月11日,率劳工问题班同学至丙寅食料品工厂等企业进行调查。在经伟织布工厂,他们看到厂内无有电灯,只燃煤油灯数盏,光线既很暗弱,空气又很窒闷;管理特别严厉,宿舍设备极不好。在丹华火柴公司,看到工厂童工甚多,终日站立,其装合和打包之迅速有如机器。至光明料器工厂,看到工厂内温度极高,室小人多,致有多数工人皮焦肉烂,其残酷之状不忍目睹。参观后,师生呼吁各界设法改善工人劳动条件。5月4日,学校周年纪念日放假,率社会学班24人,参观疯人收养所、同福夹道老人院、龙泉寺孤儿院、第一模范监狱、看守所等处,并至高等法院观审,下午5时回校。9月,陈达所著《中国劳工问题》一书由商务印书馆出版。该书计九章,分论工人生活状况、劳工团体、罢工、工资与工作时间、生活费、福利设施、劳工法规等,共40万言,为我国研究劳工问题一巨著。

按:陈达《中国劳工问题》为作者在清华大学边授课边搜集资料进行研究的基础上写成。作者在本书前言说:"近四年之间,每于授课之暇,从事搜集资料;经时渐久,积聚渐多。乃于民国一五年夏开始整理的工作,修改旧材料,增加新材料,写成本书。本书有三种目的:(一)叙述我国劳工问题的起源和发展,(二)解释该问题里比较切要的部分,(三)讨论并介绍几种解决方法。"此书长达六百余页,详尽地论述与分析了关于劳工的一般概念、工人的生活状况、劳工团体、罢工、工资和工作时间、生活费、福利待遇设施、劳工法规及劳工运动,作者并就有关问题做出结论。本书为一本研究劳工问题及中国社会学的重要著作。(参见田彩凤《陈达先生年谱》,《清华大学学报》1995年第2期;齐家莹编《清华人文学科年谱》,清华大学出版社1999年版)

刘文典2月应罗家伦聘请,进入清华大学国文系任教,同时在北大兼课。3月4日,北大学院举行教授会,聘定刘文典等20余名教授。3月20日,《世界日报》报道,因国民政府推行大学区制,北京师范大学改名北平大学第一师范学院,聘刘文典等人为国文系讲师。4月10日,胡适发表《人权与约法》一文,援引刘文典骂蒋介石被扣之事,指责国民党政府"保障人权的命令"的虚伪。5月20日,刘文典赴中央公园贺学生李秉中新婚,遇鲁迅,两人畅谈。8月,《清华大学一览》所刊《大学本科学程一览》显示,刘文典承担国文、赋等数门课程的教学任务。9月16日,《国立清华大学校刊》刊载,刘文典已辞去北大教职,专任清华教授。19日,《世界日报》刊登清华大学文、理、法三学院教职员名单。刘文典名列其中,并被注为"新聘"。12月17日,刘文典与朱自清、朱希祖、杨振声等人发起成立清华中国文学会。(参见玉政编著《刘文典年谱》,安徽大学出版社2011年版)

蒋廷黻5月应罗家伦校长邀请,任清华大学历史学系教授兼系主任。就任后,按照"历史学和社会科学并重,历史之中西方史与中国史并重,中国史内综合与考据并重"方针对清华大学进行了改组,使清华史学成为民国史学界独具特色、成果丰硕的一股力量。同时又授"法兰西革命史""中国外交史""西洋史家名著选读""中国外交史专题研究""中国近百年史专题研究""近代中国外交史""清史史料研究"及研究院"清史门"等课程。6月,在《国立北平图书馆馆刊》第2卷第6号、第3卷第1号连载《评〈清史稿·邦交志〉》。12月18日,《国立清华大学校刊》载:"本星期第十三次纪念周由蒋廷黻先生讲演,题为《鸦片战争之意外影响》。到会听众极多,打破本学期记录。"讲演词载12月23日《国立清华大学校刊》。(参见齐家莹编《清华人文学科年谱》,清华大学出版社1999年版;王学典《20世纪史学编年(1900—1949)》,商务印书馆2014年版)

容庚所著《宝蕴楼彝器图录》2月由燕京大学国学研究所印行。3月,作《西清金文真伪存佚考》一文,刊于6月《燕京学报》第5期。同期载有马衡《戈戟之研究》、张荫麟《伪古文尚书案之反控与再鞫》、伦明《渔洋山人著书考》等文。7月,中央研究院聘为历史语言研究所特约研究员。作《宋代金文著录表》,刊于《北海图书馆月刊》第1卷第5期。8月27日,郭沫若自日本来书定交。9月,兼任清华大学国文系讲师,讲授文字学。作《周金文中所见代名词释例》一文,载《燕京学报》第6期。(参见东莞市政协编《容庚容肇祖学记》,广东人民出版社2004年版)

许地山仍任教于燕京大学,在北京大学、清华大学兼课。1月,在燕京大学朗润园美籍女教授鲍贵思家中,由谢冰心向同事及学生宣布许地山与周俟松订婚,并宣读中文贺词。5月1日,许地山与周俟松结婚。婚后,住石附马大街,周俟松在北京女高师附中教数学。11月,《孟加拉民间故事》由商务印书馆出版。是年,《燕京大学校址小史》刊于《燕京学报》第6期;《近三百年来印度文学概观》连载于12月12日、13日、16日、17日、18日、19日、20日和23日的天津《益世报》。(参见周俟松原著、王盛修订《许地山年表》(上),《世界华文文学论坛》1992年第2期)

齐思和就读于燕京大学历史系。7月10日,燕京大学历史学会会刊《史学年报》正式创刊,齐思和任主编,得到了洪业、顾颉刚、陈垣、孟世杰、王桐龄、张星烺等知名学者的鼎力支持。《史学年报》创刊号《发刊辞》曰:"吾国史学,渊源最早,而以其进步迟缓之故,及至今日反落后欧西诸国之后""我国史学有一弊焉,则其因袭多而创作少是也"。燕京大学历史学会"为本校历史学系同学所组织成立已久,近鉴于现今学术,非闭户独学之所可几也,乃忘其锢蔽,刊其师生所得,以与同好一商榷之,冀收他山之助。期于年刊一册,其内容则学理与工作并重,尤侧重与国史之研究"。齐思和在《史学年报》创刊号发表《先秦历史哲学管窥》,同期还载有陈垣《中国史料的整理》、孟世杰《戎狄夷蛮考》、王桐龄《汉唐之和亲政策》与《唐宋时代妓女考》、徐琚清《北边长城考》、张星烺《中世纪泉州状况》、瞿兑之《以日本平安京证唐代西京之规制》、次弓《两汉之胡风》、梁佩贞《南北朝时候中国的政治中心》、李崇惠《石达开日记之研究》、李书春《李文忠公鸿章年谱》、韩叔信《莫索尔问题解决的经过》等文,迅速得到学术界重视和认可。

> 按:为保证年报出版质量,史学会设立了出版委员会和稿件审查委员会,一是采取匿名审稿制;二是重校对之精审,故能以过硬质量迅速得到学术界重视和认可,成为民国学界较有代表性的专业史学刊物。美国哈佛大学出版的《东方学年报》(*Harvard Journal of Asiantic Studies*)将之列为中国出版的五种学术杂志之一;法国《通报》(*Tuang Pao*)对《史学年报》各期内容均有介绍。(参见张玮瑛、王百强、钱辛波主编《燕京大学史稿》,人民中国出版社2000年版)

吴承仕续聘为北京师范大学国文系主任教授。1月初,撰写《王制疏证自序》手稿。21日,上书章太炎,谓"欲撰《三礼辨名》一书,以事为纲,列封建、制禄、井田、宫室、车服、时祭、间祀等数十题,首引经记明文,次钞郑说,次摘贾、孔要义,而翦其繁芜。后儒驳正之说,且置不录,如是乃能窥三《礼》之概要。是书若成,似较《通故》为善"。2月,在《北平图书馆月刊》第2卷第2期发表《经典释文撰述时代考》。是年,撰写《检斋笔记》第1至93条,在《北平晨报》连载。又出任私立安徽中学校董事。(参见庄华峰编纂《吴承仕研究资料集》,黄山书社1990年版)

郭绍虞6月在《睿湖》第1期发表《先秦儒家之文学观》。10月,所著《文品汇钞》由北平朴社出版。12月,在《燕大月刊》第5卷第3期发表《〈文章流别论〉与〈翰林论〉》。是年在《小说月报》第20卷第1号发表《文气的辨析》;在《小说月报》第20卷第1—2期上发表《诗话丛话》。(参见何旺生《郭绍虞学术年表》,《中国韵文学刊》2008年第1期)

王重民毕业于北京师范大学。7月,王重民编《国学论文索引》初编由中华图书馆协会出版。书中收录1905年至1928年7月以前发表在80余种报纸杂志中的国学论文3000余篇。索引共分总论、群经、语言文字学、考古学、史学、地学、诸子学、文学、科学、政治法律学、经济学、社会学、教育学、宗教学、音乐、艺术、图书目录学等17大类及若干小类。6至8月,所著《列子校释》,先以连载的形式发表在本年的《北平图书馆月刊》第2卷第6期、第3卷第1—2期上,后与孙楷第《刘子新论校释》辑成《西苑丛书》,于1930年出版。是年,任保定河北大学国文系主任,不久在北平图书馆任职,与刘盼遂、孙楷第、谢国桢、罗根泽、傅振伦、杨殿珣等共事,互相切磋学问,并成立学文杂志社,编辑《学文》杂志,当时被称为"北学派"。(参见王学典《20世纪史学编年(1900—1949)》,商务印书馆2014年版)

缪钺任保定私立培德中学国文教员,兼保定私立志存中学国文教员。5月,缪钺的第一篇论文《诠诗》在《学衡》第69期发表。刘咸炘将其作为附录收于其所著《风骨集》后,并作题记,谓"《风骨集》印成,适于《学衡》杂志见此篇,究本括末,简要超常,不独非时流钞剿芜冗者比,即先士名论,亦未有是。吾撰《诗评综》,广采精择,贯穿编次,其所论辩,不越乎是。因附印集后,以为读斯集之准,则亦巧遇也"。夏,缪钺赴北平,与吴宓初次相见,并在其"藤影荷声馆"小住数日,谈论甚为契合。(参见缪元朗《缪钺先生生平编年(1904年—1978年)》,载《魏晋南北朝史论文集》,巴蜀书社2006年版)

朱启钤为社长的中国营造学社3月在北平成立,以研究中国古代建筑历史,提高理论水平,为将来创造民族建筑提供参考资料为宗旨,曾得到中华教育文化基金董事会的资助。编辑出版《中国营造学社汇刊》《建筑设计参考图集》等著作。

按:朱启钤《中国营造学社缘起》说:"方今世界大同,物质演进,兹事体大,非依科学之眼光,作有系统之研究,不能与世界学术名家,公开讨论。"(《中国营造学社汇刊》第一卷第一册,中华民国十九年七月)朱启钤聘请中央大学建筑系教授刘敦桢任学社文献部主任,负责搜集、校勘和编辑中国历代的建筑史籍,偏重文献研究;梁思成任学社法式部主任,主要从事中国古建筑实证研究,重在实地考察,确认隋代赵州桥、应县木塔、唐代佛光寺等一批古建筑,存留了一批极其珍贵的实测资料。(冬月编著《五大道名门世家》,天津人民出版社2013年版)

王鸿一、梁漱溟先后主持的《村治月刊》4月在北京创刊,梁漱溟、杨懋春、言心哲、张我先、李育父等主要撰稿。

霍世休、李振芬、余冠英等人3月14日当选为清华大学中国文学会负责人。4月19日文学会召开第二次常会,决定出版《新风雨》月刊,选举郝御风、罗懋德等人为编辑委员。

瀅生1月14日在《国立清华大学校刊》发表《清华的中国文学系》,介绍了初聘教授的有关情况,指出本系草创时期的不足,并提出两点建议:宜专为本系同学开设国文班次;大一的国文教员宜速聘请。(参见齐家莹编《清华人文学科年谱》,清华大学出版社1999年版)

钱稻孙译文《景教经典志玄安乐经考论》刊于12月14日《清华周刊》第32卷第10期。(参见齐家莹编《清华人文学科年谱》,清华大学出版社1999年版)

浦江清2月25日在《大公报·文学副刊》发表《殷虚甲骨之新发现》。6月24日,浦江清书评《法国名剧新译》,载《大公报·文学副刊》。9月,浦江清由清华研究院国文门转入中国文学系任助教。俞平伯与其相识并成为朋友。(参见齐家莹编《清华人文学科年谱》,清华大学出版社1999年版)

张奚若是年8月应聘来清华任法学院政治学系教授。

刘慎谔从法国留学回国,任北平研究院植物研究所研究员。

朱师辙10月1日致信陈垣,请辞辅仁大学教职。

杜延年为主席委员兼理事长的万国道德会在北京成立。

谢国桢9月12日入职国立北平图书馆,在编纂部中文编目组任事。(参见张光润《袁同礼研究(1895—1949)》,华东师范大学博士学位论文,2018年)

刘国钧9月21日入职国立北平图书馆,任编纂部主任。(参见张光润《袁同礼研究(1895—1949)》,华东师范大学博士学位论文,2018年)

废名经周作人介绍,到北京大学中文系任教。

余上沅到北京任中华教育文化基金会秘书,兼任北京大学等校教授,曾与赵元任、丁西林、熊佛西等组织业余的小剧院。

周培源赴瑞士苏黎世高等工业学校,在S.泡利(Pauli)教授领导下从事量子力学研究。同年回国,被聘为国立清华大学物理系教授。

陈岱孙兼任清华大学法学院院长。

萧一山在北平创办"北平文史政治学院",任院长,聘请学友黄现璠等人任教于该学院。

华罗庚自学成才,被清华大学数学系熊庆来教授赏识,经叶企孙批准从小县城调到清华大学数学系资料室当职员,边工作边旁听大学课程。

蒋天枢于北京清华学校国学研究院研究生毕业。

秦宣夫毕业于清华大学外语系。

陈东原毕业于北京大学教育系。

章泯毕业于国立北平大学艺术学院戏剧系，开始从事戏剧导演工作。

孙晓村毕业于北平中法大学服尔德学院文学史地系。

钱钟书考入清华大学外文系，其数学成绩只有15分，而中英文成绩俱佳，被破格录取。其才华受到罗家伦、吴宓、叶公超等人的欣赏，被看作特殊的学生。

牟宗三升入北京大学哲学系本科就读。

卞之琳考进北京大学英文系。课余译出莎士比亚的《仲夏夜之梦》，后自行毁弃。

李长之考入北京大学预科学习，在校期间发表《我所认识的孙中山》等散文作品。

孙海波考入燕京大学国文专修科。

萧乾进入燕京国文专修班学习。

胡适1月4日到杭州参加中华教育文化基金董事会第三次董事会，因对张伯苓被迫请辞董事长，蔡元培继任董事长，原董事顾维钧、颜惠庆、郭秉文、周诒春被迫请辞董事不满，而辞去董事。1月16日，从上海启程到北京参加北平协和医学校董事会。19日，抵达北平，时梁启超病逝。20日，参加大殓。20日、23日，徐志摩两次写信给胡适，商量《新月》第2卷第1期拟出梁任公纪念专号事，并要求胡适亲自主编这一期。信中还告知杨杏佛到南京商请蔡元培等在国府会议上提出悼念梁启超的建议。同月，胡适为中国科学社写作《社歌》。2月4日晚，胡适与徐旭生、李书华、李圣五等谈北大以后可专收研究生，借以提高全国高等教育的程度。3月中旬，胡适向为中山大学之事赴上海的顾颉刚明确表示已从"疑古"走向"信古"。26日，胡适致信当时的司法院长王宠惠，严厉质疑上海特别市的陈德徵在国民党三全大会上提出的《严厉处置反革命分子案》，并将信稿发交国闻通讯社，结果被扣未发。4月23日，作《三百年中的女作家》。

胡适5月6日写定《人权与约法》一文，刊于《新月》杂志第2卷第2号。文中列举了许多事实，指责国民党政府的"保障人权的命令"的虚伪，要求"快快制定约法以确定法制基础！快快制定约法以保障人权！"此文标志着"人权运动"的开始。

按：《人权与约法》曰：四月二十日国民政府下了一道保障人权的命令，全文是："世界各国人权均受法律之保障。当此训政开始，法治基础亟宜确立。凡在中华民国法权管辖之内，无论个人或团体均不得以非法行为侵害他人身体、自由及财产。违者即依法严刑惩办不贷。着行政司法各院通饬一体遵照。此令。"在这个人权被剥夺几乎没有丝毫余剩的时候，忽然有明令保障人权的盛举，我们老百姓自然是喜出望外。但我们欢喜一阵以后，揩揩眼镜，仔细重读这道命令，便不能不感觉大失所望。失望之点是：第一，这道命令认"人权"为"身体、自由、财产"三项，但这三项都没有明确规定。就如"自由"究竟是哪几种自由？又如"财产"究竟受怎样的保障？这都是很重要的缺点。第二，命令所禁止的只是"个人或团体"，而并不曾提及政府机关。个人或团体固然不得以非法行为侵害他人身体自由及财产，但今日我们最感觉痛苦的是种种政府机关或假借政府与党部的机关侵害人民的身体自由及财产。如今日言论出版自由之受干涉，如各地私人财产之被没收，如近日各地电气工业之被没收，都是以政府机关的名义执行的。四月二十日的命令对于这一方面完全没有给人民什么保障。这岂不是"只许州官放火，不许百姓点灯"吗？第三，命令中说，"违者即依法严行惩办不贷"，所谓"依法"是依什么法？我们就不知道今日有何种法律可以保障人民的人权。中华民国刑法固然有"妨害自由罪"等章，但种种妨害若以政府或党部名义行之，人民便完全没有保障了。果然，这道命令颁布不久，上海各报上便发现"反日会的活动是否在此命令范围之内"的讨论。日本文的报纸以为这命令可以包括反日会（改名救国会）的行动；而中文报纸如《时事新报》畏垒先生的社论则以反日会的行动不受此命令的制裁。岂但反日会的问题吗？无论什么人，只须贴上"反动分子""土豪劣绅""反革命""共党嫌疑"等等招牌，便都没有人权的保障。身体可以受侮辱，自由可以完全被剥夺，财产可以任意宰割，都不是"非法行为"了。无论什么书报，只须贴上"反动刊物"的字样，都在禁止之列，都不算侵害自由了。无论什么学校，外国人办的只须贴上"文化侵略"字样，中国人办的只须贴上"学阀""反动势力"等等字样，也就都可以封禁没收，都不算非法侵害了。我们在这种种方面，有什么保障呢？我且说一件最近的小事，事体虽小，其中含着的意义却很重要。三月二十六日上海各报登出一个专电，说上海特别市党部代表陈德征先生在三全大会提出了一个"严厉处置反革命分子案"。此案的大意是责备现有的法院太拘泥证据了，往往使反革命分子容易漏网。陈德征先生提案的办法是：凡经省党部及特别市党部书面证明为反革命分子者，法院或其它法定之受理机关以反革命罪处分之。如不服，得上诉。唯上级法院或其它上级法定之受理机关，如得中央党部之书面证明，即当驳斥之。这就是说，法院对于这种案子，不须审问，只凭党部一纸证明，便须定罪处刑。这岂不是根本否认法治了吗？我那天看了这个提案，有点忍不住，便写了封信给司法院长王宠惠博士，大意是问他"对于此种提议作何感想"，并且问他"在世界法治史上，不知在哪一世纪哪一个文明民族曾经有这样一种办法，笔之于书，立为制度的吗？"我认为这个问题是值得大家注意的，故把信稿送给国闻通信社发表。过了几天，我接得国闻通信社的来信说：昨稿已为转送各报，未见刊出，闻已被检查者扣去。兹将原稿奉还。我不知道我这封信有什么军事上的重要而竟被检查新闻的人扣去。这封信是我亲自署名的。我不知道一个公民为什么不可以负责发表对于国家问题的讨论。但我们对于这种无理的干涉，有什么保障呢？又如安徽大学的一个学长，因为语言上顶撞了蒋主席，遂被拘禁了多少天。他的家人朋友只能到处奔走求情，决不能到任何法院去控告蒋主席。只能求情而不能控诉，这是人治，不是法治。又如最近唐山罢市的案子，其起源是因为两益成商号的经理杨润普被当地驻军指为收买枪支，拘去拷打监禁。据四月二十八日《大公报》的电讯，唐山总商会的代表十二人到一百五十二旅去请求释放，军法官不肯释放。代表等辞出时，正遇兵士提杨润普入内，"时杨之两腿已甚臃肿，并有血迹，周身动转不灵，见代表等则欲哭无泪，语不成声，其凄惨情形，实难尽述"。但总商会及唐山商店八十八家打电报给唐生智，也只能求情而已；求情而无效，也只能相率罢市而已。人权在哪里？法治在哪里？我写到这里，又看见五月二日的《大公报》，唐山全市罢市的结果，杨润普被释放了。"但因受刑过重，已不能行走，遂以门板抬出，未回两益成，直赴中华医院医治。"《大公报》记者亲自去访问，他的记载中说：见杨润普前后身衣短褂，血迹模糊。衣服均粘于身上，经医生施以手术，始脱下。记者问被捕后情形，杨答，苦不堪言，曾用旧时惩治盗匪之压杠子，余实不堪其苦。正在疼痛难忍时，压于腿上之木杠忽然折断。旋又易以竹板，周身抽打，移时亦断。时刘连长在旁，主以铁棍代木棍。郑法官恐生意外，未果。此后每讯必打，至今周身是伤。据医生言，杨伤过重，非调养三个月不能复原。这是人权保障的命令公布后十一日的实事。国民政府诸公对于此事不知作何感想？我在上文随便举的几件实事，都可以指出人权的保障和法治的确定决不是一纸模糊命令所能办到的。法治只是要政府官吏的一切行为都不得逾越法律规定的权限。法治只认得法律，不认得人。在法治之下，国民政府的主席与唐山一百五十二旅的军官都同样的不得逾越法律规定的权限。国民政府主席可以随意拘禁公民，一百五十二旅的军官自然也可以随意拘禁拷打商人了。但是现在中国的政治行为根本上从没有法律规定的权限，人民的权利自由也从没有法律规定的保障。在这种状态之下，说什么保障人权！说什么确立法治基础！在今日如果真要保障人权，如果真要确立法治基础，第一件应该制定一个中华民国的宪法。至少，至少，也应该制定所谓训政时期的约法。孙中山先生当日制定"革命方略"时，他把革命建国事业的措施程序分作三个时期：第一期为军法之治（三年）；第二期为约法之治（六年）……"凡军政府对于人民之权利义务，及人民对于军政府之权利义务，悉规定于约法。军政府与地方议会及人民各循守之。有违法者，负其责任。……"第三期为宪法之治。"革命方略"成于丙午年（1906），其后续有修订。至民国八年中山先生孙文学说时，他在第六章里再三申说"过渡时期"的重要，很明白地说："在此时期，行约法之治，以训导民人，实行地方自治。"至民国十二年一月，中山先生作"中国革命史"时，第二时期仍名为"过渡时期"，他对于这个时期特别注意。他说:第二为过渡时期。在此时期内,施行约法(非现行者),建设地方自治,促进民权发达。以一县为自治单位,每县于散兵驱除战事停止之日,立颁约法,以规定人民之权利义务,与革命政府之统治权。以三年为限,三年期满,则由人民选举其县官。……革命政府之对于此自治团体只能照约法规定而行其训政之权。又过了一年之后,当民国十三年四月中山先生起草"建国大纲"时,建设的程序也分作三个时期,第二期为"训政时期"。但他在建国大纲里不曾提起训政时期的"约法",又不曾提起训政时期的年限,不幸一年之后他就死了,后来的人只读他的建国大纲,而不研究这"三期"说的历史,遂以为训政时期可以无限延长,又可以不用约法之治,这是大错的。中山先生的建国大纲虽没有明说"约法",但我们研究过他民国十三年以前的言论,可以知道他决不会相信统治这样一个大国可以不用一个根本大法的。况且建国大纲里遗漏的东西多着哩。如二十一条说"宪法未颁布以前,各院长皆归总统任免",是训政时期有"总统",而全篇中不说总统如何产生。又如民国十三年一月国民党第一次代表大会宣言已有"以党为掌握政权之中枢"的话,而是年四月十二中山先生草定建国大纲全文二十五条中没有一句话提到一党专政的。这都可见建国大纲不过是中山先生一时想到的一个方案,并不是应有尽有的,也不是应无尽无的。大纲所有,早已因时势而改动了。(如十九条五院之设立在宪政开始时期,而去年已设立五院了。)大纲所无,又何妨因时势的需要而设立呢? 我们今日需要一个约法,需要中山先生说的"规定人民之权利义务与革命政府之统治权"的一个约法。我们要一个约法来规定政府的权限——过此权限,便是"非法行为"。我们要一个约法来规定人民的"身体、自由及财产"的保障——有侵犯这法定的人权的,无论是一百五十二旅的连长或国民政府的主席,人民都可以控告,都得受法律的制裁。我们的口号是:快快制定约法以确定法治基础! 快快制定约法以保障人权!

胡适5月11日致函刘大钧,辞《评论报》名誉编辑的名义,理由是"《评论报》已成了一个官办的《辩护报》了"。5月21日,王宠惠复信,告陈德徵提案"并未提出,实已无形打消矣!"同日,丁文江写信报告编辑《梁任公年谱》搜集材料的情况。并请胡适为南京生物研究所请款事帮秉志的忙。6月3日,胡适在上海大同大学演讲的《哲学的将来》,认为"过去的哲学只是幼稚的,错误的,或失败了的科学""过去的哲学学派只可在人类知识史与思想史上占一个位置,如此而已""只有把哲学家归到人类知识思想史上去,方才可以估计它们过去的成绩,方才可以推算它们将来的地位",并主张彻底取消哲学,预期"将来只有一种知识:科学知识。将来只有一种知识思想的方法:科学证实方法。将来只有思想家而无哲学家,他们的思想已证实的便成为科学的一部分,未证实的叫做待证的假设(Hypothesis)"。29—30日,中基会董事会年会在天津举行。最后改选本年任满的三董事,胡适、蒋梦麟、施肇基当选。董事长、副董事长、名誉会计均被选连任,惟名誉秘书改推胡适继任。6月30日,作《百二十回本〈忠义水浒传〉序》。7月1日,胡适致信李璜、常乃悳,对国家主义派的小刊物诸如《探海灯》《黑旋风》等常传播无稽之谈,甚至捏造故实,提出严厉的指责。7月8日,丁文江写信再次谈到编辑《梁任公年谱》事。

胡适7月20日写定《我们什么时候才可有宪法——对于〈建国大纲〉的疑问》一文,刊于《新月》第2卷第4号,文中开宗明义提出"民国十三年的孙中山先生已不是十三年以前的中山了。他的《建国大纲》简直是完全取消他以前所主张的'约法之治'了",认为孙中山于民国十三年以后放弃了约法的思想,只讲军政训政。由革命党和政府来训练人民,这是不相信人民有在约法和宪法之下参与政治的能力,提出:"人民需要的训练是宪法之下的公民生活。政府与党部诸公需要的训练是宪法之下的法治生活。'先知先觉'的政府诸公必须自己先用宪法来训练自己,裁制自己,然后可以希望训练国民走上共和的大路。不然,则口口声声说'训政',而自己所行所为皆不足为训,小民虽愚,岂易欺哉?"文中强调:"立一个根本大法,使政府的各机关不得逾越他们的法定权限,使他们不得侵犯人民的权利——这才是民主政治的训练。程度幼稚的民族,人民固然需要训练,政府也需要训练。"然后尖锐批评道:"故中山先生的根本大错误在于误认宪法不能与训政同时并立。他这一点根本成见使他不能明白民国十几年来的政治历史。他以为《临时约法》的失败是'由于未经军政训政两时期,而即入于宪政'。这是历史的事实吗?民国元年以来,何尝有'入于宪政'的时期?自从二年以来,哪一年不是在军政的时期?临时约法何尝行过?天坛宪法草案以至于曹锟时代的宪法,又何尝实行过?十几年中,人民选举国会与省议会,共总行过几次?故民国十几年的政治失败,不是骤行宪政之过,乃是始终不曾实行宪政之过;不是不经军政训政两时期而遽行宪政,乃是始终不曾脱离扰乱时期之过也。"此后,胡适又在《新月》上发表《知难,行亦不易——孙中山先生的"行易知难"说述评》。8月1日,胡适致信国民党政府教育部长蒋梦麟和马叙伦,谈中国公学立案事。

胡适8月24日因发表《人权与约法》等文章,经国民党上海特别市党部执行委员会第四十七次常会决议,呈请中央执委会咨国府,令教育部将胡适撤职惩办。25日,此项消息在报上发表。30日,周作人写信,因见报载沪党部决议,力劝胡适回北平尽心著述,谓"我总觉得兄的工作在教书做书,完成那《中国哲学史》《文学史》以及别的考据工作。而做这个工作是非回北平来不可。如在上海是未必能成功的。"9月4日,胡适复信周作人,说此时不想到北京来的几层原因。23日,《申报》载中央社消息:"上海私立中国公学校长,最近在《吴淞月刊》及《新月》杂志上发表《人权与约法》《我们什么时候才可以有宪法》及《知难行亦不易》等篇文字,攻击本党党义及总理学说,各省市党部如上海、青岛、天津、北平、江苏、南京等处先后呈请中央严予惩办。中央亦以胡适言论不谙国内社会实际情形,误解本党党义及总理学说,并溢出学术研究范围,放言空论。其影响所及,既失大学校长尊严,并易使社会上缺乏定见之人民对党政生不良印象。业由中央训练部函请国民政府转饬教育部加以警告,并请通饬全国各大学校长,切实督率教职员详细研究本党党义,以免再有与此类似之谬误见解发生。"同月,胡适在《小说月报》第20卷第9期发表《〈水浒传〉新考》。10月3日,胡适收到顾颉刚来信,答应作《崔东壁遗书》的序。信中告称,有一位何定生编了一本《关于胡适之与顾颉刚》,由朴社出版。此书一出,会使得旁人"疑我们两人有分裂的趋势"。而在朴社出版,尤会使人"疑我有意向先生宣战",拟请朴社停止发行。朴社以成本关系,拟易名《治学的方法与材料的讨论》发行。

胡适收到10月4日教育部长蒋梦麟奉命下达对于胡适的警告令。此件绝妙的公文,共约900字,全是照转各级党部的公文,只有开头"令中国公学"和最后"合行令仰该校长知照"14个字是蒋梦麟加上去的。胡适见此部文之后,不免十分好笑,经校改"警告令"中的错别字之后,原件封还,拒绝接受,并附一封给蒋梦麟部长的信,声称"这件事完全是我胡适个人的事……与中国公学何干?你为什么'令中国公学'?该令殊属不合"。又指出令文中所加罪名自相矛盾,皆无确实证据,"含糊笼统",所以"只好依旧退还贵部"。同月,胡适著、姚名达订补《章实斋先生年谱》由商务印书馆出版。11月,国民党政府当局除取行政手段对付胡适以外,还组织了一批人集中批判胡适,并将这些批判文字集为一册,书名叫做《评胡适反党义近著》,于是月出版。预告还要出《评胡适反党义近著》第二集。21日,蔡元培致函胡适,谓"承示《大公报》两文,均持之有故;然百年肯牺牲考试院之地位而回校,已足以表示学者之襟怀,其他为时间所限而不能刻期解决者,我辈只能谅之,所望将来有机会解决之耳"。

胡适11月29日写成《新文化运动与国民党》一文,刊于《新月》第2卷第6—7期合刊,文中从国民党宣传部长叶楚伦的一篇宣扬复古的大文谈起,指责这位部长是个"反动分子"。又称国民党及政府当局的函电、公文、法令至今还用文言,同时钳制言论、思想、出版的自由等等,所以说国民党是"反动派"。27 日,胡适在国立中央大学商学院讲演中西文化问题,题为《死里逃生》,认为现今是文化冲突最激烈的时代。世界的文化是任何力量也不足以抵抗的,主张全盘接受西方文化。12 月 10 日,胡适在《新月》第 2 卷第 10 期发表《我们走哪条路》,提出"五鬼闹中华"的论点,认为中国社会问题的"五大恶魔":贫穷、疾病、愚昧、贪污和扰乱,才是革命的真正对象。而铲除"五魔"不靠暴力革命,要靠点滴改良,"打倒这五大敌人的真革命只有一条路,就是认清了我们的敌人,认清了我们的问题,集合全国的人才智力,充分采用世界的科学知识与方法,一步一步的作自觉的改革,在自觉的指导之下一点一滴的收不断的改革之全功"。13 日,胡适为《人权论集》作《小序》,谓今日正是大火的时候,因实在不忍袖手旁观,才来发表批评言论,旨在请国民党反省,有所改革,从而消弥正在燃烧着的革命的"大火"。此集即将《新月》上发表的有关人权与约法等问题的文章,包括罗隆基的《论人权》《论思想统一》《告压迫言论自由者》等文,集为一册,名曰《人权论集》。14日,胡适为张孝若所作《南通张季直先生传记》作序,提倡"传记文学",谓"传记的最重要的条件是纪实传真"。又说中国传记文学不发达,其原因有三:一是缺乏崇拜伟大人物的风气,二是忌讳太多,三是古文不适于刻画人物。31 日,写成《荷泽大师神会传》,这是他治禅宗史的最重要的著作,颇自引为得意。是年,胡适应《中国基督教年鉴》(英文版)之邀撰写并发表《中国今日的文化冲突》一文,再次倡导"全盘西化论",提出中国人对待西方文化有三种态度:"第一种态度是抗拒;第二种态度是全盘接受;第三种态度是有选择性的采纳。"并武断地宣称,中国已经没有人再坚持"抗拒"的态度,应该"承认中国旧文化不适宜于现代的环境,而提倡充分接受世界的新文明"。文中又以日本为案例:"日本毫不犹豫的接受了西方文明,结果使日本的再生取得成功",因此,"让我们希望中国也可能象日本那样实现文化复兴"。(以上参见耿云志编《胡适年谱》,福建教育出版社 2012 年版;高平叔编著《蔡元培年谱长编》,人民教育出版社 1996 年版)。

　　高一涵继续任中国公学社会科学院院长兼本科教授,从事学院的管理与教学工作。在《飞虹》创刊号发表《答胡不归论编中国政治思想史书》,谓:"编中国政治思想史,犹如披沙拣金,须亲自动手,绝不是偶读几本著作所能编得成的。依我想:最先应当从各种著作中拣选出来关于政治思想材料,编成一本政治思想史料,如 Coker——Roabings in Pocitical Philosophy 一样,然后再进行整理,加以系统的叙述。凡经史子集都是要看的。恐非毕生事业不可。单看几本丛书,或别人叙述的书籍,是没有用的。看书一多,自然会找出许多平常不常见的书,那时自己会指示自己。"7 月 6 日,所著《中国御史制度的沿革》再版,再版自序指出:"现在一般人对于监察权似乎有点误解,就是只把监察权当作弹劾权。其实明清以来的都察院的权力绝不以一种弹劾权为限,此外还包括许多重要的权力在内。中国御史制度的特点就在于行使弹劾权外,还享有监督行政权、考察官吏、检查会计和注销案卷种种特权。……由此看来,弹劾权只能算是监察权的结果,必须先有上述的几种特权——监督行政、考察官审、检查会计、注销案卷等权——然后弹劾权才不致成为虚设。监察院如果没有这几种特权,就是叫他告发,他也是无从着手。故监察院如果要想实行他的监察权,一定要在弹劾权之外,同时再享有这四种权力,然后弹劾权才有着落。"(参见高大同《高一涵先生年谱》,上海文化出版社 2011 年版;耿云志《胡适年谱》,四川人民出版社 1989 年版)

　　陈独秀 5 月至 8 月通过尹宽介绍,从归国留学生托派分子王平一手中,见到托洛茨基《中国革命的总结与前瞻》《共产国际第六次大会后的中国问题》等文件,并与彭述之、尹宽、郑超麟等人反复学习、讨论,逐步接受托派主张。从此,在党内形成陈独秀派的托派小组织。6 月,中共中央举行六届二中全会,指出"最近党内发现了国际托洛茨基反对派的小组织,这一反对派现在已成为帝国主义破坏苏联,反对世界革命的工具,无疑义的在中国的反对派要同样的成为中国统治阶级反对革命破坏党的工具,所以党必须坚决的予以制裁"。8 月 3 日中共中央复函陈独秀,指出陈与中央的分歧"不只是部分的策略的讨论,而且包含了很严重的原则的问题"。5 日,中共中央机关报《红旗》出版反托洛茨基主义特号(第 36 号),发表李立三的《反托洛茨基主义和中国的机会主义大纲》、斯大林的《中国革命问题大纲》和《季诺维也夫加米涅夫脱离反对派的宣言》。同日,陈独秀给中共中央一封长信,贡献"一年以来慎重考虑"党的政治路线和组织路线后取得的"结论",并要求在党报上发表,"以便公诸全党讨论"。信中猛烈抨击中央"八七""六大"以来的路线仍是"机会主义"——"盲动主义和命令主义"。28 日,共产国际代表和中共中央代表约陈独秀谈话,指出中央政治路线没有原则上的错误,批评陈不应该发表和中央不同的意见,再加上时局的紧张,中央不容许公布陈 8 月 5 日致中央的信。同月,托派分子刘仁静、王文元、吴季严等人自苏回国。随后陈独秀在郑超麟家,约见刘仁静,听取刘拜会托洛茨基的情况及托氏起草的中国托派"政纲";委托刘向"总干"表示:他将公开承认大革命时期的错误,接受托派的理论和策略;提议双方共同组织"联合委员会",但不拒绝。

　　陈独秀是夏撰写《论中国革命性质》,以示在接受托洛茨基主义时,在中国革命性质问题上有所保留。文章结论说:"将来的中国革命……不是俄国的十月革命,也不是二月革命,而是二月革命与十月革命之总和。"10 月 6 日,中共中央致函陈独秀,重申公布陈独秀的信"有妨害于对敌人的斗争""中央决定你在党的政治路线之下,在中央担任编辑工作,限定你一周内作篇反对反对派的文章,并编入中央直属支部参加党的生活"。10 日,复函中共中央,指责中央"固执掩护错误的政治路线,……已深到无可挽救的地步",向中央"作一次最后的警告!"15 日,中共中央政治局会议通过《关于反对党内机会主义与托洛茨基主义反对派的决议》。11 月 15 日,中共中央政治局通过《关于开除陈独秀党籍并批准江苏省委开除彭述之、汪泽凯、马玉夫、蔡振德四人决议案》。27 日,慕石(即王明)在《红旗》第 57 期发表《论陈独秀》,指出:"从中国共产党队伍中开除出去了的陈独秀,如果能幡然痛悔,安心做一做他自己所谓的'改造中国文字'工作,那么,或不致于更进一步的走向公开的反动道路上去。"12 月 10 日,陈独秀发表《告全党同志书》,逐条对中共中央开除他的理由进行辩解。15 日,陈独秀与彭述之、郑超麟策划 81 人签名发表《我们的政治意见书》,作为本派(人称托陈取消派)的"纲领",并公开本派小组织,公开活动。同月,莫斯科中山大学开展肃托运动,中国学生托派组织头子赵彦卿交出 200 多隐蔽的托派分子名单。(以上参见唐宝林、林茂生《陈独秀年谱》,上海人民出版社 1988 年版;张人凤、柳和城编著《张元济年谱长编》,上海交通大学出版社 2011 年版;沈寂《陈独秀与商务印书馆》,《商务印书馆一百年》,商务出版社 1998 年版)

　　周恩来 1 月 1 日在《布尔塞维克》刊物上发表《各帝国主义侵掠中国的形势》一文。3 日,中共中央政治局会议决定在政治局下设立军委。11 日前后,由天津返回上海。2 月 6 日,出席中共中央政治局常委会议。会议决定组织秘密工作委员会,由周恩来、向忠发、余泽鸿 3 人组成,周恩来为主席。会议通过周恩来修改提出的中共中央关于党员军事化的通告。24 日,出席中共中央政治局会议。在讨论政治问题的发言中不同意李立三提出的"地主阶级'蜕化'到资产阶级来领导资本主义"这一提法。3 月 5 日,出席中共中央政治局会议,作政治问题的报告。5 月 19 日。出席中共中央政治局会议。会议根据共产国际的指示,决定江苏省委在上海组织群众举行纪念"五卅"运动四周年的示威游行,并成立由李立三、项英、周恩来参加的行动委员会。30 日,周恩来、李维汉亲临现场观察指挥。6 月 25—30 日,出席在上海召开的中共六届二中全会。7 月 3—19 日,共产国际执委召开第十次全会。会议通过《国际状况与共产国际的目前任务》的政治决议案,阐述"第三时期"的理论,提出中国"革命浪潮的条件无疑正在成熟,必将导致创立苏维埃,成立工农民主专政的机关",并强调"右倾的危险现在是共产党内的主要危险",要"加紧反右倾的斗争"。12 日,和向忠发一起同陈独秀谈话,交换对政治问题的意见,彼此发生争论。7 月底(或 8 月初),在上海主持召开中共中央军事会议,与各地红军负责干部讨论研究红军的性质、发展方向、游击策略和组织机构等问题。夏,派贺诚、柯麟以医生身份,在上海威海卫路开办达生医院,掩护中共中央政治局的活动,周恩来曾多次来此开会。主持举办中共中央军事训练班,培训红军急需的军事干部及政工干部。8 月 3—5 日,撰写《上海八一示威的意义与教训及今后的工作路线大纲》。9 月 14 日,为纪念彭湃等烈士,撰写《彭杨颜邢四同志被敌人捕杀经过》。10 月 5 日,中共中央政治局会议通过周恩来起草的《中央关于反对党内机会主义与托洛茨基主义反对派的决议》。决议对托洛茨基反对派的理论作了系统的分析,指出党内以陈独秀为代表的机会主义与托洛茨基反对派对于中国革命的根本问题陷入取消主义的观点,完全背离了六大与中央关于目前革命的根本策略,同时违反党的组织原则,进行分裂党的小组织活动,是"党所不能宽恕的破坏党的行为"。决议警告陈独秀等必须立即服从中央的决议,停止一切反党的宣传与活动。号召"全党同志一致起来,拥护中央的决议,肃清党内取消主义的思想与一切反党的小组织"。11 月 15 日,中共中央发出由李立三起草、周恩来修改的《开除陈独秀党籍并批准江苏省委开除彭述之、汪泽楷、马玉夫、蔡振德四人决议案》。12 月 20 日,出席中共中央政治局会议。会议通过由李立三起草、周恩来修改的《中国共产党接受共产国际第十次全体会议决议的决议》。24 日,出席在上海召开的中国革命互济会全国代表大会。是年,在上海主持筹办党的干部训练班和特别训练班,审定讲课提纲并讲授"马列主义""党的建设"等课程,向各地中共党组织和苏区输送党的干部和政工干部。(参见中央文献研究室《周恩来年谱 1898—1976》,中央文献出版社 1998 年)

李立三 6 月 25—30 日出席在上海召开的中共六届二中全会。30 日,中共六届二中全会结束。之后中央政治局进行了调整,李立三从中央政治局候补常委转为正式常委,并接替蔡和森担任中央宣传部长,成为事实上的党中央负责人。约 10 月,李立三到上海芝罘路的中共中央宣传部秘密机关,与吴黎平谈到中共中央三点意见:一是文化工作者需要团结一致,共同对敌,自己内部不应该争吵不休;二是我们有的同志攻击鲁迅是不对的,要尊重鲁迅,团结在鲁迅的旗帜下;三是要团结左翼文艺界、文化界的同志,准备成立革命文学界的群众组织。与此同时,李立三先后与中宣部干部潘汉年、朱镜我,江苏省委宣传部部长李富春等沟通此事,要求他们停止对鲁迅的谩骂攻击,正确认识鲁迅对于建设革命文学的重要意义,团结到鲁迅的旗帜下,建成革命文学团体,共同对敌。(参见王锡荣《左联与左翼文学运动》及附录《左翼十年文学大事记》,上海人民出版社 2016 年版)

杨度 2 月 17 日为梁启超撰写挽联:"事业本寻常,成固欣然,败亦可喜。文章久零落,人皆欲杀,我独怜才。"此联刊于 2 月 18 日《新闻报》。秋,由中共中央特科负责人周恩来批准,经潘汉年介绍,杨度秘密加入了中国共产党,专门在敌方营垒里担任情报员,与周恩来保持单线联系。是年,作《论圣贤同志》,谓:"观于孔门师弟之言志,⋯⋯惟其然也,颜渊、季路与孔子之志,不必尽同也。平日读书讲学,各有性情气质之殊,虽修身皆以克己为归,然志其小者,或兢兢于一事一物之微;而志其大者,则己物与民胞,觉万物皆备于我。惟其然也,颜渊、季路与孔子之志,不必尽异也。平时敬业乐群,各以内圣外王为学,故经世必有安人之政。即志其偏者,亦拳拳于人我彼此之故;而志其全者,则己全体大用,举天下而措之安。"(参见左玉河编《中国近代思想家文库·杨度卷》及附录《杨度简谱》,中国人民大学出版社 2015 年版)

李达 1 月所著《中国产业革命概观》由上海昆仑书店出版。此书被认为是中国人用马克思主义观点比较系统地阐述中国近代经济史的第一部著作。所译《妇女问题与妇女运动》(山川菊荣著)由上海远东图书公司出版。3 月,与钱铁如合译杉山荣著《社会科学概论》由上海昆仑书店出版。4 月,李达所著《社会之基础知识》由上海新生命书局出版发行。书中提出了"社会的系统观"思想,指明"中国的出路"在于"为求中国的生存而实行的中国革命,一面要打倒帝国主义,一面要铲除封建遗物,前者是民族革命的性质,后者是民主革命的性质,其必然的归趋,必到达于社会革命,而与世界社会进化的潮流相汇合"。9 月,所著《民族问题》由上海南强书局出版。该书提出:"民族问题,是世界革命的根本问题之一,也是中国革命的根本问题之一,要了解世界革命和中国革命的理论和策略,就必得研究民族问题。"这是中国第一本运用马克思主义民族理论研究民族问题的著作。所译塔尔海玛著《现代世界观》由昆仑书店出版。(参见宋俭、宋景明编《中国近代思想家文库·李达卷》附录《李达年谱简编》,中国人民大学出版社 2015 年版)

恽代英年初任党中央宣传部秘书,主编党刊《红旗》和负责编写《每日宣传要点》。1 月 9 日,在《红旗》杂志第 8 期上发表《谁阻碍中国裁兵——蒋介石》《卖国殃民的"关税自主"》两文,揭露了蒋介石的裁兵谎言以及国民党宣传关税自主的虚伪性。2 月,在《布尔塞维克》第 2 卷第 4—5 期上发表《施存统对于中国革命的理论》,系统批驳了国民党改组派在中国革命理论上的错误观点,指出中国革命只有在无产阶级直接领导下,才能获得成功。4 月 13 日,在《红旗》第 17—18 期合刊上发表《国民党第三次全国代表大会的成绩》《国民党出卖济案》两文。前文揭露了国民党三大通过的一系列决议案的欺骗性。后文则一针见血地指出,国民党之所以出卖济案,是因为"蒋介石为了要发动军阀战争,不得不求助于日本帝国主义,所以不能不这样屈辱地解决济案"。6 月 25 日,在广州举行的中共六届二中全会上,被增补为中央委员。7 月 31 日,在《红旗》第 35、37 期上发表《中东路问题与一般流行的错误意见》。(参见刘辉编《中国近代思想家文库·恽代英卷》及附录《恽代英年谱简编》,中国人民大学出版社 2015 年版)

陈望道 3 月 10 日在《小说月报》开始连载所译的冈泽秀虎《苏俄十年间的文学论研究》。5 月,陈望道与施存统合译的《社会意识学大纲》(俄国波格丹诺夫著)由开明书店出版。秋,陈望道出任地下党创办的中华艺术大学校长,沈端先任中国文学科主任,许幸之任西洋画科主任,原创造社的郑伯奇、冯乃超、李初梨、彭康、朱镜我、李铁声、王学文、钱杏邨、沈起予等在该校任教,西洋画科教师有许幸之、叶沉、王一榴、卢炳炎等。由此成为左翼文化界的重要阵地。

按：中华艺术大学创建于1925年12月，校址设于闸北青云路。1928年底因经费和生源困难，难以维持。至是年2月进行改组，由沈端先协助潘汉年接办该校，租窦乐安路233号（今多伦路201弄2号）为新校址。（参见上海鲁迅纪念馆编《陈望道先生纪念集》，复旦大学出版社2006年版；王锡荣《左联与左翼文学运动》及附录《左翼十年文学大事记》，上海人民出版社2016年版）

李富春任中共江苏省委宣传部长。9月，李富春找上海文化支部负责人阳翰笙谈话，指出对鲁迅的围攻是不对的，有些人对鲁迅的活动的积极意义估计不足，鲁迅对党员个人可能有批评，但没有反对党，党员应该站在党的立场上团结他，要赶紧解决这个问题，然后向党汇报。年底，由潘汉年与冯雪峰负责与鲁迅等协商，筹建"中国左翼作家联盟"。（参见鲁迅博物馆、鲁迅研究室编《鲁迅年谱》，人民文学出版社1981年版；阳翰笙《中国左翼作家联盟成立的经过》，见1980年《文学评论》第2期）

潘汉年10月任中央宣传部干事兼新成立的中央文化工作委员会首任书记。委员有吴黎平、杜国庠、李一氓、彭康、朱镜我、杨贤江、王学文、彭芮生、冯乃超、孟超。潘汉年接到停止论争与攻击鲁迅的通知后，召集上海文化支部各方面负责人会议，传达中共中央关于停止"革命文学"论争、共组革命文学团体的精神，开始讨论组织左翼作家团体问题，夏衍、冯雪峰、柔石，创造社方面的冯乃超、李初梨，太阳社方面的钱杏邨、洪灵菲等出席。会上决定：创造、太阳两社的所有刊物，一律停止对鲁迅的批评，即使鲁迅有反批评，也不要反驳。同时决定派冯雪峰、夏衍、冯乃超3人去和鲁迅谈一次话，告诉鲁迅：党要求停止这次论争，并作了自我批评。这次会后，左翼文化工作者都有一种要求，组织起来，统一行动。领导人是江苏省委宣传部部长李富春，实际负责筹组"左联"和与鲁迅联系的人是潘汉年。同月15日，潘汉年在《现代小说》发表《文艺通信——普罗文学题材问题》。文中运用马克思主义文艺观，就论争的争议点重新进行辩证思考，表达了自己对无产阶级文学的观点，认为"现在中国所有压迫、束缚、侵略、阻碍无产阶级利益的对象，都是我们普罗文学的题材，正是与中国现阶段的革命性质及其任务是一致的"，从而否定了只有写无产阶级本身的生活，才是无产阶级文学的观点，阐明了普罗文学的题材范围、划分标准，同时强调"只有奋勇的去参加普罗的实际斗争，在这种实地的生活中，才能够得到无产阶级生活正确的经验"。约10月中旬，潘汉年召集创造社、太阳社成员及党外人士郑伯奇在内的座谈会，推选了包括鲁迅、郑伯奇在内的12人组成左联筹备小组。这个12人的筹备会，由潘汉年主持，每周召开一次会议。

按：关于"基本构成员"12人的名单说法稍异。据冯雪峰所记有鲁迅、郑伯奇、冯乃超、彭康、沈起予、阳翰笙、蒋光慈、阿英、洪灵菲、夏衍、柔石和冯雪峰。阳翰笙的回忆增有潘汉年、李初梨，没有彭康和沈起予。夏衍的回忆则有戴万平，没有沈起予。（参见鲁迅博物馆、鲁迅研究室编《鲁迅年谱》，人民文学出版社1981年版；阳翰笙《中国左翼作家联盟成立的经过》，《文学评论》1980年第2期；陶柏康《潘汉年同志在"左联"成立前后的革命活动》，《上海大学学报（社会科学版）》，1986年第2期；武在平《潘汉年与中国左翼作家联盟》，《新文学史料》1991年第4期；凌彤《潘汉年领导上海左翼文化运动》，《世纪风采》2020年第9期；王锡荣《左联与左翼文学运动》及附录《左翼十年文学大事记》，上海人民出版社2016年版）

李一氓是秋任中共中央宣传部文化工作委员会委员。10月，李一氓译《恩格斯马克思合传》由上海江南书店印行，为中国第一部恩格斯马克思传记著作。11月，李一氓、朱镜我等在上海创办《新思潮》月刊，主要撰稿人有李一氓、朱镜我、吴黎平、潘东周、彭康、杨贤江等，由朱镜我主编。后改名为《新思想》。潘东周、吴黎平、彭康、王学文、李一氓等为主要撰稿人。是刊为中共中央宣传部领导下的文化工作委员会通过创造社出版的刊物，主要介绍马克思主义理论。该刊组织讨论中国社会性质问题,旨在宣传中共六大的判断,批驳陈独秀、托派和"新生命派"的观点。在当时中国社会史论战中,中共干部派以《新思潮》为主要阵地,时称"新思潮派"。

按:《新思潮》从第7期始改名为《新思想》,于1930年7月1日停刊。(参见鲁迅博物馆、鲁迅研究室编《鲁迅年谱》,人民文学出版社1981年版;陈福康著《郑振铎年谱》,三晋出版社2008年版;王学典《20世纪史学编年(1900—1949)》,商务印书馆2014年版)

杨贤江1月20日在《教育杂志》第21卷第1号发表介绍 Lucy L. W. Wilson 所著的《新俄之新学校》(New School in New Russion)。杨贤江为了让中国人尽快熟知苏俄教育的特质,在文章中先简要介绍了《新俄之新学校》这本书的大体情况,随即直接翻译了《新俄之新学校》的第一章"在十年后"和第十八章"文化的总结"放在文中。2月20日,在《教育杂志》第21卷第2号上发表《高唱"思想善导"之最近日本教育界》。4月20日,在《教育杂志》第21卷第4号上发表《"教育劳动者国际"之勃兴与其发展》。5月,乘日本"皇后号"轮船归国。同月,所著《教育史ABC》列入《ABC丛书》,由上海世界书局出版,为中国乃至世界最早运用历史唯物主义和阶级分析方法研究教育史发展的专著。6月,译恩格斯著《家庭、私有财产及国家之起源》由上海新生命书局出版,陶希圣作序。同月,杨贤江接受中共中央组织部的特殊使命,负责对党内反对派的教育工作,担任特殊支部的负责人。

杨贤江7月20日在《教育杂志》第21卷第7号发表《读舒新城君的〈致青年教育家〉》,就舒新城2月发表在《教育杂志》第21卷第2号的《致青年教育家》提出商榷意见。8月,为译美国斯坦利·霍尔(Granville Stanley Hall)所著《青年期的心理与教育》作《译序》,认为此书"是青年心理学上惟一有权威的著作"。秋,参与中国共产党"中央文化工作委员会"的领导工作。9月20日,在《教育杂志》第21卷第9号上发表《日本高等教育政策及其影响》。25日,在日本为译著《家族、私有财产及国家之起源》作《译者序》。10月20日,在《教育杂志》第21卷第10号上发表《世界成年劳动者教育之实施鸟瞰》。同月,译著《青年期的心理与教育》由上海世界书局出版(初版)。11月,译著《今日之世界》在上海沪滨书局出版。同月。在《新思潮》(月刊)创刊号上发表译作《苏联的大学生》。12月20日,在《教育杂志》第21卷第12号上发表《教育迷信论》及译作《日本之最近文化政策》。同月,完成《新教育大纲》的撰写。(以上参见中央教育科学研究所编《中国现代教育大事记1919—1949》,教育科学出版社1988年版;杜学元、吴吉惠等撰著《杨贤江年谱长编》,光明日报出版社2005年版)

冯雪峰2月迁居景云里茅盾家中,与鲁迅过从更密。4月8日,译德国梅林格原著之《现代艺术论》,刊于5月15日《引擎》月刊创刊号。同月,所译苏联卢那卡尔斯基原著之《艺术之社会的基础》由上海水沫书店出版,列为《科学的艺术论丛书》之四。是年3月所作《译者附记》印入书中。又译苏联伏洛夫司基原著之《作家论》,由上海昆仑书店出版,1928年12月所作《题引》列于卷首。1930年3月改题《社会的作家论》,列为《科学的艺术论丛书》之十二,由上海光华书局重行出版,卷首仍印有《题引》。6月1日,所译德国梅林格原著之《自然主义与新浪漫主义》刊于《朝花旬刊》第1卷第1期。10日,所译德国梅林格原著之《论迭更斯》刊于《语丝》周刊第5卷第14期。同月,所译《科学的社会主义之梗概》(即列宁的《卡尔·马克思》)由上海泰东图书局出版。是年2月所作《译者小序》印入书中。

按:丁景唐《〈卡尔·马克思〉的早期中译本》(《读书》1983年第3期)谓"这是列宁《卡尔·马克思》翻译成中文的早期译本,也可能是最初的中译本"。"雪峰同志为了对付国民党的书报检查,将列宁的《卡尔·马克思》改用了《科学的社会主义之梗概》的书名,并且在该书的封面、扉页、目录、原著序文、《译者小序》和版权页都未出现'列宁'的名字。译本的目录也和《卡尔·马克思》目录略有出入,并添加了章节的顺次。"

冯雪峰所译苏联蒲力汗诺夫原著之《论法兰西底悲剧与演剧》8月1日开始在《朝花旬刊》第1卷第7期上发表,后在8月11日出版的第8期上续完。8月10日,所译《海外文学者会见记》刊于《小说月报》第20卷第8号。20日,所译匈牙利玛察原著之《现代欧洲艺术及文学底诸流派》开始在《奔流》月刊第2卷第4本上发表,后在12月20日出版的第5本上续完。同月,所译苏联普列汉诺夫原著之《艺术与社会生活》由上海水沫书店出版,列为《科学的艺术论丛书》之二。9月,冯雪峰由中共江苏省委恢复组织关系,在上海闸北区委所属第三街道支部过组织生活。所译德国梅林格原著之《文学评论》由上海水沫书店出版,列为《科学的艺术论丛书》之八。是年8月24日所作《译者小记》印入书中。同月11日,所译匈牙利玛察原著之《现代法兰西文学上的叛逆与革命》刊于《朝花旬刊》第1卷第11期。10月,中共中央宣传部干事兼文化工作委员会书记潘汉年来找冯雪峰同鲁迅商谈成立中国左翼作家联盟的问题。冯雪峰向鲁迅说明党中央希望创造社、太阳社和鲁迅及其影响下的人们联合起来。以这三方面的人为基础,成立一个革命文学团体,团体名称拟定为"中国左翼作家联盟",看鲁迅有什么意见。"左翼"两字用不用,也取决于鲁迅。商谈结果,鲁迅完全同意成立这样一个革命文学团体,并说,"左翼"二字还是用好,旗帜可以鲜明一点。经过几番商议,至年底,产生了所谓"基本构成员"作为发起人和筹备人,包括鲁迅、郑伯奇、冯乃超、彭康、沈起予、阳翰笙、蒋光慈、阿英、洪灵菲、夏衍、柔石和冯雪峰十二人。"左联"成立后,冯雪峰任党团书记、中共上海文化工作委员会书记。10月,鲁迅所译的苏联卢那卡尔斯基原著之《文艺与批评》由上海水沫书店出版,列为《科学的艺术论丛书》之六。冯雪峰对此书进行校勘,订正了不少脱误。11月,冯雪峰在鲁迅指导下开始编辑《萌芽月刊》。此刊于1930年1月1日创刊,从3月1日第1卷第3期起为"左联"机关刊物,共出六期(第六期改名《新地月刊》)。12月20日,冯雪峰所译苏联戈庚原著之《玛克辛·戈理基论》及苏联高尔基原著之《给苏联的"机械的市民们"公开信》刊于《奔流》月刊第2卷第5本。(以上参见包子衍著《雪峰年谱》,上海文艺出版社1985年版;鲁迅博物馆、鲁迅研究室编《鲁迅年谱》,人民文学出版社1981年版)

鲁迅1月2日译苏联雅各武莱夫中篇小说《十月》前三节,并作《译者识》。译文第一、二节与《译者识》刊于1月20日《大众文艺》月刊第1卷第5期;第三节载同刊第1卷第6期。鲁迅《译者记》谓这篇小说的"观念"还是"非革命"的,"它的生命,是在照着所能写的写:真实"。18日,为陈学昭赴法国钱行。20日,作《〈近代木刻选集〉(1)小引》,刊于1月24日《朝花》周刊第8期,文中概括地叙述了木刻最早从中国传入欧洲,发展成为新兴艺术,然后传回中国的历史过程。同日,译苏联卢那察尔斯基的论文《托尔斯泰之死与少年欧罗巴》,并作《译后附记》,刊于2月15日《春潮》月刊第1卷第3期。24日,鲁迅委托柔石从商务印书馆购先生著作《三余札记》一部。2月14日,鲁迅译完日本片上伸的《现代新兴文学的诸问题》(原书题为《现代无产阶级文学的诸问题》),并作《小引》。4月,《现代新兴文学的诸问题》由大江书铺出版,为《文艺理论小丛书》之一。

按:《小引》介绍原作的主旨是愿于读者解释现今新兴的无产阶级文学"诸问题的性质和方向,以及和时代的交涉等,有一点裨助"。而翻译这篇的目的,是因为外国文艺"新潮之进中国,往往只有几个名词,主张者以为可以咒死敌人,敌对者也以为将被咒死,喧嚷一年半载,终于火灭烟消。如什么罗曼主义,自然主义,表现主义,未来主义……仿佛都已过去了,其实又何尝出现。现在借这一篇,看看理论和事实,知道势所必至,平平常常,空嚷力禁,两皆无用,必先使外国的新兴文学在中国脱离'符咒'气味,而跟着的中国文学才有新兴的希望"。(陈福康著《郑振铎年谱》,三晋出版社 2008 年版)

鲁迅 2 月 17 日作《"革命军马前卒"和"落伍者"》,刊于 3 月 18 日《语丝》周刊第 5 卷第 33 期。当时浙江省建设厅正在筹办西湖博览会,在革命纪念馆征求革命遗物时竟将在旧民主主义革命中牺牲的先烈邹容的事迹列入所谓"落伍者的丑史"中。鲁迅作此文予以辛辣的讽刺。25 日,作《致〈近代美术史潮论〉的读者诸君》,刊于 3 月 1 日《北新》半月刊第 3 卷第 5 号。文中说明翻译此书的目的是向中国读者全面介绍欧洲近代美术发展的历史情况及其代表作,同时批驳了某些"蒙着'革命文学家'面具"的人对翻译此书的非议。3 月 3 日,作《哈谟生的几句话》,刊于 3 月 14 日《朝花》周刊第 11 期,文中指出被称为挪威左翼作家的哈谟生的作品中,"贵族的处所却不少"。同时还援引哈谟生对托尔斯泰和易卜生的评论,批判了当时中国文艺界存在的唯心主义思想。5 日,通夜校《奔流》稿。25 日,作《〈奔流〉编校后记(九)》,刊于 4 月 20 日《奔流》月刊第 1 卷第 10 期。

按:《后记》着重说明《文艺政策》各篇译文自一九二八年六月二十日《奔流》创刊号开始连载,至本期全部登完。为使读者对苏联社会主义文学的理论与实践"知道得更清楚",拟将另外几篇关于文艺政策的文章译出,作为全书的附录。又针对创造社的一些人指责他翻译此书是不甘"落伍",想着先鞭等言论,谓"其实我译这书,倒并非救'落',也不在争先,倘若译一部书便免于'落伍',那么,先驱倒也是轻松的玩意。我的翻译这书不过是使大家看看各种议论,可以和中国的新的批评家的批评和主张相比较。与翻刻王羲之真迹,给人们可以和自称王派的草书来比一比,免得胡里胡涂的意思,是相仿佛的"。

鲁迅 3 月 31 日同柔石、崔真吾、周建人及许广平参观金子光晴举办的浮世绘展览会。4 月 7 日,鲁迅致韦素园信。因当时有人说,创造社被封"是因为他们好赖债,自己去运动出来的",鲁迅在信中认为这个流言不可信,同时也指出创造社内部所存在的复杂情况,揭示一些小资产阶级作家的思想本质和在反动压迫下的摇摆性,谓"上海去年嚷了一阵革命文学,由我看来,那些作品,其实都是小资产阶级观念的产物,有些则简直是军阀脑子。今年大约要改嚷恋爱文学了,已有《惟爱丛书》和《爱经》豫告出现……但自然仍挂革命家的招牌"。20 日,在《奔流》第 1 卷第 10 期发表所译俄共中央委员会的决议《关于文艺领域上的党的政策》,系从日本藏原惟人的日译本转译。同日,致李霁野信,谓"上海的出版界糟极了,许多人大嚷革命文学,而无一好作,大家仍大印吊膀子小说骗钱,这样下去,文艺只有堕落,所以绍介些别国的好著作,实是最要紧的事"。校完所译文艺理论论文集《壁下译丛》,并作《小引》。是月由北新书局出版。

按:《小引》指出,文集中有些论文的主张是"依照着较旧的论据,连《新时代与文艺》这一个新题目,也还是属于这一流。近一年来中国应着'革命文学'的呼声而起的许多论文,就还未能啄破这一层老壳,甚至于踏了'文学是宣传'的梯子而爬进唯心的城堡里去了。看这些篇,是很可以借镜的"。还指出,另一些论文,是和无产阶级新兴文艺有关,其中有的"主张坚实而热烈",有的同旧派展开"论争",借此还"可以看看固守本阶级和相反的两派的主意之所在"。

鲁迅 4 月 22 日译完苏联卢那察尔斯基论文集《艺术论》,并作《小序》。25 日,译完日本片上伸的论文《新时代的预感》,并作《附记》,刊于 5 月 15 日《春潮》月刊第 1 卷第 6 期,原作为评论俄国象征派的代表作家巴里蒙德、梭罗古勃和革命文学家高尔基在十月革命前的创作的。鲁迅在《附记》中说明翻译此文,是"借此来看看他们的时代的背景,和他们各个的差异的"精神;又可以借此了解卢那察尔斯基竭力批判俄国超现实作家的唯美主义的原因;"又可以借此知道中国的创造社之流先前鼓吹'为艺术的艺术'而现在大谈革命文学,是怎样的永是看不见现实而本身又并无理想的空嚷嚷"。26日,作《〈近代世界短篇小说集〉小引》。同月,所译日本片上伸《现代新兴文学的诸问题》由大江书铺出版,为陈望道所编《文艺理论小丛节》之一。同日,所译文艺理论论文集《壁下译丛》由北新书局出版。5月10日,作《〈奔流〉编校后记(十)》,刊于6月20日《奔流》月刊第2卷第2期,文中着重指出:继承中外文学遗产,只能是从中取得借鉴,而不能用来代替创作,这和"中国复古的两派——遗老的神往唐虞,遗少的归心元代",毫无共同之点。并指出:"倘若先前并无可以师法的东西,就只好自己来开创。拉旧来帮新,结果往往只差一个名目。"13日,鲁迅启程赴北平探亲。17日,访未名社。又于25、29日再访未名社,并多次同该社青年作家谈心。

按:据李霁里《回忆鲁迅先生·鲁迅先生两次回北京》回忆:鲁迅曾谈到自己学习马列主义的体会,觉得这是"最明快的哲学,许多以前认为很纠编不清的问题,用马克思主义的观点一看,就明白了"。还"多次说到,要建设真正的革命文学,必须先有实践的生活,必须脚踏实地的介绍些可供参考的文艺理论和作品"。这个时期鲁迅受到的攻击很多,他认为"某些攻击者作出革命家的姿态,哗众取宠,决不能代表革命集体的意见。他们挂出'革命只此一家,此外并无分号'的幌子",是幼稚可笑的。

鲁迅5月20日所译卢那察尔斯基有关苏联文艺政策的论文《苏维埃国家与艺术》刊于《奔流》第2卷第1期和12月20日第2卷第5期。22日傍晚,往燕京大学国文学会讲演《现今的新文学的概观》,记录稿经鲁迅改定,刊于4月25日《未名》半月刊第2卷第8期(实际出版日期延迟),重点谈有关革命文学论争的问题。24日上午,沉钟社青年朋友杨晦、冯至、陈炜谟等来访,邀往中山公园来今雨轩共进午餐。29日,应北京大学国文学会邀请,晚至北大第三院演讲一小时,听者有千余人。30日,与李霁野等专程往西山疗养院探望青年朋友韦素园。6月1日,鲁迅与柔石等朝花社成员合编的《朝花旬刊》创刊于上海。20日,在《奔流》月刊第2卷第2期发表所译日本野口米次郎的论文《爱尔兰文学之回顾》。21日,在《朝花旬刊》第1卷第3期发表所译日本山岸光宣的论文《表现主义的诸相》。同月,所译苏联卢那察尔斯基论文集《艺术论》由大江书铺出版。7月28日,作《〈吾国征俄战史之一页〉》,刊于8月5日《语丝》周刊第5卷第22期,抨击当局政府掀起的"反俄运动",揭露新月派等文人为反对社会主义苏联制造舆论的行径。8月11日鲁迅作《〈奔流〉编校后记(十一)》,刊于8月24日《奔流》月刊第2卷第4期,本文着重介绍自本期起连载的冯雪峰的译文《现代欧洲艺术及文学底诸流派》,指出这是匈牙利流亡国外的革命者马察的名著《现代欧洲的艺术》中一篇,全书"以科学底社会主义的手法,来解剖西欧现代的艺术"。16日,编译卢那察尔斯基论文选集《文艺与批评》,并作《译者附记》。至10月由水沫书店出版,为《科学的艺术论丛书》之一。

按:本集共收论文7篇,包括已发表过的《托尔斯泰与马克斯》《托尔斯泰之死与少年欧罗巴》和《苏维埃国家与艺术》,未另发表的《艺术是怎样地发生的》《今日的艺术与明日的艺术》和《关于马克斯主义文艺批评之任务的提要》,并以日本尾濑敬止的《为批评家的卢那卡尔斯基》代序。《译者附记》重申"硬译"主张,谓"从译本看来,卢那卡尔斯基的论说就已经很够明白,痛快了。但因为译者的能力不够,和中国文本来的缺点,译完一看,晦涩,甚而至于难解之处也真多,倘将伪句拆下来呢,又失了原来的精悍的语气。在我,是除了还是这样的硬译之外,只有'束手'这一条路——就是所谓'没有出路'——了,所余的惟一的希望,只在读者还肯硬着头皮看下去而已"。同时又指出,本集中有关苏联社会主义文艺的两篇论文,对中国"今年忽然高唱自由主义"的"新月派",以及"去年一时大叫"把一切羡现了旧思想的作家和作品"打发"出去的"革命文学家""实在是一帖喝得会出汗的苦口的良药"。又借原译者的按语说明末一篇"是作者显示了马克斯主义文艺批评的基准的重要的论文",可使中国的"以马克斯主义文艺批评自命的批评家"得到启发,"必须更有真切的批评,这才有真的新文艺和新批评的产生的希望"。《附记》还进一步强调认真学习,钻研马克思列宁主义的重要性,说本集"虽然不过是一些杂摘的花果枝柯,但或许也能够由此推见若干花果枝柯之所由发生的根柢。但我又想,要豁然贯通,是仍须致力于社会科学这大源泉的"。

鲁迅8月17日致章廷谦信,针对《新月》月刊自4月10日第2卷第2期起,一变原来所谓"纯文艺"的编辑方针,连续以主要篇幅刊登胡适、梁实秋等人标榜所谓"改革"的政论和短评,作出评论,谓《新月》"忽而大起劲,这是将代《现代评论》而起,为政府作'净友',因为《现代》曾为老段净友,不能再露面也"。20日,作《〈二月〉小引》,刊于9月1日《朝花旬刊》第1卷第10期,指出在受到革命浪涛冲击的时代中有三种人。21日,作《关于〈子见南子〉》,刊于19日《语丝》周刊第5卷第24期。28日,鲁迅应北新书局李小峰之邀,与郁达夫、章廷谦同赴南云楼晚餐,李小峰请客,意在与鲁迅和解。席间谈及有关北新开纱厂的传闻是"奸人"造谣,鲁迅受了挑拨。林语堂也说"奸人"在跟他捣乱,暗指张友松传播他在汉口发了笔洋财一事。鲁迅当即予以抗议,两人争吵激烈。自此一度交恶,直至1933年才有联系。9月8日,接待许钦文。同月,所编《近代世界短篇小说集(2)》由朝花社编印出版。12日,译完俄国普列汉诺夫的《艺术论》。同月,所编译的苏联卢那察尔斯基论文选集《文艺与批评》由上海水沫书店出版,为《科学的艺术论丛书》之一。12月4日,应上海置南大学学生周正扶等邀请,前往该校演讲《离骚与反离骚》。

按:这次演讲从中国古代诗人的发牢骚谈起,分析了发牢骚的几种方式。对现实中诸如胡适和小报上的发牢骚,以及新月派反发牢骚的本质作了解剖,指出,"这两派——牢骚与反牢骚都不是社会的叛徒。发牢骚也绝不至扰乱社会,不过发牢骚的也都为一己利禄而已,整个的社会问题仍是不会涉及的!"最后还对当天《申报》副刊《艺术界》所载署名方正的《新文艺的没落》一文中攻击新文化运动的言论作了批判。

鲁迅12月20日在《奔流》月刊第2卷第5期发表所译俄国李沃夫·罗加切夫斯基(Lvov-Rogachevski)的论文《契诃夫与新文艺》。此文是专为纪念契诃夫逝世二十五周年而译的,并将11月6日曹靖华寄来的苏联《契诃夫死后二十五年纪念册》中的像片作为本期的插图,以志纪念。22日,作《我和〈语丝〉的始终》,刊于1929年2月1日《萌芽月刊》第1卷第2期,叙述自己与《语丝》的关系。25日,收到美国进步女作家史沫特莱的来信,即复。27日,美国进步女作家史沫特莱由蔡咏裳、董绍明陪同首次来访,并索取照片四张,从此开始了密切的联系。10、11月间,鲁迅接待"左联"筹备人员冯雪峰等来磋商成立"中国左翼作家联盟"事。商谈结果,鲁迅完全同意成立这样一个革命文学团体,并说,"左翼"二字还是用好,旗帜可以鲜明一点。经过几番商议,大概在本年底,产生了所谓"基本构成员",即发起人和筹备人12人。是年,鲁迅阅读和翻译了大量马克思主义的文艺理论和社会科学著作,常对友人说"实在得益非浅!"同时鲁迅在论争中也有着对自己的解剖,或者是经过了对自己的解剖的结果。

按:冯雪峰《回忆鲁迅》中《触到他自己的谈话片断》和《片断之二》谈到鲁迅有好多次谈到创造社对他的批评,在对曾经攻击过他的人们的反攻和解剖里面,也有着对他自己的解剖,或者是经过了对自己的解剖的结果。例如他说:"创造社的人们说,小资产阶级原有两个灵魂,我看也是确实的,你看:既没有和黑暗现状斗争的勇气,又指良心为资产阶级的卑污的说教,说利害又有伤动机的纯洁,于是就只落得空空洞洞地讲'正确的阶级意识'。"(以上参见鲁迅博物馆、鲁迅研究室编《鲁迅年谱》,人民文学出版社1981年版;章玉政编著《刘文典年谱》,安徽大学出版社2011年版)

郁达夫1月26日与王映霞在陶乐春举行午宴。应邀参加者有鲁迅夫妇、日本小说家前田河广一郎、画家秋田义一、诗人金子光晴及其夫人森三千代和林语堂夫妇共10人。31

日下午访鲁迅,并转交森三千代诗集一本。同月,译美辛克莱作长篇论文《拜金艺术》第十三章《百分之百的雅典人》,刊于2月1日《北新》半月刊第3卷第4号。2月3日,作《关于文艺作品的派的订正》,刊于1月7日《语丝》第4卷第52期(延期出版),署"据说是自己冠上了新浪漫派和新浪漫专家"。16日,在《北新》半月刊第3卷第4号发表所译美辛克莱作长篇论文《拜金艺术》第十四章《反动的滑稽家》,文后有《译者附注》。20日下午,访鲁迅。3月1日上午,访鲁迅,未遇。晚偕同王映霞再访鲁迅。16日,在《北新》半月刊第3卷第6号发表所译美辛克莱作长篇论文《拜金艺术》第十五章《基督教的革命》,文后有《译者附记》。17日,应李小峰夫妇之邀,偕同王映霞去陶乐春赴晚宴,鲁迅夫妇参加。同席者有林语堂、柔石、石民、杨骚、汪馥泉、王方仁和周建人。同月10日、22日、26日,访鲁迅。

郁达夫4月1日晚陪同陶晶孙访鲁迅,并向鲁迅介绍。11日晚,访鲁迅。16日,在《北新》半月刊第3卷第7号发表所译美辛克莱作长篇论文《拜金艺术》第十六章《支配阶级和统治阶级》。17日晚,访鲁迅。28日晚,访鲁迅。同日,作随笔《最后的一回》,向读者告示《大众文艺》停刊。同月,译美辛克莱作长篇论文《拜金艺术》第十七章《娴雅的天堂》,文后有《译者附记》,刊于6月1日《北新》半月刊第8卷第10号。《大众文艺》自第2卷第1期起由陶晶孙接编。5月11日下午访鲁迅。6月8日下午,访鲁迅。30日,小说、散文合集《在寒风里》由厦门世界文艺书社初版。郁达夫自序说自己当时"认不清时代,干不起革命,获不到大众,转不了方向"。并针对文坛对他的辱骂用反诘的语气说,收在集子里的"几篇散乱的杂文,也不过是些虫鸣鼠语,一位丐者的穷泣而已"。同月,译美辛克莱作长篇论文《拜金艺术》第十八章《邪恶摘发者的地狱》,文后有《译者记》,刊于7月16日《北新》半月刊第3卷第13号。7月7日,访鲁迅。11日,访鲁迅。同月,译美辛克莱作长篇论文《拜金艺术》第十九章《信神的毒药谋害者之群》,文后有《译者附记》,刊于8月1日《北新》半月刊第3卷第14号。至此,《拜金艺术》全文完。

郁达夫8月8日晚访鲁迅,谈至夜半。上旬,去杭州小住。23日,因北新书局长期拖欠鲁迅版税和稿费,鲁迅准备"破除情面",请律师提出有关版税的法律诉讼,北新书局李小峰电请达夫赶回上海。是日返沪,即访鲁迅调解此事。郁达夫提出在未诉诸于法律解决前,双方再协商一次,北新局愿意接受鲁迅的要求。25日,郁达夫陪同鲁迅与李小峰、李志云去杨律师寓所交涉,经过几次协商,鲁迅答应暂时不提出诉讼。27日下午,访鲁迅,并交厦门文艺书社信及所赠《高蹈会紫叶会联合图录》一本。28日下午,访鲁迅,并和章廷谦为鲁迅向北新书局作价收回旧著纸版作证。同日,郁达夫应李小峰之邀,赴南云楼参加晚宴,鲁迅应邀参加。同席作陪者有林语堂夫妇、杨骚、章衣萍和吴曙天。席间,鲁迅和林语堂就北新书局编辑、春野书店创办人张友松与北新书局的关系以及北新与鲁迅的版税问题发生争论,虽郁达夫从中调解,但彼此已反目失和。9月初,回返杭州。8日,因北新书局与鲁迅为版税又发生冲突,急返沪调解。10日下午,访鲁迅。11日,与鲁迅及日本中国文学研究者辛岛骁在内山书店谈论中国新文艺问题,彼此谈到晚。19日,致函周作人,述说上海政治空气"沉闷得很""而且卑鄙龌龊,什么事情都干"。并说今后"想不做什么东西""等生活安定下来后,只想细细的来翻译一点东西"。信中还提及鲁迅与北新算版税与林语堂反目两事。认为"前者是鲁迅应有的要求,后者是出于鲁迅的误解"。并说自己与川岛"在场作中间人"。

郁达夫9月27日因聘去安庆省立大学任教,本日启程。29日,到达安庆,住百花亭安徽大学内。30 日,北大来电,催其北上任教,未去。同日,郁达夫致鲁迅函。10 月 10 日,在安庆大学任教,适逢安大校长人事更迭,原校长刘文典因安大学生与女师学生纠纷问题与当局发生冲突而被罢免。郁达夫不满此举,被列入赤化分子名单。幸得友人邓仲纯事前通知,即乘船返沪。在安大任教前后不到半月。18 日下午,访鲁迅。同月,作《〈达夫代表作〉改版自序》,论及本书之所以把钱杏邨的《后序》删掉,是因为文章"已经单独印出来,自己一半是怕掠他人之美",一半也是序中对自己的"期望过大""有点儿惭愧害怕"。11 月 15 日,陪同陶晶孙、张凤举访鲁迅。同月,译德普本白耳格作论文《阿河的艺术》,刊于 12 月 20 日《奔流》月刊第 2 卷第 5 期。11 月 17 日、26 日,访鲁迅。(以上参见陈其强《郁达夫年谱》,浙江大学出版社 1989 年版)

　　林语堂任中研院史学特约研究员及上海东吴大学法律学院英文教授。1 月 1 日起,开始写日记,至 1932 年 1 月 22 日停止。同日,在《北新》第 3 卷第 1 期发表所撰《鲁迅》。30 日,所译《易卜生评传及其情书》由上海春潮书局出版,列为林语堂主编的"现代读者丛书"第一种。2 月 15 日,在《春潮》第 1 卷第 3 期发表《冰莹从军日记序》。4 月 30 日,所译《女子与知识》由北新书局出版。5 月 20 日,在《奔流》第 2 卷第 1 期发表所译《法国文评》。6 月 20 日,《奔流》第 2 卷第 2 期续完。25 日,所译《新俄学生日记》由上海的春潮书局出版,列为林语堂主编的"现代读者丛书"第三种。7 月 1 日,在《北新》第 3 卷第 12 期发表所译《七种艺术与七种谬见》。8 月 28 日,赴上海南云楼聚会,当着郁达夫、李小峰、矛尘(川岛)等人的面,林语堂、鲁迅竟相互直斥,虽有郁达夫从中调解,但昔日好友就此失和。9 月下旬,林语堂与赵景深一同出席某个宴会,两人就朱维基与蔡芳信合译的《水仙》进行了交流。10 月 1 日,在《北新》第 3 卷第 18 期发表所译《印象主义的批评("The Critic as Artist"节译之二)》。7 日,在《语丝》第 5 卷第 30 期发表《新的文评序言》。10 月 21 日,在《幽默》第 6 期发表在复旦大学演讲的《什么叫作东西文化的沟通》,祝秀侠记录,此文重在讨论物质文明与精神文明的关系,进而涉及中西文化的话题,强调物质与精神是一个有机融合的整体,不能将它们随便拆分为"物质文明"和"精神文明"两个互不相干的部分,更不能理所当然地认为这两者是水火对立、互不相容的冲突关系。事实上,这两种文明是交融互通的关系。文中特别批评了"中学为体,西学为用"的观点,指出:"'中学为体,西学为用',这句话真是滑稽之至,……原因是中国官僚坐汽车,吃冰淇淋,而顶上却戴起一件瓜皮小帽,要小老婆,这就是中学为体,西学为用了!但是以别人做出来的'体',拿来自己享福受'用',西学为用的用处怕不会是这样的吧?"总体而言,与林语堂去年 12 月 26 日在光华大学中国语文学会发表演讲《机器与精神》的内容、文风乃至精神上具有一脉相承的关系。同月,林疑今所译《西部前线平静无事》由上海的水沫书店出版,卷首载有林语堂序。11 月 16 日,在《北新》第 3 卷第 22 期发表所译《批评家的要德("The Critic as Artist"节译之四)》。18 日,在《语丝》第 5 卷第 36 期发表所译《美学:表现的科学》("Die Aesthetikals Wissenschaft des Ausdrucks")。本文译自意大利文艺评论家、哲学家克罗齐(Benedetto Croce,1866—1952)的《美学原理》。续载于 25 日《语丝》第 5 卷第 37 期。12 月 1 日,在《北新》第 3 卷第 23 期发表所译《批评之功用("The Critic as Artist"节译之五)》。12 日,《中国评论周报》第 2 卷第 50 期的"专论"栏目发表英文文章"Analogies Between the Beginning of Language and of Chinese Writing"(《文字起源与中国古文之比较》)。23 日,《语丝》第 5 卷第 41 期发表《樵歌新跋》。是年,所译《国民革命外纪》由上海北新书局出版。(参见郑锦怀《林语堂学术年谱》,厦门大学出版社 2018

年版）

　　夏衍（沈端先）、沈起予、朱镜我、李铁声、王独清、周谷城、周予同、周毓英、孟超、金石声、洪涛、洪灵菲、范香谷、耿济之、陈醉云、张崧年、张友松、张资平、张云伏、许德珩、章锡琛、章克标、区克宣、傅彦长、彭康、程希孟、汤澄波、冯乃超、郑振铎、郑伯奇、赵景深、樊仲云、潘梓年、潘汉年、潘怀素、钱杏邨、龚冰庐、陶希圣、孙伏园、孙福熙、陈石孚、胡仲持等42人1月在《思想》月刊第5期联名发表《中国著作者协会宣言》，谴责国民党反动派钳制言论出版自由，表示："我们痛心军阀的内战，我们愤慨帝国主义列强的侵略，当此存亡绝续之交，我们益感觉到自己责任之重大。……我们为完成此重大的使命，敢结合中国著作界同志，成立中国著作者协会。"

　　按：《中国著作者协会宣言》曰：

　　在现代百凡事物都商品化的世界，既有出卖劳动而生活的劳动者，同时更有出卖知识而生活的著作者存在，这是毫不足怪的。然而劳动者为增进自己的利益，提高在政治、经济、社会、法律上的地位到处都有劳动团体之组织。同以出卖劳力而生活的著作者，却如散沙一样，任不平等的片面的契约束缚得紧紧地，这是何等的可怪！我们中国的著作者便是在这样的境地！

　　但是出卖知识的著作者却还不能与出卖体力的劳动者相比。在这自由竞争，个人主义的资本主义社会，劳动者虽在不平的经济条件之下出卖劳动，还有这样出卖其劳动的自由，还有饿死的自由。著作者则不然。因为思想的不同，或论点的殊异，却没有出卖其知识的自由，各种严酷的制限横在四周，若有逾越，生命就会发生危险，因此，就连此饿死的自由也没有。尤其是在中国，与帝国主义结合的封建势力，加压迫于科学思想，乃是其当然的结果。我们要求欧美各国已经在百余年前从封建贵族和僧侣淫威下争得的言论出版自由！

　　劳动者以其体力的劳动，成就了社会上物质的建设。我们在社会上也有一种重大的责任，即文化的建设。但是，要负起这重大的责任，必须立在现状的先头，为自由的批评与讨论。如果受现状的驱策，如神权政治时代的僧侣祭司，封建政治时代的士大夫，以及资本主义时代的知识阶级，则保存文化适足以助长旧势力的淫威。箝制自由的批评与讨论，乃是我国君主专制政治与欧洲黑暗时代的现象。我们不愿二十世纪革命时期的中国，还是这样的黑暗。

　　民国肇建，已十七年，干戈遍地，兵匪如毛。过去数千年来的封建势力依然支配着中国的全地。推原其故，虽由于经济的基础无变动，而负文化责任的知识分子，只知人与人的统属关系，不知有国家与社会，只知代其主人保存固有的旧文化，不能有自由的批评与讨论，创造一种新文化与推促社会的前进，亦不能辞其咎，岂知时至今日，欧洲民族之文化与经济已震动了社会的组织基础，我国之封建集团，自满清亡后，就但见其分裂愈小，混乱愈烈，十七年来终无统一之者，职此之由。封建势力其根本既已崩溃，不能复树立于中国。适逢其会的中国知识分子，其责任就不能不用自由的批评与讨论来建设现代的新文化。

　　我们痛心军阀的内战，我们愤慨帝国主义列强的侵略，当此存亡绝续之交，我们益感觉到自己责任之重大。我们是以出卖劳力为生活的，为维持自己的生存，故有改善经济条件与法律地位之要求；然而同时我们是知识的劳动者，中国文化之发扬与建设，其责任实在我们的两肩。我们为完成此重大的使命，敢结合中国著作界同志，成立中国著作者协会，并宣如右。（参见荣太之《中国著作者协会成立的报道和宣言》，《新文学史料》1980年第1期；陈福康《郑振铎年谱》，三晋出版社2008年版）

　　夏衍1月在《思想》月刊第5期参与联名发表《中国著作者协会宣言》。4月，所译日本厨川白村的《北美印象记》由上海金星书店出版。7月，所译日本藤森成吉的《牺牲》由上海北新书局出版。11月，译苏联柯根的《新兴文学论》（原名《无产阶级文学论》）由上海南强书局出版。其续篇《伟大的十年间文学》，至1930年9月由上海南强书局。译苏联高尔基的《母亲》上卷由上海大江书铺（陈望道主持）出版，下卷至1930年11月由上海大江书铺出版，后被禁。1935年改由上海开明书店出版，再版时改名《母》，后多次再版。10月下旬，在中共上海地下党组织的直接领导下,夏衍与郑伯奇、陶晶孙等人创办上海艺术剧社。首次提出"普罗列塔利亚戏剧"的口号,创办《艺术月刊》,出版《戏剧论文集》。随后排练执导德国米尔顿的《炭坑夫》一剧于次年 1 月首演。次年 4 月,该社被国民党当局查封。11 月,译日本菊池宽的《戏曲论》(即《戏剧研究》)由上海良友图书印刷公司出版。冬,因未参加"革命文学的论战"及"与鲁迅有点来往",经党组织决定,从闸北区第三街道支部调出,参与筹备组织"中国左翼作家联盟",一同工作的有冯乃超、李初梨、彭康、钱杏邨(阿英)、冯雪峰等,夏衍、冯乃超等奉命和鲁迅联系,商谈筹备建立"左联"问题。(参见夏衍《夏衍全集》附录《夏衍年表》,浙江文艺出版社 2005 年版;鲁迅博物馆、鲁迅研究室编《鲁迅年谱》,人民文学出版社 1981 年版;陈福康《郑振铎年谱》,三晋出版社 2008 年版)

钱杏邨主编的《海风周报》1 月在上海创刊,为太阳社所属的刊物,所载理论与创作并重,由泰东书局发行。同月 3 日,钱杏邨作《从东京到武汉》,后载钱杏邨《文艺批评集》,于 1930 年 5 月由上海神州国光社出版。文中对茅盾进行了不公正的批评指责,认为茅盾"创作以小资产阶级作主人翁的小说"就"说明了他自己的意识究全是小资产阶级的意识,所以,在矛盾、冲突、挣扎的结果,他终于离开了无产阶级文艺的阵营",批评茅盾"以《从牯岭到东京》为理论的基础,以《幻灭》《动摇》《追求》为创作的范本,以小资产阶级为描写的天然对象,以替小资产阶级诉苦并激动他们的情热为目的的'茅盾主义文学'"。3 月 1 日,钱杏邨与蒋光慈等筹办的文艺月刊《新流月报》创刊。4 月 21 日,钱杏邨在《海风周报》第 14—15 期合刊发表《〈幻灭〉〈动摇〉的时代推动论》,继续批评茅盾。7 月 14 日,钱杏邨参加飞行集会,在上海小沙渡路被捕,关在提篮桥狱中一个多月。出狱后,根据狱中生活创作《灰色之家》。11 月,钱杏邨参加上海艺术剧社。又与郑伯奇、冯乃超、彭康、阳翰笙、夏衍、蒋光慈、戴平万、洪灵菲、冯雪峰、潘汉年、柔石等 12 人成立"左联"筹备小组。12 月 12 日,钱杏邨作《批评与分析》,载钱杏邨《文艺批评集》,次年 5 月由上海神州国光社出版。文中从"关于《从牯岭到东京》""关于《倪焕之》问题"等方面,对茅盾的论点提出了批评。15 日,钱杏邨在《新流》月报第 4 期发表《茅盾与现实——读了他的〈野蔷薇〉以后》,谓"茅盾的创作仅止于暴露了黑暗,仅止于描写了没落,仅止于不回顾过去(虽然他说'不要伤感于既往'),忘却将来(虽说他主张'直视前途'),抓住了现在,他笔下的人物差不多完全的毁灭了自己的前途"。是年,被聘为中华艺术大学文科教师。(参见钱厚祥整理《阿英年谱(上)》,《新文学史料》2005 年第 4 期;鲁迅博物馆、鲁迅研究室编《鲁迅年谱》,人民文学出版社 1981 年版;陈其强《郁达夫年谱》,浙江大学出版社 1989 年版;唐金海、刘长鼎主编《茅盾年谱》,山西高校联合出版社 1996 年版)

蒋光慈主编文艺月刊《新流月报》3 月 1 日在上海创刊,为太阳社所属的刊物,现代书局出版。4 月,蒋光慈出版长篇小说《丽莎的哀怨》,因书中流露出同情白俄贵族妇女,渲染不健康的情绪,曾受到左翼文艺界的尖锐批评。11 月,因病赴日疗养期间,主持成立太阳社东京支部,在坚持文学创作的同时,写了不少文学论文。回国后与鲁迅、柔石、冯雪峰等人组成中国左翼联盟筹备小组。(参见冯乃超《左联成立前后的一些情况》,《鲁迅研究资料》第六辑;鲁迅博物馆、鲁迅研究室编《鲁迅年谱》,人民文学出版社 1981 年版)

郑伯奇 10 月下旬任在北四川路永安里成立的艺术剧社社长,沈瑞先、冯乃超负责宣传,叶沉负责导演,许幸之负责美工。成员有陶晶孙、钱杏邨、孟超、杨邨人、朱光、凌鹤、李声韵、陈波儿、王莹、易洁、刘卯(刘保罗)、屈文(司徒慧敏)、吴印咸、侯鲁史、唐晴初、陈劲生等。该社除编演各种戏剧外,还编辑出版《艺术月刊》《沙仑》等刊物和《戏剧论文集》。(参见王锡荣《左联与左翼文学运动》及附录《左翼十年文学大事记》,上海人民出版社 2016 年版)

李初梨1月在《创造月刊》第2卷第6期发表《对于所谓"小资产阶级革命文学"底抬头，普罗列塔利亚文学应该怎样防卫自己——文学运动底新阶段》，针对茅盾在《从牯岭到东京》一文中批评某些标榜"无产阶级革命文学"的极左的观点，如"标语口号文学"等，进行了批驳，认为"茅盾的意见是不当的"，是"文学至上主义者的幻想"等。（参见唐金海、刘长鼎主编《茅盾年谱》，山西高校联合出版社1996年版）

潘梓年1月在《认识》第1期发表《到了东京的茅盾》，指责茅盾的《从牯岭到东京》一文是：中国无产阶级文学运动的反对派"强有力的文字"。（参见唐金海、刘长鼎主编《茅盾年谱》，山西高校联合出版社1996年版）

徐杰2月28日作《〈一个女性〉》，刊于《海风周报》第13期，文中对茅盾的《一个女性》提出批评，谓"在我看来这一篇与其说是为小有产者的诉苦，不如说是小有产者时过境迁遗留下的感伤"。作品中"很明显的暴露了作者的思想带了许多虚无主义的倾向，到头只是一个虚无的结局"，这是要"教青年走到痛苦颓废的路上去的"。（参见唐金海、刘长鼎主编《茅盾年谱》，山西高校联合出版社1996年版）

克生5月在《海风周报》第17号发表《茅盾与〈动摇〉》，文章对《动摇》提出了批评，说作者"自己感到动摇幻灭了"，便以为社会人群也是"恁地动摇"，认为作家"应当用美善的艺术，去调剂畸形的社会人群的各种病态的心理，用艺术去引导大众向光明的前路进发。用伟大艺术去感化大众，淘涤大众"。（参见唐金海、刘长鼎主编《茅盾年谱》，山西高校联合出版社1996年版）

普鲁士5月24日作《茅盾三部曲小评》，后载伏志英稿《茅盾评传》（上海现代书局1931年12月版），谓"茅盾对于中国革命的内涵是没有清楚的认识，他只就主观的去批评这个时代的外形"，却没有"去批评这个现象的由来"，小说给读者的影响，"只是引起对于革命认识不清而消极，而幻灭的青年同调的叹惜，没有给这些青年积极的，更热情于革命的激发"，并认为"作者的三部曲所以不能算好的革命文学作品，是为作者思趣所限定的"。（参见唐金海、刘长鼎主编《茅盾年谱》，山西高校联合出版社1996年版）

顾仲彝9月10日在《新月》第2卷第6—7号合刊发表《〈野蔷薇〉》，认为茅盾《野蔷薇》与三部曲"内部的蕴藏可说是一个版子印出来的""茅盾君觉得什么都是失望，什么都是幻灭""这种思想对于彷徨失所的一般中国青年们，恐怕太危险了，恐怕真的会使他们'绝望''情激''报复'而至于'堕落''自杀'"。12月25日，署名驼在《出版》月刊创刊号发表《关于茅盾的著作》。（参见唐金海、刘长鼎主编《茅盾年谱》，山西高校联合出版社1996年版）

沈泽民（署名罗美）3月3日在《文学周报》第8卷第10期发表《关于〈幻灭〉——茅盾收到的一封信》，认为《幻灭》中的内容，是作者"心绪的告白"，并说："在当时身当其境者，如燕雀处堂，火将及身而犹冥然不觉的人已不知有多少；看见高潮中所流露的败象，终于目击大厦之倾，而无术以挽救之者，于是发而为愤慨的呼声，这就是我所了解于《幻灭》的呼声。"

林樾、辛夷3月3日在《文学周报》第8卷第10期分别发表《〈动摇〉和〈追求〉》与《〈追求〉中的章秋柳》。前文谓"《动摇》和《追求》是有时代性的作品""对于时代的转变，和混在这变动中的一般人的生活，是看得很明白的，所以他能够写得这样深切动人""《追求》所描写的也是现代一般的青年，他们一方面感到理想幻灭的苦闷，一方面仍有奋进的热望，努力在追求新的憧憬；但结果却仍然是失败。""书中对于人物的心理和个性，都写得很深刻。"后文谓读过茅盾的《幻灭》《动摇》《追求》之后，"觉得有些地方仿佛是自己曾经亲历其境的，至少限度也应该认识其中的几位"。（参见唐金海、刘长鼎主编《茅盾年谱》，山西高校联合出版社1996

年版）

梁实秋 5 月在《新月》月刊第 2 卷第 3 号发表《论思想统一》，谓"我们反对思想统一，我们要求思想自由"。7 月，梁实秋在《新月》月刊第 2 卷第 5 号发表《论批评的态度》以及所译《资产与法律》。前文提倡所谓"严正"的批评，攻击"幽默而讽刺的文章"是"粗糙叫嚣的文字"，指责"对于现状不满"的青年只是"说几句尖酸刻薄的俏皮话"。8 月 16 日，鲁迅编译卢那察尔斯基论文选集《文艺与批评》，并作《译者附记》，除了重申"硬译"主张外，又指出本集中有关苏联社会主义文艺的两篇论文，对中国"今年忽然高唱自由主义"的"新月派"，以及"去年一时大叫"把一切羡现了旧思想的作家和作品"打发"出去的"革命文学家""实在是一帖喝得会出汗的苦口的良药"。9 月 10 日，梁实秋在《新月月刊》第 2 卷第 6—7 号合刊发表《论鲁迅先生的硬译》一文，对鲁迅从日译本编译的苏联卢那察尔斯基的文艺评论集《文艺与批评》提出反批评。同期《新月月刊》第 2 卷第 6—7 号合刊还发表梁实秋的《文学是有阶级性的吗?》。文中再次倡导超阶级的文学，说"文学是属于全人类的"；但又主张文学只能为少数人所享有，说"好的作品永远是少数人的专利品"。是年，编纂《白璧德与人文主义》。

按：《新月月刊》第 2 卷第 6—7 号合刊实际出版时间为 12 月。（参见万直纯《梁实秋年谱》，《阜阳教育学院学报》1994 年第 3—4 期；鲁迅博物馆、鲁迅研究室编《鲁迅年谱》，人民文学出版社 1981 年版；陈其强《郁达夫年谱》，浙江大学出版社 1989 年版；沈卫威《学衡派编年文事》，南京大学出版社 2015 年版；王锡荣《左联与左翼文学运动》及附录《左翼十年文学大事记》，上海人民出版社 2016 年版）

李何林 2 月开始选录 1928 年围绕革命文学论争并"代表中国几个文艺集团的刊物"上发表的论争文章，编为《中国文艺论战》一书。4 月 5 日，李何林在北京大学图书馆撰写《序言》，谓"在这个时期各方所发表的论战的文字，统计不下百余篇；其中《小说月报》和《新月》的文字只在表明自己的文艺态度或稍露其对于创造社的'革命文学'的不满而已。至于以鲁迅为中心的'语丝派'则和创造社一般人立于针锋相对的地位！——也就是他们两方作成了这一次论战的两个敌对阵营的主力"。10 月，《中国文艺论战》由中国书店出版，所录论文凡 46 篇，分为五大板块，其中"语丝派及其他"23 篇，"创造社及其他"13 篇，"小说月报及其他"3 篇，"新月"2 篇，"现代文化及其他"5 篇。是为收录最为全面的"革命文学"论争之论文集。

梅子选录回击与批判创造社、太阳社"革命文学"的文章，编为论文集《非"革命文学"》，列入"土拨鼠丛书"，由上海光明书局出版。论文集所录有梁实秋《文学与革命》、冰蝉（胡秋原）《革命文学问题》、莫孟明《革命文学的评价》、谦弟《革命文学论的批判》、尹若《无产阶级文艺运动的谬误》、侍桁《评〈从文学革命到革命文学〉》、忻启介《无产阶级艺术论》、柳絮《检讨马克思主义阶级艺术论》、谷荫《艺术家当面的任务》、柳絮《艺术家的理论斗争》、甘人《拉杂一篇答李初梨君》、鲁迅《醉眼中的朦胧》，旨在向世人展示中国的"同路人"以及无政府主义者对"革命文学"的反思与批判，但将鲁迅《醉眼中的朦胧》与梁实秋《文学与革命》同录于一集，不仅显得不伦不类，而且不无为非"革命文学"张目之意图。

按：无政府主义者以《文化战线》杂志，"土拨鼠丛书""新时代丛书"等为阵地，对左翼倡导的"革命文学"进行了大力批判。除了上海的无政府主义者，广州的无政府主义者组织的"万人社"所创办的《万人杂志》和《万人报》也对"革命文学"提出了质疑。这些人的声音往往在正统的"革命文学"话语论述中被忽视。（参见李跃力《艺术革命与文化论争——"革命文学"论争中的无政府主义文学》，发表于"文学与哲学国际研讨会"，香港科技大学 2017 年；马筱璐《俄苏—日本—中国："革命文学"的跨文化之旅》，《华文文学》2017 年第 5 期）

田汉 1 月 13 日晚率南国社成员赴南京作首次公演。14 日抵南京,住半边街通俗教育馆。作公演准备,同时向各界发出请柬。15 日,在上海《时事新报·戏剧运动》第 10 期发表《我们今年的戏剧运动——迎一九二九年》一文,谈本年创作和组织演出的设想。17—22 日,南国社作第一次旅宁公演。22 日下午,应南京女中邀请前往作题为《戏剧与民众》的演讲。23 日,应陶行知之邀,率南国社赴位于南京北郊的晓庄师范演出。月底,率南国社由宁返沪后,即应欧阳予倩邀请,与洪深乘船同赴广州。3 月 6 日,南国社作内部演出招待广州文艺界人士。7—10 日,南国社在广州大佛寺国民体育会作旅粤公演。同月,公演结束后,广州各校纷纷邀请南国社前去讲演、演剧。南国社曾去中山大学演出两天。4 月 9 日,乘船返回上海。同月,为致全力于南国社事业,辞去复旦大学教职。5 月 1 日,主编的《南国月刊》在上海创刊,为以发表戏剧为主的综合性刊物。同日,发表《序〈南国月刊〉创刊号》一文。又为各期写《编辑后记》。12 日,应大夏大学大夏剧社之邀前往该校礼堂作题为《我们今日的戏剧运动》的演讲。26 日,出席为组织光华大学剧团而举行的座谈会,提出此剧团在戏剧理论、舞台技巧、演出实践三方面作出努力的设想。同月,“译述”《穆理斯之艺术的社会主义》一书由上海东南书店出版,内包括《他的生涯》(一、到他成为社会主义者为止;二、成了社会主义者以后)、《穆理斯之社会改造思想》《穆理斯的乌托邦》和《诸家对于穆理斯之批评》等四节。4、5 月间,《告南国新旧同志书》,述由广州归后的新觉悟。

田汉译著《檀泰棋儿之死》6 月 1 日由上海现代书局出版,内收《序》和《檀泰棋儿之死》《骑马下海的人们》《最后的假面》三个剧本。《序》中回顾了内所收的三个剧本翻译的过程及曾经排演的情况。8 日下午,与光华剧团主席储安平率剧团赴吴淞。7 月 1 日,在《南国月刊》第 1 卷第 3 期发表译文《莎士比亚剧的演出之变迁》。2 日,率南国社赴南京作第二次公演。4 日,国民党要员叶楚伧、戴季陶在羊皮巷戴宅招待南国社社员。在叶、戴讲话后,田汉致答词,提出“代表个人痛苦的便是个人主义的艺术。代表多数的是社会主义的艺术”。演讲内容以《艺术与时代及政治之关系》为题载 12 日《中央日报·南国特刊》3 号。5 日,作《南国社话剧股第二次公演演员介绍》一文,逐一介绍洪深、万籁天、陈凝秋、左明、金焰、张慧灵、郑重、易素、王尼南、杨泽蘅、吴似鸿、俞珊、白英、李尚贤、杨秀鹤等人,载 24 日上海《民国日报》副刊《闲话戏剧周刊》第 10 期。6 日,戏剧家熊佛西赴厦门大学讲学途经南京,两人首次会面,交谈了许多戏剧方面的意见,并合影留念。晚上开演前,田汉向观众介绍熊佛西,两人还先后简短致词。演出结束后。熊佛西应邀参观后台和南国社社员宿舍,为他们艰苦朴素的作风所感动,当即发出邀请,希望南国社到北平公演,田汉欣然表示同意,同时欢迎北平戏剧系南下,作友谊的研究,使南北戏剧界有沟通的机会,则将来全国戏剧的发展,必大有厚望。

田汉 7 月上旬在国民党党部招待南国社的宴会上作长篇演讲,阐述南国社事业发展的概貌及其政治态度。最后针对戴季陶贬抑《孙中山之死》的无理态度,明确表示自己对此次该剧被禁演一事感到不满和“遗憾”。演讲词以《南国社的事业及其政治态度》为题载本月上海《南国周刊》第 1 期。30 日,在《上海画报》第 492 期发表《谈谈“南国的哲学”》一文。同月,所著《爱尔兰近代剧概论》一书由上海东南书店出版。8 月 14 日,与洪深、朱应鹏、王道源等人共同发起在中国建设协会举行“文艺夜谈茶会”,傅彦长、俞珊等前来参加。午夜后移至家中继续进行。24 日,《南国周刊》在上海创刊。同日,发表《序南国周刊》《编辑后记》,又在《南国周刊》1、2 期连载译日本小山内薰原作《日本新剧运动的径路》。10 月上旬,在

《南国周刊》第6期发表《第一次接"批评家"的梁实秋先生——读〈看八月三日南国社第二次公演以后〉》一文，反驳梁实秋"以南国社全体社员之精神力量专排"《莎乐美》"这一类的戏"的指责。

　　按：文中说："唯美派也不坏，中国沙漠似的艺术界也正用得着一朵恶之华来温馨刺戟下。"奉劝梁实秋莫"道听途说""张冠李戴""以一概全"，因为"南国的色彩颇为殊异而多面的。他刻刻在成长，刻刻在进展，象我个人一样。要批评一个人的戏剧也应该稍为亲切一点多看几篇，多少可以知道他的路是怎样走来的，现在走向哪里去，然后评论其艺术之得失利害"。还表示不同意梁实秋关于"一个戏最要紧的是里面的故事穿插，对话比较的不重要"的观点，认为"对话是很重要的"。

　　田汉10月20日出席在大西洋西菜馆举行的南国社第五次季会，并发表演讲，检讨"从前南国对于大众的态度虽不必是所谓全民的，至少是偏于知识阶级的，小资产阶级的"。10月22日，在《南国周刊》第8期发表《日本"演剧实验室"六年间之回顾》一文，谈日本小山内薰领导的筑地小剧场，并图文结合介绍他们上演的一些名剧。11月23日，在《南国周刊》第10期发表《怒吼罢，中国！》一文，简介《怒吼罢，中国！》一剧情节，赞扬日本新筑地剧场8月31日至9月4日上演该剧是在东方首先"替我们扬起的支那的吼声"，号召"中国人自己也得吼起来了！"12月1日下午，出席在大西洋西菜馆举行的南国社第六次大会，并作演讲。会上对南国社的组织领导重新进行了选举，田汉当选为委员长兼电影部长并《南国月刊》编辑长。其他领导人员为：总务部长洪深；文学部长黄素；绘画部长吴作人；音乐部长张恩袭（张曙）；戏剧部长唐槐秋（下属话剧股万籁天负责，歌剧股周信芳负责）；出版部长陈子展（下属《南国周刊》编辑长陈涛）。（以上参见张向华编《田汉年谱》，中国戏剧出版社1992年版）

　　叶圣陶仍任商务印书馆国文部编辑。《小说月报》自第20卷第7号起交由郑振铎主编。4月28日，翻译苏俄作家捏维洛夫的短篇小说《马利亚》刊于《文学周报》第8卷第14—16号"苏俄小说专号"。7月5日，商务印书馆编译所举行第五届改选执行委员大会。出席会员共233人。会议改选执行委员，朱通舟、陆思安、骆绍先、张原絜、刘虎如、陆文轩、黄孝先、华国章、叶圣陶等9人当选为执行委员，郑振铎、于树樟、张辅良3人为候补执行委员。因当选执委叶圣陶，及候补执委郑振铎、于树樟来函坚决辞职，经挽留无效，议决照准。并以张辅良递补为正式执委，以唐啸桐、张伯康、尤佳章递补为候补执委，并互选朱通舟、陆思安、张原絜3人为常务委员。所载信息见7月7日《申报·本埠新闻·各工会消息》载《商务印书馆编译所职工会》。同月，叶圣陶选注的《周姜词》，作为"万有文库第一集八二七种学生国学丛书"，由商务印书馆出版，收入周邦彦、姜夔词共75首。书前有选注者的《绪言》。8月，长篇小说《倪焕之》由上海开明书店印行，卷首有夏丏尊《关于〈倪焕之〉》，卷末有茅盾《读〈倪焕之〉》和《作者自记》。同月22日，将小说《倪焕之》送赠鲁迅和许广平。秋，编《十三经索引》。（参见商金林编《叶圣陶年谱》，江苏教育出版社1986年版；陈福康《郑振铎年谱》，三晋出版社2008年版）

　　郑振铎1月1日在《文学周报》第8卷第1期发表短论《经书的效用》。同日，胡朴安等人在上海发起成立中国学会，郑振铎应邀为84位发起人之一。6日，在《文学周报》第8卷第2期发表《关于游仙窟》。10日，《小说月报》第20卷第1期出版，为特大号，篇幅为平时的三倍。本期头篇发表郑振铎邀请何炳松撰写的《论所谓"国学"》，并加了前言，同时发表自己写的《且慢谈所谓"国学"》，主张反对复古。

　　按：郑振铎认为"古书与古代文化的整理与研究，是最少数的最专门的工作，不必责之于一般人，于一般青年""即研究或整理古书与古代思想文化的人，也不可不懂得基本的科学知识与方法""全盘输入，采用西方的事物名理,以建设新的中国,新的社会,以改造个人的生活"。提出:"目前的急务是:第一,建设巨大的外国文书图书馆。第二,建设各种科学的专门研究院、实验室。第三,用印行四部什么,四部什么的印刷力,来翻印或译印科学的基本要籍与名著。……我们的生路是西方科学,与文化的输入与追求。我们的工作,是西方科学与文化的介绍与研究。我们不要浪费了有用的工作力。我们且慢谈所谓'国学'!"

郑振铎1月15日为所译述的《恋爱的故事》(希腊罗马的神话与传说之三)一书作《叙言》,回忆前年在英国伦敦时怎么开始转而研究、译述起希腊罗马的神话与传说来的。同日,在复旦大学文科学会编印的文学期刊《我们的园地》创刊号上发表论文《敦煌俗文学的价值及其影响》,介绍敦煌"古藏书库"发现的经过,评估了敦煌文献及敦煌文学的价值与影响。17日,为所藏吴梅撰《奢摩他室曲丛目卷》抄本题跋。同月,郑振铎把《文学周报》第8卷第3期编为"梅兰芳专号",并以"西源"笔名发表《没落中的皮黄剧》《打倒男扮女装的旦角/打倒旦角的代表人物梅兰芳》等文,批判了旧戏剧。2月,郑振铎作长篇论文《梁任公先生》及《梁任公先生年表》,刊于2月10日《小说月报》第20卷第2期,文中对梁启超一生作详尽而全面的评述。本期的《最后一页》提及,已约定在法国的胡愈之、孙伏园、彭补拙三人,在苏联的耿济之,在日本的茅盾等人为《小说月报》的特约通讯员。2月12日为年初三,应贺昌群邀,与叶圣陶、王伯祥、周予同结伴赴浙江里山游。3月10日,郑振铎在《小说月报》第20卷第3期上发表《敦煌的俗文学》以及读书杂记《佛曲与俗文变文》《书目长编》。《敦煌的俗文学》对敦煌俗文学作品进行分类研讨,并探讨了中国小说的起源等问题。稍后,此与先前发表的《敦煌俗文学的价值及其影响》以及此后发表的《词的启源》,为早期从文学史的角度探源敦煌文学的代表作,在中国文学史研究领域具有重要影响。27日,郑振铎为陈穆如编《岭东情歌集》作序。同月,译述希腊罗马神话与传说《恋爱的故事》由商务印书馆出版,为"文学研究会丛书"之一。4月10日,郑振铎在《小说月报》第20卷第4期发表《词的启源》,夏承焘读后有好评(见9月14日日记)。同期《小说月报》上发表刘穆(刘思慕)翻译的苏联波格丹诺夫《诗的唯物解释》,并加"编者志"说,波格丹诺夫"是苏俄的一个真挚的革命家,同时也是一个渊博的学者,其所论'普罗文艺',颇有独到的见解"。同期《小说月报》又附载商务印书馆4月1日公布的《万有文库》第一集一千种目录及预约简章等。

按:其中"汉译世界名著初集"目录中列有郑振铎译的《贫非罪》和《新月集》;"学生国学丛书"目录中列有郑振铎拟节选标点注释的《文心雕龙》;"国学小丛书"目录中列有郑振铎拟撰写的《小说概论》;"百科小丛书"目录中列有郑振铎撰写的《近百年古城古墓发掘史》和拟撰写的《现代文学》。上述拟节选标点注释的《文心雕龙》和拟撰写的《小说概论》《现代文学》,后来均因故未见完成。

郑振铎4月28日在《文学周报》第8卷第14—18期合刊刊出"苏俄小说专号"后于1934年1月被国民党当局以"普罗文艺"的罪名查禁。5月10日,在《小说月报》第20卷第5期上发表《五代文学》。本期还发表特约蒙生(耿济之)从苏联寄来的《社会的定货问题》,内容谈的是苏联的文艺论战之一,即"文艺是否为社会的定货的问题",表示了对"拉普"派文艺观点的异议。郑振铎在《最后一页》中特地提及此文,认为"这末直接这末有系统的通讯,可以说是开了一个新纪元"。7月15日,写成长篇论文《水浒传的演化》,并作"附识"说明:"本文有一部分颇得力于鲁迅、胡适之、俞平伯诸先生的已经发表的论文及著作,虽然意见与他们有时不同。"后发表于9月10日《小说月报》第20卷第9期。8月10日,主编《小说月报》第20卷第8期"现代世界文学号(下)"出版,发表长文《现代的斯堪德那维亚文学》。10月10日,在《小说月报》第20卷第10期上发表长篇论文《三国志演义的演化》。19

日,在上海《新闻报》刊登《郑振铎启事》。

　　按:《郑振铎启事》曰:"近日屡有无耻之徒在各无聊小报上登载关于我个人的捕风捉影的消息。最近更有某某等新办书局聘我为编辑之说。此种无稽之谈本不值一笑,但恐以讹传讹,将引起远道友好的误会,故特声明如右。"

　　郑振铎11月10日在《小说月报》第20卷第11期发表《北宋词人》。19日,作论文《中国小说的分类及其演化的趋势》,后发表于1930年1月10日《学生杂志》第17卷第1期。24日,在《文学周报》第9卷第1期发表论文《〈岳传〉的演化》。30日夜,赵景深借郑振铎家宴客。同月,在《民铎》第10卷第5期发表《古迹的发现与其影响——〈近百年古城古墓发掘史〉序》。12月8日,在《文学周报》第9卷第3期发表论文《〈水浒传〉的续书》,认为"《水浒传》的续书颇多,而以陈忱的《水浒后传》与俞万春的《荡寇志》为最重要"。10日,在《小说月报》第20卷第12期发表《南宋词人》。15日,在《文学周报》第9卷第4期发表论文《万花楼》。是年,将四年前从书摊上购得的清代浮白山人选编的《挂枝儿》一书编入《鉴赏丛书》中排印出版。原书是浮白山人从明代冯梦龙同名书中编选而成的。郑振铎打算组织创办一个研究俄国文学的杂志,有步骤有计划地介绍俄国文学,因故未成。

　　按:此见10月20日上海《闲报》的"文坛鸿爪"栏发表一则消息,说郑振铎打算组织创办一个研究俄国文学的杂志,有步骤有计划地介绍俄国文学,而不是零碎翻译。参加者有耿济之、曹靖华等。但是,郑振铎的这一计划却遭到一些"左翼"朋友的误会和嘲讽,或说他是"投机者",或说他"赶时髦"。该杂志后来因故未能办成。(以上参见陈福康《郑振铎年谱》,三晋出版社2008年版)

　　夏丏尊1月译自意大利孟德格查的《续爱的教育》始连载《教育杂志》第21卷第1期,分10期载毕。2月,由弘一法师、丰子恺、夏丏尊共同参与创作的《护生画集》,经美成印刷所制版后由开明书店出版。3月1日,由章锡琛、夏丏尊、刘叔琴、杜海生、吴季候、丰子恺、夏质均、胡仲持、吴仲盐发起招募股本,将开明由兄弟合股性质的书店改组为有限公司。夏丏尊被聘任为编译所所长。21日,散馆后,在大东饭店宴请叶圣陶等,并约其为开明书店编教科书。3月,朱光潜《给青年的十二封信》由开明书店出版,夏丏尊为之序。4月5日,访叶圣陶。夜,与叶圣陶、周予同、王伯祥饮于言茂源。夏丏尊提议,请弘一法师手书铸字铜模字,以创造新的字模,打破当时中华、商务、汉文、华丰等书店仿宋体铅字一统天下的局面。这一倡议深得开明同人的赞许,弘一法师亦欣然允诺。5月6日,弘一法师在温州致信夏丏尊,谈铜模字的书写问题。8日,弘一法师在温州致信夏丏尊,继续谈铜模字的书写问题。10日,弘一法师在温州致信夏丏尊,第三次谈及铜模字之书写。20日,弘一法师在温州致信夏丏尊,陈述不能完成手写铸字铜模字样之种种苦衷,请夏丏尊代向开明同仁说明,并恕其违诺。已写成的一部分被裱成册页,由章锡琛保存。初夏,由夏丏尊等7人发起为弘一法师在白马湖建筑的住所竣工。新居位于丰子恺"小杨柳屋"和经亨颐"长松山房"的中间,白木山门,青砖瓦舍,清雅古朴。为在经济上支持弘一法师请经和研究,夏丏尊、丰子恺等又倡议成立"晚晴护法会"。弘一法师从日本请来的古版佛经一万余卷,就是由"晚晴护法会"施助的。

　　夏丏尊6月帮助春晖学生王文川诗集《江户流浪曲》由开明书店出版。"上海尚公小学教师王志成,在本校实施《爱的教育》中的法则,效果竟意外的好。由其逐日所记的教育笔记整理成《爱的教育实施记》一书,在开明书店出版。"7月13日,叶圣陶至开明书店编译所晤夏丏尊,谈教科书编辑事。14日,朱自清作散文《白马湖》,回忆他在春晖中学任教时的情景,文中多处写到他与夏丏尊的交往。16日,叶圣陶至开明书店编译所晤夏丏尊,续谈教科书编辑事。同月,为钱耕莘所著的《劫后》一书修改统校,由开明书店出版。夏丏尊并作《〈劫后〉校毕后记》,刊于 8 月 5 日《一般》第 8 卷第 4 号。8 月,校读叶圣陶的《倪焕之》后,作《关于〈倪焕之〉》的读后感。同月,该书在开明书店出版。

> 按:《关于〈倪焕之〉》文中写道:"经过'五四''五卅'一直到这次的革命,这十数年是中国历史上空前的大时代。我们游泳于这大时代的空气之中,甜酸苦辣,虽因人时不同,而且和实际的甜酸苦辣的味觉一样是说不明白的东西,一种特别的情味是受到了的,谁也无法避免这命定的时代空气的口味。照理在文艺作品上随处都能尝得出这情味来,文艺作品至少也要如此才觉得亲切有味。可是合乎这资格的文艺创作却不多见。所见到的只是千篇一律的恋爱谈,或宣传品式的纯概念的革命论而已。在这样的国内文艺界里,突然见了全力描写时代的《倪焕之》,真足使人眼光为之一新。故《倪焕之》不但在作者的文艺生活上是划一时代的东西,在国内的文坛上也可以说是划一时代的东西。"

夏丏尊 9 月 4 日访叶圣陶,请其说服王伯祥为开明书店编著《地理》教科书。中旬,弘一法师携惟净法师自温州至白马湖山房小住,并以李商隐"天意怜幽草,人间重晚晴"句意,自题新居为"晚晴山房"。弘一法师 10 月 1 日在白马湖致信夏丏尊,谈在白马湖的生活小节,并商议"晚晴护法会"款项使用方法。3 日,弘一法师在白马湖致信夏丏尊、丰子恺,要求迎请弘一的师兄弘祥法师来晚晴山房小住。7 日,弘一法师在白马湖致信夏丏尊,言将于当月下旬前往上海与各位友人会面,后因故未能成行。11 日,弘一法师在白马湖致信夏丏尊,对晚晴山房的外观、格局等表示满意,对夏丏尊等护法之善举深表感谢。22 日,农历九月二十日,弘一法师 50(虚岁)寿辰,护法会诸友夏丏尊、经亨颐、刘质平、李鸿梁、徐仲荪等齐聚白马湖,在经亨颐的"长松山房"为之祝寿。弘一法师向大家分送了寿辰纪念品——《护生画集》。接着又书写:"天意怜幽草,人间重晚晴"联赠夏丏尊。25 日,经绍兴徐仲荪居士提议,以放生的形式,为弘一法师祝寿。9 时 15 分,夏丏尊、徐仲荪、刘质平、徐全茂以及夏家老仆丁锦标等随弘一法师至白马湖放生。事后,弘一法师作《白马湖放生记》以记之。26 日,夏丏尊与刘质平一起自白马湖返上海。11 月 1 日,弘一法师将赴厦门,道出甬江,夏丏尊、刘质平、黄寄慈、陈伦孝、李哲成等前往宁波送行,并在"宁绍轮"前与法师合影留念。李哲成为之题记。此照现存于泉州开元寺弘一大师纪念室。4 日,弘一法师到厦门后,致信夏丏尊,一报平安,二留通讯地址,三索《护生画集》80 余册。12 月 1 日,夏丏尊翻译日本林房雄著《普洛恋爱学》,刊于《新女性》第 48 号。冬,为祝贺弘一法师 50 寿诞,精选法师在俗时所临各种碑帖,定名《李息翁临古法书》,由开明书店出版,夏丏尊为之题跋。夏丏尊加入蜜蜂画社,该社发起组织者为郑午昌、王师子、张善孖、谢公展、贺天健、陆丹林、孙雪泥等,以提倡研究发展中国美术为宗旨,会员百余人。是年,夏丏尊与顾均正、赵景深三人作为儿童文学译者,受教育部小学课程标准委员会邀请,去南京参加小学国语课程修订会。三人同吃同住同行。(以上参见葛晓燕、何家炜编著《夏丏尊年谱》,中国文史出版社 2012 年版)

周予同 1 月在《一般》第 6 卷第 1 期发表《第四期之前夜——向青年们公开着的一封信》。2 月 12—17 日,应贺昌群请,与叶圣陶、王伯祥、郑振铎等人同游杭州、富春江。同月,《朱熹哲学述评》(即《朱熹》第三章)刊于《民铎》;《关于介绍》刊于《开明》第 1 卷第 8 期。3 月 16 日,出席贺昌群喜宴。4 月 7 日,于郑振铎家与郑振铎、叶圣陶、王伯祥等人商议《中国文选》编选问题。5 月 30—31 日,与叶圣陶、王伯祥、宋云彬、郑振铎等人游常熟。6 月 3 日,与郑振铎、叶圣陶、王伯祥赴愚园路康有为宅观看拍卖会。是年,所著《朱熹》出版,《经今古文学》再版,皆入选商务《学生国学丛书》系列。(参见成棣《周予同先生年谱》,《传统中国研究集刊》第 20 辑,上海社会科学院出版社 2019 年版)

胡朴安等人1月8日在上海发起成立中国学会,以"研究中国学术,发扬民族精神"为宗旨。陈乃乾为会务部主任,姚石子为讲演部主任,胡朴安为编辑部主任。胡朴安认为学术是民族的精神,中国有中国的特殊的学术。"我们研究中国学术,完全是研究中国整个的民族。因为我们民族的思想行为,悉由历史之习惯养成。一切学术,皆为历史。""中国学术的系统与世界学术的系统完全不同。"蔡元培、于右任、吴稚晖、叶楚伧、丁福保、柳亚子、郑振铎、唐文治等84位应邀为发起人,受到政、学两界鼎力支持。该会成立才5个月,陆续加入者已达260余人。1929年初,很多学者表示愿意参与,有丁福保、王云五、王伯祥、吴稚晖、吴承仕、朱师辙、吕思勉、何炳松、柳诒徵、陈乃乾、孙人和等,几乎网罗了除胡适、傅斯年和顾颉刚一系外所有学界的重要人物。

按:胡朴安的民族主义立场得到众人的支持,同时也有反对的声音。胡适就不能认同"中国学术与民族主义有密切的关系",而坚持"实事求是"的学术立场。(参见王学典《20世纪史学编年(1900—1949)》,商务印书馆2014年版)

柳亚子是春复移法租界贝勒路恒庆里。4月,偕佩宜夫人,暨陈警丽、朱少屏至京口(镇江),游金山、北固,遂渡江登焦山,下榻松塞阁。应江苏省通志编纂委员会之邀以委员相属,始识庄思缄(蕴宽)、柳翼谋(诒徵)、金�衡意(钺)、张蔚西(相文)诸老。委员中亦有刘季平、陈巢南。5月,为陈巢南撰《吴江诗录序》及为王玄穆撰《风雨闭门斋遗集序》。7月,为陈巢南撰《江苏革命博物馆月刊发刊词》。是年,从萧纫秋(萱)处得《曼殊遗迹》稿本,交北新书局印行。封面"曼殊遗墨"四字,为孙中山亲题;又作《存殁口号五首》,每首怀念存殁者各一,存者在后,如下:一、孙中山,毛泽东;二、朱季恂,恽代英;三、侯绍裘,李立三;四、向警予,杨之华;五、张应春,史冰鉴。第一首末句:"并世支那两列宁"。(参见柳无忌编《柳亚子年谱》,中国社会科学出版社1983年版)

叶恭绰1月1日参加中国学会成立大会。同月,全国美术展览会总会务成立,被加入总务委员,并和狄平子共同担任征集部。2日,出席全国美术展览会总务委员第四次会议,在上海中央研究院举行。16日,教育部保存甪直唐塑委员会在中研院驻沪办事处开会,被推暂为主持上海会务,定下3月4日各委员偕同工程师、塑匠等亲往甪直。视察并计划保存办法。17日,教育部保存甪直唐塑委员会在中研院驻沪办事处开常务委员会。议决款项存于上海银行,并委托该行代办会计事务,保存唐塑之设计工作,3月1日起,三个月内完成。2月7日,前往吊唁梁启超逝世。同月,起草保存甪直保圣寺董事会规则及古物馆管理规则,由蔡元培修改订定。3月4日上午,叶恭绰与蔡元培、马叙伦、陈去病、金家凤、吴稚晖、褚民谊及雕刻家、建筑家十余人察甪直保圣寺。晚餐后,乘7时20分车返,9时到上海。

叶恭绰3月8日出席中国美术展览会假中央研究所开的第三次参考品部委员会议。4月10日上午10点,参加教育部第一届全国美术展览会在国货路新普育堂的开幕礼,千余人到场。此日起至本月20日,中华民国国民政府教育部举办第一届全国美术展览会。地址为上海新普育堂,会长蔡元培,秘书长林文铮,委员有叶恭绰与丁衍庸、马公愚、江小鹣、何香凝、李毅士、徐悲鸿、方介堪、潘天寿,参展国画家515人,作品1109件。陈小蝶为美展策展人。4月17日,湖社受叶恭绰、狄平子之邀,成立以来第一次在北京以外地区以社团名义独立展出,陈列作品数百件。上海《晨报》予以报道。22日,出席教育部部长、全国美展会会长蒋梦麟的宴会,到者还有褚民谊、王一亭、狄楚青、李拔可、王晓籁、张岳军、陈德徵、陈小蝶、吴湖帆、阎甘园、张啸林、陆礼华、张大千、白坚甫、徐志摩、江小鹣、王济远及会中职员、报界记者等 78 人。29 日,全国美术展览会闭幕。6 月 24 日,参加上海美专的毕业典礼。

叶恭绰 7 月 6 日参加艺苑绘画研究所为募集资金在宁波同乡会举办的现代名家捐助书画展览会。捐献书画,并成为发售书画券十八队的队长。7 月 23 日,王一亭与狄平子邀集上海名画家在觉林聚议中日现代绘画展览会筹备,叶恭绰到场,并与王一亭、符铸、谢公展、郑午昌、陈刚叔、吕万、狄平子共被推为主席。11 月 1 日上午,中日现代绘画展览会在上海康脑脱路徐园大礼堂开幕,共展出作品 1400 余件。叶恭绰参展任展览会鉴别委员会委员,致谢幕词,并作《参观中日现代绘画展览会》一文。8 日,出席在上海美专举行的中日画家聚会。10 日,出席在宝山路六三园举行的吴昌硕遗作展览会。13 日晚,出席日本总领事重光葵在日本俱乐部公请中日现代绘画展览会双方职员之宴会。(以上参见杨雨瑶《叶恭绰先生艺文年谱》(上),《艺术工作》2019 年第 1 期)

李登辉继续任私立复旦大学校长。9 月,依国民政府教育部《大学组织法》,复旦大学设文、理、法、商四院,院下设系。文学院新设教育学系。9 月 18—19 日,复旦取消行政院,设立校务会议。11 月 1 日,全国禁烟大会召开,蒋介石出席并讲话。大会决定查办陈调元运土案、海军总司令兼福建省府主席杨树庄吸毒案等重大案件。成立禁烟组、禁运组、禁售组、总务组等若干审查机构,李登辉当选总务组委员。4 日,李登辉在《复旦周刊》发表《我们所最需要的教育》。文中追溯了教育英文词 Education 的拉丁文起源,Ex 意“从出”,Duco 为“引导”,合之则为“引导从出”。换言之,教育是为激发个人之潜能。认为“近代教育的思潮,是由个人与社会对抗的观念,进而至于个人与社会调和的观念。教育的最高目的,是要把个人潜伏的心能,尽量引导使之发展,以替社会谋福利。社会的进步,和个人的发展,是一而二、二而一的。个人中最有价值而应启发的心能,亦就是在社会上高贵的德行。”作者最后强调:“不管他是新的,或是旧的,是东方的,或是西方的……择其善者取之,其不善者去之,集东西之精英,陶铸于一炉,造出更高一等的精神文明。”12 月,校务会议决定设立法律学系,一直到 1931 年 3 月才得到国民政府的批准立案。是年,李登辉提请设立秘书长一职,总揽全校行政、教务和总务大权。(参见钱益民《李登辉传》及附录四《李登辉年谱简编》,复旦大学出版社 2005 年版;《复旦大学百年志》编纂委员会编《复旦大学百年志(1905—2005)》,复旦大学出版社 2005 年版)

郑洪年继续任暨南大学校长。大学部将十六系调整为四院一系,除了原有的商学院外,增设文学院、理学院、教育学院。法律系独立。文学院下设中文、外语、历史社会三个学系;理学院下设数学、生物学、物理学三个学系;教育学院下设心理学、教育学两系以及师资专科。6 月,本校主持召开我国首次南洋华侨教育会议。大会一致通过《南洋华侨教育会议宣言》,并译成英国、法国、荷兰、泰国、缅甸、马来西亚等多种语言向南洋做普遍宣传。是年,暨大开始进入全盛时期,设备日臻完善,全校学生也有 1700 余人,其中,华侨学生占四分之三,成为名副其实的华侨最高学府。(参见张晓辉、夏泉主编《暨南大学史(1906—2016)》,暨南大学出版社 2016 年版)

陈中凡任暨南大学文学院长。4 月 3 日,上海《时事新报·学灯》载:“暨大实施新组织。国立暨南大学为求教务改进及适应华侨教育之需要起见,最近重新改组,采取分院行政制。……现由郑洪年校长特聘陈钟凡为文学院长。”又无锡国专约请陈中凡兼课。同仁马宗融介绍陈中凡入中华学艺社,即当选为编辑部干事。陈中凡荐请著名进步教授许德珩、李达、邓初民等人来暨大任教。是年,接周云青信四,附所编《四部书目总录》样本呈政。丁

福保一信，附赠《诗钥》一册。（参见姚柯夫编著《陈中凡年谱》，书目文献出版社 1989 年版）

沈钧儒继续任上海法科大学教务长。春后，努力经营法科大学建设，5 月间在取得公款 4 万元外，并通过募捐基金委员会募得几万元，遂将校舍买下，并计划增建校舍，新校舍于本年落成。5 月 1 日，与张耀曾、李肇甫、陈篁、赵琛联合设律师事务所于静安寺路马霍路（今黄陂北路）兴和坊 1912 号。20 日，辞去上海律师公会文书干事职。10 月 9 日，作诗《痕迹》，以纪念 1927 年被暗杀之法科大学副校长潘大道。12 月 20 日，成立于 1925 年的"中国济难会"改称为"中国革命互济会"，该会宗旨为：以革命人道主义反对白色恐怖，以慈善事业为名募捐支援罢工斗争中伤亡或受难者，宫救被捕者，并慰问其家属。沈钧儒支持并参与该会的一些活动。（参见沈谱、沈人骅编《沈钧儒年谱》，中国文史出版社 1990 年版）

姜亮夫 1 月游苏州、上海，后归无锡。在此期间，重订《诗骚联绵字考》，续录《经典释文反切考》《九经异文考》卡片，整理讲义《文学概论讲述》（1930 年北新书局出版）。读《周礼》，并为札记 2 卷。读《汉书》，亦作有札记。6 月，离开无锡，至上海，北新书局邀请编《高中国文》课本，又陈桂邀请主讲大夏大学。8 月，与胡朴安订交，并应其邀请主讲持志大学。9 月，与陈中凡订交，结识陈佩忍、张天放。与徐志摩会于大夏大学。10 月，拜访孙德谦，与之谈论史学甚欢。为《古声考》10 卷，初稿成。读《汉魏百三家集》，为笔记 2 册，至次年 5 月读毕。同月 19 日，与陶秋英初相识，此时陶秋英正在撰写《中国妇女与文学》一书。12 月，较为全面的接触西方社会学著作，受莫尔干、穆勒利尔、罗维等人的影响尤著。（参见林家骊《姜亮夫先生年谱简编》，《职大学报》2012 年第 4 期）

吕思勉是年日记名《责己记》。6 月，所撰《史通点烦篇补》刊于《光华期刊》第 5 期上。入光华大学任教后所开设"中国社会史"课程的授课讲义，初时讲稿题名为《政治经济掌故讲义》，经不断修订，改名为《中国社会史》。10 月，《中国社会史》中婚姻、宗族、国体、政体、阶级五篇，由上海中山书局分别以《中国婚姻制度小史》《中国宗族制度小史》《中国国体制度小史》《中国政体制度小史》和《中国阶级制度小史》为题，以单行本刊行。同月，光华大学社会系同学组织政治学社，创办《政治学刊》，吕思勉在初刊第 1 期发表《乡政改良刍议》。是年，吕思勉应邀在家乡常州江苏省立第五中学讲中国文化史，开始编写《中国文化史六讲》讲义。（参见李永圻、张耕华编撰《吕思勉先生年谱长编》，上海古籍出版社 2012 年版）

何炳松 1 月 13 日在《东方杂志》第 26 卷第 2 号发表《中华民族起源之新神话》，文中批评了 17 世纪至 19 世纪末国外关于中国文化起源的九种说法，认为"假使吾因考古学上发掘之事业不举，则吾国民族起源之问题即将永无解决之期"。何氏还批评中国学术界对西方学说"每每不分皂白，活剥生吞，遂至堕入此辈学术界'帝国主义者'之玄中而不自觉"的现象。同月，何炳松的《论所谓"国学"》和郑振铎的《且慢谈所谓"国学"》刊于《小说月报》第 20 卷第 1 号，全盘反对"国学"的称谓。又在《民铎》杂志第 10 卷第 1 号发表《历史研究法》；在《史学与地学》第 44 期发表《历史上演化问题及其研究法》。3 月，何炳松推荐姚名达为商务编辑。春，始译英国史学家古奇的著作《十九世纪之史学与史家》，至 8 月已过半，但终未完成。10 月，王云五推荐何炳松自代，任商务印书馆所属东方图书馆总编辑兼副馆长。是年，译著《西洋史学史》由商务印书馆出版。（参见鑫亮《忠信笃敬：何炳松传》，浙江人民出版社 2006 年版；张人凤、柳和城编著《张元济年谱长编》，上海交通大学出版社 2011 年版；王学典《20 世纪史学编年（1900—1949）》，商务印书馆 2014 年版）

丁福保行医刊书。又捐 3000 元与普仁济会，为周济孤儿寡母。写下后半生的心愿：不为财,不为利,愿发菩提心以救人,救人先从医药入手,尽我心力,以为贫病。凡对贫病,不可生厌弃心、怠慢心、吝啬心;宜生爱怜心、恭敬心、博施心。如贫病之人,来求医者日多,虽以每日之收入者,尽数施于贫人,亦无所惜。(参见高毓秋《丁福保年表》,《中华医史杂志》2003年第3期)

陶希圣1月1日在《新生命》第2卷第1号开设《社会科学讲座》,第2—6号连载。此为陶希圣在复旦大学文学科所作讲座,包括"社会进化说与文化传播说""马克斯的社会进化论""文化传播说的概要"等内容,首先回答了"何谓科学?""何谓社会科学?"的问题,认为"科学是探求因果关系之法则底学问。科学的使命,在从混沌错杂的现象中,探求因果关系的法则""由社会现象中探求因果关系的法则的学问是社会科学"。其核心观点是:"历史的唯物论"并不是马克思创立的,马克思不过是"综合"了黑格尔的辩证法、维科及其他唯物的历史观、法国的唯物论而已。马克思对资本主义的研究,"以资本主义典型国英国为对象",并不具有普遍性。至于马克思的"古代社会论",则"天然是不正确的",只有摩尔根《古代社会》算得是有系统的民族学著作。30日,陶希圣所著《中国社会之史的分析》作为"新生命丛书"之一由新生命书局出版。此书系收集其发表在《新生命》月刊上的文章而成,认为只有弄清楚"数千年来的社会结构",才能解开中国革命的"谜"语。书中既总论中国社会性质,又将中国历史分为"宗法社会""封建社会"和"资本主义社会",并分别对七大阶级、官僚制度、民族意识、宗法关系等问题进行社会史考察,提出中国是一个宗法封建社会的构造,庞大的身份阶级就是以政治力量为保障巩固土地所有权和身份地位的士大夫阶级,国民党和中国革命的失败源于官僚士大夫的混入。中国社会是残存着封建势力的商业资本社会,封建势力阻碍中国资本主义发展。由此进一步激发了中国社会性质大讨论,被认为打响了北伐后的新史学论战第一炮声。

按:陶希圣《中国社会之史的分析绪论——研究中国社会史的必要和方法》于1928年12月1日作于上海,重点讨论了以下问题:一、中国革命的基本问题与社会史的研究。提出中国的革命,到今日反成了不可解的谜了。革命的基础是全民还是农工和小市民? 革命的对象是帝国主义和封建势力,还是几个列强和几个军阀? 这些重要的问题都引起了疑难和论争,论争愈烈,疑难愈多。要扫除论争上的疑义,必须把中国社会加以解剖;而解剖中国社会,又必须把中国社会史作一决算。中国社会史的决算,至少要提出下面两点做中心:第一,中国社会是封建社会,还是资本主义社会? 第二,帝国主义势力的侵入是否使中国社会变质,变质又达到什么程度? 二、中国社会史研究的困难。三、中国社会史研究的方法是什么呢? 包括记述法、抽象法、统计法。四、本书的要点——士大夫身分的特质。五、士大夫身分与知识阶级。六、结语。

按:《中国社会之史的分析》的问世引起了学界的争论,此书三年之内销了八版,数万册。齐思和认为:"假如'古史辨'运动可以象征五四的史学,那么中国社会史论战便可以象征北伐后的新史学。这个论战第一炮声是陶希圣先生的《中国封建社会史》和他的《中国社会之史的分析》。"

按:新生命书局推出的"新生命丛书"还收录了樊仲云《妇女解放史》(1929年3月),文圣举、文圣律《各国革命史》(1929年4月),朱新繁编《资本主义的发展及其没落》(1929年5月)等史学著作。

陶希圣2月在《新生命》第2卷第2期发表《关于士大夫身分的几个问题——对中国社会史的论争和质疑》,开篇提出:"本刊第一卷第九期以后,连载几篇关于中国社会史的论争。有关于这个论争的文字此外更见于《前进》及近刊的《春潮》月刊。论争的焦点涉及多方面。本文所注意者是中国社会史上士大夫身分存在与否及基础如何的问题。本刊第九期第十期《从中国社会史观察中国国民党》及《中国社会到底是什么社会》两文,以为中国自战国以后便有士大夫身分,这身分的基础在土地所有权和国税乃至知识的独占。《前进》月刊第十期《社会阶级论中的几个根本问题》一文以为'身分'虽有经济的背景,而其基础却不全在经济。特别是历史的传袭,思想,风俗,学说,这些'上层建筑',都时时可以维持身分的存在。一切由宗法社会封建社会传袭下来的义理,心理,都是造成且维持士大夫身分的要素。这是关于士大夫身分发生及维持的基础的争论焦点。前者见解由'物'的方面着眼,后者见解由'心'的方面下笔。""故本文的目的不在折衷,而在别提一个观察。依我所想到的,有三个问题,双方都没有写到。第一个是豪族。第二个是门第。第三个是科举制度。这一类的具体事实,如不顾到,则中国社会史的讨论,不是悬空抽象的文章,便是西洋理论的移植。具体事实很多,先说这三个。这三个问题实在是一贯的,所以不去分开各加论述。"

　　　　按:《关于士大夫身分的几个问题——对中国社会史的论争和质疑》撰于1929年1月1日,兼有对前一阶段论争略作小结的意义,同时提出了"双方都没有写到"的"三个问题",则又有引领下一阶段论争的宗旨。

　　陶希圣译德国奥本海末尔《国家论》4月由新生命书局出版。奥本海末尔提出"原始国家"起源于暴力征服,以及它向"海国"和"陆国"两条道路发展的理论。5月,陶希圣在《新生命》第2卷第5号发表《马克思的社会进化论》,指出:唯物史观应一分为二地看待:"唯物史观,包括两个部分:一是辩证论的方法。一是把辩证法的唯物论应用到社会所得到的论断。这两部分是应当分别观察的。"同月,陶希圣著《法律学之基础知识》由新生命书局出版,分三章叙述法律进化史、法律进化各阶段中的法律思想及制度。6月10日,李膺扬译恩格斯著《家族私有财产及国家之起源》由新生命书局出版,陶希圣作序,指出:"这本书的重要,是在以历史的唯物论来叙述民族学家所发见的材料。这本书的价值,是在民族学家所发见的事实能作历史的唯物论的证明。""本书是民族学开山巨著与历史唯物论交流之产物。我们介绍本书因此也有两方面的意义。第一在使读者得知历史唯物论的具体论据。第二在引起读者对民族学研究的端绪和兴趣。"

　　陶希圣所著《中国封建社会史》6月10日由南强书局出版。内容包括中国地理与民族、封建制度、集权国家、商人资本、土地制度等8部分,书中大量应用马克思《资本论》中的商品、货币、交换、地租等概念为分析工具,认为中国公元前400年以前,曾实行完全的封建制度,此后封建因素逐渐瓦解,但自然经济的优势一直持续到1500年。陶希圣在《绪论》指出:"本书是著者对于中国社会构造及变革的研究之发端,其主旨在说明中国封建制度及其崩坏过程。""本书的目的,在使中国封建制度已坏而封建要素尚存的社会构造,使基于单纯再生产的社会构造,以其实相呈现于读者之前。"又提出:"今日向读者提出其关于中国社会构造之认识者,大有人在。著者私心对于他们的见解,不甚认同。他们的见解可分为三种",第一种见解以为中国社会尚是封建制度。第二种见解以为中国社会是资本主义社会。第三种见解以为中国社会是半封建社会。"我的见解与上述三者不同。我所注意的现象也间有为上述三种见解所不注意的。然而本书决不是无意义的反驳,决不对于上列三种见解所根据的原则——如果是正确的——滥加反驳。本书的用意在提出历史的事实,供读者尤其是历史唯物论者的讨论和批评。"陶希圣又撰有《综结》,谓本书"结论的要旨在指出中国社会是含有封建要素的前资本主义社会,现正在外国资本统治之下,由资本主义化尤其是金融资本与商人资本结合剥削之中,转化为依国民革命而实现的民生主义社会"。陶希圣所著《中国封建社会史》与其《中国社会之史的分析》皆为社会史论战中的名作。

按：对于此书30年代学界提出不同意见。是年5月2日，郭沫若（署名杜荃）作《读〈中国封建社会史〉》，刊于1930年1月20日《新思潮》第2—3期合刊发表，从方法尤其是材料对《中国封建社会史》提出严厉批评。1933博筑夫在《图书评论》第1卷第10期发表《陶希圣著〈中国封建社会史〉》，针对此书大量应用马克思《资本论》中的商品、货币、交换、地租等概念为分析工具，批评他是从河上肇的著作中照抄公式。

陶希圣与樊仲云、萨孟武合校《各国经济史》8月由新生命书局出版。8月6日，作《孔子学说之发展》，刊于9月《新生命》第2卷第9期，总结孔子发展之七变："封建贵族的固定身分制度的实践伦理学说，一变为自由地主阶级向残余贵族争取统治的民本政治学说与集权国家理论；再变为取得社会统治地位的地主阶级之帝王之学，带有浓厚的宗教色彩，孔子由此遂成了神化的伟大人格；三变而拥抱道教与佛教，孔子又变为真人至人及菩萨；四变而道士化；五变而禅学化；六变而孔学之经世济民的探讨失败，所留存者，伟大的孔子，为地主阶级与士大夫集团之保护神。现在孔子到了第七次发展或转变的时期了。……剩下的一条可能的路，是三民主义的孔子化。""孔子之所以发展，在最初是由于他的思想比封建贵族进一步，适合于新兴士人发展的趋势；到后来却由于他的思想比商业主义法治国家退一步，适合于中国的农业手工业小生产的社会经济。孔子有孔子的价值，有孔子的气运。把三民主义孔子化，不独破毁三民主义，并且违反孔子及孔子学的本质。"

按：《孔子学说之发展》提出三民主义的孔子化有七条办法。第一是解释三民主义社会为贵族农奴对立的封建制度社会，使三民主义《论语》化；第二，解释三民主义为地主向残余贵族斗争的"民为贵，君为轻"思想，使三民主义孟子化；第三，解释三民主义社会为地主阶级统治，使三民主义"天人之际"的董仲舒化且谶纬化；第四，解释三民主义社会为门阀土地制度，使三民主义老佛化；第五，解释三民主义为回避民族革命的安身立命处，使三民主义道教化或禅学化；第六，解释三民主义为孔子经世之方法使三民主义典章制度化。这六条路都不是充分可能的，因为现代的中国社会已不是三百年前的中国社会。地主阶级已趋崩坏，大地主已经化为买办资本家，士大夫阶级已经从破灭的道途中向政官客傚〔政客官僚〕的一条路挣扎。在今日要使三民主义孔子化，只有第八个方法。这便是三民主义的士大夫直觉化，以士大夫在破灭中的感情冲动来解释三民主义。

陶希圣所著《中国社会与中国革命》10月由新生命书局出版。此书共五章：封建制度抑资本主义、士大夫身分与族制及科举、科举与学校、士大夫身分的意识形态——孔子学说之发展、中国问题解决之基点。其中《中国社会与中国革命·绪论——如何观察中国社会》开篇即云："在今日，与其提出解决中国问题的主张，不如对中国社会加以深刻的观察。要解决问题，须先知问题之所在。中国社会构造是中国目前要解决的一切问题的根源。不认识中国社会构造便不知中国的问题。不知道中国问题，便无从提出解决中国问题的主张。"然后提出观察中国社会应持三个观念：一是历史的观点，二是社会的观点，三是唯物的观点。基于上述三个观点，我们来研究中国社会，则比较正确的推论，便摆在我们的面前。但同时又必须诊治以下错误观点：第一，因袭欧洲学者解剖欧洲社会所得的结论，而漫加演绎。第二，把中国社会构造当作位于西欧丛山半岛之中的小国家来看。第三，把名词的含义混淆了。第四，排斥不合于成见的社会成因。作者在书中强调中国历史发展不是心的发展或观念的发展，不是天道或理气的流行。中国历史是地理、人种及生产技术与自然材料所造成的。此书继《中国社会之史的分析》出版后，"陶希圣便名震一时，为国内一部分青年所倾倒""特别是在青年里面，在有些地方曾经有过陶希圣狂的时期，即对他的论文非读不可，他的单行本也非买不可"。11月，陶希圣与萨孟武、樊仲云合译《马克思经济学说的发展》由新生命书局出版。（以上参见陈峰编《中国近代思想家文库·陶希圣卷》附录《陶希圣年谱简编》，中国人民大学出版社 2015 年版；王学典《20 世纪史学编年（1900—1949）》，商务印书馆 2014 年版）

张东荪继续在上海私立光华大学任教。1 月 19 日，梁启超在北平协和医院逝世，上海知识界在静安寺为梁启超举行公祭，张东荪、张孟劬兄弟前往祭奠。年初，张东荪撰《哲学ABC》由世界书局出版，系统阐述其"架构主义"宇宙观。梁启超逝世后，组织民主主义新党的遗愿遂由张东荪和张君劢肩负。5 月，张东荪撰《精神分析学 ABC》由世界书局出版，并作自序。此为中国学术界介绍精神分析学较有代表性的著作，也是一篇较全面、较公允的介绍文字。它的特点在于：不仅系统地介绍了这一学说的发展过程，而且叙述了欧美学者对于这种学说的不同评价，在此基础上，张东荪根据自己的研究体会，对精神分析学作了自己独立的评价。

> 按：张东荪《自序》认为，20 世纪初期，两种新学术在世界上流行，一是爱因斯坦的相对论，一是弗洛伊德的精神分析学。中国人对于相对论已经注意且进行了介绍，但却对精神分析学并未给于足够的重视，张东荪撰写该书目的，就是为了"补此缺憾"。他认为自己介绍精神分析学，"就是旨在使中国想学心理学的人知道于正宗心理学以外，尚有这样的一种新心理学；于静的心理学以外，还有这样动的心理学。同时使他们知道欧美学术界不是仅为唯物一派的思想所垄断，更同时使他们知道欧美学者虽发见人欲的原始性质，却并没有主张人应率欲而横冲直撞"。他呼吁："凡青年对于现在中国的放纵的文艺有厌恶的心的，读读吾书！"

张东荪 6 月 15 日为《现代哲学鸟瞰》撰写《题记》，刊于 9 月 10 日出版的《东方杂志》第26 卷第 17 期，文中介绍了英美法德意五国的现代哲学流派，最后阐述了自己对中西哲学与文化的主张："我相信西方的科学要输入中国，必须把西方的哲学亦同时引进来。因为在思想上哲学始终站在与科学合作的地位。虽有时矫正科学而与科学家争吵，却并不是想要打倒科学。至于有人主张中国现代可以只要科学而不要哲学，这未免太不知哲学的性质了。我们只须一读科学史，便见有许多哲学家的姓名是见于科学史上的，可见哲学往往作科学的领导。因此我以为居今天而介绍西方哲学思想，对于中国前途决不是无益的事。"此与 6月 3 日胡适在上海大同大学演讲的《哲学的将来》主张彻底取消哲学相对立。8 月，张东荪集其十余年对于西方哲学介绍和研究过程中所著的论文而编成《新哲学论丛》，由商务印书馆出版。该书融合西方各家哲学，尤其是新康德主义、新实在论、新创化论、柏格森主义等派学说，提出"主客交互作用说"，建构一种融合宇宙观、认识论和人生观的"新哲学"体系。

> 按：《新哲学论丛》收入文章 13 篇；(1)《一个雏形的哲学》(附《一个雏形的人生观》)；(2)《共理与殊事》；(3)《因果与函数》；(4)《唯用论》；(5)《新实在论》；(6)《批判的实在论》；(7)《感相论》；(8)《相对论的哲学》(附《卡氏的"科学与哲学"》)；(9)《层创的进化论》；(10)《批评罗素对伯格森的批评》；(11)《休漠哲学与近代思潮》；(12)《出世思想与西洋哲学》；(13)《由自利的假我到移欲的真我》。其中前 3 篇是作者本人的见解和主张；第 4 篇到第 11 篇是批判地叙述现代西方哲学；最后两篇是作者对社会历史和人生的论述。此文集的出版标志着张东荪"新哲学"的问世。

张东荪 10 月出席燕京大学哲学系约《哲学评论》社在燕大召开的第一次年会，美国哈佛大学哲学系主任吴兹教授、博晨光教授、清华大学校长罗家伦均到会宣读论文。张东荪向这次年会提交《将来之哲学》一文，《哲学评论》社同人也宣读论文，其中比较重要的有金岳霖的《知觉现象》、冯友兰的《孟子哲学》、黄子通的《论归纳》、瞿菊农的《盘化与层化》、罗根泽的《庄子哲学》等。瞿菊农将这些论文在《哲学评论》第 3 卷第 2 期以"年会论文号"形式集中发表，在学术界产生一定影响。12 月 17 日，张东荪撰完《新有鬼论与新无鬼论》，刊于次年 3 月 10 日出版的《东方杂志》第 27 卷第 5 号,文中讨论了人的灵魂及精神现象的存在问题。（以上参见左玉河编《张东荪年谱》,群言出版社 2014 年版；左玉河编《中国近代思想家文库·张东荪卷》及附录《张东荪年谱简编》,中国人民大学出版社 2015 年版）

杜亚泉为周建人主编之《自然界》杂志撰稿。8 月,所著《人生哲学》由商务印书馆出版发行。是书作为高级中学教科书,最初是由对中学谈论人生哲学的讲稿整理而成,综合中西各学派,选择生物学、心理学、伦理学、社会学的精要之处以人的一生发展贯穿始终。全书有叙言、人类的肌体生活、精神生活、社会生活、人生的目的和价值、人生问题和人生观等 6 个部分,为杜亚泉晚年倾力之作。一经出版,就受到知识界的重视。是年,杜亚泉进入商务印书馆 25 个年头,已萌生退意,提出请辞,但是馆方未允。

按：杜亚泉在《人生哲学》的卷首"编辑大意"中对人生哲学作了诠释,即"以生命为万有中心,尤其以人类的生命为万有中心,而创设的哲学。……以生命为万有中心的哲学,亦可称为唯生论的哲学""自从这唯生论的哲学即人生哲学创设以后,生物学、心理学、社会学、伦理学、政治学的理论,皆形成一贯。分之为各科之学合之即为一贯之道。且此等各科学中一切学派学说,皆可根据唯生论以勘定其价值"。"编辑大意"又对其著该书的原因以及过程作了详细的说明："鄙人以为新哲学成立后,现代纷杂的思想界,将有统整的希望。十八、十九两世纪,为西洋思想界分化的时期；至二十世纪,将入统整的时期。思想的统整,为社会安定的先驱。"（参见陈镱文、亢小玉、姚远《杜亚泉先生年谱(1912—1933)》,《西北大学学报》(自然科学版)2008 年第 6 期；周月峰编《中国近代思想家文库·杜亚泉卷》及附录《杜亚泉年谱简编》,中国人民大学出版社 2014 年版）

张尔田是秋任上海交通大学中国文学系主任,未半载以病辞职。因孙德谦之介,获交陈柱尊。4 月,张尔田在《学衡》杂志第 64 期发表《黄晦闻诗集》序。6 月 10 日,张尔田在《大公报·文学副刊》第 74 期发表《张尔田君致本刊编者论研究古人心理书》。17 日,在《大公报·文学副刊》第 75 期发表《张尔田君致本刊编者论历史之方法与艺术书》。12 月,所撰《答德国颜复礼博士问管子轻重书》刊登于《史学杂志》第 1 卷第 6 期。是年,张尔田所著《清列朝后妃传稿》2 卷刊行,山阴平氏绿樱花馆墨板。又作《与大公报文学副刊编者书》(之四"论清列朝后妃传稿",之五"论研究古人心理",之六"论作史之方法与艺术")、"诗录"《乙卯南归杂诗》刊于次年《学衡》第 71 期。（参见孙文阁、张笑天编《中国近代思想家文库·张尔田、柳诒徵卷》及附录《张尔田年谱简编》,中国人民大学出版社 2015 年版；沈卫威《学衡派编年文事》,南京大学出版社 2015 年版）

常乃惪（德）所作《民族精神与文化创造》刊于《长风》第 2 期；《蛮人之出现》刊于《长风》第 3 期。3 月 16 日,于石家庄旅次作《悼梁任公先生》,刊于《长风》第 4 期。5 月,《"发思古之幽情"》刊于《长风》第 5 期。春,常乃惪离开家乡外出,在上海中国青年党开办的知行学院教授西洋史,为义务性质,无报酬。似还曾在上海大夏大学授课,编有《历史研究法讲义》。6 月,陈启天、常乃惪所著《国家主义运动史》由上海中国书局出版。同月,常乃惪《什么是今日的反动思想?》刊于《长风》第 6 期。是年,常乃惪刊于《中华教育界》的论文有《怎样建设新教育学》(第 17 卷第 3 期)、《外患声中教育学应有的觉悟》(第 17 卷第 5 期)、《普及教育与平民生活》(第 17 卷第 11 期)。9 月,中国青年党在香港召开第四次全国代表大会,决议公开党名。冬,返回太原并榆次家中。（参见查晓英编《中国近代思想家文库·常乃惪卷》,中国人民大学出版社 2014 年版；顾友谷《常乃惪学术思想述评》,云南大学出版社 2013 年版）

陈柱 1 月 19 日因其师苏寓庸去世,遂于同月 31 日作悼文《祭苏寓庸师文》。7 月,著成《白石道人词笺平》,其自序谓"余于白石词,向未尝为统系之讨究,亦未尝为分析之精研,唯时时歌颂而已。且尝以为读古人书，当有求知与求能之分。唯尝于吟咏之余，偶有所获，随录简端，时日渐久，丹黄愈染。客有见者，曰：今方崇尚研词，盍多录为书，共诸同好"。10月，《庄子内篇学》由中国学术讨论社出版，此书实为陈柱平生第一部著作。陈柱《重刊庄子内篇学自序》谓"此柱十四五年前教授南洋大学时旧著也，今为暨南大学诸生讲《庄子》文，既以王先谦《庄子集解》为讲本，爰复刊此以备参考。……此书大抵当时讲稿也"。又陈柱《庄子内篇学跋》谓"此书之作，盖袁世凯经营帝制之时，文网密布，作者既深疾之，故于讲《庄》之中，时时有项庄舞剑之意"。同月，所著《周易论略》由上海商务印书馆出版。又为暨南大学诸生讲庄子文。是年，《公羊家哲学》由上海中华书局出版。《陈柱尊丛书》由上海中华书局出版，共43种。

　　按：《陈柱尊丛书》之题名，曾拟"三书堂丛书""守玄阁丛书"，后卒用此名也。（参见张京华、王玉清《陈柱学术年谱》，《广西社会科学》2007年第2期）

　　潘光旦1月10日在《东方杂志》第26卷第1号发表《中国家谱学略史》，首次对中国家谱学发展历史作了系统梳理，具有开创性价值。4月，潘光旦开始参与《新月》月刊的编辑工作。从春天起，在复旦大学任教一年。8月，受聘到大夏大学教课一年。10月，在《社会学刊》第1卷第2期发表《优生与文化——与孙本文先生商榷的一篇文字》，同期刊有孙本文的《文化与优生学》《再论文化与优生学——答潘光旦先生商榷的文字》。12月，在新月书店出版译著亨丁顿《自然淘汰与中华民族性》，后将其内容辑入《民族特性与民族卫生》一书。亨氏的学说从自然地理以及灾害频仍等方面解释中华民族之民族性的由来，为潘光旦民族研究的重要学术渊源。（参见吕文浩编《中国近代思想家文库·潘光旦卷》及附录《潘光旦年谱简编》，中国人民大学出版社2015年）

　　黄炎培闻梁启超1月19日在北平病殁，甚为哀痛，成《悼梁任公》七律一首，载于《教育与职业》第101期。9月19日，作《第七届全国职业学校联合会里几个问题》一文，刊于《教育与职业》杂志第107期。12月28日，偕江问渔、杨卫玉等到昆山徐公桥乡村改进区举行临时执委会议，并视察会务。（参见余子侠编《中国近代思想家文库·黄炎培卷》附录《黄炎培年谱简编》，中国人民大学出版社2015年版）

　　邹韬奋继续主持《生活》周刊社工作。1月份起，同时兼主《时事新报》副刊《人生周刊》的事务。1月1日，《十年来之中国职业教育出版物》刊于《教育与职业》第100期。3月1日，译文《用于职业指导之"预先测验"及其价值》刊于《教育与职业》第102期。24日，老友刘湛恩定3月29日由上海"乘轮放洋"，先赴美国，参加世界教育会议，嗣往美国各地及欧洲，宣传中国建设近况。邹韬奋和刘湛恩的友人假座上海大中华酒楼替他饯行。5月1日，邹韬奋译文《职业知识对于大学生选业之关系》刊于《教育与职业》第104期。6月中下旬，戈公振约韬奋参观其新屋淞云别墅，并畅叙。12月1日，《生活》周刊自第5卷第1期起以原来的一张半改成16开本的本子格式出版，每期销数由4万份增加至8万份。（参见邹嘉骊编著《邹韬奋年谱长编》，上海交通大学出版社2015年版）

　　马相伯年届九十高龄，蔡元培、于右任发起，假徐汇公学礼堂为马相伯九十寿辰庆诞。11月17日，中国科学社在一品香茶社为马相伯举办九十诞辰寿宴，蔡元培、吴稚晖、于右任、杨杏佛、朱志尧、朱少屏等出席。是年，震旦大学二十五周年庆典，马相伯莅临演讲。（参见李天纲编《中国近代思想家文库·马相伯卷》及附录《马相伯年谱简编》，中国人民大学出版社2015年版）

　　夏敬观年初以冒广生因萧墙之祸移居北京，乃作《送冒鹤亭同年移家北居》。3月17

日,夏敬观与周达访郑孝胥,同至兆丰公园,又至霞飞路法国茶肆。22日,郑孝胥与张元济、高梦旦同过访夏敬观。29日,夏敬观赴郑孝胥邀宴,同席有朱祖谋、王雪澄、王乃徵、余肇康、周达、赵叔雍、袁思亮、徐乃昌等。4月7日,夏敬观与袁思亮、陈三立邀宴,至者有郑孝胥、李宣龚、萧屺泉。7月5日,谭延闿致夏敬观书,请为删定诗稿。初夏,与陈三立、诸宗元、袁思亮游叶园。10月10日,陈三立将赴都,夏敬观与朱祖谋、陈曾寿、袁思亮、王乃澂、程颂万、谢凤孙、黄孝纾、龙赓言龙榆生父子等人雅集于张园,为其饯行,并摄影留念。11月13日,龙榆生寄照片给夏承焘,并于回信中谓"陈(散原)、郑(海藏)、王(鹏运)、夏(敬观)诸老,有新著否"。19日,谭延闿致夏敬观书,谈诗。27日,林植斋携酒席至海藏楼,赴宴者周达、袁思亮、胡适之、李宣龚、夏敬观、黄蔼农、赵叔雍等。12月7日,夏敬观与袁思亮邀宴,至者郑孝胥、龙赓言龙榆生父子、陈向元等。17日,夏敬观赴郑孝胥招饮,至者杨一斋、杨春溪、王乃澂、刘太希、周达、袁思亮、林植斋等。是冬,夏敬观撰成《汉短箫铙歌注》。1931年2月初版,黄孝纾为序。(参见陈谊《夏敬观年谱》,黄山书社2007年版)

朱祖谋、夏敬观、徐乃昌、董康、潘飞声、周庆云、刘承幹、陈方恪、易孺、黄孝纾、龙榆生等沪上词人是冬聚于觉林素菜馆,由叶恭绰提议,商议设《清词钞》编纂处,并推举朱祖谋为总编纂,程子大、徐积余、王书衡、陈石遗、赵尧生、夏剑丞、张元济等为编纂。同时广约南北专家,分主选政,兼征海内藏家所有清人词集,编纂及名誉编纂达四十多人。编纂处致函张元济并商借东方图书馆藏书。29日,张元济复函谢辞云:"万不胜任。东方书以改编目录,一时恐不克应命。"(参见陈谊《夏敬观年谱》,黄山书社2007年版)

张元济1月4日访张耀曾,答复其计划为商务印书馆编辑法律书事。21日,叶恭绰为购海源阁书事致书张元济。同日,张元济复叶恭绰书。25日,主持商务印书馆董事会第339次会议。先讨论工会、职工会要求加薪事,后再议高梦旦辞职事。同日,马宗荣致张元济及郑贞文书,告与内阁文库、足利文库、图书寮、大连满铁图书馆交涉情况。2月14—17日,与陈三立等刊登《公祭梁任公先生》启事,公告2月17日上午12时前于上海静安寺设位公祭梁任公先生。"如有挽件未寄北平者,可送四马路望平街新月书店代收,于公祭日后当汇寄北平梁宅。"2月17日上午,赴静安寺路静安寺,与陈三立主持公祭梁启超。陈叔通、李拔可等分任招待。3月18日,致胡适书,谓"顷晤梦翁,云闻诸左右,海源阁杨氏之书已至海上,然否? 公如知其所在,望为我介绍。虽不能购,窃欲一观也。敝馆新印《三国志平话》《演义》两种已有样本,谨呈阅,或为公所快睹也"。19日,致蔡元培书。22日,蔡元培复函张元济。(参见张人凤、柳和城编著《张元济年谱长编》,上海交通大学出版社2011年版)

张元济是春赴南京,请吴稚晖调解国民政府禁止并处罚商务印书馆历史教科书事。5月2日,吉隆坡南洋中华团体史志编纂处致函张元济,叙述编纂《南洋中华团体史志》缘由,聘请张元济为该志名誉总裁,并请撰写序文。5月12日,赴爱而近路纱业公所参加商务印书馆民国十七年度股东常会,选举新一届董事夏鹏、鲍咸昌、高凤池、李拔可、吴麟书、王云五、高梦旦、张元济、叶景葵、盛同孙、杨端六、丁榕、俞寿丞等13人。监察人黄汉樑、秦印绅、陈少舟等3人。15日,在寓所宴请丁文江,胡适作陪。20日,复吉隆坡南洋中华团体史志编纂处郭锦芳、杨炳南书。是月,撰《〈南洋中华团体史志〉序》。7月初,携全家上庐山。在庐山,访老友陈三立。9月2日,自庐山返沪。6日下午,应刘承幹之邀赴刘宅,"辨别宋元本,盖为选印书也"。同座者有徐乃昌、周子美等。8日致刘承幹书,谈《嘉业堂善本书影》辑编事。17日,撰《四部丛刊初编·盘洲文集》札记。是月,在中华图书馆协会《图书馆学季刊》第3卷第3期上发表《宋椠昭德先生郡斋读书志跋》。《元至治本全相平话三国志》影印本由商务印书馆出版,该书原藏日本内阁文库,此据帝大影印本重印。

张元济10月16日晚在寓所设宴为傅增湘、傅忠谟父子赴日本访书饯行。同座汤中、白坚、王念曾、董康、李拔可、高梦旦、刘承幹。17日晚,应董康、李紫东之邀赴云南楼餐馆,为傅增湘父子赴日饯行作陪。同席白坚、陈乃乾、恽季中、刘承幹。24日,撰《四部丛刊初编·小蓄集》《四部丛刊初编·金华黄先生文集》札记。11月12日午间,商务印书馆第四印刷所由于电线走火,酿成火灾,损失严重。22日,傅增湘自日本京都致张元济书,告以东京访书收获。是年,撰《重印〈四部丛刊〉刊成记》,是乃对重刊《四部丛刊》的总结。

按:《重印〈四部丛刊〉刊成记》曰:"是书经始于己未,藏事于壬戌。出版以来,谬承士林推重。丙寅初冬,乃有重印之举,亦越三载,复观厥成,部别类居,悉仍旧贯。惟景印伊始,事属草创,或悬格以求而书不可得,有既得者而又不尽如我之所期;大辂椎轮,殊未惬当,今之所成,稍弥前憾。综兹数事,可略言焉:辑印初意,惟求善本,比岁涵芬楼续收之书,不下数十万卷;藏弃之家,声应气求,时复以秘笈相饷,所得见珍,不惮更易。如《孝经》前用影宋钞本,今改宋本;《说文系传通释》前用述古堂影宋钞本,今后十一卷改配宋本;《吴越春秋》前用明万历本,今改弘治本;《越绝书》前用明万历本,今改双柏堂;《金匮要略》前用明万历本,今改嘉靖本;《鬼谷子》前用清乾隆石研斋本,《云笈七签》前用明清真馆本,今均改《道藏》本;《寒山子诗》前用高丽本,今改景宋刻本;《岑嘉州诗》前用明正德本,今改正德济南足本;《陆宣公翰苑集》前用明不负堂本,《小畜集》前用经钮堂钞本,《盘洲文集》前用影宋钞本,《古文苑》前用明成化本,今均改宋本;《渊颖吴先生文集》前用明嘉靖本,《金华黄先生文集》前用影元钞本,今均改元本;《西昆酬唱集》前用旧钞本,今改明嘉靖本;《王阳明集》前用明崇祯《集要》本,今改用明隆庆刻《王文成公全书》;又《蔡中郎文集》前用明华氏活字本,今辨为覆刻,已改原本。凡诸改易,悉皆后胜于前。惟《有学集》前用康熙甲辰刊本,中有数卷杂入金匮山房重订者,今悉改用原本;《唐文粹》前用元刊,因多漫漶,今改用明嘉靖徐焴刊本,而补以宋本之校勘。此属于版本之变更者也。古籍传世辽远,断简阙文,短篇欠叶,恒所不免;至于序跋,详载镌印源流,言簿录者尤所珍尚。重印每涉一书,必罗致多本,参考互证。挹彼注兹,藉得补正。《管子》原阙《重令篇》一叶,今补全;《白虎通德论》今改用初印元本,增目后第四叶;《李贺歌诗篇》无《外集》,今补以宋本;《权载之文集》《李卫公文集》,今各补佚文若干首;《元氏长庆集》卷十,阙第五、六叶,今据宋本补;《白氏长庆集》卷三十一,阙七十三行,今据锡山华氏活字本补;《李义山文集》卷一,遗四百余字,今据徐氏《笺注》本补;《遗山先生文集》卷二十二第五叶后有所残阙,今据灵石杨氏本补《阳曲令周君慕表》半首;《有学集》据金匮山房重订本补诗文百余首;《抱经堂文集》卷三十三,据别本补《卢雅雨墓志铭》一首;《唐诗纪事》卷三十八,《诗话总龟》卷二十,均有阙叶,今各补完。他若《春秋经传集解》之杜预前后序,《春秋繁露》之楼郁序,《释名》之吕枏序,《说文系传通释》之尤袤跋,《广韵》之景德四年大中祥符元年牒,陆法言《切韵》序,郭知玄《拾遗》序,孙愐《唐韵》序,《通鉴纪事本末》之赵与𥲅序,《大唐西域记》之敬播序,《黄帝内经》之顾从德跋,《注解伤寒论》之高保衡等进书序、治平二年牒、仲景自序,《重修政和经史证类备用本草》之宇文虚中跋,《论衡》之杨文昌序,《酉阳杂俎》之邓复、赵琦美、周登、二无名氏序,《冲虚至德真经》之张湛序、刘向上奏表,《杨盈川集》之皇甫汸序,《骆宾王文集》之郗云卿序,《曲江张先生文集》之苏轼后序,《元次山文集》之李商隐后序,《白莲集》之孙光宪序,《河东先生集》之张景序,《小畜外集》之苏颂序,《直讲李先生文集》之祖无择序,《自序》《祠堂记》《奏词》《墓记》《闲闲老人滏水文集》之杨云翼《引》,《松雪斋文集》之杨载《行状》,《静修先生文集》之李谦序,《高太史大全集》之三《自序》,《兔藻集》之郑颙跋,《敬业堂诗集》之唐孙华序,漏略虽出原本,究为全书之玷,今复广搜旧刊,旁考他籍,为之裒辑,俾成完璧。此属于卷叶之增补者也。鲁鱼亥豕,自古已然。即在旧椠,非无讹夺,初印诸书,附校勘者仅若干种;既成之后,偶遇名家精校,复为迻录,如《山海经》得黄荛圃校本,《元氏长庆集》得钱牧斋校本,《唐文粹》得江铁君、顾千里校宋本,均经掇拾,附载卷末。又如《张说之文集》《权载之文集》《吕和叔文集》《李卫公文集》《唐甫里先生文集》《小畜集》《盘洲文集》《渊颖吴先生文集》《金华黄先生文集》《东维子文集》《有学集》,或根据旧刻,或钩稽众本,或参以己见,辨别异同,辑为《校记》。即初印诸书,曾经校勘者,亦必反覆研求。偶有纰缪,悉加是正。此则敝馆同人所愿竭其区区之忱,以为读者土壤细流之助,而又欿然不敢自信者也。全书版式装置,悉循囊例,惟因上文所举三者之故,卷帙稍赢于前,都三百二十三部,八千五百七十三卷,四种无卷数,二千一百十二册。凡宋本四十五、金本二、元本十九、影写宋本十三、影写元本四、元写本一、明写本六、明活字本八、校本二十五、日本高丽旧刻本七、《释》《道藏》本四,余亦皆为明、清佳刻,具载《书录》。前后三年,从事斯役者:绍兴樊君炳清,吴县姜君殿扬,闽县林君志烜,海盐张君元炘,昆山胡君文楷,奉贤庄君羲,海盐沈君瑞河,昆山孙君义,平湖丁君英桂,夙夜辛勤,克尽厥职,谊得附书。中华民国纪元十有八载,岁在己巳,商务印书馆谨识。"(以上参见张人凤、柳和城编著《张元济年谱长编》,上海交通大学出版社 2011 年版)

姚名达 3 月南下上海,以何炳松推荐任职于商务印书馆、暨南大学、复旦大学等机构。10 月,姚名达订补胡适《章实斋先生年谱》由商务印书馆出版。姚谱不仅对重要资料加以搜集、补充,而且还有对胡谱错误的订正。胡谱侧重思想性、系统性,而姚谱具有资料性的优势。

按:1922 年问世的胡适《章实斋先生年谱》只抓住了章氏学术重点的、思想性的材料,加之当时《章氏遗书》尚未出版,不免有些材料的错漏,故此,1927 年胡适要姚名达对自己所作的年谱进行修补。以后姚名达所著《邵念鲁年谱》"有许多创例,如用直叙法,多制图表,辟'谱前''谱后'两体等"(姚名达序),都是受了胡适的影响。(参见齐家莹编《清华人文学科年谱》,清华大学出版社 1999 年版;王学典《20 世纪史学编年(1900—1949)》,商务印书馆 2014 年版)

舒新城继续任《辞海》主编。所著《近代中国教育思想史》4 月由中华书局出版。此书从社会经济、思想文化等背景出发,阐述中国近代教育的发生发展,并分方言、军备、西艺等 18 个专题对相关问题进行探讨。是年,又出版《道尔顿制研究集》,为其教育研究代表作。(参见王学典《20 世纪史学编年(1900—1949)》,商务印书馆 2014 年版)

郑西谷、田定庵、严幼芝等人 4 月在上海发起成立龙门联合书局。

金兆梓再进中华书局,任教科图书部主任、编辑所副所长,负责编辑中小学、普通师范及南洋中小学的课本。

邵洵美创办金屋书店,出版《金屋》月刊,自任主编。

周全平与潘汉年合编《小物件》杂志,又组织西门书店。

丰子恺被开明书店聘为编辑。

黄天鹏 3 月将《新闻学刊》扩版为《报学杂志》,每月发行,由上海光华书局印刷发行。

李求实为主编,谢觉哉、陈为人、李炳忠、吴永康为编辑的《白话日报》4 月 17 日创刊于上海。

按:是为中共中央宣传部报纸。为了避免查禁,曾用《天声》《晨光》《沪江日报》《海上日报》等名出版。1930 年 8 月 14 日停刊,与《红旗》合并改出《红旗日报》

谷正纲、邓飞黄、谷正鼎等主办的《革命战线》旬刊 6 月在上海创刊。

朱镜我、潘向友、梅龚彬等 8 月在上海创办《新兴文化》,仅出版一期就被禁止。

左明、赵铭彝 8 月在上海创办《南国周刊》。

黄文山与黄兴之女黄文华完婚。7 月,在《社会学刊》第 1 卷第 1 期发表《社会进化论与社会轮化论》。所著《社会进化》由上海世界书局出版。是年,讲学于上海各大学,主张"文化学"研究,有成为独立的科学之必要与可能。

马思途等人 9 月在复旦大学创办新闻学会,以联络社友感情,研究新闻学术,促进新闻事业为宗旨。学会先后出版《新闻世界》《明日的新闻》《新闻学期刊》等新闻学术刊物。

黄天鹏创办《报学杂志》，并在复旦大学新闻系任教授。

马彦祥在上海主编《现代戏剧》月刊。

施蛰存暑假后辞去上海松江中学教职，与杜衡等共同管理水沫书店事务。9 月 15 日，与戴望舒等人共同编辑的《新文艺》月刊创刊。

胡也频、丁玲、沈从文等主编的《红黑》月刊 1 月在上海创刊。此前，胡也频和沈从文为创办该刊，特意访问郑振铎，请求帮助，得到郑振铎的支持。

董显光任上海《大陆报》总经理兼总编辑。

陈为人在上海任《红旗》报社经理。

王庸在上海暨南大学历史社会系任讲师，学生有谭其骧等。又在持志大学国文系兼课，该系主任为胡朴安，教师有姚明辉、姜亮夫、周予同、陈守实、闻宥等。同时加入胡朴安组织的中国学会。

蒋维乔任上海光华大学文学院院长兼国文系主任。

姜亮夫到上海，任大厦大学、暨南大学、复旦大学教授。

马哲民应聘任暨南大学中文系教授。

萧友梅将上海国立音乐院改建为上海国立音乐专科学校，并任校长。

青主从香港回到上海，在上海国立音乐专科学校教授萧友梅的帮助下，主编上海音乐专科学校的校刊《音》及音专乐艺社刊物《乐艺》，并改名青主（原名廖尚果）。

马思聪回国，在上海、南京、广州等地举行独奏音乐会。

张大千是春从朝鲜返回上海。3 月，张大千被聘为全国美展干事会员，负责审查送展作品，与同任审查干事的叶恭绰结交。叶恭绰力劝先生弃山水花竹专攻人物，以刷新我国人物画的颓风。同月，张大千与徐悲鸿结识，从此结下了深厚友谊。冬，张大千与兄善孖返居上海和嘉善，合绘《十二金钗图》。（参见李永翘《张大千年谱》，四川省社会科学院出版社 1987 年版）

潘玉良受徐悲鸿之约，兼任中大艺术科西画教学。

潘思同任上海美术专科学校西洋画系素描、水彩画教授。

赵少昂参加在上海举办的第一次全国美展。

黎锦晖率领中华歌舞团在南洋各埠的演出顺利完成，便在巴达维亚就地解散剧团。黎氏回到上海，任大中华影片公司创作部主任。

黎民伟将民新公司与罗明佑的华北电影有限公司合并，创建联华公司，任联华一厂的主任。

黄绍芬是年起任联华影业公司摄影组组长、新华影业公司摄影师、文华影业公司技术总负责人。

陈白尘 11 月在上海与赵铭彝、左明、郑君里、吴湄、陈万里、许德佑、姜敬舆、林千叶等组织摩登社以促进南国社"转向"，并提倡学校剧运动。

郑午昌、王师子、张善孖、谢公展、贺天健、陆丹林、孙雪泥在上海组织蜜蜂画社，柳子谷为第一批参加之会员。

冯沅君 1 月 24 日与陆侃如在上海结婚。

沙汀流亡到上海，与省一师同班同学艾芜（汤道耕）相遇，共同走上文学道路。

周瘦鹃从 7 月起至 1930 年 6 月，在《紫罗兰》上开辟"少少许集"，专门翻译俄国作家契诃夫的短篇小说,计 23 篇。

杨荣国毕业于上海群治大学。

李辉英考入上海中国公学大学部中文系。受到夏丏尊、朱自清、陈望道、沈从文等人的影响,大量阅读国内外文学名著,开始写小说,搞翻译,与同学创办文学刊物。曾编《生生》《创作》《漫画漫话》。

邓拓进入上海光华大学社会经济系学习。

陈田鹤在上海美术专门学校音乐组学习。

王铁崖考入复旦大学西语系,后改入政治系学习。

吴耀宗仍在上海任中华基督教青年会全国协会校会组主任、出版组主任、青年协会书局总编辑等职。10 月,出席中华基督教青年会全国协会在杭州召开的第十一次大会。(参见赵晓阳编《中国近代思想家文库·吴耀宗卷》,中国人民大学出版社 2014 年版)

刘朝阳 3 月 27 日在《国立中山大学语言历史学研究所周刊》第 73—74 期专号发表《史记天官书之研究》,探讨了《史记·天官书》的科学与非科学成分,并将它与《周髀算经》《淮南子·天文训》《汉书·天文志》《汉书·律历志》及同时代西洋天文学进行了比较。8 月 28 日,刘朝阳在《国立中山大学语言历史学研究所周刊》出版“天文学史专号”发表《中国天文学史之一重大问题——周髀算经之年代》《史记天官书大部分为司马迁原作之考证》。此期专号还刊载了钱宝琮《东汉以前时月日纪法之研究》等文。10 月 9 日,《国立中山大学语言历史学研究所周刊》出版“百期纪念号”,刊载闻宥《研究甲骨文字的两条新路》、蒋径山《〈山海经〉篇目考》、卫聚贤《〈穆天子传〉研究》、容肇祖《简书发现考》等文。刘朝阳在《卷头语》中指出,民国以来“专门促进历史或语言或关于这两种科学的研究的刊物,能够继续满一百期的,似乎就是本刊。这次才在国内学术界开始了一个新纪元”。

按:刘朝阳《卷头语》又提出:周刊主办者希望“用最新的思潮,从新替这两门科学奠成一种稳固的基础”;至于刊登文章偏重于本国古史和本国古文字,是因为“对于本国古代一段历史,似乎最有讨论的余地,而本国古代文字学的研究又可以促进古史的讨论,结果乃就不期然而然地致使国内学者对这几方面最感兴趣,关于他们的著作亦是特多,这又代表国内学术界的一种风气,并不是本刊特定的范围,而且亦并不是不好的征兆”。(参见王学典《20 世纪史学编年(1900—1949)》,商务印书馆 2014 年版)

魏应麒 4 月 3 日在《国立中山大学语言历史学研究所周刊》第 75 期发表《编纂五代闽史的引言》及《五代闽史稿之一》,第 76—78 期连载。12 月 4 日,《国立中山大学语言历史学研究所周刊》出版《本所整理档案工作报告专号》。魏应麒在《卷头语》中指出:“史料的问题,真成为历史的根本的中心问题。”

按:魏应麒《卷头语》曰:“最近中国史学界对于古史已有两枝显著的不同的(怀疑派与反怀疑派)旗帜了”,两派各有立足之点,但是对于两派的“是非”“第三者知其然也,于是着眼于根本问题的解决——史料的征集;同时又因在地上的古代史料,毁灭几尽,搜采无从,遂转而想到了地下的宝藏,而发掘之议以起。至是史料的问题,真成为历史的根本的中心问题!”(参见王学典《20 世纪史学编年(1900—1949)》,商务印书馆 2014 年版)

商承祚 1 月以中山大学语史所原有古物不足供考古之用,特会同顾颉刚商量同意,由校长核发款项,赴北平购置古器。5 月在北平搜得商、周、秦、汉、魏、晋、隋、唐、宋、明之甲骨、金石、陶瓷、壁画等古器物,凡二百余种。10 月 9 日,商承祚在《国立中山大学语言历史学研究所周刊》第 9 集第 100 期“百期纪念号”发表《评宝蕴楼彝器图录》。(参见商志编《商承祚文集》,中山大学出版社 2004 年版;顾潮编著《顾颉刚年谱》,中国社会科学出版社 1993 年版;中国大百科全书总编辑委员会《中国大百科全书·考古学》,中国大百科全书出版社 2002 年版)

容肇祖仍任中山大学预科教授兼哲学系讲师,续任《民俗》的主编,8 月,出版第一部学术专著《迷信与传记》。是年被学人们推选为中山大学民俗学会的主席。10 月 9 日,在《国立中山大学语言历史学研究所周刊》第 9 集第 100 期"百期纪念号"上发表《简书发现考》。(参见东莞市政协编《容庚容肇祖学记》,广东人民出版社 2004 年版;顾潮编著顾颉刚年谱》,中国社会科学出版社 1993 年版)

赵简子 9 月 4 日在《国立中山大学语言历史学研究所周刊》第 97 期发表《新历史的范围与目的》。此文译自 H. C. Jhomas 和 W. A. Hamn 合著的 *The Foundations of Modern Civilization*。11 日,赵简子在《国立中山大学语言历史学研究所周刊》第 98 期发表《近代文明之最初的构成》,第 99 期连载。

戴家祥任广州中山大学副教授。在清华研究院学报《国学丛论》第 2 卷第 1 期发表《贠字说》;在《国立中山大学语言历史学研究所周刊》第 7 集第 82 期发表《商周字例自序》;在《国立中山大学语言历史学研究所周刊》第 10 集第 111 期发表《商周字例互易例附录》。

闻宥、沈刚伯 11 月 2 日被中山大学语言历史学研究所聘请,分别筹备历史和语言学会,并分任两会主席(后来改称主任)。10 月 9 日,在《国立中山大学语言历史学研究所周刊》第 9 集第 100 期"百期纪念号"发表《研究甲骨文字的两条新路》。11 月 6 日,闻宥在《国立中山大学语言历史学研究所周刊》第 104 期发表《甲骨文地名考》,第 105 期连载。

谢扶雅 12 月在《岭南学报》创刊号发表《莱布尼茨与东西文化》,同期还刊载《〈岭南学报〉征文启事》以及陈受随《十八世纪欧洲文学中的赵氏孤儿》等文。

按:《〈岭南学报〉征文启事》指出,作为"岭表名区,开风气之先,为革命策源地"的广州,本应"为南中国文化之中心",但是"其学术空气,异常沉寂;研究刊物,寥若晨星",令人痛心。作为"南方最高学府之"岭南大学有"提倡学术,促进文化"的责任,故创办此刊物。该刊"以发表研究学术之著作为主旨",计划年出四期,"并得随时增刊专号",内容方面涉及历史学、文学、哲学、社会科学、自然科学等。(参见王学典《20 世纪史学编年(1900—1949)》,商务印书馆 2014 年版)

欧阳予倩创办广东戏剧研究所。5 月,欧阳予倩、胡春冰编辑的《戏剧》月刊在广州创刊。

薛觉先在广州组创先声剧团,致力粤剧改革。

董泽继续任东陆大学校长。8 月,董泽校长向校董事会作关于东陆大学的校务报告,说本校自创办人兼董事长唐公逝世,重心失堕,一年以来,进行艰难。今承董事诸公,出而组织董事会,前途有托,发展可期,本校同人,罔不欣幸。董泽校长在谈到创办之宗旨及经过时说:"溯昔唐公执掌滇政,力图建设。念人才为国桢干,欲事建设,须先储备,且云南远处边陲,青年学子,升学艰难,埋没英俊,殊为可惜,爰有创办大学之议。无如库帑奇绌,力有不胜。而百年大计,不可再作缓图,遂慨引为己任,从事创办。复承各方竭力赞助,积极进行。本校性质作为私立,俾便向各方劝捐,自由发展。是本校的创办,纯为国家培植人材,为地方发展文化,未尝有丝毫私意存乎其间。今后对于名称性质及一切组织如有变更之必要,应请酌核办理。"10 月 20 日,华秀升正式就任副校长。此前副校长卢锡荣改任云南省教育厅厅长。12 月 13 日,私立东陆大学文、工本科第一、第二届,文、理预科第六届,附属中学第一届毕业生举行留别纪念会。同日午前 10 时,董事、校长董泽与教职员率各班毕业生,往圆通山创办人会泽唐公墓前致祭。祭文最后说:"饮水思源,怀往思哲。人虽邈远,精神不灭。"辞文凄惋。礼毕归校,依次举行各班毕业生留校纪念品开幕礼。14日,举行本科第二届、预科第六届、附中第一届毕业典礼。为隆重起见,先期即召集校务会议,组织委员会,分组筹办。(参见《云南大学志》编审委员会《云南大学志》第2卷《大事记(1915年—1993年)》,云南大学出版社1993年版)

毛泽东、朱德率红四军1月离井冈山,向赣南、闽西发展。3月中旬,毛泽东同朱德在长汀对红四军进行改编,把原来团的建制改为纵队。4月1日,毛泽东同朱德率领红四军进驻江西瑞金,与井冈山突围后转战赣南的彭德怀率领的红三十团(即红五军主力)会合。4月下旬,为贯彻执行兴国县《土地法》、开展土地革命运动,在潋江书院的崇圣祠按照广州、武昌农民运动讲习所的办法主办了一期土地革命干部训练班。参加训练班的有陈奇涵、萧华等四十余人。毛泽东担任主要课程的讲授。6月,红军第四军军长朱德、党代表毛泽东、政治部主任陈毅发布《红军第四军司令部政治部布告》。秋,在红四军攻占上杭之后,毛泽东有感于闽西工农武装割据的一片大好形势,填词《清平乐·蒋桂战争》一首。10月11日,为农历重阳节,当时临江楼庭院中黄菊盛开,汀江两岸霜花一片,毛泽东触景生情,填词《采桑子·重阳》一首。12月28日、29日,中共红四军第九次代表大会在上杭古田召开,毛泽东作政治报告,朱德作军事报告,陈毅传达中央九月来信以及中央关于开除取消派陈独秀等党籍的决议案。会议讨论了中央的指示,总结了红四军前委工作的经验教训,一致通过了毛泽东起草的八个决议案(总称《中国共产党红军第四军第九次代表大会决议案》,又称《古田会议决议》),其中第一部分《关于纠正党内的错误思想》编入《毛泽东选集》。大会选举毛泽东、朱德、陈毅、罗荣桓、林彪、伍中林等11人为中共红四军前委委员,毛泽东重新当选前委书记。(参见中共中央文献研究室编撰、逢先知主编《毛泽东年谱(1893—1949)》,人民出版社、中央文献出版社1993年版)

李震瀛调回上海,任中华全国总工会组织部部长。3月在全总特派员会议上作组织问题报告与讨论结论,曾在中央干部训练班主讲工人运动。8月,中共中央长江局成立,李震瀛任委员负责工会工作。9月初,李震瀛兼中共武汉市委工委书记。

刘树杞任武汉大学代理校长。1月5日,武汉大学补行开学典礼,刘树杞致词,提出武大应具备五个特点:特别注重党义,注重质而不注重量,学术向深邃处研究,追求更伟大的建筑更新鲜的外表,课程及造出来的人才是实用的。会上武大筹备委员曾昭安、武汉政治分会代表翁敬棠、教育部代表王世杰、湖北省政府主席张知本、湖北省党务指导委员会代表张难先等亦有发言。3月26日,武汉大学举行第二十七次校务会议,讨论事项中有"总理奉安委员会总干事孔祥熙函转总理奉安赙赠物品及纪念树木办法清查照案"。4月30日,武汉大学举行第三十二次校务会议,讨论事项中有关于孙中山奉安典礼应办数事,又议决请闻一多与胡庆生两人办理石碑之事。5月22日,武汉大学新校长王世杰到校,全校开会欢迎。28日,王世杰主持武汉大学第三十六次校务会议,讨论"武汉奉安委员会为奉安典礼各界届时应各备祭文一份并推主祭一人案"时,"议决祭文请闻院长拟就"。6月1日,武汉各界纪念孙中山奉安典礼在武昌首义公园隆重举行,闻一多撰写武汉大学的祭文。10月4日,王世杰主持武汉大学第四十八次校务会议,讨论国庆纪念仪式、刊行定期刊物及武大丛书等十一项议案,议决创办《文哲季刊》(参见闻黎明、侯菊坤《闻一多年谱长编》(增订版),上海交通大学2014年版期)

闻一多仍任武汉大学文学院院长兼校评议员。13日,闻一多出席武汉大学第十五次校务会议,讨论并入武大的师范生毕业考试等问题,决定组织考试委员会,被选为委员之一。19日,梁启超在北平病逝,徐志摩欲以《新月》第2卷第1号为纪念梁启超专号时,特向闻一多征稿。2月26日,出席武汉大学第二十三次校务会议,决定组织课程委员会,推定闻一多为委员长,皮宗石、王星拱等为委员。3月4日,出席武汉大学第一次评议会议,讨论增设学院学系、经费、预算、修正组织大纲、修正教员聘任规则、教职员待遇规则等案。7日,闻一多请彭基相给在美国留学的朱湘去信,约他来武汉大学任教。13日,出席武汉大学第二十五次校务会议,讨论事项中有"本校学生徐朝元等呈请增设音乐课程案""决议请闻一多先生酌办"。

闻一多为4月10日出版的《新月》第2卷第2号作封面,扉页刊登潘光旦著《中国之家庭问题》再版广告。5月22日,武汉大学新校长王世杰到校。王世杰曾任南京第四中山大学副教授,一度与闻一多同事。9月16日,武汉大学开学。这学年闻一多讲授"英诗初步"。9月20日,出席武汉大学第四次临时校务会议,决定聘朱湘为文学院教授。秋,私立武昌艺术专科学校遵照大学院令,重订本校董事会简章,改委员制为校长制,闻一多被聘为校董。10月4日,出席武汉大学第四十八次校务会议,推定闻一多与陈源两人规划文学院季刊。25日,出席武汉大学第五十一次校务会议,讨论图书委员会内设置中文图书审查委员会等案,议决先生担任中文图书审查委员会委员长,李笠、任凯南、谭戒甫、周贞亮为委员。

闻一多11月10日在《新月》第2卷第9号发表《庄子》。全文分作五章,叙述庄子行踪和文学成就,称"《庄子》的文学价值还不只在文辞上,实在连他的哲学都不像寻常那一种矜严的、峻刻的、料峭的一味皱眉头,绞脑子的东西;他的思想的本身便是一首绝妙的诗"。又说:"文学是要和哲学不分彼此,才庄严,才伟大。哲学的起点便是文学的核心。只有浅薄的、庸琐的、渺小的文学,才专门注意花叶的美茂,而忘掉了那最原始、最宝贵的类似哲学的仁子。无论《庄子》的花叶已经够美茂的了;即令他没有发展到花叶,只是他那简单的几颗仁子,给投在文学的园地上,便是莫大的贡献,无量的功德。"28日,闻一多出席武汉大学第五十六次校务会议,讨论审查《文哲季刊》规则等案。《文哲季刊》即武汉大学文学院主办的学术刊物,闻一多参与筹备,编辑主任为陈源。

按:郭沫若在《闻一多全集·序》中评论道:"一多先生不仅在《庄子》的校释上做了刻苦的工夫,他另外有一篇题名就叫《庄子》的论文,直可以说是对于庄子的最高的礼赞。他实在是在那儿诚心诚意地赞美庄子,不仅陶醉于庄子的汪洋恣肆的文章,而且还同情于他的思想。……这和《死水》中所表现的思想有一脉相通的地方。你看他那陶醉于庄子的'乐不可支'的神情!他在迷恋着'超人',迷恋着'高古''神圣''古铜古玉''以丑为美'(《死水》的主要倾向便是刻意于此),甚至于迷恋于庄子的'道''认识道的存在',信仰道的实有的是'有大智慧的'人,意在言外地憧憬着要'像庄子那样热忱地爱慕它'。"(以上参见闻黎明、侯菊坤《闻一多年谱长编》(增订版),上海交通大学2014年版)

周鲠生9月任国立武汉大学教授兼政治系和法律系主任、法科所所长。同年任南京国民政府行政院参议。

陈源离京赴武汉大学任教授兼文学院院长及外国文学系主任,凌叔华也随丈夫到武汉大学任教。

袁昌英开始执教于武汉大学,主讲希腊悲剧、希腊及罗马神话、戏剧入门、法文、现代欧美戏剧、法国戏剧、中英翻译等课程。

朱东润4月应聘前往武昌武汉大学,任预科英语教师。约在8月,文学院长闻一多嘱开英文国学论著和中国文学批评史两门课程,并安排一年时间准备中国文学批评史讲义。

（参见闻黎明、侯菊坤《闻一多年谱长编》（增订版），上海交通大学 2014 年版）

游国恩 8 月应聘到武汉大学任讲师，行前回老家省亲。在武大讲授中国文学史和楚辞，编写《中国文学史纲要》（上古至两汉）、《楚辞研究》《国文讲义》（与刘赜合作）等教材。游国恩到校后，曾建议闻一多也进行楚辞研究。（参见闻黎明、侯菊坤《闻一多年谱长编》（增订版），上海交通大学 2014 年版）

高翰任武汉大学教授兼哲学教育系主任。

黄昌谷任湖北省政府委员兼教育厅厅长。

沈祖荣出席第一届国际图书馆大会。同年任私立武昌文华图书馆专科学校校长。

唐文治收到柳诒徵 1 月 8 日再复函，谓"朱集校释已竣，原本由邮寄还"。10 日，由胡朴安、姚明辉等 84 人发起的中国学会在上海成立，唐文治应邀列名，其他为于右任、丁福保、柳亚子、蔡元培等。同月，专门刊载无锡国专教师论著的刊物《国光》第一册出版。3 月 1 日无锡国学专门学院行开院礼。唐文治因病，未能往。病中作《太仓蟹断记》，由蟹筋而动思亲之感，推而论之，认为乡土为人之根，父母为人之本，爱亲始能爱乡。本学期，唐文治讲授《礼记》，作《礼记大义并研究法》。6 月，辑《论语大义外篇》1 卷成。8 月行开院礼。招收第八班学生 56 人。唐文治教授《周易》，编《周易十二辟卦消息大义》。同月，中国矿冶工程学会出版薛桂轮著《国际矿产问题》，唐文治、翁文灏作"序"。9 月初，聘单镇为教授，讲授《诗经大义》《史通》《东塾读书记》《杜工部诗集》和《国文大义》等课程。唐文治以所编定之《诗经大义》授之，请其采择传笺，别作注释。10 月 10 日，举行图书馆落成典礼。29 日，国民政府教育部长蒋梦麟下达一二四六号训令，称"查该校名称组织与新颁大学及专科学校组织法暨规程，均有未合，应改名为私立无锡国学专修学校，参照大学规程关于专修科之规定办理，以符名实"。11 月 29 日，无锡国学专门学院呈文教育部，称正在"积极筹备，拟遵照部令，颁发规程，改为独立学院"。11 月，《茹经堂文集》二编刊成。由南洋毕业生张廷金、胡端行及俞庆恩捐资刊刻，李颂韩经理其事。12 月 5 日，教育部下达指令，称"查大学组织法第四条规定：大学分文、理、法、教育、农、工、商、医各学院，该院研究国学，拟改为独立学院，于法殊无根据。仰仍遵照本部一二四六号训令，将该院改名为私立无锡国学专修学校，以符定制"。30 日教育部再发第二○○四号训令，令无锡国学专门学院"查照本部前令，改正名称并将参照大学规程关于专修科之规定办理情形呈报备核"。是年，分别为《娄东孙氏家集》、章廷华遗著《勺轩文钞》、胡敬庵著《杏墩文集》作序。（参见陆阳《唐文治年谱》，上海三联书店 2013 年版）

钱穆继续任教于苏州中学。时吴江金松岑天翮，应安徽省政府聘，为安徽省修《通志》，侨居苏州，钱穆因缘得识。随后又在苏州与蒙文通、胡适、顾颉刚结识。蒙文通阅其《先秦诸子系年》后，称赞"君书体大思精，惟当于三百年前顾亭林诸老辈中求其伦比。乾嘉以来，少其匹矣"。顾颉刚匆匆翻阅后，以为大有创见，似不宜长在中学教国文，宜去大学中教历史。并云离开中山大学时，副校长朱家骅嘱代为物色新人，今拟荐君前去。又告诉钱穆，他在中山大学任课时，以讲授康有为《今文经学》为中心。此去燕大，当仍授此课，且兼任《燕京学报》之编辑任务，嘱钱穆得暇为《学报》撰稿。6 月 5 日，钱穆在《国立中山大学语言历史学研究所周刊》第 83、84 期合刊发表《易经研究》。秋，因傅斯年推荐，广州中山大学来电聘请钱穆前往任教。钱穆持电面呈苏州中学汪典存校长。汪典存说："君往大学任教，乃迟早事，我明年亦当离去，君能再留一年与我同进退否？"钱穆乃去函辞掉中大之聘，仍然留在苏中。是年,方壮猷自上海来苏州相访,顷正为商务印书馆编《万有文库》,告知钱穆尚有《墨子》《王守仁》两书,迄未约定编撰者,钱穆告以此两书可由他一手任之。是秋先完成《墨子》,次年春著成《王守仁》。(参见韩复智编著《钱穆先生学术年谱》,中央编译出版社2012年版)

邓邦述、吴曾源、杨俊、潘承谋、张茂炯、蔡晋镛、顾建勋、吴梅、王謇等在江苏吴县发起成立六一消夏社。当年有《六一消夏词》词选刊行。

张静江继续任浙江省政府主席。1月1日午间偕蔡元培、蒋梦麟、李石曾、高鲁同乘快车往杭州。6日与蔡元培、李济琛、李石曾、谭延闿、张静江同乘夜快车由沪赴宁。16日,出席国民党中央政治会议第171次会议。决议事项中有聘任蔡元培、吴稚晖、蒋介石、冯玉祥、宋子文、钱新之、陈光甫等为建设委员会委员,特任张静江为建设委员会委员长。21日,建设委员会委员长张静江、副委员长曾养甫、委员阎锡山、李济琛、郑毓秀等行宣誓就职典礼。中央党部代表王宠惠训词,国民政府代表蔡元培训词,张静江答词,礼毕散会。2月12日中午1时,蔡元培与李石曾等为世界社假座蒲柏路中法学堂设宴招待中法人士,到法方驻华公使玛德、秘书奥斯山列格、驻沪总领事柯葛林、驻宁总领事白浪度、参赞茹斯鲁尔、越南经济局长卜鲁斯、中法银行经理蒲特洛及中代表等60余人。玛德、卜鲁斯、张静江、吴稚晖、王宠惠、王正廷、孔祥熙、郑毓秀等发表演说。5月6日,国民党中央常务会议通过修正中央政治会议条例,张静江与胡汉民、蒋介石、汪精卫、谭延闿、孙科、冯玉祥、吴稚晖、李石曾、蔡元培等24委员被推为中央政治会议委员。9日下午3时至5时,国民党第三届中央监察委员会举行第一次会议,票选蔡元培、王宠惠、张静江、古应芬、林森为常务委员。

张静江精心筹办的"西湖博览会"6月6日在杭州开幕,至10月10日闭幕,历时137天,参观者达2000万,曾轰动一时,传为美谈,创下了当时中国博览会规模的纪录。10月7日,张静江主持西湖博览会的教育宣传大会,先请蔡元培讲演《教育事业的综合》,继请蒋梦麟、杨杏佛演说。11月1日,收到蔡元培两函,谈先烈徐公锡麟所手创的绍兴东浦村热诚学校以及绍兴朱华乡区立第四小学办学经费问题。8日,蔡元培致函张静江,谓"顷接喻君长霖来函,略谓:'《浙江通志》,工作中断,前者已成什之六七,欲竟全功,固不甚易;但得绩学谨朴之士,专一于此,少则一年,至多二年,万无不成之理。浙志失修二百余年,舍此不图,后更无望'云云,并拟就办法一纸。查喻君浙东儒士,前次曾在志局任事,关心文献,至为可佩。现在浙志如何进行? 喻君自愿效劳,所拟包办之法,是否可行? 兹将原文一纸附上,敬希察览。此事功亏一篑,甚望度筹提倡;倘得成书,不特乡邦之光,抑亦执事不朽之盛业。诸维裁夺是幸"。12月19日,蔡元培致张静江函,谈"浙省货物附加税,原系按照县自治法办理,专供地方教育公益等用"问题。(以上参见高平叔编著《蔡元培年谱长编》,人民教育出版社1996年版)

朱家骅3月15日赴南京出席国民党第三次全国代表大会,被推参加主席团。20日,朱家骅任第三次大会主席,通过警告汪精卫,开除陈公博、甘乃光案。当选为中央委员、中央政治会议委员,从此参加中枢最高会议,为朱家骅参与中央政治之始。月底,浙江警校成立速成科。国民党三中全会后,朱家骅赴广州,成立医学院各科研究所。9月初,浙江省政府主席张静江原定杭江铁路计划为简便铁路,朱家骅力主路轨放宽为标准宽度,以后改筑浙赣铁路就轻而易举的了。(参见胡颂平《朱家骅先生年谱》,台北传记文学社1969年版)

陈布雷任国民党中央候补监察委员和浙江省教育厅厅长。

梁希任浙江大学农学院森林系主任,在浙江大学首创中国第一个森林化学室。

孟宪承在浙江大学任教。

熊十力来杭州向马一浮求教。同年,寿毅成因敬仰马一浮而拜在门下。

陈鹤琴为主席的中华儿童教育社 7 月 12 日在杭州成立。该社以"研究儿童教育的各种实际问题,推进儿童福利事业,提倡教师专业精神"为宗旨。

王肇民考入国立杭州艺专,由张眺、李可染介绍,参加左联所领导的"一八艺社"。

胡一川考入杭州国立艺专,参加"一八艺社"和美联。

李可染考入杭州国立西湖艺术院研究班,学习油画并得到林风眠的指导与赏识。

胡道静拜海宁陈乃乾为师,学习版本学、目录学,以及整理和影印古籍的专门知识。

朱生豪于秀州中学毕业,被秀中校长推荐保送杭州之江大学深造并享受奖学金待遇。

李叔同正月自南安小雪峰至厦门南普陀寺,居闽南佛学院,参与整顿学院教育。春,返温州,途经福州,在鼓山涌泉寺藏经阁发现《华严经疏论纂要》刻本,叹为稀有,发愿刊印。9 月,在"晚晴山房"小住,10 月重至厦门、南安,与太虚法师在小雪峰寺度岁,并合作《三宝歌》。(参见林子青编著《弘一法师年谱》,宗教文化出版社 1995 年版)

张澜继续任成都大学校长。4 月,成都大学经济学会成立,张澜应邀作《怎样研究经济学》演说,认为研究经济学应向着两方面努力:第一是经济学的理论,第二是经济学的实际。5 月,在张澜的倡议下,以社科社为主力,成大隆重举办了建校五周年纪念活动。主要特点是宣传成大五年来的成就,进一步揭露"二一六惨案"的真相,抨击四川军阀祸国殃民的罪行。经过这次示威性的纪念活动,一度打破了"二一六惨案"后学校死气沉沉的局面。同月 23 日,张澜在《成都大学五周年纪念会特刊》上发表《中国学生的出路》。9 月 5 日,再次向国民政府提出辞职。12 月 14 日,在成都大学"教育学会"成立会上,针对国民党的党化教育,明确提出:"本校一向主张思想自由,信仰自由……现在所谓党化教育,我是不赞成的,我是怀疑的。"是年,张澜为成都大学教育研究会主办的《现代教育》第 1 期撰写发刊词《我们对于教育的主张》。(参见谢增寿编著《张澜年谱》,群言出版社 2013 年版;王承军撰《蒙文通先生年谱长编》,中华书局 2012 年版)

卢作孚 4 月在北碚组织嘉陵江运动会,共计 1161 人参加。春夏,应刘湘之邀,出任川江航务管理处处长,整顿川江航务。规定军队征用轮船打差必须购票,登船检查外轮货物,实现部分收回航线利权。10 月 10 日,峡防局职员官兵在公共体育场开小运动会,卢作孚出席并讲话。(参见王果编《中国近代思想家文库•卢作孚卷》及附录《卢作孚简编》,中国人民大学出版社 2015 年版)

吴虞 3 月 16 日买定栅子街宋孝持清虚堂坐宅全院。5 月 29 日、8 月 10 日,作《帅净民〈诸子学者列传〉序》。(参见朱玉、孙文周《吴虞年谱简编》,《吴虞诗词研究与整理》附录一,河南文艺出版社 2016 年版)

刘师亮为社长的《师亮随刊》5 月 13 日在成都创刊。

李凌、赵沨、林路、沙梅等在重庆发起成立新音乐社。

朱湘仍在美国留学。3 月 7 日,闻一多请彭基相给在美国留学的朱湘去信,约他来武汉大学任教。9 月 20 日,武汉大学第四次临时校务会议决定聘朱湘为文学院教授。后朱湘没有来武大,被安徽大学邀任外文系主任。(参见闻黎明、侯菊坤《闻一多年谱长编》(增订版),上海交通大学 2014 年版)

朱世明被聘为安徽大学理学院筹备主任,筹设理学院。

陈东原 1 月至 8 月回北京大学教育系四年级学习并毕业。9 月回安庆,任安徽省教育厅督学。

　　楚图南是春因东北地区党组织遭受破坏,由组织安排到山东,开始在泰安省立三中执教。9月,到曲阜省立第二师范学校任教。11月,在《秋声》第74—75期发表剧本《逃亡》。12月,在《灿星》第2卷第11号发表《读〈史记〉》。(参见麻星甫编著《楚图南年谱》,群言出版社2008年版)

　　王献唐1—7月在南京。4月,游苏州、上海。在上海,丁惟汾为其讲解宋洪兴祖《楚辞补注》。5月,归里。夏,山东公立图书馆改名为山东省立图书馆,由山东省政府改隶山东省政府教育厅。7月10日,土匪王金发攻陷聊城,设司令部于城内,海源阁丰富的藏书遭匪劫掠。8月7日,王献唐至济南,任山东省立图书馆(山东金石保存所)馆长。11月,至聊城,往聊城杨宅清查“海源阁”劫后图书。撰《聊城杨氏海源阁藏书之过去现在》。

　　按:山东省立图书馆在王献唐的主持下,直到“七·七”事变,同国内外学者和有关部门,展开了广泛的极为活跃的学术交流。那时同他来往信件密切的学者,主要有:李济、傅斯年、董作宾、黄侃、黄炎培、刘半农、傅增湘、顾颉刚、唐兰、容庚、商承祚、顾实、王重民、镇江陈氏兄弟(陈帮福、陈帮怀、陈直)等。(参见张书学、李勇慧撰《王献唐年谱长编》,华东师范大学出版社2017年版)

　　孔传育为孔氏六十户族人。6月8日,曲阜山东省第二师范学校排演林语堂编剧话剧《子见南山》,孔传育等控告山东省第二师范学校校长宋还吾侮辱宗祖孔子,呈请查办。26日,教育部令山东教育厅第八五五号训令,要求省教育厅对孔氏控告案“查明核办”。教育部并派参事朱葆勤会同省教育厅调查具复。7月,教育部参事朱葆勤与山东教育厅督学张郁光赴曲阜调查,之后报告教育部,驳斥原告方说。

　　按:朱葆勤参事与山东教育厅督学张郁光赴曲阜调查意见:一、原告说二师发布侮辱孔子标语及口号,但二师除“打破民可使由之,不可使知之的愚民政策”之标语,该校学生确曾写贴外,其他标语均查无实据。二、《子见南子》戏剧,二师确曾表演,查该剧本非自撰,原载于《奔流》月刊,而“扮演孔子脚色,衣冠端正,确非丑末;又查学生演剧之时,该校校长宋还吾正因公在省”。(三略)教育部收到呈文,《令山东教育厅》第九五二号训令表示:二师“无侮辱孔子情事,自应免予置议;惟该校校长以后须对学生严加训诂,并对孔子极端尊崇,以符政府纪念及尊崇孔子本旨”。教育厅厅长何思源《回忆鲁迅》(一九八○年八月二十六日):“那时南京教部有不少人是五四时期北大的人,他们看不惯封建势力的猖狂进攻,但又不敢违反蒋的尊孔政策,就采取了‘大事小办’的方针(大概是政务次长马叙伦的主意),派一名参事会同山东教育厅调查具复。最后以‘尚无侮辱孔子情事,自应免予置议’而结案。但他们为了给‘孔家店’及其后台留点面子,却又在训令中留下这样一条尾巴。”(鲁迅博物馆鲁迅研究室编《鲁迅诞辰百年纪念集》,湖南人民出版社1981年版)(参见卢礼阳《马叙伦年谱》,浙江古籍出版社2021年版)

　　方令孺回国后,先后任青岛大学讲师和重庆国立剧专教授。

　　臧克家考入青岛大学补习班,开始诗歌创作。

　　赵太侔将泰安民众剧场迁到济南,更名为山东实验剧院,自任院长。

　　屈万里任山东鱼台县立图书馆馆长。

　　张伯苓9月22日回到天津。天津警备司令傅作义,南开校董,南开教职员,南开各部学生代表以及校友会代表等千余人在车站欢迎。张伯苓拜访颜惠庆。晚,在南开大学发表演讲。23日,张伯苓发表演讲,谈到此次欧美之行考察教育的感受时强调,教育与社会很有关系,教育是解决社会问题的,考察教育便是考察社会。23日,又在南开女中及小学欢迎会上继续谈教育。25日,南开男女中学及小学三部全体教职员举行欢迎大会,张伯苓演讲。天津《益世报》以《南开三部教职员欢迎会上,张伯苓讲演新的教育》为题报道。26日,张伯苓访美期间，南开大学一些教授因待遇问题纷纷离去。为此，张伯苓访见颜惠庆，回顾"离开后所发生的一些事件"。同日，在南开校友举行的欢迎会上演讲，畅谈考察欧美各国的观感，如美国农业进步及其农民生活的快乐富足，英国工业的发达、工人的失业和对外的经济侵略，以及途径东南亚所见之"穷、脏、弱"印象。最后得出结论："一言以蔽之，中国之贫乱原因，在首领人才缺乏。然则如之何，惟教育有以造成之。故余始终不变，本南开精神勇往前进。"28 日，太平洋国际学会会议平津方面中国代表确定 9 人，即徐淑希、张伯苓、鲍明钤、陶孟和、陈衡哲、何廉、吴鼎昌、陈立廷、颜惠庆。29 日，克伯屈"发信给张伯苓"。后克伯屈会见张学良，张学良表示"敬重张伯苓，将其看作是自己的老师"。

张伯苓 10 月 1 日参加哈佛—燕京管理委员会会议并发言。2 日，正在北京的张伯苓嘱派黄钰生和阮芝仪博士接克伯屈等人来南开。4 日，陪克伯屈参观南开大学。张伯苓和张彭春与克伯屈、阮芝仪等共进午餐。5 日，张伯苓送克伯屈等人去车站，并话别。6 日，列席学校董事会例会，报告赴美筹款情况。9 日，招待外交事务委员会卡特、肖特韦尔博士、颜惠庆等，席间讨论东北问题、南满铁路商业化以及治外法权等。12 日，卢法尔夫妇为张伯苓举行宴会，颜惠庆出席。17 日，主持南开学校建校二十五周年校庆纪念会并致开会辞。随后董事会颜惠庆、天津警备司令傅作义和天津市长崔廷献的代表陈宝泉讲话。20 日，张伯苓偕何廉乘北宁车赴沈阳。在沈阳期间，张伯苓出席太平洋国际学会会议（太平洋会议）的中国代表团举行筹备会议。21 日，应邀在沈阳基督教青年会演讲太平洋会议问题。22 日，应同泽中学邀请，在师生集会上发表讲话，谈太平洋会议的由来、性质及责任。28 日，第三次太平洋会议在京都开幕。出席会议正式代表 214 人，包括澳洲、英国、加拿大、中国、日本、新西兰和美国代表。中国代表有吴鼎昌、张伯苓、徐淑希、陈衡哲、吴贻芳、潘光旦等 35 人。会议先后讨论机械文明与传统文明的关系；关于中国法权租界与满洲（东北）问题；太平洋外交问题。29 日，太平洋会议举行圆桌会议，题目为《东西文明之接触》。第一组圆桌会议主席为南开大学校长张伯苓，副主席为日本新闻界人士鹤见佑辅。30 日，日本邀请中国代表会餐，提议由日本和中国代表单独于会外商谈东北问题。

张伯苓 11 月 2 日在松武豪华府邸举办日本欢迎社团会的茶会，由巴鲁斯和巴罗尼斯·福主持，克伯屈、张伯苓等参加。晚上，张伯苓、克伯屈等讨论东北问题。5 日，太平洋会议举行四个圆桌小组的联合会，克伯屈主持，胡适做主发言。11 月 14 日，由日本回到天津，对记者谈太平洋会议经过。16 日，在天津基督教青年会作关于第三届太平洋会议的演讲，介绍会议讨论问题的情况，特别是中日的一些争论焦点。29 日，接待国际联盟卫生部部长刺西曼博士及国际联盟秘书厅秘书吴秀峰博士来校参观，并召开演讲会。同月，按照国民政府《大学组织法》《大学规程》的规定，南开大学文、理、商三科分别改为文学院、理学院、商学院。12 月 3 日，邀学生代表在大学校长办公室举行谈话会，就学生身心锻炼、校风整顿、课程改革、增聘教授等问题征求意见。10 日，在欢送张彭春及凌冰夫人司徒如坤赴美会上讲话。13 日，出席上海圣约翰大学庆典。21 日，召集新闻界南开校友及大中两校出版部负责人谈话，谓本人以为学校教育，仅能教育青年，而不能教育民众，新闻界负指导之责，则可直接教育民众。22 日，列席学校董事会例会，报告捐款及小学建筑新校舍事。（以上参见龚克主编《张伯苓全集》第十卷附编《张伯苓年谱》，南开大学出版社 2015 年版）

严修 2 月 1 日自知不起，试拟遗嘱一纸。16 日，因病重，《日记》至本日而止。2 月中旬至下旬，延沈鸿翔医师医治，服药后精神稍好，便温《资治通鉴》，或与家人及诸婿闲谈，或从无线电中听京剧,或与诸孙作跳棋、围棋之戏。并在罩棚下与家人会食数次。2月至3月上旬,因病几不能见客,仅在上房会见少数至亲好友,如华世奎、赵元礼、林墨青、陈宝泉。他人来均挡驾。3月2日,预作自挽诗。15日夕,严修病逝于里第。16日,天津《大公报》发表社评《悼严范孙先生》。23日,正在美国访问的张伯苓发唁电沉痛哀悼严修逝世,并委派代表赴严宅致唁。10月19日,张伯苓在各地校友所募建的范孙楼奠基仪式上,谈严修对南开学校发展进程,厥功殊伟,而于精神上之督促,成绩尤钜。

按:3月16日天津《大公报》社评《悼严范孙先生》曰:

天津严范孙先生于前夕逝世。年来学界闻人如范静生、梁任公两氏,均先后逝世。今严氏又继之,诚为学界之大不幸!论严氏在教育界之事业或不如范,在学术界之贡献亦或不如梁,然冲谦淡泊,狷洁自爱,较诸范梁亦自有其特具之风格。其死也,又实为社会一大损失。此当为世人所表同情者也。

严氏在前清早入词林,典学黔省,首倡废科举设学校之议,与世不合。退而家居,立义塾,讲新学。在袁世凯任军机时,一入学部,旋即罢去。仍以兴学为务,慨出私产,发起南开,筚路蓝缕,惨淡经营,至今日蔚为华北一大学府。数十年前严氏提倡之诚,赴义之勇,饮水思源,有令人不能不肃然起敬者!民国成立以还,严氏未尝入政界。袁世凯炙手可热之时,北洋旧部鸡犬皆仙,独严氏以半师半友之资格,皎然自持,屡征不起,且从不为袁氏荐一人。以袁之枭雄阴鸷,好用威胁利诱,侮弄天下士,独对严氏始终敬礼,虽不为用,不以为忤。当时清西太后崩后,醇王监国,袁氏罢黜军机,悄然还乡。京师达官阻道者寥寥,独严氏躬送至芦沟桥。不以荣瘁异致,袁殊德之。而终袁之世,严卒不拜一命,任一职。公私分明,贞不违俗,所谓束身自爱,抱道循义者,庶几近之。继袁当国者,如黎冯,如徐段,如曹张,或与有旧,或慕其名,皆欲罗致之而卒不能。其处身立世之有始有终,更可见矣。然以此认为严氏或以遗老自居,则又不然。盖从未闻其以遗老招牌有所希冀也。就天津论,以严氏资望,尽可操纵地方政治,干预公务,乃严氏平居除教育及慈善事业外,惟以诗文自娱,从不奔走公门,一若官僚政客劣绅土豪之所为。门生故旧,多主学务,亦尽可朋党比周,把持教育,乃从未尝有私的组织,受人指摘。以天津人事之复杂,派别之纷歧,入主出奴,甲是乙非,乃独对严氏无论知与不知,未闻有间言,非所谓众望允孚者欤?迹其狷介自持之处,固有类于独善其身者流,非今日所宜有。然就过去人物言之,严氏之持躬处世,殆不愧为旧世纪一代完人。而在功利主义横行中国之时,若严氏者,实不失为一鲁殿灵光,足以风示末俗。严氏其足为旧世纪人物之最后模型乎!在吾人理想的新人物未曾出现以前,对此老成典型,自不能无恋恋之私,有心世道者,或将与吾人抱同感欤?(参见严修自订、高凌雯补、严仁曾增编、王承礼辑注、张平宇参校《严修年谱》,齐鲁书社1990年版;龚克主编《张伯苓全集》第十卷附编《张伯苓年谱》,南开大学出版社2015年版)

方显廷学成回国后,受何廉邀请加盟南开大学经济研究所,作为经济史专家或工业经济专家来指导南开经济研究所工业化研究工作。

唐兰在天津主编《商报》文学周刊及《将来》月刊。

晏阳初7月将全家迁往定县。此后,平教总会机关全部由北京迁至定县,工作人员及家属也随之迁入,就近参加乡村建设实验。从此"总会"与"华北实验区"工作合并一体,开始"集中全会力量作彻底的、集中的、整个的县单位实验"。为顾及对外联系,总会重新调整组织,晏阳初仍任干事长,干事长与行政会议下设总务长一人负责一切行政事务,机构调整后设平民文学部、艺术教育部、生计教育部、卫生教育部、公民教育部、学校式教育部、社会式教育部、家庭式教育部、教育心理研究会、戏剧研究委员会。(参见杜学元、郭明蓉、彭雪明《晏阳初年谱长编》,上海交通大学出版社2017年版;宋恩荣编《中国近代思想家文库·晏阳初卷》附《晏阳初年谱简编》,中国人民大学出版社2015年版)

沈尹默1月1日与沈士远、沈兼士、马裕藻、马廉、刘半农、钱玄同等赴周作人家宴,庆祝元旦。23日,参加国语统一会晚宴。26日,赴周作人宅,与周作人、马裕藻、陈垣、马衡、张凤举、沈兼士、刘半农、马廉共宴胡适等。1月,自作诗词集《秋明集》(上、下册),由北京书局印行。2月6日中午,赴马廉宴会,同席有周作人、胡适、马裕藻、马衡、沈兼士、钱玄同等。9日,赴周作人、张凤举、徐耀辰午宴,同席马裕藻、马衡、马廉、沈兼士等。20日,鲁迅来访。27日,赴长美轩张凤举、徐旭升宴会,同席有鲁迅、徐耀辰、马廉等。29日晚上与马廉、张凤举、徐耀辰在森隆饭店宴客,到者鲁迅、魏建功等。6月17日,赴马廉宴会,同席有周作人、张凤举、徐耀辰、马裕藻、马衡、钱玄同、魏建功等12人。16日,《申报》刊登消息,称教育部长蒋梦麟向国民党中央政治会提议,任命沈尹默兼河北省教育厅厅长。29日,参加梅兰芳招待美国记者团茶会。7月3日,被北京大学学生代表联席会议向学校提议任下学期国文系添聘的教授人选。

沈尹默7月5日经国民政府第三十四次国务会议决定,任命为河北省教育厅厅长。12日,《大公报》刊登消息,称沈尹默即将就任河北省教育厅厅长,对各学科将分派专门家,以学者的眼光考察全省学校课程及用书。15日,《益世报》刊登消息,称河北省教育厅长沈尹默要恢复河北大学原有名称等。26日,参加河北省政府会议,提请省政府拨开办费一千元。8月3日,《大公报》刊登消息,称沈尹默临时动议张瑾任河北大学校长。6日,参加河北省政府第一百一十次例会,提议增加教育经费。9月4日,《大公报》刊登消息,称河北省政府议决选派各厅处职员留学,详细办法由教育厅拟就施行。9日,参加河北省政府会议,并宣誓就任省府委员职务。10月7日,《大公报》刊登消息,称河北省教育厅发出布告,将举行留学欧美考试。9日,沈尹默赴李石曾宴会,同席有周作人、马衡、沈兼士、陈大齐、马裕藻、张凤举、方梦超等。17日,赴中法大学参加中法教育基金委员会会议,讨论留法勤工俭学学生津贴问题。22日,参加省政府委员会议,提议全省留学经费增加一万元,议决照办。11月7日,赴方梦超处晚餐,同席有周作人及日本人大内、智原等5人,商谈东方文化事。同日,《申报》刊登消息,称国民政府教育部将嘉奖于民众教育方面取得成绩的河北省教育厅。19日,参加河北省留学生考试监考工作,任主考官。20日凌晨2时,周作人女儿周若子病逝于德国医院,沈尹默等同人到周宅慰问、吊唁。11月,国立北平研究院史学研究会正式成立,沈尹默被聘为该研究会会员。12月6日,参加河北省政府委员会议,提出留学考试录取情况,议决通过。17日,参加北京大学成立三十一周年纪念大会,并发表演说。同月,国立北平大学工学院编《工学月刊》(创刊号)出版,沈尹默为该刊题词。(以上参见郦千明《沈尹默年谱》,上海书画出版社2018年版)

王拱璧受聘为中州大学(今河南大学)教授,自编主讲农课。

樊粹庭毕业于河南大学。

姚雪垠考入河南大学法学院预科。同时在《河南日报》副刊用"雪痕"的笔名发表处女作《两个孤坟》和其他作品。

罗振玉将旅顺新居筑于新市街扶桑町,在将军山巅,面海背山,山上帝俄据旅大时所筑喇嘛庙残基犹在。市远故尘嚣不到,而海山景色,近接几席。因书物多,新居不能容,赁旧市屋贮之。夏,撰《汉石经残字集录》1卷。秋冬之际,从事新著,补正旧著,董理旧学之未写定者,曰《矢彝考释》《玺印姓氏徵补正》《汉两京以来镜铭集录》《镜活》《蒿里遗文目录续编》《重校订和林金石录》《敦煌本毛诗校记》《帝范校补》《宋椠文苑英华残本校记》凡9种,汇为《辽居杂著》。是年,哀丁卯、戊辰两年文字为《丁戊稿》1卷。哀本年文字为《辽居稿》1卷,序跋外有《掌印给事中陈公传》。辽阳金静庵(毓黻)自沈阳邮书问讯,且以所著《辽东文献徵略》相质。(参见罗继祖《永丰乡人行年录(罗振玉年谱)》,江苏人民出版社1980年版;齐家莹编《清华人文学科年谱》,清华大学出版社1999年版)

刘少奇1月15日在中共中央政治局会议听取周恩来作关于巡视顺直经过和顺直省委扩大会议情况的报告之后,决定调上海工作。2月7日,在《出路》第5期上发表《革命职业家》一文。春,从天津回到上海,担任中共上海市沪东区委书记。6月4日,中共中央政治局会议决定派刘少奇出任中共满洲省委书记。8月25日,警察局将刘少奇、孟坚、常宝玉一同解到奉天高等法院检察处看守所。29日在中央特派员陈潭秋帮助下,中共满洲省委由李易山、任国桢、饶漱石3人组成临时常委,主持省委日常工作。临时常委决定,要尽快营救刘少奇、孟坚出狱。9月中旬,奉天高等法院下判决书,刘少奇、孟坚"煽动工潮"案,"证据不足,不予起诉,取保释放"。11月,指示杨一辰设法同《冰花》刊物取得联系,并在办刊原则、编辑方针上加以指导。《冰花》是由哈尔滨东北大学附中几位进步青年学生组织的"冰花社"出版的文艺刊物,刘少奇提出要联系这些青年学生,把他们组织起来,帮助他们办好刊物。(参见中共中央文献研究室编《刘少奇年谱(1898—1969)》,中央文献出版社1996年版)

高亨任沈阳东北大学教育学院国文专修科教授。

林徽因在东北大学讲授《雕饰史》和专业英语。

车向忱、阎宝航、张希尧等人8月在沈阳发起成立国民常识促进会。

陈言集资创办并任社长兼总编辑的《东北民众报》10月在沈阳创刊。

金毓黻时任辽宁省政府秘书长兼教育厅厅长,10月提议有志于东北史地之学者成立学术团体,获得同仁赞成,并和另一位东北学人卞宗孟一起起草学会的规章制度。

杨朔毕业于哈尔滨英文学校。

郑道儒任甘肃教育厅厅长。

郭沫若1月12日校阅《我的幼年》讫,作《后话》。2月7日,创造社及出版部被国民党当局查封,郭沫若失去了每月由该社出版部提供的100元生活费。2月25日,作《新俄诗选·小序》。春,接张资平信,为乐群书店约书稿,即欲翻译德国米海里斯所著《美术考古学发现史》。4月,郭沫若自传《我的幼年》由上海光华书局出版发行。书中记述了从出生之际到1910年间的生活经历。本书出版后遭国民党当局查禁。所作小说《歧路》由大内隆雄翻译,刊载于日本新天地社《新天地》第9卷第4期。4—6月,在上海《东方杂志》第26卷第8、9、11、12期连载《诗书时代的社会变革与其思想上的反映》。5月2日,作《读〈中国封建社会史〉》,刊于上海《新思潮》1930年1月第2—3期合刊,文中指出:"对于中国的社会,近来已有人作史的研究,这是很可贺的现象。不过要来研究中国的社会须有几个先决的问题。第一是方法的问题;第二是处理材料的问题。""方法的问题比较简单,因为欧洲有不少的导师已经把路径或者模型开设在那儿,我们后来者自然可以得到许多的利便。我们的良心假使真正是在科学的观点上说话,在目前除用唯物辩证法的方法以外是没有第二种可以采用的。""他的方法大抵是依据唯物辩证法的倾向,但只是倾向,应该还要有更正确的把握。""中国社会史的材料有他三种困难性。(一)是周以前的材料苦于少而难于接近,(二)是周以后的材料苦于多,而难于归纳,(三)是周代的材料苦于伪而难于甄别。"所以郭沫若对于《中国封建社会史》集中于材料方面,认为此书的错误太多,使人不敢"再往下读"。

按:郭沫若提出一个研究社会史的方案。"解决这个难题的我想只有一个方法,便是采取最新流行的委员制,由各人分担一个项目或一个时代,期以五年十年,那所成的一部'中国社会史',真就可以壮观一时了。我现在正怀着这样的一个意想,但这也并不是不能实现的梦想,只要大家不要以无学为光荣,不要以清算主义为唯一的能事,不要兢兢于目前的名声风头地位,脚踏实地,和衷共济的来干这一份应该干的文化工作,我想这个委员会在上海立地便可以成立起来。"

郭沫若7月5日译德米海里斯(A. Michaelis)原作《美术考古学发现史》由上海乐群书店出版发行,所据译本为滨田青陵的日文译本。同月,《文艺论集》经修订,由上海光华书局出版第4版。8月1日,郭沫若著成《甲骨文字研究》,合计17篇考释。分为两卷:第一卷收入《释祖妣》《释臣宰》(附:《土方考》)、《释寇》《释攻》《释作》《释封》《释掔》《释版》《释错》《释朋》《释五十》《释龢言》《释南》《释繇》《释蚀》《释岁》,第二卷收入《释支干》。并作《甲骨文字研究》《序》及《序录》。15日,自传《反正前后》由上海现代书局出版发行。记述了1910年至1911年在成都的读书生活,以及所经历、见闻的四川保路同志会运动、辛亥革命运动,并作《发端》冠于篇首。27日,致信容庚。9月19日,再致信容庚。

按:郭沫若8月27日致信容庚曰:"襄读王静安先生《殷虚文字类编·序》,得知足下之名。近复披览大作《金文编》,用力之勤,究学之审,成果之卓荦,实深钦佩。仆因欲探讨中国之古代社会,近亦颇用心于甲骨文字及金文字之学,读足下书后,有欲请教者数事,不识能见告否?""冒昧通函,未经任何人之介绍,不敢过扰清虑。上二事乃仆急欲求解答之问题,如蒙不我退弃,日后当更有请益。"9月19日再致信容庚曰:"奉书并蒙录示二器文,欣喜无似。""余顷有《甲骨文字十五释》之作大抵依据罗王二家之成法,惟所见则不免稍左。卜辞中有一事物与世界文化之渊源最有攸关者,乃十二辰文字之构成,与古代巴比伦十二宫之星名,其次第意义乃至发音几于全合。此事余于去岁已得之,惟以牵于人事,属稿屡不易就,且以遁迹海外,无可与谈者,甚苦孤陋,今稿将垂成,欲求先进者审核,足下如乐与相商,当即奉上。"

郭沫若《卜辞中的古代社会》9月20日脱稿,为其关于由甲骨卜辞而进行历史研究的初创之作。郭沫若在自序中谈论卜辞出土之历史,强调"中国之旧学自甲骨之出而另辟一新纪元,自有罗、王二氏考释甲骨之业而另辟一新纪元",表示"我们现在也一样的来研究甲骨,一样的来研究卜辞,但我们的目标却稍稍有点区别。我们是要从古物中去观察古代的真实的情形,以破除后人的虚伪的粉饰——阶级的粉饰。本篇之述作,其主意即在于此",所以"就诸家所已拓印之卜辞,以新兴科学的观点来研究中国社会的古代"。夜,作《中国古代社会研究·自序》,开篇写道:"对于未来社会的待望逼迫着我们不能不生出清算过往社会的要求""认清楚过往的来程也正好决定我们未来的去向"。强调"大抵在目前欲论中国的古学,欲清算中国的古代社会,我们是不能不以罗、王二家之业绩为其出发点了"。提出对胡适《中国哲学史大纲》"所'整理'过的一些过程,全部都有重新'批判'的必要",主张"要跳出'国学'的范围。然后才能认清所谓国学的真相"。认为世界文化史关于中国方面的记载,"正还是一片白纸",中国人应该自己起来"写满"世界文化史上的白页。说明本书的研究方法以恩格斯的《家庭、私有制和国家的起源》为指导,"本书的性质"可以说是恩格斯的《家庭、私有制和国家的起源》的"续篇"。21日,作《中国古代社会研究·解题》。秋,收到成仿吾从德国柏林邮的德文原版A. Michaelis著 *Ein Jahrhun dort Kunst rchaologischer Entdeckungen* 一书,即《美术考古学发现史》。一年后,据此德文原版将《美术考古学发现史》重新改译了一次。10月3日,致信容庚,谈著述《甲骨文释》。15日,自传《黑猫》分两次刊载于上海《现代小说》月刊本月第3卷第1期、11月第3卷第2期。记述了1912年经历的那场婚姻悲剧。31日,致信容庚,询问李济安阳发掘是否即在小屯,发掘之结果如何?同月,与李一氓合译的《新俄诗选》由上海光华书局出版发行。

郭沫若11月10日夜作《周金中的社会史观》毕,后改为《周代彝铭中的社会史观》。序说指出"真实地要阐明中国的古代社会还须要大规模地做地下的挖掘""这些古物正是我们研究中国古代史的绝好资料""我们让这些青铜器来说出它们所创生的时代"。16日夜,致信容庚。12月1日,小说集《漂流三部曲》由上海新兴书店出版。4日夜,致信容庚。13日,致信容庚。15日,《山中杂记及其他》由上海新兴书店出版。20日,作《新兴大众文艺的认识》,刊于上海《大众文艺》月刊1930年3月第2卷第3期"新兴文学专号"。文中针对国内文坛从日本引入"大众文艺"的概念,指出"它的外貌虽很冠冕堂皇,然而内容却是反动的勾当""不过日本的大众文艺近来和改良马种一样又大大的改换了新的气象了。有一派无产文艺的作家进展到大众文艺的舞台上来,在不知不觉之间正在表演着'改梁换柱''金蝉脱壳'的一套把戏。这不是大众文艺的进展,这是无产文艺的进展。换句话说,就是无产文艺的通俗化!""我所希望的新的大众文艺,就是无产文艺的通俗化!"

按:无产阶级革命文学运动兴起后,文艺的大众化问题开始引起左翼作家的关注。从1929年初到"左联"成立前后,左翼文坛展开了第一次关于大众文艺的讨论。

郭沫若12月24日致信容庚。29日,致信容庚。是年,高尔基有意把1927年前后的中国革命写成一部小说,希望有中国同志和他协作。朋友们便推荐郭沫若去,然"终因种种的羁绊,没有达到这个目的"。(以上参见林甘泉、蔡震主编《郭沫若年谱长编》,中国社会科学出版社2017年版)

茅盾1月15日作《〈骑士文学ABC〉例言》,《骑士文学ABC》为到东京后首先写的一部著作。同月,所著《中国神话研究ABC》由世界书局出版。4月,开始写作长篇小说《虹》。同月,《骑士文学ABC》由世界书局出版。5月,所著《现代文艺杂论》《近代文学面面观》由世界书局出版,并作《〈近代文学面面观〉序》,谓"介绍弱小民族文学是个人的癖性",又云"欧洲大战给与各民族文学的影响,不用说是很大的"。同月4日,作《读〈倪焕之〉》,刊于《文学周报》第8卷第20号。

按:据茅盾《我走过的道路》(中)回忆:"因《从牯岭到东京》引起的责难已经沉寂下去了,我这篇评论就是对这些批评的总答辩。我借用叶圣陶的《倪焕之》来作总答辩,是有它的用意的。因为创造社、太阳社的朋友们自从提倡无产阶级文学以来,并未创造出一篇表现'时代性'的作品来,相反,写出了这样的作品的,正好是他们斥之为'厌世家'的叶圣陶。""而且,《倪焕之》描写的,偏偏又是小资产阶级,这就支持了我的论点:以小资产阶级生活为描写对象的作品,也能成为表现时代性的巨著,这样的作品对于千千万万'尚能跟上时代的小资产阶级群众',是有积极作用的。我认为《倪焕之》之所以能获得成功,成为当时的'杠鼎'之作,其根本原因,是作者所描写的是他最熟悉的环境和对象。"

茅盾5月9日作《写在〈野蔷薇〉的前面》。6月,作《〈神话杂论〉例言》,茅盾《我走过的道路》(中)回忆当时"因为动辄得咎,我只好写一点决不惹起风波的东西,这就是《神话杂论》,这是编集旧作关于神话的论文""各民族都有开辟神话,集聚而比较研究之,其为有味,且亦有益"。同月,长篇小说《虹》的创作告一个段落。刊于《小说月报》第20卷第6、7号,第20卷第5号《最后一页》中有作者谈《虹》的信。7月10日,《二十年来的波兰文学》刊于《小说月报》第20卷第7号《现代世界文学》上册。同月,短篇小说集《野蔷薇》由大江书铺出版。9月,《六个欧洲文学家》由世界书局出版。内收:1.匈牙利爱国诗人裴多菲;2.陀思妥以夫斯基的思想;3.瑞典现代大诗人素用斯顿;4.挪威现代作家包以尔;5.德国戏曲家霍普德导;6.西班牙小说家巴洛哈。同月,由京都到长崎,去接返上海访友及催讨版税后,又坐船归来的秦德君,在甲板上遇与秦同船赴日的胡风,相互点头示意,却并未说话。10月

10日,作《〈西洋文学通论〉例言》。11月,在《一般》第9卷第3号发表《爱与诗》。

茅盾12月作《〈北欧神话ABC〉例言》,谓"北欧神话"出奇地和中国的断片神话相似,可供"北欧人种原为亚洲中部移经这一说"论者参考。又谓北欧神话"在尚未被诗人保存下来以前就受到了基督教信仰的摧残",认为"北欧神话……没有希腊神话那样光芒灿烂"。年底,作《关于高尔基》,刊于《中学生》创刊号。茅盾《我走过的道路(中)》谓"我这篇文章是'有意为之'的,因为创造社、太阳社的朋友们说我是提倡小资产阶级文学,我就偏来宣传无产阶级文学的创始者和代言人高尔基。同时也为了指明,真正的普罗文学应该象高尔基的作品那样有血有肉,而不是革命口号的图解"。冬,为避日本政府对在日中共成员的迫害,茅盾又从高原町迁居到一热闹地段,租了一幢两层的小楼,楼下花园里无花果树果实累累。是年,茅盾曾通过泰德君与住在东京的胡风联系,希望他来京都玩玩,交换关于文学运动的意见。胡风未接受这一邀请。以后,又给胡风寄去中篇小说《虹》。(以上参见唐金海、刘长鼎主编《茅盾年谱》,山西高校联合出版社1996年版)

朱谦之4月得蔡元培、熊十力的推荐,以国立中央研究院特约研究员的名义获中央研究院资助赴日本进修两年。中央研究院所给的题目是《社会史观与唯物史观之比较研究》。留日期间潜心于历史哲学研究,主要留心孔德与黑格尔的哲学。在日本,他首次接触马克思辩证唯物主义和历史唯物主义,他把马克思主义作为社会学说加以研究。5月,所著《没累文存》由泰东书局出版。(参见黄夏年编《中国近代思想家文库·朱谦之卷》及附录《朱谦之年谱简编》,中国人民大学出版社2015年版)

杨东莼仍居日本。1月30日,在《北新》杂志第3卷第9期发表论文《中国过去教育的批判》。2月24日,在《民铎》杂志第10卷第2期发表论文《赫格尔与傅尔亚巴哈》。3月,所著《世界之现状》由上海昆仑书店出版,此书是对当时国际形势和几个主要大国实力的精辟分析之作。7月15日,在东京为翻译约瑟夫·狄慈根的《一个社会主义者在认识论领域中的漫游》的译作《新唯物论认识论》写"译者例言"。是年,在《民铎》杂志第10卷第3期、第4期、第5期先后发表《狄慈根之哲学》《思想之方向转变》《从自然科学的唯物论到辩证的唯物论》;在《教育杂志》第21卷第7期、第9期先后发表《十年来之日本学生运动》《苏俄的性教育问题》;在上海昆仑书店出版译作《辩证法的唯物观》《新唯物论的认识论》。(参见周洪宇等《杨东莼大传》之《杨东莼生平年表》,华中师范大学出版社2014年版)

胡秋原赴日本留学,入早稻田大学经济部。在《语丝》第5卷第34期发表《日本无产文学之过去与现在》。在《语丝》第5卷第37期发表随感录《老大家的"炮声"》,显示他在日本文学翻译方面也有相当造诣。(参见乔丽华《革命文学论争中的"语丝"阵营》,《上海鲁迅研究》2018年第1期)

胡风3—6月在南通中学任国文教员。夏、秋间,往返于南京、武又之间两次,欲谋取一个职业,积点钱去留学。又想在大学或中学里教书,不愿做国民党的公务员,未成。9月,最后还是由家里筹来400元钱,赴东京留学。到东京后,在东亚日语学校学了3个月的日语。日本普罗文化运动正在蓬勃开展。胡风开始读一些普罗文学刊物,受到了吸引。(参见晓风《胡风年表简编》,《新文学史料》1986年第4期)

王任叔1月去日本,研究社会科学与普罗文学,自学日语,翻译《苏俄女教师日记》及日本长篇小说《铁》。10月,日本当局逮捕中国进步留学生和共产党人,被迫回国。

王亚南寓居东京,钻研马克思主义经济学,学习日文和德文,从事写作,并着手翻译经济学名著。与郭大力合作翻译亚当·斯密的《国富论》。

蒋光慈去日本，从事文学创作和翻译，年底回国，主编《海风周刊》。

周扬继续在日本留学。2 月 1 日，发表第一篇习作《辛克莱的杰作〈林莽〉》，为周扬初登文坛的标志。（参见中国社会科学院科研局编选《周扬集》附录《周扬生平年表》，中国社会科学出版社 2000 年版）

徐复观因宁汉分裂，十八军军长下野，经济来源不济，改习公费军校。岁末，于弘前联队入伍。

杜钢百赴日本研讨经史及搜集有关书籍。

何干之东渡日本，入早稻田大学和明治大学经济科。

方壮猷赴日留学，从东京大学白鸟库吉研究东方民族史。

陈高佣与留日同学吴羹梅等组织成立"人社"东京分社，任副董事长。

江也文考入日本东京武藏高等工业学院，同时考入东京上野音乐专门学校，先学声学，后学作曲。

潘天寿、吴子深赴日本考察美术教育。

俞剑华任新华艺大国画系主任。暑假随张大千游日本东京、大阪，并在大阪举办个人画展。

王梦白应邀赴日本介绍中国艺术，在东京、大阪两地曾举办个人画展。

瞿秋白 1 月 29 日参加东方书记处会议，讨论中山大学学生学习等问题。2 月初，参与起草共产国际给中共中央的二月指示信。肺病加重，赴莫斯科南玛丽诺休养所疗养。2 月，拟订《中国拉丁化的字母草案》。3 月，致函中共中央政治局，报告斯大林与布哈林之间意见分歧等情况。4 月 25 日，致函中共中央政治局，报告布哈林被撤销共产国际执委会主席、《真理报》主编等职务。4 月，中共代表团致函共产国际执委会，指出中山大学管理存在严重问题，并提出改进建议。6 月 1 日，中共代表团写书面报告，提出改造中山大学的具体意见。6 月初，参与起草共产国际给中共中央的六月指示信。夏初，拒绝参加中山大学支部局蓄意攻击中共代表团的全体党员大会。7 月 3—19 日，参加共产国际执委会第十次全会，并发言。中旬，与陆定一等赴德国法兰克福，参加国际反帝同盟大会。参与起草共产国际《中国职工运动的决议案》。30 日，参与起草共产国际致中共中央指示信。7 月，与瞿景白合编《中国职工运动材料汇编》。译《共产国际章程》《共产国际党纲》。9 月 6 日，致函中共中央政治局，谈营救彭湃、杨殷事及中东路事件。10 月 10 日，修订《中国拉丁化的文字草案》，定稿。26 日，起草《共产国际执委会致中国共产党中央委员会的信》（即十月指示）。30 日，致函中共中央政治局，谈开除陈独秀党籍问题。秋，中山大学清党运动，矛头指向中共代表团，瞿秋白、杨之华受牵连，瞿景白"失踪"。11 月 9 日，致函中共中央政治局，谈中山大学清党问题。14 日，致函中共中央政治局，同意中共中央决定开除陈独秀党籍。同月，以中共代表团团长名义致函联共（布）中央，谈中山大学改造问题。12 月 18 日，开始在莫斯科列宁学院和中山大学讲授《中国共产党历史概论》，共十二讲。讲授日程排至翌年 6 月。30 日，参加共产国际政治书记处政治委员会，报告中共中央开除陈独秀的决定。致函库西宁，指出中山大学有反对中共代表团的行动。是年，参加俄文季刊《中国问题》编辑委员会。（参见陈铁健编《中国近代思想家文库·瞿秋白卷》及附录《瞿秋白年谱简编》，中国人民大学出版社 2015 年版；中央文献研究室《周恩来年谱 1898—1976》，中央文献出版社 1998 年）

蔡和森 1 月从上海出发，经满洲里到莫斯科，住在离克里米亚医院很近的联盟旅馆。

年初,以 Watson 之名给在德国的成仿吾写信,请他把《共产党宣言》译成中文,准备在莫斯科外文出版社出版。成仿吾"用了当时流行的德文《宣言》版本,参考了英、法文译文,花了几个月时间把《宣言》译出来了"。后来书稿送到莫斯科,蔡和森已奉调回国,书稿也就石沉大海了。5 月 20 日,出席共产国际在莫斯科中国科学院开展的对陈独秀主义的讨论,在会上先后多次发言,详细分析了陈独秀主义的产生过程及社会根源,批判陈独秀的右倾机会主义错误。后来将这些发言整理成《论陈独秀主义》文,发表在《布尔塞维克》第 4 卷 5 期上。上半年,莫斯科中山大学成立中国问题研究所,出版《中国问题》俄语季刊。蔡和森将《党的机会主义史》译成俄文,发表在《中国问题》第 1 期。7 月 3—19 日,共产国际执委会第十次全体会议在莫斯科召开,中共驻共产国际代表团成员瞿秋白、蔡和森、邓中夏、陆定一等出席了会议。

　　蔡和森 10 月哮喘病复发而且极其严重,呼吸非常困难,晚上也无法睡眠。共产国际东方部副部长古久莫夫指定当时在东方大学研究部马列主义研究班学习的施益生当他的翻译,照顾他的生活,陪他去莫斯科中央医院看病和治疗。11 月底,蔡和森病情没有好转,共产国际东方部副部长古久莫夫断然以共产国际东方部的名义,从苏共中央医疗委员会为蔡和森领来一张去北高加索地区基尔洛沃茨克市的疗养证。并要求施益生陪着蔡和森同行,进行护理和照顾,兼自己养病。12 月初,在离开莫斯科去高加索治病之前,蔡和森由施益生陪同去中山大学看望共产国际东方部部长兼中山大学校长米夫,受到米夫和夫人布拉格尔的热情接待。12 月上旬,蔡和森由施益生陪同,乘火车前往高加索。10 日,蔡和森在施益生陪同下到达基尔洛沃茨克,住进斯大林疗养院。蔡和森历尽路途艰险,居住在这里颇感不适。治疗几天后,不但没有好转,反而病情有所加剧。施益生见情况不好,与蔡和森商量马上离开此地,拟去马林诺中央疗养院。12 月下旬,施益生越过共产国际东方部,直接给苏共中央医疗委员会打电报,通知蔡和森病情急剧恶化,必须即日离开高加索,径直乘车前去马林诺中央疗养院,并请他们通知该院予以接收。年底,在苏共中央疗养院治病。经过一段时间的精心治疗,蔡和森病情逐渐好转,健康逐渐恢复。应邀到莫斯科步兵学校中国俱乐部作报告,批判陈独秀的右倾机会主义,从党中央对陈独秀错误的处理以及陈独秀的反应、陈独秀主义与托洛茨基主义关系等方面进行分析,从根本上解决了在苏联学习和工作的中国同志对党与陈独秀错误的认识问题。(以上参见李永春编著《蔡和森年谱》,湘潭大学出版社 2008 年版;中央文献研究室《周恩来年谱 1898—1976》,中央文献出版社 1998 年版)

　　张闻天 2 月 11 日为郭绍棠致劳动大学校务委员会申请去红色教授学院学习的信件所附自传提供证明材料,证明所述属实。同时提供证明的还有沈泽民。27 日,校务委员会会议决定予以推荐。3 月 13 日,致函劳动大学支部委员会,要求暂时解除其党的指导员和中文教科书编辑的工作。3—5 月,完成并向指导教师提交学年论文《哲学战线的当前分歧和马克思主义方法论的任务》,先用俄文写成,然后译成中文。分导言、什么是马克思主义哲学、是辩证唯物主义还是机械唯物主义、机械论者和辩证论者之间一些有争议的问题、机械论者向何处去和马克思主义方法论的任务共 5 部分,共计 65000 字。4 月 29 日,应红色教授学院校方的要求写出一份自传交出,自传简略地陈述了来莫斯科前的个人经历。5 月 18 日,劳动大学校务委员会会议决定,批准学生杂志的编委会组成。编辑为秦邦宪,编委会成员为梅尼斯(中山大学出版社社长)、张闻天、优林(中山大学中国问题研究所所长)。会议希望在 8 月 1 日出版第 1 期。

　　张闻天 5 月 24 日参加红色教授学院历史系东方史专业一年级教研组会议，讨论学员学术工作的检查问题。5 月 31 日，红色教授学院历史系东方史专业一年级研讨组会议同意罗特什坦主持的"英国的殖民政策"讨论课（习明纳尔）的大纲和题目分工。张闻天承担第四题："商业资本时期"。7 月 3—19 日，张闻天由劳动大学借调至共产国际执委会东方部，在共产国际执行委员会第十次全会期间担任中国代表团的翻译。10 月，劳动大学联共（布）支部局开始清党。是年，张闻天所翻译的马克思《法兰西内战》一书中文本由联共中央局在莫斯科出版，署名思美（译者）。这是迄今发现的马克思这部著作最早的中文版完整译本。（以上参见张培森主编《张闻天年谱》，中共党史出版社 2000 版）

　　邓中夏在《赤色职工国际》1 月号发表《中国农业工人工会组织问题》。同月，妻子李惠馨带着五个月大的孩子从国内抵达莫斯科，一家三口团聚。2 月中旬，邓中夏与余飞、张国焘、陆定一等出席瞿秋白主持召开的中共驻共产国际代表团会议，讨论共产国际执委会《给中国共产党中央委员会的信》。2 月 20 日，中华全国总工会委员长苏兆征在上海病逝。邓中夏满怀悲痛写下《苏兆征传》，追忆其生平，称赞"兆征同志的工作的风格，是每一革命战士之最好的模范"，他"勤劳""守纪律""廉洁""谦逊""坚定"。这篇传记，用中文印刷 3000 多份，分发苏联境内报刊及欧美各国。3 月 9 日，在联共中央机关报《真理报》第 1 版发表《沉痛悼唁苏兆征病逝》的文章。4 月 2 日，邓中夏与瞿秋白出席中山大学召开的学生大会。瞿秋白在会上作《清党问题》长篇报告，严肃批评中山大学支部局。上旬，受瞿秋白委托，代表中共驻共产国际代表团，出席中山大学支部局会议。中共代表团将国内传来的毛泽东的小册子《中国的红色政权为什么能够存在》和《井冈山的斗争》转发给伏龙芝军事学院中国班，要求该班班长、党支部书记刘云组织刘伯承、屈武、左权等人学习讨论。

　　邓中夏 5 月 30 日与蔡和森等一道出席在莫斯科召开的共产国际执委会关于陈独秀机会主义的讨论会。6 月 1 日，与瞿秋白、张国焘、余飞联名签署《中共驻共产国际代表团关于改造中国劳动者共产主义大学的意见书》。上半年，邓中夏指导瞿秋白的二弟、莫斯科中山大学学生瞿景白广泛收集资料，编成《国民党反动后之中国职工运动》一书，推荐给赤色职工国际出版局准备出版。因篇幅过长，赤色职工国际出版局担心销量不大，而未付梓。7 月 3—19 日，邓中夏与瞿秋白、余飞和陆定一参加在莫斯科举行的共产国际执委会第十次全会。8 月 15—21 日，邓中夏率领徐锡根、罗章龙、杨之华、黄励等 12 人组成的代表团出席在海参崴召开的"太平洋工会第一次代表会议"，并在会上当选为大会主席团成员。大会后，邓中夏又积极参加了改组和加强太平洋劳动会议秘书处的工作，派黄励等同志为中国常驻秘书处的工作人员，并决定用中文、日文、朝鲜文等多种文字出版《太平洋工人》月刊。11 月，邓中夏作为中共中央代表派驻中山大学，全权负责管理该校事务。年底，开始写作《中国职工运动简史》。是年，在莫斯科出版的《赤色职工国际》月刊上先后发表《上海新兴的黄色工会》《组织中国农村工会问题》《一九二八年之中国职工运动》等多篇论文。（以上参见冯资荣、何培香编著《邓中夏年谱》，中国文史出版社 2014 年版）

　　吴玉章年初在中国问题研讨会上数次发言，作关于中国问题的理论阐述。中山大学、列宁学院的一些教员、学生和共产国际东方部、苏联科学院国际政治经济研究院中的一些中国问题专家，在莫斯科组织中国问题研讨会，以分组座谈和报告会方式展开讨论，对马基亚尔在《中国农村经济问题》一书中所提出的中国农村是亚细亚式生产方式提出商榷。2 月，由中国问题研究所转入中山大学特别班学习，这是中山大学为一些年龄较高，文化较高,又具有一定实际工作经验的学员成立的一个特别班。入此特别班的还有林伯渠、何叔衡、徐特立、叶剑英等人。6月,中共四川省委领导邝继勋旅在遂宁起义。为便于号召群众,成立四川工农革命委员会,以吴玉章为主席。7月下旬,中山大学举行学年总结大会,发生"十日事件"。中共中央和共青团中央联合发出《致留苏联全体中国同志书》,"很诚恳的号召全体在苏联的同志,学习正确的理论,研究中国实际的环境,求得专门的工作能力"。并肃清"一切个人的纠纷,有意气的成见,派别小组织的倾向,反对派和国民党的残余"。暑假,到克里米亚海滨休养。9月,体操中右腿跌伤,在医院疗治月余。11月,从医院返校参加清党。中山大学校内气氛紧张。(参见刘文耀、杨世元《吴玉章年谱》,四川人民出版社1998年版)

董必武是春因英语基础较好,由共产国际保送到列宁学院英文班学习。董必武除自己勤奋学习外,还担任了列宁学院中国工人特别班的语文课教学和政治辅导工作。引导学员结合党的"六大"文件学习,总结中国革命成功和失败的经验教训。要求学员每周必须写一篇文章,亲自批阅后,综合写作中存在的问题,进行讲解。因此学员们的政治、文化水平和写作能力提高得很快。深受大家的敬重,被称为革命长者。12月30日,复信给何叔衡,提供中共第一次全国代表大会召开日期、议事日程及会上讨论的问题等有关情况。(参见《董必武年谱》编辑组编《董必武年谱》,中央文献出版社1991年版)

曹靖华在列宁格勒工作期间,同苏联作家联系较多,主要有:《铁流》作者绥拉菲摩维支、《第四十一》作者拉甫列涅夫、《我是劳动人民的儿子》作者卡达耶夫、《毁灭》作者法捷耶夫、《城与年》作者费定等。6月,译俄拉甫列涅夫著《第四十一》,为《〈第四十一〉中译本写的序及作者自传》由未名社出版。曹靖华由苏联列宁格勒向鲁迅寄赠《阿Q正传》的俄译本《真实的传记》、理定编的《作家传——当代俄罗斯散文作家自传及画像》,以及新俄画片。7月3日,鲁迅收到上述作品。《真实的传记》由莫斯科青年近卫军出版社出版。秋,曹靖华专程到莫斯科看望瞿秋白。瞿秋白回国前又到列宁格勒同曹畅叙,讨论文学等问题。瞿秋白回国后二人又经常互寄书刊及信件来往。(参见鲁迅博物馆、鲁迅研究室编《鲁迅年谱》,人民文学出版社1981年版)

张伯苓与蔡元培、蒋梦麟、胡适、翁文灏、颜惠庆、周诒春、顾临、贝诺德、司徒雷登、孟禄1月4日出席中华教育文化基金董事会召开的第三次董事常会。张伯苓被迫请辞董事长,由蔡元培接任,董事顾维钧、颜惠庆、郭秉文、周诒春也被迫请辞。胡适为避免张伯苓等辞职有政府胁迫之嫌,也正式提出辞职,以示安慰被迫辞职的张伯苓、周诒春等人。会议最后蔡元培对辞职董事"讲了客套话"。胡适对蔡元培很有意见,谓"我坐在旁边听了如坐针毡!他不知道这一次的事,他个人损失多少!"5日,张伯苓抵达美国旧金山,中国领事龚安庆、太平洋国际学会会议干事麦夫人等在码头迎候。6日,应斯坦福大学校长威尔伯邀请至该校,以"新中国"为题演讲,听众3000人之多。12日,抵达芝加哥,柯尔托教授和南开校友多人到车站迎接。20日,抵达华盛顿,寓留美学生监督处,与清华驻美监督梅贻琦"欢谈甚久"。午后,拜访中国驻美公使施肇基。21日,应邀赴伍朝枢专使寓所,请午饭。24日,离华盛顿,赴费城。25日,抵达纽约。

张伯苓2月8日在写给南开学校的信中称,明晚是中国旧历除夕,克伯屈夫妇招待晚餐,并一起讨论教育问题,还要请克伯屈为他介绍一些美国名教授。13日,克伯屈受病中的杜根博士(Duggan)委托,举行招待张伯苓午宴,纽约大学的布朗主任、特里沃·阿奈特、里德·卡内基、盖姆瑞尔、坎德尔、洛克伍德、弗莱彻·布鲁克奴、艾伦、林德赛等出席。同月,张伯苓在纽约接受弗兰克·B. 楞次采访，历述白手起家创办南开，创新和改革教育的过程。3月15日，在纽约国际馆对美国友人和南开校友演讲满洲问题，演讲后回答听众的提问。21日，克伯屈与洛克伍德谈张伯苓及帮助他的办法。4月3日，哥伦比亚大学师范学院罗素院长请张伯苓午餐，克伯屈等陪同。晚，留美东部南开同学借纽约中华园开大会欢迎张伯苓，并举行南开校友会留美分会成立会。张伯苓、梅贻琦等人发表演讲。10日，张伯苓被推选为北平协和医学院董事会董事。19日，在费城各学校参观，并就中国现状对留美中国同学会发表演讲，希望留学生提高审变能力，负起将来改造社会的责任。26日，北平协和医学院董事会秘书玛格瑞·K. 艾格莱斯顿（Margery K. Eggleston）函张伯苓，告知在北平协和医学院4月10日董事会召开的会议上，以无记名式被选为董事会副主席。29日，启程赴美国东部各大城市考察教育。

张伯苓5月5日访克伯屈，商讨募款计划，克伯屈协助发电报、写信。在纽约期间，联络美国著名人士，公推美国内务总长韦尔伯为主席，组织南开募款委员会，并赴各机关团体演讲，开展募款活动。11日，参观芝加哥大学。在中国同学会，演讲并讨论中国问题。13日，到底特律。晚，密歇根大学教授宴请，发表演讲。饭后，密歇根大学中国学生会请张伯苓演讲中国变化的原因，并开谈话会，讨论国内学潮问题。14日，与密歇根大学校长谈话。返底特律，先后对底特律教育界人士及底特律中国学生会发表演讲。16日，到达色利加司，在西拉古（一作"叙拉古"）大学向该校师生演讲中国近况和教育情形。17日，参观康乃尔大学，并在中国学生欢迎会上阐述来美目的。26日，卡特召开会议，讨论将在日本东京召开的太平洋国际学会会议。张伯苓、克伯屈、杰罗米、格尼、肖特维尔、鲁米斯和来自东京的费尔普斯，英国的韦伯斯特、布莱克列、杜根、费希尔与会，深入讨论了东京会议可能出现的问题。

张伯苓6月1日搭乘法国轮船赴英国。8日，南开留英分会会长舒舍予（老舍）及留英南开校友在伦敦上海楼欢迎张伯苓。席间张伯苓介绍南开大学学术研究成绩。16日，在留英基督教学生欢迎会谈中国教育之进步，并高度评价孙中山先生在中国历史上的地位，"至少可说是最近四百年来第一人"。18日，英国政府及教育界著名人士公宴张伯苓。会上张伯苓力促"英国政府应有立刻退回赔款之决心与事实，以敦睦两国之友谊"。20日，在英国无线电广播电台演讲《将来科学教育之需要》。21日，在爱丁堡向旅英南开学生发表讲话，指出"穷为中国现代最大病症之一""中国教育最大之缺点，为只知用脑不知用手，故为纸上谈兵"。22日，对旅英学生讲话，嘱告"在国外读书不要忘记祖国"。7月2日，与英国生育节制委员会人士讨论节制生育问题。3日，张伯苓离英赴法国巴黎。5日，任北平协和医学院董事会副主席。

张伯苓7月13日自法国赴埃及，经印度、新加坡、越南及香港，抵达上海。9月16日，出席上海南开校友假一品香饭店欢迎会，发表演讲，介绍考察美国、英国、法国、意大利的观感，认为"现在的世界，还是争（生）存的世界，不奋斗即不能生存，要生存，一定要奋斗"。此后，又应上海中学校长郑通和邀请在上海中学高中部演讲出国之目的，谈到中国今后的发展方向，主张提倡工业；开辟边地；实行优生政策。17日，应上海中华职业教育社邀请，在该社所讲话，着重谈救中国贫弱当注意之事。18日，赴邹秉文晚宴，会见黄炎培、马君武等人。22日，回到天津。（以上参见龚克主编《张伯苓全集》第十卷附编《张伯苓年谱》，南开大学出版社2015年版）

太虚继续在欧美传道讲学。1月6日,应约赴德国外交部,晤东方司长脱老乎脱孟。8日,出席德国远东协会、外交部、大学院、柏林大学之联合欢迎晚餐,商世界佛学院事。18日,国务会议议决,公布《监督寺庙条例》21条,有以全部寺产充社会公益趋势。22日,太虚赴普鲁士教育部长伯克之约晤,柏克允为世院发起人,有成立佛学院意。太虚乃以佛学之内容,应分教理与行果二部,由莱辛译成德文以告之。2月3日,太虚至东方博物院,应法国外交部之欢迎会,到伯希和、葛拉乃等。法国外交部代表比勒致欢迎辞。10日,巴黎佛学会开成立会,太虚出席指导。22日晨,轮抵纽约,屠副领事没梅、沈有乾、黄恩孚、司徒一平来接。当晚,应郭秉文之欢宴,同席有张伯芩、朱继生、孟君治等。太虚为论佛教及与中国之关系。3月1日,黄恩孚陪太虚往华盛顿。江亢虎来迎。晚,即赴国会图书馆会堂讲演。讲毕,答该馆东方部主任恒慕义之问。3日,江亢虎、王文山偕太虚往观胡佛总统就职礼。当晚返纽约。4日晚,讲于耶鲁大学。5日晚,讲于哈佛学院。6日,太虚返纽约。7日,以陈焕章、晏阳初与太虚晤谈,郭秉文特为设筵木兰,太虚为谈佛学与共和国民及未来人世之关系。10日,太虚往哥仑比亚大学讲学。4月12日,中国佛教界切感于中国寺庙条例之苛虐,由中国佛学会谢健、黄仟华等会同江浙佛教联合会,召集17省代表,开全国佛教代表会议于上海,决成立佛教会,拟定章程,呈请党部及内政部备案,并请修正管理寺庙条例。圆瑛当选为会长,太虚、仁山等36人为执行委员,谛闲、印光、白普仁等12人为监察委员。13日晨,太虚舟行抵达檀香山。25日晚,轮抵日本之神户。29日晨,太虚还抵上海。(参见释印顺编著《太虚法师年谱》,宗教文化出版社1995年版)

章士钊一家五口1月赴德国,住在哥廷根。春,作为名流学者受张学良之聘请,一人回国,任东北大学文学院主任,月薪为最高1000元大洋。其通缉令的事也赖张学良为之说项而撤消。在东北大学讲授"中国政治思想史""形式逻辑"等课程,又以学术报告或学术讲演会的形式,补充了课堂教学的内容,开扩了学生学术视野。5月,在《东方杂志》第26卷第13号发表《五常解》一文,系统考察和阐释中国传统伦理中的仁义礼智信这五项基本的伦理规范的起源。同月,在德意志格廷根为《情为语变之原论》撰写译序。6月,翻译奥地利心理家弗洛依德1925年写的自传,题名为《弗洛依德叙传》。章士钊在序言里指出:译述旨意在使国人了解"语言者类依文化进程而有变",并以此来说明中国语言文字,不可墨守《六书》之陈说。章士钊见弗洛伊德屡称颂奥地利科仑大学语言教授斯辟伯,便开始阅读斯氏的著作。为了向国内学术界介绍斯辟伯的研究方法,翻译了斯氏的代表作《情为语变之源》一书。此书即是用人的性欲来解释语言的起源与发展,说性欲是语言形成与发展的最根本的动力。是年,章士钊与夫人吴弱男分手,吴弱男带着三个儿子到欧洲定居,直到欧战爆发才回国。(参见袁景华编《章士钊先生年谱》,吉林人民出版社2001年版;郭双林编《中国近代思想家文库·章士钊卷》及附录《章士钊简谱》,中国人民大学出版社2015年版)

张君劢年初在李璜办的知行学院讲授"欧洲政治思想",每周两次,约四个月。5月31日下午7时多,张君劢在知行学院授完课,步行回家,行至静安寺路口,突然有"匪徒"二人将他挟入汽车,以两脚踏背,双眼蒙上,不许作声,车子绕了好多圈子,才停下来,把他推到一个房间内,到晚上才有人来问,询问时,命他跪在一条铁链上,所问内容,大多是关于为何批评国民党一类的话。其间,张君劢九弟张禹九托章太炎和杜月笙向"绑匪"交涉,交出3000元。在张君劢写下"倘我素有积储,不与君等共之者,则我一家三儿定遭天殃,自绝人世"之后,被释放。被囚禁期间,还遭受了肉刑,腿被打成重伤,从此行走不便。最后,张君劢答应出狱后不再从事政治活动,到国外去。张君劢拖着一条病腿回到家中,事后不复来知行学院上课,其课由夏涛声继续教授。不久后,张君劢便去德国耶那教学。8 月 30 日,到达满洲里。31 日,在满洲里致信胡适,谓"昨抵满洲里,今晨观阵地,俄军运输可远望见,事可和平了结,但每日小冲突当不免"。10 月 13 日,《申报》登刊"张君劢明日赴德讲学"之信息,谓"哲学家张君劢,近应德国大学聘请,前往讲学。张氏现定于明日离沪赴欧,在德讲学后,并拟赴美游学"。14 日,张君劢乘船离沪赴欧洲。(参见李贵忠《张君劢年谱长编》,中国社会科学出版社 2016 年版;贺翁凯编《中国近代思想家文库·张君劢卷》附录《张君劢年谱简编》,中国人民大学出版社 2015 年版)

　　王光祈 1—2 月完成在柏林大学第四学期的学期论文《Martin Agricola 的德国音乐评论研究》,载柏林大学音乐史学院研究报告书。3 月 5 日,在柏林图书馆内译完《三国干涉还辽秘闻》。此书译自柏林大学汉文教授 O. Franke 所著《一八九四年到一九一四年列强在东亚》一书。当俄、法、德三国干涉还辽之际,作者正在中国任驻华使馆译官。此书对当时各国纵横捭阖的手段作了淋漓尽致的描述,具有重要的史料价值。王光祈将其中第一篇之第五、第六、第七章译成中文,又从《德国外交部文件汇编》中译出《德日关于辽东问题的协定》之原文,遂成《三国干涉还辽秘闻》。7 月,《三国干涉还辽秘闻》由上海中华书局出版。3 月 12 日,在柏林图书馆写成《译谱之研究》一文,对律吕谱、宫商谱、工尺谱的译法进行了探讨和试译。对国内许多学者的译谱主张和所译乐谱,作了广泛的对照和评述。后刊于《中华教育界》第 17 卷第 10 期。13 日,在柏林图书馆完成《中国诗词曲之轻重律》一书,先在德国杂志《Sinica》上发表,至 1933 年 2 月由中华书局出版。

　　王光祈 6—7 月完成在柏林大学第五学期的学期论文《论卡奇耶的小提琴艺术》,载柏林大学音乐史学院研究报告书。7 月,在柏林完成《翻译琴谱之研究》一书。8 月 30 日,在柏林图书馆译完号称"西藏通"的英人 Sir Charles Bell 所著《西藏之今昔》。王光祈为让世人充分了解西藏自古以来就是中国领土以及英国侵略西藏的原委,特从《西藏之今昔》中译出 13 篇文件,并辑录《旧唐书》《新唐书》《卫藏图考》和王桐龄《东洋史》、陈崇祖《外蒙古近世史》等相关史料,同时又从德国柏林大学汉文教授 O. Framke 所著之《列强在东亚》中译出部分内容,汇编成《西藏外交文件》。次年 4 月由中华书局出版。9 月 20 日,王光祈在柏林完成《音乐与时代精神》一文。10 月 30 日,在柏林图书馆写成《德国成人教育》一文(三篇),着重介绍了德国"民众大学讲习班"和"民众图书馆"。12 月 26 日,在北平《晨报》发表《关于东铁问题之欧洲舆论》。是年,王光祈为《大英百科全书》参与撰写有关中国音乐的条目。又为《意大利百科全书》撰写有关中国音乐的条目。(参见四川音乐学院、成都市温江区人民政府编《王光祈文集》,巴蜀书社 2009 年版)

　　成仿吾春夏之际由巴黎移居柏林。当时德国共产党在欧洲是一个强大的党,成仿吾和廖承志、张锷、谢维进等同志一起编入德国共产党中国语言支部,成任支部宣传委员。廖承志、张锷、章文晋等又参加了《赤光》的编辑出版工作。每出版一期,支部的同志们就分头投寄,寄到世界各地。其间,成仿吾住柏林东北区菲得利亚林园附近的一个普通人家里。除参加支部生活,还多次参加德国党组织的群众集会并在会上做过演说。夏,瞿秋白、陆定一从莫斯科来德参加在法兰克福召开的第二次国际反帝大同盟会议,曾在成仿吾寓所同中国语言支部成员谈了话。成仿吾、廖承志、张锷和瞿秋白、陆定一一起参加了这次国际性会议。会上成仿吾作了发言。在德国期间,成仿吾还自修了俄语,跟德国党的理论家海尔曼·冬克学习《资本论》《社会主义从空想到科学的发展》《反杜林论》《共产党宣言》等马克思、恩格斯德文原著,并开始第一次翻译《共产党宣言》。成仿吾又和正在日本市川从事考古研究的郭沫若保持着联系,曾应郭沫若的要求,从德国寄去两本考古书,其中有一本便是亚多尔夫·米海里斯的德文原著《美术考古发现之一世纪》,当时郭沫若正在重校这本著作的译文。(参见张傲卉、宋彬玉《成仿吾年谱》,《东北师大学报》1985 年第 5 期)

陈序经 9 月携妻黄素芬女士赴德国柏林大学,研究政治学、主权论、社会学,也阅读马克思、恩格斯及欧洲社会主义学说,尤注意搜集文化学材料。10 月,在《社会学刊》第 1 卷第 2 期发表《海夷史教授》(作于 1928 年 9 月 3 日)一文,回忆与乃师 E. C. Hayes 交谊及其学术成就、旨趣、对中国学术界的影响;指出海夷史社会科学研究法则有四:(1)社会学不是解明所有的社会生活,而是因果范围内的一部分的实现;(2)社会学是心理功用的实现;(3)社会学是社会生活的统一的实现;(4)社会学的实现是伦理的实现。(参见田彤编《中国近代思想家文库·陈序经卷》及附录《陈序经年谱简编》,中国人民大学出版社 2014 年版;中山大学图书馆《陈序经图录》附录一《陈序经先生年表简编》中山大学出版社 2014 年版)

程登科考入德国柏林体育大学,把中国式的健身体操"八段锦"介绍给当时国际奥委会专家、柏林体育大学副校长的迪姆,被迪姆收录于《世界各国体操》一书中,这对中国武术向世界传播起到很好的促进作用。

谢家荣到德国考察与进修,先后在柏林地质调查所和弗莱堡大学攻研煤岩学与金属矿床学。

姚从吾任波恩大学东方研究所讲师。

胡愈之 4 月 10 日在《东方杂志》第 26 卷第 7 号上发表《教皇的新国与罗马问题的解决(巴黎通讯)》一文。6 月 10 日,在《东方杂志》第 26 卷第 11 号上发表《极东劳工状况(巴黎通讯)》一文。25 日,在《东方杂志》第 26 卷第 12 号上发表《裁军问题与列强之战争准备(巴黎通讯)》一文。7 月 10 日,在《东方杂志》第 26 卷第 13 号上发表《英国总选举与工党政治之开始(巴黎通讯)》一文。8 月 25 日,在《东方杂志》第 26 卷第 16 号上发表《苏联的陆军》《梵谛冈与中国(巴黎通讯)》等文。9 月 10 日,在《东方杂志》第 26 卷第 17 号上发表《海牙会议的前夜(巴黎通讯)》一文。(参见朱顺佐、金普森《胡愈之传》,杭州大学出版社 1991 年版)

侯外庐继续在巴黎大学学习,并任一年左右的"中国语言支部"书记,每周抽出一天时间到雷诺汽车厂处理日常事务,并主编了两期《赤光报》。

按:据侯外庐《韧的追求》(生活·读书·新知三联书店 1985 年版)回忆:通过法国《人道报》的途径,"我认识了杨秀林(杨秀峰)、林铁、曾尚林等同志。后来,杨秀林、曾尚林相继在法国,由我介绍参加了党组织。我在波尔科伦布的家和章伯韬同志的家,是两个主要的活动地点。因此,我家的'客人'越来越多了,他们中间最常来的,有廖承志、成仿吾、杨秀林、林铁、章伯韬、周北峰等⋯⋯""那时,支部组织了一个读书会,一度,同志们让我定时给大家讲《资本论》,我以有限的水平讲解这部光辉著作,并谈些唯物史观的心得体会。""廖梦醒精于日文,她曾花费不少时间,拿我的译稿和高畠素之翻译的《资本论》进行核对。核对以后,她对我说:和日文版比较,中文意思表达得可以。这简简单单的一句话,对我来说胜过任何褒奖,我的信心由此倍增。"(参见杜运辉《侯外庐先生学谱》,中国社会科学出版社 2013 年版)

陈学昭赴法国留学。1 月 18 日,鲁迅为其饯行。陈学昭在法的 1929—1931 年间曾为鲁迅代购了不少有木刻插图的文艺书籍。(参见鲁迅博物馆、鲁迅研究室编《鲁迅年谱》,人民文学出版社 1981 年版)

曾竹韶考入法国里昂国立美术学院,同时学习法文。在里昂结识吕斯百、常书鸿、王临乙等同学。

艾青在林风眠校长的鼓励下到巴黎勤工俭学,在学习绘画的同时,接触欧洲现代派诗歌。

吕斯百赴法国留学,入里昂美术专科学校和里昂中央大学学习,后入巴黎儒里昂油画研究院深造。

杨秀峰经河北省教育厅保荐"官费"留学,入法国巴黎大学社会学院学习。

吴作人在徐悲鸿的帮助下赴欧洲留学,先后考入巴黎高等美术学校和比利时皇家美术学院。

王临乙赴法国里昂美术学校学习。曾获全法国美术学校速写奖金。

欧阳翥赴法国巴黎大学留学。

老舍继续在英国伦敦大学东方学院任教。1月9日,写信给东方学院院长秘书,告知本年7月31日合同期满时,将返回中国。夏,结束在伦敦的教书生活,到法国、荷兰、比利时、瑞士、德国、意大利等国旅行三个多月。秋,离开欧洲大陆,到达新加坡。在大陆和由马赛到新加坡的船上,写长篇小说《大概如此》4万多字。为筹集回国路费,在新加坡滞留半年,在一所华语中学做国文教员。在新加坡,青年学生们的激进思想给了老舍很大触动,使他"开始觉到新的思想是在东方",决定不再写爱情小说,中止了《大概如此》的写作。此间,老舍曾计划写一本小说表彰华侨开辟南洋的事迹,因生活不够而作罢,改成写长篇童话《小坡的生日》。(参见甘海岚编《老舍年谱》,书目文献出版社1989年版)

刘咸为英国皇家人类学会会员。

吴湖帆赴英国伦敦参加画展,任审查委员。

傅雷在瑞士莱芒湖畔,译《圣扬乔而夫的传说》,载于次年出版的《华胥社文艺论集》。是为最初发表的译作。9月,返回巴黎后,开始翻译丹纳《艺术论》第1编第1章,并撰写《译者弁言》,载于《华胥社文艺论集》。

吕碧城接受国际保护动物会的邀请赴维也纳参加大会,并在大会上发言。

刘海粟在蔡元培的帮助下,以驻欧特约著作员的身份,赴欧洲考察美术,遍访法兰西、意大利、瑞士等国名胜,三年间创下近百幅美术作品,曾两次入选法国秋季沙龙、蒂勒黎沙龙,受到巴黎美术界好评,国画《九溪十八涧》获得国际展览会荣誉奖状。曾与毕加索、马蒂斯、焚钝根等画家交游论艺。巴黎大学教授路易、拉洛拉著文称誉他是"中国文艺复兴大师"。(参见高平叔编著《蔡元培年谱长编》,人民教育出版社1996年版)

江亢虎1月在给友人程伯嘉的回信里,表白自己以往在政治上自有的宗旨,即"非康(有为)""非孙(中山)""非孔子",但"夙主张政党政治,而极反对一党专制"。同月,发表《政党政治卑论》,系统阐释自己关于政党政治的思想,并表示:"我希望中华民国宪法早日颁行,人们自由选举之立法代议国会,与对人民或国会负责、依舆论为进退、以和平相更迭之政府,早日成立。"文章最后指出,连晚清都还有"预备立宪"之举,国民党"党固神圣尊严,然党外尚有国有民。即专为党计,至少亦应仿君主立宪之意"。(参见江佩伟编《中国近代思想家文库·江亢虎卷》及附录《江亢虎年谱简编》,中国人民大学出版社2015年版)

贺麟2月修满学分,以优异成绩提前半年从奥柏林大学毕业,获文学学士学位,学士论文题目是《斯宾诺莎哲学的宗教方面》。3月,转入芝加哥大学专攻哲学。在芝加哥大学,选习了米德教授讲授的"黑格尔精神现象学""柏格森生命哲学"课程,斯密士教授的"格林、布拉德雷、西吉微克、摩尔的伦理学"课程以及塔尔兹的"政治伦理"课程。十分推崇格林哲学，并开始接受新黑格尔主义思想，撰成《托马斯·希尔·格林》一文。又在《芝加哥道德论坛》上发表《中国革命胜利的主导思想》。是年，还完成两篇论文，即《道德价值与美学价值》《自然的目的论》。（参见高全喜编《中国近代思想家文库·贺麟卷》及附录《贺麟简谱》，中国人民大学出版社2014年版）

张荫麟7月自清华大学毕业，赴美国留学。10月，《学衡》杂志第67期出版发行，为悼念梁启超专刊，其中转载了张荫麟发表于《大公报·文学副刊》上的《近代中国学术史上之梁任公先生》一文。（参见沈卫威《学衡派编年文事》，南京大学出版社2015年版）

王造时获美国威斯康星大学政治学博士学位，8月到英国任伦敦经济学院研究员，师从英国费边社会主义代表人物拉斯基。

张纯明获美国耶鲁大学政治学博士学位。

倪征燠获美国斯坦福大学法学博士学位。

严楚江以第一名成绩考取江苏省公费赴美国芝加哥大学生物系留学，师从著名的植物形态学专家张伯伦教授。

王冠英赴美任美洲《醒华日报》总编辑。

胡文虎在新加坡创办《星洲日报》。

邱菽园任《星洲日报》副刊主任。

美国人司徒雷登继续任燕京大学校长。10月1日，司徒雷登校长与文学院长陆志韦出席燕京大学哲学系与《哲学评论》社在燕大召开的第一次年会，并先后致辞。美国哈佛大学哲学系主任吴兹教授宣读《儒家哲人之根本义》的论文、美国哈佛大学哲学系教授博晨光教授宣读《中国哲学之两大根本问题》的论文，中国哲学家金岳霖、张东荪、冯友兰、黄子通、瞿菊农、罗根泽等也在会上宣读论文。（参见张玮瑛、王百强、钱辛波主编《燕京大学史稿》，人民中国出版社2000年版）

瑞典考古学家、世界著名探险家斯文·赫定为瑞方团长、徐炳昶为中方团长的中国、瑞典联合组成的"西北科学考查团"，1月10日在西北考察两年后返京。21日晚，在北大法学第一院举行西北科学考查团公开讲演会，刘半农做《西北科学考查团之性质及其成立之经过》的报告，徐炳昶做《本团二年中分途工作之大略及考古学之成绩》的报告，斯文·赫定做《我们的西北科学考查团及其在各科科学上所得结果与将来进行的计划》的报告，听讲演者约三千人。1月22日《世界日报》对此作了报道。（参见徐瑞岳编《刘半农年谱》，中国矿业大学出版社1989年版）

美国探险家、博物学家安得思（Roy Chapman Andrews）的代表1月去团城与刘半农、马叔平、翁文灏3人就组建第五次美国自然史博物馆中亚考察团一事进行谈判。刘半农等拟定出《中华民国教育部古物保管委员会与美国纽约自然历史博物馆中亚古生物考察团协定草案》，遭美方拒绝。（参见徐瑞岳编《刘半农年谱》，中国矿业大学出版社1989年版）

日本学者滨田耕作、梅原末治与徐炳昶、张星烺10月19日举办东方考古学协会在北京举行讲演会，分别演讲"世界各国研究东亚考古学的现势""Seythai文化在欧亚考古学的意义""中国西北科学考查团考古工作之概略""中国人种中之印度日耳曼种分子"。在"东方考古学协会"中的中方委员朱希祖因不满于日方的独断专行宣布退出，后来中方学者陆续退出，该学会遂名存实亡。

按:日本学者关野雄认为,它和"东亚考古学会"一起"奠定了东亚考古学的基础"。这两个学会成立后先后出版了两期《考古学论丛》和 14 种《东方考古学丛刊》(甲种和乙种)。其大部分是关于中国东北的,与日本对亚洲的侵略政策密切相关。(参见王学典《20 世纪史学编年(1900—1949)》,商务印书馆 2014 年版)

英国学者、"新批评派"的代表人之一瑞恰慈 9 月应聘任清华大学外国语文系教授,由剑桥来到本校后,受到热烈欢迎。瑞恰慈发表了表示感谢之意的演讲辞。

按:瑞恰慈曾为剑桥大学英国文学系主任,"新批评派"的代表人之一,被国外文学史家评为曾经风靡英美的"新批评派"理论的创始人。1929 年至 1931 年度在清华大学外文系任教,授"第一年英文""西洋小说""文学批评""现代西洋文学(一)诗(二)戏剧(三)小说"等课程。其中"文学批评"一课是其所开的重要课程,为三年级必修课,在此课学科内容说明中指出:"本学科讲授文学批评之原理及其发达之历史。自上古希腊亚里士多德以至现今,凡文学批评上重要之典籍,均使学生诵读,而于教室中讨论之。"(参见齐家莹编《清华人文学科年谱》,清华大学出版社 1999 年版)

圣约翰大学 12 月 14 日授予陶知行、吴贻芳、晏阳初、诚静怡、陈永恩、郑和甫、汤忠谟、陈光甫、钟荣光、刘鸿生、宋子文、薛敏老等 12 人以名誉博士学位。(参见中央教育科学研究所编《中国现代教育大事记(1919—1949)》,教育科学出版社 1988 年版)

三、学术论文

陈寅恪《元代汉人译名考》刊于《国学论丛》第 2 卷第 1 号。

刘节《好大王碑考释》刊于《国学论丛》第 2 卷第 1 号。

[日]新城新藏著,戴家祥译《周初之年代》刊于《国学论丛》第 2 卷第 1 号。

吴其昌《殷周之际年历推证》刊于《国学论丛》第 2 卷第 1 号。

吴其昌《新城博士周初之年代商兑》刊于《国学论丛》第 2 卷第 1 号。

刘盼遂《天问校笺》刊于《国学论丛》第 2 卷第 1 号。

刘盼遂《后汉书校笺》刊于《国学论丛》第 2 卷第 1 号。

储皖峰《书王静安先生刘平国治□谷关城诵跋后》刊于《国学论丛》第 2 卷第 1 号。

梁启超《跋四卷本稼轩词》刊于《国学论丛》第 2 卷第 1 号。

梁启超《跋程正伯书舟词》刊于《国学论丛》第 2 卷第 1 号。

马裕藻《戴东原对于古音学的贡献》刊于《国立北京大学国学季刊》第 2 卷第 2 号。

朱希祖《永历大狱十八先生史料评》刊于《国立北京大学国学季刊》第 2 卷第 2 号。

朱偰《明季杭州读书社考》刊于《国立北京大学国学季刊》第 2 卷第 2 号。

陆懋德《中国上古铜兵考(上篇)》刊于《国立北京大学国学季刊》第 2 卷第 2 号。

魏建功《古阴阳入三声考》刊于《国立北京大学国学季刊》第 2 卷第 2 号。

李正奋《魏书源流考》刊于《国立北京大学国学季刊》第 2 卷第 2 号。

朱希祖《清内阁所收明天启崇祯档案清折跋》刊于《国立北京大学国学季刊》第 2 卷第 2 号。

吴其昌《汉敦煌太守裴岑破北匈奴纪功碑跋尾》刊于《国立北京大学国学季刊》第 2 卷第 2 号。

马衡《戈戟之研究》刊于《燕京学报》第 5 期。

张荫麟《伪古文尚书案之反控与再鞫》刊于《燕京学报》第 5 期。

容庚《西清金文真伪存佚表》刊于《燕京学报》第 5 期。

瞿兑之《西汉物价考》刊于《燕京学报》第 5 期。

奉宽《燕京故城考》刊于《燕京学报》第 5 期。

伦明《渔洋山人著书考》刊于《燕京学报》第 5 期。

顾颉刚《周易卦爻辞中的故事》刊于《燕京学报》第 6 期。

陈垣《耶律楚材父子信仰之异趣》刊于《燕京学报》第 6 期。

陈垣《云冈石窟寺之译经与刘孝标》刊于《燕京学报》第 6 期。

黎锦熙《三百篇之"之"》刊于《燕京学报》第 6 期。

容庚《周金文中所见代名词释例》刊于《燕京学报》第 6 期。

吴其昌《金文历朔疏证》刊于《燕京学报》第 6 期。

李俨《筹算制度考》刊于《燕京学报》第 6 期。

罗根泽《慎懋赏本慎子辨伪》刊于《燕京学报》第 6 期。

许地山《燕京大学校址小史》刊于《燕京学报》第 6 期。

刘朝阳《史记天官书之研究》刊于《国立中山大学语言历史学研究所周刊》第 7 集第 73—74 期合刊。

> 按:《国立中山大学语言历史学研究所周刊》第 7 集第 73—74 期合刊谓"史记天官书之研究"专号。从论文开头"缘起"可知,国立中山大学"理科所编辑之自然科学,决议刊一天文专号,函请顾颉刚先生撰述中国天文学史之论文"。当时顾颉刚正准备请假离粤,因刘朝阳当时就最近天文学说,著有《新宇宙观》一书,所以顾颉刚先生就嘱咐刘朝阳就中国古代的天文材料,写一文章。即为上文《史记天官书之研究》。《史记天官书之研究》全文主要内容如下:绪言、史记天官书之科学方面、史记天官书之非科学方面、史记天官书与周髀算经之比较、史记天官书与淮南子天文训之比较、史记天官书与汉书天文志律历志之比较、西汉天文表、余论。

魏应麒《编纂五代闽史的引言》刊于《国立中山大学语言历史学研究所周刊》第 7 集第 75 期。

何德让《从汉书郊祀志所载巡狩封禅的事实来证明尧典作自秦汉的时代》刊于《国立中山大学语言历史学研究所周刊》第 7 集第 75 期。

邓尔雅《跋董作宾新获卜辞写本》刊于《国立中山大学语言历史学研究所周刊》第 7 集第 75 期。

夏廷棫《陶际尧批校本新五代史纪》刊于《国立中山大学语言历史学研究所周刊》第 7 集第 75 期。

魏应麒《五代闽史稿之一》刊于《国立中山大学语言历史学研究所周刊》第 7 集第 75 期。

刘君蓁《从春秋经中推考春秋时代事势之变迁》刊于《国立中山大学语言历史学研究所周刊》第 7 集第 76 期。

夏廷棫《陶际尧批校本新五代史记(续)》刊于《国立中山大学语言历史学研究所周刊》第 7 集第 76 期。

张连懋《云南昭通县的一瞥》刊于《国立中山大学语言历史学研究所周刊》第 7 集第 76 期。

魏应麒《五代闽史稿之一(续)》刊于《国立中山大学语言历史学研究所周刊》第 7 集第 76 期。

钟国楼《读卫聚贤禹贡考》刊于《国立中山大学语言历史学研究所周刊》第 7 集第 77 期。

魏应麒《五代闽史稿之一（续）》刊于《国立中山大学语言历史学研究所周刊》第 7 集第 77 期。

夏廷棫《陶际尧批校本新五代史记（续）》刊于《国立中山大学语言历史学研究所周刊》第 7 集第 77 期。

苏警予、谢云声《郑成功遗迹略述》刊于《国立中山大学语言历史学研究所周刊》第 7 集第 77 期。

罗根泽《燕丹子真伪年代考》刊于《国立中山大学语言历史学研究所周刊》第 7 集第 78 期。

魏应麒《五代闽史稿之一（续）》刊于《国立中山大学语言历史学研究所周刊》第 7 集第 78 期。

钟钟山、夏廷棫《管志道之著述》刊于《国立中山大学语言历史学研究所周刊》第 7 集第 78 期。

郝立权《楚辞与文学》刊于《国立中山大学语言历史学研究所周刊》第 7 集第 78 期。

魏应麒《林则徐先生年谱中一个小问题》刊于《国立中山大学语言历史学研究所周刊》第 7 集第 79 期。

夏廷棫《改本俞正燮癸已类稿纪》刊于《国立中山大学语言历史学研究所周刊》第 7 集第 79 期。

赵简子译《德国的智识革命——莱新》刊于《国立中山大学语言历史学研究所周刊》第 7 集第 79 期。

顾颉刚《纪元通谱序》刊于《国立中山大学语言历史学研究所周刊》第 7 集第 80 期。

夏廷棫《陶际尧批校本新五代史记（续）》刊于《国立中山大学语言历史学研究所周刊》第 7 集第 80 期。

钟山《记孔云亭之学》刊于《国立中山大学语言历史学研究所周刊》第 7 集第 80 期。

余祖廉《古代五服之地理观》刊于《国立中山大学语言历史学研究所周刊》第 7 集第 80 期。

杨筠如《姜姓的民族和姜太公的故事》刊于《国立中山大学语言历史学研究所周刊》第 7 集第 81 期。

夏廷棫《陶际尧评校本新五代史记（续）》刊于《国立中山大学语言历史学研究所周刊》第 7 集第 81 期。

谢彦华《古代地理研究》刊于《国立中山大学语言历史学研究所周刊》第 7 集第 81 期。

丁学贤《关于鲧禹问题的讨论》刊于《国立中山大学语言历史学研究所周刊》第 7 集第 81 期。

戴家祥《商周字例自序》刊于《国立中山大学语言历史学研究所周刊》第 7 集第 82 期。

夏廷棫《陶际尧批校本新五代史记（续）》刊于《国立中山大学语言历史学研究所周刊》第 7 集第 82 期。

黄仲琴《左邱明之姓氏》刊于《国立中山大学语言历史学研究所周刊》第 7 集第 82 期。

陈植亭译《中国不能产生哲学系统之原因》刊于《国立中山大学语言历史学研究所周

刊》第 7 集第 82 期。

钱穆《易经研究》刊于《国立中山大学语言历史学研究所周刊》第 7 集第 83—84 期。

李笠《中国文字学叙论》刊于《国立中山大学语言历史学研究所周刊》第 7 集第 83—84 期。

李云鹤《先秦儒家之学派》刊于《国立中山大学语言历史学研究所周刊》第 7 集第 83—84 期。

夏廷棫《陶际尧批校本新五代史记（续）》刊于《国立中山大学语言历史学研究所周刊》第 7 集第 83—84 期。

刘朝阳《中国天文学史之一重大问题——周髀算经之年代》刊于《国立中山大学语言历史学研究所周刊》第 9 集第 94—96 期合刊"天文学史专号"。

陈啸仙《东汉以前中国天文学史大纲》刊于《国立中山大学语言历史学研究所周刊》第 9 集第 94—96 期合刊"天文学史专号"。

钱宝琮《中国东汉以前时月日纪法之研究》刊于《国立中山大学语言历史学研究所周刊》第 9 集第 94—96 期合刊"天文学史专号"。

刘朝阳《史记天官书大部分为司马迁原作之考证》刊于《国立中山大学语言历史学研究所周刊》第 9 集第 94—96 期合刊"天文学史专号"。

刘朝阳《饭岛忠夫支那古代史论评述》刊于《国立中山大学语言历史学研究所周刊》第 9 集第 94—96 期合刊"天文学史专号"。

何定生《关于诗经通论及诗的起兴》刊于《国立中山大学语言历史学研究所周刊》第 9 集第 97 期。

赵简子《新历史的范围与目的》刊于《国立中山大学语言历史学研究所周刊》第 9 集第 97 期。

卫聚贤《墨子辨序》刊于《国立中山大学语言历史学研究所周刊》第 9 集第 97 期。

夏廷棫《陶际尧批校本新五代史纪（续）》刊于《国立中山大学语言历史学研究所周刊》第 9 集第 97 期。

赵简子《近代文明之最初的构成》刊于《国立中山大学语言历史学研究所周刊》第 9 集第 98 期。

张灵瑞《离骚的成分问题》刊于《国立中山大学语言历史学研究所周刊》第 9 集第 98 期。

薛澄清《西洋史学家传略自序》刊于《国立中山大学语言历史学研究所周刊》第 9 集第 98 期。

夏廷棫《陶际尧批校本新五代史记（续）》刊于《国立中山大学语言历史学研究所周刊》第 9 集第 98 期。

张世禄《从日本译音研究入声韵尾的变化》刊于《国立中山大学语言历史学研究所周刊》第 9 集第 99 期。

赵简子《近代文明之最初的构成（续）》刊于《国立中山大学语言历史学研究所周刊》第 9 集第 99 期。

夏廷棫《陶际尧批校本新五代史纪（续）》刊于《国立中山大学语言历史学研究所周刊》第 9 集第 99 期。

闻宥《研究甲骨文字的两条新路》刊于《国立中山大学语言历史学研究所周刊》第9集第100期"百期纪念号"。

商承祚《评宝蕴楼彝器图录》刊于《国立中山大学语言历史学研究所周刊》第9集第100期"百期纪念号"。

卫聚贤《穆天子传研究》刊于《国立中山大学语言历史学研究所周刊》第9集第100期"百期纪念号"。

蒋径三《山海经篇目考——序说》刊于《国立中山大学语言历史学研究所周刊》第9集第100期"百期纪念号"。

林钧《记琅琊台秦刻石东面释文》刊于《国立中山大学语言历史学研究所周刊》第9集第100期"百期纪念号"。

黄仲琴《阙特勤碑》刊于《国立中山大学语言历史学研究所周刊》第9集第100期"百期纪念号"。

容肇祖《简书发现考》刊于《国立中山大学语言历史学研究所周刊》第9集第100期"百期纪念号"。

闻宥《中国文字学是什么》刊于《国立中山大学语言历史学研究所周刊》第9集第101期。

黄仲琴《闽南之回教》刊于《国立中山大学语言历史学研究所周刊》第9集第101期。

夏定域《陶氏"五代史记注"校补后记》刊于《国立中山大学语言历史学研究所周刊》第9集第101期。

王师韫《中国史学家研究中国古史的成绩》刊于《国立中山大学语言历史学研究所周刊》第9集第101期。

沙孟海《攈古录释文订》刊于《国立中山大学语言历史学研究所周刊》第9集第102期。

郑师许《八股文的沿革和它的形式》刊于《国立中山大学语言历史学研究所周刊》第9集第102期。

顾廷龙《读宋椠五臣注文选记》刊于《国立中山大学语言历史学研究所周刊》第9集第102期。

魏应麒《编制上行历史的提案》刊于《国立中山大学语言历史学研究所周刊》第9集第103期。

张灵瑞《宋芷湾先生年谱初稿》刊于《国立中山大学语言历史学研究所周刊》第9集第103期。

夏定域《中国上古史参考书目举要》刊于《国立中山大学语言历史学研究所周刊》第9集第103期。

闻宥《甲骨文地名考》刊于《国立中山大学语言历史学研究学所周刊》第9集第104期。

魏应麒《尚书篇目异同考》刊于《国立中山大学语言历史学研究所周刊》第9集第104期。

何大定《说文解字部首删正》刊于《国立中山大学语言历史学研究所周刊》第9集第105期。

闻宥《甲骨文地名考(续)》刊于《国立中山大学语言历史学研究所周刊》第9集第105期。

黄仲琴《蒲寿庚兄弟遗族及遗迹》刊于《国立中山大学语言历史学研究所周刊》第 9 集第 105 期。

段凌辰《论赋之封略》刊于《国立中山大学语言历史学研究所周刊》第 9 集第 106 期。

谢云声《吕世宜的几个篆章补》刊于《国立中山大学语言历史学研究所周刊》第 9 集第 106 期。

许文玉《古诗书目提要》刊于《国立中山大学语言历史学研究所周刊》第 9 集第 106 期。

林惠祥《台湾生番种族概况》刊于《国立中山大学语言历史学研究所周刊》第 9 集第 106 期。

崔盈科《山西闻喜县之方言》刊于《国立中山大学语言历史学研究所周刊》第 9 集第 106 期。

魏应麒《卷头语》刊于《国立中山大学语言历史学研究所周刊》第 9 集第 107—108 期"本所整理档案工作报告专号"。

胡致远《整理档案工作报告》刊于《国立中山大学语言历史学研究所周刊》第 9 集第 107—108 期"本所整理档案工作报告专号"。

王东生《我之史地教授观》刊于《国立中山大学语言历史学研究所周刊》第 10 集第 110 期。

段凌辰《孟子之辩论术》刊于《国立中山大学语言历史学研究所周刊》第 10 集第 110 期。

翁国樑《闽北方言述》刊于《国立中山大学语言历史学研究所周刊》第 10 集第 110 期。

夏定域《英吉利占据广州之役史料》刊于《国立中山大学语言历史学研究所周刊》第 10 集第 110 期。

戴家祥《商周字例互易例附录》刊于《国立中山大学语言历史学研究所周刊》第 10 集第 111 期。

曹松叶《宋元明清书院概况》刊于《国立中山大学语言历史学研究所周刊》第 10 集第 111 期。

葛定华《西洋史纲要》刊于《国立中山大学语言历史学研究所周刊》第 10 集第 111 期。

谢扶雅《来布尼兹与东西文化》刊于《岭南学报》第 1 卷第 1 期。

夏迪文《蚕虫病理实验》刊于《岭南学报》第 1 卷第 1 期。

莫古黎作、黄永安译《广东的土纸业》刊于《岭南学报》第 1 卷第 1 期。

贺辅民《有关经济重要的绿椿象研究》刊于《岭南学报》第 1 卷第 1 期。

朱士宾《Fourier 定理之研究》刊于《岭南学报》第 1 卷第 1 期。

阮真《几种现行初中国文教科书的分析研究》刊于《岭南学报》第 1 卷第 1 期。

陈受颐《十八世纪欧洲文学里的赵氏孤儿》刊于《岭南学报》第 1 卷第 1 期。

程衡《论理主义之思惟概念》刊于《岭南学报》第 1 卷第 1 期。

素痴《近代中国学术史上之梁任公先生录大公报文学副刊》刊于《学衡》第 67 期。

缪凤林《悼梁卓如先生录史学杂志》刊于《学衡》第 67 期。

景昌极《性与命（自然与自由）》刊于《学衡》第 67 期。

吴芳吉《白屋吴生诗稿自叙》刊于《学衡》第 67 期。

柳诒徵《中国文化史》刊于《学衡》第 67 期。

《弗列得力希雷格尔逝世百年纪念录大公报文学副刊》刊于《学衡》第 67 期。

张荫麟《王德卿传》刊于《学衡》第 67 期。

傅举丰译《罗素东西幸福观念论》刊于《学衡》第 68 期。

傅举丰译《罗素未来世界观》刊于《学衡》第 68 期。

刘永济《中国文学史纲要卷一》刊于《学衡》第 68 期。

〔美〕德效骞作，张荫麟译《论中国语言之足用及中国无哲学系统之故》刊于《学衡》第
69 期。

〔美〕德效骞作，梁敬钊译《古代中国伦理学上权力与自由之冲突》刊于《学衡》第
69 期。

傅举丰译《罗素论机械与情绪》刊于《学衡》第 69 期。

景昌极《人生哲学序论》刊于《学衡》第 69 期。

缪钺《诠诗》刊于《学衡》第 69 期。

吴光韶《读荀三论》刊于《学衡》第 69 期。

郭斌和译《柏拉图语录之五斐德罗篇》刊于《学衡》第 69 期。

水天同《加斯蒂辽尼逝世四百年纪念》刊于《学衡》第 69 期。

张荫麟《纳兰成德传》刊于《学衡》第 70 期。

柳诒徵《中国文化史第三编第十四至十六章》刊于《学衡》第 70 期。

萧涤非《读阮嗣宗诗札记》刊于《学衡》第 70 期。

萧涤非《读曹子建诗札记》刊于《学衡》第 70 期。

吴宓译《古拉塞作事格言》刊于《学衡》第 70 期。

吴宓译《佛斯特小说杂论》刊于《学衡》第 70 期。

刘永济《中国文学史纲要卷二汉至隋》刊于《学衡》第 71 期。

陈三立《文道希先生遗诗序》刊于《学衡》第 71 期。

叶恭绰《文道希先生遗诗叙》刊于《学衡》第 71 期。

黄节《曹子建诗注自序》刊于《学衡》第 71 期。

张尔田《与大公报文学副刊编者书》刊于《学衡》第 71 期。

〔美〕伊略脱作，吴宓译《白璧德论今后诗之趋势》刊于《学衡》第 72 期。

吴宓译《穆尔论自然主义与人文主义之文学》刊于《学衡》第 72 期。

郭倬莹《四部通讲卷一经部流别》刊于《学衡》第 72 期。

柳诒徵《中国文化史第三编第十七至十九章(全书已完)》刊于《学衡》第 72 期。

钱稻孙《但丁神曲地狱曲一至五》刊于《学衡》第 72 期。

缪凤林《中日民族论》刊于《史学杂志》第 1 卷 1 期。

柳诒徵《述宋史质》刊于《史学杂志》第 1 卷第 1 期。

张其昀《明清间金陵之都市生活》刊于《史学杂志》第 1 卷第 1 期。

缪凤林《评戴季陶日本论》刊于《史学杂志》第 1 卷第 1 期。

缪凤林《日本军阀论》刊于《史学杂志》第 1 卷第 2 期。

向达《剿奴议撮建州考跋》刊于《史学杂志》第 1 卷第 2 期。

缪凤林《汉书五行志凡例》刊于《史学杂志》第 1 卷第 2 期。

柳诒徵《沈万三》刊于《史学杂志》第 1 卷第 2 期。

张其昀《明清间金陵之都市生活(续第一期)》刊于《史学杂志》第 1 卷第 2 期。

郑鹤声《正史总论》刊于《史学杂志》第 1 卷第 2 期。

赵鸿谦《述刻本观象玩占》刊于《史学杂志》第 1 卷第 2 期。

佛驮耶舍《述近出太平天国史料三种》刊于《史学杂志》第 1 卷第 2 期。

缪凤林《评王世杰〈平均地权的方法〉》刊于《史学杂志》第 1 卷第 2 期。

赵鸿谦《贞元石斋读书录》刊于《史学杂志》第 1 卷第 2 期。

柳诒徵《记王锡侯字贯案》刊于《史学杂志》第 1 卷第 2 期。

陈裕菁《朝鲜两次变乱之文件》刊于《史学杂志》第 1 卷第 2 期。

范希曾《评清史稿艺文志》刊于《史学杂志》第 1 卷第 3 期。

柳诒徵《火葬考》刊于《史学杂志》第 1 卷第 3 期。

陈裕菁《北宋米价考》刊于《史学杂志》第 1 卷第 3 期。

柳诒徵《影印足本杨光先不得已跋》刊于《史学杂志》第 1 卷第 3 期。

张其昀《宋代四明之学风(上)》刊于《史学杂志》第 1 卷第 3 期。

束世澂《明季流寇之成因》刊于《史学杂志》第 1 卷第 3 期。

缪凤林《日本军阀论(续第二期)》刊于《史学杂志》第 1 卷第 3 期。

缪凤林《日本考略(日史提要乙类之一)》刊于《史学杂志》第 1 卷第 3 期。

缪凤林《日本国纂(日史提要乙类之二)》刊于《史学杂志》第 1 卷第 3 期。

陈训慈《欧洲独裁政治之现状与其前途》刊于《史学杂志》第 1 卷第 3 期。

郑鹤声《江心坡与国防》刊于《史学杂志》第 1 卷第 3 期。

马衡《中国之铜器时代》刊于《史学杂志》第 1 卷第 3 期。

缪凤林《评马衡中国之铜器时代》刊于《史学杂志》第 1 卷第 3 期。

柳诒徵《与某君论研究经济史之法》刊于《史学杂志》第 1 卷第 4 期。

蒙文通《古史甄微》刊于《史学杂志》第 1 卷第 4 期。

陈汉章《中国古代铁兵考》刊于《史学杂志》第 1 卷第 4 期。

张其昀《宋代四明之学风(下)》刊于《史学杂志》第 1 卷第 4 期。

毛乃庸《后梁书续传》刊于《史学杂志》第 1 卷第 4 期。

[日]村学次郎著,陈裕菁译《岳飞班师辨》刊于《史学杂志》第 1 卷第 4 期。

缪凤林《日本军阀论(续第三期)》刊于《史学杂志》第 1 卷第 4 期。

缪凤林《筹海图编(日本史提要乙类之三)》刊于《史学杂志》第 1 卷第 4 期。

缪凤林《经略复国要编(日本史提要乙类之四)》刊于《史学杂志》第 1 卷第 4 期。

柳诒徵《王初桐西域尔雅跋》刊于《史学杂志》第 1 卷第 4 期。

陈训慈《最近十年的欧洲》刊于《史学杂志》第 1 卷第 4 期。

蒙文通、缪凤林《三皇五帝说探源》刊于《史学杂志》第 1 卷第 5 期。

蒙文通《古史甄微(续第四期)》刊于《史学杂志》第 1 卷第 5 期。

柳诒徵《南朝太学考》刊于《史学杂志》第 1 卷第 5 期。

陈汉章《史通补释》刊于《史学杂志》第 1 卷第 5 期。

范希曾《书目答问史部目补正》刊于《史学杂志》第 1 卷第 5 期。

陈裕菁《中法战事文件汇辑》刊于《史学杂志》第 1 卷第 5 期。

郑鹤声《史与史字之解释》刊于《史学杂志》第 1 卷第 5 期。

缪凤林《评王桐龄新著东洋史》刊于《史学杂志》第 1 卷第 5 期。

缪凤林《古史研究之过去与现在(上篇)》刊于《史学杂志》第 1 卷第 6 期。

蒙文通《古史甄微(续)》刊于《史学杂志》第 1 卷第 6 期。

钱堃新《订周颂说》刊于《史学杂志》第 1 卷第 6 期。

柳诒徵《南朝太学考(续)》刊于《史学杂志》第 1 卷第 6 期。

陈汉章《史通补释(续)》刊于《史学杂志》第 1 卷第 6 期。

张尔田《答德国颜复礼博士问管子轻重书》刊于《史学杂志》第 1 卷第 6 期。

范希曾《书目答问史部目补正(续)》刊于《史学杂志》第 1 卷第 6 期。

陈训慈《太平天国之宗教政治》刊于《史学杂志》第 1 卷第 6 期。

缪凤林《南京明故宫发掘古物记》刊于《史学杂志》第 1 卷第 6 期。

《发刊辞》刊于《史学年报》第 1 期。

按:《史学年报》由燕京大学历史学会编辑,1929 年 7 月在北平创刊。是文曰:"吾国史学,渊源最早,而以其进步迟缓之故,及至今日反落后欧西诸国之后""我国史学有一弊焉,则其因袭多而创作少是也"。燕京大学历史学会"为本校历史学系同学所组织成立已久,近鉴于现今学术,非闭户独学之所可及也,乃忘其锢蔽,刊其师生所得,以与同好一商榷之,冀收他山之助。期于年刊一册,其内容则学理与工作并重,尤侧重与国史之研究"。

孟世杰《戎狄夷蛮考》刊于《史学年报》第 1 期。

王桐龄《汉唐之和亲政策》刊于《史学年报》第 1 期。

徐琚清《北边长城考》刊于《史学年报》第 1 期。

王桐龄《唐宋时代妓女考》刊于《史学年报》第 1 期。

张星烺《中世纪泉州状况》刊于《史学年报》第 1 期。

次弓《两汉之胡风》刊于《史学年报》第 1 期。

梁佩贞《南北朝时候中国的政治中心》刊于《史学年报》第 1 期。

李崇惠《石达开日记之研究》刊于《史学年报》第 1 期。

李书春《李文忠公鸿章年谱》刊于《史学年报》第 1 期。

韩叔信《莫索尔问题解决的经过》刊于《史学年报》第 1 期。

齐思和《先秦历史哲学管窥》刊于《史学年报》第 1 期。

陈垣《中国史料的整理》刊于《史学年报》第 1 期。

按:是文是陈垣在燕大现代文化班的讲演,由翁独健笔述。之所以要谈中国史料的整理,理由很简单:"人类的寿命有限,史料的增加却是无穷的。"是文所说的中国史料的整理,主要"是单就文字记录方面来说的,至于那些考古发掘遗迹物等等尚谈不到"。关于文字记录方面的史料整理,是文主要分作两大类加以介绍:一是已经成册的史籍的整理;二是未成册的档案的整理。

李景汉《北平最低限度的生活程度的讨论》刊于《社会学界》第 3 卷。

吴景超《几个社会学者所用的方法》刊于《社会学界》第 3 卷。

严景耀《中国监狱问题》刊于《社会学界》第 3 卷。

张镜予《农村信用合作社的起源及其发展》刊于《社会学界》第 3 卷。

余协中《北平的公共卫生》刊于《社会学界》第 3 卷。

许仕廉《社会生活的生物基础》刊于《社会学界》第 3 卷。

瞿兑之《两汉社会状况的鸟瞰》刊于《社会学界》第 3 卷。

陈利兰《中国女子对于婚姻的态度之研究》刊于《社会学界》第 3 卷。

宋思明《燕大工人生活调查》刊于《社会学界》第 3 卷。

许仕廉《建设时期中教授社会学的方针及步骤》刊于《社会学界》第 3 卷。

孙本文《地位关系对于社会发展的影响》刊于《社会学界》第 3 卷。

杨开道《乡村社会学新解》刊于《社会学界》第 3 卷。

言荣彰《社会距离》刊于《社会学界》第 3 卷。

汪馥泉译述《中国学术研究的成绩》刊于《语丝周刊》第 5 卷第 41 期。

按：日本有本《史林杂志》，在其第 14 卷第 2 号（《史林》为季刊，这一号 1929 年 4 月出版）上，对 1928 年日本在史学、考古学、地理学研究方面取得的成绩有较为详细的介绍。史学界部分，由肥后和男、安部健夫、藤直干、松野遵崇、原弘二郎、猪谷文臣等执笔；考古学界部分，由鸟田贞彦执笔；地理学界部分，由冈本币彦、藤田文春执笔。从这期《史林杂志》的介绍看，1928 年日本学者在中国学术研究上，史学界这一部分成绩最为突出。"史学界部分，所涉颇广，有史学一般、日本史、朝鲜史、东洋史（这一部分，系安部氏执笔）、西洋史五个部分。这里译述的，是东洋史这一部分；因为内容实是学术研究的成绩，所以写了现在这么的一个标题——译述者志。"

李初梨《对于所谓"小资产阶级革命文学"底抬头，普罗列塔利亚文学应该怎样防卫自己》刊于《创造月刊》第 2 卷第 6 期。

沈一沉《演剧运动的检讨》刊于《创造月刊》第 2 卷第 6 期。

沈起予《H. Barbuss 之思想及其文艺》刊于《创造月刊》第 2 卷第 6 期。

A. Lunatcharsky 原著，朱镜我译《关于马克思主义文艺批评底任务之大纲》刊于《创造月刊》第 2 卷第 6 期。

育干《一九二八年国际形势的回顾》刊于《东方杂志》第 26 卷第 1 号。

育干《苏俄重农重工政策的转变问题》刊于《东方杂志》第 26 卷第 1 号。

颂华《南斯拉夫的政变》刊于《东方杂志》第 26 卷第 1 号。

颂华《法国最近工业经济的进步》刊于《东方杂志》第 26 卷第 1 号。

楼桐孙《新约平议》刊于《东方杂志》第 26 卷第 1 号。

张锐《中国考试院与美国联邦吏治院》刊于《东方杂志》第 26 卷第 1 号。

陈清华《中央银行与国家之关系》刊于《东方杂志》第 26 卷第 1 号。

樊仲云《一九二八年国际政治概观》刊于《东方杂志》第 26 卷第 1 号。

彭学沛《德国政党和战后政治的鸟瞰》刊于《东方杂志》第 26 卷第 1 号。

R. R. Kuczynski《世界人口论》刊于《东方杂志》第 26 卷第 1 号。

E. S. Corwin《中国五权宪法之评论》刊于《东方杂志》第 26 卷第 1 号。

何世桢《近世法律哲学之派别和趋势》刊于《东方杂志》第 26 卷第 1 号。

潘光旦《中国家谱学略史》刊于《东方杂志》第 26 卷第 1 号。

任二北《增订词律之商榷》刊于《东方杂志》第 26 卷第 1 号。

T. P.《历法革命论》刊于《东方杂志》第 26 卷第 1 号。

微知《两极探险的意义》刊于《东方杂志》第 26 卷第 1 号。

之学《体格和性格的种类》刊于《东方杂志》第 26 卷第 1 号。

幼雄《阿富汗乱事的扩大与英俄》刊于《东方杂志》第 26 卷第 2 号。

幼雄《法国奖励人口增殖之家族扶助金制度》刊于《东方杂志》第 26 卷第 2 号。

朱偰《一九二八年国民政府修改不平等条约之成绩与批评》刊于《东方杂志》第 26 卷第 2 号。

王茅原《日本最近政潮中之分子与问题》刊于《东方杂志》第 26 卷第 2 号。

雷宾南《丹麦的合作制度》刊于《东方杂志》第 26 卷第 2 号。

H. J. Laski《马克思派哲学的价值和缺点》刊于《东方杂志》第 26 卷第 2 号。

佚名《气候与民族的关系》刊于《东方杂志》第 26 卷第 2 号。

何炳松《中华民族起源之新神话》刊于《东方杂志》第 26 卷第 2 号。

之学《最初的人类》刊于《东方杂志》第 26 卷第 2 号。

育干《日本政潮与最近中日外交形势的转变》刊于《东方杂志》第 26 卷第 3 号。

育干《历史上罗马问题之解决》刊于《东方杂志》第 26 卷第 3 号。

楼桐孙《英美帝国主义的经济侵略与苏俄的石油》刊于《东方杂志》第 26 卷第 3 号。

周天冲《欧美之新风云》刊于《东方杂志》第 26 卷第 3 号。

于能模《各国禁制出入口货物之概况与我国应采取之关税政策》刊于《东方杂志》第 26 卷第 3 号。

童润之《中国民族的智力》刊于《东方杂志》第 26 卷第 3 号。

闻宥译《鼎与鬲》刊于《东方杂志》第 26 卷第 3 号。

问天《最近新疆迪化调查记略》刊于《东方杂志》第 26 卷第 3 号。

哲生《痛感的意义》刊于《东方杂志》第 26 卷第 3 号。

朝阳《苏俄的科学》刊于《东方杂志》第 26 卷第 3 号。

章渊若《近时世界宪法的新趋势》刊于《东方杂志》第 26 卷第 4 号。

阮毅成《最近十年来之欧洲议会制度》刊于《东方杂志》第 26 卷第 4 号。

樊从予《日本资本主义与帝国主义》刊于《东方杂志》第 26 卷第 4 号。

J. J. Decamp《战争与人性》刊于《东方杂志》第 26 卷第 4 号。

卫聚贤《新石器时代遗址发现的经过和见解》刊于《东方杂志》第 26 卷第 4 号。

邓季宣译《科学精神与文学史的方法》刊于《东方杂志》第 26 卷第 4 号。

之学《梦的解释》刊于《东方杂志》第 26 卷第 4 号。

张其昀《中国新建设与水力问题》刊于《东方杂志》第 26 卷第 5 号。

谭云山《印度国际大学概述》刊于《东方杂志》第 26 卷第 5 号。

[日]币原喜重郎《日本前任外相的对华问题概观》刊于《东方杂志》第 26 卷第 5 号。

W. H. Mallory《中国灾荒之原因》刊于《东方杂志》第 26 卷第 5 号。

高卓《什么是行为的控制者》刊于《东方杂志》第 26 卷第 5 号。

冯承钧译《原始中国语为变化语说》刊于《东方杂志》第 26 卷第 5 号。

微知《有尾人种与食人人种的发见》刊于《东方杂志》第 26 卷第 5 号。

之学《四千年以前的航海》刊于《东方杂志》第 26 卷第 5 号。

幼雄《土耳其革新事业的种种》刊于《东方杂志》第 26 卷第 6 号。

吴泽森《东方人在美国所处之地位》刊于《东方杂志》第 26 卷第 6 号。

谭之良《列强军备之现状与我国国防》刊于《东方杂志》第 26 卷第 6 号。

P. A. Sorokin《俄国的现代社会学》刊于《东方杂志》第 26 卷第 6 号。

L. Von Wiese《德国的现代社会学》刊于《东方杂志》第 26 卷第 6 号。

H. H. Dubs《中国何以无哲学系统》刊于《东方杂志》第 26 卷第 6 号。

芬次尔《中国森林问题》刊于《东方杂志》第 26 卷第 6 号。

向达《摄山佛教石刻补记》刊于《东方杂志》第 26 卷第 6 号。

宋希庠《化学肥料与中国农业》刊于《东方杂志》第 26 卷第 6 号。

沈怡《都市筑路收用土地征费法》刊于《东方杂志》第 26 卷第 6 号。

哲生《阿剌伯的华哈弼教宗》刊于《东方杂志》第 26 卷第 6 号。

育干《南极新地主权的竞争》刊于《东方杂志》第 26 卷第 7 号。

颂华《波兰皮尔苏斯基派之改革宪法案》刊于《东方杂志》第 26 卷第 7 号。

葛绥成《黑人各族概况及其共和国建设运动》刊于《东方杂志》第 26 卷第 7 号。

［日］广冈光治《劳农俄国的经济难》刊于《东方杂志》第 26 卷第 7 号。

石原纯《爱因斯坦之新学说》刊于《东方杂志》第 26 卷第 7 号。

周昌寿《爱因斯坦新发明之解释》刊于《东方杂志》第 26 卷第 7 号。

张大同《婚姻法中的主要问题》刊于《东方杂志》第 26 卷第 7 号。

曹抡宇《汉及汉以前中国人关于日本之知识》刊于《东方杂志》第 26 卷第 7 号。

哲生《讲坛上的伯格森》刊于《东方杂志》第 26 卷第 7 号。

宋如海《阿灵比亚世界运动会简史》刊于《东方杂志》第 26 卷第 7 号。

季志仁《音乐与地域》刊于《东方杂志》第 26 卷第 7 号。

蒋星德《岌岌可危的滇边问题与救济方策》刊于《东方杂志》第 26 卷第 8 号。

龙大均《法兰西殖民地的经济现状》刊于《东方杂志》第 26 卷第 8 号。

仲英《非战公约与大巡洋舰主义的美国》刊于《东方杂志》第 26 卷第 8 号。

H. Charles Woods《叙利亚的过去和现在》刊于《东方杂志》第 26 卷第 8 号。

E. S. Corwin《中国治外法权问题》刊于《东方杂志》第 26 卷第 8 号。

Frita Kahn《二十五年来自然科学之进步》刊于《东方杂志》第 26 卷第 8 号。

杜衍《诗书时代的社会变革与其思想上的反映》刊于《东方杂志》第 26 卷第 8 号。

郭任远《心理学中反遗传运动的结果》刊于《东方杂志》第 26 卷第 8 号。

王瑞娴《对于国民党党歌的歌调之商榷》刊于《东方杂志》第 26 卷第 8 号。

隽之《现代希腊文学一瞥》刊于《东方杂志》第 26 卷第 8 号。

哲生《土耳其何以要决意采用新字母》刊于《东方杂志》第 26 卷第 8 号。

方炎武《英法海峡海底隧道之大计划》刊于《东方杂志》第 26 卷第 8 号。

大宇《鲸鱼的秘密之研究》刊于《东方杂志》第 26 卷第 8 号。

颂华《日俄协谋侵略中东铁路》刊于《东方杂志》第 26 卷第 9 号。

张镜予《中国农民经济的困难和补救》刊于《东方杂志》第 26 卷第 9 号。

章渊若《美帝国主义的外交政策》刊于《东方杂志》第 26 卷第 9 号。

黄厦千《日本之人口问题》刊于《东方杂志》第 26 卷第 9 号。

A. Prokes《捷克斯洛伐克的农业经济》刊于《东方杂志》第 26 卷第 9 号。

R. E. Bose《德国的农业经济》刊于《东方杂志》第 26 卷第 9 号。

汤川又夫《日本农学应用与农业发展之关系》刊于《东方杂志》第 26 卷第 9 号。

J. D. Luckett《美国科学的农业问题》刊于《东方杂志》第 26 卷第 9 号。

K. L. Btterfieid《美国的农民问题》刊于《东方杂志》第 26 卷第 9 号。

孙君立《生命的起源和生物的演进在化学上的概念》刊于《东方杂志》第 26 卷第 9 号。

朔一《高尔基访问记》刊于《东方杂志》第 26 卷第 9 号。

育干《英俄关系改善的趋势》刊于《东方杂志》第 26 卷第 10 号。

育干《美俄关系的过去与未来》刊于《东方杂志》第 26 卷第 10 号。

武堉干《近代博览会事业与中国》刊于《东方杂志》第 26 卷第 10 号。

按：本期《东方杂志》专门介绍了"关于西湖博览会"的相关情况，并刊登了以下多篇文章。

徐旭东《西湖博览会筹备之经过》刊于《东方杂志》第 26 卷第 10 号。

杨荫溥《西湖博览会与吾国之丝绸业》刊于《东方杂志》第 26 卷第 10 号。

杨石湖《广域西湖博览会之概况及其使命》刊于《东方杂志》第 26 卷第 10 号。

张鸿藻《西湖博览会中之北平工业品》刊于《东方杂志》第 26 卷第 10 号。

刘既漂《西湖博览会与美术建筑》刊于《东方杂志》第 26 卷第 10 号。

张其昀《西湖风景史》刊于《东方杂志》第 26 卷第 10 号。

舒新城《西湖纪游》刊于《东方杂志》第 26 卷第 10 号。

朱义农《从对外贸易上联想到改进国产之价值》刊于《东方杂志》第 26 卷第 10 号。

魏颂唐《从财政上测验吾浙社会经济》刊于《东方杂志》第 26 卷第 10 号。

邹树文《浙江省昆虫局与西湖博览会之关系》刊于《东方杂志》第 26 卷第 10 号。

向达《元代马哥孛罗诸外国人所见之杭州》刊于《东方杂志》第 26 卷第 10 号。

哲生《贞德的五百年纪念》刊于《东方杂志》第 26 卷第 10 号。

大宇《亚尔巴尼亚的宗法习俗》刊于《东方杂志》第 26 卷第 10 号。

颂华《日本移民于我国东三省及南美巴西的新计划》刊于《东方杂志》第 26 卷第 11 号。

颂华《苏俄对待华侨与其移民西伯利亚的设施》刊于《东方杂志》第 26 卷第 11 号。

育干《国际联盟与少数民族问题》刊于《东方杂志》第 26 卷第 11 号。

宓汝卓《改善领事报告之建议》刊于《东方杂志》第 26 卷第 11 号。

Lederer《经济史观的根本理论》刊于《东方杂志》第 26 卷第 11 号。

杜定友《图书统计与近代文化》刊于《东方杂志》第 26 卷第 11 号。

哲生《中国新得一"人类原始亚洲"的实证》刊于《东方杂志》第 26 卷第 11 号。

哲生《不列颠百科全书最近的重编》刊于《东方杂志》第 26 卷第 11 号。

昌群《食物选择与性格的变化》刊于《东方杂志》第 26 卷第 11 号。

育干《未来的国际新局面》刊于《东方杂志》第 26 卷第 12 号。

愈之《裁军问题与列强之战争准备》刊于《东方杂志》第 26 卷第 12 号。

谢祖庄《英国总选举前工党内部之几个重要问题》刊于《东方杂志》第 26 卷第 12 号。

黄仲苏《海洋自由与海洋霸权》刊于《东方杂志》第 26 卷第 12 号。

C. L. Srewart《现代各国农业政策之一斑》刊于《东方杂志》第 26 卷第 12 号。

A. Headlam Morley《欧战后各国新宪法之趋势》刊于《东方杂志》第 26 卷第 12 号。

W. R. Sorley《现代工业的伦理观》刊于《东方杂志》第 26 卷第 12 号。

T. P.《世界历法》刊于《东方杂志》第 26 卷第 12 号。

颂华《一九二九年中的百年纪念》刊于《东方杂志》第 26 卷第 12 号。

潜飞《裴尔德探险队在南极圈内的工作》刊于《东方杂志》第 26 卷第 12 号。

潜飞《世界测候所的联合运动》刊于《东方杂志》第 26 卷第 12 号。

哲生《怒与惧》刊于《东方杂志》第 26 卷第 12 号。

育干《收回中东路权事件》刊于《东方杂志》第 26 卷第 13 号。

愈之《英国总选举与工党政治之开始》刊于《东方杂志》第 26 卷第 13 号。

柳克述《英国工党胜利与今后之国际》刊于《东方杂志》第 26 卷第 13 号。

田炯锦《英国内阁更迭之经过与影响》刊于《东方杂志》第 26 卷第 13 号。

金祖懋《工党重握政权与英国政治新设施》刊于《东方杂志》第 26 卷第 13 号。

G. H. Stuart《近代法国制定关税的方法》刊于《东方杂志》第 26 卷第 13 号。

F. W. Taussig《关税互惠略论》刊于《东方杂志》第 26 卷第 13 号。

W. T. Page《论税则分类与差别待遇》刊于《东方杂志》第 26 卷第 13 号。

孤桐《五常解》刊于《东方杂志》第 26 卷第 13 号。

孙本文《英国社会学的派别及其现势》刊于《东方杂志》第 26 卷第 13 号。

冬沉《从四元宇宙方面解释火灾》刊于《东方杂志》第 26 卷第 13 号。

育干《中东路案发生后的各方形势》刊于《东方杂志》第 26 卷第 14 号。

颂华《土耳其和阿才培疆改革文字之得失》刊于《东方杂志》第 26 卷第 14 号。

曾有豪《从国际法学的观点批评中外新约》刊于《东方杂志》第 26 卷第 14 号。

王茅原《日本第五十六次议会与新阁成立的经过》刊于《东方杂志》第 26 卷第 14 号。

执中《最近二十年来日本政局的鸟瞰》刊于《东方杂志》第 26 卷第 14 号。

宋裴如译《高畠素之的资本主义功过论》刊于《东方杂志》第 26 卷第 14 号。

周化人《萧伯纳之社会主义与资本主义》刊于《东方杂志》第 26 卷第 14 号。

张维桢《班纳克夫之资本主义与社会主义观》刊于《东方杂志》第 26 卷第 14 号。

周宪文《批亚生论社会主义与两性问题》刊于《东方杂志》第 26 卷第 14 号。

卫聚贤《应用统计的方法整理国学》刊于《东方杂志》第 26 卷第 14 号。

潘怀素《一般组织学之历史的必然性及科学的可能性》刊于《东方杂志》第 26 卷第 14 号。

哲生《笛卡尔的遗骸迁葬问题》刊于《东方杂志》第 26 卷第 14 号。

哲生《对大战时德国战场上青年悲惨心理之研究》刊于《东方杂志》第 26 卷第 14 号。

实之《垃圾之科学的处理》刊于《东方杂志》第 26 卷第 14 号。

颂华《中东路事件发生后南满的情形》刊于《东方杂志》第 26 卷第 15 号。

育干《国际商会大会与中国》刊于《东方杂志》第 26 卷第 15 号。

颂华《法国白里安外交内阁成立的经过》刊于《东方杂志》第 26 卷第 15 号。

蒋星德《中东铁路的时代背景与政治反映》刊于《东方杂志》第 26 卷第 15 号。

金仲华《美国对于拉丁非洲的政策》刊于《东方杂志》第 26 卷第 15 号。

惟一《国际航空法律问题之专门研究》刊于《东方杂志》第 26 卷第 15 号。

W. Green《劳动运动的新目的》刊于《东方杂志》第 26 卷第 15 号。

G. G. Willson《国际公法的新方向》刊于《东方杂志》第 26 卷第 15 号。

B. Russell《罗素东西幸福观念论》刊于《东方杂志》第 26 卷第 15 号。

黄孝先《张才速记述概》刊于《东方杂志》第 26 卷第 15 号。

微知《太戈尔的"有闲哲学"》刊于《东方杂志》第 26 卷第 15 号。

微知《脑之大小与智慧》刊于《东方杂志》第 26 卷第 15 号。

育干《苏俄大举侵略边境》刊于《东方杂志》第 26 卷第 16 号。

化鲁《苏联的陆军》刊于《东方杂志》第 26 卷第 16 号。

愈之《梵谛冈与中国》刊于《东方杂志》第26卷第16号。

卢化锦《沿岸及内河内港航行权问题》刊于《东方杂志》第26卷第16号。

于能模《土耳其撤销领事裁判权之经过与我国今日情势之比较》刊于《东方杂志》第26卷第16号。

小川节《日华通商条约改订之研究》刊于《东方杂志》第26卷第16号。

[日]木村增太郎《中日通商条约改订之要点》刊于《东方杂志》第26卷第16号。

若林丰《中日通商条约之改订与沿岸贸易问题》刊于《东方杂志》第26卷第16号。

[日]寺岛成信《中日条约之改订与内河航行权问题》刊于《东方杂志》第26卷第16号。

沈诚《宇宙间的生命》刊于《东方杂志》第26卷第16号。

哲生《麦唐纳的性格》刊于《东方杂志》第26卷第16号。

张培均《海上法权问题与爱麦郎案》刊于《东方杂志》第26卷第17号。

顾敦鍒《中国市制概观》刊于《东方杂志》第26卷第17号。

Y. Danilov《苏联军备论》刊于《东方杂志》第26卷第17号。

L. Trotzky《苏俄的前途》刊于《东方杂志》第26卷第17号。

F. A. Mackenzie《苏俄的新危机》刊于《东方杂志》第26卷第17号。

加卜伦《苏俄的"丝芬克斯"》刊于《东方杂志》第26卷第17号。

张东荪《现代哲学鸟瞰》刊于《东方杂志》第26卷第17号。

唐庆增《桓宽盐铁论经济学说今解》刊于《东方杂志》第26卷第17号。

哲生《欧洲大陆上的间谍案》刊于《东方杂志》第26卷第17号。

汤德衡《关于爱因斯坦》刊于《东方杂志》第26卷第17号。

微知《滔基——有声片的流行问题》刊于《东方杂志》第26卷第17号。

育干《全欧经济联盟问题》刊于《东方杂志》第26卷第18号。

傅坚白《十年来德国战事赔偿问题之经过及新赔款计划内容之分析》刊于《东方杂志》第26卷第18号。

吴春桐《国府新颁民法总则编之立法沿革与批评》刊于《东方杂志》第26卷第18号。

Seligman《消费信用论》刊于《东方杂志》第26卷第18号。

J. A. Habson《目前英国的社会主义》刊于《东方杂志》第26卷第18号。

章渊若《狄骥氏的私法革新论》刊于《东方杂志》第26卷第18号。

陈之佛《现代表现派之美术工艺》刊于《东方杂志》第26卷第18号。

大宇《采人参之原始的趣味和俄人之科学的研究》刊于《东方杂志》第26卷第18号。

育干《英美亲善的前途》刊于《东方杂志》第26卷第19号。

徐方干《中日粮食问题的观察》刊于《东方杂志》第26卷第19号。

贺昌群《新波斯》刊于《东方杂志》第26卷第19号。

朱朴《国际合作运动》刊于《东方杂志》第26卷第19号。

卫聚贤《汉汾阴后土祠遗址的发现》刊于《东方杂志》第26卷第19号。

周建人《遗传与环境》刊于《东方杂志》第26卷第19号。

哲生《美国的国家公园》刊于《东方杂志》第26卷第19号。

汤德卫《奥国之航空事业》刊于《东方杂志》第26卷第19号。

陶希圣《中国之民族及民族问题》刊于《东方杂志》第26卷第20号"民族运动号"。

　　按：《东方杂志》第26卷第20号为"民族运动号"，刊发了陶希圣、杨幼炯等人的多篇论文，内容既涉及我国民族问题及民族运动，同时也介绍了世界各地的民族运动。在这期专号的"卷头语"中，对"民族运动"有这样的说明："民族运动其实就是民族发挥其整个的民族性，努力奋斗，自求多福的一种活动。故就广义解释，强大的民族和弱小的民族，在过去及现在都自有其民族精神和民族运动。不过因为弱小或小的民族欲求自由平等的幸福，非经过千回百折，艰苦卓越的奋斗不为功，所以他们的民族运动，就比较上惹人注目了""我们现在去这一期专号，目的无非是想对于这个问题，贡献一些参考的材料于读者"。

　　杨幼炯《我国民族运动之理论与实际》刊于《东方杂志》第26卷第20号"民族运动号"。

　　萨孟武《民族主义与中国革命》刊于《东方杂志》第26卷第20号"民族运动号"。

　　樊仲云《民族解放运动之展开与动向》刊于《东方杂志》第26卷第20号"民族运动号"。

　　黄幼雄《回教民族运动》刊于《东方杂志》第26卷第20号"民族运动号"。

　　倪文宙《日耳曼民族的德奥合并运动》刊于《东方杂志》第26卷第20号"民族运动号"。

　　武堉干《拉丁亚美利加的民族运动》刊于《东方杂志》第26卷第20号"民族运动号"。

　　张大同《还待努力的埃及民族运动》刊于《东方杂志》第26卷第20号"民族运动号"。

　　董之学《印度民族运动的新趋势》刊于《东方杂志》第26卷第20号"民族运动号"。

　　江鸿治《巴尔干半岛的民族运动》刊于《东方杂志》第26卷第20号"民族运动号"。

　　葛绥成《犹太人口的分布和其民族运动的概况》刊于《东方杂志》第26卷第20号"民族运动号"。

　　李宪明《朝鲜民族运动概观》刊于《东方杂志》第26卷第20号"民族运动号"。

　　葛绥成《红人与黑人的概况及其民族运动》刊于《东方杂志》第26卷第20号"民族运动号"。

　　育干《旧事重提的印度自治运动》刊于《东方杂志》第26卷第21号。

　　袁道丰《杨格计划与海牙会议》刊于《东方杂志》第26卷第21号。

　　粤峰《德国赔款问题解决之经过》刊于《东方杂志》第26卷第21号。

　　黄卓《一九二九年世界各国的新劳工法》刊于《东方杂志》第26卷第21号。

　　〔日〕小村俊三郎《中日缔结不侵犯条约论》刊于《东方杂志》第26卷第21号。

　　Edward Kann《银价低落对于中国实业之影响》刊于《东方杂志》第26卷第21号。

　　朱芳圃《珂罗倔伦谐声原则与中国学者研究古声母之结论》刊于《东方杂志》第26卷第21号。

　　周蕙久《万物的生成者》刊于《东方杂志》第26卷第21号。

　　介六《人类阿非利和加起源说之又一证》刊于《东方杂志》第26卷第21号。

　　大宇《俄国的新历》刊于《东方杂志》第26卷第21号。

　　微知《人工的气候》刊于《东方杂志》第26卷第21号。

　　育干《中俄交涉的解决》刊于《东方杂志》第26卷第22号。

　　颂华《土耳其对于交通及关税的新设施》刊于《东方杂志》第26卷第22号。

　　育干《日本对于伦敦裁军会议的态度》刊于《东方杂志》第26卷第22号。

　　李惟国《麦唐纳之来美与第二次大战》刊于《东方杂志》第26卷第22号。

　　田炯锦《英首相麦唐纳来美之经过》刊于《东方杂志》第26卷第22号。

　　陆为震《近年来我国政治地理之变迁》刊于《东方杂志》第26卷第22号。

　　孟云峤《现代心理学概观》刊于《东方杂志》第26卷第22号。

　　张为骧《古诗"明月皎夜光"辨讹》刊于《东方杂志》第26卷第22号。

大宇《破毁原子与人类之力源问题》刊于《东方杂志》第26卷第22号。

育干《印度自治运动的急进》刊于《东方杂志》第26卷第23号。

傅坚白《英美海军问题》刊于《东方杂志》第26卷第23号。

田炯锦《墨西哥选举总统之纪闻及感想》刊于《东方杂志》第26卷第23号。

楼桐孙《关于侨美外人土地权答读者问》刊于《东方杂志》第26卷第23号。

张锐《霍孔教授批评中山主义》刊于《东方杂志》第26卷第23号。

微知《佐分利自杀与日本人的自杀方法》刊于《东方杂志》第26卷第23号。

颂华《蒙古青年党的独立运动》刊于《东方杂志》第26卷第24号。

颂华《欧洲青年自由主义者国际大会》刊于《东方杂志》第26卷第24号。

杨荫溥《银价跌落问题之面面观》刊于《东方杂志》第26卷第24号。

朱偰《德国最近国民投票之意义及其于欧洲国际之影响》刊于《东方杂志》第26卷第24号。

傅坚白《国际银行条例草案述评》刊于《东方杂志》第26卷第24号。

R. Gordon Canning《阿拉伯民族的出路问题》刊于《东方杂志》第26卷第24号。

金兆梓《中国人种及文化之由来》刊于《东方杂志》第26卷第24号。

姚万年《化学与中国建设》刊于《东方杂志》第26卷第24号。

哲生《美国人的改历运动》刊于《东方杂志》第26卷第24号。

华林《学术与政治分离》刊于《革命周报》第72期。

按:是文写于法国里昂,全文如下:"要东方产生一种新进之文明,要东方立于世界平等之地位,只有尊重各人个性之发展,而努力于新文化之创造。吾人处今日之时势,须明了欧战后由军国主义所传留之遗毒:(一)则为列宁之共产主义,(二)则为蒙梭里尼之发西司主义。此赤色帝国主义与灰色帝国主义同为人类进化之障碍;利用社会心理之弱点,鼓励盲从无知之民众;为造就少数人之权利起见,不惜牺牲大多数之青年,以私人目前利益而诱惑之,造成一种流血之恐怖,于是为首领者,只求威权一旦在握,则为所欲为。四万万人虽牺牲三万万之多,亦所不惜。盲从之民众,只顾目前之私利,忽略前途之危险。所以这班暴徒用尽奸诈虚伪狡猾阴险之方法,只求达到大权在握,任性杀人放火,民众奈我何! 如此狂妄凶暴,苟听其阴谋运动,则忠实信义之士早迟都归残灭。所谓世界学术上所创造之文明,都返于禽兽之域。此种毒焰,欧西尚不能发展,于是宣传到东方那自私自利吃人戮心之民族。一旦得到金钱运动费,于是大喊口号,青年赴之若狂,独立人格光明磊落之士,早已列于思想落后;加以反革命罪名。做人做到此步,可谓曲尽其妙,则世界将来人类文明,可以进化到畜生文明;将来见猪见狗,都应服从崇拜;否则此种阶级,亦当扫除。因为猪狗毫不尊重学术,不尊重猪格狗格,则可大称之为思想进步。若有人以为我言之太过,则人类自居阶级之上,动物禽兽将目人类为反革命矣。吾知之矣:暴君所谓'朕即国家',共产党首领,即云:'朕即革命',愚民政策专利民众之弱点,拿尸血造成极专制之阶级,而共产党首领自居之。所以若辈不守党纪之人,而专谈纪律,此纪律是为压制他人,非为己也。又主张尊重党外言论自由,此自由是为若辈失败起见,为自私自利而利用之。但绝对不许有他党,更有何自由? 此吾判决中国目前政治要人,则云'吴李有道德而无手腕''汪陈有手腕而无道德'。吾所谓道德即指信义而言,非如共产党以伪诈为唯一之道德也。事实既如此矣,学术为若辈所不尊重;而学术之幸福,若辈争先恐后而享受之。中国青年在国内读书或到欧美留学者,果为学术乎? 抑为政治乎? 若以求学为方法,以政治为目的;则大可不必求学。狗苟蝇营之辈,其资格第一就是无耻,并不须求学也。若以政治为方法,以求学为目的,则终日大呼口号结党营私,时时应付外务之不暇,又安能专心读书。其实学术何等重要,何等纯洁,而与卑鄙龌龊之政治并列,已经不成事体。中国青年果欲以学术改造世界,则应当用其所学,学其所用,终身致力于一种学术;苟有所得,已造福不浅。如巴斯德发明微生学,爱因斯坦发明相对论。以及贝多芬之音乐,歌德之悲剧,何一而不与人类幸福有密切之关系;世界之大,何事不可有为,而大家专门只趋于政治一途,大家都为把持饭碗起见,甲败则入乙党,乙败则入甲党。无资格者欲去投机,只有拥护不得志之政客伟人,鼓动政潮,为一步登天之妙计,不惜涂炭生民而与之,更遑论提倡学术,补救民生哉?口仁义而心盗贼,滔滔者皆是也。只要有宣传费,无论何人,都可活动。真正研究学术之人,此人苟有一点良心,谁不知道政治是摧残学术之进步,破坏人类之幸福,竟有明知正义而甘心从逆者,完全受了科举之遗毒,而不能自拔;足见青年无改造自己之能力,断断不能改造世界。试看欧美青年,北冰洋探险之勇夫,飞渡大西洋之壮士,在科学试验室中为真理而牺牲者;又如文艺之创造家,反抗恶劣环境,努力一生,而产生新奇之创作。足见欧美青年,雄心抱负,无论何事,都可发展奇才。如此青年,多鄙视政治为不足道,其人格之高尚,人类受其德惠,实非浅鲜。吾敢大声疾呼曰:'学术与政治分离!'任凭无知青年,恶骂丑诋,吾苟一日有舌存在,我呼声绝不停息也。"

友如《读了〈学术与政治分离〉以后》刊于《革命周报》第76期。

按:是文是在作者读了华林先生《学术与政治分离》以后,认为"华林先生之鄙弃政治,痛骂政治,这是安那其主义者应有的态度。我虽不是什么主义者,然而对于他的主张大体上却是很赞成的"。但又觉得"华林先生身居异国,他看见外国政教(教育)分离,从事政治的专门做他的政治生涯,从事学问的终身研究他的学问,所以政治也比较清明,学术亦比较发达。但是反观中国,一般青年或在国内读书或在外国留学,往往都是以求学为方法,以政治为目的,人人群驱于卑鄙龌龊的政治之一途,于是政治日益腐败,学术也永无发达之一日,这种观察,虽是很对,不过他把时代看错了"。所以写作此文,表达了其对于这一问题的看法。是文曰:"在欧洲有一个时代是政教(宗教)混合的时代,所谓政教分离是后来才有的。中国现在的情形好比从前的欧洲一样,这其间总要差好几世纪呢。虽是笑话,也不无道理。我常说:中国是'官国',中国的官一面是无用的赘疣,一面又是万能的怪物,无论做什么事体离开他就办不到。比方军阀时代的中央政府吧,不是官之代表者吗?但是当时中央的命令不能出都门一步,任凭人家怎么瞎闹,他连管也不管,这不是官之毫无用处吗?在中国一做了官,就变成万能了,一则因为富贵相联,做了官就有金钱,俗话说,金钱万能就是这个道理。二来因为做了官不会的也会了,不能的也能了,所以叫做万能。比方一个人什么也不懂,然而一旦官运亨通,今天做教育总长,明天也可以做农商总长,后天又可以做司法总长,或其他的什么长。至于社会方面呢,也因为他是官,今天这里请他当什么会长,明天那里又请他当什么董事,或者后天又什么学校请他当校长。并且中国的官,一身至少总要兼上五宗以上的职务。这不是万能是什么?又如一个人想在中国干干净净的做一件社会事业,一不与官僚往来,二不与军阀沾染,那末,不单休想事业成功,而且恐怕立足之地也没有。反过来说,凡是能在中国社会上做一点事业的,不是与官僚有缘,就是与军阀有染。华林先生误认中国青年完全是驱羶逐臭之流,有犯全称肯定的毛病,平情而论,除开一部分坠入政治的迷梦而不自知的外,何尝都是终日大呼口号,结党营私呢?即此一部分青年,我敢说,他们的精神,原来何尝不纯洁,何尝不欲安心求学。他们的罪恶,他们绝对是不能负责的,我们要知道造成他们的是政治制度,是社会环境。就照中国现在的情形说吧,伪共党的罪恶这是人人都知道的,为什么一部分青年至死不悟,还要替共党宣传呢?第一是中国社会不能满足青年人的欲望,政治压迫,经济压迫,教育制度不良等等。第二,青年的血气正盛,富于勇敢进取的精神,但知识幼稚,一经共党宣传,遂坠入迷途而不自知。所以我说造成他们的是政治制度是社会环境,他们是不能负责的。我们革命党人之于社会,就如医生之于病人,应当把病症认清楚,一点也不能马糊的。这是我的一点意见,不知高明以为如何?"

郭昌锦《最近五年来中国革命运动的发展》刊于《现代中国》第3卷第1号。

登城《中国革命的几个根本问题》刊于《现代中国》第3卷第1号。

熊子奇《怎样发展国家资本(下)》刊于《现代中国》第3卷第1号。

亦愚《中国革命的现在过去及将来》刊于《现代中国》第3卷第1号。

大觉《帝国主义对于世界再分割的准备》刊于《现代中国》第3卷第1号。

朱剑秋《第二次世界大战与世界革命的前途》刊于《现代中国》第3卷第1号。

戈登《俄罗斯农业政策的今昔》刊于《现代中国》第3卷第1号。

柳岛生《中国教育状况的批评》刊于《新思潮》第1期。

雷林《民族轻工业的前途》刊于《新思潮》第1期。

王昂《资本主义的运动法则》刊于《新思潮》第1期。

潘东周《中国经济发展中的根本问题》刊于《世界月刊》创刊号。

垂云《中国铁路的现状》刊于《世界月刊》创刊号。

马退《本年第一季世界经济及经济政策》刊于《世界月刊》创刊号。

国桢《苏联的合作运动》刊于《世界月刊》创刊号。

萧炳实《古代中西文化之交换》刊于《世界月刊》创刊号。

行空《马克思之私人的会议》刊于《世界月刊》创刊号。

郭舜平《国民政府财政状况》刊于《世界月刊》创刊号。

郭舜平《中国的财富》刊于《世界月刊》创刊号。

胡适《入声考》刊于《新月月刊》第1卷第11号。

梁实秋译《莎士比亚传略》刊于《新月月刊》第1卷第11号。

志摩译《杜威论革命(游俄印象之一)》刊于《新月月刊》第2卷第1号。

皮西译《艺术家》刊于《新月月刊》第2卷第1号。

罗隆基《美国的吏治法与吏治院》刊于《新月月刊》第2卷第1号。

光旦译意《自然淘汰与中华民族性(续完)》刊于《新月月刊》第2卷第1号。

胡适《人权与约法》刊于《新月月刊》第2卷第2号。

罗隆基《专家政治》刊于《新月月刊》第2卷第2号。

雪林女士《爱国尚武诗人的陆放翁》刊于《新月月刊》第2卷第2号。

黄肇年译《共产主义的历史的研究(拉斯基教授原著)》刊于《新月月刊》第2卷第2号。

彭基相《哲学与"不知"》刊于《新月月刊》第2卷第2号。

潘尊行《由反切推求史前中国语》刊于《新月月刊》第2卷第2号。

西滢《由寒假说到三学期制》刊于《新月月刊》第2卷第2号。

梁实秋《论思想统一》刊于《新月月刊》第2卷第3号。

毕树棠译《论译俄国小说》刊于《新月月刊》第2卷第3号。

雪林女士《爱国尚武的诗人陆放翁(续)》刊于《新月月刊》第2卷第3号。

胡适《我们什么时候才可有宪法?》刊于《新月月刊》第2卷第4号。

西滢《论翻译》刊于《新月月刊》第2卷第4号。

菊农《唯物论与物质》刊于《新月月刊》第2卷第4号。

光旦《说〈才丁两旺〉》刊于《新月月刊》第2卷第4号。

胡适等《〈人权与约法〉的讨论》刊于《新月月刊》第2卷第4号。

罗隆基《论人权》刊于《新月月刊》第2卷第5号。

梁实秋译《资产与法律》刊于《新月月刊》第2卷第5号。

梁实秋《论批评的态度》刊于《新月月刊》第2卷第5号。

胡适《新文化运动与国民党》刊于《新月月刊》第2卷第6—7号合刊。

罗隆基《告压迫言论自由者》刊于《新月月刊》第2卷第6—7号合刊。

黄肇年译《苏俄统治下之国民自由》刊于《新月月刊》第2卷第6—7号合刊。

梁实秋《文学是有阶级性的吗?》刊于《新月月刊》第2卷第6—7号合刊。

梁实秋《论鲁迅先生的硬译》刊于《新月月刊》第2卷第6—7号合刊。

罗隆基《我对党务上的"尽情批评"》刊于《新月月刊》第2卷第8号。

徐志摩《关于女子》刊于《新月月刊》第2卷第8号。

幼春《法国支那学者格拉勒的治学方法》刊于《新月月刊》第2卷第8号。

实秋《书报春秋》刊于《新月月刊》第2卷第8号。

梁实秋《孙中山先生论自由》刊于《新月月刊》第2卷第9号。

闻一多《庄子》刊于《新月月刊》第2卷第9号。

幼椿译《法国支那学小史》刊于《新月月刊》第2卷第9号。

朱东润《诗人吴均》刊于《新月月刊》第2卷第9号。

胡适《我们走那条路?》刊于《新月月刊》第2卷第10号。

徐志摩《波特莱的散文诗》刊于《新月月刊》第2卷第10号。

邱竹师《黄景仁及其恋爱诗歌》刊于《新月月刊》第2卷第10号。

查士元《奇人及其朋友》刊于《新月月刊》第2卷第10号。

梁实秋《莎士比亚的观众》刊于《新月月刊》第2卷第10号。

赵锡恩《由工商部国货展览会之经过观察国货之将来》刊于《工商半月刊》第1卷第1号。

裕孙《中国金融上之新建设》刊于《工商半月刊》第1卷第3号。

颂唐《浙省拟办营业税之经过》刊于《工商半月刊》第1卷第3号。

乃文《中国银条之需给》刊于《工商半月刊》第1卷第3号。

孙祖烈《德国财政地位》刊于《工商半月刊》第1卷第3号。

陈清华《中英银行制度概要》刊于《工商半月刊》第1卷第4号。

孙祖烈《战后日本之经济》刊于《工商半月刊》第1卷第4号。

孙祖烈《爪哇糖业问题》刊于《工商半月刊》第1卷第4号。

《边越之中法关系及其通商问题》刊于《工商半月刊》第1卷第4号。

裕孙《中国金融上之新建设(其二)》刊于《工商半月刊》第1卷第5号。

孙祖烈《战后日本之经济(一续)》刊于《工商半月刊》第1卷第5号。

《劳资协调》刊于《工商半月刊》第1卷第5号。

《我国丝销不振及世界丝价低落之主因》刊于《工商半月刊》第1卷第6号。

孙祖烈《战后日本之经济(二续)》刊于《工商半月刊》第1卷第6号。

孔涤庵《英德丹麦日印诸国合作制度概观及我国合作事业之将来》刊于《工商半月刊》第1卷第7号。

裕孙《中国金融之新建设(其三)》刊于《工商半月刊》第1卷第7号。

孙祖烈《战后日本之经济(三续)》刊于《工商半月刊》第1卷第7号。

孙祖烈《中国桐油出口销路之危机》刊于《工商半月刊》第1卷第8号。

陈炳权《南京零售物价指数之编制》刊于《工商半月刊》第1卷第8号。

《德国赔款问题最后解决方法之研究》刊于《工商半月刊》第1卷第8号。

曦《桐油之调查》刊于《工商半月刊》第1卷第8号。

去病《最近上海丝厂之调查》刊于《工商半月刊》第 1 卷第 8 号。

吴兆名《德国合作银行概况》刊于《工商半月刊》第 1 卷第 13 号。

李卫民《津浦铁路之过去与将来》刊于《工商半月刊》第 1 卷第 13 号。

重伯《十八年前半期上海纱花市况之回顾》刊于《工商半月刊》第 1 卷第 16 号。

吴兆名《近年各国合作事业之发达与我国合作事业之落后》刊于《工商半月刊》第 1 卷第 17 号。

陈清华《中央银行之纸币与准备金》刊于《工商半月刊》第 1 卷第 18 号。

吴兆名《华丝失败之原因及其改良方法》刊于《工商半月刊》第 1 卷第 19 号。

林奄方《大国民的使命》刊于《南洋研究》第 2 卷第 5 号。

钱鹤译《民族心理与殖民政策》刊于《南洋研究》第 2 卷第 5 号。

卢建业《国际移民问题与中国》刊于《南洋研究》第 2 卷第 5 号。

陈谷川《移民问题与东亚民族之生存》刊于《南洋研究》第 2 卷第 5 号。

张水琪《中国移民政策之重要》刊于《南洋研究》第 2 卷第 5 号。

李长傅《海外华侨人数之统计》刊于《南洋研究》第 2 卷第 5 号。

卢建业《中日侨民之海外竞争》刊于《南洋研究》第 2 卷第 5 号。

林奄方译《世界移民问题之推移》刊于《南洋研究》第 2 卷第 5 号。

刘士木译《日本南进策》刊于《南洋研究》第 2 卷第 5 号。

林奄方《南洋殖民地与其统治策》刊于《南洋研究》第 2 卷第 5 号。

王旦华译《英属马来亚之猪仔贸易》刊于《南洋研究》第 2 卷第 5 号。

钱鹤《南洋华侨学校调查概览(续)》刊于《南洋研究》第 2 卷第 5 号。

丘思汉译《荷属东印度群岛各埠人数调查表》刊于《南洋研究》第 2 卷第 5 号。

刘士木《暹罗最近概况》刊于《南洋研究》第 2 卷第 6 号。

邱斌存译《暹罗的国情》刊于《南洋研究》第 2 卷第 6 号。

顾因明、丁运丙《暹罗恢复国权运动》刊于《南洋研究》第 2 卷第 6 号。

邱斌存《中暹订约的事件》刊于《南洋研究》第 2 卷第 6 号。

李长傅《暹罗史略》刊于《南洋研究》第 2 卷第 6 号。

钱鹤《暹罗之教育》刊于《南洋研究》第 2 卷第 6 号。

王旦华《暹罗海外贸易概况》刊于《南洋研究》第 2 卷第 6 号。

顾因明《暹罗农民合作运动略况》刊于《南洋研究》第 2 卷第 6 号。

宗山《暹罗之家畜病害》刊于《南洋研究》第 2 卷第 6 号。

顾因明《暹罗一年来之进出口状况》刊于《南洋研究》第 2 卷第 6 号。

魏应麒《临水奶》刊于《民俗周刊》第 61—62 期合刊"神的专号"。

魏应麒《郭圣王》刊于《民俗周刊》第 61—62 期合刊"神的专号"。

周振鹤《天后》刊于《民俗周刊》第 61—62 期合刊"神的专号"。

谢云声《异代同居的天后与吴真人》刊于《民俗周刊》第 61—62 期合刊"神的专号"。

樊縯《二郎神的转变》刊于《民俗周刊》第 61—62 期合刊"神的专号"。

容肇祖《二郎神考》刊于《民俗周刊》第 61—62 期合刊"神的专号"。

黄仲琴《十二生肖神》刊于《民俗周刊》第 61—62 期合刊"神的专号"。

谢云声《厦门醉仙严仙诞的调查》刊于《民俗周刊》第 61—62 期合刊"神的专号"。

魏应麒《道士师巫口中之临水奶及舍人哥》刊于《民俗周刊》第 61—62 期合刊"神的专号"。

邓尔雅《抱送麟儿之铜版》刊于《民俗周刊》第 61—62 期合刊"神的专号"。

清水《韶州的神庙》刊于《民俗周刊》第 61—62 期合刊"神的专号"。

谢云声《闽南神诞表》刊于《民俗周刊》第 61—62 期合刊"神的专号"。

魏应麒《关于天后》刊于《民俗周刊》第 61—62 期合刊"神的专号"。

黄昌祚《孙道者故事补述》刊于《民俗周刊》第 61—62 期合刊"神的专号"。

亦梦《观音菩萨和金刚争神位》刊于《民俗周刊》第 61—62 期合刊"神的专号"。

夏廷棫《关于关圣帝君书目》刊于《民俗周刊》第 61—62 期合刊"神的专号"。

叶竹君《厦门人对于神的迷信》刊于《民俗周刊》第 61—62 期合刊"神的专号"。

亦梦《神与小孩子的几个关系》刊于《民俗周刊》第 61—62 期合刊"神的专号"。

胡张政《榕树》刊于《民俗周刊》第 61—62 期合刊"神的专号"。

东尊《现代教育之解剖》刊于《教育杂志》第 21 卷第 1 期。

杨人楩《新康德派之教育思潮》刊于《教育杂志》第 21 卷第 1 期。

[日]阿部重孝原著,丰子恺译《近代艺术教育运动》刊于《教育杂志》第 21 卷第 1 期。

邰爽秋《年龄学级及进步之计算》刊于《教育杂志》第 21 卷第 1 期。

储子润《小学社会科课程与教材之整理》刊于《教育杂志》第 21 卷第 1 期。

黄竞白《小学卫生问题的研究》刊于《教育杂志》第 21 卷第 1 期。

贺昌群《儿童教育与行为主义》刊于《教育杂志》第 21 卷第 1 期。

丰子恺《社会的背景》刊于《教育杂志》第 21 卷第 1 期。

Ong M. Raunds 原著,朱然藜译《苏俄之新教育》刊于《教育杂志》第 21 卷第 1 期。

Carlelon Washburne 原著,林仲达译《苏俄教育之最近概况》刊于《教育杂志》第 21 卷第 1 期。

傅任敢《苏俄职业教育之近况(国际劳工月刊)》刊于《教育杂志》第 21 卷第 1 期。

沈锐《上海小学生退学原因之研究》刊于《教育杂志》第 21 卷第 1 期。

李仁民《新俄之新学校》刊于《教育杂志》第 21 卷第 1 期。

[意]孟德格查原著,夏丏尊译《续爱的教育》刊于《教育杂志》第 21 卷第 1 期。

周谷城《中国教育之历史的使命》刊于《教育杂志》第 21 卷第 2 期。

杜佐周《中国教育的改造和建设》刊于《教育杂志》第 21 卷第 2 期。

杨人楩《文化哲学的教育思潮》刊于《教育杂志》第 21 卷第 2 期。

艾伟《各国中小学数学课程之比较》刊于《教育杂志》第 21 卷第 2 期。

沈百英《小学实际问题》刊于《教育杂志》第 21 卷第 2 期。

于涤心《小学生自由阅读之指导》刊于《教育杂志》第 21 卷第 2 期。

李仁民《高唱思想善导之最近日本教育界》刊于《教育杂志》第 21 卷第 2 期。

康德一《国际联盟教育之真相》刊于《教育杂志》第 21 卷第 2 期。

敖弘德《语体文应用字汇研究报告》刊于《教育杂志》第 21 卷第 2 期。

赵轶尘《一个小学校的课程实验》刊于《教育杂志》第 21 卷第 2 期。

[意]孟德格查原著,夏丏尊译《续爱的教育(续)》刊于《教育杂志》第 21 卷第 2 期。

舒新城《致青年教育家》刊于《教育杂志》第 21 卷第 2 期。

陶希圣《中国学校教育之史的观察》刊于《教育杂志》第21卷第3期。

郭一岑《筹备"中央心理学研究所"之建议》刊于《教育杂志》第21卷第3期。

Watson原著，林仲达译《行为主义论战（上）》刊于《教育杂志》第21卷第3期。

Perival M. Symonds原著，牟永锡译《学习律》刊于《教育杂志》第21卷第3期。

韦息予《小学儿童不良习惯之改正》刊于《教育杂志》第21卷第3期。

沈百英《小学实际问题（续）》刊于《教育杂志》第21卷第3期。

陆宗贽《普通儿童之保护事业》刊于《教育杂志》第21卷第3期。

张连中《日本青年学生思想之出路（河合荣治郎原著）》刊于《教育杂志》第21卷第3期。

倪文宙《杜威的苏俄教育印像谈》刊于《教育杂志》第21卷第3期。

敖弘德《语体文应用字汇研究报告（续）》刊于《教育杂志》第21卷第3期。

赵轶尘《职业指导的问题》刊于《教育杂志》第21卷第3期。

夏丏尊《续爱的教育（再续）（孟德格查原著）》刊于《教育杂志》第21卷第3期。

周谷城《国家建设中之教育改造》刊于《教育杂志》第21卷第4期。

蒋径三《文化教育学的理论与方法》刊于《教育杂志》第21卷第4期。

McDongall原著，林仲达译《行为主义之论战（下）》刊于《教育杂志》第21卷第4期。

戴桑克原著，牟永锡译《测验运动的新进步》刊于《教育杂志》第21卷第4期。

王秀南《小学教育之危机及其今后改进之方法》刊于《教育杂志》第21卷第4期。

谢康《小学社会科教学商榷》刊于《教育杂志》第21卷第4期。

高觉敷《基斯塔说的儿童心理学》刊于《教育杂志》第21卷第4期。

叶公朴《教育劳动者国际之勃兴与其发展》刊于《教育杂志》第21卷第4期。

倪文宙《杜威的苏俄教育印象谈（续）》刊于《教育杂志》第21卷第4期。

许兴凯《日本在东三省之文化侵掠》刊于《教育杂志》第21卷第4期。

郑冠兆《几本关于民众教育的著作》刊于《教育杂志》第21卷第4期。

夏丏尊《续爱的教育（三续）（孟德格查原著）》刊于《教育杂志》第21卷第4期。

王鲁白《一位小学教师之悲愤的喊声》刊于《教育杂志》第21卷第4期。

赵轶尘《实验小学或附属小学应该怎么样》刊于《教育杂志》第21卷第5期。

沈百英《实验教育的初步工作》刊于《教育杂志》第21卷第5期。

毛礼锐《明日的实验小学校》刊于《教育杂志》第21卷第5期。

吴增芥《何谓实验学校（孟宪承读）》刊于《教育杂志》第21卷第5期。

邱椿《家乡研究与小学课程之改造》刊于《教育杂志》第21卷第5期。

杜佐周《编制小学读法课程的一个方法》刊于《教育杂志》第21卷第5期。

朱培钧《小学低年级读物的设计教学研究》刊于《教育杂志》第21卷第5期。

吴增芥《小学高年级国语教学的两个研究》刊于《教育杂志》第21卷第5期。

许观光《小学低学年级法教学法》刊于《教育杂志》第21卷第5期。

朱慕周《小学书法临映试验研究》刊于《教育杂志》第21卷第5期。

陆静山《晓庄中心小学之创设及其问题》刊于《教育杂志》第21卷第5期。

胡叔异《南京女子中学实验小学之三种实验教育计划》刊于《教育杂志》第21卷第5期。

葛承训《无锡中学实验小学天才教育的实验计划》刊于《教育杂志》第 21 卷第 5 期。

马精武《尚公学校儿童自治之今明昨》刊于《教育杂志》第 21 卷第 5 期。

盛朗西《上海中学实验小学儿童自治概况》刊于《教育杂志》第 21 卷第 5 期。

林仲达《美国实验学校之运动及其特点》刊于《教育杂志》第 21 卷第 6 期。

金子实《德国的实验学校》刊于《教育杂志》第 21 卷第 6 期。

P. R. Radosavljevich 原著,朱然藜译《托尔斯泰实验学校之精神》刊于《教育杂志》第 21 卷第 6 期。

D. Snedden 原著,赵演译《儿童中心学校》刊于《教育杂志》第 21 卷第 6 期。

高杰《算术的定期练习实验研究》刊于《教育杂志》第 21 卷第 6 期。

顾培元《低学年算学教学法》刊于《教育杂志》第 21 卷第 6 期。

童伯匋《小学六年级社会教学示例》刊于《教育杂志》第 21 卷第 6 期。

费锡胤《实验的小学校音乐教具》刊于《教育杂志》第 21 卷第 6 期。

杨彬如《小学体育教学法的实验》刊于《教育杂志》第 21 卷第 6 期。

储子润《成绩记分法的讨论》刊于《教育杂志》第 21 卷第 6 期。

王秀南《实小组织之鸟瞰》刊于《教育杂志》第 21 卷第 6 期。

姚虚谷《乡村小学田间教学法的实验报告》刊于《教育杂志》第 21 卷第 6 期。

丁重宣《苏州中学实验小学志愿学习试验报告》刊于《教育杂志》第 21 卷第 6 期。

储子润《无锡中学实验小学三四年级阅读实验报告》刊于《教育杂志》第 21 卷第 6 期。

环惜吾《如皋实验小学四学年复式教学的实施报告》刊于《教育杂志》第 21 卷第 6 期。

费锡胤《无锡中学实验小学的新闻事业——〈儿童时报〉》刊于《教育杂志》第 21 卷第 6 期。

张表方《教育精神的独立自由化与教育制度的贫民民主化》刊于《教育杂志》第 21 卷第 7 期。

詹文浒《整个的行为主义的研究及其批评》刊于《教育杂志》第 21 卷第 7 期。

童润之《改造中学课程之科学的方法》刊于《教育杂志》第 21 卷第 7 期。

Harvey C. Lehman and Panl A. Witty 原著,王国新译《随意读书之性差异》刊于《教育杂志》第 21 卷第 7 期。

蒋息岑《小学新课程标准产生后之儿童用书编辑问题》刊于《教育杂志》第 21 卷第 7 期。

B. Liber 原著,张立人译《家庭教育中底几个基本错误》刊于《教育杂志》第 21 卷第 7 期。

杨东莼《十年来之日本学生运动》刊于《教育杂志》第 21 卷第 7 期。

许兴凯《日本在东三省之文化侵掠》刊于《教育杂志》第 21 卷第 7 期。

[意]孟德格查原著,夏丏尊译《续爱的教育(四续)》刊于《教育杂志》第 21 卷第 7 期。

金海观《对于舒新城致青年教育家的答辩》刊于《教育杂志》第 21 卷第 7 期。

雷宾南《祝成人教育世界大会》刊于《教育杂志》第 21 卷第 8 期。

杨人楩《现象学的教育思潮》刊于《教育杂志》第 21 卷第 8 期。

白格来(W. C. Bagley)等原著,赵廷为译《课程编造的根本原理》刊于《教育杂志》第 21 卷第 8 期。

马宗荣《教育行政的特质》刊于《教育杂志》第 21 卷第 8 期。

汤鸿鬶《算学四则之相关之实验研究》刊于《教育杂志》第 21 卷第 8 期。

康德一《儿童教育之先决问题》刊于《教育杂志》第 21 卷第 8 期。

雷宾南《英国成人教育运动之起源与发展》刊于《教育杂志》第 21 卷第 8 期。

郑冠兆《新俄成人教育运动之突进》刊于《教育杂志》第 21 卷第 8 期。

罗迪先《从日本教育统计上观察日本的教育》刊于《教育杂志》第 21 卷第 8 期。

郑冠兆《一本从事成人教育者所不可不读的书》刊于《教育杂志》第 21 卷第 8 期。

[意]孟德格查原著,夏丏尊译《续爱的教育(五续)》刊于《教育杂志》第 21 卷第 8 期。

常导之《游学杂感(一)》刊于《教育杂志》第 21 卷第 8 期。

陈东原《中国教育之历史及其遗蜕》刊于《教育杂志》第 21 卷第 9 期。

萧孝嵘《对于桑戴克学习心理学说之我见》刊于《教育杂志》第 21 卷第 9 期。

赵廷为《我国教育上的外国语问题》刊于《教育杂志》第 21 卷第 9 期。

杜佐周《书法的心理》刊于《教育杂志》第 21 卷第 9 期。

吴增芥《小学低年级读法教学的研究》刊于《教育杂志》第 21 卷第 9 期。

沈百英《小学实际问题(三续)》刊于《教育杂志》第 21 卷第 9 期。

康德一《儿童教育之先决问题》刊于《教育杂志》第 21 卷第 9 期。

杨东莼《苏俄的性教育问题》刊于《教育杂志》第 21 卷第 9 期。

李洪康《日本高等教育之政策及其影响》刊于《教育杂志》第 21 卷第 9 期。

薛鸿志《各省区师范中学及省立小学每年平均费用之比较》刊于《教育杂志》第 21 卷第 9 期。

柳伯涛《罗素的教育论》刊于《教育杂志》第 21 卷第 9 期。

[意]孟德格查原著,夏丏尊译《续爱的教育(六续)》刊于《教育杂志》第 21 卷第 9 期。

王西征《中国教育界的饥饿和警觉》刊于《教育杂志》第 21 卷第 10 期。

艾伟《遗传与环境在智慧上之影响》刊于《教育杂志》第 21 卷第 10 期。

Heinrch Kluver 著,高觉敷译《现代德国自然科学的心理学》刊于《教育杂志》第 21 卷第 10 期。

赵廷为《课程编造上的活动分析(Roy Ivan Johnson 著)》刊于《教育杂志》第 21 卷第 10 期。

高杰《小学算术教学的个别化》刊于《教育杂志》第 21 卷第 10 期。

A. R. Luria 著,赵演译《儿童行为的新研究》刊于《教育杂志》第 21 卷第 10 期。

叶公朴《世界成年劳动者教育之实施鸟瞰》刊于《教育杂志》第 21 卷第 10 期。

郑冠兆《英国成人教育之进展》刊于《教育杂志》第 21 卷第 10 期。

马静轩《京沪市校成绩展览会一瞥》刊于《教育杂志》第 21 卷第 10 期。

邬振甫《教育之根本原理》刊于《教育杂志》第 21 卷第 10 期。

薰宇《留法问题》刊于《教育杂志》第 21 卷第 10 期。

[意]孟德格查原著,夏丏尊译《续爱的教育(七续)》刊于《教育杂志》第 21 卷第 10 期。

朱文叔《中国现代教育之两重桎梏》刊于《教育杂志》第 21 卷第 11 期。

蒋径三《现代社会的教育思潮》刊于《教育杂志》第 21 卷第 11 期。

Heinvich Klurer 原著,高觉敷译《现代德国文化科学的心理学》刊于《教育杂志》第 21

卷第 11 期。

史美煊《教育测验编造法的理论和实际》刊于《教育杂志》第 21 卷第 11 期。

李清悚《现代标准测验之改造问题》刊于《教育杂志》第 21 卷第 11 期。

马静轩《设计组织的小学算术学习片编制法》刊于《教育杂志》第 21 卷第 11 期。

沈百英《小学实际问题(四续)》刊于《教育杂志》第 21 卷第 11 期。

张雪门《自动教学下之幼稚园的手工》刊于《教育杂志》第 21 卷第 11 期。

邱大年、张嘉栋《克伯屈的苏俄教育观》刊于《教育杂志》第 21 卷第 11 期。

陈康时《萧伯纳之社会主义的教育论》刊于《教育杂志》第 21 卷第 11 期。

李楚材《乡村师范课程编制的尝试》刊于《教育杂志》第 21 卷第 11 期。

邬振甫《教育之根本原理(续)》刊于《教育杂志》第 21 卷第 11 期。

[意]孟德格查原著,夏丏尊译《续爱的教育(八续)》刊于《教育杂志》第 21 卷第 11 期。

李谊《教育迷信论》刊于《教育杂志》第 21 卷第 12 期。

蒋径三《文化哲学与文化教育学》刊于《教育杂志》第 21 卷第 12 期。

G. T. W. Patric 著,朱然藜译《心之新解释》刊于《教育杂志》第 21 卷第 12 期。

V. M. Borovsk 著,高觉敷译《苏俄的心理学》刊于《教育杂志》第 21 卷第 12 期。

史美煊《教育测验编造法的理论和实际(续)》刊于《教育杂志》第 21 卷第 12 期。

高杰《小学社会科教材教学之实际的研究》刊于《教育杂志》第 21 卷第 12 期。

吴增芥《小学低年级算学教学法及其实例》刊于《教育杂志》第 21 卷第 12 期。

贺玉波《儿童的文学教育》刊于《教育杂志》第 21 卷第 12 期。

王人路《儿童读物的分类与选择》刊于《教育杂志》第 21 卷第 12 期。

林仲达《丹麦之世界教育专家会议》刊于《教育杂志》第 21 卷第 12 期。

李仁民《日本之最近文化政策》刊于《教育杂志》第 21 卷第 12 期。

郭小江《昙花样的日本土睦农民学校》刊于《教育杂志》第 21 卷第 12 期。

赵轶尘《由手工活动得来的教育》刊于《教育杂志》第 21 卷第 12 期。

[意]孟德格查原著,夏丏尊译《续爱的教育(九续)》刊于《教育杂志》第 21 卷第 12 期。

张寿镛《教育学报序》刊于《教育学报(上海光华大学教育学会)》第 1 期。

按:是文曰:"教育学报者,吾光华大学教师及同学组织教育学会研究教育学之所得,汇而刊之,名之曰报是也。报者鸣也。韩退之曰'人声之精者为言,文辞之于言,又其精也,尤善鸣者而假之鸣'。吾光华之师若弟子,或以文学鸣,或以理化鸣,或以商学鸣,各就性之所近而假之鸣。教育学者,文学中之主要者也;退之所谓尤择善其善鸣者,其在斯乎? 夫今之所谓教育学者即古之所谓小学之序,大学之道也。少仪内则弟子职,其以小学鸣者也;大学中庸学记儒行其以大学鸣者也。德行、言语、文学、政事,以四科鸣,礼,乐,射,御,书,数,以艺鸣,狂者以进取鸣,狷者以有所不为鸣。郑康成、毛颖达以经学鸣于汉唐,濂洛关闽以理学鸣于宋。王阳明以良知为鸣,李二曲以改过自新鸣,其所鸣不同,要皆以善鸣而使从之鸣者皆善者也。今吾光华教育学会之刊教育学报,将以昔之所学者自鸣乎,抑将鸣于人而推暨所学乎? 教育之道,至纤且悉,其用应于时事,其术求合心理,其制别于欧美,其体无古今一也。吾知其所自鸣者,既本于吾校知行合一之训,而鸣于人者,将合小学大学而一之,以求人声之精而不仅文辞之善者也。余乐为之序。"

廖世承《近今教学上几个重要问题》刊于《教育学报(上海光华大学教育学会)》第 1 期。

董任坚《改造大学课程应有的几个目标》刊于《教育学报(上海光华大学教育学会)》第 1 期。

陈科美《我国教育宗旨》刊于《教育学报（上海光华大学教育学会）》第 1 期。

张耀翔《天才的特点》刊于《教育学报（上海光华大学教育学会）》第 1 期。

张登寿《三民主义与中国教育》刊于《教育学报（上海光华大学教育学会）》第 1 期。

吕思勉《古学制考》刊于《教育学报（上海光华大学教育学会）》第 1 期。

谢循初《人类发展的分期》刊于《教育学报（上海光华大学教育学会）》第 1 期。

郑文汉《美国实验学校》刊于《教育学报（上海光华大学教育学会）》第 1 期。

胡祖荫《自由教育与宣传的冲突》刊于《教育学报（上海光华大学教育学会）》第 1 期。

［美］克伯屈作，姚兆胜译《美国教育哲学》刊于《教育学报（上海光华大学教育学会）》第 1 期。

盛慰苍《自由教育》刊于《教育学报（上海光华大学教育学会）》第 1 期。

包玉珂等《学校参观报告》刊于《教育学报（上海光华大学教育学会）》第 1 期。

胡祖荫《小学教师问题的研究》刊于《教育学报（上海光华大学教育学会）》第 1 期。

张泽民《儿童教育实施的要点》刊于《教育学报（上海光华大学教育学会）》第 1 期。

鲍国樑《晚近教育趋势》刊于《教育学报（上海光华大学教育学会）》第 1 期。

张登寿《詹姆士教育论》刊于《教育学报（上海光华大学教育学会）》第 1 期。

包玉珂《学校调查报告》刊于《教育学报（上海光华大学教育学会）》第 1 期。

胡祖荫《学校视察报告》刊于《教育学报（上海光华大学教育学会）》第 1 期。

刘先培《南京中学参观报告》刊于《教育学报（上海光华大学教育学会）》第 1 期。

汪宏声《幼稚园半日记》刊于《教育学报（上海光华大学教育学会）》第 1 期。

冯培澜《晓庄中心茶园参观报告》刊于《教育学报（上海光华大学教育学会）》第 1 期。

潘文安《教育上大可注意之一问题》刊于《教育与职业》第 106 期。

吴友孝译《日本女学生职业志愿之调查》刊于《教育与职业》第 106 期。

吴友孝译《英国之补习教育》刊于《教育与职业》第 106 期。

潘鸣凤《职业上公民的职责》刊于《教育与职业》第 106 期。

陆耿通《农村火灾问题》刊于《教育与职业》第 106 期。

黄炎培《第七届全国职业学校联合会里几个问题》刊于《教育与职业》第 107 期。

杨鄂联《民国十七年度之中国职业教育》刊于《教育与职业》第 107 期。

陈选善《成人教育在心理学上的根据》刊于《教育与职业》第 107 期。

徐宗恺《教育与职业之新思潮》刊于《教育与职业》第 107 期。

抱一《发现两件急需的农村重要工作》刊于《教育与职业》第 108 期。

江恒源《调查江苏十七县农民生计状况后的感想》刊于《教育与职业》第 108 期。

吟阁《农村经济之调查》刊于《教育与职业》第 108 期。

刘湛恩《参观欧美职业学校与专家讨论职业教育问题后之感想》刊于《教育与职业》第 108 期。

唐启宇《江苏省合作事业指导委员会之组织及一年来之概况》刊于《教育与职业》第 108 期。

雇述之《私立无锡小麦试验场推广良种报告》刊于《教育与职业》第 108 期。

朱冲涛《盲哑教育与职业教育》刊于《教育与职业》第 109 期。

江恒源《对于成年补习教育的意见》刊于《教育与职业》第 109 期。

范成林《小学校职业陶冶谈》刊于《教育与职业》第 109 期。

素《列强对华的文化侵略政策》刊于《辽宁教育月刊》第 1 卷第 1 号。

杨振声讲、郝御风记《清华中国文学系之计划》刊于《辽宁教育月刊》第 1 卷第 1 号。

赵小梦《庆贺刊的降生及希望一般教育者》刊于《辽宁教育月刊》第 1 卷第 1 号。

[日]鹤见祐辅《论办事法》刊于《辽宁教育月刊》第 1 卷第 1 号。

牛佩璋《改造与团结》刊于《辽宁教育月刊》第 1 卷第 1 号。

刘振廷《先秦学术派别的一个小整理》刊于《辽宁教育月刊》第 1 卷第 1 号。

车庆和《省县乡适用之组织国民简易学校办法》刊于《辽宁教育月刊》第 1 卷第 2 号。

车庆和《国民简易教育是其他正宗教育的先决问题》刊于《辽宁教育月刊》第 1 卷第 2 号。

王鸿霖《改善假期讲习会问题》刊于《辽宁教育月刊》第 1 卷第 2 号。

陈凤翔《乡村教育的补救法》刊于《辽宁教育月刊》第 1 卷第 2 号。

李祥生《对于东边教育之孔目》刊于《辽宁教育月刊》第 1 卷第 2 号。

赵小梦《小学测验方法的研究》刊于《辽宁教育月刊》第 1 卷第 2 号。

丁玉衡《我之动的教学谈》刊于《辽宁教育月刊》第 1 卷第 2 号。

李景隆《儿童与教师》刊于《辽宁教育月刊》第 1 卷第 2 号。

王有忱《谈谈乡校儿童缺席》刊于《辽宁教育月刊》第 1 卷第 2 号。

徐柏春《艺术漫谈》刊于《辽宁教育月刊》第 1 卷第 2 号。

顾品月《一年级新生的入手教育法》刊于《辽宁教育月刊》第 1 卷第 2 号。

赵小梦《克伯屈教育哲学》刊于《辽宁教育月刊》第 1 卷第 2 号。

张仲述讲、赵小梦记《学生生活之三种训练》刊于《辽宁教育月刊》第 1 卷第 4 号。

陈东昇《日本教育行政概况》刊于《辽宁教育月刊》第 1 卷第 4 号。

赵小梦《克伯屈的教育原则》刊于《辽宁教育月刊》第 1 卷第 4 号。

赵小梦《小学国语科中一个表演》刊于《辽宁教育月刊》第 1 卷第 4 号。

赵小梦《小学学生自治的组织》刊于《辽宁教育月刊》第 1 卷第 4 号。

佟万玉《儿童的教导问题》刊于《辽宁教育月刊》第 1 卷第 4 号。

傅云瑞《图书馆行政纲要》刊于《辽宁教育月刊》第 1 卷第 4 号。

素痴《论中国语言之足用及中国无哲学系统之故》刊于《辽宁教育月刊》第 1 卷第 4 号。

章士钊《英伦工策一瞥》刊于《留英学报》第 3 期。

谭声乙《中国航务问题》刊于《留英学报》第 3 期。

朱光潜《行为主义》刊于《留英学报》第 3 期。

谭声乙《世界造船业的近状之统计(续)》刊于《留英学报》第 3 期。

潘渊《编剧家之艺术(译)》刊于《留英学报》第 3 期。

赵长敏《现代英国基尔特社会主义学家的民主社会》刊于《留英学报》第 3 期。

李圣五《德国战事赔偿问题评述》刊于《留英学报》第 4 期。

陈文渊《中国民主和文化的研究》刊于《留英学报》第 4 期。

赵长敏《近代英国唯心派》刊于《留英学报》第 4 期。

刘咸《人种分类标准概说》刊于《留英学报》第 4 期。

徐亚生《浅识薄技的解释与价值》刊于《妇女杂志》第 15 卷第 1 号。

徐亚生《农家妇女的浅识薄技训练》刊于《妇女杂志》第 15 卷第 1 号。

徽知《知识即是力》刊于《妇女杂志》第 15 卷第 1 号。

李赞华《浅识薄技与中国妇女的经济独立》刊于《妇女杂志》第 15 卷第 1 号。

徽知《象牙塔的来历》刊于《妇女杂志》第 15 卷第 1 号。

德恩《浅识薄技与我国妇女》刊于《妇女杂志》第 15 卷第 1 号。

刘承符《浅识薄技与妇女职业》刊于《妇女杂志》第 15 卷第 1 号。

丁堃生《妇女常识技能的缺乏和需要》刊于《妇女杂志》第 15 卷第 1 号。

梨秋村女《妇女应有的常识——戒迷信》刊于《妇女杂志》第 15 卷第 1 号。

农隐《常识的基础是什么》刊于《妇女杂志》第 15 卷第 1 号。

徽知《关于天的一些知识》刊于《妇女杂志》第 15 卷第 1 号。

邓廷栋《衢县的妇女》刊于《妇女杂志》第 15 卷第 1 号。

农隐《关于地的一些知识》刊于《妇女杂志》第 15 卷第 1 号。

徽知《关于人的一些知识》刊于《妇女杂志》第 15 卷第 1 号。

唐旭《艺术的意义及其比较》刊于《妇女杂志》第 15 卷第 1 号。

兰生《工业的意义与发达》刊于《妇女杂志》第 15 卷第 1 号。

镜影《常识与人生》刊于《妇女杂志》第 15 卷第 1 号。

林雪香《女子胜利的基础》刊于《妇女杂志》第 15 卷第 1 号。

戴行辂《智识怎样能扩充——读书》刊于《妇女杂志》第 15 卷第 1 号。

召君《技能怎样能纯熟——自修》刊于《妇女杂志》第 15 卷第 1 号。

昔樵《吴江妇女的薄技》刊于《妇女杂志》第 15 卷第 1 号。

曾琼英《平南妇女技能的一瞥》刊于《妇女杂志》第 15 卷第 1 号。

记者《求知识的方法》刊于《妇女杂志》第 15 卷第 1 号。

农隐《谈谈书法的范本》刊于《妇女杂志》第 15 卷第 1 号。

卢观显《制造墨水法数种》刊于《妇女杂志》第 15 卷第 1 号。

胡忠彪《法国的花边事业》刊于《妇女杂志》第 15 卷第 1 号。

粹存《家庭妇女看护的常识》刊于《妇女杂志》第 15 卷第 1 号。

钱亚雨《妇女与国乐》刊于《妇女杂志》第 15 卷第 1 号。

杜就田《摄影术顾问》刊于《妇女杂志》第 15 卷第 1 号。

程瀚章《医事卫生顾问》刊于《妇女杂志》第 15 卷第 1 号。

梁得所《五十年之回顾》刊于《妇女杂志》第 15 卷第 1 号。

艾伟《情绪的卫生》刊于《妇女杂志》第 15 卷第 2 号。

廖国芳《不得解放的妇女 一》刊于《妇女杂志》第 15 卷第 2 号。

马景星《不得解放的妇女 二》刊于《妇女杂志》第 15 卷第 2 号。

素贞《不得解放的妇女 三》刊于《妇女杂志》第 15 卷第 2 号。

月明《黄金时的女青年》刊于《妇女杂志》第 15 卷第 2 号。

菊农《一个未受教育的贫妇》刊于《妇女杂志》第 15 卷第 2 号。

徽知《世界各国的结婚风俗》刊于《妇女杂志》第 15 卷第 2 号。

郭魁武《北镇妇女的生活状况》刊于《妇女杂志》第 15 卷第 2 号。

陈光宇《南洋新福州的妇女》刊于《妇女杂志》第 15 卷第 2 号。

心渊《理想的美人 一》刊于《妇女杂志》第 15 卷第 2 号。

鲁毓泰《理想的美人 二》刊于《妇女杂志》第 15 卷第 2 号。

邓卓群《理想的美人 三》刊于《妇女杂志》第 15 卷第 2 号。

练生《身体康健保护法》刊于《妇女杂志》第 15 卷第 2 号。

杜就田《摄影术顾问》刊于《妇女杂志》第 15 卷第 2 号。

程瀚章《医事卫生顾问》刊于《妇女杂志》第 15 卷第 2 号。

Mrs. Evelyn Saywell 原著,尚木译《女子的成长与训练》刊于《妇女杂志》第 15 卷第 3 号。

文索《一个家庭大学的提议》刊于《妇女杂志》第 15 卷第 3 号。

醉塵《现代女性的危机》刊于《妇女杂志》第 15 卷第 3 号。

陈廷璋《婢之革除》刊于《妇女杂志》第 15 卷第 3 号。

魏忠唐《悲哀中的迷途》刊于《妇女杂志》第 15 卷第 3 号。

邵文萃《安徽黟县的妇女》刊于《妇女杂志》第 15 卷第 3 号。

杨斌《南汇妇女的生活状况》刊于《妇女杂志》第 15 卷第 3 号。

王剑圣《瑞安妇女的一瞥》刊于《妇女杂志》第 15 卷第 3 号。

陈筠轩《制革新法》刊于《妇女杂志》第 15 卷第 3 号。

赵枥溪《西湖纪游》刊于《妇女杂志》第 15 卷第 3 号。

杜就田《摄影术顾问》刊于《妇女杂志》第 15 卷第 3 号。

程瀚章《医事卫生顾问》刊于《妇女杂志》第 15 卷第 3 号。

徐亚生《婚姻问题的研究》刊于《妇女杂志》第 15 卷第 4 号。

林竞成《亲子应否别居的问题》刊于《妇女杂志》第 15 卷第 4 号。

王则李《从现代女权运动说到良母贤妻》刊于《妇女杂志》第 15 卷第 4 号。

仲华《十年间芬兰离婚率的剧增》刊于《妇女杂志》第 15 卷第 4 号。

钱咸《苏沪间乡镇社会妇女的生活》刊于《妇女杂志》第 15 卷第 4 号。

朱洛彬《万隆的妇女生活》刊于《妇女杂志》第 15 卷第 4 号。

左梅村《朱淑贞及其诗词》刊于《妇女杂志》第 15 卷第 4 号。

潭华仙子辑《瑶台玉韵》刊于《妇女杂志》第 15 卷第 4 号。

杜就田《摄影术顾问》刊于《妇女杂志》第 15 卷第 4 号。

程瀚章《医事卫生顾问》刊于《妇女杂志》第 15 卷第 4 号。

文索《恋爱与责任》刊于《妇女杂志》第 15 卷第 5 号。

宁菱秋《我国女青年的倾向》刊于《妇女杂志》第 15 卷第 5 号。

徐亚生《儿童玩具的研究》刊于《妇女杂志》第 15 卷第 5 号。

刘曼仙《美国近世的妇人运动》刊于《妇女杂志》第 15 卷第 5 号。

徐肖符《谈谈船上的妇女》刊于《妇女杂志》第 15 卷第 5 号。

是勤《沅陵妇女生活情形》刊于《妇女杂志》第 15 卷第 5 号。

李寓一《欧洲装饰的进化及法兰西的时装》刊于《妇女杂志》第 15 卷第 5 号。

重华《二性结合目的之误解及其影响》刊于《妇女杂志》第 15 卷第 5 号。

戚维翰《儿童的歌谣》刊于《妇女杂志》第 15 卷第 5 号。

徵知《自然主义》刊于《妇女杂志》第 15 卷第 5 号。

程瀚章《医事卫生顾问》刊于《妇女杂志》第 15 卷第 5 号。

杜就田《摄影术顾问》刊于《妇女杂志》第 15 卷第 5 号。

吴道针《婚姻制度的演进》刊于《妇女杂志》第 15 卷第 6 号。

永雪《家庭的演进》刊于《妇女杂志》第 15 卷第 6 号。

记者《为艺术而艺术》刊于《妇女杂志》第 15 卷第 6 号。

涓涓《伟大的母性立脱尔登夫人》刊于《妇女杂志》第 15 卷第 6 号。

静远《儿童教育重要》刊于《妇女杂志》第 15 卷第 6 号。

陈眠竹《匈牙利的女子教育》刊于《妇女杂志》第 15 卷第 6 号。

记者《为人生的艺术》刊于《妇女杂志》第 15 卷第 6 号。

思岳《自觉与比较》刊于《妇女杂志》第 15 卷第 6 号。

储祎《俄国革命妇女库伦塔夫人》刊于《妇女杂志》第 15 卷第 6 号。

无我《新疆诸民族的婚俗》刊于《妇女杂志》第 15 卷第 6 号。

俭超《香港妇女生活的客观》刊于《妇女杂志》第 15 卷第 6 号。

叶曾骏《妇女与音乐》刊于《妇女杂志》第 15 卷第 6 号。

程瀚章《医事卫生顾问》刊于《妇女杂志》第 15 卷第 6 号。

杜就田《摄影术顾问》刊于《妇女杂志》第 15 卷第 6 号。

李寓一《教育部全国美术展览会参观记(一)》刊于《妇女杂志》第 15 卷第 7 号。

寓一《日本最大美展之一 帝展》刊于《妇女杂志》第 15 卷第 7 号。

寓一《日本最大美展之二 院展》刊于《妇女杂志》第 15 卷第 7 号。

金伟君《美展与艺术新运动》刊于《妇女杂志》第 15 卷第 7 号。

尚其煦《法兰西美术展览场所之一瞥》刊于《妇女杂志》第 15 卷第 7 号。

李寓一《工业美术的新意趣》刊于《妇女杂志》第 15 卷第 7 号。

李毅士《学习西洋画的目标》刊于《妇女杂志》第 15 卷第 7 号。

李寓一《教育部全国美术展览会参观记(二)》刊于《妇女杂志》第 15 卷第 7 号。

寓一《欧洲缀织绘画展观》刊于《妇女杂志》第 15 卷第 7 号。

金启静《女性与美术》刊于《妇女杂志》第 15 卷第 7 号。

陶粹英《女性发育美与人体画法》刊于《妇女杂志》第 15 卷第 7 号。

寓一《古砚展》刊于《妇女杂志》第 15 卷第 7 号。

颂尧《西洋画派系统与美展西画评述》刊于《妇女杂志》第 15 卷第 7 号。

颂尧《文人画与国画新格》刊于《妇女杂志》第 15 卷第 7 号。

颂尧《画法的科学解释》刊于《妇女杂志》第 15 卷第 7 号。

潘玉良《我习惯粉笔画的经验谈》刊于《妇女杂志》第 15 卷第 7 号。

俞慕韩《艺术的删略》刊于《妇女杂志》第 15 卷第 7 号。

裘练吾《与吴佩璋女士谈艺术》刊于《妇女杂志》第 15 卷第 7 号。

徽知《美的快感》刊于《妇女杂志》第 15 卷第 7 号。

李寓一《教育部全国美术展览会参观记(三)》刊于《妇女杂志》第 15 卷第 7 号。

李寓一《欧洲新建筑概略与国内建筑新构作》刊于《妇女杂志》第 15 卷第 7 号。

姜丹书《建筑史话随笔》刊于《妇女杂志》第 15 卷第 7 号。

徽知《建筑家的资格》刊于《妇女杂志》第 15 卷第 7 号。

颂尧《造像与铸像》刊于《妇女杂志》第 15 卷第 7 号。

颂尧《最近欧美与日本之美术展》刊于《妇女杂志》第 15 卷第 7 号。

尚其煦《法国近代雕刻谈片》刊于《妇女杂志》第 15 卷第 7 号。

余绍坡《宜于学校手工的几件美术工艺》刊于《妇女杂志》第 15 卷第 7 号。

寓一《女性中的新流行展》刊于《妇女杂志》第 15 卷第 7 号。

金启静《艺术世界性的过去和将来》刊于《妇女杂志》第 15 卷第 7 号。

Niuo Franek 著，岳仑译《今日之新画家纳格兰》刊于《妇女杂志》第 15 卷第 7 号。

潘伯英《音乐家与欣赏家》刊于《妇女杂志》第 15 卷第 7 号。

王伊茹《艺术的使命》刊于《妇女杂志》第 15 卷第 7 号。

李寓一《教育部全国美术展览会参观记（四）》刊于《妇女杂志》第 15 卷第 7 号。

霜葵《中国古剧沿革谈》刊于《妇女杂志》第 15 卷第 7 号。

徽知《美学的修整》刊于《妇女杂志》第 15 卷第 7 号。

金启静《艺术途上的彷徨者》刊于《妇女杂志》第 15 卷第 7 号。

胡一贯《艺术的结婚》刊于《妇女杂志》第 15 卷第 7 号。

徐亚生《家庭演讲与女子的民众教育》刊于《妇女杂志》第 15 卷第 8 号。

钟挺秀《世界各国妇女参政运动概述》刊于《妇女杂志》第 15 卷第 8 号。

黄少文《今后妇女运动的正确道路》刊于《妇女杂志》第 15 卷第 8 号。

杨颂先《近代的恋爱观》刊于《妇女杂志》第 15 卷第 8 号。

杨颂先《中国的小学教师》刊于《妇女杂志》第 15 卷第 8 号。

徽知《模仿的向上性与趋下性》刊于《妇女杂志》第 15 卷第 8 号。

辉群女士《哥德的著作及其爱人》刊于《妇女杂志》第 15 卷第 8 号。

狷公《闽侯蛮婆生活一瞥》刊于《妇女杂志》第 15 卷第 8 号。

毕霞《论经期中的卫生》刊于《妇女杂志》第 15 卷第 8 号。

相如《秋日饮料水的卫生》刊于《妇女杂志》第 15 卷第 8 号。

程瀚章《医事卫生顾问》刊于《妇女杂志》第 15 卷第 8 号。

杜就田《摄影术顾问》刊于《妇女杂志》第 15 卷第 8 号。

徐亚生《论我国女子的参政问题》刊于《妇女杂志》第 15 卷第 9 号。

徐亚生《家庭中的迷信问题》刊于《妇女杂志》第 15 卷第 9 号。

公度《中国女工问题》刊于《妇女杂志》第 15 卷第 9 号。

玛利《为今日求学女子作一警告》刊于《妇女杂志》第 15 卷第 9 号。

宁菱秋《自由恋爱的轨道和歧路》刊于《妇女杂志》第 15 卷第 9 号。

杨颂先《新旧妇女的比较》刊于《妇女杂志》第 15 卷第 9 号。

超然《教育子女的俚言》刊于《妇女杂志》第 15 卷第 9 号。

示韦《欧洲各国劳动妇女的发达及其概况》刊于《妇女杂志》第 15 卷第 9 号。

林雪香《兴宁妇女生活概况》刊于《妇女杂志》第 15 卷第 9 号。

徐白《女性琐谈》刊于《妇女杂志》第 15 卷第 9 号。

程瀚章《医事卫生顾问》刊于《妇女杂志》第 15 卷第 9 号。

杜就田《摄影术顾问》刊于《妇女杂志》第 15 卷第 9 号。

朱秉国《嫁前与嫁后应有的认识》刊于《妇女杂志》第 15 卷第 10 号。

记者《家居妇人重要的职事》刊于《妇女杂志》第 15 卷第 10 号。

徐亚生、潘璿《女子嫁前的健康问题》刊于《妇女杂志》第 15 卷第 10 号。

仲华《嫁前与嫁后的生活概论》刊于《妇女杂志》第 15 卷第 10 号。

仲华《嫁前与嫁后的恋爱问题》刊于《妇女杂志》第 15 卷第 10 号。

徽知《什么是稳健的人生观》刊于《妇女杂志》第 15 卷第 10 号。

廖国芳《嫁前的修养》刊于《妇女杂志》第 15 卷第 10 号。

袁植隐《嫁前和嫁后的心理变迁》刊于《妇女杂志》第 15 卷第 10 号。

赵誉船《马尔德茵的嫁之研究》刊于《妇女杂志》第 15 卷第 10 号。

周敬庠《女子的嫁之起因与变化》刊于《妇女杂志》第 15 卷第 10 号。

许君可《女子出嫁前后生活的比较》刊于《妇女杂志》第 15 卷第 10 号。

觇生《嫁前选择配偶的标准》刊于《妇女杂志》第 15 卷第 10 号。

梨秋村女《女道妇道的商榷》刊于《妇女杂志》第 15 卷第 10 号。

镜影《妇女在家庭中的任务》刊于《妇女杂志》第 15 卷第 10 号。

仲华《嫁后女子的国籍问题》刊于《妇女杂志》第 15 卷第 10 号。

纪芳《余姚妇女的嫁前与嫁后》刊于《妇女杂志》第 15 卷第 10 号。

颂尧《一位女画家的嫁前与嫁后》刊于《妇女杂志》第 15 卷第 10 号。

[美]博克著,梁得所译《五十年之回顾》刊于《妇女杂志》第 15 卷第 10 号。

沈美镇《新女性与幼稚教育》刊于《妇女杂志》第 15 卷第 11 号。

文索《家庭问题之人格的观察与解决》刊于《妇女杂志》第 15 卷第 11 号。

周钰《男女平等的先决条件》刊于《妇女杂志》第 15 卷第 11 号。

樊织云《妇女心理的改造》刊于《妇女杂志》第 15 卷第 11 号。

仲华《女权落后的南欧国家》刊于《妇女杂志》第 15 卷第 11 号。

仲华《奇装异服的禁令》刊于《妇女杂志》第 15 卷第 11 号。

镜元《法国女杰贞德五百周年纪念》刊于《妇女杂志》第 15 卷第 11 号。

示韦《世界得诺贝尔文学奖金的三位女文学家》刊于《妇女杂志》第 15 卷第 11 号。

仲华《欧美的女警察设施问题》刊于《妇女杂志》第 15 卷第 11 号。

仲华《百年来节育运动纷扰的历史观》刊于《妇女杂志》第 15 卷第 11 号。

蔡鸿、戴芳渊《关于孕妇及产妇的忠告》刊于《妇女杂志》第 15 卷第 11 号。

仲华《日本的妇女地位》刊于《妇女杂志》第 15 卷第 11 号。

朱秉国《讨论读书的方法》刊于《妇女杂志》第 15 卷第 11 号。

朱焕彩《妇女解放途中的害马》刊于《妇女杂志》第 15 卷第 11 号。

世芬女士《介绍几本关于妇女问题的日本书籍》刊于《妇女杂志》第 15 卷第 11 号。

程瀚章《医事卫生顾问》刊于《妇女杂志》第 15 卷第 11 号。

杜就田《摄影术顾问》刊于《妇女杂志》第 15 卷第 11 号。

俞审之《诗境与深感》刊于《妇女杂志》第 15 卷第 11 号。

[美]博克著,梁得所译《五十年之回顾》刊于《妇女杂志》第 15 卷第 11 号。

江文汉、鲁学瀛、徐先佑《学生婚姻问题》刊于《妇女杂志》第 15 卷第 12 号。

高希圣《男性中心说与女性中心说》刊于《妇女杂志》第 15 卷第 12 号。

王汉威《夫妻的义务》刊于《妇女杂志》第 15 卷第 12 号。

健秋女士《三百年来中国民族独立运动的略说》刊于《妇女杂志》第 15 卷第 12 号。

俞宷之《探究人生的札记一页》刊于《妇女杂志》第 15 卷第 12 号。

马文元《成功必有所由来》刊于《妇女杂志》第 15 卷第 12 号。

示韦《新土耳其的新妇女》刊于《妇女杂志》第 15 卷第 12 号。

振之《我国的女权运动者——武照》刊于《妇女杂志》第 15 卷第 12 号。

储祢《先秦婚姻概况》刊于《妇女杂志》第 15 卷第 12 号。

程瀚章《医事卫生顾问》刊于《妇女杂志》第 15 卷第 12 号。

[美]博克著,梁得所译《五十年之回顾》刊于《妇女杂志》第 15 卷第 12 号。

叶真《私生子问题》刊于《新女性》第 4 卷 6 月号"儿童问题专号"。

[日]西山荣久作,宣昭、觉农译《中国民间的婴孩杀害》刊于《新女性》第 4 卷 6 月号"儿童问题专号"。

熙素《儿童公育》刊于《新女性》第 4 卷 6 月号"儿童问题专号"。

叶真《儿童感化事业之一斑》刊于《新女性》第 4 卷 6 月号"儿童问题专号"。

陶父《苏联之女性保护与儿童保护》刊于《新女性》第 4 卷 6 月号"儿童问题专号"。

伯涛《罗素论儿童第一年的教育》刊于《新女性》第 4 卷 6 月号"儿童问题专号"。

伯涛《罗素论儿童的性教育》刊于《新女性》第 4 卷 6 月号"儿童问题专号"。

丰子恺《玩具的选择》刊于《新女性》第 4 卷 6 月号"儿童问题专号"。

丰子恺《幼儿的故事》刊于《新女性》第 4 卷 6 月号"儿童问题专号"。

傅惜华《元曲漫话》刊于《益世报》4 月 12 日。

刘盼遂《〈论衡注〉删要》刊于《北平图书馆月刊》第 2 卷第 4 号。

刘盼遂《梁任公先生传》刊于《图书馆学季刊》3 卷 1—2 号。

刘盼遂《〈天问〉校笺》刊于《国学论丛》第 2 卷第 1 号。

刘盼遂《〈后汉书〉校笺》刊于《国学论丛》第 2 卷第 1 号。

李宗武《最近各国政治关系的推移》刊于《北新》第 3 卷第 1 号。

刘穆《世界工业的新倾向》刊于《北新》第 3 卷第 1 号。

王璧如译《近代文艺的背境(内崎作三郎著)》刊于《北新》第 3 卷第 1 号。

郭真《日本政治组织及其现势》刊于《北新》第 3 卷第 1 号。

龚彬《日耳曼民族的复兴与德奥合并运动》刊于《北新》第 3 卷第 1 号。

陶镕成记录《德国的新经济组织》刊于《北新》第 3 卷第 1 号。

潘菽《心理学的主体》刊于《北新》第 3 卷第 1 号。

梁遇春译《论新诗》(原题 *The Modem Wightingale*)刊于《北新》第 3 卷第 1 号。

石民译《事实之于文学》刊于《北新》第 3 卷第 1 号。

达夫译《拜金艺术第十一章》刊于《北新》第 3 卷第 1 号。

赵景深《高尔基评传》刊于《北新》第 3 卷第 1 号。

亚子《苏曼殊年谱后记》刊于《北新》第 3 卷第 1 号。

戴行轺《英帝国统治下之印度现状》刊于《北新》第 3 卷第 2 号。

杨夏天《同性爱的问题》刊于《北新》第 3 卷第 2 号。

石民译《英国的"谣曲"》刊于《北新》第 3 卷第 2 号。

郁达夫译《拜金艺术第十二章(英雄崇拜的时代)》刊于《北新》第 3 卷第 2 号。

龚彬《最近法兰西之政海波澜》刊于《北新》第3卷第3号。

非英《关于耕地分配问题的讨论》刊于《北新》第3卷第3号。

培元《化学与中国》刊于《北新》第3卷第3号。

郁达夫译《拜金艺术第十三章)》刊于《北新》第3卷第3号。

起应《辛克来的杰作〈林莽〉》刊于《北新》第3卷第3号。

秦川《苟先生的小说》刊于《北新》第3卷第3号。

张佐文译《智识劳动组合运动最近之发展》刊于《北新》第3卷第4号。

继郇《俄国的都市计划》刊于《北新》第3卷第4号。

汪馥泉《中国俗文学三种的研究》刊于《北新》第3卷第4号。

郁达夫译《拜金艺术第十四章》刊于《北新》第3卷第4号。

林汉达《几本小说的几个作者》刊于《北新》第3卷第4号。

梁遇春译《巴特纳的杂录》刊于《北新》第3卷第4号。

汪蔚明《海与诗人》刊于《北新》第3卷第4号。

李宗武《欧洲政局的新酝酿》刊于《北新》第3卷第5号。

增麟《总选举前之英国》刊于《北新》第3卷第5号。

秋景明译《萧伯纳谈国际联盟真相》刊于《北新》第3卷第5号。

龚彬《法兰西人口问题之解决策》刊于《北新》第3卷第5号。

杨夏天《一九二八年的日本文艺界》刊于《北新》第3卷第5号。

企霞《过去的革命两时代及与之有关的一时代》刊于《北新》第3卷第5号。

赵景深《从〈奔波〉讲到小说的结构》刊于《北新》第3卷第5号。

鲁迅《致〈近代美术史潮论〉的读者诸君》刊于《北新》第3卷第5号。

圣《美国的将来与新海军政策》刊于《北新》第3卷第6号。

真《德国经济概观》刊于《北新》第3卷第6号。

真《日本统治下之朝鲜现状》刊于《北新》第3卷第6号。

郁达夫译《拜金艺术第十五章》刊于《北新》第3卷第6号。

刘穆《最近英国的国外贸易与工业问题》刊于《北新》第3卷第7号。

龚彬《国际联盟本届行政会议与少数民族问题》刊于《北新》第3卷第7号。

云山《印度国民大会参观记》刊于《北新》第3卷第7号。

姚宏文《心理学主体之我见》刊于《北新》第3卷第7号。

张文亮译《文学与民意(小泉八云讲)》刊于《北新》第3卷第7号。

郁达夫译《拜金艺术第十六章》刊于《北新》第3卷第7号。

融成《英美对于中国的利害关系和最近对于中国政治上的态度之解剖》刊于《北新》第3卷第8号。

张行天译《国际经济中间的矛盾》刊于《北新》第3卷第8号。

若宾《生存竞争之世相》刊于《北新》第3卷第8号。

佃潮痕《日本在山东之所谓条约权利》刊于《北新》第3卷第8号。

查士骥译《剧作家友琴·沃尼尔》刊于《北新》第3卷第8号。

潘菽《无意义的有意义》刊于《北新》第3卷第8号。

孙席珍《许钦文的〈若有其事〉》刊于《北新》第3卷第8号。

汪馥泉《再介绍黄哲人"译述"东西小说发达史》刊于《北新》第 3 卷第 8 号。

彬《最近国际两大会议》刊于《北新》第 3 卷第 9 号。

圣《妇女与宗教》刊于《北新》第 3 卷第 9 号。

杨东莼《中国过去教育的批判》刊于《北新》第 3 卷第 9 号。

刘大杰《英国花鸟作家 W. H. Hudson》刊于《北新》第 3 卷第 9 号。

真《法国最近的产业状态与劳动组织》刊于《北新》第 3 卷第 10 号。

绚《日本最近的文化政策》刊于《北新》第 3 卷第 10 号。

江绍原译《俄罗斯正宗教会与社会革命》刊于《北新》第 3 卷第 10 号。

张我军译《创作家的态度》刊于《北新》第 3 卷第 10 号。

郁达夫译《拜金艺术第十七章》刊于《北新》第 3 卷第 10 号。

月如《论"极端"》刊于《北新》第 3 卷第 10 号。

迦辛译《果尔蒙的短句》刊于《北新》第 3 卷第 10 号。

姜书阁译《新德意志的领袖人物》刊于《北新》第 3 卷第 11 号。

凡隐《中国最近汉回的冲突和融和"种族成见"的办法》刊于《北新》第 3 卷第 11 号。

查士骧译《最近的英国文坛》刊于《北新》第 3 卷第 11 号。

梁遇春译《论雪莱》刊于《北新》第 3 卷第 11 号。

方于译《职业上的理智》刊于《北新》第 3 卷第 11 号。

张伯篪《美国对外投资政策的新趋势》刊于《北新》第 3 卷第 12 号。

彬《斯堪狄纳维亚半岛的新局面》刊于《北新》第 3 卷第 12 号。

刘穆《苏联的国民教育》刊于《北新》第 3 卷第 12 号。

林语堂译《七种艺术与七种谬见》刊于《北新》第 3 卷第 12 号。

李青崖译《基梅的那个歌者》刊于《北新》第 3 卷第 12 号。

倪贻德《未完成的杰作》刊于《北新》第 3 卷第 12 号。

光人《冬之三部曲》刊于《北新》第 3 卷第 12 号。

方文《国际资本主义现势之一瞥》刊于《北新》第 3 卷第 13 号。

高乔平《英国总选举的结果》刊于《北新》第 3 卷第 13 号。

刘穆译《俄国的前途》刊于《北新》第 3 卷第 13 号。

若宾《日本新闻事业之现势》刊于《北新》第 3 卷第 13 号。

赵景深译《最近德国的剧坛》刊于《北新》第 3 卷第 13 号。

郁达夫译《拜金艺术第十八章》刊于《北新》第 3 卷第 13 号。

高希圣《英国劳动运动之史的发展》刊于《北新》第 3 卷第 14 号。

若宾《苏联的图书事业》刊于《北新》第 3 卷第 14 号。

大新译《良心的本原》刊于《北新》第 3 卷第 14 号。

郁达夫译《拜金艺术第十九章》刊于《北新》第 3 卷第 14 号。

梁遇春译《论雪莱》刊于《北新》第 3 卷第 14 号。

潘修桐译《萧伯纳语录》刊于《北新》第 3 卷第 14 号。

龚彬《欧洲局势的新变化》刊于《北新》第 3 卷第 15 号。

郭真《日本政局的新变化》刊于《北新》第 3 卷第 15 号。

龚彬《反日运动与中外贸易》刊于《北新》第 3 卷第 15 号。

黄自平《读陈豹隐译河上肇〈经济学大纲〉》刊于《北新》第 3 卷第 15 号。

方元造《皮格远诺夫底〈社会意识学〉》刊于《北新》第 3 卷第 15 号。

希圣《反帝国主义同盟之过去与现在》刊于《北新》第 3 卷第 16 号。

龚彬《苏俄对外贸易之特征》刊于《北新》第 3 卷第 16 号。

邬孟晖《今日的美国》刊于《北新》第 3 卷第 16 号。

张我军译《现代美国社会学》刊于《北新》第 3 卷第 16 号。

宋斐如译《家庭，私有财产及国家之起源》刊于《北新》第 3 卷第 16 号。

如琳译《近代的社会剧》刊于《北新》第 3 卷第 16 号。

许兴凯《非战公约能值几文钱》刊于《北新》第 3 卷第 17 号。

李静庵《中国资本市场之考察》刊于《北新》第 3 卷第 17 号。

刘穆《最近苏联经济状况》刊于《北新》第 3 卷第 17 号。

潘渭年《井田制研究引论》刊于《北新》第 3 卷第 17 号。

王璧如译《现代的东洋思想》刊于《北新》第 3 卷第 17 号。

方炎武译《俄罗斯文学最顶点的要素》刊于《北新》第 3 卷第 17 号。

丘润章《两性关系的新纠葛》刊于《北新》第 3 卷第 17 号。

周作人《性教育的示儿编序》刊于《北新》第 3 卷第 17 号。

郭真《中东路问题与世界和平》刊于《北新》第 3 卷第 18 号。

高希圣《阿富汗的反革命》刊于《北新》第 3 卷第 18 号。

陈庆雄《日本财阀政治之解剖》刊于《北新》第 3 卷第 18 号。

何孝怡译《现代经济组织之基础》刊于《北新》第 3 卷第 18 号。

方天白译《现代美国的文学》刊于《北新》第 3 卷第 18 号。

林语堂译《印象主义的批评（英国王尔德作）》刊于《北新》第 3 卷第 18 号。

何孝怡《最近世界经济的倾向》刊于《北新》第 3 卷第 19 号。

郭真《主要资本主义国家的对外贸易观》刊于《北新》第 3 卷第 19 号。

高希圣《英俄关系的变迁》刊于《北新》第 3 卷第 19 号。

郭一岑《从文化心理学观点研究教师心理》刊于《北新》第 3 卷第 19 号。

方炎武译《英国文坛之渐进主义》刊于《北新》第 3 卷第 19 号。

朱联晋译《日本去年农村问题概观》刊于《北新》第 3 卷第 22 号。

杨浴泉译《苏俄劳动者的生活（日本秋田雨雀作）》刊于《北新》第 3 卷第 22 号。

化青译《唯物论者的文化观（俄国卢那卡斯基作）》刊于《北新》第 3 卷第 22 号。

萧崇素《日本无产文坛零话》刊于《北新》第 3 卷第 22 号。

语堂译《批评家的要德》刊于《北新》第 3 卷第 22 号。

棱岩《关于〈两性关系的新纠葛〉》刊于《北新》第 3 卷第 22 号。

胡恒译《日本人口过剩问题》刊于《北新》第 3 卷第 23 号。

杨浴泉译《苏俄的教育及文化机关》刊于《北新》第 3 卷第 23 号。

安人译《犯罪与刑罚》刊于《北新》第 3 卷第 23 号。

启三译《裸体与性》刊于《北新》第 3 卷第 23 号。

林语堂译《批评之功用》刊于《北新》第 3 卷第 23 号。

《发刊辞》刊于《朝华月刊》第 1 卷第 1 期。

按:《朝华月刊》为河北省立女子师范学院院刊之一,1929年12月1日创刊,该院出版科朝华编辑部编辑并发行,"以研究学术文艺为宗旨"。是文指出:"这刊物的宗旨,只是如此的平凡广泛,它的内容就是将这些方面性质不同的论著,兼收并蓄;绝不是要求代表某种学说主义或派别。"刊物辟有插图(该院院景及师生合影等照片)、论文、读书札记、小说、诗、词、散文、翻译等栏目,是比较综合性的刊物。冯日昌、觉生、李凤鼎、曹棣生、胡国钰、黄炎培等为主要撰稿者。

冯日昌《朱熹"格物致知"论》刊于《朝华月刊》第1卷第1期。

觉生《孔子学说果能推倒吗?》刊于《朝华月刊》第1卷第1期。

卢季韶译《读书与文学之关系》刊于《朝华月刊》第1卷第1期。

怡墅《元曲泛论》刊于《朝华月刊》第1卷第1期。

若君《文艺批评的职能》刊于《朝华月刊》第1卷第1期。

郭真《中国经济发展之国际的意义》刊于《一般》第7卷第1号。

希圣《大战前夜的世界经济》刊于《一般》第7卷第1号。

丰子恺《音乐的神童莫札尔德及其名曲》刊于《一般》第7卷第1号。

陈登元《为墨翟国籍质胡怀琛君》刊于《一般》第7卷第1号。

夏斧心译《群众心理及自我的分析》刊于《一般》第7卷第1号。

颂羔《圣经的ABC》刊于《一般》第7卷第1号。

岂凡《中国社会相的新展开(一)》刊于《一般》第7卷第1号。

萧哀《中国社会相的新展开(二)》刊于《一般》第7卷第1号。

萧哀《中国前途的曙光》刊于《一般》第7卷第1号。

岂凡《中国人性情的反面》刊于《一般》第7卷第1号。

李宗武《国际新风云与未来危险的酝酿》刊于《一般》第7卷第2号。

从予《弱小民族解放运动现势》刊于《一般》第7卷第2号。

魏肇基《日本之哲学界》刊于《一般》第7卷第2号。

丰子恺《音乐的英雄裴德芬及其名曲》刊于《一般》第7卷第2号。

夏斧心译《群众心理及自我的分析》刊于《一般》第7卷第2号。

君壬《产业合理化下的各国工资》刊于《一般》第7卷第3号。

丰子恺《对于全国美术展览会的希望》刊于《一般》第7卷第3号。

魏肇基《日本之哲学界(续完)》刊于《一般》第7卷第3号。

江绍原《英吉利动植矿物的谣俗和鬼怪》刊于《一般》第7卷第3号。

江绍原《一些现代英吉利谣俗》刊于《一般》第7卷第3号。

丰子恺《歌曲之王修裴尔德及其名曲》刊于《一般》第7卷第3号。

夏斧心译《群众心理及自我的分析(续完)》刊于《一般》第7卷第3号。

岂凡《翻译复兴》刊于《一般》第7卷第3号。

补拙《目前的世界经济概况》刊于《一般》第7卷第4号。

高希望《英美帝国主义对于非洲的争霸》刊于《一般》第7卷第4号。

陈登元《进化论在美国的厄运》刊于《一般》第7卷第4号。

江绍原《现代英吉利时令》刊于《一般》第7卷第4号。

丰子恺《幸福的乐人孟特尔仲及其名曲》刊于《一般》第7卷第4号。

观云《水浒及其作者》刊于《一般》第7卷第4号。

希圣《社会科学是什么》刊于《一般》第8卷第1号。

梅子《论文化科学》刊于《一般》第 8 卷第 1 号。

郭真《五一劳动节之史的发展》刊于《一般》第 8 卷第 1 号。

君壬《现代社会意识的探讨》刊于《一般》第 8 卷第 1 号。

落叶《国家崇拜》刊于《一般》第 8 卷第 1 号。

天人《苏联的教育情况》刊于《一般》第 8 卷第 1 号。

继郇《俄国政治组织一瞥》刊于《一般》第 8 卷第 1 号。

安之《自由通商运动和资本的苦闷》刊于《一般》第 8 卷第 1 号。

谷人《现代经济解剖之一面》刊于《一般》第 8 卷第 1 号。

先之《英帝国主义前途之一面观》刊于《一般》第 8 卷第 1 号。

增麟《中国革命的经济的要因》刊于《一般》第 8 卷第 1 号。

岂凡《保存古物》刊于《一般》第 8 卷第 1 号。

岂凡《全国美术展览会》刊于《一般》第 8 卷第 1 号。

岂凡《禁止研究社会科学者的头脑》刊于《一般》第 8 卷第 1 号。

安之《人类中最初的叛逆者》刊于《一般》第 8 卷第 1 号。

牟永锡《领袖论》刊于《一般》第 8 卷第 2 号。

丰子恺《最近的西洋画派》刊于《一般》第 8 卷第 2 号。

江绍原《一些现代英吉利习惯法和各业谣俗》刊于《一般》第 8 卷第 2 号。

丰子恺《哀愁音乐家晓邦及其名曲》刊于《一般》第 8 卷第 2 号。

胡怀琛《为墨翟国籍问题答陈登元君》刊于《一般》第 8 卷第 2 号。

陈登元《为墨子国籍事再质胡怀琛君》刊于《一般》第 8 卷第 2 号。

岂凡《关于学校演剧等等》刊于《一般》第 8 卷第 2 号。

安之《印度人的致命伤》刊于《一般》第 8 卷第 2 号。

陈登元《韦尔斯与基督教》刊于《一般》第 8 卷第 3 号。

丰子恺《洋琴大王李斯德及其名曲》刊于《一般》第 8 卷第 3 号。

陈之佛《美术工艺之实际运动者马利斯》刊于《一般》第 8 卷第 3 号。

刘叔琴《印度的古代文化》刊于《一般》第 8 卷第 3 号。

豫堂《对美育杂志李主干的回声的叱咤》刊于《一般》第 8 卷第 3 号。

岂凡《革命与性生活》刊于《一般》第 8 卷第 3 号。

章克标《世界各国数学教育的改造运动》刊于《一般》第 8 卷第 4 号。

傅冰然《教育的性质与中国目前的教育问题》刊于《一般》第 8 卷第 4 号。

朱光潜《两种美》刊于《一般》第 8 卷第 4 号。

周容《贫乏哲学》刊于《一般》第 8 卷第 4 号。

愈之《图腾主义》刊于《一般》第 8 卷第 4 号。

丰子恺《交响诗人裴辽士及其名曲》刊于《一般》第 8 卷第 4 号。

定生《又来"骂"胡适之先生》刊于《一般》第 8 卷第 4 号。

王任叔《出版家》刊于《一般》第 8 卷第 4 号。

罗翟《屠介涅夫的地位特质及其影响》刊于《一般》第 8 卷第 4 号。

化鲁《英国总选举之前夜》刊于《一般》第 8 卷第 4 号。

化鲁《向左转之英国政局》刊于《一般》第 8 卷第 4 号。

丰子恺《乐剧建设者华葛纳尔及其名曲》刊于《一般》第9卷第1号。

胡文傅《笑的作用和起源》刊于《一般》第9卷第1号。

诘凡《优生学浅说》刊于《一般》第9卷第1号。

王惠良《苏联的著名学者》刊于《一般》第9卷第1号。

罗翟《陀思退夫斯基的地位特质及影响》刊于《一般》第9卷第1号。

胡怀琛《为墨翟国籍问题再答陈登元君》刊于《一般》第9卷第1号。

岂凡《西湖博览会杂感》刊于《一般》第9卷第1号。

孙岫人《中俄交涉声中之满洲与日本》刊于《一般》第9卷第2号。

傅冰然《教育的性质与中国目前的教育问题》刊于《一般》第9卷第2号。

胡秋原《阶级社会的算术》刊于《一般》第9卷第2号。

丰子恺《悲观音乐家却伊可夫斯基及其名曲》刊于《一般》第9卷第2号。

许钦文《关于陶元庆的死》刊于《一般》第9卷第2号。

按：陶元庆（1893—1929），字璇卿，浙江绍兴人。曾在上海艺术专科师范学校师从丰子恺和陈抱一等名家学习西洋画。对中国传统绘画、东方图案画和西洋绘画都广泛涉猎，有着不俗的见识和修养，为其从事书籍装帧艺术奠定了美学基础。和同是绍兴人的许钦文私交甚好。经许钦文引荐为鲁迅翻译的日本厨川白村《苦闷的象征》作封面画，而与鲁迅相识，鲁迅很欣赏他的才华。1929年8月6日，陶元庆因病去世，年仅36岁。《一般》杂志第9卷第2号为"追悼陶元庆氏"专号，刊发了大量生前好友及名流追悼陶元庆的文章。

许钦文《陶元庆氏轶事》刊于《一般》第9卷第2号。

许钦文《陶元庆氏言行录》刊于《一般》第9卷第2号。

陈抱一《回忆陶元庆君》刊于《一般》第9卷第2号。

叶绍钧《追念陶先生》刊于《一般》第9卷第2号。

章克标《回忆和幻想中的陶元庆》刊于《一般》第9卷第2号。

沈秉廉《悼陶元庆先生》刊于《一般》第9卷第2号。

艾叶《知道陶元庆先生死耗之后》刊于《一般》第9卷第2号。

陈啸空《归来呀元庆》刊于《一般》第9卷第2号。

赵景深《哀陶元庆先生》刊于《一般》第9卷第2号。

钟敬文《陶元庆先生》刊于《一般》第9卷第2号。

贺玉波《忆画家陶元庆先生》刊于《一般》第9卷第2号。

梁耀南《新兴美术家陶元庆先生》刊于《一般》第9卷第2号。

王昭乾《纪念我的教师陶元庆先生》刊于《一般》第9卷第2号。

孙席珍《怀陶元庆先生》刊于《一般》第9卷第2号。

钱君陶《陶元庆论》刊于《一般》第9卷第2号。

许钦文《陶元庆氏遗作目录》刊于《一般》第9卷第2号。

钱君陶《陶元庆先生挽歌》刊于《一般》第9卷第2号。

钦文辑《陶元庆遗著》刊于《一般》第9卷第2号。

桑洛卿《南满铁路之今日》刊于《一般》第9卷第3号。

安之《德意志伊特沃罗儿和马克斯社会学》刊于《一般》第9卷第3号。

秋原《列强资本之中国市场竞争》刊于《一般》第9卷第3号。

石樵《象征的解释》刊于《一般》第9卷第3号。

丰子恺《音诗人希得洛斯及其名曲》刊于《一般》第 9 卷第 3 号。

先之《论翻译之易》刊于《一般》第 9 卷第 3 号。

谢剑文《答岂凡先生的"疑问"》刊于《一般》第 9 卷第 3 号。

柳梅影《启蒙文学论》刊于《一般》第 9 卷第 4 号。

愈之《澳洲土人的图腾主义》刊于《一般》第 9 卷第 4 号。

子恺《新时代音乐家杜褒西及其名曲》刊于《一般》第 9 卷第 4 号。

子恺《热狂音乐家修芒及其名曲》刊于《一般》第 9 卷第 4 号。

安之译《个人主义伊特沃罗几时代底过渡形态》刊于《一般》第 9 卷第 4 号。

陈登元《为墨子国籍致胡怀琛君》刊于《一般》第 9 卷第 4 号。

慧子《李培天译近世社会学成立史纠谬举例》刊于《一般》第 9 卷第 4 号。

岂凡《礼义之邦》刊于《一般》第 9 卷第 4 号。

王卓如《广慎终说》刊于《佛化周刊》第 86 期。

黄乐西《王母汪太君往生记》刊于《佛化周刊》第 86 期。

云鹤《阅妒忌耐歌附录》刊于《佛化周刊》第 86 期。

吴倩芗《人类中实现三途的山东（续）》刊于《佛化周刊》第 86 期。

印光《为在家弟子略说三归五戒十善义》刊于《佛化周刊》第 87 期。

印光《为在家弟子略说三归五戒十善义（续）》刊于《佛化周刊》第 88 期。

吴倩芗《佛说十善业道经（续八五期）》刊于《佛化周刊》第 88 期。

吴倩芗《人类中实现三途的山东（续八六期）》刊于《佛化周刊》第 88 期。

吴倩芗《佛说十善业道经（续八八期）》刊于《佛化周刊》第 89 期。

吴倩芗《人类中实现三途的山东（续八八期）》刊于《佛化周刊》第 89 期。

唐玄奘法师造《八识规矩颂略解》刊于《佛化周刊》第 90 期。

吴倩芗《人类中实现三途的山东（续八九期）》刊于《佛化周刊》第 90 期。

清柴绍炳《劝妇女戒杀文》刊于《佛化周刊》第 90 期。

陈古逸《祭祀不宜用牲牢说》刊于《佛化周刊》第 91 期。

唐玄奘法师造《八识规矩颂略解（续上期）》刊于《佛化周刊》第 91 期。

谛闲《说戒定慧三学劝普修净土演辞》刊于《佛化周刊》第 92 期。

潘李观《济南炮劫中佛菩萨示现灵感纪事》刊于《佛化周刊》第 92 期。

漪斐《佛学浅说》刊于《佛化周刊》第 93 期。

明颜茂猷《遏淫说》刊于《佛化周刊》第 93 期。

蔡契诚、虞愚《与天台山人论孝书》刊于《佛化周刊》第 93 期。

印老法师《示净土法门及对治瞋恚等义》刊于《佛化周刊》第 94 期。

莲池大师《汤厄》刊于《佛化周刊》第 94 期。

蕅益大师《善恶十界从道品》刊于《佛化周刊》第 95 期。

佛心虞愚《二十世纪求治之根本》刊于《佛化周刊》第 95 期。

圆瑛《佛教与社会人心之关系》刊于《佛化周刊》第 96 期。

唐大圆《唯识三字经释论》刊于《佛化周刊》第 96 期。

太虚《佛教人乘正法论》刊于《佛化周刊》第 97 期。

唐大圆《唯识三字经释论（续）》刊于《佛化周刊》第 97 期。

佛心虞愚《二十世纪求治之根本(续)》刊于《佛化周刊》第 97 期。

方来《持戒说》刊于《佛化周刊》第 98 期。

太虚《佛教人乘正法论(续)》刊于《佛化周刊》第 98 期。

唐大圆《唯识三字经释论》刊于《佛化周刊》第 98 期。

周志文《因果报应之昭彰写真》刊于《佛化周刊》第 98 期。

周颂尧《记辱僧之报》刊于《佛化周刊》第 98 期。

太虚《佛教人乘正法论(续)》刊于《佛化周刊》第 99 期。

圆瑛《佛教与社会人心之关系(续)》刊于《佛化周刊》第 99 期。

唐大圆《唯识三字经释论(续)》刊于《佛化周刊》第 99 期。

智旭大师《十善业道经节要》刊于《佛化周刊》第 100 期。

王卓如《戒麻雀牌说》刊于《佛化周刊》第 100 期。

太虚《佛教人乘正法论(续)》刊于《佛化周刊》第 101 期。

唐大圆《世界佛学院筹备处宣言》刊于《佛化周刊》第 101 期。

唐大圆《唯识三字经释论(续)》刊于《佛化周刊》第 101 期。

卓智立《印光法师嘉言续录》刊于《佛化周刊》第 102 期。

唐大圆《唯识三字经释论(续)》刊于《佛化周刊》第 102 期。

卓智立《印光法师嘉言续录(续)》刊于《佛化周刊》第 103 期。

圆瑛法师《佛教与社会人心之关系(续)》刊于《佛化周刊》第 103 期。

释明道《佛教教义与三民主义之关系》刊于《佛化周刊》第 121 期。

陈仲益《述佛教之西渐(续)》刊于《佛化周刊》第 121 期。

唐大圆《性命问题(续)》刊于《佛化周刊》第 121 期。

太虚《无神论(续)》刊于《佛化周刊》第 121 期。

圆瑛《国民应尽天职(续)》刊于《佛化周刊》第 123 期。

唐大圆《性命问题(续)》刊于《佛化周刊》第 123 期。

陈仲益《述佛教之西渐(续)》刊于《佛化周刊》第 123 期。

密林《释尊一代记(续)》刊于《佛化周刊》第 123 期。

尔明《唯识释疑》刊于《佛化周刊》第 124 期。

唐大圆《性命问题(续)》刊于《佛化周刊》第 124 期。

密林《释尊一代记(续)》刊于《佛化周刊》第 124 期。

圆瑛《国民应尽天职(续)》刊于《佛化周刊》第 125 期。

唐大圆《性命问题(续)》刊于《佛化周刊》第 125 期。

密林《释尊一代记(续)》刊于《佛化周刊》第 125 期。

印光《江母汪太君往生记发隐》刊于《佛化周刊》第 128 期。

海岸《佛说阿弥陀经集解(续)》刊于《佛化周刊》第 128 期。

周颂尧《念佛却邪之异闻》刊于《佛化周刊》第 128 期。

海岸《佛说阿弥陀经集解(续)》刊于《佛化周刊》第 129 期。

王诚中《赵陈心田女居士往生事略》刊于《佛化周刊》第 129 期。

式海《利自利他说》刊于《佛化周刊》第 131 期。

太虚《震旦佛教衰落之原因论(续)》刊于《佛化周刊》第 131 期。

海岸《佛说阿弥陀经集解(续)》刊于《佛化周刊》第 131 期。

唐释宗密《唐裴休劝发菩提心文》刊于《佛化周刊》第 132 期。

太虚《震旦佛教衰落之原因论(续)》刊于《佛化周刊》第 132 期。

海岸《佛说阿弥陀经集解(续)》刊于《佛化周刊》第 132 期。

太虚《佛教正信会纲要》刊于《佛化周刊》第 134 期。

海岸《佛说阿弥陀经集解(续)》刊于《佛化周刊》第 134 期。

源道《朝礼普陀记》刊于《佛化周刊》第 134 期。

林满愿《劝修净土文》刊于《佛化周刊》第 136 期。

海岸《佛说阿弥陀经集解(续)》刊于《佛化周刊》第 136 期。

王忏华《中国佛教会宣言》刊于《中国佛教会公报》第 1 期。

仁山《中国佛教会整理僧伽宜首先注重教育》刊于《中国佛教会公报》第 2 期。

大醒《中国佛教会进行之计划》刊于《中国佛教会公报》第 2 期。

太虚《佛寺管理条例之建议》刊于《中国佛教会公报》第 2 期。

仁山《对于浙党宣传部之质疑》刊于《中国佛教会公报》第 3 期。

圆瑛《奉劝全国佛徒实行真佛教》刊于《中国佛教会公报》第 3 期。

仁山《视察日本佛教之感想》刊于《中国佛教会公报》第 5—6 期合刊。

太虚《评监督寺庙条例》刊于《中国佛教会公报》第 5—6 期合刊。

太虚《佛学源流及其新运动》刊于《海潮音》第 10 年第 1 期。

邢定云《佛法与常识之争点》刊于《海潮音》第 10 年第 1 期。

太虚《现实主义(续)》刊于《海潮音》第 10 年第 1 期。

唐大圆《依心意识说平等之真相》刊于《海潮音》第 10 年第 1 期。

唐大圆《佛家的心理建设》刊于《海潮音》第 10 年第 1 期。

唐大圆《唯识学略谈》刊于《海潮音》第 10 年第 1 期。

谛闲《金刚般若波罗密经新疏》刊于《海潮音》第 10 年第 1 期。

觉始《太虚法师欧洲演讲之统计》刊于《海潮音》第 10 年第 1 期。

义通《对于首阶法师出席仰光世界佛教会之感想》刊于《海潮音》第 10 年第 1 期。

仁山《宝应佛教会宣言》刊于《海潮音》第 10 年第 1 期。

李圆净《护生痛言》刊于《海潮音》第 10 年第 1 期。

仁山《九华佛学院序》刊于《海潮音》第 10 年第 1 期。

唐大圆《修首楞严三昧发愿文》刊于《海潮音》第 10 年第 1 期。

刘仁航《觉花园主集序》刊于《海潮音》第 10 年第 1 期。

太虚讲,余乃仁记《中国近代之民族生活》刊于《海潮音》第 10 年第 2 期。

太虚《现实主义(续)》刊于《海潮音》第 10 年第 2 期。

善因《佛学抉择论》刊于《海潮音》第 10 年第 2 期。

唐大圆《净土宗之新建立》刊于《海潮音》第 10 年第 2 期。

唐大圆《建立佛法之大考试院》刊于《海潮音》第 10 年第 2 期。

唐大圆《真确之宇宙人生观答人问》刊于《海潮音》第 10 年第 2 期。

式海《始终心要随讲录》刊于《海潮音》第 10 年第 2 期。

谛闲《金刚般若波罗密经新疏(续)》刊于《海潮音》第 10 年第 2 期。

陈济博《记太虚大师与罗素先生之谈话》刊于《海潮音》第 10 年第 2 期。

瘦影《暹罗风俗谭》刊于《海潮音》第 10 年第 2 期。

李圆净《护生痛言》刊于《海潮音》第 10 年第 2 期。

仁山《法海踊澜宣言》刊于《海潮音》第 10 年第 2 期。

谛闲《台湾五指山创兴梵刹序》刊于《海潮音》第 10 年第 2 期。

谛闲《功德林蔬食叙》刊于《海潮音》第 10 年第 2 期。

唐大圆《持楞严咒定中发愿文》刊于《海潮音》第 10 年第 2 期。

唐大圆《己巳元旦发愿偈》刊于《海潮音》第 10 年第 2 期。

唐大圆《修首楞严三昧所说偈颂》刊于《海潮音》第 10 年第 2 期。

唐大圆《法身实证论》刊于《海潮音》第 10 年第 3 期。

唐大圆《今日学佛的正法眼藏》刊于《海潮音》第 10 年第 3 期。

太虚《现实主义(续)》刊于《海潮音》第 10 年第 3 期。

善因《佛学抉择谈(续)》刊于《海潮音》第 10 年第 3 期。

谛闲《金刚般若波罗密经新疏(续)》刊于《海潮音》第 10 年第 3 期。

法舫译《日本佛教徒之现代中华佛教观》刊于《海潮音》第 10 年第 3 期。

昌悟《锡兰尼波罗漫游录》刊于《海潮音》第 10 年第 3 期。

印光《李凤岐先生夫妇寿序》刊于《海潮音》第 10 年第 3 期。

宽度《道阶法师星洲弘法之盛会》刊于《海潮音》第 10 年第 3 期。

陈寅恪《忏悔灭罪金光明经冥报传跋》刊于《海潮音》第 10 年第 3 期。

吴荫培《血书华严经跋》刊于《海潮音》第 10 年第 3 期。

嘿庵《虎丘山纪游》刊于《海潮音》第 10 年第 3 期。

吴宗俭《醒来语序》刊于《海潮音》第 10 年第 3 期。

蒋特生《醒来语》刊于《海潮音》第 10 年第 3 期。

密林《贤密教衡释惑》刊于《海潮音》第 10 年第 4 期。

法舫《唯识学与科学》刊于《海潮音》第 10 年第 4 期。

常惺《拜佛的意义应当怎样来认识》刊于《海潮音》第 10 年第 4 期。

常惺《寺庙管理条例与宗教委员会》刊于《海潮音》第 10 年第 4 期。

体参记录《印心精舍欢迎太虚法师演讲去欧及经过之一斑》刊于《海潮音》第 10 年第 4 期。

志西记录《唐大圆居士在武昌华严大学开讲唯识之演词》刊于《海潮音》第 10 年第 4 期。

法舫《世界佛学院筹备处开第一次筹备会会议记》刊于《海潮音》第 10 年第 4 期。

李亦超译《日人目中之欧美佛教》刊于《海潮音》第 10 年第 4 期。

蒋维乔《黄山纪游》刊于《海潮音》第 10 年第 4 期。

蒋维乔《严子陵钓台记》刊于《海潮音》第 10 年第 4 期。

法舫《汉口佛教会六字大明七齐天文》刊于《海潮音》第 10 年第 4 期。

法舫《读大般若经发愿文》刊于《海潮音》第 10 年第 4 期。

太虚《佛学对于现代人类之贡献》刊于《海潮音》第 10 年第 5 期。

太虚《现实主义(续)》刊于《海潮音》第 10 年第 5 期。

唐大圆《空过时光之人生观》刊于《海潮音》第10年第5期。

唐大圆《唯识的科学方法》刊于《海潮音》第10年第5期。

心村《太虚法师环游返国之集讯》刊于《海潮音》第10年第5期。

钟宜民《诺那活佛游宜日记》刊于《海潮音》第10年第5期。

墨禅《我对于出席全国佛教会代表之意见》刊于《海潮音》第10年第5期。

李穆普《旅暹净缘录》刊于《海潮音》第10年第5期。

太虚《现实主义(续)》刊于《海潮音》第10年第6期。

太虚《第九年海潮音之回顾》刊于《海潮音》第10年第6期。

守培《三随烦恼之考究》刊于《海潮音》第10年第6期。

唐大圆《唯识的科学方法(续)》刊于《海潮音》第10年第6期。

德缘《式海老人杂录》刊于《海潮音》第10年第6期。

志西《印度佛教大事纪》刊于《海潮音》第10年第6期。

太虚《佛教徒参加总理奉安典礼的意义》刊于《海潮音》第10年第6期。

圆瑛《欢迎太虚法师词》刊于《海潮音》第10年第6期。

太虚《佛陀学之宇宙观与人生观》刊于《海潮音》第10年第7期。

李圆净《大乘佛化之真精神》刊于《海潮音》第10年第7期。

唐大圆《开人天眼》刊于《海潮音》第10年第7期。

太虚《现实主义(续)》刊于《海潮音》第10年第7期。

太虚《评佛学抉择论》刊于《海潮音》第10年第7期。

太虚《人死何往的回答》刊于《海潮音》第10年第7期。

太虚《答毗陵陈居士问四则》刊于《海潮音》第10年第7期。

唐大圆《党国大学之新生活》刊于《海潮音》第10年第7期。

澹云《天台时教图之研究》刊于《海潮音》第10年第7期。

唐大圆《人生问题集》刊于《海潮音》第10年第7期。

李穆普《旅暹净缘录》刊于《海潮音》第10年第7期。

太虚《跋佛法之科学的说明》刊于《海潮音》第10年第7期。

太虚《胡寄尘先生墨子学辨序》刊于《海潮音》第10年第7期。

刘灵华《自由史观再版序》刊于《海潮音》第10年第7期。

谢益华《武昌佛学院附设平民小学校概况》刊于《海潮音》第10年第7期。

王小徐《佛法之科学的说明》刊于《海潮音》第10年第8期。

太虚《现实主义(续)》刊于《海潮音》第10年第8期。

太虚《本刊第十年前六期之回顾》刊于《海潮音》第10年第8期。

尹守白《佛法是人间的》刊于《海潮音》第10年第8期。

常惺《佛学今日存在之价值与社会之需要》刊于《海潮音》第10年第8期。

谈玄《法相与天台》刊于《海潮音》第10年第8期。

谭显忍《净土自知录》刊于《海潮音》第10年第8期。

李穆普《旅暹净缘录(续)》刊于《海潮音》第10年第8期。

唐大圆《人生问题集(续)》刊于《海潮音》第10年第8期。

仁山《中国佛教会公报发刊辞》刊于《海潮音》第10年第8期。

蒋维乔《重兴芙蓉寺碑记》刊于《海潮音》第 10 年第 8 期。

宋育仁《飞来佛像颂》刊于《海潮音》第 10 年第 8 期。

太虚《佛寺管理条例建议》刊于《海潮音》第 10 年第 9 期。

太虚《现实主义(续)》刊于《海潮音》第 10 年第 9 期。

智光《妇女学佛缘起》刊于《海潮音》第 10 年第 9 期。

太虚《佛法在世间不离世间觉》刊于《海潮音》第 10 年第 9 期。

林秋梧译《龙树世亲二菩萨的教系》刊于《海潮音》第 10 年第 9 期。

印光《净居寺恭请大藏功德碑记》刊于《海潮音》第 10 年第 9 期。

谛闲《雁荡山灵岩寺中央缘起》刊于《海潮音》第 10 年第 9 期。

谛闲《重建四明观宗寺佛殿疏》刊于《海潮音》第 10 年第 9 期。

仁山《金山融通和尚传》刊于《海潮音》第 10 年第 9 期。

仁山《焦山峰屏和尚塔铭》刊于《海潮音》第 10 年第 9 期。

许止净《敦请应慈法师讲经启》刊于《海潮音》第 10 年第 9 期。

范古农《武仲英居士传》刊于《海潮音》第 10 年第 9 期。

叶心备《刘定心童子往生记》刊于《海潮音》第 10 年第 9 期。

太虚《什么是佛学》刊于《海潮音》第 10 年第 10 期。

太虚《对于九华佛教的感想》刊于《海潮音》第 10 年第 10 期。

太虚《现实主义(续)》刊于《海潮音》第 10 年第 10 期。

唐大圆《唯识专修总持法》刊于《海潮音》第 10 年第 10 期。

净严《武汉各界欢迎太虚法师大会记》刊于《海潮音》第 10 年第 10 期。

仁德《九华僧尼全体欢迎太虚法师记盛》刊于《海潮音》第 10 年第 10 期。

宁墨公《日本佛教史概要》刊于《海潮音》第 10 年第 10 期。

太虚《书释大勇告全国佛教徒文后》刊于《海潮音》第 10 年第 10 期。

樊光《琅琊山志序》刊于《海潮音》第 10 年第 10 期。

塊然《送祥瑞师主席湖心佑济寺序》刊于《海潮音》第 10 年第 10 期。

太虚《现实主义(续)》刊于《海潮音》第 10 年第 11 期。

唐大圆《东西性说之比较》刊于《海潮音》第 10 年第 11 期。

谈玄《论佛学包括一切宗教科哲等学》刊于《海潮音》第 10 年第 11 期。

无超《论中国佛教会之进行》刊于《海潮音》第 10 年第 11 期。

太虚《文化人与阿赖耶识》刊于《海潮音》第 10 年第 11 期。

太虚《什么是佛学》刊于《海潮音》第 10 年第 11 期。

太虚《佛学的本质》刊于《海潮音》第 10 年第 11 期。

碧城《动物界之福音》刊于《海潮音》第 10 年第 11 期。

钟鸣《北平估夺佛寺风潮》刊于《海潮音》第 10 年第 11 期。

王弘愿《真言宗之根本问题》刊于《海潮音》第 10 年第 11 期。

圣扬《英国佛教会略史》刊于《海潮音》第 10 年第 11 期。

唐大圆《陶渊明之唯识观》刊于《海潮音》第 10 年第 11 期。

老《四川凌云山之大佛》刊于《海潮音》第 10 年第 11 期。

恒演录《菩提道次第纲要表》刊于《海潮音》第 10 年第 12 期。

太虚《现实主义（续）》刊于《海潮音》第 10 年第 12 期。

谈玄《佛教的唯物论》刊于《海潮音》第 10 年第 12 期。

黄忏华《佛法与宗教哲学》刊于《海潮音》第 10 年第 12 期。

法舫《唯识学与科学（续）》刊于《海潮音》第 10 年第 12 期。

太虚《研究佛学之目的及方法》刊于《海潮音》第 10 年第 12 期。

唐大圆《东方哲学》刊于《海潮音》第 10 年第 12 期。

会觉《千八百年来中国社会之佛教观》刊于《海潮音》第 10 年第 12 期。

满智《略论即生成佛与立地成佛义并弔大勇上人》刊于《海潮音》第 10 年第 12 期。

谈玄《我读了佛教藏文学院如律护持三宝书的感想》刊于《海潮音》第 10 年第 12 期。

寄尘《中国大乘佛教流布于世界的观察》刊于《海潮音》第 10 年第 12 期。

心梵《我的贡献》刊于《海潮音》第 10 年第 12 期。

宁墨公《佛教与迷信》刊于《海潮音》第 10 年第 12 期。

钱诚善《伸缩教学务方案建议》刊于《海潮音》第 10 年第 12 期。

太虚《庄子集注序》刊于《海潮音》第 10 年第 12 期。

印光《江母江太君往生发隐》刊于《海潮音》第 10 年第 12 期。

谛闲《观经疏钞演义序》刊于《海潮音》第 10 年第 12 期。

谛闲《观音普门品讲义跋》刊于《海潮音》第 10 年第 12 期。

定观《湖南佛教慈儿院欢迎院长太虚法师辞》刊于《海潮音》第 10 年第 12 期。

熊心悟《袁昌莲女居士往生碑记》刊于《海潮音》第 10 年第 12 期。

嘿庵《项寿昌居士哀辞》刊于《海潮音》第 10 年第 12 期。

缪秋笙《游行后的印象》刊于《中华基督教教育季刊》第 5 卷第 1 期。

谢扶雅《今后基督教教育应取的方针》刊于《中华基督教教育季刊》第 5 卷第 1 期。

张文昌《今后之基督教教育》刊于《中华基督教教育季刊》第 5 卷第 1 期。

张宗麟《小学教学法之最近趋势》刊于《中华基督教教育季刊》第 5 卷第 1 期。

林卓然《学校教师应注意的——我见》刊于《中华基督教教育季刊》第 5 卷第 1 期。

王揆生《一年来在江南区学生工作中所得的经验》刊于《中华基督教教育季刊》第 5 卷第 1 期。

黄溥《美国中等教育之缺陷》刊于《中华基督教教育季刊》第 5 卷第 1 期。

诺吞《小学校长对于教学指导之事权》刊于《中华基督教教育季刊》第 5 卷第 1 期。

华龙译《指导学生课外活动之原则》刊于《中华基督教教育季刊》第 5 卷第 1 期。

艾伦《基督教教育与波斯政府》刊于《中华基督教教育季刊》第 5 卷第 1 期。

温世珍《几封公开的信》刊于《中华基督教教育季刊》第 5 卷第 1 期。

秋笙《悼湘帆先生》刊于《中华基督教教育季刊》第 5 卷第 2 期。

秋笙《南游的感想》刊于《中华基督教教育季刊》第 5 卷第 2 期。

程湘帆遗著《基督化教育与党化教育》刊于《中华基督教教育季刊》第 5 卷第 2 期。

陈筠《基督教教育之最后目的》刊于《中华基督教教育季刊》第 5 卷第 2 期。

程其保《宗教与教育》刊于《中华基督教教育季刊》第 5 卷第 2 期。

曾宝荪《介绍基督与中学学生的一个方法》刊于《中华基督教教育季刊》第 5 卷第 2 期。

李培恩《中学校教授三民主义方法之商榷》刊于《中华基督教教育季刊》第 5 卷第 2 期。

钟鲁斋《对于学校方面改进教员之建议》刊于《中华基督教教育季刊》第 5 卷第 2 期。

吴哲夫《对于美国中等教育的几个批评》刊于《中华基督教教育季刊》第 5 卷第 2 期。

卢宗培《课外活动的理论与应用》刊于《中华基督教教育季刊》第 5 卷第 2 期。

王冶心《私立福建协和大学贯施党义教育报告》刊于《中华基督教教育季刊》第 5 卷第 2 期。

吴高梓《三民主义之理论的体系》刊于《中华基督教教育季刊》第 5 卷第 2 期。

王冶心《介绍几本新书》刊于《中华基督教教育季刊》第 5 卷第 2 期。

秋笙《私立学校规程》刊于《中华基督教教育季刊》第 5 卷第 3 期。

庄泽宣《现在教育设施的根本谬误和今后所应取的途径》刊于《中华基督教教育季刊》第 5 卷第 3 期。

缪秋笙、毕范宇《家庭化宿舍的新试验》刊于《中华基督教教育季刊》第 5 卷第 3 期。

许仕廉《对于中学社会学课程的讨论》刊于《中华基督教教育季刊》第 5 卷第 3 期。

刘钟孚《中学生与两性问题》刊于《中华基督教教育季刊》第 5 卷第 3 期。

何乐尔著，于华龙译《怎样指导小学生读书》刊于《中华基督教教育季刊》第 5 卷第 3 期。

罗登修《齐鲁大学与乡村教育》刊于《中华基督教教育季刊》第 5 卷第 3 期。

毕范宇《基督教中学校宗教教育的研究》刊于《中华基督教教育季刊》第 5 卷第 4 期。

刘廷芳《序文》刊于《中华基督教教育季刊》第 5 卷第 4 期。

缪秋笙、毕范宇《导言》刊于《中华基督教教育季刊》第 5 卷第 4 期。

四、学术著作

（汉）王充著《论衡》由上海商务印书馆刊行。

（唐）长孙无忌著《唐律疏议》由上海商务印书馆刊行。

（宋）王日休著《龙舒净土文》由上海佛学书局刊行。

（明）董潜著，秦慎安校勘《董公选要览》由上海文明书局刊行。

（明）袾宏著，佛教居士林编《竹窗随笔分类略编》由上海佛学书局刊行。

（明）王守仁著，许舜屏评注《（评注）王阳明先生全集》（上下册）由上海中原书局刊行。

（明）徐爱、钱德洪撰集，阳明学社标点《（新式标点）王阳明先生学说》由阳明学社刊行。

（明）戚继光著《纪效新书练兵实纪合编》由江苏南京国民革命军总司令部办公厅刊行。

（明）熊廷弼著《熊经略集》由江苏革命博物馆刊行。

（明）袁了凡著《袁了凡先生四训》由上海佛学书局刊行。

（清）黄宗羲著，黄百家辑，全祖望修订，王梓材等校订《宋元学案》由上海商务印书馆刊行。

（清）戴震著《戴东原集》由上海商务印书馆刊行。

（清）黄宗羲著，顾炎武编点《明夷待访录》由上海大新书局刊行。

（清）郝懿行著《尔雅义疏》（上下册）由上海商务印书馆刊行。

（清）王先谦注释《荀子集解》由上海商务印书馆刊行。

（清）姚际恒著《古今伪书考》由景山书社刊行。

（清）马云鹏、马云鷟编《金石索》由上海商务印书馆刊行。

（清）章学诚著《文史通义》由上海全民书局、上海商务印书馆、上海新文化书社、上海大达图书供应社、上海世界书局刊行。

（清）周鲲绘《村市生涯》由北平古物陈列所刊行。

（清）吴楚材、吴调侯编选《（增批）古文观止》（上下册）由上海昌文书局刊行。

（清）曾国藩著《曾国藩读书记》由群学社刊行。

（清）厉鹗辑《西湖诗词丛话》由杭州六艺书局刊行。

（清）包世臣著《艺舟双楫》由上海商务印书馆刊行。

（清）张之洞编《书目答问》由上海商务印书馆刊行。

梁启超《中国近三百年学术史》由上海民志书店出版。

按：本书结撰于1923年至1925年春，原是作者于1924年6—9月在南开大学和清华大学教授中国学术而编写的讲义。其中《清代学者整理旧学之总成绩》四章，在《东方杂志》上连载；《史地杂志》第3卷1—8期也连载此书。作者提出了"学术史"的四条规范：（1）叙一个时代的学术，须把那时代重要各学派全数网罗，不可以爱憎为去取。（2）叙某家学说，须将其特点提挈出来，令读者有很明晰的观念。（3）要忠实传写各家真相，勿以主观上下其手。（4）要把各人的时代和他一生经历大概叙述，看出那人的全人格。这是继其以前著作《论中国学术思想变迁之大势》中"第一次给我们一个'学术史'的见解"（胡适《四十自述》）后，又提出了学术史的撰写原则，这四条规范也在《中国近三百年学术史》中得以贯彻。此后该书收入1932年的中华书局版《饮冰室合集》，1936年3月，中华书局又出版单行本，此后多次印行。（参见王学典《20世纪史学编年(1900—1949)》，商务印书馆2014年版）

李时著《国学丛谭》由君中书社刊行。

齐鲁大学国学系编《国学丛刊》（第1集）由编者刊行。

岭南大学学术讨论会编辑《学术论文集》由广东广州思思学社刊行。

金蕴琦编《暑期学术演讲集》由青年协会书报部刊行。

周予同著《经今古文学》由上海商务印书馆刊行。

按：作者在书中说："国内学者对于经今古文的态度，大抵不出四派：一派不明了经学有所谓今古文的异同，一派坚守今文，一派专治古文，最近一派又有超今古文而研究孔子或古代史的趋势。"

吕思勉著《经子解题》由上海商务印书馆刊行。

陈柱著《周易论略》由上海商务印书馆刊行。

按：是书论述《周易》的名称、结构、文体、编纂过程，以及它所包含的科学知识等。作者引用了《史记》《汉书》，以及郑玄、章太炎、刘师培等人的论述加以说明。

马衡著《汉熹平石经周易残字跋》刊行。

陈澄澥著《老子今见》由北平文岚簃印书局刊行。

郭维城著《老子释义（附阴符经）性理学录要》由上海明善书局刊行。

冯振著《老子通证》由上海国立暨南大学印务组刊行。

贾丰臻选注《论语》由上海商务印书馆刊行。

胡怀琛著《墨子学辨》由上海国学会刊行。

王治心注，沈继先校订《庄子（新式考证注解）》由上海群学社刊行。

陈仲荄著《尹语文子直解》由上海商务印书馆刊行。

周群玉著《先秦诸子述略》由上海群众图书公司刊行。

刘汝霖著《周秦诸子考》（上下册）由北平文化学社刊行。

周予同著《朱熹》由上海商务印书馆刊行。

李公诚编《曾国藩语录》由编者刊行。

陈高佣著《名理通论》由上海开明书店刊行。

胡适著《中国古代哲学史》（上中下册）（原名《中国哲学史大纲》）由上海商务印书馆刊行。

钟泰编《中国哲学史》由上海商务印书馆刊行。

按：此书为作者在之江大学的讲稿，作者强调回到中国本位的叙事方式，"中西学术，各有统系，强为比附，转失本真。此书命名释义，一用旧文。近人影响牵扯之谈，多为葛藤，不敢妄和"（《凡例》）。所以钟著就中国谈中国，不用西语，代表了彻底否定胡适路向的较为极端的一派。此书与陆懋德《周秦哲学史》为从总体上对胡著的系统加以校正和抵制的最可注意的两种中国哲学史著作之一。（参见王学典《20 世纪史学编年（1900—1949）》，商务印书馆 2014 年版）

张东荪著《新哲学论丛》由上海商务印书馆刊行。

张东荪著《哲学 ABC》由上海世界书局刊行。

张东荪著《人生观 ABC》由上海世界书局刊行。

张东荪著《精神分析学 ABC》由上海世界书局刊行。

张铭鼎著《哲学与现代思潮》由上海商务印书馆刊行。

童行白著《唯物史观与民生史观析论》由上海南华图书馆刊行。

刘毅志著《唯物史观 ABC》由上海平凡书局刊行。

按：是书分 8 章：唯心论与唯物论，唯物史观，唯物史观底意义，巴苦儿底物质的历史观，《经验学批判》底序言，阶级斗争，马克思底《资本论》，结论。

卢信著《不彻底原理》由上海泰东图书局刊行。

按：是书作者认为，由于人力所不及，理智所不许，以宇宙恒星之大，人生欲望之奢，虫鱼草木之微，故人类在物质上和精神上均不可能求得彻底，也不必彻底。全书分 18 章：我之觉悟、人生之意义、人类平等、公理与强权、革命、群众运动、舆论、平民主义、社会主义、民主政治、代议制度、职业联合、恋爱与自由、宗教之作用、科学与人类、中国民族之特性、孔孟老庄之学说、今后人类之趋势。

陈烈著《法家政治哲学》由上海华通书局刊行。

陈东原著《群众心理 ABC》由上海 ABC 丛书社刊行。

按：是书分我们所要解决的问题、各派心理学家的解释、群众行为的特征与心理原因、群众的信仰、群众心理的应用、取得群众与宣传技术等 7 章。

张九如著《群众心理》由中央军校刊行。

按：是书分引论、群众心理的形成与消灭、群众的情感、群众的理智、群众的道德、群众对于各种刺激的反应力、领导群众的资格、领导群众的方术等 9 章。

郭任远著《心理学与遗传》由上海商务印书馆刊行。

潘菽著《心理学概论》由上海北新书局刊行。

郭任远著《行为学的基础》由上海商务印书馆刊行。

陈载耘著《心理建设浅说》由上海中华书局刊行。

余萍客著《千里眼》由上海中国心灵研究会刊行。

余萍客著《十日成功催眠秘书》由上海中国心灵研究会刊行。

中国心灵研究会编辑部编《动物催眠》由上海编者刊行。

徐文台著《生理的三民主义》由上海黎明书局刊行。

朱公振著《世界新主义评论》由上海世界书局刊行。

陈筑山著《人格修养讲演大纲》由北平中华平民教育促进会总会刊行。

方晓庵著《我学大纲》由北平北京书局刊行。

顾颉刚著,徐见石绘图《二十四孝之研究》由上海良友图书印刷公司刊行。

剑翁编《最新选注格言丛编》由上海中国文化协会刊行。

毛一波著《个人主义的哲学(斯丁纳学说的介绍)》由上海光明书局刊行。

杜亚泉著《人生哲学》由上海商务印书馆刊行。

按:是书有叙言、人类的肌体生活、精神生活、社会生活、人生的目的和价值、人生问题和人生观等 6 个部分。蔡元培在《书杜亚泉先生遗事》一文中说:"中学教科之人生哲学,本为旧日伦理学教课之改名,旧日伦理学中,虽亦有关于卫生及养心之说明,然皆甚略。先生此书,说机体生活及精神生活,占全书三分之一,以先生所治者为科学的哲学,与悬想哲学家当然不同也。先生既以科学方法研求哲理,故周详审慎,力避偏宕,对于各种学说,往往执两端而取其中,如唯物与唯心,个人与社会,欧化与国粹,国粹中之汉学与宋学,动机论与功利论,乐天观与厌世观,种种相对的主张,无不以折衷之法,兼取其长而调和之;于伦理主义取普泛的完成主义,于人生观取改善观,皆其折衷的综合的哲学见解也。先生之行己与处世,亦可以此推知之。"(张镜文等《杜亚泉先生年谱(1912—1933)》,《西北大学学报》2008 年第 6 期)张梓生在《悼杜亚泉先生》一文中回忆:其"曾费年余心力,著《人生哲学》一书,搜集各家之说而参以己意,颇为士林所推重"(《新社会》1935 年第 2 期)。

潘文安编《青年成功之路》由上海中华书局刊行。

陈铭枢著《打破个人主义与养成国民公德》由著者刊行。

朱光潜著《给青年的十二封信》由上海开明书店刊行。

彭兆良著《士与贫》由上海世界书局刊行。

王恩洋著《佛学概论》初辑由江苏南京支那内学院刊行。

王小徐著《佛法与科学》由上海佛学书局刊行。

按:是书说明佛法与科学的关系。收有佛法之科学的说明,科学之根本问题等。后附作者旅欧通信。

谢颂羔著《基督教思想进步小史》由上海广学会刊行。

按:是书介绍基督教思想的发展过程,内容包括初期思想、改革时代的思想、康德以后及目前的思想等,同时论述科学、教育、宗教的地位。

谢颂羔著《宗教学 ABC》由上海世界书局刊行。

太虚著《大乘与人间两般文化》由上海泰东图书局刊行。

太虚著《整理僧伽制度论》由湖北汉口佛教会刊行。

唐振绪编《敦孝百事》由北平庄学庐刊行。

唐振绪编《戒杀百事》刊行。

王博谦辑述《学佛浅说·助觉管见·初机学佛摘要合编》由上海大中书局刊行。

王弘愿讲,王显智记《瑜伽菩提心论口义记》由震旦密教重兴会刊行。

白普仁著《自尊者开示录:三杯普被修行简便法说明·皈依受戒与燃疤》由迦音周刊社刊行。

常惺著《佛法是迷信、消极的吗?》由山西五台山普济佛教会刊行。

程宅安著《密宗要义》由上海净乐林编译部刊行。

程主教著《读教宗通电感言》由北平宗座代表公署内公教图书馆刊行。

国民政府内政部编《神祠存废标准》由江苏南京编者刊行。

黄健六著《拿学理来研究迷信》由安徽省佛教会刊行。

黄庆澜编著《阿弥陀经白话解释》由上海佛学书局刊行。

宝广林编著《几个时代的问题》由上海广学会刊行。

北平成达师范学校民众教育会议编《清真教典速成课本》由北平成达师范学校出版部刊行。

基督教青年会全国协会书报部编《阐道小戏》由编者刊行。

蹇庸编《指正辨答》由河北安国西关天主堂刊行。

江蝶庐编辑（江湖秘诀）《生意经》由上海广益书局刊行。

焦维真著《基督徒灵程的研究》由江苏南京灵光报社刊行。

救世新教学会编《古今中外报应龟鉴论初编》由北平救世新教学会刊行。

克仁著《光明之路》由上海时兆报馆刊行。

孔广布、黄金阶编《古新经史缘略说》由山东兖州天主堂保禄印书馆刊行。

李问渔著《耶稣受难记略》由上海土山湾印书馆刊行。

李翊灼著《西藏佛教略史》由上海佛学书局刊行。

李友兰著《守贞宣读》（2版）由河北献县天主堂刊行。

李圆净编《到光明之路》由上海世界佛教居士林刊行。

李圆净编《地藏菩萨本迹灵感录》由上海世界佛教居士林刊行。

李圆净著《护生痛言》由上海佛学书局刊行。

李证性编《诸佛菩萨本愿集》（第1编）由上海世界佛教居士林刊行。

刘赖孟多著《默想全书》（6册）由河北献县天主堂刊行。

马开科、马复初主纂，马福祥刊《大化总归·四典要会·醒世箴言合编》刊行，马福祥作序。

米星如著《长征（旧约故事）》由中华基督教文社刊行。

闽南佛学院学生会编《浮图》（第1辑）由厦门编者刊行。

南京基督教青年会编《首都青年会务报告专号》由江苏南京编者刊行。

聂其杰著《学佛篇》由上海聂氏家言旬刊社刊行。

聂云台著，杨慧镜选《人生指津》由上海聂氏家言旬刊社刊行。

女青年会全国协会学生部编《学校基督教女青年会手册》由上海编者刊行。

秦慎安校勘《滴天髓·穷通宝鉴》由上海文明书局刊行。

秦慎安校勘《神峰通考》（上下册）由上海文明书局刊行。

秦慎安校勘《五行大义》由上海文明书局刊行。

秦慎安校勘《星平会海》（1—4册）由上海文明书局刊行。

秦慎安校勘《选择正宗》（上下册）由上海文明书局刊行。

秦慎安校勘《渊海子平·子平真诠》（上下册）由上海文明书局刊行。

清净著，三时学会编《唯识者何》由北平编者刊行。

容肇祖著《迷信与传说》由广东广州国立中山大学民俗学会刊行。

沈锦标著《家庭教育简编》由上海光启社刊行。

圣教会审定《大本宣讲录》（第 1 组）由公记印书局刊行。

石振铎著《哀矜炼灵说》（4 版）由上海土山湾印书馆刊行。

世界佛教居士林编《朝暮课诵》由上海佛学书局刊行。

世界佛教居士林皈戒处编《传授居家菩萨戒正范》由上海编者刊行。

四川美道会文字部编《青年诗歌》由四川成都华英书局刊行。

王明道著《你们心持两意要到几时呢?》由北平灵食季刊社刊行。

维亚纳著，张卓然译《亚尔斯小花》由安图西关天主堂刊行。

魏应麒编《福建三神考》由广东广州国立中山大学语言历史学研究所刊行。

文明书局编《卜筮易知》由上海文明书局刊行。

谢颂羔编译《福音的意义》由上海广学会刊行。

严谔声著《为什么我做了基督徒》刊行。

杨道荣编《传道经验（第 4 集）》由中华信义会书报部刊行。

印光鉴定《江慎修先生放生杀生现报录·莲池大师戒杀放生文编》由上海苏州第二监狱刊行。

张巴拿巴著《传道记》由上海真耶稣教会总部刊行。

张凤徽著《鬼神语》由北平救世新教总会刊行。

张亦镜编《基督信徒中之伟大人物黄乃裳》由上海美华浸会书局刊行。

张振之著《革命与宗教》由上海民智书局刊行。

赵怀信著《二年的回忆》由北平公教图书馆刊行。

李叔同著《护生画集》第一份由上海开明书店刊行。

李叔同著《李息翁临古法书》由上海开明书店刊行。

真光杂志社编《改造方针》由上海中华浸会书局刊行。

中华全国基督教协进会编《中华全国基督教协进会第六届年会报告》由上海编者刊行。

朱宝惠著《基督感生的研究》由中华浸会书局刊行。

朱葆元编《国化仪式》由上海久主堂男子传道服务团刊行。

朱寿延编著《净土问辨·功过格合编》由上海佛学书局刊行。

朱执信著《耶稣是什么东西》由上海华通书局刊行。

庄严编《道统源流》由上海民铎报社刊行。

安汝慈著《最高级的人生》（上中下 3 卷）由上海广学会刊行。

赫士编，于汉清笔述《宣道良规》由上海广学会刊行。

杨剑秀著《社会科学概论》由上海现代书局刊行。

按：是书包括总论、辩证法的唯物论、社会、经济、政治和法律、道德和风俗、宗教、艺术、哲学 9 章。

孙寒冰主编《社会科学大纲》由上海黎明书局刊行。

高希圣、郭真著《社会科学大纲》由上海平凡书局刊行。

李达编《现代社会学》由上海昆仑书店刊行。

王平陵编《社会学大纲》由上海泰东图书局刊行。

朱亦松著《社会学原理》由上海商务印书馆刊行。

孙本文著《社会学 ABC》由上海 ABC 丛书社刊行。

王斐荪著《三民主义社会学》由上海新生命书局刊行。

郑若谷著《社会学概论及现代社会问题研究大纲》刊行。

按：是书分4编，第一编社会学概论，包括社会生活、社会学的意义与范围、社会由来、社会进步与自然界之关系、社会活动、社会组织、国家之起源与发达、国家之理论与功用、社会统治、社会进步；第二编现代社会问题研究大纲，包括社会问题之性质、社会问题之研究方法、社会问题之分门别类、社会问题之参考书目百种。附录：工厂调查团计划。

陶春华编《社会学纲要》由上海法学社刊行。

陈安仁著《社会观》由上海泰东图书局刊行。

杨明斋著《中国社会改造原理》（上下册）由北平东方书店刊行。

按：是书包括中国政治的起源长成与变迁，对自然关系与对人关系的文化系统，秦政与中国政治全部的关系，一般的政治改造原理，现在的政治问题等11章。

杨开道著《社会研究法》由上海世界书局刊行。

按：是书包括社会现象，社会的科学研究，社会研究方法，题目的选择，书目的编制，书籍的参考，问题的分解，材料的整理等9章。卷首有孙本文的"社会学丛书序"，许仕廉的序和作者自序，后有重要参考书目。

李鹤鸣著《社会之基础知识》由上海新生命书局刊行。

殷师竹著《明日的社会》由上海大通图书社刊行。

朱镜我著《社会诸研究》由上海江南书店刊行。

杨开道著《农村社会学》由上海世界书局刊行。

周谷城著《农村社会新论》由上海远东图书公司刊行。

杨剑秀编《社会问题研究》由上海现代书局刊行。

按：是书分资本主义社会解剖、社会政策、社会主义、妇女问题、农民问题等6章。

相菊潭编《社会问题》由上海商务印书馆刊行。

熊得山编《社会问题》由上海北新书局刊行。

谭振民编《社会问题》由中央陆军军官学校政治训练处刊行。

李宗吾著《社会问题之商榷》由著者刊行。

陈绥荪编《社会问题辞典》由上海民智书局刊行。

施存统（原题复亮）编《（一九二九年）社会问题大要》由上海南强书局刊行。

许仕廉著《国内几个社会问题讨论》由北平朴社刊行。

萨孟武著《中国社会问题之社会学的研究》由上海华通书局刊行。

谢颂羔编《公民与社会的研究》由上海广学会刊行。

徐逸樵著《社会思想史 ABC》由上海 ABC 丛书社刊行。

熊得山编《社会思想》由上海南强书局刊行。

熊得山《中国社会史研究》由上海昆仑书店刊行。

郭真著《中国社会思想史》由上海平凡书局刊行。

按：是书包括绪论、中国社会思想的勃兴时代、衰落时代、复兴时代、结论等5章。

吴景超著《社会组织》由上海世界书局刊行。

吴景超著《都市社会学》由上海世界书局刊行。

按：是书系近代中国最早研究都市问题的著作，作者在书中阐明了都市社会学的研究范围，介绍了西方都市社会学的研究方法，并明确界定"都市区域"与"都市的区域"两个概念的不同，认为都市区域不但包括都市的本身，还包括都市以外的附庸，而都市的区域主要指都市本身的情形。

孙本文著《社会的文化基础》由上海世界书局刊行。

按:是书包括人类行为的两方面,人类生活及其对于环境的调适,文化的性质及其人类行为的关系,文化的内容、模式、区域、变迁及发展,文化对于社会生活的影响9章。卷首有作者社会学丛书序及序言。

顾寿白著《人类学》由上海商务印书馆刊行。

江西编审处著《江西暑期学术讲演集》由江西南昌江西省教育厅刊行。

傅绍曾著《中国民族性之研究》由北平文化学社刊行。

晏阳初著《中国的新民》由中华平民教育促进会刊行。

朱公振著《本国纪念日史》由上海世界书局刊行。

孙荑侯编《中国近代各种纪念史》由上海三民公司刊行。

刘友德著《都市政策》由上海华通书局刊行。

吕思勉著《中国宗族制度小史》由中山书局出版。

按:此书将有关家族的问题分类加以介绍,"论"的性质更重于"史"的性质。《中国宗族制度小史》作者指明宗与族的不同,对宗族的标志和姓氏做了说明。此外,还论及大小宗法、立嗣、异姓为后、共居同财、谱牒等问题。这是我国第一部关于家族问题的专门史。(参见王学典《20世纪史学编年(1900—1949)》,商务印书馆2014年版)

吕思勉著《中国婚姻制度史》由上海中山书局刊行。

陈顾远著《中国古代婚姻史》由上海商务印书馆刊行。

时希圣编《男女交际全书(上集)》由上海广益书局刊行。

马洛根著,张慈涵译《恋爱之路》由上海唯爱丛书社刊行。

郭真著《恋爱论ABC》由上海世界书局刊行。

郭真著《结婚论ABC》由上海世界书局刊行。

沈一雄著《订婚与结婚》由上海芳草书店刊行。

周建人著《性教育》由上海商务印书馆刊行。

黎濛著《家庭问题》由上海泰东图书局刊行。

叶启芳编《近代家庭问题》由远东图书公司刊行。

潘光旦著《中国之家庭问题》由上海新月书店刊行。

按:是书从优生学的角度,根据大量的统计资料,对中国的家庭问题进行研究,提出了建立介于西方现代小家庭制和中国传统大家庭制之间的"折衷制家庭"的主张。

高希圣著《家族制度ABC》由上海ABC丛书社刊行。

柴福沅著《性爱ABC》由上海ABC丛书社刊行。

林昭音编《性生活之转化》由上海北新书局刊行。

李越著《两性问题之科学的研究》由上海三民书店刊行。

潘文安著《青年职业指导》由上海大东书局刊行。

国际劳工局著,丁同力译《失业统计法》由上海商务印书馆刊行。

罗运炎著《中国鸦片问题》由上海协和书局刊行。

罗运炎著《鸦片流毒》由上海中国国民拒毒会刊行。

赵林少著《废娼与灵肉》由上海女子青年图书馆刊行。

冯锐著《乡村社会调查大纲》由北平中华平民教育促进总会刊行。

李景汉著《北平郊外之乡村家庭》由上海商务印书馆刊行。

按:是书在我国当时对群众生活实情缺乏调查的情况下,以翔实的第一手材料进行统计研究,并将调查结果与当时国内其他有关农村调查或国外调查的结果做了比较分析,深刻地揭示出当时中国农村的贫困与闭塞。该书成功地把社会调查方法应用于中国最紧迫的社会问题的研究中,具有很高的参考价值。它是我国最早关于家庭调查的报告,并成为以后人们所作家庭调查的蓝本,在调查方法上颇有借鉴意义(《民国学案》第五卷《李景汉学案》)。

吴应图编《人口问题》由上海中华书局刊行。

高希圣著《产儿限制 ABC》由上海世界书局刊行。

文公直编《中国人口问题》由上海三民书店刊行。

按:是书包括中国大陆面积之统计、中国人口之统计、中国人口密度之考察、马尔萨斯与中国人口等6章。

魏重庆著《中国人口与农民教育》刊行。

陈炳权编《统计方法》由上南京特别市市政府统计人员养成所刊行。

按:是书分概论、统计材料的搜集、分类及列表、绘图法、平均数、比率及系数、物价指数、恒差、日差、商情循环及预测器、相关等 16 章。

上海特别市市政府秘书处编《上海特别市市政统计概要(中华民国十七年度)》由上海编者刊行。

李钦予著《浙江省人口及粮食问题》刊行。

江苏省立劳农学院著《江苏省立劳农学院学术演讲集》由无锡编者刊行。

谢英士著《马克思主义之批评》由上海商务印书馆刊行。

卢锡荣著《思想革命》由上海大夏大学刊行。

崔载阳著《初民心理与各种社会制度之起源》由广东广州国立中山大学语言历史学研究所刊行。

陈叶夫编著《开会集议常识》由上海粤南书店刊行。

陈豹隐编《新政治学》由上海乐群书店刊行。

陈烈著《军人政治常识》由上海民智书局刊行。

邓初民著《政治科学大纲》由上海昆仑书店刊行。

按:是书与作者的另一部《政治学》(《新政治科学大纲》)为中国现代较早地运用马克思主义观点与方法撰写的两部政治学原理著作。这两部著作深入研究马克思主义政治学,阐述政治和政治学的本质,把阶级、国家、政府、政党、革命规定为政治学的研究范畴,提出了著名的政治学"五论",阐述了政治学的研究方法,确立了政治学在社会科学中的地位,建立了新型的政治学体系(《民国学案》第五卷《邓初民学案》)。

梁栋、张鉴暄编《政治概论》由中央陆军军官学校政治训练处刊行。

秦明编《政治学概论》由上海南强书局刊行。

萨孟武著《政治之基础知识》由上海新生命书局刊行。

万秋田编著《政治学概要》由上海世界书局刊行。

王诗岩著《新的政治学》由上海三民书店刊行。

朱采真著《政治学 ABC》由上海 ABC 丛书社刊行。

按:是书分上下两编,共 12 章。上编静的政治学,概述国家理论和现代政治制度;下编动的政治学,研究劳工、农民、土地、商业、人口、殖民、外交和国防等各方面的政策。

易君左著《中国政治史要》由上海商务印书馆刊行。

周鲠生著《最近国际政治小史》由上海商务印书馆刊行。

许仕廉著《文化与政治》由北平朴社刊行。

李璜著《国家存在论》由上海中国书局刊行,有著者序。

唐守常著《列强如何对待中国》由上海大东书局刊行。

按:是书评述列强侵华的经过,现时的对华政策,以及对华三大问题(领事裁判权、关税及租界地问题)。

郭真编《现代民族问题》由上海现代书局刊行,有例言。

按:是书包括民族概念、新兴资本主义时代的民族问题、帝国主义时代的民族问题、社会主义时代的民族问题、中国民族问题5章。

李达编《民族问题》由上海南强书店刊行,有编者小引。

按:是书论述氏族、种族、民族的区别,民族的发生与发展等问题。包括民族,帝国主义前期的民族问题,帝国主义时代的民族问题,苏俄的民族问题,民族问题几个根本原理5章。

胡石明编著《帝国主义殖民政策概要》由上海大东书局刊行。

黄公侠著《近代民主政治与中山先生之政治论》由上海三民书店刊行。

白鹏飞著《近百年政治思想变迁史略》由上海华通书局刊行。

毕修勺著《论无产阶级专政》由上海革命周报社刊行,有著者《写在卷首》。

陈启天著《政党与政治活动》由上海中国书局刊行。

刘麟生著《中国政治理想》由上海商务印书馆刊行。

中国共产党中央政治局等著《中国革命与机会主义》由上海民志书局刊行。

徐庆誉著《现代政治思想》由上海太平洋书店刊行,有著者序。

樊仲云著《最近之国际政治》由上海新生命书局刊行。

冯节著《现代国际政治》由上海远东图书公司刊行,有叶启芳序。

邓初民著《国家论之基础知识》由上海新生命书局刊行。

樊仲云著《国际政治之基础知识》由上海新生命书局刊行。

按:是书分9章。介绍帝国主义的形成,第一次世界大战前后的国际形势,国际联盟,军备裁减与非战公约,国际形势与中国革命等。

高乔平编著《世界各国政党研究》(上下册)由上海世界书局刊行。

高承元等著《外交评论与国际政治》由北平奋斗杂志社刊行。

高乔平、龚彬编《列强与中国》由上海北新书局刊行。

高希圣、郭真著《国际与中国》由上海泰东图书馆刊行。

龚德柏著《揭破日本的阴谋》由上海太平洋书店刊行。

胡行之编《革新政治实施法》由上海新学会社刊行。

娄桐孙著《国家》由上海商务印书馆刊行。

马哲民著《国际帝国主义史论》由上海昆仑书店刊行,有著者引言。

孙茂柏编《帝国主义史》由中央陆军军官学校政治训练处刊行。

文化书社编《帝国主义与战争》由上海新文化书社刊行。

文公直著《帝国主义对华之侵略》由上海新光书店刊行。

熊得山著《社会主义之基础知识》由上海新生命书局刊行。

陈启天、常燕生著《国家主义运动史》由上海中国书局刊行。

中国青年党等编《国家主义浅说》由编者刊行。

训练总监部政治训练处编《民族主义与国家主义》由南京编者刊行。

翟任侠著《无政府主义研究》由上海中山书店刊行。

张韶武、孙慕迦编《社会主义史》由中央陆军军官学校政治训练处刊行。

吴应图编《殖民政策》由上海中华书局刊行。

陈启天著《政党与政治活动》由上海中国书局刊行。

张振之等著《评胡适反党义近著》由上海光明书局刊行,有陶其情序。

余景陶著《领袖学》由辽宁沈阳长城书局刊行。

按:是书分领袖之意义、领袖之功用、领袖之修养、领袖之权术、领袖之统治、领袖之模型 6 章。

顾施连编《中国国民党的历史》由上海大东书局刊行。

陶百川、陶广川编著《党史概要》(上下册)由上海世界书局刊行。

吴祺编《中国国民党史》由中央陆军军官学校政治训练处刊行。

吴祺编述《本党重要政纲及宣言》由中央陆军军官学校政治训练处刊行。

夏含华编《中国国民党之史的发展》由上海泰东图书局刊行。

余森文著《中国国民党重要政纲之研究》由浙江省警官学校刊行。

广西省党务指导委员会组织部编《中国国民党广西省党务指导委员会组织部工作总报告》由编者刊行。

国民党浙江省执委会宣传部编《中国国民党浙江省执行委员会宣传部工作概况》由编者刊行。

中国国民党广东省党务指导委员会民众训练委员会编《民众训练委员会工作报告》由编者刊行。

中国国民党江苏省党务指导委员会编《中国国民党江苏省党务指导委员会工作总报告》由编者刊行。

中国国民党天津特别市党务整理委员会编《中国国民党天津特别市党务整理委员会宣传部工作汇报》由编者刊行。

中国国民党浙江省执行委员会宣传部编《浙江全省宣传会议会议录》由编者刊行。

中国国民党浙江省执行委员会训练部编《五年来浙江民运概略》由杭州编者刊行。

中国国民党中央执行委员会宣传部编《中国国民党各级党部宣传工作实施方案》由编者刊行。

谢一鸣编著《市政学概要》由上海世界书局刊行。

杨哲明编著《现代市政通论》由上海明智书局刊行。

叶华著《实用市政学》由上海中华书报流通社刊行。

董修甲编《市政问题》由上海青年学会书报部刊行。

董修甲著《市政学纲要》由上海中华书局刊行,有著者序,附录 9 篇。

董修甲著《市政研究论文集》由上海青年协会书报部刊行,有著者序。

顾彭年编《市行政选集》由杭州长兴印刷所刊行。

尹仲材编《地方自治学与村制学之纪元》由上海大中书局刊行。

南京特别市政府秘书处编《首都市政》由编者刊行。

陈晓钟著《新中国之市制》由北京书店刊行。

冯国桢著《村政常识》由上海卿云图书公司刊行。

内政部编《促进地方自治计划书》由编者刊行。

山西省政府村政处编《山西村政续编》由太原编者刊行。

邢振基著《山西村政纲要》由山西村政处村政旬刊社刊行。

内政部第一期民政会议秘书处编《内政部第一期民政会议纪要》由江苏南京内政部总务刊行。

吕思勉著《中国阶级制度小史》由上海中山书局刊行。

按：是书讲述中国阶级制度的起源、变化等。

吕思勉著《中国国体制度小史》由上海中山书局刊行。

吕思勉著《中国政体制度小史》由上海中山书局刊行。

郭真编《现代民族问题》由上海现代书局刊行。

胡石明编著《帝国主义殖民政策概要》由上海大东书局刊行。

李作华编《世界弱小民族问题》由上海太平洋书店刊行。

柳絮编著《弱小民族的革命方略》由上海中山书店刊行。

按：是书论述弱小民族解放的目标和殖民地革命的方略。附录：《东方革命者的使命》《一个革命者的人生观》。

高槐川著《中国民族的病源及治疗法》由上海民智书局刊行。

任达等著《满蒙问题》由江苏省党务指导委员会刊行。

王勤堉著，寿景伟校《西藏问题》由上海商务印书馆刊行。

按：是书叙述西藏简史，西藏问题的起因、经过，辛亥革命前后的西藏问题及改造方案等。

陈希豪著《过去三十五年中之中国国民党》由上海商务印书馆刊行。

龚学遂著《中国民族海外发展状况》由上海大华书社刊行。

中华民国国民政府外交部《非战公约》由江苏南京编者刊行。

中华民国国民政府外交部编《中国加入非战公约案》由江苏南京编者刊行。

李万里著《警察救国》刊行。

马造撰述《警察宝鉴》由中央陆军军官学校刊行。

赵志嘉编《警察必读》由上海世界书局刊行。

赵志嘉编《最新警察全书》(1—4册)由上海世界书局刊行。

赵志嘉编《侦探学研究》由上海世界书局刊行。

刘紫菀编《侦探学术新编》由江苏南京中华民国指纹学术研究会刊行，有自序。附侦探特务问答目录。

国民政府侨务委员会编《国民政府侨务委员会工作报告》由江苏南京编者刊行。

李长傅编《华侨》由上海中华书局刊行，有自序。

茅国祥编辑《反日特刊》由杭州各界对日经济绝交委员会宣传科刊行。

南京特别市党务指导委员会编《南京特别市党务指导委员会工作总报告》由江苏南京编者刊行。有牟震东序言。

宁波市政府秘书处编《宁波市之过去现在和将来》由宁波编者刊行。

三民公司编《中国国民党史考试问答一百条》由上海编者刊行。

山西省党务指导委员会《中国国民党山西省党务指导委员会党务报告》由山西编者刊行。

越南华侨年鉴社编辑《越南华侨年鉴》由编者刊行。

张维翰著《张莼鸥先生市政演讲集》由云南昆明市政府刊行,有胡湘序言。

中国国民党中央执行委员会宣传部编《总理关于侨胞的遗教》由编者刊行。

中国国民党湖南醴陵县党务指导委员会宣传部编《宣传汇刊》由编者刊行。

郭伯棠编著《国民革命概要》由上海世界书局刊行。

施存统著《复兴中国革命》由上海复旦书店刊行。

陶希圣著《中国社会与中国革命》由上海新生命书局刊行。

许德珩等著《目前中国政局的解剖》刊行。

训练总监部编《国民革命的性质使命和方法》由编者刊行。

张廷灏编《党治训育丛书》由上海大东书局刊行。

张振之著《党政民三位一体论》由上海民智书局刊行。

中国国民党浙江省执行委员会编《中国国民党国民革命与俄国共产党共产革命的区别》由编者刊行。

周伟笔述《国际联盟会之组织经过及吾国历年参与会务情形述要》由江苏南京外交部条约委员会刊行。

周幽东著《国际的资本帝国主义与中国》刊行,有郑洪年、吴英硕序及著者序。

《党旗和国旗》由中国国民党中央执行委员会宣传部刊行。

常燕生著《三民主义批判》由上海中国书局刊行,有著者序。

陈载耘编《民权主义浅说》由上海中华书局刊行。

陈载耘编《民族主义浅说》由上海中华书局刊行。

陈载耘编《社会建设浅讲》由上海中华书局刊行。

董霖著《三民主义概说》由上海商务印书馆刊行。

焦易堂著,魏炳荣校订《三民主义与世界大同》由上海中华自治学社刊行。

陆军第四十二师政治训练处编《孙文主义表解》由编者刊行。

罗君强、高晶斋、唐道海编《三民主义之研究》由中央陆军军官学校武汉分校刊行。

萨孟武著《三民主义政治学》由上海新生命书局刊行。

民众书店编《孙中山评论集》由上海民众书店刊行。

周佛海著《三民主义的基本问题》由上海新生命书局刊行。

孙茀侯编,吴拯寰等校《三民主义表解》由上海三民公司刊行。

中国国民党中央执行委员会宣传部编《三民主义提要》由编者刊行。

孙中山著,三民书店编辑部编《三民主义简讲五权宪法解释合刊》由上海三民书店刊行。

季克仁编著,时希圣校订《三民主义文料大全》由上海广益书局刊行。

黄旭初编著《民权主义概要》由上海世界书局刊行。

张铁君著《国际主义》由重庆国民图书出版社刊行。

诸青来著《建国大纲评论》刊行。

总政治训练处编《建国大纲问答》由江苏南京编者刊行。

中国国民党中央执行委员会宣传部编《总理重要宣言合刊》由编者刊行。

中国国民党广西省党务指导委员会宣传部编《总理遗教摘要》由编者刊行。

中央军官学校编《蒋介石先生演说集》(第1—6集)由上海民智书局刊行。

恂如编《汪精卫集》(1—4集)由上海光明书局刊行。

胡汉民著《胡汉民先生演讲集》(第5集)由上海民智书局刊行。

中国国民党山西省执行委员会宣传部编《胡汉民先生最近讲演集》由编者刊行。

时希圣编《胡汉民言行录》由上海广益书局刊行。

陈公博著《陈公博先生文集》由达仁书店刊行。

陈公博著《中国国民革命的前路》由待旦书局刊行。

褚民谊著《褚民谊最近言论集》由上海大东书局刊行。

袁落日著《风雨集》由香港公报社刊行。

甘乃光等讲《中山大学政治训育丛书》由上海三民书店刊行。

太平洋书店编辑部编辑《政权与治权浅说》由上海太平洋书店刊行。

中国国民党浙江省执行委员会训练部编《中国国民党童子军的组织与训练》由编者刊行。

中国国民党中央执行委员会宣传部编《政权与治权浅说》由编者刊行。

苏上达、祁仍奚合编《第三届太平洋国交讨论会纪要》由观海社刊行。

外交部编《国民政府近三年来外交经过纪要》由编者刊行。

外交部条约委员会编《关系中国之国际公约简表》由编者刊行。

张宏业著《旧村与新村》由上海中华自治学社刊行。

国民政府赈务处编《各省灾情概况》由编者刊行，有赵戴文序。

国民政府赈灾委员会编《赈款出纳报告》由江苏南京编者刊行。

国民政府赈灾委员会等编《一年来赈务之设施》由江苏南京编者刊行。

河南省赈务会编《河南各县灾情状况》由编者刊行。

晋冀察绥赈灾委员会编《晋冀察绥赈灾委员会报告书》由编者刊行。

赈灾委员会编《第三次赈款出纳报告》由编者刊行。

中国国民党广东省党部执行委员会编，黄季陆著《对日俄外交问题》由编者刊行。

中国国民党河北省执行委员会宣传部编《七项运动宣传纲要》由编者刊行。

中国国民党中央执行委员会宣传部编《提倡国货运动宣传纲要》由江苏南京编者刊行。

陈达著《中国劳工问题》由上海商务印书馆刊行。

按：作者在本书前言说："近四年之间，每于授课之暇，从事搜集资料；经时渐久，积聚渐多。乃于民国一五年夏开始整理的工作，修改旧材料，增加新材料，写成本书。本书有三种目的：(一)叙述我国劳工问题的起源和发展；(二)解释该问题里比较切要的部分；(三)讨论并介绍几种解决方法。"作者认为解决劳工问题有消极和积极两种办法，其中"消极的办法是生育限制，生育限制是信奉马尔塞斯主义的人所提倡。约五年以前，著者曾介绍美国生育限制者山额夫人到我国各处宣传。著者以为此种方法如果实施得宜，轻而易办，利多害少，于国内社会情形相合"。是书为我国较早研究劳工问题的重要著作。

冯紫岗著《农民问题概论》由江苏南京岐山书店刊行。

按：是书分6章。论述农业社会的沿革，封建时期的农奴制，资本主义的农业状况，并对解决土地问题的各派学说和近代各国农业社会的发展趋势作了介绍。

文公直著《中国农民问题的研究》由上海三民书店刊行。

按：是书共12章。分述农民问题的社会意义和农民经济状况，农民运动的本质和对象，农民问题与中国革命的关系，并提出解决农民问题的途径。

郭真著《中国农民问题论》由上海平凡书局刊行。

按：是书分8章。论述资本主义与中国农业，帝国主义与中国农民问题，中国的土地问题和农民政策，中国农业人口减少的现象，农业衰落的趋势，农民生活不安定的原因等。

米寅宾著《工运之回顾与前瞻》由上海南华图书局刊行。

樊国人等编《商务印书馆工会史》由上海商务印书馆工会刊行。

张少峰著《中国国民党工人运动的理论及方略》刊行。

张云伏著《国际社会运动史》由上海新建设书店刊行。

中国国民党河北省党务指导委员会民众训练委员会编《农民运动》由编者刊行。

中国国民党青岛市党务指导委员会宣传部编《工人应有的觉悟》由山东青岛编者刊行。

褚民谊著《普及革命》由上海革命周报社刊行。

高晶斋著《苏俄党事之解剖》由上海新生命书局刊行。

上海特别市政府社会局编《上海特别市十七年罢工统计报告》由编者刊行。

巴金著《断头台上》由上海自由书店刊行。

周康著《剧中人语》由浙江反省院刊行。

谦弟著《妇女与社会》由上海光明书局刊行。

茹迺焘著《中国妇女经济问题》由北平著者刊行。

按：是书包括妇女在经济上之地位的低下，妇女经济不独立之影响，中国妇女职业之概况，中国妇女经济问题之解决等5节。

樊仲云著《妇女解放史》由上海新生命书局刊行。

高乔平编《世界妇女运动史》由上海北新书局刊行。

夏承尧编《各国妇女参政运动史》由上海启智书局刊行，有编者序。

周伯平、陈公瑞编《中国国民党童子军初级课程》由杭州童子军用品供应社刊行。

许楚生著《国际政治现势》由上海南强书局刊行。

乔平等编《一九二八年的国际》由上海北新书局刊行。

训练总监部政治训练处编《国际现状概观》由江苏南京编者刊行。

按：是书共29章。介绍世界地理，日、美等帝国主义国家概况及相互冲突，国际组织，国际共运，列强侵华史，中国三民主义等。

杨西涯编《世界现势概况》由上海中华文化合作社刊行。

张启明编著，上海法学社校阅《各国政党史纲要》由上海校阅者刊行。

郭真著《现代日本讲话》由上海社会经济学会刊行。

郭真著《现代日本论》由上海光华书局刊行。

惠民编《现代日本讲话》由上海中学生书局刊行。

李宗武著《最近的日本》由上海开明书店刊行，有程祥荣序及著者小言。

盛子明编《日本政党史》由上海华通书局刊行。

施存统编著《日本无产政党研究》由上海新生命书局刊行，有著者弁言。

世界室主人著《苏俄评论》由上海新月书店刊行。

杨幼炯著《苏俄民族政策之解剖》由上海民智书局刊行。

按：是书评论苏联民族政策的实施，苏联的东方政策，苏联民族政策与土耳其国民党，民族自决与中国民族革命的前途等问题。

高君实著《战前战后的德意志》由上海远东图书公司刊行。

刘奚叔编著《慕沙里尼统治下的意大利》由上海民智书局刊行。

唐城编《慕沙里尼治下的意大利》由中国国民党中央政治学校刊行。

白鹏飞著《法学通论》由上海民智书局刊行。

朱采真编《法学通论》由上海世界书局刊行。

按:是书分18章。前4章概述法学及法律的定义、法学派别、法律渊源及法治论;第5章介绍法系,包括罗马法系、英美法系、中国法系;第6章介绍法律的分类,包括实质、形式、效力、法系、地域5种分类方法;余各章讲述法律的制定、解释、效力、制裁、权利义务及司法制度等。著者认为研究法律现象上一般的原理原则,了解它的因果关系叫法学,而研究具体条文的应用、解释叫法术,不能叫法学。

朱采真著《法律学 ABC》由上海世界书局刊行。

赵志嘉著《法学大意》由上海世界书局刊行。

张季忻编著《法学通论概要》由上海世界书局刊行。

按:是书分法和权利义务论两编。用问答体解答法的概念,法律与国家、宗教、道德的关系,法的渊源、分类,法的效力、解释、运用,以及有关权利义务的法学基本问题。

陶希圣著《法律学之基础知识》由上海新生命书局刊行。

按:是书分法律的进化、法律的本质、法律的概观3章。

宁敦武编著《法学概论》由上海南强书局刊行。

按:是书分8章论述法学与法律的性质、法律的沿革、类别和任务,以及现代法律的合理化、社会化问题。

黄右昌编著《法律的革命》由北平北大法律研究社刊行。

按:是书为作者为北京大学法律研究社同学们的讲演稿,第1、2讲为精神的革命,第3讲为形式的革命。

蒋保廉编《现行法令概要》由上海三民图书公司刊行。

王传璧编《法理学史概论》由上海法学书社刊行。

沈家本《历代刑法考》收入《沈寄簃先生遗书》出版。

按:此书计72卷,120万字,依次为《刑制总考》4卷、《刑法分考》17卷、《赦考》12卷、《律令》9卷、《狱考》1卷、《刑具考》1卷、《行刑之制考》1卷、《死刑之数》1卷、《唐死罪总类》1卷、《充军考》1卷、《盐法考·私矾考·私茶考·酒禁考·同居考·丁年考》1卷、《律目考》1卷、《汉律摭遗》22卷。全书以历史考证方法为主,立足正史文献,探究历代刑法、律令制度,辨析字、词的语义与源流,梳理各朝法律制度的变化与发展,并以按语形式加以分析评说。同时还注重运用比较方法,不但有中国法律不同朝代的比较,而且有中外法律的参照对比。是书为中国法制史的奠基之作,至今仍是此领域的基本参考书。(参见王学典《20世纪史学编年(1900—1949)》,商务印书馆2014年版)

董修甲著《现行市组织法平议》由湖北汉口武汉市市政委员会秘书处编译室刊行。

国民政府文官处编《国民政府法规汇编》由江苏南京编者刊行。

朱采真著《宪法新论》由上海世界书局刊行。

汪波著《五权宪法研究》由上海三民书店刊行。

陈白虚著《五权宪法之原理及应用》由湖北汉口武汉图书编印馆刊行。

陈戴耘编《五权宪法浅说》由上海中华书局刊行。

屠景山编著《英国宪政论》由上海世界书局刊行。

董坚志编《国民政府行政大全》由上海锦章图书局刊行。

商标局编《商标法》由江苏南京编者刊行。

立法院编《民法总则施行法》由江苏南京立法院秘书处刊行。

戴维卿编《女子继承权法令汇解》由上海民意书店刊行。

屠景山著《破产法原论》由上海大东书局刊行。

郭卫著《刑法各论》由上海法学编译社刊行。

黄荣昌编著《中华民国刑法释例汇纂》由上海法政学社刊行。

朱甘霖编著《民事诉讼法概要》由上海世界书局刊行。

邵勋著《中国民事诉讼法论》由辽宁同泽新民储才馆刊行。

朱采真著《刑事诉讼法新论》由上海世界书局刊行。

高增麟编著《国际法概要》由上海世界书局刊行。

朱采真著《国际法 ABC》由上海世界书局刊行。

王宗旦著《国际引渡论》由江苏南京现代外交社刊行。

张崇玖著《军事学 ABC》由上海 ABC 丛书社刊行。

石铎著《国民军事学》由上海大东书局刊行,有蒋方震序。

按:是书分 3 编:国防之原理、国防各机关、国防各机关之用法(即战法)。

唐文治著《军箴》由著者刊行,有王士珍、赵尔巽、岑春煊序。

训练总监部军学编译处编《军语释要》由江苏南京军用图书社刊行。

赵志嘉编《军事学摘要》由上海世界书局刊行。

刘荫堂著《战后世界各国之军备》由湖北汉口大东书局刊行。

许崇灏著《征兵之沿革及施行法》由上海民智书局刊行。

唐天闲著《作战命令及各种计划》由江苏南京军用图书社刊行。

郭寿生编《最近列强海军政策实力与太平洋问题》由上海华通书局刊行。

中国国民党中央执行委员会宣传部编《总理关于军备的遗教》刊行。

邓文仪著《革命军问题种种》由江苏南京拔提书店刊行。

邓文仪编《军队中政治工作》由武汉中央陆军军官学校武汉分校刊行。

中央陆军军官学校政训处编辑委员会编《政治讲演集》刊行。

蒋介石编《革命的精神教育》由上海太平洋书店刊行。

陆海军经理法规编纂委员会编《军需法规汇编》刊行。

李待琛著《规定制式兵器刍议》由军政部兵工署刊行。

厉尔康编著《国防与物资》由上海大东书局刊行。

赵志嘉编著《军事训练教范》由上海世界书局刊行。

罗念前编《黄埔精神》由黄埔同学会刊行。

厉尔康著《欧战后日本之军事观》由上海军用图书社刊行。

熊斌等著《赴日观操记》由国民革命军军事杂志社刊行。

军政部公布《陆军士兵晋级条例》由第十三师参谋处刊行。

中央军官学校改订《国民革命军军礼节》由上海武学书局刊行。

黄埔中央陆军军官学校编《操场野外笔记》由黄埔中央陆军军官学校刊行。

罗翘秀编《最新步兵教练之研究》由江苏南京最新军用图书社刊行。

军事委员会军训部颁行《工兵操典草案》由军用图书社刊行。

王尔瞻著《中俄战役纪实》由呼伦贝尔警备司令部刊行。

东北海军司令部编《东北海军江防舰队同江拒俄战事纪要》由编者刊行。

国民革命军二十四军司令部编《资内战役写真集》由编者刊行。

中国国民党中央执行委员会宣传部编《裁兵建国之意义》由编者刊行。

刘其贤编《黔东战记》由贵阳文通书局刊行。

裁兵协会编《裁兵须知》由编者刊行。

成桄编译《关于伪装之研究》由上海军用图书社刊行。

殷大中笔记《筑城作业实施图解笔记》由江苏南京军用图书社刊行。

苍德克、姜水文编译，王柏龄审定《工兵基本参考书（第 3 号：附录）》由江苏南京国民革命军军事杂志社刊行。

训练总监部军学编译处编《工兵基本作业参考书（石工之部）》由江苏南京军用图书社刊行。

训练总监部军学编译处编《工兵基本作业参考书（木工之部）》由江苏南京军用图书社刊行。

训练总监部军学编译处编《工兵基本作业参考书（土工之部）》由江苏南京军用图书社刊行。

兵工署兵工常识演讲会编《记工常识演讲集》由军政部兵工署刊行。

宣永光编《治兵箴言》由北平武学书局刊行。

段麟郊著《经济概论》由武昌中央陆军军官学校武汉分校政治训练处刊行。

周定宇编《经济学常识问答》由上海南华图书局刊行。

汤城编著《新经济学概论》由上海三民书店刊行。

郭成信编著《经济学概要》由上海世界书局刊行。

邝振翎等编《经济概论》由中央陆军军官学校政训处刊行。

段麟郊著《经济概论》由中央陆军军官学校武汉分校训练处刊行。

萧纯锦编述《经济学》由上海商务印书馆刊行。

杨明山著《新兴经济学研究》由上海乐华图书公司刊行。

按：是书分 4 章。首章"序论"阐述经济学的定义、对象和研究方法；第 2 章介绍经济学的一些基本概念，如资本制度、商品经济、雇佣劳动、交换价值等；3—4 章论述资本主义经济的性质、特征、发展和矛盾等。

陈豹隐编《经济现象的体系》由上海乐群书店刊行。

按：是书为初学者介绍经济学的基础知识。分 9 章 70 节。主要阐明资本主义经济的形成和发展，资本主义经济制度下的各种经营和企业形态与内部组织，资本主义的市场、生产、消费、分配及社会问题等，最后略述金融独占资本的形成和帝国主义的出现与国际社会主义运动问题。

寿勉成著《社会的经济基础》由上海世界书局刊行。

谢彬著《经济学常识》由上海太平洋书店刊行。

按：是书简述经济学的定义、范围，研究经济学的方法，西方经济学的派别，并述及中国经济状况等内容。

刘光华著《经济常识》由上海商务印书馆刊行。

中国经济学社编《经济建设》由上海商务印书馆刊行。

交通大学上海交通管理学院经济学会编《经济论丛》上下编由上海广益书局刊行。

邬孟晖著《生产力与生产关系》由上海励群书店刊行。

按：是书主要叙述了达尔文主义与马克思主义、从猿猴到人类、人类社会与地理环境、生产力、社会学分析之出发点、生产关系等 6 章内容。

安绍芸著《经济学说史纲要》由上海世界书局刊行。

按：是书分"重农学派""亚丹斯密及其原富""马尔萨斯的人口论""李嘉图及其分配论""约翰密尔""历史学派""限界学派"等 8 章，扼要介绍 19 世纪前西方各经济学派的学说。

刘伯刚编《经济史概要》由上海乐华图书公司刊行。

按：是书内分原始社会、古代社会、封建社会、资本主义社会 4 编来简述西方经济制度发展史，卷首有编者序。

马哲民著《经济史》由上海南强书局刊行。

按：是书分 5 章。简述原始共产时代、古代奴隶经济时代、中世农奴经济时代和资本主义经济时代的经济活动和发展历史。

侯厚培编著《十九世纪经济史》由上海世界书局刊行。

蔡庆宪编《经济思想小史》由上海大东书局刊行。

侯厚培著《中国近代经济发展史》由上海大东书局刊行。

区克宣编《近代经济思想史纲》由上海乐群书店刊行。

按：是书分自由主义派、自由主义派的后继者、社会主义派、现代的经济学派与各国的经济思潮 4 编，简要介绍亚当·斯密以后各学派主要代表人物：马尔萨斯、李嘉图、边沁、穆勒、圣西门、傅立叶、欧文、马克思等人的传略、著述、经济思想等。末编分述德国的历史学派、奥国的心理学派及英、美、德、法四国的经济思潮。

郭真著《中国资本主义史》由上海平凡书店刊行。

朱新繁著《中国资本主义之发展》由上海联合书店刊行。

朱新繁编，陶希圣校订《资本主义的发展及其没落》由上海新生命书局刊行。

按：是书着重阐述资本主义经济制度的发生、发展及衰落的历史。内容包括：资本主义发展的序幕——产业革命，资本主义经济学的创立，资本主义之最后的阶段——帝国主义，资本主义崩溃的必然性，欧洲经济的衰落，资本主义危机的再来等 11 节。

吴其祥著《帝国主义与国际经济》由上海新生命书店刊行。

按：是书包括帝国主义在历史上的演进、关于帝国主义实质的理论、帝国主义经济的基础、原料品及食粮的需求、寻求商场、对外投资、帝国主义与国际纷争、欧战的损失及战费的筹集、战后欧洲经济的崩颓、欧洲经济重新建设问题、战后国际形势的转变与帝国主义的将来等 11 章。

马哲民著《帝国主义之基础知识》由上海新生命书局刊行。

按：是书为新社会科学丛书之一。是书分为 5 章，简述原始公产时代、古代奴隶经济时代、中世农奴经济时代和资本主义经济时代的经济活动和发展历史等内容。

杨东莼编《世界之现状》由上海昆仑书店刊行。

白瑜、沈清尘、柳克述编《世界政治经济概况》由中央陆军军官学校政治训练处刊行。

章渊若著《国际问题经济的观察》由上海民智书局刊行。

刘穆编《世界经济地理概要》由上海远东图书公司刊行。

樊仲云编《世界经济地理》由上海南强书局刊行。

王金绂著《中国经济地理》（上下册）由北平文化学社刊行。

何汉文编《中国政治经济概况》由中央陆军军官学校政治训练处刊行。

邝振翎等编《中国经济概况》由中央陆军军官学校政训处刊行。

中国经济学社编《中国经济问题》由上海商务印书馆刊行。

按:是书内收论文35编,内容涉及土地经济、财政、金融货币、地方经济、交通经济、会计、国际贸易、经济原理、经济思想史等方面,卷首有蔡元培的序。

杨先钧著《帝国主义经济侵略下之中国》由上海太平洋书店刊行。

徐之圭著《列强在中国之经济侵略》由上海太平洋书店刊行。

巴克编著《日本资本主义研究》由上海现代书局刊行。

张云伏编著《俄国新经济政策》由上海新建设书店刊行。

孙晓村著《英美资本战》由上海水沫书店刊行。

黎援编《满蒙物产纪要》由东北新建设杂志社刊行。

建设委员会秘书处编《建设委员会训政时期工作分配年表》由南京编者刊行。

谢彬著《家庭经济新论》由上海太平洋书店刊行。

林光澂著《商业统计》由上海商务印书馆刊行。

竺家饶著《会计学ABC》由上海ABC丛书社刊行。

郑行选著《审计学ABC》由上海ABC丛书社刊行。

广东建设厅劳动法起草委员会编《劳动法典草案》由编者刊行。

李达著《中国产业革命概观》由上海昆仑书店刊行。

按:是书内分7章,论述产业革命之意义,中国农业、手工业崩溃过程,中国近代企业的兴起与现状,以及中国资本主义之发展情况等问题。

江世义编《劳动法概论》由上海法学书社刊行。

朱通九著《工资论》由上海南华图书局刊行。

寿勉成著《合作与主要经济问题》由上海中国合作学社刊行。

寿勉成著《合作经济学》由上海世界书局刊行。

邹振方著《合作论》由上海启智书局刊行。

钱然编著《合作主义纲要》由上海广益书局刊行。

厉鼎模著《范吾合作法》由江苏南京著者刊行。

徐沧水著《合作的效用论》由四川成都普益协社刊行部刊行。

于树德编《生产合作社底沿革》由四川成都普益协社刊行部刊行。

于树德著《合作社之理论与经营》由上海中华书局刊行。

按:是书叙述信用合作社的实际经营问题。

伍玉璋编著《中国合作运动小史》由上海中国合作学社刊行部刊行。

侯源峻著《民生主义与合作运动》由上海中国合作学社刊行。

侯哲荄著《合作运动之理论与实际》由上海太平洋书店刊行。

黄维时编著《农村合作造产之研究》由上海农村合作研究社刊行。

孙中山编《孙中山实业计划》由上海三民公司刊行。

黄旭初编《中山实业计划概要》由上海世界书局刊行。

三民公司编《实业计划》(考试问答一百条)由上海编者刊行。

欧阳缨编《总理实业计划表解》由武昌亚新地学社刊行。

高维昌著《民生主义阐微》由上海民智书局刊行。

总政治训练处编《民生主义之理论与实施》由南京编者刊行。

陈载耘编《物质建设浅说》由上海中华书局刊行。

白陈群著《发展北平之根本政策》由北平达成印刷所刊行。

胡大刚著《中国农业之国计民生观》由南京三民导报社刊行。

李健人著《平均地权的理论与实践》由上海泰东图书局刊行。

中央宣传部编撰科编《平均地权浅说》由中央宣传部出版科刊行。

公孙愈之等著《中国农民及耕地问题》由上海复旦书店刊行。

钟桃编《广东农业概况调查书续编》（上卷）由广州国立中山大学农科院刊行。

杨开道编《农场管理》由上海商务印书馆刊行。

向绍轩著《平均地权初步之商榷》由上海太平洋书店刊行。

内政部编《地权限制及分配计划书草案》由南京编者刊行。

浙江省民政厅编《土地整理和土地陈报》由编者刊行。

绥远垦务局编《绥远垦务辑要》由北平中华印书局刊行。

宿正中著《绥西垦殖计划纲要》由著者刊行。

刘大钧著《我国佃农经济状况》由上海太平洋书店刊行。

江苏省农政会议秘书处编《江苏省农政会议汇编》由上海利国印刷所刊行。

中华职业教育社编《农民生计调查报告》由上海编者刊行。

江苏省立劳农学院编《学术演讲集》由江苏无锡编者刊行。

董时进著《食料与人口》由上海商务印书馆刊行。

曾同春著《中国丝业》由上海商务印书馆刊行。

潘吟阁编著《豆米海味业概况》由中华职业教育社刊行。

金国宝著《下关设立米市问题》由江苏南京特别市财政局事务股刊行。

邹亚雄著《农业建设方略》由湖南长沙实业杂志社刊行。

文炳著《开垦荒地与吃饭问题的关系》由江苏省农矿厅刊行。

冯次行编《中国棉业论》由上海北新书局刊行。

凌道扬编《建设全国林业意见书》由北平大学农学院刊行。

张钫著《改进河南农业计划》由河南省建设厅刊行。

广州市土地局宣传股编《广州市土地局年刊》（民国十七年）由编者刊行。

郁维民著《煤铁概论》由北平文化学社刊行。

薛桂轮著《国际矿产问题》由中国矿冶工程学会刊行。

中华民国建设委员会编《制造工业与民生问题》由南京编者刊行。

丁文江著《外资矿业史资料》刊行。

侯德封编《中国矿业纪要》（第三次，民国十四年至十七年）由农矿部直辖地质调查所刊行。

谢家荣著《煤》由上海商务印书馆刊行。

侯德封编《开滦》由河北矿学会刊行。

侯德封编《临城》由河北矿学会刊行。

陕西省建设厅编《延长石油矿略史》由编者刊行。

建设委员会编《全国发电厂调查表》由编者刊行。

欧阳诣编述《北平化学工业考察记》由国立北平大学第一工学院刊行。

欧阳诣著《平东化学工程考察记》由国立北平大学工学院刊行。

爱礼司洋行编《农光》由编者刊行。

莫古黎著《广东的土纸业》由岭南大学岭南学报社刊行。

农矿部设计委员会特种会议秘书处编《农矿部林政会议汇编》由编者刊行。

姚传法编《建设委员会农矿部直辖中央模范林区委员会工作报告》由南京中央模范林区委员会刊行。

凌道扬编《建设全国林业意见书》由北平大学农学院刊行。

建设委员会编《化学工业与建设之关系》由南京编者刊行。

校重编《欧战各国军需工业动员概况及研究》由编者刊行。

张九如、周鬶青编《能干的小商人》由上海中华书局刊行。

于定一编《武进工业调查录》由江苏武进县商会刊行。

龚仲皋著《中国近代工业发展概论》由上海太平洋书店刊行。

于化龙著《日本工业发达之研究》由上海世界书局刊行。

河北省建设厅编《河北省河工道路电话建设计划书》由编者刊行。

李青编《铁路组织法》由上海启智书局刊行。

王道荣著《铁路统计概要》由上海商务印书馆刊行。

林襟宇著《我国国有铁道之会计统计》由立法院统计处刊行。

金士宣著《铁路运输》由天津北宁铁路管理局编译课刊行。

傅角今编著《中东铁路问题之研究》由上海世界书局刊行。

祁仍奚著《东铁问题》由上海商务印书馆刊行。

浙江省杭州铁路工程局编《铁路述要》由编者刊行。

谢彬著《中国铁道史》由上海中华书局刊行。

> 按:是书为史地丛书之一,主要叙述中国铁路沿革与帝国主义铁路侵略史实。书后附有孙中山先生中国铁路计划。

铁道部编《国道分期兴筑计划》由编者刊行。

浙江省公路局编《浙江省公路局汇刊》由编者刊行。

交通部电政司编《最近我国电政》由编者刊行。

全国电局职工代表团编《无线电管理权问题》由编者刊行。

庄智焕著《告全体电务人员书》由编者刊行。

> 按:是书内容为揭发电信界之官僚腐化内幕。

戴蔼庐著《生意经》由上海中华书局刊行。

徐柯编《新纂商业尺牍》由上海商务印书馆刊行。

李权时著《交易论》由上海东南书店刊行。

李权时著《商业循环》由上海商务印书馆刊行。

许鸣达编著《商业之改造》由上海世界书局刊行。

李权时著《商业政策》由上海商务印书馆刊行。

张家泰著《售货术 ABC》由上海世界书局刊行。

童玉民著《贩卖合作提要》由上海新学会社刊行。

吴云高编著《经商实习研究》由上海世界书局刊行。

吴承洛编《菲律宾工商考察记》由上海中华书局刊行。

沈国瑾著《工商浅说》由工商部总务科刊行。

侯厚培著《消费合作浅说》由上海中国合作学社刊行。

侯哲莽编著《消费合作原理》由上海大东书局刊行。

侯厚培著《批发合作浅说》由上海中国合作学社刊行。

姜丕承等著《提倡国货运动》由武昌中央政治会议武汉分会秘书处宣传股刊行。

中国国民党中央执行委员会宣传部编《提倡国货宣传大纲》由编者刊行。

中国国民党中央执行委员会宣传部编《提倡国货运动宣传纲要》由编者刊行。

王澹如著《国际贸易 ABC》由上海世界书局刊行。

李权时著《自由贸易与保护关税》由上海东南书店刊行。

贾士毅著《关税与国权》由上海商务印书馆刊行。

按：是书分"关税的沿革""关税的特质""海关组织""关税制度"4 编，共 26 章。首编介绍关税史及其发展；次编概述关税制度与世界趋势、国家主权、国际间的关系；第 3 编述及海关职能范围、权力体系及海关组织改革问题；末编详论各种关税及国际贸易的趋势、关税争议的解决方法。书后附"关税与国权补遗"，对前版进行修订，并增添部分内容。

陈安仁著《关税自主与中国》由广东省党委指导委员会宣传部刊行。

甘汝棠编《关税自主云南宣传委员会特刊》由关税自主云南宣传委员会刊行。

姜丕承著《中国关税自主运动经过》由中央政治会议武汉分会宣传股刊行。

外交部编纂委员会编《中国恢复关税主权之经过》由南京编者刊行。

陈子明、甘汝棠编著《中国关税小史与关税新约》由关税自主云南宣传委员会刊行。

侯厚培著《中国国际贸易小史》由上海商务印书馆刊行。

郑其培编著《财政学概要》由上海世界书局刊行。

张澄志编《财政学概论》由上海启智书局刊行。

谭平著《国库制度之研究》由上海民智书局刊行。

李权时著《各国遗产税史要》由上海世界书局刊行。

李权时著《遗产税问题》由上海世界书局刊行。

周成编《地方财政学》由上海泰东图书局刊行。

金国珍编《都市财政论》由上海商务印书馆刊行。

卫挺生著《财政改造》由上海太平洋书店刊行。

李权时著《国地财政划分问题》由上海世界书局刊行。

李权时著《中国税制论》由上海世界书局刊行。

冯节著《中国田赋研究》由上海民智书局刊行。

程叔度、秦景阜纂《烟酒税史》由财政部烟酒税处刊行。

田斌著《中国盐税与盐政》由编者刊行。

韬园著《盐务革命史》由精盐总会盐政杂志社刊行。

云南盐运使署实业司编《民国盐政史云南分史稿》（第 2—4 册）由编者刊行。

张贻志编《芜关纪要》由上海中华书局刊行。

董仲佳编《中国内外债券要览》由通易信托公司刊行。

沈藻墀著《货币学 ABC》由上海 ABC 丛书社刊行。

按：是书分 7 章，论述货币的起源、职能、价值、类别，各国币制的演进，以及货币理论等。

马寅初著《中华银行论》由上海商务印书馆刊行。

按：是书着重从理论上对中国银行业的各项具体业务进行研究，包括存款、支票、放款、贴现、外埠期票买卖、汇兑、押汇、银拆、标金，以及中央银行发行钞票与记账法等。

洪品成编著《银行学概论》由浙江财务人员养成所刊行。

按：是书分 9 章，分述银行沿革、功用、种类，银行之存放款、贴现汇兑业务及纸币发行等。

郑行巽著《银行学概要》由上海世界书局刊行。

按：是书通俗讲述银行的起源，进化、功用、种类，以及存款、汇兑等业务，并分述英、法、德、美等国银行制度。

徐钧溪编著《银行论》由上海新建设书店刊行。

张九如、周蕖青编《儿童银行》由上海中华书局刊行。

侯厚培著《信用合作 ABC》由上海 ABC 丛书社刊行。

孙祖荫著《各国中央银行比较论》由上海商务印书馆刊行。

杨肇遇著《中国典当业》由上海商务印书馆刊行。

按：是书概述我国典当业的种类、组织、设备、营业、管理等问题。

李权时、赵渭人著《上海之钱庄》由上海东南书店刊行。

张伯箴著《保险学 ABC》由上海 ABC 丛书社刊行。

黄天鹏编《新闻学名论集》由上海联合书店刊行。

傅无双编《报学讨论集》由四川新闻学会刊行，有编者序。

瞿世英著《教育哲学 ABC》（ABC 丛书）由上海世界书局刊行，有菊农序、著者序。

朱兆萃著《现实主义与教育》由上海世界书局刊行。

朱兆萃著《实验主义与教育》（万有文库、师范小丛书）由上海商务印书馆刊行。

范锜著《三民主义教育原理》由上海民智书局刊行。

《训政时期党化考试必读》由上海求古斋书局刊行。

张建初著《党化学校训育法》由上海民智书局刊行。

江卓群著《党义教育 ABC》由上海 ABC 丛书社刊行。

中国国民党浙江省执行委员会训练部编《党义教育》由编者刊行。

庄泽宣著《如何使新教育中国化》（国立中山大学教育学研究所丛书）由上海民智书局刊行。

按：是书收录作者《三十年来中国之新教育》《如何使新教育中国化》《建设中国新教育行政制度的讨论》《中国教育改造之路》等论文。

章炯编著《教育史纲要》（考试丛书）由上海法学社刊行。

周谷城撰《中国教育小史》由上海泰东图书局刊行。

余家菊著《中国教育史要》由辽宁沈阳长城书局刊行。

按：是书叙述中国古代、中世纪、近代的教育概况和教育思想。

舒新城编《近代中国教育思想史》由上海中华书局刊行。

按：是书从社会经济、思想文化等背景出发，阐述中国近代教育的发生发展历程，并分方言、军备、西艺等 18 个专题对相关问题进行探讨，为探讨中国近代教育史的早期代表作。1931 年被翻译为日文出版。

徐益棠编《现代教育思潮》（师范小丛书）由上海商务印书馆刊行。

陈德征著《个性教育论》（上海教育局丛书）由上海商务印书馆刊行。

白坚武著《教育公有议》由中华书局刊行,有郑孝胥题词。

庄泽宣编《各国教育比较论》(师范丛书)由上海商务印书馆刊行,有编者序。

殷藏沅编著《教学法概要》(下册)("考试准备"教育概要丛书)由上海世界书局刊行。

卢正编著《教学法纲要》(考试丛书)由上海广益书局刊行。

吴伯匡等编辑《新中华国语读本教授书》(7)由上海中华书局刊行。

张九如编《设计协动教学材料纲要》(初等教育丛书)由上海中华书局刊行。

沈百英编《设计教学演讲集》(师范小丛书)由上海商务印书馆刊行。

徐德春著《做学教 ABC》(ABC 丛书)由上海世界书局刊行,书前有徐蔚南《ABC 丛书发刊旨趣》和陶行知、李楚材序。

　　按:徐蔚南主编的 ABC 丛书,前后共 150 余种,于 1928 年 6 月陆续出版。这套丛书早于商务印书馆的《万有文库》一年时间出版,以其学科范围综合、内容通俗浅显、作者阵容强大、适合读者需要,获得巨大商业成功。

朱兆萃著《教育心理学 ABC》(ABC 丛书)由上海 ABC 丛书社刊行。

高觉敷著《教育心理学大意》(万有文库)(师范小丛书)由上海商务印书馆刊行。

中华教育文化基金董事会编《数学成绩与其他学科成绩之相关研究》(国立中央大学教育心理讲座研究报告)由江苏南京编者刊行。

葛承训著《儿童心理与兴味》(教育丛书)由上海中华书局刊行。

　　按:是书分导言、怕惧、道德判断、课业兴味、好尚、计划、理想与志愿等 7 章。

朱公振编著《教育行政概要》("开考试准备"教育概要丛书)由上海世界书局刊行。

国立浙江大学编《地方教育行政》(国立浙江大学初等教育辅导丛书)由杭州编者刊行。

邰爽秋著《教育经费问题》(广西教育厅教育丛刊)由广西南宁广西教育厅编译处刊行。

顾兆文编著《学校行政纲要》(考试丛书)由上海法学社刊行。

卫生部编《学校卫生实施方案》由编者刊行。

姜琦、邱椿著《欧战后之西洋教育》(师范小丛书)由上海商务印书馆刊行,有姜琦自序。

李邦栋编《郑洪年教育言论集》(第 1 集)由上海国立暨南大学刊行。

周施冠编著《义务教育纲要》(考试丛书)由上海法学社刊行。

中央大学区立中等教职员联合会编《反对大学区制专号》由编者刊行。

教育部编《教育部民国十八年六月份工作报告表》由编者刊行。

教育部编《教育部民国十八年七月份工作报告表》由编者刊行。

教育部编《教育部民国十八年十二月份工作报告表》由编者刊行。

河北省教育厅第三科编《(中央颁布)现行教育法规要览》(第 1 册)由编者刊行。

河北省教育厅第三科编《(中央颁布)现行教育法规要览》(第 2 册)由编者刊行。

北平大学区教育行政院编《北平大学区普通教育处行政概要》由北平编者刊行,书前有张仲苏序。

天津特别市教育局编《天津特别市教育局法规汇编》由天津编者刊行。

河北省教育厅第三科编《河北省现行教育法规辑要》(1—6 册)由编者刊行。

河北省教育厅编《河北省教育厅议案汇编》(1—3 期)由编者刊行。

卜西君、齐泮林编《河北省各县普通教育概览》(十七年度)由河北省教育厅刊行。

丰润县教育局编《丰润县的教育》由河北丰润编者刊行。

察哈尔省教育厅编《察哈尔教育行政会议特刊》由编者刊行。

上海特别市教育局编《上海特别市教育法规》由上海编者刊行。

上海特别市教育局编《上海特别市教育统计》(民国十七年度)由上海编者刊行。

上海特别市教育局编《上海特别市政府教育局业务汇编》(民国十六年七月至十七年十二月止)由上海编者刊行。

上海特别市教育局编《上海特别市教育局业务报告》(十八年一月至六月)由上海编者刊行。

山东省教育厅编《山东省教育统计》(自民国十七年六月至十八年十月)由编者刊行。

山东省政府教育厅编《山东全省教育局长第一次会议报告》由编者刊行。

南京特别市教育局编《南京特别市教育——今后五年之计划》由江苏南京编者刊行

南京特别市教育局编《南京特别市教育——教育局概况》由江苏南京编者刊行。

南京特别市教育局编《南京特别市十七年度教育概况统计》由江苏南京编者刊行。

顾敦福编《兴化县教育一览》由江苏兴化县教育局刊行。

陆叔昂编《川沙县教育局十七年度年报》由江苏川沙县教育局刊行。

奉贤县教育局编《奉贤县教育年刊》(十七年度)由江苏奉贤编者刊行。

安徽省政府教育厅编《安徽现行教育法规汇编》由编者刊行。

安徽省教育厅编《安徽省现行教育法规汇编》(第1、2、3、5册)由编者刊行。

安徽省教育厅编《安徽全省教育局长会议录》由编者刊行。

安徽省教育厅编《安徽教育厅工作一览》(民国十八年一月至七月)由编者刊行。

浙江省教育厅编《教育概况》由编者刊行。

浙江省教育厅编《浙江省教育行政方针及十八年度实施计划》由编者刊行。

浙江省教育厅编《教育辅导的几种具体办法》(地方教育行政丛书)由编者刊行。

江西教育基金保管委员会编《江西教育基金保管委员会第一年概况》(中华民国十七年)由江西南昌编者刊行。

福建省教育厅编《福建教育厅教学指导表格第一种》由编者刊行。

郑祥规著《永泰县教育改进计划书》由福建永泰县教育局刊行。

河南省教育厅编《河南教育特刊》由编者刊行。

广州市教育局编《广州市教育统计》由广东广州编者刊行。

唐惜分编《广西教育法规辑要》(广西教育厅教育丛刊)由广西南宁广西教育厅编译处刊行。

晓庄小学研究部编《晓庄学校晓庄中心小学概况》由江苏南京晓庄学校晓庄中心小学刊行。

国立中央大学实验学校编《国立中央大学实验学校一览》由江苏南京本校消费协社刊行。

汉口特别市政府教育局编《市立学校》由湖北汉口编者刊行。

徐雉著《中国学校课程沿革史》由上海太平洋书店刊行。

按:是书分绪论、学校时期、科举时期、新旧教育过渡时期、新教育时期的学校课程等6编,专门研究中国古代的课程史。

秦凤翔编《日本义务教育之发展》(地方教育丛辑)由江苏南京中央大学区各县筹备义

务教育联合办事处刊行。

王权中编《苏俄教育概观》由上海北新书局刊行。

王志成著《爱的教育实施记》由上海开明书店刊行。

陈鹤琴、陶行知等著《幼稚教育论文集》(晓庄学校丛书)由江苏南京晓庄学校鼓楼幼稚园刊行。

程其保编《小学教育概论》(师范丛书)由上海商务印书馆刊行。

李康复、朱鼎元、唐湛声编《小学训育的实际》(师范丛书)由上海商务印书馆刊行。

国立浙江大学编《小学行政及教法》(1—9册)(国立浙江大学初等教育辅导丛书)由杭州编者刊行。

侯鸿鉴编《单级教学实施法》(福建教育厅教育丛书)由福建教育厅编辑部发行课刊行。

上海特别市立旦华小学校编《各科教学过程》(上海特别市立旦华小学校研究丛刊)由上海新新印刷公司刊行。

上海中学实验小学编《上中实小中东路事件教学大纲》(地方教育第五分区研究会丛刊)由上海编者刊行。

国立浙江大学编《小学公民训育实施法》(1—10册)(国立浙江大学初等教育辅导丛书)由杭州编者刊行。

邢玉台著《算术教学法》(第1、2、4册)由山东天主堂印书馆刊行。

王怀琪、邹法鲁编《鞭打游戏》(中国健学社体育丛书)由上海中国健学社刊行。

徐学文著《给小朋友们的信》由上海开明书店刊行。有王曾涛、陈伯吹、周向的序。

张九如、周翥青编《美妙的小公园》(苏皖浙省师范附小联合会儿童课余服务丛书)由上海中华书局刊行。

上海市教育局编《上海市立小学校教育测验报告书》由上海编者刊行。有陈德征序。

张九如、周翥青编《学校市参观记》由上海中华书局刊行。

江苏省立上海中学实验小学编《上中实小今后研究的新途径》(第1册)由上海编者刊行。

苏州中学实验小学编《新教育法实验报告》(苏州中学实验小学丛书)由江苏苏州编者刊行。

吴兴绸业学校编《吴兴绸业学校廿周纪念特刊》由浙江吴兴编者刊行,有张金镕、刘景琨序。

国立中山大学附属小学校训育部编《成功的学生》(国立中山大学附属小学校丛书)由广东广州国立中山大学附属小学校刊行。

国立中山大学附属小学校编《安全条文》由编者刊行。

江苏省立上海中学校群育委员会编《学生课外作业规约》由上海江苏省立上海中学校刊行。

阮真编《中学读文教学研究》(广西教育厅教育丛刊、教育丛书)由广西南宁广西省教育厅刊行。

阮真著《中学国文校外阅读研究》(国立中山大学教育学研究所丛书)由上海民智书局刊行。

陆并谦等编《各科题解》(丙集)(中学生会考准备丛书)由上海世界书局刊行。

陶祥霞等编《各科题解》（丁集）（中学生会考准备丛书）由上海世界书局刊行。

欧元怀等著《（增订）学生指南》由上海勤奋书局刊行，有蔡元培题词及周佛海、程天放、张乃燕的序。

天津私立汇文中学校编《天津私立汇文中学校章程》（中华民国十八年秋季订）由天津编者刊行。

铭贤廿周纪念册委员会编《铭贤廿周纪念册》由山西太谷铭贤学校刊行。

流云著《南洋中学现在究竟怎样》由上海南洋中学校友会刊行。

上海中西女校编《墨梯》（己巳春）由上海编者刊行。

上海私立东吴二中学籁社编《学籁》（12 月号）由上海编者刊行。

苏州中学编《中央大学区立苏州中学概况》由江苏苏州编者刊行。

郑若谷编《明日之大学教育》由上海南华图书局刊行，有章益序和编者序。

罗家伦编著《最后一年之清华》由国立清华大学刊行。

庄泽宣著《职业教育》（万有文库、百科小丛书）由上海商务印书馆刊行。

潘文安著《职业教育 ABC》（ABC 丛书）由上海 ABC 丛书社刊行，有徐蔚南的该丛书"发刊旨趣"。

杨鄂联著《职业教育概论》（"考试准备"教育概要丛书）由上海世界书局刊行。

廖世承编《中国职业教育问题》由上海商务印书馆刊行。

孟宪承编《民众教育辞汇》（江苏省立民众教育院、劳农学院研究部丛刊）由江苏省立民众教育院研究部刊行。

汤茂如著《民众教育概论纲目》由北平中华平民教育促进会总会刊行。

殷芷沅著《民众教育概要》（考试准备教育概要丛书）由上海世界书局刊行。

范望湖著《民众教育 ABC》由上海 ABC 丛书社刊行，有徐蔚南的"ABC 丛书发刊旨趣"。

钱聘著《民众教育纲要》（考试丛书）由上海法学社刊行。

中央大学区立民众教育院第一届同学会编《民众教育论文集》（中央大学区立民众教育院同学会）由无锡编者刊行，有高阳序。

林天乐著《民众教育辑要》（第 1 辑）（河南教育厅丛书）由开封河南教育厅编辑处刊行。

王鸿文、徐绍烈编《新时代民众学校识字课本教授法》（1—4 册）由上海商务印书馆刊行。

中华平民教育促进会编《平民读物》（1—5 册）由北平编者刊行。

郑昶编《民众工人课本教授书》（1—3 册）由上海中华书局刊行。

江苏省立民众教育院劳农学院研究部编《民众教育法规要览》（第 1 辑）（江苏省立民众教育院农学院研究部丛刊）由江苏编者刊行。

热河教育编《热河识字运动特刊》由热河编者刊行。

中央大学区立民众教育院编《中央大学区民众教育院实验区概况》由无锡编者刊行。

钱鹤、刘士木、李则纲编《华侨教育论文集》（南洋丛书）由上海国立暨南大学南洋文化事业部刊行。

华林一著《残废教育》（师范小丛书）由上海商务印书馆刊行。

按：是书分聋哑儿童教育发达略史、聋哑儿童教授法、盲童教授法、跛童学校之实际问题等 9 章。

施殿清著《予之聋哑教育观》由群学聋哑教育研究会刊行。

华林一著《低能教育》(师范小丛书)由上海商务印书馆刊行。

沈子善著《露天学校》(师范小丛书)由上海商务印书馆刊行。

孙一芬著《顽劣儿童训练法》由上海商务印书馆刊行。

张志澄编《社会教育通论》由上海启智书局刊行。

潘文安著《青年读书指导》由上海大东书局刊行。

王怀琪编《健光》(体育格言)由上海中国健学社刊行,有徐卓呆等3人序。

程瀚章著《运动生理》(万有文库)由上海商务印书馆刊行。

王怀琪编《女子技巧运动堆砌图案》由上海商务印书馆刊行。

王怀琪编《国耻纪念体操》(中国健学社体育丛书)由上海中国健学社刊行。

董守义著《篮球术》由上海青年协会书报部刊行,有许民辉、张伯苓、章辑五序。

吴茂卿著《乒乓指南》由上海光明书局刊行。

按:是书有李惠堂等4人的序及李传书的"东渡杂记"等。

万籁声编著《武术汇宗》由上海商务印书馆刊行。

徐哲东编《国技论略》由上海商务印书馆刊行。

孙福全著《拳意述真》(江苏省国术分馆丛书)由江苏省政府国术分馆刊行。

陈微明著《太极答问》由苏州致柔拳社刊行。

黄楚九编著《太极拳图》由上海九福公司刊行,有黄楚九、褚民谊序。

朱国福著《形意六合拳撮要》由上海武学会刊行。

王怀琪编《(订正)八段锦》(中国健学社体育丛书)由上海中国健学社刊行。有题词、唐文治等6人序、编者自序。

尚武体育学会编《十八般武艺全书》由编者刊行。

金一明著,沈鸿声绘图《六合枪》由上海益新书社刊行。

吴志青编《国术教范七星剑》由上海大东书局刊行,有张之江的弁言及编者自序。

李石岑著《游泳新术》由上海商务印书馆刊行。

谢宣编著《象棋谱大全》(第3集、第1—4卷)由上海中华书局刊行。

徐去疾编《围棋入门》由编者刊行。

吴贯因著《中国文字之起源及变迁》由上海商务印书馆刊行。

按:是书分无文时代、结绳时代、仓颉之创字、创字之动机、文字最初之形体、古代时代、篆书时代、隶书时代、楷书时代、将来之趋势等10章。

任峋著《中国古代文字之研究》由著者刊行。

邵祖平著《文字学概说》由上海商务印书馆刊行。

陈其一编《中国新文字问题讨论集》(第1辑)由河南教育厅编辑处刊行。

罗常培著《切韵序校释》由中山大学语言历史学研究所刊行。

张世禄著《中国声韵学概要》由上海商务印书馆刊行。

按:此书分语音总论、声母与韵母、历代声韵之变迁及拼音4编。

黎锦熙编著,张蔚瑜写绘《国语四千年来变化潮流图》由北京文化学社刊行。

按:1929年为纪念美国开国一百五十周年在费城举行世界博览会,本图是博览会应征的中国教育陈列品,图中显示了四千年来中国语言文字的变迁及文学的源流派别,对各时代的辞书、字典、韵书及文学上的重要典籍略举内容,列成系统。对历代作家,略考生卒年代,举例作品,分别流派。本图初版多有错误,再版时加以订正。初版译校者为汤洪真,再版译校者为邵松如。

邹炽昌编《国语文法向导》由上海世界书局刊行。

朱剑芒编著《公文程式概要》("考试准备"政法概要丛书,朱鸿达主编)由上海世界书局刊行。

朱剑芒编《(新式标点)新公文程式大全》(1—6册)由上海世界书局刊行。

按:分公文要诀、令文、呈文、咨文公函、布告、电文6编。书名后加题"国民政府颁布"。

周服编《学文基础》由上海商务印书馆刊行。

中国国民党天津特别市党务指导委员会宣传部编《革命联语》由天津特别市全民庆祝新年联欢大会刊行。

郑明公著《最新法文读本及会话》由上海中华书局刊行。

张仕章著《英文读音ABC》由上海世界书局刊行。

张世鎏等编《(求解作文两用)英汉模范字典》由上海商务印书馆刊行。

游无为著《(改订)(初等篇)东文实用读本》由江苏南京东文专修学校刊行。

杨树达著《古书之句读》由北平文化学社刊行。

按:是书分当读而失读、不当读而误读、当属上读而读属下、当属下读而读属上、原文不误因误读而误改、原文不衍因误读而误删、因文省而误读、因字误而误读、数读皆通等14类。

许慕羲编著《(言文对照)暑期补习尺牍》由上海广益书局刊行。

徐志诚编《英文学生尺牍》由上海中华书局刊行。

徐国桢编著《记叙文作法向导》由上海世界书局刊行。

萧苇编《文学的国语文材料》(第3集)由上海新学会社刊行。

吴其昌著《金文历朔疏证》由北平燕京大学刊行。

吴念慈、柯柏年、王慎名编《新术语辞典》由上海南强书局刊行。

按:此书收"五四"以后政治、经济、法学、社会、社会心理、社会问题、哲学、文学、欧洲外交史、中国外交史等学科的新术语。按部首编排。末附笔画索引。1929年版为正续编合订本,后附英文索引。

文明书局编辑《(言文对照)普通尺牍》(上下册)由上海文明书局刊行。

魏冰心编《民众千字课本》(第1—4册)由上海世界书局刊行。

王翼廷著《英文修辞学ABC(活用英文ABC丛书)》由上海世界书局刊行。

王森然编《中学国文教学概要》由上海商务印书馆刊行。

王景山著《新少年的写信范本》由上海建设书局刊行。

王德崇著《国语演说辩论词作法》由北平平社刊行部刊行。

万国鼎编《新桥字典》由上海中华书局刊行。

按:此书约收一万五千字。按"母笔检字法"检字。(改用母笔检字,废除部首检字)书前有汉字母笔排列法大纲和单字表。

唐钺著《修辞格》(万有文库)由上海商务印书馆刊行。

世界书局编辑所编《(言文对照)学生新尺牍》由上海世界书局刊行。

世界书局编辑所编《(言文对照)儿童新尺牍》由上海世界书局刊行。

阮真著《中学作文教学研究》(国立中山大学教育学研究所丛书5)由上海民智书局刊行。

齐铁恨编《新国音讲习课本》由上海中华书局刊行。

潘文安编《职业应用文》由上海文明书局刊行。

马体乾编著《国音字母便读歌诀》由北平京华印书局刊行。

马俊如编《小学国语字典》由上海中华书局刊行。

按：此书收字六千多个。按笔画检字。

陆衣言、马国英编《（头尾号码）新国音学生字典》由上海中华书局刊行。

按：此书收字八千四百多个。有国语罗马字和注音字母二种注音。按编者创编的"头尾号码检字法"检字。

刘铁冷著《（名家专撰）党政军尺牍大全》由上海真美书社刊行。

林汉达注释《（华文详注）柴霍甫小说选》（世界近代英文名著集 3）由上海世界书局刊行。

李啸云编《（详注）普通公牍指南》由上海泰东图书局刊行。

林语堂著《开明英语读本》由上海开明书店刊行。

李儒勉编《实用英汉汉英词典》由上海中华书局刊行。

李登辉编《（文化英文读本第 8 册）翻译问题解答》由上海商务印书馆刊行。

黄尊生著《中国与世界语问题》（世界语小丛书第 1 种）由上海世界语学会刊行。

黄士元编《新式旗语》由浙江省警官学校刊行。

胡朴安著《文字学 ABC》由上海 ABC 丛书社刊行。

贺群上编著《（各界适用）现代分类尺牍大全》由上海广益书局刊行。

河北省教育厅第三科编《春联标语汇刊》由河北省教育厅刊行。

郭步陶著《文法解剖 ABC》（ABC 丛书）由上海 ABC 丛书社刊行。

戴叔清著《语体应用文作法》由上海亚东图书馆刊行。

戴叔清著《语体应用文范本》由上海亚东图书馆刊行。

程克猷编《国文阅读指导》（江苏省立上海中学校修学指导丛刊）由上海江苏省立上海中学校刊行。

陈杰编《（国民政府）军政公文程式》由上海中央图书公司刊行。

按：包括军政各类公文的体例、格式、用语等。

陈光益、黄识编《（增订版）英文书翰钥》由上海群益书社刊行。

白涤洲、黎锦熙编《注音符号无师自通》由北平文化学社刊行。

马建忠著《马氏文通》（万有文库；国学基本丛书）由上海商务印书馆刊行。

《（国府现行）公文程式法令大全》（1—2 册）由上海民益图书局刊行。

段凌辰著《中国文学概论》（上册）由河南汲县瑞安集古斋书社刊行。

谭正璧编著《中国文学进化史》由上海光明书局刊行。

钱振东著《中国文学史》（中编上卷）由著者刊行。

曾毅著《中国文学史》由上海教育书店（经售）刊行。

胡适著《白话文学史》（上卷）由新月书店刊行，有自序。

按：胡适《自序》说："现在要说明这部书的体例。第一，这书名为'白话文学史'，其实是中国文学史。我在本书的引子里曾说：白话文学史就是中国文学史的中心部分。中国文学史若去掉了白话文学的进化史，就不成中国文学史了，只可叫做'古文传统史'罢了。……我们现在讲白话文学史，正是要讲明……中国文学史上这一大段最热闹，最富于创造性，最可以代表时代的文学史。但我不能不用那传统的死文学来做比较，故这部书时时讨论到古文学的历史，叫人知道某种白话文学产生时有什么传统的文学作背景。

第二，我把'白话文学'的范围放得很大，故包括旧文学中那些明白清楚近于说话的作品。我从前曾说过，'白话'有三个意思：一是戏台上说白的'白'，就是说得出，听得懂的话；二是清白的'白'，就是不加粉饰的话；三是明白的'白'，就是明白晓畅的话。依这三个标准，我认定《史记》《汉书》里有许多白话，古乐府歌辞大部分是白话的，佛书译本的文字也是当时的白话或很近于白话，唐人的诗歌——尤其是乐府绝句——也有很多的白话作品。这样宽大的范围之下，还有不及格而被排斥的，那真是僵死的文学了。第三，我这部文学史里，每讨论一人或一派的文学，一定要举出这人或这派的作品作为例子。故这部书不但是文学史，还可算是一部中国文学名著选本。文学史的著作者决不可假定读者的头案上总堆着无数名家的专集或总集。这个毛病是很普遍的。西洋的文学史家也往往不肯多举例；单说某人的某一篇诗是如何如何；所以这种文学史上只看见许多人名、诗题、书名，正同旧式朝代史上堆着无数人名年号一样。这种抽象的文学史是没有趣味的，也没有多大实用的。第四，我很抱歉，此书不曾从《三百篇》做起。这是因为我去年从外国回来，手头没有书籍，不敢做这一段很难做的研究。但我希望将来能补作一篇古代文学史，即作为这书的'前编'。我的朋友陆侃如先生和冯沅君女士不久要出版一部《古代文学史》。他们的见地与功力都是很适宜于做这种工作的，我盼望他们的书能早日出来，好补我的书的缺陷。此外，这部书里有许多见解是我个人的见地，虽然是辛苦得来的居多，却也难保没有错误。例如我说一切新文学的来源都在民间，又如说建安文学的主要事业在于制作乐府歌辞，又如说故事诗起来的时代，又如说佛教文学发生影响之晚与'唱导''梵呗'的方法的重要，又如说白话诗的四种来源，又如王梵志与寒山的考证，李、杜的优劣论，天宝大乱后的文学的特别色彩说，卢仝、张籍的特别注重……这些见解，我很盼望读者特别注意，并且很诚恳的盼望他们批评指教。"(胡适著；叶君主编《胡适文选·文学与哲学》，北方文艺出版社2013年版)

黄石著《神话研究》由上海开明书店刊行。

茅盾(原名玄珠)著《中国神话研究ABC》(上下册)由上海ABC丛书社刊行。

茅盾著《神话杂论》由上海世界书局刊行。

胡寄尘(原题胡怀琛)著《诗歌学ABC》由上海ABC丛书社刊行。

金公亮著《诗经学ABC》由上海ABC丛书社刊行。

傅斯年著《周颂说》由上海国立中央研究院历史语言研究所刊行。

陈钟凡著《汉魏六朝文学》由上海商务印书馆刊行。

范文澜编《文心雕龙注》(上中下)由北平文化学社刊行。

朱炳煦编著《唐代文学概论》由上海群众图书公司刊行。

胡朴安、胡寄尘(原题胡怀琛)著《唐代文学》由上海商务印书馆刊行。

许文玉著《唐诗综论》由北京国立北京大学出版部刊行。

吕思勉著《宋代文学》由上海商务印书馆刊行。

刘麟生著《中国文学ABC》由上海ABC丛书社刊行。

王耘庄著《文学概论》由杭州非社刊行部刊行。

谢冰弦编《近代文学》由上海文学评论社刊行。

按：是书收《近代文学体系的研究》(沈雁冰)，《最近文艺之趋势十讲》(罗迪先)，《近代文学上的写实主义》(胡愈之)，《现代文学上的新浪漫主义》(昔尘)，《战后文学的新倾向—浪漫主义的复活》(冠生)，《文学上的古典主义、浪漫主义和写实主义》(沈雁冰)，《易卜生主义》(胡适)，《表现主义的文学批评论》(华林一)等10篇论文。其中有几篇是译作。

陈子展著《中国近代文学之变迁》由上海中华书局刊行。

按：是书系作者于上海南国艺术学院任教时，开设近代文艺讲座，其后在授课讲义基础上撰成。分近代文学从何时说起、诗界革命运动、宋诗运动及其他旧派诗人、词曲价值的新认识、小说界革命之前后、桐城派古文及其他、从时务文学到政论文学、翻译文学、十年以来的文学革命运动等9章。作者自"戊戌维新运动"开始，紧扣"诗界革命""小说界革命""新文体"、词曲、翻译文学这一主线，将1898年至1928年三十年间文学之嬗变与转化进行了较系统的论述，被认为在一定程度上对近代文学研究起到了开山作用。（参见王学典《20世纪史学编年（1900—1949）》，商务印书馆2014年版）

李何林编《中国文艺论战》由上海中国书店刊行。

梅子编《非"革命文学"》由上海光明书局刊行。

茅盾著《现代文艺杂论》由上海世界书局刊行。

按：是书收《未来派文学之今昔》《大人主义》《青年德意志文学—从表现主义到无产阶级文艺》《欧战与意大利文学》《现代匈牙利文学》《现代捷克文学》《巴西文坛与法国文学》《古巴文学》《希腊新文学之胜利》《瑞士现代文学一瞥》等14篇介绍欧战后各民族文学状况的文章。

钱杏邨著《现代文艺研究》由上海泰东图书局刊行。

钱杏邨著《作品论》由上海沪滨书店刊行。

按：是书分现代日本文艺的考察、关于俄罗斯文艺的考察、中国新兴文艺考察的片断、各国文艺考察的片断等4部分，分别评论各国影戏、小说。书后附所评篇目索引。

郭沫若著《文艺论集》由上海光华书局刊行。

郭沫若等著，柳倩编《文艺论集》由上海创造社刊行。

赵景深著《作品与作家》（文艺论述）由上海北新书局刊行。

顾荩丞著《文体论ABC》由上海ABC丛书社刊行。

许杰著《新兴文艺短论》由上海明日书店刊行。

远生著《艺术之夜》由上海世界书局刊行。

张竞生著《伟大怪恶的艺术》由上海世界书局刊行。

按：是书提出新文学的创作的原则应是伟大与怪恶的统一，表达了作者对雨果积极浪漫主义文学的推崇。

刘哲庐编《文学常识》（第1集）由上海大中书局刊行。

胡适等著，艺林社编《文学论集》由上海亚细亚书局刊行。

按：是书内辑《艺林》杂志发表的文艺论文31篇，其中有《谈谈诗经》（胡适），《文学上的殉情主义》（郁达夫），《文艺上的冲动说》（张资平），《红楼梦里性欲的描写》（刘大杰），《文心雕龙札记》（黄侃）等。

杨荫深著《中国文人故事》由上海中华书局刊行。

按：是书收录自屈原、司马相如始到清代袁枚、曹雪芹为止的40位历代中国文学家的生平故事。

谢采江（原题草川未雨）著《中国新诗坛的昨日今日和明日》由北平海音书局刊行。

张寿林著《论诗六稿》由北平文化学社刊行。

虚白编，蒲梢修订《汉译东西洋文学作品编目》由上海真善美书店刊行。

胡寄尘（原题胡怀琛）著《中国小说研究》由上海商务印书馆刊行。

钱基博著《古文辞类纂解题及其读法》由上海中山书局刊行。

刘声木著《桐城文学渊源考》成书。

按：刘声木曰："自有明中叶，昆山归太仆以《史记》之文法，抉宋儒之义理，空绝依傍，独抒怀抱，情真语挚，感人至深。我朝桐城方侍郎继之，研究程朱学术，至为渊粹，每出一语，尤质朴恳至，使人生孝弟之心，文章之义法因亦大明于世，实为一代巨擘，与归文同为六经之裔，一时衣被天下，蔓衍百余年益盛。虽诸子所得有深浅，然皆由义理以言文章；文章虽未必遽能传世行远，而言坊行表皆大半不愧为正人君子，其成仁取义，慷慨捐生，堪与日月争光者，亦不可缕指。纲常名教，赖以不坠。"（《桐城文学渊源考·补遗

序》》

俞平伯著《红楼梦辨》由上海亚东图书馆刊行。

按:俞平伯考证出《红楼梦》原书只有前八十回是曹雪芹所作,后四十回是高鹗续作。与胡适一同称为新红学的奠基人之一。

赵景深著《童话学 ABC》由上海 ABC 丛书社刊行。

胡寄尘(原题胡怀琛)著《诗人生活》由上海世界书局刊行。

定生著《诗的听入》由北平朴社刊行。

冯瘦菊编著《新诗和新诗人》由上海大东书局刊行。

郁达夫著《在寒风里》由福建厦门世界文艺书社刊行。

钟敬文著《柳花集》由上海群众图书公司刊行。

李石岑著《李石岑讲演集》第一辑由上海商务印书馆刊行。

戴季陶著《戴季陶集》由上海三民公司刊行。

章士钊著《长沙章氏丛稿(癸甲集)》由上海商务印书馆刊行。

杨铨著《杨杏佛文存》由上海平凡书局刊行。

杨没累著《没累文存》由上海泰东书局刊行。

张相文著《南园丛稿》(上册)由中国地学会刊行。

苏雪林著《蠹鱼生活》由上海真善美书店刊行。

郭绍虞辑《文品汇钞》由北平朴社刊行。

阿英著《力的文艺》由上海泰东图书局刊行。

刘大白著《白屋说诗》由上海大江书铺刊行。

凌善清、许志豪编《新编戏学汇考》由上海大东书局刊行。

按:是书内分"戏学编""戏曲编"两部分。"戏学编"包括名伶小影、脸谱、场面、皮黄工尺谱、戏装等。"戏曲编"选收名伶曲本百数十出,每剧前均列有一表,注明本剧之角色、服装、用具、名伶、情节等。另有《歌场识小录》。

马彦祥著《戏剧概论》由上海光华书局刊行。

按:是书分通论、戏剧之表演、剧本之编制 3 篇,介绍戏剧的基本理论。书前有洪深的《从中国的新戏说到话剧》。

吴梅著《元剧研究 ABC》(上册)由上海 ABC 丛书社刊行。

阎折梧编《南国的戏剧》由上海萌芽书店刊行。

左明编《北国的戏剧》由上海现代书局刊行。

顾颉刚编著《孟姜女故事研究集》(第 2 册)由广东广州国立中山大学语言历史学研究所刊行。

姚逸之编述《湖南唱本提要》由广东广州国立中山大学语言历史学研究所刊行。

白寿彝著《开封歌谣集》刊行。

秦同培编著《撰联指南》由上海世界书局刊行。

徐昂著《益修文谈》由江苏南通翰墨林书局刊行。

国立北平大学艺术学院编《国立北平大学艺术学院戏剧系第一届毕业同学论文集》由国立北平大学艺术学院刊行。

谢六逸著《日本文学》增订版由上海开明书店刊行。

谢六逸著《日本文学史》(上下卷)由上海北新书局刊行。

张资平著《欧洲文艺史纲》由上海联合书店刊行。

玄珠著《骑士文学 ABC》由上海 ABC 丛书社刊行。

周越然著《莎士比亚》由上海商务印书馆刊行。

孙席珍编著《雪莱生活》由上海世界书局刊行。

王古鲁编著《王尔德生活》由上海世界书局刊行。

田汉著《爱尔兰近代剧概论》由上海东南书店刊行。

袁昌英著《法兰西文学》由上海商务印书馆刊行。

孙席珍编著《莫泊桑生活》由上海世界书局刊行。

余祥森著《现代德国文学思潮》由上海华通书局刊行。

按：是书论述现代德国文学中的自然派、新写实派、印象派、象征派、新古典派及表现派等文学流派。

柳无忌编《少年哥德》由上海北新书局刊行。

汪倜然著《俄国文学 ABC》由上海泰东图书局刊行。

华维素编《俄国文学概论》由上海泰东图书局刊行。

黄源编《屠格涅夫生平及其创作》由上海华通书局刊行。

郎擎霄著《托尔斯泰生平及其学说》（世界大思想家）由上海大东书局刊行。

汪倜然著《托尔斯泰生活》由上海世界书局刊行。

文学周报社编《苏俄小说专号》由上海远东图书公司刊行。

曾虚白著《美国文学 ABC》由上海 ABC 丛书社刊行。

柯仲平著《革命与艺术》由上海狂飙出版部刊行。

徐蔚南著《艺术哲学 ABC》由上海 ABC 丛书社刊行。

徐延年著《艺术漫谈》由辽宁沈阳美术研究社刊行。

徐蔚南著《艺术家及其它》由上海真美善书店刊行。

叶秋原著《艺术之民族性与国际性》由上海联合书店刊行。

按：是书分艺术论、文学论、艺术史论三部分，论述现代艺术主潮、艺术之民族性与国际性、现代艺术与民族主义、思想动摇期中之中国艺术界、艺术与政治、艺术的意义、文艺复兴与浪漫运动、德国的表现派文学、文学中的颓废派运动、王尔德评传、魏尔仑底生平、史前艺术、中古艺术、罗马纳司克雕刻、峨特雕刻、希腊艺术、罗马艺术、早期基督教艺术、文艺复兴下之雕刻等。

查士骥著《二十世纪的艺术家》由上海世界书局刊行。

倪贻德编著《近代艺术》由上海金屋书店刊行。

全国美术展览会编《中西画集》由上海中国文艺出版部刊行。

许仑由著《风景画法》由杭州艺术学会刊行，有胡也衲的序。

陈之佛作《之佛图案集》第 1 集由上海开明书店刊行，有作者序。

陈之佛编《图案》第 1 集由上海开明书店刊行。

陈抱一著《洋画 ABC》由上海 ABC 丛书社刊行。

陈树人绘《陈树人画集》第 3 辑由上海和平社刊行。

梅与天绘《梅与天水彩画》由上海商务印书馆刊行。

丁振编《最新工艺图案集》由上海商务印书馆刊行，有编者自序。

丰子恺作《护生画集》由上海佛学书店、开明书店刊行，有马一浮的序。

王石之著《石之漫画集》由北平民言社刊行，有林仲易的序及晴川的跋。

王济远编绘《王济远油画集》由上海大东书局刊行。

可濯轩主编《沧浪外史书画扇册》由上海美术制版社刊行部刊行。

郑昶编著《中国书学全史》由上海中华书局刊行,有黄宾虹的序及自序。

按:是书论述国画之源流、历代画家、画论等。

赵我青编《儿童自由画研究》由上海民智书局刊行。

周茂斋绘《茂斋之画》(第1辑)由嘤鸣社刊行,有潘天寿、倪贻德序。

席锡蕃编《书画真迹大全》(1—11、14、17、21集)由上海文华美术图书印刷公司刊行。

诸宗元著《中国书学浅说》由上海商务印书馆刊行。

黄宾虹著《人物十八描》由上海神州国光社刊行。

潘思同著《思同铅笔画集》由上海良友图书印刷公司刊行,有作者自序、陈秋草的序。

俞剑华编,何元校订《最新立体图案法》由上海商务印书馆刊行,有编者自序。

教育部全国美术展览会编《美展特刊》(上下册)由编者刊行,有蔡元培、蒋梦麟、马叙伦的序。

教育部全国美术展览会编《教育部全国美术展览会特刊全部目录》刊行,有蔡元培的序。

国立艺术院艺术运动社编《国立艺术院艺术运动社第一届展览会特刊》由编者刊行。

北平光社编《北平光社年鉴》(1928)第2集由北平光社刊行,有刘半农的序。

朝花社选《近代木刻选辑》由上海合记教育用品社刊行。

郎静山摄《静山摄影集》由摄影者刊行,有陈山山等人的序及摄影者自序。

傅彦长著《音乐文集》由上海三民公司出版。

按:是书收录《十二大音乐家的小传》《人间方面的华格那》《华格那乐剧的概观》《萧邦与乔治桑》《十七年上海的音乐界》等5篇。书前有小序。

王光祈著《西洋制谱学提要》由上海中华书局刊行,有自序。

刘诚甫著《中国器乐常识》由上海中华书局刊行。

郑剑西编《二黄寻声谱》由上海大东书局刊行,有郭嗽霞、吴我尊等人的序及编者自序。

沈允升编《弦歌中西合谱》由广东广州美华书店刊行。

裘梦痕、丰子恺编《洋琴弹奏法》由上海开明书店刊行。

王光祈著《东方民族之音乐》由上海中华书局刊行,有作者自序。

张若谷著《音乐ABC》由上海ABC丛书社刊行。

黎锦晖作《一身都是爱》由上海心弦会刊行。

黎锦晖作《十里长亭十杯酒》由上海文明书局刊行。

黎锦晖作《人面桃花》由上海心弦会刊行。

黎锦晖作《三个小宝贝》由上海中华书局刊行。

黎锦晖作《小妹妹的心》由上海心弦会刊行。

黎锦晖作《小鹦哥》由上海中华书局刊行。

黎锦晖作《天明了》由上海文明书局刊行

黎锦晖作《毛毛雨》由上海心弦会刊行。

黎锦晖作《长记得》由上海心弦会刊行。

黎锦晖作《月下花前》由上海心弦会刊行。

黎锦晖作《文明结婚》由上海心弦会刊行。

黎锦晖作《心琴曲》由上海心弦会刊行。

黎锦晖作《可怜的秋香》由上海中华书局刊行。

黎锦晖作《归程》由上海文明书局刊行。

黎锦晖作《因为你》由上海中华书局刊行。

黎锦晖作《休息五分钟》由上海心弦会刊行。

黎锦晖作《舟中曲》由上海心弦会刊行。

黎锦晖作《问问鸡》由上海中华书局刊行。

黎锦晖作《关不住了》由上海心弦会刊行。

黎锦晖作《江南好》由上海文明书局刊行。

黎锦晖作《好朋友来了》由上海中华书局刊行。

黎锦晖作《好妹妹》由上海中华书局刊行。

黎锦晖作《欢乐的歌》由上海中华书局刊行。

黎锦晖作《拒绝》由上海文明书局刊行。

黎锦晖作《走进前来》由上海文明书局刊行。

黎锦晖作《吹泡泡》由上海中华书局刊行。

黎锦晖作《我要你的一切》由上海文明书局刊行。

黎锦晖作《我怎么舍得你》由上海文明书局刊行。

黎锦晖作《我愿意》由上海文明书局刊行。

黎锦晖作《你的花儿》由上海中华书局刊行。

黎锦晖作《努力》由上海中华书局刊行。

黎锦晖作《卖花词》由上海心弦会刊行。

黎锦晖作《夜深深》由上海文明书局刊行。

黎锦晖作《空中音乐》由上海中华书局刊行。

黎锦晖作《春深了》由上海中华书局刊行。

黎锦晖作《春朝曲》由上海心弦会刊行。

黎锦晖作《钟声》由上海中华书局刊行。

黎锦晖作《追回春来》由上海文明书局刊行。

黎锦晖作《剑锋之下》由上海心弦会刊行。

黎锦晖作《胜利》由上海中华书局刊行。

黎锦晖作《祝你晚安》由上海文明书局刊行。

黎锦晖作《桃花江》由上海心弦会刊行。

黎锦晖作《桃李争春》（表演歌曲）由上海心弦会刊行。

黎锦晖作《哥哥爱我吗》由上海文明书局刊行。

黎锦晖作《蛾眉月》由上海文明书局刊行。

黎锦晖作《特别快车》由上海心弦会刊行。

黎锦晖作《爱的花》由上海心弦会刊行。

黎锦晖作《爱情大减价》由上海心弦会刊行。

黎锦晖作《爱情的箭》由上海心弦会刊行。

黎锦晖作《浮云掩月》由上海文明书局刊行。

黎锦晖作《谁和我玩》由上海中华书局刊行。

黎锦晖作《黄昏》由上海文明书局刊行。

黎锦晖作《落花流水》由上海心弦会刊行。

黎锦晖作《等一等吧》由上海心弦会刊行。

黎锦晖作《寒衣曲》由上海中华书局刊行。

黎锦晖作《谢谢你们》由上海中华书局刊行。

黎锦晖作《新年之乐》由上海中华书局刊行。

黎锦晖作《舞伴之歌》由上海心弦会刊行。

黎锦晖作《蜜月》由上海心弦会刊行。

黎锦晖作《蝴蝶姑娘》由上海中华书局刊行。

黎锦晖谱,黎明晖词《妹妹!我爱你!》由上海心弦会刊行。

上海雅歌集票社编《雅歌集二十周纪念特刊》由上海雅歌集票社刊行。

沈醉了、戈眉山著《群鸡》(孩子们的歌剧)由上海开明书店刊行。

国立音乐专科学校编《国立音乐专科学校一览》由编者刊行。

胡敬熙、王渐仁编《海之神》由上海新新儿童歌剧社刊行。

浙江省党务指导委员会宣传部编《革命歌曲集》第1集由杭州浙江省党务指导委员会宣传部总务科刊行,有罗百先的序。

王怀琪著《(中国舞蹈)八段锦舞》由上海商务印书馆刊行。

吕仙吕著《皮黄戏指迷》由上海现代书局刊行。

国立北平大学艺术学院编《论文集》(国立北平大学艺术学院戏剧系第一届毕业同学)由编者刊行,有熊佛西的序。

汉口特别市政府教育局编《取缔租界内电影院交涉之经过》由编者刊行。

两路同人会京剧部编《沪宁、沪杭甬两路同人会京剧二周纪念特刊》由编者刊行。

唐钺著《中国史的新页》由上海商务印书馆刊行。

按:是书收《谁是美的判断者》《八股及自由诗》《语言对思想的反响》《市场上的偶像》《可能的世界》《梦想与希望》《病国论》《中国史的新页》等21篇杂文散论。文章内容十分广泛,涉及哲学、文学、中国文字、考据等诸方面的问题。卷末附录一篇译文:《科学之精神价值》。

陈安仁著《社会进化的定律》由广东省指导委员会宣传部刊行。

陶希圣著《中国社会之史的分析》由上海生命书局刊行。

按:是书的主要章节有:第一绪论——研究中国社会史的必要和方法,包括中国革命的基本问题与社会史的研究、中国社会史研究的困难、中国社会史研究的方法、本书的要点——士大夫身份的特质、士大夫身份与知识阶级;第二总论——中国社会到底是什么社会,包括宗法社会、封建社会、帝国主义侵略下的封建社会、阶级社会;第三士大夫身份的发生发展和变迁——从中国社会史上观察中国国民党,包括古史之民族的分析、井田制度与土地税法、身份差别与阶级流通、贵族特权与官僚政治、士大夫阶级的特质、近百年来的士大夫阶级、中国国民党的基础;第四官僚的发生发展及其在政治上的地位——官僚制度及其摧毁,包括摧毁官僚制度的必要、官僚未发生以前的封建国家、后封建时期官的发生、官僚和地主士大夫的联系、官僚政治背景的变迁、摧毁官僚制度的原则的方法;第五官僚及军队之封建的形态——中国官僚及军备之社会史的观察,包括对小民族的封建统治、货币数量和私人财富的观察、政府重农轻商的政策、国家岁收和官俸的物类、农兵募兵的地方粘着性、官僚军备的社会背景、官僚政府和商业资本及高利贷资本、帝国主义侵略下的割据趋势、社会势力的变迁与军队及官僚;第六民族意识与阶级意识——中国民族思想之社会史的观察,包括什么是民族、民族的形成及民族中主要阶级、中国的氏族和种族及民族、中国民族意识和其支持者;第七僧侣与士大夫身份——士大夫身份与宗教,包括问题的提起、中国太古的宗教与僧侣、后世僧侣阶级崩毁的原因、孔教与士大夫身份;第八宗法理论与宗法的实际——中国宗法势力及其摧毁,包括宗法与君权、前国家时代的宗法、宗法理论的贵族属性、宗法的经济基础、宗法的尊祖宗教、宗法的男女差别、宗法的男系制度、一本主义的精神、理论与实际的相违、士大夫的宗法思想、今后立法的方针、男系制度的打破、嗣子养子与私生子的改革、父治制度的打破、家产及扶养制度的改革、族长政权的打破、婚姻制度的改革、宗法摧毁的两条件;附录一士大夫身份与知识阶级;附录二中国社会史的一个考察。

熊得山著《中国社会史研究》由上海昆仑书店刊行。

按:是书包括绪论、中国的土地制度研究、封建思想的根蒂、中国史上的重农轻商、中国史上的豪绅与目前、从中国社会史上说到中国革命等7章。为社会史论战中的代表作之一,曾风行一时。

马哲民编《社会进化史》由上海南强书局刊行。

黄凌霜著《社会进化》由上海世界书局刊行。

按:是书分社会进化的阶段、初民组织与社会进化、政治进化说、文化人类学者之社会进化观、文化变迁的因子等8章。

孙本文著《社会变迁》由上海世界书局刊行。

按:是书包括绪论、社会变迁之性质、史迹、途径、原因、阻碍、失调、控制及其趋向等8章。

钱铁如编《社会运动史》由上海南强书局刊行。

按:是书包括绪言、古代的社会运动、封建时代的社会运动、资本主义时代的社会运动4章11节。

唐秋生编《社会运动史》由上海现代书局刊行。

按:是书包括总论、各国劳动组合运动、各国无产政党运动、国际劳动组合运动、国际社会主义运动5章。

罗元鲲著《史学研究》由上海开明书店刊行。

刘大白编《五十世纪中国历年表》由上海商务印书馆刊行。

陶希圣著《中国封建社会史》由上海南强书局刊行。

按:是书分章论述中国地理与民族、封建制度、集权国家、商人资本、土地制度等。

蒋由智著《中国人种考》由上海华通书局刊行。

按:是书包括人种始原二派之论说、中国人种西来之说、西亚文明之缘起、中国人种之诸说、昆仑山等8章。附:《中国民族西来辩》《中国人种考原》。

卫聚贤著《古史研究》(第2集)由上海述学社刊行部、上海商务印书馆刊行。

徐中舒著《耒耜考》由北平编者刊行。

马衡著《戈戟之研究》由燕京大学学报社刊行。

李济、董作宾、余永梁编撰《安阳发掘报告》(第1册)由中央研究院历史语言研究所作为专刊之一出版。

按:报告收录李济《小屯地面下情形分析初步》《殷商陶器初论》,董作宾《中华民国十七年十月试掘安阳小屯报告书》《商代龟卜之推测》等。《安阳发掘报告》共出4期,第2期1930年12月出版,第3期1931年6月出版,第4期1933年6月出版。以后另出《田野考古报告》。中央研究院院长蔡元培为《安阳发掘报告》(第一册)作序,指出:"中国的历史人文之学发达在自然科学未发达之前,西洋的历史人文之学则发达在自然科学既发达之后;所以他们现在的古学有其他科学可资凭借,我们前代的古学没有其他科学可资凭证。""若不扩充我们的凭借,因以扩充或变易我们的立点和方法,哪里能够使我们的学问随着时代进步呢?"而自1928年开始的安阳殷墟发掘,"确是因应上文所说的要求而生的"。1930年《燕京学报》评价《安阳发掘报告》:"均有确切之举证,冲破向来考古学家,专在故纸堆中搜寻材料之沉寂空气。诚足称为学术界之曙光也"。(参见《蔡元培年谱长编》;王学典《20世纪史学编年(1900—1949)》,商务印书馆2014年版)

孟世杰著《先秦文化史》由北平文化学社刊行。

聂云台著,许止净评订《历史感应统纪》(上下册)刊行。

耕读斋主标点,徐雉校阅《史记精华录》由上海新文化书社刊行。

钱基博著《文史通义解题及其读法》由上海中山书局刊行。

陈彬和选注《元朝秘史》由上海商务印书馆刊行。

朱倓著《明季杭州读书社考》刊行。

罗廷光著《各国革命小史》由上海商务印书馆刊行。

文圣举、文圣律著《各国革命史》由上海新生命书局刊行。

陈崖夫著《现代殖民地解放运动概观》由上海中山书店刊行。

胡石明编著《近代弱小民族被压迫史及独立运动史》由上海大东书局刊行。

刘士英著《欧洲的向外发展——帝国主义研究之一》由上海新月书店刊行。

张乃燕编著《罗马史》由上海商务印书馆刊行。

朱公振编著《近百年世界史》由上海世界书局刊行。

张乃燕著《世界大战史》由上海商务印书馆刊行。

杨东莼编《第二次世界大战问题》由上海昆仑书店刊行。

按:是书系作者所著《世界之现状》的续篇。论述帝国主义列强之间的矛盾、帝国主义与苏联及殖民地半殖民地国家的矛盾,从而得出大战必将爆发的结论,并认为中国问题是第二次世界大战的中心问题。

时间有恒编《二次世界大战爆发的必然性与我们的准备》由上海中山书店刊行。

李长傅著《南洋华侨史》由暨南大学南洋文化事业部刊行。

温雄飞著《南洋华侨通史》由上海东方印书馆刊行。

徐国桢著《近百年外交失败史》由上海世界书局刊行。

王正廷著《中国近代外交概要》由南京外交研究社刊行。

吕振羽著《中国外交问题》由北平京城书局刊行。

金兆梓编《新中华初中本国史》由上海中华书局刊行。

按:是书讲中国历史分为四个时期:上古,远古至周末止;中古,自秦至五代末;近世,自宋兴迄清亡;现代,中华民国。

沈味之著《近百年本国史》由上海世界书局刊行。

按:是书分近百年中国的政局转移、近百年中国的外交失败、近百年中国的民族革命3部分。

颜昌峣著《中国最近百年史》由上海太平洋书店刊行。

按:是书记述鸦片战争以来的中国历史。全书22章,分两期:从鸦片战争至甲午之役为革命酝酿期,从戊戌变法到国民革命为革命试验期。

王蘧棠著《中国近百年史问题研究》由著者刊行。

瞿世镇编《世界历史问答》由上海三民图书公司刊行。

高晶斋编《世界革命史讲演大纲》由蒙疆训练班刊行。

钱然编著《近百年世界史纲要》由上海广益书局刊行。

周鲠生著《最近国际政治小史》由上海商务印书馆刊行。

周鲠生著《不平等条约十讲》由上海太平洋书店刊行。

唐守常著《帝国主义侵略中国痛史》由上海大东书局刊行。

高守一编《帝国主义压迫中国史》由上海北新书局刊行。

吴君如著《帝国主义对华的三大侵略》由上海民智书局刊行。

柏恩史著,杨人楩译《英帝国主义压迫下之中国》由上海北新书局刊行。

文公直著《俄罗斯侵略中国痛史》由上海新光书店刊行。

林则徐著《信及录》刊行。

武堉干著,蒋尊篯校《鸦片战争史》由上海商务印书馆刊行。

王钟麒著《太平天国革命》由上海商务印书馆刊行。

罗尔纲《湘军新志》由商务印书馆出版。

文公直等著,大同学会编《中华民国革命建国史》(上下册)由上海新光书店刊行。

文公直著,郑应祥校《中华民国革命全史》由上海益新书社刊行。

郭真著《辛亥革命史》由上海北新书局刊行。

梅川居士述《辛亥札记》由述者刊行。

马大中著《大中华民国史》(第 1 编)由北平中华印书局刊行。

孙嘉会著《中华大历史》由北平素友学社刊行。

贾逸君著《中华民国政治史》(上下册)由北平文化学社刊行。

燕尘社编辑部编《现代支那之记录》由燕尘社刊行。

文公直主编《国民革命北伐成功史》(上下册)由上海新光书店刊行。

旭社编《济南惨案》由编者刊行。

《济南惨案外交后援会代表团工作报告》刊行。

中国国民党浙江省执行委员会宣传部《五三血》由编者刊行。

张祖钟著《十三年改组以后的中国国民党》由江苏评论社刊行。

世界周报社编《中东路事件》由上海世界周报社、上海华通书局刊行。

雷殷著《中东路问题》由哈尔滨国际协报馆刊行。

国民政府工商部访问局编《中东铁路问题》由编者刊行。

顾维钧编《冯庸大学北满视察团报告》刊行。

张复生著《东路与苏联的东方外交政策》刊行。

中国国民党中央执委会宣传部编《中俄关于中东路之交涉史略》(上下册)由编者刊行。

董显光著《东路中俄决裂之真相》由上海真美善书店刊行。

首都各界对俄后援会宣传部编《对俄特刊》由北京编者刊行。

鲍亦蜚编《中东路交涉史》由上海国货评论社刊行。

华企云著《满蒙问题》由湖北汉口大东书局刊行。

予觉氏著《满洲隐患史》(1—4 册)由天津益世报馆刊行。

张复生著《国难中之满蒙问题》由辽宁东北文化社刊行。

许阶平编《最近之东三省》由辽宁沈阳新中国书店刊行。

龚德柏著《日本人谋杀张作霖案》由著者刊行。

颜复礼、商承祚编《广西凌云猺人调查报告》由国立中央研究院社会科学研究所刊行。

任国荣著《广西猺山两月观察记》刊行。

丁济美著《平湖县新志目总说》(附平湖县修志局章程)刊行。

彭子明著《台湾近世史》由福州鸣社刊行。

黄炎培著《朝鲜》由上海商务印书馆刊行。

李宗武著《日本史 ABC》由上海 ABC 丛书社刊行。

向达著《印度现代史》由上海商务印书馆刊行。

陈汉谅著《近世欧洲革命史》由上海商务印书馆刊行。

高希圣编著《欧洲革命史》由上海北新书局刊行。

唐卢锋、朱栩新编著《中国名人传》由上海世界书局刊行。

纪兰因(颐道居士)辑《西湖三女史传》由杭州六艺书局刊行。

刘伯陶编《新妇女世界》由上海广益书局刊行。

按:是书分 20 节介绍政治界、军警界、教育界、实业界、工商界、美术界、生活界、交际界、运动界、武侠界、慈善界、释道界、巫医界、优伶界、娼妓界、江湖界、杂流界等各行各业之妇女。

杨立诚、金步瀛编著《中国藏书家考略》由杭州青白印刷社刊行。

潘光旦著《中国家谱学略史》由上海东方杂志社刊行。

洁华女史编《巾帼须眉传》由上海会文堂新记书局刊行。

徐蘧轩著《孔子生活》由上海世界书局刊行。

徐蘧轩编著《诸葛孔明生活》由上海世界书局刊行。

谢一苇编著《杜甫生活》由上海世界书局刊行。

胡怀琛编著《东坡生活》由上海世界书局刊行。

李冷衷著《李易安年谱》由北平明社刊行部刊行。

龙榆生著《辛稼轩年谱》由国立暨南大学刊行。

林兰编《朱元璋的故事》由上海北新书局刊行。

王勉三编著《王阳明生活》由上海世界书局刊行。

张采田著《清列朝后妃传稿》由山阴平氏绿樱花馆刊行。

梅英杰著《胡文忠公年谱》由梅氏抱冰堂刊行。

瞿世英著《颜习斋年谱节本》刊行。

胡适著,姚名达增补《章实斋先生年谱》由上海商务印书馆刊行。

按:是书为王云五主编的《万有文库》第 1 集第 1000 种。前有何炳松、姚名达和胡适的序。

王大隆辑《黄荛圃先生年谱》由江苏苏州辑者刊行。

郑振铎著《梁任公先生年表》由上海刊行。

伍庄著《梁任公先生行状》由中国宪政党驻美国总支部刊行。

按:是书介绍梁启超的生平事迹。

中央宣传部编《孙中山先生年谱》由北平各界总理奉安纪念大会刊行。

山西各界总理安葬纪念大会编辑《孙中山先生年谱》由编者刊行。

孙文著《孙中山伦敦被难记》由上海大东书局刊行。

陈载耘编《孙中山传略》由上海中华书局刊行。

朱芸生编《孙中山先生》由江苏南京锡成印刷公司刊行。

国民党江西省党务指导委员会宣传部编《总理革命史略》由编者刊行。

徐蘧轩编著《孙中山生活》由上海世界书局刊行。

国民党江西省党务指导委员会宣传部编《总理革命史略》由编者刊行。

奚楚明编《总理逝世四周年纪念名人演讲记》由上海商业书局刊行。

北平公安局政治训练部编《忆总理》由编者刊行。

中国国民党中央执行委员会宣传部编《总理哀思录节要》由编者刊行。

中国国民党湖北省党务整理委员会宣传部编《总理奉安纪念特刊》由编者刊行。

陕西省政府民众联合处编《总理诞辰纪念特刊》由编者刊行。

孙璞编《总理奉移纪念册》刊行。

梁得所编《奉安大典写真》由上海良友图书印刷公司刊行。

谢锡福编《总理奉安大典纪念册》刊行。

中国佛教会编《总理奉安特刊》由编者刊行。

中国国民党浙江省执行委员会宣传部编《总理奉安纪念册》由编者刊行。

刘揆一述《黄兴传记》刊行。

中国国民党浙江省执行委员会宣传部编《朱执信先生殉国九周年纪念刊》由编者刊行。

刘谦著《宁调元革命纪略》由湖南官纸印刷局刊行。

中国国民党中央执行委员会宣传部编《唐生智与冯玉祥》由编者刊行。

时希圣编《戴季陶言行录》由上海广益书局刊行。

周寿臣编《新会冯平山先生七十寿言汇录》由编者刊行。

柳亚子编《曼殊遗墨》（第1册）由上海北新书局刊行。

时希圣编《曼殊逸事》由上海广益书局刊行。

戴望舒著《我底记忆》由上海水沫书店刊行。

赵怀信著《二年的回忆》由北平公教图书馆刊行。

按：是书记载作者1926年去罗马接受教宗的祝圣以及在罗马的见闻情况。

贾立言、谢颂羔编著《世界人物》由上海广学会刊行。

按：是书收海伦凯勒、南丁格尔、威拉德、贞德、巴斯德、牛顿、爱迪生、福特、诺贝尔、甘地、孔子、孟子、利文斯敦等33人的小传。编者在《小言》中谈到编写本书的目的，分别为"要鼓励现代的青年们去仿效世界的善人和完成他们的事工"和"用最新最有趣的方法，来引领青年们归到真理与自由之路"。并且他们认为："故事与传记是教育家最好的二大工具，用他们去发展青年的天才——想象力好奇心与模仿等的习惯——是最会奏效的；而且人格的造成，更靠着有伟大而慈良的人格来作我们的模特儿。"

唐卢锋编著《现代名人传》由上海世界书局刊行。

按：是书介绍科学、哲学、文学、教育、政治、军事、实业方面40位中外名人。其中有爱迪生、居里夫人、爱因斯坦、詹姆士、柏格桑、罗森、梁启超、林琴南、托尔斯泰、泰戈尔、孙中山、列宁、蔡松坡、兴登堡、卡内基、洛克菲勒等。

卢剑波编《世界女革命家》由上海启智书局刊行。

按：是书收《高德曼传略及其思想》《玛丽亚施庇里德诺华女士》《鲁意斯梅晓若女士的生涯》《喀司琳—俄罗斯革命的祖母》《福尔特琳克莱尔传》《郭尔雄诺瓦和妃格尔的囚放》《莫里斯台莫尔的供状》《俄罗斯革命的妇女》《伊藤野枝女士》《黄素英小传》等10篇传记文章。以上文章分别刊载于《自由人月刊》《妇女杂志》和《新女性》上。卷首有毛一波序和编译者言。书末有编后赘言。

高希圣、郭真著《社会运动家及社会思想家》由上海平凡书局刊行。

按：是书收录巴枯宁、加里宁、加米涅夫、布哈林、布朗基、列宁、考茨基、托洛茨基、克鲁泡特金、马克思、倍倍尔、斯大林、李卜克内西、伯恩斯坦、拉萨尔、傅立叶、欧文、圣西门、蒲鲁东等37人小传。

赵景深著《俄国三大文豪》由上海亚细亚书局刊行。

按：三大文豪指托尔斯泰、柴霍甫、高尔基。作者介绍了托尔斯泰的生涯、艺术和思想；介绍了柴霍甫的生涯与作品及作品的来源；介绍了高尔基的生平和著作。

郎擎霄著《托尔斯泰生平及其学说》由上海大东书局刊行。

汪倜然著《托尔斯泰生活》由上海世界书局刊行。

黄源著《屠格涅夫生平及其作品》由上海华通书局刊行。

邱陵编著《康德生活》由上海世界书局刊行。

朱约昭编著《达尔文生活》由上海世界书局刊行。

丰子恺著《谷诃生活》由上海世界书局刊行。

谢颂羔编《爱迪生的奋斗史》由上海广学会刊行。

吴美继著《中国人文地理》由江苏南京中山书局刊行。

按：是书共31节。第1节为"中国人文地理总说"，其余30节分述各省区的种族、语言、风俗、政治、经济、交通、历史等。

金陵大学图书馆农业图书研究部编《金陵大学图书馆中文地理书目》由江苏南京编者刊行。

瞿世镇编《世界地理问答》由上海三民公司刊行。

张旦初编著《世界地理纲要》由上海广益书局刊行。

邵印章编《中国地理纲要》由上海广益书局刊行。

李宗武著《人文地理 ABC》由上海 ABC 丛书社刊行。

东省铁路经济调查局编辑《呼伦贝尔》由编者刊行。

陈彬龢编著《日本研究》由上海新纪元周报社刊行。

严露清著《日本印象记》由上海群众图书公司刊行。

王朝佑著《游日日记》由北平著者刊行。

章仲和著《任阙斋东游漫录》刊行。

邬翰芳编《菲律宾考察记》由上海商务印书馆刊行。

柏林留德学会编《游德入学须知·游德旅行须知》由上海德奥瑞同学会刊行。

苗文华编《北陵志略》由辽宁沈阳北陵公园管理处刊行。

良友图书公司编《孙陵画册》由上海编者刊行。

郑寿麟著《德国志略》由上海中华书局刊行。

友谊观光团编《友谊观光团》由编者刊行。

谢扶雅著《游美心痕》由上海世界书局刊行。

叶秋原编《美国生活》由上海世界书局刊行。

顾因明、陈再安著《马来半岛详图》由国立上海暨南大学南洋文化事业部刊行。

徐国桢著《上海的研究》由上海世界书局刊行。

嘤嘤书屋编《上海指南》由上海编者刊行。

李卓吾、朱扬善制图《上海商埠交通图》由上海中国城市制图社刊行。

江苏省民政厅编《江苏省各县划区调查表》由编者刊行。

关祖章著《琼崖拓殖节略》刊行。

江庸著《台湾半月记》由北平编者刊行。

曹亚伯著《游川日记》由上海中国旅行社刊行。

南京公园管理处编《首都公园游览指南》由编者刊行。

六艺书局编《西湖名胜快览》由杭州编者刊行。

周润寰编《游西湖的伴侣》由上海世界书局刊行。

周润寰编《游西湖的向导》由上海世界书局刊行。

新中国年鉴社编《游览西湖指南》由上海新亚书店刊行。

凌善清编《怎样的游西湖》由上海大东书局刊行。

中国旅行社编《西子湖》由上海编者刊行。

舒新城摄编《西湖百景》由上海中华书局刊行。

郑拔驾著《新西湖》由杭州编者刊行。

王兰仲著《小说的杭州西湖指南》由杭州编者刊行。

陆费执辑,舒新城重编《杭州西湖游览指南》由上海中华书局刊行。

张其昀著《西湖风景史》由上海商务印书馆刊行。

葛绥成编制《杭州西湖全图》由上海中华书局刊行。

顾明道著《西湖探胜记》由上海大东书局刊行。

商务印书馆编《西湖博览会风景》由编者刊行。

商务印书馆编译所编《浙江观潮指南》由上海编者刊行。

荣鄂生等编《无锡指南》由江苏无锡杂志社刊行。

许云樵著《姑胥》由江苏苏州文怡书局刊行。

边区风物展览会编《边区风物展览会特刊》由国民革命军第廿四军边务处刊行。

川康边防总指挥部编《边区风物展览会影片集》由上海新闻报刊行。

刘景琨著《吴兴明细全图》由上海商务印书馆刊行。

武进县建设局制《武进县全图》由编者刊行。

陈文涛编《福建近代民生地理志》由福州远东印书局刊行。

张辅良撰述《国际知识合作运动史》由上海商务印书馆刊行。

谢苇丰等著《(考试必备)国学问答》由上海东方文学社刊行。

陈伯英著《国学书目举要》收入《秋据楼丛书》第二种刊行。

王重民编《国学论文索引》初编由中华图书馆协会出版。

按:该索引收录 1905 年至 1928 年 7 月以前发表在 80 余种报纸杂志中的国学论文 3000 余篇。索引共分总论、群经、语言文字学、考古学、史学、地学、诸子学、文学、科学、政治法律学、经济学、社会学、教育学、宗教学、音乐、艺术、图书目录学等 17 大类及若干小类。1931 年 7 月出版徐绪昌编《国学论文索引》续编,增补初编未备之处。1934 年,刘修业编辑《国学论文索引》三编出版,收录 1928 年至 1933 年 5 月发表的论文。1936 年 6 月刘修业又编纂出版了四编,收录 1934 年 1 月至 1935 年 12 月间的论文。五编由侯植忠于抗战前编成,1955 年出版,收录 1937 年 6 月以前的论文。(参见王学典《20 世纪史学编年(1900—1949)》,商务印书馆 2014 年版)

伦明著《渔洋山人著书考》由燕京大学刊行。

周云青编著《四部书目总录样本》由上海医学书局刊行。

周云青著《四库全书提要叙》(3 版)由上海医学书局刊行。

张仁济著《见闻随录》由编者刊行。

金敏甫著《中国现代图书馆概况》刊行。

蒋镜寰著《图书馆之使命及其实施》由中央大学区立苏州图书馆刊行。

按：是书包括上、中、下三部分，论述图书馆的使命，以及图书馆科学化、社会化、艺术化等具体实施原则。

王云五著《中外图书统一分类法》由上海商务印书馆刊行，有蔡元培的序。

刘国钧编《中国图书分类法》由江苏南京金陵大学图书馆刊行，有李小缘的序及自序。

陈子彝编《著者号码编制法》由江苏省立苏州图书馆刊行。

国学图书馆编《国学图书馆第二年刊》由编者刊行。

俞家齐编著《民众图书馆设施法》由江苏南京中央大学区立通俗教育馆推广部刊行。

蒋镜寰编述《小学图书馆实施法》由江苏省立苏州图书馆刊行。

诸宗元著《中国书学浅说》由上海商务印书馆刊行。

卜鸿儒著《参观大连图书馆报告》由辽宁省立图书馆刊行。

中央执行委员会编《中国国民党中央执行委员会广播无线电台年刊》由编者刊行，有叶楚伧及吴道一的序。

陈子彝编《中央大学区立苏州图书馆图书分类法》由中央大学区立苏州图书馆刊行，有编者序。

中华书局编《中华书局图书目录》(附本局经售文明书局图书目录)由编者刊行。

中华书局编《中华书局图书目录》由编者刊行。

中华图书馆协会编《全国图书馆调查表》由编者刊行。

国立中央大学商学院图书馆编《国立中央大学商学院图书目录》由编者刊行。

国立中央大学图书馆编《国立中央大学图书馆图书目录》(第 1—4 册)由编者刊行。

苏州图书馆编《苏州图书馆中文图书目录》由编者刊行。

西泠印社编《西泠印社第二十七期书目》由编者刊行。

张鸿钧等编著《辽宁安东市立图书馆图书目录》由安东市立图书馆刊行。

湖北省立中山图书馆编《湖北省立中山图书馆图书分类目录》10 卷由编者刊行。

冯汉骥等编《湖北省立图书馆图书目录》(第 1 册)由湖北省立图书馆刊行。

汉口市政府图书室编《市政府图书室目录》由编者刊行。

北海图书馆编目科编《国学论文索引》由中华图书馆协会刊行。

梁格编《国立中山大学图书馆新编中日文图书目录》(民国十八年)由中山大学图书馆刊行。

中山大学图书馆编《国立中山大学图书馆新编中文书目》(地理类)由编者刊行。

中山大学图书馆编《国立中山大学图书馆新编中文书目》(艺术类)由编者刊行。

中山大学图书馆编《国立中山大学图书馆新编中文书目》(中国经籍类)由编者刊行。

吴公雄、刘再苏编《万金不换常识宝库》由上海世界书局刊行。

抱经堂书局编《杭州抱经堂书局第九期临时书目》由编者刊行。

世界书局编《世界书局 ABC 丛书内容提要》由编者刊行。

按：是书介绍该局出版的 ABC 丛书 120 种，分文艺、哲学、政治经济、教育史地、科学等 5 部分，每书有内容提要。

王云五主编的《万有文库》第一集刊行。

按：王云五策划出版的一套由多种丛书组成的综合性大丛书，共出版两集，第一集 1010 种，2000 册，第二集700种,也是2000册。《万有文库》堪称是20世纪上半叶最有影响的大型现代丛书,开创了我国图书出版平民化的新纪元,在旧中国影响很大。

陈柱著《陈柱尊丛书》由上海中华书局刊行。

按:该丛书共43种,包括《守玄阁易学》《周易文法读本》《周易说苑》《守玄阁尚书学》《尚书文法读本》《尚书论略》《守玄阁诗学》《诗经正葩·诗明》《周礼要义通论》《大学通义》《中庸通义》《春秋公羊集解》《春秋公羊微言大义》《春秋谷梁微言大义》《春秋左传司马氏学》《春秋三传异同评》《说文解字释要》《说文部首韵语注》《小学平议》《北玉容方言》《老子古义今解》《庄子通》《定本墨子间诂补正》《墨学新论》《太史公书讲记》《史记义例》《文选札记》《文心雕龙增注》《诗学大义》《先秦文学概要》《国学拾闻》《国学新论》《古代哲学名诠》《国学教学论》《文学平议》《守玄阁读书小札》《车中读书记》《守玄阁诗文话》《守玄阁文集》《守玄阁词集》《粤西十四家诗钞》《粤西拾闻》。

[日]青野季吉著,若俊译《观念形态论》由上海南强书局刊行。

[日]山川均著,施伏量译《辩证法与资本制度》由上海新生命书局刊行。

[日]西田几多郎著,魏肇基译《善之研究》由上海开明书店刊行。

[日]则天谦著,罗超彦译《自由主义》由上海华通书局刊行。

[日]杉山荣著,李达、钱铁如译《社会科学概论》由上海昆仑书店刊行。

按:是书包括社会科学是什么、唯物辩证法、唯物史观、社会构成之分析、社会发达的进程等6章。

[日]佐野学著,林伯修译《无神论》由上海江南书店刊行。

[日]加田哲二著,李培天译《近世社会学成立史》由上海启智书局刊行。

[日]波多野鼎著,杨浴泉译《社会思想史概论》由上海北新书局刊行。

[日]山内房吉著,熊得山译《社会思想解说》由上海昆仑书店刊行。

[日]平林初之辅著,施存统、钟复光译《近代社会思想史要》由上海大江书铺刊行。

[日]冈阳之助著,冯叔中译《日本社会运动史》由上海联合书店刊行。

[日]大隈重信等著《日本开国五十年史》由上海商务印书馆刊行。

[日]今井登志喜著,高希圣译《欧洲政治史》由上海太平洋书店刊行。

[日]五来欣造著,郑肖厓译《政治哲学》由上海华通书局刊行。

[日]久保田明光著,丘哲译《社会主义思想之史的解说》由上海启智书局刊行,有著者原序和译者之言。

[日]藤井悌著,邢墨卿、陈宝骅译《法西斯主义之理论与实际》由上海新生命书局刊行。

[日]永井亨著《新社会政策》由上海太平洋书店刊行。

[日]贺川丰彦著,[英]季理斐、谷云阶译《贺川丰彦证道谈》由上海广学会刊行。

[日]河西太一郎等著,萨孟武等译《马克思经济学说的发展》由上海新生命书局刊行。

[日]河上肇著,刘野平译《资本论入门》由上海晨曦书店刊行。

[日]河上肇著,邓毅译《社会主义经济学》由上海光华书店刊行。

按:是书于1930年再版,是《马克思主义经济学》的另外一个译本,卷首有"译者弁言"。全书论述马克思主义经济学的基本观点,包括资本主义社会商品的生产和流通、生产力和生产关系的发展等。

[日]河上肇著,陈豹隐译《经济学大纲》由上海乐群书店刊行。

[日]北泽新次郎著,周佛海译述《经济思想史的展开》由上海启智书店刊行。

[日]山川均、田所照明著,巴克译《现代经济学》由上海启智书局刊行。

[日]山川均著,熊得山译《唯物史观经济史》(上册《资本主义以前经济史》)由上海昆仑

书店刊行。

[日]石滨知行著,施复亮译《唯物史观经济史》(中册《资本主义经济史》)由上海昆仑书店刊行。

[日]河野密著,钱铁如译《唯物史观经济史》(下册《社会主义经济之发展》)由上海昆仑书店刊行。

[日]荒木光大郎著,刘弈译《新演绎学派经济学》由上海联合书店刊行。

[日]高畠素之著,邓绍先译《经济学上的主要学说》(上册)由上海华通书局刊行。

[日]高畠素之著,吕一鸣译《剩余价值学说概要》由上海北新书局刊行。

[日]住谷悦治著,宁敦玉译《社会主义经济学史》由上海昆仑书店刊行。

按:是书内分经济学史的概观及前、后期资本主义与社会主义经济学说的发展3编,按学派及国别论述资本主义与社会主义经济学说的发展史。

[日]住谷悦治著,熊得山译《物观经济学史》由上海昆仑书店刊行。

按:是书中作者把西方经济学史的发展划分为四个时期:1.反击的时代——重农学派;2.资本家的经济学的成立及发展时代;3.保守堕落的时代;4.反击的时代——社会主义经济学的诞生。但是书所论仅限前两个时期,即李嘉图以前的经济学史。

[日]野村兼太郎等著,陈天鸥等译《各国经济史》由上海新生命书局刊行。

按:是书于1930年再刊。是书由《英国经济史》(日本野村兼太郎著,陈天鸥译),《美国经济史》(日本丸冈重尧著,张韶舞、谭振民译),《德国经济史》(日本石滨知行著,郭伯棠译),《法国经济史》(日本平贞藏著,郭成信译),《俄国经济史》(日本嘉治隆一著,孟武译),《日本经济史》(日本野荣太郎著,樊仲云译)6个单行本合订成册。由周佛海、陶希圣、萨孟武、樊仲云校订。

[日]小川市太郎著,李祚辉译述《经济学史》由上海太平洋书店刊行。

[日]出井盛之著,刘嘉鋆译《经济思想史》由上海联合书店刊行。

[日]林癸未夫、高桥龟吉著,江裕基译《显微镜下的资本主义》由上海北新书局刊行。

[日]高村洋一著,温盛光译《资本主义合理化的各种问题》由上海启智书局刊行。

[日]长野朗著,丁振一译述《中国领土内帝国主义者资本战》由上海联合书店刊行。

[日]高山洋吉著,高希圣译《世界经济论》由上海平凡书局刊行。

[日]藤冈启著,吴自强译《满蒙经济大观》由上海民智书局刊行。

[日]河西太一郎著,黄枯桐译《农业理论之发展》由上海乐群书店刊行。

[日]河田嗣郎著,陈大同、陆善炽译《农村经济》由上海卿云图书公司刊行。

[日]二阶堂招久著,汪馥泉译《初夜权》由上海北新书局刊行。

[日]守田有秋著,周宪文、何孝怡合译《自由恋爱与社会主义》由上海新建设书店刊行。

[日]厨川白村著,夏丏尊译《近代的恋爱观》由上海开明书店刊行。

[日]河上肇著,丁振一译《人口问题批评》由上海南强书局刊行。

[日]生江孝之著,陆宗赞译《儿童与社会》由上海北新书局刊行。

[日]日本统计局编,陈直夫译《国际统计(1927)》由上海新宇宙书店刊行。

[日]东京市政调查会编,刘光华译《英国住宅政策》由上海华通书局刊行。

[日]胜水淳行著,郑玑译《犯罪社会学》由上海北新书局刊行。

[日]山川均著,高希圣译《俄国革命与农民》由上海平凡书局刊行。

[日]大竹博吉著,陆宗赞译《苏俄宪法与妇女》由上海平凡书局刊行。

[日]堺利彦著,吕一鸣译《妇女问题的本质》由上海北新书局刊行。

〔日〕山川菊荣著，李达译《妇女问题与妇女运动》由上海远东图书公司刊行。

〔日〕藤井悌著，盛光译《世界各国的左倾政党》由上海乐群书店刊行。

〔日〕山川均著，汪允揆译《苏俄之现势》由上海南强书局刊行。

〔日〕牧野英一著，朱广文译《法律上之进化与进步》由上海中华书局刊行。

按：是书分法律上之进化的事实与进步的理想、法律之进化、现时之数个法律问题、法律思想之发展、法律上之新理想主义等。

〔日〕穗积陈重著，黄尊三译《法律进化论》第一册由上海商务印书馆刊行。

〔日〕教育总监部编，训练总监部军学编译处编译《阵中要务令之参考》由江苏南京军用图书社刊行。

〔日〕池田著，训练总监部军学编译处编译《小部队教练计划指南》由江苏南京军用图书社刊行。

〔日〕吉井芳村著，训练总监部军学编译处译《三、四人哨之教育法》由上海军用图书社刊行。

〔日〕山崎庆一郎著，田松溪译《步哨斥候教育》由江苏南京军用图书社刊行。

〔日〕日本士官学校著，陆军大学校编译《战术学讲授录》由北平武学书馆刊行。

〔日〕板垣鹰穗著，鲁迅译《近代美术史潮论》由上海北新书局刊行。

〔日〕青山为吉著，杨伯安译《美的常识与美术史》由上海乐群书店刊行。

〔日〕金子筑水著，蒋径三译《艺术论》由上海明日书店刊行。

〔日〕三浦藤作等著，艺园译《民众艺术夜话》由福建厦门世界文艺书社刊行。

〔日〕上田敏著，丰子恺译《现代艺术十二讲》由上海开明书店刊行，有译者序。

〔日〕川口章吾著，黄涵秋译《口琴吹奏法》由上海开明书店刊行，有丰子恺序及译者序。

〔日〕田边尚雄著，丰子恺《生活与音乐》由上海大江书铺刊行，有译者序。

〔日〕山田敏一著，赵仰夫译《欧美的劳动教育》由上海新学会社刊行。

〔日〕冈本规矩著，郭人骥译《体育之科学的基础》由上海斜桥医院刊行，有褚民谊、徐致一、著者序。

〔日〕宫岛新三郎著，黄清嵋译《文艺批评史》由上海现代书局刊行。

〔日〕片上伸著，鲁迅译《现代新兴文学的诸问题》由上海大江书铺刊行。

〔日〕有岛武郎著，张我军译《生活与文学》由上海北新书局刊行。

〔日〕木村毅著，朱应会译《世界文学大纲》由上海昆仑书店刊行。

〔日〕小泉八云等著，韩侍桁辑译《近代日本文艺论集》由上海北新书局刊行。

〔日〕菊池宽著，章克标选译《菊池宽集》由上海开明书店刊行。

〔日〕武者小路实笃著，崔万秋译《武者小路实笃戏曲集》由上海中华书局刊行。

〔日〕武者小路实笃著，崔万秋译《孤独之魂》由上海中华书局刊行。

〔日〕藤森成吉著，沈端先译《牺牲》由上海北新书局刊行。

〔日〕夏目漱石著，崔万秋译《草枕》由上海真美善书店刊行。

〔日〕有岛五郎著，绿蕉译《宣言》由上海启智书局刊行。

〔日〕谷崎润一郎著，章克标辑译《谷崎润一郎集》由上海开明书店刊行。

〔日〕横光利一著，郭建英译《新郎的感想》（外三篇）由上海水沫书店刊行。

〔日〕平林泰子著，沈瑞光译《平林泰子集》由上海现代书局刊行。

[日]丘浅次郎著,张我军译《烦闷与自由》由上海北新书局刊行。

[日]土居光知著,冯次行译《詹姆士·朱士的〈优力栖斯〉》由上海联合书店刊行。

[日]盐谷温著,孙俍工译《中国文学概论讲话》由上海开明书店刊行。

[日]升曙梦著,陈叔达译《现代俄国文艺思潮》由上海华通书局刊行。

[日]桑原骘藏著,陈裕青译《蒲寿庚考》由上海中华书局刊行。

[日]津田左右吉著,陈清泉译《渤海史考》由上海商务印书馆刊行。

[日]厨川白村著,沈端先译《北美印象记》由上海金尾书店刊行。

[俄]普雷汉诺夫(原题普赖汉诺夫)著,王若水译《近代唯物史论》由上海泰东图书局刊行。

[俄]普列汉若夫著,杜畏之译《哲学的唯物论》由上海神州国光社刊行。

[苏]阿德拉斯基著,高唯均编译《辩证法的唯物论》由上海沪滨书局刊行。

[苏]德波林(原题戴博林)著,程始仁译《康德的辩证法(辩证法史的研究)》由上海亚东图书馆刊行。

[苏]德波林著,林伯修译《唯物辩证法与自然科学》由上海光华书局刊行。

[苏]德波林著,程始仁译《斐希特的辩证法(辩证法史的研究)》由上海亚东图书馆刊行。

[苏]布哈林著,李铁声译《战斗的唯物论》由上海江南书店刊行。

[俄]柯伦泰著,沈端先、汪馥泉译《恋爱与新道德》由上海北新书局刊行。

[俄]普列汉诺夫著,吴念慈译《史的一元论》由上海南强书局刊行。

[苏]列宁著,画室(冯雪峰)译《科学的社会主义之梗概》由上海泰东图书局刊行。

[苏]波达诺夫著,萨孟武译《社会主义社会学》由上海新生命书局刊行。

按:是书分序论、原始文化时代、权威的文化时代、个人主义的文化时代、集团主义的文化等6章。

[苏]波格丹诺夫(原题波格达诺夫)著,陈望道、施存统译《社会意识学大纲》由上海大江书铺刊行。

[俄]辛克贺维祺著,徐天一译《反马克斯主义》由上海民智书局刊行。

[俄]布哈林著,许楚生译《唯物史观与社会学》由上海社会问题研究社刊行。

[苏]列宁著,刘野平译《资本主义最后阶段最后阶段资本主义论》由上海启智书局刊行。

[苏]列宁著,胡瑞麟译《革命与考茨基》由上海中外研究会刊行。

[俄]克鲁泡特金著,毕修勺译《革命政府》由上海革命周报社刊行。

[俄]巴枯宁著,毕修勺《巴枯宁的三演讲》由上海革命周报社刊行。

[苏]列宁著,石英译《农民与革命》由上海沪滨书局刊行。

[俄]托洛茨基著,张太白译《英帝国主义的前途》由上海春潮书局刊行。

[苏]波格丹诺夫著,陶伯译《新经济学问答》由上海泰东书局刊行。

[苏]宽恩著,彭桂秋译《新经济学方法论》由上海南强书局刊行。

[苏]列宁著,刘野平译《帝国主义论》由上海启智书局刊行。

[苏]列宁著,刘野平译《资本主义最后阶段帝国主义论》由上海启智书局刊行。

[苏]M. Tamin 著,肖梨译《在国际舞台上的美国》由上海生路社刊行。

[俄]道图门慈著,卫惠林译《世界合作运动》由上海民智书局刊行。

〔苏〕恰耶诺夫著，王若冰译《社会农业及其根本思想与工作方法》由上海亚东图书馆刊行。

〔苏〕恰耶诺夫著，李季译《社会农业及其根本思想与工作方法》由上海亚东图书馆刊行。

〔俄〕克鲁泡特金著，汉南译《田园工厂手工场》由上海自由书店刊行。

〔苏〕卢那卡尔斯基著，雪峰译《艺术之社会的基础》外二篇由上海水沫书店刊行。

〔苏〕卢那卡尔斯基著，鲁迅译《艺术论》由上海大江书铺刊行，有译者序和作者原序。

〔苏〕普列汉诺夫（原题蒲列哈诺夫）著，林柏重译《艺术论》由上海南强书局刊行。

〔苏〕英国教育视察团编著，王西征译《苏俄的活教育》由上海华通书局刊行。

〔苏〕波格丹诺夫（原题波格达诺夫）著，苏汶译《新艺术论》由上海水沫书店刊行。

〔苏〕卢那察尔斯基（原题卢那卡尔斯基）著，鲁迅译《文艺与批评》由上海水沫书店刊行。

按：是书收《艺术是怎样地发生的》《托尔斯泰之死与少年欧罗巴》《托尔斯泰与马克思》《今日的艺术与明日的艺术》《苏维埃国家与艺术》《关于科学底文艺批评之任务的提要》等 6 篇论文。译自各种书刊，由译者辑为一册，并从日本尾濑敬止的《革命露西亚的艺术》中选译一篇短文置前为序。

〔苏〕高根等著，林伯修译《理论与批评》（新兴文艺理论）由上海前夜书店刊行。

〔俄〕普列汉诺夫著，冯雪峰（原题雪峰）译《艺术与社会生活》由上海水沫书店刊行。

〔苏〕马克希麻夫著，金溟若译《俄国革命后的文学》由上海开明书店刊行。

〔苏〕倍·柯根著，沈端先译《新兴文学论》由上海南强书局刊行。

〔苏〕伏洛夫斯基著，画室（冯雪峰）译《作家论》由上海昆仑书店刊行。

〔俄〕杜介涅夫、柴霍甫著，曹靖华译《蠢货》由北平未名出版社刊行。

〔俄〕安特立夫著，朱穰丞重译《狗底跳舞》由上海现代书局刊行。

〔俄〕安特列夫著，郭协邦译《安那斯玛》由上海新文化书社刊行。

〔俄〕屠格涅夫著，高滔译《贵族之家》由上海商务印书馆刊行。

〔俄〕屠格涅夫著，樊仲云译《烟》由上海商务印书馆刊行。

〔俄〕屠格涅夫著，黄药眠译《烟》由上海创造社刊行。

〔俄〕陀斯托以夫斯基著，王古鲁译《一个诚实的贼及其他》由上海现代书局刊行。

〔俄〕安尼西亚口述，托尔斯泰修校，陆鸿勋译《我的一生》由上海大东书局刊行。

〔俄〕柴霍甫著，王靖译《柴霍甫小说》由上海泰东书局刊行。

〔俄〕柴霍甫著，周瘦鹃译《少少许集》（俄罗斯名作家柴霍甫氏小小说）刊行。

〔俄〕契诃甫著，谢子敦译《艺术家的故事》由上海人间书店刊行。

〔俄〕契诃夫著，张友松、朱溪译《决斗》由上海北新书局刊行。

〔俄〕安东·柴霍甫著，效洵译《谜样的性格》由上海出版合作社刊行。

〔苏〕高尔基著，孙昆全译《玛尔伐》由上海光华书局刊行。

〔苏〕高尔基著，沈端先译《母亲》由上海大江书铺刊行。

〔俄〕蒲宁著，韦丛芜译《张的梦》由上海北新书局刊行。

〔俄〕安特列夫著，袁嘉骅译《七个绞死的人》由上海金屋书店刊行。

〔俄〕安德烈耶夫著，徐培仁译《红笑》由上海尚志书屋刊行

〔俄〕安特列夫著，鹤西、骏祥译《红笑》由南京岐山书店刊行。

［俄］柯伦泰著，温生民译《恋爱之道》由上海启智书局刊行。

［俄］柯伦泰著，杨骚译《赤恋》由上海北新书局刊行。

［俄］柯伦泰著，温生民译《赤恋》由上海启智书局刊行。

［俄］格莱考夫著，蔡永裳、董绍明译《士敏土》由上海启智书局刊行。

［俄］罗曼诺夫著，蒋光慈、陈情译《爱的分野》由上海亚东书局刊行。

［俄］N. Ognyov 著，丹岭译《新俄学生日记》由上海光华书局刊行。

［俄］N. Ognyov 著，查士骥译《苏俄中学生日记》由上海北新书局刊行。

［俄］N. Ognyov 著，江绍原译《新俄大学生日记》由上海春潮书局刊行。

［俄］拉甫列涅夫著，曹靖华译《第四十一》由北平未名社刊行。

［俄］普利洛克著，巴金译《为了知识与自由的缘故》由上海新宇宙书店刊行。

［俄］哀斯·克理各理衣夫著，碧三译《苏维埃女教师日记》由新学会社刊行。

［俄］A. Aharonian 著，陈杏荣译《死的影》由上海远东图书公司刊行。

［俄］契诃夫著，张衣萍、朱溪译《契诃夫随笔》由上海北新书局刊行。

［苏］高尔基著，陈勺水译《高尔基的回忆琐记》由上海乐群书店刊行。

［苏］尼史本编，徐培仁译《苏俄民间故事》由上海三民公司刊行。

［苏］金果尔、朴利果仁著，高峰译《西方革命史》由新宇宙书店出版。

［苏］毕英特哥夫斯基著，万武之译《俄罗斯大革命史》由上海新社会书店刊行。

［苏］史列泼柯夫著，潘文鸿译《一九〇五年至一九〇七年俄国革命史》由上海中外研究学会刊行。

［俄］司特普尼亚克（原题司特普尼克）著，巴金（原题李芾甘）译《地底下的俄罗斯》由上海启智书局刊行。

［苏］列宁著，黄剑锋译《马克思评传》由上海启智书局刊行。

［美］杜伦著，詹文浒译《柏拉图》由上海青年协会书局刊行。

［美］杜兰著，詹文浒译《亚里士多德》由上海青年协会书局刊行，有张东荪序。

［美］杜兰著，熊文浒译《佛兰西斯·培根》由上海青年协会书局刊行。

［美］杜兰（原题杜伦）著，詹文浒译《叔本华》由上海青年协会书局刊行。

［美］杜兰著，詹文浒译《斯宾诺莎》由上海青年协会书局刊行。

［美］杜兰著，詹文浒译《哲学的故事》由上海青年协会书局刊行。

［美］杜伦著，詹文浒译《近代欧美哲学家》由上海青年协会书局刊行。

按：是书分上下两卷，分别介绍欧洲和北美的六位哲学家的生平、哲学思想。包括柏格森、柯罗采、罗素、乔治孙泰耶那、詹姆士、杜威。卷首有哲学丛书引言及张东荪序。

［美］威廉著，刘芦隐、郎醒石译《马克思主义与社会史观》由上海民智书局刊行。

［美］富司迪著，谢洪赍、金邦平、史九成译《祈祷发微》由上海青年协会书报部刊行。

［美］赫士著《教会历史》（下卷）由上海广学会刊行。

［美］怀爱伦著，上海时兆报馆编译部译《山边宝训》由上海时兆报馆刊行。

［美］施匹尔著，［英］斐有文、季理斐译《基督大纲》由上海广学会刊行。

［美］布来克马（原题白拉克马）著，陶乐勤译《社会学原理》由上海新文化书社刊行。

［美］波格达斯（原题鲍格度）著，瞿世英译《社会学概论》由上海商务印书馆刊行。

［美］班兹著，王斐荪译《社会进化论》由上海新生命书局刊行。

[美]亨丁顿著,潘光旦译《自然淘汰与中华民族性》由上海新月书店刊行。

[美]爱德华著,李进之译,樊仲云校阅《革命的发展》由上海新生命书局刊行。

[美]爱德华著,滕柱译《革命进程之科学的研究》由上海民智书局刊行,有罗伯·巴克序。

[美]萨克思著,彭芮生译《科学的社会主义底基本原理》由上海创造社刊行部刊行,有著者前言及译者跋文《一条短尾巴》。

[美]吉贾士著,钟建闳译《世界政治概论》由上海启智书局刊行。

按:是书共49章。论述自1789年法国资产阶级革命至1922年华盛顿会议期间的世界政治问题。包括世界列强的崛起及其殖民政策,瓜分中国的企图,日本与欧洲的挑战,德国世界政策的发展,美国在世界上的地位等。著者认为第一次世界大战绝非德、奥两国的意志构成,战后危机并未消除。

[美]皮蔼尔著,叶秋原译《帝国主义之政治的解剖》由上海联合书店刊行。

按:是书著有《国际关系》中的一部分,包括帝国主义的成因,侵略政策,信托政策,自决与落后民族,资本与落后区域,门户开放,帝国主义之间接的形式等。

[美]赫尔(原题荷尔)著,杨贤江(原题李浩吾)译《青年期的心理学与教育》由上海世界书局刊行。

[美]华特尔著,葛承训译《儿童心理学》由上海中华书局刊行。

按:是书分儿童心理学研究的历史背景,研究法,生物学观,遗传,不须学习的人类动作,儿童底游戏,儿童底语言,儿童底图画,儿童底道德性,青年犯罪,普通心理发达等12章。

[美]布林顿著,沈有乾译《成功百决》由上海申报馆刊行。

[美]吴德(原题胡特)著,华汉光译《怎样恋爱》由上海神州国光社刊行。

[美]桑格夫人著,赵荫棠译《性教育的示儿编》由上海北新书店刊行。

[美]金氏著,宁思承译《统计方法》由上海商务印书馆刊行。

[美]斯密斯著,漫琴译《苏俄的妇女问题》由上海启智书局刊行。

[美]福尔克著,施宪民译《法律哲学 ABC》由上海世界书局刊行。

[美]L. C. 安砥鲁司著,谭葆寿译《教兵须知》(训练总监部审定)(国民军事教育及军队教育之参考)由江苏南京军用图书社刊行。

[美]阿格著,傅子东译《大战以来的欧洲经济概况》由上海乐群书店刊行。

[美]司各特·尼林、杰克·哈定著,张民养译《苏联之经济组织》由上海泰东图书局刊行。

[美]司各特·尼林、杰克·哈定著,汉钟译《苏联的经济组织》由上海大东书局刊行。

[美]司各特·尼林、杰克·哈定著,蒋国炎译《苏俄的经济组织》由上海太平洋书店刊行。

[美]司各特·尼林、杰克·哈定著,魏学智译《苏联的经济组织》由上海春潮书局刊行。

[美]柯尔著,邹祖烜译《实用簿记》由上海商务印书馆刊行。

[美]普赖斯著,刘曼译《苏俄劳动保障》由上海华通书局刊行。

[美]普赖斯著,游宇译《苏联劳动之保护》由上海民声书局刊行。

[美]韦拔斯著,温崇信译《什么是合作》由上海中国合作学社刊行。

[美]韦拔斯著,尹让能译《合作纲要》由上海大东书局刊行。

[美]雷文著,缪天瑞译《钢琴基本弹奏法》由上海三民图书公司刊行,有译者序及傅彦长的序。

〔美〕安德生、赵梅伯编《中外歌唱入门》第1册由上海商务印书馆刊行,有安德生、赵梅伯的序。

〔美〕Herbert G. Lull著,温耀斌译述《最新教程之组织》(广西教育厅教育丛刊)由广西南宁教育厅编译处刊行。

〔美〕Harryob、Wilson等著,温耀斌译《教学新法》(广西教育厅教育丛刊)由广西南宁教育厅编译处刊行。

〔美〕克伯雷著,夏刚伯译《校长的位置及职务》(广西教育厅教育丛刊)由广西南宁教育厅编译处刊行。

〔美〕尼林著,潘梓年译《苏俄新教育》由上海北新书局刊行。

〔美〕皮开特、博润著,董任坚译《初期儿童教育》(初等教育丛书)由上海中华书报流通社刊行。

〔美〕郭雷革著,陈汉铭译《团体领袖与少年品性》由上海广学会刊行。

〔美〕杜威著,邹韬奋译《民主主义与教育》(1—5册)(汉译世界名著)由商务印书馆刊行。

〔美〕鲍锐斯、绥尔克著,李之鸥译《乡村学校行政与辅导》由上海商务印书馆刊行,有柯福曼序。

〔美〕福德著,赵仰夫译《丹麦的农村教育》由上海新学会社刊行。

〔美〕赖勃尔著,张昌祈译《儿童与家庭》(妇女问题研究丛书)由上海开明书店刊行。

〔美〕施退力著,黄斌生译《最新游戏法》由上海商务印书馆刊行,有麦克乐导言及原叙、自叙等。

〔美〕卫南斯著,彭兆良译述《演讲学》由上海中华新教育社刊行。

〔美〕佛雷特立克著,马仲殊译《短篇小说作法纲要》由上海真美善书店刊行。

〔美〕M. Gold著,凌黛译《一万二千万》由上海金屋书店刊行。

〔美〕辛格莱著,陆公英译《机关》由上海南华图书局刊行。

〔美〕贾克·伦敦著,彭芮生译《叛徒》由上海前夜书店刊行。

〔美〕杰克·伦敦著,王抗夫译《铁踵》由上海泰东图书局刊行。

〔美〕辛克莱著,林薇音译《钱魔》由上海水沫书店刊行。

〔美〕辛克莱著,易坎人译《屠场》由上海南强书局刊行。

〔美〕辛克莱著,黄药眠译《工人杰麦》由上海启智书局刊行。

〔美〕约翰·李德著,杜衡译《革命底女儿》由上海水沫书店刊行。

〔美〕秦爱宝著,贝厚德、蔡其寿译《女英雄》由上海广活社刊行。

〔美〕华盛顿殴著,桑子贤译《青鸟媒》由上海广益书局刊行。

〔美〕绍特韦尔著,何炳松、郭斌佳译《西洋史学史》由上海商务印书馆刊行。

按:1922年绍特韦尔原著由哥伦比亚大学出版部发行,在美国颇受好评,《文学评论》(*Literary Review*)谓此书"撮录研究之方法,表示历史之事实,可谓获得相当之成功。然其论述之态度,令人可佩,更超过本书之科学价值"。同年陶孟和撰文推荐,认为这本书"多少可以报告我们关于古代历史研究情形""可以说是研究历史的人不可不读的"。此书详述西洋古今史学之发展,"尤足资吾国新史学界之借镜",译笔明净流畅,"诚研究史学者不可不读之书"。何炳松、郭斌佳译《西洋史学史》先作为"西洋史学丛书"之一,后又收入"万有文库"。全书27章,论述了史学史的起源和演变,指出各时代史学观念的兴废皆与其时其地的环境风气有关,并依据"新史学"的观点对西方各派史学优劣作了评价,认为以往对历史所做的各种神话、神学、哲学、物质、经济等解释，"无一可称尽心也"，欲求历史之真相，"必综合两大原质于一处而后可，一为心理，一为物质。必待心理学与自然科学，经济学能通力合作，不背道而驰，以解决此问题"。（参见王学典《20世纪史学编年(1900—1949)》，商务印书馆2014年版）

[美]多玛士、哈模著，余慕陶译《近代西洋文化革命史》由上海联合书店刊行。

按：是书分科学是和智力的革命、法国大革命、拿破仑时代、反动时期、美洲变为世界史的要素、产业革命、国家主义与改良、近代的科学、劳动运动等9章。论述了从文艺复兴至第一次世界大战前的文化史。

[美]倪林著，王志文译《中国革命》由上海远东图书公司刊行。

[美]R. L. Buell著，胡庆育译《最近十年的欧洲(1918—1928)》由上海太平洋书店刊行。

[美]俾耳德、巴格力著，魏野畴译《美国史》由上海商务印书馆刊行。

[美]李阿萨诺夫著，李一氓译《恩格斯马克思合传》由上海江南书店刊行。

[美]德兰散著，虚白译《目睹的苏俄》由上海真美善书店刊行。

[美]欣都士著，李伟森译《动荡中的新俄农村》由上海北新书局刊行。

[美]美国工人代表苏俄调查团著，李伟森译《十年来之俄罗斯》由上海乐山书店刊行。

[美]佛里特尔著，杨昭悊、李燕亭译述《图书馆员之训练》由上海商务印书馆刊行，有范源濂的序及译者序。

[美]爱克斯著，沈祖荣译《简明图书馆编目法》由湖北武昌文华图书科刊行，有译者序。

[英]爱里渥德著，陈豹隐译《科学的宇宙观》由上海乐群书店刊行。

[英]B. 勒著，赵演译《弗洛特心理分析》由上海商务印书馆刊行。

[英]勃洛特著，刘朝阳译《知觉的分析》由上海明日书店刊行。

[英]布拉文著，华超译述《心理学与精神治疗法》由上海商务印书馆刊行。

[英]Mildred Calile、Franesca French著，[英]季理裴译，谷云阶笔述《西北边荒布道记》由上海广学会刊行。

[英]施其德著，沈嗣庄译《真体论》由上海青年协会书局刊行。

[英]武咨著，贾立言、冯雪冰译《上帝的研究》由上海广学会刊行。

[英]唐绥尼卿著，魏肇基译《神与人的戏剧》由上海现代书局刊行。

[英]司托浦司著，曹敬文、德佑译《永恒的爱》由上海南华图书局刊行。

[英]司托浦司著，水宁人译《贤明的父母》由上海北新书局刊行。

[英]蔼理斯著，C. C. 译《爱的艺术》由上海北新书局刊行。

[英]卡本特（原题加本特）著，樊仲云译《加本特恋爱论》由上海开明书店刊行。

[英]卡本特著，郭昭熙译《爱的成年》由上海大江书铺刊行。

[英]霭理斯（原题爱烈斯）著，陈声和编译《夫与妻》由上海唯爱丛书社刊行。

[英]卡本特（原题加本特）著，樊仲云译《加本特恋爱论》由上海开明书店刊行。

[英]赫勃脱夫人著，松涛译《性的故事》由上海开明书店刊行。

[英]巴恩斯著，刘麟生译《法西斯蒂的世界观》由上海真美善书店刊行，有墨索里尼原序。

[英]贾德著，方文译《现代政治思潮》由上海联合书店刊行。

[英]乌尔佛著，宋桂煌译《帝国主义与文化》由上海开明书店刊行。

[英]乌尔佛著，邹维枚译《帝国主义与文化》由上海民智书局刊行。

[英]狄更生编，梁遇春译《近代论坛》由上海春潮书局刊行。

［英］路多维西著，张友松译《妇女的将来与将来的妇女》由上海北新书局刊行。

［英］罗素夫人著，林玉堂译《女子与知识》由上海北新书局刊行。

［英］恩麦特著，汤澄波译《资本论概要》由上海远东图书公司刊行。

［英］凯恩斯著，柯伯年译《经济学方法论》由上海南强书局刊行。

［英］菲力普斯·蒲莱斯著，刘穆、曾豫生译《现代欧洲经济问题》由上海远东图书公司刊行。

［英］乌尔兰著，石光落译《经济的帝国主义》由上海北新书局刊行。

［英］毕尔德著，王雪华译《产业革命》由上海亚东图书馆刊行。

［英］科尔曼著，蔡庆宪译述《企业的结合》由上海大东书局刊行。

［英］罗斯金(原题罗斯庚)著，彭兆良译《近代画家论》由上海中华新教育社刊行。

［英］南尼著，刘朝阳译《教育的重要原理及其根据》(师范丛书)由上海商务印书馆刊行，有著者序。

［英］鲁斯克著，瞿世英译《教育与哲学》由北平华严书局刊行。

［英］斯宾塞尔著，任鸿隽译《教育论》(汉译世界名著)由上海商务印书馆刊行，有译者序及爱理亚原序。

［英］薛立敦著，苏兆龙译《造谣学校》由上海商务印书馆刊行。

［英］R. B. Sheridan著，伍光建译，梁实秋校《造谣学校》由上海新月书店刊行。

［英］Michael West著，周胜皋译《(一个根据于实验的报告)学看外国文之研究》(国立中山大学教育学研究所丛书4)由上海民智书局刊行。

［英］Charles and Mary Lamb著，桂来苏注释《莎氏戏剧本事》(英文文学丛书第1种)由上海中华书局刊行。

［英］C. Dickens著，沈步洲等注《(英汉合注)二城故事》(英文文学丛书第2种)由上海中华书局刊行。

［英］瑞恰慈著，伊人译《科学与诗》由北平华严书店刊行。

［英］琵亚词侣著，浩文译《琵亚词侣诗画集》由上海金屋书店刊行。

［英］格斯克尔夫人著，徐灼礼译《菲丽斯表妹》由上海春潮书局刊行。

［英］康拉特著，蒋学楷译《青春》由上海南华图书馆刊行。

［英］劳伦思著，杜衡译《二青鸟》由上海水沫书店刊行。

［英］马鸦著，邵洵美译《我的死了的生活回忆》由上海金屋书店刊行。

［英］娜克丝著，章铁民译《少妇日记》由上海北新书局刊行。

［英］嘉莱尔著，程鹤西译《镜中世界》由上海北新书局刊行。

［英］巴利著，梁实秋译《潘彼得》由上海新月书店刊行。

［英］柏尔(原题查理士比耳)著，刘光炎译《西藏人民的生活》由上海民智书局刊行。

［英］马尔文著，伍光建译《泰西进步概论》由上海商务印书馆刊行。

［爱尔兰］Gregory夫人著，黄药眠译《月之初升》由上海文献书房刊行。

［德］狄慈根著，杨东莼译《辩证法的唯物观》由上海昆仑书店刊行。

［德］狄慈根著，杨东莼译《新唯物论的认识论》由上海昆仑书店刊行。

［德］狄慈根(原题狄芝根)著，柯柏年译《辩证法的逻辑》刊行。

［德］狄慈根著，柯柏年译《辩证法唯物论》由上海联合书店刊行。

　　〔德〕卡尔·科尔士著,彭嘉生译《新社会之哲学的基础》由上海南强书局刊行。

　　〔德〕梅林著,屈章译《历史的唯物主义》由上海创造出版部刊行。

　　〔德〕恩格斯著,彭嘉生译《费尔巴哈论》由上海南强书局刊行。

　　〔德〕塔尔海玛著,李达译《现代世界观》由上海昆仑书店刊行。

　　按:是书分 16 章,宗教、希腊唯物论、希腊观念论、古代论理学与辩证法、印度唯物论、黑格尔与费尔巴哈、由自然科学到唯物论到辩证唯物论、唯物论的认识论、辩证法、辩证唯物论的历史理论、古代中国哲学、实用主义等。

　　〔德〕恩格斯著,林超真译《宗教、哲学、社会主义》由上海沪滨书局刊行。

　　〔德〕布浪得耳著,杨霄青译《社会科学研究初步》由社会科学研究社刊行。

　　按:是书包括总论、社会的意义、经济、政治、法律、道德、宗教、风俗、艺术、哲学、科学、社会现象之联系 12 章。

　　〔德〕第力阿斯著,周煜昭译《婚姻的创化》由上海开明书店刊行。

　　〔德〕B. A. Bauer 著,沈炳文编译《自由恋爱》由上海唯爱丛书社刊行。

　　〔德〕B. A. Bauer 著,S. S. 女士编译《恋爱与痛苦》由上海唯爱丛书社刊行。

　　〔德〕波尔著,陈迪光译《都市居住问题》由上海商务印书馆刊行。

　　〔德〕恩格斯著,李膺扬译,周佛海校订《家族私有财产及国家之起源》由上海新生命书局刊行。

　　按:书前有陶希圣序。《新生命》第 2 卷第 7 号广告称,出版这本名著的意义有二:"第一在使读者认识历史的唯物论的具体论据。第二在使读者引起研究民族学的端绪和兴趣。在这两种意义上,没有比这本书还适宜的。它是历史唯物论的宗匠所著作的。它又是根据民族学最初最有系统的名著——莫尔干《古代社会》——而下笔的。"(参见王学典《20 世纪史学编年(1900—1949)》,商务印书馆 2014 年版)

　　〔德〕佛兰兹·奥本海末儿著,陶希圣译《国家论》由上海新生命书局刊行。

　　〔德〕考茨基著,萨孟武译《社会革命论》由上海新生命书局刊行。

　　〔德〕马克思著,博洽德编,李季译《通俗资本论》由上海社会科学社刊行。

　　〔德〕博洽德著,李云译《资本论解说》由上海昆仑书店刊行。

　　〔德〕莱姆斯著,王冰若译《社会经济发展史》由上海亚东图书馆刊行。

　　〔德〕马克思著,朱应祺、朱应会译《工资劳动与资本》由上海泰东图书局刊行。

　　〔德〕马克思著,朱应祺、朱应会译《工资、价格及利润》由上海泰东图书局刊行。

　　按:是书卷首有译者小引艾威林写的序言,是书根据德文版译出。

　　〔德〕E. Hefferich 著,刘士木译《南洋荷属东印度之经济》由上海国立暨南大学南洋文化事业部刊行。

　　〔德〕考茨基、马希阿尼著,邓毅译《农业的社会化》由上海新生命书局刊行。

　　〔德〕李卜克内西著,郭之奇译《土地问题论》由上海启智书局刊行。

　　〔德〕茨次尔著,齐敬鑫译《中国森林问题》由广东造林运动大会刊行。

　　〔德〕黑卓著,曹云祥译《德国商战之策略》由上海商务印书馆刊行。

　　〔德〕海涅著,嫡瀛译《插乐曲》由广州受匡出版部刊行。

　　〔德〕梅林(原题梅林格),冯雪峰译《文学评论》由上海水沫书店刊行。

　　〔德〕海涅著,青主译《海涅最著名的爱诗》刊行。

　　〔德〕哈音利希·海纳著,杜衡译《还乡集》由上海尚志书屋刊行。

　　〔德〕海涅著,剑波译《海涅诗选》由上海亚细亚书局刊行。

［德］海涅著，胡大森译《抒情的诗》由上海新弦书社刊行。

［德］歌德著，胡仁源译《哀格蒙特》由上海商务印书馆刊行。

［德］霍菩提曼著，赵伯颜、周博涵译《寂寞的人们》由上海文献书房刊行。

［德］嘉米琐著，鲁彦译《失了影子的人》由上海光华书局刊行。

［德］施托谟著，朱契译《燕语》由上海开明书店刊行。

［德］施笃谟著，郭沫若、钱君胥译《茵梦湖》由上海泰东书局刊行。

［德］Heyse 著，程鹤西译《梦幻与青春》由上海春潮书局刊行。

［德］雷马克著，洪深、马彦祥译《西线无战事》由上海平等书店刊行。

［德］雷马克著，林疑今译《西线前线平静无事》由上海水沫书店刊行。

［德］格列姆著，赵景深译《格列姆童话集》由上海崇文书局刊行。

［德］格列姆著，刘海蓬、杨钟健译《德国童话集》由上海文化出版社刊行。

［德］拉狄马著，克仁译《中国革命运动史》由上海新宇宙书店刊行。

［德］拉狄克（原题拉德克）著，克仁译《中国历史之理论的分析》由上海辛垦书店刊行。

［德］威廉·布洛斯著，孙望涛译《法国革命史》（上中下册）由上海亚东图书馆刊行。

［德］米哈亚力斯著，郭沫若译《美术考古学发现史》由上海乐群书店刊行。

按：此书据滨田耕作日译本转译，作者指出本书的价值在于将考古学"由美术的视野来观照，来叙述，把这一个分科就如象造成了一个万华镜一样"。郭沫若翻译此书的目的，是为了在考古学上尽快地借鉴于西方，他说："我的关于殷墟卜辞和青铜器铭文的研究，主要是这部书把方法告诉我，因而我关于古代社会的研究，如果多少有些成绩的话，也是这本书赐给我的""假如我没有译读这本书，我一定没有本领把殷墟卜辞和殷周青铜器整理出一个头绪来，因而我的古代社会研究也就会成为沙上楼台了"；郭沫若在翻译此书的过程中，接受了近代考古学的研究方法。许冠三认为，郭沫若的古文字、古器物研究，"他的爬梳疏理所以有些成绩，实得力于重译日人滨田耕作所译的《美术考古学发现史》（1929），而不是某些妄人想当然耳的什么'革命性与科学性'的结合"。可见郭沫若从此书中得到很大启示。（参见王学典《20 世纪史学编年（1900—1949）》，商务印书馆 2014 年版）

［法］罚倍尔著，倪守鹤译《圣难绎义》（上下册）由上海土山湾印书馆刊行。

［法］涂尔干著，许德珩译《社会学方法论》由上海商务印书馆刊行。

［法］查理·季特著，郭竞武译《合作的历史、组织及原理》由上海南华图书局刊行。

［法］Maurice Baring 著，蒋学楷译《法国文学》由上海南华书局刊行。

［法］腊皮虚著，赵少侯译《迷眼的沙子》由上海新月书店刊行。

［法］米尔波著，岳焕译《米尔波短剧集》由上海出版合作社刊行。

［法］罗曼·罗兰著，梦茵译《爱与死》由上海泰东图书局刊行。

［法］曷斯当著，方于译《西哈诺》由上海春潮书局刊行。

［法］嘉密著，罗江译《白鼻福尔摩斯》由上海乐群书店刊行。

［法］卢梭著，魏肇基译《爱弥儿》由上海商务印书馆刊行。

［法］雨果著，方于、李丹译《可怜的人》由上海商务印书馆刊行。

［法］雨果著，邱韵铎译《死囚之末日》由上海现代书局刊行。

［法］小仲马著，夏康农译《茶花女》由上海春潮书局刊行。

［法］查拉著，毕树棠译《不测》由上海北新书局刊行。

［法］法朗士著，徐蔚南译《女优泰倩思》由上海世界书局刊行。

［法］莫泊桑著，袁㵑译《莫泊桑小说集》由上海中国书局刊行。

［法］莫泊桑著，李青崖译《哼哼小姐集》由上海北新书局刊行。

［法］莫泊桑著，李青崖译《苡威荻集》由上海北新书局刊行。

［法］莫泊桑著，李青崖译《鹧鸪集》由上海北新书局刊行。

［法］莫泊桑著，李青崖译《羊脂球集》由上海北新书局刊行。

［法］莫泊桑著，李青崖译《霍多父子集》由上海北新书局刊行。

［法］莫泊桑著，李青崖译《遗产集》由上海北新书局刊行。

［法］莫泊桑著，雷晋笙译《漂亮朋友》由上海商务印书馆刊行。

［法］洛蒂著，徐霞村译《菊子夫人》由上海商务印书馆刊行。

［法］莫鲁华著，王了一译《女王的水土》由上海启智书局刊行。

［法］保尔·穆杭著，戴望舒译《天女玉丽》由上海尚志书屋刊行。

［法］奥都培·蒲闸著，夏莱蒂译《南风》由厦门世界文艺书社刊行。

［法］傅恺著，伍季真译《恩定》由上海现代书局刊行。

［法］黎尔著，蒋景缄译《仇情记》由上海文明书局刊行。

［法］法琅十著，顾仲彝译《乐园之花》由上海真美善书店刊行。

［法］苏利哀·莫郎著，张若谷译《留沪外史》由上海真美善书店刊行。

［法］卢骚著，张竞生译《卢骚忏悔录》由上海世界书局刊行。

［希腊］柏拉图著，吴献书译《理想国（1—5册）》由上海商务印书馆刊行。

按：是书分为财产、公道、节制及以上三者之敌对；问答中之人物；个人、国家、教育；教育中之艺术；财产、贫困、善德；婚姻、哲学；政治、哲理、教育之实在与影响；四种政治；正当之政治与不正当之政治二者之乐趣；生活之报酬等。

［希腊］荷马著，高歌译述《依里亚特》由上海中华书局刊行。

［希腊］荷马著，谢六逸译《伊利亚特的故事》由上海开明书店刊行。

［希腊］荷马著，傅东华译《奥德赛》由上海商务印书馆刊行。

［意］拉伯利奥拉著，黄药眠译《史的唯物主义》由上海江南书局刊行。

［意］巴比尼著，贾立言、周云路译《基督传》由上海广学会刊行。

［意］艾儒略著《万物真原》由山东兖州府天主堂印书馆刊行。

［意］马拉铁斯泰著，毕修匀译《咖啡店谈话》由上海自由书店刊行，有勃里原序及译者序。

［意］尼蒂著，刘奚叔、李公恪译《民主与反民主》由上海民智书局刊行，有译者序。

［意］萨尔维密尼著，欧阳格译《意大利法西斯蒂之专政》由上海民智书局刊行。

按：是书由原著上卷中的内容经选译而成。介绍墨索里尼专政前各政党的分野，建立法西斯专政的过程等。有胡汉民序、译者《意大利法西斯蒂之专政卷上序》。

［意］丹农雪乌著，向培良译《死城》由上海泰东图书局刊行。

［意］皮蓝德娄著，徐霞村译《六个寻找作家的剧中人物》由上海水沫书店刊行。

［意］塞梨奥等著，徐霞村辑译《露露的胜利》由上海春潮书局刊行。

［意］薄伽丘著，T·T女士编译《恋爱与生活的故事》由上海唯爱丛书社刊行。

［意］费利俄著，孙茂柏、陶纤纤译《棒喝团的首创者慕沙里尼》由上海太平洋书店刊行。

［丹麦］Georg Brandes著，林语堂译《易卜生评传及其情书》由上海春潮书局刊行。

［丹麦］安徒生著，赵景深译《安徒生童话新集》由上海亚细亚书局刊行。

〔丹麦〕安徒生著,顾均正译《夜莺》(安徒生童话集)由上海开明书店刊行。

〔丹麦〕安徒生著,赵景深译《月的话》由上海开明书店刊行。

〔丹麦〕爱华耳特著,袁嘉华译《十二姊妹》由上海北新书局刊行。

〔瑞士〕克拉著,周学普译《仇之恋》由上海金屋书店刊行。

〔瑞士〕史班烈著,狄珍珠译《赫德的故事》由上海广学会刊行。

〔瑞士〕国郎士著,思惠编译《警政全书》(警界必备)由北平文华书局刊行,有著者原序及译序。

〔捷克〕开贝克著,余上沅译《长生诀》由上海北新书局刊行。

〔捷克〕K. 斯惠忒拉著,真吾译《接吻》由上海朝花社刊行。

〔捷克〕史万德孩著,杜衡译《一吻》由上海真美善书店刊行。

〔波兰〕奥西斯歌著,钟宪民译《马尔达》由上海北新书局刊行。

〔波兰〕先罗什伐斯基著,鲁彦译《苦海》由上海亚东书局刊行。

〔波〕哈德著,金志骞译《自由恋爱》由上海唯爱丛书社刊行。

〔匈牙利〕瓦尔加著,宁敦伍译《帝国主义没落期之经济》由上海昆仑书店刊行。

按:是书论述资本主义的不安定性、内在矛盾、失业、独占和夺取市场的斗争、国家资本主义再分割世界的准备、改良主义等。附录:各国生产情况、失业人数、工资、工业化程度的统计图表。

〔匈牙利〕瓦尔加著,李一泯译《世界经济与经济政策》由上海水沫书店刊行。

〔瑞典〕斯德林堡著,蓬子、杜衡译《结婚集》由上海光华书局刊行。

〔瑞典〕爱伦凯(原题爱伦开)著,云让译《爱伦开的离婚论》由上海北新书局刊行。

〔奥地利〕显尼志劳著,赵伯颜译《恋爱三昧》由上海乐群书店刊行。

〔奥地利〕索尔顿著,张雪岩、贝厚德译《林中的生活》由上海广学会刊行。

〔挪威〕纳突韩生著,邱韵铎译《魏都丽姑娘》由上海现代书局刊行。

〔芬兰〕爱罗·考内斯著,王抗夫译《到城里去》由上海南强书局刊行。

〔西班牙〕伊巴涅思著,李青崖译《启示录的四骑士》由上海北新书局刊行。

〔比利时〕爱米尔·凡尔哈伦著,徐霞村译《善终旅店》由上海水沫书店刊行。

〔荷〕斯宾诺莎(原题斯宾挪莎)著,伍光建译《伦理学》由上海商务印书馆刊行。

按:是书全称《用几何学方法作论证的伦理学》。原用拉丁文写成,汉译本以怀特的英译本为主,并参考波义尔的译本译成。作者认为只有像几何学一样,凭理性的能力从直观获得的定义和公理推论出来的知识,是最可靠的知识,这才是可靠的唯理论观点。全书分5卷:论上帝、论心之生性及心之原理、论情之原始及生性、论人之束缚或感情力、论知性之权力或人之自由。

〔罗马尼亚〕伊凡康卡著,王一榴译《叶莱的公道》由上海现代书局刊行。

〔印度〕戴伯诃利著,许地山译《孟加拉民间故事》由上海商务印书馆刊行。

按:许地山在《〈孟加拉民间故事〉译叙》说:"民俗学者对于民间故事认为重要的研究材料。凡未有文字而不甚通行的民族,他们的理智的奋勉大体有四种从嘴里说出来的。这四种便是故事、歌谣、格言(谚语)和谜语。这些都是人类对于推理、记忆、想象等最早的奋勉,所以不能把它们忽略掉。故事是从往代传说下来的。……要把故事分起类来,大体可分为神话、传说、野乘三种。神话(Myths)是解释的故事,……传说(Legends)是叙述的故事,……野乘(merchen)包括童话(Nursery-tales)、神仙故事(Fairy-tales)及民间故事或野语(Folk-tales)三种。……从古代遗留下来的故事,学者分它们为真说与游戏说二大类,神话和传说属于前一类,野语是属于后一类的。在下级的民族中,就不这样看,他们以神话和传说为神圣,为一族生活的历史源流,有时禁止说故事的人随意叙说。所以在他们当中,凡认真说的故事都是神圣的故事,甚至有时做在冠礼时长老为成年人述说,外人或常人是不容听见的。至于他们在打猎或耕作以后,在村中对妇孺说的故事只为娱乐,不必视为神圣,所以对神圣的故事而言,我们可以名它做庸俗的故事。庸俗的故事,即是野语,在文化的各时期都可以产生出来。它虽然是为娱乐而说,可是那率直的内容很有历史的价值存在。我们从它可以看出一个时代的风尚、思想和习惯。它是一段一段的人间社会史。研究民间故事的分布和类别,在社会人类学中是一门很重要的学问。因为那些故事的内容与体例不但是受过环境的陶冶,并且带着很浓厚的民族色彩。在各民族中,有些专会说解释的故事,有些专会说训诚或道德的故事,有些专会说神异的故事,彼此一经接触,便很容易互相传说,互相采用,用各族的环境和情形来修改那些外来的故事,使成为己有。民族间的接触不必尽采用彼此的风俗习惯,可是彼此的野乘很容易受同化。"(高巍选辑《许地山文集》下卷,新华出版社 1998 年版)

Walter M. Gallican 著,金志骞译《恋爱术》由上海唯爱丛书社刊行。

B. A. Bauer 著,沈炳文编译《恋爱与婚姻》由上海唯爱丛书社刊行。

James Appenheim 著,C. C. 女士译《结婚以后的愉快》由上海唯爱丛书社刊行。

Horace Greeley and Robert Dale Owen 著,金志骞译《结婚与离婚》由上海唯爱丛书社刊行。

Ashkroft 著,梁止戈译《近代帝国主义概略》由上海江南书店刊行。

Shadwell 著,胡庆育译《欧战后社会主义的新发展》由上海远东图书公司刊行。

M. A. L. Lane 译述,樊仲云注释《天方夜谭》(英文文学丛书第 4 种)由上海中华书局刊行。

Lamb 著,狄珍珠译《[英]莎士比亚的故事》由上海广学会刊行。

O. Goldsmith 著,伍光建译,叶公超校《诡姻缘》由上海新月书店刊行。

St. Pierre 著,成绍宗译《波儿与薇姑》由上海现代书局刊行。

A. G. Voigt 著,陈建勋译述《信义宗要道》由湖北汉口中华信义会书报部刊行。

De Segue 著,张璜译《苦中慰乐宝鉴》由上海土山湾印书馆刊行。

G. J. Josdan 著,谢颂羔编译《宗教心理学》由上海广学会刊行。

J. H. Raven 著,魏国伟、陈建勋译《旧约入门》上下由中华信义会书报部刊行。

Olaf Guldseth 著,中华信义会书报部译《我怎样才可以得救》由信义书局刊行。

S. P. Long 著,刘健译《基督教要道八讲》由湖北汉口中华信义会书报部刊行。

Siren Dahl 著,陈建勋译《路上的光》由中华信义会书报部刊行。

Z. J. Odal 著,吕绍端译《耶稣复活史实观》由湖北汉口信义书局刊行。

J. I. Bryan 著,健者译,周作人校《日本之文明》由北平华严书店刊行。

Louise J. Miln 记,邹恩润译《一位英国女士与孙先生的婚姻》由上海生活书店刊行。

M. Wolf 著,唐宋元译《未婚的母亲》由上海民智书局刊行。

L. 斐西尔著,闻杰钟译《燃煤帝国主义》由上海明日书店刊行。

梅藤更讲,李兰阶译《但以理书第六章教训》由山东烟台耶稣教查经处刊行。

史式徽著,金文祺译《八十年来之江南传教史》由上海圣教杂志社刊行。

斯丹大尔著,任白涛译《恋爱心理研究》由上海亚东图书馆刊行。

赖也夫斯基著,陆一远译《唯物的社会学》由上海新宇宙书店刊行。

桑格(原题山格尔夫人)著,蔡咏裳译《结婚的幸福》由上海开明书店刊行。

菲尔廷著,沈经保编译《女》由上海唯爱丛书社刊行。

马克斯等著,千香译《社会进化的铁则》由上海启智书局刊行。

亚克色利罗德著,吴念慈译《社会学底批判》由上海南强书局刊行。

按:是书包括史的法则是可能的么、历史哲学思想发展底概略、社会学底方法论在其发展上之根底、社会学上底类推的方法、律刻特底历史哲学理论等7种。

革新之一人著,李石曾译《革命原理》由上海革命周报社刊行。

伍尔模著,龚彬译《新经济学入门——资本主义社会之解剖》由上海北新书局刊行。

安倍浩著,李大年译《经济思想十二讲》由上海启智书局刊行。

英国平明联盟编,丁振一译《经济学概论》由上海南强书局刊行。

国际劳工局著,丁同力译《生活费指数之编制法》由上海商务印书馆刊行。

斯密斯、奥勃凉著,王世颖译《丹麦合作运动》由上海中国合作学社刊行。

谷察著,程中行译述《国家主义之历史观》由上海商务印书馆出版。

阿讷托著,温湘平译《帝国主义与石油问题》由上海启智书局刊行。

马罗立著,吴鹏飞译《饥荒的中国》由上海民智书局刊行。

国际劳工局著,莫若强译《工业劳资纠纷统计编辑法》由上海商务印书馆刊行。

苍德克、姜水文编译,王柏龄审定《工兵基本参考书(第3号:附录)》由江苏南京国民革命军军事杂志社刊行。

柯克斯著,武埙干译《人口问题》由上海商务印书馆刊行。

罗伯丹恩著,熊之孚译《苏联劳动组合》由上海泰东图书局刊行。

伊所伯著,汪原放译《伊所伯的寓言》由上海亚东图书馆刊行。

沃维提乌思著,戴望舒译注《爱经》由上海水沫书店刊行。

韦克经著,狄珍珠译《小提摩太的服务》刊行。

普莱勃拉仁斯基著,王伯平、徐难先译《世界社会史纲》由上海平凡书局刊行。

按:是书分阶级以前的社会、封建社会手工业市场、商业与城市之发展、商业资本、货币经济发展时期中土地制度之变迁与农民运动、商业资本主义时期的国家、商业资本主义时代的教会及宗教改革、十七世纪英国的资产阶级德谟克拉西革命、在商业资本发展的影响下欧洲社会思想之转变等部分。

蒙诺索夫著,陆一远译《西欧革命运动史》由上海复旦书店刊行。

马泽著,李华译《德意志革命史》由上海春潮书局刊行。

金果尔、朴利果仁著,高峰译《西方革命史》由上海新宇宙书店刊行。

按:是书分绪论、封建时代、西欧及中国之封建社会、商业资本主义时代、第一次资产阶级革命、英国的工业革命、法国大革命、英国宪章运动、法国一八四八年革命、一八四八年之德国革命、欧美之民族解放运动及民族统一运动、第一国际、巴黎公社等15章。

张仕章译《罗素与泥灵关于苏维埃式政府的辩论》由上海南华图书局刊行,有译者小序。

蒋维乔译撰《中国佛教史》刊行。

因大信译《基督教宗教历史》由上海中华浸会书局刊行。

孟亚半索述《宠佑至要》由河北献县天主堂刊行。

张我军译《社会学概论》由上海北新书局刊行。

按:是书分序论、近世社会学之发达、社会学之诸潮流、社会学之对象、社会之本质、构成、种类等10章。

唐仁编译《社会主义社会学》由上海平凡书店刊行。

高希圣译《科学的社会主义》由上海平凡书局刊行。

按：是书共5章。概述马克思生平及科学社会主义产生的时代背景，介绍唯物史观，政治经济学基本理论，无产阶级革命和无产阶级专政学说以及列宁主义的基本知识等。

瞿秋白译《共产国际党纲及章程》刊行。

顾树森编译《最近世界各国政党》由上海中华书局刊行。

按：是书介绍萨克逊系、日尔曼系、拉丁系、东北欧、亚洲等世界各国政党的情况。

施伏量译《欧美无产政党研究》由上海新生命书局刊行。

益田、丰彦、冬木译，刘野平重译《资本主义社会之解剖》由民声书局刊行。

张东民译《帝国主义与远东问题》由上海中山书局刊行。

按：是书概述自18世纪以来列强各国侵入远东的经过。包括中日战争，租借地问题，列强在华的特权之争，日俄之战，义和团运动及辛亥革命，以及第一次世界大战后日本的侵略活动等。

王光祈译《辛亥革命与列强态度》由上海中华书局刊行。

宁墨公编译《阿富汗内战记》由江苏南京国民革命军军事杂志社刊行。

卢剑波译著《乌格兰农民革命与克朗士达脱反叛》由上海中山书店刊行。

王仲鸣编译《中国农民问题与农民运动》由上海平凡书局刊行。

张天化译《苏俄共产主义之崩溃》由上海民智书局刊行。

施存统译《苏俄政治制度》由上海新生命书局刊行。

曹剑光译《劳动运动》由上海南华图书局刊行。

高希圣、郭真译《妇女问题讲话》由上海太平洋书店刊行。

张佩芬编译《现代思潮和妇女问题》由上海泰东图书局刊行，书前有著者绪言及张耀曾序。

端木彰编译《欧战最新改良军事丛编》由江苏南京共和书局刊行。

张秀山编译《音乐之性质与演奏》由北平中华乐社刊行，有译者序。

晁德莅译《取譬训蒙》(3版)由上海土山湾印书馆刊行。

湛罗弼译《按日读经顺序与题目》由上海中华浸会书局刊行。

苏安伦编译《圣经函授考试问题(卷下·旧约之部)》由中华信义会书报部刊行。

刘永庆、何钟译述《最新阵中要务令图表解》刊行。

军政训练处编译《最新军事学述要》由北平武学书馆刊行。

成桃编译《关于伪装之研究》由上海军用图书社刊行。

李刚译《步兵军士之任务》(关于阵中勤务)由江苏南京军用图书社刊行。

军用图书社辑译《步兵战时短期教育与平时补充兵教育对照研究》由江苏南京军用图书社刊行。

许崇灏编译《(中学校用)青年训练教范》由上海民智书局刊行。

训练总监部军学编译处编译《日本军队教育令》由江苏南京军用图书社刊行。

李明灏译，李国良、张卓校正《日本陆军士官学校野营演习笔记》由江苏南京军用图书社刊行。

吴士仁编译《初级战术学讲授录》由北平武学书馆刊行。

陈锡离编译《航空兵侦察记战斗原则》由江苏南京军用图书社刊行。

葛敬恩等译《最近苏俄陆军》由参谋本部刊行。

训练总监部军学编译处编译《法国统帅纲领》由江苏南京军用图书社刊行。

赵济民译著《根据战斗纲要关于炮兵队教育参考书》由东北讲武堂炮兵研究班刊行。

训练总监部军学编译处编译《战车队军官必携》由江苏南京军用图书社刊行。

训练总监部编译《关于工兵铁道电信队教育之规定》由江苏南京军用图书社刊行。

中央陆军军官学校附设军官团译《新兵器化学毒瓦斯及烟》由南京译者刊行。

王怀琪、吴洪兴编译《手仗自卫术》(中国健学社丛书)由上海中国健学社刊行。

何永年编译《现代经济学概论》由上海春潮书局刊行。

按:是书分3编10章。第1编论述价值、货币、剩余价值、工资;第2编论述生产价格与利润、地租、生产集中;第3编论述市场与恐慌、信托事业、财政资本。各章分别选译奇巴诺夫(德国)等多人的有关著述,其中第10章"财政资本"译自列宁《马克思主义理论与实际》一文。

萧纯锦编述《经济学》由上海商务印书馆刊行。

蔡庆宪编译,陶乐勤校订《世界经济史略》由上海全民书局刊行。

按:是书内分采拾经济时期、耕畜游牧经济时期、定居村庄经济时期、市镇经济时期、都会经济时期等6章,论述世界经济之历史演变过程。卷首有陶乐勤序。

李麦麦编译《中国经济——其发展、其现状及其危机》由上海沪滨书局刊行。

郭真编译《中日经济关系论》由上海北新书局刊行。

沙千里译《合作》由上海北新书局刊行。

王世颖译《消费合作社模范章程》由上海中国合作学社刊行。

工商部工商访问局编译《劳资协调》由上海编者刊行。

戈公振编译《新闻学撮要》由上海商务印书馆刊行。

按:是书据美国开乐凯的《新闻学撮要》编译,其中插入许多中国的资料。分42章,介绍有关新闻的一般知识。附录:"出版法"及《中国新闻事业之将来》等14种。

龚彬、周则鸣编译《世界格言大全》由上海世界书局刊行。

中华教育文化基金董事会编译《译学问题商榷》(国立中央大学教育心理讲座研究报告)由江苏南京编者刊行。

梁得所编译《西洋美术大纲》由上海良友图书印刷公司刊行。

刘士木编译《南洋荷属东印度之实业教育》(南洋丛书)由上海国立暨南大学南洋文化事业部刊行。

吴增芥译述《纽约之义务教育》(地方教育丛辑)由江苏南京中央大学区各县筹备义务教育联合办事处刊行。

阿特武德著,张雪门、王敏仪、戴景云译《幼稚园学理与实施》由北平香山慈幼院刊行。

任白涛编译《最近各国的补习教育》由上海启智书局刊行。

农树菜译述《英文类语解》由上海泰东图书局刊行。

瞿世镇译注,刘湛恩校订《(汉英合璧)孙中山先生革命潮译注》由上海三民公司刊行。

J. Sydall 著《短篇英文选》由北平文化协会刊行。

H. P. James 编《英文文法练习》由上海中华书局刊行。

狄珍珠译,张学恭述《精神的生活》由上海广学会刊行。

林伯修译《唯物论底克服》由上海创造社刊行。

赵荫棠辑译《风格与表现》由北平华严书店刊行。

李霁野译《近代文艺批评断片》由北平未名社刊行部刊行。

陈勺水辑译《日本新写实派代表杰作集》由上海乐群书店刊行。

沈端先辑译《初春的风》(日本新写实派作品集)由上海大江书铺刊行。

谢六逸辑译《接吻》由上海大江书铺刊行。

鲁迅编译《壁下译丛》由上海北新书局刊行。

杨骚辑译《洗衣老板与诗人》(日本现代戏曲选集)由上海南强书局刊行。

田汉辑译《围着棺的人们》由上海金屋书店刊行。

呐呐鸥辑译《色情文化》(现代日本小说集)由上海水沫书店刊行。

林伯修辑译《俘虏》由上海晓山书店刊行。

张资平辑译《某女人的犯罪》由上海乐群书店刊行。

侍桁选译《现代日本小说》由上海春潮书局刊行。

谢六逸辑译《范某的犯罪》由上海现代书局刊行。

谢六逸辑译《近代日本小品文选》由上海大江书铺刊行。

章铁民译《波斯传说》由上海亚东图书馆刊行。

王世颖译《土耳其寓言》由上海开明书店刊行。

茅盾辑译《近代文学面面观》由上海世界书局刊行。

韩侍桁辑译《西洋文艺论集》由上海北新书局刊行。

郑振铎编《恋爱的故事》(希腊罗马的神话与传说之三)由上海商务印书馆刊行。

朱湘选译《英国近代短篇小说集》由上海北新书局刊行。

张竞生辑译《梦与放逐》由上海世界书局刊行。

朱梦昙编译《碎玉》由广东广州良友公司刊行。

高乔平、周则鸣编译《世界著名文艺家逸话》由上海世界书局刊行。

冯瘦菊编述《十九世纪俄罗斯文学家的传略和著作思想》由上海大东书局刊行。

赵景深编译《俄国三大文豪》由上海亚细亚书局刊行。

邹宏道编译《高尔基评传》由上海联合书店刊行。

画室(冯雪峰)译《流冰(新俄诗选)》由上海水沫书店刊行。

郭沫若译《新俄诗选》由上海光华书局刊行。

水沫社编译《俄罗斯短篇杰作集》由上海水沫书店刊行。

华维素辑译《冬天的春笑》由上海泰东图书局刊行。

刘穆、薛绩辉辑译《蔚蓝的城》由上海远东图书公司刊行。

傅东华辑译《村戏》(新俄小说集)由上海新建设书店刊行。

徐霞村译《斗牛》(近代西班牙小说选)由上海春潮书局刊行。

杨颂先译《葡萄牙尼姑的情书》由上海青春出版社刊行。

黄嘉谟译《别的一个妻子》(美国现代短篇小选集)由上海水沫书店刊行。

王纯一编译《西洋史要》上海南强书局刊行。

按:是书分封建时代、资产阶级革命、法国大革命、欧美民族解放运动及民族统一运动和帝国主义时代等18章,叙述从封建时代至第一次世界大战时期的历史。

陆一远译《社会形式发展史》由上海江南书店刊行。

按:是书包括人类的起源、原始共产社会、血族共产社会、氏族共产社会、封建制度、商业资本主义等7章。

张世禄著《德国现代史》由上海商务印书馆刊行。

总理奉安委员会编译《总理奉安须知》由江苏南京编者刊行。

吕谌编译《十二科学家》由上海开明书店刊行。

按：是书记述有关物理学、化学、生物学、医学、地质学等方面12位科学家的事迹，介绍他们的科研生活、学术成就与对人类的贡献。

鹤逸译述《一世怪杰墨索里尼》由北平文化学社刊行。

按：是书分少年时代、学校生活与教员生活、浮荡生活、社会战线、社会党领袖、勇敢的军曹、战争与和平、法西斯党魁、进攻罗马、独裁总理等章，记述墨索里尼登上意大利首相的经历。

徐丽生编译《东三省之柞蚕业》由辽宁东北新建设杂志社刊行。

王慕宁编译《东三省之实况》由上海中华书局刊行。

按：是书叙述我国移民与内地各省之政治关系，日本、韩国在东三省之行动与我国防之影响及日俄英美在东三省之竞争等。

严竹书、赵仰夫编译《英格兰之小作法》由上海新学会社刊行。

《大瞻礼弥撒》刊行。

《但以理讲义》由上海时兆报馆刊行。

《高丽致命事略》由上海土山湾印书馆刊行。

《观心觉梦钞》由上海佛学书局刊行。

《青年主保圣若望伯尔各满主日敬礼》由山东兖州府天主堂印书馆刊行。

《圣光日引（日课）》刊行。

《圣女依搦斯小史》由北平刊行。

《圣依纳爵传》由河北献县天主堂刊行。

《圣长雅各伯的小史》刊行。

《实益年刊》刊行。

《使徒行传要略（官话）》由上海时兆报馆刊行。

《真福葛乐德》由河北献县天主堂刊行。

《中华公教信友进行会浅明章程》由北平公教图书馆刊行。

五、学者生卒

陈鑫（1849—1929）。鑫字品三，河南省温县人。自幼随父习武，深谙太极武功之精奥，后遵父命从文，文武兼备有成。晚年发奋著书，阐释陈式太极拳理法与祖辈传拳经验。著有《陈氏家乘》5卷、《安愚轩诗文集》《陈氏太极拳图说》（原名《陈氏太极拳图画讲义》）4卷、《太极拳引蒙入路》1卷及《三三六拳谱》等。

姚文栋（1852—1929）。文栋字子梁，一字景宪，号栋木、一作东木，上海人。清末诸生。1881年随黎庶昌出使日本。曾在云贵总督、荣禄等人幕中协办洋务。1904年创办江苏省立第一图书馆。著有《日本志稿》《日本地理志要》《读海外奇书室杂著》《天南文编》《欧槎八种》《南槎二十二种》等。姚明辉编有《景宪府君年谱》。

汪大燮（1859—1929）。大燮字伯棠，祖籍安徽黟县，生于杭州。1889年考中举人，援例为内阁中书,升侍读、户部郎中。后考入总理各国事务衙门章京。1902年任留日学生监督,次年任外务部左参议。1905年任驻英公使。1907年回国,与达寿、于式枚等人任考察宪政大臣,出访英、日、德等国。1913年任熊希龄内阁的教育总长,主张废除"中医"。1914年2月辞职后任平政院院长兼参政院副院长。1916年6月任段祺瑞内阁交通总长。次年为遣日特派大使,7月任外交总长,11月代理国务总理。1918年被徐世昌大总统聘请为外交委员会委员长。1919年1月将巴黎和约内容告知北京大学校长蔡元培,并商讨对策,从而引发反帝反封建的五四运动。1922年11月被黎元洪大总统特任署国务总理兼财政总长,签署收回为德国强租和日本强占的胶州湾(包括青岛)。任务完成后,辞去国务总理兼财政总长,任平政院院长兼文官高等惩戒委员会会长。1928年与王士珍组织北平临时治安维持会,维持北平秩序。晚年热心教育,创办北京平民大学,任董事长兼校长,并致力于红十字会等慈善事业。编有《英国宪政丛书》《分类编辑不平等条约》。

严修(1860—1929)。修字范孙,号梦扶,别号偍属生,原籍浙江慈溪,生于河北三河。1883年中进士,入翰林院任编修。1894年任贵州学政。1904年在天津创设敬业中学,同时襄办直隶省学务。1905年任学部左侍郎。1912年赴欧洲考察教育。1914年任教育总长。1918年赴美考察教育。1919年创办南开大学。1922年任中华科学社董事。著有《严修东游日记》《严范孙先生古近体诗存稿》《蟫香馆手札》等著作。事迹见陈宝泉撰《严范孙先生事略》。

按:韩兵等《论严修与直隶教育近代化》说:"严修是中国近代著名教育理论家和实践家,其教育主张及教育实践极大促进了直隶教育的近代化。他提出了改革进而废除科举制的主张,这为直隶教育向近代化方向迈进清除了最大的障碍;在学部主政期间他创立新的教育体制,为直隶教育近代化奠定了制度基础;此外,他兴办了各级各类的新式学堂,形成了直隶近代教育体系的雏形。"(《北京化工大学学报》(社会科学版)2012年第1期)

何廉臣(1861—1929)。廉臣名炳元,号印岩,浙江绍兴人。曾任绍兴医学会会长,创办《绍兴医药月报》。著有《通俗伤寒论》《全国名医验案类编》《新医案必读》《何氏医案》等。

薛南溟(1862—1929)。南溟名翼运,以字行,江苏无锡人。薛福成长子,吴汝纶长女婿。1888年中举人,入李鸿章幕府。李鸿章为直隶总督时,以候补知县衔任天津县、道、府三署发审委员会委员,专理华洋讼事。然志不在仕,因父丧丁忧,乃弃官经商,转任上海永泰洋行买办,并于无锡南乡开办茧行,自此投身实业。1908年推为无锡绅商学会(后改名为自治公所)首任总董;1910年又出任县商会总理;辛亥革命改任锡金商会第三任总办;无锡光复后出任锡金军政分府司法部长,厘定了地方新的刑事、民事法制;民国初年,由张謇引荐加入共和党;1924年任无锡商界联合会会长。

陈庆年(1862—1929)。庆年字善余,江苏镇江人。1886年肄业于南菁书院,与唐文治、章琴若、赵剑秋、孙师郑等为同学,并得王先谦、黄以周的器重。1888年中优贡。尝选授江浦县教谕,征辟经济特科,皆辞不就。旋入张之洞幕。居武昌,任译书局总纂,兼两湖书院分教及文高等、文普通两校主讲。后赴湘,任高等学堂监督,兼提调湖南全省学务。又赴江南,端方委以江楚编译局、江南图书馆事。1921年唐文治创办无锡国学专修馆,延其主讲,以病未成。著述甚丰,有《春秋兵史》《中法战纪》《五代史略》《辽史讲义》《横山乡人类稿》13卷、《古香研经室笔记》《横山乡人丛钞》等。

吴观岱(1862—1929)。观岱初名宗泰,字观岱,以字行,一字念康,号洁翁、适盦、觚庐等,晚号江南布衣,江苏无锡人。幼为商店学徒,后学画。初师潘锦,继参华岩、恽寿平,得其秀雅之气。壮年游京师,主同里廉泉家,得览历代名迹,并为摹副本,尤致力于石涛、石溪、天池(徐渭)。精研书法,又擅水墨梅竹。山水、人物、花鸟皆精。代表作品有《烟波罢钓图》《仿宋人夏木山居图》《江帆图》《虹桥遗事图》《松壑鸣泉图》《寒梅冷月图》《采莲图》等。著有《觚庐画萃》。

丁逢甲(1864—1929)。逢甲字坤生,号壮者,室名延月楼,江苏吴江人。南社早期社员。曾在周庄沈氏义庄小学任教。著有小说《扫迷帚》24回,阿英在《晚清小说史》中曾给予《扫迷帚》很大篇幅的介绍和很高的评价。曾写过不少倡导妇女解放的文章,以"堃生""壮者"为署名,发表在《妇女杂志》上。其中《论婚制》《我所见之本地妇女生活现状》,至今仍被人引用。

鲍咸昌(1864—1929)。咸昌字仲言,浙江鄞县人。1881年经长老会介绍,进印刷出版宗教书籍的美华书馆当学徒,满师后做英文排字工。1897年与夏瑞芳、鲍咸恩、高凤池合资在上海创立商务印书馆。协助胞兄鲍咸恩管理印刷所。1910年鲍咸恩逝世,继任印刷所所长。1913年赴英、法、德、奥、美、日等国考察、购买多种印刷设备,聘请德、美技师来厂指导。1920年4月任总经理兼印刷所所长。主持工作期间,聘请王云五及郑振铎、叶圣陶、周建人、杨贤江、何炳松、冯定、金仲华、周昌寿、郑贞文、何公敢、任鸿隽、竺可桢等多位专家进馆,强化编译所,革新《小说月报》《学生杂志》《妇女杂志》,创刊《儿童世界》《自然界》等期刊,出版《世界文学名著丛书》《学生国学丛书》《中国人名大辞典》《中国医学大辞典》《综合英汉大辞典》《科学大纲》等书,创办励志夜校,在香港设立印刷厂等。

蒋智由(1865—1929)。智由原名国亮,字观云、星侪、心斋,号因明子,浙江诸暨人。早年求读于杭州紫阳书院。1897以廪贡生应京兆乡试举人,授山东曲阜知县,未赴任。甲午战争后,同情、支持康有为、梁启超变法。1902冬与蔡元培、叶瀚等在上海建立号称"第一革命团体"的中国教育会,参加光复会,任爱国女校经理。旋自费赴日本,先是参加《新民丛报》的编辑工作,任《新民丛报》主编。1907年和梁启超发起组织政闻社,曾担任《浙江潮》编辑。辛亥革命后,拥护歌颂共和政体,参加文体改良的"诗界革命"。晚年寓居上海。与黄遵宪、夏曾佑被梁启超并列为"近代诗界三杰"。著有《居东集》《蒋观云先生遗诗》。

按:张永芳说:"梁启超于《饮冰室诗话》中,推许蒋智由说:'昔尝推黄公度、夏穗卿、蒋观云为近世诗界三杰。'蒋智由在诗界革命中的重要地位,不仅在于他发表作品的数量较多,而且因他的作品最典型地代表了'诗界潮音集'的两个发展趋势:一是承续'新诗'('新学之诗')的趋向,采用外来译语和西洋典故等'新名词',努力宣扬西方资产阶级民主主义的'新理新事';二是接受民歌和民间说唱的影响,创作通俗化的诗作,以鼓吹启蒙思想。"(张永芳著《诗界革命与文学转型》,中国社会科学出版社2004年版)

刘少少(1870—1929)。少少原名嚞和,字少珊,笔名少少,湖南善化人。曾就学于岳麓书院,得湖南学政徐仁铸赏识。1905年戊戌政变后留学日本,习法政,其间协助杨度创办《中国新报》,并撰有《苦政治与改治家》等文,开始办报活动。1909年回国任北京《帝国日报》编辑,开始用"少少"笔名撰写政论,鼓吹立宪。武昌起义后,先后担任《湖南公报》《公言》《中华》等报刊的编辑、记者、主笔。1915年拒绝袁世凯的贿买,辞职定居天津,并发表文章反对帝制。1918年后受聘为北京大学讲师,研究老庄哲学,有报界"怪杰"之称。

徐赞周(1873—1929)。赞周原名根藤,别号益黄、市隐,福建思明人。18岁前往缅甸,当过土产店店员、司理,后与人合营"瑞隆土产公司"。1903年,与庄银安等人创办中华义学,先后任副监学、监学。1905年创办益商学校。1906年秋创办《商务调查月报》。1908年加入中国同盟会,又先后与庄银安等人创办《光华报》《进化报》《全缅公报》,宣传反清民族主义革命思想。1911年1月发起成立缅甸华侨兴商公司,后改为缅甸华侨兴商总会,团结华商,支持祖国革命。武昌起义后,任缅甸华侨同盟会参谋部部长,筹饷局局长。著有《缅甸中国同盟会革命史》《缅甸地理》《缅甸物产》《缅甸历史》等。

梁启超(1873—1929)。启超字卓如,一字任甫,号任公,又号饮冰室主人、饮冰子、哀时客、中国之新民、自由斋主人,广东新会人。1889年广东乡试中举人。1890年始受学于康有为。1891年随康有为就读于万木草堂,接受康有为的思想学说并由此走上改革维新的道路,世人合称"康梁"。同年与其妻李蕙仙结婚。1895年春再次赴京会试,协助康有为,发动在京应试举人联名请愿的"公车上书"。维新运动期间,曾主北京《万国公报》(后改名《中外纪闻》)和上海《时务报》笔政,又赴澳门筹办《知新报》。1897年任长沙时务学堂总教习,在湖南宣传变法思想。1898年回京参加"百日维新"。7月受光绪帝召见,奉命进呈所著《变法通议》,赏六品衔,负责办理京师大学堂译书局事务。同年9月政变发生,逃亡日本。在日期间,先后创办《清议报》和《新民丛报》,鼓吹改良,反对革命。1901至1902年,先后撰写《中国史叙论》和《新史梁启超书法学》,批判封建史学,发动"史学革命"。1903年创办《新小说》。民国初年支持袁世凯,并承袁意,将民主党与共和党、统一党合并,改建进步党,与孙中山领导的国民党争夺政治权力。1913年任袁世凯政府司法总长。1915年反对袁氏称帝,与蔡锷策划武力反袁。1916年赴两广地区参加反袁斗争。袁世凯死后,任段祺瑞北洋政府财政总长兼盐务总署督办。1917年11月段氏内阁被迫下台,遂辞职退出政坛。1918年底赴欧考察。1922年起在清华学校兼课,1925年应聘任清华国学研究院导师。1927年离开清华研究院。所作文章风格独特,世称"新文体",成为五四以前最受欢迎、模仿者最多的文体。曾提出"诗界革命""小说界革命"的口号,并在创作上进行积极的有意义的尝试。著作被编为《饮冰室合集》。自编有《三十自述》;郑振铎编有《梁任公先生年谱》;丁文江、赵丰田编有《梁启超年谱长编》。

按:胡适在1月20日的日记里写道:"任公为人最和蔼可爱,全无城府,一团孩子气。"但对他仍有一些非议,如"才高而得不到有统系的训练,好学而不得良师益友,入世太早,成名太速,自任太多,故他的影响甚大而自身的成就甚微"。(参见王学典《20世纪史学编年(1900—1949)》,商务印书馆2014年版)

按:梁漱溟《纪念梁启超先生》说:"总论任公先生一生成就,不在学术,不在事功,独在他迎接新世运,开出新潮流,撼动全国人心,达成历史上中国社会应有之一段转变。这是与我纪念蔡(元培)先生文中所说:蔡先生所成就者非学术,非事功,而在其酿成一种潮流,推动大局,影响后世,正复相同的。"(翟奎凤选编《梁漱溟文存》,江苏人民出版社2014年版)

按:徐佛苏《梁任公先生逸事》综述先生四十年报国事业的经过和著述情形说:"窃论梁先生生平以著作报国,实有四十年之历史,此四十年间之事实,又可分晰为'四个时期':(1)为戊戌变法及遁日刊报之时期;(2)为运动立宪请愿及辛亥革命之时期;(3)为兴师起义讨伐洪宪及复辟之时期;(4)为入校讲学指导青年读书运动、爱国运动时期。又第一个时期亦可称为维新变法之时期,第二个时期亦可称为立宪、革命双方并进之时期,第三个时期亦可称为兴兵起义、恢复共和之时期,第四个时期亦可称为讲学育才、领导青年救国之时期。此系梁先生四十年报国历史中之四大纲领也。""又先生四十年之中,脑中固绝未忘一'国'字,且平昔眼中无书,手中无笔之日亦绝少,故生平之著述总额人皆谓有'二千余万字'之多,占古今中外著作家之第一位。余颇觉此言近于臆测。盖一人每年著书至六十万字,而又继续至四十年之久,此为人类之生理及四十年之寿历所不可能者。若以余之理想推之,则先生生平之文字合'著'与'述'两项言之,约在'一千四百万字'内外。盖每月平均以三万字计,每年平均以卅六万字计,而四十年可得'千四百万字'之和数也。先生之著述,既能有一千数百万字之多,其价值又极重,则确为'世界第一之博学家'无疑,此'年谱'中亦当标明之要点者。"(徐佛苏《记梁任公先生逸事注》,参见丁文江、赵丰田编著《梁启超年

谱长编》,上海人民出版社2009年版)

按:章继光说:"梁启超在他后期(1920—1929)十年的时间里,全力以赴地从事学术工作,他以渊博的学识、宏阔的视野和科学的方法,突破传统学术的格局,开拓新的学术领域,创立了不少新的学科。如文化史(《中国文化史》)、民族史(《中国历史上民族之研究》)、佛教史(《中国佛法兴衰沿革说略》《佛教教义在中国之发展》等)、社会史(《春秋载记》《战国载记》等)、政治学、法学、图书馆学等学科的建立,梁启超都有筚路蓝缕之功。在传统学术史、古代思想的研究方面,梁启超更是倾注了心力,以其宏通的识见、透辟的分析镕裁大著。其《清代学术概论》与《中国近三百年学术史》是清代学术史的开创性成果,它们奠定了清代学术研究的基础,为学术史研究树立了楷模。他的《先秦政治思想史》开了研究先秦政治思想的风气。他的《儒家哲学》则为人们认识、把握从西汉至宋明儒学的发展提供了合理的框架与线索,给后来的研究者理清了思路。在历史研究方面,梁启超的贡献也是突出的。其《历史研究法》及《补编》,对历史研究提出了系统的理论和方法,引起学术界的重视,产生了广泛的影响。文学研究方面,梁启超对中国韵文与情感的研究,对屈原、陶渊明、杜甫等诗人的研究均体现出传统与现代审美相融合的眼光,别具特色,是对古代诗学研究的重要贡献。"(章继光著《陈白沙梁启超综论》,岳麓书社2011年版)

按:任访秋《梁启超》说:"我觉得戊戌变法运动,当时的领导人物主要是康有为,而梁启超乃是一个追随者。但是在鼓吹变法维新,为了加速实现共和政治理想,从而竭力掀起一个文学革新运动,在这方面的倡导人物比较贡献最大的,恐怕是非梁启超莫属了。至梁启超在这一文学革新运动中,隐隐然成为一个领导者,也是有其一定的客观原因的。首先他是康氏的大弟子,在变法运动中,也是属于核心人物,对他们的政治理想,自然是鞠躬尽瘁,以图其能早日获得实现。其次,他是维新派中一位杰出的宣传家。因此这派的报纸从《时务报》《清议报》直到《新民丛报》,都是他主编的,这就促使他利用各种文学形式,来为他们的政治运动服务。所以他不但要利用诗文,同样也要利用小说同戏曲。三、梁启超对当时的政治形势有着极其锐敏的洞察力,同时他的兴趣又是多方面的,所以在文学上为了服从政治宣传的需要,既可以从事文学批评工作,同时又可以从事文学创作,有这种种原因,很自然的使他成为晚清文学革新运动的一位领导者。"(《任访秋文集·近代文学研究》,河南大学出版社2013年版)

颜世清(1873—1929)。世清字韵伯,号寒木老人、瓢叟,人称颜跛子,室名寒木堂,广东连平人。寄居北京。进士出身,曾任直隶洋务局会办。民国成立后,任直隶都督府外交厅厅长、北京大总统府军事参议、井陉矿务局督办、奉天巡按使署政治顾问、财政部印刷局局长、张家口税务监督。擅画水、花卉。精鉴赏,收藏之富为北京之最,在政界多年,提倡文化最力。曾任东方绘画协会干事。1917年10月京师首届书画展览会,与叶恭绰、关冕钧、郭葆昌均送作品于其中。

潘致中(1873—1929)。致中名和,号抱残,广东南海人。工诗词书画,精文物鉴赏,于中西画学,研究至深,为癸亥合作社和国画研究会之领导人物。与潘达微有广东二潘、二残之称。

成兆才(1874—1929)。兆才字捷三,艺名东来顺,河北滦县人。18岁学唱莲花落,22岁成为职业艺人。1909年与月明珠等创办庆春班(后改称警世戏社)。生平创作和改编剧本近百出,著名的有《马寡妇开店》《王少安起船》《花为媒》《杨三姐告状》等。今有《成兆才评剧剧本选集》传世。

王寿彭(1875—1929)。寿彭字次篯,山东潍县人。1903年连捷进士第一名中状元,授翰林院修撰。入"进士馆"学习法政。1905年随载泽、端方五大臣被派赴日本考察政治、实业、教育等,回国后写有《考察录》一书。1910年出任湖北省提学使,曾创办两湖优级师范学堂。民国初年,任山东都督府和巡按使署秘书。1916年后任北京总统府秘书多年。1925年任山东省教育厅长。1926年任新成立的山东大学校长。著有《靖盦诗文稿》等。

王璞(1875—1929)。璞字蕴山,河北宛平人。历任国立北京师范大学、国立北平女子大学、北平女子师范学院讲师,北京注音总所所长等职。著有《国音京音对照表》《国音检字》等。

孔昭绶(1876—1929)。昭绶字明权,号竞成,湖南长沙人。1910年毕业于湖南优级师范。留学日本政法大学,获法学士学位。1913年任湖南第一师范校长,提倡学生自治和自助创办技能会。因发表反袁檄文,被迫逃亡日本。1916年回国复任一师校长,聘徐特立、杨昌济等任教员,学生有毛泽东、蔡和森等。张敬尧据湘,再度被迫辞职。1922年当选湖南省议会副议长。后任第二集团军总司令部少将参议、国民政府考试制度史编撰等职。

安健(1877—1929)。健字舜卿,贵州六枝特区上官人,彝族。1905年东渡日本留学,同年在东京首批加入中国同盟会。1917年在上海创办《新党报》,宣传民主革命,反对军阀割据。同年9月29日被孙中山任命为大元帅府(军政府)的中将参议、川边宣慰使、大本营咨议。后历任国民革命军第九军党代表兼政治部主任、贵州省临时政务委员兼民政厅长等要职。曾发表《贵州土司现状》《贵州民族概略》等文章。

樊炳清(1877—1929)。炳清字少泉,一字抗父,又作抗甫,号志厚,浙江绍兴人。1898年入南洋公学东文普通学校,学习日文、英文等外语及数、理、化等科学知识。在东文学校学习期间开始翻译和介绍新学,随后长期参与由罗振玉主持的东文学社及教育世界社前后两家出版社的编译事务,担任四大丛书《科学丛书》《哲学丛书》《农学丛书》《教育丛书》和两大杂志《农学报》《教育世界》的主要编译。1912年受张元济邀请,入商务印书馆编译所国文部,任高级编辑。先后参与编写《辞源》(正、续编)《中国古今人名大辞典》及《教育大词书》等辞书,编辑国文、理科、农业、商业、修身、论理、心理、历史等多种教科书及教授书,以及编辑《四库丛刊》。1922年在《东方杂志》发表《最近二十年中国旧学之进步》一文,首次提出后来由王国维所阐发的"二重证据"思想,并指出最近二十年中国旧学之进步以"罗王"为中心。著有《近代教育思潮》《儿童研究》《比奈氏职能发达诊断法》等。

潘达微(1880—1929)。达微乳名阿忠,原名潘虹,又名心微,字铁苍,号景吾、影吾,广东番禺人。1901年春与黄晦闻等人在河南龙溪首约成立群学书社,后易名为南武公学会。1905年根据孙中山嘱托,创办刊物,鼓吹革命。曾与陈垣、高剑父、陈树人、廖平子、黄鲁逸等人在广州创办石印《拒约画报》(后改名《时事画报》)。1906年与梁培基在河南创办赞育医社。1907年任同盟会广州支会副会长。又与高剑父、陈树人共同创办陶瓷工厂,开设"美术瓷窑",从事陶瓷工艺的改良。1908年与陈树人、邓慕韩等人在广州创办《平民报》,兼任《七十二行商报》笔政。1911年广州起义失败后,不避风险,以两广善堂名义收敛七十二烈士之遗骸,葬于黄花岗(该地原名红花岗)。1912年中华民国成立,首先提出公祭黄花岗烈士。在广州花地黄大仙庙创办孤儿教育院,自任院长。1913年创办话剧社,又与文友创办琳琅幻影新剧团。1921年正式皈依佛法,有"革命佛陀"之称。1926年与黄般若等画友筹组成立广州国画研究会香港分会。同年与李崧、刘体志等人组成广州第一个业余摄影团体——景社。1929年在香港逝世。

陶元庆(1893—1929)。元庆字璇卿,浙江绍兴人。自少年喜欢美术,精于国画和水彩画,又擅长西画。曾在上海《时报》馆为《小时报》设计图案,此后便专事图案设计和书籍装帧,为鲁迅设计《出了象牙之塔》《工人绥惠略夫》《中国小说史略》《唐宋传奇集》《坟》《朝花夕拾》等书的封面,与鲁迅结下深厚的友情,鲁迅多次称赞其作品,并一再请其作画。曾在上海艺术专科师范学校师从丰子恺和陈抱一等名家学习西洋画。

彭湃(1896—1929)。湃乳名天泉,原名彭汉育,化名王子安、孟安等,广东海丰人。1917年赴日本留学,就读于早稻田大学政治经济科。1921年夏回国,任海丰县教育局局长。1923年7月至1925年底,在广州举办五届农民运动讲习所,任第一和第五届农讲所主任。参加两次东征。1925年5月当选为广东省农民协会执行委员会常委、副委员长。中共广东区委成立后,任区委委员,1926年10月任中共海陆丰地委书记兼潮梅海陆丰办事处主任。1927年3月到武汉农讲所工作。5月在中共第五次全国代表大会上当选为中央委员。1927年10月在广东海陆丰地区领导武装起义后,建立海丰、陆丰县苏维埃政府。1927年8月1日参加南昌起义,任中共前敌委员会委员。在"八七"会议上缺席当选为临时中央政治局候补委员。11月领导海陆丰武装起义,任海陆丰工农民主政府委员长和中共东江特委书记。1928年7月在中共第六次全国代表大会上当选为中央政治局委员。同年冬任中央农委书记兼江苏省委军委书记。1929年8月24日因叛徒白鑫出卖而被捕,30日在上海龙华与杨殷、颜昌颐、邢士贞4人同时英勇就义。2009年被评为100位为新中国成立作出突出贡献的英雄模范人物。著作编为《彭湃文集》。

支伟成(1899—1929),伟成原名懋祺,改名伟成,江苏扬州人。先后肄业于上海省立商业学校及大同大学,在国立东南大学师从蒋维乔,并获得文学士学位。1925任江苏省立第一图书馆主任,曾在国立第四中山大学中国文学系任助教,并开设清代朴学大师列传课。著有《墨子综释》《庄子校释》《楚辞之研究》《吴王张士诚载记》《清代朴学大师列传》等。

按:黄建荣《新时代理念与旧传统方法孕育的混血儿——论支伟成〈楚辞之研究〉的评注特色》说:"支伟成撰《楚辞之研究》的原因,是出于对屈原文学天赋和品格的赞美,以及被作品中屈原的思想和遭遇所深深打动。他研究的主要方法,是把近现代文学理念与传统训诂方式相结合。他在'以近代人的眼光探讨《楚辞》的文学意义'方面,虽受梁启超《屈原研究》的影响颇多,但也有一定程度的新拓展;他继承了传统训诂学的注释方法,但摈弃了繁琐而选择了简明。尽管《楚辞之研究》也存在不足,但它毕竟是新时代理念与旧传统方法孕育出的混血儿,在近现代《楚辞》学上有着较为重要的地位。"(《甘肃社会科学》2007年第5期)

缪伯英(1899—1929)。伯英又名缪玉桃,湖南长沙人。1919年7月考入北京女子高等师范学校学习,曾参加北京大学的湖南学生同乡会,与邓中夏、何孟雄等人一起,研讨改造社会等问题。1920年初参加北京大学马克思学说研究会。同年11月参加由李大钊组织的北京共产主义小组,成为中国共产党的第一个女党员。1922年下半年任中国劳动组合书记部秘书,并兼管女工部的日常工作和《工人周刊》的编辑工作。常与邓中夏、何孟雄等深入到产业工人集中的丰台、长辛店、南口、唐山等地,开展工人运动。8月当选为北京民权运动大同盟的筹备委员。1923年与丈夫何孟雄一起领导京汉铁路北段的罢工斗争。1924年3月任中共北京区执行委员会妇女部长。1925年初先后担任中共湘区委员会委员和妇女运动委员会主任,兼管湘区委宣传工作。1926年10月以湖北省立第二女子中学训育主任的公开身份前往汉口,协助蔡畅开展妇运工作。1927年至上海任中共沪东区委妇女运动委员会主任。

徐琳(—1965)、周昌谷(—1978)、于学信(—1980)、苏白(—1983)、赖深如(—1983)、徐介城(—1985)、王愿坚(—1991)、关肃霜(—1992)、新凤霞(—1998)、刘青霞(—2007)、龚育之(—2007)、龚书铎(—2011)、柯岩(—2011)、王陆才(—2012)、张仲麟(—2013)、许崇德(—2014)、马佩(—2014)、何振梁(—2015)、袁阔成(—2015)、葛存壮(—2016)、汪文风(—

2016)生。

六、学术评述

　　本年度是第二次国内革命战争时期(1927 年 8 月至 1937 年 7 月)第三年。其间的政治格局没有重大变化,主要在于国民党在施政中不断强化控制力,但依然交织着各种矛盾:一是加强中央集权的斗争;二是围剿井冈山革命根据地;三是中苏关系的恶化;四是加强新闻舆论控制;五是强化三民主义教育方针。至于对本年度学术产生直接影响的因素尚有以下几个方面:一是研究院体系的变化。一方面是中央研究院建设的进展。1 月,中央研究院颁布《国立中央研究院院务会议章程》《国立中央研究院办事通则》《设置助理员章程》《设置研究生章程》等多项条例,对各研究所的编制、研究院资格、所务会议构成及其职能、具体研究方向等予以明确规定,从而保障各所研究工作的顺利推进。8 月 14 日,中央研究院于南京成立天文、气象两研究所,上海成立化学、工程、物理、地质四研究所,北平成立历史语言、心理两研究所。另一方面是国立北平研究院的成立。8 月 8 日,教育部设立国立北平研究院。9 月 9 日,国立北平研究院正式成立,李石曾任院长,李书华任副院长。内设动物学、植物学、生物学三个研究所。11 月,国立北平研究院成立理化部(物理学研究所、化学研究所)及史学研究所、水科研究会、字体研究会。由此形成南北双峰对峙、二水分流之局面。二是大学体系的变化。其一是北京大学依然处于维权动荡之中。7 月 11 日,北平大学学生会致电教育部,要求北大直属中央,请任蔡元培为校长,恢复"北京大学"原称。8 月 4 日,北平大学区结束,河北教育行政事务移交省教育厅办理。6 日,国民政府正式决定将北大学院脱离北平大学独立设置,恢复为国立北京大学,这样在历经两年的动荡之后,北大的复校独立运动取得完全成功。其二是 6 月 5 日教育部准北平私立燕京大学、天津南开大学立案,自此两校得以快速发展。其三是 6 月 12 日清华大学通过修订的《国立清华大学规程》。其总纲第一条为:国立清华大学根据中华民国教育宗旨,以求中华民族在学术上之独立发展,而完成建设新中国之使命为宗旨。其四是 6 月 13 日教育部聘请蔡元培、何思源、王近信、赵畸、彭百川、杜光埙、傅斯年、杨振声、袁家谱为国立青岛大学筹备委员。其五是 8 月 1 日吉林大学正式成立,张作相兼校长。其六是 8 月 16 日教育部聘王宠惠、王正廷、李石曾、陈立夫、王劭廉、赵天麟、茅以升等 7 人为国立北洋大学筹备委员会委员。其七是 12 月 14 日国民政府教育部准北平大学第二师范学院改称国立北平大学女子师范学院,北平大学第一工学院改称北平大学工学院。哪里有大学,哪里便是学术密集的地方,哪里便是学术高地,所以上述大学体系的变化,实际上具有不可替代的作用。三是教育规章的变化。除了上文所述强化三民主义教育方针之外,教育部相继出台了一系列教育文件。6 月 15 日,国民党第三届中央执行委员会第二次全体会议讨论一批关于教育之决议案,决定由教育部定期停止试行大学区制。6 月 17 日,教育部通令:国立大学教授自民国十八年上学期起以专任为原则,以杜绝各校教授因兼课太多,请假缺课,影响教学效能,妨碍学校进步之弊端。8 月 14 日,国民政府颁布《大学规程》6 章 30 条。8 月 29 日,教育部公布《私立学校规程》29 条。9 月 18 日,教育部遵照国民党三届二中全会的议决案,组织教育方案编制委员会,以制成实行整顿并发展全国教育之方案。10 月 1 日,国民政府公布《修正教育部组织法》23 条。28 日,国民党中央第 44 次常会通过《各级学校教职员研究党义暂行条例》,通令全国各级教职员,平均每日至少须有半小时之自修研究党义。11月14日,教育部通令全国大学停止实行学分制,改行学年制。11月28日,教育部指令第3066号核准《国立北平图书馆组织大纲》,据此善本部下设写经组,为主管敦煌遗书事务的专门机构。以上教育规章的变化作用于学术多是直接且持续性的。

就学术版图结构而论,本年度依然延续五大板块结构。南京轴心中,蔡元培毫无争议地继续居于学术领袖地位,而难能可贵的是,就在蔡元培在政界如日中天之际,却毅然决然辞去监察院院长及国民政府委员,从此逐步淡出政界而专注于学术规划与管理。其学术平台集中在中央研究院、中华教育文化基金董事会、中国科学社与北京大学。7月起,中央研究院刊印《国立中央研究院院务月报》,由各所供给材料,交总办事处编印。蔡元培撰《国立中央研究院院务月报发刊词》,谓"国立中央研究院之设,在中国尚为创举。本院直隶国民政府,就名义言,为全国最高学术研究机关;就职责言,实兼学术之研究、发表、奖励诸务,综合先进国之中央研究院、国家学会及全国研究会议各种意义而成。使命重大,无烦多述其组织分行政、研究、评议三部,而研究为其中坚""研究之目的,在于发宇宙之秘奥,成事物之创造,崭然有新的发现与发明。"关于中华教育文化基金董事会,在1月4日于杭州举行的第三次董事会上,出席董事有蔡元培、蒋梦麟、胡适、翁文灏、颜惠庆、周诒春、顾临、贝诺德、司徒雷登、孟禄等。公推蔡元培主席。会议接受郭秉文、顾维钧、张伯苓、颜惠庆、周诒春、胡适诸董事辞职,票选汪精卫、孙科、李石曾、伍朝枢、任鸿隽、赵元任继任。补选蔡元培为董事长,蒋梦麟为副董事长。接受干事长周诒春辞职,推选任鸿隽为干事长。新一届中华教育文化基金董事会的组成,至为明显是学者减少,官员增加,强化了国民党对中基会的掌控。此外,蔡元培还为北京大学耗费了不少心血。7月24日,为平息北京大学师生要求复校的风潮,各方商请蔡元培重居校长名义。9月10日,行政院第三十七次会议任命蔡元培为国立北京大学校长,在未到任前,派陈大齐代理。9月16日,国民政府连发三个命令:(一)任命蔡元培为国立北京大学校长。(二)北京大学校长蔡元培未到任前,以陈大齐代理。(三)派陈大齐代理国立北京大学校长。一年后,蔡元培辞去校长名义。11月20日,蔡元培撰《北京大学卅一周年纪念刊》序,谓北京大学,到现在有三十一年的历史了,名称改了几次;内容与外延的广狭,改了几次;学风改了几次。到了第三十一年,值教育部新改大学条例,又值北大的名称终于恢复。自此以后,又将有一时期可以专心致志于按部就班的进展。但为北大同人若要维持不易动摇的状态,至少应注意两点:(一)要去尽虚荣心,而发起自信心。(二)要以学术为惟一之目的,而不要想包办一切。由上可见,蔡元培虽居于南京,却联动着上海与北京以及全国学术界。在南京轴心中,蒋梦麟继续任教育部长,在高校学术阵地上发挥了重要作用。其最为重要的决策有:一是取消大学区制;二是主持起草和颁布《大学组织法》;三是组织"教育方案编制委员会";四是恢复北京大学。其间还有一件令人感慨的事是8月24日胡适因发表《人权与约法》等文章,被教育部撤职惩办。10月4日,教育部长蒋梦麟奉命下达对于胡适的警告令,被胡适拒绝,作为当年的北大同事与台柱,彼此对此未免难堪和尴尬。就学者群体的聚集度而言,南京轴心的高地非南京中央大学莫属,著名学者有马寅初、柳诒徵、黄侃、汪东、汤用彤、钱端升、蒙文通、吴梅、缪凤林、陈伯弢、胡小石、王晓湘、王伯沆、汪辟疆、胡翔冬等。其中柳诒徵的重要贡献是1月与范希曾、向达、缪凤林、陈训慈、郑鹤声、张其昀等弟子共同倡议成立"南京中国史学会",并筹备创办《史学杂志》,出版"南京中国史学会丛书"。其成员多为先前史地研究会中从事史学研究的会员。3月10日,由南京中国史学会同人编辑发行的《史学杂志》创刊,实系由《史学与地学》分化而来,以"发表研究著作,讨论实际教学,记述史界消息,介绍出版史籍为宗旨"。主要撰稿人和负责人仍是柳诒徵、缪凤林、张其昀等,办公地点设在南京国学图书馆内。柳诒徵撰《发刊词》,论述学会与刊物宗旨。中央大学之外,尚有陶行知、唐文治、钱穆等名家。钱穆继续任教于苏州中学,在苏州与蒙文通、胡适、顾颉刚结识。蒙文通阅其《先秦诸子系年》后,称赞"君书体大思精,惟当于三百年前顾亭林诸老辈中求其伦比。乾嘉以来,少其匹矣"。顾颉刚匆匆翻阅后,以为大有创见,似不宜长在中学教国文,宜去大学中教历史。这意味着当时居于苏州的钱穆终将成为学术大师乃至领袖的前景。

北京轴心的头号事件是1月15日一代宗师梁启超不幸去世。当时梁启超女令娴、思庄,子思永、思忠等均在美。因政局变化,丧事颇冷清。吴宓曾感叹道:"梁先生为中国近代政治文化史上影响最大之人物。其逝也,反若寂然无闻,未能比于王静安先生受人哀悼。吁!可怪哉!"1月30日,蔡元培与蒋梦麟在中央政治会议上联名提请政府褒扬梁启超,但此提案因立法院长胡汉民反对而自动撤销。2月17日,梁启超生前知友同志及各界人士,分别在北京广惠寺、上海静安寺举行追悼大会。在北京广惠寺,熊希龄、丁文江、胡适、钱玄同、朱希祖、张贻惠、林砺儒、瞿世英、杨树达、熊佛西、余上沅、蓝志先、任鸿隽、陈衡哲女士、沈性仁女士、江瀚、王文豹、钱稻孙、袁同礼、杨鸿烈、汪震、蹇先艾、吴其昌、侯锷、谢国桢以及在京尚志学会、时务学会、清华大学研究院、香山慈幼院、松坡图书馆、司法储才馆、广东旅平同乡会等团体代表500余人出席追悼大会,冯玉祥、丁春膏、商震、芳泽谦吉、籍忠寅、曹缵衡、刘淑湘、丁文江等均送祭幛。在上海静安寺,由著名诗人陈三立与商务印书馆张元济等主持公祭,孙慕韩、蔡元培、姚子让、唐蟒、叶誉虎、刘文岛、高梦旦等不下百余人纷临致哀。天津《益世报》春季增刊中《北平公祭梁任公先生情状志略》、28日上海《新闻报》西神撰《静安寺路公祭梁任公先生记》,以及29日《申报》所载《商学界公祭梁任公》分别记述了北平、沪上追悼梁启超情形。总体而论,自罗家伦任校长以来,清华大学的整体实力包括《清华学报》的水平还是得到了快速的提升。1月14日,《清华学报》编辑委员会举行第一次会议,由罗家伦校长聘请杨振声、王文显、陈总、吴之椿、陈达、翁文灏、金岳霖、高崇熙、熊庆来、叶企孙、笪远纶、唐钺、朱希祖、吴正之、冯友兰、陈寅恪、赵元任等担任委员会委员,由此可见清华人才之盛。会议决定学报每年出三期,即文学哲学、自然科学、社会科学各一期。因董事会权限问题,罗家伦一再以辞职作斗争,至6月终于取得胜利。6月12日,公布《国立清华大学规程》,该《规程》分为总纲、本科及研究院、校内组织、留美学生监督处、基金、学生及附则共7章29条。其总纲第一条为:国立清华大学根据中华民国教育宗旨,以求中华民族在学术上之独立发展,而完成建设新中国之使命为宗旨。《规程》规定当时全校设文、理、法三学院,文学院包括中国文学、外国文学、哲学、历史、社会人类学五系。此为清华大学的未来发展提供了良好的制度保障。然而令人遗憾的是,清华大学于6月底取消国学院。6月21日,国学研究院最后一班毕业生9人毕业,至此国学研究院结束。研究院从1925—1929年,共有毕业生71人。而就在6月2日王国维去世2周年之际,清华国学研究院师生集资,在清华园工字厅东南土坡下建"海宁王静安先生纪念碑"。纪念碑由梁思成设计,陈寅恪撰文,林志钧(宰平)书丹,马衡篆额。陈寅恪所撰碑文归结为"独立之精神,自由之思想"。这实际上不仅是为王国维也是为清华国学院哀挽。此后,陈寅恪、赵元任、李济的学术重心转向中央研究院历史语言研究所,这无疑是清华大学的重大损失。除了上述清华大学变迁以及北京大学复校、李石曾成立国立北平研究院之外,北京轴心还有以下几个方面的重大变化:一是中央研究院历史语言研究所所长傅斯年离开广州北上北京,并将历史语言研究所从广州迁至北平,所址设在北海静心斋。二是中山大学语言历史学研究所主任顾颉刚也离开广州任教于燕京大学,在京发起组织"十八妙峰山进香调查团",影响巨大。三是翁文灏和步达生筹划成立新生代研究室,此为第一个中国古生物学、古人类学的研究机构。新生代研究室正式成立后,翁文灏立即组织了对周口店遗址的第三次发掘,由裴文中主持,一直持续到年末。12月2日,裴文中在北京周口店发现第一个中国猿人头盖骨。此为"完好之猿人头盖骨",仅缺鼻部以下之上下颚及齿牙,余均完善,不必修理即可研究,"实学术界之重要发现"。这一发现是世界人类化石研究史上划时代的重大事件,成为中国古人类学发展史上的重要里程碑,国内外学术界为之震动。1930年中国科学社授予其金质奖章。四是由清华大学朱希祖等发起成立中国史学会,出版《史学季刊》及史学丛书,开设定期讲演等,并提出逐步将学会"扩充至全国的计划,第一步是将各大学史学系及史地系毕业生散在各省者加入为会员,再由委员会敦请国内外对于史学有贡献之学者为名誉会员及通讯会员"。五是燕京大学历史学会会刊《史学年报》正式创刊,在极短的时间内以过硬质量迅速得到学术界重视和认可,成为民国学界较有代表性的专业史学刊物。美国哈佛大学出版的《东方学年报》将之列为中国出版的五种学术杂志之一;法国《通报》对《史学年报》各期内容均有介绍。

　　再就上海轴心观之,依然居于学术领袖地位的胡适在思想上发生了一定的变化。其中最为显著的是基于自由主义立场对国民党当局的反抗。3月26日,胡适致信当时的司法院长王宠惠,严厉质疑上海特别市的陈德徵在国民党三全大会上提出的《严厉处置反革命分子案》,并将信稿发交国闻通讯社,结果被扣未发。5月6日,胡适写定《人权与约法》一文,刊于《新月》杂志第2卷第2号。文中列举了许多事实,指责国民党政府的"保障人权的命令"的虚伪,要求"快快制定约法以确定法制基础! 快快制定约法以保障人权!"此文标志着"人权运动"的开始。7月20日,胡适写定《我们什么时候才可有宪法——对于〈建国大纲〉的疑问》一文,刊于《新月》第2卷第4号。文章开宗明义提出:"民国十三年的孙中山先生已不是十三年以前的中山了。他的《建国大纲》简直是完全取消他以前所主张的'约法之治'了",认为孙中山于民国十三年以后放弃了约法的思想,只讲军政训政。由革命党和政府来训练人民,这是不相信人民有在约法和宪法之下参与政治的能力。8月24日,鉴于胡适发表《人权与约法》等文章,经国民党上海特别市党部执行委员会第四十七次常会决议,呈请中央执委会咨国府,令教育部将胡适撤职惩办。10月4日,胡适收到教育部长蒋梦麟奉命下达的警告令后,原件封还,拒绝接受。11月29日,胡适撰成《新文化运动与国民党》一文,刊于《新月》第2卷第6—7期合刊。文中从国民党宣传部长叶楚伧的一篇宣扬复古的大文谈起,指责这位部长是个"反动分子"。又称国民党及政府当局的函电、公文、法令至今还用文言,同时钳制言论、思想、出版的自由等等,所以说国民党是"反动派"。对此,国民党政府当局除取行政手段对付胡适以外,还组织了张振之等一批人集中批判胡适,并将这些批判文字集为一册,书名叫做《评胡适反党义近著》,于11月出版。预告还要出《评胡适反党义近著》第二集。此外,3月中旬,胡适向为中山大学之事赴上海的顾颉刚明确表示已从"疑古"走向"信古"。6月3日,胡适在上海大同大学演讲的《哲学的将来》,主张彻底取消哲学,预期"将来只有一种知识:科学知识。将来只有一种知识思想的方法:科学证实方法"。是年,胡适应《中国基督教年鉴》(英文版)之邀撰写并发表《中国今日的文化冲突》一文,再次倡导"全盘西化论"。所有这些都大致反映了胡适学术思想的坚守与新变。上海既是红色大本营,又是左翼作家的集聚地,也是"革命文学"论战的前沿阵地。周恩来、李达、恽代英、杨贤江、陈望道以及新入党的杨度与被开除党籍的陈独秀仍都留守上海,但中共的党务活动全部转入地下,而由党组织通向左翼文坛的,依然是语丝派、创造社与太阳社的三足鼎立。由于去年 8 月周恩来等高层已明确发出指示,停止对鲁迅的攻击,团结起来,共同对付国民党反动派,创造社与太阳社在继续批判茅盾的同时逐渐意识到团结的重要,而对鲁迅也逐渐拥有了新的认知与定位。至本年 10—11 月间,冯雪峰与潘汉年一同去同鲁迅商谈成立"左联"的问题,说明党中央希望创造社、太阳社和鲁迅及其影响下的人们联合起来。以这三方面的人为基础,成立一个革命文学团体,团体名称拟定为"中国左翼作家联盟",看鲁迅有什么意见。"左翼"两字用不用,也取决于鲁迅。商谈结果,鲁迅完全同意成立这样一个革命文学团体,并说"左翼"二字还是用好,旗帜可以鲜明一点。经过几番商议,至年底产生了所谓"基本构成员"作为发起人和筹备人,包括鲁迅、郑伯奇、冯乃超、彭康、沈起予、阳翰笙、蒋光慈、阿英、洪灵菲、夏衍、柔石和冯雪峰 12 人。关于"基本构成员"12 人的名单说法稍异。据冯雪峰所记有鲁迅、郑伯奇、冯乃超、彭康、沈起予、阳翰笙、蒋光慈、阿英、洪灵菲、夏衍、柔石和冯雪峰。阳翰笙的回忆增有潘汉年、李初梨,没有彭康和沈起予。夏衍的回忆则有戴万平,没有沈起予。基于文化建设与批判的需要,语丝派、创造社与太阳社关于"革命文学"的探讨与论争仍在继续,但创造社与太阳社再次将批判矛头指向茅盾,显然是失误之举。上海轴心新出现的另一重要学术群体,是以新南社重要成员胡朴安等人为代表的中国学会群体。1 月 1 日,胡朴安等人在上海发起成立中国学会,以"研究中国学术,发扬民族精神"为宗旨。陈乃乾为会务部主任,姚石子为讲演部主任,胡朴安为编辑部主任。吴稚晖、叶楚伧、郑振铎等 84 位应邀为发起人,受到政、学两界鼎力支持。该会成立才 5 个月,陆续加入者已达 260 余人。1929 年初,很多学者表示愿意参与,有丁福保、王云五、王伯祥、吴稚晖、吴承仕、朱师辙、吕思勉、何炳松、柳诒徵、陈乃乾、孙人和等,几乎网罗了除胡适、傅斯年和顾颉刚一系外所有学界的重要人物。此外,上海轴心又以陶希圣由中国社会的论争而建构新史学、张东荪由中西文化的论争建构新哲学而引起全国学界的广泛关注与参与。

　　诸省板块中,以广东、湖北、四川、天津居于前列,皆赖中山大学、武汉大学、成都大学、南开大学的支撑。其中广东由于傅斯年、顾颉刚等学术巨头相继离粤北上,原居首位的广东学术地位明显下降,然尚有刘朝阳、魏应麒、商承祚、容肇祖、赵简子、戴家祥、闻宥、沈刚伯、谢扶雅等的支撑。湖北因为王世杰接替代理校长刘树杞出任武汉大学校长,闻一多、周鲠生、陈源、袁昌英、朱东润、游国恩等加盟武汉大学而仍能保持相对优势。5 月 22 日,王世杰正式就任武汉大学新校长。10 月 4 日,王世杰主持武汉大学第四十八次校务会议,讨论国庆纪念仪式、刊行定期刊物及武大丛书等 11 项议案,议决创办《文哲季刊》。该刊为武汉大学文学院主办的学术刊物,闻一多参与筹备,编辑主任为陈源。四川的学术重镇在成都大学。张澜继续任成都大学校长。4 月,成都大学经济学会成立,张澜应邀作《怎样研究经济学》演说,认为研究经济学应向着两方面努力:第一是经济学的理论,第二是经济学的实际。5 月,在张澜的倡议下,以社科社为主力,成大隆重举办了建校 5 周年纪念活动。主要旨是宣传成大五年来的成就,进一步揭露"二一六惨案"的真相,抨击四川军阀祸国殃民的罪行。经过这次示威性的纪念活动,"二一六惨案"后学校死气沉沉的局面一度被打破。12月14日,成都大学"教育学会"成立,张澜在会上明确提出反对国民党的党化教育,又在为成都大学教育研究会主办的《现代教育》第1期撰写的发刊词《我们对于教育的主张》中重申了这一主张。相对而言,天津南开大学的学术平台又在武汉大学、成都大学乃至傅斯年、顾颉刚离开之后的中山大学之上。尽管1月4日在杭州新新旅馆举行的中华教育文化基金董事会第三次董事常会上,张伯苓被迫请辞董事长,由蔡元培继任,从而失去了至为重要的平台与资源,但凭着张伯苓的个人能量与声望,依然在国内外具有强大的影响力,此在张伯苓1月访问美欧期间也得到了充分印证,比如1月6日张伯苓应斯坦福大学校长威尔伯邀请至该校,以"新中国"为题演讲,听众竟达3000人之多。而且张伯苓长期致力于国际交流与合作,成果尤为显著,远为广东、湖北、四川以及其他省域所不及。天津区域还有一件大事是一生为天津教育、学术作出重大贡献的严修于3月15日不幸病逝。16日,天津《大公报》发表社评《悼严范孙先生》。3月23日,正在美国访问的张伯苓发唁电沉痛哀悼严修逝世,并委派代表赴严宅致唁。10月19日,张伯苓在各地校友所募建的范孙楼奠基仪式上,谈严修对南开学校发展进程,厥功殊伟,而于精神上之督促,成绩尤钜。

海外板块中,"出"的方面,留日学者主要有郭沫若、茅盾、朱谦之、蒋光慈、周扬、胡风、胡秋原、王任叔、王亚南、杜钢百、何干之、方壮猷、潘天寿、俞剑华、吴子深、王梦白等。郭沫若在甲骨学研究方面取得重要进展。8月1日,郭沫若所著《甲骨文字研究》脱稿,合计17篇考释。全书分为两卷:第一卷收入《释祖妣》《释臣宰》(附:《土方考》)《释寇》《释攻》《释作》《释封》《释挈》《释版》《释错》《释朋》《释五十》《释穌言》《释南》《释鷊》《释蚀》《释岁》;第二卷收入《释支干》,并作《甲骨文字研究·序》及《序录》。9月20日,郭沫若又有《卜辞中的古代社会》脱稿,为其关于由甲骨卜辞而进行历史研究的初创之作。郭沫若在自序中谈论卜辞出土之历史,强调"中国之旧学自甲骨之出而另辟一新纪元,自有罗、王二氏考释甲骨之业而另辟一新纪元",表示"我们现在也一样的来研究甲骨,一样的来研究卜辞,但我们的目标却稍稍有点区别。我们是要从古物中去观察古代的真实的情形,以破除后人的虚伪的粉饰——阶级的粉饰。本篇之述作,其主意即在于此",所以"就诸家所已拓印之卜辞,以新兴科学的观点来研究中国社会的古代"。11月10日夜,郭沫若作《周金中的社会史观》毕,后改为《周代彝铭中的社会史观》。序中指出"真实地要阐明中国的古代社会还须要大规模地做地下的挖掘""这些古物正是我们研究中国古代史的绝好资料""我们让这些青铜器来说出它们所创生的时代"。瞿秋白、蔡和森、张闻天、邓中夏、吴玉章、董必武、曹靖华等继续居于苏联,多为中共重要领导人。吴玉章年初在中国问题研讨会上数次发言,作关于中国问题的理论阐述。中山大学、列宁学院的一些教员、学生和共产国际东方部、苏联科学院国际政治经济研究院中的一些中国问题专家,在莫斯科组织中国问题研讨会,以分组座谈和报告会方式展开讨论,对马基亚尔在《中国农村经济问题》一书中所提出的中国农村是亚细亚式生产方式提出商榷。在欧洲,章士钊、张君劢、王光祈、成仿吾、陈序经等留学德国;胡愈之、侯外庐、杨秀峰、陈学昭、艾青、吕斯百、吴作人等留学法国;老舍、刘咸、吴湖帆等留学英国。在美国,有江亢虎、贺麟、张荫麟等。至于"进"的方面,最引人注目的是瑞典考古学家、世界著名探险家斯文·赫定为瑞方团长、徐炳昶为中方团长的中国、瑞典联合组成的"西北科学考查团"1月10日在西北考察两年后返京。21日晚,在北大法学第一院举行西北科学考查团公开讲演会,刘半农作《西北科学考查团之性质及其成立之经过》的报告,徐炳昶作《本团二年中分途工作之大略及考古学之成绩》的报告,斯文·赫定作《我们的西北科学考查团及其在各科科学上所得结果与将来进行的计划》的报告,听讲演者约 3000 人。1 月 22 日《世界日报》对此作了报道。

本年度学术讨论与争鸣有三大热点。第一个热点是有关"革命文学"的讨论与争鸣的继续。周作人曾于 4 月 10 日在《绮虹》第 1 卷第 1 期发表《新文学的二大潮流》,认为"中国新文学的趋势,将来当分为二大潮流。用现在的熟话来说,便是革命文学与颓废派。这两者的发达都是当然的,而且据我看来,后者或要占更大的势力"。后来事实证明这一预测具有一定的前瞻性,也表明有关"革命文学"的论争还会继续下去。作为论战一方的主将,鲁迅对于这一重要论题依然在继续思考与探索。为了深化对此问题的认识,鲁迅花费不少精力从事这方面的翻译工作,并继续发表自己的意见。然而鲁迅在阐述"革命文学"、反击太阳社、创造社的同时,也不忘对新月派的批评。这是因为"新月派"梁实秋等继续在回应和反击"革命文学"的问题。梁实秋 7 月在《新月》月刊第 2 卷第 5 号发表《论批评的态度》以及所译《资产与法律》。前文提倡所谓"严正"的批评,攻击"幽默而讽刺的文章"是"粗糙叫嚣的文字",指责"对于现状不满"的青年只是"说几句尖酸刻薄的俏皮话"。9 月 10 日,梁实秋在《新月》月刊第 2 卷第 6—7 号合刊发表《论鲁迅先生的硬译》,对鲁迅从日译本编译的苏联卢那察尔斯基的文艺评论集《文艺与批评》提出反批评。同期还发表梁实秋的《文学是有阶级性的吗?》。文中再次倡导超阶级的文学,说"文学是属于全人类的";但又主张文学只能为少数人所享有,说"好的作品永远是少数人的专利品"。然后至 10 月上旬,田汉在《南国周刊》第 6 期发表《第一次接触"批评家"的梁实秋先生——读〈看八月三日南国社第二次公演以后〉》,主要反驳梁实秋"以南国社全体社员之精神力量专排"《莎乐美》"这一类的戏"的指责。文中说道:"唯美派也不坏,中国沙漠似的艺术界也正用得着一朵恶之华来温馨刺戟下。"作者奉劝梁实秋莫"道听途说""张冠李戴""以一概全",因为"南国的色彩颇为殊异而多面的。他刻刻在成长,刻刻在进展,象我个人一样。要批评一个人的戏剧也应该稍为亲切一点多看几篇,多少可以知道他的路是怎样走来的,现在走向哪里去,然后评论其艺术之得失利害"。作者还表示不同意梁实秋关于"一个戏最要紧的是里面的故事穿插,对话比较的不重要"的观点,认为"对话是很重要的"。这实际上也是对鲁迅的声援。就本次论战的实际效应而论,由于鲁迅一方面阅读和翻译了大量马克思主义的文艺理论和社会科学著作,另一方面在论争中也有着对自己的解剖,或者是经过了对自己的解剖的结果,对鲁迅来说诚为一次自我升华的难得机会,所以鲁迅常对友人说"实在得益非浅"!冯雪峰《回忆鲁迅》中《触到他自己的谈话片断》和《片断之二》谈到鲁迅有好多次谈到创造社对他的批评。例如他说:"创造社的人们说,小资产阶级原有两个灵魂,我看也是确实的,你看:既没有和黑暗现状斗争的勇气,又指良心为资产阶级的卑污的说教,说利害又有伤动机的纯洁,于是就只落得空空洞洞地讲'正确的阶级意识'。"然而就当时处境来看,鲁迅对内对外同时作战的状况依然没有根本的改变。9 月,中共江苏省委宣传部长李富春找上海文化支部负责人阳翰笙谈话,指出对鲁迅的围攻是不对的,有些人对鲁迅的活动的积极意义估计不足,鲁迅对党员个人可能有批评,但没有反对党,党员应该站在党的立场上团结他,要赶紧解决这个问题,然后向党汇报。秋,中央宣传部干事兼新成立的中央文化工作委员会书记潘汉年也接到停止论争与攻击鲁迅的通知,便一起召集支部各方面的负责人开会,参加者有夏衍、冯雪峰、柔石,创造社方面有冯乃超、李初梨,太阳社方面有钱杏邨、洪灵菲。会上决定:创造、太阳两社的所有刊物，一律停止对鲁迅的批评，即使鲁迅有反批评，也不要反驳。同时决定派冯雪峰、夏衍、冯乃超三人去和鲁迅谈一次话，告诉鲁迅：党要求停止这次论争，并作了自我批评。这次会后，左翼文化工作者都有一种要求，组织起来，统一行动。领导人是江苏省委宣传部部长李富春，实际负责筹组左联和与鲁迅联系的人是潘汉年。然而创造社、太阳社虽然奉命停止了对鲁迅的批判与攻击，但对于茅盾却依然炮火连天，甚至有矛头转移的趋势，结果引来茅盾的反击。至年底，茅盾专门撰写了《关于高尔基》，刊于《中学生》创刊号。茅盾《我走过的道路》(中)谓"我这篇文章是'有意为之'的，因为创造社、太阳社的朋友们说我是提倡小资产阶级文学，我就偏来宣传无产阶级文学的创始者和代言人高尔基。同时也为了指明，真正的普罗文学应该象高尔基的作品那样有血有肉，而不是革命口号的图解"。要之，自1927年开始"革命文学"论争以来，至1929年臻于高潮，并在学术界产生"溢出"效应以及学术史总结的契机。其中一个典型的案例是3月4日朱自清在《大公报·文学副刊》第60期发表论文《关于"革命文学"的文献》，至3月18日《文学副刊》第62期续完。文中对1928年至1929年新文学论坛爆发的一场大规模的"革命文学"论战的缘起、内容、过程进行了客观细致的分析评介。这是首次从历史的角度对始于1927年的"革命文学"论争的学术史总结与评述。4月5日，李何林历时2月，选录1928年围绕革命文学论争并在"代表中国几个文艺集团的刊物"上发表的论争文章，编为《中国文艺论战》一书。是日，李何林在北京大学图书馆撰写《序言》，谓"在这个时期各方所发表的论战的文字，统计不下百余篇；其中《小说月报》和《新月》的文字只在表明自己的文艺态度或稍露其对于创造社的'革命文学'的不满而已。至于以鲁迅为中心的'语丝派'则和创造社一般人立于针锋相对的地位！——也就是他们两方作成了这一次论战的两个敌对阵营的主力。"10月，《中国文艺论战》由中国书店出版，所录论文凡46篇，分为五大板块，其中"语丝派及其他"23篇，"创造社及其他"13篇，"小说月报及其他"3篇，"新月"2篇，"现代文化及其他"5篇。是为收录最为全面的"革命文学"论争之论文集。此外，梅子选录回击与批判创造社、太阳社"革命文学"的文章，编为论文集《非"革命文学"》，列入"土拨鼠丛书"，由上海光明书局出版。当时无政府主义者以《文化战线》杂志、"土拨鼠丛书""新时代丛书"等为阵地，对左翼倡导的"革命文学"进行了大力批判。此集即旨在向世人展示中国的"同路人"以及无政府主义者对"革命文学"的反思与批判，这些人的声音往往在正统的"革命文学"话语论述中被忽视。但同时选录鲁迅《醉眼中的朦胧》与梁实秋《文学与革命》，似乎有些不伦不类，其中不无为非"革命文学"张目之意图。

第二个热点是有关中国社会性质的讨论与争鸣的继续。这场论争本由陶希圣于去年发起，今年继续推进。是年相继出版了《中国社会之史的分析》《中国封建社会史》《中国社会与中国革命》。陶希圣在《中国社会之史的分析绪论——研究中国社会史的必要和方法》中重点讨论了以下问题：一、中国革命的基本问题与社会史的研究。中国社会史的决算，至少要提出下面两点做中心：第一，中国社会是封建社会，还是资本主义社会？第二，帝国主义势力的侵入是否使中国社会变质，变质又达到什么程度？二、中国社会史研究的困难。三、中国社会史研究的方法是什么呢？包括记述法、抽象法、统计法。四、本书的要点——士大夫身分的特质。五、士大夫身分与知识阶级。六、结语。作者认为中国是一个宗法封建社会的构造，庞大的身分阶级就是以政治力量为保障巩固土地所有权和身份地位的士大夫阶级，国民党和中国革命的失败源于官僚士大夫的混入。中国社会是残存着封建势力的商业资本社会,封建势力阻碍中国资本主义发展。《中国社会之史的分析》的问世引起了学界的争论,此书三年之内销了8版数万册,其意义在于进一步激发了中国社会性质大讨论。《中国社会与中国革命》继《中国社会之史的分析》《中国封建社会史》出版后,"陶希圣便名震一时,为国内一部分青年所倾倒""特别是在青年里面,在有些地方曾经有过陶希圣狂的时期,即对他的论文非读不可,他的单行本也非买不可"。齐思和认为:"假如'古史辨'运动可以象征五四的史学,那么中国社会史论战便可以象征北伐后的新史学。这个论战第一炮声是陶希圣先生的《中国封建社会史》和他的《中国社会之史的分析》。"总结陶希圣上述三部代表作的学理逻辑,即是从聚焦中国社会性质讨论,上溯中国封建社会史研究,然后归结于中国社会与中国革命问题。陶希圣在《中国封建社会史·绪论》中提到三种观点:第一种见解以为中国社会尚是封建制度。第二种见解以为中国社会是资本主义社会。第三种见解以为中国社会是半封建社会。实际上这也是陶希圣对于论战主要观点的归纳。概而言之,由陶希圣发起的有关中国社会性质的论争,推动了中国社会史研究的兴盛,所以是年前后,关于中国社会的研究即成为学界的一大热点,但各自批评与研究的路径有所不同。傅筑夫《陶希圣著〈中国封建社会史〉》(《图书评论》第1卷第10期)针对此书大量应用马克思《资本论》中的商品、货币、交换、地租等概念为分析工具,批评他是从河上肇的著作中照抄公式。而郭沫若所作《读〈中国封建社会史〉》(刊于次年1月上海《新思潮》第2—3期合刊)主要从方法与材料两个方面提出批评,认为《中国封建社会史》材料方面的错误太多,使人不敢"再往下读"。郭沫若提出一个研究社会史的方案:"解决这个难题的我想只有一个方法,便是采取最新流行的委员制,由各人分担一个项目或一个时代,期以五年十年,那所成的一部'中国社会史',真就可以壮观一时了。"与此文观点相契合,还可参看郭沫若的《卜辞中的古代社会》《中国古代社会研究·自序》《周金中的社会史观》等。此外,熊得山《中国社会史研究》3月由上海昆仑书店出版。此书内容包括中国历史上的土地制度、封建阶级、重农轻商问题、地主豪绅、产业革命等。其最后一章《从中国社会史上说到中国革命》则概述了中国社会的演进过程。此书曾风行一时,为社会史论战中的代表作之一。李达所著《社会之基础知识》4月由上海新生命书局出版发行。书中提出了"社会的系统观"思想,指明"中国的出路"在于"为求中国的生存而实行的中国革命,一面要打倒帝国主义,一面要铲除封建遗物,前者是民族革命的性质,后者是民主革命的性质,其必然的归趋,必到达于社会革命,而与世界社会进化的潮流相汇合"。梁园东、方岳6月1日在《新生命》第2卷第6号发表《中国社会的基础》《三民主义之社会史的意义》等文,前文于第8—9号连载。作者运用马克思主义关于人们的经济生活状况决定社会生活状况的原理,同时又将马尔萨斯的人口论应用于中国,将人口不断增加作为推动社会变化的具体根源,以此解说中国地域的不断扩大而社会本身并无进步的原因,提出中国社会是以农业为基础的、农业与商业相结合的小资产阶级的社会。此外,唐秋生编《社会运动史》7月由现代书局出版;佩我8月1日在《新生命》第2卷第8号发表《中国革命之史的分析》;黄凌霜《社会进化》10月由世界书局出版;董行白《唯物史观与民生史观析论》11月由上海南华图书局出版;朱新繁《中国资本主义之发展》12月5日由上海联合书店出版;以及杨明斋著《中国社会改造原理》、熊得山编《社会思想》、郭真著《中国社会思想史》、萨孟武著《中国社会问题之社会学的研究》、许仕廉著《国内几个社会问题讨论》等著作的相继出版,与上述论争的背景与激发也不无关系。

　　第三个热点是有关民族问题的讨论与争鸣的兴起。究其内在动力,主要来自现实民族危机的激发、共产党阵营对于民族问题的重视、国民党阵营三民主义的阐释以及史学界与考古学界尤其是"北京人"的考古发现对于人种、民族、神话研究的追溯。(1)来自现实民族危机的激发,如缪凤林3月10日在《史学杂志》创刊号发表《中日民族论》。此文因济南惨案引起作者对日本侵略中国的警惕性,认识到"以中日关系近代最密,而国人对于日本之研究,最不经心",乃借在中央大学任日本史课的机会,在中央大学等处讲演日本问题六次,此文即其一。(2)国民党阵营三民主义的阐释。10月5日,由新生命书局出版的陶希圣《中国社会与中国革命》第五章《中国问题解决之基点》开篇即云:"民族主义第一讲说道:'甚么是三民主义呢? 用最简单的定义说,三民主义就是救国主义。'中国是应该救的,因为中国有病。三民主义就是救治中国的病的方法。这个方法,不应当是符咒魔术,而应当是刀圭药石。在施用符咒魔术时虽可以冒然从事,在施用刀圭药石时则应先诊视病源。要了解救病的三民主义,必先诊视中国社会构造里面所存伏的病源。"此章专门论及"民族斗争与民族问题",谓"中国的学者常有一句自豪的话,以为异族侵入中国,常为中华民族所同化。彼突厥、东胡等民族侵入中国以后,模仿汉族衣冠文学语言姓氏而与汉族通婚,在习惯风俗血统上渐与汉族同化的事迹,固史不绝书。然而所谓'同化'者,要当深知其实际的程度"。通过民族"同化"历史与程度的分析,陶希圣强调"国内民族问题性质的严重。若不向各民族一般民众作文化的提携与发展,只从各民族的贵族着手,而欲以衣冠文物求同化,遂以汉族有同化他族的能力自豪,殊非解决国内民族问题的适当方法。这种方法,中国的统治阶级行之已过千年,但是效力如何,不难于历史见之"。(3)共产党阵营对于民族问题的重视,如李达所著《民族问题》9月由上海南强书局出版。该书提出:"民族问题,是世界革命的根本问题之一,也是中国革命的根本问题之一,要了解世界革命和中国革命的理论和策略,就必得研究民族问题。"这是中国第一本运用马克思主义民族理论研究民族问题的著作。(4)史学界与考古学界对于人种、民族、神话研究的追溯。如张星烺9月在《辅仁学志》第1卷第2期发表《中国人种中印度日耳曼种分子》。同月1日,蒙文通在《史学杂志》第1卷第4期发表《古史甄微》,第1卷第5—6期,第2卷第1—2期连载。此文为蒙文通的成名作,也是代表作,内容主要有"江汉民族""河洛民族""海岱民族""古代文化""虞夏禅让""夏之兴替""殷之兴替""周之兴替""世传考异""历年考异"。至1933年,蒙文通在此文的基础上,加入《三皇五帝说探原》《中国开纪余东方考》等文后,以《古史甄微》为题由商务印书馆出版。10月16日,蒙文通致缪凤林函,论三皇五帝起源。11月1日,缪凤林复函蒙文通。两人探讨三皇五帝说之起源,是为探讨三皇五帝起源之先导,往来书函载南京《史学杂志》第1卷第5期。蒙文通还力驳中国民族西来说的荒谬。11月16日,蒙文通在《国立中央大学半月刊》第1卷第3期发表《中国开化始于东方考》,指出:"近二百年欧美学者为中国民族西来说,中国文化西元论,于是我国学者亦多穿凿史乘以附会之""一若西元之说已成定论。然文通窃有疑焉""吾友缪君赞虞作《中国民族西来辩》以折西来之说,而文通为此篇以明中国文化为我东方所自创,一破一立,相待相济"。文中所言"缪君赞虞作《中国民族西来辩》",刊于1925年《学衡》第37期。缪凤林另有《中国民族由来论》,于次年5月1日《史学杂志》第2卷第2期、第3—4期合刊连载。文中所举五大理由以辩驳中国民族西来说的荒谬:第一,地理阻碍。第二,人种不同。巴比伦人属白种人,中国人属黄种人。第三,年代悬殊。中国人之久远,至少数万年以上;巴比伦则原始住民由外迁入距今仅七八千年。第四,文物各异。殷墟甲骨、八卦、琴瑟等,皆于巴比伦无征;而巴比伦之楔形文、泥板书、史诗、建筑、美术、星期制等,亦为中国所无。第五,论证不确。如楔形文即八卦、巴克即百姓,则此拟不伦;萨尔贡即神农、廓特奈亨台即黄帝,则荒谬绝伦。与此相关的还有金兆梓刊于 1929 年 12 月 25 日《东方杂志》第 24 号的《中国人种及文化之由来》,文中指出 1903 年《新民丛报》发表蒋观云《中国人种考》,蒋文怀疑"吾国之旧传说,举一切文明之原始集中于黄帝轩辕氏,疑而不得其解,见法人拉克伯里之《支那太古文明西元论》,遂信其说,以为黄帝者,实来自巴比仑之一酋长,举巴比仑原有之文明,举而措之于中国,故有此顿进之像"。同时又指出,何炳松虽力驳此说,却寄望于考古学,这也未必妥当,安特生是考古学家,但却支持"西来说",所以,关于中国文化来源的争论,非科学与考古所能解决,而关键是一个解释的问题。而蒋由智所著《中国人种考》是年由上海华通书局刊行,包括人种始原二派之论说、中国人种西来之说、西亚文明之缘起、中国人种之诸说、昆仑山等 8 章。附:《中国民族西来辩》《中国人种考原》。与上述论争相呼应,本年度也出版了多部有关民族问题的著作,诸如:郭真编《现代民族问题》、胡石明编著《帝国主义殖民政策概要》、柳絮编著《弱小民族的革命方略》、高槐川著《中国民族的病源及治疗法》,以及潘光旦所译亨丁顿《自然淘汰与中华民族性》等。亨丁顿的学说从自然地理以及灾害频仍等方面解释中华民族之民族性的由来,为潘光旦民族研究的重要学术渊源。此外,《东方杂志》第 26 卷第 20 号还特别刊出"民族运动号",内容既涉及我国民族问题及民族运动,同时也介绍了世界各地的民族运动。同期专号的"卷头语"对"民族运动"有这样的说明:"民族运动其实就是民族发挥其整个的民族性,努力奋斗,自求多福的一种活动。故就广义解释,强大的民族和弱小的民族,在过去及现在都自有其民族精神和民族运动。不过因为弱小或小的民族欲求自由平等的幸福,非经过千回百折,艰苦卓越的奋斗不为功,所以他们的民族运动,就比较上惹人注目了""我们现在出这一期专号,目的无非是想对于这个问题,贡献一些参考的材料于读者。"

上述三大热点之外,还有若干个学术论争的聚焦点:

1. 关于梁启超的纪念与评价。自从戊戌变法期间参与到公共舆论活动中来,梁启超对于晚清民初的政治、思想、学术产生了巨大的影响。五四新文化运动以来,梁启超目睹《新青年》作者群体的迅速崛起,联合一批同志,展开各种学术活动。他本人也在清代学术史、儒家哲学、历史理论等方面出版了相应的著作。相比这一时期的平均水准,他的《中国历史研究法》与《中国历史研究法补编》对于史学研究意义重大,提出了关于何谓历史的见解,同时根据中国历史流变与历代史籍的特色,罗列分析了若干种值得着手研究的领域,这对之后的历史学发展影响深远。此外,他在这两本著作中系统回应了历史研究到底是不是"科学"这一 19 世纪以降在国际史学界引起热议的问题,相比于同时期不少热衷于"整理国故"与古史辨伪的学者汲汲于把史学等同于科学,对西方近代思想演变有较为清晰认知的梁启超强调历史学的非科学属性,就显得尤具独识。总之,梁启超在清末提倡"新史学",晚年出版两本历史研究法。虽然他一生涉足许多学术领域,但真正改变 20 世纪中国学术基本面貌的,还是他的史学论著。梁启超逝世不久,张荫麟、廖凤林分别撰写《近代中国学术史上之梁任公先生》与《悼梁卓如先生》。前文首发于 2 月 11 日《大公报·文学副刊》第 57 期,将梁启超学术历程分为四个时期,归纳为四个方面的贡献,谓:"任公先生一生之智力活动,盖可分为四时期,每时期各有特殊之贡献与影响。第一期自其撇弃词章考据,就学万本草堂,以至戊戌政以前止,是为'通经致用'之时期;第二期自戊戌政变以后,至辛亥革命成功时止,是为介绍西方思想,并以新观点批评中国学术史之时期;而仍以'致用'为鹄的;第三期自辛亥革命成功后,至先生欧游以前止,是为纯粹政论家之时期;第四期自先生欧游归后以至病殁,是为专力治史之时期;此时期有为学问而学问之倾向,然终不能忘情国艰民瘼,殆即以此损其天年,哀哉!"作者认为梁启超未能完成"一部宏博之中国文化史"即"抱志以殁,实中国史学史上一大损失"。文章总结其学术方面主要成绩为:(一)《中国历史研究法》;(二)关于学术史者;(三)《中国文化史》之正文;(四)关于文学史者,以《陶渊明》一书为最精绝。浦江清2月6日评价道:"张文甚佳,颇能概括梁先生晚年思想上及学术上之贡献。"(浦江清《清华园日记·西行日记》,三联书店1987年版)后文首发于3月10日《史学杂志》创刊号,指出梁启超的著作虽多,但"其中有一义焉,则其研究以史学为中心是也",并一一胪列他在国史新观念、政治史、学术史、财政史各个方面的贡献,说他"方面既众,观点亦异,实开史学无数法门"。大多数学术界思想界人士并没有忘却梁启超在中国学术史上的地位和影响。此文与张荫麟刊于《大公报·文学副刊》的《近代中国学术史上之梁任公先生》同被10月《学衡》第67期转载。两文似有盖棺定论的分量。此外,郑振铎所著《梁任公先生年表》为最早的梁启超年谱之作。

2. 关于五四运动10周年的纪念与阐释。2月1日,《中央日报》社迁至南京,此时中国已经统一,执政党对党之喉舌的掌控进一步加强。5月4日,《中央日报》发表署名"慎予"的社评《怎样纪念五四》以及《京市党部宣传部为五四纪念告青年》,"社评"称:"辛亥革命,是国民失望于满洲政府一个显明的表示;五四运动,是学生根本不满意于承继辛亥以后的北洋伪政府一个剧烈的举动。也就是人民对于北洋伪政府下了决心要推倒他的先导。所以我们纪念五四,要认清楚,断不是一种单纯的'学生运动'。北洋伪政府的冥顽不灵,是谁都知道的,什么请愿,哀求,试验又试验,都不发生丝毫的效力;聪明的知识界,实不忍听其放纵而溃烂,不得已只有暂时忍痛,牺牲学业,不顾生命,与北洋伪政府作最后的肉搏,这就是五四运动所以发生的原因。"然后将五四引向执政党:"于是全国学生,都投到本党领导下,来参加革命。""青年们所认为急待解决的问题,已有完密的党,整个的负起责任来,替青年们着手解决了,青年们尽可放心,也应该放心了!"社论提出:"以前是希望青年到社会来,加厚革命的力量,促成破坏的运动;今后是希望青年回教室去,学成专门的人材,为将来建设的预备。"5月5日,《中央日报》刊发《悲壮激昂之五四运动十周年纪念会》《中央军校特别党部昨举行五四纪念大会演说词》,何应钦在演讲中批评五四运动和当时流行的国家主义和共产主义学说,"学生没有严密的组织和中心思想,这是五四运动失败的主要原因。因为当时,总理的著作虽有若干出版,但尚未普及,而且在军阀势力之下,国家主义思想是军阀所欢迎的,共产主义因为共产党远在俄国,是军阀所不注意的"。何应钦的看法在当时国民党军政要人中具有一定代表性。饶有意味的是,上海的《民国日报》则转向批评起五四运动。同在5月4日,《民国日报》发表金志骞《五四运动之经过及其影响》,笑鸯《统一青年的革命思想》。对五四运动的负面评价开始出现在金志骞的文章中,"这伟大的五四运动,这轰轰烈烈的五四运动,实际上是失败的运动,是走错了方向的民众运动,她所给予我们的,只是无限的遗憾,莫大的悲哀!"此与《中央日报》形成鲜明的反差。另外还需特别关注的是,在中共转入地下的情况下,创刊于上海的团中央机关刊物《列宁青年》为纪念五四运动10周年发出了自己的声音。5月4日,《列宁青年》刊登了得钊《中国学生已往的光荣和今后的去路——纪念"五四"运动》、少峰《今年"五四"纪念节对于青年学生之希望》两文。前文分析了五四运动没有认清一切帝国主义国家都是中国民众的敌人,甚至有浓厚的亲美倾向等缺点。后文则针对南京政府利用纪念节进行政治动员提出对策："'五一'、'五三'、'五四'、'五五'、'五七'、'五九'都到了,轰轰烈烈的'五卅'纪念也在眼前了! 国民党正在利用这些革命纪念节,来遮掩他们自己的反革命行为,同时都禁止民众的一切纪念运动,我们必须坚决的起来反对,自动的起来举行种种纪念运动,唤醒广大民众的革命意识,提高广大民众直接斗争的精神和运动。"5月8日,中共中央在上海的机关刊物《红旗》第20期发表毛达《"五四"运动与中国无产阶级》一文,提出重新估量五四运动的问题:"现在的南京政府也把每年的这一天看做一个纪念日。这就是说,国民党这一天要企图更扩大他的影响,特别是在学生群众之中的影响。现在战斗的工人群众也必须估量1919年'五四'事件的意义,以及后来学生群众参加历次革命运动的意义。"鉴于十年内战的严酷性与特殊性,中共中央无论在上海还是苏区都已无暇纪念"五四",所以上述三文显得弥足珍贵。

3. 关于新旧中西文化论争的延续。张东荪6月15日为《现代哲学鸟瞰》撰写《题记》,刊于9月10日出版的《东方杂志》第26卷第17期,文中介绍了英美法德意五国的现代哲学流派,最后阐述了自己对中西哲学与文化的主张:"我相信西方的科学要输入中国,必须把西方的哲学亦同时引进来。因为在思想上哲学始终站在与科学合作的地位。虽有时矫正科学而与科学家争吵,却并不是想要打倒科学。至于有人主张中国现代可以只要科学而不要哲学,这未免太不知哲学的性质了。我们只须一读科学史,便见有许多哲学家的姓名是见于科学史上的,可见哲学往往作科学的领导。因此我以为居今天而介绍西方哲学思想,对于中国前途决不是无益的事。"10月21日,林语堂在《幽默》第6期发表在复旦大学演讲的《什么叫作东西文化的沟通》,文中将重点引向物质文明与精神文明关系的讨论,进而涉及中西文化的话题,强调物质与精神是一个有机融合的整体,不能将它们随便拆分为"物质文明"和"精神文明"两个互不相干的部分,更不能理所当然地认为这两者是水火对立、互不相容的冲突关系。事实上,这两种文明是交融互通的关系。文中特别批评了"中学为体,西学为用"的观点,指出:"'中学为体,西学为用',这句话真是滑稽之至,……原因是中国官僚坐汽车,吃冰淇淋,而顶上却戴起一件瓜皮小帽,要小老婆,这就是中学为体,西学为用了! 但是以别人做出来的'体',拿来自己享福受'用',西学为用的用处怕不会是这样的吧?"总体而言,此文与林语堂去年12月26日在光华大学中国语文学会发表的演讲《机器与精神》在内容、文风乃至精神上具有一脉相承的关系。与张东荪、林语堂不同,胡适依然坚守他的全盘西化论:11月29日,胡适撰成《新文化运动与国民党》,刊于《新月》第2卷第6—7期合刊,文中从国民党宣传部长叶楚伧的一篇宣扬复古的大文谈起,指责这位部长是个"反动分子"。27日,胡适在国立中央大学商学院讲演中西文化问题,题为《死里逃生》,认为现今是文化冲突最激烈的时代。世界的文化是任何力量也不足以抵抗的,主张全盘接受西方文化。是年,胡适应《中国基督教年鉴》(英文版)之邀撰写并发表《中国今日的文化冲突》一文,再次倡导"全盘西化论",提出中国人对待西方文化有三种态度:"第一种态度是抗拒;第二种态度是全盘接受;第三种态度是有选择性的采纳。"胡适还武断地宣称,中国已经没有人再坚持"抗拒"的态度,应该"承认中国旧文化不适宜于现代的环境,而提倡充分接受世界的新文明"。文中又以日本为案例:"日本毫不犹豫的接受了西方文明,结果使日本的再生取得成功。"因此,"让我们希望中国也可能象日本那样实现文化复兴"。

4. 关于整理国故论争的延续。郑振铎编辑的《小说月报》第20卷第1期特大号1月10日出版,头篇发表何炳松撰写的《论所谓"国学"》,并加了前言,同时发表自己撰写的《且慢谈所谓"国学"》,主张反对复古。郑振铎认为,"古书与古代文化的整理与研究,是最少数的最专门的工作,不必责之于一般人,于一般青年""即研究或整理古书与古代思想文化的人,也不可不懂得基本的科学知识与方法""全盘输入,采用西方的事物名理,以建设新的中国。新的社会,以改造个人的生活。"他提出:"目前的急务是:第一,建设巨大的外国文书图书馆。第二,建设各种科学的专门研究院、实验室。第三,用印行四部什么,四部什么的印刷力,来翻印或译印科学的基本要籍与名著。……我们的生路是西方科学,与文化的输入与追求。我们的工作,是西方科学与文化的介绍与研究。我们不要浪费了有用的工作力。我们且慢谈所谓'国学'。"3月,顾颉刚又为中山大学事到宁、沪数日,在沪时访时任中国公学校长胡适,胡适对顾颉刚说:"现在我的思想变了,我不疑古了,要信古了!"意味着胡适关于"整理国故"主张的重要变化。11月9日,傅斯年应邀作《考古学的新方法》的演讲,后刊于1930年12月《史学》第1期,文中就"疑古"与"信古"发表了新的认识,认为研究古史"完全怀疑,固然是不对的;完全相信,也是不对的。我们只要怀疑的有理,怀疑的有据,尽可以怀疑。相信的有理有据,也尽可以相信的"。可见此时的傅斯年已走出以往学界的"疑古—信古"之争,不再倾向于单纯的疑古。

5. 关于彻底取消哲学的论争。胡适6月3日在上海大同大学发表的演讲《哲学的将来》,主张彻底取消哲学,预期"将来只有一种知识:科学知识。将来只有一种知识思想的方法:科学证实方法。将来只有思想家而无哲学家,他们的思想已证实的便成为科学的一部分,未证实的叫做待证的假设(Hypothesis)"。对此,张东荪在6月15日为《现代哲学鸟瞰》撰写《题记》,刊于9月10日出版的《东方杂志》第26卷第17期。文章提出"至于有人主张中国现代可以只要科学而不要哲学,这未免太不知哲学的性质了。我们只须一读科学史,便见有许多哲学家的姓名是见于科学史上的,可见哲学往往作科学的领导。因此我以为居今天而介绍西方哲学思想,对于中国前途决不是无益的事。"此与主张彻底取消哲学相对立。

至于范围与规模较小的论争尚有:华林在无政府主义的刊物《革命周报》第72期发表的《学术与政治分离》,实已触及当局高压的学术文化政策,胡适发起的"人权运动"即是对此的反抗。华林虽持无政府主义立场,但又与中国国民党右派合流,显然拿反了"剧本"。友如刊于《革命周报》第76期的《读了〈学术与政治分离〉以后》,觉得"华林先生身居异国,他看见外国政教(教育)分离,从事政治的专门做他的政治生涯,从事学问的终身研究他的学问,所以政治也比较清明,学术亦比较发达。但是反观中国,一般青年或在国内读书或在外国留学,往往都是以求学为方法,卖政治为目的,人人群驱于卑鄙龌龊的政治之一途,于是政治日益腐败,学术也永无发达之一日,这种观察,虽是很对,不过他把时代看错了"。7月1日,胡适致信李璜、常乃惪,对国家主义派的小刊物诸如《探海灯》《黑旋风》等传播无稽之谈,甚至捏造故实,提出严厉的指责,谓:"我认为这种懒惰下流不思想的心理习惯,我们应该认为最大敌人。宁可宽恕几个政治上的敌人,万不可容纵这个思想上的敌人。因为在这种恶劣根性之上,决不会有好政治出来,决不会有高文明起来。"柳诒徵9月1日在《史学杂志》第1卷第4期发表《与某君论研究经济史之法》,指出:"今日风气,由普通而渐趋专门。研究之风为盛。然以其易视研究,往往标持单文只义,遽自诩为新得,余窃不敢苟同""余愿今之学者,故师亭林反复寻究,且勿即下定论。"潘光旦10月在《社会学刊》第1卷第2期发表《优生与文化——与孙本文先生商榷的一篇文字》,同期刊有孙本文的《文化与优生学》《再论文化与优生学——答潘光旦先生商榷的文字》。是年,潘光旦又著有《中国之家庭问题》,由上海新月书店刊行。该书根据大量的统计资料,从优生学的角度,对中国的家庭问题进行研究,提出了建立介于西方现代小家庭制和中国传统大家庭制之间的"折衷制家庭"的主张。12月16日,故宫博物院院长易培基呈文行政院,以遗老所编制政治倾向,建议禁止《清史稿》的发行。20日,行政院批准故宫博物院院长易培基呈文,查禁《清史稿》。24日,孟森在《华北日报》发表《清史稿应否禁锢之商榷》,对此提出不同意见,呼吁解禁《清史稿》,以推动清史研究。至于有关刊物专号的专题,则以《国立中山大学语言历史学研究所周刊》最为给力。3月27日,《国立中山大学语言历史学研究所周刊》第7集第73—74期合刊为"史记天官书之研究"专号。8月28日,《国立中山大学语言历史研究所周刊》第9集第94—96期合刊出版"天文学史专号"。10月9日,《国立中山大学语言历史学研究所周刊》出版"百期纪念号"。刘朝阳所撰《卷头语》指出,民国以来"专门促进历史或语言或关于这两种科学的研究的刊物,能够继续满一百期的,似乎就是本刊,这次才在国内学术界开始了一个新纪元",同期刊载了闻宥《研究甲骨文字的两条新路》、商承祚《评宝蕴楼彝器图录》、蒋径山《〈山海经〉篇目考》、林钧《记琅琊台秦刻石东面释文》、卫聚贤《〈穆天子传〉研究》、黄仲琴《阙特勤碑》、容肇祖《简书发现考》等文。12月4日,《国立中山大学语言历史学研究所周刊》出版《本所整理档案工作报告专号》。魏应麒所撰《卷头语》将"最近中国史学界古史的研究分为怀疑派与反怀疑派两大阵营,强调要超越两派,着眼于根本问题的解决——史料的征集然而由于地上的古代史料,毁灭几尽,搜采无从,于是需要转向了地下的宝藏。至此,史料的问题,才真成为历史的根本的中心问题"!此外,《东方杂志》第26卷第20号"民族运动号"已见上文所述。另有《国立北平图书馆馆刊》3月出版"永乐大典专号";《南洋研究》第2卷第6号集中发表有关"暹罗"的论文,则是没有专号之名的专号。

　　除了上述有关学术的论争之外,本年度聚焦于重要学术论题的论著尚有:杨剑秀著《社会科学概论》,孙寒冰主编《社会科学大纲》,高希圣、郭真著《社会科学大纲》,陈植亭译《中国不能产生哲学系统之原因》,周予同著《经今古文学》,刘汝霖著《周秦诸子考》(上下册),胡适著《中国古代哲学史》(上中下册)(原名《中国哲学史大纲》),钟泰编《中国哲学史》,张东荪著《新哲学论丛》,卢信著《不彻底原理》,杜亚泉著《人生哲学》,顾颉刚著、徐见石绘图《二十四孝之研究》,朱光潜著《给青年的十二封信》,王恩洋著《佛学概论》,王小徐著《佛法与科学》,程宅安著《密宗要义》,李翊灼著《西藏佛教略史》,太虚著《整理僧伽制度论》,谢颂羔著《基督教思想进步小史》,胡适著《我们走哪条路》,邓初民著《政治科学大纲》,余景陶著《领袖学》,施存统著《复兴中国革命》《(一九二九年)社会问题大要》,白鹏飞著《近百年政治思想变迁史略》,中国共产党中央政治局等著《中国革命与机会主义》,李璜著《国家存在论》,陈启天著《政党与政治活动》,陈启天、常燕生著《国家主义运动史》,常燕生著《三民主义批判》,吕思勉著《中国国体制度小史》《中国政体制度小史》《中国阶级制度小史》,贾逸君《中华民国政治史》,张云伏著《国际社会运动史》,周鲠生著《最近国际政治小史》,樊仲云著《妇女解放史》,冯紫岗著《农民问题概论》,文公直著《中国农民问题的研究》,郭真著《中国农民问题论》,王勤堉著、寿景伟校《西藏问题》,柳絮编著《弱小民族的革命方略》,段麟郊著《经济概论》,郭成信编著《经济学概要》,邝振翎等编《经济概论》,汤城编著《新经济学概论》,杨明山著《新兴经济学研究》,陈豹隐编《经济现象的体系》,安绍芸著《经济学说史纲要》,刘伯刚编《经济史概要》,马哲民著《经济史》,侯厚培编著《十九世纪经济史》《中国近代经济发展史》《中国国际贸易小史》，区克宣编《近代经济思想史纲》，朱新繁编、陶希圣校订《资本主义的发展及其没落》，郭真著《中国资本主义史》，朱新繁著《中国资本主义之发展》，吴其祥著《帝国主义与国际经济》，樊仲云编《世界经济地理》，王金绂著《中国经济地理》(上下册)，中国经济学社编《中国经济问题》，龚仲皋著《中国近代工业发展概论》，谢彬著《中国铁道史》，李权时著《交易论》《商业循环》《各国遗产税史要》《国地财政划分问题》《中国税制论》，李权时、赵渭人著《上海之钱庄》，马寅初著《中华银行论》，洪品成编著《银行学概论》，贾士毅著《关税与国权》，杨肇遇著《中国典当业》，李达编《现代社会学》，石铎著《国民军事学》，罗念前编《黄埔精神》，历尔康著《欧战后日本之军事观》，郑若谷著《社会学概论及现代社会问题研究大纲》，杨开道著《社会研究法》，许仕廉《建设时期中教授社会学的方针及步骤》，孙本文著《社会的文化基础》，朱镜我著《社会诸研究》，杨开道著《社会研究法》，吴景超著《都市社会学》，郭真著《中国社会思想史》，杨剑秀著《社会问题研究》，熊得山编《社会问题》，李宗吾著《社会问题之商榷》，杨明斋著《中国社会改造原理》(上下册)，萨孟武著《中国社会问题之社会学的研究》，周谷城著《农村社会新论》，熊得山《中国社会史研究》，孙本文著《社会变迁》，蒋由智著《中国人种考》，吕思勉著《中国宗族制度小史》《中国婚姻制度史》，陈顾远著《中国古代婚姻史》，潘光旦著《中国之家庭问题》，李景汉著《北平郊外之乡村家庭》，周建人著《性教育》，顾寿白著《人类学》，晏阳初著《中国的新民》，文公直编《中国人口问题》，庄泽宣著《如何使新教育中国化》，郑若谷编《明日之大学教育》，周谷城撰《中国教育小史》，余家菊著《中国教育史要》，舒新城编《近代中国教育思想史》，徐益棠编《现代教育思潮》，徐雉著《中国学校课程沿革史》，庄泽宣编《各国教育比较论》《职业教育》，高觉敷著《教育心理学大意》，陈鹤琴、陶行知等著《幼稚教育论文集》，罗家伦编著《最后一年之清华》，钱鹤、刘士木、李则纲编《华侨教育论文集》，华林一著《残废教育》《低能教育》，白鹏飞著《法学通论》，朱采真编《法学通论》《宪法新论》，黄右昌编著《法律的革命》，王传璧编《法理学史概论》，沈家本《历代刑法考》，黄荣昌编著《中华民国刑法释例汇纂》，商标局编《商标法》，王宗旦著《国际引渡论》，吴贯因著《中国文字之起源及变迁》，任峋著《中国古代文字之研究》，邵祖平著《文字学概说》，陈其一编《中国新文字问题讨论集》(第1辑)，罗常培著《切韵序校释》，张世禄著《中国声韵学概要》，杨树达著《古书之句读》，吴其昌著《金文历朔疏证》，唐钺著《修辞格》，邓季宣译《科学精神与文学史的方法》，谭正璧编著《中国文学进化史》，傅斯年著《周颂说》，陈钟凡著《汉魏六朝文学》，范文澜编《文心雕龙注》(上中下)，朱炳煦编著《唐代文学概论》，胡朴安、胡寄尘(原题胡怀琛)著《唐代文学》，吕思勉著《宋代文学》，谢冰弦编《近代文学》，陈子展著《中国近代文学之变迁》，张竞生著《伟大怪恶的艺术》，胡适等著、艺林社编《文学论集》，钱基博《古文辞类纂解题及其读法》，刘声木著《桐城文学渊源考》，凌善清、许志豪编《新编戏学汇考》，顾颉刚编著《孟姜女故事研究集》(第2册)，白寿彝著《开封歌谣集》，谢六逸著《日本文学史》(上下卷)，张资平著《欧洲文艺史纲》，余祥森著《现代德国文学思潮》，田汉著《爱尔兰近代剧概论》，黄源编《屠格涅夫生平及其创作》，柯仲平著《革命与艺术》，叶秋原著《艺术之民族性与国际性》，郑昶编著《中国画学全史》，查士骥著《二十世纪的艺术家》，王光祈著《西洋制谱学提要》《东方民族之音乐》，赵简子译、H. C. Thomas 和 W. A. Hamn 合著 The Foundations of Modern Civilization 的《新历史的范围与目的》，郑鹤声《史与史字之解释》，陈垣《中国史料急待整理》，傅斯年《考古学的新方法》，李济、董作宾、余永梁编撰《安阳发掘报告》(第1册)，蒙文通成名作《古史甄微》，卫聚贤著《古史研究》

（第2集），孟世杰著《先秦文化史》，徐中舒著《耒耜考》，马衡著《戈戟之研究》，钱基博著《文史通义解题及其读法》，陈彬和选注《元朝秘史》，姚从吾译注（德）柯劳斯著《蒙古史发凡》，朱偰著《明季杭州读书社考》，武埙干著、蒋尊簋校《鸦片战争史》，王钟麒著《太平天国革命》，沈味之著《近百年本国史》，郭真著（郭维文）《中国资本主义史》《辛亥革命史》，马大中《大中华民国史》，邹鲁著《中国国民党史稿》，彭子明著《台湾近世史》，颜复礼、商承祖编《广西凌云猺人调查报告》，任国荣著《广西猺山两月观察记》，杨立诚、金步瀛编著《中国藏书家考略》，潘光旦著《中国家谱学略史》，罗尔纲著《湘军新志》，周策纵著《日本帝国主义侵略中国史》《英帝国主义侵略中国史》，文公直著《俄罗斯侵略中国痛史》，李长傅著《南洋华侨史》，温雄飞著《南洋华侨通史》，向达著《印度现代史》，张乃燕编著《罗马史》《世界大战史》，华超著《各国社会主义运动史》，刘士英著《欧洲的向外发展——帝国主义研究之一》，高希圣、郭真著《社会运动家及社会思想家》，余祖廉著《古代五服之地理观》，美继著《中国人文地理》，张旦初编著《世界地理纲要》，徐国桢著《上海的研究》，李卓吾、朱扬善制图《上海商埠交通图》，张其昀著《西湖风景史》，刘景琨著《吴兴明细全图》，张辅良撰述《国际知识合作运动史》，伦明著《渔洋山人著书考》，蒋镜寰著《图书馆之使命及其实施》，王云五著《中外图书统一分类法》，刘国钧编《中国图书分类法》，王重民编《国学论文索引》等等。杨剑秀著《社会科学概论》包括总论、辩证法的唯物论、社会、经济、政治和法律、道德和风俗、宗教、艺术、哲学9章。周予同著《经今古文学》谓“国内学者对于经今古文的态度，大抵不出四派：一派不明了经学有所谓今古文的异同，一派坚守今文，一派专治古文，最近一派又有超今古文而研究孔子或古代史的趋势”。钟泰编《中国哲学史·凡例》强调回到中国本位的叙事方式，“中西学术，各有统系，强为比附，转失本真。此书命名释义，一用旧文。近人影响牵扯之谈，多为葛藤，不敢妄和”，是对胡适著《中国古代哲学史》西化叙事的一种矫正。张东荪《新哲学论丛》系集其十余年对于西方哲学介绍和研究过程中所著的论文而编成，由商务印书馆出版。该书融合西方各家哲学，尤其是新康德主义、新实在论、新创化论、柏格森主义等派学说，提出“主客交互作用说”，建构一种融合宇宙观、认识论和人生观的“新哲学”体系。邓初民著《政治科学大纲》与《政治学》（《新政治科学大纲》）为中国现代较早运用马克思主义观点与方法撰写的两部政治学原理著作。马寅初著《中华银行论》着重从理论上对中国银行业的各项具体业务进行研究，包括存款、支票、放款、贴现、外埠期票买卖、汇兑、押汇、银拆、标金，以及中央银行发行钞票与记账法等。吴景超著《都市社会学》旨在阐明都市社会学的研究范围，介绍了西方都市社会学的研究方法，并明确界定“都市区域”与“都市的区域”两个概念的不同，为中国现代最早研究都市问题的著作，具有开创性意义。吕思勉著《中国宗族制度小史》史论结合，论重于史，为我国第一部关于家族问题的专门史。李景汉著《北平郊外之乡村家庭》成功地把社会调查方法应用于中国最紧迫的社会问题的研究中，具有很高的参考价值，为我国最早关于家庭调查的报告，并成为以后人们所作家庭调查的蓝本。舒新城编《近代中国教育思想史》从社会经济、思想文化等背景出发，阐述中国近代教育的发生发展历程，并分方言、军备、西艺等18个专题对相关问题进行探讨，为探讨中国近代教育史的早期代表作。沈家本《历代刑法考》旨在梳理各朝法律制度的变化与发展，并以按语形式加以分析评说，同时还注重运用比较方法，不但有中国法律不同朝代的比较，而且有中外法律的参照对比，为中国法制史的奠基之作。陈子展著《中国近代文学之变迁》为近代文学研究的开创性与代表性著作。刘声木著《桐城文学渊源考》为桐城派研究的经典之作。傅斯年《考古学的新方法》提出:"历史哲学可以当作很有趣的作品看待,因为没有事实做根据,所以和史学是不同的。历史的对象是史料,离开史料,也许成为很好的哲学和文学,究其实与历史无关。"二是论"疑古"与"信古"的关系,既非单纯的疑古,亦非单纯的信古,这显然与顾颉刚"疑古"派迥然不同;三是强调借鉴和汲取西方考古学方法,提出综合使用的地层学、年代学、人类学、民族学等的新方法,具有方向性与方法论的双重意义。李济、董作宾、余永梁编撰《安阳发掘报告》(第1册)为中央研究院组织力量重释安阳考古发掘的重要成果。1930年《燕京学报》评价《安阳发掘报告》:"均有确切之举证,冲破向来考古学家,专在故纸堆中搜寻材料之沉寂空气。诚足称为学术界之曙光也。"蒙文通成名作《古史甄微》连载于《史学杂志》第1卷第4期、第5—6期和第2卷第1—2期,并于10月16日致缪凤林函,论三皇五帝起源,是为探讨三皇五帝起源之先导。潘光旦著《中国家谱学略史》刊于1月10日《东方杂志》第1号,是对中国谱学史的首次系统梳理,富有开创性意义与价值。王重民编《国学论文索引》分总论、群经、语言文字学、考古学、史学、地学、诸子学、文学、科学、政治法律学、经济学、社会学、教育学、宗教学、音乐、艺术、图书目录学等17大类,收录1905年至1928年7月以前发表在80余种报纸杂志中的国学论文3000余篇,为国学研究的首要工具书。

再就聚焦于学术史的论著而言,梁启超的学术史经典名著《中国近三百年学术史》首次由上海民智书店出版。其中,《清代学者整理旧学之总成绩》四章曾连载于《东方杂志》以及《史地杂志》第3卷第1—8期。作者提出了"学术史"的四条规范:(1)叙一个时代的学术,须把那时代重要各学派全数网罗,不可以爱憎为去取。(2)叙某家学说,须将其特点提挈出来,令读者有很明晰的观念。(3)要忠实传写各家真相,勿以主观上下其手。(4)要把各人的时代和他一生经历大概叙述,看出那人的全人格。另有如下三文值得重点关注:一是缪凤林12月1日刊于《史学杂志》第1卷第6期并连载于第2卷第3期的《古史研究之过去与现在》,将中国古史研究分为疏通知远派、博古派、杂糅派、儒家正统派四派:(1)疏通知远派。以《礼记》"疏通知远而不诬"概括其旨,以司马迁、杜佑、司马光、柳诒徵等为代表。(2)博古派。其治古史"不以六艺为衷据,而较《史记》尤博尤古者""别采他说以广异闻",始于汉代周长生之《洞历》,三国蜀谯周《古史考》、吴韦昭之《洞记》、徐整之《三五历记》、西晋皇甫谧之《帝王世纪》,直至清马骕《绎史》、林春溥《开辟传异》等皆属此派。(3)杂糅派。其"唯杂糅成书,迷信载籍逾于博古派,而博雅不足,无别择、无义法,又过之",今存唐宋诸大类书,自欧阳询之《艺文类聚》、虞世南之《北堂书钞》、徐坚之《初学记》、李昉之《太平御览》、王钦若与杨亿等《册府元龟》,直至清代陈梦雷《图书集成》,大抵皆属杂糅派,宋郑樵《通志》之三皇五帝诸帝纪,亦属此派。(4)儒家正统派。其谓古史"当屏百家之异说,据儒家之记载",始于宋欧阳修之《帝王世次图序》,继之有宋吕祖谦《大事记》、清崔述《考信录》等。姑且不论如此分派和命名是否恰当,但无疑具有提纲挈领的学术史宏观之意义。二是10月16日《国立中山大学语言历史学研究所周刊》第101期所刊载的(美)恒慕义著、王师韫译《中国史学家研究中国古史的成绩》一文。此文缘于美国国会图书馆中文部主任恒慕义在北京之际,阅读顾颉刚的《古史辨第一册自序》后,认为顾颉刚此文是中国近三十年中思潮变迁的最好记载,故将顾颉刚《古史辨第一册自序》翻译为英文,刊于1929年7月《美国史学评论》第34卷第4期,同时作为《古史辨第一册自序》英文版之序。所惜主要聚焦于顾颉航"古史辨"派的学术宗旨、方法与成就,无法由此窥见中国近三十年中史学思潮的整体变迁轨迹与趋势。三是《语丝周刊》第 5 卷第 41 期刊有汪馥泉译述《中国学术研究的成绩》，此文原载 1929 年 4 月日本《史林杂志》季刊第 14 卷第 2 号，对 1928 年日本在史学、考古学、地理学研究方面取得的成绩有较为详细的介绍。史学界部分，由肥后和男、安部健夫、藤直干、松野遵崇、原弘二郎、猪谷文臣等执笔；考古学界部分，由鸟田贞彦执笔；地理学界部分，由冈本币彦、藤田文春执笔。从这期《史林杂志》的介绍看，1928 年日本学者在中国学术研究上，史学界这一部分成绩最为突出。"史学界部分，所涉颇广，有史学一般、日本史、朝鲜史、东洋史（这一部分，系安部氏执笔）、西洋史五个部分。这里译述的，是东洋史这一部分；因为内容实是学术研究的成绩，所以写了现在这么的一个标题——译述者志。"此外，尚有卫聚贤《新石器时代遗址发现的经过和见解》、齐思和《先秦历史哲学管窥》、李云鹤《先秦儒家之学派》、张其昀《宋代四明之学风（上）》、赵简子《近代文明之最初的构成》、幼椿所译《法国支那学小史》、孙本文《英国社会学的派别及其现势》等。另外还要提及的是黎锦熙编著、张蔚瑜写绘的《国语四千年来变化潮流图》。作为 1929 年为纪念美国开国 150 周年在费城举行的世界博览会中国教育陈列品，图中显示了四千年来中国语言文字的变迁及文学的源流派别，对各时代的辞书、字典、韵书及文学上的重要典籍略举内容，列成系统。对历代作家，略考生卒年代，举例作品，分别流派。本图初版多有错误，再版时加以订正。初版译校者为汤洪真，再版译校者为邵松如。（以上参见本书"学术背景""学术活动""学术著作""学者生卒"栏所引文献与出处，以及章恒忠、王亚夫主编《中国学术界大事记（1919—1985）》，上海社会科学出版社 1988 年版；中央教育科学研究所编《中国现代教育大事记 1919—1949》，教育科学出版社 1988 年版；王学典《20 世纪史学编年（1900—1949）》，商务印书馆 2014 年版；付喜祥《20 世纪前期中国文学史写作编年史》，北京师范大学出版社 2013 年版；中国大百科全书总编辑委员会编《中国大百科全书·考古学》，中国大百科全书出版社 2002 年版；王学珍等编《北京大学纪事（1898—1997）》，北京大学出版社 1998 年版；清华大学校史研究室编《清华大学一百年》，清华大学出版社 2011 年版；齐家莹编《清华人文学科年谱》，清华大学出版社 1999 年版；北京师范大学党委办公室、北京师范大学校长办公室《北京师范大学纪事》，北京师范大学出版社 2012 年版；南京大学高教研究所编《南京大学大事记（1902—1988）》，南京大学出版社 1989 年版；张玮瑛、王百强、钱辛波主编《燕京大学史稿》，人民中国出版社 2000 年版；沈卫威编《学衡派编年文事》，南京大学出版社 2015 年版；吴永贵《民国图书出版史编年：1912—1949》，社会科学文献出版社 2018 年版；张岂之主编《民国学案》，湖南教育出版社 2011 年版；文韬《"国故学"与"中国学术"的纠结——民国时期两种"国学"概念的争执及其语境》，《中山大学学报》2013 年第 5 期；张广海《革命文学论争与阶级文学理论的兴起》，北京大学博士学位论文，2011 年；欧阳哲生《纪念"五四"的政治文化探幽——一九四九年以前各大党派报刊纪念五四运动的历史图景》，《中共党史研究》2019 年第 4 期；商金林《几代人的"五四"（1919—1949）》，《新文学史料》2009 年第 3 期；吴海勇《1928 年至 1948 年〈中央日报〉对五四运动的评论》，《上海党史与党建》2009 年第 5 期；葛兆光《〈新史学〉之后——1929 年的中国历史学界》，《历史研究》2003 年第 1 期；胡逢祥《现代中国史学专业学会的兴起与运作》，《史林》2005 年第 3 期；胡逢祥《历史学的自省：从经验到理性的转折——略评 20 世纪上半叶我国的史学史研究》，《华东师范大学学报（哲学社会科学版）》2004 年第 1 期；胡明贵《自由主义思潮与新文学现代性品格》，南京师范大学博士学位论文，2011 年；刘群《新月社研究》，复旦大学博士学位论文，2006 年；林伟民《中共加强对左翼文学运动的直接领导》，《新文学史料》2004 年第 1 期；陈峰《社会史论战与现代中国史学》，山东大学博士学位论文，2005 年；姜萌《从"新史学"到"新汉学"——1901—1929 年中国史学发展史稿》，山东大学硕士学位论文，2007 年；贺渊《社会史论战的先声——〈新生命〉杂志对中国社会结构的探讨》，《南京大学学报（哲学·人文科学·社会科学）》2005 年第 3 期；唐金海、刘长鼎主编《茅盾年谱》，山西高校联合出版社 1996 年版；鲁迅博物馆、鲁迅研究室编《鲁迅年谱》，人民文学出版社 1981 年版）